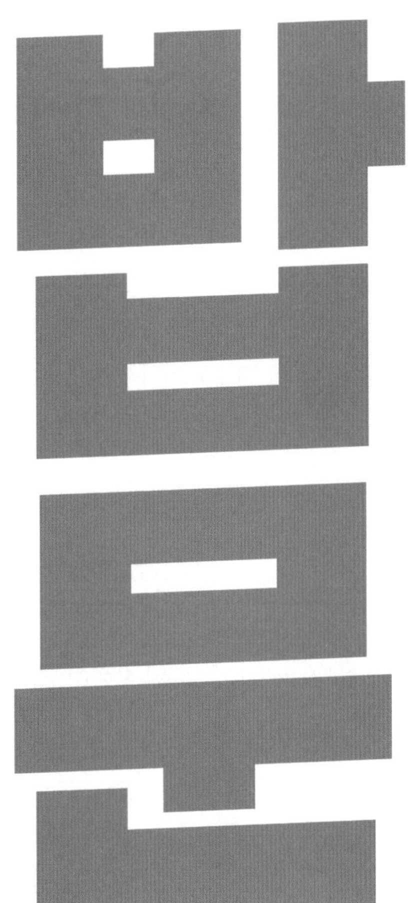

실력 완성 문제편

INSTRUCTION

밥 먹듯이 매일매일 문학 사용 설명서

밥문으로 기출 문학 영역 끝내기

‘3독(讀) 3해(解)’

전체 문제 1독 1해

3독(讀) 3해(解)의 첫 단계로, 교재의 전체 내용을 차례대로 학습한다. 제시된 시간을 고려하여 기출문제를 풀고, ‘제대로 감상법’에 제시된 활동들을 통해 작품의 내용을 꼼꼼하게 정리한다. 아울러 〈작품 분석 해설편〉의 ‘제대로 작품 분석’을 참고하여 작품의 핵심 내용을 제대로 파악했는지 확인한다.

★ 학습 전 준비물 밥문, 스톱워치, 개인 노트, 필기구

[학습 전]

1. 권장 학습 플랜(10p)을 참고하여 자신의 1단계 학습 플랜(11p)을 작성

2. 자신의 1단계 학습 플랜에 따라 매일매일 꾸준히 학습할 것을 다짐!

[매일 학습 시작]

3. 스톱워치를 켜고 문제 풀이 시작. 실제 시험을 본다는 마음가짐으로 임할 것
   - 주의 정답 및 정답 선택 이유는 개인 노트에 기록하고 교재에 직접 쓰지 말 것
   - 주의 지문 분석 및 문제 풀이를 할 때는 ‘제대로 감상법’과 ‘제대로 접근법’을 보지 말고 학습할 것

START!

4. 문제를 풀고 나면 실제 소요 시간을 체크하여 권장 풀이 시간과 차이가 있는지 확인!

아하!!
개인 노트를 활용~

5. ‘빠른 정답 CHECK’를 이용하여 개인 노트에 채점하고 틀린 문제는 교재에도 표시
   - 주의 채점을 할 때 〈작품 분석 해설편〉을 활용해도 좋으나, 틀린 문제의 해설은 읽지 말 것

[매일 학습 마무리]

6. 채점까지 끝냈으면 복습으로 학습 마무리

6-1. 맞은 문제의 ‘제대로 접근법’ 확인.
자신의 접근법과 일치하면 ○표, 일치하지 않으면 다른 내용을 간단히 메모함.
   - 주의 메모한 다른 내용은 네이버 카페(http://cafe.naver.com/baps)에 질문할 것

6-2. 〈작품 분석 해설편〉에서 맞은 문제의 정·오답 이유를 확인
   - 주의 틀린 문제는 2단계에서 다시 풀어야 하므로, ‘제대로 접근법’과 〈작품 분석 해설편〉의 내용을 읽지 말 것

6-3. 지문을 다시 한 번 정독하며 옆의 ‘제대로 감상법’을 풀고 채점까지 진행

7. ‘학습 점검표’에 채점 결과를 체크하며 학습 마무리

〈제대로 감상법〉과
〈제대로 접근법〉은
문제를 풀고 나서 봐야
한다구!!

[1단계 학습 마무리]

8. 〈매일 학습 시작〉 ➡ 〈매일 학습 마무리〉의 과정으로 전체 내용을 처음부터 끝까지 학습
   - 주의 학습 분량이나 학습 기간 등은 개인의 학습 능력에 따라 다를 수 있으니, 자신의 계획에 맞추어 꾸준히 공부하는 데에만 신경 쓸 것
   - 주의 **1단계 학습이 마무리된 후 교재의 상태는?**
     - 틀린 문제 ‘/’ 표시, 맞은 문제 ‘제대로 접근법’ 메모 또는 ○표
     - ‘제대로 감상법’ 채점 완료, ‘학습 점검표’ 점검 표시

3독(讀) 3해(解)는 '밥문'을 3단계에 걸쳐 공부하는 학습법이다. 1단계에서는 제시되어 있는 전체 문제를 빠짐없이 풀고, 2단계에서는 1단계에서 틀린 문제들을 풀며, 3단계에서는 2단계에서 틀린 문제들만 다시 푼다. 3단계에서도 정답을 맞히지 못한 문제만 지문·문제·해설을 오려서 1·2단계에서 사용한 개인 노트에 정리한다. 이렇게 문학 영역 정리 노트를 스스로 만들어 수능 전까지 시간이 날 때마다 복습한다.

1단계에서 틀린 문제만 다시 1독 1해

3독(讀) 3해(解)의 두 번째 단계로, 1단계에서 맞힌 문제는 제외하고 '틀린' 문제만을 학습한다. 개개인에 따라 2단계에서 학습할 양이 교재 전체 분량의 반이 넘을 수도 있고, 1/3이 되지 않을 수도 있다. 틀린 문제를 다시 풀며 답을 찾고, 왜 틀렸는지 그 이유를 확인하는 것이 2단계의 목표이다.

★ 학습 전 준비물 밥문, 1단계에서 사용한 개인 노트, 필기구

[2단계 학습 전]

1. 1단계에서 틀린 문제의 양에 따라 자신의 2단계 학습 플랜(11p)을 다시 작성

1단계에서 틀린 양에 따라 다시 시작 할 거야! 얍!

2. 자신의 2단계 학습 플랜에 따라 매일매일 꾸준히 학습할 것을 다짐!

[매일 학습 시작]

1단계에서 틀린 문제만 다시 푸는 거야!!

3. 1단계에서 틀린 문제만 다시 풀기 때문에 스톱워치는 더 이상 필요 없음.

4. 문제 풀이 시간에 구애받지 말고 '/' 표시된 문제를 다시 풂.

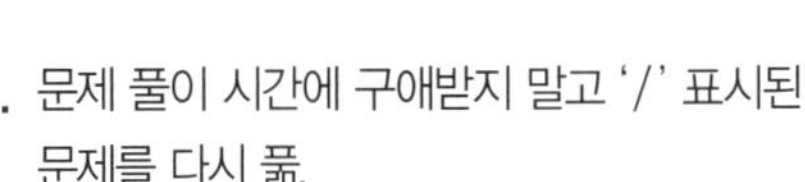

주의 대략 한 달 이전에 풀었던 문제이므로 새로운 느낌으로 풀 수 있을 것임.

5. 문제를 풀고 난 후, 정답 및 정답 선택 이유는 1단계와 마찬가지로 개인 노트에 기록

주의 2단계에서도 정답 및 정답 선택 이유를 교재에 직접 쓰지 말 것 → 3단계에서 한 번 더 풀 것임.

6. '빠른 정답 CHECK'를 이용하여 개인 노트에 채점하고 틀린 문제는 교재에도 표시

주의 채점에 〈작품 분석 해설편〉을 활용해도 좋으나, 틀린 문제의 해설은 읽지 말 것

[매일 학습 마무리]

7. 채점까지 끝냈으면 복습으로 학습 마무리

7-1. 2단계에서도 틀린 문제는 '/' 표시 위에 '\' 표시를 추가함.

주의 'X' 표시된 문제는 3단계에서 다시 학습할 문제임.

7-2. 맞은 문제의 '제대로 접근법' 확인.
자신의 접근법과 일치하면 ○표, 일치하지 않으면 다른 내용을 메모함.

주의 메모한 다른 내용은 카페에 질문할 것

7-3. 〈작품 분석 해설편〉에서 맞은 문제의 정·오답 이유를 확인

주의 틀린 문제는 3단계에서 다시 풀어야 하므로, '제대로 접근법'과 〈작품 분석 해설편〉의 내용을 읽지 말 것

7-4. 지문 옆의 '제대로 감상법'을 다시 풀면서 작품을 확실하게 이해했는지 확인

8. '학습 점검표'에 채점 결과를 체크하며 학습 마무리

제공된 해설과 다른 생각은 그냥 넘어가지 말구 카페에서 확인 하라구!!

[2단계 학습 마무리]

9. 〈매일 학습 시작〉 ➡ 〈매일 학습 마무리〉의 과정을 통해 틀렸던 문제를 다시 학습

주의 틀린 문제만 풀게 되므로 매일 학습하는 분량은 1단계보다 많은 양으로 계획하기를 권장함.

주의 **2단계 학습이 마무리된 후 교재의 상태는?**
1단계 학습에서 표시했던 것들과 더불어 2단계 학습에서 틀린 문제에 'X' 표시가 추가되어 있을 것. 단, 문제를 풀기 위해 메모하거나 필기한 내용은 있어도 됨.

3
단계

2단계에서 틀린 문제만 다시 1독 1해

3독(讀) 3해(解)의 마지막 단계로, 같은 문제집을 세 번째 학습한다! 만약 3단계에서도 학습할 양이 전체 분량의 1/3 이상 남았다면, 일단 최선을 다해 3단계 학습을 마무리한 뒤 문학 영역 학습에 대한 계획을 처음부터 다시 세워 보도록 한다.

★ 학습 전 준비물 밥문, 2단계에서 사용한 개인 노트, 필기구, 가위, 풀

[3단계 학습 전]

1. 2단계에서 틀린 문제의 양에 따라 자신의 3단계 학습 플랜(11p)을 다시 작성
   - 주의 두 번째 반복이므로 2주 이내로 계획할 것을 권장함.
2. 자신의 3단계 학습 플랜에 따라 매일매일 꾸준히 학습할 것을 다짐!

2단계에서
틀린 문제는
2주 안에
끝낸다!!
2주

3. 2단계에서 틀린 문제만을 마지막으로 다시 풀어 보는 단계라는 것을 기억할 것!

[매일 학습 시작]

4. 문제 풀이 시간에 구애받지 말고 교재에 'X' 표시된 문제를 다시 풂.
   - 주의 이 문제를 마지막으로 보겠다는 심정으로 풀 것!

이젠 정말
마지막이야!!

5. 문제를 풀고 난 후, 1, 2단계 때와는 달리 정답 및 정답 선택 이유를 교재의 해당 문제에 직접 기록
   - 주의 3단계에서도 틀린 문제는 오리거나 발췌하여 개인 노트에 정리할 것임.
6. 〈작품 분석 해설편〉을 이용하여 교재에 직접 채점함. 맞은 문제에는 ⓧ 표시

3단계는
정답 선택 이유를
교재에 직접
적는다구!!

[매일 학습 마무리]

7. 맞은 문제는 '제대로 접근법', 〈작품 분석 해설편〉의 정답과 오답의 이유를 정독함.
   - 주의 〈작품 분석 해설편〉의 해설 방향이 자신의 생각과 다르면, 빈 공간 등에 메모를 하였다가 카페에 질문할 것

3단계에서도
틀린 문제는 개인
노트에 정리!!

8. 3단계에서도 틀린 문제의 경우, ⓧ 표시를 하고 지문·문제·해설을 개인 노트에 오려 붙이거나 옮겨 적어 정리함.
9. 개인 노트에 정리한 '3단계에서도 틀린 문제'는 시간이 날 때마다 반복하여 살펴봄.

[3단계 학습 마무리]

10. 〈매일 학습 시작〉 ➡ 〈매일 학습 마무리〉에 따라 개인 노트가 완성되면 3단계 학습 마무리
    - 주의 각 단계의 학습을 중간에 멈추지 말고 계획에 따라 진행할 것
    - 주의 단계별로 작성하는 오답 노트는 학습 효과가 크지 않은 경우가 많음. 3단계 학습까지 완료한 후에 틀린 문제만으로 개인 노트를 만들어 활용할 것
    - 주의 기출로 구성된 밥문 한 권을 자신이 틀린 문제 중심으로 세 번 반복 학습하여 수능 문학 영역을 완성함.

나만의 문학 교재
(정리 노트)

CONTENTS

이 책의 차례

I부 현대시

고전 시가

Ⅲ부 현대 소설 · 극

Ⅳ부 고전 소설

갈래 복합

빠른 정답 CHECK ➡ <해설편> 239, 240쪽 참조

구성과 특징

STRUCTURE

실력 완성 문제편

▶ 학습 제안 | 지문과 문제의 난이도에 따라 하루 학습 분량이 달라질 수 있습니다. 권장 학습 플랜을 참조하여 자신의 학습 능력에 따라 나만의 학습 플랜을 수립해 보세요.

❶ 가장 질 좋은 기출문제 총망라

- 수능 및 평가원 수능모의평가 기출문제 수록
- 가장 최근의 기출문제부터 순차적으로 배치
- 기출문제를 통해 문학 영역의 출제 경향을 파악하고 제대로 된 작품 감상법과 문제 풀이법을 익힐 수 있도록 구성

❷ 갈래별로 구분하고 갈래 복합 지문을 별도로 구성

- 문학 영역의 각 갈래를 마스터할 수 있도록 갈래별로 나누어 문항을 구성
- 문학 영역에서 어렵게 출제되어 고득점을 좌우하는 갈래 복합 제재의 지문을 별도로 구성

❸ 작품 감상 능력 향상을 위한 '제대로 감상법' 배치

- 작품의 구성 요소에 따라 간단한 활동을 하며 작품을 체계적으로 분석해 보는 '제대로 감상법' 배치
- 먼저 기출문제를 풀고 채점까지 마친 다음 '제대로 감상법'에 제시된 활동들을 수행하며 작품 감상 능력을 기를 것

❹ 문제 해결력 향상을 위한 '제대로 접근법' 배치

- 문제에 대한 접근 방법과 해결 전략, 오답을 피하는 요령 등을 익힐 수 있는 '제대로 접근법' 배치
- 먼저 기출문제를 풀고 채점까지 마친 다음 '제대로 접근법'을 학습하면서 문제 해결 능력을 기를 것

❺ 자율 학습을 위한 학습 장치 제공

- 학습 일정표, 문학 영역 공부법, 채점표 등 스스로 학습 과정을 점검하면서 공부할 수 있도록 구성
- '권장 풀이 시간'을 제시하여 제한 시간에 맞추어 문제를 푸는 훈련을 할 수 있도록 구성

작품 분석 해설편

▶ 학습 제안 | 정답을 찾는 방법, 오답을 피하는 요령, 매력적인 오답 대처법 등을 풀이하였습니다. 꼼꼼하게 학습하고 문제 해결 능력을 키워 수능 1등급에 도전해 보세요.

❶ 친절하고 자세한 첨삭식 작품 분석

- 고전 문학의 전 지문을 재수록하여 해설
- 현대 문학 지문의 핵심 구절을 인용하여 해설
- 중심 내용, 어휘의 뜻, 구절의 의미, 내용 전개상의 특징, 소주제 등을 꼼꼼하게 분석하여 제시
- 스스로 작품을 분석하고 문제 풀이에 적용할 수 있도록 훈련할 것

❷ 지문 이해를 돕는 작품 해제

- 제목의 의미, 작가 소개, 전체 줄거리, 현대어 풀이(고전 시가), 주제, 특징 등 작품 이해를 돕기 위한 풍부한 해설 제시
- 문제 해결의 바탕이 되는 작품의 핵심 내용을 일목요연하게 정리할 수 있도록 구성

❸ 모든 문항에 대한 첨삭식 문제 해설

- 〈실력 완성 문제편〉에 수록된 전 문항을 재수록하여 문제와 해설을 한눈에 살펴볼 수 있도록 구성
- 〈보기〉의 내용을 꼼꼼하게 분석하여 제시
- 선택지에서 맞는 진술과 틀린 진술을 파악할 수 있도록 구분하여 풀이

❹ 정답률, 매력적인 오답 제시

- 문제의 난이도를 알려 주는 정답률 제시
- 헷갈리는 선택지를 알려 주는 매력적인 오답 제시
- 정답률이 높은 문제를 틀렸을 경우, '제대로 접근법'을 통해 문제 풀이 방법을 점검할 것

❺ 정답의 이유와 오답의 이유 제시

- 정답의 이유와 근거를 쉽고 명쾌하게 풀어서 해설
- 문제의 선택지별로 오답의 이유와 근거를 명쾌하게 풀어서 해설
- 어려운 어휘나 국어 개념이 나올 경우, 예문과 함께 그 뜻을 알기 쉽게 풀이

RECOMMENDED LEARNING PLAN

수준별 권장 학습 플랜

수준별 권장 학습 플랜

밥 문학이 제시하는 표준 학습 계획입니다.
이를 참고하되, 반드시 자신만의 학습 플랜을 세워 보세요.

중위권을 위한 1단계 학습 플랜

공부할 날(월/일)	학습 내용
1일차(월 일)	현대시 01, 02
2일차(월 일)	현대시 03, 04
3일차(월 일)	현대시 05~07
4일차(월 일)	현대시 08~10
5일차(월 일)	고전 시가 01, 02
6일차(월 일)	고전 시가 03, 04
7일차(월 일)	고전 시가 05, 06
8일차(월 일)	고전 시가 07~09
9일차(월 일)	고전 시가 10~12
10일차(월 일)	현대 소설·극 01, 02
11일차(월 일)	현대 소설·극 03, 04
12일차(월 일)	현대 소설·극 05~07
13일차(월 일)	현대 소설·극 08~10
14일차(월 일)	현대 소설·극 11~13
15일차(월 일)	현대 소설·극 14~16
16일차(월 일)	고전 소설 01, 02
17일차(월 일)	고전 소설 03, 04
18일차(월 일)	고전 소설 05, 06
19일차(월 일)	고전 소설 07, 08
20일차(월 일)	고전 소설 09~11
21일차(월 일)	고전 소설 12~14
22일차(월 일)	고전 소설 15~17
23일차(월 일)	갈래 복합 01, 02
24일차(월 일)	갈래 복합 03, 04
25일차(월 일)	갈래 복합 05, 06
26일차(월 일)	갈래 복합 07, 08
27일차(월 일)	갈래 복합 09, 10
28일차(월 일)	갈래 복합 11~13
29일차(월 일)	갈래 복합 14~16
30일차(월 일)	갈래 복합 17~19

상위권을 위한 1단계 학습 플랜

공부할 날(월/일)	학습 내용
1일차(월 일)	현대시 01~03
2일차(월 일)	현대시 04~07
3일차(월 일)	현대시 08~10
4일차(월 일)	고전 시가 01~04
5일차(월 일)	고전 시가 05~08
6일차(월 일)	고전 시가 09~12
7일차(월 일)	현대 소설·극 01~04
8일차(월 일)	현대 소설·극 05~08
9일차(월 일)	현대 소설·극 09~12
10일차(월 일)	현대 소설·극 13~16
11일차(월 일)	고전 소설 01~04
12일차(월 일)	고전 소설 05~08
13일차(월 일)	고전 소설 09~11
14일차(월 일)	고전 소설 12~14
15일차(월 일)	고전 소설 15~17
16일차(월 일)	갈래 복합 01~03
17일차(월 일)	갈래 복합 04~06
18일차(월 일)	갈래 복합 07~09
19일차(월 일)	갈래 복합 10~12
20일차(월 일)	갈래 복합 13~16
21일차(월 일)	갈래 복합 17~19

나만의 3독 3해 학습 플랜

자신의 학습 능력과 상황에 따라 스스로 학습 플랜을 완성하고,
3독 3해 학습에 반드시 활용해 보세요.

1단계 학습 플랜

공부할 날(월/일)	학습 내용
(　월　일)	
(　월　일)	
(　월　일)	
(　월　일)	
(　월　일)	
(　월　일)	
(　월　일)	
(　월　일)	
(　월　일)	
(　월　일)	
(　월　일)	
(　월　일)	
(　월　일)	
(　월　일)	
(　월　일)	
(　월　일)	
(　월　일)	
(　월　일)	
(　월　일)	
(　월　일)	
(　월　일)	
(　월　일)	
(　월　일)	
(　월　일)	
(　월　일)	
(　월　일)	
(　월　일)	
(　월　일)	
(　월　일)	
(　월　일)	
(　월　일)	

2단계 학습 플랜

공부할 날(월/일)	학습 내용
(　월　일)	
(　월　일)	
(　월　일)	
(　월　일)	
(　월　일)	
(　월　일)	
(　월　일)	
(　월　일)	
(　월　일)	
(　월　일)	
(　월　일)	
(　월　일)	
(　월　일)	
(　월　일)	
(　월　일)	
(　월　일)	

3단계 학습 플랜

공부할 날(월/일)	학습 내용
(　월　일)	
(　월　일)	
(　월　일)	
(　월　일)	
(　월　일)	
(　월　일)	
(　월　일)	
(　월　일)	
(　월　일)	
(　월　일)	
(　월　일)	

수능 1등급을 위한 10가지 공부 습관

1 매일매일 일정한 분량을 꾸준하게 공부한다.

- 국어 실력을 기르는 가장 좋은 방법은 좋은 기출문제를 꾸준하게 공부하는 것이다. 매일 자신의 학습 수준과 능력에 맞는 분량의 문제를 꾸준히 풀다 보면 작품 감상 능력과 문제 해결 능력이 향상된다.
- 매일 자신의 학습 능력에 따라 적절한 학습 분량을 공부할 수 있도록 구성(5~7p 참조)하였으므로, 이에 맞추어 학습 플랜을 수립한다.

2 기초 국어 개념을 충분히 숙지한다.

- 시에서의 화자나 표현 방법, 소설에서의 인물과 구성 등과 같은 국어 개념은 작품 이해와 문제 해결의 토대가 된다. 이러한 토대가 갖춰져 있지 않으면 국어 영역에서 결코 고득점을 얻을 수가 없다.
- 수능에 자주 출제되는 개념이 아주 많지는 않다. 화자, 설의, 반어, 서술자, 대비, 병치 등 기출문제를 풀면서 자주 등장하는 개념이 있으면 이를 확실하게 이해하고 넘어가야 한다.
- 갈래별로 꼭 필요한 국어 개념과 어려운 어휘를 정리해 놓았으므로 참고한다.

3 필수 문학 작품을 공부한다.

- 교과서에 수록된 작품, 모의고사에 출제된 작품 등 필수 문학 작품을 미리 공부해 둔다.
- 현대 문학은 시대별로, 고전 문학은 주제별로 작품을 묶어 공부하면 보다 효율적으로 작품을 정리할 수 있다.
- 운문 문학은 시적 화자의 정서와 태도를 중심으로, 산문 문학은 중심인물 및 대략적인 줄거리를 중심으로 기본적인 내용을 머릿속에 담아 둔다.

4 작품 감상 및 분석 방법을 익힌다.

- 수능에서는 낯선 작품도 자주 출제된다. 따라서 문학 작품을 바르게 감상하는 방법을 익히지 않고 암기만 하는 것은 좋은 학습 방법이 아니다.
- 작품마다 스스로 작품 분석 연습을 할 수 있는 '제대로 감상법'을 배치하였으므로, 주어진 활동 내용에 따라 스스로 작품의 핵심 내용을 정리해 본다.
- 〈작품 분석 해설편〉에 제시된 '제대로 작품 분석'을 참고하여 작품의 맥락을 파악하는 연습을 한다. 이를 '제대로 감상법'과 병행해서 공부하면 더욱 학습 효과를 높일 수 있다.

5 고전 문학을 두려워하지 말자.

- 고전 시가나 고전 소설이 어려운 이유는 고어 표기에 익숙하지 않아 작품을 제대로 해석하고 감상하지 못하기 때문이다. 오히려 문제 자체는 현대 문학에 비해 쉬운 경우가 많다.
- 고전 작품을 공부하다가 모르는 어휘가 나오면 반드시 그 뜻을 확인하고 암기해 둔다. 고전 시가는 화자의 정서를 중심으로, 고전 소설은 인물 간의 관계를 중심으로 작품을 정리하는 습관을 들인다.

6 출제 경향과 문제 유형을 파악한다.

- 낯선 작품이나 새로운 문제 유형이 출제되면 당황하여 문제를 풀지 못하는 경우가 있다. 수능에 출제되는 작품과 문제는 일정한 경향과 패턴을 보이는데, 이를 미리 알아 두면 문제 해결에 도움이 된다.
- 기출문제를 풀면서 자주 출제되는 작가나 작품, 최근의 문제 유형과 난이도 등을 확인한다. 이렇게 꾸준히 공부하다 보면 어떤 유형의 작품과 문제가 자주 출제되는지 감을 잡을 수 있다.

7 갈래 복합 유형에 당황하지 말자.

- 최근에는 갈래 복합 지문의 출제 비중이 늘고, 갈래를 묶는 방식도 다양해졌다. '현대시+고전 시가', '운문+수필'의 기본적인 복합 형태는 물론, '현대시+희곡', '시나리오+현대 소설', '문학 작품+비문학 지문' 등의 복합 형태도 자주 출제되고 있다.
- 갈래 복합 문제를 어렵다고 느낄 수 있지만, 문제 유형이 낯설 뿐 문제 자체가 더 어려운 것은 아니다. 각 갈래별 문제를 해결할 수 있다면 갈래 복합 문제도 충분히 해결할 수 있다.
- 갈래 복합 유형에서는 〈보기〉나 비문학 지문 등을 통해 작품 간의 연결 고리를 제시해 주는 경우가 많다. 이를 활용하여 작품을 이해하고 작품 간의 비교 감상 문제를 해결하는 것이 좋다.

8 〈보기〉에 주목한다.

- 보통 작품마다 〈보기〉 문제가 하나 이상씩 출제된다. 그리고 〈보기〉에는 작품 이해와 문제 해결을 돕는 중요한 단서들이 제시되는 경우가 많다.
- 특히 잘 모르는 작품이 출제되었을 경우, 〈보기〉의 내용을 먼저 확인하면 시간을 단축하고 문제 해결의 실마리를 잡을 수 있다.

9 지문에 답의 근거가 있다는 점을 기억하자.

- 수능에서 다양하게 해석될 여지가 있는 문제는 출제되지 않는다. 답의 근거는 지문, 문제의 발문, 〈보기〉, 선택지 안에 있다는 점을 기억한다.
- 기출문제를 반복해서 풀다 보면 자연스럽게 문제를 푸는 방법이 몸에 익게 된다. 문제마다 접근 방법과 해결 전략을 해설한 '제대로 접근법'을 배치하였으므로, 이를 참고하여 문제를 정확하게 해결할 수 있는 요령을 터득한다.

10 문제를 틀렸다면 왜 틀렸는지 그 이유를 확인한다.

- 문제를 틀렸다는 것은 작품을 잘못 해석했거나, 문제의 발문이나 선택지를 잘못 이해했다는 뜻이다. 왜 그 문제를 틀렸는지 이유를 알아야 다음에 같은 실수를 반복하지 않을 수 있다.
- 〈작품 분석 해설편〉에 정답인 이유와 오답인 이유를 꼼꼼하게 풀이하였으므로, 이를 참고하여 문제를 왜 틀렸는지 확실하게 이해하고 넘어가야 한다.

선생님이 들려주는 생생 공부법

♥ 문학 작품을 공부할 때는 '다다익선(多多益善)'이라는 말을 꼭 기억하세요. 다양한 작품을 충분히 접해 보는 것이 중요하다는 뜻입니다. 물론 갈래별로 공부법에 약간의 차이는 있습니다. 현대 문학은 주요 작가들의 작품을 폭넓게, 고전 문학은 빈출 작품에 집중해서 공부하는 것이 효율적입니다. 그리고 현대 문학 작품은 그 안에 담겨 있는 다양한 삶의 모습을 살피면서, 고전 문학 작품은 표현과 주제 의식을 파악하면서 감상합니다. – 설규환(강남)

♥ 넓게 보면 평소에 시나 소설을 읽으면서 작품 이해력과 어휘력을 쌓는 것이 좋습니다. 좁게 보면 기출문제를 풀면서 작품이 어떻게 문제화되는지, 어떤 문학 용어와 어휘가 문제에 자주 등장하는지 확인할 필요가 있습니다. 모르는 문학 용어나 어휘가 나오면 그때마다 자기만의 어휘 사전에 정리해 두는 것도 필요하겠죠. – 서민찬(용인)

♥ 문제에 딸려 있는 〈보기〉는 작품 감상의 방향을 제시하고 배경지식을 제공할 뿐만 아니라, 선택지의 옳고 그름을 판단할 수 있는 중요한 근거가 되기도 합니다. 〈보기〉를 먼저 검토하면 작품 이해와 문제 풀이에 큰 도움을 받을 수 있습니다. 출제자는 〈보기〉를 이용해 정답으로 이끌기도 하고 오답으로 유도하기도 하므로, 그 함정을 잘 피해야 합니다. – 하성욱(서울 오산고)

♥ 기출문제를 통해 출제 경향과 문제 유형을 파악해 두세요. 낯선 문제 유형이 출제되었을 때 자칫 당황하면 쉬운 문제도 틀릴 수 있기 때문이죠. 가장 주목해야 할 유형은 갈래 복합입니다. 최근에는 비문학 지문과 문학 작품을 묶기도 하는 등 갈래를 조합하는 방식이 다양해졌으므로, 이에 따라 문제 유형이 어떻게 달라지고 있는지 확인할 필요가 있습니다. – 김선영(강북)

♥ 현대시 문제를 풀 때는 제목에서부터 실마리를 찾습니다. 그리고 〈보기〉가 있는 문제를 먼저 읽은 다음, 이를 바탕으로 다시 작품을 감상해 봅니다. 단독 문제를 먼저 풀고 공통점이나 차이점을 묻는 문제는 나중에 해결하는 것도 한 방법이에요. 이런 방식이 익숙해지면 보다 효율적으로 현대시 문제를 해결할 수 있습니다. – 김행렬(목동)

♥ 고전 시가를 어려워하는 학생이 많습니다. 하지만 문제 자체는 쉬운 경우가 많기 때문에, 충분히 대비한다면 겁먹을 이유가 전혀 없어요. 먼저 고전 시가 필수 작품들을 꼼꼼하게 공부해야 합니다. 작품 해석이 가능해야 문제를 풀 수 있기 때문에 지금은 쓰이지 않는 고전 어휘, 고어 표기 등도 익혀 두어야 하죠. 아울러 좀 더 수월하게 작품을 감상하기 위해서는 고전 시가를 이루는 각 갈래의 특징을 미리 공부해 두는 것이 좋습니다. – 안정광(순천)

♥ 고전 소설은 낯선 문체와 어휘가 사용되고 인물 간의 관계를 파악하는 것도 쉽지 않습니다. 하지만 주제와 구성이 유사한 작품이 많기 때문에, 한번 감을 잡아 놓으면 좋은 성적을 기대할 수 있죠. 다른 갈래에 비해 출제되었던 작품이 다시 출제되는 경우가 많다는 점도 기억해 두어야 합니다. 물론 같은 작품이 출제되더라도 다른 장면이 지문으로 제시되므로, 등장인물과 전체 줄거리를 중심으로 핵심 내용을 정리해 놓아야 합니다. – 옥성훈(부천)

♥ 문학 영역의 학습은 개념으로부터 출발합니다. 개념을 정리하지 않고 문학 작품을 감상하는 것은, 색을 구별할 줄 모르면서 미술 작품을 감상하는 것과 비슷합니다. 아울러 문학 작품은 사람마다 다르게 감상할 수 있기 때문에, 작품 이해와 문제 풀이의 과정에서 외적 준거를 최대한 활용해야 합니다. 먼저 발문에서 요구하는 조건을 확인하고, 다음으로 〈보기〉의 관점에 비추어 보았을 때 가장 이질적인 선택지를 찾는 훈련을 반복해 보세요. – 이석호(산본)

♥ 다른 모든 것이 그렇듯이 문학 공부를 할 때도 요령이 필요합니다. 작품을 감상하고 분석할 때도 요령이 필요하고, 문제를 정확하게 풀 때도 요령이 필요합니다. 이 교재의 '제대로 감상법'과 '제대로 작품 분석'은 작품 분석 요령을 알려 주고 있고, '제대로 접근법'과 '정답·오답인 이유'는 문제 해결 요령을 알려 줍니다. 이 교재에서 제시하고 있는 방법대로 따라 하다 보면 문학 공부에 큰 성과가 있을 것입니다. – 윤민수(서울)

졸업생이 들려주는 생생 공부법

민정연 | 서울대학교 국어교육과

문학 공부는 무엇보다 주어진 지문의 전체적인 흐름과 작가의 의도를 파악하는 것이 중요합니다. 작품 전체를 두고 보면 길이가 상당하기 때문에 그 부분을 왜 지문으로 선택했는지에 대한 출제자의 의도도 함께 파악하면 문제를 푸는 데 도움이 됩니다. 또한 문제를 먼저 빠르게 훑어본 후 지문을 읽으며 문제에서 원하는 방향대로 지문의 내용과 흐름을 파악하는 것이 중요합니다. 그 훈련이 잘 이루어지면, 문제에서 원하는 답의 핵심 내용을 지문에서 찾을 수 있습니다.

오수현 | 서울대학교 국어교육과

문학 작품은 주관적으로 해석될 수 있지만, 수능에서의 '문학'은 학생들이 주관적으로 해석할 수 있는 여지를 주지 않습니다. 출제자는 누구나 객관적으로 판단할 수 있는 선택지를 출제하기 때문에 학생은 객관성을 가진 키워드를 찾아 근거를 가지고 문제를 풀어야 합니다. 문제에 제시되는 〈보기〉는 주로 작품의 주제나 배경에 대한 정보를 알려 줌으로써 작품 해석의 방향을 제시합니다. 문제와 관련된 근거를 지문에서 찾고, 〈보기〉의 내용과 지문을 서로 비교하는 훈련을 꾸준히 해야 합니다.

한은혁 | 서울대학교 경제학부

문학의 경우에는 문학 개념어를 기본적으로 알고 있는 것이 가장 중요하다고 생각합니다. 예를 들어 수미 상관, 객관적 상관물, 해학 등의 용어들을 알고 있어야 선택지의 옳고 그름을 판단할 수 있습니다. 또한 모의평가나 수능에 출제되었던 문제 유형에 익숙해지는 것이 중요합니다. 기출 문항의 유형을 기억해서 다른 작품에 적용하여 문제를 풀 수 있기 때문입니다. 특히 〈보기〉 활용의 문제는 〈보기〉에서 작품의 해석 방향을 제시해 주고 있기 때문에 지문을 읽기 전에 〈보기〉를 먼저 읽는 것을 추천합니다.

조재연 | 서울대학교 약학계열

문학은 수능에서 시간을 단축할 수 있는 가장 좋은 영역이라고 생각합니다. 계획을 짜서 최대한 많은 문학 작품을 접하고 정리해 두어 실전에서 제목을 보자마자 내용을 떠올릴 수 있을 정도로 공부해 두면 좋습니다. 시에서의 화자, 또는 소설에서의 주요 인물의 감정과 관련된 단어에 집중하며 감정선을 파악하면 문제로 넘어갔을 때 빠르게 풀 수 있을 것입니다. 〈보기〉 활용 문제의 경우 지문을 잘못 해석하지 않기 위해 〈보기〉의 내용을 꼼꼼하게 읽는 것이 중요합니다.

김도현 | 서울대학교 자유전공학부

문학 영역에서 요구되는 것은 작품을 주관적으로 감상할 수 있는 능력이 아니라, 출제된 문제에서 요구하는 바를 사실 관계 수준에서 판단하는 능력입니다. 이때 선택지나 〈보기〉에서 사용되는 용어들이 있는데 기출 문제를 풀어 보며 어떤 경우에 이러한 개념 용어들이 적절한 설명이 되는지, 어떤 경우에는 적절하지 않게 되는지를 익히는 것이 중요합니다. 정답인 선택지 외에도 나머지 선택지들이 왜 오답이 되는지에 대해 선택지 하나하나를 꼼꼼하게 공부하는 것이 필요합니다.

한웅 | 서울대학교 농경제사회학부

문학은 크게 시와 소설로 나뉘고, 시와 소설도 고전과 현대로 나뉩니다. 문학을 갈래별로 공부하다 보면 각 갈래별로 공부하는 법에 미묘한 차이가 있음을 느낄 수 있습니다. 그 느낌대로 문학 갈래별, 자신만의 공부법을 정해 두면 효과적으로 공부할 수 있습니다. 고전 작품은 고어에 익숙해지는 것이 중요합니다. 우선 아는 말들을 위주로 작품을 해석해 보고, 고어를 틈틈이 공부해 둡니다. 현대 작품은 같은 작가의 작품들과 자주 출제되는 작품들을 반드시 정리해 둡니다.

❖ 출제 경향과 학습 대책

❶ 두 작품이 묶여 출제된다.

두 작품이 묶여 출제되는 경우가 일반적이다. 주제나 소재, 화자의 정서, 대상에 대한 화자의 태도, 시의 이미지나 분위기 등이 유사한 작품들이 묶여서 출제된다. 현대시가 다른 갈래와 묶여 갈래 복합으로 출제되는 경우가 늘면서, 현대시 단독으로 출제되는 경우는 상대적으로 줄고 있다.

❷ 문학사적으로 중요한 작가와 작품들이 출제된다.

문학사적으로 중요한 작가의 작품이나 문학사적 가치가 높은 작품이 주로 출제된다. 그리고 시기별로 보면 광복 이전의 작품과 광복 이후의 작품이 골고루 안배되는 경향을 보이므로, 이를 감안하여 학습 계획을 수립하는 것이 좋다.

❸ 교과서와 EBS 작품이 기본이다.

교과서와 EBS 교재에 수록된 작품이 많이 출제된다. 특히 교과서 수록 작품은 모든 학습의 바탕이 되는 것이므로, 빠놓지 말고 꼼꼼하게 정리해 두는 것이 좋다.

❹ 유명 작가의 낯선 작품에 주목하자.

두 작품을 묶을 때, 익숙한 작품과 유명 작가의 낯선 작품을 선택하는 경우가 많다. 낯선 작품이 출제되더라도 문제 자체는 어렵지 않은 경우가 많으므로, 평소에 작품 분석 공부를 충실히 했다면 전혀 당황할 필요가 없다.

❺ 기출 유형을 익히자.

출제되는 문제 유형은 시의 구성 요소에 맞추어 거의 정해져 있다. 화자의 정서와 태도, 시어나 시구의 의미, 시상 전개 방식, 표현상의 특징, 작품 간의 공통점과 차이점 등을 묻는다. 일부 변형을 보이더라도 기본적인 유형에서 크게 벗어나지는 않는다.

❻ 표현상의 특징을 묻는 문항은 꼭 출제된다.

표현상의 특징을 묻는 문제는 거의 빠지지 않고 출제되며, 오답률이 매우 높은 편이다. 이 유형을 해결하기 위해서는 국어 개념에 대한 이해가 필요하므로, 기출문제에 반복적으로 출제되는 개념을 확인하고 미리 공부해 둘 필요가 있다.

❼ 작품 간의 비교 감상 문항에 주목하자.

〈보기〉를 주고 두 작품의 공통점이나 차이점, 종합적 이해를 묻는 문제도 자주 출제되는 유형이다. 이때 〈보기〉는 작품 감상과 문제 풀이의 방향을 안내하는 역할을 한다. 따라서 〈보기〉를 적극적으로 활용한다면 다른 문제를 풀 때도 큰 도움을 받을 수 있다.

❽ 제목에 실마리가 담겨 있는 경우가 있다.

다른 갈래에 비해 현대시에서는 제목이 작품 해석에 도움을 주는 경우가 많다. 낯선 작품이라서 작품 감상에 어려움을 겪을 때는 제목에서 감상의 실마리를 찾는 것이 좋다.

I부

현대시

꼭 알아야 할 핵심 이론

❶ 시적 화자

(1) 시적 화자의 개념: 시에서 이야기하는 사람으로, 시인이 자신의 생각이나 느낌을 효과적으로 전달하기 위해 만들어 낸 인물. 시적 화자가 겉으로 직접 드러나는 경우도 있고, 드러나지 않는 경우도 있음.

(2) 시적 대상과 시적 상황

① 시적 대상: 시의 소재가 되는 구체적 사물 또는 관념, 시적 화자가 말을 건네는 청자 등을 모두 포함한 개념

② 시적 상황: 시적 화자 혹은 시적 대상이 처해 있는 시간적, 공간적, 심리적, 사회적, 역사적 상황. 시적 상황에 따라 화자의 정서와 태도, 어조 등이 달라짐.

(3) 시적 화자의 정서와 태도

① 시적 화자의 정서: 시적 상황이나 대상에 대해 시적 화자가 갖는 감정. 그리움, 사랑, 기쁨, 소망, 체념, 한(恨), 아쉬움, 안타까움 등의 정서가 있음.

② 시적 화자의 태도: 시적 상황이나 대상에 대해 시적 화자가 보이는 자세와 대응 방식. 관조적, 긍정적, 부정적, 반성적, 비판적, 의지적, 체념적 태도 등이 있음.

(4) 시적 화자의 어조: 시적 화자가 시적 대상이나 청자, 독자에게 취하는 언어적 태도(말투). 여성적, 독백적, 냉소적, 애상적, 예찬적, 자조적, 풍자적 어조 등이 있음.

❷ 시어

(1) 시어의 개념: 시에 쓰는 말. 시인은 일상언어에 특별한 의미를 부여하여 시어로 사용함. 시어는 함축성, 음악성, 형상성 등의 특성을 지님.

(2) 시어의 의미

① 지시적(사전적) 의미: 언어와 표현 대상 사이에 1:1의 대응 관계가 성립하는 객관적 의미. 사전에 실려 있다는 점에서 사전적 의미라고도 함.

② 함축적(문맥적) 의미: 시의 문맥과 상황에 따라 새롭게 생성되는 의미. 같은 시어일지라도 시의 문맥과 상황에 따라 서로 다른 함축적 의미를 지닐 수 있음.

(3) 시의 운율

① 시어를 통해 느낄 수 있는 말의 가락. 시에 리듬감을 부여하고, 시의 분위기와 어조를 형성하여 시의 의미와 정서를 확장하는 기능을 함.

② 운율 형성 방법: 비슷한 음운이나 음절 및 단어의 반복, 일정한 음절 수나 음보의 반복, 비슷한 문장 구조의 반복, 음성 상징어의 사용 등

(4) 시어의 이미지(심상)

① 사물이나 추상적 관념 등을 시어로 형상화할 때, 마음속에 떠오르거나 재생되는 감각적인 영상. 추상적인 관념에 구체성과 생생함을 부여함.

② 감각적 이미지: 인간의 감각 기관과 관련된 구체적 이미지. 시각적, 청각적, 후각적, 미각적, 촉각적, 공감각적 이미지

③ 상징적 이미지: 원관념은 숨기고 보조 관념만으로 추상적 내용을 구체적 대상으로 나타내어 이루어지는 이미지

개념 확인 문제

01 시적 화자에 대한 설명으로 적절하지 않은 것은?

① 시에서 말하는 사람이다.
② 시인과 동일한 인물이다.
③ '서정적 자아'라고도 한다.
④ 시적 상황에 대해 정서와 태도를 드러낸다.
⑤ 시의 표면에 직접 드러나는 경우도 있지만, 숨어 있는 경우도 있다.

02 다음 시에 나타난 시적 화자의 태도로 적절한 것은?

> 별을 노래하는 마음으로
> 모든 죽어 가는 것을 사랑해야지.
> 그리고 나한테 주어진 길을
> 걸어가야겠다.
>
> – 윤동주, 〈서시〉

① 관조적 ② 비판적 ③ 수동적
④ 의지적 ⑤ 체념적

03 시어의 특징에 대한 설명으로 알맞지 않은 것은?

① 산문과 달리 운율을 형성한다.
② 지시적 의미 외에 함축적 의미도 갖는다.
③ 시의 의미를 풍부하게 하면서 선명한 인상을 준다.
④ 시어와 표현 대상 사이에는 1:1의 의미 관계만 성립한다.
⑤ 이미지를 형성하여 대상을 구체적이고 생생하게 전달한다.

04 ㉠과 ㉡에 나타나는 주된 이미지를 각각 쓰시오.

> 넓은 벌 동쪽 끝으로
> ㉠ 옛이야기 지줄대는 실개천이 휘돌아 나가고,
> 얼룩백이 황소가
> 해설피 ㉡ 금빛 게으른 울음을 우는 곳,
>
> – 정지용, 〈고향〉

정답 01. ② 02. ④ 03. ④ 04. ㉠ 청각적 이미지 ㉡ 공감각적 이미지

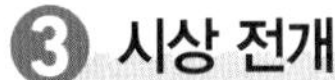

❸ 시상 전개

(1) 시상 전개의 개념

① 시상: 시를 짓기 위한 실마리가 되는 생각. 시인이 표현하려는 생각이나 감정

② 시상 전개: 시인이 시를 통해 자신의 생각이나 느낌을 효과적으로 전달하기 위해 선택하는 시의 조직 방법

(2) 시상 전개 방식

시간의 흐름	'아침 → 점심 → 저녁', '봄 → 여름 → 가을 → 겨울', '과거 → 현재 → 미래' 등의 순서로 시상을 전개함. 시간의 순서가 뒤바뀌어 전개되는 경우(역순행적 방식)도 있음.
공간의 이동	공간이나 장면의 이동에 따라 시상을 전개함.
시선의 이동	'원경 → 근경', '아래 → 위' 등 대상을 바라보는 시선의 움직임에 따라 시상을 전개함.
수미상관	시의 처음과 마지막에 같거나 유사한 시구를 배치함.
선경후정	앞부분에서는 풍경을 보여 주고 뒷부분에서는 화자의 정서를 드러냄.
기승전결	'시상의 제시[기] → 시상의 발전, 심화[승] → 시상의 고조, 전환[전] → 시상의 마무리, 정서 제시[결]'의 순서로 시상을 전개함.

❹ 시의 표현 방법

직유법	보조 관념에 연결어(~같이, ~처럼, ~인 양 등)를 붙여 표현하는 방법 예 돌담에 속삭이는 햇발같이 / 풀 아래 웃음 짓는 샘물같이
은유법	원관념을 보조 관념에 연결어 없이 빗대어 표현하는 방법 예 마음은 제 고향 지니지 않고 / 머언 항구로 떠도는 구름.
설의법	의문문의 형식으로 누구나 알고 있거나 예측되는 결과를 표현하는 방법 예 그곳이 차마 꿈엔들 잊힐 리야.
반어법	말하고자 하는 의도나 감정을 정반대로 표현하는 방법 예 먼 훗날 당신이 찾으시면 / 그때에 내 말이 "잊었노라."
역설법	논리적으로 이치에 맞지 않는 말이지만 그 속에 진리를 담아 표현하는 방법 예 찬란한 슬픔의 봄
의인법	사람이 아닌 대상에 인격을 부여하여 사람처럼 표현하는 방법 예 삼각산이 일어나 더덩실 춤이라도 추고
대구법	같거나 비슷한 구조의 문장을 나란히 배열하여 표현하는 방법 예 꽃 피는 사월이면 진달래 향기 / 밀 익는 오월이면 보리 내음새
점층법	문장의 뜻을 점점 강하게, 크게, 정도가 높아지게 표현하는 방법 예 울지요. 떼를 지어 웁니다. 벽이 무너지라고 웁니다.
감정 이입	화자의 감정을 자연물과 같은 대상에 이입하여 대상이 마치 그러한 감정을 가지고 있는 것처럼 표현하는 방법 예 사슴의 무리도 슬피 운다.

개념 확인 문제

05 다음 설명에 해당하는 시상 전개 방식을 쓰시오.

> 시의 처음과 끝에 형태적, 의미적으로 유사한 시구를 배열하여 형태적으로 안정감을 주는 방식

06 다음 시에 나타난 시상 전개 방법을 쓰시오.

> 파르란 구슬빛 바탕에
> 자주빛 호장을 받친 호장저고리
> 호장저고리 하얀 동정이 환하니 밝도소이다.
> 살살이 퍼져 내린 곧은 선이
> 스스로 돌아 곡선을 이루는 곳
> 열두 폭 기인 치마가 사르르 물결을 친다.
> 치마 끝에 곱게 감춘 운혜, 당혜
>
> – 조지훈, 〈고풍의상〉

07 다음 밑줄 친 시구에 쓰인 표현 방법으로 알맞은 것은?

> 나 보기가 역겨워
> 가실 때에는
> 죽어도 아니 눈물 흘리우리다.
>
> – 김소월, 〈진달래꽃〉

① 반어법 ② 역설법 ③ 은유법
④ 점층법 ⑤ 직유법

08 다음 밑줄 친 시구에 쓰인 표현 방법을 쓰시오.

> 가난하다고 해서 외로움을 모르겠는가.
> 너와 헤어져 돌아오는
> 눈 쌓인 골목길에 새파랗게 달빛이 쏟아지는데.
>
> – 신경림, 〈가난한 사랑 노래〉

정답 05. 수미상관 06. 시선의 이동에 따른 전개 07. ① 08. 설의법

◉ 권장 풀이 시간 : 5분 50초

[01-04] 다음 글을 읽고 물음에 답하시오.

(가) 만년(萬年)을 싸늘한 바위를 안고도
뜨거운 가슴을 어찌하리야

어둠에 창백한 꽃송이마다
깨물어 피터진 입을 맞추어

마지막 한방울 피마저 불어 넣고
해돋는 아침에 죽어가리야

사랑하는 것 사랑하는 모든 것 다 잃고라도
흰뼈가 되는 먼 훗날까지
그 뼈가 부활하여 다시 죽을 날까지

거룩한 일월(日月)의 눈부신 모습
임의 손길 앞에 나는 울어라.

마음 가난하거니 임을 위해서
내 무슨 자랑과 선물을 지니랴

의로운 사람들이 피흘린 곳에
솟아 오른 대나무로 만든 피리뿐

흐느끼는 이 피리의 [아픈 가락]이
구천(九天)에 사모침을 임은 듣는가.

미워하는 것 미워하는 모든 것 다 잊고라도
붉은 마음이 숯이 되는 날까지
그 숯이 되살아 다시 재 될 때까지

못 잊힐 모습을 어이 하리야
거룩한 이름 부르며 나는 울어라.

– 조지훈, 〈맹세〉

(나) 저기 저 담벽, 저기 저 라일락, 저기 저 별, 그리고 저기 저 우리 집 개의 똥 하나, 그래 모두 이리 와 ㉠내 언어 속에 서라. 담벽은 내 언어의 담벽이 되고, 라일락은 내 언어의 꽃이 되고, 별은 반짝이고, 개똥은 내 언어의 뜰에서 굴러라. ㉡내가 내 언어에게 자유를 주었으니 너희들도 자유롭게 서고, 앉고, 반짝이고, 굴러라. 그래 봄이다.

제대로 감상법 ✩ 문제 풀이까지 마친 후 복습할 때 보세요.

(가) 조지훈, 〈맹세〉

화자
▣ **화자와 시적 상황:** 화자는 '나'로, 임을 간절한 마음으로 사랑함.
▣ **화자의 정서와 태도:** 절대적 사랑의 대상인 (❶)에게 영원한 사랑을 맹세함.

시어
• (❷): 절대적인 사랑의 대상
• 숯, 재: 영원한 사랑을 표현하는 부활의 이미지

표현
• 설의적 표현, 이미지의 대비, 유사한 통사 구조의 반복을 통해 시적 의미를 부각함.
• (❸) 상황의 설정으로 임에 대한 사랑의 감정을 강조함.

주제
임에 대한 영원한 사랑의 다짐

제대로 구조화하기

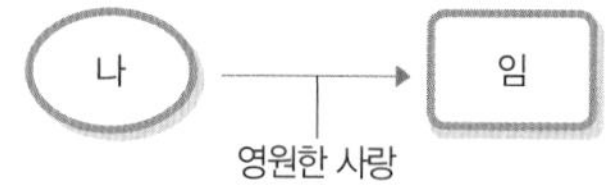

(나) 오규원, 〈봄〉

화자
▣ **화자와 시적 상황:** 화자는 '나'로, 시에서 언어 사용의 새로운 가능성을 탐구함.
▣ **화자의 정서와 태도:** 대상을 언어로 구속하려는 (❶)에서 벗어나려고 함.

시어
• 담벽, 라일락, 별, 우리 집 개의 똥: 화자가 언어로 표현하려는 주변의 흔한 존재들
• (❷): '자유'의 의미를 함축하며 1연과 2연을 의미적으로 연결함.

표현
• (❸)과 열거법을 사용하여 리듬감을 형성함.
• 일상적인 소재와 어휘를 통해 언어의 한계와 가능성을 표현함.

주제
새로운 언어 사용의 가능성에 대한 탐구

▶ 해설편 2쪽

봄은 자유다. 자 봐라, 꽃피고 싶은 놈 꽃피고, 잎 달고 싶은 놈 잎 달고, 반짝이고 싶은 놈은 반짝이고, 아지랑이고 싶은 놈은 아지랑이가 되었다. ㉢봄이 자유가 아니라면 꽃피는 지옥이라고 하자. 그래 봄은 지옥이다. ㉣이름이 지옥이라고 해서 필 꽃이 안 피고, 반짝일 게 안 반짝이던가. 내 말이 옳으면 자, ㉤자유다 마음대로 뛰어라.

– 오규원, 〈봄〉

제대로 구조화하기

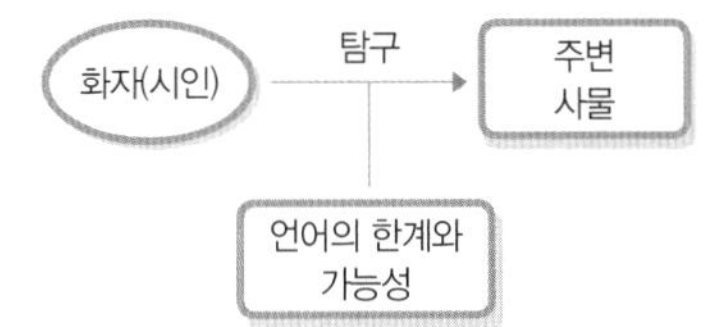

01 (가), (나)에 대한 설명으로 적절하지 않은 것은?

① (가)는 1연과 6연에서 물음의 형식을 활용하여 화자의 상황 인식을 보여 준다.
② (가)는 4연과 9연에서 상황을 가정하는 표현을 활용하여 화자의 의지를 강조한다.
③ (나)는 반복적인 표현을 제시하면서 쉼표를 사용하여 리듬감을 형성한다.
④ (가)는 대비되는 시어를 활용하여 대상의 양면성을 드러내고, (나)는 반복되는 행위를 제시하여 대상의 효용성을 드러낸다.
⑤ (가)는 같은 시구를 5연, 10연의 마지막에서 반복하여 화자의 정서를 강조하고, (나)는 1연 끝 문장의 시어를 2연 첫 문장으로 연결하며 그 의미를 드러내고 있다.

제대로 접근법 문제 채점까지 마친 후 복습할 때 보세요.

01
표현상의 특징을 파악하는 유형이다. 선택지에 언급된 표현이 작품에 나타나는지 먼저 확인하고 이어 표현의 효과로 제시된 내용이 적절한지 파악한다. 화자의 상황 및 태도와 정서, 시의 운율, 대상의 기능, 시어의 의미 등에 대한 감상 능력도 있어야 문제를 해결할 수 있다. 선택지 단어의 지시적 의미를 정확히 이해하고 작품의 주제 의식, 시적 화자의 의도 등에 해당 단어가 부합하는지 꼼꼼하게 따져 보도록 한다.

02 아픈 가락에 대한 이해로 가장 적절한 것은?

① 임에게 자랑스레 내보일 화자의 자부심을 포함한다.
② 의로운 사람들이 보여 준 희생과 설움을 담고 있다.
③ 대나무에 서린 임의 뜻을 잊으려는 화자를 질책한다.
④ 피리의 흐느낌에 호응하여 화자의 억울함을 해소한다.
⑤ 구천에 사무친 원망을 살아남은 사람들에게 전달한다.

02
시어, 시구의 의미와 기능을 파악하는 유형이다. 문제에서 지시하고 있는 흐느끼는 이 피리의 '아픈 가락'이 화자에게 어떤 의미인지 생각해 보자.
화자는 이 시에서 영원한 사랑을 다짐하는 모습을 보인다는 점을 기억하자. 그리고 그 피리가 무엇으로 만들어져 있는지, 그 가락에는 어떤 정서가 담겨 있는지 시의 내용을 통해 확인하여 가장 부합하는 내용이 담긴 선택지를 찾아보자.

03 다음에 따라 (가), (나)를 감상한 내용으로 적절하지 않은 것은? [3점]

〈보기〉

선생님 : (가)는 부재하는 임을 기다리며 더 나은 세상에 대한 바람을 드러내고, (나)는 봄과 같은 세계에서, 대상들과 함께 자유를 누리려는 바람을 드러냅니다. 그러나 (가)는 대상에게 의미를 부여하는 화자의 시선이 두드러짐에 비해, (나)는 화자가 주목하는 대상들의 모습이 두드러진다는 차이를 보여요. 이 차이가 주변 존재들을 대하는 태도나 바람을 실현하는 방식에 반영되기도 해요.

① (가)의 화자가 바라는 세상은 '해돋는 아침'과 같이 '어둠'을 벗어나 밝음을 회복한 세상일 거야.
② (나)의 화자가 지향하는 세계에서 대상들은 '자유롭게 서고, 앉고, 반짝이고,' 구를 거야.
③ (가)의 화자는 '꽃송이'를 '창백한' 대상으로 바라보고, (나)의 화자는 대상들 각각의 모습에 주목하여 그 개별성을 드러내고 있어.
④ (가)의 화자는 '피마저 불어 넣'는 희생적 태도를 보이고, (나)의 화자는 대상들이 원하는 바를 실현하게 하여 '자유'를 함께 누리려는 태도를 보이고 있어.
⑤ (가)의 화자는 '붉은 마음'을 바쳐 부재하는 '임'을 기다리고, (나)의 화자는 '담벽' 안에서 '봄'과 같은 세계를 대상들과 공유하려 하고 있어.

04 〈보기〉를 참고하여 ㉠~㉤의 의미를 설명한 것으로 가장 적절한 것은?

〈보기〉

(나)는 언어의 한계와 가능성에 대한 시인의 탐구를 보여 준다. 언어를 사용함으로써 대상을 파악할 수 있지만 그 결과는 다시 언어에 구속된다는 필연적 한계를 갖는다. 그래서 시인은 기존의 언어 사용 방식을 벗어나려는 시도를 한다. 이를 통해 언어와 대상이 기존의 관습에서 벗어나 자유를 향해 나아갈 수 있는 가능성을 모색한다.

① ㉠은 자신의 언어 속에서도 기존의 언어 사용 방식이 유지된다는 생각을 의미한다.
② ㉡은 대상을 파악하는 행위까지 포기하면서 자유를 얻고자 하는 의도를 나타낸다.
③ ㉢은 새로운 표현을 시도하여 언어와 대상이 자유를 얻을 가능성을 모색하는 과정을 나타낸다.
④ ㉣은 대상들을 구속에서 벗어나게 하기 위해 외부 상황에 변화를 주었음을 의미한다.
⑤ ㉤은 언어의 새로운 가능성을 실현하여 자신이 제한한 의미에 따라 대상들이 움직임을 의미한다.

제대로 접근법 문제 채점까지 마친 후 복습할 때 보세요.

03
외적 준거에 따른 작품 감상하기 유형이다. 〈보기〉에 제시된 정보와 각 작품의 주제 의식, 그리고 시적 화자의 정서와 태도를 고려하여 선택지의 적절성을 판단한다.
(가)의 화자는 '붉은 마음이 숯이 되'었다 '다시 재'가 될 때까지 임을 영원히 사랑하겠다는 다짐을 하고 있고, (나)의 화자는 봄날에 보이는 '담벽, 라일락, 별, 우리 집 개의 똥'과 같은 대상을 활용하여 자유로운 언어로 대상을 자유롭게 하겠다는 뜻을 밝히고 있다. 이에 부합하지 않는 내용이 담긴 선택지를 찾아본다.

04
외적 준거에 따른 작품 감상하기 유형이다. 〈보기〉를 통해 화자가 언어의 필연적 한계를 인식하고, 언어 사용의 새로운 방안을 모색하고 있음을 확인한다. 이러한 〈보기〉의 내용과 시구를 어떻게 연결하여 이해할 수 있는지 생각해 본다.
시인은 일상의 사물을 자신의 언어로 표현하며, 그 과정에서 표현할 대상에 자유를 주기 위해 언어에도 자유를 부여하겠다는 태도를 보이고 있다. 더 나아가 기존의 언어 관습에서 벗어나 언어와 대상 모두가 자유를 얻을 수 있는 방안을 모색하기도 한다. 이를 통해 새로운 언어 사용 방식의 필요성과 가능성을 보여 주기도 한다. 이런 내용과 가장 부합하는 선택지가 어떤 것인지 찾아보자.

1차 채점	
맞은 문항 수	개
틀린 문항 수	개
헷갈리는 문항 번호	

• 틀린 문항 '/' 표시

→

2차 채점	
맞은 문항 수	개
틀린 문항 수	개
헷갈리는 문항 번호	

• 틀린 문항 '×' 표시

→

3차 채점	
맞은 문항 수	개
틀린 문항 수	개
헷갈리는 문항 번호	

• 틀린 문항 ⚠ 표시

◉ 권장 풀이 시간 : 5분 50초

[01-04] 다음 글을 읽고 물음에 답하시오.

가 한여름 채전으로 ㉠가 보아라

수염을 드리운 몇 그루 옥수수에 가지, 고추, 오이, 토란, 그리고 울타리엔 덤불을 이룬 넌출 사이로 반질반질 윤기 도는 크고 작은 박이며 호박들!

이 ㉡지극히 범속한 것들은 제각기 타고난 바탕과 생김새로 주어서 아낌없고 받아서 아쉼 없는 황금의 햇빛 속에 일심으로 자라고 영글기에 숨소리도 들릴세라 적적히 여념 없나니

㉢과분하지 말라 의혹하지 말라 주어진 대로를 정성껏 충만시킴으로써 스스로를 족할 줄을 알라 오직 여기에 목숨의 유열과 천지와의 화합에 있거니

한여름 채전으로 가 보아라

나비가 심방 오고 풍뎅이가 찾아오고 잠자리가 왔다 가고 바람결에 스쳐 가고 그늘이 지나가고 비가 내리고 햇볕이 다시 나고…… 이같이 ㉣많은 손님들의 극진한 축복과 은혜 속에

이 지극히 범속한 것들의 지극히 충족한 ㉤빛나는 생명의 양상을 한여름 채전으로 와서 보아라

– 유치환, 〈채전(菜田)〉

나
[A] 우리는 썩어 가는 참나무 떼,
벌목의 슬픔으로 서 있는 이 땅
패역의 골짜기에서
서로에게 기댄 채 겨울을 난다
[B] 함께 썩어 갈수록
바람은 더 높은 곳에서 우리를 흔들고
[C] 이윽고 잠자던 홀씨들 일어나
우리 몸에 뚫렸던 상처마다 버섯이 피어난다
황홀한 음지의 꽃이여
[D] 우리는 서서히 썩어 가지만
너는 소나기처럼 후드득 피어나
그 고통을 순간에 멈추게 하는구나
오, 버섯이여
[E] 산비탈에 구르는 낙엽으로도
골짜기를 떠도는 바람으로도
[F] 덮을 길 없는 우리의 몸을
뿌리 없는 너의 독기로 채우는구나

– 나희덕, 〈음지의 꽃〉

제대로 감상법

✩ 문제 풀이까지 마친 후 복습할 때 보세요.

가 유치환, 〈채전〉

화자

▣ **화자와 시적 상황:** 생명체들이 조화를 이루며 영글어 가는 한여름의 채전을 직접 경험함.

▣ **화자의 정서와 태도:** 채전을 통해 만물의 조화로운 성장과 충만한 생명력을 예찬함.

시어

• (❶): 생명체들이 조화로운 성장을 하는 곳이자 생명력이 충만한 공간

표현

• 각 연이 '명령 – 열거 – 의미 부여'의 형식으로 시상이 전개됨.

• (❷) 어미의 활용과 시구의 반복을 통해 화자의 의도를 강조함.

주제

채소밭에서 느끼는 생명체들의 조화로운 성장과 충만한 생명력

제대로 구조화하기

나 나희덕, 〈음지의 꽃〉

화자

▣ **화자와 시적 상황:** 벌목으로 자연이 파괴된 골짜기에서 자연의 강인한 생명력을 확인함.

▣ **화자의 정서와 태도:** 인간에 의한 생명 파괴를 비판하면서 강인한 생명력을 보이는 자연에 대한 예찬적 태도를 드러냄.

시어

• 벌목의 슬픔, 패역의 골짜기: 인간에 의한 생명 파괴를 비판적으로 제시함.

• (❶): 버섯, 자연의 강인한 생명력을 상징하는 소재

표현

• (❷) 표현을 사용하여 대상에 대한 예찬적 태도를 드러냄.

주제

인간에 의한 자연의 황폐화와 자연의 강인한 생명력

제대로 구조화하기

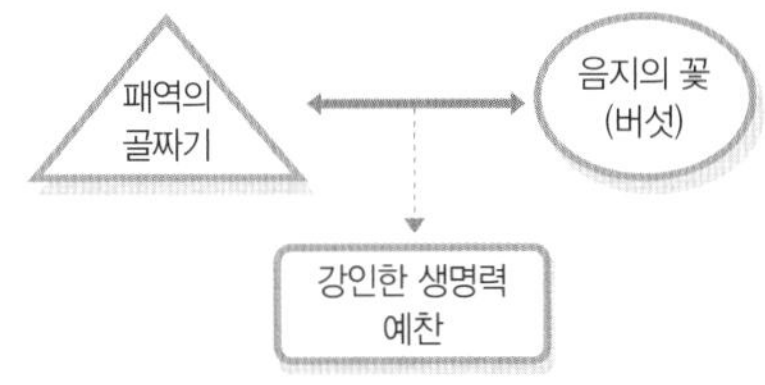

01 (가)와 (나)의 공통점으로 가장 적절한 것은?

① 사물의 모습에 대한 긍정적 인식을 바탕으로 중심 제재에 대한 예찬적 태도를 드러내고 있다.
② 주어진 현실에 순응하는 모습을 통해 중심 제재를 바라보는 비관적 태도를 암시하고 있다.
③ 풍경을 관조적으로 응시하는 시선으로 중심 제재의 외적 아름다움을 표현하고 있다.
④ 인간의 행위에 대한 우호적 관점을 토대로 중심 제재의 심미적 속성을 강조하고 있다.
⑤ 장소에 대한 부정적 인식을 심화하여 중심 제재와의 정서적 거리를 부각하고 있다.

제대로 접근법 ✩ 문제 채점까지 마친 후 복습할 때 보세요.

01
작품 간의 공통점을 파악하는 유형이다. 먼저 시적 상황과 화자의 정서 및 태도를 이해한 다음, 시어의 상징적 의미를 추측해 본다. 이를 바탕으로 작품에 담긴 주제 의식을 파악할 수 있으면 적절한 언급을 하고 있는 선택지를 찾을 수 있다.
(가)는 '채전'을 통해, (나)는 '음지의 꽃'을 통해 어떤 주제 의식을 드러내고 있는지 생각해 보자. 그리고 대상에 대한 화자의 태도를 고려하여 선택지의 적절성을 판단한다.

02 ㉠~㉤의 시적 기능에 대한 설명으로 적절하지 않은 것은?

① ㉠을 반복하고 변주하여 '채전'에서 겪을 수 있는 경험의 소중함을 느끼게 하려는 화자의 의도를 드러내고 있다.
② ㉡을 수식어로 반복하여 '범속한 것들'로부터 '충족한' 느낌을 받는 화자의 정서를 강조하고 있다.
③ ㉢에서 부정 명령형을 사용하여 '주어진 대로' '족할 줄을 알'아야 한다는 화자의 인식을 제시하고 있다.
④ ㉣에서 사물을 인격화하여 '극진한 축복과 은혜'와 대비되는 화자의 시선을 반영하고 있다.
⑤ ㉤에서 관념을 시각화하여 '목숨의 유열과 천지와의 화합'이 이루어진 대상에 대한 화자의 생각을 표현하고 있다.

02
표현상의 특징을 파악하는 유형이다. (가)의 시상 전개 과정을 고려하여 ㉠~㉤의 기능을 판단한다.
화자가 1연과 2연에서 '가 보아라'를 반복, 변형한 의도, '지극히'라는 시어의 반복을 통해 강조하고 있는 화자의 정서를 생각해 본다. 그리고 '과분하지 말라'라는 명령형의 시구에 담긴 화자의 인식, '많은 손님들'이라는 의인화된 표현에 담긴 화자의 시선이 무엇인지 확인한다. 아울러 '빛나는 생명의 양상'에 나타난 표현 방법과 화자의 생각이 무엇인지도 점검한다.

03 [A]~[F]에 대한 이해로 가장 적절한 것은?

① [A]에서 참나무가 벌목으로 썩어 가는 모습은, [B]에서 바람에 흔들리는 나무의 모습과 순환적 관계를 형성한다.
② [B]에서 참나무의 상태에 변화를 가져온 움직임은, [C]에서 버섯이 피어나는 상황과 순차적 관계를 형성한다.
③ [C]에서 참나무의 상처에 생명이 생성되는 순간은, [D]에서 나무의 고통이 멈추는 과정과 대립적 관계를 형성한다.
④ [D]에서 참나무의 모습에 일어난 변화는, [E]에서 낙엽이나 바람이 처한 상황과 인과적 관계를 형성한다.
⑤ [E]에서 참나무의 주변에 존재하는 사물들은, [F]에서 나무를 채워 주는 존재로 제시된 대상과 동질적 관계를 형성한다.

03
시상 전개 과정과 시구의 의미를 파악하는 유형이다. 각 선택지에 사용된 순환적 관계, 순차적 관계, 대립적 관계, 인과적 관계, 동질적 관계의 사전적 의미를 이해하고, 시어와 소재에 담긴 의미를 파악하여 선택지의 적절성을 판단한다.
(다)는 벌목으로 인해 썩어 가는 참나무의 상처에서 피어나는 '버섯'을 통해 자연의 강인한 생명력을 노래하고 있다. 이를 고려하여 [A]~[F]에 제시된 소재의 의미를 파악하고 다른 부분과의 의미적 연관 관계를 생각해 본다.

▶ 해설편 5쪽

04 〈보기〉를 바탕으로 (가)와 (나)를 감상한 내용으로 적절하지 않은 것은? [3점]

〈보기〉

생명 현상을 제재로 삼은 시는 대체로, 생명체들의 풍요로움을 감각적으로 형상화하거나, 생명 파괴의 현실을 극복하는 모습을 형상화한다. (가)는 만물의 조화로운 성장과 충만한 생명력에 자족하는 태도를, (나)는 인간의 욕망에 의한 상처와 고통으로 황폐화된 현실을 강인한 생명력이 피어나는 공간으로 변화시키는 모습을 드러낸다. 이러한 두 양상은 표면적으로 드러난 생명의 모습에서는 차이를 보이지만, 생명체들이 어우러져 살아가는 모습을 보여 준다는 점에서는 동일한 지향성을 지닌다고 할 수 있다.

① (가)의 '한여름'은 생명체들의 풍요로움을 감각적으로 드러내는, (나)의 '겨울'은 생명 파괴의 현실을 이겨 내는 시간적 배경으로 설정되어 있군.
② (가)의 '울타리'는 만물이 함께 살아가는 공간을 드러내는 경계로, (나)의 '골짜기'는 인간의 욕망이 투영된 장소로 제시되어 있군.
③ (가)의 '넌출'은 어우러진 생명체들이 현실의 삶에 자족하게 되는, (나)의 '홀씨'는 공존하던 생명체들이 흩어지게 되는 계기를 드러내고 있군.
④ (가)의 '그늘'은 만물이 성장을 이루어 가는 배경으로서의, (나)의 '음지'는 현실의 고통을 극복하는 장소로서의 의미를 함축하고 있군.
⑤ (가)의 '비'는 생명의 충만함과 조화로움을 갖게 하는, (나)의 '소나기'는 황폐화된 현실에 생명력을 환기하는 대상으로 표상되어 있군.

제대로 접근법

문제 채점까지 마친 후 복습할 때 보세요.

04
외적 준거에 따라 작품을 감상하는 유형이다. 〈보기〉의 내용을 정리한 다음 이를 작품 감상과 문제 해결에 활용한다.

〈보기〉 분석

- (가)의 주제 의식: 만물의 조화로운 성장과 충만한 생명력에 자족하는 태도
- (나)의 주제 의식: 인간에 의해 황폐화된 현실을 강인한 생명력이 피어나는 공간으로 변화시키는 모습

→ 생명체들이 어우러져 살아가는 모습을 보여 줌.

선택지에서 (가)와 (나)의 주제 의식에서 벗어나거나 작품과 〈보기〉를 통해 판단하기 어려운 내용이 제시된 것이 무엇인지 찾는다.

1차 채점	
맞은 문항 수	개
틀린 문항 수	개
헷갈리는 문항 번호	

• 틀린 문항 '/' 표시

→

2차 채점	
맞은 문항 수	개
틀린 문항 수	개
헷갈리는 문항 번호	

• 틀린 문항 '×' 표시

→

3차 채점	
맞은 문항 수	개
틀린 문항 수	개
헷갈리는 문항 번호	

• 틀린 문항 ⨂ 표시

◉ 권장 풀이 시간 : 4분 30초

[01-03] 다음 글을 읽고 물음에 답하시오.

(가) 향아 너의 고운 얼굴 조석으로 우물가에 비최이던 오래지 않은 옛날로 가자

수수럭거리는 수수밭 사이 걸찍스런 웃음들 들려 나오며 호미와 바구니를 든 환한 얼굴 그림처럼 나타나던 석양……

구슬처럼 흘러가는 냇물가 맨발을 담그고 늘어앉아 빨래들을 두드리던 전설같은 풍속으로 돌아가자

눈동자를 보아라 향아 회올리는 무지갯빛 허울의 눈부심에 넋 빼앗기지 말고
철따라 푸짐히 두레를 먹던 ㉠ 정자나무 마을로 돌아가자 미끈덩한 **기생충의 생리**와 허식에 인이 배기기 전으로 눈빛 아침처럼 빛나던 우리들의 고향 병들지 않은 젊음으로 찾아가자꾸나

향아 허물어질까 두렵노라 얼굴 생김새 맞지 않는 **발돋움의 흉낼**랑 그만 내자
들국화처럼 소박한 목숨을 가꾸기 위하여 맨발을 벗고 콩바심하던 **차라리 그 미개지에로 가자** 달이 뜨는 명절밤 비단치마를 나부끼며 **떼지어 춤추던** 전설같은 풍속으로 돌아가자 냇물 굽이치는 싱싱한 마음밭으로 돌아가자.

– 신동엽, 〈향아〉

(나) 이사온 그는 이상한 사람이었다
그의 집 담장들은 모두 빛나는 유리들로 세워졌다

골목에서 놀고 있는 부주의한 아이들이
잠깐의 실수 때문에
풍성한 햇빛을 복사해내는
그 유리 담장을 박살내곤 했다

그러나 얘들아, 상관없다
유리는 또 갈아 끼우면 되지
마음껏 이 골목에서 놀렴

유리를 깬 아이는 얼굴이 새빨개졌지만
이상한 표정을 짓던 다른 아이들은
아이들답게 곧 즐거워했다
견고한 송판으로 담을 쌓으면 어떨까
주장하는 아이는, 그 아름다운
골목에서 즉시 추방되었다

제대로 감상법

문제 풀이까지 마친 후 복습할 때 보세요.

(가) 신동엽, 〈향아〉

화자

- **화자와 시적 상황:** 화자는 현실을 비판하는 이로, 청자인 '향'에게 순수하고 건강한 생명력이 넘치는 농촌 공동체로 돌아가자고 권유함.
- **화자의 정서와 태도:** 현실에 대한 거부감과 순수하지 못한 것을 털어버리려는 의지를 보임.

시어

- 오래지 않은 옛날, 전설같은 풍속, 정자나무 마을, 미개지 등: 화자가 지향하는 순수한 세계, 소박한 농촌 공동체
- 허울의 눈부심, (❶), 발돋움의 흉내: 현대 물질문명의 부정적 모습

표현

- (❷)를 반복하여 화자의 의지를 드러냄.
- 부정적 현실과 이상적 세계를 (❸)하여 주제 의식을 강조함.

주제

물질문명에서 벗어나 순수한 과거로 돌아가고 싶은 마음

제대로 구조화하기

(나) 기형도, 〈전문가〉

화자

- **화자와 시적 상황:** 화자는 (❶)의 실체를 전달하는 이로, 관찰자임.
- **화자의 정서와 태도:** 기만적인 방식으로 대중을 길들이는 권력자의 통치술을 비판함.

시어

- '그': 기만적 통치술로 군중을 길들이는 권력자
- (❷): 권력자에게 길들여지는 어리석은 군중들
- (❸): 군중의 이성을 마비시키고 길들이기 위해 사용된 권력자의 장치

표현

- 상징적 소재와 사건 전개를 통해 주제를 우의적으로 드러냄.
- 골목 안에서 벌어지는 사건을 객관적 태도로 전달하며 비판 의식을 드러냄.

주제

권력자에게 이용당하는 어리석은 군중의 모습

▶ 해설편 7쪽

유리 담장은 매일같이 깨어졌다
필요한 시일이 지난 후, 동네의 모든 아이들이
충실한 그의 부하가 되었다

어느 날 그가 **유리 담장**을 떼어냈을 때, ㉡ 그 골목은
가장 햇빛이 안 드는 곳임이
판명되었다. **일렬로** 선 아이들은
묵묵히 벽돌을 날랐다

– 기형도, 〈전문가〉

제대로 구조화하기

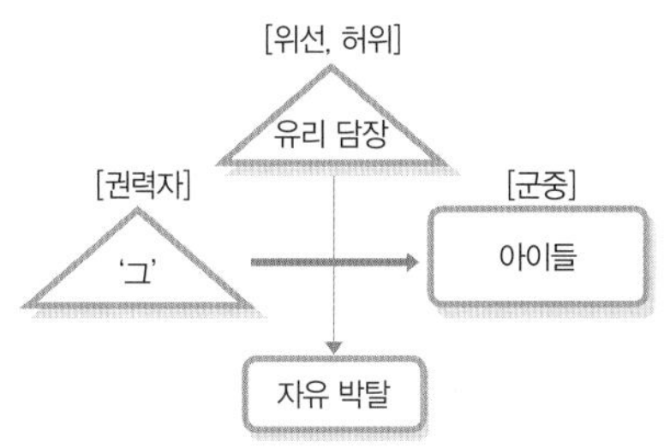

01 (가), (나)에 대한 설명으로 가장 적절한 것은?

① (가)는 과거를 회상하며 현실을 관망하는 태도를 드러내고 있다.
② (나)는 상징성을 띤 사건의 전개를 통해 주제를 암시하고 있다.
③ (가)와 (나)는 모두 음성 상징어를 활용하여 상상 세계의 경이로움을 나타내고 있다.
④ (가)와 (나)는 모두 동일한 시구의 반복과 변주를 통해 시적 분위기를 고조하고 있다.
⑤ (가)는 위로하는 어조로, (나)는 충고하는 어조로 시적 청자에게 말을 건네고 있다.

02 ㉠과 ㉡을 비교한 내용으로 가장 적절한 것은?

① ㉠은 '향'에게 귀환이 금지된 공간이고, ㉡은 '아이들'에게 이탈이 금지된 공간이다.
② ㉠은 '향'이 자기반성을 수행하는 공간이고, ㉡은 '아이들'이 '그'의 요청을 수행하는 공간이다.
③ ㉠은 '향'이 본성을 찾아가는 낯선 공간이고, ㉡은 '아이들'이 개성을 박탈당한 상실의 공간이다.
④ ㉠은 '향'의 노동과 놀이가 공존하던 공간이고, ㉡은 '아이들'의 놀이가 사라지고 노동만 남은 공간이다.
⑤ ㉠은 '향'과 화자의 우호적 관계가 드러나는 공간이고, ㉡은 '아이들'과 '그'의 상생 관계가 드러나는 공간이다.

제대로 접근법 문제 채점까지 마친 후 복습할 때 보세요.

01
표현상의 특징과 그 효과를 파악하는 유형이다. 선택지에 제시된 효과와 작품에 드러난 특징을 연결하여 선택지의 내용이 바르게 진술되었는지 판단해 보자.
오답 선택지는 보통 두 작품 모두에 해당하지 않거나, 한 작품은 해당하지만 다른 작품은 해당하지 않는 내용으로 구성된다. 따라서 선택지에 언급된 특징과 그 효과가 각 작품에 나타나는지 하나하나 꼼꼼하게 확인한다.

02
시적 공간의 기능과 특징을 파악하는 유형이다. 작품의 내용을 통해 공간의 의미를 어렵지 않게 파악할 수 있어 오답률이 비교적 낮았다.
(가)에서 화자는 순수하고 건강한 생명력이 넘치는 농촌 공동체가 존재했던 과거의 삶으로 회귀하고 싶어 한다. 그리고 (나)에서 아이들은 권력자에게 자유를 빼앗기고 그를 위해 벽돌을 나르게 된다. 이를 고려하여 공간에 담긴 의미를 파악하면 선택지의 적절성 여부를 판단할 수 있다.

03 〈보기〉를 참고하여 (가), (나)를 감상한 내용으로 적절하지 않은 것은? [3점]

〈보기〉

(가)와 (나)는 모두 부정적 현실을 비판한 작품이다. (가)는 물질문명의 허위와 병폐에 물들어 가는 공동체가 농경 문화의 전통에 바탕을 두고 건강한 생명력과 순수성을 회복하기를 소망하는 작가 의식을 담고 있다. (나)는 환영(幻影)을 통해 대중의 이성을 마비시키고 대중을 획일적으로 길들이는 권력의 기만적 통치술에 대한 비판 의식을 담고 있다.

① (가)에서 '차라리 그 미개지에로 가자'라는 화자의 권유는 공동체의 터전을 확장하여 순수성을 지켜 나가려는 의식을 보여 주는군.
② (나)에서 골목이 '가장 햇빛이 안 드는 곳'으로 판명되었다는 것은 '유리 담장'이 대중을 기만하는 환영의 장치였음을 보여 주는군.
③ (가)에서 '기생충의 생리'는 자족적인 농경 문화 전통에 반하는 문명의 병폐를, (나)에서 '주장하는 아이'의 추방은 획일적으로 통제된 사회의 모습을 보여 주는군.
④ (가)에서 '발돋움의 흉내'를 낸다는 것은 물질문명에 물들어 가는 상황을, (나)에서 '곧 즐거워했다'는 것은 권력의 술수에 대중이 길들여지고 있는 상황을 보여 주는군.
⑤ (가)에서 '떼지어 춤추던' 모습은 농경 문화 공동체의 건강한 생명력을, (나)에서 '일렬로', '묵묵히' 벽돌을 나르는 모습은 권력에 종속된 대중의 형상을 보여 주는군.

제대로 접근법 ☆ 문제 채점까지 마친 후 복습할 때 보세요.

03
외적 준거에 따라 작품을 감상하는 유형이다. 특정 선택지의 선택률이 매우 높았는데 이 선택지가 학생들에게 함정으로 작용하였다. 먼저 〈보기〉에 제시된 정보를 바르게 정리해 보자.

〈보기〉 분석

- (가)와 (나)의 공통점: 부정적 현실을 비판
- (가)의 주제 의식: 농촌 공동체의 건강한 생명력과 순수성 회복을 소망
- (나)의 주제 의식: 권력의 기만적 통치술에 대한 비판

〈보기〉에 제시된 주제 의식을 바탕으로 시구와 소재에 담긴 의미를 파악하여 선택지의 적절성을 판단해야 하는데 이 부분에서 어려움을 겪은 학생이 많았던 듯하다. 공간이나 시구 및 행동의 의미를 파악할 때는 우선 각 시의 주제 의식을 드러내는 것과 배치되는 면이 없는 설명인지 판단해야 한다. 선택지에 제시된 설명에 근거하여 시구의 의미를 해석해 보면서 이것이 시의 흐름에 어울리는지 판단해 보는 방법으로 선택지의 타당성을 점검해 보자.

1차 채점	
맞은 문항 수	개
틀린 문항 수	개
헷갈리는 문항 번호	

• 틀린 문항 '/' 표시

→

2차 채점	
맞은 문항 수	개
틀린 문항 수	개
헷갈리는 문항 번호	

• 틀린 문항 '×' 표시

→

3차 채점	
맞은 문항 수	개
틀린 문항 수	개
헷갈리는 문항 번호	

• 틀린 문항 '☆' 표시

◉ 권장 풀이 시간 : 4분 30초

▶ 해설편 10쪽

[01-03] 다음 글을 읽고 물음에 답하시오.

(가) 무너지는 꽃 이파리처럼
휘날려 발 아래 깔리는 / 서른 나문 해야

구름같이 피려던 뜻은 날로 굳어
한 금 두 금 곱다랗게 감기는 연륜(年輪)

갈매기처럼 꼬리 떨며
산호 핀 바다 바다에 나려앉은 섬으로 가자

비취빛 하늘 아래 피는 꽃은 맑기도 하리라
무너질 적에는 눈빛 파도에 적시우리

초라한 경력을 육지에 막은 다음
주름 잡히는 연륜마저 끊어버리고
나도 또한 불꽃처럼 열렬히 살리라

– 김기림, 〈연륜〉

(나) 제 손으로 만들지 않고 / **한꺼번에** 싸게 사서
마구 쓰다가 / 망가지면 내다 버리는
플라스틱 물건처럼 느껴질 때
나는 **당장** 버스에서 뛰어내리고 싶다
현대 아파트가 들어서며 / 홍은동 사거리에서 사라진
털보네 대장간을 찾아가고 싶다
풀무질로 이글거리는 불 속에
시우쇠처럼 나를 달구고
모루 위에서 벼리고 / 숫돌에 갈아
시퍼런 무쇠 낫으로 바꾸고 싶다
땀 흘리며 두들겨 **하나씩** 만들어 낸 / 꼬부랑 호미가 되어
소나무 자루에서 송진을 흘리면서
대장간 벽에 걸리고 싶다
지금까지 살아온 인생이
온통 부끄러워지고 / 직지사 해우소
아득한 나락으로 떨어져 내리는
똥덩이처럼 느껴질 때
나는 가던 길을 멈추고 문득
어딘가 걸려 있고 싶다

– 김광규, 〈대장간의 유혹〉

제대로 감상법

☆ 문제 풀이까지 마친 후 복습할 때 보세요.

(가) 김기림, 〈연륜〉

화자

▣ **화자와 시적 상황:** 화자는 서른 남짓한 나이의 사람으로, 지나온 삶을 (❶)하고 있음.

▣ **화자의 정서와 태도:** 무기력하게 나이만 먹는 삶을 돌아보며 열정적인 삶을 살겠다고 다짐함.

시어

- (❷): 현실을 떨치고 비상하는 화자
- (❸): 화자가 지향하는 공간
- 육지: 화자가 부정적으로 인식하는 공간

표현

- '육지'와 '섬'의 (❹)를 통해 화자가 지향하는 공간을 부각시킴.
- '–자', '–리라'라는 종결 어미를 통해 화자의 강한 의지를 나타냄.

주제

초라한 삶에서 벗어나 열정적인 삶을 살겠다는 의지

제대로 구조화하기

(나) 김광규, 〈대장간의 유혹〉

화자

▣ **화자와 시적 상황:** 화자는 '나'로, 자신의 삶을 (❶)하고 있음.

▣ **화자의 정서와 태도:** 무가치한 삶을 거부하고 가치 있는 존재가 되고자 함.

시어

- (❷): 쉽게 만들어지고 쉽게 버려지는 상품, 무가치한 삶
- (❸): 산업화로 인해 사라진 공간, 가치 있는 것을 만들어 내던 곳
- 시퍼런 무쇠 낫, 꼬부랑 호미: 가치 있는 삶

표현

- (❹) 이미지의 시어들을 통해 주제를 강조함.
- '–고 싶다'의 통사 구조를 반복하여 소망의 간절함을 드러냄.

주제

가치 있는 삶을 되찾고 싶은 마음

제대로 구조화하기

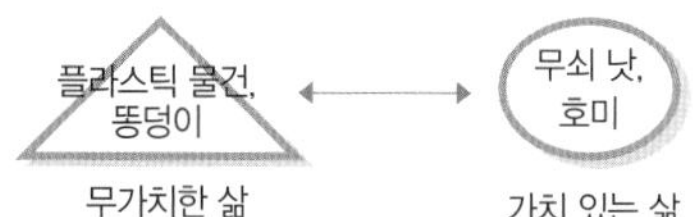

01 (가)와 (나)에 대한 설명으로 가장 적절한 것은?

① (가)는 (나)와 달리 과정을 나타내는 시어들을 나열하여 시간의 급박한 흐름을 드러내고 있다.
② (나)는 (가)와 달리 자연물에 빗대어 화자의 움직임을 드러내고 있다.
③ (나)는 (가)와 달리 색채어를 활용하여 공간적 배경이 만들어 내는 분위기를 드러내고 있다.
④ (가)와 (나)는 모두 하강의 이미지가 담긴 시어를 활용하여 화자의 인식을 드러내고 있다.
⑤ (가)와 (나)는 모두 표면에 드러난 청자에게 말을 건네는 방식으로 화자의 정서를 드러내고 있다.

02 (가)와 (나)의 시어에 대한 이해로 적절하지 않은 것은?

① (가)에서 '열렬히'는 화자가 추구하는 삶에 대한 적극적인 태도를 표방한다.
② (나)에서 '한꺼번에'와 '하나씩'의 대조는 개별적인 존재의 고유성을 부각한다.
③ (나)에서 '온통'은 화자의 성찰적 시선이 자신의 삶 전반에 걸쳐 있음을 부각한다.
④ (가)에서 '날로'는 부정적 상황의 지속적인 심화를, (나)에서 '당장'은 당면한 상황에서 벗어나려는 절박감을 강조한다.
⑤ (가)에서 '또한'은 긍정적인 존재와 화자의 동질성을, (나)에서 '마구'는 부정적으로 취급되는 대상과 화자 간의 차별성을 부각한다.

03 〈보기〉를 참고하여 (가), (나)를 감상한 내용으로 적절하지 않은 것은? [3점]

〈보기〉

시인은 결핍을 느끼는 상황에서 새로운 가치를 발견하고 이를 통해 삶을 성찰하는 경우가 많다. 예컨대 〈연륜〉은 축적된 인생 경험에서, 〈대장간의 유혹〉은 현대인이 추구하는 편리함에서 결핍을 발견한 화자를 통해 일상에서 경험하는 것들이 재해석된다. 두 작품은 결핍된 상황에서 벗어나려는 의지를 구심점으로 삼아 시상을 전개한다.

① (가)에서 '서른 나문 해'를 '초라한 경력'으로 표현한 것은, 화자가 자신이 살아온 인생을 변변치 않은 경험으로 재해석한 것이겠군.
② (가)에서 '불꽃'을 긍정적인 이미지로 표현한 것은, '주름 잡히는 연륜'에 결핍되어 있는 속성을 끊을 수 있는 수단이라는 의미로 재해석한 것이겠군.
③ (나)에서 지금은 사라진 '털보네 대장간'을 '찾아가고 싶다'고 표현한 것은, 일상에서 결핍된 가치를 찾고자 하는 화자의 열망을 공간에 투영한 것이겠군.
④ (나)에서 '가던 길을 멈추고' '걸려 있고 싶다'고 표현한 것은, 화자가 추구하는 가치를 표상하는 사물의 상태가 되고 싶다고 진술함으로써 결핍에서 벗어나고자 하는 의지를 드러낸 것이겠군.
⑤ (가)에서 '육지'를 지나간 시간을 막아 둘 공간으로, (나)에서 '버스'를 벗어나고 싶은 공간으로 표현한 것은, '육지'와 '버스'를 화자가 결핍을 느끼는 공간으로 재해석한 것이겠군.

제대로 접근법

☆ 문제 채점까지 마친 후 복습할 때 보세요.

01
표현상의 특징을 파악하는 유형이다. 공통점을 묻는 선택지와 차이점을 묻는 선택지가 섞여 있다. 선택지가 '(가)는 (나)와 달리 ~'와 같이 이루어져 있다면, 그 특징이 (가)에는 나타나야 하고 (나)에는 나타나지 않아야 한다는 점을 기억하자.
먼저 주어에 해당하는 작품에 선택지에 언급된 특징이 나타나는지 확인한 다음, 다른 작품과 비교하여 선택지의 적절성을 판단한다. 색채어, 하강의 이미지, 청자에게 말을 건네는 방식 등과 같은 개념어는 미리 익히고 있어야 한다.

02
시어의 의미와 기능을 파악하는 유형이다. 시어의 의미는 시의 주제 의식, 화자의 정서 및 태도와 밀접하게 관련되어 있다. 따라서 시의 전체적인 맥락 속에서 선택지에 언급된 시어의 의미를 유추해야 한다.
(가)의 화자는 열정적인 삶을 살겠다고 다짐하고 있고, (나)의 화자는 가치 있는 존재가 되기를 소망하고 있다. 이를 바탕으로 (가)와 (나)에서 긍정적 의미로 쓰인 시어와 부정적 의미로 쓰인 시어를 구분해 보자. 이런 구분이 가능하다면 선택지에서 시어의 의미를 바르게 해석했는지 판단할 수 있다.

03
외적 준거에 따라 작품을 감상하는 유형이다. 제시된 작품이나 〈보기〉의 내용이 그렇게 어렵지 않았음에도 불구하고 정답률이 무척 낮았다. 만약 (가)와 (나)가 이미 알고 있는 작품이라고 하더라도, 〈보기〉에 제시되어 있는 '결핍'이라는 키워드를 가지고 작품을 재해석해야 한다.
(가)와 (나)는 모두 대비되는 시어를 통해 주제 의식을 구현하고 있다. 화자가 긍정적으로 인식하는 시어(결핍에서 벗어나려는 의지와 관련)와 부정적으로 인식하는 시어(결핍을 느끼는 상황과 관련)를 찾아 표시한 다음 선택지의 적절성을 판단해 보자.

1차 채점		
맞은 문항 수		개
틀린 문항 수		개
헷갈리는 문항 번호		

• 틀린 문항 '/' 표시

→

2차 채점		
맞은 문항 수		개
틀린 문항 수		개
헷갈리는 문항 번호		

• 틀린 문항 '×' 표시

→

3차 채점		
맞은 문항 수		개
틀린 문항 수		개
헷갈리는 문항 번호		

• 틀린 문항 '△' 표시

[01-04] 다음 글을 읽고 물음에 답하시오.

㉮ 돌담으로 튼튼히 가려 놓은 집 안엔 검은 기와집 종가가 살고 있었다. 충충한 울 속에서 거미 알 터지듯 흩어져 나가는 이 집의 지손(支孫)*들. 모두 다 싸우고 찢고 헤어져 나가도 오래인 동안 이 집의 광영光榮)을 지키어 주는 신주(神主)*들은 대머리에 곰팡이가 나도록 알리어지지는 않아도 종가에서는 무기처럼 아끼며 제삿날이면 갑자기 높아 제상(祭床) 위에 날름히 올라앉는다. 큰집에는 큰아들의 식구만 살고 있어도 제삿날이면 제사를 지내러 오는 사람들 오조 할머니와 아들 며느리 손자 손주며느리 칠촌도 팔촌도 한데 얼리어 닝닝거린다. 시집갔다 쫓겨 온 작은딸 과부가 되어 온 큰고모 손꾸락을 빨며 구경하는 이종 언니 이종 오빠. 한참 쩡쩡 울리던 옛날에는 오조 할머니 집에서 동원 뒷밥*을 먹어왔다고 오조 할머니 시아버니도 남편도 동네 백성들을 곧-잘 잡아들여다 모말굴림*도 시키고 주릿대를 앵기었다고. 지금도 종가 뒤란에는 중복사 나무 밑에서 대구리가 빤들빤들한 달걀귀신이 융융거린다는 마을의 풍설. 종가에 사는 사람들은 아무 일을 안 해도 지내 왔었고 대대손손이 아-무런 재주도 물리어 받지는 못하여 종갓집 영감님은 근시 안경을 쓰고 눈을 찝찝거리며 먹을 궁리를 한다고 작인(作人)들에게 고리대금을 하여 살아 나간다.

– 오장환, 〈종가〉

* 지손: 맏이가 아닌 자손에서 갈라져 나간 파의 자손
* 신주: 죽은 사람의 위패
* 뒷밥: 고사나 제사를 지낸 후 객귀를 위해 차리는 상
* 모말굴림: 곡식을 담는 그릇 위에 무릎을 꿇리는 형벌

㉯ 노래는 심장에, 이야기는 뇌수에 박힌다
처용이 밤늦게 돌아와, 노래로써
아내를 범한 귀신을 꿇어 엎드리게 했다지만
[A] 막상 목청을 떼어 내고 남은 가사는
베개에 떨어뜨린 머리카락 하나 건드리지 못한다
하지만 처용의 이야기는 살아남아
새로운 노래와 풍속을 짓고 유전해 가리라
정간보가 오선지로 바뀌고
이제 아무도 시집에 악보를 그리지 않는다
[B] 노래하고 싶은 시인은 말 속에
은밀히 심장의 박동을 골라 넣는다
그러나 내 격정의 상처는 노래에 쉬이 덧나
다스리는 처방은 이야기일 뿐
이야기로 하필 시를 쓰며
뇌수와 심장이 가장 긴밀히 결합되길 바란다.

– 최두석, 〈노래와 이야기〉

제대로 감상법

☆ 문제 풀이까지 마친 후 복습할 때 보세요.

㉮ 오장환, 〈종가〉

화자
▣ **화자와 시적 상황:** 화자는 종가에 대해 이야기하는 이로, 과거의 위세를 잃고 (❶)해 가는 종가의 모습을 담담하게 제시함.
▣ **화자의 정서와 태도:** 종가의 부정적인 모습을 희화화하고 비판함.

시어
• 대머리에 곰팡이가 ~ 날름히 올라앉는다: 종가의 권위를 상징하는 신주를 희화화하여 표현함.
• (❷): 위세를 잃고 탐욕스러운 방법으로 생계를 이어가는 종가의 모습을 나타냄.

표현
• 과거와 현재의 상황을 대비하여 주제를 부각함.
• 대상을 (❸)하여 풍자적 태도를 드러냄.

주제
피폐해진 종가의 모습을 통해 바라본 봉건 질서의 몰락

제대로 구조화하기

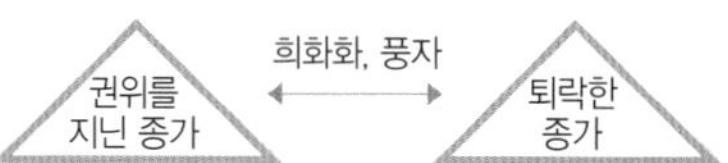

㉯ 최두석, 〈노래와 이야기〉

화자
▣ **화자와 시적 상황:** 화자는 시의 본질에 대해 이야기하는 이로, 노래와 이야기의 관계를 통해 자신이 추구하는 시가 무엇인지를 밝힘.
▣ **화자의 정서와 태도:** 노래와 이야기가 (❶)를 이루는 시를 지향함.

시어
• (❷): 감성을 의미함.
• (❸): 이성을 의미함.
• 심장의 박동: 리듬, 운율(노래의 속성)

표현
• 처용가와 처용 설화를 인용하여 시상을 전개함.
• 노래와 이야기의 성격을 비교해 주제를 구체화함.

주제
노래와 이야기가 조화를 이루는 시에 대한 지향

제대로 구조화하기

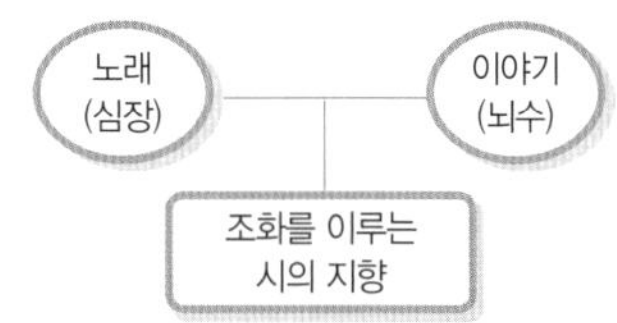

01 (가)에 대한 이해로 가장 적절한 것은?

① '이 집의 지손들'이 '거미 알 터지듯 흩어져 나'간다는 데서, 종가의 번성에 대한 자부심을 드러낸다.
② '오래인 동안 이 집의 광영을 지키어 주는 신주들'이 '제삿날이면 갑자기 높아 제상 위에 날름히 올라앉는다'는 데서, 종가에 대한 풍자적 태도를 드러낸다.
③ '동네 백성들을 곧-잘 잡아들여다 모말굴림도 시키고 주릿대를 앵기었다'는 데서, 종가의 위세에 대한 시기심을 드러낸다.
④ '종가에 사는 사람들은 아무 일을 안 해도 지내 왔었고 대대손손이 아-무런 재주도 물리어 받지는 못'했다는 데서, 종가의 내력을 존중하는 태도를 드러낸다.
⑤ '근시 안경을 쓰고 눈을 찝찝거리'는 '종갓집 영감님'이 '작인들에게 고리대금을 하여 살아 나간다'는 데서, 종가에 대한 선망을 드러낸다.

02 [A], [B]에 대한 이해로 가장 적절한 것은?

① [A]는 '노래'와 '가사'의 융합이 가져온 결과를 보여 준 것이다.
② [A]는 '노래'와 '이야기'가 결합되었을 때 나타나는 단점을 설명한 것이다.
③ [B]는 시인의 '말'에 '이야기'가 직접 연결된 상황을 표현한 것이다.
④ [B]는 '노래'의 성격이 약화된 '말'에 '노래'가 주는 감동을 불어넣는 상황을 보여 준 것이다.
⑤ [A]는 '이야기'의 도입이 지닌 한계를, [B]는 '노래'의 회복이 지닌 의의를 설명한 것이다.

03 (가), (나)에 대한 설명으로 적절하지 않은 것은?

① (가)는 '쩡쩡 울리던 옛날'과 '달걀귀신이 융융거린다는 마을의 풍설'을 통해 '종가'에 대한 인상을 감각적으로 나타내고 있다.
② (가)는 '돌담으로 튼튼히 가려 놓은 집'과 '검은 기와집'을 통해 '종가'의 분위기를 드러내고 있다.
③ (나)는 '그러나'라는 시상 전환 표지를 활용하여 '노래'만으로는 화자가 바라는 '시' 창작이 어렵다는 점을 부각하고 있다.
④ (나)는 '처용'이 부른 '노래'와 '처용'에 대한 '이야기'의 성격을 비교하여 주제를 구체화하고 있다.
⑤ (가)는 '지금도'를 통해 '종가'의 불변성을, (나)는 '이제'를 통해 '시'의 영속성을 강조하고 있다.

제대로 접근법

문제 채점까지 마친 후 복습할 때 보세요.

01
시구의 의미에 대한 해석을 바탕으로 화자의 정서와 태도를 바르게 이해했는지 확인하는 유형이다. 먼저 시 전체의 흐름을 정리해 보자. (가)는 종가의 분위기, 가족들의 분열, 제삿날의 모습, 과거 종가의 위세, 현재 종가의 퇴락 등을 담고 있다.
이러한 내용을 이해했다면 어렵지 않게 문제를 해결할 수 있다. 화자는 유교적 봉건 질서를 대표하는 종가에 대해 부정적으로 생각하고 있다. 이러한 화자의 태도에 부합하는 내용을 진술하고 있는 선택지를 찾아보자.

02
시어 및 시구의 의미와 기능을 파악하는 유형으로, 정답률이 낮은 편이었다. (나)가 시의 본질은 무엇인가라는 다소 추상적인 내용을 담고 있어 문제를 푸는 데 어려움을 겪은 것으로 보인다.
(나)를 이해하기 위해서는 '노래'와 '이야기'의 관계를 파악하는 것이 중요하다. 노래는 사람의 감성적인 면과 관련이 있고, 이야기는 사람의 이성적인 면과 관련이 있다. (나)에서 노래와 관련된 시어나 표현, 이야기와 관련된 시어나 표현을 구분해 보자. 이를 바탕으로 [A]와 [B]를 바르게 해석하고 있는 선택지를 찾는다.

03
작품을 종합적으로 이해하고 감상할 수 있는지 확인하는 유형이다. 시의 주제 의식과 화자의 정서와 태도에 대한 이해를 바탕으로 선택지에 언급된 내용의 적절성을 판단해야 한다.
(가)는 종가의 부정적인 모습을 풍자하고 있는 작품으로, 화자는 종가에 대해 비판적 태도를 보이고 있다. (나)는 노래와 이야기의 관계에 대해 밝히고 있는 작품으로, 화자는 노래와 이야기가 조화를 이루는 시를 지향하고 있다. 이를 바탕으로 선택지의 내용을 꼼꼼하게 점검해 보자.

▶ 해설편 13쪽

04 〈보기〉를 바탕으로 (가), (나)를 감상한 내용으로 적절하지 않은 것은? [3점]

〈보기〉

(가)에서 화자는 '종가'의 상황을 구체적으로 서술함으로써 종가와 연관된 사람들의 상처를 드러내고, 이러한 종가의 이야기가 현재의 상황과 연결되도록 현재 시제를 주로 사용하여 생동감 있게 표현했다. (나)에서 화자는 '시'가 '노래'의 성격을 되찾아야 할 뿐만 아니라, 감정의 과잉으로 상처가 오히려 깊어지기도 하는 노래의 한계를 극복하기 위해 '이야기'가 요구된다는 점을 강조했다. (가)는 종가에 대한 화자의 경험을 이야기한 산문 형식의 시이고, (나)는 〈종가〉와 같은, 이야기가 두드러진 시를 짓는 까닭을 제시한 시론 성격의 시이다.

① (가)는 종가 구성원들의 행동을 현재 시제로 생동감 있게 표현함으로써 종가의 이야기와 현실이 연관되도록 서술하고 있군.
② (가)는 '동네 백성들'이 받은 상처를 보여 줌으로써 종가의 부정적 측면을 드러내려는 화자의 의도를 부각하고 있군.
③ (나)는 상처가 노래에 쉽게 덧난다고 말함으로써 시에서 노래의 성격이 분리된 결과를 보여 주고 있군.
④ (나)는 '뇌수'와 '심장'의 결합을 희망한다고 말함으로써 시에 이야기도 필요하다는 생각을 담아내고 있군.
⑤ (가)는 종가에 얽힌 경험과 상처에 대한 이야기를, (나)는 시 창작에서 이야기의 활용이 지니는 의미를 제시하고 있군.

제대로 접근법

문제 채점까지 마친 후 복습할 때 보세요.

04

외적 준거에 따라 작품을 감상하는 유형이다. 〈보기〉에는 (가)와 (나)의 주요 내용이 압축되어 있다. 이러한 내용은 지문을 감상하는 데 도움을 줄 뿐만 아니라, 다른 문제를 해결하는 데 실마리를 제공하기도 한다.

〈보기〉 분석

- (가)의 특징: ① 종가와 연관된 사람들의 상처를 드러냄. ② 현재 시제를 주로 사용 ③ 종가에 대한 화자의 경험 제시
- (나)의 특징: ① '시'가 '노래'의 성격을 되찾아야 함. ② '노래'의 한계를 극복하기 위해 '이야기'가 요구됨. ③ 이야기가 두드러진 시를 짓는 까닭 제시

이를 참고하면 (가)와 (나)에서 화자가 무엇을 말하려고 하는지를 보다 분명하게 파악할 수 있다. 이에 어긋나는 내용을 담은 선택지가 있는지 찾아보자.

1차 채점		
맞은 문항 수		개
틀린 문항 수		개
헷갈리는 문항 번호		

• 틀린 문항 '/' 표시

→

2차 채점		
맞은 문항 수		개
틀린 문항 수		개
헷갈리는 문항 번호		

• 틀린 문항 '×' 표시

→

3차 채점		
맞은 문항 수		개
틀린 문항 수		개
헷갈리는 문항 번호		

• 틀린 문항 '☆' 표시

◉ 권장 풀이 시간 : 4분 30초

[01-03] 다음 글을 읽고 물음에 답하시오.

㈎ 눈이 오는가 북쪽엔
함박눈 쏟아져 내리는가

험한 벼랑을 굽이굽이 돌아간
백무선 철길 위에
느릿느릿 밤새어 달리는
화물차의 검은 지붕에

연달린 산과 산 사이
너를 남기고 온
작은 마을에도 복된 눈 내리는가

잉크병 얼어드는 이러한 밤에
어쩌자고 잠을 깨어
그리운 곳 차마 그리운 곳

눈이 오는가 북쪽엔
함박눈 쏟아져 내리는가

– 이용악, 〈그리움〉

㈏ 왜 그곳이 자꾸 안 잊히는지 몰라
가름젱이 사래 긴 우리 밭 그 건너의 논실 이센 밭
가장자리에 키 작은 탱자 울타리가 쳐진.
훗날 나 중학생이 되어
아침마다 콩밭 이슬을 무릎으로 적시며
그곳을 지나다녔지
수수알이 ㉠짱짱 여무는 가을이었을까
깨꽃이 하얗게 부서지는 햇빛 밝은 여름날이었을까
아랫냇가 굽이치던 물길이 옆구리를 들이받아
벌건 황토가 드러난 그곳
허리 굵은 논실댁과 그의 딸 영자 영숙이 순임이가
밭 사이로 일어섰다 앉았다 하며 커다란 웃음들을 웃고
나 그 아래 냇가에 소고삐를 풀어놓고
어항을 놓고 있었던가 가재를 쫓고 있었던가
나를 부르는 소리 같기도 하고
㉡쏴르르 쏴르르 무엇이 물살을 헤짓는 소리 같기도 하여
고개를 들면 아, ㉢청청히 푸르던 하늘
갑자기 무섬증이 들어 언덕 위로 달려 오르면

제대로 감상법

☆ 문제 풀이까지 마친 후 복습할 때 보세요.

㈎ 이용악, 〈그리움〉

화자

▣ **화자와 시적 상황:** 화자는 가족을 북쪽에 두고 온 이로, 추운 밤 잠에서 깨어 (❶)을 바라보며 고향과 가족을 생각함.

▣ **화자의 정서와 태도:** 고향에 남겨진 가족들에 대한 그리움과 애틋함을 드러냄.

시어

- (❷): 화자가 그리워하는 곳이자 가족이 있는 고향
- (❸): 고향과 가족에 대한 그리움이 응축된 표현

표현

- 의문형 종결 어미를 통해 그리움의 정서를 고조함.
- (❹)의 구성을 통해 안정감을 얻고 주제를 강조함.

주제

떠나온 고향과 가족에 대한 그리움

제대로 구조화하기

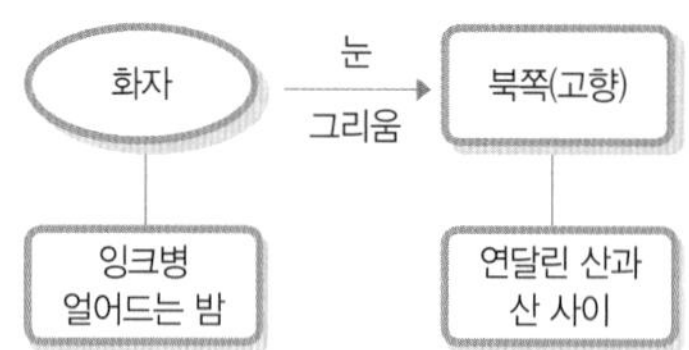

㈏ 이시영, 〈마음의 고향 2 – 그 언덕〉

화자

▣ **화자와 시적 상황:** 화자는 객지에서 생활하고 있는 '나'로, 유년 시절 고향에서의 다양한 경험을 (❶)하며 추억함.

▣ **화자의 정서와 태도:** 고향에 대한 변함없는 애정을 드러냄.

시어

- (❷): 화자에게 감동을 주었던 푸른 하늘의 색채를 부각하는 시어
- 논실댁, 영자, 영숙이, 순임이: 고향에서 함께 살던 이웃들의 이름

표현

- 다양한 심상과 음성 상징어를 사용해 화자의 기억에 담긴 고향을 감각적으로 묘사함.
- (❸)이 드러나는 시어를 통해 시의 정취를 북돋움.

주제

마음에서 잊히지 않는 어린 시절 고향의 추억

▶ 해설편 16쪽

들꽃 싸아한 향기 속에 두런두런 논실댁의 목소리와
㉣까르르 까르르 밭 가장자리로 울려 퍼지던
영자 영숙이 순임이의 청랑한 웃음소리
나 그곳에 오래 앉아
푸른 하늘 아래 가을 들이 ㉤또랑또랑 익는 냄새며
잔돌에 호미 달그락거리는 소리 들었다
왜 그곳이 자꾸 안 잊히는지 몰라
소를 몰고 돌아오다가
혹은 객지로 나가다가 들어오다가
무엇이 나를 부르는 것 같아
나 오래 그곳에 서 있곤 했다

– 이시영, 〈마음의 고향 2 – 그 언덕〉

제대로 구조화하기

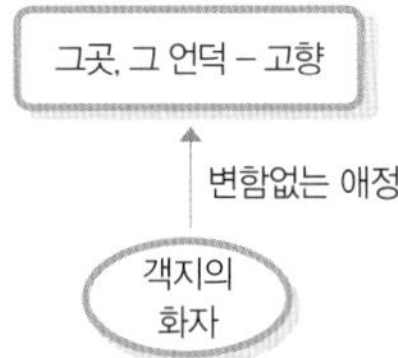

01 (가)에 대한 이해로 가장 적절한 것은?

① '오는가'를 '쏟아져 내리는가'로 변주하여 대상에 대한 화자의 거부감을 드러내고 있다.
② '돌아간'과 '달리는'의 대응을 활용하여 두 대상 간에 조성되는 긴장감을 묘사하고 있다.
③ '철길'에서 '화물차의 검은 지붕'으로 묘사의 초점을 이동하여 정적인 이미지를 강화하고 있다.
④ '잉크병'이라는 사물이 '얼어드는' 현상을 활용하여 화자가 처한 현실의 변화 가능성을 암시하고 있다.
⑤ '잠을' 깬 자신에게 '어쩌자고'라는 의문을 던져 현재의 상황에서 느끼는 화자의 애달픈 심정을 드러내고 있다.

제대로 접근법 ☆ 문제 채점까지 마친 후 복습할 때 보세요.

01
시어 및 시구의 의미와 기능을 파악하는 유형이다. 작품이 익숙하고 문제도 평이하여 정답률이 높았다. 시어의 의미와 기능은 화자의 상황 및 정서와 밀접하게 관련되어 있다는 점을 기억하자.
(가)의 화자는 고향을 떠나 혼자 서울로 상경하여 외롭게 생활하면서 고향과 고향에 두고 온 가족을 그리워하고 있다. 이러한 화자의 상황과 정서를 고려하여 선택지의 적절성을 판단한다.

02 ㉠~㉤의 의미를 고려하여 (나)를 감상한 내용으로 적절하지 않은 것은?

① ㉠을 활용하여 유년의 화자가 경험한 가을이 단단한 결실을 맺는 시간임을 부각하고 있군.
② ㉡을 활용하여 냇가에서 놀던 유년의 화자가 누군가 자신을 부르는 소리를 물소리로 느낀 경험을 부각하고 있군.
③ ㉢을 활용하여 유년의 화자에게 순간적 감동을 느끼게 한 맑고 푸른 하늘의 색채를 부각하고 있군.
④ ㉣을 활용하여 무섬증에 언덕을 달려 오른 유년의 화자에게 또렷하게 인식된 이웃들의 밝은 웃음을 부각하고 있군.
⑤ ㉤을 활용하여 유년의 화자가 곡식이 익어 가는 들녘의 인상을 선명하게 지각한 경험을 부각하고 있군.

02
이미지의 특징과 효과를 파악하는 유형이다. 특정 시어가 어떤 이미지를 형성하고 있는지를 파악하기 위해서는 화자의 정서, 시적 상황, 시상 전개 과정 등을 종합적으로 이해해야 한다. 그래서인지 비교적 정답률이 낮았다.
먼저 ㉠~㉤의 시어가 포함된 부분의 시적 상황과 그에 따른 화자의 정서를 파악해 보자. 그리고 그러한 화자의 정서를 드러내는 데 있어 해당 시어가 어떤 역할을 하고 있는지 확인한다.

03 〈보기〉를 참고하여 (가)와 (나)를 이해한 내용으로 적절하지 않은 것은? [3점]

〈보기〉

이용악과 이시영의 시 세계에서 고향은 창작의 원천이 되는 공간이다. 이용악의 시에서 고향은 척박한 국경 지역이지만 언젠가 돌아가야 할 근원적 공간으로 그려지는데, (가)에서는 가족이 기다리는 궁벽한 산촌으로 구체화된다. 이시영의 시에서 고향은 지금은 상실했지만 기억 속에서 계속 되살아나는 공간으로 그려지는데, (나)에서는 이웃들과 함께했던 삶의 터전이자 생명이 살아 숨 쉬는 평화로운 농촌으로 구체화된다.

① (가)는 '함박눈'으로 연상되는 겨울의 이미지를 통해 '북쪽' 국경 지역의 고향을, (나)는 '햇빛'을 받은 '깨꽃'에서 그려지는 여름의 이미지를 통해 생명력 넘치는 고향을 보여 준다.
② (가)는 '험한 벼랑' 너머 '산 사이'라는 위치를 통해 산촌 마을인 고향의 궁벽함을, (나)는 '소고삐'를 풀어놓고 '가재를 쫓'는 모습을 통해 농촌 마을인 고향의 평화로움을 보여 준다.
③ (가)는 '남기고' 온 '너'를 떠올림으로써 고향에서 기다리는 사람에 대한, (나)는 '밭 사이'에서 웃던 이웃들의 이름을 떠올림으로써 고향에서 함께 살아가던 이웃에 대한 기억을 보여 준다.
④ (가)는 '눈'을 '복된' 것으로 인식함으로써 고향에 돌아갈 날에 대한, (나)는 '무엇'이 '부르는 것 같'았던 언덕을 회상함으로써 고향으로의 귀환에 대한 기대를 드러낸다.
⑤ (가)는 '차마 그리운 곳'이라는 표현을 통해 근원적 공간인 고향에 대한 애틋함을, (나)는 '자꾸 안 잊히는지'라는 표현을 통해 내면에 존재하는 고향에 대한 변함없는 애정을 드러낸다.

제대로 접근법

문제 채점까지 마친 후 복습할 때 보세요.

03

외적 준거에 따라 작품을 감상하는 유형이다. 이런 문제는 〈보기〉에 제시된 정보를 바르게 정리하는 것이 우선이다.

〈보기〉 분석

- 이용악의 시에서 고향의 의미: ① 척박한 국경 지역, 언젠가 돌아가야 할 근원적 공간 ② 가족이 기다리는 궁벽한 산촌
- 이시영의 시에서 고향의 의미: ① 지금은 상실했지만 기억 속에서 계속 되살아나는 공간 ② 이웃들과 함께했던 삶의 터전, 생명이 살아 숨 쉬는 평화로운 농촌

이제 정리한 내용을 각 작품에 적용한다. (가)와 (나)에서 고향이 어떤 모습으로 그려지는지, 화자가 고향에 대해 어떻게 생각하고 있는지 확인해 보자. 그리고 〈보기〉의 내용과 각 작품에 대한 해석을 바르게 연결하지 못한 선택지를 찾는다.

1차 채점		
맞은 문항 수		개
틀린 문항 수		개
헷갈리는 문항 번호		

• 틀린 문항 '/' 표시

→

2차 채점		
맞은 문항 수		개
틀린 문항 수		개
헷갈리는 문항 번호		

• 틀린 문항 '×' 표시

→

3차 채점		
맞은 문항 수		개
틀린 문항 수		개
헷갈리는 문항 번호		

• 틀린 문항 ⚠ 표시

2020 수능

◉ 권장 풀이 시간 : 4분 40초

[01-03] 다음 글을 읽고 물음에 답하시오.

(가) 바람이 어디로부터 불어와
어디로 불려 가는 것일까,

㉠바람이 부는데
내 괴로움에는 이유가 없다.

내 괴로움에는 이유가 없을까,

단 한 여자를 사랑한 일도 없다.
시대를 슬퍼한 일도 없다.

㉡바람이 자꾸 부는데
내 발이 반석 위에 섰다.

강물이 자꾸 흐르는데
내 발이 언덕 위에 섰다.

– 윤동주, 〈바람이 불어〉

(나) 새는 새장 밖으로 나가지 못한다.
매번 머리를 부딪치고 날개를 상하고 나야 보이는,
창살 사이의 간격보다 큰, 몸뚱어리.
하늘과 산이 보이고 ㉢울음 실은 공기가 자유로이 드나드는
그러나 살랑거리며 날개를 굳게 다리에 매달아 놓는,
그 적당한 간격은 슬프다.
그 창살의 간격보다 넓은 몸은 슬프다.
넓게, 힘차게 뻗을 날개가 있고
㉣날개를 힘껏 떠받쳐 줄 공기가 있지만
새는 다만 네 발 달린 짐승처럼 걷는다.
부지런히 걸어 다리가 굵어지고 튼튼해져서
닭처럼 날개가 귀찮아질 때까지 걷는다.
새장 문을 활짝 열어 놓아도 날지 않고
닭처럼 모이를 향해 달려갈 수 있을 때까지 걷는다.
㉤걸으면서, 가끔, 창살 사이를 채우고 있는 바람을
부리로 쪼아 본다, 아직도 벽이 아니고 / 공기라는 걸 증명하려는 듯.
유리보다도 더 환하고 선명하게 전망이 보이고
울음 소리 숨내음 자유롭게 움직이도록 고안된 공기,
그 최첨단 신소재의 부드러운 질감을 음미하려는 듯.

– 김기택, 〈새〉

제대로 감상법

문제 풀이까지 마친 후 복습할 때 보세요.

(가) 윤동주, 〈바람이 불어〉

화자
- **화자와 시적 상황:** 화자는 '나'로, (❶) 을 맞으며 서 있음.
- **화자의 정서와 태도:** 흐르지 못하고 정체된 자신의 삶에 대해 번민하고 고뇌함.

시어
- 바람, (❷): 화자의 변화를 촉구하는 시대 의식을 의미
- (❸), 언덕: 현실에 소극적으로 대응하는 화자의 모습을 의미

표현
- (❹)적 이미지를 통해 주제를 부각함.
- 유사한 어구의 반복으로 리듬감을 형성함.

주제
현실에 안주하는 삶에 대한 성찰

제대로 구조화하기

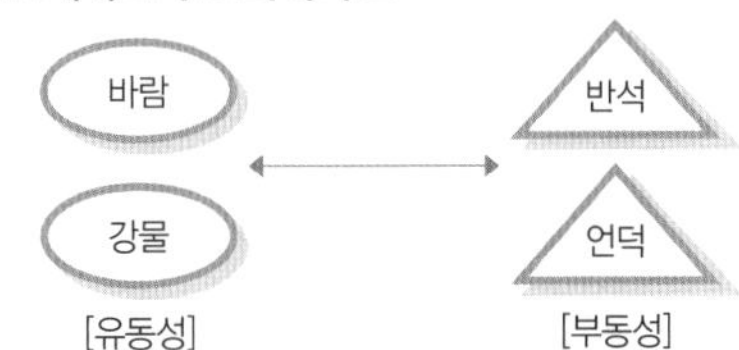

(나) 김기택, 〈새〉

화자
- **화자와 시적 상황:** 화자는 새장 속의 새를 관찰하는 이로, 새의 모습에서 (❶)의 모습을 떠올림.
- **화자의 정서와 태도:** 새의 모습을 통해 자유로운 삶의 가치를 상실한 현대인의 모습을 성찰함.

시어
- (❷): 자유에 대한 갈망을 잃은 존재로, 도시적 삶에 익숙해진 현대인을 상징
- (❸): 창살 사이의 간격. 안온함과 억압성이라는 양면성을 지닌 현대인의 일상을 의미

표현
- 현대인의 삶을 새장에 갇힌 새에 빗댐.
- 유사한 통사 구조의 반복을 통해 의미를 강조함.

주제
새장에 갇힌 새의 모습을 통한 현대인의 삶에 대한 성찰

제대로 구조화하기

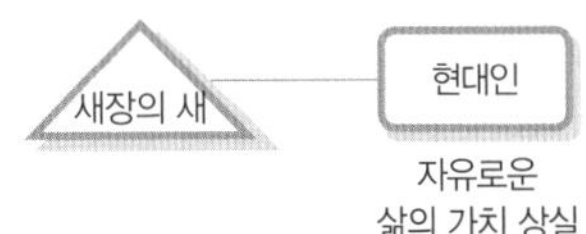

01 (가)에 대한 이해로 가장 적절한 것은?

① '불려 가는'이라는 피동 표현을 통해 자신이 처한 현실에 순응하려는 화자의 태도를 강조하고 있다.
② '이유가 없을까'라는 물음의 형식으로 화자의 정신적 고통에 타당한 이유가 없음을 단정하고 있다.
③ '사랑한 일'과 '슬퍼한 일'을 병치하여 화자의 개인적 불행이 시대에 대한 무관심의 원인임을 암시하고 있다.
④ '없다'의 반복을 활용하여 자신의 삶과 내면을 응시하는 화자의 반성적 자세를 드러내고 있다.
⑤ '흐르는데'와 '섰다'의 대비를 통해 변함없는 자연에서 깨달음을 얻으려는 화자의 의지를 드러내고 있다.

02 다음에 제시된 선생님의 안내에 따라, ㉠~㉤을 탐구한 내용으로 적절하지 않은 것은?

> 공기와 바람은 눈에 보이지 않지만 사물의 움직임을 통해 지각되고, 계속 움직이며 대상에 영향을 주는 힘으로 인식되기도 합니다. 이런 속성이 시에 어떻게 활용되는지 알아봅시다.

① ㉠에서는 움직임이라는 '바람'의 속성을 '괴로움'이라는 내면의 흔들림을 지각하는 계기로 활용하고 있다.
② ㉡에서는 끊임없이 움직이는 '바람'의 속성을 활용해 '내 발'을 '반석 위'로 이끄는 힘을 보여 주고 있다.
③ ㉢에서는 자유롭게 창살 사이를 이동하는 '공기'의 속성을 '새'가 처한 상황을 부각하는 데 활용하고 있다.
④ ㉣에서는 '날개'를 '힘껏' 떠받치는 '공기'의 속성을 활용해 '새'의 '날개'가 '공기'의 힘을 이용할 수 있음을 암시하고 있다.
⑤ ㉤에서는 보이지 않지만 존재하는 '바람'의 속성을 활용해 '창살 사이'의 빈 공간을 쪼는 '새'의 동작에 의미를 부여하고 있다.

제대로 접근법

☆ 문제 채점까지 마친 후 복습할 때 보세요.

01
시구의 의미를 파악하는 유형이다. 가장 기본적인 유형이지만 시구의 의미를 표현상의 특징 및 화자의 정서·태도와 연결하여 해석해야 하기 때문에 다소 까다롭게 느껴질 수 있는 문제이다.
먼저 (가)가 목적을 찾지 못하고 머물러만 있는 화자의 번민을 노래하고 있다는 점을 이해해야 한다. 작품의 주제 의식을 이해했다면 어렵지 않게 몇 개의 오답 선택지를 걸러낼 수 있다. 남아 있는 선택지를 꼼꼼하게 점검하여 적절성 여부를 판단한다.

02
소재의 기능을 파악하는 유형이다. (가)와 (나)에 사용된 '바람'과 '공기'라는 소재의 속성에 주목하여 시구의 의미를 해석해야 한다.
(가)에서 '바람'은 끊임없이 움직이는 속성으로 인해 소극적인 삶에 머물러 있는 화자에게 성찰의 계기를 제공하는 소재이다. (나)에서 '공기'와 '바람'은 자유롭게 움직이는 속성으로 인해 새장 속의 '새'와 대비되는 소재이다. 이를 고려하여 선택지의 적절성을 판단해 보자.

▶ 해설편 18쪽

03 〈보기〉를 바탕으로 (나)를 감상한 내용으로 적절하지 않은 것은? [3점]

〈보기〉

〈새〉에서 '새장에 갇힌 새'는 일상의 안온함에 길들어 자유를 억압하는 일상을 벗어나지 못하는 현대인의 알레고리이다. '새'의 행동에 대한 묘사는 일상에 충실할수록 잠재된 힘과 본질을 잃어 가는 아이러니와, 일상에 만족하며 자유로운 삶의 가능성을 외면하는 현대인의 모습을 보여 준다.

① 몸이 창살에 부딪치고 나서야 창살의 간격이 보이는 새는, 일상에 갇힌 자신을 의식하는 현대인의 모습을 보여 주는군.
② 바깥 풍경이 보일 정도로 적당한 간격의 창살로 된 새장은, 안온함과 억압성이라는 양가성을 지닌 일상을 보여 주는군.
③ 닭처럼 날개가 귀찮아질 때까지 부지런히 걷는 새는, 성실한 생활이 잠재력의 상실로 이어지는 아이러니를 보여 주는군.
④ 새장 문이 열려도 날지 않고 모이를 향해 달려갈 수 있을 때까지 걷는 새는, 자신의 본질에 충실하다 보니 오히려 자유를 상실하게 되는 상황을 보여 주는군.
⑤ 하늘을 자유롭게 날도록 밀어 올리는 공기를 음미할 대상으로만 여기는 듯한 새는, 자유로운 삶의 가능성을 외면하고 일상에 안주하려는 현대인의 모습을 보여 주는군.

제대로 접근법

문제 채점까지 마친 후 복습할 때 보세요.

03
외적 준거에 따라 작품을 감상하는 유형이다. 〈보기〉에 '새'의 상징적 의미가 잘 설명되어 있으므로, 이를 바탕으로 (나)를 감상한다.

〈보기〉 분석

- '새'의 의미: 일상의 안온함에 길들어 자유를 억압하는 일상을 벗어나지 못하는 현대인 상징
- '새'의 행동에서 유추할 수 있는 현대인의 모습: ① 일상에 충실할수록 잠재된 힘과 본질을 잃어 감. ② 일상에 만족하며 자유로운 삶의 가능성을 외면함.

작품을 주관적으로 해석하지 말고, 반드시 〈보기〉에 제시된 내용을 바탕으로 해석해야 한다. 〈보기〉의 내용을 잘못 적용한 선택지를 찾다 보면 의외로 쉽게 문제가 풀리는 경우도 있다.

1차 채점

맞은 문항 수	개
틀린 문항 수	개
헷갈리는 문항 번호	

• 틀린 문항 '/' 표시

→

2차 채점

맞은 문항 수	개
틀린 문항 수	개
헷갈리는 문항 번호	

• 틀린 문항 '×' 표시

→

3차 채점

맞은 문항 수	개
틀린 문항 수	개
헷갈리는 문항 번호	

• 틀린 문항 '⚠' 표시

2020 9월 모의평가

◉ 권장 풀이 시간 : 4분 30초

[01-03] 다음 글을 읽고 물음에 답하시오.

가 호르 호르르 호르르르 가을 아침
취어진* 청명을 마시며 거닐면
㉠수풀이 호르르 벌레가 호르르르
청명은 내 머릿속 가슴속을 젖어 들어
발끝 손끝으로 새어 나가나니

온 살결 터럭 끝은 모두 눈이요 입이라
나는 수풀의 정을 알 수 있고
벌레의 예지를 알 수 있다
그리하여 나도 이 아침 청명의
가장 고웁지 못한 노래꾼이 된다

수풀과 벌레는 자고 깨인 어린애라
밤새워 빨고도 이슬은 남았다
남았거든 나를 주라
나는 이 청명에도 주리나니
방에 문을 달고 벽을 향해 숨 쉬지 않았느뇨

㉡햇발이 처음 쏟아오아
청명은 갑자기 으리으리한 관을 쓴다
그때에 토록 하고 동백 한 알은 빠지나니
오! 그 빛남 그 고요함
간밤에 하늘을 쫓긴 별살의 흐름이 저러했다

온 소리의 앞 소리요
온 빛깔의 비롯이라
㉢이 청명에 포근 취어진 내 마음
감각의 낯익은 고향을 찾았노라
평생 못 떠날 내 집을 들었노라

– 김영랑, 〈청명〉

* 취어진 : 계절의 정취에 젖어 든.

나 뒷동산 청솔잎을 빗질해 주던 바람이
무어라 무어라 하는 솔나무의 속삭임을 듣고
㉣푸른 햇살 요동치는 강변으로 달려갔다 하자.
달려가선, 거기 미루나무에게 전하니
알았다 알았다는 듯 나무는 잎새를 흔들어

제대로 감상법

문제 풀이까지 마친 후 복습할 때 보세요.

가 김영랑, 〈청명〉

화자

▣ 화자와 시적 상황 : 화자는 '나'로, 가을 아침에 자연 속을 거닐고 있음.

▣ 화자의 정서와 태도 : 자연의 아름다움에 감탄하며 자연과 (❶)함.

시어

• (❷) : 가을 아침의 청명을 느끼는 화자 자신을 나타내는 시구

• (❸) : 시의 제목이자 날씨가 맑고 밝음을 나타내는 시어

표현

• 다양한 감각적 이미지로 산뜻한 가을 아침의 인상을 표현함.
• 의인법, 은유법 등을 통해 자연과 인간의 교감을 형상화함.
• 동일한 종결 어미(–나니, –노라 등)를 반복하여 리듬감을 형성함.

주제

청명한 가을 아침에 젖어 든 마음

제대로 구조화하기

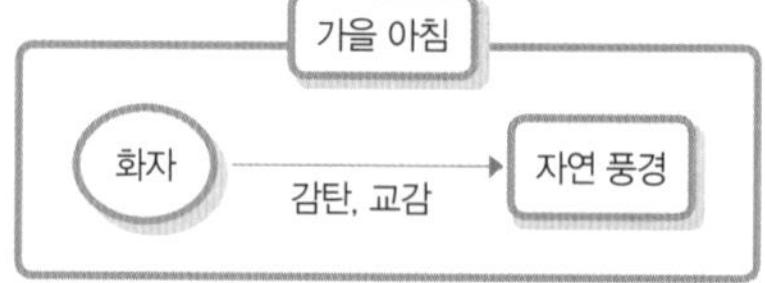

나 고재종, 〈초록 바람의 전언〉

화자

▣ 화자와 시적 상황 : 화자는 오월의 생동감 넘치는 자연을 느끼는 이로, 바람이 이야기를 전한다고 상상함.

▣ 화자의 정서와 태도 : (❶)이 짙어 가는 봄의 모습을 즐김.

시어

• (❷) : 봄의 생동감을 드러내는 중심 소재로, 이야기를 전달하는 주체

• (❸) : '봄비'의 비유적 표현

▶ 해설편 21쪽

강물 위에 짤랑짤랑 구슬알을 쏟아냈다 하자.
그 의중 알아챈 바람이 이젠 그 누구보단
앞들 보리밭에서 물결치듯 김을 매다
이마의 구슬땀 씻어올리는 여인에게 전하니,
여인이야 이윽고 아픈 허리를 곧게 펴곤
눈앞 가득 일어서는 마을의 정자나무를 향해
고개를 끄덕끄덕, 무언가 일별을 보냈다 하자.

ⓜ아무려면 어떤가, 산과 강과 들과 마을이
한 초록으로 짙어 가는 오월도 청청한 날에,
소쩍새는 또 바람결에 제 한 목청 다 싣는 날에.

– 고재종, 〈초록 바람의 전언〉

표현

- 자연물에 인격을 부여하여 생동감 있게 표현함.
- 바람의 (❹) 과정에 따라 시상이 전개됨.
- 동일한 종결 어미(-자)를 반복하여 리듬감을 형성함.

주제

봄을 맞이한 자연의 생동감

제대로 구조화하기

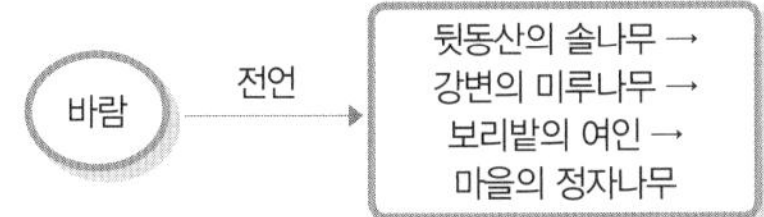

01 (가)와 (나)에 대한 설명으로 가장 적절한 것은?

① (가)와 (나)는 가정의 진술을 활용하여 현실과 이상의 거리감을 드러내고 있다.
② (가)와 (나)는 각각 동일한 종결 어미의 반복을 활용하여 리듬감을 형성하고 있다.
③ (가)와 (나)는 화자의 시선이 화자 내면에서 외부 세계로 이동하는 방식으로 시상을 전개하고 있다.
④ (가)는 여정에 따른 공간의 이동을 통해, (나)는 계절의 흐름에 따른 대상의 변화를 통해 풍경을 묘사하고 있다.
⑤ (가)는 종교적 관념에 대한 사색을 바탕으로, (나)는 일상생활에서 깨달은 바를 바탕으로 주제를 구체화하고 있다.

02 ㉠~ⓜ에 대한 이해로 적절하지 않은 것은?

① ㉠은 청각적 심상을 활용하여 산뜻한 가을 아침에 대한 화자의 인상을 표현하고 있다.
② ㉡은 청명한 날이 으리으리한 관을 쓴다는 비유를 활용하여 햇빛이 쏟아지는 순간의 아름다운 모습을 표현하고 있다.
③ ㉢은 청명한 가을날에 느끼는 마음을 고향의 낯익음에 비유하여 지나가는 가을에 대한 아쉬움을 드러내고 있다.
④ ㉣은 역동적인 이미지를 활용하여 바람이 부는 강변의 풍경을 감각적으로 표현하고 있다.
⑤ ⓜ은 청청한 날의 정경에 대한 화자의 반응을 제시하여 시적 상황에 대한 정서를 집약적으로 드러내고 있다.

제대로 접근법 (문제 채점까지 마친 후 복습할 때 보세요.)

01
표현상의 특징을 파악하는 유형이다. 선택지의 내용과 작품에 드러난 특징을 연결 지어 하나하나 확인하면서 오답을 지워 나간다.
선택지가 '~하여(~를 통해) ~하고 있다.'와 같이 구성되어 있으므로, 앞뒤의 내용이 모두 적절한지도 따져야 한다. 예를 들어 ①의 경우, (가)와 (나)에서 가정의 진술이 활용되었는지 확인한 다음, 활용되었다면 그것이 현실과 이상의 거리감을 드러내는 데 기여하고 있는지도 점검한다.

02
시구의 의미를 파악하는 유형이다. 화자의 정서와 태도, 시의 분위기를 고려하여 시의 맥락을 유추해야 한다는 점을 기억하자.
선택지의 핵심 내용은 각각 산뜻한 가을 아침에 대한 인상, 햇빛이 쏟아지는 순간의 아름다운 모습, 지나가는 가을에 대한 아쉬움, 강변의 풍경을 감각적으로 표현, 청청한 날의 정경에 대한 반응 등이다. (가)와 (나)의 분위기와는 이질적인 내용을 담고 있는 선택지를 어렵지 않게 찾을 수 있을 것이다.

03 〈보기〉를 참고하여 (가)와 (나)를 감상한 내용으로 적절하지 않은 것은? [3점]

〈보기〉

자연은 시인에게 상상력의 주요한 원천이 되어 왔다. 그중 생태학적 상상력은 생태계 구성원 간의 관계에 주목한다. 생태학적 상상력은 모든 생태계 구성원을 평등한 존재로 보는 데에서 출발하여, 서로 교감·소통하며 유대감을 느끼는 관계로, 나아가 영향을 주고받는 순환의 관계로 인식한다. 생태학적 상상력을 통해 시인은 자연의 근원적 가치와, 인간과 자연의 조화로운 관계를 드러내며 궁극적으로는 이들을 하나의 생태 공동체로 형상화한다.

① (가)에서 화자가 '온 살결 터럭 끝'을 '눈'과 '입'으로 삼아 자연을 대하는 것은 인간과 자연 간의 교감을, (나)에서 '바람'이 '뒷동산 청솔잎을 빗질'하는 것은 자연과 자연 간의 교감을 드러내는군.

② (가)에서 화자가 '수풀의 정'과 '벌레의 예지'를 '알 수 있다'고 하는 것과 (나)에서 '솔나무'가 '무어라' 하고 '미루나무'가 '알았다'고 하는 것은 구성원들이 서로 소통하는 조화로운 생태계의 모습을 보여 주는군.

③ (가)에서 화자가 '수풀'과 '벌레'의 소리를 듣고 '나도' 청명함의 '노래꾼이 된다'고 하는 것과 (나)에서 '솔나무의 속삭임'을 '바람'이 '미루나무'에게 전하고, 이를 '여인'도 '정자나무'에게 전하는 것은 자연과 인간 간의 유대감을 드러내는군.

④ (가)에서 화자가 '동백 한 알'이 떨어지는 모습에서 '하늘'의 '별살'을 떠올린 것과 (나)에서 화자가 '잎새'의 흔들림에서 반짝이는 '구슬알'을 떠올린 것은 생명의 탄생을 계기로 순환하는 생태계의 질서를 보여 주는군.

⑤ (가)에서 자연을 '온 소리의 앞소리'와 '온 빛깔의 비롯'이라고 표현한 것은 근원적 존재로서의 자연의 가치를, (나)에서 '오월'에 '산'과 '마을'이 '한 초록으로 짙어' 간다고 표현한 것은 인간과 자연이 하나가 되어 가는 생태 공동체를 형상화하는군.

제대로 접근법 ✩ 문제 채점까지 마친 후 복습할 때 보세요.

03
외적 준거에 따라 작품을 감상하는 유형이다. 〈보기〉에서는 생태학적 상상력의 관점에 대해 설명하고 있다. 〈보기〉에 제시된 정보를 참고하여 (가)와 (나)의 내용을 다시 점검해 보자.
(가)는 감각적 이미지를 활용하여 청명한 가을 아침에 젖어 든 화자의 마음을 형상화하고 있으며, (나)는 '바람'을 의인화하여 봄날의 생동감 넘치는 모습을 형상화하고 있다. 이제 〈보기〉의 내용과 시구 의미 해석이 잘못 연결되어 있는 선택지를 찾는다.

1차 채점

맞은 문항 수	개
틀린 문항 수	개
헷갈리는 문항 번호	

• 틀린 문항 '/' 표시

→ **2차 채점**

맞은 문항 수	개
틀린 문항 수	개
헷갈리는 문항 번호	

• 틀린 문항 '×' 표시

→ **3차 채점**

맞은 문항 수	개
틀린 문항 수	개
헷갈리는 문항 번호	

• 틀린 문항 ⚠ 표시

2019 수능

◉ 권장 풀이 시간 : 4분 30초

[01-03] 다음 글을 읽고 물음에 답하시오.

가

[A] 검정 포대기 같은 까마귀 울음소리 고을에 떠나지 않고
밤이면 부엉이 괴괴히 울어
남쪽 먼 포구의 백성의 순탄한 마음에도
상서롭지 못한 세대의 어둔 바람이 불어오던 / – 융희(隆熙) 2년!

[B] 그래도 계절만은 천 년을 다채(多彩)하여
지붕에 박넌출 남풍에 자라고
푸른 하늘엔 석류꽃 피 뱉은 듯 피어
[C] 나를 잉태한 어머니는
짐짓 어진 생각만을 다듬어 지니셨고
젊은 의원인 아버지는
밤마다 사랑에서 저릉저릉 글 읽으셨다

[D] 왕고못댁 제삿날 밤 열나흘 새벽 달빛을 밟고
유월이가 이고 온 제삿밥을 먹고 나서
희미한 등잔불 장지 안에
번문욕례 사대주의의 욕된 후예로 세상에 떨어졌나니

[E] 신월(新月)같이 슬픈 제 족속의 태반을 보고
내 스스로 고고(呱呱)*의 곡성(哭聲)*을 지른 것이 아니련만
명(命)이나 길라 하여 할머니는 돌메라 이름 지었다오

– 유치환, 〈출생기(出生記)〉

* 고고 : 아이가 세상에 나오면서 처음 우는 울음소리
* 곡성 : 사람이 죽어 슬퍼서 크게 우는 소리

나

샤갈의 마을에는 **삼월**에 **눈**이 온다.
봄을 바라고 섰는 사나이의 관자놀이에
새로 돋은 정맥이 / 바르르 떤다.
바르르 떠는 사나이의 관자놀이에
새로 돋은 정맥을 어루만지며
눈은 수천수만의 **날개**를 달고
하늘에서 내려와 샤갈의 마을의 / **지붕과 굴뚝**을 덮는다.
삼월에 눈이 오면
샤갈의 마을의 쥐똥만 한 **겨울 열매**들은
다시 **올리브빛**으로 물이 들고
밤에 **아낙**들은 / 그해의 제일 아름다운 불을
아궁이에 지핀다.

– 김춘수, 〈샤갈의 마을에 내리는 눈〉

제대로 감상법 ☆ 문제 풀이까지 마친 후 복습할 때 보세요.

가 유치환, 〈출생기(出生記)〉

화자

▣ **화자와 상황 · 태도:** 화자는 '나'로, '나'가 태어나던 때의 시대적 암울함과 (❶)의 내력을 들려줌.

시어

• (❷): 아이가 태어나면서 내는 울음소리를 사람이 죽었을 때 내는 울음소리와 연결하여 표현함.

표현

• 어둡고 음산한 이미지를 통해 암울한 시대적 분위기를 드러냄.
• (❸)를 사용하여 서사적 사건을 들려주는 형식을 취함.

주제

출생의 내력과 일제의 강점이 현실화되는 시대적 암울함

제대로 구조화하기

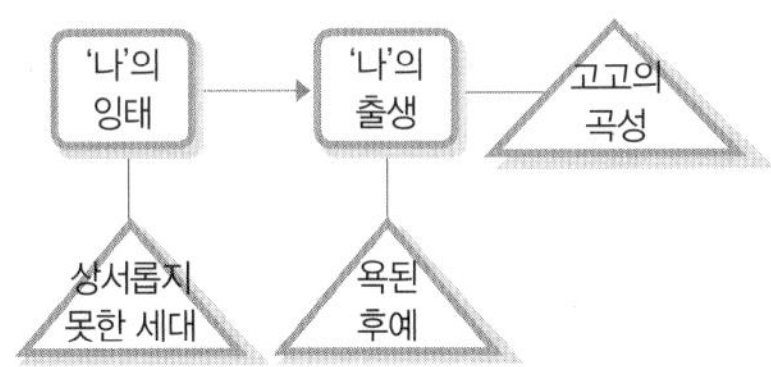

나 김춘수, 〈샤갈의 마을에 내리는 눈〉

화자

▣ **화자와 상황 · 태도:** 화자는 샤갈의 〈나와 마을〉을 보는 이로, 그림을 보며 봄의 이미지를 떠올림.

시어

• (❶): 실제 마을이 아니라 샤갈의 그림을 보고 있는 화자가 떠올린 환상의 세계
• (❷): 순수하고 맑은 생명력을 의미함.

표현

• 현재형 시제를 사용하여 봄의 생명력을 생동감 있게 표현함.
• 의미 전달보다는 서로 이질적인 (❸)의 연상을 통해 시상을 전개함.

주제

봄의 맑고 순수한 생명감

제대로 구조화하기

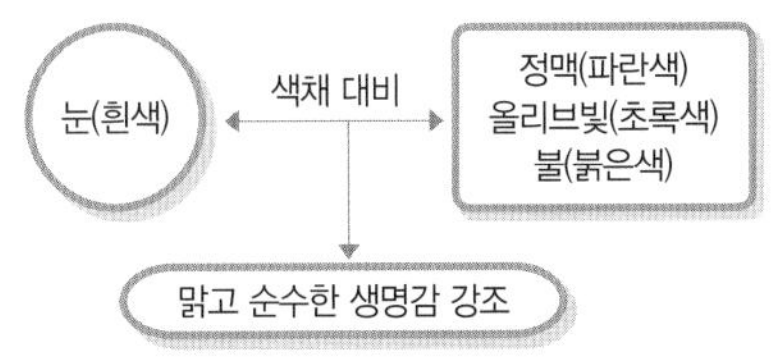

01 (가)와 (나)의 공통점으로 가장 적절한 것은?

① 시간과 관련된 표지를 제시하여 시적 분위기를 조성하고 있다.
② 과거 시제를 사용하여 서사적 사건을 들려주는 형식을 취하고 있다.
③ 시적 상황의 객관적 관찰에 초점을 둠으로써 주관적 의미의 서술을 배제하고 있다.
④ 암울하고 비관적인 정서를 내포한 시어를 사용하여 비극적 상황을 고조하고 있다.
⑤ 자연물을 살아 있는 대상으로 묘사하여 화자가 느끼는 이국적인 세계의 모습을 담아내고 있다.

02 [A]~[E]에 대한 이해로 적절하지 않은 것은? [3점]

① [A]: 청각의 시각화를 통해 음산한 시적 상황을 조성하고 있다.
② [B]: 시대 상황과 대비되는 자연의 모습을 통해 생명력을 표현하고 있다.
③ [C]: 대구 형식을 활용하여 화자의 출생을 앞둔 집안의 분위기를 드러내고 있다.
④ [D]: 화자가 태어난 날의 상황을 구체적으로 서술하여 출생에 대한 감격을 드러내고 있다.
⑤ [E]: 울음소리에서 연상되는 상반된 의미와 연결하여 화자의 이름이 지어진 이유를 제시하고 있다.

제대로 접근법

문제 채점까지 마친 후 복습할 때 보세요.

01
두 작품의 공통점과 차이점을 파악하는 유형이다. 각 작품에 나타난 표현상의 특징을 찾고, 두 작품의 공통점까지 확인해야 한다.
보통 한 작품에는 해당하지만 다른 작품에는 해당하지 않는 특징으로 오답 선택지를 구성하므로, 선택지에 언급된 특징이 두 작품 모두에 나타나는지 꼼꼼하게 검토해야 한다.

02
시상 전개 방식 및 표현상의 특징을 파악하는 유형이다. 시 전체의 흐름을 이해한 후, [A]~[E]의 내용과 이를 구현하기 위해 사용된 표현상의 특징을 점검해야 한다.
(가)는 일제의 강점이 현실화되고 있는 시대의 암울함을 화자의 출생 내력과 연관 짓고 있는 작품으로, 전반적으로 암울하고 비관적인 정서가 드러나 있다. 이를 고려하여 [A]~[C]에 대한 선택지의 진술이 적절한지 따져보자.

▶ 해설편 24쪽

03 <보기>를 참고하여 (나)를 감상한 내용으로 적절하지 않은 것은?

<보기>

김춘수는 샤갈의 그림 <나와 마을>에서 받은 느낌을 시로 표현함으로써 상호 텍스트성을 구현했다. 올리브빛 얼굴을 가진 사나이와 당나귀가 서로 마주 보고 있는 그림에서 영감을 받은 시인은, "특히 인상 깊었던 것은 커다란 당나귀의 눈망울이었고, 그 당나귀의 눈망울 속에 들어앉아 있는 마을이었다."라고 느낌을 말했다. 또한 밝고 화려한 색감을 지닌 이질적 이미지들의 병치로 이루어진 샤갈의 초현실주의적 그림에 대한 감각적 인상을, 자신의 고향 마을에 투사하여 다양한 이미지의 병치로 변용했다. 이는 봄을 맞이한 생동감과 고향 마을의 따뜻한 풍경에 대한 그리움을 형상화한 것이라고 할 수 있다.

① '샤갈의 마을'은 시인이 그림 속 마을 풍경에서 받은 인상을 자신의 고향 마을에 투사하여 표현한 것이군.
② '삼월에 눈', '봄을 바라고 섰는 사나이', '새로 돋은 정맥' 등은 시인이 그림 속 이질적 이미지들의 병치를 다양한 이미지들의 병치로 변용하여 봄의 생동감을 형상화한 것이군.
③ '날개', '하늘', '지붕과 굴뚝' 등은 시인이 밝고 화려한 색감을 지닌 그림 속 마을의 모습을 공감각적 이미지의 풍경으로 변용한 것이군.
④ '올리브빛'은 시인이 그림 속에서 영감을 받은 것으로 '겨울 열매들'을 물들이는 따뜻한 봄의 이미지를 표상한 것이군.
⑤ '아낙', '아궁이' 등은 시인이 초현실주의적 그림 속 풍경에 대한 감각적 인상을 고향 마을을 떠올리게 하는 이미지로 전이시킨 것이군.

제대로 접근법

문제 채점까지 마친 후 복습할 때 보세요.

03
외적 준거에 따라 작품을 감상하는 유형이다. <보기>의 내용을 하나하나 작품에 대입하여 감상한 후 선택지의 적절성을 판단해 보자.
문제가 어렵지 않았음에도 불구하고 정답률이 비교적 낮았는데, <보기>에 어려운 용어들이 사용되어 독해하기가 까다로웠기 때문으로 보인다. 기출문제를 반복하여 풀면서 이런 종류의 함정에 빠지지 않도록 유의해야 한다.

1차 채점

맞은 문항 수	개
틀린 문항 수	개
헷갈리는 문항 번호	

• 틀린 문항 '/' 표시

→ **2차 채점**

맞은 문항 수	개
틀린 문항 수	개
헷갈리는 문항 번호	

• 틀린 문항 '×' 표시

→ **3차 채점**

맞은 문항 수	개
틀린 문항 수	개
헷갈리는 문항 번호	

• 틀린 문항 ⩕ 표시

◉ 권장 풀이 시간 : 4분 30초

[01-03] 다음 글을 읽고 물음에 답하시오.

(가) 꿈을 아느냐 네게 물으면,
플라타너스,
너의 머리는 어느덧 파아란 하늘에 젖어 있다.

너는 사모할 줄을 모르나,
플라타너스, / 너는 네게 있는 것으로 그늘을 늘인다.

먼 길에 올 제,
㉠홀로 되어 외로울 제,
플라타너스, / 너는 그 길을 나와 같이 걸었다.

이제 너의 뿌리 깊이 / 나의 영혼을 불어넣고 가도 좋으련만,
플라타너스, / 나는 너와 함께 신이 아니다!

수고론 우리의 길이 다하는 어느 날,
플라타너스, / 너를 맞아 줄 검은 흙이 먼 곳에 따로이 있느냐?
나는 오직 너를 지켜 네 이웃이 되고 싶을 뿐,
그곳은 아름다운 별과 나의 사랑하는 창이 열린 길이다.

– 김현승, 〈플라타너스〉

(나) 선뜻! 뜨인 눈에 하나 차는 영창
달이 이제 밀물처럼 밀려오다.

미욱한 잠과 베개를 벗어나
부르는 이 없이 불려 나가다.

한밤에 ㉡홀로 보는 나의 마당은
호수같이 둥긋이 차고 넘치노나.

쪼그리고 앉은 한옆에 흰 돌도
이마가 유달리 함초롬 고와라.

연연턴 녹음, 수묵색으로 짙은데
한창때 곤한 잠인 양 숨소리 설키도다.

비둘기는 무엇이 궁거워* 구구 우느뇨,
오동나무 꽃이야 못 견디게 향그럽다.

– 정지용, 〈달〉

* 궁거워 : 궁금하여

제대로 감상법 ☆ 문제 풀이까지 마친 후 복습할 때 보세요.

(가) 김현승, 〈플라타너스〉

화자

▣ **화자와 상황 · 태도:** 화자는 '나'로, 플라타너스와 영원히 함께하고 싶은 소망을 노래함.

시어

- (❶): 꿈, 사랑, 포용력, 넉넉한 삶 등의 의미를 함축한 자연물
- (❷): 삶의 여정이자 구도적 공간

표현

- 의인법을 통해 화자의 정서를 표현함.
- '플라타너스'를 (❸)해 부름으로써 리듬감을 획득함.

주제

인생의 행로를 동반자인 플라타너스와 함께하고 싶은 소망

제대로 구조화하기

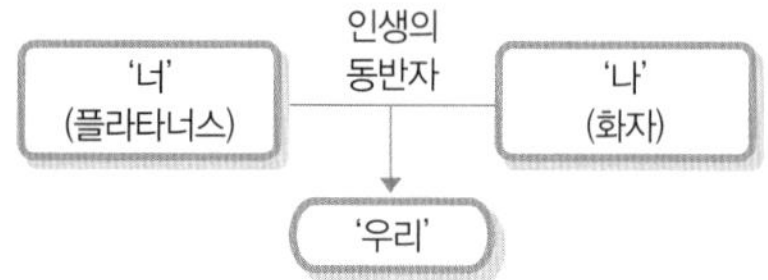

(나) 정지용, 〈달〉

화자

▣ **화자와 상황 · 태도:** 화자는 '나'로, 한밤에 홀로 마당에 나와 고즈넉한 달밤의 정취를 즐김.

시어

- (❶): 화자가 달밤의 조화로운 풍경을 바라보는 심미적인 공간
- (❷): 화자가 느끼는 자연에 대한 감흥을 감각적으로 드러내는 소재

표현

- 섬세하고 감각적인 시어로 달밤의 풍경을 묘사함.
- 시각, 청각, (❸) 등 다양한 감각적 이미지를 활용함.

주제

달빛에 비친 조화로운 풍경에 대한 감흥

제대로 구조화하기

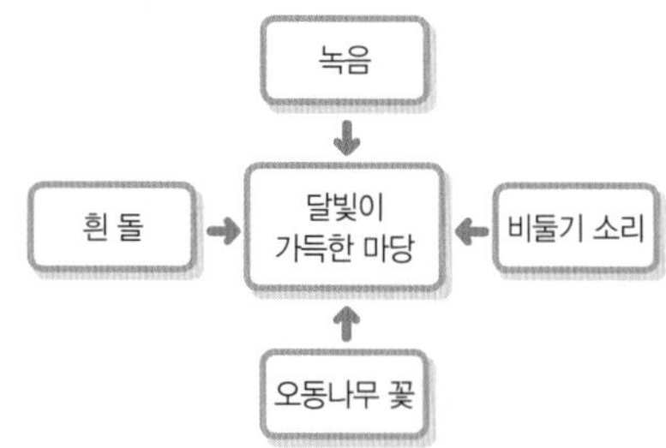

▶ 해설편 27쪽

01 (가)에 대한 설명으로 가장 적절한 것은?

① 반복적 호명을 통해 중심 대상으로 초점을 모으고 있다.
② 반어적 표현을 활용하여 대상의 이중성을 부각하고 있다.
③ 색채어를 활용하여 대상의 고풍스러운 모습을 드러내고 있다.
④ 현재형 진술을 통해 대상의 역동적 성격을 보여 주고 있다.
⑤ 상승적 이미지를 활용하여 사물의 변화 과정을 표현하고 있다.

02 ㉠과 ㉡에 대한 이해로 가장 적절한 것은?

① ㉠은 화자의 관조적 자세를, ㉡은 화자의 반성적 자세를 보여 준다.
② ㉠은 화자가 경험한 시련을, ㉡은 화자가 간직한 추억을 환기한다.
③ ㉠은 화자의 무기력한 태도를, ㉡은 화자의 담담한 태도를 표현한다.
④ ㉠은 화자의 적막한 처지를, ㉡은 화자를 둘러싼 고즈넉한 분위기를 드러낸다.
⑤ ㉠은 현실에 대한 화자의 회의감을, ㉡은 앞날에 대한 화자의 기대감을 부각한다.

03 〈보기〉를 바탕으로 (가)와 (나)를 감상한 내용으로 적절하지 않은 것은? [3점]

〈보기〉

(가)와 (나)는 특정한 공간에서 사물과 교감하는 화자의 내면을 보여 준다. (가)의 화자는 삶의 여정이자 구도적 공간인 '길'에서 이상 세계인 '하늘'을 지향하는 소망을 드러낸다. (나)의 화자는 달밤의 조화로운 풍경을 포착하는 심미적 공간인 '마당'에서 사물의 아름다움에 대한 충만한 정서를 드러낸다.

① (가)의 화자는 '플라타너스'와 '같이' 걷는 모습에서, (나)의 화자는 '흰 돌'의 '유달리' 고운 '이마'를 알아채는 모습에서 사물과의 교감을 보여 주는군.
② (가)의 화자는 '어느 날'에 이르는 과정을 통해 삶의 여정을 드러내고, (나)의 화자는 '한밤'에 '밀물'처럼 밀려온 달빛을 통해 조화로운 풍경을 포착하는군.
③ (가)의 '창'은 화자와 '하늘'을 잇는 매개체로서 이상 세계의 완전함을, (나)의 '영창'은 화자의 내면과 외부 세계를 잇는 매개체로서 화자의 만족감을 상징하는군.
④ (가)는 반짝이는 '별'의 이미지를 활용하여 화자가 지향하는 세계의 아름다움을, (나)는 차고 넘치는 '호수'의 이미지를 활용하여 화자가 느끼는 '마당'의 아름다움을 표현하는군.
⑤ (가)의 화자는 '플라타너스'와 '이웃'이 되어 구도의 '길'을 함께하고자 하는 소망을, (나)의 화자는 오동 꽃이 '못 견디게 향그럽다'고 표현하여 자연에 대한 감흥을 드러내는군.

제대로 접근법

☆ 문제 채점까지 마친 후 복습할 때 보세요.

01
표현상의 특징을 파악하는 유형이다. 작품에 뚜렷하게 드러나는 특징을 담고 있는 선택지가 있어 문제를 해결하는 것이 어렵지 않다.
선택지의 내용과 작품에 드러난 특징을 연결 지어 하나하나 확인하면서 오답을 지워 나간다. 선택지가 '~을 통해(~하여) ~하고 있다.'와 같이 구성되어 있으므로, 앞부분의 진술이 맞다고 하더라도 뒷부분의 진술까지 꼼꼼하게 따져야 한다.

02
시구에 담겨 있는 화자의 정서와 태도, 분위기를 파악하는 유형이다. 먼저 (가)와 (나)의 시적 상황을 이해해야 한다.
(가)에서 화자는 홀로 되어 먼 길을 외롭게 걷고 있고, (나)에서 화자는 마당에서 홀로 달밤의 풍경을 바라보고 있다. 이러한 상황에서 ㉠과 ㉡이 어떤 정서와 분위기를 환기하는지 추리해 보자.

03
외적 준거에 따라 작품을 감상하는 유형이다. 〈보기〉는 작품 감상을 위한 유용한 정보이자 선택지 판단을 위한 중요 근거이다. 이 문제에서는 '특정한 공간에서 사물과 교감하는 화자의 내면'을 중심으로 (가)와 (나)를 감상하라고 요구하고 있다.
〈보기〉의 내용을 정리한 다음 선택지의 적절성을 판단해 보자. (가)와 (나)에 나타난 화자의 정서와 시어의 의미에 대한 해석, 그리고 〈보기〉의 내용을 모두 만족하고 있는 선택지를 찾는다.

1차 채점		
맞은 문항 수		개
틀린 문항 수		개
헷갈리는 문항 번호		

• 틀린 문항 '/' 표시

→

2차 채점		
맞은 문항 수		개
틀린 문항 수		개
헷갈리는 문항 번호		

• 틀린 문항 '×' 표시

→

3차 채점		
맞은 문항 수		개
틀린 문항 수		개
헷갈리는 문항 번호		

• 틀린 문항 ☆ 표시

❖ 출제 경향과 학습 대책

❶ 한 작품 단독, 또는 두 작품 이상이 묶여 출제된다.

한 작품이 단독으로 출제되기도 하고, 시조와 같이 짧은 작품이 섞일 경우 두세 작품이 묶여 출제되기도 한다. 고전 시가가 단독으로 출제되지 않을 경우에는 현대시나 수필과 묶여 출제되는 경우가 많다.

❷ 현대시에 비해 묶이는 방식이 단순하다.

두 작품 이상이 묶여 출제될 경우 주제, 화자의 정서와 태도, 표현상의 특징이 유사한 작품을 묶는 경우가 많다. 이때 현대시에 비해 그 유사성이 명백하므로, 이를 실마리로 삼아 문제를 푸는 것도 한 방법이다.

❸ 가사와 시조 작품이 많이 출제된다.

가사와 시조 작품이 압도적으로 높은 출제 비중을 차지하고 있으므로, 이를 감안하여 학습 계획을 수립하는 것이 좋다. 다른 갈래의 작품이 출제될 것에 대비하여, 각 갈래의 기본적인 특성과 대표 작품에 대한 학습도 빼놓지 말아야 한다.

❹ 고전 시가 작품은 한정되어 있다는 것을 기억하자.

교과서와 EBS 교재에 수록된 작품, 문학사적 가치가 높은 작품이 주로 출제된다는 것은 다른 갈래와 마찬가지이다. 다만 작품이 한정되어 있어 기출 작품이 다시 출제될 가능성이 있으므로, 필수적인 작품을 반드시 꼼꼼하게 정리해 두어야 한다.

❺ 작품을 현대어로 해석할 수 있어야 한다.

문제가 어렵지 않음에도 불구하고 고어(古語)로 되어 있는 작품을 온전히 해석하지 못해 문제를 틀리는 경우가 많다. 고전 시가에 자주 등장하는 어휘를 익히면서 작품을 현대어로 해석하는 연습을 반복해야 한다.

❻ 주제별로 묶어 작품을 공부하자.

고전 시가는 자연 친화, 임에 대한 그리움, 연군(戀君) 등 현대시에 비해 주제가 한정적이며, 이러한 주제가 지문 구성과 문제 풀이에도 영향을 미친다. 따라서 고전 시가의 주제 양상을 이해하고, 이에 맞추어 작품을 공부하는 것이 효율적이다.

❼ 기출 유형을 익히자.

출제되는 문제 유형은 현대시와 크게 다르지 않다. 화자의 정서와 태도, 시어나 시구의 의미, 시상 전개 방식, 표현과 발상의 특징, 종합적 이해와 감상 등을 묻는다. 다만 어떤 유형의 문제이든 작품의 기본적인 의미 해석과 연관되어 있는 경우가 많다는 점에 유의할 필요가 있다.

❽ 작품의 기본적인 의미 이해가 기본이다.

고전 시가 문제를 어렵게 생각하는 경우가 많다. 하지만 작품 해석만 제대로 할 수 있다면, 문제 자체는 현대시에 비해 쉽게 해결할 수 있다. 즉, 고전 시가를 충실하게 공부한다면 그만큼 좋은 결과를 기대할 수 있다는 뜻이다.

Ⅱ부

고전 시가

꼭 알아야 할 핵심 이론

❶ 고전 시가의 갈래적 특징

(1) 고대 가요

① **개념**: 향찰로 표기된 향가가 나타나기 전까지의 시가

② **전승**: 배경 설화 속에 삽입된 형태로 구전됨.

③ **변천**: 의식요, 노동요의 성격을 지닌 집단 가요에서 개인적 서정을 노래한 가요로 변모함.

④ **작품**: 공무도하가, 구지가, 황조가, 정읍사 등

(2) 향가

① **개념**: 한자의 음과 뜻을 빌려 적는 향찰로 표기된 신라의 노래

② **작가**: 주로 승려나 화랑과 같은 귀족 계층

③ **형식**: 초기 형태인 4구체에서 8구체로 발전, 10구체로 완성됨. 10구체 향가는 가장 정제되고 세련된 형태의 노래임.

④ **작품**: 서동요, 헌화가, 제망매가, 안민가 등

(3) 고려 가요

① **개념**: 향가의 쇠퇴 후 새로이 나타나 고려의 서민층에서 널리 향유된 노래

② **내용**: 사랑, 이별, 자연 등을 소재로 하여 소박하고 풍부한 서민들의 정서가 진솔하게 드러남.

③ **형식**: 3·3·2조의 3음보 율격이 많으며, 대체로 분절체이고 후렴구가 발달함.

④ **작품**: 동동, 청산별곡, 가시리, 서경별곡 등

(4) 경기체가

① **개념**: 고려 중엽부터 조선 초기까지 귀족층 사이에서 향유되던 교술적 성격의 노래. 각 소절의 끝에 '경(景) 긔 엇더ᄒᆞ니잇고'나 '경기하여'라는 후렴구가 붙음.

② **내용**: 선비들의 학식, 체험, 사물이나 경치 등을 노래하면서 신흥 사대부의 호탕한 기상과 자부심을 드러냄.

③ **작품**: 한림별곡, 죽계별곡 등

(5) 악장

① **개념**: 조선 건국 초기에 궁중의 여러 의식과 행사에 사용하던 음악 가사

② **내용**: 조선 건국의 정당성을 강조하고 문물제도를 찬양하는 내용, 임금의 만수무강과 왕가의 번창을 기원하는 내용 등이 주를 이룸.

③ **작품**: 용비어천가, 월인천강지곡, 신도가 등

(6) 시조

① **개념**: 고려 중엽에 발생하고 고려 말엽에 완성되어 현재까지 이어진 우리 고유의 정형시

② **작가**: 양반, 부녀자, 기생 등 다양

③ **형식**: 3장 6구 45자 내외가 일반적인 형식. 3·4조 또는 4·4조의 음수율, 4음보가 기본이며 종장의 첫 음보는 3음절로 고정되어 있음.

④ **종류**: 평시조, 엇시조(평시조에서 한 구절이 길어진 형태), 사설시조(평시조에서 두 구절 이상이 길어진 형태)

개념 확인 문제

01 향가에 대한 설명으로 적절하지 않은 것은?

① 10구체는 '사뇌가'라 불린다.
② 향찰로 표기한 신라의 노래이다.
③ 민요가 정착된 4구체가 초기의 형태이다.
④ 현전하는 작품의 작가로는 여성이 가장 많다.
⑤ 현전하는 가장 오래된 향가는 <서동요>이다.

02 다음 작품에 대한 설명으로 적절하지 않은 것은?

> 살어리 살어리랏다 청산에 살어리랏다.
> 멀위랑 ᄃᆞ래랑 먹고 청산에 살어리랏다.
> 얄리얄리 얄랑셩 얄라리 얄라
> – 작자 미상, <청산별곡>

① 3·3·2조 3음보의 율격을 보인다.
② '청산'은 속세와 대비되는 공간이다.
③ 뛰어난 문학성을 지닌 대표적 고려 가요이다.
④ 구전되다가 한글 창제 후에 문자로 기록되었다.
⑤ 경쾌한 후렴구가 작품 전체의 분위기와 잘 어울린다.

03 시조에 대한 설명으로 적절하지 않은 것은?

① 3장 6구 45자 내외, 4음보가 기본 형태이다.
② 10구체 향가와 민요 등의 영향을 받아 발생하였다.
③ 조선 영조 때 가객 이세춘에 의해 '시조'라고 불리게 되었다.
④ 엇시조는 평시조와 달리 어느 한 구절이 길어진 형태의 시조이다.
⑤ 발생 초기에는 왕과 귀족층에서 향유되었으나 조선 후기에는 서민층에서만 창작되었다.

정답 01. ④ 02. ⑤ 03. ⑤

(7) 가사

① 개념: 고려 말에 발생하여 조선 후기까지 창작된 운문과 산문의 중간 형태의 노래
② 내용: 자연 및 연군을 다룬 작품에서 일상 체험을 다룬 작품으로 확대됨.
③ 형식: 주로 3·4조(4·4조)의 연속체, 4음보
④ 종류: 은일 가사, 내방 가사, 기행 가사, 유배 가사 등
⑤ 작품: 상춘곡, 관동별곡, 사미인곡, 규원가, 누항사 등

(8) 한시

① 개념: 한문으로 이루어진 정형시
② 성격: 중국의 양식이지만, 우리 민족의 사상과 감정을 담은 한시는 우리 문학에 포함
③ 구조: 기승전결과 선경후정의 시상 전개 구조
④ 작품: 추야우중, 송인, 사리화, 보리타작 등

(9) 민요

① 개념: 민중들 사이에서 자연스럽게 발생하여 오랫동안 전해오는 구전 가요
② 내용: 삶의 애환과 고달픔, 남녀의 사랑 등
③ 형식: 주로 4음절 4음보, 후렴구
④ 작품: 시집살이 노래, 논매기 노래 등

❷ 고전 시가의 주제

자연 친화	자연에 대한 예찬이나 자연 속에서 느끼는 즐거움을 노래함. 예 공명(功名)도 날 ᄭᅴ우고, 부귀(富貴)도 날 ᄭᅴ우니, / 청풍명월(淸風明月) 외(外)예 엇던 벗이 잇ᄉᆞ올고. – 정극인, 〈상춘곡〉
사랑과 이별	남녀 간의 사랑과 이별, 임에 대한 간절한 그리움을 노래함. 예 묏버들 갈ᄒᆡ 것거 보내노라 님의손ᄃᆡ. / 자시ᄂᆞᆫ 창(窓) 밧긔 심거 두고 보소셔. – 홍랑의 시조
연군과 충의	임금에 대한 그리움과 충절, 나라에 대한 걱정을 노래함. 예 뎌 ᄆᆡ화 것거 내여 님 겨신 ᄃᆡ 보내오져. / 님이 너롤 보고 엇더타 너기실고. – 정철, 〈사미인곡〉
유교적 가치	충(忠)과 효(孝) 등 인간이 지켜야 할 유교적 가치를 노래함. 예 아바님 날 나ᄒᆞ시고 어마님 날 기ᄅᆞ시니 / 부모(父母)옷 아니시면 내 모미 업슬랏다. – 주세붕, 〈오륜가〉
유배 생활	귀양살이에서 느끼는 감회, 억울함 등을 노래함. 예 이 마음 어리기도 님 위한 탓이로세. / 아뫼 아무리 일러도 임이 혜여 보소서. – 윤선도, 〈견회요〉
풍자와 비판	봉건적 질서, 탐관오리와 지배층을 풍자하고 비판함. 예 두터비 ᄑᆞ리를 물고 두험 우희 치ᄃᆞ라 안자 / 건넌 산(山) ᄇᆞ라보니 백송골(白松鶻)이 ᄯᅥ잇거놀 – 작자 미상의 사설시조
여성의 고통	남성 중심의 가부장제 사회에서 살아가는 여성의 고통과 한을 노래함. 예 형님 형님 사촌 형님 시집살이 어떱뎁까? / 이애 이애 그 말 마라 시집살이 개집살이. – 〈시집살이 노래〉

개념 확인 문제

04 다음 작품에 대한 설명으로 적절하지 <u>않은</u> 것은?

> 홍진(紅塵)에 뭇친 분네 이내 생애(生涯) 엇더ᄒᆞᆫ고. / 녯사ᄅᆞᆷ 풍류(風流)ᄅᆞᆯ 미ᄎᆞᆯ가 ᄆᆞᆺ 미ᄎᆞᆯ가. / 천지간(天地間) 남자(男子) 몸이 날만ᄒᆞᆫ 이 하건마ᄂᆞᆫ, / 산림(山林)에 뭇쳐 이셔 지락(至樂)을 ᄆᆞᄅᆞᆯ 것가.
> – 정극인, 〈상춘곡〉

① 조선 사대부 가사의 효시이다.
② 3(4)·4조, 4음보 연속체의 율격을 지니고 있다.
③ 자연을 즐기는 삶에 대한 자부심을 드러내고 있다.
④ 안빈낙도(安貧樂道)하는 삶의 태도를 드러내고 있다.
⑤ 임금에 대한 충성이라는 유교적 관념을 표출하고 있다.

05 〈보기〉와 주제가 가장 유사한 것은?

> 말 업슨 청산(靑山)이요, 태(態) 업슨 유수(流水)로다. / 갑 업슨 청풍(淸風)이요, 임자 업슨 명월(明月)이라. / 이 중(中)에 병(病) 업슨 이 몸이 분별(分別) 업시 늙으리라.
> – 성혼의 시조

① 동창(東窓)이 밝았느냐 노고지리 우지진다. / 소 치는 아이는 상기 아니 일었느냐. / 재 너머 사래 긴 밭을 언제 갈려 하나니.
② 구룸 비치 조타 ᄒᆞ나 검기ᄅᆞᆯ ᄌᆞ로 ᄒᆞᆫ다. / ᄇᆞ람 소리 ᄆᆞᆰ다 ᄒᆞ나 그칠 적이 하노매라. / 조코도 그칠 뉘 업기ᄂᆞᆫ 믈ᄲᅮᆫ인가 ᄒᆞ노라.
③ 백구(白鷗)야 말 물어보자 놀라지 말아스라. / 명구승지(名區勝地)를 어디어디 벌였더냐. / 날더러 자세히 일러든 너와 게 가 놀리라.
④ 청산(靑山)은 엇뎨ᄒᆞ야 만고(萬古)애 프르르며, / 유수(流水)는 엇뎨ᄒᆞ야 주야(晝夜)애 긋디 아니ᄂᆞᆫ고. / 우리도 그치디 말아 만고상청호리라.
⑤ 국화야, 너난 어이 삼월 동풍(三月東風) 다 지내고 / 낙목한천(落木寒天)에 네 홀로 피었나니. / 아마도 오상고절(傲霜孤節)은 너뿐인가 하노라.

정답 04. ⑤ 05. ③

◉ 권장 풀이 시간 : 4분 30초

[01~03] 다음 글을 읽고 물음에 답하시오.

(가) 장풍에 돛을 달고 육선이 함께 떠나
삼현과 군악 소리 해산을 진동하니
물속의 어룡들이 응당히 놀라리라
해구를 얼른 나서 오륙도를 뒤 지우고
고국을 돌아보니 야색이 아득하여
아무것도 아니 뵈고 연해 각진포에
[A] 불빛 두어 점이 구름 밖에 뵐 만하다
배 방에 누워 있어 내 신세를 생각하니
가뜩이 심란한데 대풍이 일어나서
태산 같은 성난 물결 천지에 자욱하니
크나큰 만곡주가 나뭇잎 불리이듯
하늘에 올랐다가 지함에 내려지니
열두 발 쌍돛대는 차아처럼 굽어 있고
쉰두 폭 초석 돛은 반달처럼 배불렀네
(중략)
날이 마침 극열하고 석양이 비치어서
끓는 땅에 엎디어서 말씀을 여쭈오니
속에서 불이 나고 관대에 땀이 배어
[B] 물 흐르듯 하는지라 나라께서 보시고서
너희 더위 어려우니 먼저 나가 쉬라시니
곡배하고 사퇴하니 천은이 망극하다
더위를 장히 먹어 막힐 듯하는지라
사신들도 못 기다려 하처로 돌아오니
누이도 반겨하고 딸은 기뻐 우는지라
일가 친척들이 나와서 위문하네
여드레 겨우 쉬어 공주로 내려가니
처자식들 나를 보고 죽었던 이 고쳐 본 듯
[C] 기쁘기 극한지라 어리석은 듯 앉았구나
사당에 현알하고 옷도 벗고 편히 쉬니
풍도의 험하던 일 저승 같고 꿈도 같다
손주 안고 어르면서 한가히 누웠으니
강호의 산인이요 성대의 일반이로다

– 김인겸, 〈일동장유가〉

제대로 감상법

문제 풀이까지 마친 후 복습할 때 보세요.

(가) 김인겸, 〈일동장유가〉

제목의 의미·갈래

작가 김인겸이 통신사의 일원으로 한양을 출발해 일본에 갔다가 다시 돌아오는 과정에서 본 일본의 자연환경, 문물제도, 인물, 풍속, 사건 등의 견문과 감상을 상세하게 기록한 장편 기행 가사이다.

화자

일본으로 (❶)할 때와 일본에서 돌아온 뒤의 여정과 감상을 제시하고 있음.

시어

- 대풍: 일본으로 출항한 후 풍랑을 만나 고생하는 모습을 제시함.
- (❷): 사행을 마치고 돌아온 화자와 재회한 가족들이 기쁜 나머지 멍하게 앉아 있는 모습을 나타냄.

표현

- 사행을 다녀오는 과정에서의 경험과 정서를 진솔하게 제시함.
- 여정에 따른 (❸) 구성으로 한양을 출발하여 일본에 갔다가 다시 돌아오기까지의 여정을 상세하게 제시함.

주제

통신사로 일본을 여행하면서 얻은 견문과 감상

제대로 구조화하기

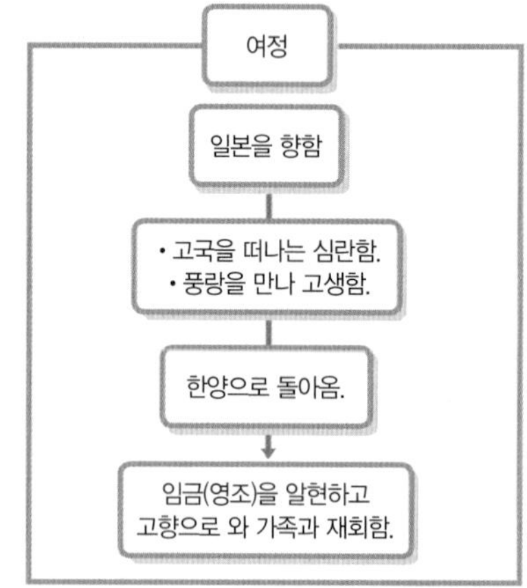

나 꼬아 자란 층석류*요 틀어 지은 고사매*라
삼봉 괴석에 달린 솔이 늙었으니
아마도 화암 풍경이 **너뿐**인가 하노라

〈제1수〉

막대 짚고 나와 거니니 양류풍 불어온다
긴 파람 짧은 노래 **뜻대로 소일**하니
어디서 초동과 목수(牧叟)는 웃고 가리키나니

〈제6수〉

맑은 물에 벼를 갈고 **청산**에 섶을 친 후
서림 풍우에 소 먹여 돌아오니
두어라 **야인 생애**도 자랑할 때 있으리라

〈제9수〉

– 유박, 〈화암구곡〉

＊ 층석류: 석류나무로 만든 분재
＊ 고사매: 매화를 고목에 접붙인 분재

나 유박, 〈화암구곡〉

제목의 의미·갈래

영조, 정조 때의 문인이며 원예 전문가인 유박이 지은 연시조이다. 출사하지 못한 선비의 강호에서의 유유자적함과 작가 자신의 취향이 반영된 자연물로 구성한 공간에 대한 자긍심을 드러내고 있다.

화자

향촌 생활의 만족감과 자신의 (❶) 생활에 대한 자긍심을 드러냄.

시어

- (❷): 땔나무 하는 아이와 가축을 치는 늙은이로, 화자가 여유롭게 소일하는 모습을 보고 웃음을 지음.
- 자랑할 때 있으리라: 향촌 생활에서의 자부심과 만족감을 드러냄.

표현

- 화자가 취미 생활을 하는 모습이 제시됨.
- 의인법, 대구법 등의 표현법이 사용됨.
- 안분지족하는 화자의 삶의 모습이 제시됨.

주제

향촌 생활의 만족감과 분재에 대한 애정

제대로 구조화하기

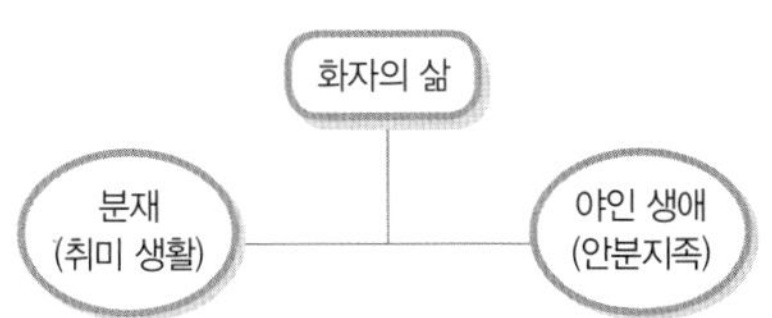

01 (가), (나)의 표현상 특징에 대한 설명으로 가장 적절한 것은?

① (가)는 과거를 회상하는 표현을 통해 현재 상황에 대한 아쉬움을 드러내고 있다.
② (가)는 사물의 형태가 변화한 모습을 묘사하여 외부 환경의 영향력을 부각하고 있다.
③ (나)는 계절을 나타내는 어휘를 활용해 애달픈 정서를 부각하고 있다.
④ (나)는 두 인물의 행위를 대비하여 대상에 대한 평가를 드러내고 있다.
⑤ (가)와 (나)는 모두 영탄적 표현을 통해 대상에 대한 경외감을 드러내고 있다.

제대로 접근법 문제 채점까지 마친 후 복습할 때 보세요.

01
표현상의 특징 파악하기 유형이다. 선택지의 표현이 나타난 부분을 지문에서 찾아 밑줄을 그어 보자. 확실한 오답부터 지워 가면서 정답에 해당하는 선택지를 남긴다.
대풍을 만났을 때 큰 배와 쌍돛대, 초석 돛이 어떻게 되었다고 표현하는지 확인해 보자.

02 [A]~[C]에 대한 이해로 적절하지 않은 것은?

① [A]에서는 선상에서 불빛 두어 점에 의지해, 떠나온 곳을 가늠하는 행위를 통해 출항 후의 모습이 드러난다.
② [B]에서는 신하들의 고충을 헤아리는 임금의 배려에 감격한 마음이 드러난다.
③ [C]에서는 갑작스러운 상황에 감정을 표현하지 못하고 무심하게 대응하는 가족들의 모습이 드러난다.
④ [A]에서는 포구를 돌아보지만 보고 싶은 것이 보이지 않는 상황이, [B]에서는 격식을 갖추기 위해 뜨거운 땅에 엎드려 있는 일을 힘겨워하는 상황이 드러난다.
⑤ [A]에서는 예기치 않게 맞닥뜨린 여정상의 위험이, [C]에서는 과거의 위험했던 경험에 대한 소회가 드러난다.

02
작품의 내용 파악하기 유형이다. [A]는 고국을 떠나 일본으로 향하는 배 안에서의 여정과 감상이, [B]는 사행에서 돌아와 임금께 결과를 보고하는 모습과 화자의 정서가, [C]는 사행을 마치고 가족과 재회한 후의 기쁨과 사행 경험에 대한 소회가 확인되는 부분이다. 화자와 재회한 가족의 감정이 어떠했는지 살펴보고 적절하지 않은 설명을 하고 있는 선택지를 찾아본다.

03 〈보기〉를 참고하여 (가), (나)를 감상한 내용으로 적절하지 않은 것은? [3점]

〈보기〉

조선 후기 시가에서는 경험과 외물에 대한 관심이 확대되었다. 〈일동장유가〉는 사행을 다녀온 경험을 생생하게 표현하며 그에 대한 정서를 솔직하게 드러냈다. 〈화암구곡〉은 포착된 자연의 양상에 따라 강호에서의 자족감, 출사하지 못한 선비로서 생활 공간인 향촌에 머물 수밖에 없는 데 따른 회포, 취향이 반영된 자연물로 구성한 개성적 공간에서의 긍지를 드러냈다.

① (가)는 배가 '나뭇잎'처럼 파도에 휩쓸리고 하늘에 올랐다 떨어지는 것 같다고 하여 대풍을 겪은 체험을 생동감 있게 드러내는군.

② (나)는 화암의 풍경이라 인정할 만한 것이 '너뿐'이라고 하여 자신이 기른 화훼로 조성한 공간에 대한 자긍심을 드러내는군.

③ (가)는 '육선'에 탄 사신단이 만물이 격동할 만한 '군악'을 들으며 떠나는 데 주목해 경험에 대한 관심을, (나)는 꼬이고 틀어진 모양으로 가꾼 식물에 주목해 외물에 대한 관심을 드러내는군.

④ (가)는 배에서 '신세'를 생각하는 모습으로 사행길의 복잡한 심사를, (나)는 '청산'에서의 삶에서 느끼는 자랑스러움을 '야인 생애'로 표현하여 겸양의 태도를 드러내는군.

⑤ (가)는 집으로 돌아와 한가하게 지내며 '성대'를 누리는 삶에 대한 만족감을, (나)는 양류풍에 감응하며 '뜻대로 소일'하는 강호의 삶에 대한 자족감을 드러내는군.

제대로 접근법

문제 채점까지 마친 후 복습할 때 보세요.

03

외적 준거에 따른 작품 감상하기 유형이다. 준거로 제시된 〈보기〉에서 작품의 내용, 화자의 정서와 태도를 다시 확인한다. 화자의 정서와 태도를 파악할 때는 대략적으로 이해하지 말고 정확하게 파악해야 한다. '겸양'은 겸손한 태도로 남에게 양보하거나 사양함을 의미하는 단어이다. 〈보기〉에 따르면 (나)의 화자는 자족감, 향촌에 머물 수밖에 없는 데 따른 회포, 개성적 공간에서의 긍지를 드러낸다고 하였다. 따라서 이러한 화자의 태도와 겸양의 태도가 관련이 있는지 판단해 보고, 적절하지 않은 선택지를 찾아야 한다.

꼼꼼하게 확인하지 않으면 자칫 함정에 빠질 수 있는 문제이다. 전체적으로는 어렵지 않은 난도의 선택지이지만 자칫 실수하여 시간을 많이 빼앗길 수 있다.

1차 채점

맞은 문항 수	개
틀린 문항 수	개
헷갈리는 문항 번호	

• 틀린 문항 '/' 표시

→

2차 채점

맞은 문항 수	개
틀린 문항 수	개
헷갈리는 문항 번호	

• 틀린 문항 '×' 표시

→

3차 채점

맞은 문항 수	개
틀린 문항 수	개
헷갈리는 문항 번호	

• 틀린 문항 ⩕ 표시

◉ 권장 풀이 시간 : 4분 30초

[01-03] 다음 글을 읽고 물음에 답하시오.

(가) 청강 녹초변에 소 먹이는 아이들이
석양에 흥이 겨워 피리를 빗기 부니
물 아래 잠긴 용이 잠 깨어 일어날 듯
내 기운에 나온 학이 제 깃을 던져 두고 반공에 솟아 뜰 듯
소선(蘇仙)* 적벽은 추칠월이 좋다 하되
팔월 십오야를 모두 어찌 칭찬하는가
구름이 걷히고 물결이 다 잔 적에
하늘에 돋은 달이 솔 위에 걸렸거든
잡다가 빠진 줄이 적선(謫仙)*이 헌사할샤
[A] 공산에 쌓인 잎을 삭풍이 거둬 불어
떼구름 거느리고 눈조차 몰아오니
천공이 호사로워 옥으로 꽃을 지어
만수천림을 꾸며곰 낼세이고
앞 여울 가리 얼어 독목교(獨木橋) 비꼈는데
막대 멘 늙은 중이 어느 절로 간단 말고
산옹의 이 부귀를 남더러 자랑 마오
경요굴(瓊瑤窟)* 숨은 세계 찾을 이 있을세라
산중에 벗이 없어 서책을 쌓아 두고
만고 인물을 거슬러 혜여하니
성현도 많거니와 호걸도 하도 할샤
하늘 삼기실 제 곧 무심할까마는
어찌한 시운(時運)이 흥망이 있었는고
모를 일도 하거니와 애달픔도 그지없다
기산의 늙은 고블* 귀는 어찌 씻었던고
박 소리 핑계하고 지조가 가장 높다
인심이 낯 같아야 볼수록 새롭거늘
세사는 구름이라 험하기도 험하구나
엊그제 빚은 술이 얼마나 익었느냐
잡거니 밀거니 실컷 기울이니
마음에 맺힌 시름 조금은 풀리나다

– 정철, 〈성산별곡〉

* 소선: 소동파를 신선에 빗댄 말
* 적선: 이태백을 신선에 빗댄 말
* 경요굴: 눈 내린 성산의 모습을 빗댄 말
* 고블: 기산에 은거한 인물인 허유

(나) 생매 잡아 길 잘 들여 먼 산 두메로 꿩 사냥 보내고 흰 말 구불구종* 갈기 솔질 활활 솰솰 하여 임의 집 송정 뒤 잔디 잔디 금잔디 밭에 말 말뚝 꽝꽝쌍쌍 박아 숭마 바 고삐 길게

제대로 감상법 — 문제 풀이까지 마친 후 복습할 때 보세요.

(가) 정철, 〈성산별곡〉

제목의 의미·갈래
작가 정철이 벼슬길에 나서기 전 담양의 성산에 있는 서하당과 식영정 주변의 자연 경관과 그곳에 은거하는 김성원의 풍류 생활을 예찬한 가사 작품이다.

화자
계절의 변화, 성산 주변의 아름다움 등 일상적 삶의 즐거움과 (❶)를 노래함.

시어
- 소선, 적선, 산옹: 소선은 소동파, 적선은 이태백, 산옹은 김성원을 이름.
- (❷): 아름다운 자연과 벗하며 즐기는 마음의 넉넉함을 의미함.
- (❸): 시름 해소의 매개물

표현
- (❹)에 따라 시상이 전개됨.
- 한문투 어휘와 고사가 많이 사용됨.
- 김성원으로 추정되는 식영정 주인과 작가로 추정되는 화자의 문답 형식이 나타남.

주제
성산의 사계절의 경관과 식영정 주인의 풍류 예찬

제대로 구조화하기

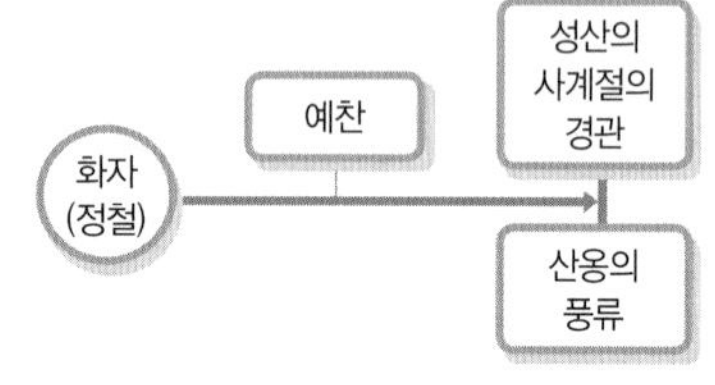

(나) 작자 미상, 〈생매 잡아 길 잘 들여~〉

화자
자연 속에서 꿩 사냥과 고기잡이를 하는 일상적 삶의 즐거움과 풍류를 노래함.

▶ 해설편 33쪽

늘려 매고

앞내 여울 **고기** 뒷내 여울 고기 오르는 고기 내리는 고기 자나 굵으나 굵으나 자나 주섬 주섬 낚아 내여 시내 동으로 뻗은 움버들 가지 와지끈 뚝딱 꺾어 거꾸로 잡고 잎사귀 셋만 남기고 주루룩 훑어 아가미 너슬너슬 꿰어 시내 잔잔 흐르는 물에 납작 실죽 청 바둑돌로 임도 모르고 아무도 모르게 가만히 살짝 자기자 장단 맞춰 지근지지 눌러 놓고 동자야 이 뒤에 학 타신 **선관**이 날 찾거든 그물 낚싯대 종이 종다래끼* 파리 밥풀통 고추장 **술병**까지 가지고 뒷내 여울로 오라고 일러만 주소

아마도 산중호걸이 **나뿐**인가 하노라

– 작자 미상

*** 구불구종**: 말 모는 하인
*** 종다래끼**: 작은 바구니

시어

- 활활 솰솰, 꽝꽝쌍쌍: 음성 상징어로, 하인의 행위를 역동적으로 표현함.
- (❶): 화자가 자신과 함께 풍류를 즐기려고 하는 인물을 미화하여 표현함.

표현

- 초장과 중장에 (❷)의 행위가 생동감 있게 묘사됨.
- 시간의 흐름에 따른 시상 전개와 대구법이 사용됨.
- 자연 공간에서 풍류를 즐기는 화자의 모습이 제시됨.

주제

꿩 사냥과 물고기 잡이를 하며 풍류를 즐기는 삶에 대한 자부심

제대로 구조화하기

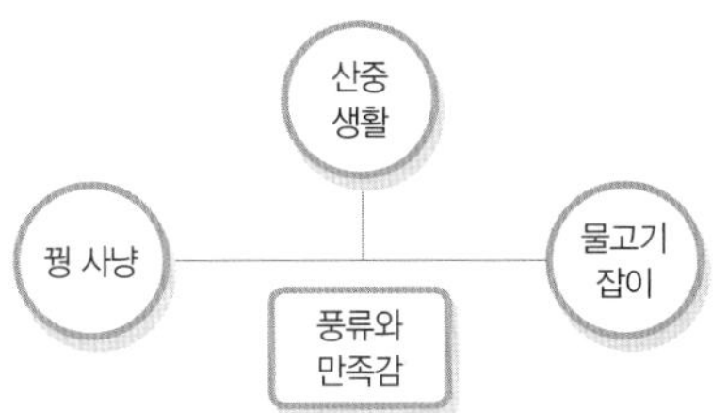

01 (가), (나)에 대한 설명으로 가장 적절한 것은?

① (가)는 영탄적 표현을 통해 인물에 대한 그리움을 드러내고 있다.
② (나)는 음성 상징어를 통해 인물의 역동성을 드러내고 있다.
③ (가)는 (나)와 달리 공간의 이동을 통해 다양한 대상의 면모를 드러내고 있다.
④ (나)는 (가)와 달리 시간의 흐름에 따라 인물의 심리 변화를 드러내고 있다.
⑤ (가)와 (나)는 모두 대구를 사용하여 대조적 대상의 속성을 드러내고 있다.

제대로 접근법 문제 채점까지 마친 후 복습할 때 보세요.

01
표현상의 특징 파악하기 유형이다. 선택지에 언급된 표현이 나타난 지문을 찾아 확인하고 이어 표현의 효과가 적절한지 판단한다.
적절한 표현만 사용되었다고 정답이 아니라는 점에 주의하자. 인물에 대한 그리움, 인물의 역동성, 다양한 대상의 면모, 인물의 심리 변화, 대조적 대상의 속성이 나타나는지 확인해야 한다.

02 [A]에 대한 이해로 적절하지 않은 것은?

① '삭풍'이 가을 잎을 쓸고 간 자리에 구름을 불러와 '공산'을 눈 세상으로 만들었다고 한 것에는, 인물이 거처한 공간의 아름다움에 대한 인식이 계절에 따른 자연의 변화를 통해 드러난다.
② '앞 여울'을 건너가는 노승을 발견하고 '경요굴'이 들키지 않기를 바라는 것에는, 빼어난 경치를 소중하게 여기는 태도가, 숨어 있는 세계가 알려질 것에 대한 염려를 통해 드러난다.
③ 만족스러운 외적 풍경에서 눈을 돌려 벗이 없는 '산중'에서 '만고 인물'을 생각하는 것에는, 정신적 세계에 주목하는 태도가, 적적한 상황에 놓인 인물의 행위를 통해 드러난다.
④ 하늘의 이치가 제대로 구현되지 못했음을 '시운'의 '흥망'에서 발견하고도 모를 일이 많다고 한 것에는, 인물의 담담한 태도가, 이상에 미치지 못하는 현실을 수용하는 것을 통해 드러난다.
⑤ 세상을 등진 인물의 삶을 '기산'의 '고블'에 비유한 것에는, 험한 세사와의 단절과 은거 지향에 대한 긍정적 인식이 인물의 선택에 대한 평가를 통해 드러난다.

제대로 접근법 ✩ 문제 채점까지 마친 후 복습할 때 보세요.

02
작품의 종합적 이해와 감상하기 유형이다. 선택지의 문장이 간결하지 못하고 길기 때문에 의미를 파악할 때 유의하자. 선택지의 내용을 판단할 때 '것에는'이 포함된 앞부분의 내용이 적절한지와 이후의 내용이 적절한지를 나눠서 파악한다. 앞부분은 작품 내용에 대한 파악이고 뒷부분은 그를 통해 확인되는 내용인지를 살펴보자.
'꾸며곰 낼세이고', '있을세라', '하도 할샤', '애달픔도 그지없다', '지조가 가장 높다' 등에 주목하여 화자의 정서와 태도를 파악하도록 하자.

03 〈보기〉를 바탕으로 (가)와 (나)를 감상한 내용으로 적절하지 않은 것은? [3점]

〈보기〉

고전 시가에서 자연은 작품에 따라 다양하게 그려진다. (가)의 자연은 속세와 구별되는 청정한 이상 세계로 그려지며, 신선의 이미지를 통해 탈속적이고 고고한 가치를 추구하는 곳이다. (나)의 자연은 풍요롭게 그려지는 현실적 풍류의 장으로, 활달하고 흥겹게 놀이를 펼치는 곳이며, 신선의 이미지를 통해 멋이 고조된다.

① (가)의 '용'은 피리 소리로 조성된 탈속적 분위기를 환상적으로 표현하는 소재이고, (나)의 '생매'는 고고한 취향을 사실적으로 보여 주는 소재이군.
② (가)의 '학'은 이상적 세계의 아름다움을 구현하는 소재이고, (나)의 '고기'는 풍요롭고 생동하는 세계를 표현하는 소재이군.
③ (가)의 '소선', '적선'은 청정한 강호의 세계에서 떠올린 인물의 이미지이고, (나)의 '선관'은 '나'가 현재의 행위를 함께 하고 싶은 인물을 멋스럽게 표현한 이미지이군.
④ (가)의 '산옹'은 계절에 따른 산의 모습을 바라보며 이상 세계의 삶을 지향하는 인물이고, (나)의 '나'는 사냥과 고기잡이를 통해 현실의 즐거움을 향유하는 인물이군.
⑤ (가)의 '술'은 강호에서 세상에 대한 시름을 달래 주는 소재이고, (나)의 '술병'은 풍류의 장에 흥취를 더해 줄 소재이군.

03
외적 준거에 따른 작품 감상하기 유형이다. 〈보기〉의 준거를 통해 각 작품의 자연의 의미를 이해하고 선택지에 언급된 소재와 인물에 대한 감상이 적절한지 판단하자.
(가)는 청정한 이상 세계, 신선의 이미지, 탈속적, 고고한 가치에 주목하고 (나)는 자연의 풍요, 현실적 풍류, 활달하고 흥겨움, 신선의 이미지에 주목하여 선택지의 내용을 판단하도록 한다. 선택지 중 소재의 의미를 적절하게 제시하지 않은 것을 찾아보자.

1차 채점	
맞은 문항 수	개
틀린 문항 수	개
헷갈리는 문항 번호	

• 틀린 문항 '/' 표시

→

2차 채점	
맞은 문항 수	개
틀린 문항 수	개
헷갈리는 문항 번호	

• 틀린 문항 '×' 표시

→

3차 채점	
맞은 문항 수	개
틀린 문항 수	개
헷갈리는 문항 번호	

• 틀린 문항 '⚠' 표시

 2023 9월 모의평가

◉ 권장 풀이 시간 : 4분 30초

[01-03] 다음 글을 읽고 물음에 답하시오.

(가) 이 중에 시름없으니 어부(漁父)의 생애로다
일엽편주를 만경파(萬頃波)에 띄워 두고
인세(人世)를 다 잊었거니 날 가는 줄을 아는가

〈제1수〉

[A] 굽어보면 천심 녹수 돌아보니 만첩 청산
십장 홍진(十丈紅塵)이 얼마나 가렸는가
강호에 월백(月白)하거든 더욱 무심(無心)하여라

〈제2수〉

청하(靑荷)에 밥을 싸고 녹류(綠柳)에 고기 꿰어
노적 화총(蘆荻花叢)에 배 매어 두고
일반 청의미(一般淸意味)를 어느 분이 아실까

〈제3수〉

㉠산두(山頭)에 한운(閑雲) 일고 수중(水中)에 백구(白鷗) 난다
무심코 다정한 것 이 두 것이로다
㉡일생에 시름을 잊고 너를 좇아 놀리라

〈제4수〉

– 이현보, 〈어부단가〉

(나) 때마침 부는 추풍(秋風) 반갑게도 보이도다
말술이 다나 쓰나 술병 메고 벗을 불러
언덕 너머 어촌에 내 놀이 가자꾸나
흰 두건을 젖혀 쓰고 소정(小艇)을 타고 오니
㉢바람에 떨어진 갈대꽃 갠 하늘에 눈이 되어
석양에 높이 날아 어지러이 뿌리는데
갈잎에 닻 내리고 그물로
잔잔한 강물 속 자린은순(紫鱗銀脣)* 수없이 잡아내어
연잎에 담은 회와 항아리에 채운 술을
실컷 먹은 후에
태기 넓은 돌에 높이 베고 누웠으니
희황천지(羲皇天地)*를 오늘 다시 보는구나
잠시 잠들어 뱃노래에 깨어 보니
[B] 추월(秋月)이 만강(滿江)하여 밤빛을 잃었거늘
반쯤 취해 시 읊으며 배 위로 건너오니
강물 아래 잠긴 달은 또 어인 달인 게오
달 위에 배를 타고 달 아래 앉았으니

제대로 감상법 ☆ 문제 풀이까지 마친 후 복습할 때 보세요.

(가) 이현보, 〈어부단가〉

제목의 의미·갈래
'어부의 짧은 노래'라는 뜻으로, 전 5수의 연시조이다. '어부(漁父)'는 세속에서 벗어나 자연 속에서 유유자적한 삶을 살아가는 작가 자신을 이르는 말이다.

화자
화자는 벼슬을 그만두고 자연에 묻혀 살아가는 사대부로, 자연 속에서 어부의 삶을 즐기며 (❶)을 느끼고 있음.

시어
• (❷): '열 길이나 되는 붉은 먼지'를 뜻하는 말로, 속세를 의미함.
• 무심: 속세에 욕심이 없는 화자의 모습을 드러내는 시어

표현
• 속세와 단절된 채 자연에서 지내는 삶의 모습과 그에 대한 만족감이 드러남.
• 한자어가 많이 사용되었고, 정경 묘사가 관념적임.

주제
강호에서 자연을 벗하며 유유자적하는 어부의 삶

제대로 구조화하기

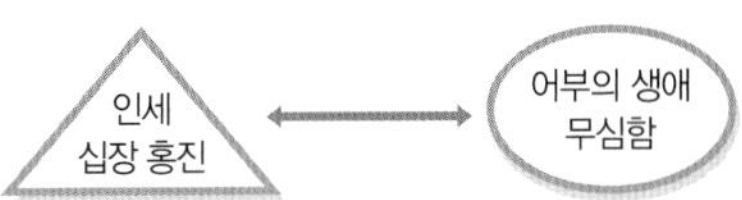

(나) 박인로, 〈소유정가〉

제목의 의미·갈래
'소유정'은 정자의 이름으로, 소유정 주변의 아름다운 자연과 그 속에서 풍류를 즐기는 사대부의 모습을 노래한 가사이다.

화자
화자인 '나'는 뱃놀이를 하며 풍류를 즐기는 사대부로, 자신의 흥취에 대한 (❶)을 드러내고 있음.

시어
• (❷): '가을에 부는 선선한 바람'을 뜻하는 말로, 뱃놀이의 계기가 되는 자연 현상
• 강풍: '강바람'을 뜻하는 말로, 귀범(멀리 나갔던 돛단배가 돌아옴)을 돕는 자연 현상

문득 의심은 월궁(月宮)에 올랐는 듯
물외(物外)의 기이한 경관 넘치도록 보이도다
청경(淸景)을 다투면 내 분에 두랴마는
즐겨도 말리는 이 없으니 나만 둔가 여기노라
놀기를 탐하여 돌아갈 줄 잊었도다
㉣아이야 닻 들어라 만조(晩潮)에 띄워 가자
푸른 물풀 위로 강풍(江風)이 짐짓 일어
귀범(歸帆)을 재촉하는 듯
아득하던 앞산이 뒷산처럼 보이도다
잠깐 사이 날개 돋아 연잎배 탄 신선된 듯
연파(烟波)를 헤치고 월중(月中)에 돌아오니
㉤동파(東坡) 적벽유(赤壁遊)*인들 이내 흥(興)에 미치겠는가
강호 흥미(興味)는 나만 둔가 여기노라

– 박인로, 〈소유정가〉

* 자린은순: 물고기를 아름답게 표현하는 말
* 희황천지: 복희씨(伏羲氏) 때의 태평스러운 세상
* 동파 적벽유: 중국 송나라 때 소식(蘇軾)이 적벽에서 했던 뱃놀이

표현
• 다양한 비유와 고사 등을 활용하여 소유정 주변의 자연 풍경을 묘사함.
• 아름다운 자연 속에서 뱃놀이를 하며 한가롭게 풍류를 즐기는 모습과 그에 대한 만족감이 드러남.

주제
소유정 주변의 아름다운 자연에서 안빈낙도를 추구하는 삶

제대로 구조화하기

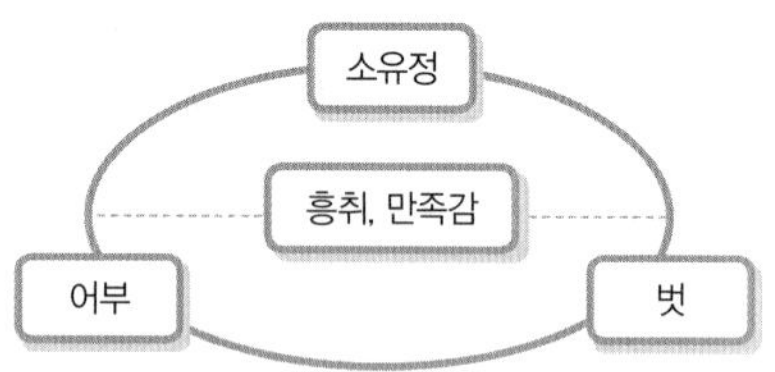

01 ㉠~㉤에 대한 이해로 적절하지 않은 것은?

① ㉠은 대구를 통해 자연 경물의 모습을 제시함으로써 한적한 분위기를 조성하고 있다.
② ㉡은 자연 경물을 '너'로 지칭하여 관계를 맺음으로써 이들과 동화하려는 의지를 표출하고 있다.
③ ㉢은 자연 경물의 모습을 감각적으로 표현함으로써 물가의 아름다운 풍경을 묘사하고 있다.
④ ㉣은 명령형 어미를 사용하여 '아이'가 해야 할 행동을 제시함으로써 자연 경물에 대한 인식의 변화를 촉구하고 있다.
⑤ ㉤은 유사한 놀이를 즐겼던 과거 인물과 비교함으로써 화자의 자긍심을 드러내고 있다.

02 [A], [B]에 대한 설명으로 가장 적절한 것은?

① [A]에서 화자는 달을 절대적 존재로 인식하고 강호 자연에서 '무심'한 삶을 살 수 있도록 기원하고 있다.
② [A]에서 화자는 달에 인격을 부여하여 '녹수'와 '청산'으로 둘러싸인 강호 자연의 가을 달밤 정경을 묘사하고 있다.
③ [B]에서 화자는 하늘의 달과 강물에 비친 달 사이에 놓임으로써 '월궁'에 오른 듯한 신비로움을 표현하고 있다.
④ [B]에서 화자는 시간의 흐름에 따라 모양을 달리 하는 달의 특성을 활용하여 계절의 변화를 다채롭게 나타내고 있다.
⑤ [A]와 [B]에서 강호 자연에 은거한 화자는 달을 대화 상대이면서 동시에 위안의 대상으로 여기고 있다.

제대로 접근법

문제 채점까지 마친 후 복습할 때 보세요.

01
표현상의 특징을 파악하는 유형이다. 작품 전체가 아니라 구체적인 시행을 대상으로 하고 있어 상대적으로 특징과 효과를 찾는 것이 어렵지 않다.
표현상의 특징과 함께 그 표현에 담긴 화자의 정서 및 분위기도 파악해야 한다. (가)와 (나)의 화자가 모두 자연 속에서 유유자적한 삶을 살고 있다는 점을 고려한다.

02
특정 장면에 대한 감상의 적절성을 파악하는 유형이다. [A]에는 속세에서 벗어나 강호에서 유유자적하게 살아가는 화자의 모습이 나타나 있고, [B]에는 뱃놀이를 즐기는 화자의 흥취와 주변의 아름다운 풍경이 나타나 있다.
시어 및 시구의 의미, 대상에 대한 화자의 인식, 소재의 특성과 의미, 시적 공간에서 느끼는 화자의 정서, 표현상의 특징 등을 고려하여 선택지의 언급이 적절한지 판단해 보자. 특히 화자의 달에 대한 태도, 달이 해당 장면에 미치는 영향 등을 자세히 살펴본다.

▶ 해설편 36쪽

03 〈보기〉를 바탕으로 (가), (나)를 감상한 내용으로 적절하지 않은 것은? [3점]

〈보기〉

'어부'는 정치 현실과 거리를 둔 은자로 형상화된다. 이때 '어부 형상'은 어부 관련 소재, 행위, 정서 등의 어부 모티프와 연관하여 작품별로 공통적인 속성을 가지면서 다양한 변주를 보인다. (가)는 어부와 관련된 상황의 일부를 초점화하여 유유자적한 삶을 사는 어부를, (나)는 어부와 관련된 여러 상황을 이어 가며 흥취 있는 삶을 사는 어부를 형상화하고 있다.

① (가)의 '어부'는 '십장 홍진'으로 표현된 정치 현실에서 벗어나 뱃놀이를 즐기며 '인세'의 근심과 시름을 다 잊고 한가로움을 추구하려고 하는군.

② (나)의 '추풍'은 뱃놀이의 흥취를 북돋우는 자연 현상이고, '강풍'은 흥취의 대상을 강에서 산으로 옮겨 가는 자연 현상이라 볼 수 있군.

③ (가)의 '일엽편주'와 (나)의 '소정'은 화자가 소박한 뱃놀이를 즐기고 있다는 것을 알려 주는 어부 형상 관련 소재라고 할 수 있군.

④ (가)의 '녹류에 고기 꿰어'에는 어부의 삶과 관련된 일부 행위를 통해 유유자적한 삶이, (나)의 '그물로', '수없이 잡아내어', '실컷 먹은'에는 뱃놀이의 여러 상황들이 연결되어 흥취를 즐기는 삶이 나타나고 있군.

⑤ (가)의 '어부'는 강호 자연의 삶 속에서 홀로 자족감을 표출하고 있고, (나)의 어부는 벗들과 함께한 흥겨운 뱃놀이를 통해 만족감을 표출하고 있군.

제대로 접근법

문제 채점까지 마친 후 복습할 때 보세요.

03
외적 준거에 따라 작품을 감상하는 유형이다. 〈보기〉의 내용을 정리한 다음, 이를 바탕으로 선택지의 적절성을 판단해 보자.

〈보기〉 분석

- 어부: 정치 현실과 거리를 둔 은자
- (가): 어부와 관련된 상황의 일부를 초점화함, 유유자적한 삶을 사는 어부
- (나): 어부와 관련된 여러 상황을 이어 감, 흥취 있는 삶을 사는 어부

(가)와 (나)의 어부는 물고기 잡는 일이 직업인 진짜 어부가 아니라, 어부의 삶을 흉내 내며 흥취를 즐기는 사대부라는 점에 유의한다. 이들은 자연 속에서 유유자적한 삶을 즐기거나 안빈낙도의 삶을 추구하고 있다. 작품의 내용을 이해한 다음 소재의 의미, 공간의 의미를 확인하여 적절하지 않은 선택지를 찾는다.

1차 채점

맞은 문항 수	개
틀린 문항 수	개
헷갈리는 문항 번호	

• 틀린 문항 '/' 표시

→ **2차 채점**

맞은 문항 수	개
틀린 문항 수	개
헷갈리는 문항 번호	

• 틀린 문항 '×' 표시

→ **3차 채점**

맞은 문항 수	개
틀린 문항 수	개
헷갈리는 문항 번호	

• 틀린 문항 ⚠ 표시

[01-03] 다음 글을 읽고 물음에 답하시오.

(가) 춘일(春日)이 지지(遲遲)하여 뻐꾸기가 보채거늘
동린(東隣)에 쟁기 얻고 서사(西舍)에 호미 얻고 / 집 안에 들어가 씨앗을 마련하니
㉠올벼 씨 한 말은 반 넘게 쥐 먹었고
기장 피 조 팥은 서너 되 부쳤거늘
한아(寒餓)한 식구 이리하여 어이 살리
(중략)
베틀 북도 쓸데없어 빈 벽에 남겨 두고
㉡솥 시루 버려두니 붉은 빛이 다 되었다
세시 삭망 명절 제사는 무엇으로 해 올리며
원근 친척 내빈왕객(來賓往客)은 어이하여 접대할꼬
㉢이 얼굴 지녀 있어 어려운 일 하고 많다
[A] 이 원수 궁귀(窮鬼)를 어이하여 여의려뇨
술에 후량을 갖추고 이름 불러 전송하여
길한 날 좋은 때에 사방으로 가라 하니
웅얼웅얼 불평하며 원노(怨怒)하여 이른 말이
어려서나 늙어서나 희로우락(喜怒憂樂)을 너와 함께하여
죽거나 살거나 여읠 줄이 없었거늘
어디 가 뉘 말 듣고 가라 하여 이르느뇨
우는 듯 꾸짖는 듯 온가지로 협박커늘
돌이켜 생각하니 네 말도 다 옳도다 / 무정한 세상은 다 나를 버리거늘
네 혼자 유신하여 나를 아니 버리거든
위협으로 회피하며 잔꾀로 여읠려냐
하늘 삼긴 이내 궁(窮)을 설마한들 어이하리
빈천도 내 분(分)이니 서러워해 무엇하리

– 정훈, 〈탄궁가〉

(나) 서산에 돋을볕 비추고 구름은 느지막이 내린다
비 온 뒤 묵은 풀이 뉘 밭이 우거졌던고
㉣두어라 차례 정한 일이니 매는 대로 매리라 〈제1수〉

[B] 면화는 세 다래 네 다래요 이른 벼의 패는 모가 곱난가
오뉴월이 언제 가고 칠월이 반이로다
아마도 하느님 너희 삼길 제 날 위하여 삼기셨다 〈제7수〉

아이는 낚시질 가고 집사람은 절이채 친다
새 밥 익을 때에 새 술을 걸러셔라
㉤아마도 밥 들이고 잔 잡을 때에 흥에 겨워 하노라 〈제8수〉

– 위백규, 〈농가〉

제대로 감상법 ☆ 문제 풀이까지 마친 후 복습할 때 보세요.

(가) 정훈, 〈탄궁가〉

제목의 의미·갈래
'곤궁한 생활을 탄식한다.'는 의미로, 궁핍한 삶에서 벗어날 수 없음을 탄식하면서도 결국 그 가난을 수용하는 자세를 노래한 가사이다.

화자
화자는 '나'로, 가난한 자신의 생활을 (❶) 하고자 하는 태도를 드러냄.

시어
• (❷): 가난귀신. 화자의 대화 상대로, 가난을 의인화하여 고통스러운 상황을 희화화함.

표현
• (❸)한 생활을 사실적으로 묘사함.
• 가난을 '궁귀'로 의인화하여 참신하게 표현함.

주제
궁핍한 생활로 인한 고통과 이를 수용하려는 자세

제대로 구조화하기

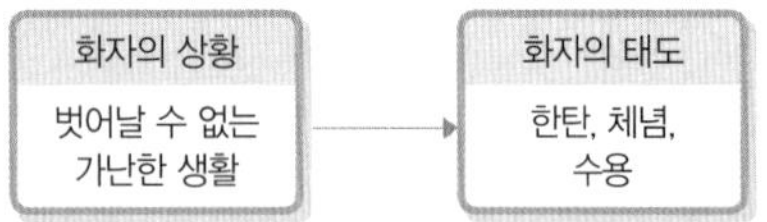

(나) 위백규, 〈농가〉

제목의 의미·갈래
농촌의 하루 일과를 계절의 추이에 따라 사실적으로 노래한 연시조이다. 총 9수로 구성되어 있으며, 농민의 삶에 대한 작가의 긍정적 시각을 읽을 수 있다.

화자
화자는 '나'로, 전원에서 (❶)을 하며 지내는 생활에 만족하고 흥겨워함.

시어
• (❷): 해가 떠오를 때의 햇볕으로, 이른 아침 일을 하러 나서는 시간적 배경을 제시

표현
• (❸)의 흐름에 따라 시상을 전개함.
• 농촌을 풍류의 대상이 아니라 땀 흘리며 일하는 생활 터전으로 그림.

주제
농가의 생활과 농사일을 하는 즐거움

제대로 구조화하기

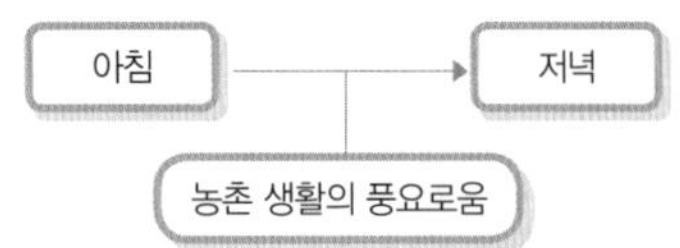

▶ 해설편 39쪽

01 (가)에 대한 설명으로 가장 적절한 것은?

① 계절의 변화에 조응하는 여러 자연물을 활용해 화자의 인식 전환을 보여 주고 있다.
② 계절감이 드러난 소재를 대등하게 나열해 시상을 전개하고 있다.
③ 특정 계절의 풍속을 화자의 시선 이동에 따라 묘사하고 있다.
④ 특정 계절을 배경으로 제시해 화자의 처지를 부각하고 있다.
⑤ 계절의 순환을 중심으로 자연의 섭리를 드러내고 있다.

02 [A], [B]에 대한 이해로 적절하지 않은 것은?

① [A]에서 '술에 후량'을 갖춘 화자는 의례를 통해 '궁귀'에 대한 예우를 표하고 있다.
② [B]에서 화자는 시간의 경과를 의식하며 '세 다래 네 다래' 열린 '면화'에 대한 만족감을 드러내고 있다.
③ [A]에서 화자는 '이내 궁'과의 관계를, [B]에서 화자는 '너희'와의 관계를 운명적인 것으로 여기는 관점을 취하고 있다.
④ [A]에서 화자는 '옳도다'라는 응답으로 '네 말'을 수용하는 태도를, [B]에서 화자는 '반이로다'라는 감탄으로 '패는 모'에 대한 기대감을 드러내고 있다.
⑤ [A]와 [B]에서 화자는 각각 초월적인 존재인 '하늘'과 '하느님'을 예찬하는 어조를 취하고 있다.

03 〈보기〉를 참고할 때, ㉠~㉤의 문맥적 의미에 대한 이해로 적절하지 않은 것은? [3점]

〈보기〉

〈탄궁가〉는 향촌 공동체에서 경제적 기반이 취약한 사대부가 가정과 사회에 대한 책임을 다하기 어려운 자신의 궁핍한 삶을 실감나게 그려 낸 작품이다. 한편 〈농가〉는 곤궁한 향촌 공동체의 발전을 위해 여러 방도를 모색한 사대부가 가난을 벗어난 이상화된 농촌상을 그려 낸 작품이다.

① ㉠은 파종할 볍씨를 쥐가 먹어 버린 상황을 제시해 가난한 향촌 사대부의 곤혹스러운 처지를 실감나게 그려 낸다.
② ㉡은 솥과 시루가 녹슨 상황을 제시해 끼니조차 잇지 못하는 생활이 지속되는 향촌 사대부 가정의 궁핍함을 부각한다.
③ ㉢은 체면을 지키기 어려운 상황을 제시해 취약한 경제적 기반 때문에 사회적 책임을 내려놓는 향촌 사대부의 죄책감을 드러낸다.
④ ㉣은 밭을 맬 때 예정된 차례에 따라야 함을 나타내어 사회적 약속에 대한 존중을 향촌 공동체 발전의 방도로 여기는 관점을 드러낸다.
⑤ ㉤은 먹을거리에 부족함이 없이 즐거운 향촌 구성원의 모습을 통해 가난을 벗어난 이상화된 농촌상의 일면을 보여 준다.

제대로 접근법

문제 채점까지 마친 후 복습할 때 보세요.

01
화자, 표현, 시상 전개 등 작품의 전반적인 내용을 바르게 이해했는지 확인하는 유형이다. 먼저 시적 상황과 화자의 정서 및 태도를 파악하여 작품 전체의 분위기를 파악할 필요가 있다.
지문에서 근거를 찾아 확인하며 오답을 하나씩 지워 나간다. 계절을 드러내는 시어는 도형으로 표시하여 문제 푸는 과정에서 헷갈리지 않도록 하자.

02
작품의 내용을 파악하는 유형이다. [A]와 [B]에 나타난 화자의 태도를 파악하고, 전체 흐름에 대한 이해를 바탕으로 각 시어에 담긴 의미를 유추해 보자.
[A]에서 화자는 가난을 수용하고 체념하는 태도를 보이고 있고, [B]에서 화자는 가을의 풍요로운 결실에 흥겨워하고 있다. 예우를 표하는 것, 수용하거나 만족감을 드러내는 것, 운명적인 관점을 취하는 것, 기대감을 드러내는 것, 예찬적 어조를 취하는 것 등은 모두 화자의 정서 및 태도와 관련되어 있다는 점을 고려하여 문제를 해결하자.

03
외적 준거에 따라 작품을 감상하는 유형이다. 〈보기〉에는 (가)와 (나)의 화자 및 주제 의식과 관련된 정보가 제시되어 있다. 이를 참고하여 시구의 의미를 잘못 해석한 선택지를 찾아보자.
(가)의 화자는 궁핍한 삶에서 벗어날 수 없음을 탄식하면서도 결국 가난을 수용하는 태도를 보이고 있다. (나)의 화자는 농가의 생활과 농사일의 즐거움을 진솔하게 노래하고 있다. 이를 이해했다면 선택지의 적절성을 판단할 수 있다.

1차 채점		
맞은 문항 수		개
틀린 문항 수		개
헷갈리는 문항 번호		

• 틀린 문항 '/' 표시

→

2차 채점		
맞은 문항 수		개
틀린 문항 수		개
헷갈리는 문항 번호		

• 틀린 문항 '×' 표시

→

3차 채점		
맞은 문항 수		개
틀린 문항 수		개
헷갈리는 문항 번호		

• 틀린 문항 '☆' 표시

 2022 9월 모의평가

◉ 권장 풀이 시간 : 4분 30초

[01-03] 다음 글을 읽고 물음에 답하시오.

가

공후배필은 못 바라도 군자호구 원하더니
삼생의 원업(怨業)이오 월하의 연분으로
장안유협(長安遊俠) 경박자(輕薄子)를 ㉠ 꿈같이 만나 있어
당시의 용심(用心)하기 살얼음 디디는 듯
삼오이팔 겨우 지나 천연여질 절로 이니
이 얼골 이 태도로 백년기약하였더니
연광(年光)이 훌훌하고 조물이 다시(多猜)*하여
[A] 봄바람 가을 물이 베오리에 북 지나듯
설빈화안 어디 두고 면목가증(面目可憎)* 되거고나
내 얼굴 내 보거니 어느 임이 날 괼소냐

(중략)

옥창에 심은 매화 몇 번이나 피여 진고
[B] 겨울밤 차고 찬 제 자최눈 섯거 치고
여름날 길고 길 제 궂은비는 무슨 일고
삼춘화류(三春花柳) 호시절(好時節)의 경물이 시름없다
가을 달 방에 들고 **실솔(蟋蟀)이 상(床)에 울 제**
긴 한숨 지는 눈물 속절없이 혬만 많다
아마도 모진 목숨 죽기도 어려울사
도로혀 풀쳐 혜니 이리하여 어이하리
청등을 돌라 놓고 녹기금(綠綺琴) 빗겨 안아
벽련화(碧蓮花) 한 곡조를 시름 좇아 섯거 타니
소상야우(瀟湘夜雨)의 댓소리 섯도는 듯
화표천년(華表千年)의 별학이 우니는 듯
옥수(玉手)의 타는 수단 옛 소리 있다마는
부용장(芙蓉帳) 적막하니 뉘 귀에 들리소니
간장이 구곡되어 굽이굽이 끊쳤어라
차라리 잠을 들어 ㉡ 꿈에나 보려 하니
바람의 지는 잎과 풀 속에 우는 짐승
무슨 일 원수로서 잠조차 깨우는다

– 허난설헌, 〈규원가〉

* **다시**: 시기가 많음.
* **면목가증**: 얼굴 생김이 남에게 미움을 살 만한 데가 있음.

나

[C] 재 위에 우뚝 선 **소나무 바람 불 적마다 흔덕흔덕**
개울에 섰는 **버들** 무슨 일 좇아서 흔들흔들
임 그려 우는 눈물은 옳거니와 **입하고 코는 어이 무슨 일 좇아서 후루룩 비쭉** 하나니

– 작자 미상

제대로 감상법

☆ 문제 풀이까지 마친 후 복습할 때 보세요.

가 허난설헌, 〈규원가〉

제목의 의미·갈래
'아녀자가 원망하는 노래'라는 뜻으로, 가부장적 유교 질서 속에서 독수공방하며 살아가는 부녀자의 남편에 대한 원망과 신세 한탄을 담은 규방 가사이다.

화자
화자는 사대부가의 여인으로, 돌아오지 않는 남편을 기다리며 원망과 그리움을 드러냄.

시어
- (❶): 장안의 호탕하면서도 경박한 사람. 남편을 가리킴.
- (❷): 귀뚜라미. 화자의 애달픈 감정이 이입된 대상

표현
- 과거와 현재 상황의 (❸)를 통해 화자의 현재 처지를 강조함.
- 다양한 자연물을 활용하여 화자의 정서를 드러냄.

주제
봉건 사회에서 겪는 부녀자의 한(恨)

제대로 구조화하기

나 작자 미상, 〈재 위에 우뚝 선~〉

화자
화자는 임과 이별한 이로, 임과 헤어진 슬픔과 그리움을 드러냄.

시어
- (❶), (❷): 임과 헤어진 화자가 동질감을 느끼는 대상
- 후루룩 비쭉: 슬픔을 분출하는 화자의 우스꽝스러운 모습

표현
- 자연물을 통해 화자의 상황과 처지를 드러냄.
- 음성 상징어를 활용하여 화자의 정서를 강조함.
- (❸)적 표현을 통해 슬픔과 거리를 둠.

주제
임과 이별한 슬픔과 간절한 그리움

제대로 구조화하기

01 [A]~[C]의 표현상 특징에 대한 설명으로 적절하지 않은 것은?

① [A]는 여성의 생활에 밀접한 소재를 활용하여 흘러가는 세월에 대한 화자의 인식을 시각적으로 표현하였다.
② [B]는 단어를 반복하는 구절을 행마다 사용하여 화자가 주목하는 각 계절의 특성을 강조하였다.
③ [C]는 두 대상을 발음이 비슷한 의태어로 표현하여 움직이는 모습의 유사성을 드러내었다.
④ [A], [B]는 계절적 배경을 알려 주는 시어를 활용하여 시간에 따라 화자의 처지가 달라졌음을 드러내었다.
⑤ [B], [C]는 대구를 활용하여 리듬감을 형성하였다.

02 ㉠, ㉡에 대한 이해로 가장 적절한 것은?

① ㉠은 흐릿한 기억 때문에 혼란스러운 화자의 심정을 나타낸다.
② ㉡은 현실에서는 화자가 문제를 해결할 수 없어서 선택한 방법이다.
③ ㉠은 임과의 만남에 대한 기대에서, ㉡은 임과의 이별에 대한 망각에서 비롯된다.
④ ㉠은 이미 일어난 일에 대해 회상하고, ㉡은 곧 일어날 일에 대해 단정하고 있다.
⑤ ㉠은 인연의 우연성에 대한, ㉡은 재회의 필연성에 대한 화자의 우려를 드러내고 있다.

03 〈보기〉를 참고하여 (가), (나)를 감상한 내용으로 적절하지 않은 것은? [3점]

〈보기〉

(가), (나)는 이별에 대한 서로 다른 대처를 보여 준다. (가)의 화자는 외부와 단절된 채 자신의 쓸쓸한 내면에 몰입하고, 자신의 슬픔을 주변으로 확장한다. (나)의 화자는 외부 대상의 모습에서 자신과의 동질성을 발견하며 슬픔을 확인하면서도, 슬픔을 분출하는 자신의 우스운 외양에 주목한다. (가)는 슬픔을 확장하고 펼쳐 냄으로써, (나)는 슬프지만 슬픔과 거리를 둠으로써 이별에 대처한다.

① (가)에서 '실솔이 상에 울 제'는 화자가 자신의 슬픔을 주변으로 확장한 것을 보여 주는군.
② (가)에서 '부용장 적막하니 뉘 귀에 들리소니'는 화자가 외부와의 교감을 거부하고 내면에 몰입하는 모습을 드러내는군.
③ (나)에서 화자는 '소나무'가 '바람 불 적마다 흔덕'거리는 모습에서 자신과의 동질성을 발견한 것이겠군.
④ (가)의 '삼춘화류'는, (나)의 '버들'과 달리 화자의 내면과 대비되어 외부와의 단절감을 강조하는군.
⑤ (나)의 '후루룩 비쭉'하는 '입하고 코'는, (가)의 '긴 한숨 지는 눈물'과 달리 화자가 자신의 우스운 외양에 주목하여 슬픔과 거리를 두는 것을 보여 주는군.

제대로 접근법 ☆ 문제 채점까지 마친 후 복습할 때 보세요.

01
표현상의 특징을 파악하는 유형으로, 정답률이 낮은 편이었다. 고전 시가 작품을 현대어로 해석할 수 있어야 표현 방법에 대한 정확한 검토가 가능하다는 점을 기억하자.
먼저 선택지에 언급된 특징이 [A]~[C]에 나타나는지 확인한다. 특징이 나타난다면 선택지의 '~하여' 뒤에 진술된 효과가 적절한지도 판단한다. 일부는 맞고 일부는 틀린 내용으로 선택지를 구성할 수 있으므로, 함정에 빠지지 않도록 유의한다.

02
시구의 의미와 기능을 파악하는 유형이다. (가)는 독수공방하며 살아가는 화자가 돌아오지 않는 남편에 대한 원망과 그리움을 드러내고 있는 작품이다. ㉠과 ㉡이 각각 어떤 상황에서 사용되었는지 정리해 보자. ㉠은 과거에 남편을 만나 혼인하던 때를 회상한 것이고, ㉡은 집을 나간 남편이 돌아오지 않자 꿈에서나마 만나고 싶다는 마음을 표현한 것이다. 이에 대한 이해를 바탕으로 선택지의 적절성을 판단한다.

03
외적 준거에 따라 작품을 감상하는 유형이다. 정답률이 무척 낮은 까다로운 문제였다. 〈보기〉에 제시되어 있는 내용을 정확하게 이해한 다음, 이를 바탕으로 선택지에서 각 시구의 의미를 바르게 해석하고 있는지 판단해야 한다.
(가)와 (나)는 모두 임과 이별한 화자의 처지와 정서를 노래하고 있는데, 〈보기〉에서는 이별에 대처하는 방식의 차이에 주목하여 두 작품을 감상하라고 요구하고 있다. 이 차이를 제대로 반영하지 못했거나, 시구의 의미를 틀리게 해석한 선택지가 무엇인지 찾아보자.

1차 채점		
맞은 문항 수		개
틀린 문항 수		개
헷갈리는 문항 번호		

• 틀린 문항 '/' 표시

→

2차 채점		
맞은 문항 수		개
틀린 문항 수		개
헷갈리는 문항 번호		

• 틀린 문항 '×' 표시

→

3차 채점		
맞은 문항 수		개
틀린 문항 수		개
헷갈리는 문항 번호		

• 틀린 문항 ⚠ 표시

◉ 권장 풀이 시간 : 4분 40초

[01-03] 다음 글을 읽고 물음에 답하시오.

금강대 맨 우층의 선학(仙鶴)이 삿기 치니
춘풍 옥적성(玉笛聲)의 첫잠을 깨돗던디
호의현상*이 반공(半空)의 소소 뜨니 / 서호 녯 주인*을 반겨셔 넘노는 듯
소향로 대향로 눈 아래 구버보고
정양사 진헐대 고텨 올나 안즌마리
여산 진면목이 여긔야 다 뵈는구나
어와 조화옹이 헌사토 헌사할샤
[A] 날거든 뛰디 마나 섯거든 솟디 마나
부용(芙蓉)을 고잣는 듯 백옥(白玉)을 뭇것는 듯
동명(東溟)*을 박차는 듯 북극(北極)을 괴왓는 듯
놉흘시고 망고대 외로올샤 **혈망봉**이
하늘의 추미러 므스 일을 사로려
천만겁(千萬劫) 디나도록 구필 줄 모르느냐
어와 너여이고 너 가트니 또 잇는가
개심대 고텨 올나 **중향성** 바라보며
만이천봉을 녁녁(歷歷)히 혀여 하니
봉마다 맷쳐 잇고 긋마다 서린 긔운
맑거든 조티 마나 조커든 맑디 마나
뎌 긔운 흐터 내야 인걸을 만들고쟈
형용도 그지업고 톄세(體勢)도 하도 할샤
천지 삼기실 제 **자연이 되**연마는 / 이제 와 보게 되니 유정(有情)도 유정할샤

(중략)

그 알픠 너러바회 화룡소 되어셰라
천년 노룡(老龍)이 굽이굽이 서려 이셔
주야의 흘녀 내여 창해(滄海)예 니어시니
풍운을 언제 어더 삼일우(三日雨)를 디련느냐
음애예 이온 플*을 다 살와 내여스라
마하연 묘길상 안문재 너머 디여 / 외나모 쎠근 다리 불정대 올라 하니
천심(千尋) 절벽을 반공애 셰여 두고
은하수 한 구비를 촌촌이 버혀 내여 / **실**가티 플텨 이셔 **베**가티 거러시니
도경(圖經) 열두 구비 내 보매는 여러히라
이적선 이제 이셔 고텨 의논하게 되면
여산*이 여긔도곤 낫단 말 못 하려니

– 정철, 〈관동별곡〉

* **호의현상** : 흰 저고리에 검은 치마란 뜻으로 학을 가리킴.
* **서호 녯 주인** : 송나라 때 서호에서 학을 자식으로 여기며 살았던 은사(隱士) 임포
* **동명** : 동해 바다 * **음애예 이온 플** : 그늘진 벼랑에 시든 풀
* **여산** : 당나라 시인 이백(이적선)의 시구에 나오는 중국의 명산

제대로 감상법

문제 풀이까지 마친 후 복습할 때 보세요.

정철, 〈관동별곡〉

제목의 의미·갈래

'관동' 지방에 대한 '별곡(別曲)'이라는 뜻으로, 강원도 관찰사로 부임한 화자가 관동 팔경과 내금강·외금강·해금강을 유람하며 뛰어난 경치와 이에 대한 감흥을 노래한 가사이다.

화자

화자는 관동 지방의 관찰사로, 관동 팔경과 금강산을 유람하며 경치의 아름다움에 감동하는 한편 나랏일을 (❶)하는 마음을 드러냄.

시어

• (❷): 백성에게 베푸는 선정을 비유한 표현
• (❸): 중국의 명산으로, 금강산의 아름다움을 드러내기 위한 비교 대상

표현

• 3(4)·4조, 4음보의 율격이 사용되고, 낙구(落句)에는 시조의 종장과 같은 3·5·4·3의 음수율이 사용됨.
• 시간적 순서(여정)에 따른 추보식 구성으로 시상을 전개함.
• 우리말의 아름다움을 잘 살린 표현이 많음.

주제

금강산과 관동의 절경 유람 및 애민 정신

제대로 구조화하기

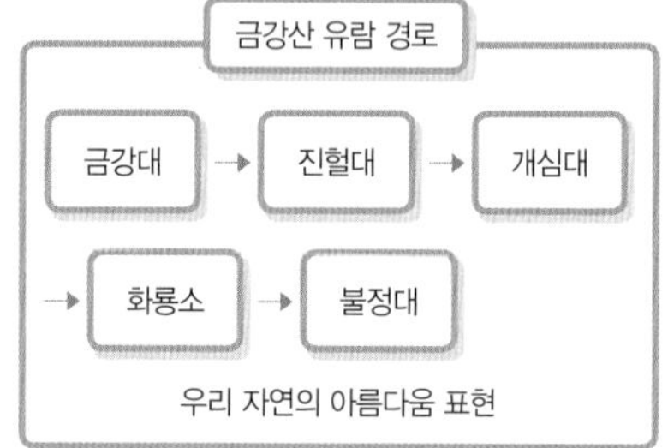

▶ 해설편 45쪽

01 윗글에 대한 설명으로 가장 적절한 것은?

① '금강대'에서 '진헐대'로 이동하면서 자연에 대한 화자의 이중적 태도를 보여 주고 있다.
② '진헐대'와 '불정대'에서는 이미지의 대립을 통해 화자의 내적 갈등이 고조되고 있다.
③ '개심대'에서는 선경후정의 방식으로 화자가 바라본 풍경과 그에 대한 감흥이 서술되고 있다.
④ '화룡소'에서는 화자의 시선이 원경에서 근경으로 이동하며 대상의 특징을 묘사하고 있다.
⑤ '화룡소'에서 '불정대'까지의 이동 경로를 드러내지 않아 시상이 빠르게 전개되고 있다.

02 [A]를 이해한 내용으로 적절하지 않은 것은?

① 봉우리를 '부용'을 꽂고 '백옥'을 묶은 듯한 시각적 형상으로 묘사하여 대상의 아름다움을 표현하였다.
② 봉우리를 '백옥', '동명'과 같은 무생물에 빗대어 대상에서 느낄 수 있는 자연의 영속성을 표현하였다.
③ 봉우리를 '동명'을 박차고 '북극'을 받치는 듯한 모습에 빗대어 대상의 웅장한 느낌을 표현하였다.
④ '날거든 뛰디 마나 섯거든 솟디 마나'와 같이 행위를 부각하는 대구를 통해 봉우리의 역동적인 느낌을 표현하였다.
⑤ '고잣는 듯', '박차는 듯'과 같이 상태나 동작을 보여 주는 유사한 통사 구조의 나열을 통해 봉우리의 다채로운 면모를 표현하였다.

03 〈보기〉를 바탕으로 윗글을 감상한 내용으로 적절하지 않은 것은? [3점]

〈보기〉

조선의 사대부들은 자연에 하늘의 이치[天理]가 구현된 것으로 보았으며, 그들 중 대부분은 자연의 미를 관념적으로 형상화하였다. 한편 〈관동별곡〉의 작가는 자연의 미를 현실에서 발견하여 사실감 있게 묘사함으로써 그들과의 차별성을 드러내었다. 또한 그는 자연을 바라보며 사회적 책무를 떠올리고 자연에 투사된 이상적 인간상을 모색하기도 하였다.

① '혈망봉'을 '천만겁'이 지나도록 굽히지 않는 존재로 본 것은, 작가가 지향하는 이상적 인간상을 자연에 투사한 것이군.
② '개심대'에서 '더 긔운 흐터 내야 인걸을 만들'겠다는 의지를 드러낸 것은, 작가가 자연을 바라보며 자신의 사회적 책무를 인식하고 있음을 보여 주는군.
③ '중향성'을 바라보며 천지가 '자연이 되'었다고 본 것은, 자연의 미가 하늘의 이치가 구현된 인간 사회의 영향을 받는다고 생각하는 작가의 인식을 보여 주는군.
④ '불정대'에서 본 폭포의 아름다움을 '실'이나 '베'와 같은 구체적 사물을 활용하여 표현한 것은, 자연을 사실감 있게 나타내려는 작가의 태도를 반영한 것이군.
⑤ '불정대'에서 본 풍경을 중국의 '여산'과 비교하며 우리 자연의 아름다움을 강조한 것은, 관념이 아닌 현실에서 아름다움을 발견하는 작가의 차별성을 보여 주는군.

제대로 접근법

☆ 문제 채점까지 마친 후 복습할 때 보세요.

01
화자의 정서와 태도를 파악하는 유형이다. 이 작품은 관동 팔경과 금강산을 유람하며 그 경치에 대한 감흥을 드러내고 있다. 따라서 먼저 화자의 이동 경로를 정확하게 파악해야 한다.
지문에는 금강대, 진헐대, 개심대, 화룡소, 불정대로 향하는 여정이 제시되어 있다. 각 여정에서 화자가 어떤 경치를 보고 있는지, 그에 대해 어떤 정서와 태도를 드러내고 있는지 정리해 보자.

02
표현상의 특징과 효과를 파악하는 유형이다. [A]에서는 다양한 표현 방법을 활용하여 진헐대에서 바라본 금강산의 모습을 형상화하고 있다.
화자가 금강산의 어떤 모습을 드러내려고 하는지, 또 그런 모습을 드러내기 위해 어떤 표현 방법을 사용하고 있는지 생각해 보자. 아울러 화자가 드러내려는 금강산의 모습과 그에 사용된 표현 방법 및 효과가 바르게 연결되어 있는지도 확인해야 한다.

03
외적 준거에 따라 작품을 감상하는 유형이다. 〈보기〉의 내용과 크게 어긋나는 선택지가 있어 어렵지 않게 문제를 해결할 수 있다.

〈보기〉 분석

- 조선의 사대부들: ① 자연에 하늘의 이치가 구현된 것으로 봄. ② 자연의 미를 관념적으로 형상화
- 〈관동별곡〉의 작가: ① 자연의 미를 현실에서 발견하여 사실감 있게 묘사 ② 자연을 바라보며 사회적 책무를 떠올리고 이상적 인간상 모색

〈보기〉의 내용을 정리한 다음 작품에 대입해 보고, 이를 바탕으로 선택지의 적절성을 판단해 보자. 작품 해석이 적절한지, 〈보기〉의 내용을 정확하게 반영했는지, 작품과 〈보기〉의 내용을 적절하게 연결했는지 등을 꼼꼼하게 따져야 한다.

1차 채점		
맞은 문항 수		개
틀린 문항 수		개
헷갈리는 문항 번호		

• 틀린 문항 '/' 표시

→

2차 채점		
맞은 문항 수		개
틀린 문항 수		개
헷갈리는 문항 번호		

• 틀린 문항 'x' 표시

→

3차 채점		
맞은 문항 수		개
틀린 문항 수		개
헷갈리는 문항 번호		

• 틀린 문항 ⚠ 표시

[01-05] 다음 글을 읽고 물음에 답하시오.

가 ㉠홍진(紅塵)에 뭇친 분네 이 내 생애 엇더ᄒᆞᆫ고
녯사ᄅᆞᆷ 풍류ᄅᆞᆯ 미ᄎᆞᆯ가 ᄆᆞᆺ 미ᄎᆞᆯ가
천지간 남자 몸이 날만 ᄒᆞᆫ 이 하건마ᄂᆞᆫ
산림에 뭇쳐 이셔 지락(至樂)을 ᄆᆞᄅᆞᆯ 것가
ⓐ수간모옥(數間茅屋)을 벽계수(碧溪水) 앏픠 두고
송죽 울울리*예 풍월주인 되여셔라
엇그제 겨을 지나 새봄이 도라오니
도화행화(桃花杏花)ᄂᆞᆫ 석양리(夕陽裏)예 퓌여 잇고
녹양방초(綠楊芳草)ᄂᆞᆫ 세우(細雨) 중에 프르도다
칼로 ᄆᆞᆯ아 낸가 붓으로 그려 낸가
조화신공(造化神功)이 물물마다 헌ᄉᆞ롭다
수풀에 우ᄂᆞᆫ 새ᄂᆞᆫ 춘기(春氣)ᄅᆞᆯ ᄆᆞᆺ내 계워 소ᄅᆡ마다 교태로다
물아일체(物我一體)어니 흥이ᄋᆡ 다ᄅᆞᆯ소냐
시비예 거러 보고 ⓑ정자애 안자 보니
소요음영*ᄒᆞ야 산일(山日)이 적적ᄒᆞᆫᄃᆡ
한중진미(閒中眞味)ᄅᆞᆯ 알 니 업시 호재로다
㉡이바 니웃드라 산수 구경 가쟈스라
답청(踏靑)으란 오ᄂᆞᆯ ᄒᆞ고 욕기(浴沂)란 내일 ᄒᆞ새
아ᄎᆞᆷ에 채산(採山)ᄒᆞ고 나조ᄒᆡ 조수(釣水)ᄒᆞ새
ᄀᆞᆺ 괴여 닉은 술을 갈건(葛巾)으로 밧타 노코
곳나모 가지 것거 수 노코 먹으리라
화풍(和風)이 건ᄃᆞᆺ 부러 녹수(綠水)ᄅᆞᆯ 건너오니
청향(淸香)은 잔에 지고 낙홍(落紅)은 옷새 진다
㉢준중(樽中)이 뷔엿거든 날ᄃᆞ려 알외여라
소동 아ᄒᆡᄃᆞ려 주가에 술을 믈어
얼운은 막대 집고 아ᄒᆡᄂᆞᆫ 술을 메고
미음완보(微吟緩步)ᄒᆞ야 ⓒ시냇ᄀᆞ의 호자 안자
명사(明沙) 조ᄒᆞᆫ 믈에 잔 시어 부어 들고
청류(淸流)ᄅᆞᆯ 굽어보니 ᄯᅥ오ᄂᆞ니 도화(桃花)ㅣ로다
무릉이 갓갑도다 져 ᄆᆡ이 긘 거인고

– 정극인, 〈상춘곡〉

* 울울리 : 빽빽하게 우거진 속
* 소요음영 : 자유로이 천천히 걸으며 시를 읊조림.

나 ⓓ고산구곡담(高山九曲潭)을 사ᄅᆞᆷ이 모로더니
주모복거(誅茅卜居)ᄒᆞ니 벗님ᄂᆡ 다 오신다
어즈버 무이를 상상ᄒᆞ고 학주자(學朱子)를 ᄒᆞ리라

〈1수〉

제대로 감상법

☆ 문제 풀이까지 마친 후 복습할 때 보세요.

가 정극인, 〈상춘곡〉

제목의 의미·갈래

'봄 경치를 감상하고 즐기며 부르는 노래'라는 뜻으로, 작가가 벼슬에서 물러나 고향인 태인(전라북도 정읍)에 머무를 때 부귀공명을 버리고 안빈낙도하며 사는 삶의 즐거움을 노래하고자 쓴 가사이다.

화자

화자는 '나'로, 봄을 맞이한 자연의 아름다움에 감탄하면서 가난하지만 자연을 벗 삼아 사는 삶에 대해 (❶)을 느낌.

시어

- (❷): 속세. 세속적 가치를 추구하는 공간
- (❸): 자연. 한가롭게 풍류를 즐기는 공간
- 물아일체: 화자가 자연과 하나가 되었음을 나타내는 시어

표현

- (❹)의 이동(수간모옥 → 정자 → 시냇가 → 산봉우리)에 따라 시상을 전개함.
- 직유법, 대구법, 설의법 등 다양한 표현법을 사용함.

주제

봄의 완상(玩賞)과 안빈낙도

제대로 구조화하기

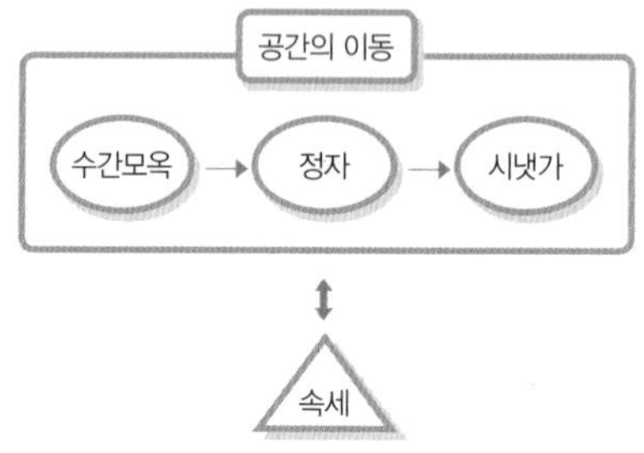

일곡은 어ᄃᆡ머오 ⓔ관암에 ᄒᆡ 비취다
평무(平蕪)에 ᄂᆡ 거드니 원산(遠山)이 그림이로다
송간(松間)에 녹준*을 노코 벗 오ᄂᆞᆫ 양 보노라

〈2수〉

이곡은 어ᄃᆡ머오 화암에 춘만(春晚)커다
벽파*에 곳을 ᄯᅴ워 야외로 보ᄂᆡ노라
ⓡ사ᄅᆞᆷ이 승지(勝地)를 모로니 알게 ᄒᆞᆫ들 엇더리

〈3수〉

오곡은 어ᄃᆡ머오 **은병(隱屛)**이 보기 됴타
수변(水邊) 정사ᄂᆞᆫ 소쇄ᄒᆞᆷ*도 ᄀᆞ이 업다
이 중에 **강학(講學)**도 ᄒᆞ려니와 **영월음풍**ᄒᆞ리라

〈6수〉

칠곡은 어ᄃᆡ머오 ⓕ풍암에 추색(秋色) 됴타
청상(淸霜) 엷게 치니 절벽이 금수(錦繡)ㅣ로다
한암(寒巖)에 혼ᄌᆞ셔 안쟈 집을 잇고 잇노라

〈8수〉

구곡은 어ᄃᆡ머오 문산에 세모(歲暮)커다
기암괴석이 눈 속에 무쳐셰라
ⓜ유인(遊人)은 오지 아니ᄒᆞ고 볼 것 업다 ᄒᆞ더라

〈10수〉

– 이이, 〈고산구곡가〉

*** 녹준**: 술잔 또는 술동이
*** 벽파**: 푸른 물결
*** 소쇄ᄒᆞᆷ**: 기운이 맑고 깨끗함.

나 이이, 〈고산구곡가〉

제목의 의미·갈래
'고산의 구곡 풍경과 감회를 읊은 노래'라는 뜻으로, 작가가 황해도 해주에서 후진 양성에 힘쓰고 있을 때 지은 총 10수의 연시조이다.

화자
화자는 자연 속에서 학문을 하는 선비로, 벼슬에서 물러나 고산에 정사를 짓고 후진 양성에 전념하면서 고산의 명승지와 학문의 진리를 사람들에게 널리 알리고 싶어 함.

시어
- (❶): 승지로 안내하는 길잡이이자 학문의 길잡이라는 중의적 의미를 지닌 시어
- (❷): 구곡의 하나이자 학문의 세계를 의미하는 시어
- (❸): 직접 와 보지도 않고 볼 것이 없다고 말하는 경박한 속세인

표현
- (❹)을 사용하여 고산의 아름다움과 학문의 즐거움을 동시에 나타냄.
- '~곡은 어ᄃᆡ머오'라는 물음에 대답하는 형식을 반복하여 통일성을 갖추고 운율을 형성함.

주제
자연에 대한 예찬과 학문을 깨우치는 즐거움

제대로 구조화하기

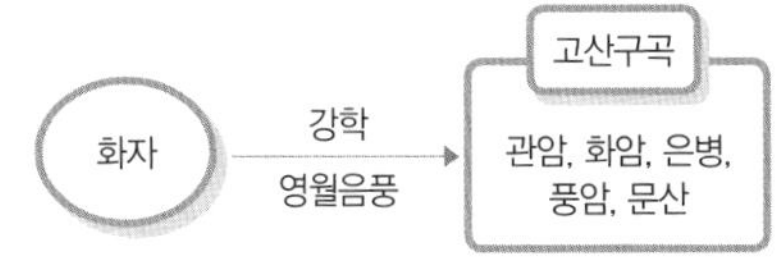

01 (가)와 (나)의 공통점으로 가장 적절한 것은?

① 과거를 회상하며 현실의 덧없음을 환기하고 있다.
② 음성 상징어의 사용으로 생동감을 부각하고 있다.
③ 점층적인 표현으로 대상과의 거리감을 강조하고 있다.
④ 역사적 인물들을 호명하여 회고적 분위기를 조성하고 있다.
⑤ 자연물을 통하여 시간적 배경을 시각적으로 드러내고 있다.

제대로 접근법
문제 채점까지 마친 후 복습할 때 보세요.

01
표현상의 특징을 파악하는 유형이다. 보통 학생들이 어려워하는 유형이지만, 작품에 두드러지게 나타난 특징을 묻고 있어 공통점을 찾기에 어려움이 없다. 음성 상징어나 점층적 표현과 같은 개념은 미리 익히고 있어야 한다. 기출문제를 풀면서 이러한 개념들이 문제에서 어떻게 활용되는지 확인할 필요가 있다. 선택지에 언급된 특징이 (가)와 (나)에 나타나는지 하나하나 따져 보자.

02 〈보기〉를 참고하여 ㉠~㉤을 설명한 내용으로 가장 적절한 것은?

〈보기〉

조선 전기의 시조와 가사는 노래로 향유되며, 사대부들이 서로의 문화적 동질성을 확인하는 데 활용되었다. 이러한 갈래적 특성으로 인해 사대부 시가에는 대화 상황이 연상되는 여러 표현으로 공감을 유도하는 방식이 관습화되었다.

① ㉠에서는 청자와 화자가 서로 동질적인 삶을 살고 있음을 질문하기를 통해 확인하고 있다.
② ㉡에서는 청자를 불러들여 함께했던 지난날의 경험을 상기시키며 동질성 회복을 권유하고 있다.
③ ㉢에서는 화자가 상대의 부탁을 수용하며 자신과 뜻을 같이할 것을 청자에게 명령하고 있다.
④ ㉣에서는 사람들을 일깨우려는 화자의 생각을 청자에게 묻는 방식으로 제시해 공감을 유도하고 있다.
⑤ ㉤에서는 눈으로 확인한 사실만을 믿어야 한다고 주장하는 이의 말을 청자에게 전하며 조언을 구하고 있다.

03 (가)에 대한 감상으로 적절하지 않은 것은?

① 자신의 삶을 옛사람과 비교하며 스스로를 풍월주인이라 여기는 데에서 화자의 자부심이 드러나는군.
② 붓으로 그린 듯한 숲 속에서 봄의 흥을 노래하는 새를 바라보는 데에서 새에 대한 화자의 부러움이 드러나는군.
③ 오늘과 내일, 아침과 저녁에 할 일들을 나열하는 데에서 하고 싶은 일에 대한 화자의 기대감이 드러나는군.
④ 맑은 향이 담긴 술잔과 옷에 떨어지는 꽃잎을 주목하는 데에서 자연과 화자의 일체감이 드러나는군.
⑤ 시냇물에 떠내려오는 도화를 보며 이상향을 연상하는 데에서 화자의 고조되는 감흥이 드러나는군.

04 ⓐ~ⓕ를 중심으로 (가)와 (나)를 이해한 내용으로 적절하지 않은 것은?

① (가)의 화자는 거처인 ⓐ를 나와 ⓑ와 ⓒ의 장소들로 옮겨 다니고 있다.
② (나)의 화자가 소개하는 ⓔ와 ⓕ는 ⓓ를 구성하는 장소들이라는 점에서 서로 대등한 관계에 있다.
③ (가)와 (나)의 화자는 각각 ⓑ와 ⓔ를 주위에서 가장 빼어난 경치를 볼 수 있는 곳이라고 예찬하고 있다.
④ (가)의 화자는 ⓐ에 인접한 맑은 풍경을, (나)의 화자는 자신이 ⓓ에 터를 정함으로써 생긴 변화를 드러내고 있다.
⑤ (가)의 화자는 ⓒ에서 주변으로 시선을 보내고 있고, (나)의 화자는 ⓕ를 향해 시선을 보내고 있다.

제대로 접근법

문제 채점까지 마친 후 복습할 때 보세요.

02
시구의 의미를 파악하는 유형이다. 다만 〈보기〉에 제시되어 있는 바와 같이, 대화 상황이 연상되는 표현임을 감안하여 시구의 의미를 해석하라고 요구하고 있다. 이때 의미를 정확하게 해석하려면 작품을 현대어로 풀이할 수 있어야 한다.
㉠~㉤이 화자가 구체적인 청자에게 말하는 것이라고 생각하고 그 의미를 해석해 보자. 그런 다음 시상 전개 과정과 화자의 태도를 고려하여 선택지의 적절성을 판단한다.

03
화자의 정서와 태도를 파악하는 유형이다. (가)는 봄의 아름다운 경치를 감상하는 화자의 흥취를 노래한 작품이다. 시상 전개에 따라 화자가 어떤 감정을 느끼고 있는지를 묻고 있다.
선택지에서는 화자의 자부심, 부러움, 기대감, 일체감, 고조되는 감흥 등을 다루었다. (가)에 나타나지 않은 화자의 정서가 무엇인지 따져 본다. 어떤 문제 유형이라도 작품의 주제 의식, 시상 전개 과정, 화자의 정서와 태도에 대한 이해를 바탕으로 해결해야 한다는 점을 기억하자.

04
소재의 의미와 기능, 소재 간의 관계를 파악하는 유형이다. (가)와 (나)의 내용을 고려했을 때 ⓐ~ⓕ의 의미는 다음과 같이 정리할 수 있다.

ⓐ	화자의 거처
ⓑ	화자의 이동 경로
ⓒ	화자의 이동 경로
ⓓ	화자가 터를 정한 곳
ⓔ	ⓓ를 구성하는 장소, 구곡의 하나
ⓕ	ⓓ를 구성하는 장소, 구곡의 하나

화자가 각각의 공간에서 무엇을 하고 있고 어떤 정서를 느끼고 있는지 확인한 다음 선택지의 적절성을 판단해 보자.

▶ 해설편 48쪽

05 〈보기〉를 활용하여 (나)를 탐구한 내용으로 적절하지 않은 것은? [3점]

〈보기〉

이이의 생애를 기록한 연보에는, 그가 고산구곡에 정사를 건립한 일이 주자가 무이구곡의 은병에서 후학을 양성한 것을 본받았다는 점과 〈고산구곡가〉의 창작 이후 이곳을 찾는 이들이 더 많아졌다는 사실이 기록되어 있다. 한편 그가 고산구곡의 곳곳에서 지인들과 교유한 경험을 소개한 〈송애기〉에는 욕심 없는 마음으로 자연과 인간이 별개가 아님을 느끼고, 자연으로부터 마음을 바르게 하는 도리를 찾으면 군자의 참된 즐거움을 누릴 수 있다는 그의 생각이 나타나 있다.

① 고산구곡에서의 생활에 대한 〈송애기〉의 기록을 참고할 때, 고산구곡이 작자와 '벗님'들의 교유 장소로도 활용되었음을 추리할 수 있겠군.
② 작품 창작 이후와 관련한 연보의 기록을 참고할 때, '학주자'를 하려는 작자의 선택에 대한 사람들의 긍정적 반응을 추측할 수 있겠군.
③ 정사에 대한 연보의 기록을 참고할 때, '은병'이 주자를 학문적으로 계승하기 위해 선택된 공간이기도 했음을 짐작할 수 있겠군.
④ 참된 즐거움과 관련한 〈송애기〉의 기록을 참고할 때, '강학'과 '영월음풍'이 모순 없이 서로 어울릴 수 있는 행위임을 유추할 수 있겠군.
⑤ 자연의 감상에 대한 〈송애기〉의 기록을 참고할 때, 바위를 덮은 '눈'에서 자연과 합일을 이루려는 인간의 의지를 엿볼 수 있겠군.

제대로 접근법

☆ 문제 채점까지 마친 후 복습할 때 보세요.

05
외적 준거에 따라 작품을 감상하는 유형이다. 작품의 내용뿐만 아니라 〈보기〉의 내용까지 고려하여 선택지의 적절성을 판단해야 한다.

〈보기〉 분석

- 이이의 연보: ① 고산구곡의 정사 건립은 무이구곡의 은병에서 후학을 양성한 주자를 본받은 것 ② 〈고산구곡가〉의 창작 이후 찾는 이들이 더 많아졌음.
- 〈송애기〉의 내용: ① 고산구곡에서 지인들과 교유한 경험을 소개함. ② 자연으로부터 마음을 바르게 하는 도리를 찾으면 군자의 참된 즐거움을 누릴 수 있음.

작품과 〈보기〉의 내용을 제대로 연결하지 못해서인지 오답률이 꽤 높았다. 작품 해석이 잘못 되었거나 〈보기〉의 내용에서 어긋나는 선택지를 찾아보자.

1차 채점		
맞은 문항 수		개
틀린 문항 수		개
헷갈리는 문항 번호		

• 틀린 문항 '/' 표시

→

2차 채점		
맞은 문항 수		개
틀린 문항 수		개
헷갈리는 문항 번호		

• 틀린 문항 '×' 표시

→

3차 채점		
맞은 문항 수		개
틀린 문항 수		개
헷갈리는 문항 번호		

• 틀린 문항 ☆ 표시

[01-03] 다음 글을 읽고 물음에 답하시오.

배 방에 누워 있어 내 신세를 생각하니
가뜩이 심란한데 대풍(大風)이 일어나서
태산(泰山) 같은 성난 물결 천지에 자욱하니 / 크나큰 만곡주가 나뭇잎 불리이듯
하늘에 올랐다가 지함(地陷)*에 내려지니
열두 발 쌍돛대는 차아*처럼 굽어 있고
쉰두 폭 초석(草席) 돛은 반달처럼 배불렀네
굵은 우레 잔 벼락은 등[背] 아래서 진동하고
성난 고래 동(動)한 용(龍)은 물속에서 희롱하니
방 속의 요강 타구(唾具) 자빠지고 엎어지며
상하좌우 배 방 널은 잎잎이 우는구나
이윽고 해 돋거늘 장관(壯觀)을 하여 보세
일어나 배 문 열고 문설주 잡고 서서 / 사면(四面)을 돌아보니 어와 장할시고
인생 천지간에 ㉠이런 구경 또 있을까
구만리 우주 속에 큰 물결뿐이로다

(중략)

[A] 그중에 전승산이 글 쓰는 양(樣) 바라보고
[B] 필담(筆談)으로 써서 뵈되 전문(傳聞)에 퇴석(退石) 선생
쉬 짓기가 유명(有名)터니 선생의 빠른 재주
일생 처음 보았으니 엎디어 묻잡나니
필연코 귀한 별호(別號) 퇴석인가 하나이다
[C] 내 웃고 써서 뵈되 늙고 병든 둔한 글을
포장(褒奬)을 과히 하니 수괴(羞愧)*키 가이 없다
[D] 승산이 다시 하되 소국(小國)의 천한 선비
세상에 났삽다가 ㉡장(壯)한 구경 하였으니
저녁에 죽사와도 여한이 없다 하고
어디로 나가더니 또다시 들어와서
아롱보(褓)에 무엇 싸고 삼목궤(杉木櫃)에 무엇 넣어
이마에 손을 얹고 엎디어 들이거늘
받아 놓고 피봉(皮封)* 보니 봉(封)한 위에 쓰였으되
각색 대단(大緞) 삼단이요 사십삼 냥 은자(銀子)로다
[E] 놀랍고 어이없어 종이에 써서 뵈되
그대 비록 외국이나 선비의 몸으로서
은화를 갖다 가서 글 값을 주려 하니
그 뜻은 감격하나 의(義)에 크게 가하지 않아
못 받고 도로 주니 허물하지 말지어다

– 김인겸, 〈일동장유가〉

* **지함** : 땅이 움푹하게 주저앉은 곳
* **차아** : 줄기에서 벋어 나간 곁가지
* **수괴** : 부끄럽고 창피함.
* **피봉** : 겉봉

제대로 감상법 ☆ 문제 풀이까지 마친 후 복습할 때 보세요.

김인겸, 〈일동장유가〉

제목의 의미·갈래

'일본을 장쾌하게 유람한 노래'라는 뜻으로, 조선 영조 때 일본 통신사의 수행원으로 따라간 작가가 일본을 유람하면서 견문한 내용을 8천여 구의 국문으로 기록한 장편 기행 가사이다.

화자

화자는 '나'로, 바다에서 풍랑이 지나간 후에 장관을 보게 됨. 이후 일본인 문인 (❶)과 자신의 글솜씨에 대해 문답함.

시어

- (❷): 화자가 타고 있는 배를 비유한 표현으로, 화자의 위태로운 상황을 부각함.
- 성난 고래 동한 용: 험한 파도를 비유한 표현
- (❸): 작가 김인겸의 호로, 화자인 '나'를 가리킴.

표현

- (❹)에 따른 추보식 구성을 보임.
- 날짜, 사건, 견문, 감상 등을 사실적으로 기록함.
- 작가의 날카로운 비판 정신과 재치, 실학적 사고 등이 드러남.

주제

일본의 풍속과 문화에 대한 견문과 감상

제대로 구조화하기

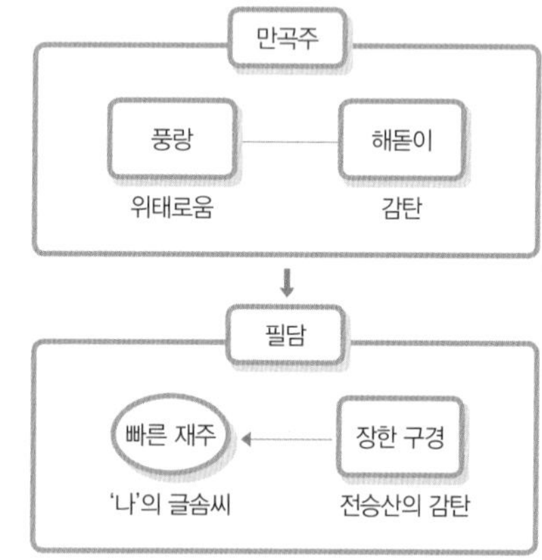

▶ 해설편 52쪽

01 윗글에 대한 설명으로 적절하지 않은 것은?

① 동물의 역동성을 통해 공간의 분위기를 긍정적으로 바꾸고 있다.
② 거대한 자연물에 비유하여 악화된 기상 상황을 표현하고 있다.
③ 식물의 연약한 속성을 활용하여 화자의 위태로운 상황을 드러내고 있다.
④ 상승과 하강의 이미지를 대비하여 목전에 닥친 위기감을 강조하고 있다.
⑤ 인물의 행동을 시간의 흐름에 따라 열거하여 상황을 구체적으로 보여 주고 있다.

02 ㉠과 ㉡에 대한 이해로 가장 적절한 것은?

① ㉠과 ㉡은 모두 화자의 고난 극복 의지를 드러내고 있다.
② ㉠과 ㉡은 모두 화자가 구경하는 대상의 실체를 은폐하고 있다.
③ ㉠은 자연의 풍광에 대한 감탄을, ㉡은 인물의 능력에 대한 감탄을 표현하고 있다.
④ ㉠은 화자의 관찰력에 대한, ㉡은 화자의 창조력에 대한 타인의 평가를 담고 있다.
⑤ ㉠은 대상에 대한 화자의 만족을, ㉡은 대상에 대한 화자의 아쉬움을 드러내고 있다.

03 〈보기〉를 바탕으로 윗글을 감상한 내용으로 적절하지 않은 것은? [3점]

〈보기〉

사행 가사인 〈일동장유가〉에는 화자와 일본인 문인 사이의 필담 장면이 기술되어 있는데, 필담을 통한 문답 형식은 일종의 대화의 성격을 지닌다. 필담 속에는 대화가 시작되는 상황, 문답의 주요 내용, 의사소통의 심층적 의미, 선비로서의 예법 등이 자연스럽게 포함되어 있다.

① [A]는 [B]~[D]의 필담이 시작되는 계기를 보여 주는군.
② [B]의 '빠른 재주'는 '나'의 글에 대한 상대의 평가를, [C]의 '늙고 병든 둔한 글'은 자신의 글에 대한 '나'의 입장을 보여 주는군.
③ [B]의 '필담으로 써서 뵈되'와 [C]의 '내 웃고 써서 뵈되'를 통해, 문답의 형식을 활용하여 의사소통 장면을 구체적으로 제시하는군.
④ [B]의 '귀한 별호 퇴석'과 [D]의 '소국의 천한 선비'는 선비의 예법을 동원하여 동일한 사람을 다르게 지칭한 표현이군.
⑤ [D]에는 '나'의 글에 대한 상대의 찬사가 나타나 있고, [E]에는 상대의 글 값에 대한 '나'의 거절이 드러나 있군.

제대로 접근법

☆ 문제 채점까지 마친 후 복습할 때 보세요.

01
표현상의 특징과 효과를 파악하는 유형이다. 문제의 난도에 비해 오답률이 높았는데, 고전 시가 지문을 현대어로 바르게 해석하지 못한 것으로 보인다.
작품의 내용을 효과적으로 드러내기 위해 어떤 표현 방법이 활용되었는지 점검한다. 예를 들어 ③의 경우, 화자의 위태로운 상황을 드러내기 위해 식물의 연약한 속성이 활용되었는지 판단하면 된다. 지문에서 선택지에 언급된 내용이 나타난 부분을 찾아 어떤 표현 방법이 활용되었는지 하나하나 따져 보자.

02
구절의 의미를 파악하는 유형이다. 구절의 의미는 작품의 전체 흐름 속에서 이해해야 한다. 시상 전개 과정과 ㉠과 ㉡의 앞뒤 맥락을 살펴 그 의미를 유추해 보자.
㉠은 해돋이의 장관에 대한 화자의 평가, ㉡은 화자의 글솜씨에 대한 전승산의 평가가 담긴 표현이다. 이에 대한 이해를 바탕으로 선택지의 적절성을 판단한다.

03
외적 준거에 따라 작품을 감상하는 유형으로, 정답률이 매우 낮았다. 미리 공부하지 않은 작품이라면 작품 이해와 문제 풀이가 까다로웠을 것이다. 〈보기〉에 제시된 정보를 충분히 활용하여 [A]~[E]의 의미를 해석해 보자.
〈보기〉를 통해 지문의 '중략' 이후 부분이 화자와 전승산의 필담 장면임을 알 수 있다. 필담이 진행되는 과정에서 전승산은 화자의 글솜씨를 높이 평가하고 있고, 화자는 이에 대해 겸손한 태도를 보이고 있다. 이러한 과정을 이해한 다음 선택지의 적절성을 판단한다.

1차 채점		
맞은 문항 수		개
틀린 문항 수		개
헷갈리는 문항 번호		

• 틀린 문항 '/' 표시

→

2차 채점		
맞은 문항 수		개
틀린 문항 수		개
헷갈리는 문항 번호		

• 틀린 문항 '×' 표시

→

3차 채점		
맞은 문항 수		개
틀린 문항 수		개
헷갈리는 문항 번호		

• 틀린 문항 △ 표시

2019 6월 모의평가

◉ 권장 풀이 시간 : 4분 40초

[01-03] 다음 글을 읽고 물음에 답하시오.

(가) 서경(西京)이 아즐가 서경(西京)이 셔울히마르는
위 두어렁셩 두어렁셩 다링디리
닷곤듸 아즐가 닷곤듸 쇼셩경 고외마른
위 두어렁셩 두어렁셩 다링디리
여희므론 아즐가 여희므논 **질삼뵈** ᄇᆞ리시고
위 두어렁셩 두어렁셩 다링디리
괴시란듸 아즐가 괴시란듸 **우러곰 좃니노이다**
위 두어렁셩 두어렁셩 다링디리 〈제1연〉

[A]
구스리 아즐가 구스리 바회예 디신ᄃᆞᆯ
위 두어렁셩 두어렁셩 다링디리
긴히ᄯᆞᆫ 아즐가 긴힛ᄯᆞᆫ 그츠리잇가 나ᄂᆞᆫ
위 두어렁셩 두어렁셩 다링디리
즈믄 ᄒᆡ를 아즐가 즈믄 ᄒᆡ를 외오곰 녀신ᄃᆞᆯ
위 두어렁셩 두어렁셩 다링디리
신(信)잇ᄃᆞᆫ 아즐가 신(信)잇ᄃᆞᆫ **그츠리잇가** 나ᄂᆞᆫ
위 두어렁셩 두어렁셩 다링디리 〈제2연〉

– 작자 미상, 〈서경별곡〉

(나) 이 몸이 녹아져도 옥황상제 처분이요 / 이 몸이 ᄉᆡ여져도 옥황상제 처분이라
녹아지고 ᄉᆡ여지어 혼백(魂魄)조차 흩어지고
공산(空山) 촉루(髑髏)*같이 임자 업시 구닐다가
곤륜산(崑崙山) 제일봉의 만장송(萬丈松)이 되어 이셔
바람비 뿌린 소리 님의 귀에 들리기나
윤회(輪迴) 만겁(萬劫)ᄒᆞ여 금강산(金剛山) 학(鶴)이 되어
일만 이천봉에 ᄆᆞ음껏 솟아올라 / ᄀᆞ을 ᄃᆞᆯ ᄇᆞᆯ근 밤에 두어 소리 **슬피 우러**
님의 귀에 들리기도 옥황상제 처분이로다
ᄒᆞᆫ(恨)이 뿌리 되고 눈물로 가지 삼아
님의 집 창밧긔 외나모 매화(梅花) 되어
설중(雪中)에 혼자 피어 침변(枕邊)*에 시드는 듯
월중(月中) 소영(疎影)*이 님의 옷에 **빗취어든** / 어엿븐 이 얼굴을 너로다 **반기실가**
동풍이 유정(有情)ᄒᆞ여 암향(暗香)을 불어 올려
고결(高潔)ᄒᆞᆫ 이내 생애 죽림(竹林)에나 부치고져
빈 낙대 빗기 들고 빈 ᄇᆡ를 혼자 띄워
백구(白溝) 건네 저어 **건덕궁(乾德宮)**에 가고지고

– 조위, 〈만분가〉

* **공산 촉루** : 텅 빈 산의 해골
* **침변** : 베갯머리
* **월중 소영** : 달빛에 언뜻언뜻 비치는 그림자

제대로 감상법

문제 풀이까지 마친 후 복습할 때 보세요.

(가) 작자 미상, 〈서경별곡〉

제목의 의미·갈래
'서경의 노래'라는 뜻으로, 서경에 사는 여자가 사랑하는 임을 떠나보내는 이별의 정한을 노래한 고려 가요이다.

화자
화자는 이별의 상황에 처한 여인으로, 임과의 사랑에 대해 (❶)이고 자기중심적인 태도를 보임.

시어
• (❷): '길쌈하던 베'라는 뜻으로, 화자가 여성임을 알 수 있는 소재
• (❸): '끈'이라는 뜻으로, 믿음과 신뢰를 의미하는 소재

주제
이별의 정한(情恨)

제대로 구조화하기

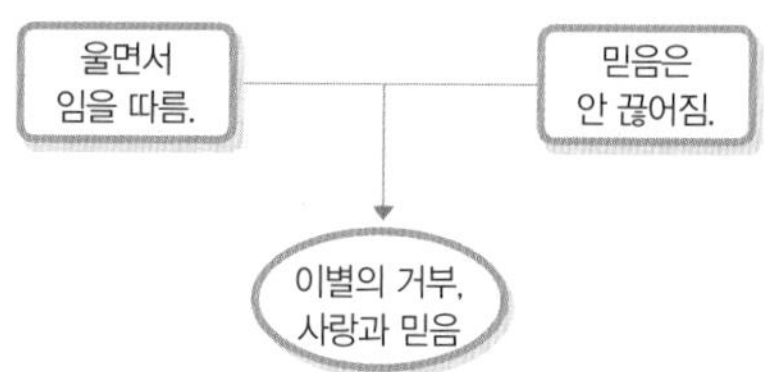

(나) 조위, 〈만분가〉

제목의 의미·갈래
'귀양살이의 분함을 토로하는 노래'라는 뜻으로, 작가가 무오사화에서 죽음을 면하고 전남 순천으로 유배되었을 때 지은 유배 가사이다.

화자
화자는 임과 이별한 여인으로, (❶)에서 쫓겨남.(억울하게 유배를 당함.)

시어
• (❷): 화자를 하계로 내려온 선녀로 설정했음을 알 수 있게 하는 인물
• (❸): '대나무 숲'이라는 뜻으로, 속세와 단절된 곳을 의미

주제
유배당한 현실에 대한 원망과 연군의 정

제대로 구조화하기

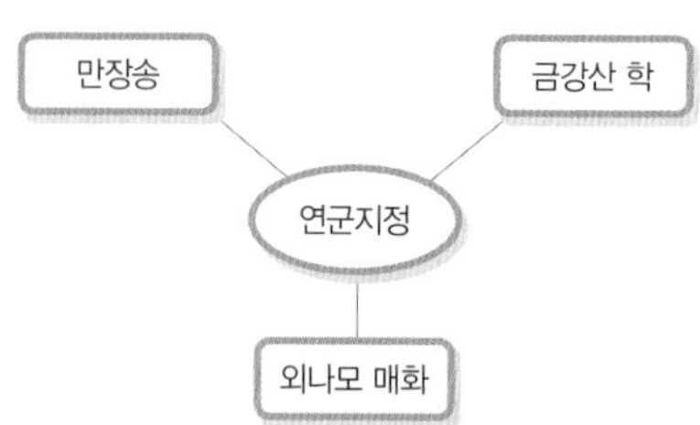

▶ 해설편 54쪽

01 (가)와 (나)에 대한 설명으로 가장 적절한 것은?

① (가)의 '셔울'과 (나)의 '건덕궁'은 모두 화자가 현재 머무르고 있는 공간이다.
② (가)의 '질삼뵈'와 (나)의 '빈 낙대'는 모두 화자가 현재 회피하고 싶은 대상이다.
③ (가)의 '우러곰'과 (나)의 '슬피 우러'는 모두 임의 심정을 드러내고 있다.
④ (가)의 '좃니노이다'와 (나)의 '빗취어든'은 모두 임의 곁에 있고 싶은 화자의 소망을 드러내고 있다.
⑤ (가)의 '그츠리잇가'와 (나)의 '반기실가'는 모두 미래 상황에 대한 의혹을 드러내고 있다.

02 (나)에 대한 감상으로 적절하지 않은 것은?

① '임자 업시 구닐'던 '이 몸'이 '학'이 되어 솟아오르게 함으로써 상승의 이미지를 구현하고 있다.
② '만장송'과 '매화'라는 소재를 활용하여 임을 향한 화자의 마음을 표상하고 있다.
③ '바람비 뿌린 소리'와 '두어 소리'의 청각적 이미지를 활용하여 임에게 알리고 싶은 화자의 심정을 나타내고 있다.
④ '매화'의 '뿌리'와 '가지'를 활용하여 'ᄒᆞᆫ'의 정서를 형상화하고 있다.
⑤ 'ᄀᆞ을 ᄃᆞᆯ ᄇᆞᆯ근 밤'과 '월중'이라는 시간적 배경을 통해 임과 재회한 순간을 드러내고 있다.

03 〈보기〉를 참고할 때, (가)의 [A]와 〈보기〉의 [B]를 비교하여 이해한 내용으로 적절하지 않은 것은? [3점]

〈보기〉

〈서경별곡〉의 제2연에서 여음구를 제외한 부분은 당시 유행하던 민요의 모티프를 수용한 것으로, 〈정석가〉에도 동일한 모티프가 나타난다. 고려 시대의 문인 이제현도 당시에 유행하던 민요를 다음과 같이 한시로 옮긴 적이 있다.

[B]	비록 구슬이 바위에 떨어져도	縱然巖石落珠璣
	끈은 진실로 끊어질 때 없으리.	纓縷固應無斷時
	낭군과 천 년을 이별한다고 해도	與郎千載相離別
	한 점 붉은 마음이야 어찌 바뀌리오?	一點丹心何改移

① [A]와 [B]에서 '구슬'은 변할 수 있는 것을, '긴'이나 '끈'은 변하지 않는 것을 비유하는 소재로 활용하였군.
② [A]에서는 '신'을, [B]에서는 '붉은 마음'을 굳건한 '바위'로 형상화하였군.
③ [A]와 [B] 모두에서 변하지 않는 마음을 소중한 가치로 여기는 화자의 태도가 나타나는군.
④ [A]와 [B]를 보니 동일한 모티프가 서로 다른 형식의 작품으로 수용되었군.
⑤ [A]와 [B]를 보니 여음구의 사용 여부에 차이가 있군.

제대로 접근법 ✩ 문제 채점까지 마친 후 복습할 때 보세요.

01
시구의 의미를 파악하는 유형이다. 작품의 전체 맥락을 이해하지 못하면 해결하기가 쉽지 않다. (가)는 생활 터전을 버리고서라도 임을 따르겠다는 연모의 정을 노래하고 있고, (나)는 천상에서 지상으로 쫓겨난 여인에 빗대어 유배를 당한 억울함을 노래하고 있다. (가)와 (나)를 현대어로 해석하여 이해하면서 화자의 정서, 대상에 대한 태도, 소재 및 공간의 의미 등을 파악한 다음 선택지의 적절성을 판단한다.

02
감상의 적절성을 평가하는 유형이다. 시어의 의미와 이미지, 화자의 정서와 태도, 소재의 기능 등을 바르게 이해했는지 묻고 있다.
시적 상황과 화자의 정서만 파악했다면 어렵지 않게 문제를 해결할 수 있다. (나)에서 화자는 임이 계신 곳을 바라보며 간절하게 임을 그리워하고 있다. 이러한 상황과 정서에 어긋나는 내용을 담은 선택지가 있는지 찾아보자.

03
작품 간의 공통점과 차이점을 파악하는 유형이다. 〈보기〉를 참고할 때 [A]와 [B]는 '구슬이 바위에 떨어져 깨져도 끈은 끊어지지 않는다.'라는 동일한 모티프를 이용해 시상을 전개하고 있다.
[A]의 '바회'와 [B]의 '바위', [A]의 '긴'과 [B]의 '끈', [A]의 '신'과 [B]의 '붉은 마음'이 각각 같은 의미로 대응된다는 것을 이해해야 한다. 그리고 '구슬'은 바위에 떨어져 깨질 수 있는 속성을 가진 소재이다. 이를 바탕으로 선택지의 적절성을 판단해 보자.

1차 채점		
맞은 문항 수		개
틀린 문항 수		개
헷갈리는 문항 번호		

• 틀린 문항 '/' 표시

→

2차 채점		
맞은 문항 수		개
틀린 문항 수		개
헷갈리는 문항 번호		

• 틀린 문항 '×' 표시

→

3차 채점		
맞은 문항 수		개
틀린 문항 수		개
헷갈리는 문항 번호		

• 틀린 문항 '☆' 표시

2017 수능

◉ 권장 풀이 시간 : 4분 30초

[01-03] 다음 글을 읽고 물음에 답하시오.

좌우에 탁자 놓아 만권 서책 쌓아 놓고
㉠자명종과 자명악은 절로 울어 소리하며
좌우에 당전(唐氈) 깔고 담방석과 백전요며
㉡이편저편 화류교의(樺榴交椅) 서로 마주 걸터앉고
거기 사람 처음 인사 차 한 그릇 갖다 준다
화찻종에 대를 받쳐 가득 부어 권하거늘
파르스름 노르스름 향취가 만구하데
저희들과 우리들이 언어가 같지 않아
말 한마디 못 해 보고 덤덤하니 앉았으니
[A] 귀머거리 벙어린 듯 물끄러미 서로 보다
천하의 글은 같아 필담이나 하오리라
당연(唐硯)에 먹을 갈아 양호수필(羊毫鬚筆) 덤뻑 찍어
시전지(詩箋紙)를 빼어 들고 글씨 써서 말을 하니
묻는 말과 대답함을 글귀 절로 오락가락
간담을 상응하여 정곡(情曲) 상통(相通)하는구나

(중략)

황상이 상을 주사 예부상서 거행한다
삼 사신과 역관이며 마두와 노자(奴子)까지
은자며 비단 등속 차례로 받아 놓고
삼배(三拜)에 구고두(九叩頭)*로 사례하고 돌아오니
상마연* 잔치한다 예부에서 지휘하기로
삼 사신과 역관들이 예부로 나아가니
대청 위에 포진하고 상을 차려 놓은 모양
[B] 메밀떡에 밀다식에 겉밤 머루 비자(榧子) 등물(等物)
푸닥거리 상 벌이듯 좌우에 떠벌였다
다 각기 한 상씩을 앞에다 받아 놓으니
비위가 뒤집혀서 먹을 것이 전혀 없네
삼배주를 마시는 듯 연파(宴罷)하고 일어서서
뜰에 내려 북향하여 구고두 사례한 후
관소로 돌아와서 회환(回還) 날짜 택일하니
㉢사람마다 짐 동이느라 각 방은 분분하고
흥정 외상 셈하려 주주리는 지저귄다
㉣상계(狀啓)를 발정(發程)하여 선래 군관(先來軍官) 전송하고
추칠월 십일일에 회환하여 떠나오니
한 달 닷새 유하다가 시원하고 상연(爽然)하구나
천일방(天一方) 우리 서울 창망하다 갈 길이여
풍진이 분운(紛紜)한데 집 소식이 돈절하니
사오 삭(朔) 타국 객이 귀심(歸心)이 살 같구나

제대로 감상법 ☆ 문제 풀이까지 마친 후 복습할 때 보세요.

홍순학, 〈연행가〉

제목의 의미·갈래

'청나라 연경을 다녀와 쓴 노래'라는 뜻으로, 여기서 '연경'은 중국의 '베이징[北京]'을 의미한다. 이 작품은 서울에서 북경까지 130여 일 간의 긴 여정 동안 보고 들은 바를 노래한 장편 기행 가사이다.

화자

화자는 사신으로 청나라에 간 이로, 황궁의 공식 행사에 참여하여 잔치를 마친 다음 귀국함. 청나라에서 본 물건이나 풍경을 사실적으로 적고 있으며, 조선으로 (❶)할 때는 상쾌한 감정을 드러냄.

시어

- 자명종, (❷): 조선에서 볼 수 없었던 낯선 풍물들
- (❸): 언어가 다른 청나라 사람들과의 의사소통 수단

표현

- 형식은 운문이나 내용은 관찰, 보고로서 산문에 가까움.
- 치밀한 관찰을 통해 대상을 자세하고 사실적으로 묘사함.
- 조선 후기 기행 가사의 대표적인 작품임.

주제

청나라의 문물과 제도, 풍속에 대한 견문과 감상

제대로 구조화하기

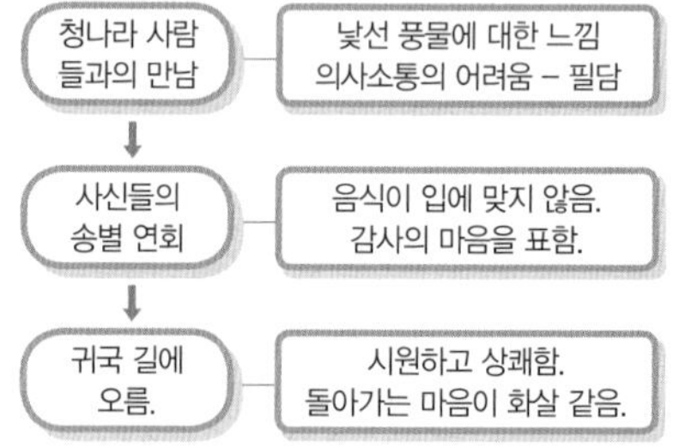

▶ 해설편 57쪽

숭문문 내달아서 통주로 향해 가니
ⓜ올 적에 심은 곡식 추수가 한창이요
서풍이 삽삽하여 가을빛이 쾌히 난다

– 홍순학, 〈연행가〉

* **구고두**: 공경하는 뜻으로 머리를 땅에 아홉 번 조아림.
* **상마연**: 일을 마치고 떠나가는 외국 사신들을 위하여 베풀던 잔치

01 윗글에 대한 설명으로 가장 적절한 것은?

① 자연의 경이로운 풍광에 대한 감상을 장황하게 서술하고 있다.
② 학문과 관련된 사물을 나열하여 입신양명에 대한 화자의 관심을 드러내고 있다.
③ 객지에서의 낯선 풍물 및 경험에 대한 정서를 드러내고 회환할 때의 심정을 서술하고 있다.
④ 공식적인 행사에 참여한 다양한 사람들의 외양과 감정을 개성적으로 표현하고 있다.
⑤ 구체적인 시간을 나타내는 표현을 제시하여 귀국까지의 여정이 마무리되었음을 알려 주고 있다.

02 ㉠~ⓜ을 이해한 내용으로 가장 적절한 것은?

① ㉠: 청각적 이미지를 사용하여 대상이 지닌 슬픔을 표현하고 있다.
② ㉡: 지시적 표현을 사용하여 상대와의 친밀감을 드러내고 있다.
③ ㉢: 음성 상징어를 사용하여 이동을 앞둔 여유로운 분위기를 드러내고 있다.
④ ㉣: 대구적 표현을 사용하여 새로운 계책을 마련한 기쁨을 드러내고 있다.
⑤ ⓜ: 계절감을 드러내는 표현을 사용하여 시간의 경과를 보여 주고 있다.

03 [A], [B]에 대한 감상으로 적절하지 않은 것은? [3점]

① [A]에서 '간담을 상응하여'는 상대방에 대한 경계심을, [B]에서 '뜰에 내려 북향하여'는 상대방에 대한 거부감을 드러내는군.
② [A]에서 '우리들'은 '거기 사람'에게 인사로 차를 대접받고, [B]에서 '삼 사신' 일행은 '예부상서'를 통해 황상의 상을 하사받고 있군.
③ [A]에서 '필담'은 의사소통의 어려움을 해결하는 수단을, [B]에서 '구고두'는 의례적 상황에서 감사를 표하는 공식적 예법을 나타내는군.
④ [A]에서 '글귀 절로 오락가락'은 난처한 상황이 해소되고 있음을, [B]에서 '비위가 뒤집혀서'는 난감한 상황에 처하게 되었음을 드러내는군.
⑤ [A]의 '귀머거리 벙어린 듯'은 대화가 이루어지지 못하는 상황을, [B]의 '메밀떡에 밀다식에 겉밤' 등은 여러 가지 음식을 차려 놓은 상황을 알려 주는군.

제대로 접근법

문제 채점까지 마친 후 복습할 때 보세요.

01
작품의 개괄적 이해를 확인하는 유형이다. 작품의 내용, 표현상의 특징, 화자의 정서 등 여러 요소를 다양하게 묶어 선택지로 구성하였으므로, 각각의 내용이 모두 적절한지 꼼꼼하게 따져 보아야 한다.
이 작품은 청나라 연경을 다녀온 체험과 견문을 서술하고 있다. 화자가 어떤 체험을 하고 있으며 그 속에서 어떤 정서를 느끼고 있는지 확인한 다음, 선택지에서 맞는 내용과 틀린 내용을 구분해 보자.

02
표현상의 특징을 파악하는 유형이다. 작품 전체가 아니라 구체적인 시행을 대상으로 하고 있어 상대적으로 특징과 효과를 찾는 것이 어렵지 않다.
이런 유형의 경우 표현상의 특징에 따른 효과를 정확하게 파악해야 한다. 시상 전개 과정과 ㉠~ⓜ의 의미를 염두에 두고, 각각의 표현상의 특징과 그 효과가 바르게 연결되었는지 확인해 보자.

03
특정 장면에 대한 감상의 적절성을 파악하는 유형이다. [A]는 조선 사신 일행이 청나라 사람들과 글을 써서 대화를 나누는 장면이고, [B]는 청나라 황제가 조선 사신 일행에게 상을 내리고 진지를 베푸는 장면이다.
두 장면을 비교하는 것이 번거롭기는 하지만, 정답이 되는 선택지가 제시된 지문의 내용과 반대로 서술되어 있어 어렵지 않게 문제를 해결할 수 있다.

1차 채점		
맞은 문항 수		개
틀린 문항 수		개
헷갈리는 문항 번호		

• 틀린 문항 '/' 표시

→

2차 채점		
맞은 문항 수		개
틀린 문항 수		개
헷갈리는 문항 번호		

• 틀린 문항 '×' 표시

→

3차 채점		
맞은 문항 수		개
틀린 문항 수		개
헷갈리는 문항 번호		

• 틀린 문항 '☆' 표시

2016 수능 B형

◉ 권장 풀이 시간 : 4분 40초

[01-03] 다음 글을 읽고 물음에 답하시오.

(가) 어와 동량재(棟梁材)*를 뎌리 ᄒᆞ야 어이 ᄒᆞᆯ고
헐쓰더 기운 집의 의논(議論)도 하도 할샤
뭇 목수 고자(庫子) 자* 들고 허둥대다 말려ᄂᆞ다

– 정철

* 동량재 : 건축물의 마룻대와 들보로 쓸 만한 재목
* 고자 자 : 창고지기가 쓰는 작은 자

(나) 바깥 별감* 많이 있어 ㉠바깥 마름 달화주*도
제 소임 다 바리고 몸 ᄭᅳ릴 ᄲᅮᆫ이로다
비 ᄉᆡ여 셔근 집을 뉘라셔 곳쳐 이며
옷 버서 문허진 담 뉘라셔 곳쳐 쏠고
㉡불한당 구멍 도적 아니 멀니 단이거든
화살 촌 수하상직(誰何上直)* 뉘라셔 힘써 ᄒᆞᆯ고
큰나큰 기운 집의 마누라* 혼자 안자
명령을 뉘 드ᄅᆞ며 논의를 눌라 ᄒᆞᆯ고
낫 시름 밤 근심 혼자 맛다 계시거니
옥 ᄀᆞᆺ튼 얼굴리 편ᄒᆞ실 적 몇 날이리
이 집 이리 되기 뉘 타시라 ᄒᆞᆯ셔이고
혬 업는 죵의 일은 뭇도 아니 ᄒᆞ려니와
도로혀 혜여ᄒᆞ니 마누라 타시로다
㉢ᄂᆡ 주인 외다 ᄒᆞ기 죵의 죄 만컨마ᄂᆞᆫ
그러타 세상 보려 민망ᄒᆞ야 사뢰나이다
㉣새끼 ᄭᅩ기 마르시고 내 말솜 드로쇼셔
집일을 곳치거든 죵들을 휘오시고
죵들을 휘오거든 상벌을 밝히시고
㉤상벌을 밝히거든 어른 죵을 미드쇼셔
진실노 이리 ᄒᆞ시면 가도(家道) 절ᄂᆞ 닐니이다

– 이원익, 〈고공답주인가(雇工答主人歌)〉

* 별감 : 사내 하인끼리 서로 존대하여 부르던 말
* 달화주 : 주인집 밖에서 생활하는 종들에게서 주인에게 내야 할 대가를 받아오는 일을 맡아 보던 사람
* 수하상직 : "누구냐!" 하고 외치는 상직군
* 마누라 : 상전, 마님 등을 이르는 말

제대로 감상법 ☆ 문제 풀이까지 마친 후 복습할 때 보세요.

(가) 정철, 〈어와 동량재롤~〉

화자
화자는 조정의 혼란을 안타까워하는 이로, 인재를 내치고 (❶   )만 일삼는 현실을 비판함.

시어
• (❷   ): 나라의 인재
• (❸   ): 나라의 인재를 평가할 수 없는 보잘것없는 도구

표현
• 비유적 표현을 사용해 현실에 대한 비판 의식을 드러냄.

주제
조정의 혼란 속에서 인재를 잃어가는 현실에 대한 안타까움

제대로 구조화하기

(나) 이원익, 〈고공답주인가(雇工答主人歌)〉

제목의 의미·갈래
'주인에게 답하는 고공(머슴)의 노래'라는 의미로, 임진왜란 이후 황폐해진 나라의 상황 속에서 자신의 이익만을 챙기는 신하들을 비판하는 작품이다.

화자
화자는 '나'(어른 종)로, 게으른 종들을 (❶   )하며 집안(나라)을 일으켜 세울 방안을 제시함.

시어
• (❷   ): 가까운 곳에 있으며 불안감을 주는 세력
• (❸   ): 화자를 포함한 고위 관리들

표현
• (❹   )과 신하의 관계를 농사짓는 주인과 종의 관계에 빗댐.

주제
기울어진 집안 살림(나라 살림)을 일으키는 방도

제대로 구조화하기

▶ 해설편 60쪽

01 (가), (나)의 표현 방식에 대한 설명으로 가장 적절한 것은?

① (가)와 달리 (나)에서는 연쇄와 반복을 통해 리듬감이 나타나고 있다.
② (나)와 달리 (가)에서는 설의적인 표현을 통해 안타까움의 정서가 강조되고 있다.
③ (나)와 달리 (가)에서는 직유의 방식을 통해 대상의 이미지가 선명하게 드러나고 있다.
④ (가), (나)에서는 모두 색채어를 통해 대상의 면모가 강조되고 있다.
⑤ (가), (나)에서는 모두 과거와 현재의 대비를 통해 시상의 전환이 이루어지고 있다.

02 ㉠~㉤에 대한 이해로 적절하지 않은 것은?

① ㉠: 직분을 망각하여 화자에 의해 비판을 받고 있는 존재
② ㉡: 가까운 곳에 있으며 화자에게 불안감을 주고 있는 세력
③ ㉢: 잘못된 일을 고치도록 화자가 설득하고 있는 청자
④ ㉣: 화자가 청자에게 당부하는 시급하고 중요한 행위
⑤ ㉤: 화자가 공정하고 엄중하게 시행되기를 바라고 있는 일

03 〈보기〉를 참고하여 (가), (나)를 감상한 내용으로 가장 적절한 것은? [3점]

〈보기〉

유학 이념에서는 국가를 가족의 확장된 형태로 본다. 집안의 화목을 위해서는 구성원들이 자기 역할에 충실해야 하듯, 국가의 안정적인 경영을 위해서는 군신(君臣)이 본분을 다해야 한다. 조선 시대 시가에서는 이러한 이념을 담아 국가를 집으로 표현하는 경우가 많다.

① (가)의 '동량재'와 (나)의 '어른 죵'은 모두 국가의 바람직한 경영을 위해 요구되는 중요한 요소를 뜻하겠군.
② (가)의 '기운 집'은 위태로운 상태에 놓인 국가를, (나)의 '기운 집'은 되돌릴 길 없이 기울어 패망한 국가를 나타내겠군.
③ (가)의 '의논'과 (나)의 '논의'는 모두 국가 대사를 위해 임금과 신하가 합의하여 도출해 낸 올바른 대책을 뜻하겠군.
④ (가)의 '뭇 목수'는 조정의 일에 무관심한 신하들을, (나)의 '혬 업는 죵'은 조정의 일에 지나치게 관여하는 신하를 나타내겠군.
⑤ (가)의 '고자 자'와 (나)의 '문허진 담'은 모두 외세의 침입에 협조하며 국익을 저버리고 사익을 추구하는 마음을 뜻하겠군.

제대로 접근법

문제 채점까지 마친 후 복습할 때 보세요.

01
표현상의 특징을 파악하는 유형이다. (가)와 (나)의 공통점은 물론 차이점까지 확인해야 하므로 까다롭게 느껴졌을 것이다. 선택지가 '(가)와 달리 (나)에서는 ~'과 같이 이루어져 있다면, 그 특징이 (가)에는 나타나지 않아야 하고 (나)에는 나타나야 한다는 점을 기억하자.
(가)와 (나)에서 연쇄와 반복, 설의적 표현, 직유의 방식, 색채어, 과거와 현재의 대비 등이 나타나는지 확인하고 그 효과를 생각해 보자.

02
시구의 의미를 파악하는 유형이다. 작품을 현대어로 바르게 해석할 수 있다면 문제를 쉽게 해결할 수 있다. 평소에 고전 시가 작품을 공부하면서 자주 쓰이는 고어의 의미를 익혀 두는 것이 좋다.
(나)는 임금과 신하의 관계를 농사짓는 주인과 종의 관계에 빗대어 나라를 일으킬 수 있는 방도를 제안하고 있다. 이를 고려하여 시구의 의미를 잘못 해석한 선택지를 찾아보자.

03
감상의 적절성을 평가하는 유형이다. 〈보기〉에서는 국가를 가족의 확장된 형태로 보고, 국가를 집으로 표현하는 유학 이념에 대해 설명하고 있다. (가)와 (나)는 집안일에 빗대어 나라와 조정의 문제에 대해 비판적 태도를 드러내고 있는 작품이다.
이러한 점에 주목하여 선택지의 내용을 검토해 보자. 화자의 정서와 태도, 작품의 중심 내용, 시어의 비유적 의미 등을 종합적으로 고려해야 오답의 함정을 피할 수 있다.

1차 채점		
맞은 문항 수		개
틀린 문항 수		개
헷갈리는 문항 번호		

• 틀린 문항 '/' 표시

→

2차 채점		
맞은 문항 수		개
틀린 문항 수		개
헷갈리는 문항 번호		

• 틀린 문항 '×' 표시

→

3차 채점		
맞은 문항 수		개
틀린 문항 수		개
헷갈리는 문항 번호		

• 틀린 문항 ☆ 표시

2016 수능 A형

◉ 권장 풀이 시간 : 4분 30초

[01-03] 다음 글을 읽고 물음에 답하시오.

(가) 뿌리 깊은 나무는 바람에 아니 뮐새 꽃 좋고 열매 많나니
샘이 깊은 물은 가뭄에 아니 그칠새 내가 일어 바다에 가나니

〈제2장〉

천세(千世) 전에 미리 정하신 한강 북녘에 누인개국(累仁開國)하시어 복년(卜年)*이 가없으시니
성신(聖神)*이 이으셔도 경천근민(敬天勤民)하셔야 더욱 굳으시리이다
임금하 아소서 낙수(洛水)에 사냥 가 있어 조상만 믿겠습니까*

〈제125장〉

– 정인지 외, 〈용비어천가(龍飛御天歌)〉

* 복년 : 하늘이 주신 왕조의 운수
* 성신 : 훌륭한 임금의 자손
* 낙수에 ~ 믿겠습니까 : 중국 하나라의 태강왕이 정사를 돌보지 않고 사냥을 갔다가 폐위당한 일을 가리킴.

(나) 강호(江湖)에 봄이 드니 미친 흥(興)이 절로 난다
탁료계변(濁醪溪邊)에 금린어(錦鱗魚)가 안주로다
이 몸이 한가(閑暇)하옴도 역군은(亦君恩)이샷다

〈제1수〉

강호에 여름이 드니 초당(草堂)에 일이 업다
유신(有信)한 강파(江波)는 보내나니 바람이로다
이 몸이 서늘하옴도 역군은이샷다

〈제2수〉

강호에 가을이 드니 고기마다 살쪄 있다
소정(小艇)에 그물 실어 흘리띄워 던져두고
이 몸이 소일(消日)하옴도 역군은이샷다

〈제3수〉

강호에 겨울이 드니 눈 깊이 한 자가 넘네
삿갓 빗기 쓰고 누역으로 옷을 삼아
이 몸이 춥지 아니하옴도 역군은이샷다

〈제4수〉

– 맹사성, 〈강호사시가(江湖四時歌)〉

제대로 감상법

문제 풀이까지 마친 후 복습할 때 보세요.

(가) 정인지 외, 〈용비어천가(龍飛御天歌)〉

제목의 의미·갈래

'용이 날아 하늘을 본받아 처신함을 노래한다.'는 뜻으로, 조선 건국의 정당성과 왕조의 번영을 노래한 악장이다.

화자

화자는 조선 (❶)의 정당성을 밝히려는 이로, 조선 왕조를 송축하며 후대 왕에게 권계함.

시어

• 바람, (❷): 시련을 의미함.
• (❸): 어진 덕을 쌓아 나라를 엶.

표현

• 2절 4구의 형식에서 1절은 중국 제왕의 사적을, 2절은 조선 왕조의 사적을 찬양함.

주제

조선 건국의 정당성과 후대 왕에 대한 권계

제대로 구조화하기

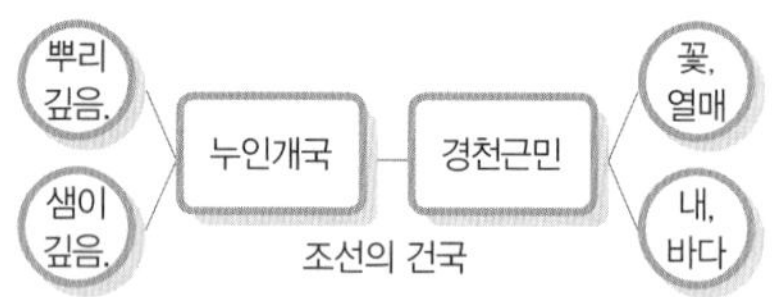

(나) 맹사성, 〈강호사시가(江湖四時歌)〉

제목의 의미·갈래

강호에 묻혀 사는 생활을 사계절의 변화와 관련시켜 노래한 우리나라 최초의 연시조이다.

화자

화자는 '나'로, 자연에 묻혀 생활하며 임금에 대한 충의를 표출함.

시어

• (❶): 강과 호수, 즉 자연을 의미함.
• (❷): 임금의 은혜에 감사함.

표현

• (❸)에 따라 한 수씩 읊고, 각 연마다 형식을 통일하여 안정감을 줌.

주제

강호에서의 한정과 임금에 대한 축의

제대로 구조화하기

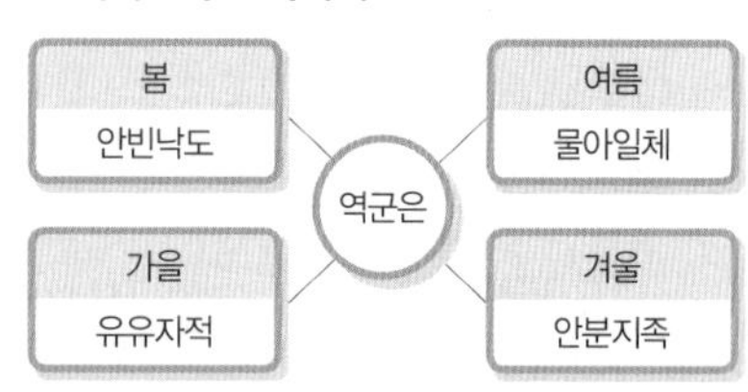

▶ 해설편 63쪽

01 (가)에 대한 설명으로 적절하지 않은 것은?

① 〈제2장〉에서는 유사한 자연의 이치가 내포된 두 사례를 나란히 배열하고 있다.
② 〈제125장〉에서는 행에 따라 종결 어미를 달리하고 있다.
③ 〈제2장〉과 달리, 〈제125장〉은 전언의 수신자를 명시하고 있다.
④ 〈제125장〉과 달리, 〈제2장〉은 한자어를 배제하고 순우리말의 어감을 살리고 있다.
⑤ 〈제2장〉과 〈제125장〉은 모두 자연 현상과 인간의 삶을 대조적으로 보여 주고 있다.

02 〈보기〉는 (나)의 글쓴이가 창작을 위해 세운 계획을 가상적으로 구성한 것이다. 〈제1수〉~〈제4수〉에 공통적으로 반영된 것만을 있는 대로 고른 것은?

〈보기〉

ㄱ. 각 수 초장의 전반부에는 계절적 배경을 제시하며 시상의 단서를 드러내야겠군.
ㄴ. 각 수 초장의 후반부에서는 내면적 감흥을 구체적 사물을 통해 표현해야겠군.
ㄷ. 각 수 중장에서는 주변의 자연 풍광을 묘사하여 내가 즐기고 있는 삶의 모습을 제시해야겠군.
ㄹ. 각 수 종장의 마지막 어절에는 동일한 시어를 배치하여 전체적 통일성을 확보해야겠군.

① ㄱ, ㄴ ② ㄱ, ㄹ ③ ㄴ, ㄷ
④ ㄱ, ㄷ, ㄹ ⑤ ㄴ, ㄷ, ㄹ

03 〈보기〉를 바탕으로 (가)와 (나)를 감상한 것으로 적절하지 않은 것은? [3점]

〈보기〉

〈용비어천가〉는 새 왕조에 대한 송축, 왕에 대한 권계 등 정치적 목적으로 왕명에 따라 신하들이 창작하여 궁중 의례에서 연행된 작품이고, 〈강호사시가〉는 정계를 떠난 선비가 강호에서 누리는 개인적 삶을 표현한 작품이다. 두 작품 모두 사대부들에 의해 창작되었다. 사대부들은 수신(修身)을 임무로 하는 사(士)와 관직 수행을 임무로 하는 대부(大夫), 즉 선비와 신하라는 두 가지 정체성을 지니고 있었다. 이로 인해 사대부들이 향유한 시가는 정치적인 성격을 띠기도 한다.

① (가)에서 '뿌리 깊은 나무'와 '샘이 깊은 물'은 기반이 굳건하고 기원이 유구하다는 뜻을 내세워 왕조를 송축하는 표현이겠군.
② (가)에서 '경천근민'의 덕목을 부각하여 왕에 대해 권계한 것은 '대부'로서의 정치적 의식을 드러낸 것이군.
③ (나)에서 '한가'하게 '소일'하는 개인적 삶도 임금의 은혜 덕분이라고 표현한 데서 정치적 성격을 엿볼 수 있군.
④ (나)에서 '강파', '바람' 등의 자연물과 '소정', '그물' 등의 인공물의 대립은 '사'와 '대부'라는 정체성 사이에서 고뇌하는 모습을 드러내는군.
⑤ (가)의 '한강 북녘'은 새 왕조의 터전이라는 정치적 의미를 지니고, (나)의 '강호'는 개인적, 정치적 의미를 모두 지니고 있겠군.

제대로 접근법

문제 채점까지 마친 후 복습할 때 보세요.

01
표현상의 특징을 파악하는 유형이다. (가)의 〈제2장〉과 〈125장〉의 특징 및 공통점과 차이점을 묻고 있다. 〈제2장〉은 조선 왕조의 무궁한 발전을 송축하고 있으며, 〈125장〉은 후대 왕에 대한 권계를 담고 있다. 제시된 지문이 짧으므로 선택지에 언급된 특징을 작품에 대입하여 그 적절성을 바로 판단한다.

02
시상 전개 방식을 제대로 이해했는지 확인하는 유형이다. (나)의 〈제1수〉~〈제4수〉는 각각 봄, 여름, 가을, 겨울에 대해 노래하고 있는데, 각 수가 비슷한 구조로 이루어져 있다. 작품의 구조를 이해한 다음 〈보기〉에 제시된 특징을 검토하는 것이 좋다.
정답률이 무척 낮았는데, 〈보기〉에 제시된 특징이 작품의 어느 수에는 나타나지만 다른 수에는 나타나지 않아 확실한 오답을 걸러 내기가 어렵기 때문이다. 꼼꼼하게 점검하여 실수를 줄이도록 한다.

03
외적 준거에 따라 작품을 감상하는 유형이다. 〈보기〉에서 문제 해결에 필요한 정보를 요약해 보자. '사대부'의 성격에 관한 것은 고전 시가에서 빈번하게 출제되는 내용이므로 꼭 기억해 둔다.
확실하게 어긋난 내용을 담고 있는 선택지가 있어 문제를 해결하는 것이 어렵지 않다. 작품을 잘못 해석했거나 〈보기〉의 내용을 잘못 이해하고 적용한 선택지가 무엇인지 찾아보자.

1차 채점		
맞은 문항 수		개
틀린 문항 수		개
헷갈리는 문항 번호		

• 틀린 문항 '/' 표시

→

2차 채점		
맞은 문항 수		개
틀린 문항 수		개
헷갈리는 문항 번호		

• 틀린 문항 '×' 표시

→

3차 채점		
맞은 문항 수		개
틀린 문항 수		개
헷갈리는 문항 번호		

• 틀린 문항 △ 표시

❖ 출제 경향과 학습 대책

[현대 소설]

❶ 한 작품이 단독으로 출제된다.

한 작품이 단독 지문으로 출제되는 경우가 일반적이다. 갈래 복합 지문의 출제 비중이 늘면서 다른 갈래와 함께 묶여 출제되는 경우도 있지만, 아직까지는 운문에 비해 단독으로 출제되는 경향이 유지되고 있다.

❷ 문학사적으로 중요한 작가의 작품들이 출제된다.

문학사적으로 중요한 작가의 작품이나 문학사적 가치가 높은 작품이 주로 출제된다. 시기별로 보면 1930년대의 작품, 1960~70년대의 작품이 자주 출제되고 있으므로, 이를 감안하여 학습 계획을 수립하는 것이 좋다.

❸ 교과서와 EBS 작품이 기본이다.

교과서와 EBS 교재에 수록된 작품들이 많이 출제된다. 현대시나 고전 시가에 비해 교과서와 EBS 교재의 연계 비중이 높은 편이므로, 수록 작품들을 꼼꼼하게 정리해 두어야 한다.

❹ 기본에 충실한 학습이 필요하다.

낯선 작품이 출제되는 경우도 있고, 익숙한 제목의 작품이더라도 잘 다루어지지 않았던 대목을 골라 출제하는 경우가 많다. 따라서 소설 구성의 3요소인 인물, 사건, 배경을 염두에 두고 전체 줄거리와 주제 등 기본적인 내용을 정리해 두어야 한다.

❺ 기출 유형을 익히자.

출제되는 문제 유형은 소설의 구성 요소에 맞추어 거의 정해져 있다. 작품의 내용 파악, 인물의 심리와 태도, 사건과 갈등, 서사 구조와 서술상의 특징, 구절의 의미, 소재와 배경, 종합적 이해와 감상 등을 묻는다.

❻ 서술상의 특징을 묻는 문항은 꼭 출제된다.

서술상의 특징을 묻는 문제는 거의 빠지지 않고 출제된다. 작품의 구성 요소와 관련된 국어 개념은 문제 풀이뿐 아니라 작품의 깊이 있는 이해를 위해서라도 반드시 숙지할 필요가 있다.

❼ 외적 준거에 따른 감상 문항에 주목하자.

〈보기〉를 주고 작품의 종합적 이해와 감상을 묻는 문제도 자주 출제되는 유형이다. 〈보기〉는 문제 풀이의 방향을 제시하는 한편, 변별력 확보를 위한 수단으로 활용되기도 한다. 따라서 주어진 〈보기〉의 함정에 빠지지 않는 것이 고득점으로 향하는 지름길이다.

[극]

❽ 갈래의 특징을 이해하자.

주로 한 작품이 단독 지문으로 출제되지만, 갈래 복합으로 출제되거나 수필이 나올 경우 출제되지 않을 수도 있다. 희곡이나 시나리오를 연극이나 영화로 제작할 때의 방법을 묻는 문제가 자주 출제되므로, 갈래의 특징에 대한 학습이 꼭 필요하다.

III 부

현대 소설 · 극

꼭 알아야 할 핵심 이론

❶ 인물

(1) 인물의 유형

역할에 따라	주동 인물	소설의 주인공으로 사건을 주도하여 이끌어 나가는 인물
	반동 인물	소설의 주인공과 대립하여 갈등을 일으키는 인물
중요도에 따라	중심인물	주인공이나 그와 비슷한 역할을 하는 인물
	주변 인물	부수적인 역할을 하는 인물
특성에 따라	전형적 인물	어떤 집단이나 계층의 공통적인 성격을 대표하는 인물
	개성적 인물	전형적이지 않고 개성적인 특색이 드러나는 인물
성격 변화 유무에 따라	평면적 인물	한 작품 속에서 성격이 변하지 않는 인물
	입체적 인물	한 작품 속에서 사건의 진행에 따라 성격이 변하는 인물

(2) 인물 제시 방법

① **직접 제시(말하기, telling)**: 서술자가 직접 인물의 성격, 특성, 심리 상태 등을 말해 주는 방식으로 해설적, 분석적, 설명적 방법

② **간접 제시(보여 주기, showing)**: 인물의 행동이나 대화, 혹은 외양 묘사 등을 통해 독자가 인물의 성격을 짐작하게 하는 방식으로 장면적, 극적, 묘사적 방법

❷ 구성

(1) 구성의 개념: 소설의 인물, 배경, 사건 등을 일정한 의도에 따라 짜임새 있게 배열한 것. 플롯(plot)이라고도 함.

(2) 구성의 5단계

발단	인물과 배경이 제시되고 사건의 실마리를 제공함.
전개	사건이 본격적으로 시작되며 갈등이 나타남.
위기	갈등이 고조되고 심화됨.
절정	갈등이 최고조에 이름.
결말	사건이 마무리되고 갈등이 해소됨.

(3) 구성의 유형

평면적 구성	시간의 순서에 따라 사건이 전개되는 구성. 순행적 구성
입체적 구성	시간의 역전이 일어나면서 사건이 전개되는 구성. 역순행적 구성
액자식 구성	외부 이야기 속에 또 다른 내부 이야기가 담겨 있는 구성
의식의 흐름 구성	서술자의 내면 의식이 흘러가는 대로 서술하는 구성
여로형 구성	인물의 여행 과정(여로)에 따라 이야기를 전개하는 구성
피카레스크 구성	동일한 인물이 등장하여 여러 가지 이야기를 전개하는 구성

개념 확인 문제

01 ㉠과 ㉡에 해당하는 인물의 유형이 바르게 연결된 것은?

> 얼금뱅이요 왼손잡이인 드팀전의 ㉠허 생원은 기어코 동업의 ㉡조 선달을 나꾸어 보았다.
> "그만 걷을까?"
> "잘 생각했네. 봉평 장에서 한 번이나 흐붓하게 사 본 일 있었을까? 내일 대화 장에서나 한몫 벌어야겠네."
> (중략)
> 절렁절렁 소리를 내며 조 선달이 그날 산 돈을 따지는 것을 보고, 허 생원은 말뚝에서 넓은 휘장을 걷고, 벌여 놓았던 물건을 거두기 시작하였다.
> – 이효석, 〈메밀꽃 필 무렵〉

	㉠	㉡
①	주동 인물	반동 인물
②	중심인물	주변 인물
③	반동 인물	전형적 인물
④	전형적 인물	개성적 인물
⑤	평면적 인물	입체적 인물

02 다음에 나타난 주된 인물 제시 방법을 쓰시오.

> 나는 어머니 귀에다 입을 대고, "저기 아저씨도 왔어." 하고 속삭이니까 어머니는 흠칫하면서 내 입을 손으로 막고 막 끌어잡아다가 앞에 앉히고 고개를 누르더군요. 보니까 어머니도 얼굴이 홍당무처럼 빨개졌더군요.
> – 주요섭, 〈사랑손님과 어머니〉

03 다음 설명에 해당하는 소설의 구성 방식을 쓰시오.

> • 이야기 안에 또 다른 이야기가 들어 있는 구성
> • 서술자가 남의 체험이나 사건을 대신 서술해 주는 형식이 많음.

정답 01. ② 02. 간접 제시 03. 액자식 구성

③ 사건과 갈등

(1) 갈등의 역할: 갈등의 전개와 해결 과정을 통해 인물의 성격과 역할, 주제 의식을 드러냄. 아울러 사건에 긴장감을 조성하고 필연성을 부여함.

(2) 갈등의 유형

① 내적 갈등: 인물의 내면에서 일어나는 갈등

② 외적 갈등: 인물과 그 인물을 둘러싼 외부 요인 사이에서 발생하는 갈등

인물과 인물의 갈등	서로 대립적인 인물 사이에 일어나는 갈등
인물과 사회의 갈등	인물과 인물이 속한 사회 윤리나 제도와의 갈등
인물과 운명의 갈등	인물이 자신에게 주어진 운명에 저항하면서 겪는 갈등
인물과 자연의 갈등	인물이 자연에 도전하면서 생겨나는 갈등

④ 서술자와 시점

(1) 서술자: 작품 속에서 이야기를 전개하는 사람. 서술자는 작품 안에 등장할 수도 있고, 작품 밖에 위치하여 서술할 수도 있음.

(2) 시점: 소설에서 인물이나 사건을 바라보는 서술자의 위치나 태도. 서술자가 작품 안에 등장하는 '나'이면 1인칭, 작품 밖에 위치하면 3인칭 시점임.

1인칭 주인공 시점	작품 속에 등장하는 주인공 '나'가 자신이 직접 겪은 이야기를 하는 시점. 주인공의 내면세계를 그리는 데 효과적이지만 독자는 주인공이 본 것, 느낀 것만 알 수 있음. 예 김유정, 〈동백꽃〉
1인칭 관찰자 시점	작품 속에 등장하는 '나'가 관찰자의 입장에서 주인공에 대해 이야기하는 시점. 서술에 제약이 있어 '나'를 제외한 인물의 심리가 간접적으로 제시됨. 예 김정한, 〈모래톱 이야기〉
전지적 작가 시점	작품 속에 등장하지 않는 서술자가 인물의 외적 정보뿐 아니라 심리나 행동과 같은 내면을 분석하여 전달하는 시점. 서술자의 개입이 두드러져 독자의 상상의 폭이 제한됨. 예 이태준, 〈복덕방〉
작가 관찰자 시점	작품 속에 등장하지 않는 서술자가 관찰자의 입장에서 서술하는 시점. 독자의 상상이 개입할 부분이 많음. 예 황순원, 〈소나기〉

⑤ 현대 소설과 극의 차이

	현대 소설	극
서술자	있음	없음
사건 전개	서술과 대화	배우의 말과 행동
사건 제시	제한 없음	현재형
제약	배경이나 인물의 수에 제약이 없음.	배경이나 인물의 수에 제약이 있음.

개념 확인 문제

04 다음 중, 갈등의 유형이 다른 하나는?

① 인물의 마음속 갈등
② 인물과 인물의 갈등
③ 인물과 사회의 갈등
④ 인물과 운명의 갈등
⑤ 인물과 자연의 갈등

05 다음 작품에 나타난 갈등의 유형을 쓰시오.

> 김동리의 〈역마〉는 주인공 성기의 출생 이전에 할머니와 어머니에게 있었던 만남들이 성기의 삶을 결정짓는 필연적 요소가 되도록 사건을 전개하면서, 유랑과 정착이라는 대립적 운명 가운데에 놓인 성기의 삶 전체에 긴장감을 부여하고 있다.

06 다음 작품의 시점에 대한 설명으로 가장 적절한 것은?

> 김 첨지도 이 불길한 침묵을 짐작했는지도 모른다. 그렇지 않으면 대문에 들어서자마자 전에 없이,
> "이 난장 맞을 년, 남편이 들어오는데 나와 보지도 않아. 이 오라질 년."
> 이라고 고함을 친 게 수상하다. 이 고함이야말로 제 몸을 엄습해 오는 무시무시한 증을 쫓아버리려는 허장성세인 까닭이다. – 현진건, 〈운수 좋은 날〉

① 서술자는 전지적 위치에서 인물의 심리를 직접 묘사하고 있다.
② 서술자가 겉으로 드러나 있으면서 자신의 이야기를 회상하고 있다.
③ 서술자가 숨어 있으면서 사건 진행 과정을 객관적으로 바라보고 있다.
④ 서술자가 겉으로 드러나 있으면서 인물의 행동을 관찰하여 서술하고 있다.
⑤ 서술자는 사건에 개입하지 않으면서 자신이 보고 들은 내용을 있는 그대로 그려 내고 있다.

정답 04. ① 05. 인물과 운명의 갈등 06. ①

◉ 권장 풀이 시간 : 5분 40초

[01-04] 다음 글을 읽고 물음에 답하시오.

한참 정이와 별의별 말이 다 오고 가고 하였을 때, '불단집*'에서 마악 설거지를 하고 있던 갑순이 할머니가 뛰어나왔다. 갑득이 어미는, 경우에 따라서는 그들 모녀를 상대하여서도, 할 말에 궁하지는 않다고 은근히 마음에 준비가 있었던 것이나, 뜻밖에도 갑순이 할머니는 자기 딸의 역성을 들려고는 하지 않고,

㉠"애최에 늬가 말 실수헌 게 잘못이지, 남을 탄해 뭘 허니? 이게 모두 모양만 숭업구……, 온, 글쎄, 그만 허구 들어가아. 늬가 잘못했어. 네 잘못이야."

하고 도리어 딸을 나무라던 것을, 갑득이 어미는 그 당장에는, 귀에 솔깃하여,

"그렇지. 자계가 먼저 말을 냈지. 나야 그저 대꾸헌 죄밖엔 없으니까. 잘했든 잘못했든 자계가 시초를 낸 게니까 ——"

하고, 뽐내도 보았던 것이나, 나중에 깨달으니, 그것은 얼토당토않은 생각으로, 갑순이 할머니가 그렇게 자기 딸을 꾸짖으며 한사코 집으로 데리고 들어간 것에는,

㉡"아, 그 배지 못헌 행랑것허구, 쌈이 무슨 쌈이냐?"

"똥이 무서워 피허니? 더러우니까 피허는 게지!"

하고, 그러한 사상이 들어 있었던 것이 분명하였다.

사실, 을득이 녀석이 나중에 보고하는데 들으니까, 저녁때 돌아온 집주름 영감이 그 얘기를 듣고 나자,

"걔두 그만 분별은 있을 아이가, 그래 그런 상것허구 욕지거리를 허구 그러다니……."

쩻, 쩻, 쩻 하고 혀를 차니까, 늙은 마누라는 또 마주 앉아서,

"그렇죠, 그렇구 말구요. 쌈을 허드래두 같은 양반끼리 해야지, 그런 것허구 허는 건, 꼭 하늘 보구 침 뱉기지. 그 욕이 다아 내게 돌아오지, 소용 있나요."

㉢그리고 후유우 하고 한숨조차 내쉬는데, 방 안에서들 그러는 소리가 대문 밖까지 그대로 들리더라 한다.

[중략 부분의 줄거리] 골목 안 아홉 가구가 공동변소처럼 쓰는 불단집 소유의 뒷간에 양 서방이 갇힌다.

그는 아무리 상고하여 보아도 도무지 나갈 도리가 없는 것에 은근히 울화가 올랐다.

'제 집 뒷간두 아니구 남의 집 것을 그렇게 기가 나서 꼭꼭 잠그구 그럴 건 뭐 있누? 늙은이두 제엔장헐…….'

㉣인제는 할 수가 없으니, 소리를 한번 질러 볼까? —— 하기도 하였으나, 이러한 경우에 있어, 사람들은, 흔히 자기가 꼭 어떠한 수상한 인물인 듯싶게 스스로 느껴지는 경향이 있다. 그래, 그는 생각 끝에,

"아, 누가 문을 잠겄어어어?"

"문 좀 여세요오. 아, 누가……."

하고, 그러한 말을 제법 외치지도 못하고 그저 중얼대며, 한참이나 문을 잡아, 흔들어 자물쇠 소리만 덜거덕거렸던 것이다.

을득이한테 저의 아비가 불단집 뒷간에 가 갇히어 있다는 말을 듣고, 어인 까닭을 모르는 채 그곳까지 뛰어온 갑득이 어미는, 대강 사정을 알자, 곧 이것은 평소에 자기에게 좋지 않은 생각을 품고 있는 갑순이 할머니가 계획적으로 한 일임에 틀림없다고 혼자 마음에 단정하고,

[A] "아아니, 그래, 애아범이 미우면 으떻게는 못 해서, 그 더러운 뒷간 숙에다 글쎄 가둬야만 헌단 말예요? 그래 노인이 심사를 그렇게 부려야 옳단 말예요?"

제대로 감상법 문제 풀이까지 마친 후 복습할 때 보세요.

박태원, 〈골목 안〉

제목의 의미

〈골목 안〉은 근대적 질서에 편입하지 못하고 소외되어 가는 사람들의 일상을 보여 주는 작품이다. 순이네 영감(집주름 영감) 식구가 사는 '골목 안'은 빈곤층이 사는 골목의 전형으로, 작품의 서사가 일어나고 있는 배경이다.

구성

▣ 중요 인물
- (❶): '불단집' 집안일을 봐주는 인물로, 남의 집 행랑에 사는 갑득이네에 대해 차별적 언행을 하며 갈등을 빚음.
- (❷): 갑순이 할머니에게 앙금이 있던 차에 남편인 양 서방이 뒷간에 갇히는 일로 갑순이 할머니와 갈등을 빚음.

▣ **사건과 갈등**: 갑순이 할머니는 정이가 갑득이 어미와 말다툼을 벌이자 나와서 상황을 수습하고, 양 서방이 갑순이 할머니가 관리하는 뒷간에 갇히는 일로 갑득이 어미와 갑순이 할머니 사이에 갈등이 벌어짐.

▣ 소재와 배경의 의미
- (❸): 사시장철 악취가 풍기는 곳으로, 소외되고 가난한 아홉 가구가 살아가는 경성 빈곤층 골목의 전형
- (❹): 갑순이 할머니가 관리하는 곳으로, 양 서방이 갇히는 일이 벌어진 후 갑득이 어미와 갑순이 할머니가 갈등을 하게 됨.

문체 – 서술상의 특징
- 골목 안에서 일어나는 사소한 일들이나 인물의 대화를 중심으로 전개됨.
- 전지적 서술자가 자신의 시선으로 서술하기도 하고 인물의 시선으로 서술하기도 함.

주제

근대적 질서에 편입하지 못하고 소외되어 가는 사람들의 일상

▶ 해설편 66쪽

하고, 혼자 흥분을 하였다. 갑순이 할머니는, 그것은 전혀 예기하지 못하였던 억울한 말이라, 그래, 눈을 둥그렇게 뜨고, 손조차 내저어 가며,

[B] "그건, 괜한 소리유, 괜한 소리야. 이 늙은 사람이 미쳐서 남을 뒷간 속에다 가둬? 모르구 그랬지, 모르구 그랬어. 난 꼭 아무두 없는 줄만 알구서, 그래, 모르구 자물쇨 챘지. 온, 알구야 왜 미쳤다구 잠그겠수?"

발명을 하였으나,

[C] "모르긴 왜 몰라요. 다아 알구서 한 짓이지. 그래 자물쇨 챌 때, 안에서 말하는 소리두 못 들었단 말예요? 듣구두 모른 체했지. 듣구두 그냥 잠가 버린 거야."

하고, 갑득이 어미는 덮어놓고 시비만 걸려는 것을, 구경 나온 이웃 사람들이,

"아무러기서루니 갑순이 할머니께서 아시구야 그러셨겠소?"

"노인이 되셔서 귀두 어두시구 그래 몰르셨지!"

하고 말들이 있었고, 정작, 양 서방이 또 머뭇거리다가,

"자물쇨 채실 때, 내가 얼른 소리를 냈어두 아셨을 텐데, 미처 못 그래 그리 된 거야."

하고, 그러한 말을 매우 겸연쩍게 하여, 갑득이 어미는 집주릅집 마누라를 좀더 공박할 것을 단념하여 버릴 수밖에 없는 동시에,

㉤"오오, 그러니까, 채, 무어, 말할 새두 없이 문이 잠겨져서, 그냥 갇힌 채, 누구 오기만 기대린 게로군?"

"그래, 얼마 동안이나 들어가 있었어?"

"뭐어 오래야 갇혔겠수? 동안이야 잠깐이겠지만……."

– 박태원, 〈골목 안〉

* **불단집**: 집 밖에도 전등을 단, 살림이 넉넉한 집

제대로 구조화하기

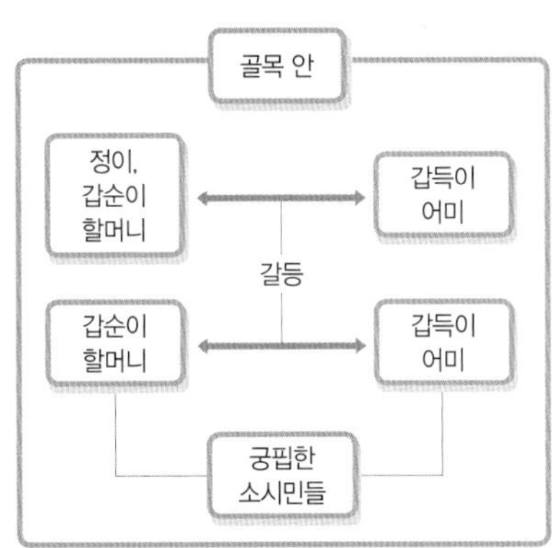

01 윗글에 대한 설명으로 가장 적절한 것은?

① 집 안에서의 대화가 이웃에 노출되어 인물의 속내가 드러난다.
② 서로의 말실수에 대한 비난이 인물 간 다툼의 원인임이 드러난다.
③ 이웃의 갈등을 곁에서 지켜보고 있는 인물들의 냉담함이 드러난다.
④ 이웃을 무시하는 인물의 차별적 언행을 함께 견뎌 내려는 사람들의 결연함이 드러난다.
⑤ 곤경에 빠진 가족의 상황을 다른 가족에게 전한 것이 이웃 간 앙금을 씻는 계기가 됨이 드러난다.

제대로 접근법 문제 채점까지 마친 후 복습할 때 보세요.

01
작품의 내용 이해하기 유형이다. 각 인물을 도형으로 표시하고 갈등 관계를 화살표 등으로 나타내어 작품에 드러난 사건과 인물의 갈등을 파악한다. 주변 인물들의 반응이나 태도 등도 함께 표시하여 선택지의 적절성을 판단해 본다.

02 [A]~[C]에 대한 설명으로 적절하지 않은 것은?

① [A]에서 인물은 상대의 행위가 옳지 않다고 판단하여, 반복적으로 추궁하며 상대가 잘못했음을 분명히 한다.

② [B]에서 인물은 상대의 주장이 사실과 다르다며, 모르고 그랬다는 말을 반복함으로써 자신의 억울함을 알린다.

③ [C]에서 인물은 추측을 바탕으로 상대의 발언이 신뢰하기 어렵다고 반박하고, 상대의 반응에 아랑곳하지 않고 거짓으로 답했다며 몰아붙인다.

④ [A]에서 인물은 상대의 행위와 동기를 함께 비난하고, [B]에서 인물은 상대의 비난을 파악하지 못해 자신의 행위에 대해서만 인정한다.

⑤ [A]에서 인물이 상대에게 화를 내자, [B]에서 인물은 당황하며 자신을 방어하지만, [C]에서 갈등 상황은 지속된다.

제대로 접근법 ☆ 문제 채점까지 마친 후 복습할 때 보세요.

02
대화의 특징 파악하기 유형이다. [A]~[C]의 내용을 파악할 때는 [A]~[C]의 앞부분과 뒷부분의 서술을 주의 깊게 살펴본다. [A]는 '혼자 마음에 단정하고', '혼자 흥분을 하였다'에 주목하고, [B]는 '전혀 예기하지 못하였던 억울한 말', '발명을 하였으나'에 주목하며, [C]는 '덮어놓고 시비만 걸려는 것'에 주목하여 선택지를 판단한다.
두 개 이상의 대화에 대한 설명을 하는 선택지에 대해서는 인물 사이의 갈등 양상을 고려하여 선택지 내용의 적절성 여부를 판단한다.

03 집주름 영감과 양 서방에 대한 이해로 가장 적절한 것은?

① 집주름 영감이 딸의 행동을 분별없다고 탓한 이유는 아내가 갑득이 어미 앞에서 딸을 나무란 뒤 남편에게 밝힌 생각과 같다.

② 집주름 영감은 아내와 갑득이 어미의 갈등이 드러나지 않게 하는, 양 서방은 결과적으로 이들의 갈등을 완화하는 역할을 한다.

③ 양 서방이 여러 궁리를 하면서도 뒷간을 빠져나오지 못한 이유는 아내에게 밝힌 사건의 경위와 무관하다.

④ 양 서방은 아내가 갑순이 할머니에게 한 말과 이에 대한 이웃들의 반응을 듣고도 아내에게 무덤덤한 태도를 보이고 있다.

⑤ 양 서방이 자신의 상황을 갑순이 할머니에게 알리지 못했다고 말한 것은 누가 뒷간 문을 잠갔는지에 대한 의문이 풀려서 화가 누그러졌기 때문이다.

03
인물의 태도와 심리 파악하기 유형이다. 두 개의 선택지는 정이와 갑득이 어미와의 갈등, 세 개의 선택지는 갑득이 어미와 갑순이 할머니의 갈등 사건에 대한 것이다. 갈등 상황과 내용을 확인하면 적절한 선택지를 쉽게 찾을 수 있다.
갑순이 할머니와 집주름 영감은 남의 집 행랑에서 사는 갑득이네에 대해 어떤 태도를 보이는지 살펴보자.

▶ 해설편 66쪽

04 〈보기〉를 참고하여 ㉠~㉤을 이해한 내용으로 적절하지 않은 것은? [3점]

〈보기〉

서술자는 자신의 시선만으로 서술하기도 하고 인물의 시선으로 초점화하여 서술하기도 한다. 그런데 이 작품에서는 두 서술 방식이 겹쳐 나타나는 경우가 있다. 이때 서술자는 인물과 거리를 둠으로써 그들의 말이나 생각, 감정 등에 대한 태도를 드러낸다. 이 밖에도 쉼표의 연이은 사용은 시간의 지연이나 인물의 상황 등을 드러낸다. 이러한 서술 기법은 문맥 속에서 글의 의미를 다양하게 보충한다.

① ㉠: 말줄임표 이후 쉼표를 연이어 사용한 것은, 인물이 자신의 생각을 감추거나 다른 할 말을 떠올리면서 시간의 지연이 있음을 드러낸 것이겠군.
② ㉡: 서술자 시선의 서술과 인물의 시선으로 초점화한 서술이 겹쳐 나타난 것은, 상황을 잘못 인지한 채 상대의 생각을 추측하는 인물에게 서술자가 거리를 두고 있음을 드러낸 것이겠군.
③ ㉢: 말을 전하는 '~라 한다'의 주체가 인물일 수도 있고 서술자일 수도 있게 서술한 것은, 인물의 경험을 전하기만 하고 특정 인물의 편에 서지 않으려는 서술자의 태도를 드러낸 것이겠군.
④ ㉣: 인물의 생각에 대해 쉼표를 연이어 사용하며 설명한 것은, 인물이 생각을 실행에 옮기지 못하고 망설이는 상황을 드러낸 것이겠군.
⑤ ㉤: 감탄사 이후 쉼표를 연이어 사용한 것은, 인물이 새로운 정보를 바탕으로 사건을 파악하는 상황을 드러낸 것이겠군.

제대로 접근법 ☆ 문제 채점까지 마친 후 복습할 때 보세요.

04
외적 준거에 따른 작품 감상하기 유형이다. 서술자가 자신의 시선으로 서술하는 부분과 인물의 시선으로 초점화하여 서술하는 부분을 찾아본다. 또한 쉼표가 사용된 부분도 찾아보고 그 의도를 파악해 선택지의 설명이 적절한지 판단한다.
'온, 글쎄, 그만 허구'에서 시간의 지연을 느낄 수 있는지 생각해 보자. 인물의 시선으로 초점화된 서술의 특징이 나타나는지와 갑득이 어미가 상황을 잘못 인지한 것인지를 판단해 본다. '들리더라 한다'의 시선의 주체가 갑득이 어미에게 말을 전하는 을득이인지, 서술자인지 판단해 보고 이에 담긴 서술자의 서술 의도가 무엇인지 〈보기〉의 준거를 참고하여 판단해 본다. 양 서방이 뒷간에 갇힌 후 소리를 지르지 못하고 있는 부분에서 쉼표는 어떤 기능을 하는지 생각해 본다. '오오' 감탄사 이후에 사건을 파악하고 있는 인물의 태도를 이해해 본다. 이를 바탕으로 적절하지 않은 설명을 하고 있는 선택지가 어느 것인지 찾아보자.

1차 채점	
맞은 문항 수	개
틀린 문항 수	개
헷갈리는 문항 번호	

• 틀린 문항 '/' 표시

→

2차 채점	
맞은 문항 수	개
틀린 문항 수	개
헷갈리는 문항 번호	

• 틀린 문항 '×' 표시

→

3차 채점	
맞은 문항 수	개
틀린 문항 수	개
헷갈리는 문항 번호	

• 틀린 문항 ☆ 표시

[01-04] 다음 글을 읽고 물음에 답하시오.

몽달 씨 나이가 스물일곱이라니까 나보다 스무 살이나 많지만 우리는 엄연히 친구다. 믿지 않겠지만 내게는 스물일곱짜리 남자 친구가 또 하나 있다. 우리 집 옆, 형제슈퍼의 김 반장이 바로 또 하나의 내 친구인데 그는 원미동 23통 5반의 반장으로 누구보다도 씩씩하고 재미있는 사람이었다. 나는 매일같이 슈퍼 앞의 비치파라솔 의자에 앉아 그와 함께 낄낄거리는 재미로 하루를 보내다시피 하였는데 요즘은 내가 의자에 앉아 있어도 전처럼 웃기는 소리를 해 주거나 쭈쭈바 따위를 건네주는 법 없이 다소 퉁명스러워졌다. ㉠그 까닭도 나는 환히 알고 있지만 모르는 척하는 수밖에. 우리 집 셋째 딸 선옥이 언니가 지난달에 서울 이모 집으로 훌쩍 떠나 버렸기 때문인 것이다. 김 반장이 선옥이 언니랑 좋아지내는 것은 온 동네가 다 아는 일이지만 선옥이 언니 마음이 요새 좀 싱숭생숭하더니 기어이는 이모네가 하는 옷 가게를 도와준다고 서울로 가 버렸다. 선옥이 언니는 얼굴이 아주 예뻤다. 남들 말대로 개천에서 용이 났다고 해도 과언이 아닐 만큼 지지리 궁상인 우리 집에 두고 보기로는 아까운 편인데, 그 지지리 궁상이 지겨워 맨날 뚱하던 언니였다.

(중략)

집으로 가다 말고 문득 형제슈퍼 쪽을 돌아보니 음료수 박스들을 차곡차곡 쟁여 놓는 일에 땀을 뻘뻘 흘리고 있는 몽달 씨가 보였다. ㉡실컷 두들겨 맞고 열흘간이나 누워 있었던 사람이라 안색이 차마 마주보기 어려울 만큼 핼쑥했다. 그런데도 뭐가 좋은지 히죽히죽 웃어 가면서 열심히 박스들을 나르고 있는 게 아닌가. 그것도 김 반장네 가게에서. 아무리 눈을 크게 뜨고 보아도 몽달 씨가 분명했다. 저럴 수가. ㉢어쨌든 제정신이 아닌 작자임이 틀림없었다. 아무리 정신이 좀 헷갈린 사람이래도 그렇지, 그날 밤의 김 반장 행동을 깡그리 잊어버리지 않고서야 저럴 수가 없다는 게 내 생각이었다.

잊었을까. 그날 밤 머리의 어딘가를 세게 다쳐서 김 반장이 자기를 내쫓은 부분만큼만 감쪽같이 지워진 것은 아닐까. 전혀 엉뚱한 이야기만도 아니었다. 텔레비전에서도 보면 기억 상실증인가 뭔가로 자기 아들도 못 알아보는 연속극이 있었다. 그런 쪽의 상상이라면 나를 따라올 만한 아이가 없는 형편이었다. 내 머릿속은 기기괴괴한 온갖 상상들로 늘 모래주머니처럼 빽빽했으니까. 나는 청소부 아버지의 딸이 아니라 사실은 어느 부잣집의 버려진 딸이다, 라는 식의 유치한 상상은 작년도 못 되어 이미 졸업했었다. 요즘의 내 상상이란 외계인 아버지와 지구인 엄마와의 사랑, 뭐 그런 쪽의 의젓한 것이었다. ㉣아무튼 나의 기막힌 상상력으로 인해 몽달 씨는 부분적인 기억 상실증 환자로 결정되었다. 그렇다면 이제는 확인할 일만 남은 셈이었다. 오래 기다릴 필요도 없었다. 나는 김 반장네 가게 일을 거들어 주고 난 뒤 비치파라솔 밑의 의자에 앉아 뭔가를 읽고 있는 몽달 씨에게로 갔다. 보나 마나 주머니 속에 잔뜩 들어 있는 종잇조각 중의 하나일 것이었다. ㉤멀쩡한 정신도 아닌 주제에 이번엔 기억 상실증이란 병까지 얻어 놓고도 여태 시 따위나 읽고 있는 몽달 씨 꼴이 한심했다.

"ⓐ이거, 또 시예요?"

"ⓑ그래. 슬픈 시야. 아주 슬픈……."

몽달 씨가 핼쑥한 얼굴을 쳐들며 행복하게 웃었다. 슬픈 시라고 해 놓고선 웃다니. 나는 이맛살을 찡그리며 몽달 씨 옆에 앉았다. 그리고 아주 낮은 목소리로 물었다.

"ⓒ이제 다 나았어요?"

"ⓓ응. 시를 읽으면서 누워 있었더니 금방 나았지."

제대로 감상법

문제 풀이까지 마친 후 복습할 때 보세요.

양귀자, 〈원미동 시인〉

제목의 의미

작가의 《원미동 사람들》 연작 중 단편 소설이다. '원미동 시인'은 작품의 핵심 인물인, 즉 동네에서 바보 취급을 받는 몽달 씨를 의미한다.

구성

▣ 중요 인물

- '나': 순수한 시선으로 어른들의 부정적 세계를 효과적으로 형상화하고 있는 어린아이 서술자
- (❶): 천진스럽고 순수한 성품의 소유자로, 타인의 잘못을 이해하고 덮어 주려는 너그러운 성격을 지님.
- (❷): 자신의 이익과 안위를 위해서는 친구도 외면할 수 있는 이기적인 인물로, 소시민적 근성을 보여 줌.

▣ **사건과 갈등**: 이기적이고 이해타산적인 김 반장은 폭력배에 쫓겨 슈퍼로 와 도움을 요청하는 몽달 씨를 도와주지 않고 쫓아냄. 몽달 씨는 사건이 있고 열흘 뒤 다시 슈퍼에 가서 일을 돕는데 '나'는 이런 몽달 씨를 이해하지 못함.

▣ 소재와 배경의 의미

- 1980년대 여름, 수도권 외부 지역인 부천시 원미동은 지극히 평범한 사람들이 살아가는 공간으로, 소시민적 삶을 살아가는 서민들의 삶의 터전임.

문체 – 서술상의 특징

- 일곱 살의 어린 소녀를 관찰자로 설정하여 어른들의 세계를 보다 객관적 시각으로 보여 줌.
- 어린아이의 순수한 시선을 통해 세상의 부조리함을 비판적, 풍자적으로 형상화함.

주제

소시민적 근성에 대한 비판과 인간다운 삶에 대한 향수

▶ 해설편 69쪽

금방은 무슨 금방. 열흘이나 되었는데. 또 한 번 나는 몽달 씨의 형편없는 정신 상태에 실망했다.

"**그날** 밤에 난 **여기**에 앉아서 다 봤어요."

"무얼?"

"ⓔ김 반장이 아저씨를 쫓아내는 것……."

순간 몽달 씨가 정색을 하고 내 얼굴을 쳐다보았다. 예전의 그 풀려 있던 눈동자가 아니었다. 까맣고 반짝이는 눈이었다. 그러나 잠깐이었다. 다시는 내 얼굴을 보지 않을 작정인지 괜스레 팔뚝에 엉겨 붙은 상처 딱지를 떼어 내려고 애쓰는 척했다. 나는 더욱 바싹 다가앉았다.

"ⓕ김 반장은 나쁜 사람이야. 그렇지요?"

몽달 씨가 팔뚝을 탁 치면서 "아니야"라고 응수했는데도 나는 계속 다그쳤다.

"ⓖ그렇지요? 맞죠?"

그래도 몽달 씨는 못 들은 척 팔뚝만 문지르고 있었다. 바보같이. 기억 상실도 아니면서……. 나는 자꾸만 약이 올라 견딜 수 없는데도 몽달 씨는 마냥 딴전만 피우고 있었다.

– 양귀자, 〈원미동 시인〉

한 걸음 더

'원미동'의 상징성

- 서울에서 벗어난 변두리 동네
- 산업화와 도시화의 그늘에 놓여 있던 소시민들의 삶의 터전
- 소시민의 희망과 절망, 폭력과 소외, 갈등과 이해 등이 펼쳐지는 장소
- 소시민의 인간다운 삶에 대한 향수를 형상화하는 배경

제대로 구조화하기

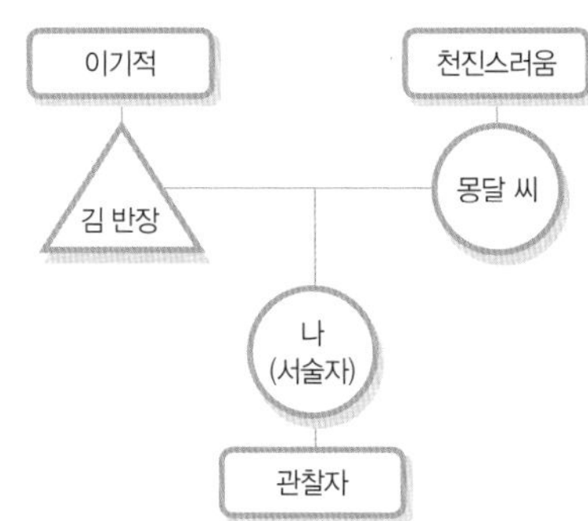

01 윗글에 대한 이해로 가장 적절한 것은?

① 몽달 씨는 김 반장이 자기를 매정하게 대했으나, 김 반장네 가게 일을 해 주고 있다.
② 김 반장은 선옥을 좋아했으나, 선옥이 서울로 가자 '나'를 통해 선옥과의 관계를 회복해 나갔다.
③ '나'는 김 반장을 좋은 친구라고 생각했으나, 김 반장이 빈둥거리며 실없는 행동을 해서 당황했다.
④ 선옥은 자신의 집안 형편에 대해 부정적으로 생각하고 있지만, '나'는 집안 형편을 그렇게 생각하지 않는다.
⑤ '나'는 몽달 씨를 친구라 여겼으나, 몽달 씨가 김 반장 가게에 다시 나온 것을 보고 그렇게 생각한 것을 후회했다.

제대로 접근법

문제 채점까지 마친 후 복습할 때 보세요.

01
작품의 내용 이해하기 유형이다. 작품 속에 드러나는 몽달 씨, 김 반장, 선옥, '나'에 대한 특징을 파악하여 선택지에 제시된 내용의 적절성을 판단하자. 김 반장은 '그날 밤' 몽달 씨를 쫓아냈지만 열흘 뒤 몽달 씨는 히죽히죽 웃어 가면서 김 반장네 가게 일을 돕는 내용을 통해 선택지를 판단하도록 한다.

02 ⓐ~ⓖ에 대한 이해로 적절하지 않은 것은?

① ⓐ는 상대를 못마땅해하는 발언이지만, ⓒ를 고려하면 상대의 상태에 대한 관심에서 비롯된 것이라고 할 수 있다.
② ⓑ와 ⓓ의 시에 대한 인물의 태도를 고려하면, 인물이 시를 통해 위안을 얻었음을 알 수 있다.
③ ⓔ는 ⓓ를 듣고 실망하여, 상대의 새로운 반응을 기대하며 한 발언이라고 할 수 있다.
④ ⓕ는 ⓔ에 대한 상대의 반응이 예상을 벗어났지만, 상대가 보여 준 판단을 수용하기 위한 질문이라고 할 수 있다.
⑤ ⓖ는 ⓕ의 주장을 확인하는 질문으로, 상대의 태도를 탐탁지 않게 여기는 마음이 반영된 발언이라고 할 수 있다.

03 형제슈퍼를 중심으로 확인할 수 있는 인물의 행위에 대한 설명으로 가장 적절한 것은?

① '나'가 '매일같이' 김 반장과 재미있게 낄낄거렸던 행위는 '그날'보다 앞선 시간대에 이루어지며, '그날'의 일을 지켜보기만 한 '나'의 부정적 자기 인식으로 이어지고 있다.
② 김 반장이 '나'를 퉁명스럽게 대하는 행위는 '요즘'보다 앞선 시간대에 이루어지며, '나'에게 반성을 유도하고 있다.
③ 몽달 씨가 '히죽히죽' 웃는 행위는 현재 '여기'에서 '나'에게 속내를 감추는 행위보다 앞선 시간대에 이루어지며, '나'에게 진심을 드러내어 보여 주고 있다.
④ '의자'에서 '뭔가'를 읽는 몽달 씨의 행위는 '여기'에서 환기된 '그날'의 경험보다 앞선 시간대에 이루어지며, '나'가 '그날' 느꼈을 긴박감과 대비되는 이완된 상황을 보여 주고 있다.
⑤ '여기'에서 목격된 '그날' 김 반장의 행위는 '요즘'보다 이후의 시간대에 이루어지며, '나'가 김 반장을 이전과 다르게 평가하는 원인으로 기능하고 있다.

제대로 접근법

문제 채점까지 마친 후 복습할 때 보세요.

02
구절의 의미 이해하기 유형이다. ⓐ~ⓖ의 앞이나 뒤에 제시된 내용을 주목하도록 한다. '몽달 씨 꼴이 한심했다', '행복하게 웃었다', '정신 상태에 실망했다', '애쓰는 척했다', '계속 다그쳤다' 등의 내용을 고려하여 선택지의 분석이 적절한지 판단하자.
또한 몽달 씨는 김 반장에 대해 부정적으로 생각하지 않는다는 점을 기억하도록 한다.

03
인물의 심리, 태도 파악하기 유형이다. 선택지에 제시된 사건과 행위의 시간대를 파악하고, 선택지의 끝부분에 제시된 내용의 적절성을 판단한다.

매일같이	'나'가 김 반장과 낄낄거림.
지난달	선옥이 서울로 떠남.
요즘	김 반장이 '나'에게 퉁명스러워짐.
그날	폭력배에게 맞는 몽달 씨를 김 반장이 쫓아냄.
여기	'나'는 비치파라솔 의자에 앉아 그날 상황을 목격함.
열흘 후	몽달 씨가 슈퍼 일을 도움.
의자	몽달 씨가 의자에 앉아 시를 읽음.

이와 같이 시간대별 사건의 내용을 요약한 후 선택지에 적용하여 설명의 적절성을 판단하도록 한다.

▶ 해설편 69쪽

04 〈보기〉를 바탕으로 ㉠~㉤을 이해한 내용으로 적절하지 않은 것은? [3점]

〈보기〉

미성숙한 어린아이 서술자라도 합리적 정보를 제공하면 독자는 서술자를 신뢰하게 된다. 그러나 작가는 때로 합리성이 부족한 어린아이의 특성을 강화하여 독자가 서술자를 의심하게 한다. 이때 독자는 서술자가 제공하는 정보가 틀릴 수 있다고 생각하면서 서술자와 다른 각도에서 작품이 전하려는 의미를 탐색하게 된다. 이 경우에도 독자는 서술자가 제공하는 제한된 정보에 의존할 수밖에 없으므로, 서술적 상황과 작품이 전하려는 의미가 서로 달라져 작품을 더욱 집중해서 읽게 된다.

① ㉠: 문제적 상황의 원인을 파악하여 이에 대응하고, 인물의 태도 변화를 설명할 수 있는 정보를 제시한다는 점에서 독자가 서술자를 신뢰하도록 유도하고 있군.
② ㉡: 인물이 처한 부정적 상황을 보여 주고, 인물의 안색과 그 이유에 대해 여러 정보를 제공한다는 점에서 독자가 서술자를 신뢰하도록 유도하고 있군.
③ ㉢: 논리적 연관을 무시하고, 추측에 근거하여 인물의 의식 상태를 단정하는 모습을 통해 독자가 작품에 더욱 집중하면서, 서술자와 다른 각도로 생각하도록 유도하고 있군.
④ ㉣: 인물에 대해 적극적으로 탐색하고, 인물의 상태를 스스로 진단하여 그 정보를 제공하는 모습을 통해 독자가 서술자를 신뢰하도록 유도하고 있군.
⑤ ㉤: 시에 대한 이해가 부족하고, 합당한 이유 없이 인물의 취향을 비난하는 모습을 통해 독자가 작품에 더욱 집중하면서, 서술자와 다른 각도로 생각하도록 유도하고 있군.

제대로 접근법

문제 채점까지 마친 후 복습할 때 보세요.

04
서술자의 태도 파악하기 유형이다. 〈보기〉에서 '합리적 정보를 제공하면 독자는 서술자를 신뢰', '합리성이 부족한 어린아이의 특성을 강화하여 독자가 서술자를 의심', '서술자와 다른 각도에서 작품이 전하려는 의미를 탐색', '제한된 정보에 의존', '작품을 더욱 집중' 등에 유의한다.
합리성이 부족한 어린아이의 특성이 강화된 서술 내용이 제시된다면 독자는 그 서술자가 제공하는 정보를 신뢰하게 되는지 혹은 틀릴 수 있다고 생각하면서 다른 각도에서 의미를 탐색하게 되는지 생각해 보고, 적절하지 않은 내용이 제시된 선택지를 찾아보자.

1차 채점		
맞은 문항 수		개
틀린 문항 수		개
헷갈리는 문항 번호		

• 틀린 문항 '/' 표시

→

2차 채점		
맞은 문항 수		개
틀린 문항 수		개
헷갈리는 문항 번호		

• 틀린 문항 '×' 표시

→

3차 채점		
맞은 문항 수		개
틀린 문항 수		개
헷갈리는 문항 번호		

• 틀린 문항 ☆ 표시

◉ 권장 풀이 시간 : 6분

[01-04] 다음 글을 읽고 물음에 답하시오.

[앞부분의 줄거리] 아버지가 위독하다는 소식을 듣고 귀향한 정일은 용팔에게 재산 상속에 관한 이야기를 듣는다.

아버지가 아직도 지키고 있는 그의 재산을 넘겨다보는 듯한 용팔이가 따지는 산판알이 거침없이 한 자리씩 올라가는 것을 유심히 바라보고 있는 자신을 의식하며 보고 있을 때, 이렇게 대강만 놓아도, 하고 산판을 밀어 놓으며 쳐다보는 용팔의 눈과 마주치게 되자 정일이는 흠칫 놀라게 되는 자신의 얼굴이 붉어지는 것을 깨달았다. ⓐ여기 대한 상속세만 해도 큰돈인데 안 물고 할 수 있는 이것은 제 말씀대로 하시지요. 이렇게 결정적으로 말하는 용팔이는 정일이의 앞에 위임장을 내놓으며 도장을 치라고 하였다.

[A] 정일이는 더욱 불쾌하여졌다. 잠이 부족한 신경 탓도 있겠지만 자기의 눈을 기탄없이 바라보는 용팔이의 얼굴에 발라 놓은 듯한 그 웃음이 말할 수 없이 미웠다. 이 소인 놈! 하는 의분 같은 ㉠심열이 떠오르며, 언제 내가 이런 음모를 하자고 너와 공모를 하였던가? 하고 그의 뺨을 갈기고 싶은 충동을 느끼었다. 그러나 정일이는 금시에 미끄러지는 듯한 웃음이 자기 얼굴에 흐름을 깨달았다. 이러한 심열은 신경 쇠약의 탓이 아닐까? 의분이랄 것도 없고 결벽성도 아니고 그런 것을 공연히 이같이 한순간에 뒤집히는 자기 마음 한 모퉁이에 상식을 놓쳐 뿌린 결과가 어떤가? 해 보자 하는 놓치기 쉬운 어떤 힌트같이 번쩍이는 생각을 보자 정일이는 조급히 도장을 뒤져내며, 자 칠 대로 치우, 나는 어디다 치는 것도 모르니까 하였다. 이렇게 지껄이듯이 말하는 정일이는 자기가 실없이 웃기까지 하는 것을 들을 때 내가 지금 더 심한 심열에 떠 있지 않은가? 하는 생각에 갑자기 말과 웃음과 표정까지 없어지고 말았다.

ⓑ도장을 치고 난 용팔이는 공손히 정일이에게 돌리며, 잔금은 제가 장인께 말씀드리겠습니다, 하고 일어선다. 중문으로 들어가는 용팔이의 뒷모양을 바라보던 정일이는 갑자기 불러내고 싶었다. 궁둥이를 들먹하고 부르는 손짓까지 하였으나 탄력 없이 벌어진 입에서는 말이 나오지 않았다. 창졸간에 용팔이를 어떻게 불러야 할지 몰라서 주저되는 것같이도 생각되었다. 중문 안으로 들어가는 용팔이의 뒷모양은 마치 심한 장난을 꾸미다가 용기를 못 내는 자기를 남겨 두고 ⓒ그걸 못 해? 내 하마 하고 나서는 동무의 모양같이 아슬아슬한 것이었다. 종시 용팔이가 중문 안으로 사라져서 불러낼 기회를 놓치고 말았다고 후회하면서도 내가 정말 후회하는 것이라면 지금이라도 따라가서 붙들 수도 있지 않은가? 이렇게 생각하는 정일이는 용팔이가 이 말을 시작하였을 때부터 자기는 육감으로 벌써 예기하였던지도 모를 일이 지금 일어나리라는 기대가 앞서는 것을 느끼며 ⓓ정일이는 실험의 결과를 기다리는 듯이 숨을 죽이고 귀를 기울이고 있었다. 예사로운 말소리는 들리지 않는 거리이므로 긴장한 정일이의 귀에도 한참 동안은 아무런 말도 들리지 않았다. 아버지도 종시 죽음에 굴복하고 마는가? 이렇게 생각되어 정일이는 긴장하였더니만큼 허전한 실망에 담배를 붙이려고 성냥을 그었을 때 자기의 귀를 때리는 듯한 아버지의 격분한 고함 소리를 들었다.

(중략)

사실 이렇게 되어서까지도 죽기가 싫은가 하고 아버지를 눈 찌푸리고 바라보는 자기는 죽음의 공포를 해탈한 무슨 수양이 있는 것이 아니라 단지 애써 살려는 의지력이 없는 것뿐이다. ⓔ아버지는 한 번도 자기의 생활을 회의하거나 죽음을 생각할 필요가 없었던 사람이므로 이같이 죽음과 싸울 수 있는 것이 아닐까 생각하였다. 그래서 정일이는 어떤 위대한 의지력을 우러러보는 듯한 마음으로 아버지의 고통을 바라보고 있는 자기를 발견하는 때가 있었다.

제대로 감상법 문제 풀이까지 마친 후 복습할 때 보세요.

최명익, 〈무성격자〉

제목의 의미

'무성격자'는 삶을 무기력하게 살아가며 주변 사람들을 속물이라고 경멸하거나 귀찮은 대상으로 치부하는 주인공 정일의 모습이다. 그러나 정일은 죽음과 사투를 벌이는 아버지의 모습을 보면서 생활인의 의의를 깨닫게 되고 무성격한 자신의 모습을 고수하는 것이 자기기만임을 인식하게 된다.

구성

▣ 중요 인물
- 정일: 근대 지식인이자 주인공으로 무기력한 삶을 살며 자신과 관계된 사람들을 경멸의 대상으로 치부하다가, 아버지가 죽음과 사투를 벌이는 모습을 지켜보면서 생활인의 의의를 느낌.
- (❶): 정일의 매부이자 장인의 재산을 관리하는 인물. 이해타산적이고 속물적 인물이라 정일이 못마땅해함.
- 아버지: 죽음과 사투를 벌이면서 생에 대한 의지력을 잃지 않으려고 함.

▣ **사건과 갈등**: 정일은 상속세를 물지 않을 방안을 제시하는 용팔의 언행에 불쾌함을 느끼지만 이를 수락하고, 죽음과 사투를 벌이는 (❷)를 보면서 생활인의 의의를 느낌.

▣ 소재와 배경의 의미
- 작품 전체의 시대적 배경은 일제 강점기, 공간적 배경은 주인공 정일의 고향집임.

문체 – 서술상의 특징
- 전지적 작가 시점으로, 중심인물인 (❸) 의 시선에 의존하여 사건을 전개함.
- 인물의 내부 심리 묘사에 주력하고 주인공의 행동 이유(원인)를 심리와 관계하여 나타냄.

주제

근대 지식인의 무성격한 모습

▶ 해설편 72쪽

[B] 그때 심한 구토를 한 후부터 한 방울 물도 먹지 못하고 혓바닥을 축이는 것만으로도 심한 구역을 하게 된 만수 노인은 물을 보기라도 하겠다고 하였다. 정일이는 요를 둑여서 병상을 돋우고 아버지가 바라보기 편한 곳에 큰 물그릇을 놓아 드렸다. 그러나 그 물그릇을 바라보기에 피곤한 병인은 어디나 눈 가는 곳에는 물이 보이기를 원하였다. 그래서 큰 어항을 병실에 가득 늘어놓고 물을 채워 놓았다. 병인은 이 어항에서 저 어항으로 ㉡서늘한 감각을 시선으로 핥듯이 돌려 보다가 그도 만족하지 못하여 시원히 흐르는 물이 보고 싶다고 하였다. 정일이는 아버지가 보기 편한 곳에 큰 물그릇을 놓고 대접으로 물을 떠서는 작은 폭포같이 들이 쏟고 또 떠서는 들이 쏟기를 계속하였다. 만수 노인은 꺼멓게 탄 혀를 벌린 입 밖에 내놓고 황홀한 눈으로 드리우는 물줄기를 바라보고 있었다. 그 눈을 볼 때 정일이는 걷잡을 사이도 없이 자기 눈에 눈물이 솟아 오름을 참을 수가 없었다. 정일이는 일찍이 그러한 눈을 본 기억이 없다고 생각하였다. 더욱이 아버지의 얼굴에서! 자기 아버지에게서 저러한 동경에 사무친 황홀한 눈을 보게 되는 것은 의외라고 할밖에 없었다.

– 최명익, 〈무성격자〉

제대로 구조화하기

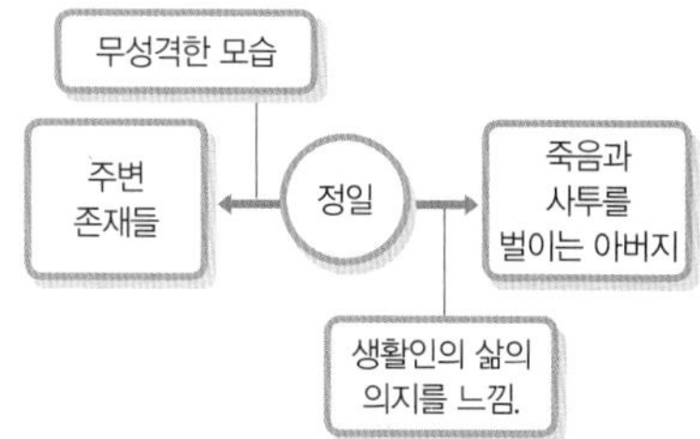

01 윗글의 서술상의 특징으로 가장 적절한 것은?

① 회상 장면을 병치하여 사건의 흐름을 반전시킨다.
② 사물의 세부를 구체적으로 묘사하여 장면의 현장성을 강화한다.
③ 중심인물의 반복적인 동작을 강조하여 내적 갈등을 표면화한다.
④ 서술자가 풍자적 어조를 활용하여 중심인물에 대한 비판적 입장을 드러낸다.
⑤ 서술자가 중심인물의 시선에 의존하여 사건의 양상을 제한적으로 나타낸다.

제대로 접근법 문제 채점까지 마친 후 복습할 때 보세요.

01
서술상의 특징 파악하기 유형이다. 선택지에 제시된 서술 방식을 먼저 확인한 후 이어 제시된 표현의 의도 및 효과가 적절한지 판단한다.
전지적 작가 입장을 취하는 서술자는 주인공 정일의 시선에 의존하여 내면 심리와 사건을 독자에게 전달하고 있다.

02 ⓐ~ⓔ에 대한 이해로 적절하지 않은 것은?

① ⓐ는 정일이 주목하는 용팔의 이해타산적인 태도를 드러낸다.
② ⓑ는 용팔이 정일에게 예의를 갖추어야 하는 위치임을 드러낸다.
③ ⓒ는 용팔의 행위에 대한 정일의 실망스러운 마음을 드러낸다.
④ ⓓ는 아버지와 용팔 간 대화의 결과를 정일이 주시하고 있음을 드러낸다.
⑤ ⓔ는 아버지가 보여 주는 삶의 태도에 대한 정일의 평가를 드러낸다.

03 [A], [B]를 고려하여 ㉠과 ㉡을 이해한 내용으로 가장 적절한 것은?

① ㉠은 용팔의 '웃음'에 대한 정일의 불쾌감으로 인해, ㉡은 아버지가 내비치는 '황홀한 눈'으로 인해 발생한다.
② ㉠은 정일이 갈등 끝에 '도장'을 찍음으로써, ㉡은 아버지가 사무치는 '동경'을 포기함으로써 지속된다.
③ ㉠은 정일의 '신경 쇠약'을 일으키는 원인이고, ㉡은 아버지가 '꺼멓게 탄 혀'의 고통을 줄이기 위한 방편이다.
④ ㉠은 용팔에 대한 미움이 '뺨을 갈기고 싶은 충동'으로 격화되는 정일의 마음을, ㉡은 '물그릇'에서 '어항', '드리우는 물줄기'로 심화되는 아버지의 갈망을 함축한다.
⑤ ㉠은 용팔의 '공모' 요구로 인해 표면화된 정일의 물질 지향적인 태도를, ㉡은 '심한 구역' 이후로 아버지가 '물'에서 얻고자 하는 육체적 안정에 대한 추구를 드러낸다.

제대로 접근법

문제 채점까지 마친 후 복습할 때 보세요.

02
인물의 심리와 태도 파악하기 유형이다. ⓐ~ⓔ와 앞뒤 문장을 고려하여 적절한 선택지를 고른다.
ⓐ의 뒤 '정일이는 더욱 불쾌하여졌다', ⓑ에서 '공손히'와 '말씀드리겠습니다', ⓒ의 뒤 '내가 정말 후회하는 것이라면 지금이라도 따라가서 붙들 수도 있지 않은가?', ⓓ의 뒤 '긴장한 정일이의 귀'와 '자기의 귀를 때리는 듯한 아버지의 격분한 고함 소리', ⓔ의 뒤 '정일이는 어떤 위대한 의지력을 우러러보는 듯한 마음' 등을 고려하여 선택지의 문장이 어떤 의미를 담고 있는지 생각해 본다.

03
작품의 맥락 이해하기 유형이다. ㉠의 '심열'과 ㉡의 '서늘한 감각'을 느끼는 주체가 누구인지 파악한다. 이어 [A], [B]에서 제시된 인물의 정서와 처지를 이해한 뒤 ㉠과 ㉡에 대해 적절하게 설명하고 있는 선택지가 무엇인지 찾는다.
정일이 느끼는 의분 같은 심열(불쾌감, 미움)이 어떠한 감정인지, 한 방울 물도 먹지 못하는 아버지가 어항을 보며 느끼는 서늘한 감각은 어떠할지를 생각해 보자.

▶ 해설편 72쪽

04 〈보기〉를 참고하여 윗글을 감상한 내용으로 적절하지 않은 것은? [3점]

〈보기〉

〈무성격자〉의 정일은 자신을 구속하는 속물적 욕망을 경멸하고 현실에서의 적극적인 행동을 주저하는 한편, 자신과 주변에 관심을 집중한다. 그는 주변 대상을 관찰하여 그 의미를 파악하고, 파악한 내용에 반응하며, 그런 자신을 분석하기도 한다. 나아가 관찰과 분석을 수행하는 자신의 내면마저 대상화함으로써 인간 심리의 중층적 구조를 드러낸다.

① 산판알을 놓으며 이익을 따지는 상대를 경멸하면서도 산판알이 올라가는 것을 주목하는 데에서, 자신을 구속하는 속물적 욕망으로부터 자유롭지 못한 모습을 찾을 수 있군.
② 상대의 웃음에서 공모 의사를 읽어 내자 얼굴에 흐르는 미끄러지는 듯한 웃음을 깨닫는 데에서, 상대에 대한 불쾌감을 웃음으로 무마하려는 자신을 의식하는 모습을 찾을 수 있군.
③ 중문 안으로 들어가는 상대를 불러내지는 못하고 자신이 그를 부르지 못한 이유를 생각하는 데에서, 행동을 주저하고 자신에게로 관심을 돌리는 모습을 찾을 수 있군.
④ 상대의 고통을 바라보며 의지력을 우러러보는 듯한 마음이 있는 자신을 발견하는 데에서, 상대와의 차이를 인식하는 스스로의 내면마저 대상화하는 모습을 찾을 수 있군.
⑤ 물줄기를 바라보는 상대로부터 이전에는 한 번도 보지 못한 눈을 확인하는 데에서, 주변 대상을 관찰하여 상대가 내비치는 생에 대한 강렬한 동경을 파악하는 모습을 찾을 수 있군.

제대로 접근법

문제 채점까지 마친 후 복습할 때 보세요.

04
외적 준거에 따른 작품 감상 유형이다. 문제의 난도보다 선택지의 문장이 매끄럽지 않아 이해에 어려움이 있을 수 있다. 하지만 선택지의 '~ 데에서' 앞부분이 작품의 내용임을, 뒷부분이 정일의 모습이나 정일이 파악한 내용임을 고려하면 문제를 쉽게 해결할 수 있다.
특히 선택지 뒷부분의 내용 즉 정일이 '속물적 욕망으로부터 자유롭지 못한지, 용팔에 대한 불쾌감을 웃음으로 무마하려는지, 용팔을 부르지 못하고 자신에게 관심을 돌리는지, 아버지와 자신의 차이를 인식하는 내면을 대상화하고 있는지, 물줄기를 바라보는 아버지의 모습을 관찰하며 생에 대한 강렬한 동경을 파악하고 있는지'를 생각해 보면 적절하지 않은 선택지를 쉽게 찾을 수 있다.

1차 채점

맞은 문항 수	개
틀린 문항 수	개
헷갈리는 문항 번호	

• 틀린 문항 '/' 표시

→ **2차 채점**

맞은 문항 수	개
틀린 문항 수	개
헷갈리는 문항 번호	

• 틀린 문항 '×' 표시

→ **3차 채점**

맞은 문항 수	개
틀린 문항 수	개
헷갈리는 문항 번호	

• 틀린 문항 ⚠ 표시

◉ 권장 풀이 시간 : 5분 50초

[01-04] 다음 글을 읽고 물음에 답하시오.

밤이 깊어지면, 시장 안의 가게들은 하나씩 문을 닫고, 길가에 리어카를 놓고 팔던 상인들은 제각기 과일이나 생선, 채소들을 끌고 다리 위로 올라오는 것이었다.

[A] 그 모양을 이만큼에 서서 흔들리는 버드나무 가지 사이로 바라보면, 리어카마다 켜져 있는 카바이드 불빛이, 마치 난간에 무슨 꽃 등불을 달아 놓은 것처럼 요요하였다.

돈이 없어도 염려가 안 되는 곳.

그 사람들은 대부분 어머니를 알았다.

모르는 사람들도 곧 알게 되었다.

[B] 벽오동집 아주머니.
오동나무 아주머니.

그렇게 어머니를 불렀다.

어느새 나무는 그렇게도 하늘 높이 자라서 저기만큼 걸린 매곡교 다릿목에서도 그 무성한 가지와 잎사귀를 올려다볼 만큼 되었던 것이다.

[C] 거기다가, 우리 집에서 날아간 오동나무 씨앗이 앞뒷집에 떨어져 싹이 나고, 어느 해 바람에 불려 갔는지 그보다 더 먼 건넛집에도, 심지 않은 오동나무가 저절로 자라나게 되었다.
그래서 나는 속으로 우리 동네를 벽오동촌이라고 별명 지었다.
그것은 어쩌면 이 가난한 동네의 한 호사였는지도 모른다.

아버지가 어머니와 혼인하시고, 작천의 친정 어머니를 남겨 두신 채, 신행 후에 전주로 돌아와 맨 처음 터를 잡은 곳이 바로 이 천변이었다.

[D] 동네 뒤쪽으로는 산줄기가 병풍처럼 둘러쳐져 있고, 앞쪽으로는 흰모래 둥근 자갈밭을 데불은 시냇물이 흐르며 거기다 시장까지 가까운 이곳은, 삼십 년 전 그때만 하여도, 부성 밖의 한적하고 빈한한 동네였을 것이다.

물론 우리도 중간에 집을 고치고, 이어 내고, 울타리를 바꾸었으나, 그저 움막처럼 나뭇가지를 얼기설기 얽은 뒤, 풍우나 피하자는 시늉으로 지은 집들도 많았을 것이다.

이 울타리 안에서 해마다 더욱더 무성하게 자라는 오동나무는 유월이면, 아련한 유백색의 비단 무늬 같은 꽃을 피웠다. 그윽한 꽃이었다.

그 나무는 나보다 더 나이가 많았다.

나를 낳으시던 해, 지팡이만 한 나무를 구해다가 앞마당에 심으시며

"기념."

이라고 웃으셨다는 아버지.

"처음에는 저게 자랄까 싶었단다. 그러던 게 이듬해는 키를 넘드라."

해마다 이른 봄이면, 어린아이 손바닥만 하던 잎사귀가 어느 결에 손수건만 해지고, 그러다가 초여름에는 부채처럼 나부낀다.

그리고 가을에는 종이우산만큼이나 넓어지는 것 같았다.

하늘을 덮는 잎사귀, 그 무성한 잎사귀들…….

그 잎사귀 서걱거리는 소리가 골목 어귀 천변에까지 들리는 성싶었다.

어머니는 물끄러미 냇물만 바라보고 계시더니, 문득 고개를 돌려,

"영익이 언제 다녀갔지?"

제대로 감상법

문제 풀이까지 마친 후 복습할 때 보세요.

최명희, 〈쓰러지는 빛〉

제목의 의미

이사할 처지에 놓인 한 가족의 이야기를 통해 '집'이 가진 의미를 고찰하고 있는 작품으로, '쓰러지는 빛'은 작품의 마지막 부분에 나오는 구절이다. 새로 이사 온 사람이 '나'의 집 앞마당의 오동나무를 없애려고 하는 상황에서, '나'는 오동나무가 우는 곡소리를 듣고 '그것은 빛이 쓰러지는 소리였다.'라고 말한다.

구성

▣ 중요 인물
- '나': 가족과 함께 오랫동안 살던 천변의 집을 떠나 이사를 갈 상황에 놓임으로써 집이라는 공간의 의미에 대해 생각하게 되는 인물

▣ 사건과 갈등: '나'와 가족은 아버지와 어머니가 결혼한 후 터를 잡고 살던 (❶)의 집을 떠나 번화한 도로변에 있는 낯선 집으로 이사를 가야 하는 상황에 놓이게 됨.

▣ 소재와 배경의 의미
- 천변에 있는 집 = (❷): 아버지와 어머니가 결혼한 후 터를 잡고 살던 공간으로, '나'의 유년 시절과 현재까지의 삶이 녹아 있는 집
- 이사하기로 된 집: 우리가 이사를 가게 될 집으로, 번화한 도로변에 있어 도시의 온갖 소음이 들려오는 곳

문체 – 서술상의 특징

- 공간적 배경을 (❸)으로 묘사하여 분위기를 조성함.
- 공동체적 삶의 공간으로서의 천변의 집과 이사 갈 도로변의 집을 대비하여 서술함.

주제

가족의 추억이 오롯이 담긴 집에 대한 추억

하고 물으셨다.

[E]
"사흘 됐나? 그저께 아니었어요?"
어머니는 어둠 속에서 고개를 끄덕이셨다.
어머니의 고개는 무거워 보였다.

"참, 어머니 지금 저기, 불빛 뵈는 저 산마루에 절, 저기가 영익이 있는 데예요?"

나는 동편 산마루의 깜박이는 불빛을 가리키며 무심한 듯 물었다.

"아니다. 그건 승암사라구 중바위산 아니냐. 그 애 공부하는 덴 이 오른쪽이지…… 기린봉 중턱에 있는 절이야. 여기서는 잘 뵈지도 않는구나."

그러면서 어머니는 눈을 들어, 어두운 밤하늘에 뚜렷한 금을 긋고 있는 산줄기를 바라보셨다. 산은 검고 깊었다.

동생 영익이는 벌써 이 년째 그 산속의 절에서 사법 고시 준비를 하고 있었다.

그는 말이 없고 우울한 때가 많았다.

그리고 그저께 집에 내려와, 이사 날짜가 결정되었다는 말을 듣고는 아무 말도 없이 고개를 떨어뜨리더니

"내가……."

하고 무슨 말을 이으려다 말고 그냥 산으로 올라갔었다.

그때 영익이의 말끝에 맺힌 숨소리는 '흡' 하고 내 가슴에 얹혀 아직도 내려가지 않은 것만 같았다.

우리가 이사하기로 된 집의 **구조**는 지극히 **천박**하였다.

우선 대문이 번화한 도로변으로 나 있는 데다가 오래되고 낡아서 녹이 슨 철제였다. 그것은 잘 닫히지도 않아 비긋하니 틀어진 채 열려 있었다.

그리고 마당은 거의 없다는 편이 옳았다. 그나마 손바닥만 한 것을 시멘트로 빈틈없이 발라 놓았고, 방들은 오밀조밀 붙어 있어 개수만 여럿일 뿐, 좁고 어두웠다.

그중에 한 방은 아예 전혀 **채광 통풍조차**도 되지 않았다.

그것도 원래는 **창문**이었는데, 아마 바로 옆에 가게를 이어 내느라고 **막아 버린** 모양이었다. 그 가게란 양품점으로, 레이스가 많이 달린 네글리제와 여자용 속옷, 스타킹 따위를 고무 인형에 입혀 세워 놓은 곳이었다.

뿐만 아니라 그 가게를 중심으로 앞뒤에 같은 양품점들이 늘어서 있고 그 옆에는 양장점, 제과소, 음식점, 식료품 잡화상들이 있었다.

여기저기서 들려오는 **불규칙한 마찰음**, 무엇이 부딪쳐 떨어지는 소리, 어느 악기점에선가 쿵, 쿵, 울려 오는 스피커 소리…… 끼익, 하며 숨넘어가는 자동차 소리.

한마디로 그 집은, 아스팔트의 바둑판, 환락과 유행과 흥정의 경박한 거리에 금방이라도 쓸려 버릴 것처럼 위태해 보였다.

그리고 우리가 이제 이사 올 집이라고, 그 집 문간에 웅숭그리고 서서 철제 대문 사이로 안을 기웃거리며 들여다보는 **우리들**은 어쩐지 **잘못 날아든 참새들 같**기만 하였다.

– 최명희, 〈쓰러지는 빛〉

제대로 구조화하기

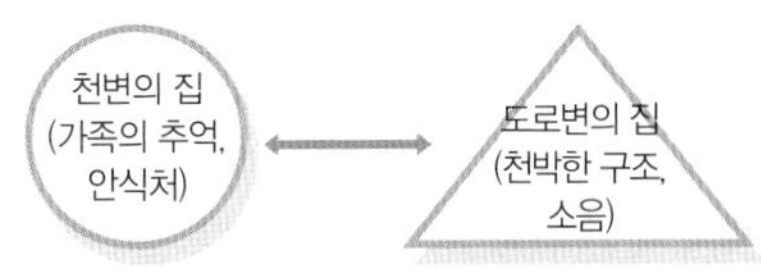

01 윗글에 대한 이해로 가장 적절한 것은?

① '영익'은 가족의 상황을 알고서도 제 생각을 분명히 드러내지 않는다.
② '어머니'는 아들이 출가하여 소식이 끊긴 뒤 그의 근황을 궁금해한다.
③ '나'는 동생의 말을 듣고서 그가 현재 어디에 머무르고 있는지 알게 된다.
④ '시장 안의 가게들'은 밤늦게 물건을 사기 위해 사람들이 모여드는 곳이다.
⑤ '천변'은 아버지와 어머니가 결혼할 때부터 사람들이 북적였던 번화한 동네이다.

02 [A]~[E]의 서술 방식에 대한 설명으로 적절하지 않은 것은?

① [A]: '이만큼에 서서'와 '바라보면'을 보면, 서술자가 대상을 지각할 수 있는 위치에서 서술하고 있음을 알 수 있다.
② [B]: 호명하는 말을 각각 하나의 문단에 서술하여, 그 호칭이 두드러져 보이는 효과가 나타난다.
③ [C]: '나'와 '우리' 같은 표현을 사용하여, 서술자가 자기 경험을 바탕으로 하는 이야기를 서술하면서 자신의 내면을 드러낸다.
④ [D]: '동네였을 것이다'를 보면, 서술자가 과거 상황에 대해 확정적으로 진술하지 않고 추측의 의미를 담아 서술하고 있음을 알 수 있다.
⑤ [E]: 누가 한 말인지 명시하지 않은 것을 보면, 대화 상황에서 말하는 이와 서술자가 다르다는 사실을 알 수 있다.

제대로 접근법

문제 채점까지 마친 후 복습할 때 보세요.

01
작품의 내용을 바르게 이해했는지 확인하는 유형이다. 가장 기본적인 문제 유형이므로 틀리지 않게 유의한다.
대략적인 사건의 흐름을 파악한 다음, 선택지의 언급이 지문의 내용과 일치하는지 살펴보자. '나', '어머니', '영익'과 관련된 내용을 꼼꼼하게 확인하여 실수하지 않도록 한다.

02
서술상의 특징을 파악하는 유형이다. 작품 전체가 아니라 특정 부분에 나타난 특징을 묻고 있고 선택지의 내용도 명확하여 정답률이 높았다.
서술자의 위치, 호명하는 말의 사용 효과, 1인칭 주인공 시점의 특징, 추측의 의미를 담은 서술 여부 등을 확인해 보자. 어머니와 서술자인 '나'의 대화에서 대화 당사자인 '나'를 명시하지 않았다고 하여 말하는 이와 서술자가 달라질 수 있는지 생각해 본다.

▶ 해설편 75쪽

03 윗글의 '오동나무'에 대한 이해로 가장 적절한 것은?

① '나'가 계절의 자연스러운 변화와 세월의 흐름을 느끼게 되는 경험적 대상이다.
② 가난한 마을이지만 사람들로 하여금 호사를 누릴 수 있게 하는 경제적 기반이다.
③ '어머니'가 결혼 후에 심고 정성을 다해 키워 내어 무성해진 애착의 결실이다.
④ 동네 사람들이 마을의 특징에 부합한 별명을 자기 마을에 붙일 때 적용한 단서이다.
⑤ '아버지'가 자식을 얻은 기쁨을 이웃과 나눌 생각에 마을 곳곳에 심은 상징적 기념물이다.

제대로 접근법 ✩ 문제 채점까지 마친 후 복습할 때 보세요.

03
소재의 기능을 파악하는 유형이다. 지문에서 '오동나무'와 관련된 내용에 밑줄을 긋고, 선택지에 언급된 내용이 이와 일치하는지 확인한다.
서술자가 오동나무를 통해 계절의 변화와 세월의 흐름을 느끼는지, 마을 사람들이 오동나무로 인해 경제적 호사를 누리는지, 오동나무를 심은 사람이 어머니인지 아버지인지, 별명을 지은 것이 서술자인지 동네 사람들인지, 아버지가 마을 곳곳에 오동나무를 심었는지 등을 점검해 보자.

04 〈보기〉를 바탕으로 윗글을 감상한 내용으로 적절하지 않은 것은? [3점]

〈보기〉

집에 대한 정서적 반응은 집의 구조, 주변 환경, 거주 기간 등의 요인에 따라 다를 수 있다. 자신이 거주하는 집의 내·외부와 관계를 맺으며 충분한 시간 동안 쌓은 경험들은 현재 살고 있는 집에 대한 정서를 형성하는 데 영향을 주며, 다른 낯선 공간에 대한 정서적 반응에 영향을 주기도 한다. 〈쓰러지는 빛〉은 이사할 처지에 놓인 한 가족의 이야기를 통해 집에 대한 '나'의 정서적 반응을 보여 준다.

① '나'가 '천변' 집에 살면서 추억을 형성해 온 시간들은, 이사할 처지에 놓인 현재의 상황을 불편하게 여기는 요인이 될 수 있겠군.
② '집을 고치'던 경험을 바탕으로 '구조'가 '천박'한 집의 여건을 살펴보는 것에서, 거주 환경의 변화에 적응하여 낯선 공간에 친숙해지고자 하는 '나'의 생각을 확인할 수 있겠군.
③ '서걱거리는 소리'와 '불규칙한 마찰음'에서 드러나는 집 주변 환경의 차이는, 두 집에 대해 '나'가 느끼는 친밀감의 차이를 유발할 수 있음을 예상할 수 있겠군.
④ '창문'을 '막아 버린' 방은 '채광 통풍조차' 되지 않는 속성으로 인해, 지금 살고 있는 집에 대한 '나'의 정서적 반응과는 다른 정서적 반응을 일으키는 요인이 될 수 있겠군.
⑤ '우리들'의 상황이 '잘못 날아든 참새들 같'다고 한 것은, 변화될 거주 여건을 낯설어하는 심리를 비유적으로 드러낸 것이라 할 수 있겠군.

04
외적 준거에 따라 작품을 감상하는 유형이다. 〈보기〉에서는 '집'에 대한 반응을 중심으로 작품을 감상하는 관점을 제시하고 있다. 지문에는 두 개의 집이 등장하는데, 하나는 '천변에 있는 집'이고 다른 하나는 번화한 도로변에 있는 '이사하기로 된 집'이다. 이 두 공간에 대한 서술자의 태도를 이해하면 어렵지 않게 문제를 해결할 수 있다.
서술자가 두 집 중 어느 집에 긍정적인 정서를 보이고 있는지, 또 그와 관련한 표현에는 무엇이 있는지 확인한다. '잘못 날아든 참새들' 같다는 표현에 담긴 정서로 볼 때, 서술자가 낯선 공간에 친숙해지고자 하는 생각을 드러내는지도 점검해 본다.

1차 채점		
맞은 문항 수		개
틀린 문항 수		개
헷갈리는 문항 번호		

• 틀린 문항 '/' 표시

→

2차 채점		
맞은 문항 수		개
틀린 문항 수		개
헷갈리는 문항 번호		

• 틀린 문항 '×' 표시

→

3차 채점		
맞은 문항 수		개
틀린 문항 수		개
헷갈리는 문항 번호		

• 틀린 문항 '☆' 표시

◉ 권장 풀이 시간 : **5분 50초**

[01-04] 다음 글을 읽고 물음에 답하시오.

그런 일이 있은 지 한 달쯤 지나니 내 겨드랑에 생긴 이변의 전모가 대강 드러났다. **파마늘**은 어김없이 밤 12시부터 새벽 4시 사이에 솟구친다는 것. **방**에 있으면 쑤시고 밖에 나가면 씻은 듯하다는 것. 까닭은 전혀 알 길이 없다는 것 등이었다. **의사**는 나에게 전혀 이상이 없다고 잘라 말했다. 그도 그럴 것이 그 시간에는 내 겨드랑은 멀쩡했기 때문이다. 그때부터 나의 괴로움은 비롯되었다. 파마늘은 전혀 불규칙한 사이를 두고 튀어나왔다. 연이틀을 쑤시는가 하면 한 일주일 소식을 끊고 하는 것이었다. 하루 이틀이지 이렇게 줄곧 밖에서 새운다는 것은 못 할 일이었다. 나는 제집이면서 꼭 **도적놈**처럼 뜰의 어느 구석에 숨어서 밤을 지내야 했기 때문이다. 그런 생활이 두 달째에 접어들었을 때 나는 견디다 못해서 담을 넘어서 밖으로 나가 보았다. 그랬더니 참으로 이상한 일도 다 있었다. 뜰에 나와 있어도 가끔 뜨끔거리고 손을 대 보면 미열이 있던 것이 거리를 거닐게 되면서는 아주 깨끗이 편한 상태가 되었다. 이렇게 되면서 독자들은 곧 짐작이 갔겠지만, 문제가 생겼다. 내가 의료적인 이유로 산책을 강요당하게 되는 시간이 행정상의 **통행 제한**의 시간과 우연하게도 겹치는 점이었다. 고민했다. 나는 부르주아의 썩은 미덕을 가지고 있었다. 관청에서 정하는 규칙은 따라야 한다는 것이 그것이다. 12시부터 4시까지는 모든 **시민**은 밖에 나다니지 말기로 되어 있다. 모든 사람이 받아들이는 규칙이니까 **페어플레이**를 지키는 사람이면 이것은 소형(小型)의 도덕률일 수밖에 없다. 그러나 이 도덕률을 지키는 한 내 겨드랑은 요절이 나고 나는 죽을는지도 모른다.

[중략 부분의 줄거리] '나'는 겨드랑이에 파마늘 같은 것이 돋으면 밤거리를 몰래 산책하곤 한다. '나'는 밤 산책 중 종종 다른 사람들과 마주친다.

오늘은 경관을 만났다. 나는 얼른 몸을 숨겼다. 그는 부산하게 내 앞을 지나갔다. 그 순간 나는 내가 레닌*인 것을, 안중근인 것을, 김구인 것을, 아무튼 그런 인물임을 실감한 것이다. 그가 지나간 다음에도 나는 ㉠<u>은신처</u>에서 나오지 않았다. 공화국의 시민이 어찌하여 그런 엄청난 변모를 할 수 있었는지 모를 일이다. 나는 정치적으로 백치나 다름없는 감각을 가진 사람이다. 위에서 레닌과 김구를 같은 유(類)에 놓은 것만 가지고도 알 만할 것이다. 그런데 경관이 지나가는 순간에 내가 **혁명가**였다는 것도 분명한 사실이다. 혁명가라고 자꾸 하는 것이 안 좋으면 **간첩**이래도 좋다. 나는 그 순간 분명히 간첩이었던 것이다. 그런데 내가 간첩이 아닌 것은 역시 분명하였다. 도적놈이래도 그렇다. 나는 분명히 도적놈이었으나 분명히 도적놈은 아니었다. 나는 아주 희미하게나마 혁명가, 간첩, 도적놈 그런 사람들의 마음이 알 만해지는 듯싶었다. 이 맛을 못 잊는 것이구나 하고 나는 생각하였다. 나도 물론 처음에는 치료라는 순전히 **공리적인** 이유로 이 산책에 나섰다. 그러나 지금으로서는 반드시 그런 것만은 아니다. 설사 내 겨드랑의 달갈이 영원히 가 버린다 하더라도 이 금지된 산책을 그만둘 수 있을지는 심히 의심스럽다. 나의 산책의 성격은 **변질**되기 시작하였다. **누룩 반죽**처럼.

기적(奇蹟). 기적. 경악. 공포. 웃음. 오늘 세상에도 희한한 일이 내 몸에 일어났다. 한강 근처를 산책하고 있는데 겨드랑이 간질간질해 왔다. 나는 속옷 사이로 더듬어 보았다. 털이 만져졌다. 그런데 닿임새가 심상치 않았다. 털이 괜히 빳빳하고 잘 묶여 있는 느낌이다. 빗자루처럼. 잘 만져 본다. 아무래도 보통이 아니다. 나는 ㉡<u>바위틈</u>에 몸을 숨기고 윗옷을 벗었다. 속옷은 벗지 않고 들치고는 겨드랑을 들여다보았다. 나는 실소하고 말았다. 내 겨드랑에는 새끼 까마귀의 그것만 한 아주 치사하게 쬐끄만 **날개**가 돋아나 있었다. 다른 쪽 겨

제대로 감상법 ☆ 문제 풀이까지 마친 후 복습할 때 보세요.

최인훈, 〈크리스마스 캐럴 5〉

제목의 의미

크리스마스를 소재로 서구 문물의 무분별한 수용과 한국의 암울한 정치 상황을 결부하여 한국 사회의 문제를 파헤치고 있는 연작 소설 《크리스마스 캐럴》의 마지막 작품이다. 〈크리스마스 캐럴 5〉에서는 1960년대의 야간 통행금지 상황을 내세워 한국 사회의 억압적이고 폐쇄적인 정치 상황을 조명하고 있다.

구성

▣ 중요 인물
- '나': 주인공. 야간 통행금지를 어기며 몰래 밤 산책을 하는 인물로, 통행금지 시간에 겨드랑이에 통증을 느끼지만 집 밖에 나가면 통증이 사라지는 경험을 함.

▣ **사건과 갈등**: 겨드랑이에 정체불명의 파마늘이 생겨 통증을 느끼던 '나'는, 집 밖으로 나가면 통증이 사라진다는 것을 알게 됨. 금지된 밤 산책을 거듭하면서 (❶   )에 대한 '나'의 의지가 심화됨.

▣ 소재와 배경의 의미
- (❷   ): 억압적 시대 상황에서 자유를 위한 실천을 의미함
- (❸   ): 처음에는 명료하지 않았던 자유를 향한 의지가 심화되었음을 나타냄.

문체 – 서술상의 특징
- 주인공인 서술자가 사건에 대한 내적 반응을 자신의 목소리로 제시함.
- 상징적 사건을 통해 억압적 시대 상황에 대한 비판적 시각을 드러냄.

주제

자유가 억압된 시대 상황 속에서 자유의 가능성과 그 한계

▶ 해설편 78쪽

드랑을 또 들여다보았다. 나는 쿡 웃어 버렸다. 그쪽에도 장난감 몽당빗자루만 한 것이 달려 있는 것이었다. 날개가 보통 새들의 것과 다른 점이 그 깃털이 곱슬곱슬한 고수머리라는 것뿐이었다. 흠. 이놈이 나오려는 아픔이었구나 하고 나는 생각했다. 나는 그 날개를 움직이려고 해 보았다. 귓바퀴가 말을 안 듣는 것처럼 그놈도 움직이지 않았다. 나는 참말 부끄러워졌다.

– 최인훈, 〈크리스마스 캐럴 5〉

*** 레닌**: 러시아의 혁명가

제대로 구조화하기

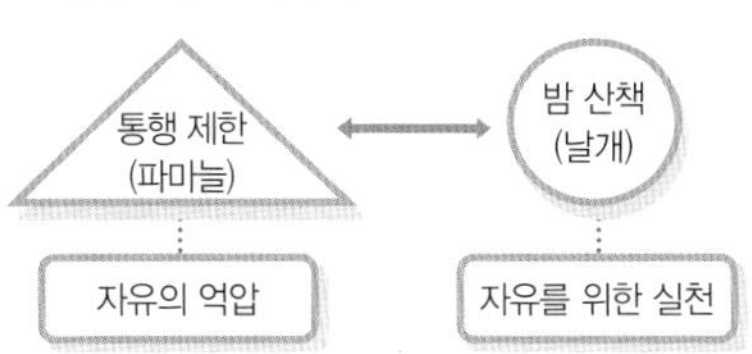

01 윗글의 서술상 특징으로 가장 적절한 것은?

① 시간의 순서를 뒤바꾸어 이야기의 인과 관계를 재구성하고 있다.
② 유사한 사건을 반복해서 제시하며 서술의 초점을 분산시키고 있다.
③ 장면에 따라 서술자를 달리하여 사건의 의미를 입체적으로 조명하고 있다.
④ 공간의 이동에 따른 인물의 경험을 다른 인물의 시선을 통해 서술하고 있다.
⑤ 사건에 대한 중심인물의 내적 반응을 중심인물 자신의 목소리를 통해 제시하고 있다.

제대로 접근법 문제 채점까지 마친 후 복습할 때 보세요.

01
서술상의 특징을 파악하는 유형이다. 선택지에 언급된 내용이 지문에 나타나는지 꼼꼼하게 확인해 본다.
시간과 관련된 단어를 찾아 그 순서가 뒤바뀌어 나타나는지, 유사한 사건이 반복되는지, 장면을 나누어 각 장면에 따라 서술자가 달라지는지, 공간의 이동에 따른 인물의 경험이 다른 인물의 시선으로 제시되는지, 중심인물을 찾아 그 인물의 내적 반응이 자신의 목소리로 제시되는지 등을 살펴서 문제를 해결한다.

02 윗글에 대한 이해로 적절하지 않은 것은?

① '의사'가 '나'의 증상을 진단하지 못한 것은 '나'의 증상이 '의사' 앞에서는 나타나지 않았기 때문이다.
② '나'는 자신의 집에서 '도적놈'과 비슷한 방식으로 행동하곤 했다.
③ '뜰'에서의 '나'의 고통은 '방'에서보다는 덜하지만 완전히 사라지지는 않는다.
④ '나'는 '시민'이 정한 규칙을 준수해야 하는 '페어플레이'를 지키지 못하게 되어 고민한다.
⑤ '혁명가'와 '간첩'은 '나'가 자신의 행동을 이해하기 위해 자신과 비교해 보는 대상이다.

02
작품의 내용을 파악하는 유형이다. 지문에서 선택지의 내용과 연관된 부분을 찾아 일치 여부를 확인한다.
'내 겨드랑은 멀쩡했기 때문', '구석에 숨어서 밤을 지내야 했기 때문', '뜰에 나와 있어도 가끔 뜨끔거리고', '관청에서 정하는 규칙은 따라야 한다', '내가 혁명가였다는 것', '분명히 간첩이었던 것' 등의 내용이 나오는 부분을 통해 선택지의 적절성을 판단해 본다.

03 ㉠과 ㉡에 대한 이해로 가장 적절한 것은?

① ㉠은 정신적 안정을, ㉡은 신체적 회복을 위한 공간이다.
② ㉠은 윤리적인, ㉡은 정치적인 이유로 몸을 숨기는 공간이다.
③ ㉠은 ㉡과 달리, 타인의 출현으로 인해 몸을 감춘 공간이다.
④ ㉡은 ㉠과 달리, 반복적으로 사용하는 공간이다.
⑤ ㉠과 ㉡은 모두, 과거의 자신을 긍정하는 공간이다.

04 〈보기〉를 바탕으로 윗글을 감상한 내용으로 적절하지 않은 것은? [3점]

〈보기〉

〈크리스마스 캐럴 5〉는 자유가 억압된 시대적 상황에서 자유의 가능성과 한계를 묻는 작품이다. '나'의 겨드랑이에 돋은 정체불명의 파마늘이 주는 통증은 자유에 대한 요구를, 그로 인한 밤 '산책'은 자유를 위한 실천을 의미한다. 작품은 처음에는 명료하지 않고 미약했던 자유를 향한 의지가 밤 산책을 거듭하면서 심화되는 모습과 함께 그 과정에서 생기는 문제점을 드러낸다.

① '통행 제한'으로 인해 산책의 자유가 제한된 상황은, 단순히 이동의 자유에 대한 억압만이 아니라 자유가 억압되는 시대적 상황 자체에 대한 문제 제기라고 할 수 있겠군.
② '파마늘'이 돋을 때의 극심한 통증은, 자유가 그만큼 절박하게 요구되었던 상황을 보여 주는 동시에 자유를 얻기 위해 필요한 고통을 암시하기도 하겠군.
③ '공리적인' 목적을 가지고 있었던 산책이 점차 '누룩 반죽'처럼 '변질'되었다는 표현은, 자유의 필요성이 망각되어 자유를 위한 실천의 목적이 훼손되는 문제점에 대한 비판이겠군.
④ 정체불명의 파마늘이 '날개'의 형상으로 바뀐 것은, 처음에는 명료하지 않았던 자유를 향한 의지가 산책을 통해 심화되었다는 것을 의미하겠군.
⑤ '날개'가 '귓바퀴' 같다는 점에 대해 '나'가 느낀 부끄러움은, 여러 차례의 산책에도 불구하고 자유를 의지대로 실현하기 어려웠던 한계에 대한 인식으로 볼 수 있겠군.

제대로 접근법 ☆ 문제 채점까지 마친 후 복습할 때 보세요.

03
배경의 기능을 파악하는 유형이다. 작품의 흐름을 이해한 다음, ㉠과 ㉡의 앞뒤에 제시된 내용을 바탕으로 공간의 의미를 파악한다.
㉠은 '나'가 밤거리를 몰래 산책하다가 경관을 마주치자 몸을 숨긴 공간이다. 그리고 ㉡은 '나'가 겨드랑이에 난 것을 확인하기 위해 몸을 숨긴 공간이다. 이에 가장 어울리는 내용이 제시된 선택지를 찾아 문제를 해결한다.

04
외적 준거에 따라 작품을 감상하는 유형이다. 먼저 〈보기〉에 제시된 정보를 정리한다.

〈보기〉 분석
- 주제 의식 : 자유가 억압된 시대적 상황에서 자유의 가능성과 한계를 묻는 작품
- 파마늘이 주는 통증: 자유에 대한 요구 의미
- 밤 산책: 자유를 위한 실천 의미
- 내용: 자유를 향한 의지가 심화되는 모습과 그 과정에서 생기는 문제점을 드러냄.

〈보기〉에서 자유의 가능성과 한계라는 측면에서 '파마늘'과 '산책'의 의미를 해석하고 있다는 점에 주목한다. 이러한 관점을 선택지에 언급된 '통행 제한, 파마늘, 누룩 반죽, 날개, 귓바퀴' 등에 적용해 보고, 이와 관련한 선택지의 진술이 적절한지 판단한다.

1차 채점	
맞은 문항 수	개
틀린 문항 수	개
헷갈리는 문항 번호	

• 틀린 문항 '/' 표시

→

2차 채점	
맞은 문항 수	개
틀린 문항 수	개
헷갈리는 문항 번호	

• 틀린 문항 '×' 표시

→

3차 채점	
맞은 문항 수	개
틀린 문항 수	개
헷갈리는 문항 번호	

• 틀린 문항 ☆ 표시

◉ 권장 풀이 시간 : 6분 10초

[01-04] 다음 글을 읽고 물음에 답하시오.

[앞부분의 줄거리] 해방 직후, 미군 소위의 통역을 맡아 부정 축재를 일삼던 방삼복은 고향에서 온 백 주사를 집으로 초대한다.

"서 주사가 이거 두구 갑디다."

들고 올라온 각봉투 한 장을 남편에게 건네어 준다.

"어디?"

그러면서 받아 봉을 뜯는다. 소절수 한 장이 나온다. 액면 만 원짜리다.

미스터 방은 성을 벌컥 내면서

"겨우 둔 만 원야?"

하고 소절수를 다다미 바닥에다 홱 내던진다.

"내가 알우?"

"우랄질 자식 어디 보자. 그래 전, 걸 십만 원에 불하 맡아다, 백만 원 하난 냉겨 먹을 테문서, 그래 겨우 둔 만 원야? 엠병헐 자식, ㉠내가 엠피*헌테 말 한마디문, 전 어느 지경 갈지 모를 줄 모르구서."

"정종으루 가져와요?"

"내 말 한마디에, 죽을 눔이 살아나구, 살 눔이 죽구 허는 줄은 모르구서. 흥, 이 자식 경 좀 쳐 봐라……. 증종 따근허게 데와. 날두 산산허구 허니."

새로이 안주가 오고, 따끈한 정종으로 술이 몇 잔 더 오락가락하고 나서였다.

백 주사는 마침내, **진작부터 벼르던 이야기**를 꺼내었다.

백 주사의 아들 ㉡백선봉은, 순사 임명장을 받아 쥐면서부터 시작하여 8·15 그 전날까지 칠 년 동안, 세 곳 주재소와 두 곳 경찰서를 전근하여 다니면서, 이백 석 추수의 토지와, 만 원짜리 저금통장과, 만 원어치가 넘는 옷이며 비단과, 역시 만 원어치가 넘는 여편네의 패물과를 장만하였다.

[A] **남들은** 주린 창자를 졸라맬 때 그의 광에는 옥 같은 정백미가 몇 가마니씩 쌓였고, 반년 일 년을 남들은 구경도 못 하는 고기와 생선이 끼니마다 상에 오르지 않는 날이 없었다.

[B] ××경찰서의 경제계 주임으로 있던 마지막 이 년 동안은 더욱더 호화판이었었다. 8·15 그날 밤, **군중**이 그의 집을 습격하였을 때에 쏟아져 나온 물건이 쌀 말고도

광목 여섯 필
고무신 스물세 켤레
지카다비 여덟 켤레
빨랫비누 세 궤짝
양말 오십 타
정종 열세 병
설탕 한 부대

[C] 이렇게 **있었더란다**. 만 원어치 여편네의 패물과, 만 원 어치의 옷감이며 비단과, 만 원짜리 저금통장은 고만두고 말이었다.

제대로 감상법

문제 풀이까지 마친 후 복습할 때 보세요.

채만식, 〈미스터 방〉

제목의 의미

'미스터 방'은 주인공 방삼복이 미군 통역관이 되어 불리게 된 이름이다. 광복 직후의 혼란한 시대 상황을 배경으로, 역사에 대한 바른 인식 없이 권세를 누리며 부정하게 재산을 쌓는 주인공의 부정적인 면모를 통해 당시의 혼란스러운 세태를 드러내고 있다.

구성

▣ 중요 인물
- (❶): 허세가 심하고 기회주의적이며 자신의 이익을 우선시하는 인물
- (❷): 전형적인 친일파. 방삼복의 힘을 빌려 일제 강점기에 누렸던 부를 되찾고자 함.

▣ 사건과 갈등: 백 주사를 집으로 초대한 방삼복은 그에게 자신의 (❸)를 드러냄. 일제 강점기에 호사스러운 생활을 하다 광복 직후 몰락한 백 주사는 성공한 방삼복의 권세를 빌려 빼앗긴 재산을 되찾으려고 함.

▣ 소재와 배경의 의미
- 광목 여섯 필 ~ 설탕 한 부대: 친일파인 백 주사 일가의 호사스러운 생활 모습을 강조하기 위해 나열된 물건 이름과 수량

문체 – 서술상의 특징
- 인물을 희화화하여 해학과 풍자의 효과를 높임.
- 냉소적 어조, 판소리 사설 문체를 사용함.

주제

광복 직후의 혼란한 세태와 기회주의적 인간에 대한 풍자

물건 하나 없이 죄다 빼앗기고, 집과 세간은 조각도 못 쓰게 산산 다 부수고, 백선봉은 팔이 부러지고, 첩은 머리가 절반이나 뽑히고, 겨우겨우 목숨만 살아, 본집으로 도망해 왔다.

[D] 일변 고을에서는, 백 주사가, 자식이 그런 짓을 해서 산 토지를 가지고, 동네 사람한테 거만히 굴고, 작인들한테 팔 할 가까운 도지를 받고, 고리대금을 하고 하였대서, 백선봉이 도망해 와 눕는 그날 밤, 그의 본집인 백 주사네 집을 습격하였다.

[E] 집과 세간 죄다 부수고, 백선봉이 보낸 통제 배급 물자 숱한 것 죄다 빼앗기고, 가족들은 죽을 매를 맞고, 백선봉은 처가로, 백 주사는 서울로 각기 피신하여 목숨만 우선 보전하였다.

백 주사는 비싼 여관 밥을 사 먹으면서, 울적히 거리를 오락가락, 어떻게 하면 이 분풀이를 할까, ⓐ어떻게 하면 빼앗긴 돈과 물건을 도로 다 찾을까 하고 궁리를 하는 것이나, 아무런 묘책도 없었다.

그러자 오늘은 우연히 이 미스터 방을 만났다. 종로를 지향 없이 거니는데, 지나가던 자동차가 스르르 멈추면서, 서양 사람과 같이 탔던 신사 양반 하나가 내려서더니, 어쩌다 눈이 마주치자

"아, 백 주사 아니신가요?"

하고 반기는 것이었었다.

자세히 보니, 무어 길바닥에서 신기료장수를 한다던 코삐뚤이 삼복이가 분명하였다.

"자네가, 저, 저, 방, 방……."

"네, 삼복입니다."

"아, 건데, 자네가……."

"허, 살 때가 됐답니다."

그러고는 ⓑ내 집으루 갑시다, 하고 잡아끄는 대로 끌리어 온 것이었었다.

의표하며, 집하며, 식모에 침모에 계집 하인까지 부리면서 사는 것하며, 신수가 훤히 트여 가지고, 말도 제법 의젓하여진 것 같은 것이며, ⓒ진소위 개천에서 용이 났다고 할 것인지.

옛날의 영화가 꿈이 되고, 일조에 몰락하여 가뜩이나 초상집 개처럼 초라한 자기가, ⓓ또한 번 어깨가 옴츠러듦을 느끼지 아니치 못하였다. 그런 데다 이 녀석이, 언제 적 저라고 무엄스럽게 굴어, 심히 불쾌하였고, 그래서 ⓔ엔간히 자리를 털고 일어설 생각이 몇 번이나 나지 아니한 것도 아니었었다. 그러나 참았다.

보아하니 큰 세도를 부리는 것이 분명하였다. 잘만 하면 그 힘을 빌려, 분풀이와, 빼앗긴 재물을 도로 찾을 여망이 있을 듯싶었다.

– 채만식, 〈미스터 방〉

* 엠피(MP) : 미군 헌병

한 걸음 더

작품의 시대적 배경

1945년에 우리나라가 광복을 맞이한 후 일본과의 전쟁에서 승리한 소련과 미국은 한반도를 분할 점령하기로 결정하고 각각 북한과 남한에 들어온다. 이에 따라 단독 정부가 수립되는 1948년까지 남한 지역에서는 미군에 의한 군사 통치(미군정)가 이루어진다. 방삼복이 만난 S 소위는 남한에서 절대적인 권력을 쥐고 있던 미군 세력을 나타내는 인물이다. 미군정이 이루어지던 시대적 상황이 영어 몇 마디를 구사해 S 소위의 신임을 얻은 방삼복을 미스터 방으로 출세하게 한 배경이 되었다.

제대로 구조화하기

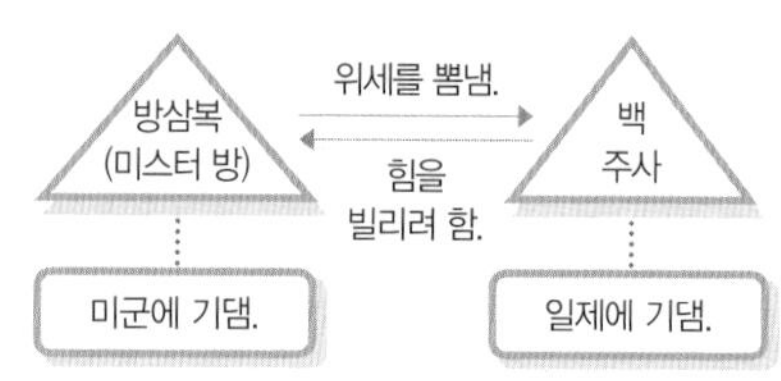

01 윗글의 대화를 중심으로 '방삼복'을 이해한 것으로 가장 적절한 것은?

① 자신이 꾸미고 있는 일에 관심 없는 상대에게 자기 업무를 떠넘기는 뻔뻔함을 보이고 있다.
② 질문에 대꾸하지 않음으로써 상대가 같은 질문을 반복하도록 거드름을 피우고 있다.
③ 눈앞에 없는 사람을 비난하고 위협함으로써 함께 있는 상대에게 자신의 위세를 드러내고 있다.
④ 차에서 내려 상대에게 먼저 알은체하며 동승자에게 자신의 인맥을 과시하고 있다.
⑤ 상대가 이름을 제대로 말하기 전에 말을 가로채 상대에 대한 열등감을 감추고 있다.

제대로 접근법 문제 채점까지 마친 후 복습할 때 보세요.

01
작품의 내용을 바르게 이해했는지 확인하는 유형이다. 주어진 지문의 내용과 선택지의 내용이 일치하는지 꼼꼼하게 검토하면 쉽게 문제를 해결할 수 있다. 방삼복이 서 주사를 비난하면서 '흥, 이 자식 경 좀 쳐 봐라……'라고 한 말이 백 주사에게 어떤 의미로 들릴지 생각해 본다.

▶ 해설편 80쪽

02 ㉠과 ㉡에 대한 설명으로 가장 적절한 것은?

① ㉠과 ㉡에는 모두 외세에 기대어 사익을 추구하는 인물의 부정적 모습이 드러난다.
② ㉠과 ㉡에는 모두 외세와 이를 돕는 인물 간의 권력 관계가 일시적으로 역전된 모습이 드러난다.
③ ㉠과 ㉡에는 모두 사회적 지위를 이용하여 타인의 권익을 침해하는 인물이 몰락하는 모습이 드러난다.
④ ㉠에는 권력을 향한 인물의 조바심이, ㉡에는 권력에 의한 인물의 좌절감이 드러난다.
⑤ ㉠에는 자신의 권위에 대한 인물의 확신이, ㉡에는 추락한 권위를 회복할 수 있다는 인물의 자신감이 드러난다.

03 ⓐ~ⓔ에 대한 이해로 적절하지 않은 것은?

① ⓐ: 스스로는 문제 해결이 불가능한 상태임을 강조하여 인물의 답답한 처지를 보여 준다.
② ⓑ: 방삼복의 제안에 엉겁결에 따라가는 모습을 통해 인물이 얼떨떨한 상태임을 보여 준다.
③ ⓒ: 신수가 좋고 재력이 대단해 보이는 방삼복의 모습에 고향 사람에 대한 자부심을 갖게 되었음을 보여 준다.
④ ⓓ: 자신의 처지를 방삼복과 비교하면서 주눅이 들었음을 보여 준다.
⑤ ⓔ: 방삼복에게 도움을 받을 수 있다는 기대감과 그에 대한 반감이 뒤섞여 있음을 보여 준다.

04 〈보기〉를 참고하여 [A]~[E]를 감상한 내용으로 적절하지 않은 것은? [3점]

〈보기〉

'진작부터 벼르던 이야기'는 백 주사가 자신과 가족의 억울함을 하소연하는 부분이다. 그런데 서술자는 그 '이야기'를 서술자의 시선뿐 아니라 여러 인물들의 시선으로 초점화하여 서술함으로써 독자와 작중 인물 간의 거리를 조절한다. 또한 세부 항목을 하나씩 나열하여 장면의 분위기를 고조하고 정서를 확장하는 서술 방법으로 독자에게 현장감을 전해 준다. 이때 독자는 백 주사와 그의 가족에게 고통받았던 사람들의 입장에 서서 그들을 비판적으로 보게 된다.

① [A]: 백선봉의 풍요로운 생활을 '남들'의 굶주린 생활과 비교하여 서술함으로써 독자가 그를 비판적으로 보게 하고 있군.
② [B]: 부정하게 모은 많은 물건들을 하나씩 나열하여 습격 당시 현장의 들뜬 분위기를 환기함으로써 '군중'의 놀람과 분노를 독자에게 전하려 하고 있군.
③ [C]: '있었더란다'를 통해 누군가에게 들은 것처럼 전하면서도, 전하는 내용을 '군중'의 시선으로 초점화하여 독자가 '군중'의 입장에 서도록 유도하고 있군.
④ [D]: '동네 사람'의 시선으로 초점화하여 백 주사의 만행을 서술함으로써 백 주사가 습격의 빌미를 제공한 것처럼 독자가 느끼게 하고 있군.
⑤ [E]: 백 주사 '가족'의 몰락을 보여 주는 사건들을 백 주사의 시선으로 일관되게 초점화하여 그들에게 고통받았던 사람들의 편에 선 독자가 통쾌함을 느끼게 하고 있군.

제대로 접근법

문제 채점까지 마친 후 복습할 때 보세요.

02
인물의 성격을 바르게 이해했는지 묻는 유형이다. 먼저 지문의 내용을 통해 미스터 방과 백 주사의 아들 백선봉이 어떤 인물인지 파악해 본다.
해방 직후 혼란을 틈타 미군의 통역관이 된 미스터 방은 미군의 위세를 등에 업고 이익을 취하고 있다. 또 일제 강점기에 친일파인 백선봉은 일제에 기생하여 이익을 취하였다. 이를 고려할 때 가장 적절하게 인물의 성격을 드러낸 선택지가 무엇인지 판단한다.

03
구절의 의미를 파악하는 유형이다. ⓐ의 '아무런 묘책도 없었다', ⓑ의 '잡아끄는 대로 끌리어 온 것', ⓒ의 '개천에서 용이 났다', ⓓ의 '어깨가 옴츠러듦', ⓔ의 '자리를 털고 일어설 생각, 참았다'에서 확인할 수 있는 인물의 심리 상태를 확인해 본다.
지문에서 신수가 좋고 재력이 대단해 보이는 방삼복을 백 주사가 어떤 심리 상태로 바라보고 있는지 파악할 수 있으면 문제를 어렵지 않게 해결할 수 있다.

04
외적 준거에 따라 작품을 감상하는 유형이다. 〈보기〉 및 선택지의 내용이 까다로워 정답률이 무척 낮았다. 먼저 〈보기〉의 내용을 정리해 보자.

〈보기〉 분석
- 서술자의 시선뿐 아니라 여러 인물들의 시선으로 초점화하여 서술함.
- 세부 항목을 하나씩 나열하여 장면의 분위기를 고조하고 정서를 확장함.
- 독자는 백 주사와 그의 가족에게 고통받았던 사람들의 입장에 서게 됨.

〈보기〉에는 작품의 서술상 특징이 제시되어 있으므로, 이를 참고하여 [A]~[E]의 서술 방식을 파악한다. 각 장면이 어느 인물의 시선으로 초점화되어 서술되고 있는지, 그러한 서술로 인해 느껴지는 정서 및 분위기가 어떠한지 등을 따지며 선택지의 적절성을 판단해 보자.

1차 채점		
맞은 문항 수		개
틀린 문항 수		개
헷갈리는 문항 번호		

• 틀린 문항 '/' 표시

→

2차 채점		
맞은 문항 수		개
틀린 문항 수		개
헷갈리는 문항 번호		

• 틀린 문항 '×' 표시

→

3차 채점		
맞은 문항 수		개
틀린 문항 수		개
헷갈리는 문항 번호		

• 틀린 문항 '△' 표시

[01-04] 다음 글을 읽고 물음에 답하시오.

[앞부분의 줄거리] 나는 기범이 죽기 전에 무슨 일이 있었는지 알기 위해, 그가 살았던 구천동을 찾아간다. 기범의 행적을 잘 알고 있는 '임 씨'를 만나 사연을 듣기 전에, 일규의 장례식 후에 있었던 기범과의 과거 일을 회상한다.

"네가 일규를 어떻게 아냐? 네깐 게 뭘 안다구 감히 일규를 입에 올리냐?"

기범은 순간 잔을 던지고 미친 듯이 웃기 시작했다. 너무나 돌연한 웃음이어서 나는 그때 꽤나 놀랐다. 기범이 그처럼 미친 듯이 웃는 것을 나는 그날 처음 보았다.

"그래, 네 말이 맞다. 나는 그놈을 **입에 올릴 자격이 없다**. 허지만 누가 그놈을 진심으로 사랑한 줄 아냐? 너희냐? 너희가 그놈을 사랑한 줄 아냐?"

㉠나는 긴장했다. 그의 눈에서 번쩍이는 눈물을 보았기 때문이다.

"너는 그놈이 아깝다구 했지만 나는 그놈이 죽어 세상 살맛이 없어졌다. 나는 살기가 **울적할 때마다** 허공에서 그놈의 쌍판을 찾았다. 나는 그놈을 통해서만 살아가는 **재미와 기쁨**을 느꼈다. 그러나 그놈 역시 사정은 나하구 똑같았다. 나를 **발길로 걷어찼지만** 그놈은 나를 잊은 적이 없다. 우리는 **서로 사랑했지만** 사랑하는 방법이 달랐을 뿐이다."

(중략)

"원래 그 사람은 도회지에서 살던 사람인데 왜 그때 도시를 버리구 **깊은 산골**을 찾았는지 모르겠군."

"처음엔 저두 많이 궁금하게 생각했습니다. 뭔가 세상에 죄를 짓구 숨어 사는 분이 아닌가 했습니다. ㉡더구나 이리루 들어오시자 머리를 깎구 수염까지 기르셨거든요. 그러나 오래 뫼시구 살다 보니 저대루 차츰 납득이 갔습니다. 한마디로 말하기는 어렵지만 세상에 뭔가 실망을 느끼신 게 아닌가 싶습니다."

"본인이 그런 말을 한 적이 있소?"

"과거 얘기는 좀체 안 하시는 편이었는데 언젠가는 내게 그 비슷한 말씀을 하시더군요. 듣기에 따라서는 궤변 같지만 그분은 남하구 다른 ⓐ묘한 철학을 지니구 계셨습니다."

"그걸 한번 들려줄 수 없소?"

"그분은 세상이 어지럽구 더러울 때는 그것을 구하는 방법이 한 가지밖에 없다구 하셨습니다. 세상을 좀 더 썩게 해서 더 이상 그 세상에 썩을 것이 없도록 만들어야 한다는 것입니다. 그걸 썩지 않게 고치려구 했다가는 공연히 사람만 상하구 힘만 배루 든다는 것입니다. ㉢'모두 썩어라, 철저히 썩어라'가 그분이 세상을 보는 이상한 눈입니다. 제 나름의 어설픈 추측입니다만 그분은 **사람만이 지닌 이상한 초능력**을 믿으시는 것 같았습니다. 사람은 온갖 악행에도 불구하고 자기 스스로를 송두리째 포기하지는 않는다는 것입니다. 세상이 철저히 썩어서 더 썩을 것이 없게 되면 사람은 살아남기 위해 언젠가는 스스로 자구책을 쓴다는 것입니다. 당신은 바로 그걸 믿으셨고, 이러한 자기 생각을 부정(不正)의 미학이라는 묘한 말루 부르시기두 했습니다."

나는 순간 가슴 한구석에 뭔가가 미미하게 부딪쳐 오는 진동을 느꼈다. 진동의 진상은 확실치 않지만, 나는 그것이 기범을 이해하는 어떤 열쇠가 아닌가 생각했다. 그의 온갖 기행과 궤변들이 어지러운 혼란 속에서 그제야 언뜻 한 가닥의 질서 위에 어렴풋이 늘어서는 것이었다.

"헌데 세상에 대해 그런 생각을 지닌 사람이 갑자기 왜 세상을 등지구 이런 산속에 박혀 사는 거요?"

"당신께서 아끼시던 친구 한 분이 갑자기 세상을 버리셨다구 하시더군요. 그때 아마 **충격**

제대로 감상법

문제 풀이까지 마친 후 복습할 때 보세요.

홍성원, 〈무사와 악사〉

제목의 의미

'무사'는 편안할 때만 칼을 뽑아 명성과 지위를 얻는 인물형으로 개인의 안위를 우선시하는 위선적인 지식인의 모습을 의미하고, '악사'는 무사를 칭송함으로써 살아가는 인물형으로 강자에게 빌붙어 이득을 누리는 부정적인 지식인의 모습을 의미한다.

구성

▣ 중요 인물
- '나': 작품의 서술자. 기범의 친구
- (❶): 작품의 '악사'에 해당하는 인물. 두뇌 회전이 빠르고 현실에 기민하게 대처하는 현실주의자
- (❷): 작품의 '무사'에 해당하는 인물. '나'와 김기범의 동창. 사회적 지위와 명성을 얻고 선거에 출마하였으나 교통사고로 사망함.

▣ **사건과 갈등**: 기범이 교통사고로 사망하자 '나'는 그가 도인의 삶을 살았던 산골을 찾아감. 그곳에서 기범의 행적을 알고 있는 (❸)를 만나 이야기를 들으며 기범의 가치관과 세계관을 이해하게 됨.

▣ 소재와 배경의 의미
- 작품 전체적으로는 일제 시대부터 1950년대까지를 배경으로 하고 있으나, 제시된 지문에서는 뚜렷한 배경이나 소재가 드러나지 않음.

문체 – 서술상의 특징
- 이야기 내부의 서술자가 주인공의 삶을 관찰하여 서술함.
- 대화를 통해 인물의 성격과 가치관을 제시함.
- 등장인물을 '무사'와 '악사'에 빗대어 (❹)의 모습을 풍자함.

주제

지식인의 부정적 삶의 방식에 대한 비판

▶ 해설편 83쪽

을 **받으시구** 이리루 들어오신 게 아닌가 싶습니다."

"누구랍니까, 그 친구가?"

"이름은 말씀 안 하시구 그분을 언제나 '미련한 놈'이라구만 부르셨습니다."

오일규다. 나는 그제야 오일규의 장례식 후에 기범이 격렬하게 지껄인 저 시끄럽던 요설들이 생각났다. 어쩌면 기범은 그때 이미 세상을 등질 결심을 했는지도 알 수 없다. ㉣아니 그는 그 얼마 후에 내 앞에서 정말로 깨끗하게 사라져 버린 것이다.

"그래 그 친구가 죽은 후로 왜 세상을 등졌답디까?"

"**세상 살 재미가 없어졌다구** 하시더군요. 아마 친구 분을 꽤나 좋아하셨던 모양입니다. 그 미련한 놈이 죽어 버렸으니 자기도 앞으로는 미련하게 살밖에 없노라구 하셨습니다. ㉤당신이 미련하다고 말씀하는 건 우습게 들리시겠지만 착한 일을 뜻하시는 것이었습니다."

"그래서 이곳에 온 후 사람이 갑자기 달라진 거요?"

"전 그분의 과거를 몰라서 어떻게 달라졌는지는 잘 모릅니다. 허지만 이곳에 오신 후로는 그분은 거의 남을 위해서만 사셨습니다. 제가 생명을 구한 것두 순전히 그분의 덕입니다."

[A] 나는 다시 기범이 지껄였던 과거의 ⓑ요설들이 생각난다. 세상을 항상 역(逆)으로만 바라보던 그의 난해성이 또 한 번 나를 혼란 속에 빠뜨린다. 그는 어쩌면 이 세상을 역순(逆順)과 역행(逆行)에 의해 누구보다 열심히 가장 솔직하게 살다 간 것 같다. 그에게 악과 선은 등과 배가 서로 맞붙은 동위(同位) 동질(同質)의 것이었는지도 알 수 없다. 그는 악과 선 중 아무것도 믿지 않았고 오직 믿은 것이라고는 세상에는 아무것도 믿을 것이 없다는 사실뿐이었다. 그와 오일규가 맞부딪쳤을 때 오일규가 해체되는 것은 너무나 당연하다. 그것은 가장 비열한 삶이 가장 올바른 삶을 해체시키는 역설적인 예인 것이다.

– 홍성원, 〈무사와 악사〉

한 걸음 더

'무사'와 '악사'의 상징적 의미

무사	뽑아 본 일 없는 칼을 차고 질 수 없는 전쟁만 멋들어지게 하는 존재 → 개인의 안위를 우선시하는 위선적인 지식인의 모습
악사	광대 같은 주인을 위해 황홀한 음악을 연주하는 존재 → 강자에게 기생해 자신의 안위와 생계를 유지하려는 부정적인 지식인의 모습

제대로 구조화하기

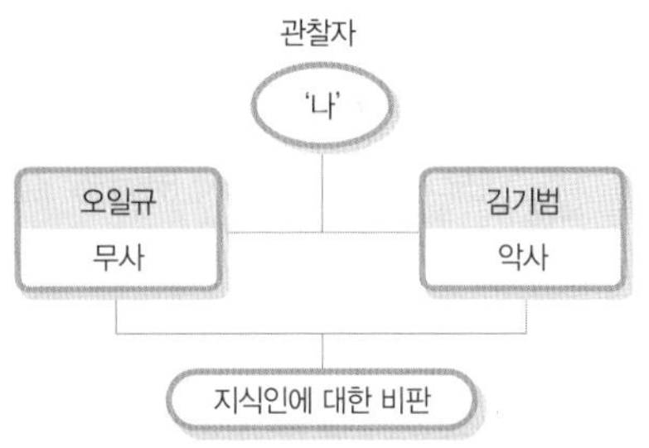

01 [A]의 서술상 특징으로 가장 적절한 것은?

① 이야기 내부의 서술자가 인물의 행동을 객관적으로 서술하고 있다.
② 이야기 내부의 서술자가 인물에 대한 평가를 관념적으로 서술하고 있다.
③ 이야기 외부의 서술자가 인물의 체험을 바탕으로 사건의 배경을 실감나게 서술하고 있다.
④ 이야기 외부의 서술자가 인물의 회상을 중심으로 사건의 전개를 지연시키며 서술하고 있다.
⑤ 이야기 외부의 서술자가 인물의 내면을 묘사하여 인물 간의 갈등이 지속되고 있음을 서술하고 있다.

02 ⓐ, ⓑ에 대한 설명으로 가장 적절한 것은?

① ⓐ에 대한 '나'의 이해는 기범에 대한 '나'의 인식이 전환되는 데에 기여한다.
② ⓐ에 대한 얘기를 '나'가 꺼낸 것은 기범에 대한 '저'의 오해를 풀 목적에서이다.
③ '저'는 '나'가 기범에 대해 품은 의문이 ⓑ를 바탕으로 하고 있음을 알게 된다.
④ '저'가 ⓐ로 인해 기범을 오해한다면, '나'는 ⓑ에 의해 기범을 이해한다.
⑤ '저'는 기범이 선행을 베풀며 보인 변화가 ⓑ에서 ⓐ로 변화된 과정과 일치함을 알고 있다.

제대로 접근법 문제 채점까지 마친 후 복습할 때 보세요.

01
서술상의 특징을 파악하는 유형이다. 소설의 서술자에 대한 기본적인 개념만 알고 있으면 문제를 쉽게 해결할 수 있다.
먼저 서술자가 누구인지, 그리고 그 서술자가 이야기 내부에 위치하는지 외부에 위치하는지 확인한다. 다음으로 인물에 대한 서술자의 서술 태도를 고려하여 선택지의 적절성을 판단한다.

02
작품의 내용을 바르게 이해했는지 확인하는 유형이다. 가장 기본적인 유형인데도 오답률이 높았다. 기범이라는 인물의 특성, 기범에 대한 '나'의 태도를 정확하게 파악하지 못한 듯하다.
ⓐ는 임 씨가 '나'에게 말한 것으로, 일반적인 사람들의 생각과는 다른 세상에 대한 기범만의 독특한 관점을 뜻한다. ⓑ는 '나'가 속으로 생각한 것으로, 세상을 역으로 바라보던 기범의 주장들을 뜻한다. 이를 바탕으로 선택지의 적절성을 판단해 보자.

03 서사의 흐름을 고려하여 ㉠~㉤에 대해 이해한 내용으로 적절하지 않은 것은?

① ㉠: 돌연한 웃음을 보이다가 눈물을 보이는 식으로 갑작스러운 감정 변화를 보인 데 대한 반응이다.
② ㉡: 신원이 미심쩍다고 의심하는 상황에서 그 외모가 의심을 가중했다는 생각이 담긴 말이다.
③ ㉢: 세상에 대한 관점이 상식적이지 않아 일반적으로는 수긍하기 어렵다는 생각을 드러낸 판단이다.
④ ㉣: 약속을 곧바로 실행에 옮긴 행위에 대한 놀라움을 드러낸 표현이다.
⑤ ㉤: 말의 표면적인 뜻과 달리 그 속에 숨은 뜻을 파악한 우호적인 해석이다.

제대로 접근법 ☆ 문제 채점까지 마친 후 복습할 때 보세요.

03
구절의 의미를 파악하는 유형이다. '나'와 임 씨는 일규의 장례식 이후 세상을 등지고 산골에 들어가 도인의 삶을 산 기범의 행적에 대해 대화를 나누고 있다. 임 씨는 기범의 행적과 그에 대해 느낀 것들을 '나'에게 이야기하고, '나'는 일규의 장례식 때 기범이 지껄였던 요설들을 떠올리고 있다.
작품의 전체 맥락과 ㉠~㉤의 앞뒤에 제시되어 있는 내용을 고려하여 각 구절에 담긴 의미를 유추하면 어렵지 않게 정답을 찾을 수 있다.

04 〈보기〉의 관점에서 윗글을 감상한 내용으로 적절하지 않은 것은? [3점]

〈보기〉

사람들은 존경하거나 사랑하는 사람을 닮아 가며 그와 자신을 동일시하려는 경향이 있다. 이를 통해 심리적 위안이나 성취감을 느끼기도 하지만 그 상대로부터 외면받거나 그가 부재한 상황에서는 마음에 상처를 입는다. 이때 동일시의 상대를 부정하거나, 외면당하지 않았다고 자신의 처지를 합리화한다. 또는 관심을 다른 데로 돌려 그 상황에서 아예 벗어나고자 한다. 〈무사와 악사〉에서 '기범'이 보이는 기행과 궤변은 '일규'를 동일시하려는 상대로 의식한 데서 비롯한 것으로도 볼 수 있다.

① 일규의 죽음에 '충격을 받'고 '세상 살 재미가 없어졌다'는 기범의 말이 사실이라면, 동일시하려던 상대의 부재가 가져오는 심리적 영향이 컸다는 것이겠군.
② 기범이 자신을 '발길로 걷어찼'던 일규로부터 외면받았다고 본다면, 일규와 '서로 사랑했'다고 믿는 기범의 진술은 외면당한 자신의 처지를 합리화하려는 의도에서 나온 것이겠군.
③ '울적할 때마다' 일규를 떠올리며 삶의 '재미와 기쁨'을 얻었다는 기범의 고백을 동일시의 결과로 이해한다면, 일규를 통해 기범이 심리적 위안을 얻었음을 추측할 수 있겠군.
④ 일규의 죽음이 기범이 도시를 떠나 '깊은 산골'에 정착한 계기였다고 본다면, 이는 동일시하려던 상대가 사라진 상황에서 관심을 다른 데로 돌려 그 상황을 벗어나기 위해서였겠군.
⑤ 기범이 일규를 '입에 올릴 자격이 없다'는 것이 동일시의 대상에 대한 존경심의 표현이라면, '사람만이 지닌 이상한 초능력'에 대한 기범의 믿음은 동일시를 통한 성취감에 해당되겠군.

04
외적 준거에 따라 작품을 감상하는 유형이다. 〈보기〉에서는 기범의 행동이 일규를 동일시하려는 상대로 의식한 데서 비롯한 것으로 해석하라고 요구하고 있다. 〈보기〉의 내용을 고려하면 기범이 세상을 등지고 산골에 들어간 것은 동일시하려는 일규의 죽음으로 인한 상처에서 벗어나기 위한 것이다.
기범과 일규의 인물 유형 및 인물 간의 관계를 정확하게 파악해야 한다. 작품에 대한 해석, 〈보기〉의 내용에 대한 이해, 작품과 〈보기〉의 연결이 모두 정확해야 한다는 점에 유의하자.

1차 채점		
맞은 문항 수		개
틀린 문항 수		개
헷갈리는 문항 번호		

• 틀린 문항 '/' 표시

→

2차 채점		
맞은 문항 수		개
틀린 문항 수		개
헷갈리는 문항 번호		

• 틀린 문항 '×' 표시

→

3차 채점		
맞은 문항 수		개
틀린 문항 수		개
헷갈리는 문항 번호		

• 틀린 문항 '☆' 표시

 2021 6월 모의평가

◉ 권장 풀이 시간 : 5분 50초

[01-04] 다음 글을 읽고 물음에 답하시오.

[앞부분의 줄거리] 황만근은 마을 사람들에게 바보 취급을 받지만, 외지 출신인 민 씨는 달리 생각한다. 어느 날, 밤늦게 집에 가던 황만근은 토끼 고개에서 거대한 토끼를 만난다.

"그기 뭔 소리라? 내가 내 집에 내 발로 가는데 니가 뭐라꼬 집에 못 간다 카나. 귀신이마 썩 물러가고 토끼마 착 엎디리라. 내가 너를 타고서라도 집에 갈란다."

거대한 토끼는 황만근이 한 번도 맡아 본 적이 없는 비린 냄새를 풍기면서 느릿하고 탁한 음성으로 다시 말했다.

"너는 ⓐ여기서 죽는다. **너는 여기서 죽는다.** 너는 여기서 죽는다. 너는 집에 못 간다."

황만근은 온몸에 소름이 돋고 털이란 털은 모두 위로 곤두섰다. 그래도 있는 힘을 다해 토끼를 밀치며 "비키라!" 하고 소리를 질렀다. 그런데 토끼를 밀친 황만근의 팔이 토끼의 털에 묻히는가 싶더니 진공청소기에 빨려 드는 파리처럼 쑤욱 안으로 빨려 들어가는 것이었다 ㉠(황만근이 한 말이 아니라 그 말을 들은 민 씨의 표현이다). 황만근은 한 팔로 옆에 있는 나무를 붙잡으면서 빨려 들어간 팔을 도로 빼려고 안간힘을 썼다. 황만근을 빨아들이려는 공간은 아무것도 잡히지 않을 정도로 넓었고 허전했고 또한 소름끼치도록 차가웠다. 토끼는 토끼대로 쉽게 끌려 들어오지 않는 황만근을 마저 끌어들이기 위해 온몸을 떨면서 뒷발을 든 채 버티고 있었다.

그런 상태로 시간이 하염없이 흘렀다. 어느새 동쪽 하늘이 부옇게 밝아 오기 시작했다. 그러자 토끼는 황만근을 향해 "너는 이제 살았다. 너는 이제 살았다. 너는 이제 살았으니 나를 놓아라" 하고 말했다. 황만근은 오기가 나서 "택도 없는 소리 말거라. 니를 탕으로 끓이서 어무이하고 나하고 마주 앉아서 먹어 치울 끼다. 니 가죽을 벗기서 어무이 목도리를 하고 내 토시를 하고 장갑을 할 끼다. **니는 인자 죽었다**, 자슥아" 하고 소리쳤다. 토끼는 다급하게 물었다. "그럼 어떻게 하면 네 팔을 빼겠느냐." 황만근은 팔을 안 빼는 게 아니라 못 빼고 있는데 토끼가 그렇게 물어 오자 할 말이 없었다. 그래서 되는 대로 "내 소원을 세 가지 들어주기 전에는 니까잇 거는 못 간다" 하고 말했다.

"네 소원이 뭐냐."

"우리 어무이가 팥죽 할마이겉이 오래오래 사는 거다."

㉡(팥죽 할마이란 팥죽을 파는 할머니, 혹은 늘 팥죽을 쑤고 있는 할머니 같은데 그 할머니가 누구인지, 어째서 오래 산다고 하는지 민 씨는 모른다.)

토끼는 ⓑ마을이 있는 서쪽으로 고개를 기울였다가 몸을 소스라치게 떨고 나서 힘겨운 목소리로 말했다.

"지금 들어주었다. 그 다음은?"

"여우 겉은 마누라가 생기는 거다."

"송편을 세 번 먹으면 네 집으로 올 거다. 다음은 무엇이냐?"

"떡두깨(떡두꺼비) 겉은 아들이다."

"마누라가 들어오면 용왕이 와서 그렇게 해 준다. 이제 나를 놓아라."

"내가 언제 니를 잡았나. 니가 가 뿌리만 되지, **바보 자슥아.**"

그러자 토끼는 속았다는 걸 알았는지 얼굴을 무섭게 부풀리더니 황만근의 얼굴에 뜨겁고 매운 김을 내뿜었다. 황만근이 눈을 뜨지 못하고 쩔쩔매다가 간신히 떠 보니 어느새 자신의 팔이 돌아와 있는 것이었다. 황만근의 ⓒ주변에는 토끼털이 무수히 떨어져 바늘처럼 반짝이

제대로 감상법 ☆ 문제 풀이까지 마친 후 복습할 때 보세요.

성석제, 〈황만근은 이렇게 말했다〉

제목의 의미

황만근의 생애와 행적이 '전(傳)'의 형식으로 서술되고 있음을 드러낸 제목이다. 작가는 황만근의 일생을 통해 척박해져 가는 농촌의 현실과 현대인의 이기적인 삶의 태도를 비판하고, 바람직한 인간상을 제시하고 있다.

구성

▣ 중요 인물
- (❶): 이타적이고 순수한 농민. 어머니를 소중히 여기고 자신의 일에 충실함.
- (❷): 황만근과 대결을 벌이는 비현실적 등장인물

▣ 사건과 갈등: 황만근이 거대한 토끼와 대결을 펼쳐 이기고, 마을로 돌아와 삼 년 뒤 (❸)를 맞이함.

▣ 소재와 배경의 의미
- 마을: 황만근과 그의 가족들, 이웃들, 민 씨가 생활하는 삶의 공간
- (❹): 황만근이 사람들에게 자신의 경험담을 들려주는 공간

문체 – 서술상의 특징
- 전(傳)의 양식을 변용하여 재구성함.
- 풍자를 통해 농촌 현실에 대해 비판하면서 골계미를 형성함.

주제

이타적인 황만근의 생애와 그 행적, 현대인들의 이기적인 세태에 대한 비판

고 있었다. 황만근은 제대로 숨 쉴 겨를도 없이 집으로 달려갔다. 동네 곳곳의 닭들이 횃대에서 소리쳐 울고 있었다. 황만근은 밖에서 "어무이, 어무이" 하고 소리치면서 ⓓ마당으로 뛰어 들어갔지만 방 안에서는 아무 기척이 없었다. 방 안에 들어가 보니 그의 어머니는 그가 나갔을 때의 모습 그대로, 얼굴이 백지장처럼 변해 앉아 있었다.

"어무이, 어무이!"

그가 어깨를 흔들자 젊은 어머니는 모로 쓰러져 버렸다. 그러면서 "카악!" 하고는 목에서 **주먹밥 덩어리**를 토해 냈다. 황만근이 어머니를 껴안고 통곡을 하다가 손발을 주무르고 온몸을 어루만지자 어머니는 눈을 떴다.

"니 와 인자 왔노?"

"밤새도록 토깨이 귀신하고 씨름을 하다 왔다. 니는 괘않나."

"니 기다리다가 아까 해 뜰 녘에 닭이 울길래 밥 한 덩이를 입에 넣었다가 목이 맥히서 죽을 뻔했다. 움직있다가는 더 맥힐 거 같애서 손가락 하나 까딱 모하고 이래 니가 오기 기다리고 있었니라. 이 문디 겉은 놈의 자슥아, 와 밥만 해 놓고 물은 안 떠다 놨나!"

황만근은 울다가 웃다가 덩실덩실 춤을 추었다. 그러고는 어머니에게 엉덩이를 채어 물을 뜨러 동네 ⓔ우물로 달려갔다.

[A] 그날 우물가에서는 황만근의 기이한 체험이 여러 사람의 입으로 하루 종일 수십 번 되풀이되었고 종내 황만근이 우물가로 초청되어 입이 아프도록 같은 **이야기**를 늘어놓아야 했다.

[B] 송편을 세 번 빚을 만큼의 시간, 곧 세 해가 흐른 뒤에 토끼의 **말**대로 어떤 처녀가 그의 집으로 들어왔을 때 동네 사람들이 황만근을 보는 눈이 달라졌다.

– 성석제, 〈황만근은 이렇게 말했다〉

한 걸음 더

작품에 나타난 전통 문학의 성격

① 해학과 풍자: 웃음이 나오게 하는 재기발랄한 문체를 사용하여 풍자와 해학을 잘 드러내고 있다. 인물들의 우스꽝스러운 행동이나 말투, 언어유희 등에서 해학성이 돋보이며, 마을 사람들의 이기심과 위선을 폭로하는 것에서 풍자성이 드러난다.
② 전(傳)의 형식: 전통적인 서사 양식인 '전(傳)'의 형식을 차용하고 있다. 전(傳)은 교훈이 될 만한 사람의 행적을 기록하고 그에 대한 논평을 덧붙이는 형식으로 이루어진다. 이 작품은 황만근의 생애를 서술한 부분과 민 씨가 쓴 묘지명(황만근에 대한 평)으로 나눌 수 있어 전의 양식과 유사하다.

제대로 구조화하기

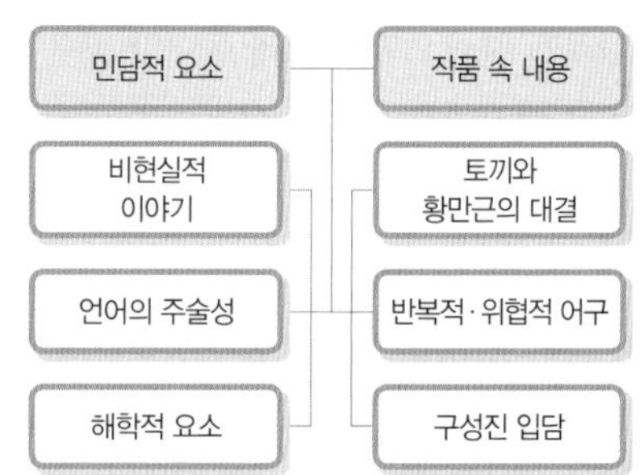

01 ㉠, ㉡의 서술 효과로 가장 적절한 것은?

① ㉠을 통해 민 씨가 황만근에게 들은 말을 그대로 전하고 있음을 알 수 있다.
② ㉡을 통해 황만근의 말을 전하는 민 씨도 다른 인물들처럼 서술자의 서술 대상임을 알 수 있다.
③ ㉠과 ㉡을 삭제하면 황만근과 토끼의 대결 과정을 파악하기 어렵게 된다.
④ ㉠과 ㉡은 황만근과 토끼의 대결 과정 자체에 더 몰입하여 읽도록 도와주는 기능을 한다.
⑤ ㉠과 ㉡을 통해 황만근이 민 씨로부터 전해 들은 이야기가 다시 서술되고 있음을 알 수 있다.

02 ⓐ~ⓔ를 이해한 내용으로 적절하지 않은 것은?

① ⓐ: 주인공이 기이한 체험을 하는 공간
② ⓑ: 주인공이 복귀해야 할 일상적 공간
③ ⓒ: 주인공의 지난밤 체험의 흔적이 남아 있는 공간
④ ⓓ: 주인공이 어머니에 대한 불안을 감지하는 공간
⑤ ⓔ: 주인공이 어머니의 요청을 동네 사람들에게 전하러 간 공간

제대로 접근법 문제 채점까지 마친 후 복습할 때 보세요.

01
서술상의 특징과 효과를 파악하는 유형이다. 소설의 '서술자'라는 개념에 대한 이해가 부족한지 정답률이 낮은 편이었다.
서술자는 소설에서 독자에게 이야기를 전달하는 인물이다. 이 작품은 전지적 작가 시점을 취하고 있으며, 서술자는 작품 밖에 위치해 있다. 이를 고려하여 ㉠과 ㉡에 나타난 서술자의 서술 태도를 생각해 보자.

02
공간의 의미와 기능을 파악하는 유형이다. 사건의 전개 과정에 따라 공간의 의미를 생각해 보면 쉽게 문제를 해결할 수 있다.
황만근은 거대한 토끼와 대결을 펼쳐 이기고, 마을로 돌아와 어머니를 구한 후에 우물가에서 자신의 경험담을 이야기한다. 이러한 과정에서 ⓐ~ⓔ의 공간이 어떤 기능을 하는지 판단한다.

▶ 해설편 86쪽

03 [A], [B]에 대한 설명으로 가장 적절한 것은?

① [A]는 마을 사람들이 '이야기'를 여러 차례 들었으나 여전히 흥미를 느끼지 못했음을 보여 준다.
② [A]는 직접 경험한 사건이라도 반복적으로 전달되면서 '이야기'의 내용이 점차 달라지고 있음을 보여 준다.
③ [B]는 새로운 등장인물의 '말'에 따라 '말'을 처음 전한 존재에 대한 평가가 달라졌음을 보여 준다.
④ [B]의 '말'은 [A]의 '이야기'의 일부로, '말'의 실현이 '이야기'의 신뢰성을 높이고 있음을 보여 준다.
⑤ [B]는 [A]의 '이야기'가 삼 년 동안 전해질 수 있었던 이유가 '말'의 실현에 대한 공동체의 확신 때문임을 보여 준다.

04 〈보기〉를 참고하여 윗글을 감상한 내용으로 적절하지 않은 것은? [3점]

〈보기〉

윗글은 민담적 요소를 적극 활용한 현대 소설이다. 바보 취급을 받는 황만근이 신이한 존재와 대면했으나 위기를 극복하며 의외의 승리를 거둔다는 비현실적 이야기는 민담적 특징을 잘 보여 준다. 또한 반복적이거나 위협적인 어구 사용, 구성진 입담 등에는 언어의 주술성과 해학성이 잘 드러난다.

① 황만근이 '거대한 토끼'와 겨루는 비현실적인 이야기 전개는 민담의 일반적 특성과 맞닿아 있는 것이겠군.
② 토끼가 '너는 여기서 죽는다.'라는 말을 세 번 반복한 것은 언어의 주술적 특성을 드러내는 것이겠군.
③ 황만근이 '니는 인자 죽었다.'라고 발언하며 위협한 것은 의외의 결과를 가져와 토끼가 황만근의 소원을 들어주기로 하였겠군.
④ '바보 자슥아'라는 말은 황만근에 대한 신이한 존재의 우위가 변했음을 보여 주는 것이겠군.
⑤ 어머니가 '주먹밥 덩어리'를 토해 내는 것은 황만근에게 속은 것을 깨달은 토끼의 주술적 복수라 할 수 있겠군.

제대로 접근법

☆ 문제 채점까지 마친 후 복습할 때 보세요.

03
구절의 의미를 파악하는 유형이다. 매우 쉬운 문제이지만, 선택지에서 내용을 비틀어 오답을 유도하고 있으므로 유의한다. 먼저 [A]의 '이야기', [B]의 '토끼의 말'이 무엇을 의미하는지 정리해 보자.

이야기[A]	황만근이 기이한 체험을 한 이야기
말[B]	3년 뒤에 황만근에게 여우 같은 마누라가 생김.

이를 바탕으로 '이야기', '말'에 대한 선택지의 설명이 적절한지 판단한다.

04
외적 준거에 따라 작품을 감상하는 유형이다. 〈보기〉에서는 민담적 요소의 활용이라는 측면에서 작품을 감상하라고 요구하고 있다. 〈보기〉에 제시되어 있는 민담적 요소의 특성을 이해하고, 이를 작품에 적용하며 선택지의 적절성 여부를 판단해 보자.
선택지의 내용을 꼼꼼하게 검토하면서 작품을 잘못 해석하지는 않았는지, 〈보기〉에 제시되지 않은 내용을 언급하지는 않았는지, 작품과 〈보기〉의 내용을 잘못 연결하지는 않았는지 등을 따져 본다.

1차 채점		
	맞은 문항 수	개
	틀린 문항 수	개
	헷갈리는 문항 번호	

• 틀린 문항 '/' 표시

→

2차 채점		
	맞은 문항 수	개
	틀린 문항 수	개
	헷갈리는 문항 번호	

• 틀린 문항 'x' 표시

→

3차 채점		
	맞은 문항 수	개
	틀린 문항 수	개
	헷갈리는 문항 번호	

• 틀린 문항 ☆ 표시

◉ 권장 풀이 시간 : 4분 30초

[01-03] 다음 글을 읽고 물음에 답하시오.

한 평도 채 안 되는 구멍가게는 중풍으로 쓰러져 정상적 건강 상태가 아니었던 아버지의 유일한 수입원이자 **생존 이유**였다. 때문에 ㉠그 구멍가게에 대한 아버지의 몰두와 자존심은 각별했다.

한번은 내가 아버지가 가게를 잠깐 비운 사이에 겉에 허연 인공 설탕 가루를 묻힌 '미키대장군'이라는 **캐러멜**을 하나 아무 생각 없이 널름 집어먹은 적이 있었다. 하나에 이 원, 다섯 개에 십원이었다. 잠시 뒤에 돌아온 아버지는 단박에 그 사실을 알아채고는 불같이 화를 내며 내 목덜미에 당수를 한 대 세게 내려 꽂는 것이었다. 그 캐러멜 갑 안에 미키대장군이 몇 개 들어 있는지조차 훤히 꿰차고 있는 아버지였다.

— 이런 민한 종간나래! 얍생이처럼 기러케 쏠라닥질을 허자면 이 가게 안에 뭐이가 하나 제대로 남아나겠니, 응?

그러고 나서는 좀 머쓱했는지 입이 한 발쯤 튀어나와 뾰로통해서 서 있는 내게 미키대장군 네 개를 집어 내미는 거였다. 어차피 짝이 맞아야 파니까니, 하면서 억지로 내 손아귀에 쥐어 주었다. ㉡나는 그 무허가 불량 식품인 캐러멜 네 개가 끈끈하게 녹아내릴 때까지 먹지 않고 쥔 채 서 있었다.

— 널큼 털어 넣지 못하겠니, 으잉?

목덜미에 아버지의 가벼운 당수를 한 대 더 얻은 다음에야 한입에 털어 넣고 돌아서 나왔다. 아버지도 가게 일을 수월하게 보려면 잔심부름꾼인 나를 무시하고는 아쉬울 때가 많을 터였다. 워낙 짧은 밑천으로 가게를 꾸려 가자니 아버지는 물건 구색을 맞추느라 하루에도 많을 때는 세 번까지 시장통 도매상으로 정부미 포대를 거머쥐고 종종걸음을 쳐야 했고, 막내인 나는 번번이 아버지의 뒤로 **팔을 늘어뜨린 채** 졸졸 따를 수밖에 없었다.

그땐 그게 죽도록 싫었다. 하마 **시장통**에서 야구 글러브를 끼거나 조립용 신형 무기 장난감 상자를 든 **반 친구**를 만나거나, 심지어 과외나 주산 학원을 가는 여자 아이들을 만나는 날에는 정말 그 자리에서 혀를 빼물고 죽고 싶은 생각뿐이었다.

(중략)

어느 날이었다. 아버지와 나는 앞서거니 뒤서거니 하면서 그 정부미 자루를 날라 왔다. 그런데 집에 도착해 한숨을 돌린 뒤 자루를 풀고 물건을 정리해 보니 스무 병이 와야 할 소주가 두 병이 모자란 채 열여덟 병만 온 것이었다.

㉢아버지의 얼굴은 맞보기가 민망할 정도로 금세 하얗게 질렸다. 왜냐하면 그 덜 온 두 병을 빼고 나면 나머지 것들을 몽땅 팔아봤자 결국 본전치기일 뿐이었기 때문이다. 아버지는 내 등을 떼밀어 물건을 받아 온 수도상회의 혹부리 영감한테 내려 보냈다. 아버지는 말주변도 말주변이었지만 **중풍 후유증** 때문에 약간의 **언어 장애**가 있어 일부러 나를 보냈던 것이다.

— 뭐 하러 왔네?

가게 안에 북적거리는 손님들에게 셈을 치러 주느라 몇 번이고 주판알을 고르는 데 바쁜 혹부리 영감의 눈길을 잡아 두는 데 성공한 나는 더듬더듬 자초지종을 말했다. 그러나 귓등에 연필을 꽂은 채 심술이 덕지덕지 모여 이뤄진 듯한 왼쪽 이마빡의 눈깔사탕만 한 혹을 어루만지며 듣던 ㉣혹부리 영감은 풍기 때문에 왼쪽으로 힐끗 돌아간 두터운 입술을 떠들쳐 굵은 침방울을 내 얼굴에 마구 튀겼다. 애초 자기 눈앞에서 까 보이지 않은 것은 인정할 수 없다며 막무가내였다. 나중엔 아버지까지 함께 내려가서 하소연을 해 봤지만 돌아온 대답은

제대로 감상법 ☆ 문제 풀이까지 마친 후 복습할 때 보세요.

김소진, 〈자전거 도둑〉

제목의 의미

영화 〈자전거 도둑〉을 매개로 하여 유년 시절의 아픈 기억이 남긴 상처와 그 치유 과정을 그린 단편소설이다. 이 작품은 〈자전거 도둑〉이라는 영화와, '나'와 '서미혜'의 이야기가 서로 겹쳐져 있으며, 과거 회상 장면이 현재의 이야기 속에 삽입되어 있는 액자식 구성 방식을 취하고 있다.

구성

▣ **중요 인물**
- '나': 어린 시절 아버지와 관련된 아픈 상처를 갖고 있는 인물
- (❶): 무능한 가장. 지독한 가난 속에서 아들에게 부끄러운 모습을 보임.
- (❷): 도매상 주인으로, 아버지와 동향인 구두쇠 노인

▣ **사건과 갈등**: 구멍가게 운영에 각별히 신경 쓰던 아버지가, 혹부리 영감의 도매상에서 실수로 빠뜨린 소주 두 병 때문에 아들인 '나'의 앞에서 눈물을 보임.

▣ **소재와 배경의 의미**
- (❸): 가족의 생계를 위해 아버지가 몰두하던 곳으로, '나'에 대한 아버지의 사랑을 회상하게 하는 공간
- (❹): 아버지가 도매로 물건을 받아오는 과정에서 빠뜨린 것. 혹부리 영감의 몰인정함과 아버지의 애처로움을 떠올리게 함.

문체 – 서술상의 특징
- 영화를 매개로 하여 과거를 회상하는 형식을 취함.
- 방언과 비속어를 사용하여 현장감을 줌.

주제

유년 시절의 상처와 삶의 쓸쓸함

한 걸음 더

영화 〈자전거 도둑〉

제2차 세계 대전 후의 피폐한 로마 거리에서 벌어진 작은 사건을 통해, 당시 이탈리아 사회에 만연한 실업과 빈곤, 사회적인 모순을 다룬 데시카 감독의 영화이다. 가난한 생활을 하는 주인공 안토니오 리치는 자전거를 타면서 포스터 붙이는 일을 하다가 자전거를 도둑 맞는다. 자전거 도둑을 찾아내지만, 그 자전거 도둑이 가난하고 간질을 앓고 있는 것을 알고 그냥 돌아온다. 일자리가 간절히 필요했던 안토니오는 다른 사람의 자전거를 훔치게 되고, 이로 인해 아들 브루노가 보는 앞에서 주인에게 심한 모욕을 당한다.

▶ 해설편 89쪽

정 그렇게 우기면 거래를 끊겠다는 협박성 경고뿐이었다. 거래가 끊긴다면 아버지한테는 큰 타격이 아닐 수 없었다.

혹부리 영감은 아버지한테 무슨 큰 특혜를 내려 주듯이 거래를 터 준다고 허락을 놓았었다. 같은 함경도 동향이기 때문이라는 말을 덧붙이면서. 하긴 혹부리 영감한테는 매번 소주 열 병 안짝에다 새우깡 열 봉지, 껌 대여섯 개, 빵 예닐곱 개 등 일반 소매가격 구매자보다 더 많은 물건을 떼어 가지도 않으면서 부득부득 도맷값으로 해 달라고 통사정을 해 쌓는 아버지 같은 사람 하나쯤 **거래를 끊어도** 장부상 거의 표가 나지 않을 것이었다.

결국 아버지는 자신의 과오를 인정하지 않을 수 없었다. ㉤<u>당신의 자그마한 구멍가게로 돌아와 나머지 열여덟 병의 소주를 넋 나간 사람처럼 쓰다듬던 아버지는 기어코 아들인 내 앞에서 눈물을 보이고 말았다.</u> 아! 아버지…….

– 김소진, 〈자전거 도둑〉

◘ 제대로 구조화하기 ◘

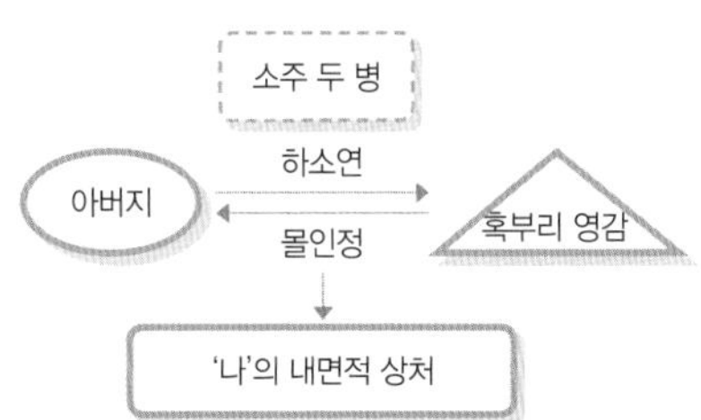

01 윗글에 대한 이해로 가장 적절한 것은?

① 혹부리 영감의 위협적인 경고 때문에, 아버지는 혹부리 영감의 주장을 따를 수밖에 없었다.
② 아버지는 소주 두 병을 덜 받아 왔기 때문에 곤란했지만, '나'에게 당황한 내색을 하지 않았다.
③ 아버지는 '나'의 잘못을 묵인했지만, 혹부리 영감과의 잘못된 거래는 바로잡으려 노력했다.
④ 혹부리 영감은 가게 일로 바빴지만, '나'의 자초지종을 듣고 마지못해 '나'의 염려를 덜어 주었다.
⑤ 아버지는 '나'의 도움이 필요했기에, 친구들의 시선을 의식하여 우울해 하는 '나'를 기분 좋게 하려 노력했다.

제대로 접근법 문제 채점까지 마친 후 복습할 때 보세요.

01
작품의 내용을 바르게 이해했는지 확인하는 유형이다. 소설 제재의 가장 기본적인 문제 유형으로, 선택지도 쉽게 구성되어 있으므로 틀려서는 안 된다.
제시된 지문은 '나'의 어릴 적에 구멍가게를 운영하던 아버지가 소주 두 병 때문에 혹부리 영감에게 수모를 당하는 내용을 다루고 있다. 지문에서 선택지의 내용과 관련된 부분을 찾아 일치 여부를 점검해 보자.

02 윗글을 감상한 내용으로 적절하지 <u>않은</u> 것은?

① '한 평도 채 안 되는 구멍가게'를 각별한 애정으로 운영하던 아버지에 대한 기억은, '나'에게 아버지의 '생존 이유'를 짐작하게 했겠어.
② '캐러멜'을 먹었다고 화를 냈다가 남은 '캐러멜'을 '나'의 손에 쥐어 준 아버지에 대한 기억은, '나'에게 아버지가 속마음을 드러내는 데 서툰 사람이라고 생각하게 했겠어.
③ '팔을 늘어뜨린 채' 아버지를 따르던 '나'가 '시장통'에서 '반 친구'를 만났던 경험은, '나'에게 궁핍으로 인한 내면의 상처로 남은 기억이겠어.
④ '중풍 후유증' 때문에 '언어 장애'가 있는 아버지 대신 혹부리 영감을 상대하게 된 경험은, '나'에게 어린 나이에 이해타산적인 어른들의 세계를 느끼게 한 기억이겠어.
⑤ '거래를 끊어도' 표가 나지 않을 사람이었던 아버지와 거래를 끊지 않은 혹부리 영감에 대한 기억은, '나'에게 형편이 어려운 사람들 간의 유대를 느끼게 했겠어.

02
인물의 심리를 파악하는 유형이다. 등장인물이 많지 않고, 인물 간의 관계도 명확하여 인물의 심리를 짐작하는 데 어려움이 없을 것이다.
구멍가게를 운영하던 아버지의 처지, 궁핍한 생활로 인한 '나'의 상처, 아버지와 혹부리 영감의 관계, 아버지와 혹부리 영감에 대한 '나'의 심리 등을 고려하여 선택지의 적절성을 판단해 보자.

03 〈보기〉를 참고할 때, ㉠~㉤에 대한 반응으로 적절하지 않은 것은? [3점]

〈보기〉

이 소설의 서술자인 성인 '나'는 주로 세 가지 서술 방식을 활용한다. 첫째는 서술자가 등장인물의 내면 심리나 사건을 설명하는 것이다. 이 경우 독자는 서술자의 해석을 통해 사건을 이해하게 된다. 둘째는 서술자가 인물의 외양이나 행위만을 묘사하는 것이다. 이 경우 독자는 그 묘사가 갖는 의미를 스스로 해석해야 한다. 셋째는 서술자가 유년 '나'로 시선을 제한하여 유년 '나'의 눈에 보이는 다른 인물의 외양이나 행위를 묘사하는 것이다. 이 경우 독자는 사건의 현장을 직접 보는 듯한 느낌을 가질 수 있으며, 둘째 방식에서처럼 그 묘사에 대해 해석해야 한다. 셋째 방식에 유년 '나'의 심리가 함께 서술되면 독자는 인물의 심리에 쉽게 공감하게 된다.

① ㉠: 서술자가 아버지의 내면을 설명하여 독자는 서술자의 해석을 통해 상황을 이해하겠군.
② ㉡: 서술자가 유년 '나'의 행위를 묘사하여 독자는 그 행위가 갖는 의미를 스스로 해석하겠군.
③ ㉢: 유년 '나'로 시선을 제한하여 아버지의 내면이 직접적으로 서술되지 않았다고 생각한 독자라면 아버지의 내면을 스스로 해석하겠군.
④ ㉣: 유년 '나'로 시선을 제한하여 혹부리 영감의 모습과 행동을 묘사했다고 생각한 독자라면 장면을 직접 보는 듯한 느낌을 받겠군.
⑤ ㉤: 유년 '나'로 시선을 제한하여 아버지의 행위와 표정을 묘사하면서 유년 '나'의 심리를 함께 제시하여 독자는 그 심리에 공감하겠군.

제대로 접근법

문제 채점까지 마친 후 복습할 때 보세요.

03
외적 준거를 참고하여 서술상의 특징을 파악하는 유형이다. 먼저 〈보기〉의 내용을 정리해 보자.

서술 방식 ①	서술자가 인물의 내면 설명 → 서술자의 해석을 통해 사건 이해
서술 방식 ②	서술자가 인물의 외양이나 행위 묘사 → 독자 스스로 해석
서술 방식 ③	유년 '나'로 시선을 제한하여 인물의 외양이나 행위 묘사 → 현장감, 독자 스스로 해석

서술 방식 ①은 서술자가 직접 인물의 내면이나 사건을 풀어서 설명하는 것이고, 서술 방식 ②와 ③은 겉으로 드러나는 인물의 외양이나 행위만을 그림 그리듯이 묘사하는 것이다. 이러한 차이에 대한 이해를 바탕으로 선택지의 적절성을 판단한다.

1차 채점		
맞은 문항 수		개
틀린 문항 수		개
헷갈리는 문항 번호		

• 틀린 문항 '/' 표시

→

2차 채점		
맞은 문항 수		개
틀린 문항 수		개
헷갈리는 문항 번호		

• 틀린 문항 '×' 표시

→

3차 채점		
맞은 문항 수		개
틀린 문항 수		개
헷갈리는 문항 번호		

• 틀린 문항 ⚠ 표시

◉ 권장 풀이 시간 : 5분 50초

[01-04] 다음 글을 읽고 물음에 답하시오.

지욱은 차츰 선생의 그런 신념이 두려워지기 시작했다. 지욱의 이해와 능력으로는 감당할 수 없는 어떤 무거운 **압박감**이 그를 못 견디게 짓눌러 왔다. 믿음이 논리를 초월할 수도 있다고는 했지만 그러나 논리적인 이해가 불가능한 **신념**은 맹목적인 아집에 그칠 위험성이 있었다. 뿐만 아니라 그 자신감이 넘치고 있는 선생의 신념은 털끝만큼 한 자기 회의마저 용납을 하지 않고 있었다. 회의가 없는 신념은 맹목적인 **자기 독단**에 흐를 위험 또한 큰 것이었다. 그리고 무엇보다도 그것은 지욱이 그에게 소망해 온 어떤 감동적인 자서전적 인물상으로는 치명적인 결함일 수 있었다. **회의**가 없는 자서전이야말로 영락없이 한 거인의 동상에 불과할 뿐이었다. 지욱이 최상윤의 신념을 두려워한 것은 그 자신 최상윤 선생에게서와 같은 어떤 **의식의 경화** 현상을 싫어해 온 성격 이외에도, 그와 같은 위험성을 어슴푸레 느끼고 있었기 때문이다. 하나 그보다도 지욱이 더더욱 그 선생의 신념을 두려워한 것은 그의 너무나도 일사불란한 언동이나 생활 방식에서 오히려 어떤 씻을 수 없는 가식의 냄새를 맡고 있었기 때문이다. 사람이 도대체 이럴 수가 있을까. 한 인간의 생애에서 이처럼이나 말끔하게 후회나 의구가 없을 수 있단 말인가. 이 깐깐하고 **결백**스런 노인에게서라도 어찌 따뜻한 아랫목과 좋은 음식에 대한 바람이 전혀 없을 수 있단 말인가. 아무리 **엄격한 극기**의 세월이었던들 그것이 어찌 감히 사람의 가장 사람다운 욕망까지를 송두리째 근멸시켜 버릴 수가 있단 말인가. 이 노인은 어찌하여 그것을 끝끝내 시인하려 들지 않고 있는 것인가. 그것이 진실로 그의 **부끄러움**이 될 수는 없단 말인가—

(중략)

"이거 아무리 맘에 없는 웃음을 팔아먹고 사는 무식쟁이라고 누구한테 지금 설교를 하려는 거야 뭐야, 건방지게. 그래 내가 지금 당신 같은 위인의 신세 하소연이나 듣자고 이런 델 찾아온 줄 알아? 그렇게 내가 한가한 사람으로 보이느냐 말야. 왜 내 일을 안 하겠다는 건지 그걸 말해 보라는 거야. 이유를……"

"아니, 그런 게 아니라……"

갑자기 **반말 투로 윽박**질러 오는 피문오 씨의 어조에 지욱은 새삼 가슴이 내려앉는 표정이었으나, 이미 본색을 드러내기 시작한 피문오 씨의 행패는 걷잡을 수가 없을 지경이었다.

"그게 아니라니? 아니 이거 당신 정말 이런 식으로 날 바보 취급하고 나설 테야? 당신 눈엔 정말로 내가 그렇게 얼렁뚱땅 되잖은 소리로도 그냥 넘어갈 것 같아 보인 모양이지? 그래, 뭐가 어째? 내 일을 하지 않게 된 게 내 탓이 아니구 당신의 그 **알량한 양심** 때문이라구? 내가 그래 그 알량한 당신의 양심에 **들러리**라도 서야 한다는 거야 뭐야. 엎어치나 메치나 그게 그놈 아들놈 같은 소릴 가지고, 정 내게 ㉠말재간을 한번 부려 보고 싶어서 이래? 당신 눈엔 이 피문오가 그래 그만 ㉡말귀도 못 알아들을 바보 멍청이로만 보이느냔 말야? 내 아까부터 참자 참자 하다 보니 이 친구 아주 형편없이 맹랑한 데가 있는 작자로구만 그래."

피문오 씨는 이제 스스로도 분을 참을 수 없게 된 것 같았다. 벌건 얼굴에 튀어나올 듯 두 눈알을 부라려 대면서 장갑을 몰아 쥔 한쪽 손을 피스톤처럼 마구 지욱의 턱 앞으로 내질러 대고 있었다.

지욱은 그만 기가 콱 질리고 말았다. ㉢무슨 말을 할래도 목이 말라 소리가 되어 나오질 않았다. 그는 부들부들 떨려 오는 두 다리를 간신히 버티고 선 채 절망적인 눈초리로 피문오 씨의 폭풍우 같은 수모를 고스란히 견디고 있었다.

제대로 감상법

✩ 문제 풀이까지 마친 후 복습할 때 보세요.

이청준, 〈자서전들 쓰십시다〉

제목의 의미

'자서전들 쓰십시다'는 자서전 대필을 거절당한 피문오가 주인공을 조롱하기 위해 한 말로, 자서전 대필 작업이 다른 상행위와 다를 바 없다는 인식이 담긴 말이다. 이 말을 통해 작가는 진정한 글쓰기는 자기 성찰과 반성을 통해 이루어진다는 점을 강조하고 있다.

구성

▣ **중요 인물**
- 지욱: 남의 자서전을 대필해 주는 일을 하는 인물
- (❶): 세상을 자신의 방법대로 외곬으로 이해하며 자신의 신념을 강요하는 인물
- (❷): 과거의 상처와 실패조차도 미화하고 싶어 하는 인물

▣ **사건과 갈등**: 자서전을 대필해 주는 일을 하는 지욱이 최상윤과 피문오에 대한 자서전 쓰기를 거부함.

▣ **소재와 배경의 의미**
- (❸) 쓰기: 자신이 살아온 인생을 반성하고 참회를 행하는 일이라는 의미를 지님.
- 고장난 시계나 라디오, 채권, 부서진 우산이나 빈 병: 자서전 대필 작업도 일반적인 돈벌이와 다르지 않다며 지욱을 조롱하기 위해 피문오가 내세운 소재들

문체 – 서술상의 특징
- 글쓰기를 직업으로 하는 주인공을 내세워 참된 글쓰기의 의미를 탐색함.
- 작품 밖의 서술자가 중심인물의 (❹)을 묘사하며 인물이 처한 갈등 상황을 제시함.
- 인물이나 사건에 대한 주인공의 주관적 판단을 중심으로 글이 서술됨.

주제

참된 글쓰기의 의미

불현듯 최상윤 선생의 일이 이 처참스런 곤욕을 견뎌 낼 수 있는 어떤 서광처럼 머릿속으로 떠올라 왔다. 최상윤 선생과의 약속이 그의 참을성에는 상당한 힘을 보태기 시작했다. 이런 자의 자서전 따윌 대필하려 했다니! 최상윤 선생과 같은 분에게조차 내 주관을 굽힐 수 없었던 이 지욱이 아닌가. 이런 자의 책을 쓰면서 그의 밑구멍을 핥느니 차라리 선생의 발밑에라도 나가 엎드려 선생의 신념을 찬미함이 낫지 않으냐. 참자! 작자의 일을 피하자면 이쯤 굴욕은 즐거이 참아 넘기자. 참아서 넘겨야 한다—

하지만 피문오 씨는 그 정도로는 물론 분통이 풀릴 수가 없는 모양이었다.

"어디 선생! ㉣말씀을 좀 해 보시라구. 아니 글에서는 그처럼 잘난 체 말이 많더니, 제 잘난 소리나 시부렁거릴 줄 알았지 선생도 남의 말을 알아듣는 덴 귀가 꽉 멀어 버리셨나. 왜 통 대답이 없으셔? 그렇담 내가 좀 더 수고를 해 주실까? 어째서 내 일을 하지 않게 되었느냐, 내 일을 하기가 싫어졌느냐…… 그 이율 좀 더 솔직하게 말해 달라 이거야. 이 무식한 놈도 좀 분명하게 알아듣고 납득이 가게끔 말씀이야. 알아들어? 그래도 못 알아들으시겠다면 ㉤내 좀 더 똑똑히 말을 해 줄까?"

묵묵히 입을 다물고 있는 지욱을 마음 내키는 대로 매도해 대다 말고 피문오 씨는 무슨 생각을 해 냈는지 갑자기 목을 잔뜩 가다듬었다. 그리고는 청승맞도록 능청스런 목소리로 허공을 향해 외쳐 대기 시작했다.

ⓐ"고장난 시계나 라디오들 고칩시다아— 채권 삽니다아— 부서진 우산이나 빈 병 삽니다아— 자서전이나 회고록들 쓰십시다아—"

고저단속(高低斷續)을 적당히 조화시켜 가며 길게 외쳐 대고 난 피문오 씨가 이젠 좀 알아듣겠느냐는 듯 여유만만한 표정으로 지욱을 이윽히 건너다보았다.

– 이청준, 〈자서전들 쓰십시다〉

제대로 구조화하기

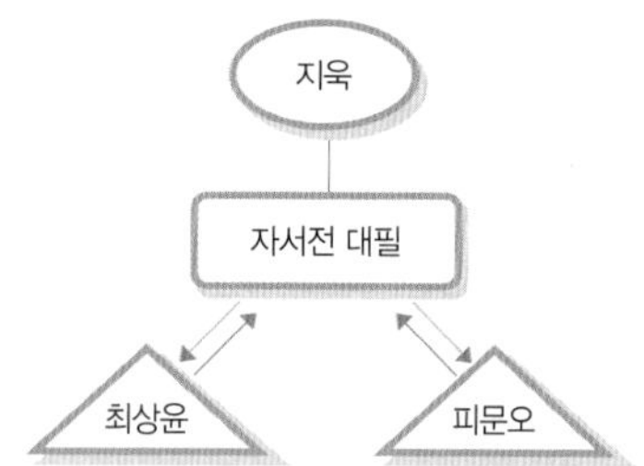

01 윗글의 서술상 특징으로 가장 적절한 것은?

① 장면의 빈번한 교차를 통해 인물 간의 갈등을 입체적으로 드러내고 있다.
② 서술자가 중심인물의 내면을 묘사하며 인물이 처한 갈등 상황을 제시하고 있다.
③ 이야기 내부의 서술자가 인물의 행위를 묘사하며 사건의 원인을 추리하고 있다.
④ 인물 간의 대화를 통해 인물이 겪은 사건의 비현실적인 면모를 드러내고 있다.
⑤ 공간의 이동에 따라 서술자를 달리하여 사건에 대한 다양한 관점을 서술하고 있다.

02 문맥상 의미를 고려할 때, ㉠~㉤에 대한 설명으로 적절하지 않은 것은?

① ㉠: 피문오가 지욱의 말을 무시하고자 하는 경멸의 감정을 담고 있다.
② ㉡: 지욱에게서 무시당하고 있다고 여기는 피문오의 성난 감정을 담고 있다.
③ ㉢: 피문오에게서 수모를 당하는 지욱이 항변도 못하고 주눅이 든 상태를 나타낸다.
④ ㉣: 피문오가 지욱의 해명을 요구하면서 닦달하고 있음을 나타낸다.
⑤ ㉤: 침묵하는 지욱에게 피문오가 자신에 대한 의구심을 풀 것을 독촉하고 있음을 나타낸다.

제대로 접근법 문제 채점까지 마친 후 복습할 때 보세요.

01
서술상의 특징을 파악하는 유형이다. 서술 방식과 관련된 국어 개념을 이해한 다음, 이를 작품의 내용에 적용할 수 있어야 한다.
지문의 전반에 나타나는 특징이 답으로 제시되어 있어 어렵지 않게 문제를 해결할 수 있다. 선택지에 언급된 특징이 작품에 나타나는지 확인하고 확실한 오답부터 하나씩 지워 나간다.

02
구절의 의미를 파악하는 유형이다. ㉠, ㉡, ㉣, ㉤은 피문오가 자서전 대필을 거절한 지욱에게 행패를 부리며 한 말이고, ㉢은 피문오에게 수모를 당하는 지욱의 심리 상태를 나타낸 것이다.
먼저 지욱과 피문오가 갈등을 일으키는 이유를 확실하게 이해해야 한다. 다음으로 ㉠~㉤의 앞뒤 문맥을 살펴 인물이 그렇게 말한 의도를 유추한다.

▶ 해설편 91쪽

03 〈보기〉를 참고할 때, 감동적인 자서전적 인물상에 대한 이해로 적절하지 않은 것은? [3점]

〈보기〉

〈자서전들 쓰십시다〉의 주인공은 자서전 대필 작가로서의 글쓰기에 환멸을 느끼고 있다. 이러한 글쓰기는 의뢰인의 삶을 미화하여 결국 의뢰인에게 아첨하는 것일 뿐이기 때문이다. 어떤 의뢰인들은 자신의 요구를 강요하는 일까지 서슴지 않아 주인공을 괴롭히기도 한다. 주인공이 바라는 의뢰인은 작가의 의사를 존중하면서 삶을 거짓 없이 성찰하는 사람이다. 또한 주인공은, 후회나 의문이 없는 확신에 찬 태도로 독자를 사로잡는 주장을 하는 사람보다는 타인의 삶에 기여할 수 있는 정직한 고백을 하는 사람을 원한다.

① 작가에게 '압박감'이 느껴질 정도로 '자기 독단'이 강할 뿐만 아니라 확신에 찬 태도로 '신념'을 내세우는 것은 독자를 사로잡는 자기주장을 하는 것이라는 점에서 감동적인 자서전적 인물상에 부합한다고 할 수 없겠군.
② 스스로 '회의'하며 '의식의 경화'를 경계할 줄 아는 것은 삶을 거짓 없이 성찰할 수 있다는 점에서 감동적인 자서전적 인물상에 부합한다고 할 수 있겠군.
③ '엄격한 극기'로 '부끄러움' 없이 '결백'하게 사는 것은 독자에게 후회나 의문이 없는 삶을 주장할 수 있다는 점에서 감동적인 자서전적 인물상에 부합한다고 할 수 있겠군.
④ 자서전을 쓰라고 '반말 투로' 작가를 '윽박'지르는 것은 자서전을 통해 자신에게 아첨하기를 요구하는 것으로 보인다는 점에서 감동적인 자서전적 인물상에 부합한다고 할 수 없겠군.
⑤ 작가의 '양심'을 '알량'하다고 여기고 자신은 '들러리'가 아님을 주장하는 것은 작가를 존중하지 않고 삶을 미화하도록 요구한다는 점에서 감동적인 자서전적 인물상에 부합한다고 할 수 없겠군.

04 ⓐ에 대해 이해한 내용으로 가장 적절한 것은?

① 피문오는 지욱이 생각하는 자서전의 가치를 폄하하여 지욱을 우롱하고 있다.
② 피문오가 자서전을 상품으로 팔기 위한 방법을 지욱에게 직접 보여 주고 있다.
③ 피문오가 '잘난 소리'를 하는 지욱에게 자신은 '무식한 놈'이 아님을 과시하고 있다.
④ 피문오가 자서전 쓰기를 더 많은 사람들에게 권해야 한다고 지욱에게 요청하고 있다.
⑤ 피문오는 지욱의 자서전 쓰기에 소재를 제공하고자 '맘에 없는 웃음을 팔아먹'어 왔던 자신의 직업적 능력을 발휘하고 있다.

제대로 접근법

☆ 문제 채점까지 마친 후 복습할 때 보세요.

03
외적 준거에 따라 작품을 종합적으로 감상하는 유형이다. 먼저 〈보기〉에 나타난 '감동적인 자서전적 인물상'을 정리하면 다음과 같다.

감동적인 자서전적 인물상 ①	자신의 요구를 강요해서는 안 됨.(피문오의 예) → 작가의 의사를 존중하고 삶을 성찰하는 사람
감동적인 자서전적 인물상 ②	후회나 의문 없이 자기 독단에 빠지면 안 됨.(최상윤의 예) → 정직한 고백을 하는 사람

이와 같이 〈보기〉의 내용을 정확하게 정리했다면, 이와 어긋나는 내용을 담은 선택지를 바로 찾을 수 있을 것이다. 선택지의 내용이 감동적인 자서전적 인물상에 부합하는지 하나씩 따져 보자.

04
대화에 나타난 인물의 성격과 태도를 파악하는 유형이다. 피문오가 어떤 상황에서 ⓐ와 같이 말했는지, 피문오가 지욱에게 어떤 태도를 보이고 있는지 확인해 보자.
ⓐ는 자서전 대필로 돈을 버는 지욱이 자서전 대필 작업을 거부하자, 피문오가 자서전을 쓰는 일도 고장난 시계를 고치는 일과 다르지 않다는 의미로 지욱에게 한 말이다. 이를 고려하여 선택지의 적절성을 판단하면 된다.

1차 채점		
맞은 문항 수		개
틀린 문항 수		개
헷갈리는 문항 번호		

• 틀린 문항 '/' 표시

→

2차 채점		
맞은 문항 수		개
틀린 문항 수		개
헷갈리는 문항 번호		

• 틀린 문항 '×' 표시

→

3차 채점		
맞은 문항 수		개
틀린 문항 수		개
헷갈리는 문항 번호		

• 틀린 문항 '☆' 표시

◉ 권장 풀이 시간 : 4분 40초

[01-03] 다음 글을 읽고 물음에 답하시오.

[앞부분의 줄거리] 조준구와 아내 홍 씨는 서희가 물려받아야 할 최 참판가의 재산을 가로채고, 하인 삼수를 내세워 마을 사람들을 착취한다. 한편, 윤보는 의병 자금을 확보하기 위해 최 참판가 습격을 준비하는데 삼수가 찾아온다.

"아무리 그리 시치미를 떼 쌓아도 알 만치는 나도 알고 있이니께요. 머 내가 훼방을 놓자고 찾아온 것도 아니겄고, 나는 나대로 생각이 있어서 온 긴데 너무 그러지 마소. 한마디로 딱 짤라서 말하겄소. 왜놈들하고 한통속인 조가 놈을 먼지 치고 시작하라 그 말이오. 고방에는 곡식이 썩을 만큼 쌓여 있고 안팎으로 쌓인 기이 재물인데 큰일을 하자 카믄 빈손으로 우찌 하겄소. 그러니 왜놈과 한통속인 조가부터 치고 보믄 ㉠꿩 묵고 알 묵는 거 아니겄소."

"야아가 참 제정신이 아니구마는."

"하기사 전력이 있이니께 나를 믿지 않는 것도 무리는 아니겄소. 하지마는 두고 보믄 알 거 아니오?"

"야, 야 정신 산란하다. 나는 원체 입이 무겁고 또 초록은 동색이더라도 내 안 들은 거로 해 둘 기니 어서 돌아가거라. 공연히 신세 망칠라."

윤보는 삼수 등을 민다.

"이거 놓으소. 누가 안 가까 바 이러요? 지내 놓고 보믄 알 기니께요. 내가 머 염탐이라도 하러 온 줄 아요? 흥, ㉡그랬을 양이믄 벌써 조가 놈한테 동네 소문 고해바쳤일 기고 읍내서 순사가 와도 몇 놈 왔일 거 아니요."

큰소리로 지껄이며 삼수는 언덕을 내려간다.

'빌어묵을, 이거 다 된 죽에 코 빠지는 거 아닌지 모르겄네. 날을 다가야겄다.'

[A] 삼수가 왔다 간 다음 날 밤, 자정이 넘었다. 칠흑의 밤을 타고 덩어리 같은 침묵을 지키며 타작마당에 장정들이 모여들었다. 마을에서는 개들이 짖는다. 불은 켜지 않았지만 집집에선 인적기가 난다. 언덕 위의 최 참판댁은 어둠에 묻혀 위엄에 찬 그 형태는 보이지 않는다. 타작마당에서는 윤보의 그 우렁우렁한 목소리가 평소보다 얕게 울리고, 이윽고 횃불이 한 개 두 개 또 세 개, 계속하여 늘어나고 그 횃불은 움직이기 시작한다.

[중략 부분의 줄거리] 윤보 일행이 습격하자 조준구와 홍 씨는 사당 마루 밑에 숨어 있다가 삼수의 도움을 받는다. 윤보 일행이 떠나고 날이 밝았다.

"서희 이, 이년! 썩 나오지 못할까!"

나오길 기다릴 홍 씨는 아니다. 방문을 박차고 들어가서 서희를 끌어 일으킨다.

"네년 소행인 줄 뉘 모를 줄 알았더냐? 자아! 내 왔다! 이제 죽여 보아라! ㉢화적 놈 불러들일 것 없이!"

나오지 않는 목청을 뽑으며, 거품이 입가에 묻어 나온다.

[B] "자아! 자아! 못 죽이겠니?"

손이 빰 위로 날았다. 앞가슴을 잡고 와락와락 흔들어 댄다. 서희 얼굴이 흙빛으로 변한다. 울고 있던 봉순이,

"왜 이러시오!"

달려들어 서희 몸을 잡아당기니 실 뜯어지는 소리와 함께 홍 씨 손에 옷고름이 남는다.

"감히 누굴! 감히!"

제대로 감상법

☆ 문제 풀이까지 마친 후 복습할 때 보세요.

박경리, 〈토지〉

제목의 의미

'토지'는 삶의 터전으로서 모든 생물이 태어나는 바탕이자 영혼의 안식처이며 반드시 보존되어야 할 가치를 의미한다. 최 참판 일가와 주변 인물들의 굴곡과 애환, 민족의식 등을 담고 있는 대하소설이다.

구성

■ 중요 인물

- (❶): 최 참판가의 혈통을 잇는 인물. 독립적이고 강인한 성격으로, 조준구에게 빼앗긴 토지를 되찾음.
- (❷): 교활하고 탐욕적인 인물. 최 참판가의 재산을 빼앗지만, 결국 서희에게 다시 재산을 빼앗기고 비참하게 최후를 맞이함.

■ 사건과 갈등: 윤보 일행이 최 참판가를 습격하지만, 삼수의 도움으로 조준구와 아내 홍 씨는 목숨을 부지함.

■ 소재와 배경의 의미

- (❸): 최 참판댁을 습격하기 위해 장정들이 움직이는 시간적 배경
- (❹): 윤보 일행이 습격하자 조준구와 홍 씨가 몸을 숨긴 곳

문체 – 서술상의 특징

- 전반적으로 간결체가 나타나며 방언을 사용하여 현장감과 사실성을 높임.
- 일제 강점기 한국인의 보편적이고 총체적인 삶을 보여 주고 있음.

주제

격동의 근대사를 살아온 우리 민족의 삶의 애환과 강인한 생명력

▶ 해설편 94쪽

하다가 별안간 방에서 뛰쳐나간다. 맨발로 연못을 향해 몸을 날린다. 그는 죽을 생각을 했던 것이다.

"애기씨!"

울부짖으며 봉순이 뒤쫓아 간다.

"죽어라! 죽어! 잘 생각했어! 어차피 너는 산 목숨은 아니란 말이야! 죽고 남지 못할 거란 말이야!"

고래고래 소리를 지른다. 서희는 연못가에서 걸음을 뚝 멈춘다. 돌아본다. 흙빛 얼굴에 웃음이 지나간다.

"내가 왜 죽지? 누구 좋아하라고 죽는단 말이냐?"

나직한 음성이다. 홍 씨 눈을 똑바로 주시한다.

㉣"사람 영악한 것은 범보다 더 무섭다는 말 못 들으셨소?"

여전히 나직한 음성이다.

"무서우면 어떻게 무서워! 우리 내외한테 비상을 먹이겠다 그 말이냐?"

아이고! 아이고! 눈물도 안 나오는 헛울음을 울더니 이번에는 봉순에게 달려들어 머리끄덩이를 꺼두르고 한 소동을 피운다. 읍내서 헌병, 순사들이 왔다는 말에 홍 씨는 겨우 본채로 돌아갔다. 서희는 찢겨진 저고리를 내려다본다.

"길상이 놈이 날 죽으라고 내버리고 갔다."

눈이 부어오른 봉순이는,

"마지막까지 남아서 찾았지마는 사당 마릿장 밑에 숨은 줄이야 우, 우찌⋯⋯ 으흐흐흐."

되풀이 입술을 떨면서 서희는 말했다.

"길상이 놈이 날 죽으라고 내버리고 갔다."

달려온 헌병들에게 맨 먼저 당한 것은 삼수다.

"나, 나으리! 이, 이기이 우찌 된 영문입니까!"

헌병이 총대를 들이대자 겁에 질린 삼수는 그러나 무엇인가 잘못되었거니 믿는 구석이 있어서 조준구를 향해 도움을 청하였다.

"이놈! 이 찢어 죽일 놈 같으니라구!"

무섭게 눈을 부릅뜬 조준구를 바라본 삼수 얼굴은 일순 백지장으로 변한다.

"예? 머, 머, 머라 캤십니까?"

"이놈! 네 죄를 몰라 하는 말이냐? ㉤간밤에 감수한 생각을 하면 네놈을 내 손으로 타살할 것이로되 으음, 능지처참할 놈 같으니라구. 이놈! 어디 한번 죽어 봐라!"

"나, 나으리! 꾸, 꿈을 꾸시는 깁니까? 이, 이 목심을 건지 디린 이, 이 삼수 놈을 말입니다!"

그러나 조준구는 바로 저놈이 폭도의 앞잡이였다고 이미 한 말을 다시 강조할 뿐이다. 물론 이 경우 폭도란 의병을 일컬은 것이다.

– 박경리, 〈토지〉

한 걸음 더

〈토지〉의 시간적 · 공간적 배경

〈토지〉는 경남 하동 평사리를 비롯하여 지리산 일대, 서울, 부산, 진주 등 한반도와 일본 동경, 러시아 연해주 등 국내외적인 지역을 공간적 배경으로 하고, 구한말에서부터 해방에 이르기까지를 시간적 배경으로 하고 있다. 이 시기는 봉건적 질서가 무너지고 일제 강점하에 민족이 수난을 겪던 때이다. 이 작품은 동학과 의병, 삼일 운동, 부산의 노동자 파업, 만주와 연해주 일대의 독립운동 등 역사적 사건을 다루면서 광활한 공간을 넘나드는 인물들의 삶을 나타내고 있다. 이러한 시 · 공간적 배경을 바탕으로 다양한 계층들의 모습을 사실적으로 나타내면서 당대 우리 민족의 보편적인 삶과 운명을 그리고 있다.

제대로 구조화하기

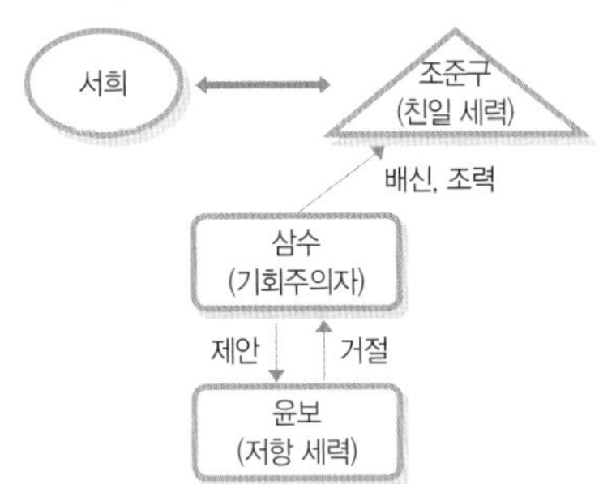

01 [A]와 [B]에 대한 설명으로 적절하지 않은 것은?

① [A]는 비유적 표현을 활용하여 인물의 은밀한 행동 양상을 드러낸다.
② [B]는 음성 상징어를 활용하여 행동의 격렬함을 강조한다.
③ [A]는 장면에 대한 관찰을 중심으로 서술하고, [B]에는 인물의 내면에 대한 직접적 서술이 나타난다.
④ [A]는 시제가 과거형에서 현재형으로 바뀌면서 장면에 긴장감을 더하고, [B]는 현재형 진술을 활용하여 인물 간 갈등을 더욱 생생하게 전달한다.
⑤ [A]는 시간적 배경을 통해 장면의 분위기를 드러내고, [B]는 공간적 배경의 변화를 통해 인물 간 대립의 원인을 드러낸다.

02 ㉠~㉤에 대한 이해로 가장 적절한 것은?

① ㉠: 삼수는 자신의 말대로 하면 '조가'도 제거할 수 있고 윤보의 계획도 숨길 수 있음을 알리고 있다.
② ㉡: 삼수는 자신이 윤보의 계획을 이미 알고 있어 이를 동네에 알리겠다며 윤보를 협박하고 있다.
③ ㉢: 홍 씨는 자신을 습격했던 무리를 '화적 놈'이라 부르며 서희가 그들과 공모했다고 몰아가고 있다.
④ ㉣: 서희는 홍 씨에게 홍 씨의 뻔뻔함과 영악함이 도를 넘었음을 경고하고 있다.
⑤ ㉤: 조준구는 지난밤 자신을 습격했던 삼수의 행동에 분노하고 있다.

03 〈보기〉를 바탕으로 윗글을 감상한 내용으로 적절하지 않은 것은? [3점]

〈보기〉

〈토지〉는 개화기부터 해방 무렵까지 우리 민족의 수난과 저항의 역사를 다루고 있다. 근대 이전까지 비교적 안정적이었던 신분 질서와 사회적 관계는 이 시기를 거치며 큰 변화를 겪는데, 〈토지〉에서는 몰락한 양반층, 친일 세력, 저항 세력, 기회주의자 등 다양한 인물들이 때로 협력하고 때로 대립하면서 복잡한 관계망을 형성한다.

① 최 참판가 습격을 준비하던 윤보가 삼수의 제안을 듣지 않은 것으로 하겠다는 내용으로 보아, 윤보는 삼수와의 협력 관계를 거부한 것이군.
② 타작마당에 모인 장정들이 횃불을 들고 윤보와 함께 움직이는 것으로 보아, 이들은 조준구로 대표되는 친일 세력과 대립하고 있군.
③ 봉순이가 달려들어 서희 몸을 잡아당기는 것으로 보아, 이전까지 비교적 안정적이었던 신분 질서가 흔들리며 봉순이와 서희의 협력 관계가 약화되고 있군.
④ 홍 씨의 모욕에 죽을 생각을 했던 서희가 홍 씨의 눈을 똑바로 주시한 것으로 보아, 홍 씨와 서희는 대립 관계를 이어 가겠군.
⑤ 윤보에게 조준구를 치라고 했던 삼수가 조준구의 목숨을 구해 줬다는 것으로 보아, 조준구와 삼수의 관계는 상황에 따라 변하는군.

제대로 접근법

문제 채점까지 마친 후 복습할 때 보세요.

01
서술상의 특징을 파악하는 유형이다. 작품 전체가 아니라 특정 부분에 나타난 특징을 찾아 서로 비교하라고 요구하고 있다.
하나의 선택지 안에서 맞는 진술과 틀린 진술을 구분할 수 있어야 한다. [A]에 대한 진술은 맞고 [B]에 대한 진술은 틀리게 하거나, 서술상의 특징에 대한 진술은 맞고 그 효과에 대한 진술은 틀리게 하여 오답을 유도하기 때문이다.

02
구절의 의미를 파악하는 유형이다. 사건의 전개 과정과 인물의 성격 및 태도에 대한 정확한 이해가 필요하다.
삼수가 찾아오자 윤보는 최 참판가에 대한 습격을 앞당기고, 간신히 목숨을 구한 홍 씨는 서희가 이들과 공모했다고 여긴다. 삼수, 윤보, 서희, 홍 씨, 조준구 등 인물 간의 관계를 정리한 다음 ㉠~㉤의 의미를 유추해 보자.

03
외적 준거에 따라 작품을 감상하는 유형이다. 〈보기〉를 참고하여 인물 간의 관계를 다시 정리한 다음 선택지의 적절성을 판단해 보자.
〈보기〉에서 말하는 친일 세력은 조준구, 저항 세력은 윤보, 기회주의자는 삼수를 가리킨다. 하지만 선택지의 내용이 쉽게 구성되어 있어 〈보기〉의 내용을 깊이 있게 분석하지 않아도 어렵지 않게 문제를 해결할 수 있다.

1차 채점	
맞은 문항 수	개
틀린 문항 수	개
헷갈리는 문항 번호	

• 틀린 문항 '/' 표시

→

2차 채점	
맞은 문항 수	개
틀린 문항 수	개
헷갈리는 문항 번호	

• 틀린 문항 '×' 표시

→

3차 채점	
맞은 문항 수	개
틀린 문항 수	개
헷갈리는 문항 번호	

• 틀린 문항 '☆' 표시

◉ 권장 풀이 시간 : 6분 10초

[01-04] 다음 글을 읽고 물음에 답하시오.

도시의 발전은 옛 성벽을 깨트리고, 아직도 초평(草坪)이 남아 있는 이 성 밖으로 뀌여 나오기 시작한 것이었다. 그리하여 아직도 자리 잡히지 않은 이 거리의 누렇던 길이 매연과 발걸음에 나날이 짙어서 ⓐ꺼멓게 멍들기 시작한 이 거리를 지나면 얼마 안 가서 옛 성문이 있었다. 그 성문을 통하여 이 신작로의 수직선으로 뚫린 시가가 바라보이는 것이었다. 그 성문 밖을 지나치면 신흥 상공 도시라는 이 도시의 공장 지대에 들어서게 된다. 병일이가 봉직하고 있는 공장도 그곳에 있었다. 병일이는 이 길을 2년간이나 걸었다. 아침에는 집에서 공장으로, 저녁에는 공장에서 집으로 가는 가장 가까운 길이므로 이 길을 걷는 것이었다.

병일이는 취직한 지 2년이 되도록 신원 보증인을 얻지 못하였다. 매일 저녁마다 병일이가 장부의 시재(時在)를 막아 놓으면, 주인은 금고의 현금을 헤었다. 병일이가 장부에 적어 놓은 숫자와 주인이 헤인 현금이 맞맞아떨어진 후에야 그날 하루의 일이 끝나는 것이었다. 주인이 금고 문을 잠근 후에 병일이는 모자를 집어 들고 사무실 문밖에 나선다. 한 걸음 앞서 나섰던 주인은 곧 사무실 문을 잠가 버리는 것이었다. 사무실 마루를 쓸고, 훔치고, 손님에게 차와 점심 그릇을 나르고, 수십 장의 편지를 쓰고, 장부를 정리하는 등 ⓑ소사와 급사와 서사의 일을 한 몸으로 치르고 난 뒤에 하숙으로 돌아가는 병일의 다리와 머리는 물병과 같이 무거웠다.

주인에게 작별 인사를 하고 공장 문밖을 나서면 하루의 고역에서 벗어났다는 시원한 느낌보다도 작은 별들이 반짝이는 하늘 아래 말할 수 없이 호젓해짐을 금할 수 없었다. 그는 주인 앞에서 참고 있었던 담배를 가슴 속 깊이 빨아 들이켜며, ㉠2년 내로 구하여도 얻지 못하는 신원 보증인을 다시금 궁리하여 보는 것이었다. 현금에 손을 대지 못하고, 금고에 들어 있는 서류에 참견을 못 하는 것이 책임 문제로 보아서 무한히 간편한 것이지만 ㉡취직한 첫날부터 지금까지 하루도 변함없이 자기를 감시하는 주인의 꾸준한 태도에 병일이도 꾸준히 불쾌한 감을 느껴온 것이었다. 주인의 이러한 감시에 처음 얼마 동안은 신원 보증이 없어서 그같이 못 미더운 자기를 그래도 써 주는 주인의 호의를 한없이 감사하고 미안하게 여겼다. 그다음 얼마 동안은 병일이가 스스로 믿고 사는 자기의 담박한 성정을 그리도 못 미더워하는 주인의 태도에 원망과 반감을 가지게 되었다.

(중략)

근자에 병일이는 사무실에서 장부 정리를 할 때에도 혹시 후원에서 성낸 소와 같이 거닐고 있던 니체가 푸른 이끼 돋친 바위를 붙안고 이마를 부딪치는 것을 상상하고 작은 신음 소리가 나오려는 것을 깨닫고는 몸서리를 치기도 하였다. 그럴 때마다 곁에서 담배를 피우며 신문을 뒤적이고 있는 주인을 바라볼 때 ㉢신문 외에는 활자와 인연이 없이 살아갈 수 있는 그들의 생활이 부럽도록 경쾌한 것 같았다. 사실 ㉣월급에서 하숙비를 제하고 몇 푼 안 남는 돈으로 탐내어 사들인 책들이 요즈음에는 무거운 짐같이 겨웠다. 활자로 박힌 말의 퇴적이 발호하여서 풍겨 오는 문학의 자극에 자기의 신경은 확실히 피곤하여졌다고 병일은 생각하였다.

피곤한 병일이는 사무실에서 돌아올 때마다 이 지루한 ⓒ장마는 언제까지나 계속할 셈인가고 중얼거렸다. 지금부터는 마음대로 할 수 있는 '나의 시간'이라고 생각하며 돌아가는 길에 언제나 발을 멈추고 바라보는 성문을 요즈음에는 우산 속에 숨어서 그저 지나치는 때가 많았다. 혹시 생각나서 돌아볼 때에는 수없는 빗발에 씻기며 서 있는 ⓓ누각을 박쥐조차 나

제대로 감상법 ✩ 문제 풀이까지 마친 후 복습할 때 보세요.

최명익, 〈비 오는 길〉

제목의 의미

'비 오는 길'에서 '비'의 우울한 이미지는 자신의 소망이나 욕구가 충족되지 않아 내면적인 갈등을 겪고 있는 주인공 병일의 정서를 심화하고 있다. 비가 내리는 길의 모습을 통해 주인공의 무기력한 내면 의식을 형상화하고, 지식인의 무기력한 일상과 그에 따른 고독감을 드러낸 작품이다.

구성

▣ 중요 인물
- (❶): 가난한 노동자이자 무기력한 지식인으로, 자의식 과다로 무기력증에 빠짐.
- (❷): 삶에 지친 병일의 일시적 도피처인 사진관의 주인으로, 소시민적 행복을 추구함.

▣ 사건과 갈등: 사색을 좋아하는 병일은 반복되는 노동자의 삶에 무기력감을 느낌. 일시적 도피처인 사진관의 사진사와 교류하며 잠깐 동안의 위안을 받지만 다시 자기만의 세계로 돌아옴.

▣ 소재와 배경의 의미
- (❸): 병일이 책을 읽으며 자신의 세계에 몰두하는 공간
- (❹): 병일이 삶에 지쳐 잠시 도피하는 도피처

문체 – 서술상의 특징
- 무기력하고 허무주의적인 지식인의 내면을 그림.
- 대비되는 인물을 통해 주제 의식을 형상화함.
- 상황에 대한 인물의 주관적인 판단을 중심으로 이야기를 서술함.

주제

현실적 삶과 독서 사이에서 갈등하는 현대인의 모습

들지 않았다. 전날 큰 구렁이가 기왓장을 떨어쳤다는 말이 병일에게는 육친의 시체를 보는 듯한 침울한 인상을 주는 것이었다. 모기 소리와 빈대 냄새와 반들거리다가 새침히 뛰어오르는 벼룩이가 기다릴 뿐인 바람 한 점 없는 하숙방에서 활자로 시꺼멓게 메워진 책과 마주 앉을 용기가 없어진 병일이는 어떤 유혹에 끌리듯이 사진관으로 찾아가게 되었다.

사진사도 병일이를 환영하였다. 그리고 거기는 술과 한담이 있었다. 아직껏 취흥을 향락해 본 경험이 없던 병일이는 자기도 적지 않게 마시고 제법 사진사와 같이 한담을 주고받을 수 있다는 것이 만족하게 생각되기도 하였다. 사진사가 수다스럽게 주워섬기는 이야기를 듣고 있는 동안에 병일이는 ㉤문득 자기를 기다릴 듯한 어젯밤 펴놓은 대로 있을 책을 생각하고 시계를 쳐다보기도 하였으나 문밖에 빗소리를 듣고는 누구에 대한 것인지도 모른 송구한 마음을 가라앉히는 것이었다. 그럴 때마다 그는 이야기에 신이 나서 잊고 있는 사진사의 잔을 집어서 거푸 마셨다.

밤 12시가 거진 되어서 하숙으로 돌아가는 병일이는 비를 맞는 것이 오히려 마음이 편하였다. '이것이 무슨 짓이냐!' 하는 반성은 갈라진 검은 구름 밖으로 보이는 별 밑에 한층 더하므로 '이 생활은 일시적이다. 장마의 탓이다.' 하는 생각을 오는 비에 핑계하기가 편하였던 것이다. 책상 앞에 돌아온 병일이는 '내 마음대로 할 수 있는 시간'이 모두 없어진 것을 새삼스럽게 느끼고 있는 자기를 발견하는 것이었다. 이른 아침 시간을 위하여 자야 할 병일이는 벌써 깊이 잠들었을 사진사의 ⓔ코 고는 소리가 들리는 듯하여 잠이 오지 않았다.

– 최명익, 〈비 오는 길〉

제대로 구조화하기

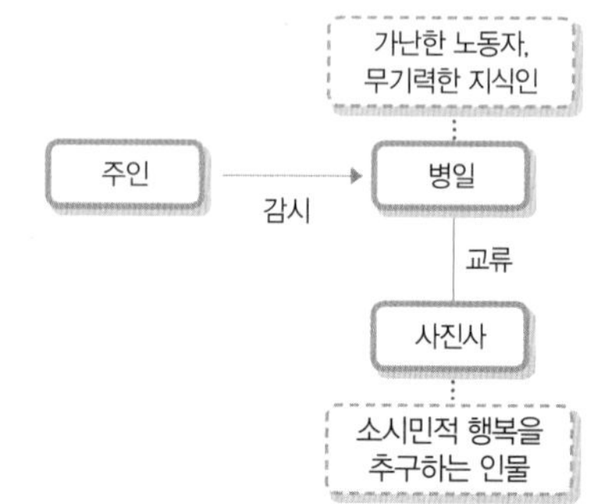

01 윗글에 대한 설명으로 가장 적절한 것은?

① 풍자적 어조를 통해 세태를 우회적으로 비판하고 있다.
② 상황에 대한 인물의 주관적인 판단을 중심으로 이야기를 서술하고 있다.
③ 인물의 과장된 말과 행동을 통해서 비극적인 분위기에 반전을 꾀하고 있다.
④ 자연에 대한 감각적인 묘사를 중심으로 환상적인 분위기를 그려 내고 있다.
⑤ 빈번하게 장면을 전환하여 인물들 사이에 조성된 긴장감을 해소하고 있다.

제대로 접근법 문제 채점까지 마친 후 복습할 때 보세요.

01
서술상의 특징을 파악하는 유형이다. 먼저 이 작품이 주인공의 자의식과 무기력감을 중심으로 전개되고 있다는 점을 이해해야 한다.
보통 일부는 맞고 일부는 틀린 내용으로 선택지를 구성하여 오답을 유도한다. 하지만 이 문제의 경우, 오답 선택지의 내용이 제시된 지문의 내용과 동떨어져 있어 어렵지 않게 정답을 찾을 수 있다.

02 ⓐ~ⓔ에 대한 이해로 적절하지 않은 것은?

① ⓐ는 변화하고 있는 주변 환경을 말하고 있다.
② ⓑ는 '병일'이 '사무실'에서 하는 반복적인 일이다.
③ ⓒ는 피곤한 '병일'에게 지루함을 더하는 요인 중 하나이다.
④ ⓓ는 노동에서 벗어난 '병일'이 '나의 시간'을 보내는 곳이다.
⑤ ⓔ는 '병일'의 휴식을 방해하는 상상의 소리이다.

02
소재의 기능을 파악하는 유형이다. 소재의 의미와 기능은 인물의 상황 및 심리와 긴밀하게 연관되어 있다. 사색을 좋아하는 병일은 반복되는 노동자의 삶에 무기력감을 느끼고, 사진사와 교류하며 잠깐 동안의 위안을 받지만 다시 자기만의 세계로 돌아온다.
이러한 내용을 바탕으로 소재가 포함된 문장과 그 앞뒤 맥락을 고려하여 ⓐ~ⓔ의 의미와 기능을 유추한다.

▶ 해설편 97쪽

03 〈보기〉를 참고하여 ㉠~㉤을 감상한 내용으로 적절하지 않은 것은? [3점]

〈보기〉

소망이나 욕구가 충족되지 못해서 갈등을 겪는 개인은 심리적으로 불안한 상태에 빠진다. 특히 사회적으로 불안정한 처지에 놓여 있는 개인은 긴장과 갈등 상황에 과민하게 반응하며 현실에 적응하는 데에 어려움을 겪는다. 이 과정에서 불쾌감, 고독, 우울, 불면 같은 심리적 불안 증세가 표출된다. 이 같은 증세를 보이는 개인은 불안을 야기하는 요소를 차단하기 위해 자기만의 세계에 몰두하려고 한다. 그렇다고 자기만의 세계에 만족하는 것은 아니며 타인의 삶에 대한 관심과 실망을 오가는 이중적 감정을 드러낸다.

① ㉠은 사회적으로 불안정한 처지에 놓여 있는 '병일'의 상태를 보여 주는군.
② ㉡은 자신이 의심을 받는다고 생각하는 '병일'의 심리적 불안이 드러난 예이군.
③ ㉢에서는 자신의 세계에 만족하지 못하는 '병일'이 타인의 세속적 삶에 관심을 갖고 있음을 알 수 있군.
④ ㉣에서는 자신이 몰두하던 세계에서 '병일'이 더 이상 만족을 찾지 못하고 있음을 알 수 있군.
⑤ ㉤에서는 '병일'이 타인의 삶에 대한 관심과 실망을 오가고 있음을 알 수 있군.

04 하숙방과 사진관에 대한 이해로 가장 적절한 것은?

① 하숙방은 '병일'이 자신을 대면하는 고독한 곳이고, 사진관은 삶에 지친 '병일'이 일시적으로 도피하는 곳이다.
② 하숙방은 '병일'이 '니체'에 관한 상상을 하였던 곳이고, 사진관은 '사진사'에 대한 '병일'의 동정이 드러나는 곳이다.
③ 하숙방은 '병일'이 자신의 사회적 관계를 회복하려고 노력하는 곳이고, 사진관은 '병일'에게 위안을 주는 곳이다.
④ 하숙방은 '주인'의 감시가 계속되는 곳이고, 사진관은 '병일'이 이전에 해 보지 못한 경험을 하는 곳이다.
⑤ 하숙방은 '병일'이 '고역'을 지속하는 곳이고, 사진관은 '병일'이 자신의 과거를 긍정하는 곳이다.

제대로 접근법

☆ 문제 채점까지 마친 후 복습할 때 보세요.

03
외적 준거에 따라 작품을 감상하는 유형이다. 〈보기〉에서는 사회적으로 불안정한 처지에 놓여 있는 개인의 특징에 대해 설명하고 있는데, 이는 병일의 심리를 설명하기에 적절한 내용이다.
병일은 가난한 노동자이자 무기력한 지식인으로, 자의식 과다로 무기력증에 빠진 인물이다. 〈보기〉에 제시된 '사회적으로 불안정, 심리적 불안 증세, 자기만의 세계에 몰두' 등에 주목하여 작품을 감상하고 선택지의 적절성을 판단한다.

04
작품에 나타난 배경의 의미와 역할을 파악하는 유형이다. 피곤한 노동을 마치고 돌아와 독서를 할 수 있는 '하숙방'은 병일이 자신의 세계에 몰두할 수 있게 하는 공간이고, 타인에 대한 관심으로 찾은 '사진관'은 병일이 이전에 해 보지 못한 경험을 하면서 위안을 받는 공간이다.
이처럼 병일에게 '하숙방'과 '사진관'은 다른 기능을 하는 공간이다. 이에 주목하면 두 공간의 의미와 그 차이를 이해할 수 있다.

1차 채점		
맞은 문항 수		개
틀린 문항 수		개
헷갈리는 문항 번호		

• 틀린 문항 '/' 표시

→

2차 채점		
맞은 문항 수		개
틀린 문항 수		개
헷갈리는 문항 번호		

• 틀린 문항 'x' 표시

→

3차 채점		
맞은 문항 수		개
틀린 문항 수		개
헷갈리는 문항 번호		

• 틀린 문항 ☆ 표시

◉ 권장 풀이 시간 : 4분 30초

[01-03] 다음 글을 읽고 물음에 답하시오.

㉠그렇게…… 그렇게도 배가 고프디야.

그 넓은 운동장을 다 걸어 나올 때까지 불현듯 어머니의 입에서 새어 나온 말은 꼭 그 한마디였다. 하지만 그것은 반드시 그를 향해 묻는 말이라기보다는 넋두리에 더 가까웠다. 교문을 나선 어머니는 집으로 가는 길을 제쳐 두고 웬일인지 곧장 다릿목에서 왼쪽으로 꺾어 드는 것이었다. 저만치 구호소 식당이 눈에 들어왔을 때 그는 까닭 모를 두려움과 수치심으로 뒷걸음질을 쳤다. 그런 그를 어머니는 별안간 무서운 힘으로 잡아끌었다.

㉡가자. 아무리 없어서 못 먹고 못 입고 살더래도 나는 절대로 내 새끼를 거지나 도둑놈으로 키울 수는 없응께. 시상에…… 시상에, 돌아가신 느그 아버지가 이런 꼴을 보시면 뭣이라고 그러시끄나이.

어머니의 음성은 돌연 냉랭하게 변해 있었다. 끝내 그는 와앙 울음을 터뜨려 버리고 말았다. 그러나 어머니는 기어코 구호소 식당 안의 때 묻은 널빤지 의자 위에 그를 끌어다가 앉혀 놓았다.

잠시 후 어머니가 손바닥에 받쳐 들고 온 것은 ⓐ한 그릇의 국수였다. 긴 대나무 젓가락이 찔려져 있는 그것을 어머니는 그의 앞으로 밀어 놓으며 말했다.

㉢먹어라이. 어서 먹어 보란 말다이…….

어머니의 음성에는 어느새 아까의 냉랭함이 거의 지워져 있었다. 그는 몇 번 망설이다가는 젓가락을 뽑아 들고 무 조각 하나가 덩그러니 떠 있는 그 구호용 가락국수를 먹기 시작했다. 그러다가 문득 고개를 들었던 그는 그만 젓가락을 딸각 놓아 버리고 말았다. 마주 앉아서 그때까지 그를 줄곧 지켜보고 있었을 어머니의 눈에는 소리도 없이 눈물이 그득히 괴어오르고 있었기 때문이었다. 탁자 밑에 가지런히 모아져 있는 어머니의 낡은 먹고무신을 내려다보며 그는 갑자기 목구멍이 뻐근해져 옴을 느껴야 했다.

그 후, 그는 두 번 다시 그 빈민 구호소 식당 앞에서 얼쩡거리지 않았다. 아마도 그런 기억 때문이었는지는 몰라도, 두 아이의 아버지가 된 지금까지도 국수는 그에게 여전히 싫어하는 음식으로 남아 있었다.

(중략)

어머니한테 뭔가 이상한 변화가 일어나고 있을지도 모른다는 불길한 조짐을 처음으로 느끼기 시작한 것은 두 달 전쯤부터였다. 그날따라 겨울이 전에 없이 일찍 앞당겨 찾아온 듯한 늦가을 날씨로 밖은 유난히 썰렁했다. 젓가락으로 밥알을 헤아리듯 하며 맛없는 아침상을 받고 있노라니까 아내가 심상찮은 기색으로 곁에 쪼그려 앉는 것이었다. 그녀가 미처 입을 열기도 전에 그는 짐짓 신경질적인 표정부터 준비했다. 그즈음은 마침 지난달의 봉급을 받지 못한 데다가 그달 봉급마저도 벌써 며칠째 넘기고 있던 참이었으므로, 이번에도 또 아내의 입에서 보나마나 궁색한 소리가 튀어나오리라고 지레짐작했던 때문이었다. 급료도 제대로 나오지 않는 직장을 뭣 하러 나다녀야 하느냐는 당연한 투정 때문에 얼마 전에도 한바탕 말다툼을 벌였던 적이 있었던 것이다. 그러나 이날 아침은 그게 아니었다.

여보, 나가시기 전에 어머님 좀 잠시 들여다보세요. 암만해도…….

아니 왜, 감기약을 지어 드렸는데도 여전히 차도가 없으시대?

며칠 전부터 몸이 편찮으시다고 누워 계시는 줄은 그도 알고 있었다. 병원에 가 보는 게 어떻겠느냐고 물었더니, 특별히 아픈 데는 없노라고, 아마도 고뿔인 것 같으니까 누워 있으면

제대로 감상법

문제 풀이까지 마친 후 복습할 때 보세요.

임철우, 〈눈이 오면〉

제목의 의미

'눈이 오면'에서 '눈'은 차가운 이미지를 통해 고향의 상실로 인한 삭막한 분위기를 효과적으로 드러내며, 어머니를 잃어버린 주인공 '나'의 쓸쓸한 심정을 나타내고 있다. 눈이 내리는 아파트촌의 모습을 통해 산업화로 인한 고향 상실을 형상화하고, 잃어버린 고향에 대한 그리움을 그리고 있는 작품이다.

구성

▣ 중요 인물
- '그'(찬우): 궁핍했던 유년 시절에 어머니의 사랑을 경험하고, 어른이 된 후 치매에 걸린 어머니의 모습에 망연자실함.
- (❶): 어린 시절의 '그'를 훈계하지만 자식에 대한 측은함과 사랑을 드러내며, 두 달 전쯤부터 치매 증세를 보임.
- 아내: 어머니의 치매 증세를 눈치채고 남편에게 알림.

▣ 사건과 갈등: [과거] 궁핍한 삶이지만 어머니의 사랑을 느낌. / [현재] 어머니의 (❷) 증세를 알고 당황함.

▣ 소재와 배경의 의미
- (❸): '그'가 어머니의 속마음을 깨닫게 하는 매개물이자 궁핍했던 유년 시절의 아픈 기억을 떠오르게 하는 음식
- (❹): 궁핍했던 유년 시절의 삶의 공간이자 어머니가 돌아가고 싶어 하는 그리움의 공간

문체 – 서술상의 특징
- 고향을 찾아가는 여로형 구조로 전개되고 있음.
- 인물의 내적 독백이 직접적으로 표출됨.
- '그(찬우)'의 시각에서 어머니의 행동을 서술하며 사건이 전개됨.

주제

산업화로 인해 잃어버린 고향에 대한 그리움

▶ 해설편 100쪽

곧 괜찮아질 거라고 하며 어머니는 손을 내젓던 것이었다.

그게 아니라, 저어, 암만해도 어머님이 좀 이상해지신 것 같단 말예요.

그, 그건 또 무슨 소리야.

아내는 뭔가 숨기고 있는 듯한 어정쩡한 표정으로 그의 눈치를 살피고 있었다. 문득 불길한 예감이 뒤통수를 때렸다.

아무리 봐도 예전 같지가 않으시다구요. 그렇게 정신이 총총하시던 분이 별안간 무슨 말인지도 모를 헛소리를 하시기도 하고……. 어쩌다가는 또 말짱해 보이시는 것 같다가도 막상 물어 보면 전혀 엉뚱한 대답을 하시는 거예요. 처음엔 일부러 그러시는가 했는데, 글쎄 그게 아니에요.

도대체 난데없이 무슨 소릴 하고 있는 거야, 지금.

설마 어머니가 그럴 리가 있을까 싶으면서도 왠지 섬뜩한 예감에 그는 숟가락을 놓고 곧장 건너가 보았다.

어머니는 이불을 덮고 누워 무얼 생각하는지 멀거니 천장만 올려다보고 있었다. 의외로 안색이 나아 보였으므로 그는 적이 맘을 놓았다. 하지만 어머니는 두 번씩이나 부르는 아들의 목소리에도 대답이 없었다. 그저 꼼짝도 하지 않고 망연한 시선을 천장의 어느 한 점에 멈춰 두고 있을 뿐이었다. 한동안 멍청하게 앉아 있던 그가 자리에서 마악 일어서려 할 때였다.

㉣찬우야이!

어머니의 입에서 불쑥 그 한마디가 튀어나오는 순간 그는 가슴이 철렁했다. 직감적으로 어떤 불길한 예감이 전신을 휩싸 안는 것 같았다. 아직까지 어머니는 한 번도 그렇게 아들의 이름을 직접 부르는 적이 없었다. 적어도 그가 결혼한 후로는 그랬다. 하지만 그보다도 더 그가 놀랐던 것은 어머니의 음성에서였다. 그것은 이미 예전의 귀에 익은 음성이 아니었다. 언제나 보이지 않는 따뜻함과 부드러움으로 흘러나오곤 하던 그 목소리에는 대신 어딘가 냉랭하면서도 들떠 있는 듯한 건조함이 배어 있었다. 그 음성을 듣는 순간 그가 내심 섬찟했던 것은 바로 그 생경한 이질감 때문이었는지도 모른다. 그는 놀란 눈으로 황급히 어머니의 얼굴을 들여다보았다.

㉤찬우야이, 어서 꼬두메로 돌아가자이. 느그 아부지랑 찬세가 얼매나 기다리겠냐아. 더 추워지기 전에 싸게싸게 집으로 가야 한단 말다이.

어머니는 나직하게, 그러나 힘이 서린 목소리로 그렇게 말하는 것이었다. 그가 너무 당황하여 그 말이 무슨 뜻인지를 얼른 쉽사리 가려낼 수가 없었다.

– 임철우, 〈눈이 오면〉

한 걸음 더

서술상의 특징

〈눈이 오면〉은 '그(찬우)'가 어머니와 함께 겨울밤 완행열차를 타고 고향을 찾아가는 여로형 구조를 취하고 있다. 기차 안에서 '그'는 과거를 회상하며 자신의 현재 모습과 삶의 의미 등을 성찰하게 된다. 전지적 작가 시점을 취하고 있지만 주로 '그(찬우)'의 시각에서 어머니의 행동을 중심으로 사건을 서술한다. 갑자기 고향인 꼬두메를 찾게 된 배경, 고향에 내려가며 떠올리는 지난날의 삶, 도착한 고향에서 꼬두메의 의미를 생각하는 것 모두 '그'의 시선을 통해 바라본 어머니의 행동을 중심으로 서술되고 있다.

제대로 구조화하기

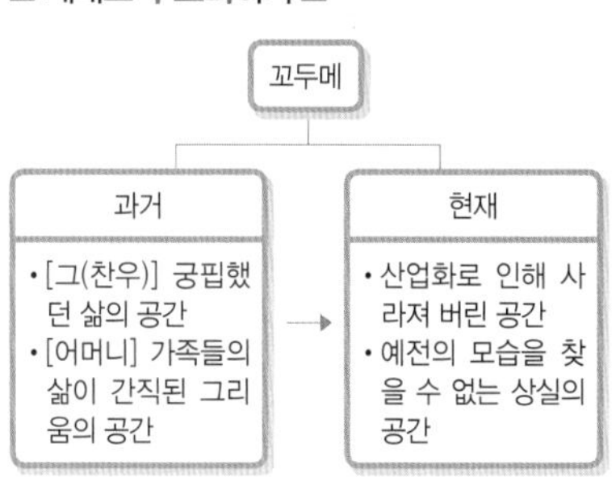

01 윗글의 서술상 특징으로 가장 적절한 것은?

① 특정 인물의 회상을 중심으로 이야기를 전개하고 있다.
② 계절의 변화를 통해 사건 해결의 실마리가 드러나고 있다.
③ 공간적 배경에 대한 상세한 묘사를 통해 사건 전개를 지연시키고 있다.
④ 서술자가 관찰자의 입장에서 사건을 전달함으로써 객관성을 높이고 있다.
⑤ 서술의 초점을 다양한 인물로 옮겨 가며 갈등을 다각적으로 조명하고 있다.

제대로 접근법

문제 채점까지 마친 후 복습할 때 보세요.

01
서술상의 특징을 파악하는 유형이다. 작품 전반에 두드러진 특징을 쉽게 찾을 수 있음에도 불구하고 오답률이 높은 편이었다. 선택지에 언급된 서술상의 특징이 지문에 나타나는지, 서술상의 특징과 그 효과가 바르게 연결되어 있는지 등을 꼼꼼하게 점검해 보자.
전지적 작가 시점과 작가 관찰자 시점을 구분할 때는 인물의 심리를 서술자가 직접 제시하는 부분이 있는지 찾아본다.

02 ⓐ에 대한 설명으로 가장 적절한 것은?

① '어머니'와 '그'의 갈등을 지속시키는 매개물이다.
② '그'가 사회 문제에 관심을 갖게 하는 매개물이다.
③ '그'가 '어머니'의 속마음을 깨닫게 하는 매개물이다.
④ '어머니'에 대한 '그'의 배려를 드러내는 매개물이다.
⑤ 어려운 처지의 '어머니'에게 위안을 주는 매개물이다.

03 〈보기〉를 참고하여 ㉠~㉤을 감상한 내용으로 적절하지 않은 것은? [3점]

〈보기〉

〈눈이 오면〉에서는 어머니의 목소리가 발화 내용과 어우러져 '그'에게 특별한 메시지를 전달한다. 그 목소리는 '그'에게 수치심, 죄책감, 불길함, 섬찟함, 당혹감 등의 감정을 불러일으키거나 특정한 행동을 야기한다.

① ㉠에서 '어머니'가 넋두리에 가까운 말로 아들의 배고픔을 언급한 것은 '그'가 구호소 식당을 보았을 때 느낀 까닭 모를 두려움과 수치심으로 이어지는군.
② ㉡에서 '어머니'가 냉랭한 음성으로 '아버지'를 언급한 것은 '그'에게 죄책감을 불러일으켜 결국 '그'로 하여금 울음을 터뜨리게 하는군.
③ ㉢에서 '어머니'가 냉랭함이 사라진 음성으로 '그'에게 국수를 먹으라고 권하는 것은 '그'에게 불길함을 느끼게 하여 젓가락을 딸각 놓는 행동에 영향을 주는군.
④ ㉣에서 '어머니'가 생경한 이질감이 느껴지는 음성으로 '그'의 이름을 부른 것은 '그'에게 '어머니'의 변화를 인식하게 하여 섬찟함을 느끼게 하는군.
⑤ ㉤에서 '어머니'가 힘이 서린 목소리로 돌아가신 아버지가 있는 집으로 가자고 하는 것은 과거와 현재를 구분하지 못하는 '어머니'의 모습을 드러내어 '그'에게 당혹감을 갖게 하는군.

제대로 접근법

문제 채점까지 마친 후 복습할 때 보세요.

02
소재의 의미와 기능을 파악하는 유형이다. 선택지가 '~는 매개물이다.'와 같이 구성되어 있으므로, '한 그릇의 국수'가 '그'와 어머니 사이에 무엇인가를 매개하고 있음을 짐작할 수 있다.
'냉랭함이 거의 지워져 있었다.', '눈물이 그득히 괴어 오르고' 등의 표현을 고려하면 ⓐ가 무엇을 의미하는지 판단할 수 있다.

03
말하기 방식과 인물의 심리를 파악하는 유형이다. 대화의 앞뒤에 제시된 정보를 통해, 발화로 인해 '그'가 느끼게 되는 감정을 추측해 보자.
㉠~㉤은 모두 어머니의 발화이다. 어머니의 발화에 대한 '그'의 심리는 그 뒷부분에 제시된 내용을 통해 알아낼 수 있다. 과거를 회상하는 장면에서 어머니의 발화는 '그'에게 두려움과 수치심을 느끼게도 하고 죄송함과 사랑의 감정을 느끼게도 한다. 그리고 어머니가 치매 증세를 보이는 장면에서 어머니의 발화는 '그'에게 섬찟함과 당혹감을 느끼게 함을 알 수 있다.

1차 채점		
맞은 문항 수		개
틀린 문항 수		개
헷갈리는 문항 번호		

• 틀린 문항 '/' 표시

→

2차 채점		
맞은 문항 수		개
틀린 문항 수		개
헷갈리는 문항 번호		

• 틀린 문항 '×' 표시

→

3차 채점		
맞은 문항 수		개
틀린 문항 수		개
헷갈리는 문항 번호		

• 틀린 문항 ⩕ 표시

◉ 권장 풀이 시간 : 4분 40초

[01-03] 다음 글을 읽고 물음에 답하시오.

뒤에야 알았지만 아침에 그런 일이 있고 난 그날 밤에 아내는 그 **고무신짝**을 들고 골목길을 이리저리 기웃거리다가 길가의 아무 집이건 가림이 없이 여느 집 담장으로 휭 던졌던 모양이었다. 물론 아내는 제 자존심도 있었을 터여서 그런 얘기를 나에게는 입 밖에 내기는커녕 전혀 내색조차 하지 않았다. 나도 아침에 그런 일이 있고, 그 고무신짝은 대문 앞의 멋대가리 없게 생긴 시멘트 덩어리 쓰레기통에 버린 뒤, 그런 일은 없었던 셈으로 쳤다. 우리는 미심한 대로 그 일을 그렇게 처결해 버렸던 것이다. 그러나 아내는 그 미심한 점이 역시 미심했던 모양이었다. 나는 하루 종일 거리로 나와 있었지만 아내는 종일토록 집에만 있었으니까, 그 미심한 느낌도 나보다도 훨씬 더했을 것이다. 그렇게 아내는 이미 그 **고무신짝의 논리** 속에 흠뻑 빠져 들어가고 있었다. 그리하여 어두울 무렵에 혼자 나갔을 것이다. 쓰레기통 속에서 희끄무레한 남자 고무신짝을 끄집어냈을 것이다. 골목길을 오르내리며 마땅해 보이는 장소를 물색했을 것이다. 그러다가 **아무 집이건 담장 너머로** 휭 던져 버렸을 것이다. 그렇게 그쯤으로 **액땜**을 했다고 자처해 버렸을 것이다.

그 며칠 뒤, 정확하게 열흘쯤 지나서였다.

아침에 자리에서 눈을 뜨자 먼저 일어나 밖으로 나갔던 아내가,

"아빠아, 눈 왔다아, 눈 왔어어."

호들갑을 떨듯이 소리를 질러서, 나도 벌떡 자리에서 일어나 내의 바람으로 달려 나갔다.

아내는 뜰 한가운데 파자마 바람으로 싱글벙글 웃고 서 있었다.

수북하게 눈이 와 있었다. 게다가 하늘은 활짝 개고 해는 금방 떠오를 모양이었다.

"밤새 왔던 모양이지요."

"그걸 말이라고 하나. 당연하지."

"아이, 야박스러. 좀 그렇다고 맞장구를 쳐 주면 어때요."

"나는 **합리적인 사람**이니까 **이치에 닿지 않는 소린 싫**거든."

"흥, 이치 좋아하시네."

하며 아내는 입은 비시시 웃고 눈은 얄팍하게 나를 흘겨보듯 하더니, 다시 **장난스러운 표정**이 되며 물었다.

"하늘에 깝북 구름이 차 있다가, 가장 빠른 시간 안으로 이렇게 온 하늘이 깨끗이 개어 오르려면 몇 분이나 걸리는지 알아요?"

나는 잠시 무슨 뜻인지 몰라서 뚱하게 아내를 쳐다보았다.

"그건 하늘 나름일 테지."

"하늘 나름이라뇨?"

"넓은 하늘도 있고 좁은 하늘도 있지 않겠어. 그건 어쨌든, 당신은? 당신은 아나?"

"몰라요, 모르니까 묻죠."

하고 아내는 낭랑한 목소리로 한바탕 또 웃었다.

[눈 내린 겨울 아침]과 저 낭랑한 웃음. 이 눈 내린 겨울 아침이 훨씬 더 눈 내린 겨울 아침으로 느껴지도록 하고 있는 저 웃음. 또한 저 웃음으로 하여금 더욱더 저 웃음이도록 해 주고 있는 이 활짝 개어 오른 눈 내린 겨울 아침.

그러나 무엇인가 빠져 있다. 나는 문득 고향의 그 큰 산이 떠오르려고 하는 것을 머리를 설레설레 흔들어 지워 버렸다.

제대로 감상법 ☆ 문제 풀이까지 마친 후 복습할 때 보세요.

이호철, 〈큰 산〉

제목의 의미

'큰 산'은 '나'의 고향에 있던 산으로, 마을을 넉넉하게 보듬어 주며 공동체적 균형과 질서를 잡아 주는 근원적인 힘을 의미한다. 어느 날 갑자기 집 안에 던져진 '고무신짝'에 관련된 일화를 통해 현대인들의 소시민적 이기심을 비판하며, 삶의 균형을 잡아 주는 근원적인 힘의 필요성을 나타낸 작품이다.

구성

▣ 중요 인물

- '나': 마을 사람들이 액으로 여기는 고무신짝을 분석적으로 바라보는 인물로, 고향의 큰 산을 그리워함.
- (❶): 자신의 집에 우연히 들어온 고무신짝을 다른 집에 버리지만 자신의 이기심을 깨닫지 못함.

▣ **사건과 갈등**: 고무신짝을 서로 떠넘기기 위해 몰래 남의 집에 버리는 일이 반복되고, '나'의 집에도 아내가 남의 집에 버렸던 고무신짝이 다시 돌아와 '나'와 아내가 (❷)을 느낌.

▣ 소재와 배경의 의미

- (❸): 마을 사람들에게 '액(厄)'으로 생각되는 불길한 대상으로 사람들의 이기심을 드러내는 소재
- (❹): 삶의 질서와 균형을 유지하는 근원적 중심을 상징함.

문체 – 서술상의 특징

- 현재의 사건 서술과 과거의 사건 회상을 교차시킴.
- 상징적인 소재를 통해 주제 의식을 구현하고 있음.

주제

현대인의 이기심과 소시민적 태도에 대한 비판

그러고 보니, 비나 눈이 오다가 개어 오를 때는 대개 바람이 불면서 스름스름 걷히는데, 어느새 눈 깜짝할 사이에 온 하늘은 활짝 개어 있곤 하는 것이다. 선들바람이 지나가면서 두꺼운 하늘 한복판에 파아란 구멍 하나가 깊숙하게 뻥 뚫렸다 싶으면 스름스름 구름이 날아간다. 다음 순간 눈 깜짝할 사이에 어느새 온 하늘은 끝까지 활짝 개어 있곤 한다. 그렇다, 늘 '어느새'다. '어느새'라는 낱말 하나로 간단히 처리되지만, 간단히 처리 안 될 수도 없게 그렇게 '어느새'다. 하늘 끝에서 끝까지 완전히 개어 오르는 그 과정을 처음부터 끝까지 완벽하게 지켜본 사람이 있을까. 온 하늘의 구름 조각 하나하나가 한꺼번에 스러져 가는 것을 완전히 본 사람이 있을까. 설령 보았대도 마찬가지일 것이다. 정신이 번쩍 들듯이 정신을 차려 보니까 '어느새' 온 하늘이 활짝 개어 있기는 마찬가지일 것이다.

이렇게 눈이 내려서, 게다가 하늘이 개어 올라서 아내는 저렇게도 단순하게 기분이 좋은 모양이었다. 눈을 밟으며 사뿐사뿐 큰 문 쪽으로 달려 나갔다. 그러더니 뜰 끝에서 멈칫 섰다. 일순 여들여들하게 유연하던 아내의 뒷등이 무언가 현실적인 분위기로 굳어지고 있었다.

"어마, 저게 뭐유?"

헛간 쪽의 블록 담 밑을 꾸부정하게 들여다보았다.

"뭔데?"

나도 가슴이 철렁해지며 문득 열흘쯤 전의 그 일이 떠올라 그쪽으로 급하게 다가갔다.

동시에 좀 전의 그 환하던 겨울 아침은 대뜸 우리 둘 사이에서 음산한 분위기로 둔갑을 하고 있었다.

"고무신짝이에요, 또 그, 그 고무신짝."

아내의 목소리는 **완연히 떨고 있었**다. 거의 헐떡거리듯 하였다. 맞다, 고무신짝이었다. 그 새하얗게 씻은 **남자 고무신짝**.

"……"

나는 마치 머릿속의 저 아득한 맨 끝머리에 쩌엉스런 깊고 빈 들판이 있다가, 그것이 또 확 열려 오는 듯한 **공포** 속으로 휘어 감겼다.

– 이호철, 〈큰 산〉

⊞ 한 걸음 더 ⊞

'큰 산'의 상징적 의미

'큰 산'은 '나'의 고향에 존재하는 산이라는 구체적인 의미를 초월하여, 모든 것의 질서와 균형을 잡아 주고 존재의 근원이 되는 힘이자 큰 틀이라는 추상적인 의미를 지닌다. 사회적으로 볼 때는 공동체적 윤리의 원형을 상징한다고 볼 수 있다. '큰 산'이 있음으로 해서 사람들은 심리적 안정감을 느끼고 공동체적 유대감을 지닐 수 있다. 따라서 이런 '큰 산'이 부재할 경우 사람들은 심리적 불안감을 느끼고, 개인적인 안위만을 추구하는 모습을 보이게 된다.

⊞ 제대로 구조화하기 ⊞

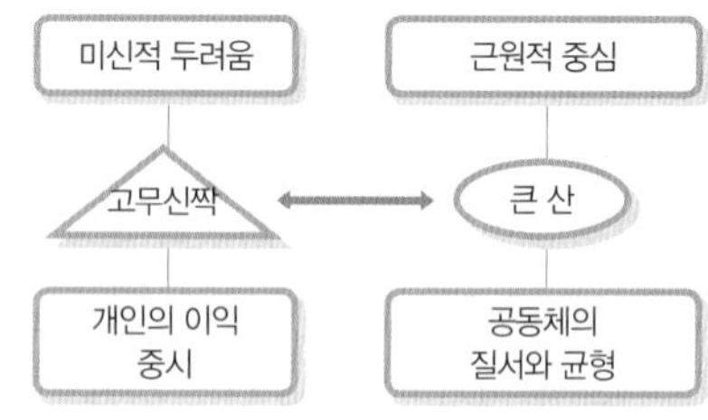

01 윗글에 대한 설명으로 가장 적절한 것은?

① 다른 장소에서 동시에 벌어진 사건을 병치하여 서사의 진행을 지연시키고 있다.
② 작중 인물이 아닌 서술자가 등장하여 인물 간의 갈등을 새 국면으로 이끌고 있다.
③ 연상을 통해 새로운 공간을 제시하여 시대 상황의 이념적 성격을 구체화하고 있다.
④ 사건에 개입되지 않은 이의 객관적 관점을 통해 인물의 위선적 면모를 표면화하고 있다.
⑤ 추측을 포함한 요약적 진술로 사건의 경과를 드러내어 현재 상황에 대한 이해를 돕고 있다.

제대로 접근법 문제 채점까지 마친 후 복습할 때 보세요.

01
서술상의 특징을 파악하는 유형이다. 지문의 내용을 충실하게 파악하고 선택지에 사용된 용어의 의미를 명확히 알아야 한다.
1인칭 주인공 시점이라는 것을 고려하면 작중 인물이 아닌 서술자가 등장하는지, 사건에 개입되지 않은 이의 객관적 관점이 드러나는지 판단할 수 있다. 또 주요 사건이 '나'의 집 뜰에서 진행된다는 점을 고려하면 다른 장소에서 벌어진 사건을 병치하고 있는지 판단할 수 있다. '나'가 고향의 큰 산(새로운 공간)을 떠올린 것은 연상을 통한 것이 아님에 유의한다.

▶ 해설편 102쪽

02 눈 내린 겨울 아침에 대한 이해로 가장 적절한 것은?

① 눈 내린 겨울 아침의 활짝 갠 하늘을 보고 '나'는 '아내'의 자존심을 세워 주겠다고 다짐한다.
② 눈 내린 겨울 아침의 밝은 분위기가 '나'와 '아내'의 불안감으로 인해 음산한 분위기로 바뀐다.
③ 눈 내린 겨울 아침에 '나'와 '아내'는 '열흘쯤 전의' 일에 대한 대화를 나누며 상실감에 젖는다.
④ 눈 내린 겨울 아침에 '아내'는 감정에 들떠 한때 '나'에 대해 가졌던 '미심한 느낌'을 떨쳐 버린다.
⑤ 눈 내린 겨울 아침에 '나'는 '고향의 그 큰 산'에서 겪은 일에 대한 기억을 낱낱이 되살리려 애쓴다.

제대로 접근법 문제 채점까지 마친 후 복습할 때 보세요.

02
배경의 의미와 역할을 파악하는 유형이다. 사건의 전개 과정과 그에 따른 인물의 심리 변화를 알면 배경의 의미를 이해할 수 있다.
아내는 불안감을 주는 '고무신짝'을 다른 집에 버린다. 그 며칠 뒤 '눈 내린 겨울 아침'에 수북하게 내린 눈을 보고 아내와 '나'는 우울했던 기분이 좋아진다. 그러나 담 밑에서 고무신짝을 다시 발견하고 아내와 '나'는 공포를 느끼게 된다. 이에 대한 이해를 바탕으로 '눈 내린 겨울 아침'의 분위기를 생각해 보자.

03 〈보기〉를 참고하여 윗글을 감상한 내용으로 적절하지 않은 것은? [3점]

〈보기〉

〈큰 산〉에는 도시화로 인한 가치관의 변화와 과도기적 상황이 드러난다. 도시화 과정에서 도시인들은 공동체의 이익보다 개인의 이익을 중시하고, 남을 배려하기보다 자신의 안위를 보장받는 데 더 관심을 둔다. 또한 미신과 같은 주술적인 사고방식이 남아 있는가 하면 합리적인 사고방식으로 사태에 대처하려는 태도를 보이기도 한다. 이렇듯 상이한 가치관 사이에서 사람들은 혼란을 겪는다.

① '고무신짝의 논리'가 '액땜'과 연관되어 있다는 점에서 주술적인 방식으로 문제를 인식하는 태도를 엿볼 수 있겠군.
② '아내'가 '아무 집이건 담장 너머로' '고무신짝'을 던져 버렸다는 점에서 자신의 안위를 앞세우는 태도를 엿볼 수 있겠군.
③ '아내'가 '완연히 떨고 있'는 목소리로 무엇인가를 염려하는 듯한 모습에서, 사태를 합리적 방식으로 파악하는 데 익숙하지 않은 과도기적 상황을 엿볼 수 있겠군.
④ '나'가 '이치에 닿지 않는 소린 싫'다고 하면서도 '남자 고무신짝'에 대해서는 '공포'를 느끼며 합리적으로 사고하지 못한다는 설정에서, 가치관이 혼재된 상황을 짐작할 수 있겠군.
⑤ 스스로 '합리적인 사람'이라고 강조하는 '나'에게 '아내'가 '장난스러운 표정'으로 응대하는 대화 내용에서, 합리적 자세로 남을 배려하는 새로운 가치관의 면모를 확인할 수 있겠군.

03
외적 준거에 따라 작품을 감상하는 유형이다. 〈보기〉에서 도시화로 인한 가치관의 변화에 대해 설명하고 있으므로, 이에 주목하여 지문을 감상해야 한다.
고무신짝을 다른 집에 버린 아내에게서 주술적 사고방식을 엿볼 수 있고, 스스로 합리적이라고 생각하지만 되돌아온 고무신짝을 보고 공포를 느끼는 '나'에게서 가치관의 혼란을 엿볼 수 있다.
선택지의 내용이 〈보기〉에 언급된 어느 내용과 관련되는지 살펴보자. 이를 바탕으로 선택지의 내용이 적절한지 판단하여 답을 찾는다.

1차 채점		
맞은 문항 수		개
틀린 문항 수		개
헷갈리는 문항 번호		

• 틀린 문항 '/' 표시

→

2차 채점		
맞은 문항 수		개
틀린 문항 수		개
헷갈리는 문항 번호		

• 틀린 문항 '×' 표시

→

3차 채점		
맞은 문항 수		개
틀린 문항 수		개
헷갈리는 문항 번호		

• 틀린 문항 ⚠ 표시

[01-03] 다음 글을 읽고 물음에 답하시오.

[앞부분의 줄거리] 공동 경비 구역에서 근무하는 국군 이수혁 병장, 남성식 일병(수정의 오빠)과 인민군 오경필 중사, 정우진 전사 사이에 총격 사건이 일어난다. 중립국 감독 위원회는 소피 소령을 파견하여 보타 소장 관할 아래 사건을 조사하게 한다.

ⓐS#79. 팔각정 (낮)

팔각정에서 본 판문각 근처 부감* 전경 — 대질 심문을 받고 나온 수혁, 경필 일행이 회담장 앞에서 각각 차를 타고 현장을 떠난다. 카메라, 후진하면서 팔각정 내부로 초점 이동하면 보타의 손이 쑥 들어와 서류 봉투를 내민다.

소피: (영어) (봉투를 받아 들고) 뭐죠?

보타, 대답 대신 관측경을 들여다본다.

보타: (영어) 한국이 처음이랬지?

㉠보타의 관측경으로, 판문각 앞에서 쌍안경을 들고 이쪽을 관찰하는 북한 군인이 보인다.

보타: (영어) (목소리) 그래 '아버지' 나라가 마음에 들던가?

㉡판문각 쪽에서 북한 군인의 쌍안경 시점으로, 사진을 보고 있는 소피의 모습이 잡힌다.

보타의 설명 사이사이, 한국전 당시 거제도 포로수용소의 생활과 좌우 투쟁, 종전 후 공산 포로 북송, 반공 포로 석방 및 제3국행 포로의 출발과 도착 장면들이 사진과 기록 영화 화면으로 편집된다.

보타: (영어) (목소리) ㉢한국전 당시 거제도에는 인민군 포로수용소가 있었지. 그 속에서 공산주의자와 반공주의자, 두 무리 간엔 처참한 살육이 계속됐어. 종전되고 그들에게 선택권이 주어졌어. 남으로의 귀순이냐, 북으로의 귀환이냐… 그 17만 포로 중 76명은 둘 다를 거부했어. 그들 중 지금도 행방이 묘연한 사람이 있네. 바로… 자네 아버지 장연우 같은 사람이지.

소피, 놀란 얼굴로 손에 든 다른 사진을 내려다보면 거제 포로수용소에서 포로들, 결박당한 채 쪼그리고 앉아 있다. ㉣그중 동그라미가 쳐진 사람 얼굴로 줌인*

보타: (영어) 표 장군이 매우 잽싸게 움직였더군. 국방부, 외무부, 인도, 아르헨티나, 스위스 대사관… 며칠 사이 정보란 정보는 다 모았어. 표 장군으로선 ⓑ전 인민군 장교의 딸인 자네에게 사건을 맡길 수 없었겠지.

소피: (영어) (흥분해서) 3일이면 돼요. 곧 이 병장의 자백을 받아낼 수 있다구요.

(중략)

ⓜS#81. 소피의 숙소 (낮)

침대에 가방을 올려놓고 짐을 싸는 소피. 사진 액자를 가방에 넣으려다 말고 들여다본다. 어린 시절의 소피와 스위스인 엄마 사진. 액자 뒤를 열어 가족사진을 꺼낸다. 접힌 부분을 펴자 숨겨진 아버지의 모습이 온전히 나타난다. 물끄러미 사진을 바라보는 소피

제대로 감상법 ☆ 문제 풀이까지 마친 후 복습할 때 보세요.

박상연 원작, 박찬욱 외 각색, 〈공동 경비 구역 JSA〉

제목의 의미

판문점 공동 경비 구역은 비무장지대(DMZ) 내의 군사분계선(MDL)상에 있는 구역으로, 남북 분단의 상징적 공간이다. 이 작품은 박상연의 소설 〈DMZ〉를 각색한 시나리오로, 남북 분단이라는 무거운 소재를 새롭게 해석하여 이념적 갈등이 휴머니즘에 의해 극복될 수 있다는 것을 보여 주고 있다.

구성

▣ 중요 인물
- (❶): 남한 병사로, 북한 병사인 오경필, 정우진과 우정을 나눔. 총격 사건이 일어나고 우정을 나눈 사람들을 보호하기 위해 노력함.
- (❷): 공동 경비 구역에서 일어난 총격 사건을 조사하기 위해 파견된 중립국 감독 위원회의 수사관. 사건의 진실을 알기 위해 노력함.

▣ 사건과 갈등: 공동 경비 구역에서 총격 사건이 일어나고, 이를 수사하던 소피는 수혁에게 사건의 진실을 밝힐 것을 요구함.

▣ 소재와 배경의 의미
- (❸), 쌍안경: 공동 경비 구역이 남북이 대치하고 있는 공간임을 알 수 있게 하는 소재
- (❹): 소피가 네 병사의 관계를 짐작하게 된 단서이자, 진실을 알기 위해 수혁을 설득하는 자료

문체 – 서술상의 특징
- 남북한 문제에 대해 새로운 시각을 제시함.
- 미스터리 구조를 통해 오락성을 획득함.
- 휴머니즘적이고 유머러스한 분위기로 분단 문제에 접근함.

주제

분단에서 비롯된 비극적 현실과 이념적 갈등을 뛰어넘은 남북 병사의 우정

S#82. 수사본부 (낮)

문이 열리고 들어오는 수혁, 목발을 짚었다. 사진을 바라보고 앉아 있는 소피

소피: (수혁을 돌아보며) 오라고 해서 미안해요. 몸도 불편한데.

영문을 모르고 불려 온 수혁이 가만히 지켜보는 가운데, 탁자에 놓인 서류 봉투를 집어 들고 출입구 앞으로 가는 소피, 과녁판에서 다트 화살을 뽑아 든 다음 서류 한 장을 꽂아 고정시킨다.

소피: 내일 자정을 기해 나를 제이에스에이 근무에서 해제한다는 명령서예요.
수혁: 들었습니다, 아버지 얘기
소피: 그래, 내가 인민군 장교의 딸이란 얘길 듣고 기분이 어떻던가요?
수혁: (주저 없이) 친근감이 들었습니다.

ⓑ소피, 당황한 듯 잠시 침묵했다가 군복 안에 받쳐 입은 터틀넥 스웨터의 목을 젖혀 보인다. 목에 나 있는 피멍 자국

소피: 난 아직 흔적이 남아 있는데 이 병장은 깨끗하네요. 이 병장이 오 중사보다 힘이 센가 보지요?

당황하는 수혁, 대답 없다.

소피: 자, 진짜 재미난 쇼는 이제부터예요. 잘 봐요.

수정의 얼굴이 프린트된 출력물을 과녁판에 꽂는 소피. 당황하는 수혁

소피: 수정 씨를 만나자마자 전에 본 적이 있는 얼굴이라고 생각했어요. 그런데 그 사람이 누군지 알아내는 건 그렇게 어려운 일이 아니었죠.

이번에는 수정의 초상화를 과녁판에 꽂는 소피. 놀라는 수혁

소피: 정우진이 그린 초상화예요. 그리고 이건 (찢어져 너덜너덜한 얼굴 없는 사진을 과녁판에 꽂으며) 정우진의 시신에서 나온 사진이에요.

과녁판에 나란히 부착된 ⓒ석 장의 이미지. 충격받은 표정의 수혁

소피: '사라진 탄환'이 남 일병의 알리바이를 깨는 증거였다면… (얼굴이 찢겨 나간 사진을 가리키며) '사라진 얼굴'은 네 명의 병사가 오랫동안 친하게 지냈다는 걸 뜻하는 증거죠.

수혁, 애써 외면하고 걸어간다.

수혁: 그래서요?

ⓓ노란색과 빨간색 디스켓 두 개를 꺼내 보이는 소피

소피: 완전히 다른 두 개의 수사 보고서예요. 내가 뭘 제출하느냐는 이 병장한테 달렸어요. 진실을 말해 준다면 난 후임자한테 어떤 증거나 추리도 제공하지 않겠어요.
수혁: 협박입니까?

한 걸음 더

중립국 소령을 한국계 여성으로 설정한 이유
'소피'는 공동 경비 구역에서 일어난 총격 사건을 조사하기 위해 중립국 감독 위원회에서 파견된 한국계 스위스 인 소령이다. 중립국 소속이라는 신분은 남북한 어느 한쪽에 치우칠 수밖에 없는 인물들의 입장에서 벗어나 객관적으로 사건을 관찰할 수 있게 한다. 또한 여성이라는 설정은 여성의 시각, 중립의 입장에서 남성의 이야기를 바라볼 수 있게 한다. 이러한 설정은 기존의 고정 관념에서 벗어나 새로운 시각으로 분단을 바라보게 하는 효과를 준다.

제대로 구조화하기

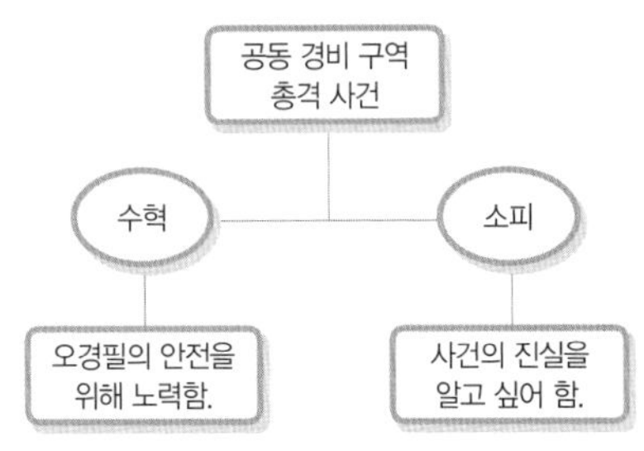

소피: 거래죠.

수혁: 영창을 가든 훈장을 받든 전 관심 없습니다. 그렇다면 ⓔ 진실의 대가로 소령님이 저한테 해 줄 수 있는 게 뭡니까?

소피: 이 병장이 끝까지 보호하려고 하는 사람… 오경필의 안전이에요.

– 박상연 원작, 박찬욱 외 각색, 〈공동 경비 구역 JSA〉

* 부감 : 카메라가 인물의 시선보다 높은 곳에서 아래로 내려다보며 촬영하는 것
* 줌인 : 피사체의 크기를 점점 확대 촬영하는 것

01 윗글의 인물에 대한 설명으로 가장 적절한 것은?

① '소피'의 아버지는 전쟁이 끝나자 북으로 귀환한다.
② '소피'는 사건의 진실에 대해 조사 의지가 없다.
③ '수혁'은 '소피'의 아버지의 전력을 듣고 '소피'를 경계한다.
④ '소피'는 '사라진 얼굴'이 누구인지 짐작하지 못한다.
⑤ '소피'는 '수혁'이 '오경필'의 안전을 염려한다고 생각한다.

02 ⓐ~ⓔ에 대한 설명으로 적절하지 않은 것은?

① ⓐ의 공간 범위는 팔각정 내부뿐만 아니라 외부도 포함한다.
② ⓑ는 '소피'가 직무에서 해제되는 원인이 된다.
③ ⓒ는 '소피'가 네 병사의 관계를 짐작하게 된 단서이다.
④ ⓓ는 '수혁'이 진실을 밝히느냐에 따라 어느 것이 제출될지가 정해질 것이다.
⑤ ⓔ는 '수혁'이 수사본부에 있는 '소피'를 만나러 온 이유이다.

03 윗글을 영상화한다고 가정할 때, ㉠~㉥에 해당하는 감독의 연출 계획으로 적절하지 않은 것은? [3점]

① ㉠과 ㉡은 각각 관측경과 쌍안경으로 상대측을 바라보는 장면을 설정하여 남북한 대치 국면에 있는 S#79 공간의 특수성을 그려야겠어.
② ㉢은 인물에 초점을 맞추는 촬영과 달리 사진이나 기록 영상물을 제시하여 당시 상황을 보여 주어야겠어.
③ ㉣은 동그라미 처진 얼굴을 확대 촬영하여 '소피'의 아버지가 포로 중 한 사람이었다는 사실을 환기해야겠어.
④ ㉤은 대사 없이 인물의 행동과 소품으로 인물의 심리를 간접적으로 표현해야겠어.
⑤ ㉥은 사건의 맥락이 관객에게 인지될 수 있도록 실내 전체를 한 화면에 담아야겠어.

제대로 접근법

문제 채점까지 마친 후 복습할 때 보세요.

01
작품의 내용과 인물의 심리를 파악하는 유형이다. 선택지가 쉽게 구성되어 있어 어렵지 않게 문제를 해결할 수 있다.
소피는 총격 사건의 진실을 알고 싶어 하고, 수혁은 경필의 안전을 위해 사건의 진실이 드러나지 않게 하려고 노력하고 있다. 지문에서 선택지의 내용과 관련된 부분을 찾아 일치 여부를 확인해 보자.

02
작품을 종합적으로 감상하는 유형이다. ⓐ~ⓔ의 앞뒤 문맥을 살피면 구절의 의미를 쉽게 파악할 수 있다. 예를 들어 ⓑ의 뒤에 있는 '자네에게 사건을 맡길 수 없었겠지.'를 통해, ⓑ는 소피가 직무에서 해제되는 원인임을 알 수 있다.
이와 같은 방식으로 나머지 선택지를 살핀다. 소피는 진실을 확인하기 위해 불편한 몸의 수혁을 불렀으며, 수혁이 진실을 말하는지 여부에 따라 제출될 수사 보고서가 달라질 것이라 말하고 있다.

03
영상화 방법의 적절성을 판단하는 유형이다. 어떤 장면을 영상화할 때, 그 내용을 가장 효과적으로 드러낼 수 있는 방법이 무엇인지를 생각하면 된다. 이때 해당 장면의 내용과 이를 영상화하기 위한 방법이 정확하게 대응해야 한다는 점을 명심해야 한다. 지문에서 ㉠~㉥의 내용을 확인하고, 선택지에서 이를 영상화하기 위한 방법이 적절하게 제시되었는지 점검한다.

1차 채점		
맞은 문항 수		개
틀린 문항 수		개
헷갈리는 문항 번호		

• 틀린 문항 '/' 표시

→

2차 채점		
맞은 문항 수		개
틀린 문항 수		개
헷갈리는 문항 번호		

• 틀린 문항 'x' 표시

→

3차 채점		
맞은 문항 수		개
틀린 문항 수		개
헷갈리는 문항 번호		

• 틀린 문항 '△' 표시

[01-04] 다음 글을 읽고 물음에 답하시오.

최 노인: (화단 쪽을 가리키며) 저기 심어 놓은 화초며 고추 모가 도무지 자라질 않는단 말이야! 아까도 들여다보니까 고추 모에서 꽃이 핀 지는 벌써 오래전인데 열매가 열리지 않잖아! 이상하다 하고 생각을 해 봤더니 저 멋없는 것이 좌우로 탁 들어 막아서 햇볕을 가렸으니 어디 자라날 재간이 있어야지! 이러다간 땅에서 풀도 안 나는 세상이 될 게다! ㉠말세야 말세!

이때 경재 제복을 차려 입고 책을 들고 나와서 신을 신다가 아버지의 이야기를 듣고는 깔깔대고 웃는다.

경재: 원 아버지두……

최 노인: 이놈아 뭐가 우스워?

경재: 지금 세상에 남의 집 고추 밭을 넘어다보며 집을 짓는 사람이 어디 있어요?

최 노인: ⓐ옛날엔 그렇지 않았어!

경재: 옛날 일이 오늘에 와서 무슨 소용이 있어요? 오늘은 오늘이지. ㉡(웅변 연사의 흉을 내며) 역사는 강처럼 쉴 새 없이 흐르고 인생은 뜬구름처럼 변화무쌍하다는 이 엄연한 사실을, 이 역사적인 사실을 똑바로 볼 줄 아는 사람만이 자신의 운명을 개척할 수 있다는 사실을 최소한도로 아셔야 할 것입니다! 에헴!

(중략)

경수: 여보 영감님! 여긴 종로 한복판입니다. 게다가 가게와 살림집이 붙었는데 그래 겨우 이백오십만 환이라구요? ⓑ그런 당치도 않은 거짓말은 공동묘지에서나 하시오.

복덕방: 뭐 뭐요? 공동묘지에서라고? 예끼 버릇없는 놈 같으니라구!

경수: 아니 이 영감님이……

복덕방: 그래 이눔아 너는 애비도 에미도 없는 놈이기에 나이 먹은 늙은이더러 공동묘지에 가라구? 이 천하에.

최 노인: 여보 김 첨지. 젊은 애들이 말버릇이 나빠서 그런 걸 가지고 탓할 게 뭐요?

복덕방: 그래 내가 집 거간이나 놓고 다니니까 뭐 사고무친한 외도토린 줄 아느냐? 이눔아! 나도 장성 같은 아들에다 딸이 육 남매여!

경수: 아니 제가 뭐라고 했길래……

어머니: 넌 잠자코 있어! 용서하시우. 요즘 젊은 놈들이란 아무 생각 없이 말을 하니까요…… 게다가 술을 마셨다우.

복덕방: 음 이놈이 한낮부터 술 처먹고 어른에게 행패구나! 이눔아! 내가 그렇게 만만하니?

최 노인: 김 첨지! 글쎄 진정하시라니까…… 내가 대신 이렇게 사죄하겠소 원!

복덕방: 그러고 이백오십만 환이 터무니없는 값이라고? 이눔아 누군 돈이 바람 맞은 대추알이라던? 응? 그것도 잘 생각해서야! 음! 이런 분한 일이 있나!

최 노인: 글쎄 참으시고 이리 앉으세요.

복덕방: 난 그만 가 보겠소이다. 이런 일도 기분 문제니까요! 다른 사람 골라서 공동묘지로 보내구려! 에잇.

최 노인: 아 ㉢김 첨지! 김 선생! (하며 뒤를 쫓아 나간다.)

경수: 제길 무슨 놈의 영감이 저래?

제대로 감상법 ☆ 문제 풀이까지 마친 후 복습할 때 보세요.

차범석, 〈불모지〉

제목의 의미

'불모지'는 식물이 자라지 못하는 거칠고 메마른 땅을 뜻하는데, 이 작품에서는 근대화 과정에서 겪어야 했던 세대 간의 불화와 가족의 해체, 도시 문명과 전통 간의 갈등으로 인한 우리 사회의 피폐함 등을 상징하고 있다.

구성

▣ 중요 인물

- (❶): 시대의 변화에 적응하지 못하는 인물. 집을 세놓으려고 할 때 큰아들 경수로 인해 거래가 틀어지자 몹시 화를 냄.
- (❷): 최 노인의 큰아들. 최 노인이 집을 팔려고 한다고 오해하여 복덕방과 갈등함. 최 노인이 집을 팔려고 했던 것이 아니었음을 알고 놀람.
- 어머니: 최 노인의 아내로 전형적인 한국 여인형. 최 노인이 집을 팔려고 한다고 오해함.

▣ 사건과 갈등: 집을 팔려고 하느냐, 전세로 내놓느냐의 문제로 인해 최 노인과 가족들이 갈등함.

▣ 소재와 배경의 의미

- (❸): 최 노인의 입장에서 바라본 도시화된 빌딩들. 시대의 변화에 적응하지 못하는 최 노인의 모습이 드러남.
- (❹): 정성과 노력을 들였음에도 결실을 맺지 못해 허망해하는 최 노인의 감정이 드러나는 장소

문체 – 서술상의 특징

- 대조적인 배경 및 인물 유형을 설정하여 근대화 과정에서 발생하는 갈등을 드러냄.
- 세대 차이의 비극과 도시 문명의 급격한 변화를 보여 주기 위해 대사와 조명 등을 효과적으로 활용함.

주제

근대화 과정에서 겪는 가족의 해체와 세대 간의 갈등

어머니: 네가 잘못이지 뭐니……

경수: 집을 팔지 말라고 했는데……

이때 최 노인 쌔근거리면서 등장하자 이 말을 듣고는 성을 더 낸다.

최 노인: 이놈아! ⓒ<u>누가 이 집을 판다고 했어?</u> 응?

경수: 아니 그럼 이 집을 파시는 게 아니면 뭣 하러 복덕방은……

최 노인: 저런 쓸개 빠진 녀석 봤나! 아니 내가 뭣 때문에 이 집을 팔아? 응? 옳아 네놈 취직 자본을 대기 위해서? 응?

어머니: 아니 그럼 이백오십만 환이란 무슨 얘깁니까?

최 노인: 네 따위 놈을 위해서 하나 남은 집마저 팔아야만 속이 시원하겠니? 전세로 육 개월만 내놓겠다는 거야!

경수: 예? 전세라구요?

ⓡ<u>(어머니와 경운은 서로 얼굴을 바라본다.)</u>

최 노인: 왜 아주 안 파는 게 양에 안 차지? 이놈아! 이 애비가 집도 절도 없는 거지가 되어서 죽는 꼴이 그렇게도 보고프냐?

경수: (당황하며) 아버지 아니에요! 저는……

최 노인: 아니면 껍질이냐?

어머니: ⓓ<u>여보 그럼 집을 전세로 줘서 뭣 하시게요?</u>

최 노인: 글쎄 아까 어떤 친구 얘기가 요즘 그 실내에서 하는 그 뭐드라 '샤풀이뿔'이라든가……

경운: '샤뿔뽀오드*' 말씀이에요?

최 노인: 그래 '샤뿔뽀오드' 말이다! 그건 차리는 데 돈도 안 들고 수입이 괜찮다고 하면서 4가에 적당한 집이 있다기에 그걸 해 볼까 하고 이 집을 보였지. 그래 얘기가 거이 익어 가는 판인데 글쎄 다 되어 간 음식에 코 빠치기로 저 녀석이……

어머니: 아니 그럼 전세로 이백오십만 환이란 말인가요?

최 노인: 그렇지! 저 가게만 해도 백만 환은 받을 수 있어!

어머니: 그런 걸 가지고 나는 괜히……

최 노인: 뭐가 괜히야?

경운: ⓔ<u>아버지께서 이 집을 팔으실 줄만 알았어요.</u>

최 노인: 흥! 너희들은 모두 한속이 되어서 어쩌든지 내 일을 안 되게 하고 이 집을 날려 버릴 궁리들만 하고 있구나! 이 천하에 못된 것들! (하며 불쑥 일어선다.)

어머니: 그럴 리가 있겠어요! 다만……

최 노인: 듣기 싫어! (화초밭으로 나오며) 이 집안에서는 되는 거라곤 하나도 없어! 흔한 햇볕도 안 드는 집이 뭣이 된단 말이야! 뭣이 돼! (하며 화초밭을 함부로 작신작신 짓밟고 뽑아 헤친다.)

어머니: ⓜ<u>(맨발로 뛰어내리며)</u> 여보! 이게 무슨 짓이오! 그렇게 정성을 들여서 가꾼 것들을…… 원…… 당신도……

최 노인: 내가 정성을 안 들인 게 뭐가 있어…… 나는 모든 일에 정성을 들였지만 안 되지 않아! 하나도 씨도 말야!

– 차범석, 〈불모지〉

＊ 샤뿔뽀오드(shuffleboard): 오락의 한 종류

한 걸음 더

〈불모지〉에 나타난 갈등

이 작품에는 구세대와 신세대, 옛것과 새로운 것이 대조되며 갈등을 일으킨다. 구세대를 대표하는 최 노인은 전통 혼례 기구를 취급하는 혼구점을 운영하고 있으며, 낡은 기와집을 지키려 한다. 새로운 세대를 대표하는 그의 네 자녀들은 혼례 기구점을 정리하고 신식 주택으로 이사를 가자고 주장한다. 이러한 가족 간의 불화와 세대 갈등을 통해 시대 변화에 따른 가족의 해체와 가치관의 변화가 드러난다. 아울러 힘을 잃은 구세대의 몰락과 삶의 방향을 잃고 성장하지 못하는 신세대의 비극적인 모습은, 생명력이 없는 거칠고 메마른 땅, 즉 '불모지'인 전후 한국 사회의 황폐하고 불안한 현실을 보여 준다.

제대로 구조화하기

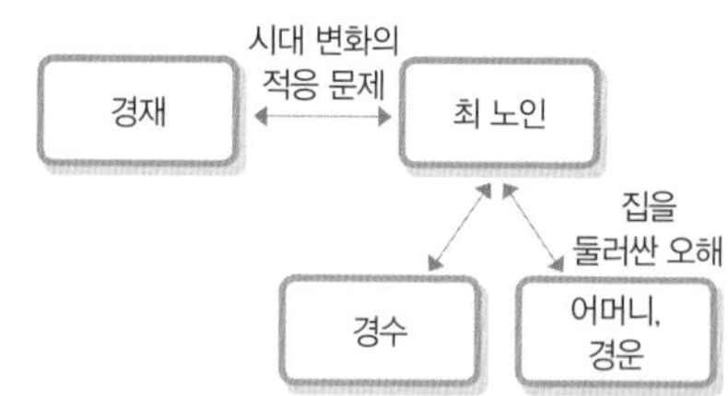

▶ 해설편 107쪽

01 윗글에 대한 이해로 가장 적절한 것은?

① 언어유희를 통해 인물 간의 긴장을 고조시키고 있다.
② 장면의 전환을 통해 각 인물의 내면이 부각되고 있다.
③ 인물들의 복장을 통해 인물들의 심리를 드러내고 있다.
④ 인물의 등퇴장을 통해 인물의 성격 변화를 드러내고 있다.
⑤ 실제 지명의 노출을 통해 극중 상황에 사실감을 부여하고 있다.

02 ㉠~㉤에 대한 설명으로 적절하지 않은 것은?

① ㉠: 주변 환경의 변화에 대한 '최 노인'의 부정적 인식이 드러나 있다.
② ㉡: '경재'의 말에 주목하게 하는 효과를 드러내고 있다.
③ ㉢: 호칭을 달리하면서 상대방의 마음을 돌리기 위한 '최 노인'의 노력이 드러나 있다.
④ ㉣: 두 인물이 '경수'와는 다른 생각을 가지고 있음을 동시에 확인하고 있다.
⑤ ㉤: '어머니'의 다급한 심리를 행동을 통해 제시하고 있다.

03 〈보기〉와 ⓐ~ⓔ를 관련지어 윗글을 감상한 내용으로 적절하지 않은 것은? [3점]

〈보기〉

'발견'이란 인물이 극의 전개 과정에서 사건의 숨겨진 측면을 알아차리는 계기를 드러내는 기법이다. '발견'의 대상은 중요한 의미를 지닌 물건이 될 수도 있고 몰랐던 사실이나 새로운 가치, 인물의 다른 면 등이 될 수도 있다. 이러한 '발견'을 통해 사건은 새로운 국면으로 바뀌기도 하고 인물들의 갈등 양상이 변모되기도 한다.

① '경재'는 ⓐ를 통해 '최 노인'이 예전과 달라진 현실을 부정적으로 인식한다는 것을 발견함으로써, '최 노인'에게 변화를 수용하는 태도가 필요함을 드러내는군.
② '복덕방'은 ⓑ를 통해 '경수'가 자신을 무시한다는 것을 발견함으로써, '최 노인'과의 흥정을 중지하게 되는군.
③ '경수'는 ⓒ를 통해 '최 노인'이 집을 팔 의도가 없다는 것을 발견함으로써, '최 노인'에 대한 오해가 풀리게 되는군.
④ '최 노인'은 ⓓ를 통해 자신의 계획을 '어머니'가 못마땅해한다는 것을 발견함으로써, 자신의 계획을 변경하게 되는군.
⑤ '최 노인'은 ⓔ를 통해 집 문제에 대한 자신의 의도를 '경운'이 잘 모르고 있었다는 것을 발견함으로써, 가족들에 대한 불만을 드러내는군.

04 화초밭에 대한 이해로 가장 적절한 것은?

① 경제적 안정에 대한 가족들의 희망이 드러나는 장소이다.
② 중심인물이 집을 지키기 위해 자신의 꿈을 포기하는 장소이다.
③ 두 인물의 상반된 행동을 통해 인물 간의 갈등이 해소되는 장소이다.
④ 중심인물이 현재의 고통이 자신에게서 비롯되었음을 자책하는 장소이다.
⑤ 자신의 노력이 결실을 맺지 못하여 허망해하는 중심인물의 감정이 드러나는 장소이다.

제대로 접근법

문제 채점까지 마친 후 복습할 때 보세요.

01
작품에 대한 이해를 종합적으로 확인하는 유형이다. 어렵지 않은 문제였음에도 불구하고 비교적 오답률이 높았다.
먼저 지문에서 '언어유희, 장면의 전환, 인물들의 복장, 인물의 등퇴장, 실제 지명의 노출'이 나타난 부분을 찾는다. 다음으로 선택지가 '~를 통해 ~하고 있다.'와 같이 구성되어 있으므로, 각 특징에 따른 효과가 적절한지도 하나하나 점검한다.

02
대사와 지시문의 의미를 파악하는 유형이다. 대사와 지시문에 담긴 인물의 심리를 파악하기 위해서는 어떤 문제 때문에 인물들이 갈등하고 있는지를 이해해야 한다.
최 노인과 경재는 시대 변화의 적응 문제에 대해 의견 차이를 보이고 있고, 최 노인과 경수는 집을 파는 문제로 갈등하고 있다. 앞뒤 문맥을 살펴 ㉠~㉤의 의미를 파악하고, 그 의미를 드러내기 위한 특징과 효과도 생각해 보자.

03
외적 준거에 따라 작품을 감상하는 유형이다. 〈보기〉에서는 몰랐던 사실이나 인물의 다른 면 등에 대한 '발견'을 통해 사건이 새로운 국면으로 바뀌기도 하고 인물들의 갈등 양상이 변모되기도 한다고 설명하고 있다.
따라서 〈보기〉에서 설명하고 있는 '발견'을 준거로 하여, 인물의 대사가 다른 인물의 태도와 갈등 양상에 어떤 영향을 미치고 있는지를 파악해야 한다. ⓐ~ⓔ의 대사에 인물들이 어떻게 반응하고 있는지를 확인하면 어렵지 않게 문제를 해결할 수 있다.

04
배경의 의미와 역할을 파악하는 유형이다. 중심인물이 무엇 때문에 갈등하는지를 이해하면 쉽게 정답을 찾을 수 있다.
화초밭에는 햇볕이 들지 않아 작물들이 제대로 자라지 못하고 있고, 집을 전세 놓으려던 계획은 아들로 인해 중지되었다. 이런 상황에서 화초밭을 뽑아 헤치는 최 노인이 어떤 심정일지 생각해 보자.

1차 채점

맞은 문항 수	개
틀린 문항 수	개
헷갈리는 문항 번호	

• 틀린 문항 '/' 표시

→ **2차 채점**

맞은 문항 수	개
틀린 문항 수	개
헷갈리는 문항 번호	

• 틀린 문항 'x' 표시

→ **3차 채점**

맞은 문항 수	개
틀린 문항 수	개
헷갈리는 문항 번호	

• 틀린 문항 ⚠ 표시

❖ 출제 경향과 학습 대책

1 한 작품이 단독으로 출제된다.

한 작품이 단독 지문으로 출제되는 경우가 일반적이다. 갈래 복합 지문의 출제 비중이 늘면서 다른 갈래와 함께 묶여 출제되는 경우도 있지만, 아직까지는 운문에 비해 단독으로 출제되는 경향이 유지되고 있다.

2 조선 후기의 작품에 주목한다.

문학사적으로 중요한 작가의 작품이나, 작자 미상이지만 문학사적 가치가 높은 작품들이 주로 출제된다. 특히 김만중, 김시습, 박지원 등의 작품은 꼭 정리해 두어야 한다. 시기별로 보면 조선 후기의 작품이 압도적이므로, 이를 감안하여 학습 계획을 수립하는 것이 좋다.

3 교과서와 EBS 작품이 기본이다.

교과서와 EBS 교재에 수록된 작품들이 많이 출제된다. 현대시나 고전 시가에 비해 교과서와 EBS 교재의 연계 비중이 높은 편이므로, 수록 작품들을 빼놓지 말고 정리해 두어야 한다.

4 기출 작품이 다시 출제되는 경우도 있다.

문학사적 가치가 검증된 고전 소설은 한정되어 있기 때문에 기출 작품이 다시 출제되는 경우가 적지 않다. 그렇더라도 다루어지지 않았던 대목을 골라 출제하게 되므로, 작품의 줄거리나 주제, 특징 등 기본적인 내용 학습에 소홀해서는 안 된다.

5 작품의 바른 독해가 기본이다.

고전 소설은 고어와 낯선 문체 때문에 내용 이해에 어려움을 겪는 경우가 많다. 하지만 주제나 서사 구조가 전형화되어 있기 때문에, 학습이 충실하게 이루어진다면 현대 소설에 비해 작품 감상이 훨씬 쉬울 수 있다.

6 인물 간의 관계를 정리하는 습관을 들이자.

고전 소설에 등장하는 인물은 선인과 악인으로 확연히 구분되는 경우가 많다. 그리고 같은 인물이 신분이나 관직명에 따라 여러 명칭으로 표기되는 경우도 있다. 이러한 관계를 명확하게 정리하지 않으면 독해에 치명적인 실수를 범할 수 있다.

7 기출 유형을 익히자.

출제되는 문제 유형은 현대 소설과 크게 다르지 않다. 작품의 내용 파악, 인물과 사건, 서사 구조와 서술상의 특징, 소재와 배경, 종합적 감상, 한자 성어 등을 묻는다. 다만 현대 소설에 비해 기본적인 내용 이해를 묻는 문제의 비중이 높은 편이다.

8 한자 성어·속담을 익혀 두자.

상황에 맞는 한자 성어나 속담을 찾는 문제가 꾸준히 출제되는데, 오답률이 매우 높은 편이다. 보통 생소한 한자 성어와 속담이 출제되지는 않으므로, 수능에 자주 출제되는 한자 성어와 속담은 꼭 정리해 두어야 한다.

IV 부

고전 소설

꼭 알아야 할 핵심 이론

1 고전 소설의 개념과 특징

(1) 고전 소설의 개념: 설화와 같은 고대 서사 문학을 바탕으로 조선 시대에 생겨난 산문 문학의 한 종류로, 갑오개혁(1894년) 이전까지 창작된 옛 소설을 이르는 말

(2) 고전 소설의 특징

주제	착한 사람은 복을 받고 악한 사람은 벌을 받는다는 권선징악, 인과응보의 가치관을 드러내는 경우가 많음.
구성	• 시간의 흐름에 따라 사건을 전개하는 평면적 구성 • 주인공이 태어나 죽을 때까지의 내용을 다루는 일대기적 구성
인물	• 성격의 변화가 없는 평면적 인물과 특정 집단의 성격을 대표하는 전형적 인물이 주로 등장함. • 중심인물은 대부분 뛰어난 능력과 빼어난 외모를 지닌 재자가인(才子佳人)형 인물임. • 대체로 전형적인 선인과 악인이 대립하는 양상을 보임.
사건	• 우연적인 만남이나 상황에 의해 사건이 발생함. • 비현실적인 사건, 전기적(傳奇的)인 요소가 나타남.
배경	• 시간적 배경은 대부분 분명하지 않음. • 공간적 배경은 우리나라, 중국, 또는 비현실적인 공간인 경우가 많음.
시점	작품 밖의 서술자가 모든 것을 알고 이야기를 전달하는 전지적 작가 시점이 대부분임.
결말	주인공이 고난과 시련을 모두 이겨 내고 행복해지는 결말
작가	미상인 경우가 많음.
서술	• 작품 밖의 서술자가 사건에 개입하여 자신의 생각을 직접 표출하는 서술자의 개입이 자주 나타남. • 판소리 소설 등에서는 언어유희, 과장 등의 방법으로 웃음을 유발하는 풍자적, 해학적인 표현이 자주 나타남.

2 고전 소설에 자주 나오는 구성 방식

(1) 일대기적 구성

① 주인공의 일생 동안의 일에 초점을 맞추어 서술하는 구성

② '고귀한 혈통 – 비정상적 출생 – 비범한 능력 – 어렸을 때의 위기 – 조력자의 구출과 도움 – 성장 후의 위기 – 고난 극복과 승리'의 구조에 따라 내용이 전개됨.

(2) 환몽 구성

① '현실 – 꿈 – 현실'의 구조로 이루어진 구성

② '꿈'은 현실에서 얻지 못한 것을 얻거나, 채우지 못한 욕망을 채우는 공간

(3) 적강 구성

① 주인공이 천상계에서 죄를 짓고 지상계로 추방당하는 내용으로 이루어진 구성

② 주인공은 대개 시련을 겪다가 자신의 죗값을 치르고 다시 천상계로 올라감.

개념 확인 문제

01 고전 소설의 일반적인 특징으로 적절하지 않은 것은?

① 대체로 비극적인 결말을 맺는다.
② 시간의 흐름에 따라 사건이 전개된다.
③ 평면적이고 전형적인 인물이 등장한다.
④ 권선징악적 주제를 드러내는 작품이 많다.
⑤ 초현실적이거나 기괴한 사건들이 발생하기도 한다.

02 다음 부분에 나타난 고전 소설의 특징으로 알맞은 것은?

> 한 아름다운 여인이 들어왔다. 나이는 열다섯이나 열여섯쯤 되어 보였다. 머리는 곱게 땋아 내렸고 화장을 엷게 했는데, 용모와 자태가 아름다워서 마치 하늘의 선녀나 바다의 여신과도 같아 바라보고 있자니 위엄이 느껴졌다.
>
> – 김시습, 〈만복사저포기〉

① 행복한 결말을 맺는다.
② 구체적인 배경이 제시된다.
③ 비현실적인 사건이 일어난다.
④ 권선징악의 주제가 드러난다.
⑤ 재자가인형의 인물이 등장한다.

03 영웅의 일대기 구조를 지닌 소설에서 주인공의 특징으로 적절하지 않은 것은?

① 고귀한 혈통을 타고난다.
② 비범한 능력을 지니고 있다.
③ 어렸을 때 위기를 겪게 된다.
④ 다른 사람의 도움 없이 위기를 극복한다.
⑤ 결국 승리자가 되어 부귀영화를 누리게 된다.

정답 01. ① 02. ⑤ 03. ④

③ 고전 소설의 유형

애정(염정) 소설	남녀 간의 사랑과 이별을 주제로 하는 소설로, 〈운영전〉을 제외하고는 대개 시련을 극복하고 사랑의 결실을 맺는 구조로 이루어짐. 예 〈운영전〉, 〈숙영낭자전〉, 〈숙향전〉
영웅·군담 소설	비범한 인물의 영웅적인 삶을 다룬 소설로, 전쟁을 승리로 이끌어 나라를 위기에서 구하는 영웅의 활약상을 그림. 예 〈유충렬전〉, 〈조웅전〉, 〈임경업전〉
풍자 소설	부정적 인물들의 무능과 위선을 비판하고 풍자하는 소설로, 당대 현실의 모순을 선명하게 드러냄. 예 〈호질〉, 〈양반전〉
사회 소설	주인공이 사회적 모순이나 제도적 한계와 맞섬으로써 사회 구조와 제도를 비판하는 소설 예 〈홍길동전〉, 〈전우치전〉
몽자류 소설	중심인물이 꿈속에서 새로운 삶을 체험한 뒤 꿈에서 깨어나 깨달음을 얻는 구조의 소설로, 제목에 '몽(夢)'자가 붙음. 예 〈구운몽〉, 〈옥련몽〉, 〈옥루몽〉
가정 소설	가족 사이의 갈등 관계, 처첩 간의 갈등, 계모의 학대 등 가정 내 불화와 그 극복 과정을 다룬 소설 예 〈사씨남정기〉, 〈창선감의록〉, 〈장화홍련전〉
우화 소설	동물이나 식물 등을 의인화하여 인간 사회의 결함이나 부조리를 비판하고 풍자하는 소설 예 〈장끼전〉, 〈서동지전〉
판소리계 소설	구전되던 이야기가 판소리 사설을 거쳐 소설로 정착된 것으로, 서민들의 익살과 해학, 소망 등을 담고 있음. 예 〈심청전〉, 〈흥부전〉, 〈춘향전〉

④ 고전 소설 용어

(1) 서술자의 개입 (≒ 편집자적 논평)

작품 밖의 서술자가 자신의 생각을 직접 드러내는 것. 서술자가 인물의 행위와 동기에 대해 직접적으로 평가하거나, 사건에 개입하여 견해를 제시함.

예 길동이 재배 하직하고 문을 나매, 운산 첩첩하여 지향없이 행하니 어찌 가련하지 아니하리요.

(2) 장면의 극대화

흥미와 감동을 위해 관객이 관심을 보이는 대목을 집중적으로 확장하여 보여 주는 방법

예 "그렇지. 볼기 구실 들어 보소. 이내 몸이 정승 되어 평교자에 앉아 볼까, 육판서 하였으면 초헌 위에 앉아 볼까, ~ 서울 이름난 기생 되어 가마 안에 앉아 볼까, 많은 돈 벌어 부담마에 앉아 볼까."

(3) 언어유희

소리나 의미의 유사성, 도치 등을 이용하여 말놀이를 하듯 재미있게 표현하는 것

① 동음이의어의 활용 예 내 듣건대 유(儒)는 유(諛)라 하더니 과연 그렇구나.

② 유사한 음운의 반복 예 아, 이 양반이 허리 꺾어 절반인지, 개다리소반인지, 꾸레미전에 백반인지.

③ 언어의 도치 예 어 추워라. 문 들어온다 바람 닫아라. 물 마르다 목 들여라.

④ 발음의 유사성 이용 예 마구간에 들어가 노새 원님(노 생원님)을 끌어다가 등에 솔질을 살살하여

개념 확인 문제

04 다음 작품 중, 유형이 다른 하나는?

① 〈조웅전〉
② 〈서동지전〉
③ 〈유충렬전〉
④ 〈소대성전〉
⑤ 〈임경업전〉

05 다음 작품의 영향을 받은 고전 소설의 유형을 쓰시오.

> 이리하여 서로 작별하고 길을 떠나려 하는데 꿈에서 깨었다. 타다 남은 등잔불은 깜박거리고 밤도 이제 새려고 한다. 아침이 되었다. 수염과 머리털은 모두 희어졌고 망연히 세상일에 뜻이 없었다. 괴롭게 살아가는 것도 이미 싫어졌고 마치 한평생의 고생을 다 겪고 난 것과 같아 재물을 탐하는 마음도 얼음 녹듯이 깨끗이 없어졌다.
>
> – 작자 미상, 〈조신의 꿈〉

06 다음 부분에 나타난 특징으로 적절하지 않은 것은?

> "그렇지. 볼기 구실 들어 보소. 이내 몸이 정승 되어 평교자(平轎子)에 앉아 볼까, 육판서 하였으면 초헌(軺軒) 위에 앉아 볼까, 사복시(司僕寺) 관리 하였으면 임금 타는 말에 앉아 볼까, (중략) 풍류 호걸 되어 기생집에 앉아 볼까, 서울 이름난 기생 되어 가마 안에 앉아 볼까, 많은 돈 벌어 부담마(負擔馬)에 앉아 볼까, 쓸데없는 이내 볼기 놀려 무엇 한단 말인가. 매품이나 팔아 먹세."
>
> – 작자 미상, 〈흥부전〉

① 서술자가 사건에 개입하여 상황을 판단하고 있다.
② 대구와 반복, 열거를 통해 독자에게 흥미를 주고 있다.
③ 신체 부위를 소재로 하여 해학적 효과를 거두고 있다.
④ 간단하게 할 수 있는 말을 장황하게 늘여서 표현하고 있다.
⑤ 자신의 볼기짝이 쓸모없음을 들어 매품팔이가 최선임을 말하고 있다.

정답 04. ② 05. 몽자류 소설 06. ①

◉ 권장 풀이 시간 : 6분 10초

[01-04] 다음 글을 읽고 물음에 답하시오.

[A] 황상과 만조백관이 어찌할 줄 모르더니 좌장군 서경태가 급히 입직군을 동원하여 칼을 들고 내달아 크게 꾸짖길,

"이 몹쓸 흉악한 놈아, 어찌 이런 변을 짓느냐?"

하고 칼을 들어 치니 아귀가 몸을 기울여 피하고 입을 벌려 숨을 들이쉬니 서경태가 날리어 아귀 입으로 들어갔다. 상이 보시다가 크게 놀라,

"짐이 여러 번 **전장**을 지내었으되 이런 일은 보도 듣도 못하였으니 제신 중에 뉘 이 짐승을 잡아 짐의 한을 씻으리오."

정서장군 한세충이 나와 아뢰길,

"소장이 비록 재주 없으나 저것을 베어 황상께 바치리이다."

하고 황금 투구에 엄신갑을 입고 팔 척 장창을 들고 청룡마를 내달아 외쳐 말하길,

"흉적은 목을 늘여 내 칼을 받으라."

아귀가 크게 웃고 말하길,

"아까는 내 숨을 들이쉬니 모기 같은 것도 삼켰으니 지금은 숨을 내쉴 것이니 네 눈을 부릅뜨고 자세히 보라."

하고 입을 벌려 숨을 내부니 황상과 만조백관이 오 리나 밀려갔다. 아귀가 궁중이 텅 빈 것을 보고 세 공주를 등에 업고 돌아갔다.

이때 황상이 제신과 함께 정신을 겨우 차려 환궁하시니 세 공주가 다 없었다. 상께 이 연고를 아뢰니 상이 크게 놀라 하교하시되,

"이런 해괴한 변이 천고에 없으니 경들의 소견이 어떠하뇨?"

하고 용루를 흘리시니 **조정**에 모인 여러 신하가 감히 우러러 보지 못하였다.

이우영이 아뢰길,

"전 좌승상 김규가 지모 넉넉하오니 불러 문의하심이 마땅할까 하나이다."

상이 깨달아 조서를 내려 김규를 부르셨다.

이때 승상이 원을 데리고 평안히 지내더니 천만의외에 사관이 조서를 가지고 왔거늘 받자와 본즉,

"전임 좌승상에게 부치나니 그사이 **고향**에서 무사한가. ⓐ짐은 불행하여 공주를 잃고 종적을 모르니 통한함을 어찌 측량하리오. 경에게 옛 벼슬을 다시 내리나니 바삐 올라와 고명한 소견으로 짐의 아득함을 깨닫게 하라."

하였다. 승상이 사관을 후대하고 ㉠국변을 물으니 아귀 작란하던 일과 세 공주 잃은 말을 대강 고하니 승상이 못내 슬퍼하며 상경하여 사은숙배하니, 상이 보시고,

"경이 고향에 돌아감은 짐이 불명한 탓이로다. 국운이 불행하여 세 공주를 일시에 잃었으니 짐의 이 원을 어찌하리오? 경의 소견으로 이 일을 도모하면 평생의 한을 풀리로다."

승상이 엎드려 아뢰길,

"소신이 자식이 있삽는데 창법 검술이 일세에 무쌍하와 매일 종적 없이 다니옵기 연고를 물으니 **철마산**에 가 무예를 익히다가 일일은 그 산에서 아귀라 하는 짐승을 만나 겨루고 그 뒤를 좇아 바위 구멍으로 들어감을 보았노라 하옵기 과연 허언이 아닌가 싶사오니 ⓑ자식을 불러 들으심이 마땅하올까 하나이다."

[중략 부분의 줄거리] 원은 황상을 뵙고 원수가 되어 철마산 아귀의 소굴로 들어간다.

제대로 감상법

문제 풀이까지 마친 후 복습할 때 보세요.

작자 미상, 〈김원전〉

제목의 의미

'김원전'은 흉측한 모양으로 태어난 주인공 김원이 원래의 모습을 회복한 뒤 요괴에게 납치된 공주를 구출하고 용왕의 사위가 되어 부귀영화를 누린다는 내용의 영웅 소설이다. '김원전'은 지하국 대적 퇴치 설화를 기본으로 하여 변신 모티프, 적강 모티프, 비현실적 인물의 등장 등 다양한 요소가 사용되었다.

구성

▣ 중요 인물

- 김원(남두성): 황제의 명을 받아 요괴에 납치된 공주를 구출하는 뛰어난 능력을 가진 주인공
- (❶): 잘못을 저질러 아귀도에 떨어진 귀신으로, 철마산 소굴로 세 공주를 잡아갔다가 김원에게 퇴치됨.

▣ 사건과 갈등: (❷)이 세 공주를 잡아간 지하국 아귀를 퇴치하고 공주를 구하는 영웅적 활약을 보임.

▣ 소재와 배경의 의미

- 독한 술: 아귀를 없애기 위한 계책에 활용되는 소재로, 아귀의 경계심을 풀게 함.
- (❸): 아귀의 소굴이 있는 곳으로, 김원이 납치된 공주를 구출하기 위해 찾아가는 곳

문체 – 서술상의 특징

- 대화를 통해 인물이 처한 상황과 사건이 제시됨.

주제

아귀를 퇴치하고 공주를 구한 김원의 영웅적 활약상

▶ 해설편 110쪽

원수가 백계를 생각하다가 갑자기 깨달아 공주께 아뢰기를,

"독한 술을 많이 빚어 좋은 안주를 장만하여야 계교를 베풀리이다."

하고, 약속을 정해 여러 여자를 청하여 여차여차하게 계교를 갖추고 기다리라고 하였다.

이때 아귀가 원의 칼에 상한 머리 거의 나으니 모든 시녀를 불러 말하기를,

ⓒ"내 병이 조금 나았으니 사오일 후 세상에 나가 남두성을 잡아 죽여 이 원한을 풀리라. 너희는 나를 위하여 마음을 위로하라."

여자들이 이 말을 듣고 크게 기뻐하여 각각 술과 성찬을 권하기를,

"대왕의 상처가 나으시면 첩 등의 복인가 하나이다. ⓓ수이 차도를 얻사오면 남두성 잡기야 어찌 근심하리오? 주찬을 대령하였사오니 다 드시어 첩 등의 우러르는 마음을 즐겁게 하소서."

아귀가 가져오라 하거늘, 여러 여자가 일시에 한 그릇씩 드리니 아홉 입으로 권하는 대로 먹으니 그 수를 알 수 없었다. 술이 취하매 여러 여자가 거짓으로 위로하여,

"장군은 잠깐 잠을 청하여 아픔을 잊으소서."

아귀가 듣고 잠을 자려 하거늘, 막내 공주가 곁에 앉아 말하길,

"보검을 놓고 주무소서. 취중에 보검을 한번 휘둘러 치면 잔명이 죄 없이 상할까 하나이다."

아귀가 말하기를,

"장수가 잠이 드나 칼을 어찌 손에서 놓으리오마는 혹 실수함이 있을까 하노니 머리맡에 세워 두라."

하고 주거늘, 공주가 받아 놓고 잠들기를 기다렸다. 아귀가 깊이 잠들었거늘, 비수를 가지고 **협실**로 나와 원수에게 잠들었음을 이르고 함께 후원에 이르러 큰 기둥을 가리키며,

"원수의 칼로 저 기둥을 쳐 보소서."

원수가 칼을 들어 기둥을 치니 반쯤 부러졌다. 공주가 크게 놀라 말하기를,

"만일 그 칼을 썼더라면 성사도 못하고 도리어 큰 화가 미칠 뻔하였습니다."

아귀가 쓰던 비수로 기둥을 치니 썩은 풀이 베어지는 듯하였다.

– 작자 미상, 〈김원전〉

제대로 구조화하기

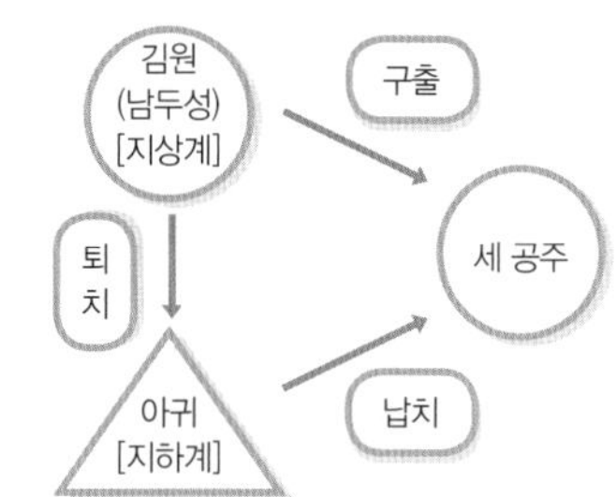

01 [A]의 서술상 특징에 대한 설명으로 가장 적절한 것은?

① 서술자가 개입하여 인물에 대한 평가를 제시하고 있다.
② 대화를 통해 인물 간의 위계나 관계를 보여 주고 있다.
③ 현재와 과거를 교차하여 장면의 전환을 보여 주고 있다.
④ 인물의 회상을 통해 인물 간 갈등의 원인을 암시하고 있다.
⑤ 상황에 대한 인물의 반응을 과장되게 서술하여 사건의 비극성을 완화하고 있다.

제대로 접근법 문제 채점까지 마친 후 복습할 때 보세요.

01
서술상의 특징 파악하기 유형이다. [A]는 아귀가 작란하고, 세 공주가 잡혀가는 내용이다.
황상과 신하들의 대화, 한세충과 아귀의 대화 등에 나타나는 특징을 살펴보고 적절한 선택지를 찾아보자.

02 ㉠과 관련하여 윗글을 이해한 내용으로 적절하지 않은 것은?

① 황상은 ㉠의 심각성을 이전의 '전장'과 비교하고, 그때의 경험에 근거하여 ㉠에 대한 대처 방안을 찾아낸다.
② 이우영은 ㉠의 해결을 위해 '조정'에서 황상의 질문에 답하며 ㉠에 대처할 방안을 찾아 줄 지모 있는 인물을 거명한다.
③ 황상은 ㉠의 여파가 미치지 않은 '고향'에서 편안히 지내던 승상에게 ㉠으로 인한 위기 상황을 알린다.
④ 승상은 ㉠의 원흉인 아귀를 원이 '철마산'에서 본 것을 황상에게 아뢰고, ㉠을 해결할 단서를 제공할 인물을 천거한다.
⑤ 원은 ㉠의 해결 방안을 떠올리고, '협실'에서 공주를 만나 ㉠을 해결할 수 있는 기회가 왔음을 알게 된다.

03 ⓐ~ⓓ에 대한 설명으로 가장 적절한 것은?

① ⓐ와 ⓑ에서는 상대에 대한 신뢰를 바탕으로, 숨겨 온 사실을 드러내고 있다.
② ⓑ와 ⓒ에서는 자신의 위세를 드러내어, 상대의 복종을 이끌어 내고 있다.
③ ⓐ에서는 자신의 감정을 상대에게 드러내고, ⓓ에서는 자신들의 의도를 상대에게 숨기고 있다.
④ ⓑ에서는 당위를 내세워 상대의 행위를 요구하고, ⓓ에서는 상대의 안위를 우려하여 자제를 요청하고 있다.
⑤ ⓒ에서는 상대에게 자신의 목표를 위해 행동할 것을 촉구하고, ⓓ에서는 상대의 목표를 위해 행동할 것을 약속하고 있다.

제대로 접근법 문제 채점까지 마친 후 복습할 때 보세요.

02
작품의 내용 이해하기 유형이다. '국변'은 나라의 변고나 난리를 의미한다. 작품에서는 '아귀 작란하던 일과 세 공주 잃은' 일이다.
황상의 어찌할 줄 모르는 모습, 이런 일은 보도 듣도 못하였다는 말, 환궁한 뒤 크게 놀라며 신하들에게 해결 방법을 묻는 내용을 확인한 뒤 선택지 설명 중 적절하지 않은 것을 찾아보자.

03
인물의 심리, 태도 파악하기 유형이다. ⓐ는 황상이 김규에게 하는 말, ⓑ는 김규가 황상에게 하는 말, ⓒ는 아귀가 시녀에게 하는 말, ⓓ는 여자들이 아귀에게 하는 말이다. 인물들의 상황을 이해하여 그때의 심리와 태도가 어떠할지 생각해 보자.
황상은 세 공주가 잡혀가자 매우 놀란 상황이고, 여자들은 아귀에게 본심을 드러내고 있지 않다는 것에 유의하자.

▶ 해설편 110쪽

04 〈보기〉를 참고하여 윗글을 감상한 내용으로 적절하지 않은 것은? [3점]

〈보기〉

〈김원전〉은 당대의 보편적 가치인 충군을 주제로, 초월적 능력을 지닌 주인공과 기이한 존재인 적대자의 필연적 대결 관계를 보여 준다. 특히 적대자의 압도적 무력에 맞서는 과정에서 인물에 따라, 혹은 인물이 처한 상황에 따라 다른 대응 방식을 보여 줌으로써 독자의 흥미를 자극한다.

① 서경태가 입직군을 동원해 아귀와 맞서고 원수가 계교를 마련해 아귀를 상대하는 데서, 압도적 무력을 지닌 적대자에 대응하는 양상이 서로 다름을 알 수 있군.
② 한세충이 황상의 한을 씻고자 아귀에게 대항하고 승상이 황상의 불행에 슬퍼하며 상경하는 데서, 인물들이 충군의 가치를 지키고 있음을 알 수 있군.
③ 원이 아귀의 머리를 상하게 한 것과 아귀가 남두성인 원에게 원한을 갚겠다고 다짐하는 데서, 주인공과 적대자의 대결이 피할 수 없는 것임을 알 수 있군.
④ 공주가 황상에게는 국운의 불행으로 잃은 대상이지만 원수에게는 약속대로 아귀를 잠들게 하는 인물인 데서, 여성 인물이 사건의 피해자이자 해결을 돕는 존재임을 알 수 있군.
⑤ 일세에 무쌍한 무예를 갖춘 원수가 아귀의 비수로 기둥을 베어 보는 데서, 주인공이 적대자를 처치하기 위해 자신의 계획대로 초월적 능력을 시험하고 있음을 알 수 있군.

제대로 접근법

문제 채점까지 마친 후 복습할 때 보세요.

04
외적 준거에 따른 작품 감상하기 유형이다. 작품에서 사건 및 인물 간의 갈등, 태도 등을 살펴보고 선택지에 제시된 내용이 작품에 제시된 내용에 부합하지 않는 것을 찾아본다.
서경태나 원수는 압도적 무력을 지닌 아귀에 대응하는 인물이다. 한세충과 김규는 황상에게 충성을 다하는 신하이다. 원은 천상계에서 남두성이었고 아귀와 적대적 관계에 있다. 공주는 원수가 아귀를 퇴치하는 과정에서 조력자의 역할을 하고 있다. 아귀를 퇴치하기 위해서는 아귀의 비수가 필요하다는 것을 원수가 아귀의 비수로 기둥을 베어 보는 장면에서 확인할 수 있다. 이와 같은 내용에 부합하지 않는 선택지를 찾아보자.

1차 채점		
맞은 문항 수		개
틀린 문항 수		개
헷갈리는 문항 번호		

• 틀린 문항 '/' 표시

→

2차 채점		
맞은 문항 수		개
틀린 문항 수		개
헷갈리는 문항 번호		

• 틀린 문항 'x' 표시

→

3차 채점		
맞은 문항 수		개
틀린 문항 수		개
헷갈리는 문항 번호		

• 틀린 문항 ⩕ 표시

◉ 권장 풀이 시간 : 5분 40초

[01-04] 다음 글을 읽고 물음에 답하시오.

선군이 한림원에 다녀온 후 편지 먼저 하는지라. 노복이 주야로 내려와 상공께 편지를 드리니, 한 장은 부모님께, 한 장은 낭자에게 부친 편지거늘, 부모님께 올린 편지를 상공이 열어 보니,

[A] "문안드립니다. 그사이 부모님께서는 평안하셨나이까? 저는 부모님 덕분에 무탈하옵니다. 또한 천은을 입어 금번에 장원 급제하여 한림학사로 입조하여 도문*하니, 일자는 금월 망일이오니 잔치는 알아서 준비해 주옵소서."

하였더라.

낭자에게 온 편지를 부인 정 씨 춘양에게 주며,

"ⓐ이 편지는 네 어미에게 부친 편지라. 네가 잘 간수하라."

하고 부인 통곡하니 춘양이 그 편지를 받고 울며 동춘을 안고 방에 들어가 어미 시신 흔들고 울며, 편지 열어 낯에 대고 통곡 왈,

"어머님 일어나소. 아버님 편지가 왔나이다. 일어나소. 아버님 장원 급제하여 내려오시나이다."

하며 편지로 낯을 덮으며,

"동춘은 연일 젖 먹자고 웁니다. 어머님 평시 글을 좋아하시더니 아버님 편지 왔사온데 어찌 반기지 아니하시나이까? 춘양은 글을 몰라 어머님 영전에 읽어 드리지 못하나니 답답하나이다."

하고 할머님께 빌며,

"할머님께서 어머님 영전에 가 편지를 읽으시면 어머님 영혼이 감동할 듯하나이다."

하니 정 씨 마지못해 방에 들어가 울면서 편지를 읽는지라.

[B] "낭자께 문안 전하니, 애정 담은 편지 한 장 올리나이다. 우리의 태산 같은 정이 천리에 가림에, 낭자의 얼굴을 보고 싶어도 볼 수 없고, 낭자를 생각하지 않아도 절로 생각이 납니다. 요사이 그대의 그림이 전과 빛이 달라 날로 변하나이다. 무슨 병이 들었는지 몰라 객창 등불 아래에서 수심으로 잠들지 못하니 답답합니다. 낭자의 지극한 정성으로 장원 급제하여 이 몸이 영화롭게 내려가니, 어찌 낭자의 뜻을 맞추지 아니하였으리오? 날짜는 금월 모일이니 바라건대 낭자는 천금 같은 옥체를 보존하소서. 내려가 반갑게 만나사이다."

정 씨 보기를 다함에 더욱 슬픈 마음을 진정치 못하여 통곡하며,

"ⓑ슬프다, 춘양아! 가련타, 동춘아! 너희 어미 잃고 어찌 살라하는가?"

[중략 부분의 줄거리] 선군은 숙영이 시아버지로부터 가문의 명예를 실추했다는 오해를 받고 자결한 것을 알게 된다. 숙영은 장례 중 부활해 선군과 집에 돌아온다.

상공과 정씨 부인 내달아 낭자를 붙들고 통곡하며,

"낭자는 어디를 갔다 왔느냐?"

하며 참혹한 마음을 이기지 못하더라. 낭자 상공과 정 씨 부인 앞에 가 절하고 사뢰되,

"ⓒ첩은 천상의 죄 있으니 천명이 아닌 것이 없습니다. 너무 한탄치 마옵소서."

하며,

"ⓓ옥황상제님이 우리를 올라오라 하시니 천명을 거스르지 못하여 올라가옵나이다."

제대로 감상법 ☆ 문제 풀이까지 마친 후 복습할 때 보세요.

작자 미상, 〈숙영낭자전〉

제목의 의미

〈숙영낭자전〉은 천상의 선녀 숙영이 인간 세상에 내려와 선군과 사랑하게 되어 부부의 인연을 맺고 살다가, 누명을 쓰고 죽었다 부활한 후 선군과 함께 승천한다는 내용의 작품이다.

구성

▣ 중요 인물
- (❶): 선군의 부인이자 적강한 선녀이며, 절개가 곧은 인물임.
- (❷): 숙영의 남편이자 집단적 가치보다 개인적 가치를 우선으로 여기는 인물임.
- 상공 부부: 가문의 명예를 중시하며, 숙영을 의심하여 죽음에 이르게 함.

▣ **사건과 갈등**: 선군은 장원 급제를 함. 그리고 누명을 쓰고 죽었던 숙영은 (❸)하여 선군 집에 돌아와 부모를 위로하고 선군과 함께 승천함.

▣ **소재와 배경의 의미**
- (❹)과 약주: 숙영이 상공 부부에게 주는 선물로, 숙영이 천상계의 고귀한 인물임을 드러내 줌.

문체 – 서술상의 특징
- 천상계 인물의 등장, 죽은 사람의 재생, 하늘나라로의 승천 등 비현실적인 내용이 나타남.
- 주인공이 신선계에서 하강한 고귀한 인물로 설정됨.

주제

유교적 가부장제의 현실적 장애를 넘어선 남녀의 사랑

한 걸음 더

〈숙영낭자전〉의 근원 설화

내용	바탕이 된 근원 설화
선군이 적강 선녀인 숙영과 혼인함.	〈선녀와 나무꾼 이야기〉
천명을 어긴 숙영이 죽음을 맞이함.	〈우렁이 색시〉
선군이 숙영의 원한을 풀어 줌.	〈아랑 전설〉

▶ 해설편 113쪽

하니, 상공 부부 더욱 처량한 심사를 측량치 못할러라. 낭자 백학선과 약주 한 병을 드리며,

"ⓔ이 백학선은 몸이 추우면 더운 바람이 나오니 천하 유명한 보배이옵고, 약주는 기운 불편하시거든 드십시오. 백학선과 약주를 몸에 지니시오면 백세 무양하오리다."

하고,

"**부모님 돌아가실 때 연화궁**의 세계로 모셔 가오이다. 천상 선관이 연화궁에 자주 다니오니 극락 연화궁으로 오시면 반가이 만나 뵈오리다."

하고 선군더러,

"우리 올라갈 때가 급하였으니, 하직하고 **올라가사이다.**"

하니 선군이 부모지정을 잊지 못하여 새로이 슬퍼하니, 선군과 낭자 **부모를 위로하여 나아가 엎드려** 고왈,

"소자 등은 세상 연분이 다하였삽기로 오늘 하직하옵나이다."

하고 인하여 **하직**하며,

"부모님 내내 평안하옵소서."

하고 청사자 한 쌍을 몰아 한림은 동춘을 낭자는 춘양을 안고, 구름에 싸여 올라가는지라.

상공 부부 낭자와 선군이 천궁에 올라간 후로 망연해하며 **세간을 다 나누어 주**고, 백세를 살다가 한날한시에 별세하더라.

– 작자 미상, 〈숙영낭자전〉

*** 도문**: 과거 급제하고 집에 오던 일

제대로 구조화하기

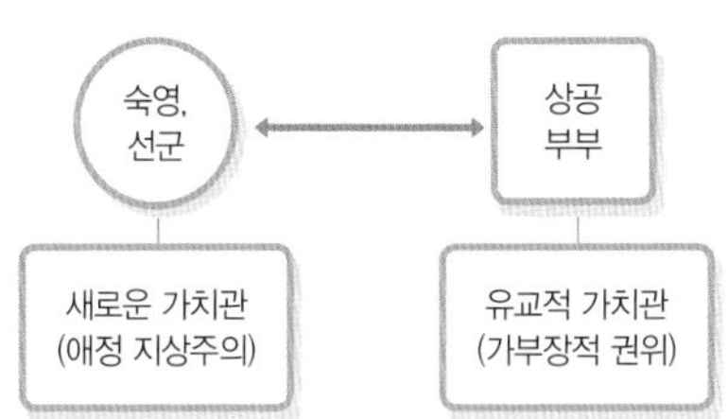

01 '춘양'에 대한 설명으로 가장 적절한 것은?

① 아버지를 보고 싶은 심정을 어머니 영전에서 언급한다.
② 할머니로부터 아버지의 편지를 받아 어머니에게 읽어 준다.
③ 할머니와 함께 어머니 생전의 일화에 대해 이야기를 나눈다.
④ 동생이 어머니가 살아 있는 줄 알고 찾아가려 하자 동생을 막아선다.
⑤ 아버지의 소식을 어머니에게 전하고 싶은 마음을 행동으로 표출한다.

02 [A], [B]에 대한 이해로 가장 적절한 것은?

① [A]에서는 자신의 안부를 전한 뒤 곧이어 받는 이의 안부를 묻는다.
② [B]에서는 받는 이를 만나고 싶지만 당장 그럴 수 없는 처지를 언급하며 안타까운 심정을 드러낸다.
③ [B]에서는 받는 이의 건강에 문제가 있다는 소식을 듣고 걱정하는 마음을 드러낸다.
④ [A]와 [B]에서 모두 자신이 뜻한 바를 이루었음을 전하고, 받는 이에게 그 공을 돌리며 감사해한다.
⑤ [A]와 [B] 모두 당부의 말을 전하는데, [A]에서는 받는 이가 글쓴이의 노력을 알아주길 바라고, [B]에서는 받는 이가 스스로 잘 처신하기를 바란다.

제대로 접근법 문제 채점까지 마친 후 복습할 때 보세요.

01
인물의 심리, 태도 파악하기 유형이다. '춘양이 그 편지를 받고 울며 동춘을 안고 방에 들어가 어미 시신 흔들고 울며, 편지 열어 낯에 대고 통곡'했다는 것과 '할머님께서 어머님 영전에 가 편지를 읽으시면 어머님 영혼이 감동할' 것이라는 춘양의 말을 통해 적절한 선택지를 찾아보자.

02
인물의 심리, 태도 파악하기 유형이다. [A]는 선군이 부모님께, [B]는 선군이 아내 숙영에게 보낸 편지이다. 편지의 내용을 통해 선택지의 적절성을 판단해 보자. '낭자의 얼굴을 보고 싶어도 볼 수 없고, 낭자를 생각하지 않아도 절로 생각이 납니다.', '수심으로 잠들지 못하니 답답합니다.'라는 선군의 글을 통해 적절한 선택지를 찾아보자.
선택지가 매우 쉽게 제시되어 있으므로 실수하지 않도록 해야 한다.

03 ⓐ~ⓔ를 이해한 내용으로 적절하지 않은 것은?

① ⓐ: 편지의 수신인이 누구인지 말해 주며 상대가 편지의 중요성을 인식하게 하고 있다.
② ⓑ: 손주들을 호명하며 격해진 감정과 그들을 불쌍해하는 마음을 표출하고 있다.
③ ⓒ: 자신의 운명은 하늘의 뜻이라고 함으로써 집에 온 자신을 책망하지 말 것을 부탁하고 있다.
④ ⓓ: 옥황상제의 부름을 거절할 수 없다고 말함으로써 이별이 예정되어 있음을 언급하고 있다.
⑤ ⓔ: 백학선과 약주를 선물함으로써 상대를 걱정하는 마음을 드러내고 있다.

제대로 접근법 ☆ 문제 채점까지 마친 후 복습할 때 보세요.

03
대화의 특징 파악하기 유형이다. '네 어미에게', '간수하라', '슬프다, 춘양아! 가련타, 동춘아!', '천명이 아닌 것이 없습니다', '천명을 거스르지 못하여', '백세 무양하오리다' 등을 통해 선택지에 제시된 내용을 확인한 뒤, 대화에 담긴 의미를 이해한 설명이 적절한지를 판단해 보자.
또한 상공과 정 씨 부인이 낭자를 붙들고 통곡한다는 내용을 통해 집에 돌아온 숙영이 어떤 마음일지 생각해 보아야 한다.

04 〈보기〉를 참고하여 윗글을 감상한 내용으로 적절하지 않은 것은? [3점]

〈보기〉

〈숙영낭자전〉에서 승천은 인간 세상의 명분에 구속받지 않는 가족 사랑을 모색한다는 의의를 갖는다. 작품에서는 상공의 잘못이 개인의 문제이기 이전에 가문이라는 명분을 중시하는 인간 세상의 구조적 문제라고 보았다. 그래서 숙영 부부는 가문이라는 명분이 작동하지 않는 천상으로 보내고, 상공 부부는 가문의 무의미함을 깨닫게 하여 구조적 문제에 대응하는 한 방식을 보여 주었다. 하지만 숙영 부부를 천상에 간 뒤에도 부모를 잘 섬기려는 모습으로 그려 낸 것은, 가족 사랑의 보편적 가치를 환기하기 위한 것이다.

① 숙영이 '부모님 돌아가실 때 연화궁'으로 모셔 가겠다고 하는 데에서, 연화궁에서 숙영과 부모를 만나게 하여 가족 사랑의 보편적 가치를 환기하려는 것을 확인할 수 있군.
② 숙영이 선군에게 천궁으로 '올라가사이다'라고 하는 데에서, 숙영 부부를 천상으로 보내 가문이라는 명분이 작동하지 않는 곳에서 살게 하려는 것을 확인할 수 있군.
③ 숙영 부부가 '부모를 위로하여 나아가 엎드려 고'하는 데에서, 승천을 망설이는 모습을 보여 주어 숙영 부부를 부모를 잘 섬기는 인물로 그려 낸 것을 확인할 수 있군.
④ 숙영 부부가 부모에게 '하직' 인사를 하는 데에서, 숙영 부부로 하여금 부모를 떠나게 하여 인간 세상의 구조적 문제에 대응하는 양상을 보여 준 것을 확인할 수 있군.
⑤ '상공 부부'가 '세간을 다 나누어 주'는 데에서, 가족을 잃어 허망해하는 상공 부부의 모습을 보여 주어 가문의 무의미함을 깨닫게 한 것을 확인할 수 있군.

04
외적 준거에 따른 작품 감상하기 유형이다. 〈보기〉의 내용을 확인한 후 지문에 제시된 인물의 심리와 태도, 사건을 이해한 뒤 선택지의 감상이 적절한지 판단해 보자. 숙영 부부가 승천하는 과정에서 어떤 자세를 보여 주는지 작품에서 확인하자.
외적 준거에 의한 감상 문제이긴 하지만 작품의 내용을 이해하여 적절하지 않은 내용이 제시된 선택지를 찾으면 문제를 해결할 수 있다.

1차 채점

맞은 문항 수	개
틀린 문항 수	개
헷갈리는 문항 번호	

• 틀린 문항 '/' 표시

→ **2차 채점**

맞은 문항 수	개
틀린 문항 수	개
헷갈리는 문항 번호	

• 틀린 문항 '×' 표시

→ **3차 채점**

맞은 문항 수	개
틀린 문항 수	개
헷갈리는 문항 번호	

• 틀린 문항 '⚠' 표시

◉ 권장 풀이 시간 : 5분 50초

[01-04] 다음 글을 읽고 물음에 답하시오.

십여 일이 지날 무렵 노비 막동이 눈물을 흘리며 물었다.

"낭군께선 늘 언행이 호방하시고 재주가 무리 중에 탁월해 거침없으시더니, 요즘에는 울적해 하시니 말 못할 근심이 있는 듯하옵니다. 사모하는 이라도 있으신지요?"

김생이 슬퍼하며 느낀 바를 사실대로 말하니 막동이 한참 생각하고 말했다.

"소인이 낭군을 위해 마륵의 ㉠계책을 올릴 테니, 낭군께선 애태울 일이 없으십니다."

"그게 무엇이더냐?"

"낭군께선 급히 주효(酒肴)를 성대히 마련하시고 바로 미인이 머문 집으로 가셔서 손님을 전별(餞別)하려는 듯 하십시오. 방 하나를 빌려 잔치를 벌이시고 이놈을 불러 손님을 모셔 오라 하시면, 제가 명을 받들어 나갔다가 한 식경 후에 돌아와 '손님이 오십니다.'라 하지요. 낭군께서 다시 명하시면 제가 또 명을 받고 날이 저물 때쯤 돌아와, '손님께서 오늘은 송별객이 많아 심히 취해 갈 수 없으니 내일 꼭 가겠노라 하셨습니다.'라 하지요. 이때 낭군께선 주인을 불러 앉으라 하시고 그 주효를 먹게 하고, 기색을 드러내지 말고 물러나십시오. 다음 날도 그렇게 하고 그다음 날도 그렇게 하시면, 처음엔 고맙게 여길 것이요, 두 번째는 은혜에 감격할 것이며, 세 번째는 필히 의문을 품을 것입니다. 은혜를 느끼면 보답을 생각할 것이고, 은혜에 감격하면 죽음으로써 보답하고자 생각할 것이며, 의문이 생기면 하시고 싶은 바를 물어볼 것입니다. 이때 흉금을 털고 말하신다면 일은 거의 다 된 것입지요."

생은 진정 그럴듯하다 여기고 기뻐하며 말했다.

"내 일이 잘 되겠구나!"

생은 그 계책에 따라 즉시 주효를 갖추어서 곧바로 그 집에 가 전별 자리를 마련하였다.

(중략)

생이 사모하는 이가 필시 이곳에 없는 줄 알고 낯빛을 바꾸며 말했다.

"이 몸이 할멈에게 후의(厚意)를 입었으니 어찌 사실대로 말하지 않겠나? 과연 모월 모일 모처에서 오다가 길에서 마침 한 낭자를 보았다네. 나이는 대략 십오륙 세에 푸른 적삼에 붉은 치마를 입었고, 백릉버선에 자색 신을 신었지. 진주 비녀를 꽂고 새하얀 옥 반지를 끼고, 홍화문 앞길을 지나가고 있었다네. 내 마음이 화사해지고 춘정을 이기지 못해 뒤따랐는데, 마지막에 이른 곳이 곧 할멈의 집이었네. 그날 이후로 마음이 혼미하여 만사가 흐릿하며, 오로지 그 낭자만 생각했다네. 맑은 눈동자와 하얀 이가 자나 깨나 잊히지 않아 상심하며 애태우길 하루 이틀이 아니었네. 할멈이 나를 보고 낯빛이 파리하다 했는데 왜 그랬겠나? 그래서 손님을 전별한다며 할멈을 번거롭게 한 것이네."

노파가 이 말을 듣고 몹시 애처로워했으나 생이 마음에 둔 사람이 누군지 몰랐다. 한동안 깊이 생각하다가 문득 깨닫고서 말했다.

"그런 애가 있습죠. 바로 죽은 제 언니의 딸이에요. 이름은 영영이고 자(字)는 난향이죠. 만약에 정말 그렇다면 참으로 어려운 일입니다. 참 어려운 일이에요!"

"왜 그러한가?"

"이 애는 회산군 댁 시비예요. 궁에서 나고 자라 문 앞길도 밟지 못한 지 오래랍니다. 자색(姿色)이 고운 것은 낭군께서 이미 보셨으니 굳이 말할 것 없지만 고운 마음이며 얌전한 몸가짐은 양반집 규수와 다를 게 없지요. 게다가 음률과 문장을 알아 나리께서 어여삐 여기

제대로 감상법 ☆ 문제 풀이까지 마친 후 복습할 때 보세요.

작자 미상, 〈상사동기〉

제목의 의미

'상사동'은 이 작품의 공간적 배경으로, 영영의 이모이자 김생을 도와주는 노파가 사는 동네의 지명이다. 즉 '상사동기'는 '상사동에 대한 기록'이라는 의미로 볼 수 있다. 한편 이 작품은 작중 인물의 이름을 따서 〈영영전〉, 〈회산군전〉 등으로 불리기도 한다.

구성

▣ 중요 인물
- 김생: 영특한 인물로 영영에게 반해 사랑에 빠짐.
- 노파(할멈): 김생에게 영영에 대한 정보를 요약적으로 전달하며, 영영과 만날 수 있는 방법을 제안함.
- (❶): 김생의 사랑의 성취를 돕는 조력자로, 노파에게 속내를 털어놓을 구체적 계획을 제시함.

▣ **사건과 갈등**: 막동은 김생의 근심을 해결할 계책을 제시하고, 노파(할멈)는 김생과 영영의 만남을 돕기 위해 적극적인 계획을 세워 김생에게 제안함.

▣ 소재와 배경의 의미
- 다른 고전 소설과 달리 전기적 요소나 비현실적 배경을 활용하지 않으며, 명나라 효종 때를 배경으로 하여 선비와 궁녀의 (❷)을 소재로 사용하고 있음.

문체 – 서술상의 특징
- 주인공 남녀의 사랑을 사실적으로 다루고 있음.
- 주인공의 사랑의 실현을 도와주는 (❸)가 등장함.
- 추보식 구성을 취하고 있으며, 인물 간의 대화를 통해 사건이 전개됨.

주제

신분의 한계를 뛰어넘는 남녀의 열렬한 사랑

시고 장차 소실(小室)로 맞으려 하셨지만, 부인의 시샘이 하동의 사자후보다 심하여 그렇게 못 하고 있을 뿐이옵니다. 지난번 그 애가 올 수 있었던 것은 한식 때를 맞아 그 애가 어미의 제사를 이곳에서 지내려고 부인께 말미를 얻었기 때문이지요. 그리고 때마침 나리께서 외출하신 터에 올 수 있었지 그렇지 않았던들 낭군께서 어찌 얼굴을 볼 수 있었겠습니까? 아이고! 낭군께서 다시 만나시기는 참으로 어렵습죠. 참으로 어려워요!"

생이 하늘을 우러러 탄식하며 말했다.

"아, 끝난 것이로구나! 나는 필시 죽겠구나!"

노파가 안타까워 멍하니 서 있다가 다시 말했다.

"딱 한 가지 ㉡방법이 있습죠. 단오가 꼭 한 달 남았습니다. 그때 이 몸이 죽은 언니를 위해 제사상을 차리고 부인께 영영에게 반나절의 말미를 주도록 청한다면, 만에 하나 낭군의 뜻을 이룰 수 있을 것입니다. 낭군께선 돌아가시어 때를 기다렸다가 오시지요."

생이 기뻐하며 말했다.

"할멈 말대로 된다면야 인간의 5월 5일이 천상의 7월 7일이 되겠소!"

생과 노파는 각각 만복을 기원하며 헤어졌다.

– 작자 미상, 〈상사동기〉

제대로 구조화하기

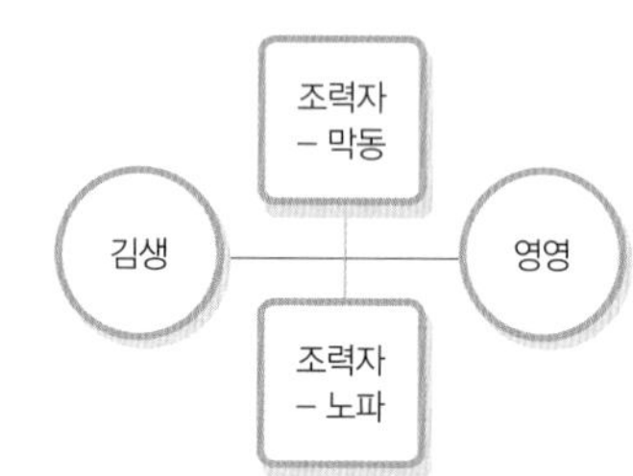

01 윗글의 대화에 대한 설명으로 가장 적절한 것은?

① 시간 표지를 활용하여 사건의 추이를 드러낸다.
② 앞날의 일을 가정하여 인물 간 갈등의 심화를 암시한다.
③ 인물에 대한 논평을 활용하여 갈등의 해소 방안을 제시한다.
④ 인물의 내력을 요약적으로 제시하여 성격의 변화를 보여 준다.
⑤ 인물의 성격을 고사에 빗대어 사건을 새로운 국면으로 전환한다.

제대로 접근법 문제 채점까지 마친 후 복습할 때 보세요.

01
인물의 말하기 방식 파악하기 유형이다. '시간 표지'는 시간을 나타내는 표현인데, 이를 활용하여 사건의 추이를 나타내는지 확인한다.
또한 갈등의 심화가 암시되는지, 갈등의 해소 방안을 제시한 인물이 있는지 찾아본다. 인물의 성격 변화가 나타나는 표현이 있는지도 찾아보고, 사건이 새로운 국면으로 전환되었는지도 찾아본다. 이를 통해 적절한 선택지를 골라 보자.

02 윗글의 내용에 대한 이해로 적절하지 <u>않은</u> 것은?

① 막동은 생의 근심이 사모하는 마음 때문일 것이라 추측했다.
② 생이 노파의 집에서 손님을 전별하는 일을 벌인 데 대해 노파는 번거로움을 호소하였다.
③ 노파는 생이 찾는 자색이 고운 여인이 죽은 언니의 딸인 것을 깨달았다.
④ 노파는 생의 사연을 애처롭게 여기고 자신이 영영에 대해 아는 바를 알려 주었다.
⑤ 생은 천상의 일에 빗대어 영영을 만나는 일의 기쁨을 표현하였다.

02
작품의 내용 이해하기 유형이다. 막동의 말인 '사모하는 이라도 있으신지요?'에 주목하고, '할멈을 번거롭게 한 것이네.'라고 말한 주체와 이를 들은 이의 반응을 살펴본다.
노파의 말을 통해 생이 찾는 여인이 누구로 제시되는지 지문의 내용을 확인하고, 영영에 대한 정보를 요약적으로 제시하는 노파의 대화를 찾아보자. 마지막으로 생의 '천상의 7월 7일이 되겠소!'라는 말에 담긴 의미를 이해하여 적절하지 않은 선택지를 골라 본다.

▶ 해설편 116쪽

03 ㉠과 ㉡에 대한 설명으로 가장 적절한 것은?

① ㉠과 ㉡은 모두 생에게 실현 가능성에 의구심을 갖게 한다.
② ㉠과 ㉡은 모두 생의 의도를 숨기기 위해 상황의 급박함을 부각하는 방식을 취한다.
③ ㉠은 막동의 제안을 생이 실행함으로써 이루어지고, ㉡은 생의 제안을 노파가 실행함으로써 이루어질 수 있다.
④ ㉠이 이루어지면 생은 노파에게 속내를 드러낼 기회를 얻게 되고, ㉡이 이루어지면 생이 영영과 만날 기회를 얻게 된다.
⑤ ㉠에서 생은 노파에게 접근하기 위해 가상의 존재를 내세우고, ㉡에서 생은 영영과의 만남을 위해 권력자의 위세를 내세운다.

제대로 접근법 ☆ 문제 채점까지 마친 후 복습할 때 보세요.

03
소재의 기능 파악하기 유형이다. ㉠의 '계책'은 생이 노파에게 '흉금을 털고 말'할 수 있는 상황을 만드는 것이고, ㉡의 '방법'은 '낭군의 뜻을 이룰 수 있'게 하는 것이다.
'계책'과 '방법'이 이루어지면 생이 노파에게 무엇을 할 수 있는지, 생과 영영은 만날 수 있을지 생각해 보고 이에 맞는 내용이 담긴 선택지를 찾아본다.

04 〈보기〉를 참고하여 윗글을 감상한 내용으로 적절하지 않은 것은? [3점]

〈보기〉

〈상사동기〉는 남녀가 결연의 어려움을 극복하고 애정을 추구하는 서사라는 점에서, 애정 전기 소설의 전통을 따르면서도 전대 소설보다 현실성이 강화되었다. 감정에 충실하여 애정을 우선시하는 주인공의 성격, 서사 진행에 적극 개입하는 보조적 인물의 등장, 환상성을 벗어나 일상에 밀착된 배경의 설정 등에서 이를 확인할 수 있다. 또한 신분적 한계를 지닌 여성과의 결연 과정에서 애정 성취를 가로막는 사회적 관습으로 인한 갈등이 드러난다는 점에서 소설사적 의의가 있다.

① 생이 첫눈에 반한 영영과의 애정 추구에 적극적으로 나서는 점에서, 감정에 충실한 인물의 성격을 확인할 수 있군.
② 막동과 노파가 생의 애정 성취를 돕기 위해 나서는 점에서, 사건에 적극 개입하는 보조적 인물의 등장을 확인할 수 있군.
③ 생이 길을 가다 우연히 영영을 마주치고 노파의 집까지 뒤따르는 것에서, 사건 전개가 일상적 공간 속에서 이루어짐을 확인할 수 있군.
④ 영영이 회산군 댁 시비인 까닭에 두 인물의 만남이 어려운 점에서, 여성 주인공의 신분적 한계로 인해 애정 성취에 곤란을 겪는 것을 확인할 수 있군.
⑤ 회산군 부인의 허락을 구하려는 노파에게 생이 동조하는 것에서, 사회적 관습 안에서 현실적인 애정 성취 방법을 찾는 인물의 내적 갈등을 확인할 수 있군.

04
외적 준거에 따른 작품 감상하기 유형이다. 작품의 내용을 바탕으로 생이 감정에 충실한 인물인지, 막동과 노파는 사건에 적극 개입하는 보조적 인물이라고 할 수 있는지, 사건이 일상적 공간 속에서 이루어지고 있는지, 영영의 신분으로 인해 애정의 성취에 곤란을 겪고 있는지, 노파가 제안한 방법을 듣고 김생이 내적 갈등을 하고 있는지 등을 확인해 본다.
작품의 내용을 충분히 이해하고 있다면 〈보기〉의 내용을 굳이 참고하지 않아도 답을 찾을 수 있다. 다만, 헷갈리는 선택지가 있다면 〈보기〉의 '애정을 추구하는 서사', '현실성이 강화', '감정에 충실', '보조적 인물의 등장', '일상에 밀착된 배경', '신분적 한계를 지닌 여성', '사회적 관습으로 인한 갈등' 등을 참고하여 판단의 근거로 활용하도록 하자.

1차 채점		
맞은 문항 수		개
틀린 문항 수		개
헷갈리는 문항 번호		

• 틀린 문항 '/' 표시

→

2차 채점		
맞은 문항 수		개
틀린 문항 수		개
헷갈리는 문항 번호		

• 틀린 문항 '×' 표시

→

3차 채점		
맞은 문항 수		개
틀린 문항 수		개
헷갈리는 문항 번호		

• 틀린 문항 ⚠ 표시

2023 수능

◉ 권장 풀이 시간 : 5분 50초

[01-04] 다음 글을 읽고 물음에 답하시오.

혼례를 마친 후 최척이 아내와 함께 장모를 모시고 집으로 돌아오매 하인들이 기뻐했다. 대청에 오르자 **친척들**이 축하하여 온 집안에 기쁨이 넘쳤고, 이들을 기리는 소리가 사방의 이웃으로 퍼졌다. 시집에 온 옥영은 소매를 걷고 머리를 빗어 올린 채 손수 물을 긷고 절구질을 했으며, 시아버지를 봉양하고 남편을 대할 때 효와 정성을 다하고, 윗사람을 받들고 아랫사람을 대할 때는 성의와 예의를 두루 갖췄다. **이웃 사람들**이 이를 듣고는 모두 양홍의 처나 포선의 아내도 이보다 낫지 않을 것이라고 칭찬했다.

최척은 결혼한 후 구하는 것이 뜻대로 되어 재산이 점차 넉넉히 불었으나, 다만 일찍이 자식이 없는 것이 걱정이었다. 최척 부부는 후사를 염려하여 ㉠매월 초하루가 되면 몸과 마음을 깨끗이 하고 함께 만복사에 올라 부처께 기도를 올렸다. 다음 해 갑오년 ㉡정월 초하루에도 만복사에 올라 기도를 했는데, 이날 밤 장육금불이 옥영의 꿈에 나타나 말했다.

"나는 **만복사의 부처**로다. 너희 정성이 가상해 기이한 **사내아이**를 점지해 주니, 태어나면 반드시 특이한 징표가 있을 것이다."

옥영은 ㉢그달에 바로 잉태해 열 달 뒤 과연 아들을 낳았는데, 등에 어린아이 손바닥만 한 **붉은 점**이 있었다. 그래서 최척은 아들 이름을 몽석(夢釋)이라고 지었다.

최척은 피리를 잘 불었으며, ㉣매양 꽃 피는 아침과 달 뜬 밤이 되면 아내 곁에서 피리를 불곤 했다. 일찍이 날씨가 맑은 ㉤어느 봄날 밤이었는데, 어둠이 깊어 갈 무렵 미풍이 잠깐 일며 밝은 달이 환하게 비췄으며, 바람에 날리던 꽃잎이 옷에 떨어져 그윽한 향기가 코끝에 스며들었다. 이에 최척은 옥영과 술을 따라 마신 후, 침상에 기대 피리를 부니 그 여음이 하늘거리며 퍼져 나갔다. 옥영이 한동안 침묵하다 말했다.

"저는 평소 여인이 시 읊는 것을 좋게 여기지 않습니다. 그런데 이처럼 맑은 정경을 대하니 도저히 참을 수가 없군요."

옥영은 마침내 절구 한 수를 읊었다.

왕자진이 피리를 부니 달도 내려와 들으려는데,
바다처럼 푸른 하늘엔 이슬이 서늘하네.
때마침 날아가는 푸른 난새를 함께 타고서도,
안개와 노을이 가득해 봉도 가는 길 찾을 수 없네.

최척은 애초에 자기 아내가 이리 시를 잘 읊는 줄 모르고 있던 터라 놀라 감탄하였다.

[중략 부분의 줄거리] 전란으로 가족과 이별한 최척은 명나라 배를 타고 안남에 이르러 처량한 마음에 피리를 불었다.

최척은 동방이 밝아 오자, 강둑을 내려가 **일본인 배에 이르러 조선말**로 물었다.

"어젯밤 시를 읊던 사람은 조선 사람 아닙니까? 나도 조선 사람이어서 한번 만나 보았으면 합니다. 멀리 **다른 나라를 떠도는 사람**이 비슷하게 생긴 **고국 사람을 만나**는 것이 어찌 그저 기쁘기만 한 일이겠습니까?"

옥영도 생각하기를 어젯밤 들은 **피리 소리**가 조선의 곡조인 데다, 평소 익히 들었던 것과 너무나 흡사했다. 그래서 남편 생각에 감회가 일어 절로 시를 읊게 되었던 것이다. 옥영은 자

제대로 감상법

문제 풀이까지 마친 후 복습할 때 보세요.

조위한, 〈최척전〉

제목의 의미

'최척'은 남자 주인공의 이름이다. 이 작품은 임진왜란과 정유재란을 배경으로 '최척' 일가가 겪은 가족 간의 이산과 상봉의 과정을 다루어, 당시 전쟁으로 인한 민중들의 고통을 형상화한 작품이다. 일본, 안남(베트남)까지 공간적 배경을 확장하고 옥영을 통해 여성도 운명을 개척해 내는 인물로 그리고 있다는 점이 특징적이다.

구성

▣ **중요 인물**
- (❶): 쇠락한 양반집 아들. 전란과 이산의 고통 속에서도 포기하지 않고 사랑과 행복을 쟁취하는 의지적 인물
- 옥영: 전란을 피해 남원으로 오게 된 서울 양반가의 규수. 강인한 의지와 지혜로 역경을 극복하는 인물

▣ **사건과 갈등:** 최척과 옥영은 결혼한 후 자식이 없자 부처께 기도하여 아들 몽석을 낳음. 전란으로 가족이 모두 흩어지고, 최척은 상선을 타고 떠돌다가 (❷)에서 아내 옥영을 다시 만나게 됨.

▣ **소재와 배경의 의미**
- 시, 피리 소리: 최척과 옥영이 전란으로 헤어지기 전에 최척의 피리 소리에 옥영이 시를 지어 읊는데, 이 시와 피리 소리는 이별한 최척과 옥영이 다시 만나게 되는 계기를 제공함.

문체 – 서술상의 특징
- 감각적인 (❸) 묘사를 통해 낭만적 분위기를 부각함.
- 실제 일어났던 전쟁을 배경으로 하여 당시 백성들의 고통을 사실적으로 표현함.
- 조선뿐만 아니라 중국, 일본, 베트남 등 해외를 배경으로 하고 있음.

주제

전란으로 인한 가족의 이산과 가족애를 통한 재회

기를 찾는 사람의 목소리를 듣고는 황망히 뛰쳐나와 최척을 보았다. 둘은 서로 마주하고 놀라 **소리를 지르며 끌어안**고 백사장을 뒹굴었다. 목이 메고 기가 막혀 마음을 안정할 수 없었으며, 말도 할 수 없었다. 눈에서는 **눈물이 다하자 피가 흘러내**려 서로를 볼 수도 없을 지경이었다. 양국의 **뱃사람들**이 저잣거리처럼 모여들어 구경했는데, 처음에는 친척이나 잘 아는 친구인 줄로만 알았다. 뒤에 그들이 부부 사이라는 것을 알고 서로 돌아보며 소리쳐 말했다.

"이상하고 기이한 일이로다! 이것은 하늘의 뜻이요, 사람이 이룰 수 있는 일이 아니로다. 이런 일은 옛날에도 들어 보지 못하였다."

최척은 옥영에게 그간의 소식을 물었다.

"산속에서 붙들려 강가로 끌려갔다는데, 그때 아버지와 장모님은 어찌 되었소?"

옥영이 말했다.

"날이 어두워진 뒤 배에 오른 데다 정신이 없어 서로 잃어버렸으니, 제가 두 분의 안위를 어떻게 알겠습니까?"

두 사람이 손을 붙들고 통곡하자, 옆에서 지켜보던 사람들도 슬퍼하며 눈물을 닦지 않는 이가 없었다.

– 조위한, 〈최척전〉

한 걸음 더

작품의 시간적·공간적 배경

〈최척전〉은 1592년 임진왜란과 1597년 정유재란, 그리고 1619년 후금의 명나라 침입을 시간적 배경으로 하고 있다. 공간적으로는 남원을 중심으로 조선, 일본, 중국, 베트남 등 4개국을 넘나들고 있다. 이 작품은 드넓은 시간적·공간적 배경을 설정하여 16세기 말에서 17세기 전반의 현실을 사실적으로 그리고 있다.

제대로 구조화하기

01 윗글에 대한 설명으로 가장 적절한 것은?

① 시를 삽입하여 인물 간의 갈등 양상이 구체화되는 상황을 드러내고 있다.
② 인물의 행위가 연속적으로 나열된 장면을 통해 신분의 변화 과정을 드러내고 있다.
③ 주변 인물이 알고 있는 사례를 근거로 주요 인물에 대해 상반된 평가를 내리게 하고 있다.
④ 감각적인 배경 묘사를 통해 인물의 행동이 전개되는 상황의 낭만적 분위기를 부각하고 있다.
⑤ 인물 간 대화가 오가는 장면을 보여 주어 이전 사건에 따른 다른 인물들의 현재 행선지를 드러내고 있다.

제대로 접근법 문제 채점까지 마친 후 복습할 때 보세요.

01
서술상의 특징을 파악하는 유형이다. 지문에서 선택지에 언급된 특징이 드러난 부분을 찾아보고, 확인할 수 없는 내용의 선택지를 지워 나간다.
최척과 옥영 간의 갈등 양상이 나타나는지, 최척이나 옥영의 신분 변화 과정이 나타나는지, 인물에 대한 상반된 평가가 나타나는지, 감각적인 배경 묘사가 제시되는지, 인물 간의 대화를 통해 다른 인물들의 현재 행선지가 드러나는지 등을 확인해 보고 적절한 선택지를 고른다.

02 윗글의 인물에 대한 이해로 적절하지 않은 것은?

① '뱃사람들'은 최척과 옥영의 관계가 자신들이 생각하던 것과 달라 놀라워했다.
② '최척'은 강둑을 내려가 자신을 '다른 나라를 떠도는 사람'이라 말하며 자신의 처지와 심정을 드러냈다.
③ '최척'은 옥영의 시에 대한 재능을 결혼 전에 알고 있었지만, 옥영이 시를 읊기 전까지 이를 모른 척했다.
④ '옥영'은 가정의 구성원들을 정성스러운 마음으로 대했고, 옥영이 시집온 후 최척의 집안은 점차 부유해졌다.
⑤ '친척들'은 최척의 결혼을 경사로 받아들였고, '이웃 사람들'은 옥영의 행실을 칭찬했다.

02
인물의 심리와 태도를 파악하는 유형이다. 등장인물이 많지 않고 인물 간의 관계도 명확하여 인물의 심리와 태도를 짐작하는 데 어려움이 없을 것이다. 지문에 제시되어 있는 내용을 바탕으로 선택지에 언급된 내용의 적절성을 판단한다. 먼저 판단의 근거가 '중략' 이전의 내용에 있는지, 이후의 내용에 있는지 확인한다. 지문에서 선택지와 관련된 내용에 밑줄을 긋고, 지문에 제시되지 않은 내용을 언급한 선택지를 찾아 답으로 정한다.

03 ㉠~㉤에 대한 이해로 가장 적절한 것은?

① ㉠은 인물의 심리적 갈등이 발생하는, ㉢은 ㉠에서 발생한 갈등이 심화되는 시간의 표지이다.
② ㉢과 ㉤은 모두 과거의 행위를 통해 인물의 성격이 변화됨을 드러내는 시간의 표지이다.
③ ㉣은 인물의 행위가 반복적으로 일어나는, ㉤은 ㉣ 중 한 시점을 특정하는 시간의 표지이다.
④ ㉡은 ㉠에서부터 이어진 행위를 알려 주는, ㉤은 그 행위가 완결된 순간을 지시하는 시간의 표지이다.
⑤ ㉡과 ㉢은 인물의 소망이 실현되어 가는 과정에 포함되는, ㉤은 인물의 소망이 좌절된 시간의 표지이다.

04 〈보기〉를 바탕으로 윗글을 감상한 내용으로 적절하지 않은 것은? [3점]

〈보기〉

〈최척전〉에는 하나의 문제 상황이 해결되면 또 다른 문제가 확인되는 서사 구조가 나타나고 있다. 이 과정에서 도움을 주는 신이한 존재를 나타나게 하거나, 예언의 실현을 보여 주는 특이한 증거를 활용하거나, 문제 해결의 계기가 되는 소재를 제시하거나, 공간적 배경을 확장하여 다양한 국적의 사람들을 등장시키는 등의 서사적 장치들이 확인된다. 이러한 서사 구조와 다양한 서사적 장치는 독자가 이야기에 흥미를 가지고 그것을 자연스럽게 수용하는 데 기여한다.

① 옥영의 꿈에 나타난 '만복사의 부처'는, 옥영이 겪고 있는 현실적인 문제를 해결하는 데 도움을 주는 신이한 존재로서 역할을 한다고 볼 수 있겠군.
② 몽석의 몸에 나타난 '붉은 점'은, '사내아이'의 출생과 관련한 예언이 실제로 이루어졌음을 확인할 수 있는 특이한 증거로 활용된다고 볼 수 있겠군.
③ 최척이 '일본인 배에 이르러 조선말로 물'어보는 것과 '고국 사람을 만나'려 하는 것은, 서사 전개 과정에서 공간적 배경을 조선뿐 아니라 다른 나라로도 확장한 것과 관련이 있겠군.
④ 옥영이 들은 '피리 소리'는, 옥영이 최척을 떠올리게 하여 이별의 상황을 해결하는 계기가 되는 소재로 작용하고 있다고 볼 수 있겠군.
⑤ 최척과 옥영이 '소리를 지르며 끌어안'는 것은 문제의 해결에 따른 기쁨과, '눈물이 다하자 피가 흘러내'리는 것은 또 다른 문제 확인에 따른 인물의 불안감과 관련이 있겠군.

제대로 접근법 ☆ 문제 채점까지 마친 후 복습할 때 보세요.

03
사건의 전개 양상을 파악하는 유형이다. 익숙한 작품이고 사건의 전개가 평이하여 어렵지 않게 문제를 해결할 수 있다.
각각의 시간이 인물과 사건, 갈등 양상에 어떤 영향을 미치는지 확인해 본다. 이때 만복사에 올라 기도를 하여 아들을 낳은 것과 관련된 시간 표현과 최척과 옥영이 피리를 불고 시를 읊는 것과 관련된 시간 표현을 나누어 살펴본다. 선택지의 시간 표현에 대한 설명이 전체 사건의 전개 양상에 부합하는지 따져 답을 고른다.

04
외적 준거에 따라 작품을 감상하는 유형이다. 높은 배점의 문제임에도 불구하고 선택지의 내용이 쉽게 구성되어 있다. 〈보기〉의 내용을 깊이 분석하지 않아도, 지문에 나타난 사건과 인물을 바르게 이해하면 선택지의 옳고 그름을 판단할 수 있다.
최척과 옥영은 부처께 기도한 후 아들을 낳아 이름을 몽석이라고 했는데, 아이의 몸에는 붉은 점이 있었다. 이후 전란으로 가족과 이별한 최척은 상선을 타고 타국을 떠도는데 이때 다양한 나라의 사람들이 등장한다. 한편 최척이 피리를 불고 옥영이 시를 읊은 일은 두 사람이 타국에서 재회하는 계기가 된다. 극적으로 상봉한 옥영과 최척은 재회의 기쁨을 드러내는데, 두 사람이 또 다른 문제로 인해 불안해하는 모습은 확인할 수 없다.
감상의 적절성을 판단하는 문제이지만, 내용의 사실적 이해를 통해 선택지의 적절성을 판단할 수 있는 쉬운 문제였다.

1차 채점

맞은 문항 수	개
틀린 문항 수	개
헷갈리는 문항 번호	

• 틀린 문항 '/' 표시

→ **2차 채점**

맞은 문항 수	개
틀린 문항 수	개
헷갈리는 문항 번호	

• 틀린 문항 '×' 표시

→ **3차 채점**

맞은 문항 수	개
틀린 문항 수	개
헷갈리는 문항 번호	

• 틀린 문항 ☆ 표시

◉ 권장 풀이 시간 : 5분 50초

[01-04] 다음 글을 읽고 물음에 답하시오.

이때 예부 상서 진량을 황제 가장 총애하시니 진량이 의기양양하고 교만 방자한지라. 정 상서 일찍 진량이 소인인 줄 알고 황제께 간하되 황제 종시 그렇지 않다 하심에, 진량이 이 일을 알고 정 상서를 해하려 하더라. 차시 황제의 탄생일이 되었는지라. ㉠마침 정 상서 병이 있어 상소하고 참석지 못하였더니 황제 만조백관더러 묻기를,

"정 상서의 병이 어떠하더뇨?"

하시고 사관을 보내려 하시니 진량이 나아가 왈,

"정 상서는 간악한 사람이라 그 병세를 신이 자세히 아옵니다. 상서가 요사이 황제께 조회하는 것이 다르옵고 신이 상서의 집에 가오니 상서의 말이 수상하옵더니 오늘 조회에 불참하오니 반드시 무슨 생각 있는 줄 아나이다."

황제 대경하여 처벌하려 하시거늘 중관이 아뢰길,

"정 상서의 죄 명백함이 없으니 어찌 벌로 다스리오리까?"

황제 듣지 않고 절강에 귀양을 정하시니 중관이 명을 듣고 정 상서의 집에 나아가 황명을 전하니, 상서 크게 울며,

"내 일찍 국은을 갚을까 하였더니 소인의 참언을 입어 이제 귀양을 가니 어찌 애달프지 않으리오."

하고 칼을 빼어 서안을 치며 말하기를,

"소인을 없애지 못하고 도리어 해를 입으니 누구를 원망하리오."

하며 눈물을 흘리니 부인은 애원 통도하고 친척 노복이 다 서러워하더라.

사관이 재촉 왈,

"㉡황명이 급하오니 수이 행장 차리소서."

정 상서가 일변 행장을 준비하여 부인더러 이르기를,

"나는 천만 의외에 귀양 가거니와 부인은 여아를 데리고 조상 제사를 받들어 길이 무탈하소서."

하고 즉시 발행할새, 모녀 가슴이 막혀 아무 말도 못하더라. 정 상서 여러 날 만에 귀양지에 이르니 절강 만호가 관사를 깨끗이 하고 정 상서를 머물게 하더라.

차설. 정 상서 적거한 후로 슬픔을 머금고 세월을 보내더니 석 달 만에 홀연 득병하여 마침내 세상을 영결하니 절강 만호 슬퍼 놀라 황제께 ⓐ장계로 보고하고 부인께 기별하니라. 이때 부인과 정수정이 정 상서를 이별하고 눈물로 세월을 보내더니 일일 문득 시비 고하되,

"절강에서 사람이 왔나이다."

하거늘 부인이 급히 불러 물으니 답하기를,

"㉢정 상서께서 지난달 보름께 별세하셨나이다."

하는지라. 부인과 정수정 이 말을 듣고 한마디 소리를 내며 혼절하니 시비 등이 창황망조하여 약물로 급히 구함에 오랜 후에야 숨을 내쉬며 눈물이 비 오듯 하더라.

[중략 부분의 줄거리] 남장을 한 정수정은 장원 급제한 뒤 북적을 물리친다. 이후 황제에게 자신이 여성임을 밝히고 정혼자인 장연과 혼인한다. 호왕이 침공하자 정수정은 대원수, 장연은 중군장으로 출전한다.

㉣대원수 호왕에 승리하여 황성으로 향할새 강서 지경에 이르러 한복더러 묻기를,

"진량의 귀양지가 여기서 얼마나 되는가?"

"수십 리는 되나이다."

제대로 감상법 ☆ 문제 풀이까지 마친 후 복습할 때 보세요.

작자 미상, 〈정수정전〉

제목의 의미

'정수정'이라는 여성 영웅이 가정에 어려움이 닥치자 남장을 하고 장군이 되어 나라에 큰 공을 세운다는 내용의 작품으로, 〈여장군전〉이라고도 불린다. 가부장제가 힘을 발휘하고 있던 시대에, 정수정이라는 주인공을 통해 그에 맞서는 새로운 여성상을 제시하고 있다.

구성

▣ 중요 인물
- (❶): 정수정의 아버지를 모함하여 귀양을 보내 죽게 하는 인물
- 정수정: 주인공. 남장을 하고 장군이 되어 나라에 큰 공을 세우는 여성 영웅

▣ 사건과 갈등: 정수정의 아버지 정 상서는 진량의 모함으로 귀양을 가서 세상을 떠남. 정수정은 남장을 하고 사회에 나가 능력을 발휘하여 국가적 위기를 극복하고, 자신을 못마땅해하던 시어머니 태부인과 화해함.

▣ 소재와 배경의 의미
- 장계: 정 상서의 죽음을 황제에게 보고하기 위해 작성된 문서
- (❷): 정수정이 호왕과의 싸움에서 승리한 것을 보고하는 글

문체 – 서술상의 특징
- 여장군이 등장하는 여성 영웅 소설임.
- 일대기적 구성과 (❸) 모티프가 나타남.
- 여성인 주인공이 가정과 사회에서 겪는 갈등과 그것을 해결하는 과정이 나타남.

주제

정수정의 고난 극복과 영웅적 활약

대원수 분부하되 철기를 거느려 결박하여 오라 하니 한복 등이 듣고 나는 듯이 가 바로 내실로 들어갈새 진량이 대경하여 연고를 묻거늘 한복이 칼을 들어 시종을 베고 군사를 호령하여 진량을 결박하여 본진으로 돌아와 대원수께 고하되, 대원수 이에 진량을 잡아들여 장하에 꿇리고 노기 대발하여 부친 모해하던 죄상을 문초하니 진량이 다만 살려 달라 빌거늘, 대원수 무사를 호령하여 빨리 베라 하니 이윽고 무사 진량의 머리를 드리거늘, 대원수 **제상을 차려 부친께 제사 지내더라.**

황제께 ⓑ<u>첩서</u>를 올려 승전을 알리고, 중군장 장연을 기주로 보내고 대군을 지휘하여 경사로 향하여 여러 날 만에 궐하에 이르니, 황제 백관을 거느려 대원수를 맞아 치하하시고 좌각로 평북후를 봉하시니 대원수 사은하고 청주로 가니라.

차설, 장연이 기주에 이르러 모친 태부인 뵈옵고 전후사연을 고하되 태부인이 듣고 통분 왈,

"너를 길러 벼슬이 공후에 이르니 기쁨이 측량없던 차에 **전쟁터에서 부인에게 욕을 보고 돌아**올 줄 어찌 알았으리오."

장연의 다른 부인들인 원 부인과 공주가 아뢰기를,

"정수정 벼슬이 높으니 능히 제어치 못할 것이요, 저 사람 또한 대의를 알아 삼가 화목할 것이니 이제는 노하지 마소서."

태부인이 그렇게 여겨 이에 시녀를 정하여 서찰을 주어 청주로 보내니라. 이때 정수정은 전쟁에서 **장연 징계한 일로 심사 답답**하더니 시비 문득 아뢰되 기주 시녀 왔다 하거늘 불러들여 ⓜ<u>서찰을 본즉 태부인의 서찰이라</u>. 기뻐 즉시 회답하여 보내고 익일에 행장 차려 갈새, 홍군 취삼으로 봉관 적의에 명월패 차고 수십 시녀를 거느려 성 밖에 나오니, 한복이 정수정을 **호위**하여 기주에 이르러 **태부인께 예**하고 두 부인으로 더불어 예필 좌정함에, 태부인이 지난 일에 조금도 거리낌이 없으니, 정수정 또한 태부인을 지성으로 섬기더라.

– 작자 미상, 〈정수정전〉

◘ 제대로 구조화하기 ◘

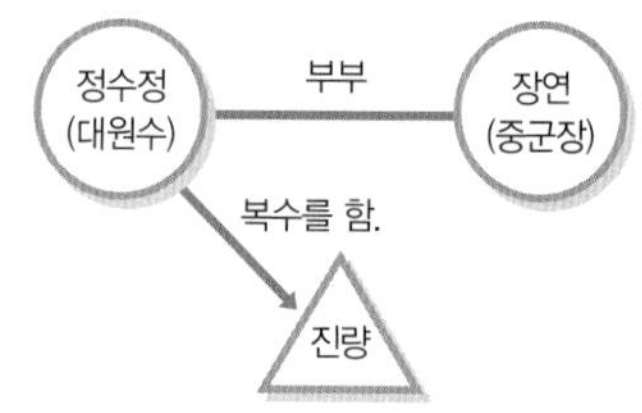

01 윗글의 인물에 대한 이해로 적절하지 <u>않은</u> 것은?

① '황제'는 자신이 총애하는 사람의 말을 듣고 정 상서를 처벌하기로 결심한다.
② '중관'은 정 상서를 처벌하기에는 그 죄가 분명하지 않음을 황제에게 주장한다.
③ '정 상서'는 자신이 소인의 참언 때문에 뜻하지 않게 귀양을 가게 되었다고 생각한다.
④ '한복'은 대원수의 명령에 따라 진량의 귀양지로 가서 그의 죄를 묻고 처벌을 내린다.
⑤ '원 부인'과 '공주'는 정수정이 도리를 지켜 원만하게 지낼 것임을 내세워 태부인을 진정시킨다.

제대로 접근법

문제 채점까지 마친 후 복습할 때 보세요.

01
인물의 심리와 태도를 파악하는 유형이다. 선택지의 내용과 관련 있는 부분을 찾아 일치 여부를 확인하면 어렵지 않게 문제를 해결할 수 있다.
황제가 정 상서를 처벌할 때 관여했던 사람들과 발언 내용, 또 이에 대한 정 상서의 반응을 확인해 본다. 그리고 정수정이 한복에게 명한 내용과 장연의 두 부인이 정수정에 대해 했던 말이 무엇인지 확인하여 문제를 해결한다.

▶ 해설편 122쪽

02 ㉠~㉤에 대한 이해로 적절하지 않은 것은?

① ㉠으로 진량에게는 정 상서를 모함할 기회가 생긴다.
② ㉡으로 정 상서는 비보가 전해질 것을 짐작하게 된다.
③ ㉢으로 부인과 정수정은 충격을 받고 정신을 잃게 된다.
④ ㉣로 정수정은 황제로부터 노고에 대한 보답을 받게 된다.
⑤ ㉤으로 정수정은 걱정을 덜며 떠날 채비를 하게 된다.

03 ⓐ, ⓑ에 대한 이해로 가장 적절한 것은?

① ⓐ는 자신의 귀양살이를 보고할 목적으로 작성되었다.
② ⓐ는 황제와의 갈등을 해결하기 위한 목적으로 작성되었다.
③ ⓑ는 호왕과 벌인 전쟁의 결과를 보고할 목적으로 작성되었다.
④ ⓑ는 황제를 직접 만나 보고하는 것을 피할 목적으로 작성되었다.
⑤ ⓐ와 ⓑ에 담긴 소식은 황제 외의 사람들에게는 알려지지 않았다.

04 〈보기〉를 참고하여 윗글을 감상한 내용으로 적절하지 않은 것은? [3점]

〈보기〉

정수정은 국가적 위기를 해결하는 영웅이자, 부친의 원수를 갚는 효녀이고, 부녀자로서의 덕목을 지녀야 하는 장씨 가문의 여성이다. 정수정은 주어진 상황과 조건에 따라 세 역할 사이에서 갈등하기도 하지만, 결과적으로는 모든 역할에 충실하며 다양한 능력과 덕목을 갖춘 인물로 형상화된다.

① '진량의 귀양지가 여기서 얼마나 되는'지 묻는 '대원수'의 발언에서, '진량'을 찾아 부친의 한을 풀어 주려는 '정수정'의 효녀로서의 면모가 드러남을 알 수 있군.
② '제상을 차려 부친께 제사 지내'는 '대원수'의 모습에서, '정수정'은 부친의 원수를 갚는 효녀로서의 소임을 수행하여 죽은 부친의 넋을 위로하고 있음을 알 수 있군.
③ '장연'이 '전쟁터에서 부인에게 욕을 보고 돌아'왔다며 통분하는 '태부인'의 모습에서, '태부인'은 '정수정'이 아내의 역할보다 대원수의 역할을 중시한 것에 대해 못마땅해함을 알 수 있군.
④ '장연 징계한 일로 심사 답답'한 '정수정'의 모습에서, '정수정'은 군대를 통솔했던 국가적 영웅으로 돌아가고 싶어 함을 알 수 있군.
⑤ '한복'의 '호위'를 받으며 기주로 가서 '태부인께 예'하는 '정수정'의 모습에서, 국가적 영웅의 면모를 유지하는 '정수정'이 며느리로서의 역할도 수행함을 알 수 있군.

제대로 접근법

☆ 문제 채점까지 마친 후 복습할 때 보세요.

02
구절의 의미를 파악하는 유형으로, 사건의 전개 과정에서 각 구절의 역할을 함께 이해해야 한다.
중략 이전에는 진량의 모함으로 정 상서가 귀양을 가게 되는 사건이, 중략 이후에는 정수정이 공을 세우고 시어머니와 화해하는 사건이 제시되어 있다. 이러한 사건의 흐름에서 각 구절이 어떤 의미를 지니고 있는지 꼼꼼하게 검토해 본다.

03
소재의 기능을 파악하는 유형이다. ⓐ와 ⓑ의 앞뒤 내용을 살핀 다음, '장계'와 '첩서'가 어떤 목적으로 작성되었는지 생각해 보자.
'장계'는 정 상서가 귀양지에서 죽자 정 상서의 죽음을 황제에게 보고할 목적으로 작성된 것이고, '첩서'는 정수정이 호왕을 격파하고 승전했다는 내용을 황제에게 보고할 목적으로 작성된 것이다. 이를 이해했다면 어렵지 않게 문제를 해결할 수 있다.

04
외적 준거에 따라 작품을 감상하는 유형이다. 〈보기〉에서는 여성 주인공인 정수정이 영웅, 효녀, 장씨 가문의 여성이라는 세 가지 역할 사이에서 갈등한다고 설명하고 있다.
정수정과 장연은 가정에서는 부부 관계이지만, 사회에서는 대원수와 중군장의 관계이기도 하다. 그리고 정수정은 전쟁에서 남편이자 부하인 장연을 징계하였다. 이러한 상황과 관련하여 각 인물의 심리와 태도를 파악하고, 아울러 이를 정수정의 세 가지 역할과 관련지어 본다.

1차 채점		
맞은 문항 수		개
틀린 문항 수		개
헷갈리는 문항 번호		

• 틀린 문항 '/' 표시

→

2차 채점		
맞은 문항 수		개
틀린 문항 수		개
헷갈리는 문항 번호		

• 틀린 문항 '×' 표시

→

3차 채점		
맞은 문항 수		개
틀린 문항 수		개
헷갈리는 문항 번호		

• 틀린 문항 '△' 표시

◉ 권장 풀이 시간 : 6분 10초

[01-04] 다음 글을 읽고 물음에 답하시오.

상서의 셋째 부인 여씨는 둘째 부인 석씨의 행실과 마음 씀이 매사 뛰어남을 보고 마음속에 불평하여 생각하되, '이 사람이 있으면 내게 상서의 총애가 오지 않으리라.' 하여 좋은 마음이 없더라. 날이 늦어져 모임이 흩어진 후 상서의 서모(庶母) 석파가 청운당에 오니 여씨가 말하길,

"석 부인은 실로 적강선녀라. 상공의 총애가 가볍지 않으리로다."

석파가 취해 실언함을 깨닫지 못하고 왈,

"석 부인은 비단 얼굴뿐 아니라 덕행을 겸비하여 시모이신 양 부인이 더욱 사랑하시나이다."

이때 석씨가 석파를 청하자 석파가 벽운당에 이르러 웃고 왈,

"나를 불러 무엇 하려 하느뇨? 내 석 부인이 받는 총애를 여 부인에게 자랑하였나이다."

석씨가 내키지 않아 하며 당부하되,

"㉠ 후일은 그런 말을 마소서."

하니, 석파 웃더라.

여씨의 거동이 점점 아름답지 않으나 양 부인과 상서는 내색하지 않더라. 일일은 상서가 문안 후 청운당에 가니 여씨 없고, 녹운당에 이르니 희미한 달빛 아래 여씨가 난간에 엎드려 화씨의 방을 엿듣는지라, 도로 청운당에 와 시녀로 하여금 청하니 여씨가 급히 돌아오니 상서가 정색하고 문 왈,

"부인은 깊은 밤에 어디 갔더뇨?"

여씨 답 왈,

"㉡ 문안 후 소 부인의 운취각에 갔더이다."

상서는 본래 사람을 지극한 도로 가르치는지라 책망하며 왈,

"부인이 여자의 행실을 전혀 모르는지라. 무릇 여자의 행세 하나하나 몹시 어려운지라. 어찌 깊은 밤에 분주히 다니리오? 더욱이 다른 부인의 방을 엿들음은 **금수의 행동**이라 전일 말한 사람이 있어도 전혀 믿지 않았더니 내 눈에 세 번 뵈니 비로소 그 말이 사실임을 알지라. 부인은 다시 이 행동을 말고 과실을 고쳐 나와 함께 늙어갈 일을 생각할지어다."

하며 기세가 엄숙하니, 여씨가 크게 부끄러워하더라.

이후 여씨 밤낮으로 생각하더니, 문득 옛날 강충이란 자가 저주로써 한 무제와 여 태자를 **이간**했던 일을 떠올리고, 저주의 말을 꾸며 취성전을 범하니 일이 치밀한지라 뉘 능히 알리오?

일일은 취성전에서 양 부인이 일찍 일어나 앉았으나 석씨가 마침 병이 나서 문안에 불참하매 시녀 계성에게 청소시키니, 계성이 짐짓 침상 아래를 쓸다가 갑자기 **봉한 것**을 얻어내며,

"알지 못하겠도다. 누가 잃은 것인고? 필연 동료 중 잃은 것이니 임자를 찾아 주리라."

하고 스스로 혼잣말 하거늘 부인이 수상히 여겨 가져오라 하여 풀어 보니, **그 글**에 품은 한이 흉악하여 차마 보지 못할 바이러라. 필적이 산뜻하니 완연히 석씨의 것이라 크게 괴히 여겨 다시 보니 그 언사의 흉함이 차마 바로 보지 못할지라. 양 부인이 불을 가져다가 사르고 시녀들을 당부하여 왈,

"너희들이 이 일을 누설한즉 죽을죄를 당하리라."

좌우 시녀 듣고 송구하여 입을 봉하되, 홀로 계성은 누설치 못함을 조급해하고 양 부인은 이후 석씨와 자녀를 보나 내색하지 않더라.

제대로 감상법 ☆ 문제 풀이까지 마친 후 복습할 때 보세요.

작자 미상, 〈소현성록〉

제목의 의미

'소현성'은 남자 주인공의 이름으로, 이 작품은 소현성의 가족 구성원 사이에서 일어나는 갈등과 해소 과정을 담은 가정 소설이다.

구성

▣ 중요 인물

- 소현성: 상서. 어머니에 대한 지극한 효성을 보이는 인물로 세 부인과 살아가며 갈등을 겪게 됨.
- (❶): 소현성의 어머니. 가문의 명예를 중시하고 가정의 화목을 유지하기 위해 애쓰는 인물
- 석씨: 소현성의 둘째 부인. 부녀자로서의 덕성을 갖춘 현숙한 인물
- (❷): 소현성의 셋째 부인. 음모를 꾸며 화씨와 석씨 두 부인을 모함하다가 쫓겨남.

▣ **사건과 갈등**: 상서의 셋째 부인 여씨가 둘째 부인 석씨를 모함하여 석씨가 본가로 쫓겨나게 만듦. 여씨는 다시 화씨로 변신하여 현숙하지 못한 행동으로 상서와 화씨의 사이를 멀어지게 함. 상서는 여씨가 음모를 꾸며 화씨와 석씨를 모함했음을 알고 여씨를 내쫓음.

▣ 소재와 배경의 의미

- (❸): 여씨가 첫째 부인 화씨를 모함하기 위해 사용하는 도구

문체 – 서술상의 특징

- 인물들의 대화를 통해 사건의 내용이 제시됨.
- 한 인물과 다른 여러 인물들 간의 다면적 갈등 관계를 제시함.

주제

소현성 가족의 갈등과 그 해소 과정을 통한 유교적 규범의 제시

[중략 부분의 줄거리] 석씨가 쫓겨난 후, 첫째 부인 화씨를 모함하려고 여씨가 여의개용단을 먹고 화씨로 둔갑해 나타나자, 상서는 친누나 소씨, 의남매 윤씨, 석파를 불러 모아 함께 실상을 밝히려 여씨의 심복을 찾는다.

시녀가 여씨 심복 미양을 가리켜 아뢰니, 상서가 미양을 잡아내어 엄하게 조사하더라. 미양이 혼비백산하여 사실대로 고하고 두 가지 약을 내어 드리니, 소씨 등이 다투어 보고 웃되, 상서는 홀로 눈을 들어 보지 않으니 사악한 빛을 보지 않으려 함이라. 석파가 그중 **회면단**을 물에 풀어 두 화씨에게 나누어 주니 진짜 화씨 노기 가득하여 먹고 왈,

"약을 먹더라도 부모님 남긴 몸이 달리 되랴? 네 군이 내 얼굴이 되고자 하니, 이 무슨 괴이한 생각으로 패악을 떨려 하느뇨?"

상서 왈,

"어지럽게 굴지 말라."

진짜 화씨는 회면단을 마시되 용모 변치 않더라. 상서가 또 여씨에게 권하니, 여씨 먹지 않거늘 윤씨 웃고 왈,

"아니 먹는 죄 의심되도다."

소씨 나아가 우김질로 들이붓더라. 여씨가 마지못하여 먹으니 화씨 변하여 여씨 되는지라. 좌우 사람들이 박장대소하더라. 상서 바야흐로 단정히 고쳐 앉으며 왈,

"군자 있는 곳에는 요사스러운 일이 없거늘 이 아우가 어질지 못하여 집안에 이런 변이 있으니 대장부 되어 아녀자를 거느리지 못하여 이런 행동거지 있으니 어찌 부끄럽지 않으리오. 석씨를 모함함도 여씨의 일이니 누님은 따져 물으소서."

석파가 먼저 나서며 미양을 붙들고 물으니 미양이 당초부터 여씨가 계교를 꾸몄던 일들을 낱낱이 말하더라. 소씨, 윤씨 두 사람이 웃으며 왈,

"이제 보건대, 당초 우리 의심이 그르지 않았도다."

석파가 몹시 좋아해 뛰면서 기쁨을 이기지 못하고, 여씨는 부끄러움을 이기지 못하여 움직이지 못하고, 화씨는 꾸짖기를 마지않더라. 날이 새어 취성전에 들어가 **어젯밤 일**을 일일이 아뢰더라. 양 부인이 놀라고 여씨를 불러 마루 아래에 꿇리고 벌주니 가장 엄숙하여 언어 명백하며 들음에 모골이 송연하더라. 이에 여씨를 내치고 계성과 미양 등을 엄히 다스리고 집안을 평정하더라.

– 작자 미상, 〈소현성록〉

제대로 구조화하기

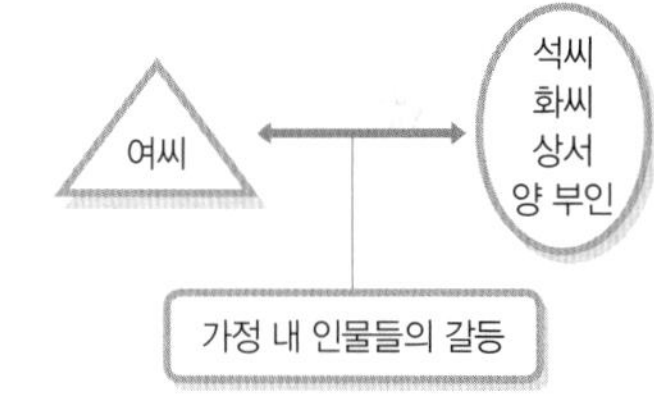

01 윗글에 대한 설명으로 가장 적절한 것은?

① 배경 묘사를 통해 인물의 성격 변화를 암시하고 있다.
② 독백을 반복하여 내적 갈등의 해결 과정을 드러내고 있다.
③ 과거와 현재를 교차하여 사건을 입체적으로 전개하고 있다.
④ 한 인물과 다른 인물들 간의 다면적 갈등 관계를 제시하고 있다.
⑤ 두 공간에서 동시에 일어나는 사건을 병렬적으로 배치하고 있다.

제대로 접근법 문제 채점까지 마친 후 복습할 때 보세요.

01
서술상의 특징을 파악하는 유형이다. 선택지에 제시된 특징이 작품에 나타나는지 쉽게 확인할 수 있다. 선택지에 언급된 서술상의 특징이 작품에 나타난다고 해서 성급하게 답으로 판단해서는 안 된다. 그 특징을 통해 얻게 되는 효과가 적절한지도 함께 살펴야 문제를 정확히 해결할 수 있다.

02 윗글의 내용에 대한 이해로 적절하지 않은 것은?

① 석파는 집안사람들과 교류하며 집안일에 관여한다.
② 상서는 남의 말의 진위를 직접 확인하여 판단한다.
③ 여씨는 상서의 책망에도 부끄러워하지 않는다.
④ 양 부인은 권위를 지니고 가족과 시녀들을 통솔한다.
⑤ 소씨는 여씨를 압박하여 의혹을 해소하려 한다.

03 맥락을 고려하여 ㉠과 ㉡을 이해한 내용으로 가장 적절한 것은?

① ㉠은 석파의 독선을 질책하는 말이고, ㉡은 상서의 오해를 증폭시키는 말이다.
② ㉠은 석파의 안전을 도모하기 위한 말이고, ㉡은 상서를 위험에 빠뜨리기 위한 말이다.
③ ㉠은 석파에 대한 호의를 표현하는 말이고, ㉡은 상서에 대한 불신을 표현하는 말이다.
④ ㉠은 석파의 경솔함을 염려하는 말이고, ㉡은 상서의 의심을 피하기 위해 한 말이다.
⑤ ㉠은 석파에게 얻은 정보를 불신하는 말이고, ㉡은 상서가 가진 정보를 몰라서 하는 말이다.

04 〈보기〉를 참고하여 윗글을 감상한 내용으로 적절하지 않은 것은? [3점]

〈보기〉

음모 모티프는 인물이 욕망을 실현하기 위해 음모를 실행하는 이야기 단위이다. 음모의 진행 과정에 환상적 요소가 사용되기도 하고 조력자가 등장해 음모자를 돕기도 한다. 음모가 실행되면서 서사적 긴장이 고조되는데, 음모자의 욕망 실현이 지연되면 서사적 긴장은 일시적으로 이완된다. 이때 음모자가 또 다른 음모를 꾸미나 결국 음모의 실체가 드러나며 죄상에 따라 처벌된다.

① 여씨가 자신을 석씨와 견주고 양 부인과 석씨를 '이간'하려는 데서, 석씨와의 경쟁 관계를 의식한 여씨의 욕망에서 음모가 비롯됨을 알 수 있군.
② 여씨가 꾸민 '봉한 것'이 계성을 통해 양 부인에게 건네진 데서, 상하 관계에 있는 음모자와 조력자에 의해 서사적 긴장이 고조됨을 알 수 있군.
③ '그 글'이 불살라지고 시녀들의 누설이 금지된 데서, 양 부인에 의해 음모의 실행이 저지되어 서사적 긴장이 일시적으로 이완됨을 알 수 있군.
④ '회면단'을 먹고 여씨가 본래 모습으로 돌아오는 데서, 음모자가 욕망의 실현을 위해 준비한 환상적 요소가 음모의 실체를 드러내는 도구로 작용함을 알 수 있군.
⑤ 상서는 '금수의 행동'을 한 여씨를 교화하려 했지만 양 부인은 '어젯밤 일'로 여씨를 내친 데서, 처벌 방법을 두고 대립이 있음을 알 수 있군.

제대로 접근법

☆ 문제 채점까지 마친 후 복습할 때 보세요.

02
작품의 내용을 정확하게 이해했는지 확인하는 유형이다. 지문의 내용만 제대로 숙지하면 쉽게 풀 수 있다.
고전 소설은 등장인물을 지칭하는 말을 헷갈리면 내용 파악이 어려우므로 같은 인물의 말을 같은 도형으로 표시하는 등의 방법을 활용한다. 지문에서 선택지에 언급된 내용을 찾아 밑줄을 그어 가며 적절하지 않은 선택지를 찾아 문제를 해결한다.

03
대화의 특징을 파악하는 유형이다. 인물이 처한 상황을 고려하여 맥락을 이해하고 그 의미를 파악하여 선택지의 적절성을 판단한다.
㉠은 석씨가 석파에게 당부하는 말이다. 그 앞에 일어난 일을 살펴보고 대화에 담긴 의미를 파악한다.
㉡은 상서가 정색하고 부인 여씨에게 묻는 상황에서 여씨가 대답하는 말이다. 이어지는 대화의 내용을 살펴 선택지 중 어느 것이 적절한지 판단한다.

04
외적 준거에 따라 작품을 감상하는 유형이다. 먼저 〈보기〉에 제시된 정보를 정리해 보자.

〈보기〉 분석

- 음모 모티프: 인물이 욕망을 실현하기 위해 음모를 실행하는 이야기 단위
- 환상적 요소 사용, 조력자 등장에 따른 음모의 실행 → 서사적 긴장 고조
- 음모자의 욕망 실현의 지연 → 서사적 긴장 일시적 이완
- 음모자의 또 다른 음모 → 음모의 실체 노출과 음모자 처벌

〈보기〉의 정보에 음모자인 '여씨'를 대입하고 이야기의 흐름을 고려하여 선택지에 언급된 내용의 적절성을 판단한다. 인물 간의 행위와 그로 인한 대립이 구체적으로 어떻게 나타나는지 꼼꼼하게 살펴보자.

1차 채점		
맞은 문항 수		개
틀린 문항 수		개
헷갈리는 문항 번호		

• 틀린 문항 '/' 표시

→

2차 채점		
맞은 문항 수		개
틀린 문항 수		개
헷갈리는 문항 번호		

• 틀린 문항 '×' 표시

→

3차 채점		
맞은 문항 수		개
틀린 문항 수		개
헷갈리는 문항 번호		

• 틀린 문항 '△' 표시

2022 수능

◉ 권장 풀이 시간 : 6분 10초

[01-04] 다음 글을 읽고 물음에 답하시오.

이때 태보 궐문 밖으로 나오니 그제야 정신없어 기절하거늘 좌우 제신이며 일가 제족이 구완하여 겨우 인사 차려 좌우를 돌아보며 왈,

"이 몸이 명재경각(命在頃刻)이라. 어찌 살기를 바라리오. 군 등은 태보가 죽거든 죽기로써 간하여 왕비를 내치지 못하게 하옵소서."

한데 이때에 상소 중에 이름 올린 제원(諸員)이 모두 이로되,

[A] "그대는 죽기로써 간하다 어명을 입고 사경이 되었으나 우리도 역시 한 탓이로다. 막중한 충을 몰랐으니 무슨 낯이 있으리오. 일은 여럿이 참여하고 죄는 그대만 혼자 당하였으니 죄스럽고 민망하기 측량없노라."

무수히 위로하다가 형옥(刑獄)으로 전송하더라. 이튿날에 형조 판서 마지못하여 위계를 갖추고 대강 직계(直啓)로 올렸더니 상(上)이 보시고 다시 하교하사,

"금부로 가두라."

하시거늘 금부 옥졸이 옹위하여 **금부**에 이르니 만조백관이며 장안 백성이 구름 뫼듯 하더라. 이때에 생가 친척이며 양가 제족이 애연 돌탄하거늘 태보 위로 왈,

[B] "인명이오면 재천이옵거늘 설마 무죄로 죽어 청춘 원혼이 되리오마는 나의 뜻은 정한 지 오래되었는지라. 하늘이 무너지고 땅이 꺼져도 변할 길이 없사오니 이 몸이 죽거든 영천수 흐르는 물에 훨훨 씻어 다른 곳에는 묻지 말고 남산하에 묻어 주오면 죽은 혼백이라도 궐내를 향하여 우리 주상 심하에 복지하여 주야로 간하여 왕비를 다시 환궁하게 하올 것이니 아무리 죽은 사람의 말이라 하옵고 저버리지 마시며 부디 명심하소서."

금부에 수일 잡혀 갇혔더니, 상이 구태여 왕비는 내치시고 태보는 **진도**로 정배하라 하시니라.

[중략 부분의 줄거리] 박태보의 정배를 따라가려다 되돌아온 박태보의 부인은 꿈에서 남편을 만난다.

한림이 울어 왈,

"내 무죄하여 탕탕한 청천이 감동하사 사생풍진을 다 버리고 전고 충신을 따라 황성에로 구경 가나니, 슬프다! 부인은 기다리지 말고 만세 무양하옵소서."

하되, 부인이 대경 왈,

"어디를 가시며 기다리지 말라 하시니까? 한림은 그다지 독하시오. 첩도 한가지로 가사이다."

하며 한림의 소매를 잡고 못 가게 하니 한림이 왈,

"부인은 안심하소서. 구구한 사정을 어찌 잊으오리까? 일후 상봉할 날이 있으오리다."

하고 떨치고 나가거늘 부인 한림의 손을 잡고 따라가니 어떤 남자 십여 명이 의관을 정제하고 서 있거늘 겸연쩍어 방으로 들어앉으며 가만 보니 학발의관(鶴髮衣冠)을 갖춘 어린 제자 오륙 인이 분명하거늘 부인이 놀라 깨달으니 남가일몽이라.

부인이 몽사를 생각함에 심신이 산란하여 명월을 대하여 내념에

'분명 한림이 기사하였도다.'

시비를 데리고 몽사를 설화하더니 이미 동방이 밝었거늘 시부모 당하에 문안차로 나가니, **이화촌**에 개 짖으며 문밖에 울음소리 들리거늘 부인이 놀라 문을 열어 보니 한림의 하인 동일이라 하는 사람이 한림의 편지를 드리거늘 대감 부부와 부인이 망극하야 서로 붙들고 통곡하다가 기절하거늘 비복 등이 급히 구완하여 겨우 인사를 분별하는지라.

이때에 원근 제족과 만조백관이 다 조문 후에 장안 백성이 뉘 아니 낙루하리오. 이러구러

제대로 감상법 ☆ 문제 풀이까지 마친 후 복습할 때 보세요.

작자 미상, 〈박태보전〉

제목의 의미

박태보는 조선 숙종 시대의 실존 인물로, 이 작품은 임금에게 직간을 하다 죽은 박태보의 삶을 사실적으로 그려 내고 있다. 온갖 박해 속에서도 소신을 굽히지 않는 박태보의 모습은 충신의 도리가 무엇인지 보여 준다.

구성

▣ 중요 인물
- (❶): 충직하고 윤리적인 성격의 인물. 숙종에게 중전을 폐위하는 것은 부당하다고 직간하다가 형벌을 받고 죽게 됨.
- (❷): 충신 박태보를 진도로 정배하고 중전을 내치는 등 불의를 행하는 인물

▣ **사건과 갈등:** 숙종에게 중전 폐위의 부당함을 직간하던 박태보는 모진 형벌을 받고 (❸)로 정배를 가게 됨. 고문으로 몸이 상한 박태보는 귀양길에 죽음을 맞이하고, 가족과 온 백성이 박태보의 죽음을 슬퍼함. 한편 궐 밖으로 순행을 나섰던 숙종은 자신을 풍자하는 노래를 듣고 애연함을 느낌.

▣ 소재와 배경의 의미
- (❹): 박태보의 부인이 시부모에게 문안을 올리기 위해 찾아간 공간
- 한 곳: 임금이 자신을 풍자하는 아이들의 노래를 듣고 애연함을 느끼게 되는 공간

문체 – 서술상의 특징
- 역사적 인물과 사건을 소재로 하여 사실성을 확보함.
- (❺)가 개입하여 인물의 감정을 직접적으로 제시함.
- 인물의 행동과 대화를 통해 인물의 성격을 효과적으로 드러냄.

주제

죽음 앞에서도 임금에게 충간을 아끼지 않은 박태보의 드높은 지조와 삶

곡성이 진동하니 어찌 천신이 감동치 아니하리오. 그 편지를 떼어 보니 하였으되,

'불효자 태보는 두어 자 문안을 부모 전에 올리나이다. 천 리 원정에 가다가 **과천**의 관에서 신병과 심회가 울적하거늘 구천에 들어가오니, 사람의 죄 삼천을 정하였으되 불효한 죄가 제일이라 하였으니 삼천 수죄(首罪) 지었으나 국은을 또한 갚지 못하옵고 중로 고혼이 되어 구천에 돌아가는 자식을 생각지 마옵고 말년 귀체를 안보하시다가 만세 후에 부자지정을 만분지일이나 바라나이다.' / 하였더라.

이날 대감이 판서 노복 등을 거느리고 즉시 과천으로 행할새, 장안 백성이 다 애연하며 구름 뫼듯 하더라. 대감과 판서 애통함이 측량없더라. 초종례로 극진히 한 후에 채단으로 염습하고 도로 집으로 옮겨와 장사를 지내니 일문이 애통함을 차마 못 볼러라.

각설, 이때에 상이 민 중전을 내치시고 태보를 정배 후, 자연 심신이 산란하여 밤이면 **성내 성외**를 미복으로 순행하시더니 일일은 **한 곳**에 다다르니 명월은 명랑한데 어떤 아이 오륙 인이 월색 희롱하며 노래하야 즐거워하거늘 상이 몸을 은신하시고 자세히 들으니 그 노래에 하였으되,

"저 달은 밝다마는 우리 주상은 불명하야 충신을 무슨 일로 천 리 원정에 내치시며, 무슨 일로 민 중전은 **외관**에 내치시고 군의신충 없었으니 이 부자자효 쓸데없다. 인심은 분명하건마는 국운이 말세 되어 백성도 못할 일을 국가에서 행하고 한심하고 가련하다. 사백 년 사직을 뉘라서 붙들랴. 이 애야, 저 애야. 홍망성쇠는 불관하다마는 당상 부모 모셨어라. **심산궁곡**에 들어가 초목으로 붓을 적시고, 금수로 벗을 삼아 세월을 보내다가 성군을 기다리자."

서로 비기며 애연히 가거늘 상이 그 노래를 들으시매 심신이 산란하여 그 아이들 성명을 묻고자 하시니 아이들이 달아나는지라 못내 애연하시며 곧 환궁하시니라.

– 작자 미상, 〈박태보전〉

제대로 구조화하기

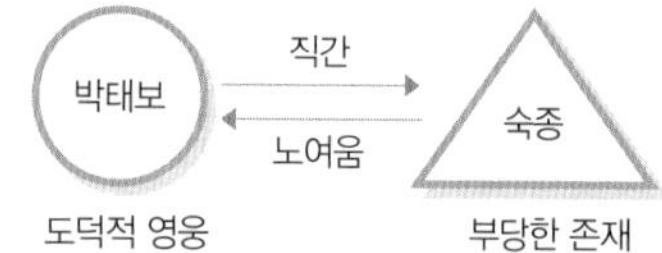

01 윗글의 내용에 대한 이해로 적절한 것은?

① 태보는 형옥에서 금부로 이송해 줄 것을 자청했다.
② 부인은 꿈에서 학발의관을 갖춘 사람들을 보고 놀라 꿈을 깼다.
③ 대감은 아들의 주검을 집으로 데려와 초종례를 극진히 지냈다.
④ 상은 노래의 내용을 알기 위해 아이들에게 이름이 무엇인지 물었다.
⑤ 형조 판서는 상의 명령대로 태보에 대한 조사 결과를 자세히 보고했다.

02 윗글에 제시된 공간에 대한 설명으로 적절하지 않은 것은?

① '금부'는 임금이 권위를 실현하는 공간이고, '한 곳'은 임금이 권위를 내세우는 공간이다.
② '진도'는 임금에게 정배받은 태보가 향해야 하는 곳이고, '외관'은 임금에게 내쳐진 민 중전이 거처해야 하는 곳이다.
③ '이화촌'은 부인이 시부모에게 직접 문안하는 곳이자 태보가 하인을 보내 부모에게 문안하는 곳이다.
④ '과천'은 태보가 '진도'로 가는 경유지이자, 태보의 소식을 받은 대감이 '이화촌'을 떠나 향하는 지점이다.
⑤ '심산궁곡'은 '성내 성외'와 대비되어 임금을 피하려는 백성의 마음이 투영된 공간이다.

제대로 접근법 문제 채점까지 마친 후 복습할 때 보세요.

01
작품의 내용을 파악하는 유형이다. 지문의 내용만 제대로 숙지하면 쉽게 풀 수 있는 문제이므로 틀려서는 안 된다.
지문을 읽을 때 중심인물과 주변 인물, 주요 사건 등에 자신만의 기호로 표시를 해 보자. 특히 고전 소설에서는 한 인물을 여러 가지 명칭으로 부르는 경우가 많다는 사실에 주의한다.

02
배경의 의미와 기능을 파악하는 유형이다. 인물이 어떤 사건을 겪었는지 이해하면, 그 사건을 둘러싼 배경이 갖는 의미도 어렵지 않게 파악할 수 있다.
선택지에 언급된 공간적 배경이 지문에는 굵게 표시되어 있다. 그 앞뒤 문장을 유심히 살펴보면서 임금, 태보, 중전 등의 인물들이 어떤 상황에 놓여 있는지 살펴보자. 그리고 그 상황과 연관 지어 '금부', '한 곳', '진도', '외관', '이화촌', '과천', '심산궁곡', '성내 성외'가 각각 어떻게 기능하는지 파악한다.

▶ 해설편 128쪽

03 [A]와 [B]에 대한 설명으로 가장 적절한 것은?

① [A]에서 태보의 위기에 대해 책임을 통감하는 제원들의 탄식은, [B]에서 그 책임을 자신에게 돌리는 태보의 자책과 대비된다.
② [A]에서 태보가 받은 제원들의 위로는, [B]에서 삶을 도모하여 무죄를 소명하겠다는 태보의 결심으로 이어진다.
③ [A]에서 제원들이 칭송하는 태보의 강직함은, [B]에서 소신을 지키겠다고 하는 태보의 다짐에서 확인된다.
④ [A]에서 제원들 간의 갈등으로 인한 태보의 심리적 상처는, [B]에서 가족과의 만남을 통해 해소된다.
⑤ [A]에서 제원들의 말을 통해 드러난 태보의 후회는, [B]에서 가족들을 향한 태보의 말에서 반복된다.

제대로 접근법 ☆ 문제 채점까지 마친 후 복습할 때 보세요.

03
인물의 성격과 심리를 파악하는 유형으로, 특정 발화를 바탕으로 인물의 성격을 유추해야 한다.
먼저 [A]와 [B]의 발화자와 청자가 누구인지, 어떤 상황에서 이루어진 대화인지 파악해 보자. [A]는 태보와 함께 반대 상소를 올린 신하들이 죽을 지경에 놓인 태보를 위로하며 한 말이고, [B]는 자신이 금부에 갇힌 것을 보고 슬퍼하는 가족들에게 태보가 건넨 말이다. 이러한 맥락을 고려하여 [A]와 [B]에서 알 수 있는 인물의 성격을 유추해 보자.

04 〈보기〉를 참고하여 윗글을 감상한 내용으로 적절하지 않은 것은? [3점]

〈보기〉

〈박태보전〉은 숙종 대의 실존 인물 박태보의 삶을 소설화한 작품이다. 이 작품에서 박태보는 임금의 부당함으로 드러나는 부도덕한 세계와의 대결에서 패배하여 숭고한 뜻을 이루지 못한다. 그럼에도 그는 가족과 국가에 윤리적 책무를 다하는 인물로 인정받음으로써 도덕적 영웅으로 고양된다. 이때 다양한 서사 장치들은 사건의 입체적 전개에 기여한다.

① 하늘이 태보를 무죄로 판명하여 전고 충신을 따르게 함을 몽사로 드러내어, 태보가 윤리적 명분 면에서 인정받은 도덕적 영웅임을 보여 주는군.
② 국은을 갚지 못하고 죽는다는 태보의 한탄을 편지로 제시하여, 태보가 임금을 올바른 길로 인도하려는 숭고한 뜻을 이루지 못하고 세계와의 대결에서 패배했음을 보여 주는군.
③ 만세 후에도 부자지정을 바라는 태보의 염원을 편지로 제시하여, 태보가 죽음에 이른 상황에서조차 부모에 대한 윤리적 책임을 다하려 한 인물임을 보여 주는군.
④ 주상이 밝은 달의 속성과 대비되는 불명한 인물임을 노래를 통해 제시하여, 백성들이 주상을 부도덕한 인물로 평가하여 신임하지 않았음을 보여 주는군.
⑤ 태보에 대한 민심을 편집자적 논평을 통해 반복적으로 나타내어, 태보가 기우는 국운을 회복한 영웅으로 추대되어 백성들의 지지를 받았음을 보여 주는군.

04
외적 준거에 따라 작품을 감상하는 유형이다. 〈보기〉에는 중심인물 박태보에 대한 중요한 정보가 제시되어 있으므로, 이를 작품 감상과 문제 풀이에 적극 활용해야 한다.
〈보기〉에서는 박태보가 부도덕한 세계와의 대결에서 패배했지만, 가족과 국가에 윤리적 책무를 다하는 인물로 인정받음으로써 도덕적 영웅으로 고양된다고 설명하고 있다. 이러한 내용이 작품에 어떻게 형상화되었는지 확인해 보자. 〈보기〉와 상관없이 작품의 실제 내용과 선택지에 언급된 내용이 일치하지 않으면 오답이라는 것을 기억하자.

1차 채점

맞은 문항 수	개
틀린 문항 수	개
헷갈리는 문항 번호	

• 틀린 문항 '/' 표시

→ **2차 채점**

맞은 문항 수	개
틀린 문항 수	개
헷갈리는 문항 번호	

• 틀린 문항 '×' 표시

→ **3차 채점**

맞은 문항 수	개
틀린 문항 수	개
헷갈리는 문항 번호	

• 틀린 문항 '⚠' 표시

◉ 권장 풀이 시간 : 5분 40초

[01-04] 다음 글을 읽고 물음에 답하시오.

[앞부분의 줄거리] 제주도에 간 배 비장은 애랑의 유혹에 넘어가, 사람들에게 조롱을 받는다. 창피를 당한 배 비장은 서울로 돌아가려고 한다.

이때 배 비장은 떠나는 배가 어디 있나 물어보려고 무서움을 억지로 참고,

"ⓐ 여보게, 이 사람. 말씀 물어보세."

그 계집이 한참 물끄러미 보다가 대답도 아니 하고 고개를 돌리니, 배 비장 그중에도 분해서 목소리를 돋우어 다시 책망 겸 묻것다.

"ⓑ 이 사람, **양반이** 물으면 **어찌하여 대답이** 없노?"

"무슨 말이람나? 양반, 양반, 무슨 양반이야. 품행이 좋아야 양반이지. 양반이면 남녀유별 예의염치도 모르고 남의 여인네 발가벗고 일하는 데 와서 말이 무슨 말이며, 싸라기밥 먹고 병풍 뒤에서 낮잠 자다 왔습나? 초면에 반말이 무슨 반말이여? 참 듣기 싫군. 어서 가소. 오래지 아니하여 우리 집 남정네가 물속에서 전복 따 가지고 나오게 되면 큰 탈이 날 것이니, 어서 바삐 가시라구! 요사이 세력이 빨랫줄 같은 배 비장도 궤 속 귀신이 될 뻔한 일 못 들었습나?"

배 비장이 구식적 습관으로 **지방이라고 한 손 놓고 하대를** 하다가 그 말을 들어 보니, 부끄럽고 분한 마음이 앞서져서 혼잣말로 자탄을 하것다.

"허허 내가 금년 신수 불길하다! 우리 부모 만류할 제 오지나 말았더면 좋을 것을, 고집을 세우고 예 왔다가 경향에 유명한 웃음거리가 되고, 또 도처마다 망신을 당하니 섬이라는 데 참 사람 못 살 곳이로구!"

하며, 분한 마음에 그 계집과 다시 말싸움을 하고 싶지 않건마는, 해는 점점 서산에 걸치고 앞길은 **물을 사람이 없어** 함경도 문자로 '붙은 데 붙으라' 하는 말과 같이 '**사과나 하고 다시 물을 수밖에 없다.**' 하여, 말공대를 얼마쯤 올려 다시 수작을 하것다.

"ⓒ 여보시오, 내가 참 실수를 대단히 하였소. 이곳 풍속을 모르고."

"실수라 할 것이 왜 있사오리까? 그렇다 하는 말씀이지요. 그런데 당신은 어디로 가시는 양반이십니까?"

"네, 나는 지금 급한 일이 있어 서울을 갈 터인데, 어느 배가 서울로 가는지 그것을 좀 묻고자 그리하오."

"서울 양반이시면 무슨 일로 여기를 오셨으며, 또 성함은 뉘시오니까?"

"성명은 차차 아시지오마는, 내가 이곳에 볼일이 있어서 왔다가, 부모 병환 기별을 듣고 급히 가는 길인데, 가는 배가 없어 이처럼 애절이오."

"그러하면 가이없습니다. 서울로 가는 배는 어제저녁에 다 떠나고, 인제는 다시 사오 일을 기다려야 있겠습니다."

"그러하면 **이 노릇을 어찌하여야** 좋소?"

"참 딱한 일이올시다."

하더니,

"옳지! 가는 배 하나 있습니다. 그러나 그 배에서 행인을 잘 태울는지 모르겠소. 저기 저편 언덕 밑에 포장 치고 조그마한 돛대 세운 배에 가서 물어보시오. 그 배가 제주 성내에 사는 부인 한 분이 친정이 해남인데 급한 일이 있어 비싼 값을 주고 혼자 빌려 저녁 물에 떠난다더니, 참 떠나는지 알 수 없습니다."

배 비장이 그 말 듣고 좋아라고 허겁지겁 그 배로 뛰어가서 사공을 찾는다.

제대로 감상법

문제 풀이까지 마친 후 복습할 때 보세요.

작자 미상, 〈배비장전〉

제목의 의미

'배 비장'은 겉으로는 윤리 도덕을 외치면서도 속으로는 본능적인 욕구를 추구하는 위선적인 인물이다. 이 작품은 배 비장이 기생 애랑에게 반해 망신을 당한 뒤 도망치듯 제주도를 떠나려 하는 과정을 통해 지배 계층의 허위와 위선을 풍자하고 있다.

구성

▣ 중요 인물
- (❶): 신임 제주 목사의 비장. 위선적인 지배층을 대표하는 인물로, 서울 양반이라는 우월감을 내세우며 제주도 사람을 얕봄.
- (❷), 사공: 제주도 토착민. 배 비장의 하대에 불쾌해하지만, 존대를 받은 후 배 비장을 도와줌.

▣ 사건과 갈등: 배 비장은 제주도를 벗어나기 위해 (❸)로 가는 배편을 찾음. 그 과정에서 계집과 사공에게 배편에 대해 물었으나, 그들은 배 비장의 하대를 받고 기분이 상해 그에게 협조하지 않음. 이후 배 비장이 다시 공손하게 부탁하자 그를 도와줌.

▣ 소재와 배경의 의미
- 조그마한 (❹) 세운 배: 배 비장이 하루라도 빨리 제주도를 벗어나기 위해 타려는 대상

문체 – 서술상의 특징
- 판소리계 소설로 해학적 상황 설정, 4·4조의 율격 등 판소리의 흔적이 남아 있음.
- 배 비장의 위선적인 행위에 대한 풍자와 해학이 주조를 이룸.
- 인물들의 대화를 통해 배 비장의 희극적 모습을 부각함.

주제

지배 계층의 위선적인 행위에 대한 폭로와 풍자

▶ 해설편 131쪽

"ⓓ어이, 뱃사공이 누구여?"

사공이 반말에 비위가 틀려,

"어! 사공은 왜 찾어?"

"말 좀 물어보면…."

"무슨 말?"

"그 배가 어디로 가는 배여?"

"물로 가는 배여."

원래 배 비장이 사공을 공손하게 대하기는 초라하고 '해라' 하자니 제 모양 보고 받을는지 몰라, **어정쩡하게** 말을 내놓다가 사공의 대답이 한층 더 올라가는 것을 보고, 한숨을 휘이 쉬며,

"허! 내가 그저 **춘몽을 못 깨고 또 실수**를 하였구나!"

어법을 고쳐 입맛이 썩 들어붙게,

"여보시오, ⓔ노형이 이 배 임자시오?"

사공은 목낭청*의 혼이 씌었던지 그대로 좇아가며,

"그렇습니다. 내가 이 배 임자올시다."

"들으니까 노형 배가 오늘 떠나 해남으로 간다지요?"

"예, 오늘 저녁 물에 떠납니다."

"그러면 내가 서울 사는데 지금 가는 길이니 좀 타고 가옵시다."

"좋은 말씀이올시다마는 이 배가 행객 싣는 배가 아니옵고, 해남으로 가시는 부인 한 분이 혼자 빌려 가시는 터인즉, 사공의 임의로 다른 행객을 태울 수가 없습니다."

"그는 그러하겠소마는, 내가 부모 병환 급보를 듣고 급히 가는 길인데, 달리 가는 배는 없고 이 배가 간다 하니, 아무리 부인이 타신 터이라도 이러한 정세를 말씀하시고, 한편 이물 구석에 종용히 끼어 가게 하여 주시면 그 아니 적선이오?"

"당신 정경이 불쌍하오. 그러면 해 진 후에 다시 오시면, 부인 모르시게라도 슬며시 타고 가시게 하오리다."

– 작자 미상, 〈배비장전〉

*** 목낭청**: 자기 주관 없이 응대하는 사람을 이르는 말

한 걸음 더

판소리계 소설

조선 후기에 등장한 판소리의 사설을 바탕으로 새롭게 서사화된 고전 소설이다. 어느 특정 작가에 의해 창작된 것이 아니라 판소리와 소설을 향유하던 민중들의 공동 창작물에 가깝다. 공연 현장에서 소리꾼이 사용하는 말투, 운율감이 두드러지는 구절 등 판소리 사설의 흔적이 남아 있는 것이 특징이다. 또한 세련된 한문투와 평민층의 비속어가 함께 나타나며, 같은 이야기라도 향유층에 따라 다양한 주제로 해석된다. 관념적인 내용보다는 민중들의 현실적인 경험을 바탕으로 하기 때문에 조선 후기의 생활상을 생동감 있게 보여 준다.

제대로 구조화하기

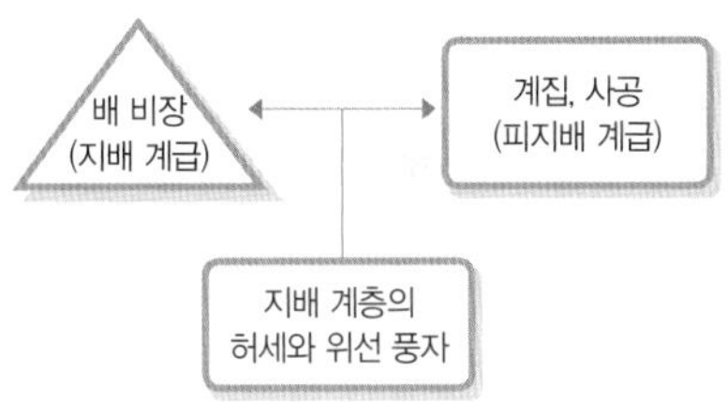

01 윗글의 내용에 대한 이해로 적절하지 않은 것은?

① '계집'은 '배 비장'의 문제점을 지적함으로써 양반답지 못한 태도에 대해 비판적 인식을 표출하고 있다.

② '배 비장'은 자신에게 이름을 묻는 '계집'의 질문에 즉답을 피함으로써 자신의 정체를 숨기고 있다.

③ '계집'은 '배 비장'에게 배편이 있을 수도 있다는 말을 건넴으로써 그가 궁금해했던 정보를 제공하고 있다.

④ '사공'은 '부인'의 허락 없이 임의로 다른 행객을 태울 수 없다고 말함으로써 낯선 이에 대한 경계심을 드러내고 있다.

⑤ '사공'은 '배 비장'의 다급한 상황을 듣고 해결책을 알려 줌으로써 상대방에 대한 연민의 감정을 보여 주고 있다.

제대로 접근법

문제 채점까지 마친 후 복습할 때 보세요.

01
작품의 내용을 바르게 이해했는지 확인하는 유형이다. 지문의 내용과 선택지에 언급된 내용을 비교하며 선택지의 적절성을 판단해야 한다.
배 비장은 계집과 사공에게 신분적 우월감을 드러내다가 원하는 바를 얻지 못하지만, 태도를 바꿔 상대를 존중하자 상대도 이에 호응하고 있다. 이러한 대화 양상에 유념하여 지문의 내용을 잘못 이해한 선택지를 찾는다.

02 ⓐ~ⓔ 중 '배 비장'이 상대의 기분을 풀어 주기 위해 사용한 표현으로만 짝지어진 것은?

① ⓐ, ⓑ ② ⓐ, ⓓ ③ ⓑ, ⓒ ④ ⓒ, ⓔ ⑤ ⓓ, ⓔ

03 조그마한 돛대 세운 배에 대한 이해로 가장 적절한 것은?

① 주인공이 부모의 병환 소식을 듣게 되는 공간이다.
② 주인공을 태우고 서울로 가기 위해 급히 준비되었다.
③ 주인공이 당일에 제주도를 떠나기 위해 타려는 대상이다.
④ 주인공이 경제적 보상까지 내세우며 타고자 하는 것이다.
⑤ 주인공이 행객들을 데리고 제주도를 떠나기 위해 타려 한다.

04 〈보기〉를 참고하여 윗글을 감상한 내용으로 적절하지 않은 것은? [3점]

〈보기〉

〈배비장전〉에서 창피를 당해 제주도를 떠나려 했던 배 비장은 제주도에 남게 되고, 결말에 가서는 현감에 올라 사람들의 칭송을 받게 된다. 이와 같은 변화가 어떻게 가능했을까? 배 비장이 제주도를 떠나고자 할 때, 제주도 사람들의 도움을 받기 위해 자신이 서울 양반이라는 우월감을 버리고 그들을 존중하는 경험을 했기 때문이다. 이는 비록 불가피한 선택이었지만, 이 과정에서 그는 자신의 태도를 돌아보게 된다. 서울 양반의 경직된 관념에 변화가 일기 시작한 것이다.

① '양반이' 묻는데 '어찌하여 대답이' 없냐고 계집을 책망한 배 비장의 행위에서, 그가 자신의 신분에 대해 우월감을 갖고 있음을 알 수 있군.
② '지방이라고 한 손 놓고 하대를' 한 배 비장의 태도에서, 그가 서울에서 온 양반이라는 이유로 제주도 사람을 얕보고 있음을 알 수 있군.
③ '물을 사람이 없어' 계집에게 '사과나 하고 다시 물을 수밖에 없다'고 하는 배 비장의 생각에서, 그가 계집의 도움을 받기 위해 불가피한 선택을 했음을 알 수 있군.
④ '이 노릇을 어찌하여야' 좋겠냐고 묻는 배 비장의 모습에서, 그가 경직된 관념을 버리고 제주도 사람을 존중하는 방법을 고민하고 있음을 알 수 있군.
⑤ '어정쩡하게' 말하려나 '춘몽을 못 깨고 또 실수'했다고 한 배 비장의 발언에서, 그가 우월감을 가지고 있던 자신의 태도를 돌아보고 있음을 알 수 있군.

제대로 접근법

☆ 문제 채점까지 마친 후 복습할 때 보세요.

02
인물의 심리와 태도를 파악하는 유형이다. 인물의 심리는 서술자에 의해 직접 제시되기도 하지만, 말과 행동에서 드러나기도 한다.
배 비장이 상대를 하대하면 상대는 불쾌해하고, 이에 태도를 바꿔 상대를 존중하면 상대도 기분이 풀려 배 비장을 존중한다. ⓐ~ⓔ를 들은 후 계집과 사공이 어떤 말과 행동을 보였는지 확인한 다음, ⓐ~ⓔ에 담긴 배 비장의 심리와 태도를 유추해 보자.

03
소재의 의미와 기능을 파악하는 유형이다. 배 비장이 처한 상황을 이해한다면 어렵지 않게 해결할 수 있는 문제이다.
배 비장은 급하게 제주도를 떠나고 싶어 하는데, 서울로 가는 배는 어제저녁에 다 떠나고 다시 사오일을 기다려야 하는 상황이다. 이러한 상황에서 해남으로 향하는 '조그마한 돛대 세운 배'는 배 비장에게 어떤 의미가 있는 소재인지 생각해 보자.

04
외적 준거에 따라 작품을 감상하는 유형이다. 〈보기〉에 제시된 정보는 해당 문제를 풀 때뿐만 아니라 작품의 전체적인 내용을 이해하거나 다른 문제를 풀 때도 도움을 주므로 꼼꼼하게 살펴야 한다.
〈보기〉에서는 배 비장이 제주도 사람들의 도움을 받기 위해 그들을 존중하는 경험을 했고, 그 과정에서 인식과 태도의 변화를 겪었다고 설명하고 있다. 이러한 내용과 연관 지어 작품을 감상하고, 선택지의 적절성을 판단해 보자.

1차 채점	
맞은 문항 수	개
틀린 문항 수	개
헷갈리는 문항 번호	

• 틀린 문항 '/' 표시

→

2차 채점	
맞은 문항 수	개
틀린 문항 수	개
헷갈리는 문항 번호	

• 틀린 문항 '×' 표시

→

3차 채점	
맞은 문항 수	개
틀린 문항 수	개
헷갈리는 문항 번호	

• 틀린 문항 ⚠ 표시

◉ 권장 풀이 시간 : 5분 50초

[01-04] 다음 글을 읽고 물음에 답하시오.

[앞부분의 줄거리] 김 진사의 딸 채봉은 선비 필성과 정혼하나, 우여곡절 끝에 스스로 기녀가 되어 송이로 이름을 바꾼다. 송이의 서화를 눈여겨본 감사가 송이를 데려와 관아에서 살게 한다.

송이는 감사가 있는 별당 건넌방에 가 홀로 살고 지내며 감사가 시키는 일을 처리하고 지내며 마음에 기생을 면함은 다행하나, 주야로 잊지 못하는 바는 부모의 소식과 장필성을 못 봄을 한하고 이 감사가 보는 데는 감히 그 기색을 드러내지 못하니, 혼자 있을 때에는 주야 탄식으로 지내더라.

장필성이 이 소문을 듣고 또한 다행하나, 이때 감사는 송이 있는 별당은 외인 출입을 일절 엄금하니, 다시 만날 길이 없어 수심으로 지내더니, 한 계책을 생각하되,

"나도 감사 앞에서 거행하는 관속이 된다면 채봉을 만나기가 쉬우리라."

하고 여러 가지로 주선하더니, ㉠이때 마침 감사가 문필이 있는 이방을 구하는지라. 필성이 한 길을 얻어 이방이 되어 감사에게 현신하니 감사가 일견 대희하여 칭찬하며 왈,

"가위 여옥기인(如玉其人)이로다. 필성아, 이방이라 하는 것은 승상접하(承上接下)하는 책임이 중대하니, 아무쪼록 일심봉공(一心奉公)하여 민원(民怨)이 없도록 잘 거행하라."

필성이 국궁수명(鞠躬受命)*하고 차후로 공사 문첩(文牒)*을 가지고 매일 드나들며 송이의 소식을 알고자 하나 별당이 깊고 깊어 지척이 천 리라 어찌 알리오.

차시 송이는 별당에 있어 이 감사가 들어와 공문을 쓰라면 쓰고 판결문을 내라면 내고 하더니, ㉡하루는 ⓐ공사 문첩 한 장을 본즉, 필성의 글씨가 완연한지라, 속으로 생각하되,

'이상하다. 필법이 장 서방님 필적 같으니, 혹 공청에를 드나드나.'

하고 감사더러 묻는다.

"㉢요사이 공사 들어온 것을 보면 전과 글씨가 다르오니 이방이 갈리었습니까?"

"응, 전 이방은 갈고 장필성이란 사람으로 시켰다. 네 보아라, 글씨를 잘 쓰지 않느냐."

송이가 이 말을 듣고 속으로 암암이 기꺼하며, 어떻게 하면 한번 만나 볼까, 그렇지 못하면 편지 왕복이라도 할까, 사람을 시키자니 만일 대감이 알면 무슨 죄벌이 내려올지 몰라 못 하고 무슨 기회를 기다리나 때를 타지 못하여 필성이나 송이나 서로 글씨만 보고 창연히 지내기를 ㉣이미 반년이라. 자연 서로 상사병이 될 지경이더라.

[A] 이때는 추구월(秋九月) 보름 때라. 월색은 명랑하여 남창에 비치었고, 공중에 외기러기 옹옹한 긴 소리로 짝을 찾아 날아가고, 동산의 송림 간에 두견이 슬피 울어 불여귀를 화답하니, 무심한 사람도 마음이 상하거든 독수공방에 눈물로 세월을 보내는 송이야 오죽할까. 송이가 모든 심사 잊어버리고 책상머리에 의지하여 잠깐 졸다가 기러기 소리에 놀라 눈을 뜨고 보니, 남창 밝은 달 발허리에 가득하고 쓸쓸한 낙엽성은 심회를 돕는지라. 잊었던 심사가 다시 가슴에 가득하여지며 눈물이 무심히 떨어진다.

송이가 남창을 가만히 열고 달빛을 내다보며 위연탄식하는데,

"달아, 너는 내 심사를 알리라. 작년 이때 뒷동산 명월 아래 우리 님을 만났더니, 달은 다시 보건마는 님은 어찌 못 보는고. 그 옛날 심양강 거문고 뜯던 여인은 만고문장 백낙천(萬古文章白樂天)을 달 아래 만날 적에 마음속에 맺힌 말을 세세히 풀었건만, 나는 어찌 박명하여 명랑한 저 달 아래서 부득설진심중사(不得說盡心中事)하니 가련하지 아니할까. 사람은 없어 말 못하나 차라리 심중사를 종이 위에나 그리리라."

하고 연상을 내어 먹을 흠씬 갈고 청황모 무심필을 덤벅 풀어 백릉화주지를 책상에 펼쳐 놓고 섬섬옥수로 붓대를 곱게 쥐고 장우단탄(長吁短歎)에 맥맥히 앉았다가 고개를 돌리어 벽공의

제대로 감상법 ☆ 문제 풀이까지 마친 후 복습할 때 보세요.

작자 미상, 〈채봉감별곡〉

제목의 의미

채봉이 정을 담아 읊은 노래라는 뜻으로, 진취적이고 주체적인 여성 채봉이 우여곡절 끝에 자신이 원하는 사랑을 이룬다는 내용의 애정 소설이다. 조선 후기의 세태를 사실적으로 드러내는 한편, 우연성과 비현실성이 적은 점이 특징이다.

구성

▣ 중요 인물
- (❶): 김 진사의 외동딸 채봉. 별당에서 감사의 일을 도우며 홀로 생활하는 동안 부모와 장필성을 그리워함.
- (❷): 채봉의 약혼자. 재주가 뛰어나며, 채봉을 만나기 위해 이방이 되기를 자처할 정도로 순정적인 인물
- 이보국: 새로 부임한 평양 감사. 송이에게 문서 처리하는 일을 맡기며, 훗날 송이와 필성을 만나게 도와줌.

▣ **사건과 갈등:** 이 감사의 도움으로 관아에서 지내게 된 송이는 부모와 장필성을 그리워하고, 필성은 송이를 보기 위해 이방이 됨. 필성의 소식을 들은 송이는 그리움이 더욱 커져 '(❸)'을 쓰고 울다가 잠이 듦.

▣ 소재와 배경의 의미
- (❹): 송이로 하여금 필성이 자신과 가까운 곳에 있음을 알게 하는 소재

문체 – 서술상의 특징
- 적극적이고 주체적인 여성 인물이 주인공으로 등장함.
- 우연성과 비현실성을 탈피하여 사실적으로 사건을 전개함.
- 매관매직이 성행하던 조선 후기의 세태를 반영함.

주제

고난과 권세에 굴하지 않는 순결하고 진취적인 사랑

높은 달을 두세 번 우러러보더니, 서두에 '추풍감별곡(秋風感別曲)' 다섯 자를 쓰고, 상사가 생각 되고 생각이 노래 되고 노래가 글이 되어 붓끝을 따라 나오니 붓대가 쉴 새 없이 쓴다.

(중략)

아득한 정신은 기러기 소리를 따라 멀어지고 몸은 책상머리에 엎드렸더니, 잠시간에 잠이 들어 주사야몽(晝思夜夢) 꿈이 되어 장주(莊周)의 나비같이 두 날개를 떨치고 바람 좇아 중천에 떠다니며 사면을 살피니, 오매불망하던 장필성이 적막 공방에 혼자 몸이 전일의 답시(答詩)를 내놓고 보며 울고 울고 보며 전전반측 누웠거늘, 송이가 달려들어 마주 붙들고 울다가 꿈 가운데 우는 소리가 잠꼬대가 되어 아주 내처 울음이 되었더라.

사람이 늙어지면 상하물론(上下勿論)하고 잠이 없는 법이라. ⓐ이때 이 감사는 연광도 팔십여 세뿐 아니라, 일도방백(一道方伯)이 되어 밤이나 낮이나 어떻게 하면 백성의 원성이 없을까, 어떻게 하면 국은(國恩)에 보답할까 하며 잠을 이루지 못하고 누웠더니, 홀연히 송이의 방에서 흐느껴 우는 소리가 들리거늘, 깜짝 놀라 속으로 짐작하되,

'지금 송이가 나이 십팔 세라. 필연 무슨 사정이 있어 저리하나 보다.'

하고 가만히 나와 보니, 남창을 열고 책상머리에 누웠는데 불을 돋우어 놓고 책상 위에 무엇을 써서 펼쳐 놓았거늘, 마음에 괴이하여 가만히 들어가 ⓑ두루마리를 펼치고 본즉 '추풍감별곡'이라.

– 작자 미상, 〈채봉감별곡〉

＊국궁수명 : 존경하는 뜻으로 몸을 굽히며 분부를 받음.
＊공사 문첩 : 관청에서 공무상 작성하는 문서

한 걸음 더

혼사 장애 소설

고전 소설 중 남녀가 혼사를 이루고 이를 유지하는 과정에서 발생하는 여러 갈등과 장애를 담은 것을 혼사 장애 소설이라고 한다. 혼사 장애를 유발하는 요인으로는 간신의 방해, 권세가에 의한 혼인 강요, 주인공의 처지에 따른 상대 집안의 반대, 연적(戀敵)의 방해 등이 있다. 대부분의 혼사 장애 소설에서 남녀 주인공은 온갖 장애를 물리치고 행복한 결말을 맞이한다.

제대로 구조화하기

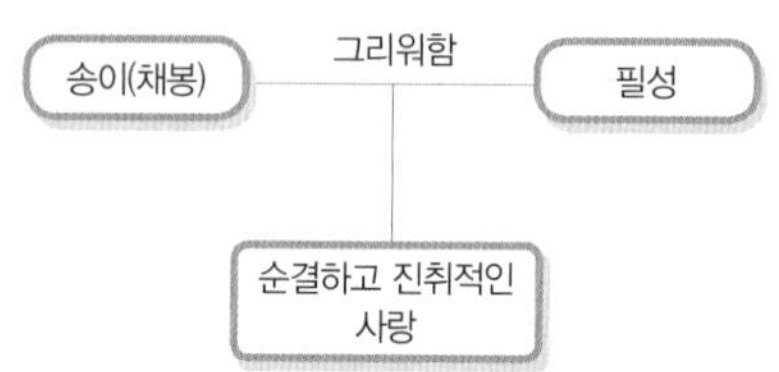

01 윗글의 내용에 대한 이해로 적절하지 않은 것은?

① 송이는 부모의 소식으로 애태우다 감사의 걱정을 산다.
② 송이는 필성이 이방이 되었음을 감사를 통해 알게 된다.
③ 감사는 필성의 문필 능력을 높이 평가하고 기대를 건다.
④ 송이는 필성과 꿈속에서나마 일시적으로 만남을 이룬다.
⑤ 필성은 송이를 그리워하는 마음을 감사에게 숨기고 있다.

02 [A]의 '달'에 대한 이해로 적절하지 않은 것은?

① 송이가 필성의 안녕을 기원하는 마음을 의탁하는 대상이다.
② 자연물의 다양한 소리와 어울려 송이의 외로움을 심화한다.
③ 송이가 자신의 심사를 들추어내어 감정을 토로하는 인격화된 상대이다.
④ 송이의 처지와 대조되는 옛 이야기를 환기시켜 송이가 스스로에 대한 연민을 표하게 한다.
⑤ 송이에게 필성과의 추억을 떠올리게 하면서 재회를 기약할 수 없는 현재 상황을 부각한다.

제대로 접근법

문제 채점까지 마친 후 복습할 때 보세요.

01
작품의 내용을 바르게 이해했는지 확인하는 유형이다. 고전 소설의 가장 기본적인 문제 유형이므로 틀리지 않도록 유의한다.
주요 사건과 인물을 중심으로 내용을 정리하는 연습을 꾸준히 하면 문제 해결 능력을 기를 수 있다. 지문에서 선택지의 내용과 관련된 부분을 찾아 일치 여부를 확인해 보자.

02
소재의 기능을 파악하는 유형이다. 먼저 인물이 처한 상황과 정서를 정리해 보자. 그리고 이러한 상황과 정서를 드러내는 데 있어 '달'이 어떤 기능을 하고 있는지 생각해 보자.
필성을 그리워하지만 만나지 못하는 송이는 창으로 달빛이 비치자 이런저런 생각을 떠올리며 탄식하고 있다. 송이가 '독수공방에 눈물로 세월을 보내'고 있다는 점에 주목하여 선택지의 적절성을 판단한다.

▶ 해설편 134쪽

03 ⓐ와 ⓑ에 대한 설명으로 가장 적절한 것은?

① ⓐ에 대해 대화하며 송이의 그리움을 눈치챈 감사는, ⓑ를 읽으며 그 대상이 필성임을 알게 된다.
② ⓐ를 작성한 사람에 대한 궁금증을 갖게 된 송이는, ⓑ를 통해 자신의 궁금증을 필성에게 알린다.
③ ⓐ를 본 송이는 필성이 가까운 곳에 있음을 알게 되고, ⓑ에 필성을 만나지 못하는 마음을 풀어낸다.
④ ⓐ를 감사로부터 전달받은 필성은 송이의 마음을 알게 되고, ⓑ를 쓰면서 송이에 대한 자신의 그리움을 드러낸다.
⑤ ⓐ를 보면서 필성이 자신을 찾고 있음을 알게 된 송이는, ⓑ를 쓰면서 필성과 재회하고자 하는 의지를 드러낸다.

제대로 접근법 ☆ 문제 채점까지 마친 후 복습할 때 보세요.

03
소재의 기능을 파악하는 유형이다. 작품의 전체적인 흐름과 인물이 처한 상황을 이해하면 어렵지 않게 문제를 해결할 수 있다.
필성은 송이를 만나기 위해 이방이 되었으며, 송이는 별당에서 감사가 지시한 일을 처리하며 생활하던 중 이 사실을 알게 된다. 이에 그리움이 커진 송이는 '추풍감별곡'을 쓰게 되는데, 감사는 송이를 찾았다가 이를 발견한다. 이러한 내용을 바탕으로 ⓐ와 ⓑ에 대한 선택지의 설명이 적절한지 판단해 보자.

04 <보기>를 참고하여 ㉠~㉤을 이해한 내용으로 적절하지 않은 것은? [3점]

<보기>

소설에서 시간 표지는 배경을 지시할 뿐 아니라, 우연하게 일어날 수 있는 사건들에 개연성을 부여하거나 사건의 전개나 장면의 전환 등에 관여된 서사적 정보를 제시하기도 한다. 또한 장면을 제시하는 것은 물론 서로 다른 장면을 연결하거나, 사건이 요약적으로 제시되었음을 가늠하게 하는 등 서사의 주요 요소들을 보조하는 기능을 한다.

① ㉠은 우연으로 보이는 감사의 이방 선발이, 필성이 송이와 만나기 위해 애써 왔던 시간과 맞물려 있음을 드러냄으로써 필성의 관아 입성에 개연성을 부여한다.
② ㉡은 평범한 일상을 지내던 송이와 감사의 대화를 통해 중요한 서사적 정보가 드러난 시간을 부각하여, 필성과 재회하고자 하는 송이의 바람을 심화하게 되는 서사적 전환에 관여한다.
③ ㉢은 공청에서 일어난 최근의 변화에 송이가 주목하고 있음을 보여 주는 한편, 송이가 공청의 일을 돕게 되기까지의 과정이 요약적으로 제시되었음을 드러낸다.
④ ㉣은 송이와 필성의 만남이 이루어지지 않은 상태에서 상당한 시간이 흘렀음을 드러내면서, 송이와 필성이 가진 그리움의 깊이를 함축한 서사적 정보로 기능한다.
⑤ ㉤은 감사의 사람됨과 감사가 잠을 이루지 못하는 이유를 관련짓게 하는 한편, 흐느껴 울던 송이를 감사가 발견하는 사건의 시간적 배경을 지시한다.

04
외적 준거에 따라 작품을 감상하는 유형이다. 먼저 <보기>에 제시되어 있는 소설 속 시간 표지의 기능을 정리해 보자.

<보기> 분석
<소설 속 시간 표지의 기능> ① 배경 지시 ② 사건에 개연성 부여 ③ 서사적 정보 제시 ④ 장면을 제시하거나 서로 다른 장면을 연결 ⑤ 사건이 요약적으로 제시되었음을 가늠하게 함.

㉠~㉤은 모두 시간 표지들이다. 사건의 전개 과정에서 이 표지들이 어떤 의미를 지니는지 생각해 보자. 그리고 <보기>의 내용 중 어떤 기능과 관련되는지 확인한 다음 선택지의 적절성을 판단한다.

1차 채점		
맞은 문항 수		개
틀린 문항 수		개
헷갈리는 문항 번호		

• 틀린 문항 '/' 표시

→

2차 채점		
맞은 문항 수		개
틀린 문항 수		개
헷갈리는 문항 번호		

• 틀린 문항 '×' 표시

→

3차 채점		
맞은 문항 수		개
틀린 문항 수		개
헷갈리는 문항 번호		

• 틀린 문항 ⚠ 표시

◉ 권장 풀이 시간 : 4분 30초

[01-03] 다음 글을 읽고 물음에 답하시오.

승상 나업은 딸 하나가 있었다. 재예(才藝)가 당대에 빼어났다. 아이는 이 말을 듣고 헌 옷으로 갈아입고 거울 고치는 장사라 속여 승상 집 앞에 가서 "거울 고치시오!"라 외쳤다. 소저는 이 말을 듣고 거울을 꺼내 유모에게 주어 보냈다. 소저는 유모 뒤를 따라 바깥문 안쪽까지 나가 문틈으로 엿보았다. 장사가 소저의 얼굴을 언뜻 보고 반해, 손에 쥐었던 거울을 일부러 떨어뜨려 깨뜨렸다. 유모가 놀라 화내며 때리자 장사가 울며 말했다.

"거울이 이미 깨졌거늘 때려 무엇 하세요? 저를 노비로 삼아 거울 값을 갚게 해 주세요."

유모가 들어가 이를 승상께 아뢰니 허락하였다. 승상은 그의 이름을 거울을 깨뜨린 노비라는 뜻으로 파경노(破鏡奴)라 짓고 말 먹이는 일을 시켰다. 말들은 저절로 살쪄 여윈 것이 하나도 없었다.

하루는 천상의 선관들이 구름처럼 몰려와 말 먹일 꼴을 다투어 그에게 주었다. 이에 파경노는 말들을 풀어놓고 누워만 있었다. 날이 저물어 말들이 파경노가 누워 있는 곳에 와 그를 향해 머리를 숙이며 늘어서자 보는 자마다 모두 기이하게 여겼다. 승상 부인은 이 말을 듣고 승상에게 말했다.

"파경노는 용모가 기이하고 탄복할 일이 많으니 필시 비범한 사람일 것입니다. 마부 일도, 천한 일도 맡기지 마세요."

승상이 옳게 여겨 그 말을 따랐다. 이전에 승상은 동산에 꽃과 나무를 많이 심었는데, 파경노에게 이를 기르게 했다. 이때부터 동산의 화초가 무성하며 조금도 시들지 않아, 봉황이 쌍쌍이 날아들어 꽃가지에 깃들었다.

열흘이 지났다. 파경노는 소저가 동산의 꽃을 보고 싶으나 파경노가 부끄러워 오지 못한다는 말을 들었다. 이에 파경노는 승상을 뵙고 말했다.

"제가 이곳에 온 지 여러 해 지났습니다. 한 번도 노모를 뵙지 못했으니, 노모를 뵙고 올 말미를 주십시오."

승상은 닷새를 주었다. 소저는 파경노가 귀향했다는 소식을 듣고 동산에 들어와 꽃을 보고,

"꽃이 난간 앞에서 웃는데 소리는 들리지 않네."라고 시를 지었다. 파경노는 꽃 사이에 숨어 있다가,

"새가 숲 아래서 우는데 눈물 보기 어렵네."라고 시로 화답했다. 소저가 부끄러워 얼굴을 붉히며 돌아갔다.

[중략 부분의 줄거리] 중국 황제는 신라 왕에게 석함을 보내, 그 안에 있는 물건을 알아내 시를 지어 올리라 명한다. 신라 왕은 이를 해결하지 못하고 나업에게 과업을 넘긴다.

나업은 집으로 돌아와 석함을 안고 통곡했다. 파경노는 이 말을 듣고 사람들에게 왜 우는지를 물었다. 사람들이 모두 말해 주자, 자못 기쁨을 띠며 꽃가지를 꺾어 외청으로 갔다.

소저가 슬피 울다가 문득 벽에 걸린 거울에 비친 그림자를 보았다. 속으로 놀라 창틈으로 엿보니 파경노가 꽃을 들고 서 있었다. 소저가 이상히 여겨 묻자, 시치미를 떼며 말했다.

"그대가 이 꽃을 보고 싶다 하여 그대를 위해 가져 왔소. 시들기 전에 받아 보시오."

소저가 한숨을 크게 쉬니, 파경노가 위로하며 말했다.

"거울 속에 비친 이가 반드시 그대 근심을 없애 줄 것이오. 근심치 말고 꽃을 받으시오."

제대로 감상법 ☆ 문제 풀이까지 마친 후 복습할 때 보세요.

작자 미상, 〈최고운전〉

제목의 의미

'최고운'은 신라 말기의 학자 최치원의 또 다른 이름으로, 이 소설은 역사적 실존 인물인 최치원의 일생을 허구적으로 형상화한 영웅 소설이다. 지략과 도술로 위기를 해결하는 최치원의 모습은 우리 민족의 우월성을 드러내며 민족의 자긍심을 고취하고 있다.

구성

▣ 중요 인물
- (❶): 최치원을 형상화한 인물. 비범한 능력을 가진 인물로, 나업의 고민을 해결해 줌.
- (❷): 승상 나업의 딸. 파경노의 비범함을 알고 나업이 파경노에게 시 짓는 일을 맡기도록 권유함.

▣ 사건과 갈등: 승상 나업의 딸에 대한 소문을 들은 아이는 고의로 소저의 거울을 깨뜨리고, 이를 계기로 '파경노'라는 이름의 노비가 됨. 파경노는 일을 하면서 비범한 능력을 보임. 한편 나업은 왕이 맡긴 과제를 해결하지 못해 괴로워하다가 딸의 제안을 듣고 파경노에게 (❸)를 지으라고 요청함.

▣ 소재와 배경의 의미
- (❹): 파경노가 노모를 뵙고 오겠다며 나업을 속이고 소저를 만나는 공간
- (❺): 파경노가 근심하는 소저를 위로하며 건넨 것

문체 – 서술상의 특징
- 역사적 실존 인물을 주인공으로 함.
- 민담 · 전설 · 신화 등 다양한 설화를 수용하여 이를 바탕으로 이야기를 전개함.
- 전쟁을 소재로 한 대다수의 영웅 소설과 달리, 민족의 뛰어난 문재(文才)를 과시하고자 함.

주제

최치원의 영웅적 면모와 민족의 자긍심 고취

▶ 해설편 137쪽

소저가 꽃을 받고 부끄러워하며 안으로 들어갔다.
얼마 뒤 소저는 파경노의 말을 괴이히 여겨 승상께 말했다.
"파경노가 비록 어리지만 재주가 남보다 뛰어나고, 신인(神人)의 기운이 있어 석함 속의 물건을 알아내어 시를 지을 수 있을 것입니다."
승상이 말했다.
"너는 어찌 쉽게 말하느냐? 만약 파경노가 할 수 있다면 나라의 이름난 선비 가운데 한 명도 시를 짓지 못해 이 석함을 나에게 맡겼겠느냐?"
소저가 말했다.
"뱁새는 비록 작지만 큰 새매를 살린다 합니다. 그가 비록 노둔하나 큰 재주를 지니고 있는지 어찌 알겠습니까?"
이어서 파경노가 걱정하지 말라고 했음을 고했다.
"만약 그가 시를 지을 수 없다면 어찌 그런 말을 냈겠습니까? 원컨대 그를 불러 시험 삼아 시를 짓게 하소서."
승상이 파경노를 불러 구슬리며 말했다.
"만약 이 석함 속의 물건을 알아내 시를 짓는다면 후한 상을 줄 것이며, 마땅히 네 뜻을 이루어 주겠다."
파경노가 거절하며 말했다.
"비록 후한 상을 준다 한들 제가 어찌 시를 짓겠습니까?"
소저가 이 말을 듣고 승상에게 말했다.
"살고 싶고 죽기 싫은 것이 인지상정입니다. 옛날에 어떤 이가 사형을 당하게 되었을 때, 그에게 '네가 만약 시를 짓는다면 내 마땅히 사면해 주겠다.' 했습니다. 그 사람은 무식한 이였으나 그 명을 따랐습니다. 하물며 파경노는 문학이 넉넉해 시를 지을 수 있지만 거짓으로 못하는 체하고 있습니다. 지금 아버님께서 그를 겁박하시면 어찌 삶을 좋아하고 죽음을 싫어하는 마음이 없어 복종치 않겠습니까?"
승상이 그럴 듯하다 여기고 파경노를 불렀다.

– 작자 미상, 〈최고운전〉

한 걸음 더

최치원

최치원(857~?)은 통일 신라 말기의 학자이자 문장가이다. 능력이 뛰어났으나 6두품 출신이어서 골품제 중심의 신라에서 대접을 받지 못했다. 12세에 중국 당나라에 유학하여 과거에 급제하고 황소의 난이 일어나자 격문(檄文)을 써서 이름을 높였다. 귀국한 다음에는 현실 정치에 실망을 느껴 시무 10조를 진성여왕에게 바치고 지방직으로 물러났다. 얼마 후 관직에서 은퇴, 가야산에서 일생을 마쳤다.

제대로 구조화하기

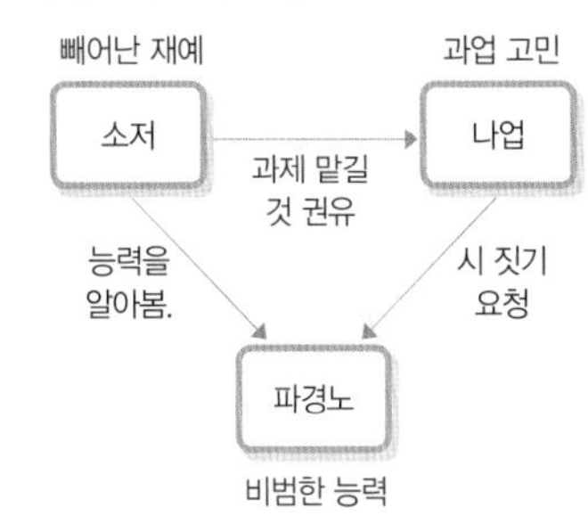

01 윗글의 서술상 특징으로 가장 적절한 것은?

① 꿈과 현실의 교차를 통해 앞으로 일어날 사건을 암시하고 있다.
② 인물 간의 대화를 통해 사건 해결의 방안을 제시하고 있다.
③ 인물의 희화화를 통해 사건의 반전 효과를 나타내고 있다.
④ 서술자의 개입을 통해 사건의 전모를 밝히고 있다.
⑤ 시간의 역전을 통해 사건의 진상을 밝히고 있다.

제대로 접근법 문제 채점까지 마친 후 복습할 때 보세요.

01
서술상의 특징을 파악하는 유형이다. 선택지에 제시된 특징이 작품에 나타나는지 쉽게 확인할 수 있다. 선택지가 '~를 통해 ~하고 있다.'와 같이 구성되어 있으므로 앞과 뒤의 진술을 모두 꼼꼼하게 점검해야 한다. 먼저 작품에서 꿈과 현실의 교차, 인물 간의 대화, 인물의 희화화, 서술자의 개입, 시간의 역전이 드러나는지 살핀 다음, 이로 인해 어떤 효과가 나타나는지 확인하여 선택지의 적절성을 판단한다.

02 윗글의 내용에 대한 이해로 적절하지 않은 것은?

① 유모에게 주어 보낸 '거울'은 아이가 소저의 얼굴을 보게 되는 계기를 만들고, 벽에 걸린 '거울'은 파경노가 소저에게 자신의 존재감을 드러내는 계기를 만든다.
② 깨뜨린 '거울'은 아이가 파경노라는 이름을 얻고 승상의 집안으로 들어가는 계기가 되고, 파경노가 관리한 동산의 '화초'는 승상 부인으로부터 인정받는 계기로 작용한다.
③ 동산의 '꽃'은 소저가 보고 싶었으나 파경노로 인해 접근하기 어렵게 된 대상이고, 파경노가 들고 서 있던 '꽃'은 소저에게 자신의 마음을 전달하기 위한 수단이다.
④ 동산에서 화답한 '시'는 파경노가 소저와 교감하기 위해 읊은 것이고, 석함 속 물건에 대한 '시'는 파경노가 해결할 수 있다고 소저가 기대하는 과제이다.
⑤ 석함 속 물건에 대한 '시'는 나업에게 슬픔을 유발하는 과업이지만, 파경노에게는 소저의 슬픔을 해소시켜 줄 수 있는 수단이다.

제대로 접근법 ☆ 문제 채점까지 마친 후 복습할 때 보세요.

02
소재의 기능을 파악하는 유형이다. 기본적인 문제 유형인데도 정답률이 낮은 편이었다. 사건의 전체적인 맥락을 이해한 뒤 이를 바탕으로 소재의 기능을 유추해야 한다.
아이는 '파경노'라는 이름으로 나 승상의 집에 들어와 비범한 능력을 보이고, 이를 알아본 소저는 파경노가 시를 지을 수 있다고 판단하고 있다. 사건의 전개 과정에서 '거울, 화초, 꽃, 시'가 어떤 기능을 하는지 생각해 보자. 선택지에서 소재 앞에 어떤 수식어구가 오느냐에 따라 '거울, 화초, 꽃, 시'가 지칭하는 대상이 다르다는 점에 유의한다.

03 <보기>를 참고하여 윗글을 감상한 내용으로 적절하지 않은 것은? [3점]

<보기>

<최고운전>은 비범한 인물로서의 최치원을 형상화했다. 주인공은 문제 해결의 국면에서 치밀함, 기지, 당당함을 보인다. 또한 초월적 존재의 도움을 받으면서도 이에 전적으로 의존하지 않고 자신이 지닌 신이한 능력을 발휘하여 개인의 문제와 국가의 과제를 직접 해결한다. 이는 당대 독자들이 원했던 새로운 영웅상을 최치원에 투영하여 작품 속에서 구현한 것이다.

① 아이가 헌 옷으로 바꾸어 입고 거울 고치는 장사라 속이는 장면은 최치원이 치밀한 면모를 지닌 인물임을 보여 주는군.
② 파경노에게 선관들이 몰려와 말먹이를 가져다주는 장면은 최치원이 초월적 존재에게 도움을 받는 인물임을 보여 주는군.
③ 파경노가 기른 뒤로 화초가 시들지 않아 봉황이 날아드는 장면은 최치원이 신이한 능력을 지닌 인물임을 보여 주는군.
④ 파경노가 노모를 핑계 삼아 말미를 얻는 장면은 최치원이 원하는 바를 얻기 위해 기지를 발휘하는 인물임을 보여 주는군.
⑤ 파경노가 승상의 제안을 거절하는 장면은 최치원이 보상을 추구하기보다 스스로 국가의 과제를 해결하려는 당당한 인물임을 보여 주는군.

03
외적 준거에 따라 작품을 감상하는 유형이다. 먼저 <보기>에 제시된 정보를 정리해 보자.

<보기> 분석
<최고운전>에 드러난 최치원의 면모 • 문제 해결의 국면에서 치밀함, 기지, 당당함을 보임. • 초월적 존재의 도움을 받음. • 초월적 존재에 전적으로 의존하지 않고 자신의 능력을 발휘하여 문제를 직접 해결함. → 당대 독자들이 원했던 새로운 영웅상의 모습

<보기>의 정보와 전체적인 이야기의 흐름을 고려하여 장면과 인물의 행위에 담긴 의미를 추론해 보자. 최치원이 소저를 얻고자 하는 목적을 지니고 있음을 이해했다면 선택지의 적절성을 판단할 수 있다.

1차 채점		
맞은 문항 수		개
틀린 문항 수		개
헷갈리는 문항 번호		

• 틀린 문항 '/' 표시

→

2차 채점		
맞은 문항 수		개
틀린 문항 수		개
헷갈리는 문항 번호		

• 틀린 문항 '×' 표시

→

3차 채점		
맞은 문항 수		개
틀린 문항 수		개
헷갈리는 문항 번호		

• 틀린 문항 '△' 표시

◉ 권장 풀이 시간 : 4분 20초

[01-03] 다음 글을 읽고 물음에 답하시오.

심청이 왈,

"나는 이 동네 사람이러니, 우리 부친 앞을 못 봐 '공양미 삼백 석을 지성으로 불공하면 눈을 떠 보리라.' 하되 가난하여 장만할 길이 전혀 없어 내 몸을 팔려 하니 어떠하뇨?"

뱃사람들이 이 말을 듣고,

"효성이 지극하나 가련하다."

하며 허락하고, 즉시 쌀 삼백 석을 몽운사로 보내고,

"금년 삼월 십오 일에 배가 떠난다."

하고 가거늘 심청이 부친께,

"공양미 삼백 석을 이미 보냈으니 이제는 근심치 마옵소서."

심봉사 깜짝 놀라,

"너 그 말이 웬 말이냐?"

심청같이 타고난 효녀가 어찌 부친을 속이랴마는 어찌할 수 없는 형편이라 잠깐 ㉠거짓말로 속여 대답하길,

"장승상댁 노부인이 일전에 저를 수양딸로 삼으려 하셨으나 차마 허락지 아니하였는데, 지금 공양미 삼백 석을 주선할 길이 전혀 없어 이 사연을 노부인께 여쭌즉 쌀 삼백 석을 내어 주시기에 수양딸로 가기로 했나이다."

하니 심봉사 물색 모르고 이 말 반겨 듣고,

"그렇다면 고맙구나. 그 부인은 일국 재상의 부인이라 아마도 다르리라. 복이 많겠구나. 저러하기에 그 자제 삼 형제가 벼슬길에 나아갔으리라. 그러하나 양반의 자식으로 몸을 팔았단 말이 이상하다마는 장승상댁 수양딸로 팔린 거야 관계하랴. 언제 가느냐?"

"다음 달 보름에 데려간다 하더이다."

"어, 그 일 매우 잘 되었다."

심청이 그날부터 곰곰이 생각하니, 눈 **어두운 백발 부친 영영 이별**하고 죽을 일과 사람이 세상에 나서 십오 세에 죽을 일이 정신이 아득하고 일에도 뜻이 없어 식음을 전폐하고 근심으로 지내더니 **다시금 생각하되,**

'엎질러진 물이요, 쏘아 놓은 화살이다.'

날이 점점 가까워 오니,

'이러다간 안 되겠다. 내가 살았을 제 부친 의복 빨래나 하리라.'

하고 춘추 의복 상침 겹것, 하절 의복 한삼 고이 박아 지어 들여 놓고, 동절 의복 솜을 넣어 보에 싸서 농에 넣고, 청목으로 갓끈 접어 갓에 달아 벽에 걸고, 망건 꾸며 당줄 달아 걸어 두고, 행선 날을 세어 보니 하룻밤이 남은지라. 밤은 깊어 삼경인데 은하수 기울어졌다. 촛불을 대하여 두 무릎 마주 꿇고 머리를 숙이고 한숨을 길게 쉬니, 아무리 효녀라도 마음이 온전할쏘냐.

'아버지 버선이나 마지막으로 지으리라.'

하고 바늘에 실을 꿰어 드니 가슴이 답답하고 두 눈이 침침, 정신이 아득하여 하염없는 울음이 간장으로조차 솟아나니, 부친이 깰까 하여 크게 울지 못하고 흐느끼며 얼굴도 대어 보고 손발도 만져 본다.

(중략)

제대로 감상법 문제 풀이까지 마친 후 복습할 때 보세요.

작자 미상, 〈심청전〉

제목의 의미

판소리 〈심청가〉가 소설로 정착된 판소리계 소설로, 심봉사를 위한 심청의 희생과 환생, 심봉사가 눈을 뜨게 되는 과정을 그리고 있다. 아버지를 위한 심청의 희생은 유교적 효(孝) 사상을, 인당수에 던져진 심청의 환생은 불교의 인과응보(因果應報) 사상을 반영한 것이다.

구성

▣ 중요 인물
- (❶): 아버지의 개안을 위해 자신의 몸을 제물로 바친 효녀로, 황후가 되어 아버지와 상봉함.
- (❷): 눈이 멀어 궁핍함과 무력함에 시달리는 인물로, 잃었던 딸과 상봉한 후 눈을 뜨게 됨.

▣ **사건과 갈등:** 심청은 몽운사에 쌀 삼백 석을 공양하면 아버지가 눈을 뜬다는 말을 듣고, 자신을 인당수에 던져질 제물로 팔아 공양미를 마련함. 심청이 희생된 뒤에도 눈을 뜨지 못하던 심봉사는 황후가 된 심청과 재회한 뒤 눈을 뜨게 됨.

▣ 소재와 배경의 의미
- (❸): 심청이 아버지의 개안을 위해 자신의 몸과 맞바꾼 것
- (❹): 황후와 심봉사가 재회하는 공간. 심봉사가 황후의 정체를 알지 못한 채 자신의 사연을 털어놓자 이를 들은 심청이 눈물을 흘리며 달려가 부친을 안고, 이후 심봉사의 두 눈이 떠짐.

문체 – 서술상의 특징
- '효(孝)'의 윤리관이 잘 나타남.
- 유교, 도교, 불교 등 여러 종교와 사상이 복합적으로 드러남.
- 서술자가 심청의 인품과 사건에 대한 자신의 생각을 직접 드러냄.

주제

부모에 대한 지극한 효성

[A]

황후 반기시사 가까이 입시하라 하시니 상궁이 명을 받아 심봉사의 손을 끌어 별전으로 들어갈 새 심봉사 아무란 줄 모르고 겁을 내어 걸음을 못 이기어 별전에 들어가 계단 아래 섰으니 심 맹인의 얼굴은 몰라볼레라 백발은 소소하고 황후는 삼 년 용궁에서 지냈으니 부친의 얼굴이 가물가물하여 물으시길,

"처자 있으신가?"

심봉사 땅에 엎드려 눈물을 흘리면서,

"아무 연분에 상처하옵고 초칠일이 못 지나서 어미 잃은 딸 하나 있삽더니 눈 어두운 중에 어린 자식을 품에 품고 동냥젖을 얻어먹여 근근 길러 내어 점점 자라나니 효행이 출천하여 옛사람을 앞서더니 요망한 중이 와서 '공양미 삼백 석을 시주하오면 눈을 떠서 보리라.' 하니 신의 여식이 듣고 '**어찌 아비 눈 뜨리란 말을 듣고 그저 있으리오.**' 하고 달리 마련할 길이 전혀 없어 신도 모르게 남경 선인들에게 삼백 석에 몸을 팔아서 인당수에 제물이 되었으니 그때 십오 세라, 눈도 뜨지 못하고 **자식만 잃었사오니** 자식 팔아먹은 놈이 세상에 살아 쓸데없으니 죽여 주옵소서."

황후 들으시고 슬피 눈물 흘리시며 그 말씀을 자세히 들으심에 정녕 부친인 줄은 아시되 부자간 천륜에 어찌 그 말씀이 그치기를 기다리랴마는 자연 말을 만들자 하니 그런 것이었다. 그 말씀을 마치자 황후 버선발로 뛰어 내려와서 부친을 안고,

"아버지, 제가 그 심청이어요."

심봉사 깜짝 놀라,

"이게 웬 말이냐?"

하더니 어찌나 반갑던지 **뜻밖에 두 눈**에 딱지 떨어지는 소리가 나면서 두 눈이 활짝 밝았으니, 그 자리 맹인들이 심봉사 눈 뜨는 소리에 일시에 눈들이 '희번덕, 짝짝' 까치 새끼 밥 먹이는 소리 같더니, 뭇 소경이 천지 세상 보게 되니 맹인에게는 천지개벽이라.

– 작자 미상, 〈심청전〉

제대로 구조화하기

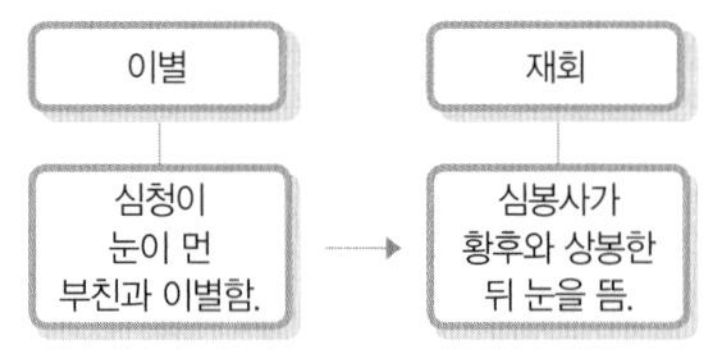

01 ㉠에 대한 이해로 적절하지 <u>않은</u> 것은?

① '심청'과 '뱃사람'의 대화 속에서, ㉠으로 감추려고 한 사건을 확인할 수 있다.

② '심청'이 ㉠을 결심할 때 드러나는 생각에서, '심청'이 불가피하게 ㉠을 선택했음을 알 수 있다.

③ ㉠을 전후하여 진행된 '심청'과 '심봉사'의 대화에서, ㉠에 등장하는 인물이 '심봉사'에게 낯설지 않은 존재임을 알 수 있다.

④ '심봉사'가 ㉠을 듣고 보인 반응에서, ㉠이 '심봉사'에게 의심 없이 받아들여졌음을 확인할 수 있다.

⑤ '심봉사'가 ㉠을 듣고 한 말에서, ㉠이 '심청'과 '심봉사' 사이의 갈등을 해소하는 단초가 됨을 알 수 있다.

제대로 접근법

문제 채점까지 마친 후 복습할 때 보세요.

01

작품의 내용을 바르게 이해했는지 확인하는 유형이다. 문제의 난이도를 조절하기 위해 선택지의 내용을 일부 비틀었으므로 오납의 함성에 빠지지 않아야 한다.

심청이 부친의 개안을 위해 공양미 삼백 석에 자신의 몸을 팔았지만, 아버지를 안심시키고자 거짓말(㉠)을 하고 있는 상황이다. 이러한 상황과 인물 간의 관계를 고려하면 쉽게 문제를 해결할 수 있다.

▶ 해설편 140쪽

02 [A]에 대한 설명으로 가장 적절한 것은?

① '황후'가 있는 별전에 '심봉사'가 들어가는 과정을 묘사함으로써 두 사람이 동일한 감정을 느끼고 있음을 보여 주고 있다.
② '심봉사'에게 가족에 관한 질문을 함으로써 '황후'가 '심봉사'의 정체를 확인할 수 있는 계기가 마련되고 있다.
③ '심봉사'가 부인과 일찍 사별하게 된 이유를 눈물을 흘리며 언급함으로써 '심봉사'의 기구한 삶이 드러나고 있다.
④ '심봉사'가 딸에게 그녀의 의지와는 무관한 선택을 강요함으로써 결국 영원히 이별하게 된 과정을 풀어내고 있다.
⑤ '심봉사'가 자신의 아버지임을 알아차린 '황후'가 '심봉사'의 발언이 끝나기 전에 자신이 딸임을 밝힘으로써 상봉의 기쁨을 강조하고 있다.

03 〈보기〉를 참고하여 윗글을 감상한 내용으로 적절하지 않은 것은? [3점]

〈보기〉

〈심청전〉은 효의 실현 과정에서 다양한 양상의 모순적 상황이 발생한다. 심청이 효를 실천하기 위해 자기희생을 선택함으로써 정작 부친 곁에 남아 있지 못하게 되는 것은 심청의 효행으로 인한 모순적 상황이다. 그리고 심청의 자기희생의 목적이었던 부친의 개안(開眼)이 뒤늦게 실현되는 것은 결말의 지연을 위해 설정된 모순적 상황이라 할 수 있다. 이러한 모순적 상황들로 인해 결말은 보다 극적인 양상을 띠게 되고 심청의 효녀로서의 면모가 더욱 강조된다.

① 심청이 '눈 어두운 백발 부친'과의 '영영 이별'을 근심하면서도 이를 '다시금 생각'하는 것으로 보아, 심청은 자신의 효행으로 인한 모순적 상황을 염려하면서도 결국은 이를 수용하려 함을 알 수 있군.
② 심청이 '이러다간 안 되겠다'며 '내가 살았을 제' 할 일을 생각하는 것으로 보아, 심청은 자신의 효행으로 인한 모순적 상황을 걱정하며 이를 대비하고 있음을 알 수 있군.
③ 심청이 '어찌 아비 눈 뜨리란 말을 듣고 그저 있으리오'라고 말했다는 것으로 보아, 심청은 효행 그 자체보다는 효행으로 인한 모순적 상황을 걱정하고 있음을 알 수 있군.
④ 심봉사가 '자식만 잃었사오니'라고 말하는 것으로 보아, 심봉사는 결말의 지연을 위해 설정된 모순적 상황에 직면하여 자책하고 있음을 알 수 있군.
⑤ 심봉사가 심청과의 상봉으로 인해 '뜻밖에 두 눈'을 뜨게 되는 것으로 보아, 모순적 상황으로 인한 결말의 지연이 극적인 효과를 자아내고 있음을 알 수 있군.

제대로 접근법 ☆ 문제 채점까지 마친 후 복습할 때 보세요.

02
사건의 전개 양상을 파악하는 유형이다. [A]의 내용을 충실하게 점검하고 선택지의 내용과 비교하면 어렵지 않게 문제를 해결할 수 있다.
[A]는 황후가 된 심청이 부친과 상봉하는 장면이다. 〈심청전〉은 익숙한 고전 소설이기 때문에 평소에 알던 내용을 바탕으로 문제를 풀 수 있는데, 이러한 습관은 오답을 부를 수 있다. 반드시 [A]에 제시된 내용을 근거로 하여 선택지의 적절성을 판단해야 한다는 점을 기억하자.

03
외적 준거에 따라 작품을 감상하는 유형이다. 먼저 〈보기〉에 제시된 정보를 정리해 보자.

〈보기〉 분석
• 효의 실현 과정에서 발생하는 모순: ① 심청이 자기희생을 선택하여 부친 곁에 남아 있지 못하게 됨(효행으로 인한 모순). ② 부친의 개안이 뒤늦게 실현됨(결말의 지연을 위해 설정된 모순).   • 모순적 상황이 주는 효과: ① 극적인 결말 ② 심청의 효녀로서의 면모 강조

〈보기〉에서는 〈심청전〉에서 발생한 모순적 상황과 이로 인한 효과를 제시하고 있다. 이러한 정보를 고려할 때 인물의 말과 행동을 어떻게 해석할 수 있는지 판단한다.

1차 채점

맞은 문항 수	개
틀린 문항 수	개
헷갈리는 문항 번호	

• 틀린 문항 '/' 표시

→ **2차 채점**

맞은 문항 수	개
틀린 문항 수	개
헷갈리는 문항 번호	

• 틀린 문항 '×' 표시

→ **3차 채점**

맞은 문항 수	개
틀린 문항 수	개
헷갈리는 문항 번호	

• 틀린 문항 ⨂ 표시

◉ 권장 풀이 시간 : 5분 50초

[01-04] 다음 글을 읽고 물음에 답하시오.

[앞부분의 줄거리] 아들 유세기가 부모의 허락 없이 백공과 혼사를 결정했다고 여긴 선생은 유세기를 집에서 내쫓는다.

백공이 왈,

"혼인은 좋은 일이라 서로 헤아려 잘 생각할 것이니 어찌 이같이 좋지 않은 일이 일어나는가? 내가 한림의 재모를 아껴 이같이 기별해 사위를 삼고자 하였더니 선생 형제는 도학군자라 예가 아닌 것을 문책하시는도다. 내가 마땅히 곡절을 말하리라."

이에 백공이 유씨 집안에 이르러 선생 형제를 보고 인사를 하고 나서 흔쾌히 웃으며 가로되,

"제가 두 형과 더불어 죽마고우로 절친하고 또 아드님의 특출함을 아껴 제 딸의 배필로 삼고자 하여, 어제 세기를 보고 여차여차하니 아드님이 단호하게 말하고 돌아가더이다. 제가 더욱 흠모하여 염치를 잊고 거짓말로 일을 꾸며 구혼하면서 '정약'이라는 글자 둘을 더했으니 이는 진실로 저의 희롱함이외다. 두 형께서 과도히 곧이듣고 아드님을 엄히 꾸짖으셨다 하니, 혼사에 도리어 훼방이 되었으므로 어찌 우습지 않으리까? 원컨대 두 형은 아드님을 용서하여 아드님이 저를 원망하게 하지 마오."

선생과 승상이 바야흐로 아들의 죄가 없는 줄을 알고 기뻐하면서 사례하여 왈,

"저희 자식이 분에 넘치게 공의 극진한 대우를 받으니 마땅히 그 후의를 받들 만하되, 이는 선조로부터 대대로 내려오는 가법이 아니기에 감히 재취를 허락하지 못하였소이다. 저희 자식이 방자함이 있나 통탄하였더니 그간 곡절이 이렇듯 있었소이다."

백공이 화답하고 이윽고 돌아가서 다시 혼삿말을 이르지 못하고 딸을 다른 데로 시집보냈다. 선생이 백공을 돌려보낸 후에 한림을 불러 앞으로 더욱 행실을 닦을 것을 훈계하자 한림이 절을 하면서 명령을 받들었다. 차후 더욱 예를 삼가고 배우기를 힘써 학문과 도덕이 날로 숙연하고, 소 소저와 더불어 백수해로하면서 여덟 아들, 두 딸을 두고, 집안에 한 명의 첩도 없이 부부 인생 희로를 요동함이 없더라.

승상의 둘째 아들 세형의 자는 문희이니, 형제 중 가장 빼어났으니 산천의 정기와 일월의 조화를 타고 태어나 아름다운 얼굴은 윤택한 옥과 빛나는 봄꽃 같고, 호탕하고 깨끗한 풍채는 용과 호랑이의 기상이 있으며, 성품이 호기롭고 의협심이 강하여 맑고 더러움의 분별을 조금도 잃지 않으니, 부모가 매우 사랑하여 며느리를 널리 구하더라.

(중략)

화설, 장 씨 ㉠이화정에 돌아와 긴 단장을 벗고 난간에 기대어 하늘가를 바라보며 평생 살아갈 계책을 골똘히 헤아리자, 한이 눈썹에 맺히고 슬픔이 마음속에 가득하여 생각하되,

[A] '내가 재상가의 귀한 몸으로 유생과 백년가약을 맺었으니 마음이 흡족하고 뜻이 즐거울 것이거늘, 천자의 귀함으로 한 부마를 뽑는데 어찌 구태여 나의 아름다운 낭군을 빼앗아 가 위세로써 나로 하여금 공주 저 사람의 아래가 되게 하셨는가? 도리어 저 사람의 덕을 찬송하고 은혜를 읊어 한없는 영광은 남에게 돌려보내고 구차한 자취는 내 일신에 모이게 되었도다. 우주 사이는 우러러 바라보기나 하려니와 나와 공주의 현격함은 하늘과 땅 같도다. 나의 재주와 용모가 저 사람보다 떨어지는 것이 없고 먼저 혼인 예물까지 받았는데 이처럼 남의 천대를 감심할 줄 어찌 알리오? 공주가 덕을 베풀수록 나의 몸엔 빛이 나지 않으리니 제 짐짓 능활하여 아버님, 어머님이나 시누이를 제 편으로 끌어들인다면 낭군의 마음은 이를 좇아 완전히 달라질지라. 슬프다, 나의 앞날은 어이 될고?'

제대로 감상법

☆ 문제 풀이까지 마친 후 복습할 때 보세요.

작자 미상, 〈유씨삼대록〉

제목의 의미

유씨 가문의 삼대에 관한 기록이라는 뜻으로, 유씨 3대 인물들의 이야기들을 연결한 국문 장편 가문 소설이다. 각각의 이야기는 완결성을 갖추고 있어 독립적이지만, 혼사나 그로부터 파생된 갈등이 동일한 가문 내에서 전개된다는 점에서 연결된다.

구성

▣ 중요 인물
- (❶): 유씨 3대 중 2대의 인물. 유 승상의 장남. 부모의 허락 없이 혼사를 결정했다고 오해를 받아 집에서 쫓겨남.
- (❷): 유씨 3대 중 2대의 인물. 유세기의 동생. 공주 때문에 한을 품은 장 씨를 위로함.
- 장 씨: 유세형의 부인. 유세형과 먼저 정혼하였으나, 세형이 부마가 되자 자신의 신세가 구차하게 되었다며 한탄함.

▣ 사건과 갈등: 유세기가 혼사 갈등을 겪은 후 소 소저와 행복하게 삶. 유세형이 공주로 인해 괴로워하는 장 씨를 위로하고 신혼의 정을 나눔.

▣ 소재와 배경의 의미
- (❸): 백공이 유세기에게 구혼하면서 거짓말로 이 글자를 더해 유세기가 곤경에 처하게 됨.
- (❹): 장 씨가 한탄을 드러내는 공간이자 유세형의 애정을 확인하는 공간

문체 – 서술상의 특징
- 삼대록계 소설의 전형적인 구조를 취함.
- 세대별로 중심인물이 설정되어 있음(1대 유우성, 2대 유세형, 3대 유현).
- 유교적 가치를 적극적으로 담아내고 있음.

주제

유씨 가문 3대의 이야기

▶ 해설편 143쪽

생각이 이에 미치자 북받쳐 오르는 한이 마음속에 가득 쌓이기 시작하니 어찌 좋은 뜻이 나리오? 정히 눈물을 머금고 마음을 붙일 곳 없어 하더니, 문득 세형이 보라색 두건과 녹색 도포를 가볍게 나부끼며 이르러 장 씨의 참담한 안색을 보고 옥수를 잡고 어깨를 비스듬히 기대게 하며 물어 왈,

"그대 무슨 일로 슬픈 빛이 있나뇨? 나를 좇음을 원망하는가?"

장 씨가 잠시 동안 탄식 왈,

[B] "낭군은 부질없는 말씀 마옵소서. 제가 낭군을 좇는 것을 원망했다면 어찌 깊은 규방에서 홀로 늙는 것을 감심하였사오리까? 다만 제가 귀댁에 들어온 지 오륙일이 지났으나 좌우에 친한 사람이 없고 오직 우러르는 바는 아버님, 어머님과 낭군뿐이라 어린 여자의 마음이 편안하지 못한 바이옵니다. 공주가 위에 계셔 온 집의 권세를 오로지 하시니 그 위의와 덕택이 저로 하여금 변변찮은 재주 가진 하졸이 머릿수나 채워 우물 속에서 하늘을 바라보는 것 같게 만드옵니다. 제가 감히 항거할 뜻이 있는 것이 아니나 평생의 신세가 구차하여 슬프고, 진양궁에 나아가면 궁비와 시녀들이 다 저를 손가락질하며 비웃어 한 가지 일도 자유롭게 하지 못하게 하옵고, 제 입에서 말이 나면 일천여 시녀가 다 제 입을 가리니, 공주의 은덕에 의지하여 겨우 실례를 면하고 돌아왔사옵니다."

부마가 바야흐로 장 씨의 외로움을 가련하게 여기고 공주의 위세가 장 씨를 억누르는 것을 좋지 않게 여기고 있다가 장 씨의 이렇듯 애원한 모습을 보자 크게 불쾌하여 장 씨를 위한 애정이 샘솟는 듯하였다. 은근하고 간곡하게 장 씨를 위로하고 그 절개와 외로움에 감동하여 이날부터 발자취가 ㉡이화정을 떠나지 않았다. 연리지와 같은 신혼의 정은 양왕의 꿈에 빠진 듯 어지럽고, 낙천의 마음이 취한 듯 기쁘고 즐거워 바라던 바를 다 얻은 듯한 마음은 세상에 비할 데가 없더라.

– 작자 미상, 〈유씨삼대록〉

제대로 구조화하기

유씨 가문 3대의 이야기
- 유세기(2대, 형): 혼사 갈등 후 소 소저와 백수해로
- 유세형(2대, 동생): 공주로 인해 한을 품은 장 씨를 위로

01 이같이 좋지 않은 일에 대한 이해로 적절하지 않은 것은?

① 백공의 거짓말 때문에 일어난 일이다.
② 백공이 한림을 곤경에 처하게 한 일이다.
③ 선생과 승상 사이에서 의견 대립이 심화된 일이다.
④ 한림이 선생과 승상으로부터 꾸지람을 당한 일이다.
⑤ 백공이 한림을 자신의 딸과 혼인시키려다 일어난 일이다.

02 [A]와 [B]에 대한 설명으로 적절하지 않은 것은?

① [A]와 [B]는 모두 과거 사건에 대한 정보를 제공하고 있다.
② [A]와 [B]는 모두 비유적 진술을 통해 자신이 처한 상황을 부각하고 있다.
③ [A]는 [B]와 달리 타인에 대한 자신의 원망을 의문형 표현을 활용하여 드러내고 있다.
④ [B]는 [A]와 달리 대화 상대의 환심을 사기 위해 자신의 우월한 지위를 드러내고 있다.
⑤ [A]는 앞으로의 일을 추정하는, [B]는 지난 일을 토로하는 방식으로 자신의 우려를 제시하고 있다.

제대로 접근법 문제 채점까지 마친 후 복습할 때 보세요.

01
작품의 세부적인 내용을 파악하는 유형이다. 고전 소설에서는 낯선 어휘와 문체로 인해 작품의 내용을 제대로 파악하지 못하는 경우가 많다. 평소에 필수적인 작품들을 감상하며 고전 소설의 어휘와 문체에 익숙해질 필요가 있다.
'이같이 좋지 않은 일'은 유세기가 집에서 쫓겨난 일을 가리킨다. 인물 간의 관계를 정리하고 유세기가 집에서 쫓겨난 이유를 생각해 보자.

02
대화에 나타난 특징을 파악하는 유형이다. 먼저 대화의 내용을 이해한 다음, 인물의 말하기 방식에 나타난 특징을 비교해야 한다.
공주와 유세형의 혼인으로 한을 품게 된 장 씨는 [A]에서는 독백 형식으로, [B]에서는 낭군인 유세형에게 하소연하는 형식으로 자신의 신세를 한탄하고 있다. 이를 이해했다면 [A]와 [B]를 비교하면서 선택지의 적절성을 하나하나 따져 본다.

03 '장 씨'를 중심으로 ㉠과 ㉡을 이해한 내용으로 가장 적절한 것은?

① ㉠은 학문을 연마하는 공간이고, ㉡은 덕행을 닦는 공간이다.
② ㉠은 불신을 드러내는 공간이고, ㉡은 조소를 당하는 공간이다.
③ ㉠은 한탄을 드러내는 공간이고, ㉡은 애정을 확인하는 공간이다.
④ ㉠은 계책을 꾸미는 공간이고, ㉡은 외로움을 인내하는 공간이다.
⑤ ㉠은 선후 시비를 따지는 공간이고, ㉡은 오해를 해소하는 공간이다.

04 〈보기〉를 참고하여 윗글을 감상한 내용으로 적절하지 않은 것은? [3점]

〈보기〉

〈유씨삼대록〉은 유씨 3대 인물들의 이야기들을 연결한 국문 장편 가문 소설이다. 각 이야기는 그 자체로 완결성을 갖추고 있어 독립적이지만, 혼사나 그로부터 파생된 각각의 갈등이 동일한 가문 내에서 전개된다는 점에서 연결된다. 이러한 갈등은 가법이나 인물의 성격에서 유발된다. 가문의 구성원들은 혼사를 둘러싼 갈등이 가문의 안정과 번영을 저해한다고 여겼기에, 가문 차원에서 이를 해결해 간다.

① 유세기 이야기와 유세형 이야기를 보니, 각각의 갈등이 한 가문의 혼사를 중심으로 발생한다는 점에서 두 이야기가 서로 연결되어 있음을 알 수 있군.
② 유세기의 혼사 문제에 선생과 승상이 관여한 것을 보니, 혼사를 둘러싼 갈등 해결이 가문 구성원들의 문제로 다루어짐을 알 수 있군.
③ 유세기가 혼사와 관련한 곤욕을 치른 것과 유세형이 공주를 멀리한 것을 보니, 가법과 인물의 성격 간의 대립이 갈등의 원인임을 알 수 있군.
④ 백공이 유세기를 사위 삼으려는 것과 천자가 유세형을 부마 삼은 것을 보니, 혼사가 혼인 당사자 개인의 문제에 그치지 않음을 알 수 있군.
⑤ 유세기가 평생 첩을 두지 않고 소 소저와 해로했다는 것을 보니, 유세기를 둘러싼 혼사 갈등이 해소되며 이야기 하나가 마무리됨을 알 수 있군.

제대로 접근법 ☆ 문제 채점까지 마친 후 복습할 때 보세요.

03
작품의 배경이 지닌 의미와 역할을 파악하는 유형이다. ㉠과 ㉡의 '이화정'은 동일한 공간이다. 하지만 장 씨가 어떤 인물과 함께 있느냐에 따라 이 공간은 서로 다른 역할을 하고 있다.
장 씨가 어떤 상황에 처해 있는지, 그 상황에서 어떤 심리와 태도를 보이고 있는지 확인해 보자. 이를 바탕으로 ㉠과 ㉡의 의미를 바르게 진술한 선택지를 찾는다.

04
외적 준거에 따라 작품을 감상하는 유형이다. 〈보기〉에 제시된 내용을 참고하여 작품의 내용을 다시 정리해 보고 선택지의 적절성을 판단한다. 고전 소설에서는 같은 인물이 신분이나 관직 이름에 따라 다른 명칭으로 표기되는 경우가 있다는 점에 유의할 필요가 있다.
사건 전개의 흐름과 혼사를 둘러싼 갈등의 원인을 정확하게 파악할 필요가 있다. 유세기는 백공의 거짓말 때문에 집에서 쫓겨났고, 유세형은 공주로 인해 괴로워하는 장 씨를 위로하고 있다. 이를 고려하여 혼사를 둘러싼 갈등의 원인이나 과정을 잘못 진술한 선택지를 찾는다.

1차 채점		
맞은 문항 수		개
틀린 문항 수		개
헷갈리는 문항 번호		

• 틀린 문항 '/' 표시

→

2차 채점		
맞은 문항 수		개
틀린 문항 수		개
헷갈리는 문항 번호		

• 틀린 문항 '×' 표시

→

3차 채점		
맞은 문항 수		개
틀린 문항 수		개
헷갈리는 문항 번호		

• 틀린 문항 ⚠ 표시

◉ 권장 풀이 시간 : 4분 30초

[01-03] 다음 글을 읽고 물음에 답하시오.

'콩알 하나 없으니 주린 처자를 어이할꼬? 어떻든 협사촌의 서대주가 도적들과 아래위 낭청을 다니며 함께 도적하여 부유하다 하니 찾아가 얻어 보리라.'

하고 협사촌을 찾아간다. 허위허위 이 산 저 산 어정어정 걸어가며 생각하되,

'이놈이 본디 큰 쥐로 도적질하는 놈이니 무엇이라 부를꼬? 쥐라 해도 좋지 않고, 서대주라 해도 좋지 않으니, 이놈 부르기 어렵구나. 어떻든 대접함이 으뜸이라.'

길을 재촉해 협사촌을 찾아 서대주 집 문 앞에서 장끼 큰기침 두 번 하고,

"서동지 계시오?"

하며 찾으니, 이윽고 시비 쥐 나오거늘 장끼 문왈,

"이 댁이 아래위 낭청으로 다니며 관리하시는 서동지 댁이오?"

물으니 시비 답왈,

"어찌 찾으시오?"

장끼 가로되,

"잠깐 뵈오리다."

이때 서대주 자녀의 재미 보며 아내와 함께 있더니, 시비 와서 왈,

"문전에 어떤 객이 왔으되 위풍이 헌앙(軒昂)*하고 빛갓 쓰고 옥관자 붙이고 여차여차 동지 님을 뵈러 왔다 하나이다."

서대주 동지란 말을 듣더니 대희하여 외헌으로 청하고, 정주(頂珠) 탕건 모자 쓰고 평복으로 나아가 장끼를 맞아 예하고 자리를 정하니, 장끼 하는 말이,

"댁이 서동지라 하시오? 나는 양지촌 사는 화충이라고도 하고, 세상에서 부르기를 장끼라고도 혹 꿩이라고도 하는데, 귀댁을 찾아 금일 만나니 구면처럼 반갑소이다. 한 번도 뵌 적 없으나 평안하시었소?"

서대주 맹랑하다, 탕건을 어루만지며 답왈,

"존객의 이름은 높이 들었더니 나를 먼저 찾아 누지에 와 주시니 황공 감사하오이다."

장끼 답왈,

"서로 찾기에 선후가 있는 것 아니니 아무커나 반갑다 못하여 진저리 나노라."

하거늘 서대주 웃으며 온갖 음식으로 대접하고 고금사를 문답하며 장끼를 조롱하며 벗하더니, 장끼 콧소리를 내며 말하기를,

"서동지께 청할 말이 있노라. 내 본시 넉넉지 못해 오늘까지 먹지 못하다가 처음 청하온데 양미 이천 석만 빌려주시면 내년 가을에 갚으리니 동지 님 생각에 어떠시오?"

서대주 웃으며 하는 말이,

"속담에 '우마(牛馬)도 초분식(草分食)하고, 산저(山猪)도 갈분식(葛分食)이라*.' 하였거든 우리 사이에 무엇이 어려우리오?"

(중략)

장끼 감사함을 칭사하고 양지촌으로 돌아가니라. 이때 서대주 노비 쥐를 명하여 창고를 열고 이천 석 콩을 배로 옮겨 양지촌으로 보내니라.

각설. 이때 동지촌에 딱부리란 새가 있으되 주먹볏에 흑공단 두루마기, 홍공단 끝동이며, 주둥이는 두 자나 하고 위풍이 헌앙한 짐승이라. 양지촌 장끼를 찾아가 오래 못 본 인사 하고 하는 말이,

제대로 감상법 ☆ 문제 풀이까지 마친 후 복습할 때 보세요.

작자 미상, 〈장끼전〉

제목의 의미

장끼, 까투리 등을 의인화한 우화 소설이다. 소설의 전반부는 남존여비, 후반부는 개가 금지라는 당시의 유교 도덕을 풍자하고 있다. 이야기의 전반부에서 장끼는 서대주를 찾아가 곡식을 빌리는데, 이는 조선 후기 유교적 질서의 붕괴에 따른 신흥 세력의 부상과 구세력의 몰락을 보여 준다.

구성

▣ 중요 인물
- (❶): 몰락 양반을 상징하는 인물. 서대주를 대접하여 곡식을 얻어 냄.
- (❷): 몰락 양반을 상징하는 인물. 서대주를 협박해 곡식을 얻으려다가 서대주에게 해를 입음.
- (❸): 신흥 부호를 상징하는 인물

▣ 사건과 갈등: 장끼는 서대주를 찾아가 극진히 대접하여 양식을 얻고, 딱부리는 서대주를 찾아가 겁주고 협박하려다 양식을 얻지 못하고 오히려 해를 입음.

▣ 소재와 배경의 의미
- 양지촌: 장끼가 사는 곳. 자세한 배경 묘사는 나타나지 않음.
- (❹): 손님을 접대하는 곳으로, 서대주로 대변되는 신흥 부호의 호화로운 생활상을 보여 주는 공간

문체 – 서술상의 특징
- 인격화된 동물이 이야기를 이끌어 감.
- 세밀한 (❺) 묘사를 통해 인물의 속성을 드러냄.
- 조선 후기의 생활상과 평민 의식이 반영됨.

주제

조선 후기의 변화된 사회상과 인간 세태 풍자

"자네는 어찌하여 양식이 저리 풍족하여 쌓아 두었는가?"

장끼가 협사촌 서대주를 찾아가 양식 빌린 사연을 자세히 말하니, 딱부리 놈이 고개를 끄덕이며,

"자네 마음이 녹녹지 아니하거늘 미친한 도적놈을 무엇이라 찾았는가?"

장끼 답왈,

"나도 생각이 있으나 옛글에 '교만한 자는 집이 망한다.' 했고, '남을 대접하면 내가 대접을 받는다.' 했고, 내 가난하여 빌리러 갔기로 저를 대접하여 서동지라 존칭하였더니 대희하여 후대하고 종일 문답하며 여차여차하였노라."

하거늘 딱부리 하는 말이,

"자네 일정 간사하도다. 만일 입신양명하면 충신을 험담하여 귀양 보내고 조정을 농권하며 임금을 어둡게 하리로다. 나는 그놈을 찾아가서 서대주라 하고 도적질한 말을 하면 그놈이 겁내어 만석이라도 추심(推尋)*하리라."

장끼 답왈,

"자네 재주를 몰랐더니 오늘에야 알리로다."

딱부리 웃으며 나와 협사촌을 찾아가, 구멍 앞에 나가서 생각은 많으나 이를 갈고 "서대주, 서대주." 찾으니 이윽하여 시비 쥐 나오며 하는 말이,

"뉘 집을 찾아오시니까?"

딱부리 하는 말이,

"네 명색이 무엇이냐? 이 집이 아래위 낭청으로 다니며 도적질하는 서대주 집이냐? 나는 동지촌 사는 딱장군이니 와 계시다 일러라."

하거늘 쥐란 놈이 골을 내어 대답하고 들어가 고하니, 서대주 크게 성내고 분부하는 말이,

"어떤 놈이든지 잡아들이라."

하니 수십 명 범 같은 쥐들이 명을 듣고 딱부리를 에워싸고 결박하고 이 뺨 치고 저 뺨 치며 몰아가니 딱부리 애걸하며 비는 말이,

"내 무슨 잘못이 있다 이리하시오? 내 손주 노릇할 터이니 놓아주고 달아났다 하시오."

한데 듣지 않고 잡아들여 서대주 앞에다 꿇리니 서대주 호령하되,

"이놈! 너는 어인 놈이기에 주인 찾을 때 근본을 해하여 찾으니 그중에 너 같은 놈은 만단을 내리라."

하며 매우 치라 하니 딱부리 머리를 조아리고 애걸하며 빌더라.

– 작자 미상, 〈장끼전〉

*** 헌앙**: 풍채가 좋고 의기가 당당함.
*** 우마도 초분식하고, 산저도 갈분식이라**: 소와 말도 풀을 나눠 먹고, 산돼지도 칡을 나눠 먹는다.
*** 추심**: 찾아내어 가지거나 받아 냄.

제대로 구조화하기

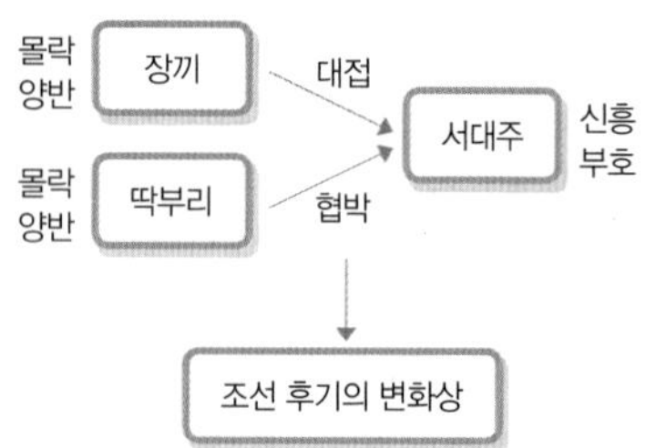

01 윗글에 대한 설명으로 가장 적절한 것은?

① 세밀한 외양 묘사를 통해 인물의 속성을 드러내고 있다.
② 서술자가 개입하여 인물의 행동에 대해 호감을 보이고 있다.
③ 속담과 옛글을 삽입하여 인물의 내적 갈등을 강조하고 있다.
④ 과거와 현재를 대비하여 인물의 초월적 능력을 부각하고 있다.
⑤ 공간적 배경을 자세히 묘사하여 인물의 심리 변화를 암시하고 있다.

제대로 접근법 문제 채점까지 마친 후 복습할 때 보세요.

01
서술상의 특징을 파악하는 유형이다. 이 작품이 동물을 의인화한 우화 소설이라는 점을 알고 있다면 어렵지 않게 문제를 해결할 수 있다.
선택지가 '~를 통해(~하여) ~하고 있다.'와 같이 구성되어 있으므로, 앞뒤의 내용이 모두 적절한지 살펴야 한다. 예를 들어 ②의 경우 서술자가 개입했는지 확인한 다음, 개입했다면 그 서술자가 인물의 행동에 대해 호감을 보이는지도 검토한다.

▶ 해설편 147쪽

02 '장끼'와 '딱부리'가 '서대주'를 각각 방문하는 상황에 대한 이해로 적절하지 않은 것은?

① 서대주를 방문하기 전에, 장끼와 딱부리는 서대주의 정체에 대해 알고 있었다.
② 서대주를 방문하기 전에, 장끼와 딱부리는 각자의 생각에 따라 서대주를 대할 방식을 계획했다.
③ 서대주를 방문하여, 장끼는 시종 일관된 태도를 보였고 딱부리는 상황의 변화에 따라 자신의 태도를 바꾸었다.
④ 서대주의 거처를 확인하면서, 장끼는 서대주의 환심을 살 만하게, 딱부리는 서대주의 반감을 살 만하게 표현했다.
⑤ 서대주를 방문하는 목적을, 장끼는 이익을 취하는 데에 두었고 딱부리는 도적질을 벌로 다스리고 교화하는 데 두었다.

제대로 접근법 문제 채점까지 마친 후 복습할 때 보세요.

02
작품의 내용을 바르게 이해했는지 확인하는 유형이다. 지문은 장끼와 딱부리가 각각 서대주를 방문하는 내용으로 구성되어 있다. 따라서 문제 역시 장끼와 딱부리가 서대주를 방문하는 상황의 공통점과 차이점을 묻고 있다.
장끼와 딱부리는 비슷한 목적으로 서대주를 찾아갔지만 서대주를 대하는 태도에 차이를 보이고 있다. 두 인물 유형에 대한 이해를 바탕으로 선택지의 적절성을 판단한다.

03 〈보기〉를 참고하여 윗글을 감상한 내용으로 적절하지 않은 것은? [3점]

〈보기〉

〈장끼전〉은 '까투리'를 중심으로 남존여비와 여성의 개가 금지 같은 가부장제 사회의 문제를, '장끼'를 중심으로는 몰락 양반의 삶과 조선 후기 향촌 사회의 다양한 변화상을 형상화했다. 이 대목은 가족의 생계 문제를 걱정하는 몰락 양반의 출현과 향촌 사회에 새롭게 등장한 신흥 부호의 생활상을 보여 주고 있다. 또한 신흥 부호의 위세로 인해 빚어지는 신흥 부호와 몰락 양반의 갈등, 그리고 신흥 부호를 둘러싼 몰락 양반 간의 불화를 그려 내고 있다.

① 장끼가 양식이 떨어져 굶주리는 처자식을 위해 부유한 서대주를 찾아가 양식을 빌리는 장면에서, 가장으로서의 책무를 다하려는 몰락 양반의 면모를 알 수 있군.
② 서대주가 '시비 쥐'를 부리고 복색을 갖추어 손님을 '외헌'에서 맞이하는 장면에서, 신흥 부호의 생활상을 알 수 있군.
③ 서대주를 대접하여 양식을 빌린 장끼에게 딱부리가 '간사하도다'라고 언급하는 장면에서, 신흥 부호에 대한 처신을 놓고 몰락 양반 간에 의견 차이가 있었음을 알 수 있군.
④ 서대주의 '시비 쥐'가 딱부리에게 골을 내는 장면에서, 몰락 양반의 경제적 곤궁함을 업신여기는 신흥 부호의 모습을 알 수 있군.
⑤ 서대주가 '수십 명 범 같은 쥐들'에게 명령하여 딱부리를 결박하는 장면에서, 향촌 사회에서의 신흥 부호의 위세를 알 수 있군.

03
외적 준거에 따라 작품을 감상하는 유형이다. 먼저 〈보기〉에 제시된 내용을 정리해 보자.

〈보기〉 분석
- 〈장끼전〉의 내용: ① 남존여비와 여성의 개가 금지 문제('까투리' 중심) ② 몰락 양반의 삶과 조선 후기 향촌 사회의 변화상('장끼' 중심)
- 제시된 대목의 내용: ① 몰락 양반의 출현 ② 신흥 부호의 생활상 ③ 신흥 부호와 몰락 양반의 갈등 ④ 몰락 양반 간의 불화

〈보기〉의 내용을 지문에 적용하면 장끼와 딱부리는 몰락 양반, 서대주는 신흥 부호임을 알 수 있다. 이를 바탕으로 작품을 바르게 해석하지 못한 선택지를 찾는다.

1차 채점

맞은 문항 수	개
틀린 문항 수	개
헷갈리는 문항 번호	

• 틀린 문항 '/' 표시

→ **2차 채점**

맞은 문항 수	개
틀린 문항 수	개
헷갈리는 문항 번호	

• 틀린 문항 '×' 표시

→ **3차 채점**

맞은 문항 수	개
틀린 문항 수	개
헷갈리는 문항 번호	

• 틀린 문항 ⚠ 표시

◉ 권장 풀이 시간 : 5분 50초

[01-04] 다음 글을 읽고 물음에 답하시오.

[앞부분의 줄거리] 조웅은 송나라 회복을 위해 태자를 구해 함께 위국으로 가던 중 서번국 병사가 매복한 함곡을 향한다.

이적에 원수가 여러 날 만에 연주에 도달하여 군마를 다 쉬게 하고 원수도 노곤하여 사관에서 쉬고 있었는데,

[A] 한 나비가 침상에 날아들거늘 원수도 자연스럽게 날개를 얻어 그 나비를 따라 공중에 날아 한 곳에 이르니, 첩첩한 산중에 수목이 빽빽한 곳을 깊이 들어가니 그 가운데 광활하여 완연한 별세계라. 또 한 곳을 들어가니 아름다운 궁궐이 하늘에 닿았거늘, 나아가 보니 문에 현판을 붙였으되, '만고충렬문'이라 뚜렷이 쓰여 있었다.

궁궐 위를 바라보니 한 노인이 앉았으되 얼굴은 관옥 같고 머리에 황금관을 쓰고 몸에 용포를 입고 윗자리에 높이 앉았는데, 무수한 사람들이 열좌하여 큰 잔치를 배설하고 술과 음식이 가득한 중에 절대 가인이 차례로 앉았으니, 그 아름다움이 측량없더라. 좌석에 가득 앉은 사람들이 여러 왕의 흥망성쇠와 만고역대를 역력히 이르는지라. 맨 윗자리에 앉은 제왕은 어찌 된 줄을 모르매 분부 왈,

"그대 등은 각각 공을 밝히어 올리라."

하니 좌석에 가득 앉은 사람들이 각각 공을 밝히는 글을 올리니 그 공적에 왈,

"저는 본래 한나라 신하로 깊은 뜻이 많지 아니하리로다. 옛일을 살펴보니 복이 북두칠성과 일월에 찬란하리로다."

또 한 공적에 왈, / "칼을 잡아 흉적을 소멸하니 제후 될 만하도다. 천하를 성처럼 막았으니 문호 세상에 진동하는도다."

하였더라.

그 남은 공적은 어찌 다 기록하리오. 좌중의 여러 사람들이 각각 소회를 다하고, 혹 노기등천하며, 혹 칼을 빼들고 매우 성을 내고, 어떤 자는 땅에 섰고, 어떤 자는 깡충깡충 뛰며, 어떤 자는 노래하고, 어떤 자는 춤추기도 하는지라. 이러한 좋은 장면을 세밀히 구경할새, 한 사람이 좌중에 나와 앉으며 왈,

"우리 각각 소회는 옛일이라. 한하여도 미치지 못하려니와 알지 못하겠노라. 대송이 역적에 망하니 인하여 멸송이 되오면 언제 회복되오리까?"

하니 한 사람이 / "송나라의 복은 아직 길고 멀었는지라. 어찌 회복이 없사오리까?"

한데, 또 한 사람이,

"그대 등은 알지 못하는도다. 하늘이 송나라 왕실을 회복하고자 조웅을 명하였더니, 불쌍하도다 조웅이여! 일시가 극난하여 명일 미명에 서번 적의 간계에 걸려들어 죽을 듯하니 불쌍하도다. 조웅의 일도 우리와 같을지라. 정해진 나이를 못 마치고 전쟁의 패한 혼이 될 듯하니 불쌍코 가련하다."

이러할 제 문 지키는 군사 급히 고하기를, / "송나라 문제 들어오시나이다."

하니, 여러 사람이 일시에 뜰로 내려와 영접하여 상좌한 후에 여러 사람이 아뢰기를,

"오늘날 만날 약속을 정하옵고 어찌 늦게 도착하시나이까?"

문제 왈, / "송나라 왕실을 회복할 신하는 조웅이라. 오다가 한 곳을 보니 불측한 서번이 조웅을 잡으려고 이러저러하였거늘, 행여 그러할까 하여 시운일수를 통치 못하여 죽을 듯함에, 도사를 찾아가 구하라 하고 부탁하고 오노라."

하시니, 좌중이 외쳐 왈,

제대로 감상법 문제 풀이까지 마친 후 복습할 때 보세요.

작자 미상, 〈조웅전〉

제목의 의미

충신이자 영웅인 '조웅'이 역적 이두병을 처단하고 태자를 복위시켜 나라를 구하는 과정을 영웅의 일대기 구조로 그려 낸 영웅·군담 소설이다. 작품의 전반부는 조웅의 고행담과 애정담으로, 후반부는 조웅의 영웅적 무용담으로 구성되어 있다.

구성

▣ 중요 인물

- (❶): 온갖 어려움을 이겨 내고 태자를 복위시키는 영웅이자 충신의 전형
- (❷): 천명 도사의 편지를 조웅에게 전하는 조력자. 조웅을 위기에서 구함.

▣ 사건과 갈등: 조웅은 서번국 병사가 매복한 함곡에 이르러 위기에 처하지만, 꿈속에서 언급되었던 천명 도사의 (❸)를 전해 준 노옹의 조력으로 위기에서 벗어남.

▣ 소재와 배경의 의미

- (❹): 조웅의 꿈속에서 벌어지는 일로, 조웅으로 하여금 조력자인 노옹의 말을 신뢰하게 하는 장치
- (❺): 조웅이 위기에 처하게 되는 공간으로, 서번국 병사가 매복한 곳

문체 – 서술상의 특징

- 구성이 비교적 복잡하면서도 통일을 이루고 있음.
- 영웅적 무용담과 결연담을 결합해 구성함.
- 영웅의 출생 과정이 다른 영웅 군담 소설과는 차별화됨.

주제

나라에 충성하는 마음과 자유연애 사상

▶ 해설편 150쪽

"우리는 분명 조웅이 죽으리라 하고 불쌍한 공론을 하였더니, 대운이 막히지 아니하였사오니 천수를 어찌 하오리까?" / 원수가 깨달으니 남가일몽이라.

(중략)

원수 꿈속의 일을 생각하니 저절로 마음이 비창하여 슬픔을 머금고 종일 행군할 동안에 염려가 끊이지 않았다.

[B] 이날 함곡에 도달하니 해는 서쪽 산 위로 떨어지고 달은 동쪽 고개 위로 떠올랐는데, 무심한 잔나비는 달빛 아래에서 슬피 울고, 그윽한 두견성은 불여귀를 일삼았다. 갈 길은 험악한데 동쪽은 험한 산이고 서쪽은 깊은 골짜기여서 층층이 험한 산봉우리는 가슴을 찌르는 듯하고 야광은 희미하기만 했다.

선봉을 재촉하여 함곡으로 들어가는데 문득 바라보니 동편 작은 골짜기에 갈포로 만든 두건과 베옷을 입은 한 노옹이 있어 푸른 나귀를 재촉하며 백우선으로 원수를 만류하거늘 원수가 그 노옹을 바라보니 정신이 황홀하였다. 원수가 말을 머물게 하고 잠깐 기다리니 그 노옹이 묻기를, / "연주로부터 오십니까?"

원수가 답 왈, / "그러하오이다."

노옹이 왈, / "위국으로 가는 조 원수를 혹 보셨습니까? 보시면 바삐 알려 주소서."

하였다. 원수는 마음속으로 의심하고 한편으로 이상하게 여겨 왈,

"내가 바로 조웅이거니와 무슨 일로 긴히 찾습니까?"

하니, 노옹이 크게 기뻐하며 왈,

"나는 떠돌아다니는 나그네라. 성품이 남과 달라 빼어난 산천과 명승지지를 즐겨 구경하고 두루 다녔는데, 오로봉에 들어갔다가 천명 도사를 만나 수삼 일을 머물렀더니 출발할 때 한 서찰을 주며 왈, '그대에게 오늘 오시에 전하라' 하여 나귀를 바삐 몰아 진시에 도착하려고 했으나 피곤한 나귀 탓으로 시간을 넘겨 버렸기에 행여 못 만날까 염려하였더니 이곳에서 만나니 어찌 즐겁지 아니하겠습니까?"

하며, 소매 속에서 한 통 편지를 내어 주고는 팔을 들어 하직하거늘 원수 다시 노옹을 바라보니 행색이 아득하였다. 마음속으로 신기하게 여겨 그 편지를 급히 떼어 보니 다른 말은 없고 '함곡에 들어가지 말고 성중으로 먼저 들어가서 포를 한 번 쏘라'고만 쓰여 있었다. 원수가 편지를 다 보고는 대경실색하여 좌장군 위홍창을 불러 왈,

"장졸을 함곡에 들어가지 못하게 하라."

하니, 홍창이 급히 아뢰길, / "선봉이 이미 함곡에 들어갔습니다."

하거늘 원수가 크게 놀라며 왈,

"너는 급히 들어가 선봉을 데려오라. 데려올 때 조금도 어수선하게 하지 말고 그곳에 진을 치고 있는 것처럼 하면서 한둘씩 숨어 나오되 빨리 데리고 나오너라."

홍창이 원수의 명을 듣고는 급히 함곡에 들어가서 전하니 선봉이 군사를 물려 돌아왔다. 원수가 편지를 얻어 기뻐하며 진을 쳤다.

– 작자 미상, 〈조웅전〉

한 걸음 더

〈조웅전〉과 다른 고전 소설의 차이점

〈조웅전〉은 다른 영웅 · 군담 소설과 비교할 때 몇 가지 독특한 점을 지니고 있다. 이 작품에는 대체로 명산대천에 기도를 드림으로써 아들을 얻게 되는 기자(祈子) 치성 이야기가 없고, 주인공이 특별한 인연으로 지상에 하강한다는 식의 천상인(天上人) 적강(謫降) 화소가 나타나지 않는다. 또 주인공 조웅이 장 소저와 혼전에 동침을 한다는 애정담 역시 이색적이다. 이는 이 작품이 대중들의 기호에 맞게 통속화되는 과정에서 생겨난 것으로 보인다.

제대로 구조화하기

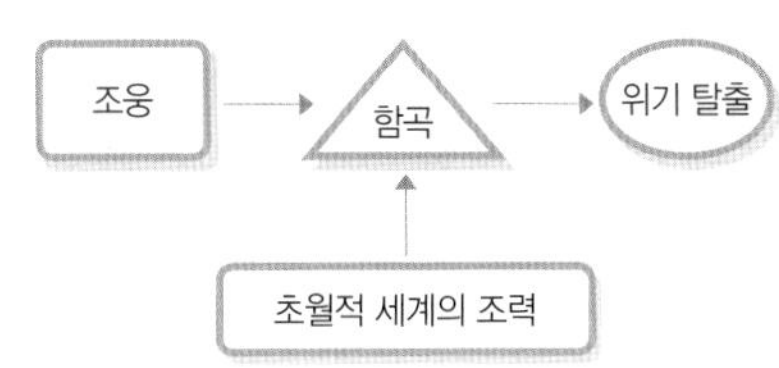
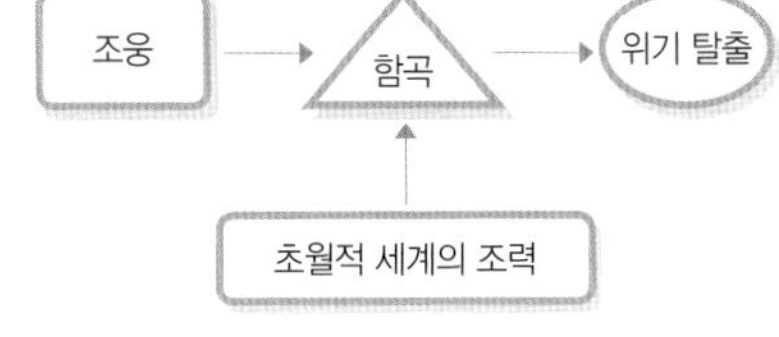

01 윗글에 대한 이해로 가장 적절한 것은?

① 송 문제는 서번 적의 간계에 빠져 사람들과의 약속을 지키지 못했다.
② 원수는 함곡에서 연주로 가는 도중에 사관에서 쉬려고 군마를 멈추었다.
③ 노옹은 자신의 계획보다 늦게 도착했음에도 조웅을 만나게 되어 기뻐했다.
④ 위홍창은 역적에게 망한 송나라를 구하고자 선봉을 이끌고 함곡에 들어갔다.
⑤ 황금관을 쓴 노인은 모임의 상석에 앉아 있다가 뜰로 내려와 여러 사람을 맞이했다.

제대로 접근법 문제 채점까지 마친 후 복습할 때 보세요.

01
작품의 내용을 바르게 이해했는지 확인하는 유형이다. 지문에서 선택지의 내용과 연관된 부분을 찾아 일치 여부를 확인하면 된다.
조웅이 초월적 세계의 도움으로 위기에서 벗어나는 과정을 정리한 다음, 선택지에 언급된 내용이 적절한지 하나하나 점검해 보자.

02 [A]와 [B]에 대한 설명으로 가장 적절한 것은?

① [A]에서는 공간의 광활함을 통해 인물의 진취적인 기상이 드러나고 있다.
② [B]에서는 시간의 흐름을 통해 인물의 낙관적 태도가 드러나고 있다.
③ [A]에서는 낭만적인 사건에 의한 환상성이, [B]에서는 구체적인 시대적 상황에 의한 현실성이 부각되고 있다.
④ [A]에서는 공간적 변화에서 비롯되는 긴장감이, [B]에서는 계절적 상황에서 비롯되는 쓸쓸함이 강조되고 있다.
⑤ [A]에서는 비현실적 공간에서 느껴지는 신비로움이, [B]에서는 현실 공간에서 느껴지는 불길함이 드러나고 있다.

03 큰 잔치에 대한 설명으로 적절하지 않은 것은?

① 참석자들은 서로의 공적을 평가하며 소회를 드러내고 있다.
② 참석자들은 특정 인물에 대한 염려와 기대를 드러내고 있다.
③ 참석자들은 대화를 통해 국가의 흥망성쇠에 대한 관심을 드러내고 있다.
④ 참석자들은 소회를 다한 후 여러 행위를 통해 각자의 심정을 드러내고 있다.
⑤ 많은 참석자와 가득한 음식 차림을 통해 풍성한 잔치 분위기를 드러내고 있다.

04 〈보기〉를 참고하여 윗글을 감상한 내용으로 적절하지 않은 것은? [3점]

〈보기〉

〈조웅전〉에서 꿈은 초월적 세계의 뜻을 주인공에게 전달하는 기능을 한다. 꿈속 경험을 통해 주인공은 자신에게 부여된 천명과 현실 세계에서의 위기, 자신에 대한 초월적 세계의 비호 등을 알게 된다. 이러한 초월적 세계의 뜻에 대해 주인공은 확신하지 못하지만, 전달자와 구체적 증거물을 통해 초월적 세계의 뜻을 확인하게 된다. 주인공은 이와 같이 초월적 세계의 뜻을 확인하고 실천하여 영웅적 면모를 드러낸다.

① 꿈속에서 송 문제가 조웅을 구하려 하는 것은, 조웅에 대한 초월적 세계의 비호를 보여 주는 것이겠군.
② 조웅이 행군 중에 슬퍼하는 것은, 전쟁에 패한 혼이 될 것이라는 꿈속의 말에 대해 확신하지 못한 것이겠군.
③ 꿈속에서 송나라 왕실을 회복할 신하로 조웅이 거론되는 것은, 조웅에게 주어진 천명을 알게 하려는 것이겠군.
④ 조웅이 노옹을 통해 전달 받은 편지의 지시에 따른 것은, 조웅이 꿈속 경험에서 알게 된 초월적 세계의 뜻을 신뢰한 것이겠군.
⑤ 노옹이 천명 도사의 부탁을 받아 편지를 전하고 떠나는 것은, 노옹이 초월적 세계의 뜻을 조웅에게 전달하는 사람임을 보여 주는 것이겠군.

제대로 접근법

☆ 문제 채점까지 마친 후 복습할 때 보세요.

02
두 공간에 나타난 서술상의 특징을 비교하는 유형이다. 주어진 분량이 많지 않으므로 꼼꼼하게 읽고 그 특징을 비교한다.
[A]에서는 조웅의 꿈속 공간을 묘사하고 있고, [B]에서는 적군이 매복하고 있는 함곡의 모습을 묘사하고 있다. [A]는 조웅을 도와줄 초월적 세계와 관련이 있고, [B]는 조웅이 처하게 될 위기와 관련이 있다. 이를 고려하면 [A]와 [B]의 성격 및 분위기를 짐작할 수 있다.

03
배경의 의미와 역할을 파악하는 유형으로, 오답률이 매우 높았다. 고어(古語)와 낯선 문체 때문에 내용 이해에 어려움을 겪은 것으로 보인다.
선택지의 내용이 지문과 일치하는지를 있는 그대로 확인하면 된다. 서로의 공적 평가, 특정 인물에 대한 염려와 기대, 국가의 흥망성쇠에 대한 관심, 행위를 통한 심정 표출, 풍성한 잔치 분위기 등이 드러나는지 검토해 보자.

04
외적 준거에 따라 작품을 감상하는 유형이다. 〈보기〉에서는 작품에 나타난 '꿈'의 기능을 설명하면서, 주인공과 초월적 세계의 관계를 중심으로 작품을 해석하라고 요구하고 있다.
선택지가 지문의 내용과 〈보기〉의 내용을 모두 만족시키고 있는지 확인한다. 어느 한쪽을 만족시키면서 다른 한쪽의 내용을 살짝 비틀어 오답을 유도하는 것이 일반적이다.

1차 채점

맞은 문항 수	개
틀린 문항 수	개
헷갈리는 문항 번호	

• 틀린 문항 '/' 표시

→ **2차 채점**

맞은 문항 수	개
틀린 문항 수	개
헷갈리는 문항 번호	

• 틀린 문항 '×' 표시

→ **3차 채점**

맞은 문항 수	개
틀린 문항 수	개
헷갈리는 문항 번호	

• 틀린 문항 ☆ 표시

◉ 권장 풀이 시간 : 4분 30초

[01-03] 다음 글을 읽고 물음에 답하시오.

자점이 심복을 보내 거짓 조서를 전하고 옥에 가두니, 경업이 옥에 갇혀 생각하되,

'세자와 대군이 어찌 내 일을 모르고 구치 아니시는고?'

하며 주야번민하여 목이 말라 물을 찾는데, 옥졸이 자점의 부촉(咐囑)*을 들은 고로 물도 주지 아니하여 경업이 더욱 한하더니, 전옥(典獄) 관원은 강직한지라 경업의 애매함을 불쌍히 여겨 경업더러 왈,

"장군을 역적으로 잡음이 다 자점의 흉계니, 잘 주선하여 누명을 벗으라."

경업이 그제야 자점의 흉계로 알고 통분을 이기지 못하여 바로 몸을 날려 옥문(獄門)을 깨치고 궐내에 들어가 상을 뵙고 청죄한데, 상이 경업을 보시고 반겨 가로되,

"경이 만리타국에 갔다가 이제 돌아오매 반가움이 끝이 없거늘 무삼 일로 청죄하느뇨?"

경업이 돈수사죄 왈,

"신이 무인년에 북경에 잡혀가다가 중간에 도망한 죄는 만사무석이오나, 대명(大明)과 함께 호왕을 베어 병자년 원수를 갚고 세자와 대군을 모셔오고자 하였더니, 간인에게 속아 북경에 잡혀갔다가 천행으로 살아 돌아옵더니, 의주(義州)에서 잡혀 아무 연고인 줄 알지 못하옵고 오늘을 당하와 천안(天顔)을 뵈오니 이제 죽어도 한이 없사옵니다."

상이 들으시고 대경하사 신하더러 왈,

"경업을 무슨 죄로 잡아온고?"

하시고 자점을 패초(牌招)*하사 실사를 물으시니, 자점이 속이지 못하여 주왈,

"경업이 역적이옵기로 잡아 가두고 계달코자 하였나이다."

경업이 대로하여 고성대매 왈,

"이 몹쓸 역적아! 들으라. 벼슬이 높고 국록이 족하거늘 무엇이 부족하여 모반할 마음을 두어 나를 해코자 하느뇨?"

자점이 듣고 무언이거늘, 상이 노하여 왈,

"경업은 삼국의 유명한 장수요, 또한 만고충신이거늘 네 무슨 일로 죽이려 하느뇨?"

하시고,

"자점과 함께한 자를 금부에 가두고 경업은 물러가 쉬게 하라."

하시다.

[A] 경업이 사은하고 퇴궐할새, 자점은 궐문 밖에 나와 심복 수십 명을 매복하였다가, 경업이 나옴을 보고 불시에 달려들어 난타하니, 경업이 아무리 용맹한들 손에 촌철이 없는지라. 여러 번 맞아 중상하매 자점이 용사들을 분부하여 경업을 옥에 가두고 금부로 가니라.

이때 대군이 시자(侍者)더러 문왈,

"임 장군이 입성하였으나 지금 어디 있느뇨?"

시자가 대왈,

"소인 등은 모르나이다."

대군이 의심하여 바삐 입궐하여 경업의 거처를 묻되, 상이 수말을 이르시니 대군이 주왈,

"자점이 이런 만고충신을 해하려 하오니 이는 역적이라. 엄치하소서."

하고, 명일을 기다려 친히 경업을 가 보려 하시더라.

[B] 차시, 경업이 자점에게 매를 많이 받아 천명이 진하게 되매 분기대발하여 신음하다 죽으니, 시년 사십팔 세요, 기축(己丑) 9월 26일이라.

제대로 감상법 ☆ 문제 풀이까지 마친 후 복습할 때 보세요.

작자 미상, 〈임장군전〉

제목의 의미

병자호란을 배경으로 인조 때의 명장 임경업의 일생을 소설화한 작품이다. 다른 군담 소설과 달리 실존 인물을 바탕으로 하고 있으며, 역사적인 사실에 허구적인 면을 가미하여 병자호란의 치욕으로 인한 한을 풀고자 하는 민중의 정서를 반영하고 있다.

구성

▣ 중요 인물

- (❶): 지조와 절개를 지키는 충신의 전형으로, 김자점에 의해 암살당함.
- (❷): 자신의 사리사욕만을 채우는 간신으로, 충신인 임경업을 죽게 함.

▣ **사건과 갈등**: 김자점이 흉계를 꾸며 임경업을 가뒀다가 실패하자 암살함. 이를 안 임금은 자점의 삼족을 멸하여 응징함.

▣ 소재와 배경의 의미

- (❸): 자점의 흉계로 인해 경업이 갇히는 곳. 옥문을 깨고 나오는 모습에서 경업의 비범함이 드러남.
- (❹): 꿈에 나타난 경업의 말을 듣고 임금이 자점의 죄를 밝히기 위해 신문하던 일

문체 – 서술상의 특징

- 실존 인물을 주인공으로 하여 창작됨.
- 악인의 횡포를 징벌함으로써 권선징악의 세계관을 드러냄.
- 조선 후기의 민족의식을 잘 드러냄.

주제

민중적 영웅 임경업의 비극적 일생과 병자호란의 패전에 대한 정신적 승리

(중략)

자점이 반심을 품은 지 오래다가 절도(絕島)에 안치되매 더욱 앙앙(怏怏)하여* 불측지심이 나타나거늘, 우의정 이시백이 자점의 일을 아뢰니, 상이 놀라 금부도사를 보내 엄형 국문하신 후 옥에 가두었더니, 이날 밤 한 꿈을 얻으시니, 경업이 나아와 주왈,

"흉적 자점이 소신을 죽이고 반심을 품어 거의 일이 되었사오니 바삐 국문하옵소서."

하고 울며 가거늘, 상이 놀라 깨달으시니 경업이 앞에 있는 듯한지라. 상이 슬픔을 이기지 못하시고 날이 밝으매 자점을 올려 국문하시니, 자점이 자복하여 역심을 품은 일과 경업을 모해한 일을 승복하거늘, 상이 노하여 자점의 삼족을 다 내어,

"저자 거리에서 죽이라."

하시고,

"그 동류를 다 문죄하라."

하시며, 경업의 자식들을 불러 하교 왈,

"너희 아비가 자결한 줄로 알았더니, 꿈에 와 '자점의 모해로 죽었다.' 하기로 내어 주나니 원수를 갚으라."

하시다.

– 작자 미상, 〈임장군전〉

* **부촉**: 부탁하여 맡김.
* **패초**: 임금이 승지를 시켜 신하를 부름.
* **앙앙하여**: 매우 마음에 차지 아니하거나 야속하여

한 걸음 더

민중적 영웅으로서의 임경업

이 작품에서 임경업은 다른 영웅 소설과 달리 귀족적 영웅이 아닌 민중적 영웅으로 형상화되고 있다. 보잘것없는 집안에서 태어나 목민관으로서 백성들과 동고동락하는 모습을 강조하여 민중적 존경을 받도록 허구화한 것이다. 이렇게 민중의 열망을 해결할 수 있는 자질을 갖추었음에도 그 뜻을 제대로 펴 보지 못한 채 죽는다는 설정은 민중들의 소망이 좌절된 현실을 반영한 결과라고 볼 수 있다.

제대로 구조화하기

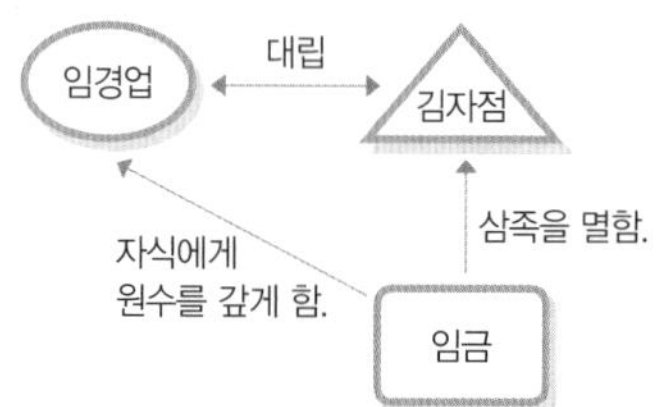

01 윗글에 대한 설명으로 적절하지 않은 것은?

① 인물들의 대립 구도를 통해 서사적인 흥미를 높이고 있다.
② 주인공의 죽음을 제시하여 작품의 비극성을 고조하고 있다.
③ 대화의 내용을 통해 이전에 일어난 사건의 정황을 나타내고 있다.
④ 악인의 횡포를 징벌함으로써 권선징악의 세계관을 드러내고 있다.
⑤ 적대자와의 지략 대결을 통해 주인공의 초월적 능력을 보여 주고 있다.

제대로 접근법 문제 채점까지 마친 후 복습할 때 보세요.

01
서술상의 특징을 파악하는 유형이다. 어려운 개념이나 용어 없이 평이한 내용으로 선택지가 구성되어 어렵지 않게 문제를 해결할 수 있다.
인물 간의 관계, 인물들의 대립 구도, 사건의 전개 과정, 주제 의식 등을 점검한 후 선택지의 적절성을 판단해 보자.

02 윗글에 대한 이해로 가장 적절한 것은?

① 경업은 옥에 갇히기 전부터 거짓 조서 때문에 자점의 흉계를 알고 있었다.
② 옥졸은 자점의 부탁을 받고 경업의 죄를 상에게 밀고했다.
③ 대군은 자점을 의심하며 경업에게 옥에 갇힌 경위를 물었다.
④ 우의정 이시백은 경업이 옥에 갇힐 만한 정보를 상에게 제공했다.
⑤ 상은 꿈에 나타난 경업의 발언 이후 자점의 자복을 받아 내었다.

02
작품의 내용을 바르게 이해했는지 확인하는 유형이다. 고전 소설에 자주 등장하는 어휘의 의미를 미리 익혀 두어야 하며, 뜻을 모르는 어휘도 문맥을 통해 의미를 유추할 수 있는 능력을 길러야 한다.
경업이 자점에 의해 죽음에 이르는 과정, 상이 꿈에 나타난 경업의 말을 듣고 자점을 징벌하는 과정을 정리해 보자. 그런 다음 지문에서 선택지의 내용과 연관된 부분을 찾아 하나하나 일치 여부를 확인한다.

▶ 해설편 153쪽

03 〈보기〉를 참고할 때, [A]와 [B]에 대한 이해로 적절하지 않은 것은? [3점]

〈보기〉

〈임장군전〉을 읽은 당시 독자층은 책의 여백과 말미에 특정 대목에 대한 자신의 생각을 적은 다양한 필사기를 남겼다. '식자층'은 "㉠대역 김자점의 소행이 혐오스러워 붓을 멈춘다."라는 시각을 나타내거나 "㉡잡혔으니 가히 아프고 괴로우며 애석하네."라며 경업에 대한 안타까움을 드러냈다. 한편 '평민층'은 "㉢슬프다, 임 장군이여. 남의 손에 죽으니 어찌 천운이 아니랴."라며 숙명론적인 반응을 보이거나, "㉣조회하고 나오는 것을 문외의 무사로 박살하니 그 아니 가엾지 아니리오."라는 안타까운 반응을 남기거나, "㉤사람마다 알게 하기는 동국충신의 말임에 혹 만민이라도 깨달아 본받게 함이라."라는 필사기를 남겼다. ㉠, ㉢, ㉤은 경업이 죽는 대목에, ㉡과 ㉣은 경업이 자점에게 피습되는 대목에 남아 있는 필사기이다.

① [B]를 읽은 식자층은, ㉠을 통해 자점의 행위에 대해 부정적 평가를 내리고 있군.
② [A]를 읽은 식자층은, ㉡을 통해 경업의 시련에 대한 안타까움을 나타내고 있군.
③ [B]를 읽은 평민층은, ㉢을 통해 경업의 죽음이 자점 때문임을 알고 있으면서도 그의 죽음에 대해 운명론적인 태도를 보이고 있군.
④ [A]를 읽은 평민층은, ㉣을 통해 자점을 비판하면서도 그의 행위에 대한 연민을 드러내고 있군.
⑤ [B]를 읽은 평민층은, ㉤을 통해 충신의 이야기가 널리 알려지기를 바라고 있군.

제대로 접근법

문제 채점까지 마친 후 복습할 때 보세요.

03
외적 준거에 따라 작품을 감상하는 유형이다. 〈보기〉에는 경업이 죽는 대목, 경업이 자점에게 피습되는 대목에 대한 식자층과 평민층의 필사기가 제시되어 있다. 지문의 [A]가 경업이 자점에게 피습되는 대목, [B]가 경업이 죽는 대목이다.
난이도 조절을 위해 문제 형태를 복잡하게 구성하였지만, 문제 자체는 어렵지 않다. 인물 간의 대립 관계에 대한 이해를 바탕으로 〈보기〉의 내용을 정확하게 적용하면 쉽게 선택지의 적절성을 판단할 수 있다.

1차 채점	
맞은 문항 수	개
틀린 문항 수	개
헷갈리는 문항 번호	

• 틀린 문항 '/' 표시

→

2차 채점	
맞은 문항 수	개
틀린 문항 수	개
헷갈리는 문항 번호	

• 틀린 문항 '×' 표시

→

3차 채점	
맞은 문항 수	개
틀린 문항 수	개
헷갈리는 문항 번호	

• 틀린 문항 ☆ 표시

◉ 권장 풀이 시간 : 4분 20초

[01-03] 다음 글을 읽고 물음에 답하시오.

길동이 대희하여 채문 안에 들어가니 비단 병풍을 치고 영웅호걸 수백이 앉았는지라. ㉠그 중에 상좌(上座)의 사람을 보니, 청포운삼에 자금관을 쓰고 팔을 가볍게 들며 용력을 자랑하니, 길동이 거만하게 들어가 길게 읍만 하고 절하지 않으며, 좌우 중인을 하찮게 여기고 윗자리에 앉으니, 청포 입은 사람이 먼저 문왈,

"소년은 어디로 오며, 성명은 뉘라 하느뇨?"

[가]
길동이 대왈,

"나는 다른 사람이 아니요, 서울 장안에 있는 홍 정승의 아들이러니, 들은즉 활빈당에 천하 역사(力士) 모여 용맹을 자랑한다 하기로 내 한번 찾아와 힘을 자랑코자 왔나니, 그대 등은 무슨 재주와 용력이 있으며, 나와 ⓐ시험할쏘냐?"

그 사람들이 길동의 말을 듣고 서로 바라볼 뿐 답을 못하더니, 상석에 앉은 사람이 방목(榜目)을 지어 가지고 쓴 ⓑ글을 내여 왈,

"그대는 이 세 가지를 행할쏘냐?"

하거늘 길동이 받아 보니,

"제일은 이 앞에 초부석(樵夫石)이란 돌이 있으되 무게 천 근이라, 능히 그 돌을 들면 우리 우두머리를 삼을 것이요, 제이는 무쇠로 철관을 만들었으니 무게 오백 근이라, 그 철관을 쓰고 이 앞 돌문 삼백 단을 세웠으니 그 돌문을 뛰어넘으면 가히 그 용맹을 알 것이요, 또한 해인사라 하는 절이 있으되 재물이 누거만(累巨萬)이요, 그 절 중의 용맹이 과인하기로 우리 등이 마음대로 못하는 고로, 우두머리에게 지략과 술법을 배우고 이후에 ⓒ상장군 자리에 모시려 하나이다."

길동이 한 번 보고 대소 왈,

"이 세 가지를 어렵다 하니, 어찌 가소롭지 아니하리오?"

하고, 모든 역사를 데리고 초부석 있는 곳에 나아가 흔연히 소매를 걷고 그 돌을 잡아 공중에 던지니, 그 돌이 미처 땅에 떨어지기 전에 발로 돌을 차니 수십 보 밖에 내려지는지라. 중인이 대경하여 또 돌문 앞에 나아가니, 길동이 또한 ㉡철관 오백 근을 쓰고 돌문 삼백 단을 넘어가니, 모든 무리 일시에 고함하여 왈,

"천하장사로다!"

하고 용력을 칭찬하고, 길동을 장군 자리로 모신 후에 여러 도적 천여 명이 일시에 자리 아래 엎드려 군례(軍禮)를 마친 후에 그 용맹을 치하하더라.

(중략)

상이 하교하사 왈,

"경은 자식을 분명히 알지라. 저 많은 길동 중에 경의 자식을 잡아내라."

하신대, 홍 의정 주왈,

"신의 자식 길동은 왼쪽 다리의 붉은 기미, 용의 비늘 같은 일곱 점이 있사오니, 그를 보면 알리이다."

상이 그리 여겨,

"빨리 잡아들여 수검(搜檢)하여 보라."

하신대, 홍 의정이 물러나와 길동을 바라보고 왈,

"내 자식 길동은 빨리 나와 나를 보라."

제대로 감상법 문제 풀이까지 마친 후 복습할 때 보세요.

작자 미상, 〈홍길동전〉

제목의 의미

〈홍길동전〉은 우리 문학사상 최초의 국문 소설로, '홍길동'이라는 영웅적 인물을 통해 적서 차별과 부패한 정치 현실에 대한 비판 의식 및 개혁 의지를 드러내고 있다. 제시된 작품은 〈홍길동전〉의 19세기 이본 중 하나로, 당대 독자들의 욕망에 부합하는 확대 · 변형을 통해 작품의 흥미를 높이고 있다.

구성

▣ 중요 인물

- (❶): 서자로 태어나 신분 때문에 천대를 받으며 한을 품음. 비범한 능력으로 활빈당의 우두머리가 되고 병조판서에 제수됨.

▣ 사건과 갈등: 길동이 출중한 (❷)을 발휘하여 활빈당의 우두머리가 되고, 자신의 소원을 임금에게 토로하여 병조판서에 제수됨.

▣ 소재와 배경의 의미

- (❸): 길동이 자신의 비범함을 드러내는 계기로, 이를 통과하여 활빈당의 우두머리가 됨.
- (❹) 신분적 한계에 한을 품은 길동이 신분 상승의 욕구를 달성하게 되는 벼슬

문체 – 서술상의 특징

- 영웅 소설적 구조를 취하고 있으며 전기성이 드러남.
- 현실의 모순을 실천적 의지를 통해 극복하고자 함.
- 사회 제도의 불합리성과 현실의 문제점을 적나라하게 파헤친 사회 소설의 선구적 작품임.

주제

모순된 사회 제도의 개혁과 이상국의 건설

▶ 해설편 156쪽

한대, 무수한 길동이 홍 의정을 보고 다 나와 절하여 왈,

"부친께선 강녕하시나이까?"

하거늘, 홍 의정 왈,

"내 자식은 왼쪽 다리에 검은 일곱 점이 있으니, 일곱 점 있는 자 길동이라."

하니, 많은 길동이 홍 의정 말을 듣고 일시에 다리를 걷고 보이니 각각 일곱 점이 있는지라. 홍 의정이 할 수 없어 상께 주왈,

"신의 역자(逆子)를 조사하여 밝힐 수 없사오니, 황공 대죄 하나이다."

상이 진노하사 길동을 보시고 왈,

"너희 등은 물러가 임의로 하라."

하시고 금부도사를 명하여 다 물려 보내라 하시니, 모든 길동 등이 나올새 종일토록 나오더니, 그제야 참 길동이 다시 궐내에 들어가 명을 받들고 절하며 슬피 통곡하여 왈,

"신의 아비 대대로 국은을 입었거늘 신이 어찌 나라를 저버리리까? 신의 몸이 천비(賤婢)에서 나와 아버지를 아버지라 못하옵고 형을 형이라 못하여 제 몸이 천대를 받으매, 여의주 없는 용이요 날개 부러진 봉이라, 어찌 장부의 힘을 갖고 속절없이 집안에서만 늙으리까? 그러므로 한번 재주를 시험코자 ㉢각 읍 각 관을 치고 군기를 탈취하기는 신의 책략을 자랑함이요, 상의 어위대장 이흡을 속임도 재주를 보임이요, 또 신의 가슴에 경서와 병서와 음양조화며 세상을 다스릴 재주를 지녔사오니 어찌 속절없이 세월만 보내오리까? 복걸 ㉣상께서 신에게 병조판서 삼 년만 제수하시면 남의 천대를 면하옵고 충성을 다하여 상을 받들리다."

상이 길동의 아룀을 듣고 탄식하여 왈,

"난세의 영웅이로다. 어찌 쓰지 아니 하리요?"

즉시 공부상서를 명해 홍길동에게 병조판서를 제수하니, ㉤뒷일은 어찌 된고? 다음 권을 볼지어다.

– 작자 미상, 〈홍길동전〉

제대로 구조화하기

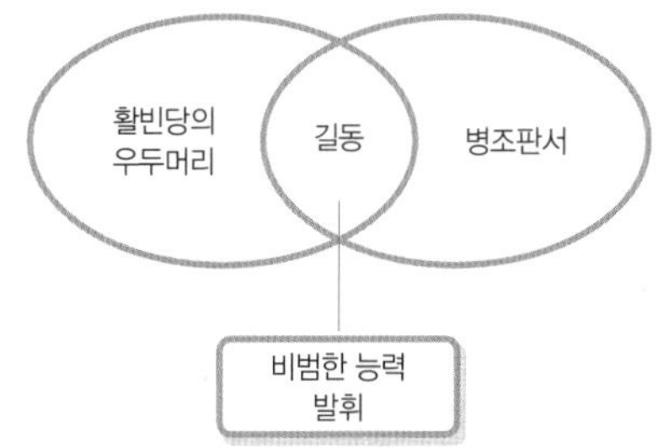

01 윗글의 내용에 대한 이해로 적절하지 않은 것은?

① '청포 입은 사람'은 길동의 정체를 궁금해한다.
② 길동은 활빈당 무리에게 자기를 소개하며 자신감을 드러낸다.
③ 홍 의정은 '참 길동'을 찾으라는 상의 명령에 유보적 태도를 보인다.
④ 무수한 길동이 홍 의정 앞에서 동일한 언행을 보이고 있다.
⑤ 상에게 길동은 자신이 저지른 행위의 이유를 밝히고 있다.

02 [가]의 ⓐ~ⓒ에 대한 설명으로 가장 적절한 것은?

① ⓐ는 길동이 활빈당 무리와 한편이 될 수 없음을 보여 준다.
② ⓑ는 길동에게 활빈당이 세워진 이유가 무엇인지를 알려준다.
③ ⓒ는 길동이 활빈당에서 ⓑ에 제시된 과제를 통과하면 차지할 지위이다.
④ ⓐ는 길동이 활빈당에서 자아를 실현하게 하는 역할을 하고, ⓑ와 ⓒ는 이를 방해하는 역할을 한다.
⑤ ⓐ는 길동이 활빈당에서 무리들과 갈등하게 되는 계기가 되고, ⓑ와 ⓒ는 이를 심화하는 역할을 한다.

제대로 접근법 (문제 채점까지 마친 후 복습할 때 보세요.)

01
작품의 세부적인 내용을 파악하는 유형이다. 고전 소설에서 자주 출제되는 문제 유형이므로 틀리지 않도록 유의해야 한다.
지문에서 선택지에 언급된 내용을 뒷받침하는 부분을 찾아 선택지의 적절성을 판단한다. 성급하게 결정하지 말고, 반드시 지문에서 근거를 찾아 확인하며 오답을 하나씩 지워 나간다.

02
소재의 의미를 바르게 이해했는지 묻는 유형이다. 지문에서 크게 벗어난 내용들로 오답이 구성되어 있어 어렵지 않게 문제를 해결할 수 있다.
[가]는 길동이 활빈당의 우두머리가 되기 위해 해결해야 할 과제를 부여받는 장면이다. 이러한 맥락을 고려할 때 ⓐ, ⓑ, ⓒ가 각각 어떤 의미를 지니는지 생각해 보자.

03 〈보기〉를 참고하여 ㉠~㉤을 감상한 내용으로 적절하지 않은 것은? [3점]

〈보기〉

〈홍길동전〉은 19세기에 오면 특정 대목을 확대 · 변형한 이본이 여럿 등장한다. 윗글은 이러한 이본 중 하나로, 이전에는 길동이 용력을 과시하는 장면이 바위를 드는 것으로만 제시되었으나 윗글에서는 철관을 쓰고 돌문을 넘는 장면이 추가되었다. 또한 활빈당의 우두머리가 되는 장면에서는 활빈당을 이끌던 수령을 새롭게 등장시켜 자신의 자리를 길동에게 넘겨주는 것으로 흥미를 높였다. 특히 이전에는 왕이 길동을 잡기 위한 계략으로 병조판서를 제수하였지만 윗글에서는 길동이 왕에게 직접 요구하여 원하던 바를 얻는 것으로 변형하였다. 이는 자신의 능력에 따라 신분 상승이 가능하기를 바라던 당대 독자들의 욕망을 작품에 반영한 것이다. 단, 이 과정에서 군신 관계를 바탕으로 한 조선의 유교적 질서에 대한 부정으로까지는 나아가지 않았다. 한편, 특정 장면에서 서술을 중단한 것은 다음 권을 보게 하려는 소설업자들의 상업적 전략에서 나온 것이다.

① ㉠은 추가된 인물을 통해서 작품의 흥미를 높이려는 것이겠군.
② ㉡은 길동의 용력을 보여 주는 장면이 더해진 것이겠군.
③ ㉢은 군신 관계를 바탕으로 한 유교적 질서를 무너뜨리고자 한 시도이겠군.
④ ㉣은 주인공의 신분 상승을 바라는 독자의 욕망이 반영된 것이겠군.
⑤ ㉤은 독자들의 궁금증을 유발하여 돈을 벌려는 소설업자의 전략으로 볼 수 있겠군.

제대로 접근법 ☆ 문제 채점까지 마친 후 복습할 때 보세요.

03
외적 준거에 따라 작품을 감상하는 유형이다. 〈보기〉에서는 원작의 내용을 확대·변형한 대목에 대해 설명하고 있다. 이를 참고하여 ㉠~㉤의 의미를 바르게 해석해야 한다.
〈보기〉의 내용을 있는 그대로 ㉠~㉤에 대입해 보면 어렵지 않게 문제를 해결할 수 있다. 〈보기〉의 내용에서 벗어났거나, 지문과 〈보기〉의 내용을 잘못 연결하여 진술한 선택지를 찾아보자.

1차 채점

맞은 문항 수	개
틀린 문항 수	개
헷갈리는 문항 번호	

• 틀린 문항 '/' 표시

→

2차 채점

맞은 문항 수	개
틀린 문항 수	개
헷갈리는 문항 번호	

• 틀린 문항 '×' 표시

→

3차 채점

맞은 문항 수	개
틀린 문항 수	개
헷갈리는 문항 번호	

• 틀린 문항 ⚠ 표시

2019 6월 모의평가

◉ 권장 풀이 시간 : 6분 10초

[01-04] 다음 글을 읽고 물음에 답하시오.

[앞부분의 줄거리] 옹고집은 성격이 고약한 부자이다. 어느 날 옹고집 앞에 가짜 옹고집이 나타나, 서로가 자신이 진짜라고 주장한다.

[A]

두 옹고집이 송사 가는 제, 읍내를 들어가니 짚옹고집 거동 보소. 주저 없이 제가 앞에 가며 읍의 촌가인 하나와 만나 보면 깜짝 반겨 두 손을 잡고, "나는 가변을 송사하러 가는지라. 자네와 나와 아무 연분에 서로 알아 죽마고우로 지냈으니 나를 몰라볼쏘냐."

또 하나를 보면, "자네 내게서 아무 연분에 돈 오십 냥을 취하여 갔으니 이참에 못 주겠느냐. 노잣돈 보태 쓰게 하라."

또 하나 보면, "자네 쥐골평 논 두 섬지기 이때까지 소작할제, 거년 선자(先資)* 스물닷 말을 어찌 아니 보내는가."

이처럼 하니 참옹고집이 짚옹고집을 본즉 낱낱이 내 소견대로 내가 할 말을 제가 먼저 하니 기가 질려 뒤에 오며, 실성한 사람같이, 아는 사람도 오히려 짚옹고집같이도 모르는지라.

짚옹고집이 노변에서 지나가는 사람 데리고 하는 말이,

"가운이 불길하여 어떠한 놈이 왔으되 용모 나와 비슷해 제가 내라 하고 자칭 옹고집이라 하기로, 억울한 분을 견디지 못하여 일체 구별로 송사하러 가는지라. 뒤에 오는 사람이 기네. 자네들도 대소간 눈이 있거든 혹 흑백을 가릴쏘냐."

참옹고집이 뒤에 오면서 기가 막히고 얼척도 없어 말도 못하고 울음 울 제, 행인들이 이어 보고 하는 말이, "누가 알아보리오. 뉘 아들인지 알 수가 없다. 아마도 상동이란 말밖에 또 하리오."

(중략)

짚옹고집 반만 웃고 집으로 돌아와서 바로 내정으로 들어가니 처자 권속이 내달아 잡고 들어가니, "하늘도 무심치 아니하기로 **내 좋은 형세와 처자를 빼앗기지 아니하였다.**"

송사를 이긴 내력을 말하니 처자 권속이며 상하 노복 등이 참옹고집으로 알고, 마누라는, "㉠ 우리 서방님이 그런 고생이 또 있을까."

뭇 아들 나서며, "그런 자식에게 아버지가 큰 봉재를 보았다."

노복 종이며 마을 사람들이 다 칭찬하거늘, 짚옹고집이,

"내가 혈혈단신으로 자수성가하였기로 전곡을 과연 아낄 줄만 알았더니 내빈 왕객 접대 상과 **만가 동냥 거지들을 독하게 박대**하였더니 인심부득 절로 되어 이런 재변이 난 듯싶으니, 사람 되고 개과천선 못할쏘냐. 오늘부터 재물과 곡식을 흩어 활인구제(活人救濟)하리라."

전곡을 흩어 사방에 구차한 사람을 구제한단 말이 낭자하니 팔도 거지들과 각 절 유걸승들이 구름 모이듯 모여드니 **백 냥 돈 천 냥 돈을 흩어** 주니 옹고집은 인심 좋단 말이 낭자하더라.

하루는 주효를 낭자케 장만하고 원근에 모모한 친구며 사방 사람을 청좌하여 대연을 배설할 제, 이때의 참옹고집 **전전걸식**하다가 맹랑촌 옹고집 활인구제한단 말 듣고 분심으로 하는 말이,

"㉡ 남의 재물 갖고 제 마음대로 쓰는 놈은 어떤 놈의 팔자인고. 찾아가서 내 집 망종 보고 죽자."

하고 죽장망혜로 찾아갈 제, ㉢ 짚옹고집 도술 보고 근처에 참옹고집 온 줄 알고 사환을 분부하되,

"오늘 큰 잔치에 음식도 낭자하고 걸인도 많을 제, 타일 천하게 다투던 거짓 옹가 놈이 배도 고프고 기한(飢寒)을 견디지 못하여 전전걸식 다닐 제, 잔치 소문을 듣고 마을 근처에 왔으나 차마 못 들어오는가 싶으니 너희 등은 가서 데려오라. 일변 생각하면 되도 못할 일

제대로 감상법 ✩ 문제 풀이까지 마친 후 복습할 때 보세요.

작자 미상, 〈옹고집전〉

제목의 의미

'옹고집'은 부자이면서 인색한 인물로, 조선 후기에 등장한 신흥 서민 부자 계층으로 볼 수 있다. 이들 중 극단적으로 이기적이고 부도덕한 행위를 하던 사람들에 대한 일반 서민들의 반감을 풍자적으로 표현한 작품이다.

구성

▣ 중요 인물
- (❶): 참옹고집을 벌주려고 도승이 짚으로 만든 가짜 옹고집. 진짜 옹고집을 개과천선시킴.
- (❷): 인색한 인물로 부모를 박대하고 유걸산승을 욕보인 일로 벌을 받은 후 개과천선함.

▣ 사건과 갈등 : 참옹고집이 짚옹고집과의 송사에서 지게 되어 집에서 쫓겨나고, 거지로 떠돌다가 지난날의 잘못을 용서받고 개과천선함.

▣ 소재와 배경의 의미
- (❸): 분쟁이 생겨 판결을 구하는 일. 참옹고집이 져서 쫓겨나게 됨.
- (❹): '큰 규모의 잔치'를 뜻하는 말로, 짚옹고집이 참옹고집을 데려와 잘못을 뉘우치게 만듦.

문체 – 서술상의 특징
- 학승 설화와 진가쟁주(眞假爭主) 설화의 모티프를 차용함.
- 불교의 인과응보 사상과 유교의 효 사상을 기본으로 함.

주제

① 인간의 참된 도리에 대한 교훈 ② 개과천선(改過遷善)

하다가 중장(重杖)만 맞았으니 불쌍하다."

사환 등이 영을 듣고 사방으로 나가 보니 ㉣과연 마을 뒷산에 앉아 잔치하는 데를 보고 눈물을 흘리고 앉았거늘 사환들이 바로 가서 엉겁결에 배례하고 문안하니, 슬프다. 참옹고집이 대성통곡 절로 난다.

사환들이 가자 하니, "㉤갈 마음 전혀 없다."

[B] 여러 놈이 부축하여 들어가서 좌상에 앉히니 짚옹고집 일어서며 인사 후에,

"네 들어라. 형세 있어 좋다 하는 것이 활인구제하여 만인적선이 으뜸이거늘 천여 석 거부로서 첫째로는 부모 박대하니 세상에 용납지 못할 놈이요, 둘째는 유걸산승 욕보이니 불도가 어찌 허사리오. 우리 절 도승이 나를 보내어 묘하신 불법으로 가르쳐서 너의 죄목을 잡아 아주 죽여 세상에 영영 자취 없게 하여 세상 사람에게 모범이 되게 하라 하시거늘 너를 다시 세상에 내어 보내기는 나의 어진 용심으로 살린 것이니, 이만해도 후생에게 너같은 행실을 징계한 사례가 될 듯싶으니 이후는 아무쪼록 개과하라."

하고, 좌상에 나앉으며 문득 자빠지니 허수아비 찰벼 짚묶음이라.

이로 좌상이 다 놀라 공고를 하고 옹고집이 이날부터 개과천선하여 세상에 전하여 일가친척이며 원근친고 사람에게 인심을 주장하니 옹고집의 인심을 만만세에 전하더라.

– 작자 미상, 〈옹고집전〉

*** 선자** : 일을 시작하기에 앞서 드는 돈

한 걸음 더

〈옹고집전〉의 근원 설화

부자이지만 인색한 인물이 탁발승을 천대하였다가 그의 도술로 징벌을 받는다는 구성은 〈장자못 전설〉과 같은 '학승 설화'와 상통한다. 또한 진짜와 가짜를 분별하기 위해 쟁의가 벌어지는 내용은 쥐에게 밥을 먹여서 길렀더니 그 쥐가 주인과 같은 모습으로 변하여 싸움 끝에 주인을 몰아낸다는 〈쥐를 기른 이야기〉와 같은 '진가쟁주(眞假爭主: 진짜와 가짜가 서로 다툼)' 유형의 설화가 수용된 결과이다.

제대로 구조화하기

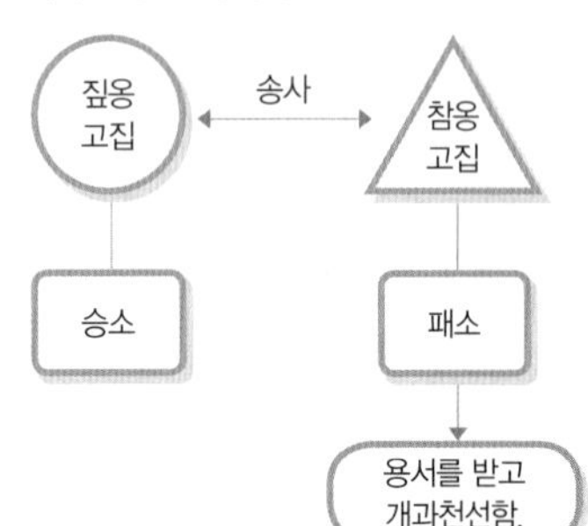

01 [A]에 대한 설명으로 가장 적절한 것은?

① 송사 원인이 금전적 이해관계에 있음이 밝혀진다.
② 송사 결과에 대한 행인들의 상반된 예측이 제시된다.
③ 송사 가는 이의 답답한 심정이 서술자에 의해 드러난다.
④ 송사 가는 이들 간에 서로를 비방하는 대화가 이어진다.
⑤ 송사 가는 길에 새롭게 등장한 인물의 외양이 묘사된다.

02 〈보기〉를 참고하여 윗글을 감상한 내용으로 적절하지 않은 것은?

〈보기〉

〈옹고집전〉은 주인공 '참옹고집'이 소외를 경험하도록 그와 똑같이 생긴 '짚옹고집'을 등장시켜 그를 대신하게 하는 독특한 인물 관계를 설정하였다. 이는 '참옹고집'으로 형상화된 조선 후기 향촌 사회의 부유층에게 요구되는 사회적 책무와도 연결된다. 부유하게 살면서도 가난한 이들을 구제하지 않고 외면하면 공동체로부터 소외될 수 있음을 보여 주고 있기 때문이다.

① '내 좋은 형세와 처자를 빼앗기지 아니하였다'고 말한 데에서, '참옹고집'이 송사 이전부터 가족에게 소외되어 온 정황이 '짚옹고집'을 통해 드러남을 알 수 있군.
② '만가 동냥 거지들을 독하게 박대'하였다고 말한 데에서, 가난한 이들을 외면했던 '참옹고집'의 행적이 '짚옹고집'을 통해 언급됨을 알 수 있군.
③ '전곡을 흩어 사방에 구차한 사람을 구제'한다는 데에서, 가난한 이들을 구제해야 하는 '참옹고집'의 책무가 '짚옹고집'을 통해 이행됨을 알 수 있군.
④ '짚옹고집'이 '백 냥 돈 천 냥 돈을 흩어' 줄 수 있을 만큼 '참옹고집'의 재물이 많았다는 데에서, 조선 후기 향촌 사회의 부유층을 연상시키는 '참옹고집'의 모습이 확인되는군.
⑤ '참옹고집'이 '짚옹고집'에게 자리를 빼앗기고 '전전걸식'하며 살아가는 데에서, 공동체로부터 소외되어 고통을 겪는 '참옹고집'의 처지가 확인되는군.

제대로 접근법 문제 채점까지 마친 후 복습할 때 보세요.

01
특정 장면의 내용과 특징을 파악하는 유형이다. [A]에 나타난 상황과 각 인물들의 반응을 정리해 보자. [A]는 참옹고집과 짚옹고집이 송사를 가는 장면으로, 짚옹고집은 자신이 진짜 옹고집인 것처럼 행동하고 있다. 이런 상황에서 인물들은 어떤 심정일지, 서술자가 이를 어떻게 서술하고 있는지 생각해 보자.

02
외적 준거에 따라 작품을 감상하는 유형이다. 〈보기〉에서는 조선 후기 향촌 사회의 부유층에게 요구되는 사회적 책무, 이를 드러내기 위해 작품에서 설정한 독특한 인물 관계에 주목하여 작품을 해석하라고 요구하고 있다.
작품의 기본적인 내용과 흐름만 이해했다면 어렵지 않게 문제를 해결할 수 있다. 정답이 되는 선택지에서 지문에 나타난 상황과 전혀 관련없는 내용을 제시하고 있기 때문이다.

▶ 해설편 159쪽

03 ㉠~㉤에 대한 이해로 적절하지 않은 것은?

① ㉠: '마누라'는 집에 돌아온 이를 '참옹고집'으로 알고 있다.
② ㉡: '참옹고집'은 '짚옹고집'을 못마땅하게 여기고 있다.
③ ㉢: '짚옹고집'은 '참옹고집'의 거동을 수상히 여기고 있다.
④ ㉣: '참옹고집'은 집에 들어가지 못한 채 서러워하고 있다.
⑤ ㉤: '참옹고집'은 '사환들'에게 거절의 의사를 표하고 있다.

04 〈보기〉는 〈옹고집전〉 이본의 일부이다. [B]와 〈보기〉를 비교하여 이해한 내용으로 적절하지 않은 것은? [3점]

〈보기〉

참옹고집 듣기를 다하여 천방지방 도사 앞에 급히 나아가 합장배례하며 공손히 하는 말이, "이놈의 죄를 생각하면 천사(千死)라도 무석(無惜)이요 만사라도 무석이나 명명하신 도덕하에 제발 덕분 살려 주오. 당상의 늙은 모친 규중의 어린 처자 다시 보게 하옵소서. 원견지 하온 후 지하에 돌아가도 여한이 없을까 하나이다. 제발 덕분 살려 주옵소서."

만단으로 애걸하니 도사 하는 말이, "천지간에 몹쓸 놈아. 인제도 팔십 당년 늙은 모친 냉돌방에 구박할까, 불도를 능멸할까. 너 같은 몹쓸 놈은 응당 죽일 것이로되 정상(情狀)이 불쌍하고 너의 처자 가여운 고로 놓아주니 돌아가 개과천선하라."

부적을 써 주며 왈, "이 부적을 몸에 붙이고 네 집에 돌아가면 괴이한 일 있으리라." 하고 홀연 간데없거늘 참옹고집 즐겨 돌아와서 제집 문전 다다르니 고루거각 높은 집에 청풍명월 맑은 경은 옛 놀던 풍경이라.

① '참옹고집'을 살려 두는 이유로 [B]는 '나의 어진 용심'을, 〈보기〉는 '정상이 불쌍'함을 제시하는 것으로 보아, [B]에서는 용서하는 이의 마음을 고려했고, 〈보기〉에서는 용서받는 이의 처지까지도 고려하였군.
② '참옹고집'을 살려 두는 이유로 [B]는 '이만해도 후생에게' '징계한 사례'가 됨을, 〈보기〉는 '너의 처자 가여'움을 제시하는 것으로 보아, [B]에서는 징계의 사회적 효용이, 〈보기〉에서는 징계로 인한 가족의 피해가 고려되었군.
③ '참옹고집'의 악행으로 [B]는 '부모 박대'를, 〈보기〉는 '모친' '구박'을 거론하는 것으로 보아, [B]와 〈보기〉에서 모두 '참옹고집'의 비인륜적 행위가 징계의 사유에 포함되었군.
④ '참옹고집'에게 개과천선하라는 요청이 [B]와 〈보기〉 모두 인물의 발화에 나타나는 것으로 보아, [B]와 〈보기〉에서 모두 인물의 발화는 '참옹고집'이 용서를 구하기 시작하는 계기에 해당하는군.
⑤ '참옹고집'을 훈계하던 존재가 [B]에서는 '허수아비'로 변하고, 〈보기〉에서는 '홀연' 사라지는 것으로 보아, [B]와 〈보기〉에서 모두 신이한 사건이 벌어지는군.

제대로 접근법

☆ 문제 채점까지 마친 후 복습할 때 보세요.

03
구절에 담긴 인물의 심리와 태도를 파악하는 유형이다. 사건의 전개 과정과 ㉠~㉤의 앞뒤 맥락을 살펴 선택지의 내용이 적절한지 살펴보자.
짚옹고집은 송사에서 이겨 큰 잔치를 벌이고, 참옹고집은 거지가 되어 떠돌다가 집 근처에 찾아왔으나 들어가지 못하는 상황이다. 이를 고려하면 구절에 내포된 의미를 파악할 수 있다.

04
특정 장면을 비교하여 감상하는 유형이다. 〈보기〉의 내용을 살펴본 후 [B]의 내용과 비교한다.

[B]	짚옹고집이 참옹고집을 훈계함. → 짚옹고집이 허수아비로 변함. → 참옹고집이 개과천선함.
〈보기〉	참옹고집이 용서를 구함. → 도사가 참옹고집을 훈계함. → 도사가 부적을 써 주고 사라짐.

[B]와 〈보기〉는 전체적인 내용이 비슷하지만 세부적인 내용에서 차이를 보인다. 이를 꼼꼼하게 대조하여 선택지의 적절성을 판단한다. 참옹고집이 개과천선하는 과정을 정리한 후, 짚옹고집과 도사의 발화와 참옹고집의 개과천선 사이의 선후 관계를 확인해 보자.

1차 채점	
맞은 문항 수	개
틀린 문항 수	개
헷갈리는 문항 번호	

• 틀린 문항 '/' 표시

→

2차 채점	
맞은 문항 수	개
틀린 문항 수	개
헷갈리는 문항 번호	

• 틀린 문항 '×' 표시

→

3차 채점	
맞은 문항 수	개
틀린 문항 수	개
헷갈리는 문항 번호	

• 틀린 문항 ☆ 표시

출제 경향과 학습 대책

1 출제 비중이 늘고 있다.

갈래 복합의 출제 비중이 늘고 있는데, 이러한 경향은 한동안 지속될 것으로 보인다. 갈래 복합은 유형이 낯설고 지문의 길이가 길며 문항 수도 많기 때문에, 문제의 난이도를 떠나 당황해서 실수할 수도 있다는 점에 유의해야 한다.

2 갈래를 묶는 방식이 다양해졌다.

예전에는 현대시와 고전 시가의 복합, 시와 수필의 복합이 일반적이었다. 하지만 지금은 문학과 비문학 지문이 함께 출제되는 등 갈래를 묶는 방식이 다양해졌다. 따라서 어떤 갈래든 묶여서 출제될 수 있다고 전제하고 실전에 임하는 것이 좋다.

3 복합의 방식 ① – 같은 계열의 작품이 묶이는 경우

현대시와 고전 시가처럼 운문은 운문끼리, 소설과 극처럼 산문은 산문끼리 묶는 방식이다. 특히 후자의 경우에는 원작 소설과 이를 각색한 시나리오를 함께 묶는 것이 일반적인데, 두 작품을 비교하고 그 차이를 찾아낼 수 있어야 한다.

4 복합의 방식 ② – 다른 계열의 작품이 묶이는 경우

시와 수필, 시와 소설, 시와 극처럼 운문과 산문을 구분하지 않고 서로 다른 갈래의 작품을 묶는 방식이다. 서로 다른 특성을 가진 갈래를 묶어 놓았기 때문에 공통점이 두드러지지 않는 경우가 많다.

5 복합의 방식 ③ – 문학과 비문학이 함께 묶이는 경우

문학사나 특정 문학 이론 등의 비문학 지문과 이와 관련된 문학 작품을 묶는 방식으로, 처음 보았을 때는 굉장히 낯설게 느껴질 수 있다. 하지만 기존에 제시되던 〈보기〉의 자료가 지문으로 추가되었다고 이해하면 혼란을 느낄 이유가 없다.

6 익숙해질 때까지 기출문제를 풀어보자.

갈래 복합 문제가 단독 갈래 문제보다 특별히 어렵다고 볼 수는 없다. 오답률이 높은 편이기는 하지만, 이는 낯선 유형에 익숙해지지 못한 탓이 크다. 따라서 기출문제를 반복해서 풀면서 갈래 복합 유형에 익숙해지는 것이 무엇보다 중요하다.

7 각 갈래별 학습에 충실해야 한다.

갈래 복합은 결국 여러 갈래가 나열된 것이므로, 단독 갈래 문제를 풀 수 있다면 갈래 복합 문제도 풀 수 있다. 갈래의 특성에 대한 이해를 바탕으로 세부 갈래에 대한 학습을 꾸준히 한다면 갈래 복합 유형에도 충분히 적응할 수 있다.

8 작품 간의 비교 감상 문항에 주목하자.

서로 다른 갈래를 묶어 구성하기 때문에 작품 간의 공통점이나 차이점을 비교하는 문제는 필수적으로 출제된다. 특히 작품 간의 연결 고리가 제시되는 〈보기〉의 내용을 참고하면 문제 해결의 실마리를 찾을 수 있다.

갈래 복합

◉ 권장 풀이 시간 : 8분 30초

[01-06] 다음 글을 읽고 물음에 답하시오.

(가) 흰 벽에는――
어련히 해들 적마다 나뭇가지가 그림자 되어 떠오를 뿐이었다.
그러한 정밀*이 천년이나 머물렀다 한다.

단청은 연년(年年)이 빛을 잃어 두리기둥에는 틈이 생기고, 별과 바람이 쓰라리게 스며들었다. 그러나 험상궂어 가는 것이 서럽지 않았다.

기왓장마다 푸른 이끼가 앉고 세월은 소리없이 쌓였으나 ㉠문은 상기 닫혀진 채 멀리 지나가는 바람 소리에 귀를 기울이는 밤이 있었다.

주춧돌 놓인 자리에 가을풀은 우거졌어도 봄이면 돋아나는 푸른 싹이 살고, 그리고 한 그루 진분홍 꽃이 피는 나무가 자랐다.

유달리도 푸른 높은 하늘을 눈물과 함께 아득히 흘러간 별들이 총총히 돌아오고 사납던 비바람이 걷힌 낡은 처마 끝에 찬란히 빛이 쏟아지는 새벽, 오래 닫혀진 문은 산천을 울리며 열리었다. //
――그립던 깃발이 눈뿌리에 사무치는 푸른 하늘이었다.

– 김종길, 〈문〉

* 정밀 : 고요하고 편안함.

(나)
[A]
이를테면 수양의 늘어진 ㉡가지가 담을 넘을 때
그건 수양 가지만의 일은 아니었을 것이다
얼굴 한번 못 마주친 애먼 뿌리와
잠시 살 붙였다 적막히 손을 터는 꽃과 잎이
혼연일체 믿어주지 않았다면
가지 혼자서는 한없이 떨기만 했을 것이다

[B]
한 닷새 내리고 내리던 고집 센 비가 아니었으면
밤새 정분만 쌓던 도리 없는 폭설이 아니었으면
담을 넘는다는 게
가지에게는 그리 신명 나는 일이 아니었을 것이다
무엇보다 가지의 마음을 머뭇 세우고
담 밖을 가둬두는
저 금단의 담이 아니었으면
담의 몸을 가로지르고 담의 정수리를 타 넘어
담을 열 수 있다는 걸
수양의 늘어진 가지는 꿈도 꾸지 못했을 것이다

제대로 감상법 (문제 풀이까지 마친 후 복습할 때 보세요.)

(가) 김종길, 〈문〉

제목의 의미
'문'이 닫혀 있는 모습은 암울했던 시절을, 열리는 모습은 희망찬 새 시대가 오고 있음을 나타내는 것으로 이 시는 암울한 시대가 가고 희망에 찬 새 시대를 맞이하는 감격을 드러낸 작품이다.

화자
어두운 시대를 보내고 (❶)의 시대를 맞이하고 있음.

시어
- (❷): 고난을 이겨 내는 민족의 기초가 튼튼함을 상징함.
- (❸): 암울했던 시절

표현
- (❹) 시어들이 사용됨.
- 감정이 절제된 표현과 산문적 어투를 사용함.

주제
암울한 시대가 지나고 희망찬 새 시대를 맞이하는 감격

제대로 구조화하기

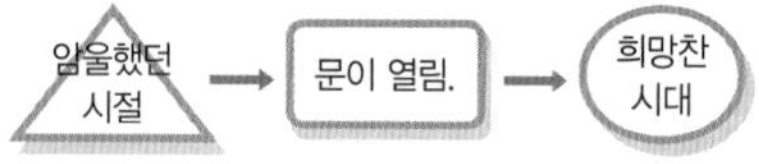

(나) 정끝별, 〈가지가 담을 넘을 때〉

제목의 의미
수양의 늘어진 '가지가 담을 넘을 때'의 과정과 그 의미를 통해 제약을 이겨 내고 미지의 영역에 도달하기 위해 용기와 협력이 필요함을 드러내고 있다.

화자
수양의 늘어진 가지가 (❶)을 넘는 과정을 바라봄.

시어
- 담: 가지의 행위를 제한하는 장애물이자, 행위를 추동하고 장애를 극복하게 하는 역설적 존재
- (❷): 수양의 가지가 담을 넘는 일을 신명 나게 만드는 존재들
- (❸): 담을 넘는 행위가 가지 자신의 전부를 걸어도 성공이 보장되지 않는 위험한 일이라는 의미
- (❹): 가지가 용기를 내어 담을 넘을 때 동료 의식으로 함께 하는 존재로 여김.

표현
- 유사한 통사 구조의 반복으로 운율을 형성하고 의미를 강조함.
- 가정적 표현과 이중 부정으로 의미를 강조함.

그러니까 목련 가지라든가 감나무 가지라든가
줄장미 줄기라든가 담쟁이 줄기라든가
[C] 가지가 담을 넘을 때 가지에게 담은
무명에 획을 긋는
도박이자 도반*이었을 것이다

– 정끝별, 〈가지가 담을 넘을 때〉

* 도반: 함께 도를 닦는 벗

다 나는 이홍에게 이렇게 말했다.

ⓐ너는 잊는 것이 병이라고 생각하느냐? 잊는 것은 병이 아니다. 너는 잊지 않기를 바라느냐? 잊지 않는 것이 병이 아닌 것은 아니다. ⓑ그렇다면 잊지 않는 것이 병이 되고, 잊는 것이 도리어 병이 아니라는 말은 무슨 근거로 할까? 잊어도 좋을 것을 잊지 못하는 데서 연유한다. 잊어도 좋을 것을 잊지 못하는 사람에게는 잊는 것이 병이라고 치자. 그렇다면 잊어서는 안 되는 것을 잊는 사람에게는 잊는 것이 병이 아니라고 말할 수 있다. ⓒ그 말이 옳을까?

천하의 걱정거리는 어디에서 나오겠느냐? 잊어도 좋을 것은 잊지 못하고 잊어서는 안 될 것은 잊는 데서 나온다. 눈은 아름다움을 잊지 못하고, 귀는 좋은 소리를 잊지 못하며, 입은 맛난 음식을 잊지 못하고, 사는 곳은 크고 화려한 집을 잊지 못한다. 천한 신분인데도 큰 세력을 얻으려는 생각을 잊지 못하고, 집안이 가난하건만 재물을 잊지 못하며, 고귀한데도 교만한 짓을 잊지 못하고, 부유한데도 인색한 짓을 잊지 못한다. 의롭지 않은 물건을 취하려는 마음을 잊지 못하고, 실상과 어긋난 이름을 얻으려는 마음을 잊지 못한다.

그래서 잊어서는 안 될 것을 잊는 자가 되면, 어버이에게는 효심을 잊어버리고, 임금에게는 충성심을 잊어버리며, 부모를 잃고서는 슬픔을 잊어버리고, 제사를 지내면서 정성스러운 마음을 잊어버린다. 물건을 주고받을 때 의로움을 잊고, 나아가고 물러날 때 예의를 잊으며, 낮은 지위에 있으면서 제 분수를 잊고, 이해의 갈림길에서 지켜야 할 도리를 잊는다.

ⓓ먼 것을 보고 나면 가까운 것을 잊고, 새것을 보고 나면 옛것을 잊는다. 입에서 말이 나올 때 가릴 줄을 잊고, 몸에서 행동이 나올 때 본받을 것을 잊는다. 내적인 것을 잊기 때문에 외적인 것을 잊을 수 없게 되고, 외적인 것을 잊을 수 없기 때문에 내적인 것을 더더욱 잊는다.

ⓔ그렇기 때문에 하늘이 잊지 못해 벌을 내리기도 하고, 남들이 잊지 못해 질시의 눈길을 보내며, 귀신이 잊지 못해 재앙을 내린다. 그러므로 잊어도 좋을 것이 무엇인지를 알고 잊어서는 안 되는 것이 무엇인지를 아는 사람은 내적인 것과 외적인 것을 서로 바꿀 능력이 있다. 내적인 것과 외적인 것을 서로 바꾸는 사람은, 다른 사람의 잊어도 좋을 것은 잊고 자신의 잊어서는 안 될 것은 잊지 않는다."

– 유한준, 〈잊음을 논함〉

• 의인화된 자연물의 심정을 추측하여 깨달음을 드러냄.

주제
가지가 담을 넘는 과정과 의미

제대로 구조화하기

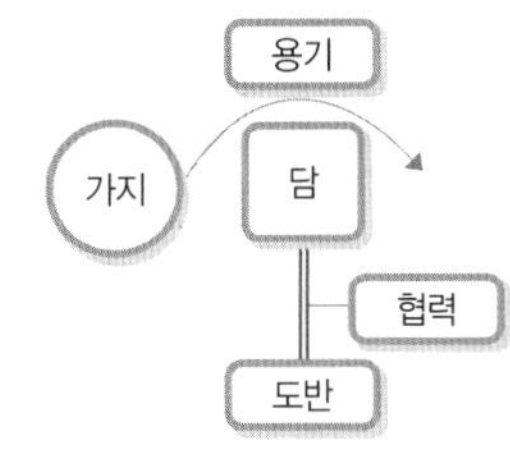

다 유한준, 〈잊음을 논함〉

제목의 의미·갈래
〈잊음을 논함〉은 잊어야 할 것과 잊지 않아야 할 것에 대한 사유를 통해 깨달음을 전하는 고전 수필이다. 한문 원제는 '망해(忘解)'이다.

체험과 느낌
▣ **글쓴이의 경험**: 건망증 때문에 고민이 많은 조카 김이홍에게 잊는 것과 잊지 않는 것에 대한 가르침을 전함.
▣ **글쓴이의 관점과 태도**: 내적인 것을 잊고 외적인 것을 잊지 못하는 삶에 대해 경계해야 함.

소재
• (❶) 좋을 것: 큰 세력, 재물, 교만한 짓, 인색한 짓, 의롭지 않은 물건을 취하려는 마음, 실상과 어긋난 이름을 얻으려는 마음
• (❷) 안 될 것: 어버이에 대한 효심, 임금에 대한 충성심, 부모를 잃은 슬픔, 제사의 정성스러운 마음, 물건을 주고받을 때 의로움, 나아가고 물러날 때 예의, 제 분수, 지켜야 할 도리

표현
• 이중 부정의 사용으로 자신의 견해를 역설함.
• 명시적 (❸)에게 말을 건네는 방식을 취함.
• 문제 해결 과정을 논리적 흐름에 따라 연쇄적으로 제시함.

주제
잊어야 할 것과 잊지 않아야 할 것을 분별하는 지혜의 필요성

제대로 구조화하기

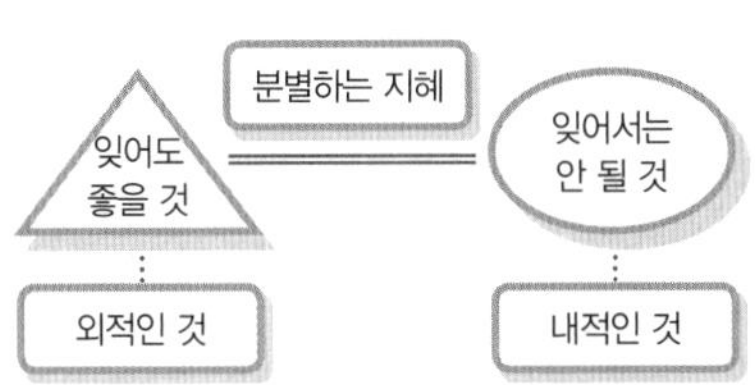

01 (가)~(다)에 대한 설명으로 가장 적절한 것은?

① (가)는 명시적 청자에게 말을 건네는 방식으로 화자의 감정을 드러낸다.
② (가)는 동일한 색채어를, (나)는 유사한 문장 구조를 반복적으로 제시하며 시상을 전개한다.
③ (가)와 (나)는 모두, 사라져 가는 대상에 대한 화자의 안타까움을 드러낸다.
④ (나)는 사물을 관조함으로써, (다)는 세태를 관망함으로써 주제 의식을 부각한다.
⑤ (가), (나), (다)는 모두, 대상과 소통하며 문제 해결 과정을 연쇄적으로 제시한다.

02 〈보기〉를 참고하여 (가)를 감상한 내용으로 적절하지 않은 것은?

〈보기〉

(가)에서 순환하는 자연이 가진 변화의 힘은 인간 역사의 쇠락과 생성에 관여한다. 인간의 역사는 쇠락의 과정에서도 생성의 기반을 잃지 않고, 자연과 어우러지며 자연의 힘을 탐색하거나 수용한다. 이를 통해 '문'은 새로운 역사를 생성할 가능성을 실현하게 되고, 인간의 역사는 '깃발'로 상징되는 이상을 향해 다시 나아갈 수 있게 된다.

① '흰 벽'에 나뭇가지가 그림자로 나타나는 것은, 천년을 쇠락해 온 인간의 역사가 자연의 힘을 탐색하는 과정에서 자연의 모습에 영향을 미친 결과를 보여 주는군.
② '두리기둥'의 틈에 별과 바람이 쓰라리게 스며드는 것을 서럽지 않다고 한 것은, 쇠락해 가는 인간의 역사가 자연이 가진 변화의 힘을 수용함을 드러내는군.
③ '기왓장마다' 이끼와 세월이 덮여 감에도 멀리 있는 바람 소리에 귀를 기울이는 것은, 자연의 영향을 받으면서도 자연이 가진 변화의 힘에서 생성의 가능성을 찾는 모습이겠군.
④ '주춧돌 놓인 자리'에 봄이면 푸른 싹이 돋고 나무가 자라는 것은, 생성의 기반을 잃지 않은 인간의 역사가 자연과 어우러져 생성의 힘을 수용하는 모습이겠군.
⑤ '닫혀진 문'이 별들이 돌아오고 낡은 처마 끝에 빛이 쏟아지는 새벽에 열리는 것은, 순환하는 자연 속에서 인간의 역사를 다시 생성할 가능성이 나타남을 보여 주는군.

제대로 접근법

☆ 문제 채점까지 마친 후 복습할 때 보세요.

01
작품 간의 공통점, 차이점 파악하기 유형이다. 선택지에서 언급한 청자, 색채어, 문장 구조 반복, 대상에 대한 안타까움, 사물 관조, 세태 관망, 대상과 소통, 문제 해결 과정 제시 등에 해당하는 어구나 표현을 찾아 밑줄을 긋고 해당하지 않는 선택지를 하나씩 지워 나가면서 답을 찾아본다.

02
외적 준거에 따른 작품 감상하기 유형이다. 작품 해석의 문제이기 때문에 작품 내용에 부합하지 않는 선택지를 확인한다. 각 선택지가 길고 표현도 간명하지 않기 때문에 선택지별로 몇 개의 부분으로 나눠 그 내용이 적절한지 판단하고, 기호를 활용하여 적절하지 않은 부분이 담긴 선택지를 찾자.
인간의 역사가 자연의 힘을 탐색하는 과정에서 자연의 모습에 영향을 미친 결과를 보여 주는지, 쇠락해 가는 인간의 역사가 자연이 가진 변화의 힘을 수용함을 드러내는지, 자연이 가진 변화의 힘에서 생성의 가능성을 찾는 모습인지, 생성의 기반을 잃지 않은 인간의 역사가 자연과 어우러져 생성의 힘을 수용하는 모습인지, 순환하는 자연 속에서 인간의 역사를 다시 생성할 가능성이 나타남을 보여 주는 시에 대한 적절성 여부를 판단할 수 있으면 답을 찾아낼 수 있을 것이다.

▶ 해설편 163쪽

03 (나)에 대한 이해로 가장 적절한 것은?

① [A]에서는 '얼굴 한번 못 마주친' 상황과 '손을 터는' 행위가 '한없이' 떠는 가지의 마음으로 인한 것임을 드러낸다.

② [B]에서는 '고집 센'과 '도리 없는'을 통해 가지가 '꿈도 꾸지 못'하게 만든 두 대상의 성격을 부각한다.

③ [B]에서는 '가지의 마음을 머뭇 세우'는 대상을 '신명 나는 일'에 연결하여 '정수리를 타 넘'는 행위의 의미를 드러낸다.

④ [A]에서 '가지만의'와 '혼자서는'에 나타난 가지의 상황은, [B]에서 '담 밖'을 가두어 [C]에서 '획'을 긋는 가지의 모습으로 이어진다.

⑤ [A]에서 '않았다면'과 [B]에서 '아니었으면'이 강조하는 대상들의 의미는, [C]에서 '목련'과 '감나무' 사이의 관계에서도 나타난다.

제대로 접근법 ☆ 문제 채점까지 마친 후 복습할 때 보세요.

03
시어, 시구의 의미와 기능 파악하기 유형이다. 시구의 막연한 의미 파악으로는 선택지를 판단하기 어렵다. 선택지에 언급된 시구의 의미와 상황, 대상, 주체, 행위 등을 확인한 후 각각 선택지 뒷부분에 언급된 내용이 적절한지 판단한다.
화자는 담이 가지의 마음을 머뭇 세우고 비와 폭설이 아니었으면 가지에게 담을 넘는다는 것은 그리 신명나는 일이 아니었을 것이라고 말한다. 또한 담이 아니었으면 가지가 담의 정수리를 타 넘어 담을 열 수 있다는 걸 꿈꾸지 못했을 것이라고 말한다. 가지가 담의 정수리를 타 넘는 행위는 신명 나는 일인지 그렇지 않은지 생각해 보자.

04 ⓐ~ⓔ에 대한 설명으로 적절하지 않은 것은?

① ⓐ: 잊는 것에 대한 '나'의 생각을 전개하기 위한 물음이다.

② ⓑ: 잊음에 대한 '나'의 생각이 어디에서 비롯된 것인지에 대한 답을 제시하기 위해 던지는 물음이다.

③ ⓒ: 잊음에 대해 '나'가 제시한 가정적 상황이 틀리지 않았음을 강조하기 위한 물음이다.

④ ⓓ: 잊지 못하는 것과 잊어버리는 것의 관계를 대비적 표현을 통해 제시하며 잊음에 대한 '나'의 생각을 드러내는 진술이다.

⑤ ⓔ: 잊음의 대상을 제대로 구분하지 못할 때 일어날 수 있는 일을 열거하여 잊음에 대한 '나'의 생각이 옳음을 강조하는 진술이다.

04
구절의 의미 파악하기 유형이다. 첫 문단에는 묻고 답하는 형식이 나타나고 둘째 문단에는 잊어도 좋을 것들이 나열된다. 여기에서 잊어도 되는 것들은 주로 외적인 것들이다. 셋째 문단에는 잊어서는 안 될 것들이 나열된다. 여기에서 잊어서는 안 될 것들은 주로 내적인 것들이다. 넷째 문단에는 잊어서는 안 될 것을 잊었을 때의 결과가 제시된다. 다섯째 문단에서 글쓴이는 내적인 것과 외적인 것을 서로 바꿀 능력이 있는 사람은 다른 사람의 잊어도 좋을 것은 잊고 자신의 잊어서는 안 될 것은 잊지 않는다고 강조하고 있다.
이에 근거하여 구절의 의미를 제시한 선택지의 내용을 확인해 본다. 글쓴이 자신이 묻고 자신이 답하는 것, 앞에 한 말이 옳은지 따져 보자는 뜻의 물음 등에 담긴 기능을 이해해 본다.

05 ㉠과 ㉡에 대한 이해로 가장 적절한 것은?

① ㉠은 주변 대상의 도움을 받으며 미래로 나아가고, ㉡은 주변 대상에게 도움을 주며 미래를 대비한다.
② ㉠은 자신의 자리를 지켜 내는, ㉡은 자신의 영역을 확장하는 모습을 보인다.
③ ㉠은 주변과 단절된 상황을 극복하려 하고, ㉡은 외부의 간섭을 최소화하려 한다.
④ ㉠과 ㉡은 외면의 변화를 통해 내면의 불안을 감추려 한다.
⑤ ㉠과 ㉡은 과거의 행위에 대해 반성하는 모습을 보인다.

제대로 접근법 문제 채점까지 마친 후 복습할 때 보세요.

05
배경 및 소재의 기능 파악하기 유형이다. 기왓장마다 푸른 이끼가 앉고 세월은 소리없이 쌓였으나 문은 아직 닫힌 채로 있다는 것이 어떤 의미일지, 담을 넘는 수양의 가지를 어떤 모습으로 이해할지 판단하면 된다.
시 전체로 확장하지 말고 해당 부분의 내용에 집중해야 헷갈리지 않을 수 있다.

06 〈보기〉를 참고하여 (나), (다)를 감상한 내용으로 적절하지 않은 것은? [3점]

〈보기〉

(나)와 (다)에는 주체가 대상을 바라보고 사유하여 얻은 인식이 드러난다. 이는 대상에서 발견한 새로운 의미를 보여 주는 방식이나, 대상의 속성에 주목하여 얻은 깨달음을 제시하는 방식으로 나타난다.

① (나)는 '수양'을 부분으로 나눠 살피고 부분들의 관계가 '혼연일체'라는 것을 발견해 수양이 하나의 통합된 대상이라는 인식을 드러내는군.
② (다)는 '잊어도 좋을 것'과 '잊어서는 안 될 것'에 대해 사유하여 타인과 자신의 관계 속에서 지켜야 할 자세에 대한 깨달음을 드러내는군.
③ (다)는 '내적인 것과 외적인 것을 서로 바꾸는 사람'의 특성에 주목해 잊음의 본질에 대한 깨달음이 바람직한 삶의 태도를 이끈다는 인식을 드러내는군.
④ (나)는 '담쟁이 줄기'의 속성에 주목해 담쟁이 줄기가 담을 넘을 수 있다는, (다)는 잊어서는 안 될 것을 잊는 데 주목해 '내적인 것'을 잊으면 '외적인 것'에 매몰된다는 인식을 드러내는군.
⑤ (나)는 담의 의미를 사유하여 담이 '도박이자 도반'이라는, (다)는 '예의'나 '분수'를 잊지 않아야 함에 주목해 '잊지 않는 것이 병이 아닌 것은 아니'라는 깨달음을 드러내는군.

06
외적 준거에 따른 작품 감상하기 유형이다. 높은 배점이지만 선택지 내용이 작품의 내용에 부합하는지를 따져 보면 어렵지 않게 답을 찾을 수 있다. 수양을 가지, 뿌리, 꽃과 잎으로 나눠 제시한 부분을 확인하고 통합된 대상이라는 인식이 나타나는지 살핀다. 잊어도 좋을 것을 언급한 부분, 잊어서는 안 될 것을 언급한 부분을 찾아보고 드러내고 있는 바를 살핀다. 내적인 것과 외적인 것을 바꾸는 사람의 특성이 무엇인지 확인해 보고 잊음의 본질에 대한 깨달음이 삶의 태도와 어떤 관계를 갖는지 살핀다. 담쟁이 줄기가 담을 넘을 수 있다는 인식이 드러나는지, 내적인 것을 잊으면 외적인 것에 매몰된다는 인식이 나타나는지 살핀다. 가지에게 담은 도박이자 도반이라는 깨달음이 드러나는지, 예의나 분수를 잊지 않아야 함에 주목해 잊지 않는 것이 병이 아니라는 깨달음을 주는지 반대로 병이라는 깨달음(병이 아닌 것은 아닌)을 주는지 살핀다. 이중 부정은 긍정임을 기억한다.

1차 채점

맞은 문항 수	개
틀린 문항 수	개
헷갈리는 문항 번호	

• 틀린 문항 '/' 표시

→ **2차 채점**

맞은 문항 수	개
틀린 문항 수	개
헷갈리는 문항 번호	

• 틀린 문항 '×' 표시

→ **3차 채점**

맞은 문항 수	개
틀린 문항 수	개
헷갈리는 문항 번호	

• 틀린 문항 ⚠ 표시

◉ 권장 풀이 시간 : 8분 40초

[01-06] 다음 글을 읽고 물음에 답하시오.

㉮ 첩첩산중에도 없는 마을이 여긴 있습니다. 잎 진 사잇길 저 모랫둑, 그 너머 강기슭에서도 보이진 않습니다. 허방다리* 들어내면 보이는 마을.

갱 속 같은 마을. ㉠꼴깍, 해가, 노루꼬리 해가 지면 집집마다 봉당에 불을 켜지요. 콩깍지, 콩깍지처럼 후미진 외딴집, 외딴집에도 불빛은 앉아 이슥토록 창문은 모과빛입니다.

기인 밤입니다. 외딴집 노인은 홀로 잠이 깨어 출출한 나머지 무우를 깎기도 하고 고구마를 깎다, 문득 바람도 없는데 시나브로 풀려 풀려 내리는 짚단, 짚오라기의 설레임을 듣습니다. 귀를 모으고 듣지요. ㉡후루룩 후루룩 처마 깃에 나래 묻는 이름 모를 새, 새들의 온기를 생각합니다. 숨을 죽이고 생각하지요.

참 오래오래, 노인의 자리맡에 밭은기침 소리도 없을 양이면 벽 속에서 겨울 귀뚜라미는 울지요. 떼를 지어 웁니다, 벽이 무너지라고 웁니다.

어느덧 밖에는 눈발이라도 치는지, 펄펄 함박눈이라도 흩날리는지, 창호지 문살에 돋는 월훈(月暈).

– 박용래, 〈월훈〉

* 허방다리 : 짐승 따위를 잡기 위해 풀 등을 덮어 위장한 구덩이

㉯ 내 어린 날!
아슬한 하늘에 뜬 연같이
바람에 깜박이는 연실같이
내 어린 날! 아슴풀하다*

하늘은 파랗고 끝없고
편편한 연실은 조매롭고*
오! 흰 연 그새에 높이
㉢아실아실* 떠 놀다 내 어린 날!

바람 일어 끊어지던 날
엄마 아빠 부르고 울다
㉣희끗희끗한 실낱이 서러워
아침저녁 나무 밑에 울다

제대로 감상법

☆ 문제 풀이까지 마친 후 복습할 때 보세요.

㉮ 박용래, 〈월훈〉

제목의 의미

'월훈'은 달 언저리에 둥그렇게 생기는 구름 같은 허연 테, 즉 달무리를 말하는데 외로운 긴 밤의 적막한 풍경의 분위기를 드러낸다.

화자

- 산속 마을 (❶)에 홀로 사는 노인과 그를 둘러싼 풍경을 통해 노인의 고독함을 환기하고 있음.

시어

- 짚오라기, 이름 모를 새, (❷): 노인의 고독과 쓸쓸함을 부각하기 위해 사용된 소재

표현

- 원경에서 근경으로 시선이 이동하며 시상이 전개됨.
- 감정 이입물을 통해 노인의 고독감을 드러냄.
- 토속어를 사용하여 향토적 느낌을 살림.

주제

홀로 사는 노인의 고독한 마음

제대로 구조화하기

첩첩산중에도 없는 마을
외딴집에 홀로 사는 고독한 노인

㉯ 김영랑, 〈연 1〉

제목의 의미

'연'은 유년 시절의 기억을 떠올리게 하는 매개체이다.

화자

- (❶)을 매개로 하여 슬프고 외롭던 유년 시절을 떠올림.

시어

- 눈물: 유년 시절의 슬픔의 정서를 표출함.

표현

- (❷) 이미지의 대비를 통해 화자의 애상적 정서를 강조함.
- 토속어를 활용하여 향토적 정감을 불러일으킴.

주제

슬프고 외로웠던 어린 시절의 회상

오! 내 어린 날 하얀 옷 입고
외로이 자랐다 하얀 넋 담고
ⓜ조마조마 길가에 붉은 발자욱
자욱마다 눈물이 고이었었다

– 김영랑, 〈연 1〉

* **아슴풀하다**: '아슴푸레하다'의 방언
* **조매롭고**: '조마롭다'의 방언. 보기에 마음이 초조하고 불안하다.
* **아실아실**: '아슬아슬'의 방언

제대로 구조화하기

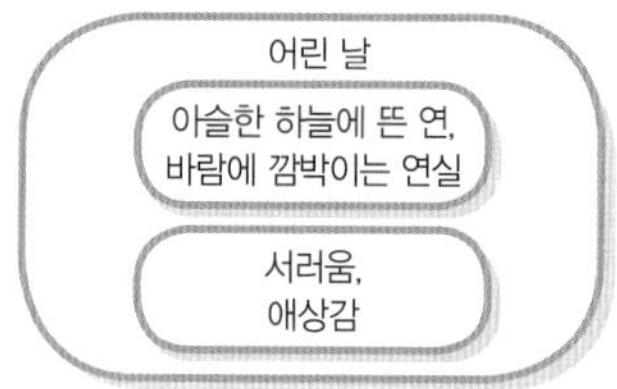
어린 날
아슬한 하늘에 뜬 연,
바람에 깜박이는 연실
서러움,
애상감

다 ⓐ신위가 **자기 집** 이름을 '문의당'이라 하고 ⓑ나에게 편지를 보내 말했다.
"내 천성이 물을 좋아하는데, 도성 안이라 **볼만한 샘이나 못**이 없어 비록 **물을 보는 법**을 알고 있어도 **써 볼 데가 없**는 것이 늘 아쉬웠습니다. 그런데 **천하의 지도를 보고** 깨우친 점이 있었습니다.

넘실거리는 큰 바다 사이로 아홉 개 대륙, 일만 개 나라가 펴져 있는데 큰 나라는 범선이 늘어선 듯하고, 작은 나라는 갈매기와 해오라기가 출몰하는 듯했습니다. 천하만국에 두루 살고 있는 사람들은 모두 물 가운데 있는 존재일 뿐입니다. 이것이 제 집의 이름을 '**문의**(文漪)*'라고 한 까닭입니다. 그대는 저를 위해 이 집의 기문을 지어 주시기 바랍니다."
나는 편지를 보고 웃으며 말했다.
"세상에는 본래 그 실물은 없으면서도 이름을 차지하는 경우가 있으니, 지금 그대가 집에 이름을 붙인 것이 바로 그 실물이 없는 것이라고 할 수 있겠소. 비록 그러하나 그대도 이에 대해 할 말이 있을 것이오. 지금 **바다의 섬 가운데 집을 짓고 사는 사람**이 있다면, 사람들은 반드시 **물에 산다고** 하지 산에 산다고 하지 않겠지요. 섬사람 중에는 담장을 두르고, 집을 짓고, 문을 닫고 **들어앉아 사는 사람**도 있게 마련이니, 그가 날마다 파도와 깊은 물을 가까이 접하지는 않는다고 하여, 물에 사는 게 아니라고 한다면 옳지 않겠지요. 이와 같은 이치를 **사람들**이 모두 그렇다고 인정하는데, 어찌 유독 그대의 말에만 의심을 품겠소?

대지는 하나의 섬이고, 세상 사람들은 섬사람이라오. 비록 **배를 집으로 삼아** 물 위를 떠다니면서 날마다 **물과 더불어** 살아가는 사람이라 하더라도, 그 형편상 눈을 한곳에 두고 꼼짝하지 않을 수는 없을 것이고, 잠시 **눈길을 돌려서** 잠깐 동안이나마 물이 있다는 것을 생각하지 못할 때가 반드시 있을 것이오. 이때에는 겨우 반걸음을 움직인 것이나 천 리를 간 것이나 매한가지라 할 것이오."

– 서영보, 〈문의당기〉

* **문의**: 물결무늬

다 서영보, 〈문의당기〉

제목의 의미·갈래

'문의당'은 신위가 붙인 자기 집 이름이다. 이 작품은 신위에게 집의 기문을 부탁받은 글쓴이가 집의 이름에 담긴 신위의 생각에 동의한다는 뜻을 밝히는 고전 수필이다.

체험과 느낌

- **글쓴이의 경험**: 신위가 집의 (❶   )을 지어 달라고 부탁해 옴.
- **글쓴이의 관점과 태도**: 상대주의적 시각으로 세상을 보는 것이 옳다고 생각함.

소재

- (❷   ): 물결무늬. 사람들은 물 가운데 있는 존재라고 생각하여 신위가 붙인 집의 이름

표현

- 〈문의당기〉를 쓰게 된 계기와 이유가 드러남.
- 구체적인 예를 들어 자신의 관점을 드러냄.

주제

상대주의적 관점으로 세상을 바라보는 태도의 중요성

제대로 구조화하기

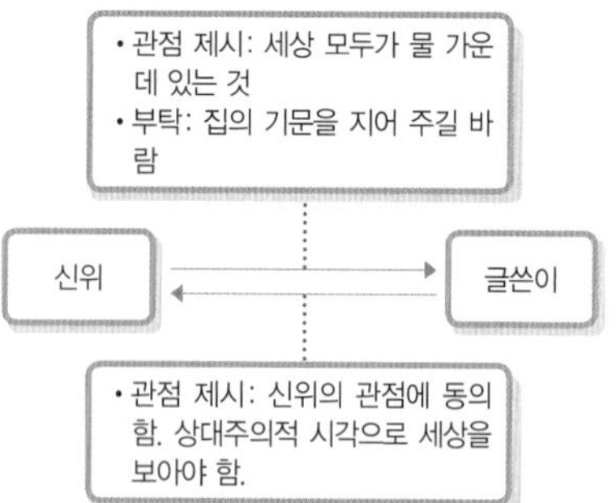
• 관점 제시: 세상 모두가 물 가운데 있는 것
• 부탁: 집의 기문을 지어 주길 바람
신위
글쓴이
• 관점 제시: 신위의 관점에 동의함. 상대주의적 시각으로 세상을 보아야 함.

01 (가)~(다)의 공통점으로 가장 적절한 것은?

① 설의적 표현을 사용하여 인물의 정서를 강조하고 있다.
② 묘사의 방식을 활용하여 대상의 특징을 구체화하고 있다.
③ 말을 건네는 방식을 사용하여 주제 의식을 심화하고 있다.
④ 과거의 장면을 회상하여 현재 상황에 대한 원인을 포착하고 있다.
⑤ 가상의 상황을 설정하여 현실에 대한 긍정적 인식을 이끌어 내고 있다.

제대로 접근법

문제 채점까지 마친 후 복습할 때 보세요.

01
작품 간의 공통점, 차이점 파악하기 유형이다. 세 작품에 모두 나타난 표현상의 특징을 찾아야 하므로 확연하게 드러나는 것부터 찾아 지문의 기호를 선택지 옆에 메모하고, 모든 기호가 쓰인 선택지를 답으로 정한다.

02 〈보기〉를 참고하여 (가)를 감상한 내용으로 적절하지 않은 것은?

〈보기〉

(가)는 적막한 산골 마을을 배경으로 그곳에 사는 한 노인의 모습을 관찰하여 들려주는 시이다. 향토적인 정경 속에서 낯설게 느껴지는 일상에 감각적으로 집중하는 노인을 통해 점점 사라져 가는 것들에 대한 관심을 드러내고, 노인의 삶이 마주한 깊은 정적 속 울음소리를 통해 인간의 쓸쓸함을 고조하고 있다. 이러한 노인의 모습은 외딴집 창호지 문살에 비친 달무리의 이미지로 형상화되고 있다.

① '첩첩산중에도 없는 마을'을 '여긴 있'다고 한 데서, 노인이 살아가는 곳은 쉽게 보기 어려울 것 같은 장소임을 짐작할 수 있겠군.
② '강기슭에서도 보이진 않'는 '후미진 외딴집'이라는 배경 설정에서, 적막한 공간의 분위기를 추측할 수 있겠군.
③ '봉당에 불을 켜'는 분위기와 '콩깍지'의 이미지로 나타낸 향토적 정경에서, 사라져 가는 것들에 대한 관심을 유추할 수 있겠군.
④ '짚오라기의 설레임'을 '귀를 모으고 듣'고 '새들의 온기'를 '숨을 죽이고 생각하'는 것은, 일상을 자연스럽게 받아들이는 노인의 감각을 부각한 것으로 볼 수 있겠군.
⑤ '밭은기침 소리도 없'는데 '겨울 귀뚜라미'가 우는 상황과 눈발이 치는 듯한 '밖'의 달무리 이미지가 어우러져, 노인의 고독을 형상화한 것으로 이해할 수 있겠군.

제대로 접근법 문제 채점까지 마친 후 복습할 때 보세요.

02
외적 준거에 따른 작품 감상하기 유형이다. 〈보기〉에서 시적 분위기와 화자의 태도, 등장하는 시적 대상의 행동과 이를 통해 표현되는 정서 등을 확인할 수 있다. 이를 바탕으로 선택지에 제시된 내용을 살펴본다.
〈보기〉의 '낯설게 느껴지는 일상에 감각적으로 집중하는 노인'의 모습을 드러내는 표현들이 어느 것인지 찾아보고, 적절하지 않은 선택지를 정해 보자.

03 (나)에 대한 설명으로 적절하지 않은 것은?

① 1연에서 '연'과 '연실'의 모습에 빗대어 '내 어린 날'의 기억을 '아슴풀하다'라고 표현하고 있다.
② 2연에서 '조매롭고'로 표현된 '연실'의 긴장은 3연에서 연실이 '바람 일어 끊어지던 날'의 정서를 고조하고 있다.
③ 3연에서 '울다'의 반복과 4연에서 '눈물이 고이었었다'를 통해 '내 어린 날'의 상황을 짐작할 수 있게 하고 있다.
④ 4연에서 '외로이 자랐다'와 이어진 '하얀 넋'은 '붉은 발자욱'에 함축된 정서와 상반되는 의미를 이끌어 내고 있다.
⑤ 1연과 4연의 '내 어린 날'은 2연의 '내 어린 날'의 기억을 통해 떠올린 유년 시절을 표상하는 의미를 지니고 있다.

03
화자의 태도 및 어조, 정서 파악하기 유형이다. (나)는 연을 매개로 유년 시절의 기억을 노래하고 있는데 화자가 회상한 어린 시절의 모습과 그때의 정서가 어떠한지를 파악하고 시어와 시구에 담긴 의미를 판단하자.
슬픔과 애상감을 일으키고 있는 색채 이미지의 시어가 어느 것인지 찾아보도록 한다.

04 ㉠~㉤에 대한 설명으로 적절하지 않은 것은?

① ㉠ : 아주 짧은 순간에 해가 지는 모습을 나타낸 말로, 시간의 변화를 함축하고 있다.
② ㉡ : 소리를 통해 연상되는 새의 모습을 감각적으로 형상화하고 있다.
③ ㉢ : 높이 날아오른 연을 동경하는 심리를 드러내고 있다.
④ ㉣ : 서러움을 느끼게 하는 대상인 실낱의 모습을 표현하고 있다.
⑤ ㉤ : 외롭고 슬픈 어린 시절의 정서를 함께 담아내고 있다.

05 ⓐ, ⓑ에 대한 이해로 적절하지 않은 것은?

① ⓐ는 '볼만한 샘이나 못'이 없는 곳에 산다고 생각하다가, '천하의 지도를 보고' 깨달은 바에 따라 자신이 물 가운데 살고 있는 것이나 다름없다는 발상으로 사고를 전환한다.
② ⓐ가 '자기 집'을 '문의'라고 한 것에 ⓑ가 동의한 이유는 ⓐ의 상황이 '배를 집으로 삼아' 사는 사람의 상황보다 집에 '들어앉아 사는 사람'의 상황에 가깝다고 생각했기 때문이다.
③ ⓑ는 '바다의 섬'에 '집을 짓고 사는 사람'의 삶에 주목하여, 바라보는 관점을 달리하면 세상 모든 사람들이 섬에 살고 있다는 논리가 성립한다고 생각한다.
④ ⓑ가 ⓐ의 발상이 타당하다고 하는 이유는, '바다의 섬 가운데' 살더라도 그것을 가리켜 '물에 산다고' 보는 것이 ⓑ의 생각만이 아니라 '사람들'의 판단과도 일치하기 때문이다.
⑤ ⓑ는 '물과 더불어' 사는 사람도 '눈길을 돌'리는 순간이 있는 것과 ⓐ가 '물을 보는 법'을 '써 볼 데가 없'다 하는 것은 물을 보지 못할 때가 있다는 점에서 유사하다고 생각한다.

제대로 접근법 ☆ 문제 채점까지 마친 후 복습할 때 보세요.

04
시어, 시구의 의미와 기능 파악하기 유형이다. 시어 자체의 사전적 의미를 생각해 보고, 그 시어가 사용된 부분에 담긴 화자의 정서를 이해하여 적절하지 않은 선택지를 찾는다.

05
작품의 내용 파악하기 유형이다. 신위가 '문의'라고 집의 이름을 지은 이유, 글쓴이 '나'가 신위의 생각에 동의하며 하는 말의 내용을 확인하자.
글쓴이 '나'는 '배를 집으로 삼아' 사는 사람과 '들어앉아 사는 사람'의 상황이 어떠하다고 보는지도 내용을 통해 확인한다.

▶ 해설편 167쪽

06 〈보기〉를 바탕으로 (가), (다)를 이해한 내용으로 가장 적절한 것은? [3점]

〈보기〉

문학 작품 속의 소재들은 연관성 속에서 서로 유사 혹은 대립의 관계를 이룸으로써 의미를 생성하거나 그 특징을 부각하는 효과를 드러낸다.

① (가)의 '허방다리 들어내면 보이는 마을', '갱 속 같은 마을'은 얕음과 깊음의 대비를 이루어 숨어 있는 두 공간의 차이를 부각하고 있군.

② (가)의 '무우'와 '고구마'는 차가움과 따뜻함의 대비를 이루어 밤에 출출함을 달래기 위해 먹는 다양한 음식의 속성을 부각하고 있군.

③ (다)의 '아홉 개 대륙'과 '일만 개 나라'는 바다 안의 육지라는 유사성으로 관계를 맺으며 '천하의 지도'라는 새로운 의미를 생성하고 있군.

④ (다)의 '파도'와 '깊은 물'은 바다의 형상이라는 유사성으로 관계를 맺으며 물에 사는 사람이 살면서 만나게 되는 환경이라는 의미를 생성하고 있군.

⑤ (가)의 '창문은 모과빛'과 '기인 밤'은 밝음과 어둠의 대비를, (다)의 '갈매기'와 '해오라기'는 크고 작음의 대비를 이루어 각 소재가 가진 특징을 부각하고 있군.

제대로 접근법 문제 채점까지 마친 후 복습할 때 보세요.

06
외적 준거에 따른 작품 감상하기 유형이다. 시어의 대비, 공간의 유사성, 소재에 담긴 의미, 소재의 유사성으로 생성되는 의미를 찾아본다.
바다의 섬 가운데 집을 짓고 사는 사람이 물에 산다고 하고, 그들이 날마다 접하는 '파도'와 '깊은 물'은 그들에게 어떤 의미인지 생각해 보고 적절한 선택지를 정해 보자.

1차 채점		
맞은 문항 수		개
틀린 문항 수		개
헷갈리는 문항 번호		

• 틀린 문항 '/' 표시

→

2차 채점		
맞은 문항 수		개
틀린 문항 수		개
헷갈리는 문항 번호		

• 틀린 문항 '×' 표시

→

3차 채점		
맞은 문항 수		개
틀린 문항 수		개
헷갈리는 문항 번호		

• 틀린 문항 ⚠ 표시

◉ 권장 풀이 시간 : 7분 30초

[01-05] 다음 글을 읽고 물음에 답하시오.

(가) ㉠평생에 원하느니 다만 충효뿐이로다
이 두 일 말면 금수(禽獸)나 다르리야
마음에 하고자 하여 ㉡십재 황황(十載遑遑)* 하노라

〈제1수〉

[A] 비록 못 이뤄도 임천(林泉)이 좋으니라
무심 어조(魚鳥)는 절로 한가하였나니
조만간 세상일 잊고 너를 좇으려 하노라

〈제3수〉

출(出)하면 치군택민* 처(處)하면 조월경운*
명철 군자는 이것을 즐기나니
하물며 부귀 위기라 가난하게 살리로다

〈제8수〉

[B] 날이 저물거늘 도무지 할 일 없어
소나무 문을 닫고 달 아래 누웠으니
세상에 티끌 마음이 일호말(一毫末)도 없다

〈제13수〉

[C] 성현의 가신 길이 ㉢만고(萬古)에 한가지라
은(隱)커나 현(見)커나 도(道)가 어찌 다르리
한가지 길이오 다르지 않으니 아무 덴들 어떠리

〈제17수〉

강가에 누워서 강물 보는 뜻은
세월이 빠르니 ㉣백세(百歲)인들 길겠느뇨
㉤십 년 전 진세(塵世) 일념이 얼음 녹듯 한다

〈제19수〉

– 권호문, 〈한거십팔곡〉

* 십재 황황 : 십 년을 허둥지둥함.
* 치군택민 : 임금에게 충성하고 백성에게 혜택을 베풂.
* 조월경운 : 달 아래 고기 낚고 구름 속에서 밭을 갊.

(나) [D] 몇 칸의 집을 수선하려 함에, 아내가 취서사로 들어가 겨릅*을 구해 오길 권하였다. 유택은 안 된다고 하고, 유평은 해 보자고 하는데, 나도 스스로 생각해 보니, 절은 기와를 쓰기에 겨릅은 그다지 아끼는 것이 아니고, 다만 민간의 요구와 요청에 응하는 것이기에, 이를 요구하더라도 의리를 심히 해치지 않을 듯하였다. 그래서 다시 의견을 널리 구해 보지 않았다.

마침 처숙부 상사공이 약을 지으려고 취서사로 가게 되었는데, 내가 가고자 함을 알고 따

제대로 감상법 ☆ 문제 풀이까지 마친 후 복습할 때 보세요.

(가) 권호문, 〈한거십팔곡〉

제목의 의미·갈래
총 19수로 되어 있는 연시조로, '한거'는 '특별히 하는 일 없이 집안에 한가하게 있음.'을 의미한다. 이 작품은 자연에 은거하는 삶과 벼슬길에 대한 고민이 시간의 흐름에 따라 해소되는 과정을 담고 있다.

화자
자연에 은거하여 사는 삶과 벼슬길에 오르는 속세의 삶 사이에서 갈등하며, (❶)인 삶을 수용하는 것으로 갈등을 해소함.

시어
• (❷): 출세하여 이름을 세상에 떨치는 '입신양명'을 추구하는 삶
• (❸): 자연을 예찬하며 한가로이 즐기는 '강호한정'을 추구하는 삶

표현
• 독백적 어조로 내면의 갈등을 드러냄.
• (❹) 표현으로 화자가 지향하는 바를 강조함.
• 속세를 떠나 자연 속의 삶을 선택하는 과정을 시간의 흐름에 따라 전개함.

주제
공명과 은거 사이의 갈등과 한가로운 강호의 삶에 대한 긍정

제대로 구조화하기

(나) 김낙행, 〈기취서행〉

제목의 의미·갈래
'기취서행'은 '취서사에 다녀와서 기록하다.'의 뜻으로, 글쓴이가 취서사에 가서 겨릅을 구해 온 경험을 통해 얻은 깨달음을 전하고 있는 수필이다.

▶ 해설편 171쪽

르게 하였다. 대개 공 또한 안 된다고 생각하지는 않았기 때문이다.

이윽고 취서사에 도착하니 근방 마을에서 모여든 자가 거의 승려들 수와 맞먹었는데, 모두 겨릅 때문에 온 자들이었다. 좌우에서 낚아채 가며 많이 가지려 다투고, **시끌벅적하게 뒤섞여 밟아 대**어 곧 시장판을 만들었으며, 가져감이 많고 적음은 그 힘의 강약에 따랐으나 승려들은 참견하는 바가 없었다. 그런데 늦게 도착하여 종도 없는 자는 승려들을 나무라며, 심지어 가혹한 일을 하기까지 했지만 또한 얻을 수 없었다.

(중략)

나는 마음속으로 민망히 생각하였지만, 이미 그 속에 가 있었기에 의리를 이욕에 빼앗겨서 초연히 **버리고 돌아오지 못하였다.** 상사공의 힘으로 수십 묶음을 얻어 햇빛에 말려 보관할 수 있었으니, 다 상사공의 도움 덕분이었다.

[E] 스스로 헛걸음하지 않은 것을 매우 다행스럽게 여겼는데, 집으로 돌아오자 멍하기가 마치 술에서 막 깨어난 사람이 잔뜩 취했을 때를 되짚어 생각하는 듯하였다.

내 아내는 비록 원대한 식견이 있는 사람은 아니지만, 내가 항상 곤궁함 때문에 치욕을 입을까 걱정하였으니, 가령 이와 같을 줄 알았다면 반드시 나의 행차를 권하지 않았을 것이고, 유평도 또한 마땅히 찬동하지 않았을 것이다.

상사공은 청렴하고 정직하여 주고받음이 구차하지 않다. 거처하는 집 아래채가 세 칸의 초가집이니, 마땅히 겨릅이 필요하였을 것이다. 그리고 막 삼계 서원 원장이 되었는데, 취서사가 바로 삼계 서원에 귀속된 절이었다. 그때 서원의 노비가 개인적으로 취서사에 가서 머물고 있는 자가 서너 명 있었으니, 진실로 가지려고 하면 힘이 없을 걱정이 없었다. 그런데 담담하게 한 마디도 간섭함이 없었으니, 그 마음속으로 반드시 나를 비난하였을 것이다. 그런데도 애써 나를 위하여 저와 같이 마음과 힘을 써 주신 것은 다만 나의 곤궁함을 불쌍히 여겨서일 뿐이리라.

맹자는 **"궁해도 의(義)를 잃지 않는다."** 하였고, 이극은 "궁할 때에 그 해서는 안 될 일을 살펴본다." 하였다. 나는 궁함 때문에 이미 스스로 **의를 잃**어서 평소에 하지 않던 행동을 했고, 또 어른에게까지 폐를 끼쳤으니 참으로 부끄러워할 일이다. 이미 뉘우칠 줄 알았으니, **이후에는 마땅히 조심**해야겠기에 이를 갖추어 기록하고, 또 유택이 나를 아껴 약이 되는 유익한 말을 했음을 드러낸다.

– 김낙행, 〈기취서행〉

＊ 겨릅: 껍질을 벗긴 삼대

체험과 느낌

- **글쓴이의 경험**: 집을 수선하는 데 필요한 겨릅을 구하기 위해 취서사에 다녀옴.
- **글쓴이의 관점과 태도**: 곤궁함 때문에 이욕을 추구하다 의리를 잃은 자신의 모습을 돌아보며 (❶)함.

소재

- (❷): 글쓴이가 세속적 가치인 '이욕'에 빠져 있음을 드러내어 보여 줌.

표현

- 솔직한 감정을 드러내며 반성과 성찰의 자세를 보임.
- (❸)와 인용으로 주제 의식을 표현함.
- 권위자의 말을 인용하여 자신의 신념을 강조함.

주제

이욕에 사로잡혀 의리를 잊은 자신의 행동에 대한 반성과 성찰

제대로 구조화하기

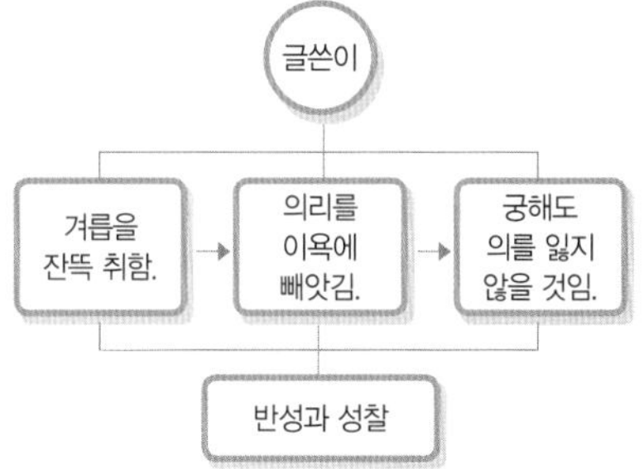

01 [A]~[E]의 표현상 특징에 대한 설명으로 가장 적절한 것은?

① [A]는 자연물을 대상화하여 그 자연물에 역동성을 부여하고 있다.
② [B]는 근경에서 원경으로 시선을 이동하여 인간과 자연의 차이점을 강조하고 있다.
③ [C]는 성현의 말을 인용함으로써 화자가 지닌 궁금증을 드러내고 있다.
④ [D]는 점층적인 표현으로 앞으로 해야 할 일의 중요성을 환기하고 있다.
⑤ [E]는 비유적 표현을 통해 자신의 행동을 돌아보는 글쓴이의 상태를 부각하고 있다.

제대로 접근법 문제 채점까지 마친 후 복습할 때 보세요.

01
표현상의 특징 파악하기 유형이다. 지시된 부분에 선택지에 언급된 표현이 나타나는지 먼저 확인한 후, 표현의 효과를 살펴본다.
자연물을 대상화하고 있는지, 시선의 이동이 나타나는지, 성현의 말을 인용하고 있는지, 점층적 표현이 나타나는지, 비유적 표현이 사용되었는지 확인하고, 이어서 표현의 효과가 선택지에서 언급하고 있는 내용인지를 살펴보자.

02 ㉠~㉤을 이해한 내용으로 적절하지 않은 것은?

① ㉠은 화자의 인생을 포괄한다는 점에서 충효를 중요하게 여겨 온 화자의 생각을 강조한다.
② ㉡은 화자가 돌이켜 보는 삶의 기간을 가리킨다는 점에서 충효를 실현하려고 애쓴 세월을 나타낸다.
③ ㉢은 유구한 세월이라는 의미를 드러낸다는 점에서 성현의 도는 예나 지금이나 변함없음을 강조한다.
④ ㉣은 흘러간 시간이 길다는 의미를 드러낸다는 점에서 세월이 빨리 지나가는 것에 대한 화자의 안타까움을 강조한다.
⑤ ㉤은 과거의 한때를 가리킨다는 점에서 현재 자연에서 여유를 느끼는 상황과 대비되는 시절을 나타낸다.

제대로 접근법

문제 채점까지 마친 후 복습할 때 보세요.

02
시어, 시구의 의미와 기능 파악하기 유형이다. 각각의 시간 표지들의 의미와 함께 앞 또는 뒤의 시구를 주목하여 본다.
'충효뿐이로다', '마음에 하고자 하여', '한가지라', '길겠느뇨', '얼음 녹듯 한다' 등에 주목하여 선택지의 적절성을 판단해 보자. 여기서 설의적 표현이 나타난 시어의 의미를 이해할 때에는 각별히 주의하도록 한다. 화자는 자연 속에서 한가로움을 즐기는 삶에 대한 만족감을 표출하고 있다는 점을 잊지 말고, 정답 선택지를 골라 보자.

03 〈보기〉를 참고하여 (가)를 이해한 내용으로 가장 적절한 것은?

〈보기〉

권호문의 〈한거십팔곡〉은 지향하는 삶을 실천하는 태도의 변화 과정을 형상화한 연시조로, 〈제1수〉부터 〈제19수〉까지의 내용이 긴밀히 연결되어 있다.

① 〈제3수〉의 '임천이 좋으니라'에는 〈제1수〉의 '마음에 하고자 하여'에 담긴 태도와는 다른 태도가 나타난다.
② 〈제3수〉의 '너를 좇으려' 했던 태도는 〈제8수〉에서 '출'하는 모습으로 실현되어 나타난다.
③ 〈제8수〉의 '이것을 즐기나니'에는 〈제1수〉의 '이 두 일'을 더 이상 추구하지 않겠다는 의도가 드러난다.
④ 〈제13수〉의 '달 아래 누'운 모습에는 〈제3수〉에서 '절로 한가하였'던 삶으로 되돌아가고 싶어 하는 태도가 나타난다.
⑤ 〈제17수〉에서 '아무 댄들' 상관없다고 하는 화자의 생각은 〈제19수〉에서 '일념'으로 바뀌어 나타난다.

03
작품의 종합적 이해와 감상하기 유형이다. 자연과 벗하며 사는 삶과 벼슬길에 나가 세속을 지향하는 삶에 대한 화자의 태도 변화를 이해하도록 한다.
전체 내용의 흐름은 '공명과 은거 사이에서의 갈등 → 자연 속에 은거하는 삶을 살아가는 모습 → 내적 갈등의 극복과 정신적 성숙'으로 변화한다. 이를 기억하여 시어나 지시어의 의미를 정확히 파악하고, 화자의 태도에 부합하는 설명을 하고 있는 선택지를 찾아본다.

▶ 해설편 171쪽

04 의리와 이욕을 중심으로 (나)를 이해한 내용으로 적절하지 않은 것은?

① 글쓴이는 겨릅을 얻은 것을 다행스럽게 여겼던 것은 자신이 '이욕'에 빠졌기 때문이라고 본다.
② 글쓴이는 아내가 자신에게 취서사에 가길 권한 것은 글쓴이가 '이욕'에 빠지게 될 줄 몰랐기 때문이라고 본다.
③ 글쓴이는 겨릅을 얻도록 상사공이 자신을 도와준 것은 글쓴이가 '의리'를 해칠 것을 걱정했기 때문이라고 본다.
④ 글쓴이는 취서사에 가는 것을 유택이 반대한 것은 글쓴이를 아껴 '의리'를 해치지 않기를 바랐기 때문이라고 본다.
⑤ 글쓴이는 겨릅을 구하러 가는 것에 유평이 동의한 것은 그 일이 '이욕'에 빠지는 것은 아니라고 생각했기 때문이라고 본다.

제대로 접근법 문제 채점까지 마친 후 복습할 때 보세요.

04
인물의 심리, 태도 파악하기 유형이다. 글쓴이는 '겨릅'을 얻는 경험을 통해 의리에 부합하지 않고 이욕을 탐하는 자신을 반성하고 성찰한다. 이 과정에서 아내나 유택, 상사공, 유평의 입장이나 그들의 입장을 이해하는 글쓴이의 생각을 글의 내용을 바탕으로 파악하여 본다.
글쓴이가 겨릅을 얻을 수 있게 상사공이 도움을 준 것은 '다만 나의 곤궁함을 불쌍히 여겨서일 뿐'이라고 말하는 내용을 잘 살펴 이해하도록 한다.

05 〈보기〉를 참고하여 (가), (나)를 감상한 내용으로 적절하지 않은 것은? [3점]

〈보기〉

(가)와 (나)에는 작가가 유학자로서의 신념을 바탕으로 자신이 선택한 가치를 추구하는 삶이 나타난다. (가)에는 출사와 은거 사이에서의 고민과 그 해소 과정이, (나)에는 경제적 문제로 인해 곤란을 겪은 상황에 대한 성찰이 나타난다. 한편 (나)는 세속적 가치를 떨치지 못해 과오를 저질렀던 상황이 나타난다는 점에서 (가)와 차이를 보인다.

① (가)의 '부귀 위기라 가난하게 살리로다'에서 자신이 선택한 가치를 추구하려는 작가의 태도를 엿볼 수 있군.
② (나)의 '궁해도 의를 잃지 않는다.'에서 작가가 추구하는 유학자로서의 신념을 엿볼 수 있군.
③ (가)의 '세상에 티끌 마음이 일호말도 없다'에서 세속적 가치에 구애되지 않은 모습을, (나)의 '버리고 돌아오지 못하였다.'에서 세속적 가치를 떨치지 못한 모습을 엿볼 수 있군.
④ (가)의 '도무지 할 일 없어'에서 출사하지 못한 것에 대해 고민하는 모습을, (나)의 '시끌벅적하게 뒤섞여 밟아 대'는 모습에서 경제적 문제로 곤란을 겪는 상황을 확인할 수 있군.
⑤ (가)의 '도가 어찌 다르리'에서 출사와 은거 사이에서의 고민이 해소되었음을, (나)의 '의를 잃'은 것에 대해 '이후에는 마땅히 조심'하겠다는 다짐에서 성찰적 태도를 확인할 수 있군.

05
외적 준거에 따른 작품 감상하기 유형이다. 〈보기〉에 제시된 준거를 확인하고 선택지의 설명을 살펴본다. (가)의 화자는 출사와 은거 사이에서 고민하다 결국 은거의 삶을 선택한다는 점을 기억하고, (나)의 글쓴이는 이욕을 탐하는 과오를 통해 의리를 생각하며 자신을 반성하고 성찰한다는 점을 기억하자.
(가)의 화자가 출사를 하지 못해 고민하고 있는 모습인지, 자연에 은거하여 한가로운 삶을 사는 모습인지를 판단할 수 있어야 하고, (나)의 글쓴이가 경제적 문제로 곤란을 겪고 있는 모습과 다른 사람들이 겨릅을 구하기 위해 다투는 모습을 구별할 수 있어야 한다.

1차 채점	
맞은 문항 수	개
틀린 문항 수	개
헷갈리는 문항 번호	

• 틀린 문항 '/' 표시

→

2차 채점	
맞은 문항 수	개
틀린 문항 수	개
헷갈리는 문항 번호	

• 틀린 문항 '×' 표시

→

3차 채점	
맞은 문항 수	개
틀린 문항 수	개
헷갈리는 문항 번호	

• 틀린 문항 ☆ 표시

2023 수능

◉ 권장 풀이 시간 : **9분 10초**

[01-05] 다음 글을 읽고 물음에 답하시오.

(가)

[A]
이런들 어떠하며 저런들 어떠하료
초야우생(草野愚生)이 이렇다 어떠하료
하물며 **천석고황(泉石膏肓)**을 고쳐 므슴하료

〈제1수〉

연하(烟霞)로 **집을 삼고** 풍월(風月)로 **벗을 삼아**
태평성대에 병으로 늙어 가네
이 중에 바라는 일은 **허물이나 없고자**

〈제2수〉

춘풍(春風)에 화만산(花滿山)하고 추야(秋夜)에 월만대(月滿臺)라
사시 가흥(佳興)이 **사람과 한가지라**
하물며 어약연비(魚躍鳶飛) 운영천광(雲影天光)이야 어느 끝이 있으리

〈제6수〉

– 이황, 〈도산십이곡〉

(나) 산가(山家) 풍수설에 동구 못이 좋다 할새
십 년을 경영하여 한 땅을 얻으니
형세는 좁고 굵은 암석은 많고 많다
[B]
옛 길을 새로 내고 작은 **연못** 파서
활수*를 **끌어 들여** 가는 것을 **머물게 하니**
맑은 거울 **티 없어 산 그림자** 잠겨 있다
천고(千古)에 황무지를 아무도 모르더니
일조(一朝)에 진면목을 **내 혼자 알았노라**
처음의 이 내 뜻은 물 머물게 할 뿐이더니
이제는 돌아보니 **가지가지 다 좋구나**
백석은 치치(齒齒)하여 은도로 새겨 있고
벽류는 콸콸 흘러 옥 술잔을 때리는 듯
첩첩한 산들은 좌우의 병풍이요
빽빽한 소나무는 전후의 울타리로다
구곡 상하대는 층층이 둘러 있고
삼경(三逕) 송국죽(松菊竹)은 줄지어 벌여 있다
하물며 바위 벼랑 높은 위에 노송이 용이 되어 구부려 누웠거늘
운근(雲根)을 베어 내고 ㉠작은 정자 붙여 세워
띠 풀로 지붕 이고 자르지 않으니 이것이 어떤 집인가
남양의 제갈려인가 무이의 와룡암인가*
다시금 살펴보니 필핑 위언의 그림의 것이로다
무릉도원을 예 듣고 못 봤더니

제대로 감상법 ✩ 문제 풀이까지 마친 후 복습할 때 보세요.

(가) 이황, 〈도산십이곡〉

제목의 의미·갈래
'도산십이곡'은 '도산 서원에서 지은 열두 곡의 노래'라는 뜻으로, 작가가 벼슬을 사직하고 향리로 돌아와 도산 서원에서 후학을 양성할 때 지은 전 12수의 연시조이다.

화자
화자는 향리에서 후학을 양성하는 학자로, 자연 친화적 삶의 감흥을 노래함.

시어
• (❶): 자연을 사랑하는 마음이 병이 될 정도로 깊음을 뜻하는 말 = 연하고질

표현
• 자연물을 활용하여 화자가 추구하는 삶의 가치를 드러냄.
• 어려운 (❷)를 많이 사용함.

주제
자연 친화적 삶의 추구(언지 6곡)와 학문 수양에 대한 의지(언학 6곡)

제대로 구조화하기

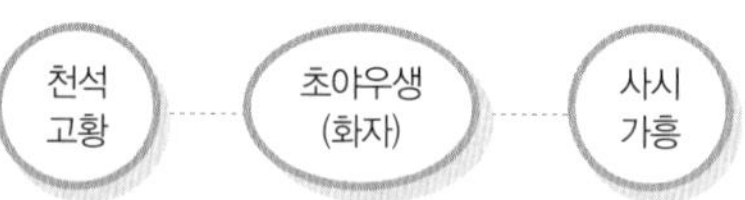

(나) 김득연, 〈지수정가〉

제목의 의미·갈래
'지수정'은 작가가 세운 정자의 이름으로, 이 작품은 지수정과 그 주변을 둘러싼 자연의 아름다움, 자연을 벗 삼아 풍류를 즐기며 지내는 삶에 대한 만족감을 노래한 가사이다.

화자
화자는 '나'로, 자신이 세운 정자와 자연을 벗 삼아 지내는 삶에 대한 (❶)을 드러냄.

시어
• (❷): 소나무, 국화, 대나무로 선비의 지조와 절개를 상징함.
• 작은 정자: 화자에게 만족하며 머무르는 삶에 대해 생각하게 하는 장소

표현
• 정자를 세운 과정과 그 주변 풍경을 드러냄.
• 은유법, 직유법, 대구법 등 다양한 표현 방법을 사용함.

주제
지수정을 짓고 자연 속에서 지내는 삶에 대한 만족감

이제야 알겠구나 이 진짜 거기로다

– 김득연, 〈지수정가〉

* **활수**: 흐르는 물
* **남양의 제갈려, 무이의 와룡암**: 옛 현인이 은거한 거처

제대로 구조화하기

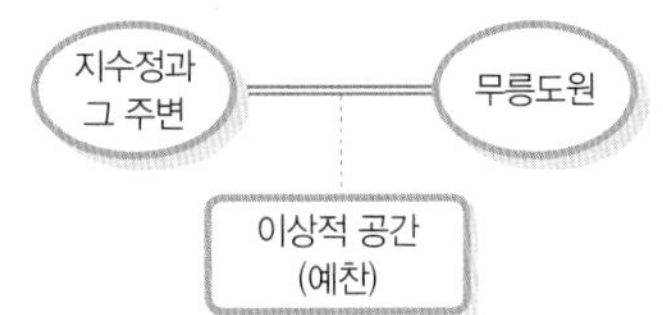

다 내 초로의 어느 가을날, 나는 겸재가 동해안을 따라 내려가면서 동해 승경을 화폭에 옮겼던 월송정, 망양정, 청간정, 성류굴을 일삼아 떠돌아다녔다. 망양정은 옛 기성면의 바닷가에서 지금의 근남면 산포리로 옮겨 세운 지가 140여 년이 넘어, 기성면의 ㉡옛 망양정 자리는 도로 공사로 단애의 허리가 잘리워 나가, 바닷물은 단애 끝으로부터 멀찌감치 쫓겨났고 그 사이는 시멘트 칠갑이 되어 있었다. 정자 터는 사방이 깎여져 나갔고 화폭 속의 소나무 숲도 베어져 버린 채, 그 언덕은 그저 무의미한 흙더미로 변해 있었다. 마을의 고로(古老)들도 그곳에 들어서 있던 정자를 본 일은 없었고, 다만 그들의 증조나 고조로부터 전해 오는 구전에 의해 그 흙더미가 망양정 옛터였음을 옮길 뿐이었다.

겸재의 화폭을 마음속에 앞세우고 겸재 실경산수(實景山水)의 자리를 찾을 적에 그곳에 옛 정자가 이미 오래전에 없어져 버린 그 허전한 사태는 그다지 허전하지 않았다. 왜 그런가. 현실 속의 정자에 오르면 화폭 속의 정자는 보이지 않는다. 육신의 눈을 앞세워 정자를 찾아오는 자에게는 풍경 전체 속에서 인간세의 위치와 규모를 대표하는 상징으로서의 정자는 보이지 않는다.

(중략)

[C] **먼 산을 그릴 때** 그는 그 산과 인간 사이의 거리를 그리는 것이 아니라, **그 거리를 들여다보는 시선의 깊이를 그린다**. 먼 것들은 원근상의 거리에 의해 격리되는 것이 아니라, 깊이에 의해 자리 잡는다. 겸재의 화폭 속에서 풍경은 **가깝다는 이유만으로 사실성을 부여받지 않**고 또 멀다는 이유만으로 사실성을 박탈당하지 않는다. 대체로 그의 그림 속에서는 **인간과 인간에 직접 관련된 것들** – 정자, 집, 배, 나귀, 가마, 화분, 성곽 같은 것들이 **비교적 명료한 사실성을 띠**고 있지만, 그 사실성은 원근에 의해 정립되는 사실성이 아니라, **세계를 관찰하는 인간과의 관계** 속에서 **정립**되는 사실성이다.

– 김훈, 〈겸재의 빛〉

다 김훈, 〈겸재의 빛〉

제목의 의미

'겸재'는 조선 후기 화가 정선의 호이다. 이 글은 글쓴이가 겸재 정선이 그림의 소재로 삼았던 동해안의 승경을 찾아다니며 겸재의 그림에 담긴 의미에 대한 생각을 서술하고 있는 수필이다.

체험과 느낌

- **글쓴이의 경험**: 겸재 정선이 그림의 소재로 삼았던 동해안의 승경을 찾아다님.
- **글쓴이의 관점과 태도**: 겸재의 그림에 나타난 원근과 (❶)의 의미를 음미해 봄.

소재

- 옛 망양정 자리: 글쓴이에게 (❷)하지 않은 이유에 대해 생각하게 하는 장소

표현

- 글쓴이가 망양정 옛터를 찾아가 본 경험을 바탕으로 한 기행 수필임.
- 겸재의 그림과 현실 사이의 괴리, 겸재의 그림에 담긴 의미에 대해 사색한 내용이 드러남.

주제

겸재의 그림에 나타난 원근과 사실성의 의미

제대로 구조화하기

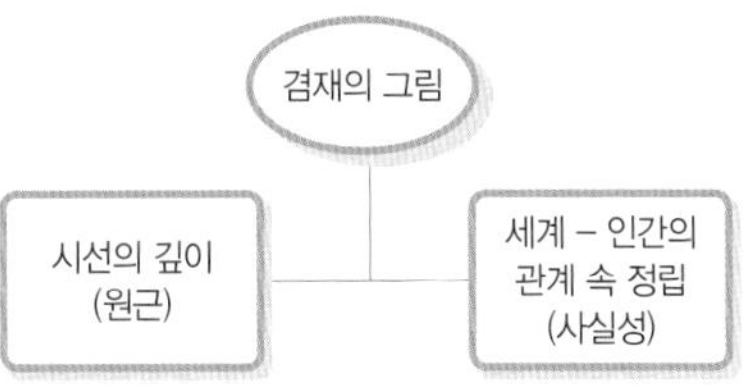

01 (가)~(다)의 공통점으로 가장 적절한 것은?

① 대상에 주목하여 대상과 관련된 가치를 추구하는 자세를 나타내고 있다.
② 부정적인 현실을 비판하며 좌절을 극복하려는 의지를 부각하고 있다.
③ 현실을 통찰하며 관용적 삶에 대한 지향을 보여 주고 있다.
④ 계절감을 활용하여 환경의 다양한 변화를 표현하고 있다.
⑤ 가상의 상황을 제시하여 환상적 분위기를 강화하고 있다.

02 [A], [B]에 대한 설명으로 적절하지 않은 것은?

① [A]의 〈제1수〉 초장은 유사한 어휘의 반복을 통해 리듬감을 형성하고 있다.
② [A]의 〈제2수〉 초장은 〈제1수〉 종장의 시상을 이어받아 자연 친화적인 모습을 드러내고 있다.
③ [B]에서는 '산 그림자'가 담긴 '작은 연못'의 경관을 묘사하여 깨끗한 자연의 형상을 보여 주고 있다.
④ [A]의 '집을 삼고'와 '벗을 삼아'는 화자와 대상의 가까운 관계를, [B]의 '끌어 들여'와 '머물게 하니'는 화자가 대상을 가까이 하려는 행동을 제시하고 있다.
⑤ [A]의 '허물이나 없고자'는 미래에 대한 화자의 바람을, [B]의 '티 없어'는 대상을 관찰하기 전에 나타난 화자의 심리를 표현하고 있다.

03 〈보기〉를 바탕으로 (가), (나)를 이해한 내용으로 적절하지 않은 것은? [3점]

〈보기〉

〈도산십이곡〉에서 강호는 자연의 이치와 인간이 지향하는 이치가 일치된 이상적 공간으로, 〈지수정가〉에서 강호는 자연에서 생활하면서 자연의 가치를 새롭게 발견할 수 있는 공간으로 나타난다. 〈도산십이곡〉에서는 조화로운 자연과 합일하는 화자가 등장하며, 〈지수정가〉에서는 자연의 구체적인 모습을 묘사하며 자연의 가치를 확인한 화자가 등장한다.

① (가)의 '초야우생'은 인간이 지향하는 이치와 자연의 이치가 일치된 공간에 존재하는 화자가 스스로를 이르는 말이겠군.
② (나)의 '내 혼자 알았노라'는 자연에서 생활하면서 자연의 가치를 발견한 화자의 심정을 드러내는 말이겠군.
③ (가)의 '천석고황'은 이상적 공간에 다다르지 못한 것에 대한 화자의 아쉬움이, (나)의 '무릉도원'은 현실적 공간을 이상적 공간으로 바라보는 화자의 인식이 나타난 말이겠군.
④ (가)의 '사람과 한가지라'는 자연의 이치와 인간이 지향하는 이치가 다르지 않음을 확인한 화자의 인식이, (나)의 '가지가지 다 좋구나'는 자연의 가치를 확인한 화자의 심정이 나타난 말이겠군.
⑤ (가)의 '춘풍에 화만산하고 추야에 월만대라'는 계절의 양상을 통해 조화로운 자연을, (나)의 '벽류는 콸콸 흘러 옥 술잔을 때리는 듯'은 화자가 발견한 자연의 아름다운 모습을 드러낸 말이겠군.

제대로 접근법

☆ 문제 채점까지 마친 후 복습할 때 보세요.

01
작품 간의 공통점을 파악하는 유형이다. (가)~(다)에 나타난 대상에 대한 태도, 글의 주제 의식을 파악하고 공통점을 확인한다.
(가)~(다)가 부정적인 현실을 비판하는지, 관용적 삶에 대한 지향을 드러내는지, 환경의 다양한 변화에 주목하는지, 가상 상황을 제시하는지 등을 확인해 보자. 작품의 내용과 함께 화자 또는 글쓴이와 관련된 정보에 유의하여 선택지의 적절성을 판단한다.

02
시어 및 시구의 의미와 기능을 파악하는 유형이다. 확인해야 할 부분이 작품 전체가 아니라 [A], [B]에 한정되어 있다. 먼저 해당 부분의 내용과 화자의 정서를 이해하고 선택지에 언급된 내용의 적절성을 판단한다.
시어의 반복을 통한 리듬감 형성, 시상의 전개, 시구의 의미, 대상과 화자의 거리, 화자의 정서 등이 선택지로 제시되어 있다. [A], [B]의 기본적인 내용만 이해했다면 어렵지 않게 문제를 해결할 수 있다.

03
두 작품을 비교하여 감상하는 유형으로, 배점이 높은 문제였음에도 불구하고 정답률이 높았다. (가)와 (나)의 작품 이해가 어렵지 않았기 때문인 것으로 보인다.
먼저 (가)와 (나)의 주제 의식 및 화자가 지향하는 가치가 무엇인지 파악한다. 그리고 각 작품에 나타난 화자의 상황, 공간에 대한 화자의 정서를 바탕으로 선택지의 적절성을 판단한다. 두 작품의 화자는 공통적으로 자연과 더불어 사는 삶에 대해 만족감을 표출하고 있다는 점을 고려한다.

▶ 해설편 175쪽

04 ㉠과 ㉡을 이해한 내용으로 가장 적절한 것은?

① ㉠은 화자가 노력을 기울여 만든 인공물이고, ㉡은 글쓴이가 의도하지 않게 찾아낸 장소이다.
② ㉠은 현실에서 명예를 실현하려는 의지를, ㉡은 현실에서 편의를 실현한 결과를 보여 준다.
③ ㉠은 화자에게 만족하며 머무르는 삶에 대해, ㉡은 글쓴이에게 허전하지 않은 이유에 대해 생각하게 한다.
④ ㉠은 화자에게 일상적인 유용성을 상실한 공간이고, ㉡은 글쓴이에게 본래적인 유용성을 상실한 공간이다.
⑤ ㉠은 화자에게 자신의 삶을 가다듬는 역할을 수행하고, ㉡은 글쓴이에게 자신의 삶을 비판하는 계기로 작용한다.

05 〈보기〉를 바탕으로 [C]를 읽은 독자의 반응으로 적절하지 않은 것은?

〈보기〉

겸재는 산을 그리면서도 뺄 건 빼고 과장할 것은 과장하면서 필요한 경우에는 자리를 옮겨 가면서까지 자신이 생각하는 구도로 풍경을 재구성하였다. 한 폭의 그림 속에서 물과 바다, 하늘과 땅, 그리고 정자와 인간을 포함한 모든 대상이 화가의 시선에 의해 재구성되어 회화의 구도상 의미를 지닌 자리에 놓일 때야말로 진정한 그림의 요체가 드러나기 때문에, 겸재의 그림은 실물과 똑같이 그리는 것이 능사가 아니라는 점을 증명하고 있다.

① '먼 산을 그릴 때' 그 거리에 집착하지 않는 까닭은, 실물과 똑같이 그리는 것이 능사가 아니기 때문이겠군.
② '그 거리를 들여다보는 시선의 깊이를 그린다'는 뜻은, 화가가 자신의 시선으로 풍경을 재구성하는 작업이 중요하다는 의미이겠군.
③ '가깝다는 이유만으로 사실성을 부여받지 않'는 까닭은, 대상을 표현할 때 뺄 건 빼고 과장할 것은 과장할 수 있다는 화가의 생각 때문이겠군.
④ '인간과 인간에 직접 관련된 것들'을 '비교적 명료한 사실성을 띠'도록 그린다는 뜻은, 대상을 회화의 구도상 의미를 지닌 자리로 옮겨 풍경의 원근감을 보이는 그대로 실현해야 한다는 의미이겠군.
⑤ '세계를 관찰하는 인간과의 관계 속'에서 사실성이 '정립'되는 까닭은, 화가의 의도에 따라 풍경을 재구성하는 창작 작업을 통해 그림의 요체가 드러나기 때문이겠군.

제대로 접근법

문제 채점까지 마친 후 복습할 때 보세요.

04
두 작품을 비교하여 감상하는 유형이다. (나)와 (다)의 내용을 바탕으로 ㉠의 '작은 정자'와 ㉡의 '옛 망양정 자리'가 화자와 글쓴이에게 어떤 의미일지 생각해 보자.
(나)의 화자는 지수정을 짓고 자연에 머무르며 사는 삶에 대해 만족감을 드러내고 있고, (다)의 글쓴이는 옛 망양정 터를 찾아가 겸재의 그림에 나타나는 원근과 사실성의 의미를 사색하고 있다. 이를 이해했다면 두 공간이 갖는 의미를 판단할 수 있다. 확실한 오답부터 하나씩 지운 다음, 두 공간의 의미를 모두 적절하게 제시한 선택지를 찾는다.

05
외적 준거에 따라 작품을 감상하는 유형이다. 〈보기〉와 [C]에서 겸재의 그림에 나타나는 원근과 사실성의 특징을 확인하고 선택지의 반응 중 이에 부합하지 않는 것을 찾는다.
겸재는 그림을 그릴 때 대상과의 거리를 있는 그대로 나타내지 않았고, 가깝다는 이유만으로 사실성을 부여하여 않았으며, 자신이 생각하는 구도로 풍경을 재구성하였다고 하였다. 이런 기본적인 정보들을 놓치지 않았다면 어렵지 않게 문제를 해결할 수 있다.

1차 채점		
맞은 문항 수		개
틀린 문항 수		개
헷갈리는 문항 번호		

• 틀린 문항 '/' 표시

→

2차 채점		
맞은 문항 수		개
틀린 문항 수		개
헷갈리는 문항 번호		

• 틀린 문항 '×' 표시

→

3차 채점		
맞은 문항 수		개
틀린 문항 수		개
헷갈리는 문항 번호		

• 틀린 문항 ⚠ 표시

◉ 권장 풀이 시간 : 9분

[01-06] 다음 글을 읽고 물음에 답하시오.

(가) 강호에 봄이 드니 이 몸이 일이 많다
나는 그물 깁고 아이는 밭을 가니
뒷 뫼에 엄기는 약을 **언제** 캐려 하나니 〈제1수〉

삿갓에 도롱이 입고 세우(細雨) 중에 호미 메고
산전을 흩매다가 **녹음**에 누웠으니
목동이 우양을 몰아다가 **잠든 나**를 깨와다 〈제2수〉

대추 볼 붉은 골에 밤은 어이 떨어지며
벼 벤 그루에 게는 어이 내리는고
술 익자 체 장수 **돌아가니** 아니 먹고 어이리 〈제3수〉

뫼에는 **새** 다 긏고 들에는 갈 이 없다
외로운 배에 삿갓 쓴 **저 늙은이**
낚대에 맛이 깊도다 눈 깊은 줄 아는가 〈제4수〉

– 황희, 〈사시가〉

(나) 건곤이 얼어붙어 삭풍이 몹시 부니
하루 쬔다 한들 열흘 추위 어찌할꼬
은침을 빼내어 **오색실** 꿰어 놓고
임의 터진 옷을 깁고자 하건마는
㉠ 천문구중(天門九重)에 갈 길이 아득하니
아녀자 깊은 정을 임이 **언제** 살피실꼬
㉡ 음력 섣달 거의로다 새봄이면 늦으리라
동짓날 자정이 지난밤에 **돌아오니**
만호천문(萬戶千門)이 차례로 연다 하되
자물쇠를 굳게 잠가 **동방(洞房)**을 닫았으니
눈 위에 서리는 얼마나 녹았으며
뜰 가의 매화는 몇 송이 피었는고
㉢ 간장이 다 썩어 넋조차 그쳤으니
천 줄기 원루(怨淚)는 피 되어 솟아나고
반벽청등(半壁靑燈)은 빛조차 어두워라
황금이 많으면 매부(買賦)나 하련마는
㉣ 백일(白日)이 무정하니 뒤집힌 동이에 비칠쏘냐
평생에 쌓은 죄는 다 나의 탓이로되
언어에 공교 없고 눈치 몰라 다닌 일을
풀어서 헤여 보고 다시금 생각거든
조물주의 처분을 누구에게 물으리오

제대로 감상법

☆ 문제 풀이까지 마친 후 복습할 때 보세요.

(가) 황희, 〈사시가〉

제목의 의미·갈래

'사시(四時)'는 사계절을 의미하는 말로, 계절의 흐름에 따른 자연의 모습과 자연 친화적으로 살아가는 화자의 흥취를 노래한 연시조이다.

화자

화자는 '나'로, 자연 친화적 삶을 살아가며 풍류를 노래함.

시어

- 엄기는 약: 움이 튼 약초. 봄의 계절감
- (❶): 푸른 잎이 우거진 나무나 수풀. 여름의 계절감
- 대추, 밤: 가을 열매. 가을의 계절감
- (❷): 겨울의 계절감

표현

- (❸)별로 자연 속에서 일상을 보내는 모습과 그에 따른 정서가 드러남.

주제

사계절 자연의 모습과 자연 속 삶의 풍류

제대로 구조화하기

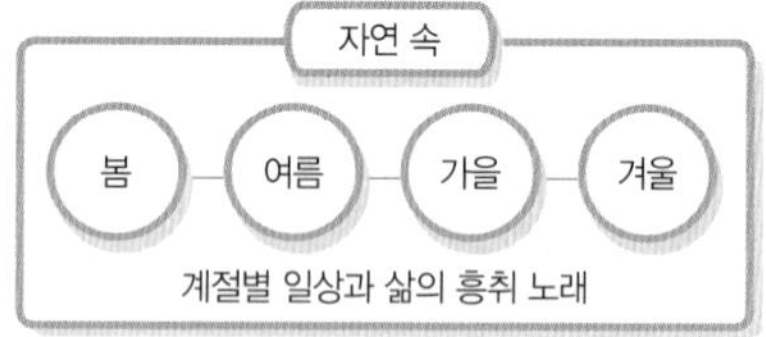

(나) 조우인, 〈자도사〉

제목의 의미·갈래

'스스로 애도하는 노래'라는 뜻으로, 임금에 대한 변함없는 충정을 남녀 관계에 의탁하여 드러낸 가사이다.

화자

화자는 임과 이별한 여인으로, 임을 향한 그리움과 원망을 드러냄.

시어

- 반벽청등: 벽에 걸린 푸른 등불. 화자의 외로운 처지를 부각하는 객관적 상관물
- (❶): 두견새. 화자가 죽어서 되고자 하는 존재

표현

- 임금에게 버림받은 신하의 애절한 심정을 (❷) 관계에 의탁하여 표현함.
- 계절감을 드러내는 소재와 객관적 상관물을 통해 화자의 상황과 정서를 부각함.

사창 매화 달에 가는 한숨 다시 짓고
ⓜ 은쟁(銀箏)을 꺼내어 원곡(怨曲)을 슬피 타니
주현(朱絃) 끊어져 다시 잇기 어려워라
차라리 죽어서 **자규**의 넋이 되어
밤마다 이화에 피눈물 울어 내어
오경에 잔월(殘月)을 섞어 **임의 잠**을 깨우리라

– 조우인, 〈자도사〉

주제
임금에 대한 변함없는 충정

제대로 구조화하기

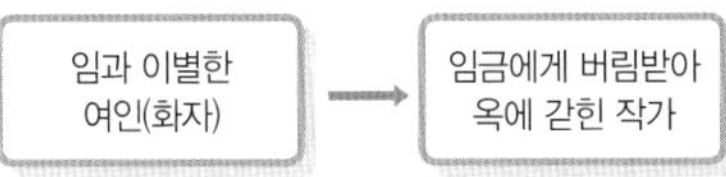

다 그 집은 **그 집 아이들**에게 작은 우주였다. 그곳에는 많은 비밀이 있었다. 자연 속에는 눈에 보이는 것 말고도 눈에 보이지 않는 무한한 비밀이 감춰져 있었다. **그는 그 집에서 크면서** 자연 속에 감춰진 비밀들을 깨달아 갔다.

석양의 북새, 혹은 **낮게 깔리는 굴뚝 연기**를 보고 그는 비설거지를 했다. 그런 다음 날은 틀림없이 **비**가 올 것이므로. 비가 온 날 저녁에는 또 지렁이가 밤새 운다는 것을 그는 알고 있었다. 똑또르 똑또르 하는 지렁이 울음소리. 냄새와 소리와 맛과 색깔과 형태 들이 그 집에서는 선명했다. 모든 것들이 말이다. 왜냐하면 봄과 여름과 가을과 겨울과 아침과 낮과 저녁과 밤이 그 집에서는 뚜렷했으므로. 자연이 그러한 것처럼 사람들의 삶이 명료했다.

이제 그 집을 떠난 그에게는 모든 것이 불분명하다. 아침과 저녁이 불분명하고 사계절이 불분명하고 오감이 불분명하다. 병원에서 태어나 수십 군데 이사를 다니고 나서 겨우 장만한 **아파트**. **그 사각진 콘크리트 벽** 속에 살고 있는 **그의 아이는 여름에 긴팔 옷을 입고 겨울에 반팔 옷을** 입는다.

돈은 은행에서 나고 먹을 것은 슈퍼에서 나는 것으로 아는 아이는, 수박이 어느 계절의 과일인지 분간하지 못하는 아이는 그래서 봄 여름 가을 겨울을 알지 못한다. 아침 저녁의 냄새와 소리와 맛과 형태와 색깔이 어떻게 다른지 알지 못한다.

어머니의 부음을 듣고 그는 그가 나고 성장한 그 노란 집으로 갔다. 팔 남매를 낳고 기르느라 조그마해질 대로 조그마해진 어머니는 바로 자신의 아이들을 낳았던 그 자리에 자신의 몸을 부려 놓고 있었다.

그 집, 노란 그 집에 **탄생과 죽음**이 있었다. 그 집 안주인의 죽음 이후 그 집은 적막해졌다. 아무도 그 집에 들어와 살지 않을 것이며 누구도 아이를 그 집에서 낳지 않을 것이며 그러므로 죽음 또한 그 집에서는 일어나지 않을 것이다. 그 집의 역사는 그렇게 끝이 난 것이다.

우리들의 어머니의 죽음과 함께 조왕신과 성주신이 살지 않는 우리들의 집은 이제 적막하다. 더 이상의 탄생과 죽음이 없는 우리들의 집은 쓸쓸하다.

우리는 오늘 밤도 쓸쓸한 집으로 돌아들 간다.

– 공선옥, 〈그 시절 우리들의 집〉

다 공선옥, 〈그 시절 우리들의 집〉

제목의 의미
'그'와 가족들이 자연과 조화를 이루며 살았던 공간으로, 자연처럼 뚜렷한 삶을 보낸 '그'의 가족들의 집을 의미한다.

체험과 느낌
- **글쓴이의 경험**: 자신이 태어나고 자신과 가족들이 (❶   )과 조화를 이루며 살았던 집이 사라진 현실을 안타까워함. '그 집'과 아파트를 대비하며 사색함.
- **글쓴이의 관점과 태도**: 현재의 세태를 비판하고 과거의 전통적 삶을 그리워함.

소재
- 북새, 굴뚝 연기: 자연에 순응하는 삶을 살았던 과거의 삶을 보여 주기 위한 소재
- (❷   ): '노란 집'과 대비되는 공간. 사계절과 오감이 불분명한 곳

표현
- '그'의 경험을 이야기하는 형식으로 내용을 전개함.
- 전통적인 집에서의 삶과 오늘날 아파트에서의 삶을 (❸   )함.

주제
과거의 자연 친화적 삶에 대한 그리움

제대로 구조화하기

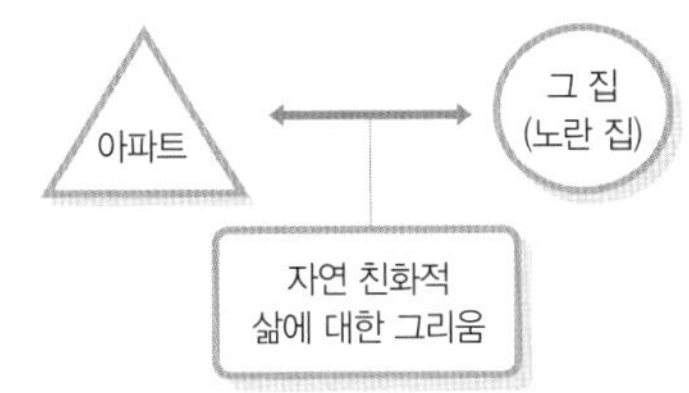

01 (가)~(다)의 공통점으로 가장 적절한 것은?

① 어조의 변화를 통해 긴장감을 조성하고 있다.
② 자연과 인간의 대비를 통해 세태를 비판하고 있다.
③ 대상과의 문답을 통해 주제 의식을 부각하고 있다.
④ 초월적 공간을 설정하여 고조된 감정을 드러내고 있다.
⑤ 시간을 나타내는 표현을 활용하여 내용을 전개하고 있다.

제대로 접근법 문제 채점까지 마친 후 복습할 때 보세요.

01
작품 간의 공통점을 파악하는 유형이다. 선택지의 내용과 지문에 드러난 세 작품의 특징을 연결 지어 대조하면서 문제를 해결한다.
구체적으로 어조의 변화, 자연과 인간의 대비, 문답의 방식, 초월적 공간의 제시, 시간을 나타내는 표현이 나타나는지 찾아본다.

02 (가)의 시상 전개에 대한 설명으로 가장 적절한 것은?

① 〈제1수〉의 초장, 중장은 풍경 묘사이고, 종장은 이에 대한 감상의 표현이다.
② 〈제2수〉의 초장, 중장은 인물의 행위가 순차적으로 나열된 것이다.
③ 〈제2수〉의 초장과 중장에 있는 인물의 행위는 〈제3수〉의 초장에서 그 결과로 나타난다.
④ 〈제3수〉의 초장의 장면은 중장과 인과적 관계로 연결된다.
⑤ 〈제4수〉의 초장의 동적인 분위기는 중장의 정적인 분위기로 전환된다.

03 〈보기〉에 따라 (나)의 ㉠~㉤을 이해한 내용으로 적절하지 <u>않은</u> 것은?

〈보기〉

선생님 : 이 작품의 제목에 쓰인 '자도(自悼)'는 '자신을 애도한다'는 뜻으로, 죽음에 견줄 만큼의 극단적인 슬픔을 드러낸 것입니다. 이 점에 주목하여 작품을 읽어 봅시다.

① ㉠을 통해, 임과 만날 가능성이 희박하다는 비관적 인식이 자신을 애도하게 만든 배경임을 알 수 있어요.
② ㉡을 통해, 새봄을 맞이하여 이별의 슬픔을 극복하기 위해 마음을 다잡으려 노력하고 있음을 알 수 있어요.
③ ㉢을 통해, 임에 대한 사무치는 그리움이 너무나 커서 자신을 애도할 수밖에 없는 상황임을 알 수 있어요.
④ ㉣을 통해, 무정한 임 때문에 자신의 처지가 바뀔 가능성이 없음을 깨닫고 좌절감을 느끼고 있음을 알 수 있어요.
⑤ ㉤을 통해, 임을 향한 원망의 마음을 음악으로 표현하여 내면의 슬픔을 토로하고 있음을 알 수 있어요.

04 (가)와 (나)의 시어에 대한 이해로 가장 적절한 것은?

① (가)의 '녹음'은 평온한 분위기의, (나)의 '농방'은 암울한 분위기의 장소이다.
② (가)의 '언제'는 미래의 어느 시기를, (나)의 '언제'는 과거의 어느 시기를 가리킨다.
③ (가)의 '새'와 (나)의 '자규'는 모두 화자의 감정이 이입된 대상물이다.
④ (가)의 '잠든 나'의 '잠'과 (나)의 '임의 잠'은 모두 꿈을 통해서라도 소망을 실현하기 위한 매개이다.
⑤ (가)의 '돌아가니'와 (나)의 '돌아오니'는 모두 화자가 새로운 상황에 기대감을 갖는 계기이다.

제대로 접근법 ☆ 문제 채점까지 마친 후 복습할 때 보세요.

02
시상 전개 방식을 파악하는 유형이다. 내용 이해를 통해 어렵지 않게 선택지의 적절성을 판단할 수 있는 문제로 실수하지 않는 것이 중요하다.
〈제1수〉에 풍경 묘사와 감상이 드러나는지, 〈제2수〉에 인물의 행위가 나열되고 이 행위가 〈제3수〉의 초장에 결과로 나타나는지, 〈제3수〉에서 인과적 관계가 드러나는지, 〈제4수〉에서 동적, 정적 분위기가 모두 드러나는지 확인해 본다.

03
구절의 의미를 파악하는 유형이다. 한자어가 많이 쓰인 시어의 의미와 비유적 표현에 담긴 의미를 파악하는 능력을 갖춰야 수월하게 문제를 해결할 수 있다. 〈보기〉의 '극단적인 슬픔'에 주목하여 화자의 정서를 이해하자.
'천문구중'은 '임금이 있는 궁궐'을, '백일'은 '임'을, '뒤집힌 동이'는 '화자 자신의 처지'를, '은쟁'은 '악기', '원곡'은 '원망하는 마음을 담은 곡조'이다. 그리고 화자는 겨울이 가기 전에 임의 터진 옷을 깁고자 하고, 임에 대한 사무치는 그리움으로 자신을 애도하고 있다. 이와 같은 내용을 바탕으로 하여 구절에 담긴 의미를 파악해 보자.

04
시어 및 시구의 의미와 기능을 파악하는 유형이다. 시어와 시구에 담긴 분위기는 시적 화자가 처한 상황이나 정서와 긴밀한 관련이 있다.
(가)는 자연 속에서 살아가는 화자가 삶의 흥취를 노래하고 있고, (나)는 임과 이별한 여인이 임을 향한 그리움과 원망을 노래하고 있다. 시적 상황과 화자의 정서에 대한 이해를 바탕으로 시의 흐름을 고려하여 각 시어 및 시구의 의미를 유추해 본다.

▶ 해설편 179쪽

05 비밀들을 중심으로 (다)를 이해한 내용으로 적절하지 않은 것은?

① '그 집'을 떠난 후 그의 오감이 불분명한 것은 비밀들이 그의 '아파트'에 감춰져 있기 때문이다.
② '그 집 아이들'은 '그 집'에서 '낮게 깔리는 굴뚝 연기'에 감춰진 '비'에 관한 비밀들을 깨달을 수 있었다.
③ '그의 아이'가 '여름에 긴팔 옷을 입고 겨울에 반팔 옷을 입는' 것은 비밀들을 모르고 살아가는 모습을 보여 준다.
④ '그 집'의 역사가 어머니의 죽음 후 끝났다고 한 것은 비밀들과 함께할 사람들의 '탄생과 죽음'이 사라졌기 때문이다.
⑤ '그 사각진 콘크리트 벽 속'에 사는 '그의 아이'는 비밀들을 알아차릴 줄 아는 감각을 익히지 못해 삶이 불분명하다.

제대로 접근법 ☆ 문제 채점까지 마친 후 복습할 때 보세요.

05
작품의 종합적 이해와 감상을 묻는 유형이다. 자연 속에 감춰진 비밀들을 알고 생활하는 공간과 그렇지 않은 공간이 대비되고 있음을 이해한다면 어렵지 않게 선택지의 적절성을 판단할 수 있다.
먼저 '자연 속에 감춰진 비밀들'이 무엇을 의미하는지 생각해 본다. 그리고 '그 집'과 '아파트'가 대비 관계의 공간적 의미를 갖고 있음을 이해해 내용의 적절성을 판단한다.

06 〈보기〉를 참고하여 (가)~(다)를 감상한 내용으로 적절하지 않은 것은? [3점]

〈보기〉

시조, 가사, 수필에서 작가는 대개 1인칭으로 나타나므로 작가 정보를 활용하면 작품을 더 풍부하게 해석할 수 있다. 그런데 작가는 자신을 다른 인물로 상정하여 표현하기도 한다. 이 경우에도 작가를 그 인물에 투영해서 읽을 수 있다. (가)는 작가가 나이 들어 벼슬에서 물러나 전원에서 생활하며 지은 시조라는 점, (나)는 작가가 임금에게 충언하는 시를 쓴 죄로 옥에 갇혔을 때 지은 가사라는 점, (다)는 작가가 시골에서 성장한 경험을 반영하여 쓴 수필이라는 점을 고려하여 작품을 해석할 수 있다.

① (가)의 '저 늙은이'가 작가라면, 전체적으로 이 작품은 연로한 작가가 느끼는 전원생활의 흥취를 드러낸 것이겠군.
② (가)의 '저 늙은이'가 작가가 아니라면, 〈제4수〉는 '낚대'의 깊은 맛에 몰입하며 '나'와는 달리 한가롭게 지내는 인물에 대한 심리적 거리감을 드러낸 것이겠군.
③ (나)의 '아녀자'가 작가라면, 이 작품은 '은침'과 '오색실'로 '임의 터진 옷'을 깁는 상황을 설정하여 임금에 대한 곧은 충심을 표현한 것이겠군.
④ (다)의 '그'가 작가라면, 이 작품은 '그 집'에서 성장하고 떠났던 자신의 경험을 타인의 것처럼 전달함으로써 개인적인 경험에 거리를 두고 객관화하여 표현한 것이겠군.
⑤ (다)의 '우리들'에 작가 자신이 포함되므로, 이 작품은 작가 자신의 개인적 경험을 확장하여 유사한 경험을 가진 독자들의 공감을 이끌어 내려 한 것이겠군.

06
외적 준거에 따라 작품을 감상하는 유형이다. 〈보기〉에 제시된 내용을 정리하고 선택지에 언급된 내용을 판단해 본다.

〈보기〉 분석
- (가): 나이 들어 벼슬에서 물러나 전원생활을 하는 화자
- (나): 임금에게 충언하는 시를 쓴 죄로 옥에 갇힌 화자
- (다): 시골에서 성장한 경험을 반영하여 공간의 의미를 탐색하는 화자

(가)~(다)의 '저 늙은이, 아녀자, 그, 우리들'을 작가로 보았을 때, 선택지에 언급된 내용이 작품의 주제 의식이나 내용에 부합하지 않는 것을 찾아본다. (가)에서 〈제1수〉의 '나'가 〈제4수〉의 '저 늙은이'와 같은 인물이 아니라고 한다면 '나'가 낚시의 깊은 맛에 몰입한 늙은이를 어떠한 마음으로 바라볼지 작품의 내용과 시적 화자의 정서를 고려하여 판단해 보자.

1차 채점		
맞은 문항 수		개
틀린 문항 수		개
헷갈리는 문항 번호		

• 틀린 문항 '/' 표시

→

2차 채점		
맞은 문항 수		개
틀린 문항 수		개
헷갈리는 문항 번호		

• 틀린 문항 '×' 표시

→

3차 채점		
맞은 문항 수		개
틀린 문항 수		개
헷갈리는 문항 번호		

• 틀린 문항 ⚠ 표시

◉ 권장 풀이 시간 : 9분 10초

[01-06] 다음 글을 읽고 물음에 답하시오.

가 아아 아득히 내 첩첩한 산길 왔더니라. **인기척 끊**이고 새도 짐승도 있지 않은 **한낮 그 화안한 골** 길을 다만 아득히 나는 머언 생각에 잠기어 왔더니라.

백화(白樺) 앙상한 사이를 바람에 백화같이 불리우며 물소리에 흰 돌 되어 씻기우며 나는 총총히 외롬도 잊고 왔더니라

살다가 오래여 삭은 장목들 흰 팔 벌리고 서 있고 풍설(風雪)에 깎이어 날선 봉우리 훌 훌 훌 창천(蒼天)에 흰 구름 날리며 섰더니라

쏴아 — 한종일내 — 쉬지 않고 부는 물소리 안은 바람소리…… **구월** 고운 낙엽은 날리어 푸른 담(潭) 위에 호르르르 낙화같이 지더니라.

어젯밤 잠자던 동해안 어촌 그 검푸른 밤하늘에 나는 장엄히 뿌리어진 허다한 **바다의 별들**을 보았느니,

이제 나의 이 **오늘밤** 산장에도 얼어붙는 바람 속 우러르는 나의 **하늘에 별들**은 쓸리며 다시 **꽃과 같이 난만(爛漫)하여라.**

– 박두진, 〈별 – 금강산시 3〉

나
[A] 사람들은 자기들이 길을 만든 줄 알지만
길은 순순히 **사람들의** 뜻을 좇지는 않는다
사람을 끌고 가다가 문득
벼랑 앞에 세워 **낭패**시키는가 하면
[B] 큰물에 우정 제 허리를 동강 내어
사람이 부득이 저를 버리게 만들기도 한다
[C] **사람들**은 이것이 다 사람이 만든 길이
거꾸로 사람들한테 세상 사는
슬기를 가르치는 거라고 말한다
길이 사람을 밖으로 불러내어
온갖 곳 온갖 사람살이를 구경시키는 것도
세상 사는 이치를 가르치기 위해서라고 말한다
[D] 그래서 길의 뜻이 거기 있는 줄로만 알지
길이 사람을 밖에서 안으로 끌고 들어가
스스로를 깊이 들여다보게 한다는 것은 모른다
[E] 길이 밖으로가 아니라 안으로 나 있다는 것을
아는 **사람**에게만 길은 고분고분해서

제대로 감상법 문제 풀이까지 마친 후 복습할 때 보세요.

가 박두진, 〈별 – 금강산시 3〉

화자

화자는 '나'로, 금강산을 여행하는 길에 보고 듣고 느낀 것들을 보여 줌.

시어

- 흰 돌: 화자를 빗대어 표현한 것. 화자가 자연에 (❶)되고 있음을 나타냄.
- 훌훌훌, 쏴아, 호르르르: (❷)를 사용하여 생동감 있게 자연을 묘사함.

표현

- 비유를 통해 자연의 아름다운 속성을 드러냄.
- 예스러운 종결 표현을 사용하고 계절감이 드러나는 소재를 활용함.
- (❸) 표현과 음성 상징어를 활용하여 생생한 느낌을 줌.

주제

금강산의 아름다운 자연과 동화되는 과정

제대로 구조화하기

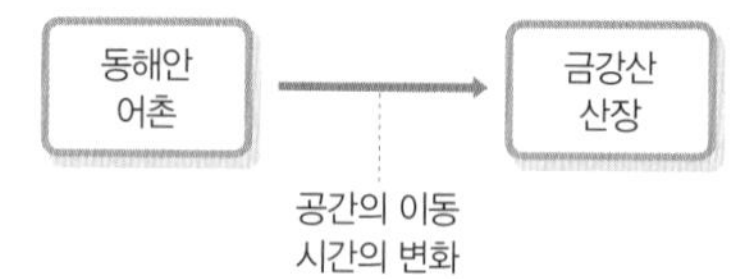

나 신경림, 〈길〉

화자

화자는 '길'의 의미에 대해 말하는 이로, '길'을 바라보는 서로 다른 두 시각을 제시하여 인생의 의미는 성찰을 통해 발견할 수 있다는 깨달음을 전달함.

시어

- 길: 인생, 삶을 의미
- 그것: '길'의 진정한 의미. (❶)의 중요성

표현

- '길'을 (❷)하여 인간 중심적 사고에 대한 비판적 시각을 드러냄.
- 유사한 시구와 통사 구조를 반복하여 의미를 강조하고 (❸)을 형성함.

주제

길을 통해 배우는 내면을 가꾸는 삶의 중요성

▶ 해설편 184쪽

꽃으로 제 몸을 수놓아 향기를 더하기도 하고
그늘을 드리워 사람들이 땀을 식히게도 한다
[F] ┌ 그것을 알고 나서야 사람들은 비로소
└ 자기들이 길을 만들었다고 말하지 않는다

– 신경림, 〈길〉

다 **고요하니 즐거운 이 밤** 초롱초롱 맑게 고인 샘물 같은 눈으로 나는 지금 **당신**께서 보내주신 맑고 고운 수선화 한 폭을 들여다봅니다. 들여다보노라니 그윽한 향기와 새파란 꿈이 안개같이 오르고 또 노란 슬픔이 연기같이 오릅니다. 나는 이제 이 긴긴 밤을 당신께 이 **노란 슬픔의 이야기**나 해서 보내도 좋겠습니까.

남쪽 바닷가 어떤 낡은 항구의 처녀 하나를 나는 좋아하였습니다. 머리가 까맣고 눈이 크고 코가 높고 목이 패고 키가 호리낭창하였습니다.

(중략)

어느 해 유월이 저물게 **실비 오는 무더운 밤**에 처음으로 그를 안 나는 여러 아름다운 것에 그를 견주어 보았습니다 — 당신께서 좋아하시는 산새에도 해오라비에도 또 진달래에도 그리고 산호에도……. 그러나 나는 어리석어서 아름다움이 닮은 것을 골라낼 수 없었습니다.

총명한 내 친구 하나가 그를 비겨서 수선이라고 하였습니다. 그제는 나도 기뻐서 그를 비겨 수선이라고 하였습니다. 그러한 나의 수선이 시들어 갑니다. 그는 스물을 넘지 못하고 또 **가슴의 병**을 얻었습니다. 이 이야기는 이만하고 나의 노란 슬픔이 더 떠오르지 않게 나는 당신의 보내 주신 맑고 고운 수선화의 폭을 치워 놓아야 하겠습니다.

밤이 **아직 샐 때가** 멀고 또 복밥을 먹을 때도 아직 되지 않았습니다. 이제 나는 어머니의 바느질 그릇이 있는 데로 가서 무새 헝겊이나 얻어다가 알룩달룩한 각시나 만들면서 **이 남은 밤**을 당신께서 좋아하실 내 시골 **육보름*** 밤의 이야기나 해서 보내도 좋겠습니까.

육보름으로 넘어서는 밤은 집집이 안간으로 사랑으로 웃간에도 맏웃간에도 다락방에도 허텅에도 고방에도 부엌에도 대문간에도 외양간에도 모두 째듯하니 불을 켜 놓고 복을 맞이하는 밤입니다. 달 밝은 마을의 행길 어데로는 **복덩이가 돌아다닐 것도 같은 밤**입니다. 닭이 수잠을 자고 개가 밤물을 먹고 도야지 깃을 들썩이는 밤입니다. **새악시 처녀**들은 새 옷을 입고 복물을 긷는다고 벌을 건너기도 하고 고개를 넘기도 하여 부잣집 우물로 가서 반동이에 옹패기에 찰락찰락 물을 길어 오며 별 같은 이야기를 **자깔자깔** 하는 밤입니다. 새악시 처녀들은 또 복을 가져오노라고 달을 보고 웃어 가며 살쾡이같이 여우같이 **부잣집**으로 가서는 날쌔기도 하게 기왓골의 **기왓장을 벗겨 오**고 부엌의 솥뚜껑을 들어 오고 곱새담의 짚날을 뽑아 오고……. 이렇게 **허물없는 즐거움** 속에 **끼득깨득** 하는 그들은 산에서 내린 무슨 암짐승이 되어 버리는 밤입니다.

– 백석, 〈편지〉

***** **육보름**: 정월 대보름 다음날

제대로 구조화하기

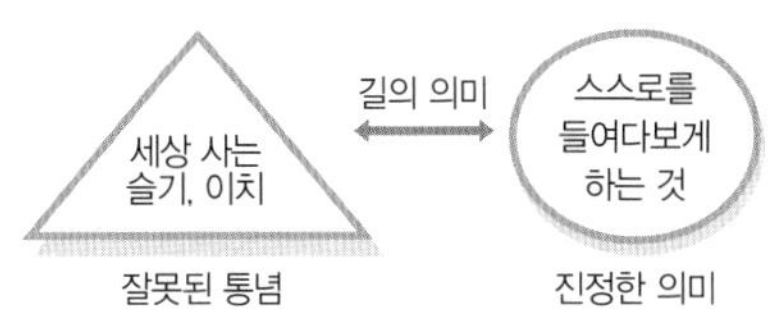

다 **백석, 〈편지〉**

제목의 의미

'당신'에게 쓴 (❶) 형식의 수필로, 글쓴이의 개인적 경험과 고향에서의 공동체적 경험을 친근하게 이야기하는 방식으로 서술하고 있다.

체험과 느낌

- **글쓴이의 경험**: 고요한 밤에 '당신'이 보내 준 '수선화 한 폭'을 들여다보며 좋아했던 처녀를 회상하고, '당신'이 좋아하실 시골 육보름 밤의 풍경을 이야기함.
- **글쓴이의 관점과 태도**: 좋아했던 처녀를 이야기할 때는 슬픔이 느껴지고, 육보름 밤의 풍경을 이야기할 때는 즐거움이 느껴짐.

소재

- (❷): '당신'이 '나'에게 보내 준 것으로, '노란 슬픔의 이야기'를 떠올리는 계기가 됨.
- 육보름 밤의 이야기: '나'가 '당신'에게 소개하는 정월 대보름 다음날 고향의 풍경과 다양한 풍속들

표현

- 편지 형식을 통해 특정 인물과 공간에서 환기되는 정서를 담담한 어조로 소개함.
- (❸)의 마을 풍속에 관한 내용을 현재형으로 서술하여 제시함.

주제

밤과 관련하여 떠오른 슬픔과 즐거움의 기억

제대로 구조화하기

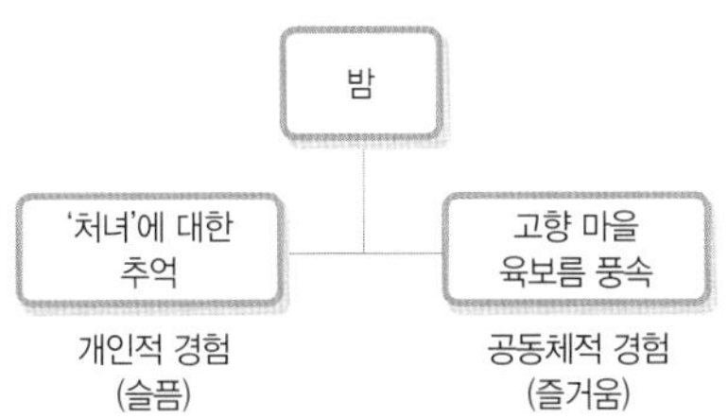

01 (가)~(다)의 공통점으로 가장 적절한 것은?

① 빗대어 표현하는 방식으로 대상의 속성을 드러내고 있다.
② 과거를 회상하는 방식으로 현재의 의미를 나타내고 있다.
③ 영탄적인 어조로 대상에서 촉발된 인상을 표현하고 있다.
④ 예스러운 종결 표현으로 고풍스러운 느낌을 자아내고 있다.
⑤ 계절감을 드러내는 표현으로 시간의 경과를 보여 주고 있다.

제대로 접근법 문제 채점까지 마친 후 복습할 때 보세요.

01
작품 간의 공통점을 파악하는 유형이다. 선택지에 언급된 내용 중 가장 쉽게 확인할 수 있는 것부터 찾아 틀린 선택지를 지워 나간다.
(가)~(다)에서 비유법을 사용해 대상을 표현하고 있는지, 시간을 나타내는 부사어나 종결 어미를 통해 과거를 회상하고 있는지, 감탄사나 서술어의 어미에서 영탄적 어조가 드러나는지, 예스러운 종결 표현이 있는지, 계절감을 드러내는 표현을 사용해 시간의 변화가 느껴지는지를 확인하여 문제를 해결한다.

02 〈보기〉를 참고하여 (가), (나)를 감상한 내용으로 적절하지 않은 것은? [3점]

〈보기〉

(가)에서 화자는 금강산으로 가는 길에서 만난 자연의 모습을 자신의 내면에 투영하여 형상화하고 있다. 자연의 외적 모습을 바라보는 데 그치지 않고 주관적 대상으로 묘사하여, 화자와 자연의 정서적 교감을 드러낸다.
(나)에서 화자는 길에 대한 사람들의 생각이 자신의 관점에만 치우쳐 있어서 내면의 길을 찾지 못하고 있음을 일깨우고 있다. '밖'과 '안'을 대비하여 내적 성찰의 중요성을 이끌어 내는 길의 상징적 의미를 진술함으로써, 길에 대해 사람들이 깨달음을 얻어 가는 과정을 보여 준다.

① (가)는 '화안한 골 길'과 '백화 앙상한 사이'를 통해, 화자가 여정 속에서 만난 자연의 모습을 묘사하고 있군.
② (가)는 '바다의 별들'과 '하늘에 별들'을 통해, 화자의 내면에 투영된 자연에 대한 주관적 인상을 형상화하고 있군.
③ (나)는 '벼랑 앞에'서 '낭패'를 겪는 사람들의 상황을 보여 줌으로써, 자신의 관점으로만 길을 이해한 사람들을 일깨우려 하고 있군.
④ (나)는 '세상 사는 이치'에서, 내면의 길을 찾아내어 내적 성찰을 이끌어 낸 사람들의 생각을 담아내고 있군.
⑤ (가)는 '꽃과 같이 난만하여라'에서, (나)는 '꽃으로 제 몸을 수놓아 향기를 더하기도 하고'에서, 대상에 대한 화자의 긍정적인 태도를 엿볼 수 있군.

02
외적 준거에 따라 작품을 감상하는 유형이다. 〈보기〉의 내용을 다음과 같이 요약하고, 선택지의 적절성을 파악한다.

	(가)	(나)
화자	자연의 모습을 내면에 투영	내면의 길을 찾지 못하고 있음을 일깨움.
표현	자연을 주관적 대상으로 묘사	'밖'과 '안'의 대비, 길의 상징적 의미 진술
태도	화자와 자연의 정서적 교감을 드러냄.	사람들이 길에 대한 깨달음을 얻어 가는 과정을 보여 줌.

선택지의 내용이 〈보기〉와 작품의 내용에 부합하는지 살펴보자. 선택지에 언급된 시구가 자연의 모습을 묘사하고 있는지, 주관적 인상을 형상화하는 것과 관련 있는지, 사람들을 일깨우고자 사용된 것인지, 내적 성찰을 하는 사람들의 생각이 담긴 것인지, 대상에 대해 긍정적 태도를 표현한 것인지 판단해 본다.

03 (가), (다)에 대한 이해로 가장 적절한 것은?

① (가)의 '구월'은 화자의 고뇌가 심화되는 시간으로 볼 수 있다.
② (다)의 '고요하니 즐거운 이 밤'은 '당신'과의 재회에 대한 기대감이 고조되는 시간으로 볼 수 있다.
③ (가)의 '어젯밤'은 화자가, (다)의 '복덩이가 돌아다닐 것도 같은 밤'은 글쓴이가 고독감을 느끼는 시간으로 볼 수 있다.
④ (가)의 '오늘밤'은 화자가 고향에 대한 기억을 되살리는, (다)의 '실비 오는 무더운 밤'은 글쓴이가 지난날을 후회하는 계기로 볼 수 있다.
⑤ (가)의 '인기척 끊긴 '한낮'은 화자가 생각에 잠길 만한, (다)의 '아직 샐 때가' 먼 '이 남은 밤'은 글쓴이가 이야기를 계속할 만한 시간으로 볼 수 있다.

제대로 접근법 ☆ 문제 채점까지 마친 후 복습할 때 보세요.

03
배경 및 소재의 기능을 파악하는 유형이다. 작품의 내용을 충실하게 이해하면 선택지의 적절성을 어렵지 않게 판단할 수 있다. 따라서 작품의 내용 파악에 집중해야 한다.
(가)에서 시적 상황과 화자의 태도 및 정서를 파악하고, (다)에서 수필의 내용과 글쓴이의 체험 및 정서를 파악한다. 이를 바탕으로 선택지에서 작품의 배경 및 소재의 기능을 적절하게 설명하고 있는지 판단한다.

04 (가)에 대한 이해로 적절하지 않은 것은?

① 1연에서 '아득히', '왔더니라'를 반복하여, '첩첩한 산길'과 '머언 생각에 잠기'는 화자의 내면을 조응시키고 있다.
② 2연의 '물소리에 흰 돌 되어 씻기우며'에서, 자연과의 관계에서 느끼는 화자의 정서를 드러내고 있다.
③ 3연의 '오래여 삭은 장목들'과 '풍설에 깎이어 날선 봉우리'를 통해, 자연의 유구함에서 풍기는 분위기를 표상하고 있다.
④ 3연의 '훌 훌 훌', 4연의 '쏴아', '호르르르'와 같은 표현으로, 자연의 풍경을 생동감 있게 형상화하고 있다.
⑤ 5연의 '동해안'과 6연의 '산장'이라는 공간의 대조를 통해, 장소의 이동에 따른 화자의 태도 변화를 부각하고 있다.

04
시어 및 시구의 의미와 기능을 파악하는 유형이다. 시에 대한 이해를 바탕으로 선택지의 설명이 적절한지 파악한다. 금강산에 들어가는 화자의 모습, 금강산에서 본 아름다운 자연 풍광, 밤하늘에 뜬 별을 바라보는 화자의 마음을 이해한다.
시어를 반복하여 무엇을 표현하고자 했는지, 자연물에 관련된 표현이 어떤 분위기를 연출하고 있는지, 음성 상징어를 사용하여 얻는 표현의 효과가 무엇인지, 공간에서 느껴지는 화자의 정서가 무엇인지 생각하며 선택지의 적절성을 판단한다.

05 [A]~[F]에 대한 이해로 적절하지 않은 것은?

① [A]에서 '길'이 '사람들의 뜻'을 좇지 않는다는 진술의 구체적인 양상을 [B]에서 확인할 수 있다.
② [B]에서의 경험을 [C]에서 '사람들'이 어떻게 수용하는지를 밝히고 있다.
③ [C]의 '사람들'이 미처 깨닫지 못한 바가 무엇인지를 [D]에서 밝히고 있다.
④ [E]와 같이 제 뜻을 굽혀 '사람'에게 복종하는 '길'의 모습은 [B]와 대비되고 있다.
⑤ [F]에서 깨달음을 얻은 '사람들'의 태도는 [A]의 '사람들'의 태도와 대비되고 있다.

06 〈보기〉를 참고하여 (다)를 감상한 내용으로 적절하지 않은 것은?

〈보기〉

'당신'에게 쓰는 편지 형식의 이 수필에서 글쓴이는 개인적 경험과 공동체적 경험으로 대비되는 두 가지 이야기를 들려준다. 수선화에서 연상된 이야기가 글쓴이에게 슬픔을 환기하는 기억이라면, 고향의 풍속 이야기는 일탈이 용인되는 유쾌한 축제로 그려진다. 이를 통해 독자는 슬픔과 즐거움이라는 삶의 양면성을 경험하게 된다.

① 글쓴이가 '당신'에게 말하는 형식으로 되어 있어 독자는 자신이 편지의 수신인이 된 것처럼 친근함을 느낄 수 있겠군.
② '노란 슬픔의 이야기'는 '가슴의 병'을 얻은 여인과 관련된 개인적 경험으로 볼 수 있겠군.
③ '육보름'에 대한 '당신'과 글쓴이의 경험을 대비한 것은 삶의 양면성을 보여 주려는 의도로 볼 수 있겠군.
④ '부잣집'의 '기왓장을 벗겨 오'는 '새악시 처녀들'의 행동은 축제 같은 분위기 속에 일시적으로 용인된 것이겠군.
⑤ '사깔사깔', '끼득끼득'과 같은 음성 상징어에서 '새악시 처녀들'의 '허물없는 즐거움'과 쾌감을 느낄 수 있겠군.

제대로 접근법 ☆ 문제 채점까지 마친 후 복습할 때 보세요.

05
작품의 맥락을 이해하는 유형이다. 화자가 길에 대한 사람들의 상반된 인식을 대조하여 길의 진정한 의미를 이야기하고 있음을 알고 문제를 해결해야 한다. [A]는 사람들의 생각과 달리 '사람들의 뜻'을 좇지 않는 길의 특성을, [B]는 큰물에 제 허리를 동강 내는 길의 모습을 드러낸다. [C]는 길에 대한 사람들의 생각을 인용하고, [D]는 사람들을 깊이 들여다보게 하는 길의 참된 의미를 이야기한다. [E]는 고분고분한 길을, [F]는 사람들의 겸손한 태도를 말한다. 각 부분을 다른 부분과 연결 지어 설명하고 있는 선택지의 내용이 적절한지 판단하자.

06
작품을 종합적으로 이해하고 감상하는 유형이다. 〈보기〉는 (다)가 편지 형식을 사용하여 글쓴이의 개인적 경험과 공동체적 경험을 이야기하고, 삶의 양면성을 경험하게 해 준다고 설명한다. 이를 바탕으로 작품을 감상하며 다음과 같은 내용을 생각해 본다. '편지 형식'을 사용함으로써 얻는 표현 효과가 무엇인지, 개인적 경험과 공동체적 경험에 해당하는 내용은 무엇인지, 삶의 양면성을 경험할 수 있는 이유는 무엇인지, 일시적 일탈에 해당하는 내용은 무엇인지, 음성 상징어를 통해 무엇을 느낄 수 있는지 생각해 본다. 작품을 통해 확인할 수 없는 내용을 제시하는 선택지를 찾으면 문제를 쉽게 해결할 수 있다.

1차 채점

맞은 문항 수	개
틀린 문항 수	개
헷갈리는 문항 번호	

• 틀린 문항 '/' 표시

→ **2차 채점**

맞은 문항 수	개
틀린 문항 수	개
헷갈리는 문항 번호	

• 틀린 문항 '×' 표시

→ **3차 채점**

맞은 문항 수	개
틀린 문항 수	개
헷갈리는 문항 번호	

• 틀린 문항 '☆' 표시

[01~06] 다음 글을 읽고 물음에 답하시오.

가

[A] ┌ 구겨진 하늘은 묵은 얘기책을 편 듯
└ 돌담 울이 고성같이 둘러싼 산기슭
박쥐 나래 밑에 황혼이 묻혀 오면
초가 집집마다 **호롱불**이 켜지고
고향을 그린 묵화(墨畫) 한 폭 좀이 쳐.

띄엄 띄엄 보이는 그림 조각은
[B] ┌ 앞밭에 보리밭에 말매나물 캐러 간
└ 가시내는 가시내와 종달새 소리에 반해

빈 바구니 차고 오긴 너무도 부끄러워
술레짠 두 뺨 위에 모매꽃이 피었고.

[C] ┌ 그넷줄에 비가 오면 풍년이 든다더니
└ 앞내강에 씨레나무 밀려 나리면
젊은이는 젊은이와 **뗏목**을 타고
돈 벌러 항구로 흘러간 몇 달에
서릿발 잎 져도 못 오면 바람이 분다.

[D] ┌ 피로 가꾼 이삭이 참새로 날아가고
└ 곰처럼 어린 놈이 북극을 꿈꾸는데
늙은이는 늙은이와 싸우는 입김도

[E] ┌ 벽에 서려 성에 끼는 한겨울 밤은
└ 동리(洞里)의 밀고자인 강물조차 얼붙는다.

– 이육사, 〈초가〉

나 오늘, 북창을 열어,
장거릴 등지고 산을 향하여 앉은 뜻은
사람은 맨날 변해 쌓지만
태고로부터 푸르러 온 산이 아니냐.
고요하고 너그러워 수(壽)하는 데다가
보옥을 갖고도 자랑 않는 겸허한 산.
마음이 본시 산을 사랑해
평생 산을 보고 산을 배우네.
그 품 안에서 자라나 거기에 가 또 묻히리니
내 이승의 낮과 저승의 밤에

제대로 감상법 ☆ 문제 풀이까지 마친 후 복습할 때 보세요.

가 이육사, 〈초가〉

화자

▣ **화자와 시적 상황**: 화자는 오래전 고향을 떠나온 이로, 호롱불이 켜지는 (❶)를 바라보며 고향의 모습을 떠올리고 있음.

▣ **화자의 정서와 태도**: 피폐해져 가는 고향의 모습과 악화되어 가는 일제 강점기의 현실에 대해 안타까워함.

시어

- 보리밭, 말매나물: 계절적 배경이 (❷)임을 드러내는 시어
- (❸): 일제 강점기의 고난과 시련을 의미하는 시간적 배경

표현

- (❹)의 흐름에 따라 시상을 전개함.
- 담담한 어조로 비극적인 현실을 제시함.

주제

고향에 대한 그리움과 피폐해진 현실 상황

제대로 구조화하기

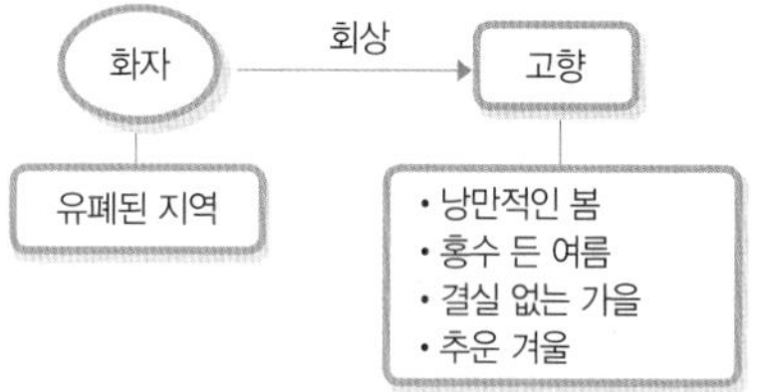

나 김관식, 〈거산호 2〉

화자

▣ **화자와 시적 상황**: 화자는 '나'로, (❶)를 등지고 산을 향해 앉아 산을 바라봄.

▣ **화자의 정서와 태도**: 산의 덕목을 예찬하며, 자연과 동화된 삶을 살고자 함.

시어

- (❷): 화자로 하여금 산을 바라보게 해 주는 매개체
- (❸): 화자가 본받고 싶어 하는 대상. 고요함, 너그러움, 겸허함 등의 덕목을 지님.

표현

- (❹) 표현으로 주제를 강조함.
- 변덕스러운 인간사와 불변하는 자연을 대비함.
- 자연 친화적인 삶의 태도를 감각적으로 형상화함.

주제

산의 덕을 배우며 산과 동화된 삶을 살고 싶은 마음

아아라히 뻗쳐 있어 다리 놓는 산.
네 품이 내 고향인 그리운 산아
미역취 한 이파리 상긋한 산 내음새
산에서도 오히려 산을 그리며
꿈같은 산 정기(精氣)를 그리며 산다.

– 김관식, 〈거산호 2〉

제대로 구조화하기

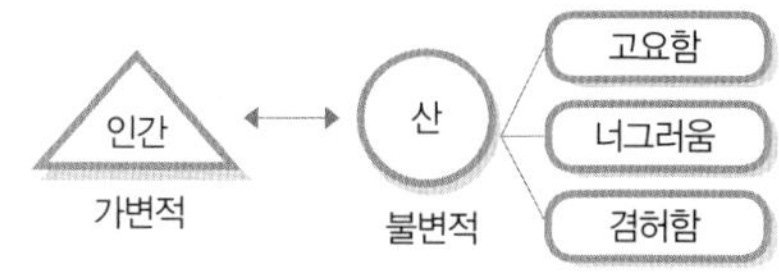

다 온갖 꽃들이 요란스럽게 일제히 터트려져 광채가 찬란하다. 이때에 바람이 살짝 불어오면 향기가 코를 스친다. 때마침 꼴 베는 자가 낫을 가지고 와서 손 가는 대로 베어 내는데, 아쉬워 돌아보거나 거리끼는 마음도 없다. 나는 이에 한숨을 쉬며 탄식하여 말하였다.

"땅이 낳고 하늘이 기르는바, 만물이 무성히 자라며 모두가 광대한 은택을 입는구나. 이에 따스한 바람이 불어 갖가지 형상을 아로새기고 단비를 내려 온 둘레를 물들이니, 천기(天機)를 함께 타고나 형체를 부여받음에 각기 그 자질에 따라 고운 자태를 드러낸다. 모란의 진귀하고 귀중함을 해당화의 곱고 아름다움에 견주어 보면, 비록 크고 작은 차이는 있겠으나, 어찌 **공교함과 졸렬함**에 다른 헤아림이 있었겠는가?

(중략)

그런데도 **귀함**이 저와 같고 **천함**이 이와 같아, 어떤 것은 **부호가의 깊은 장막 안**에서 눈앞의 봄바람을 지키고, 어떤 것은 짧은 낫을 든 어리석은 종의 손아귀에서 가을 서리처럼 변한다. 이 어찌 된 일인가? 뜨락은 사람 가까이에 있고 교외의 땅은 멀리 막혀 있어 가까운 것은 친하기 쉽고 멀리 있는 것은 저어하기 때문이 아니겠는가? 아니면 요황과 위자*는 성씨가 존엄한데 범상한 화초는 이름이 없으며, 성씨가 존엄한 것은 곱게 빛나는데 이름 없는 것들은 먼 데서 이주해 온 백성 같은 존재이기 때문인가? 그도 아니면 뿌리가 깊은 것은 종족이 번성한데 빽빽이 늘어선 것들은 가늘고 작으며, 높고 큰 것은 높은 자리에 있고 가늘고 작은 것들은 들판에 있기 때문인가?

아! 낳는 것은 하늘에 달려 있으나 **영화롭게** 하는 것은 인간에 달려 있다. 하늘은 사사로움이 없기에 그 **조화(造化)가 균일**하지만, 인간은 널리 베풀지 못하므로 **소원함**도 있고 **친함**도 있는 것이다. 하늘이 이미 낳아 주었는데 또 어찌 사람이 영화롭게 하고 영화롭지 못하게 한다고 원망하겠는가? 나에게는 비록 감정이 있지만 풀에는 감정이 없으니, 그것이 **소**의 목구멍을 채우는 것과 **나비**로 하여금 다투어 찾도록 하는 것을 어찌 달리 보겠는가?"

– 이옥, 〈담초(談艸)〉

*** 요황과 위자**: 모란의 진귀한 품종을 일컫는 말

다 이옥, 〈담초(談艸)〉

제목의 의미

'담초'는 '풀에 대한 이야기'라는 뜻으로, 인간이 꽃과 풀을 어떻게 대하는지 살핌으로써 인간의 태도를 성찰하고 있는 고전 수필이다. 글쓴이는 스스로 설정한 기준에 따라 자연물에 차등을 두는 인간의 태도를 비판하고 있다.

체험과 느낌

- **글쓴이의 경험**: (❶) 베는 자가 낫으로 화초를 베어 내는 것을 보고 탄식함.
- **글쓴이의 관점과 태도**: 인간이 자의적인 기준에 따라 자연물을 차별하는 것은 바람직하지 않다고 생각함.

소재

- (❷)의 깊은 장막 안: 귀한 대우를 받는 삶을 의미함.
- (❸): 인간과 달리 사사로움이 없어 모든 자연물을 조화가 균일한 것으로 바라보는 존재

표현

- 대조적인 상황을 설정하여 논리를 전개함.
- 인간에 대한 (❹)인 시각이 드러남.
- 의문형 문장을 통해 전달하려는 바를 강조함.

주제

자연을 바라보는 인간의 태도에 대한 성찰의 필요성

제대로 구조화하기

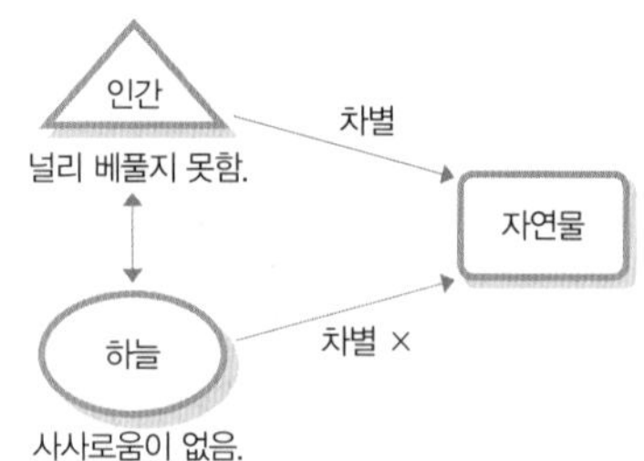

▶ 해설편 188쪽

01 (가)~(다)에 대한 설명으로 가장 적절한 것은?

① (가)에서는 현실적인 문제 해결의 실마리로 조화로운 공동체의 모습을 제시하고 있다.
② (나)에서는 현실에 대한 부정적 인식을 바탕으로 앞날에 대한 회의를 드러내고 있다.
③ (다)에서는 자연과 인간의 관계를 살펴 자연을 바라보는 인간의 태도에 대한 성찰을 드러내고 있다.
④ (가), (다)에서는 모두 자연물이 쇠락하는 과정을 제시하여 인생에 대한 무상감을 드러내고 있다.
⑤ (가), (나), (다)에서는 모두 자연과의 교감을 통해 장소에 대한 낙관적 전망을 이끌어 내고 있다.

02 〈보기〉를 참고할 때, [A]~[E]에 대한 이해로 적절하지 않은 것은?

〈보기〉

이육사는 〈초가〉를 발표하면서 '유폐된 지역에서'라고 창작 장소를 밝혔다. 이곳에서 그는 오래전 떠나온 고향을 떠올려 시로 형상화했다. 계절의 흐름에 따라 낭만적인 봄에서 비극적인 겨울로 시상을 전개하여 악화되어 가는 일제 강점기의 현실을 묘사했다.

① [A]: 돌담 울에 둘러싸인 산기슭을 묘사하여 화자가 고향을 회상하는 장소의 분위기를 나타내고 있다.
② [B]: 봄날의 보리밭 풍경을 제시하여 화자가 떠올리는 고향의 모습을 형상화하고 있다.
③ [C]: 고향 사람들이 기대하던 앞내강 정경을 묘사하여 화자의 소망이 이루어진 상황을 나타내고 있다.
④ [D]: 풍족한 결실을 거두지 못한 상황에서 자신이 처한 현실 너머의 세계를 꿈꾸는 소년의 모습을 보여 주고 있다.
⑤ [E]: 강물이 얼어붙는 삭막한 겨울의 이미지로 일제 강점기의 가혹한 현실 상황을 드러내고 있다.

03 '산'에 대한 화자의 태도를 중심으로 (나)를 감상한 내용으로 적절하지 않은 것은?

① '산'을 수시로 변하는 인간과 달리 태고로부터 본질을 잃지 않는 불변성을 지닌 것으로 인식하는군.
② '산'을 인간의 덕성을 표면화하는 데 집중하는 적극적 의지를 지닌 존재로 여기는군.
③ '산'을 삶과 죽음을 이어 줌으로써 죽음 이후에도 함께할 대상으로 여기는군.
④ '산'을 근원적 고향으로 인식함으로써 그리움의 대상으로 바라보는군.
⑤ '산'을 현재 함께하는 존재로 여기면서도 지속적으로 지향해야 할 궁극적인 존재로 인식하는군.

제대로 접근법

문제 채점까지 마친 후 복습할 때 보세요.

01
화자 또는 글쓴이의 서술 태도를 파악하는 유형으로, 작품의 전체적인 맥락과 분위기를 이해하면 어렵지 않게 문제를 해결할 수 있다.
작품을 감상할 때 중심 소재나 대상을 긍정적인 것과 부정적인 것으로 구분해 보면, 작품의 흐름과 분위기를 파악하는 데 유용하다. 긍정적 대상과 부정적 대상을 각각 다른 기호로 표시하면서 작품을 감상한 후, 이를 고려하여 선택지의 적절성을 판단한다.

02
외적 준거에 따라 작품을 감상하는 유형으로, 〈보기〉에 제시된 정보를 활용하면 작품을 효과적으로 이해할 수 있다.
〈보기〉에는 작품의 창작 배경, 소재, 시상 전개 방식, 주제 의식 등이 제시되어 있다. 이를 참고하여 작품을 감상하고 [A]~[E]에 대한 이해로 적절하지 않은 것을 골라 보자.

03
화자의 태도를 파악하는 유형이다. 대상에 대한 화자의 태도가 비교적 뚜렷하게 나타나 있어 문제를 해결하는 데 어려움이 없었을 것이다.
화자는 산의 덕목을 예찬하면서 자연과 동화된 삶을 살고자 하는 바람을 드러내고 있다. 이처럼 화자가 산을 긍정적으로 바라보고 있다는 점을 염두에 두고 선택지의 적절성을 판단해 보자.

04 (다)의 '나'에 대한 이해로 가장 적절한 것은?

① 꽃의 '공교함과 졸렬함'을 판단할 때는 꽃의 형체보다는 쓰임새에 기준을 두어야 함을 강조한다.
② 화초의 '귀함'과 '천함'에 대한 평가는 그 본성에 맞게 이름이 부여되었느냐에 달려 있다고 믿는다.
③ 풀을 '영화롭게' 만드는 주체는 인간이 아니라 하늘이어야 한다는 깨달음을 드러낸다.
④ 하늘의 입장에서 보면 모든 풀은 '조화가 균일'한 존재로서 가치의 우열을 가지지 않는다고 생각한다.
⑤ 인간의 감정에는 '소원함'과 '친함'이 모두 있으므로 사사로움을 넘어 균형을 도모할 수 있다고 본다.

제대로 접근법 ☆ 문제 채점까지 마친 후 복습할 때 보세요.

04
글쓴이의 관점 및 주제 의식을 파악하는 유형이다. 수필에서는 글쓴이가 자신의 경험이나 관찰을 통해 얻은 깨달음을 바탕으로 주제 의식을 펼치는 경우가 많다.
(다)에서 글쓴이는 꼴 베는 이가 화초를 무심하게 베어 내는 모습을 보고, 자연물을 대하는 인간의 태도에 대한 성찰을 드러내고 있다. 글쓴이가 인간의 어떤 태도를 비판하고 있는지 정리한 다음 선택지의 적절성을 판단해 보자.

05 묵화와 북창을 중심으로 (가)와 (나)를 비교한 내용으로 가장 적절한 것은?

① (가)에서는 '묵화'와 '박쥐 나래'의 이미지를 연결하여 고향의 어두운 분위기를, (나)에서는 '북창'에서 바라본 산의 '품'에 주목하여 산이 주는 아늑한 분위기를 드러낸다.
② (가)에서 '묵화'는 '황혼'이 상징하는 현실적 상황에, (나)에서 '북창'은 '저승의 밤'이 의미하는 절망적 상황에 대응된다.
③ (가)에서 '묵화'에 '좀이 쳐'라고 한 것은 화자가 고향에 대해 느끼는 세월의 깊이를, (나)에서 '북창'을 '오늘' 열었다고 한 것은 산을 대하는 화자의 인식이 변화된 시점을 드러낸다.
④ (가)에서 '묵화'를 '그림 조각'이라고 한 것은 고향의 분절된 이미지를, (나)에서 '북창'을 '열어' 산을 보고 있다는 것은 선망하는 세계와 분리된 이미지를 나타낸다.
⑤ (가)에서는 '묵화'에 그려진 '모매꽃'에 부끄러움의 정서를, (나)에서는 '북창'을 통해 본 '보옥'에 안타까움의 정서를 담아낸다.

05
작품 간의 공통점과 차이점을 파악하는 유형이다. 발문에 제시되어 있는 '묵화'와 '북창'의 의미를 정확히 이해하고, 이를 토대로 선택지에 언급된 내용을 비교해야 하는 까다로운 문제이다.
(가)의 '묵화'는 화자의 머릿속에 있는 고향의 모습을 형상화한 것이고, (나)의 '북창'은 화자가 산을 보기 위해 열어 둔 것이다. '묵화'와 '북창'의 의미를 중심으로 선택지에 언급된 시적 분위기, 시적 상황, 화자의 인식, 시어의 이미지, 화자의 정서 등을 각각 비교해 보자.

▶ 해설편 188쪽

06 〈보기〉를 참고하여 (가)~(다)를 감상한 내용으로 적절하지 않은 것은? [3점]

〈보기〉

문학적 표현에는 표현 대상을 그와 연관된 다른 관념이나 사물로 대신하여 나타내는 방법이 있다. 여기에는 사물의 속성으로 실체를 대신하거나 대상의 한 부분으로 전체를 대신하는 것 등이 포함된다. 이러한 방법들은 서로 혼재되기도 하면서 구체적이고 생생한 이미지와 분위기를 환기한다.

① (가)에서 저녁이 오는 시간을 그와 연관된 사물인 '호롱불'이 켜진다는 것으로 나타냄으로써, 산골 마을의 저녁 풍경을 시각적 이미지로 보여 주는군.
② (가)에서 고향에 머무르지 못하고 객지로 떠나는 현실을 '뗏목'을 타고 흘러가는 것과 연관 지어 나타냄으로써, 삶의 불안정함을 구체적 이미지로 보여 주는군.
③ (나)에서 세속적인 삶의 공간 전체를 이해관계가 얽혀 있는 '장거리'의 속성을 활용하여 나타냄으로써, 인심이 쉽게 변하는 세속 공간의 분위기를 환기하는군.
④ (다)에서 귀한 대우를 받는 삶을 그러한 속성을 가진 '부호가의 깊은 장막 안'으로 나타냄으로써, 인간과 가까운 공간의 적막한 분위기를 환기하는군.
⑤ (다)에서 풀의 가치를 '소'와 '나비'의 행위와 연관 지어 나타냄으로써, 하찮게 취급되는 풀과 귀하게 여겨지는 풀의 차이를 구체적 이미지로 보여 주는군.

제대로 접근법

문제 채점까지 마친 후 복습할 때 보세요.

06

외적 준거에 따라 작품을 감상하는 유형으로, 정답률이 매우 낮았다. 〈보기〉에서 설명하는 개념에 대해 제대로 이해하지 못했기 때문으로 보인다.
〈보기〉의 설명 중, '사물의 속성으로 실체를 대신'하는 방법은 환유법이고 '대상의 한 부분으로 전체를 대신'하는 방법은 제유법이다. (가)~(다)에 환유법과 제유법이 사용되었는지, 그 결과 어떤 효과가 나타났는지 살펴보며 선택지의 적절성을 판단해 보자. 선택지가 '~ 나타냄으로써, ~는군.'의 구조로 되어 있으므로, 앞부분의 내용과 뒷부분의 내용이 모두 맞는지 확인해야 한다.

1차 채점	
맞은 문항 수	개
틀린 문항 수	개
헷갈리는 문항 번호	

• 틀린 문항 '/' 표시

→

2차 채점	
맞은 문항 수	개
틀린 문항 수	개
헷갈리는 문항 번호	

• 틀린 문항 '×' 표시

→

3차 채점	
맞은 문항 수	개
틀린 문항 수	개
헷갈리는 문항 번호	

• 틀린 문항 ⚠ 표시

◉ 권장 풀이 시간 : 8분 30초

[01-06] 다음 글을 읽고 물음에 답하시오.

(가) 청평사의 나그네 有客淸平寺
봄 산을 마음대로 노니네 春山任意遊
고요한 외로운 탑에 산새 지저귀고 鳥啼孤塔靜
흐르는 작은 내에 꽃잎 떨어지네 花落小溪流
좋은 나물은 때 알아 돋아나고 佳菜知時秀
향기로운 버섯은 비 맞아 부드럽네 香菌過雨柔
시 읊조리며 **신선 골짝** 들어서니 行吟入仙洞
나의 **백 년 근심** 사라지네 消我百年愁

– 김시습, 〈유객(有客)〉

(나) **도연명(陶淵明)** 죽은 후에 또 연명(淵明)이 나다니
밤마을 옛 이름이 때마침 같을시고
돌아와 수졸전원(守拙田園)*이야 그와 내가 다르랴

〈제1곡〉

삼공(三公)이 귀하다 한들 이 강산과 바꿀쏘냐
조각배에 달을 싣고 낚싯대 흩던질 때
이 몸이 이 청흥(淸興) 가지고 만호후*인들 부러우랴

〈제8곡〉

어지럽고 시끄런 문서 다 주어 내던지고
필마(匹馬) 추풍에 채를 쳐 돌아오니
아무리 매인 새 놓였다고 **이대도록 시원하랴**

〈제10곡〉

세버들 가지 꺾어 낚은 **고기** 꿰어 들고
주가(酒家)를 찾으려 **낡은 다리** 건너가니
온 골에 살구꽃 져 쌓이니 갈 길 몰라 하노라

〈제15곡〉

최 행수 쑥달임 하세 조 동갑 꽃달임 하세
닭찜 게찜 올벼 점심은 날 시키소
매일에 이렇게 지내면 무슨 **시름** 있으랴

〈제17곡〉

– 김광욱, 〈율리유곡(栗里遺曲)〉

* **수졸전원**: 전원에서 분수를 지키며 소박하게 살아감.
* **만호후**: 재력과 권력을 겸비한 세도가

제대로 감상법

문제 풀이까지 마친 후 복습할 때 보세요.

(가) 김시습, 〈유객(有客)〉

제목의 의미·갈래
'유객(有客)'은 '어떤 나그네'라는 뜻으로, 자연 속에서 세속적인 근심을 잊고 싶은 화자의 마음을 표현한 한시(오언 율시)이다.

화자
화자는 '나'로, (❶) 를 벗어나 청평사에서 유유자적하고 있음.

시어
• (❷): 화자가 자기 자신을 지칭한 표현

표현
• 다양한 (❸) 이미지를 활용함.
• 선경후정의 방식으로 시상을 전개함.

주제
자연의 아름다움 속에서 정화시키는 속세의 근심

제대로 구조화하기

(나) 김광욱, 〈율리유곡(栗里遺曲)〉

제목의 의미·갈래
'율리유곡'은 '율리(밤골)에서 남긴 노래'라는 뜻으로, 작가가 고향인 율리로 돌아와 지은 총 17수의 연시조이다.

화자
화자는 '나'로, 고향인 (❶)에 돌아와 유유자적한 삶을 살며 만족감을 느끼고 있음.

시어
• (❷): 화자가 벼슬자리와도 맞바꾸지 않을 만큼 귀하게 생각하는 것

표현
• (❸): 표현을 통해 화자의 정서를 효과적으로 드러냄.
• 대조적 의미를 지닌 시어를 사용함.

주제
자연 속에서 여유와 풍류를 즐기는 삶에 대한 만족감

제대로 구조화하기

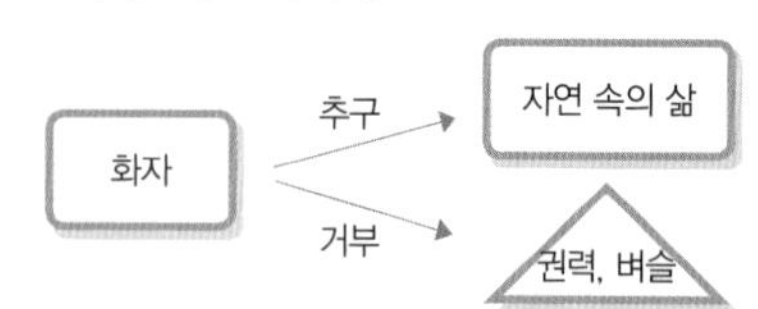

다 오십이 넘은 **판교(板橋)**는 마음에 맞지 않는 관직을 버리고 거리낌 없는 자유로운 심경에서 여생을 보냈다.

"**청수(淸瘦)한 한 폭 대**를 그리어 추풍강상(秋風江上)에 낚대나 만들까 보다."

㉠궁핍을 면할 양으로 본의 아닌 생활을 계속하느니보다 모든 속사(俗事)를 버리고 표연히 강상(江上)의 어객(漁客)이 되는 것이 운치 있는 생활이기도 하려니와 얼마나 자유를 사랑하는 청고(淸高)한 마음이냐. 고기를 낚는 취미도 실로 **삼매경**에 몰입할 수 있는 좋은 놀음이다.

푸른 물이 그득히 담긴 못가에서 흐느적거리는 낚싯대를 척 휘어잡고 바늘에 미끼를 물린다. 가장자리에는 물이끼들이 꽉 엉켰을 뿐 아니라 고기도 **송사리** 떼밖에 오지 않는지라, 팔 힘 자라는 대로 낚싯줄이 허(許)하는 대로 되도록 멀리 낚시를 던져 조금이라도 큰 고기를 잡을 양으로 한껏 내던져도 본다. 퐁당 물결이 여울처럼 흔들리고 나면 거울 같은 수면에 찌만이 외롭고 슬프게 곧추서 있다.

㉡한 점 찌는 객이 되고 나는 주인이 되어 알력과 모략과 시기와 저주로 꽉 찬 이 풍진(風塵) 세상을 등 뒤로 두고 서로 무언의 우정을 교환한다.

내 모든 정열을 오로지 외로이 떠 있는 한 점 찌에 기울이고 있노라면, 가다가 ㉢별안간 이 한 점 찌는 술 취한 놈처럼 까딱까딱 흔들리기 시작한다.

'고기가 왔구나!'

다음 순간, 찌는 물속으로 자꾸 딸려 들어간다.

'옳다, 큰 놈이 물린 게로군.'

[A] 잡아당길 때 무거울 것을 생각하면서 배꼽에 힘을 잔뜩 주고 행여나 낚대를 놓칠세라 두 손으로 꽉 붙잡고 번쩍 치켜 올리면, 허허 이런 기막힌 일도 있을까. 큰 고기는커녕 어떤 때는 방게란 놈이 달려 나오고, 어떤 때는 개구리란 놈이 발버둥을 치는 수가 많다. 하면 되는 줄만 알았던 낚시질도 간대로 우리 따위까지 단번에 되란 법은 없나 보다.

[B] 세상일이란 모조리 그러한 것이리랴마는 아무리 내 재주가 서툴다기로서니 개구리나 방게란 놈들도 염치가 있지, 속어에 이르기를 숭어가 뛰니 망둥이도 뛴다는 셈으로 나는 나대로 제법 강상의 어객인 양하고 나섰는 판에, 그래도 그럴 듯 미끈한 잉어까지야 못 물린다손 치더라도 고기도 체면은 알 법한지라, 하다못해 붕어 새끼쯤이야 안 물리랴 하는 판에, 얼토당토않은 구역질 나는 놈들이 제가 젠체하고 가다듬은 내 마음을 더럽힐 줄 어찌 알았으랴.

㉣세상이 하 뒤숭숭하니 고요히 서재나 지키어 한묵(翰墨)*의 유희(遊戲)로 푹 박혀 있자는 것도 말처럼 쉽사리 되는 것은 아니라, 그렇다고 거리로 나가 **성격 파산자**처럼 공연스레 왔다 갔다 하기도 부질없고, 보이는 것 들리는 것이 모조리 **심사 틀리는** 소식밖엔 없어 그래도 죄 없는 곳은 **내 서재**니라 하여 며칠만 틀어박혀 있으면 그만 **속에서 울화가 터져 나온다.**

위진(魏晉) 간에 심산벽촌(深山僻村)에 은거하여 청담(淸談)이나 일삼던 그네의 심경을 한때는 **욕**을 한 적도 있었으나, ㉤막상 나 자신이 그런 심경에 처해 있고 보니 고인(古人)의 불우한 그 심정을 넉넉히 동감하게 된다.

– 김용준, 〈조어삼매(釣魚三昧)〉

*** 한묵**: 글을 짓거나 쓰는 것을 이르는 말

다 김용준, 〈조어삼매(釣魚三昧)〉

제목의 의미

'조어삼매'는 물고기를 낚는 일에 몰두한다는 의미로, 해방 직후의 혼란한 세상을 뒤로한 채 자유롭게 살고 싶은 글쓴이의 심정을 표현한 제목이다. 글쓴이는 낚시를 했던 경험을 바탕으로 혼탁하고 불의한 시대를 살아가는 지식인의 고통을 표출하고 있다.

체험과 느낌

- **글쓴이의 경험**: 큰 물고기를 기대하며 낚싯대를 치켜 올렸는데 방게나 개구리가 달려 나옴.
- **글쓴이의 관점과 태도**: (❶)에 몰두하여 세상사를 잊고 싶어 하지만 그마저 뜻대로 되지 않자 울분을 토함.

소재

- 방게, (❷): 낚싯대에 달려 나와 글쓴이를 실망시킨 것. '구역질 나는 놈들'이라는 표현에 이들에 대한 글쓴이의 인식이 드러남.
- (❸): 글쓴이가 세상의 뒤숭숭한 소식을 피해 틀어박히지만, 마음의 안정을 얻지 못한 공간

표현

- 낚시를 통해 현실에 대한 인식과 태도를 보여 줌.
- 세상사에 대한 분노와 한탄을 직설적으로 드러냄.

주제

불의한 시대를 낚시로 잊고자 하는 지식인의 마음

제대로 구조화하기

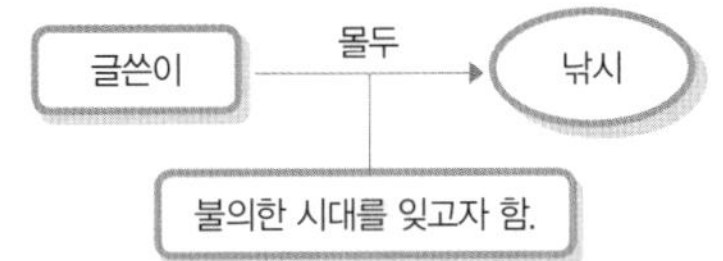

01 (가)와 (나)의 공통점으로 가장 적절한 것은?

① 자연물의 속성에 주목하여 교훈적 의미를 전달하고 있다.
② 설의적 표현을 통해 추구하고자 하는 삶의 태도를 제시하고 있다.
③ 먼 경치에서부터 가까운 곳으로 시선을 옮기며 심리의 변화를 드러내고 있다.
④ 화자가 자신을 객관화하는 표현을 내세워 내적 갈등에 대한 공감을 유도하고 있다.
⑤ 계절을 드러내는 시어를 사용하여 시기에 부합하는 자연의 모습을 구체화하고 있다.

02 (나)에 대한 이해로 적절하지 않은 것은?

① 〈제1곡〉에서는 지명에 주목하여 화자의 지향을 드러내고 있다.
② 〈제8곡〉에서는 자연의 가치를 부각하여 화자가 즐기는 흥취를 강조하고 있다.
③ 〈제10곡〉에서는 화자의 현재 상황에 대한 만족감을 바탕으로 자연물에 대한 연민을 드러내고 있다.
④ 〈제15곡〉에서는 다양한 행위를 연속적으로 나열하여 화자가 누리는 생활의 일면을 제시하고 있다.
⑤ 〈제17곡〉에서는 청자를 호명하며 즐거움을 함께하려는 화자의 마음을 전달하고 있다.

03 문맥을 고려하여 ㉠~㉤에 대해 이해한 내용으로 적절하지 않은 것은?

① ㉠: 생계를 유지하기 위한 생활과 대비되는 낚시의 의의를 드러내고 있다.
② ㉡: 낚시 도구와 글쓴이의 관계를 설정하여 낚시에 몰입하는 태도를 표현하고 있다.
③ ㉢: 낚시에 집중했던 글쓴이의 기다림과 기대에 부응하는 순간을 부각하고 있다.
④ ㉣: 낚시의 대안으로 선택한 것으로서, 글쓴이에게 마음의 안정을 찾게 해 준 방법으로 제시되고 있다.
⑤ ㉤: 낚시를 해 본 후 달라진 글쓴이의 마음가짐으로서, 은거했던 옛사람들에 기대어 자신의 심정을 드러내고 있다.

04 (나)와 (다)를 비교하여 이해한 내용으로 가장 적절한 것은?

① (나)의 '도연명'과 (다)의 '판교'는 각각 화자와 글쓴이가 행적을 따르고자 하는 인물이다.
② (나)의 '삼공'과 (다)의 '성격 파산자'는 모두 세속에서 높은 지위를 차지하고 있는 이들을 가리킨다.
③ (나)의 '세버들 가지'와 (다)의 '청수한 한 폭 대'는 각각 화자와 글쓴이가 자신과 동일시하는 대상이다.
④ (나)의 '고기'와 (다)의 '송사리'는 각각 화자와 글쓴이가 자신을 보잘것없는 존재로 비유한 표현이다.
⑤ (나)의 '시름'과 (다)의 '욕'은 각각 화자와 글쓴이가 자신을 억압하는 존재를 염두에 둔 표현이다.

제대로 접근법

☆ 문제 채점까지 마친 후 복습할 때 보세요.

01
작품 간의 공통점 및 차이점을 파악하는 유형이다. 시적 상황, 화자의 정서와 태도, 표현 방법, 주제 등 다양한 요소가 비교 대상이 될 수 있으므로 평소에 작품 감상 능력을 갖추어 두어야 한다.
(가)에는 자연에서 속세의 근심을 털어 내는 화자의 모습이, (나)에는 자연에 묻혀 살면서 만족하는 화자의 모습이 나타나 있다. 어떤 방식으로 이를 형상화하고 있는지 파악하며 두 작품을 비교해 보자.

02
시적 상황 및 화자의 정서와 태도를 파악하는 유형이다. 화자의 정서와 태도는 화자가 보이는 행동, 시어의 의미, 어미를 통해 나타나는 어조 등에 집중하면 쉽게 파악할 수 있다.
(나)가 벼슬에서 물러나 고향에서 유유자적하게 살고 있는 화자의 만족감을 노래한 작품이라는 점을 이해해야 한다. 특히 이 작품에 빈번하게 쓰인 설의적 표현의 의미에 주목하여 화자의 정서와 태도를 파악해 보자.

03
구절의 의미를 파악하는 유형이다. 발문에도 제시된 것처럼 특정 구절의 의미는 글의 전체적인 맥락을 고려하여 이해해야 한다.
(다)에서 글쓴이는 낚시에 몰두해 혼탁한 시절을 잊으려 하고 있다. 이를 염두에 두고 ㉠~㉤을 앞뒤 문장과 연결하여 이해한다면 어렵지 않게 정답을 찾을 수 있을 것이다.

04
두 작품을 비교하며 감상하는 유형으로, 정답률이 낮았다. 각 소재의 의미와 화자(글쓴이)의 태도를 종합적으로 이해해야 하는 까다로운 문제이다.
먼저 (나)의 '도연명, 삼공, 세버들 가지, 고기, 시름'과 (다)의 '판교, 싱격 파산자, 청수한 한 폭 대, 송사리, 욕'의 의미를 생각해 본다. 그리고 화자(글쓴이)가 이러한 소재에 대해 어떤 태도를 보이고 있는지도 살핀다. 이를 바탕으로 선택지의 적절성을 판단한다. 이때 선택지의 내용이 (나)와 (다)를 모두 만족시키고 있는지를 꼼꼼하게 따져야 한다.

▶ 해설편 192쪽

05 [A]와 [B]에 대한 이해로 가장 적절한 것은?

① [A]에 나타난 글쓴이의 경이감은 [B]에서 인생에 대한 낙관적 기대로 확장된다.
② [A]에 나타난 글쓴이의 무력감은 [B]에서 과거의 삶에 대한 동경을 통해 해소된다.
③ [A]에 나타난 글쓴이의 실망감은 [B]에서 자신의 손상된 체면에 대한 한탄으로 이어진다.
④ [A]에 나타난 글쓴이의 상실감은 [B]에서 새로운 이상을 품도록 만드는 계기로 작용한다.
⑤ [A]에 나타난 글쓴이의 혐오감은 [B]에서 자신의 능력에 대한 겸손한 반성으로 전환된다.

제대로 접근법 문제 채점까지 마친 후 복습할 때 보세요.

05
인물의 심리 및 태도를 파악하는 유형이다. [A]와 [B]에는 낚시를 하는데 잉어나 붕어와 같은 물고기가 아니라 방게나 개구리만 달려 나온 상황에 대한 글쓴이 반응이 나타나 있다.
[A]에서는 '단번에 되란 법은 없나 보다.'에, [B]에서는 '내 마음을 더럽힐 줄 어찌 알았으랴.'에 글쓴이의 심리가 잘 드러나 있다. 작품의 주제 의식과 해당 문장에 주목하여 글쓴이의 심리 및 태도를 추론해 보자.

06 〈보기〉를 바탕으로 (가)~(다)를 감상한 내용으로 적절하지 않은 것은? [3점]

〈보기〉

문학 작품에서 공간에 대한 인식을 형상화하는 방식은 다양하다. 공간에 대한 인식을 직접적으로 드러내는 표현을 사용하거나, 공간 내 특정 대상의 속성으로써 그 대상이 포함된 공간 전체를 표상하기도 한다. 또한 이러한 인식은 공간 간의 관계를 통해 표현되기도 한다. 이때 관계를 이루는 공간에는 작품에 명시된 공간은 물론 그 이면에 전제된 공간도 포함된다.

① (가)의 '신선 골짝'은 화자가 지향하는 공간으로서, 이에 대립되는 곳으로 '백 년 근심'이 유발된 공간이 이면에 전제된 것이라 할 수 있겠군.
② (나)의 '낡은 다리'는 '주가'와 '온 골'이라는 대비되는 속성을 지닌 두 공간의 경계를 표현하여, 양쪽 모두에 미련을 버리지 못한 화자의 상황을 상징하고 있겠군.
③ (나)에서 화자가 돌아온 곳은 '어지럽고 시끄런 문서'로 표상되는 공간과 대비되는 공간으로서, '이대도록 시원하랴'와 같은 반응을 자연스럽게 이끌어 낸 것이겠군.
④ (다)에서 '푸른 물이 그득히 담긴 못가'는 글쓴이가 '삼매경'에 빠지기를 기대하는 곳으로, 글쓴이가 자신의 지향과 직결되는 공간을 직접적으로 드러낸 것이겠군.
⑤ (다)에서 '내 서재'는 '심사 틀리는 소식'을 피하기 위한 곳임에도 불구하고 '속에서 울화가 터져 나온다'고 언급되었다는 점에서, 그 이면에는 새로운 공간에 대한 지향이 있음을 알 수 있겠군.

06
외적 준거에 따라 작품을 감상하는 유형이다. 먼저 〈보기〉에 제시된 정보를 정리해 보자.

〈보기〉 분석

〈공간에 대한 인식을 형상화하는 방법〉
① 공간에 대한 인식을 직접적으로 드러내는 표현을 사용
② 공간 내 특정 대상의 속성으로써 그 대상이 포함된 공간 전체를 표상
③ 공간 간의 관계를 통해 표현 – 작품에 명시된 공간, 그 이면에 전제된 공간 포함

다음으로 (가)~(다)의 인물이 선택지에 언급된 공간을 어떻게 인식하고 있는지, 자신의 인식을 어떤 방법으로 형상화하고 있는지 살펴보며 선택지의 적절성을 판단한다.

1차 채점		
맞은 문항 수		개
틀린 문항 수		개
헷갈리는 문항 번호		

• 틀린 문항 '/' 표시

→

2차 채점		
맞은 문항 수		개
틀린 문항 수		개
헷갈리는 문항 번호		

• 틀린 문항 '×' 표시

→

3차 채점		
맞은 문항 수		개
틀린 문항 수		개
헷갈리는 문항 번호		

• 틀린 문항 ⚠ 표시

2021 수능

◉ 권장 풀이 시간 : 7분 45초

[01-05] 다음 글을 읽고 물음에 답하시오.

(가) 이 몸 삼기실 제 님을 조차 삼기시니
한싱 연분(緣分)이며 하늘 모를 일이런가
나 ᄒᆞ나 졈어 잇고 님 ᄒᆞ나 날 괴시니
이 ᄆᆞ음 이 ᄉᆞ랑 견졸 ᄃᆡ 노여 업다
평싱(平生)애 원(願)ᄒᆞ요ᄃᆡ ᄒᆞᆫᄃᆡ 녜쟈 ᄒᆞ얏더니
늙거야 므ᄉᆞ 일로 외오 두고 그리ᄂᆞᆫ고
엇그제 님을 뫼셔 광한뎐(廣寒殿)의 올낫더니
그 더ᄃᆡ 엇디ᄒᆞ야 하계(下界)예 ᄂᆞ려오니
올 저긔 비슨 머리 헛틀언 디 삼 년일쇠
연지분(臙脂粉) 잇ᄂᆡ마ᄂᆞᆫ 눌 위ᄒᆞ야 고이 ᄒᆞᆯ고
ᄆᆞ음의 ᄆᆡ친 실음 텹텹(疊疊)이 ᄡᅡ혀 이셔
짓ᄂᆞ니 한숨이오 디ᄂᆞ니 눈믈이라
인싱(人生)은 유ᄒᆞᆫ(有限)ᄒᆞᆫᄃᆡ 시름도 그지업다
무심(無心)ᄒᆞᆫ 셰월(歲月)은 믈 흐르ᄃᆞᆺ ᄒᆞᄂᆞᆫ고야
염냥(炎凉)이 ᄣᆡ를 아라 가는 ᄃᆞᆺ 고텨 오니
듯거니 보거니 늣길 일도 하도 할샤
동풍이 건듯 부러 젹셜(積雪)을 헤텨 내니
창(窓) 밧긔 심근 ᄆᆡ화(梅花) 두세 가지 픠여셰라
ᄀᆞ득 ᄂᆡᆼ담(冷淡)ᄒᆞᆫᄃᆡ 암향(暗香)은 므ᄉᆞ 일고
황혼의 ᄃᆞᆯ이 조차 벼마티 빗최니
늣기ᄂᆞᆫ ᄃᆞᆺ 반기ᄂᆞᆫ ᄃᆞᆺ 님이신가 아니신가
뎌 ᄆᆡ화 것거 내여 님 겨신 ᄃᆡ 보내오져
님이 너를 보고 엇더타 너기실고

– 정철, 〈사미인곡〉

(나) 창 밧긔 워석버석 님이신가 니러 보니
혜란(蕙蘭) 혜경(蹊徑)* 에 낙엽은 므스 일고
어즈버 유한(有限)ᄒᆞᆫ 간장(肝腸)이 다 그츨가 ᄒᆞ노라

– 신흠

* 혜란 혜경 : 난초 핀 지름길

(다) 나는 예전에 장흥방의 길갓집에 살았다. 그 집은 저잣거리에 제법 가까워서 소란스러웠다. 문 옆에 한 칸짜리 초당이 있어 볏짚으로 덮고 흙을 쌓았더니 그윽하고 조용해서 살 만했다. 그러나 초당이 동쪽으로 치우쳐 햇볕을 받았기에 여름이면 너무 더웠다. 그래서 '고요함이 더위를 이긴다[靜勝熱]'는 말을 당호(堂號)* 로 정해 문설주에 편액을 해 걸어 두고 위안을 삼았다.

제대로 감상법 ✩ 문제 풀이까지 마친 후 복습할 때 보세요.

(가) 정철, 〈사미인곡〉

제목의 의미·갈래
'아름다운 사람(美人)을 사랑하는 노래'라는 뜻으로, 여기서 미인은 '임금'을 의미한다. 연군의 정을 남녀 간의 애정에 빗대어 노래한 가사 작품이다.

화자
화자는 '나'로, 임과 ([1]   )하여 홀로 지내면서 임을 간절히 그리워함.

시어
- ([2]   ): 달나라에 있다는 궁궐로, 임금이 계신 곳을 의미함.
- ([3]   ): '인간계', '속계'를 나타내는 말로, 화자가 머물고 있는 유배지를 의미함.

표현
- 우리말을 절묘하게 구사함.
- ([4]   ) 화자의 목소리로 노래함.

주제
임에 대한 그리움과 변함없는 사랑(연군지정)

제대로 구조화하기

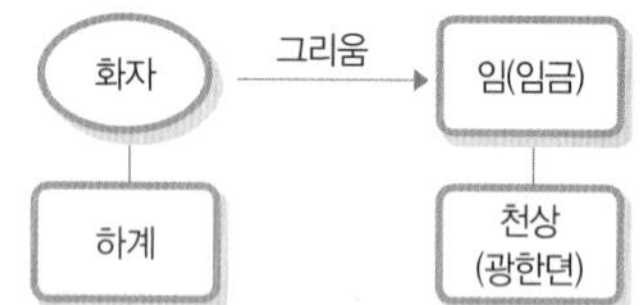

(나) 신흠, 〈창 밧긔 워석버석~〉

화자
화자는 임이 오기를 간절히 바라는 이로, 밤중에 창밖에서 들리는 ([1]   ) 소리를 임이 오시는 소리로 착각하고 일어남.

시어
- ([2]   ): 화자를 착각하게 만든 소리를 표현한 음성 상징어

표현
- 영탄법을 사용해 화자의 정서를 효과적으로 드러냄.
- ([3]   )를 활용해 임이 오기를 기다리는 화자의 마음을 표현함.

주제
임에 대한 간절한 그리움

제대로 구조화하기

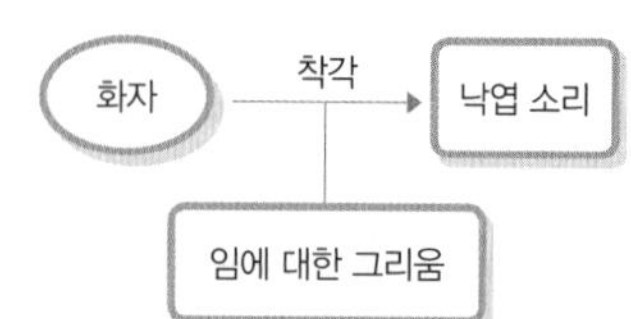

▶ 해설편 197쪽

대저 고요함에는 두 가지가 있으니 하나는 몸의 고요함이요, 다른 하나는 마음의 고요함이다. 몸이 고요한 사람은, 앉고 눕고 일어나고 서는 등 모든 행동에 있어 편안함을 취할 뿐이다. 마음이 고요한 사람은, 천하만사가 마치 촛불로 비춰 보고 거북이로 점을 치는 듯하니 시원한 날씨와 더운 날씨가 무슨 상관이 있겠는가? 그러므로 '고요함이 이긴다'고 한 지금의 말은 마음의 고요함을 가리킨다.

그 집에서 이십 년을 살고 이사하였다. 그로부터 삼 년이 흐른 뒤 옛집을 찾아가 보았다. 그새 주인이 바뀐 지 여러 번이지만 집은 옛 모습 그대로였다.

은은하게 처마에 들어오는 산빛, 콸콸콸 담을 따라 도는 골짜기 물, 밀랍으로 발라 번들번들한 살창, 쪽빛으로 물들여 놓은 늘어진 천막.

(중략)

내가 여기에 살던 시절은 집안이 번성하던 때였다. 선친께서 승명전에 봉직하실 때라, 퇴근하신 밤이면 우리 형제들이 모시고 앉아 학문과 예술을 담론하고 옛일을 기록하거나, 시를 읽거나 거문고를 들었으니 유중영의 옛일*과 비슷하였다. 그 즐거움을 잊을 수는 없건마는 다시 되찾을 수는 없다!

《서경》에 '그릇은 새것을 찾고, 사람은 옛 사람을 찾는다.'라고 했다. 집 역시 그릇과 같이 무언가를 담는 부류이긴 하나, 사람은 집이 아니면 몸을 붙여 머물 데가 없고 집보다 더 거처를 많이 하는 것은 없으므로, 집은 그릇보다는 사람에 가깝다 하겠다. 그러니 어찌 그리워하지 않을 수 있으랴!

그렇지만 인간사가 벌써 바뀌어, 사물에 닿을 때마다 슬픔만 더하므로 이 집에 다시 살고 싶지는 않다. 마땅히 임원(林園)*에 집터를 보아 집을 지어서 옛 이름의 편액을 걸어 옛집에서 지녔던 뜻을 잊지 않으려 한다.

누군가는 '임원이 이미 고요하거늘, 지금 다시 '고요함이 이긴다'고 하면 또한 군더더기가 아닌가?'라고 말할 수 있으리라. 나는 답하리라. '고요한데 또 고요하니, 이것이야말로 고요함이라네.'라고.

– 유본학, 〈옛집 정승초당을 둘러보고 쓰다〉

* **당호**: 집에 붙이는 이름
* **유중영의 옛일**: 당나라 때 문신 유중영이 늘 책을 가까이하며 자식들을 가르치던 일
* **임원**: 산림

다 유본학, 〈옛집 정승초당을 둘러보고 쓰다〉

제목의 의미

옛집의 당호를 소재로 하여 '고요함'에 대한 자신의 생각을 밝힌 글로, 글쓴이는 '고요함이 더위를 이긴다'는 당호를 걸어 두고 마음의 고요를 얻으려 했던 당시의 태도를 떠올리며 옛집에서 지녔던 뜻을 잊지 않으려 하고 있다.

체험과 느낌

▣ **글쓴이의 경험**: 옛집을 둘러보며 그곳에서 당호를 정했던 경험을 떠올리고, (❶) 에 새집을 지어 옛집의 당호를 걸어 두려 함.

▣ **글쓴이의 관점과 태도**: 외적인 번잡함에서 벗어나 내면의 (❷)을 추구하려 함.

소재

• 고요함이 (❸)를 이긴다: 글쓴이가 옛집에 걸어 둔 당호의 내용으로, 글쓴이의 삶의 자세를 담은 문장

표현

• (❹)를 정했던 과거의 경험을 토대로 내용을 전개함.
• 고요함을 두 가지로 구분하여 이에 대한 통찰을 드러냄.

주제

마음의 고요함을 추구하는 삶

제대로 구조화하기

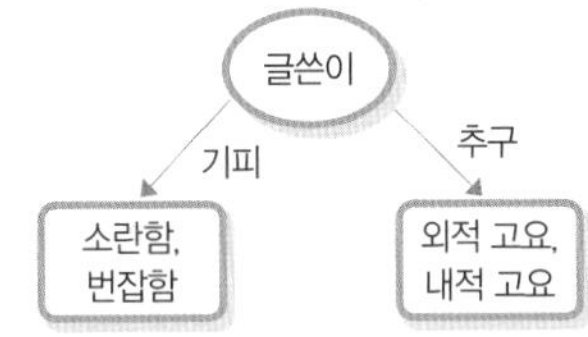

01 (가)와 (나)에 대한 설명으로 가장 적절한 것은?

① (가)의 '노여'와 (나)의 '다'라는 수식어는 모두 임에 대한 원망의 정서를 강조하기 위해 사용된 것이다.

② (가)의 'ᄒᆞᄂᆞᆫ고야'와 (나)의 'ᄒᆞ노라'는 모두 화자의 의지를 단정적인 종결형으로 나타낸 것이다.

③ (가)의 '믹화'와 (나)의 '혜란'은 모두 화자와 동일시되는 자연물을 의인화하여 나타낸 것이다.

④ (가)의 '므ᄉᆞ 일고'와 (나)의 '므스 일고'는 모두 뜻밖의 대상과 마주하게 된 반가움을 영탄적 어조로 표현한 것이다.

⑤ (가)의 '님이신가'와 (나)의 '님이신가'는 모두 임을 만나고 싶은 간절함을 독백적 어조로 드러낸 것이다.

제대로 접근법

문제 채점까지 마친 후 복습할 때 보세요.

01
시어 및 시구의 의미를 파악하는 유형이다. 시의 전체적인 흐름과 화자의 정서를 먼저 이해해야 이를 토대로 시어나 시구의 의미도 파악할 수 있다.
(가)와 (나)의 화자는 모두 곁에 없는 임을 그리워하고 있다. 이 점에 주목하여 선택지의 적절성을 판단해 보자. 선택지가 '(가)의 ~와 (나)의 ~는 모두 ~이다.'와 같이 구성되어 있으므로, 서술어구의 설명에 (가)와 (나)의 시어가 모두 부합하는 것을 정답으로 골라야 한다.

02 <보기>를 바탕으로 (가)를 감상한 내용으로 적절하지 않은 것은?

<보기>

(가)에는 천상의 시간과 지상의 시간이 모두 나타난다. 천상에서는 지상과 달리 생로병사의 과정 없이 끝없는 사랑이 지속된다. 이러한 시간적 질서는 지상에 내려온 화자를 힘겹게 하는데, 이 과정에서 화자는 지상의 물리적 시간을 심리적으로 변형하여 자신의 심경을 드러낸다.

① 임과의 '연분'을 '하늘'과 연결 짓는 것은, 임과의 사랑이 천상의 시간 질서처럼 끝없이 이어지기를 바라는 마음이 반영된 것이라 볼 수 있겠어.
② '겨어 잇고'와 '늙거야'를 통해 화자가 천상의 시간에서 벗어나 지상의 시간으로 편입되었음을 알 수 있겠어.
③ '삼 년' 전을 '엇그제'로 인식하는 것에서, 임과 함께한 기억이 아직도 선명하게 남아 있어 지상의 물리적 시간이 심리적으로 압축되어 나타나고 있음을 알 수 있겠어.
④ '인싱은 유흔'과 '무심흔 셰월'을 통해 지상의 시간적 질서에 따라 소망을 이룰 수 있는 시간이 줄고 있는 것에 대한 불안한 마음을 엿볼 수 있겠어.
⑤ '염냥'이 '가는 듯 고텨' 온다는 인식에서, 임과의 관계 단절에 따른 절망감으로 인해 지상의 물리적 시간이 심리적으로 지연되어 나타나고 있음을 알 수 있겠어.

03 <보기>를 바탕으로 (나), (다)를 감상한 내용으로 적절하지 않은 것은? [3점]

<보기>

고요함은 소리나 움직임이 없이 잠잠한 상태인 외적 고요와 마음이 평온한 상태인 내적 고요로 구분할 수도 있다. 이에 주목하여 (나)를 감상할 때, 화자가 처한 상황과 그에 따른 심리는 고요함의 측면에서 이해될 수 있다. 또한 (다)에서 필자는 고요함에 대한 통찰을 통해 자신이 처한 공간에서 내적 고요를 추구하려 하는데, 이를 통해 삶에서 느끼는 불편이나 슬픔을 이겨 내는 동력을 얻고 있다.

① (나)에서 '낙엽' 소리가 창 안에서도 들린다는 것은 화자가 외적 고요의 상태에 있었다는 것을 의미하겠군.
② (나)에서 '낙엽' 소리를 임이 오는 소리로 착각했다는 것은 화자의 심리가 내적 고요의 상태에 있지 못했기 때문이겠군.
③ (다)에서 '사물에 닿을 때마다 슬픔만 더'한다는 것은 옛집을 돌아본 경험이 필자로 하여금 내적 고요를 이루기 어렵게 만들었다는 인식이 반영된 것이겠군.
④ (다)에서 '옛집'의 '초당'에 붙였던 당호를 '임원'의 새집에서도 사용하겠다는 것은 필자가 외적 고요에 더해 내적 고요를 추구하고 있음을 보여 주는 것이겠군.
⑤ (다)에서 '누군가'가 '고요함이 이긴다'는 당호를 '군더더기'로 본다는 것은 외적 고요만으로는 삶에서 느끼는 불편이나 슬픔을 이겨 내기 어렵다고 여겼기 때문이겠군.

제대로 접근법

문제 채점까지 마친 후 복습할 때 보세요.

02
외적 준거에 따라 작품을 감상하는 유형이다. <보기>에 따르면 (가)에는 각기 다른 시간적 질서가 적용되는 두 공간이 나타난다. 이를 정리하면 아래와 같다.

천상	지상
• 생로병사의 과정 없이 끝없이 사랑이 지속됨.	• 천상의 시간적 질서가 적용되지 않음. (= 유한성을 지님.)

(가)에서 천상을 대변하는 시어와 지상을 대변하는 시어를 각각 찾고, 두 공간에서 화자가 보이는 태도를 확인하여 선택지의 적절성을 판단한다.

03
외적 준거에 따라 작품을 감상하는 유형으로, 정답률이 매우 낮았다. 이처럼 작품 감상의 준거가 <보기>로 제시되는 유형은 고난도로 출제되는 경우가 많으므로, 평소에 <보기>의 핵심 내용을 파악하여 이를 작품에 적용하는 훈련을 반복해야 한다.
<보기>에서는 고요함을 외적 고요와 내적 고요의 두 가지로 나누었다. 그리고 이 '고요함'을 바탕으로 (나)와 (다)를 해석하고 있다. <보기>의 정보를 참고하여 작품을 감상한 후 작품의 내용을 잘못 해석했거나 <보기>와 어긋난 내용을 담고 있는 선택지를 찾아보자.

▶ 해설편 197쪽

04 (가)와 (다)를 비교하여 이해한 내용으로 가장 적절한 것은?

① (가)와 (다) 모두 인간의 외양이 변화하는 상황에 대한 안타까움이 나타나 있다.
② (가)와 (다) 모두 오래된 것보다는 새로운 것을 더 중시하는 삶의 자세가 나타나 있다.
③ (가)와 (다) 모두 자신이 있는 공간에서 그 공간에 부재하는 대상을 떠올리는 상황이 나타나 있다.
④ (가)에는 인생의 허무함에 대한 순응적 태도가, (다)에는 인생의 허무함에 대한 극복 의지가 나타나 있다.
⑤ (가)에는 과거와 달라진 타인의 마음에 대한, (다)에는 과거와 달라진 자신의 마음가짐에 대한 아쉬움이 나타나 있다.

제대로 접근법 ✩ 문제 채점까지 마친 후 복습할 때 보세요.

04
두 작품을 비교하며 감상하는 유형이다. 서로 다른 갈래의 작품을 비교하는 문제여서인지 선택지가 어렵지 않게 구성되었는데도 정답률이 낮았다.
(가)에는 광한전에서 홀로 하계로 내려와 임을 그리워하는 화자의 모습이, (다)에는 옛집을 둘러보며 과거를 추억하는 글쓴이의 모습이 제시되어 있다. 이 점을 고려하여 선택지에 언급된 상황이나 감정이 작품에 드러나 있는지 살펴보자.

05 (다)에 대한 이해로 적절하지 않은 것은?

① 여름에 더웠던 경험을 바탕으로 옛집 초당의 당호를 정하게 된 내력을 서술하고 있다.
② 과거 인물의 행적에 비추어, 다시 찾은 옛집에서 떠올린 기억에 대한 감회를 드러내고 있다.
③ 새집에 붙이고자 하는 당호의 의미를 통해 옛집에서 다시 살고 싶어하는 마음을 표현하고 있다.
④ 변함없는 옛집의 외양과 달리, 변해 버린 인간사로 인해 새집을 지으려는 마음을 갖게 되었음을 밝히고 있다.
⑤ 집이 그릇과 같은 부류이지만 사람을 담고 있는 존재라는 점에 주목하여 옛집에 대한 그리움을 부각하고 있다.

05
작품의 맥락과 세부적인 내용을 바르게 이해했는지 확인하는 유형이다. 지문에 제시된 내용과 일치하지 않는 선택지를 찾는 문제로, 어렵지 않게 해결할 수 있으므로 틀리지 않게 유의한다.
선택지의 적절성을 판단할 수 있는 근거를 지문에서 찾아본다. 지문의 내용과 일치하지 않는 선택지뿐만 아니라 지문에서 확인할 수 없는 내용을 포함한 선택지도 오답이라는 점을 기억하자.

1차 채점

맞은 문항 수	개
틀린 문항 수	개
헷갈리는 문항 번호	

• 틀린 문항 '/' 표시

→ **2차 채점**

맞은 문항 수	개
틀린 문항 수	개
헷갈리는 문항 번호	

• 틀린 문항 '×' 표시

→ **3차 채점**

맞은 문항 수	개
틀린 문항 수	개
헷갈리는 문항 번호	

• 틀린 문항 ⩕ 표시

◉ 권장 풀이 시간 : 7분 40초

[01-05] 다음 글을 읽고 물음에 답하시오.

(가) ⓐ문학 작품의 의미가 생성되는 양상은 세 가지로 나누어 볼 수 있다. 첫째는 자기의 경험은 물론 자기 내면의 정서나 의식 등을 대상에 투영하여, 외부 세계에 새로운 의미를 부여하는 경우이다. 둘째는 외부 세계의 일반적 삶의 방식이나 가치관, 이념 등을 자기 내면으로 수용하여, 자신을 새롭게 해석함으로써 의미를 만들어 내는 경우이다. 셋째는 자기와 외부 세계를 상호적으로 대비하여 양자에 대한 새로운 해석을 통해 의미를 생성하는 경우이다.

문학적 의미 생성의 이러한 세 가지 양상은 문학 작품에서 자기와 외부 세계의 관계를 파악할 때 적용할 수 있다. 첫째와 둘째의 경우, 자기와 외부 세계와의 거리는 가까워지고 친화적 관계가 형성된다. 셋째의 경우는 자기가 외부 세계를 바라보는 관점에 따라 둘 사이의 거리가 가까워져 친화적 관계가 형성되기도 하고, 그 거리가 드러나 소원한 관계가 유지되기도 한다.

(나) 산슈 간(山水間) 바회 아래 뛰집을 짓노라 ᄒᆞ니
그 모론 놈들은 욷는다 ᄒᆞᆫ다마는
㉠어리고 햐암의 뜻의는 내 분(分)인가 ᄒᆞ노라

〈제1수〉

보리밥 픗ᄂᆞ믈을 알마초 머근 후(後)에
바횟 긋 믉ᄀᆞ의 슬ᄏᆞ지 노니노라
그 나믄 녀나믄 일이야 부롤 줄이 이시랴

〈제2수〉

잔 들고 혼자 안자 먼 뫼흘 ᄇᆞ라보니
그리던 님이 오다 반가옴이 이리ᄒᆞ랴
말숨도 우움도 아녀도 몯내 됴하ᄒᆞ노라

〈제3수〉

누고셔 삼공(三公)도곤 낫다 ᄒᆞ더니 만승(萬乘)이 이만ᄒᆞ랴
이제로 헤어든 소부(巢父) 허유(許由)ㅣ 냑돗더라
아마도 님쳔 한흥(林泉閑興)을 비길 곳이 업세라

〈제4수〉

내 셩이 게으르더니 하늘히 아ᄅᆞ실샤
인간 만ᄉᆞ(人間萬事)를 ᄒᆞᆫ 일도 아니 맛뎌
다만당 ᄃᆞ토리 업슨 강산(江山)을 딕희라 ᄒᆞ시도다

〈제5수〉

강산이 됴타 ᄒᆞᆫ들 내 분(分)으로 누얻ᄂᆞ냐
님군 은혜(恩惠)를 이제 더옥 아노이다
아므리 갑고쟈 ᄒᆞ야도 히올 일이 업세라

〈제6수〉

– 윤선도, 〈만흥(漫興)〉

제대로 감상법 ☆ 문제 풀이까지 마친 후 복습할 때 보세요.

(가)

주제
문학적 (❶) 생성의 세 가지 양상

중심 내용

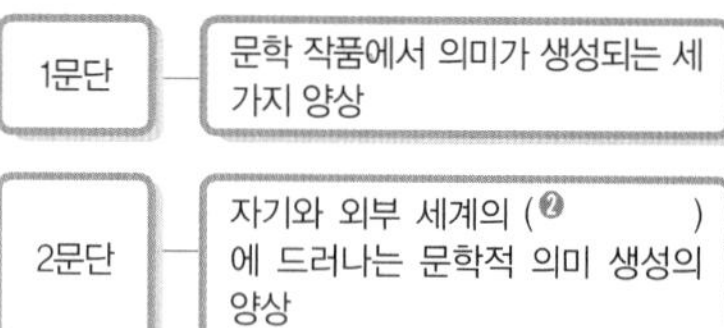

(나) 윤선도, 〈만흥(漫興)〉

제목의 의미·갈래
'만흥'은 '저절로 일어나는 흥취'라는 뜻으로, 세속적인 가치를 거부하고 자연에 묻혀 자연을 즐기며 사는 즐거움을 노래한 전 6수의 연시조이다.

화자
화자는 '나'로, 자연 속에서 소박하게 살아가면서 자신의 삶에 만족감을 느끼는 한편 (❶)의 은혜에 감사함.

시어
• (❷): 소박한 음식을 나타내는 대유적 표현

표현
• '자연과 (❸)'를 가리키는 대조적인 시어를 사용함.

주제
자연에 묻혀 사는 즐거움과 임금의 은혜에 대한 감사

제대로 구조화하기

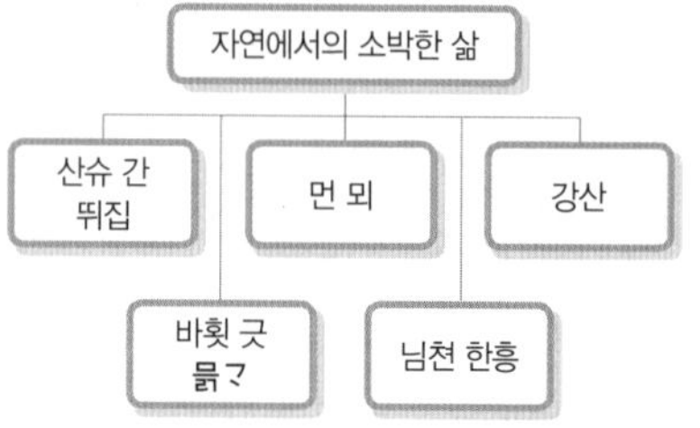

(다) 이덕무, 〈우언(迂言)〉

제목의 의미·갈래
'우언'은 '시세나 사정에 밝지 못한 말'이라는 뜻으로, 시정(市井)에 살지만 은거에 마음을 두는 자신의 삶에 대한 자부심을 드러내고 있는 고전 수필이다.

▶ 해설편 200쪽

다 산림(山林)에 살면서 명리(名利)에 마음을 두는 것은 큰 부끄러움[大恥]이다. 시정(市井)에 살면서 명리에 마음을 두는 것은 작은 부끄러움[小恥]이다. 산림에 살면서 은거(隱居)에 마음을 두는 것은 큰 즐거움[大樂]이다. 시정에 살면서 은거에 마음을 두는 것은 작은 즐거움[小樂]이다.

작은 즐거움이든 큰 즐거움이든 나에게는 그것이 다 즐거움이며, 작은 부끄러움이든 큰 부끄러움이든 나에게는 그것이 다 부끄러움이다. 그런데 큰 부끄러움을 안고 사는 자는 백(百)에 반이요, 작은 부끄러움을 안고 사는 자는 백에 백이며, 큰 즐거움을 누리는 자는 백에 서넛쯤 되고, 작은 즐거움을 누리는 자는 백에 하나 있거나 아주 없거나 하니, 참으로 가장 높은 것은 작은 즐거움을 누리는 자이다.

나는 시정에 살면서 은거에 마음을 두는 자이니, 그렇다면 이 작은 즐거움을 가장 높은 것으로 말한 ㉡나의 이 말은 대부분의 사람들의 생각과는 거리가 먼, 물정 모르는 소리일지도 모른다.

– 이덕무, 〈우언(迂言)〉

체험과 느낌

- 글쓴이의 경험: 사람들의 삶의 방식을 어디에 사느냐와 어디에 마음을 두느냐를 기준으로 나눔.
- 글쓴이의 관점과 태도: 시정에 살면서 (❶) 에 마음을 두는 삶이 가장 가치 있다고 여김.

주제

자신의 삶의 방식에 대한 자부심

제대로 구조화하기

01 (나)의 시상 전개에 대한 설명으로 가장 적절한 것은?

① 〈제1수〉에서는 경험적 성격과 연결된 공간으로부터, 〈제6수〉에서는 관념적 성격과 연결된 공간으로부터 시상이 전개된다.
② 〈제2수〉에서는 구체성이 드러나는 소재로, 〈제3수〉에서는 추상성이 강화된 소재로 시상이 시작된다.
③ 〈제2수〉에서 설의적 표현으로 제기된 의문이 〈제5수〉에서 해소되었음이 영탄적 표현으로 드러난다.
④ 〈제3수〉에서의 현재에 대한 긍정이 〈제4수〉에서의 역사에 대한 부정으로 바뀌며 시상이 전환된다.
⑤ 〈제3수〉에 나타난 정서적 반응이 〈제6수〉에서 감각적 표현을 통해 구체화된다.

제대로 접근법 문제 채점까지 마친 후 복습할 때 보세요.

01
시상 전개 방식을 파악하는 유형으로, 정답률이 매우 낮았다. 선택지에 사용된 용어가 추상적이어서, 이를 작품에 바르게 적용하지 못한 것으로 보인다. 선택지의 내용을 분석해 보면, 각각 공간, 소재, 표현, 화자의 정서와 태도 등에 대해 묻고 있다는 것을 알 수 있다. 작품 전체의 흐름을 고려하여 각 수에서 이러한 요소가 어떻게 구현되었는지 파악한다. 두 수에 대한 설명을 묶어 선택지를 구성하였으므로, 각 수에 대한 설명이 모두 적절한지도 따져 본다.

02 (가)를 참고하여 (나)를 감상한 내용으로 적절하지 않은 것은?

① '산슈 간'에서 살고자 하는 마음과 이에 공감하지 못하는 '놈들'의 생각을 병치하여 화자와 '놈들' 사이의 거리가 드러남으로써, 자기와 외부 세계 사이의 소원한 관계가 유지된다.
② '바횟 긋 믉 ᄀ'에서 즐거움을 누리는 삶과 '녀나믄 일'을 대비하여 세상일과 거리를 두려는 화자의 태도가 드러남으로써, 자기와 외부 세계 사이의 소원한 관계가 유지된다.
③ '님'에 대한 '반가옴'보다 더한 감흥을 불러일으키는 '뫼'의 의미를 부각하여 화자와 '님' 사이의 거리가 드러남으로써, 자기와 외부 세계 사이의 소원한 관계가 유지된다.
④ '님천'에서의 '한흥'이 '삼공'이나 '만승'보다 더한 가치를 지닌다고 강조하여 화자와 '님천' 사이의 거리가 가까워짐으로써, 자기와 외부 세계 사이의 친화적 관계가 형성된다.
⑤ '강산' 속에서의 삶이 '님군'의 '은혜' 덕택임을 제시하여 화자와 '님군' 사이의 거리가 가까워짐으로써, 자기와 외부 세계 사이의 친화적 관계가 형성된다.

02
외적 준거에 따라 작품을 감상하는 유형으로, 지문 (가)가 감상의 근거가 되는 문제이다.
(가)에서는 자기와 외부 세계 사이의 관계에 따라 문학 작품의 의미가 생성되는 양상을 제시하고 있다. 이를 (나)에 적용하면 '자기'는 화자 자신으로, '외부 세계'는 자연과 속세, 임금 등으로 볼 수 있다. 화자가 자연과 속세, 임금에 대해 어떤 태도를 보이는지 확인하여 선택지의 적절성을 판단해 보자.

03 (다)를 이해한 내용으로 적절하지 않은 것은?

① '부끄러움'과 '즐거움'을 조화시킴으로써 더 나은 삶의 방식을 결정할 수 있다.
② '나'는 어디에 사느냐와 어디에 마음을 두느냐를 고려하여 삶의 유형을 나누고 있다.
③ '산림'에 사는 사람들 중에는 '즐거움'을 누리는 경우보다 '부끄러움'을 가진 경우가 더 많다.
④ '큰 부끄러움'과 '작은 즐거움'은 어디에 사느냐와 어디에 마음을 두느냐가 모두 서로 다르다.
⑤ '명리'를 '부끄러움'에, '은거'를 '즐거움'에 대응시킨 것으로 보아 '나'는 '은거'의 가치를 '명리'의 가치보다 높이 두고 있음을 알 수 있다.

04 ㉠, ㉡에 대한 설명으로 가장 적절한 것은?

① ㉠은 자신의 처지를 남의 일을 말하듯이 표현함으로써 자신의 문제를 회피하고 있다.
② ㉡은 자신의 행동을 냉철하게 성찰함으로써 자신의 과오를 인정하고 있다.
③ ㉠은 ㉡과 달리, 자신의 처지를 자문자답 형식으로 말함으로써 자신의 생각을 일반화하고 있다.
④ ㉡은 ㉠과 달리, 자신의 생각을 남의 말을 인용하여 표현함으로써 자신의 신념을 객관화하고 있다.
⑤ ㉠과 ㉡은 모두, 자신이 말하고자 하는 바를 우회하여 표현함으로써 자신의 삶에 대한 자부심을 드러내고 있다.

05 ⓐ를 바탕으로 (나), (다)를 이해한 내용으로 적절하지 않은 것은? [3점]

① (나)에서 무정물인 대상에 대해 호감을 표현한 것은 자신의 정서를 대상에 투영한 것이라고 볼 수 있다.
② (다)에서 자연에 의미를 부여하는 것은 자신의 생각을 대상에 투영하여 세계를 해석하는 것이라고 볼 수 있다.
③ (다)에서 삶의 방식을 상대적 기준에 따라 나누어 평가한 것은 자신의 가치관과 세상 사람들의 생각을 비교하여 세계의 의미를 새롭게 파악한 것이라고 할 수 있다.
④ (나)에서는 선인들의 삶의 태도를 자기 내면으로 수용하는 과정을 거쳐, (다)에서는 대다수 사람들의 뜻을 자기 내면으로 수용하는 과정을 거쳐 새로운 의미를 생성한다고 볼 수 있다.
⑤ (나)에서 자기 본성을 하늘의 뜻에 연관 지은 것과, (다)에서 자기 삶의 방식을 일반적인 삶의 방식과 견준 것은 자기 삶의 가치를 새롭게 해석하여 의미를 만들어 낸 것이라고 할 수 있다.

제대로 접근법

문제 채점까지 마친 후 복습할 때 보세요.

03
작품의 내용을 바르게 이해했는지 확인하는 유형으로, 정답률이 낮았다. (다)에서 글쓴이가 말하고자 하는 바를 제대로 파악하지 못한 것으로 보인다.
(다)의 글쓴이는 어디에 사느냐, 그리고 어디에 마음을 두느냐를 기준으로 삶의 방식을 네 가지로 구분하고 있다. 작품에 나타난 기준과 삶의 방식을 정확하게 파악하고, 글쓴이가 각각의 삶의 방식에 대해 어떤 태도를 취하고 있는지를 살펴본다.

04
구절의 의미를 파악하는 유형이다. ㉠과 ㉡은 모두 화자(글쓴이)의 삶의 태도를 드러내고 있다. 어떤 삶의 태도를 보이고 있는지, 이를 드러내기 위해 어떤 표현 방법을 사용했는지 살펴야 한다.
(나)는 자연에 묻혀 사는 즐거움을 노래하고 있고, (다)는 시정에 살면서 은거에 마음을 두는 삶의 가치에 대해 말하고 있다. 이를 고려하여 ㉠과 ㉡에 나타난 화자(글쓴이)의 태도와 표현 방법을 확인한다.

05
외적 준거에 따라 작품을 감상하는 유형이다. 먼저 ⓐ의 내용을 정리해 보자.

ⓐ(문학 작품의 의미가 생성되는 양상)
① 자기를 대상에 투영하여 외부 세계에 새로운 의미 부여
② 외부 세계를 자기 내면으로 수용하여 자신을 새롭게 해석함으로써 의미 생성
③ 자기와 외부 세계의 상호 대비와 새로운 해석을 통해 의미 생성

문학 작품의 의미가 생성되는 세 양상을 정확하게 이해하고, 이를 토대로 (나)와 (다)가 어떤 방식으로 문학적 의미를 생성해 냈는지 파악해 보자.

1차 채점	
맞은 문항 수	개
틀린 문항 수	개
헷갈리는 문항 번호	

• 틀린 문항 '/' 표시

→

2차 채점	
맞은 문항 수	개
틀린 문항 수	개
헷갈리는 문항 번호	

• 틀린 문항 '×' 표시

→

3차 채점	
맞은 문항 수	개
틀린 문항 수	개
헷갈리는 문항 번호	

• 틀린 문항 ☆ 표시

◉ 권장 풀이 시간 : 7분 40초

[01-05] 다음 글을 읽고 물음에 답하시오.

(가) [앞부분의 줄거리] 전우치는 구미호로부터 천서를 빼앗아 술법을 배웠으나 구미호가 전우치를 속여 천서의 일부를 가져간다.

우치 대노 왈,

"흉악한 요물이 나를 업수이 여겨 이같이 속이니 내 이제 여우 굴에 가 책을 찾고 요괴를 소멸하리라."

하고 방망이와 송곳을 가지고 여우 굴로 가니, 산천이 깊고 길이 아득하여 찾을 수 없어 도로 돌아와 생각하되, '이 요괴 변화가 예측하기 어려우니 가히 이곳에 오래 머물지 못하리라.' 하고 서책을 수습하여 돌아오니, 대저 천서 상권은 부적을 붙인 까닭에 빼앗아 가지 못함이러라.

[A] 우치 집에 돌아와 천서를 보아 못 할 술법이 없으매, 과거에 뜻이 없어 스스로 생각하되, '내 벼슬하여 모친을 봉양하려 하면 자연히 더디리라.' 하고 이에 한 계교를 생각하여 몸을 흔들어 변하여 선관이 되어 오색구름을 타고 하늘에 올라 바로 궐내로 들어가 대명전에 자리하니 서기가 공중에 어리었으니 궁중이 황홀했다. 이에 조정의 신하들이 당황하여 갈팡질팡하고 임금께 아뢰기를,

"고금에 드문 괴변이라."

하니, 왕이 대경하사 여러 신하를 모아 의논하시더니, 우치가 운무 중에 서고 청의동자가 외쳐 왈,

"고려국 왕은 옥황상제 전교를 들으라."

하거늘, 왕이 명하사 바닥에 깔 자리와 향로를 올려놓은 상을 갖춰 놓게 하고 나아가 보니 한 선관이 금관 홍포로 동자를 좌우에 세우고 오색구름 중에 싸여 단정히 섰거늘, 왕이 네 번 절한 후 땅에 엎드리시니, 우치 왈,

"하늘의 궁궐이 오래되어 낡고 헐었기에 이제 수리하고자 하여 인간 여러 나라에 뜻을 전하여 모든 물건을 다 바쳤으나 다만 황금 들보 하나가 없는지라. 옥황상제께서 그대 나라에 황금이 유족함을 아시고 이제 뜻을 전하사 칠 월 칠 일 오시에 상량하리니, 그날 미쳐 대령하되 길이 십 척 오 촌이요, 너비 삼 척 이 촌, 만일 그날 미치지 못하면 큰 변을 내리우시리라."

하고 말을 마치자 선악 소리 은은하며 오색구름이 남녘으로 향하여 가더라.

(중략)

우치 무안하여 달아나고자 하더니 화담이 알고 변신하여 삵이 되어 달려드니, 우치가 보라매 되어 날려 한 즉, 화담이 또한 청사자가 되어 우치를 물어 쓰러뜨리고 크게 꾸짖어 왈,

"너 같은 요술이 임금을 속이고 세상을 희롱하니 어찌 죽이지 아니하리오?"

우치 애걸 왈,

"선생의 도술이 높으심을 모르고 존엄을 범하였으니 죄당만사(罪當萬死)이오나, 소생에게 노모가 있사오니 원컨대 선생은 잔명을 빌리소서."

화담 왈,

"내 이번은 살리거니와 다시 그런 버릇없는 일을 행치 말고 그대 모친을 봉양하다가 그대 모친이 돌아가신 후에 나와 영주산에 들어가 선도(仙道)를 닦음이 어떠하뇨?"

우치 왈,

제대로 감상법

☆ 문제 풀이까지 마친 후 복습할 때 보세요.

(가) 작자 미상, 〈전우치전〉

제목의 의미

'전우치'라는 인물이 자신의 신기한 재주를 이용하여 부패한 무리를 벌하고 가난한 백성을 도와준다는 내용의 영웅 소설이다. 초인적 능력으로 권력층에 맞서는 전우치는 부패한 정치와 당쟁에 시달렸던 당시의 백성들에게 대리 만족을 주는 존재로 볼 수 있다.

구성

▣ 중요 인물

- (❶): 구미호로부터 천서를 빼앗아 온갖 술법을 익히고, 도술로 임금과 세상을 희롱하다 화담에게 제지당함.
- (❷): 전우치의 잘못을 깨우쳐 준 뒤 그를 데리고 영주산으로 들어가 학문과 도를 닦음.

▣ 사건과 갈등: 전우치가 (❸)으로 둔갑하여 임금을 속이고 황금 들보를 요구함. 이후 화담이 전우치를 제압하고 임금과 조정을 희롱한 일을 꾸짖음. 전우치는 화담에게 용서를 빌고, 모친의 장례를 치른 뒤 그를 따라 영주산으로 향함.

▣ 소재와 배경의 의미

- (❹): 전우치가 어머니를 봉양하기 위해 임금에게 바치라고 한 물건
- (❺)과 청사자: 달아나려는 전우치를 제압하기 위해 화담이 변신한 모습

문체 – 서술상의 특징

- 실존 인물의 내력이 전설을 거쳐 소설화됨.
- 모순된 사회 현실을 반영함.
- 비현실적인 요소를 사용하여 인물의 영웅적 면모를 부각함.

주제

전우치의 권력에 대한 저항과 백성을 위한 활약

한 걸음 더

〈전우치전〉과 〈홍길동전〉

〈전우치전〉은 〈홍길동전〉과 많은 공통점을 가지고 있는데, 때문에 〈전우치전〉을 〈홍길동전〉의 모방작으로 보기도 한다. 우선 두 작품은 모두 실존 인물을 주인공으로 한다. 주인공이 도술을 부려 부패한 무리를 벌하고 가난한 백성들을 도와준다는 내용 역시 공통점이다. 두 작품은 서사 구조의 측면에서 차이점을 보이기도 한다. 〈홍길동전〉은 일대기적 구성에 따라 홍길동의 일생을 서술한 반면, 〈전우치전〉은 삽화식 구성으로 전우치의 신이한 행적을 나열하는 구조를 취하고 있다. 두 작품은 당대의 사회적 현실과 백성들의 소망을 반영했다는 점에서 의의가 있다.

"선생의 교훈대로 봉행하리이다."

하고 인하여 하직한 후에 집에 돌아와 요술을 행치 아니하고 모친을 봉양하더니, 세월이 여류하여 우치 모부인이 졸하니 우치 예를 갖추어 선산에 안장하고 삼 년을 받들더니, 하루는 화담이 왔거늘, 우치가 황망히 나와 맞아 인사를 마치고 자리에 앉은 후에 화담 왈,

"그대와 약속한 일이 있으매 그대 상중에 있는 것을 알고 왔거늘, 이제 그 산에 있는 구미호를 잡아 돌상자에 가두고 그 굴에 불 지름이 어떠하뇨?"

우치 왈,

"이제 선생이 그 여우를 없이하시면 진실로 온 나라의 아주 다행스러운 일이 아닐까 하나이다."

화담 왈,

"내 이제 그대를 데려가려 하나니, 행장을 꾸리거라."

하거늘, 우치 크게 기뻐하며 재산을 흩어 노복을 주며 왈,

"나는 이제 영원히 이별하려 하니, 너희들은 탈 없이 있어 나의 조상의 제사를 받들라."

하고 조상의 무덤에 하직한 후에 화담을 모시고 구름을 타고 영주산으로 향하니, 그 뒷일은 알지 못하니라.

– 작자 미상, 〈전우치전〉

제대로 구조화하기

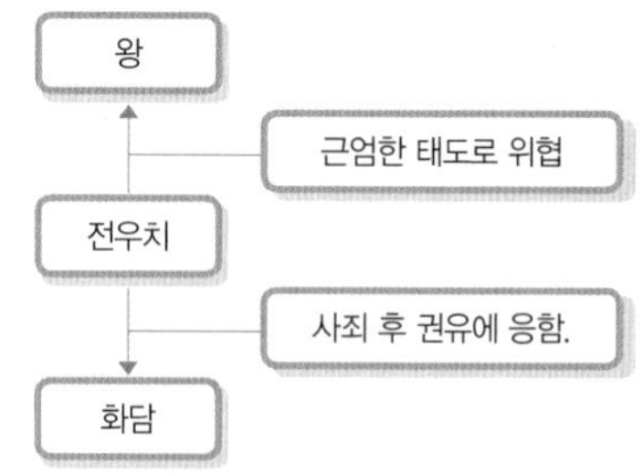

나 S#1. 궁궐. 낮.

궁궐을 향해 날아 내려가는 오색구름. ㉠선녀와 천군 호위 속에 전우치가 지상을 내려 본다.

왕: 옥황상제의 아드님께서 오신다. 예를 갖춰라.

왕이 손짓하자, 궁중 악사들이 정악을 연주한다. 지상으로 내려온 구름. 전우치가 입을 연다. 쩌렁쩌렁한 목소리에 왕이 고개를 더 낮춘다.

전우치: 지상의 왕은 내가 시킨 대로 황금 1만 냥을 함경도 기근 지역에 보냈느냐?

왕: 그제 제 꿈에 나타나 하명하신 대로 한 치 틀림없이 그리 했습니다.

전우치: 하늘에서 그대의 덕을 높이 사 그대가 하늘로 돌아올 때 7배 70배 700배로 갚아 줄 것이다.

왕: 황공하옵니다. 왕가의 보물을 보자시길래 그것 역시 준비했습니다.

전우치: 지상의 왕이 보기보다 아주 똘똘하구나. 근데… 에이 가락이 맘에 안 드는구나.

전우치가 손짓하자, 궁중 악사들이 무엇에 홀린 듯 다른 음악을 연주한다. 맘에 안 드는지, 전우치가 손가락을 튕기자, 악사들은 음악을 바꾼다. 그제서야 맘에 든 전우치. 머리를 흔들어 박자를 느끼며, 보물이 늘어선 곳으로 걷는다. 보물을 발로 툭 쳐 보고, 도자기는 관심 없어 깨고, 보고, 던지고, 보고, 깨는데,

(중략)

거울을 연신 깨던 전우치. ㉡한 거울에 눈이 멈춘다. 작고 투박하다. 앞면은 청동이라 탁하고 뒷면은 자개로 덮여 있다. 전우치가 슬쩍 주머니에 넣는다.

전우치: 왕은 고개를 들라.

왕: 예?

나 최동훈, 〈전우치〉

제목의 의미

고전 소설 〈전우치전〉을 현대적 액션 코미디물로 각색한 시나리오이다. 누명을 쓰고 그림 족자에 갇혔던 전우치가 500년 후에 봉인에서 풀려나 세상을 어지럽히는 요괴들과 맞서 싸운다는 내용을 담고 있다.

구성

▣ **중요 인물**

- (❶): 전설의 피리를 두고 요괴와 사투를 벌이는 인물. 과거에 조선에서 왕을 속이고 백성을 도움.
- (❷): 부패한 권력자. 전우치에게 속아 곤경에 빠짐.

▣ **사건과 갈등**: (❸)의 아드님으로 자신을 속였던 전우치가 궁궐에 찾아와 정체를 밝히고 왕을 농락함. 화가 난 왕은 전우치를 잡으려 하지만 전우치는 부패한 왕과 신하를 질책하고 그림 속으로 들어가 말을 타고 사라짐.

▣ **소재와 배경의 의미**

- 궁중 악사의 (❹): 전우치의 손짓에 따라 바뀌는 것. 전우치의 능력과 거드름 피우는 태도를 보여 줌.

▶ 해설편 204쪽

전우치: 내 본시 그림 그리기를 즐겨 해 나무를 그리면 나무가 점점 자라고 짐승을 그리면 그림에서 튀어나오니 내 재주가 아까워 그런데…

전우치가 품에서 두루마리를 꺼내 펼친다. 산수화. 궁녀 2 손에 들게 한다.

전우치: 어떤가?
왕: 지상의 풍경이 아닌 듯 살아 움직이는 것 같습니다. 소인이 과문하여 묻는데 주인 없는 빈 말은 무엇을 상징하는 것입니까?
전우치: 이 도사 전우치가 타고 갈 말이니라.
왕: … 전우치? 망나니 전우치?

전우치가 대동하고 왔던 천군들을 보면, ㉢그저 허수아비에 불과하다.

전우치: 나를 아는가? 유명하면 아무리 이름을 숨긴다고 숨겨지는 것도 아니고 거 참.
왕: 감히 도사 놈이 주상을 능멸해. 여봐라 이놈을 잡아라.

궁중 무관들이 들이닥치는데, 전우치는 태평하게 한 잔 더 걸치고는, 손가락을 튕겨 음악을 바꾼다. 음악은 점점 흥겨워진다. 진땀나는 궁중 악사들.

전우치: 도사 놈이라? 에… 도사는 무엇이냐? ㉣도사는 바람을 다스리고 (바람이 분다) 마른 하늘에 비를 내리고 (순식간에 장대비가 내린다) 땅을 접어 달리고 (술상을 향해 축지법으로 갔다가 돌아온다) 날카로운 검을 바람보다도 빨리 휘두르고 (검이 쉭- 하는 소리와 함께 허공을 가르고) 그 검을 꽃처럼 다룰 줄 아니 (검이 왕 얼굴 앞에서 꽃으로 변한다) 가련한 사람들을 돕는 게 바로 도사의 일이다. 무릇 **생선은 대가리부터 썩는 법**! 왕과 대신들이 기근에 시달리는 백성을 보살피지 않아 이 도사 전우치가 친히 백성들 심부름을 하고자 왔으니 공치사 받을 일도 아니고.

전우치를 에워싸는 궁중 무관들. 섣불리 접근하지 못하는데, 전우치 천천히 붉은 붓을 들어 술병 모가지 테두리를 둘러 원을 그린다. 서로를 바라보다 자신의 목을 보는 무관들. 모두의 목에 붉은 테두리가 그려져 있다.

전우치: 내가 이 병 목을 치면 너희들은 어떻게 될 거 같으냐?

무관들, 술렁거리며 주춤한다.

왕: 저놈을 잡는 자에게 황금 2천 냥을 주겠다.
전우치: 하하하… 돈을 막 쓰는구나. 하하하…

전우치가 그림 속으로 들어가 말을 타고 사라진다. ㉤웃음소리는 오래도록 왕을 언짢게 한다.

– 최동훈, 〈전우치〉

문체 – 서술상의 특징
- 다양한 촬영 기법과 효과를 통해 도술을 효과적으로 표현함.
- 전우치에 대한 왕의 태도 변화를 통해 왕과 전우치의 갈등 양상을 드러냄.

주제
요괴와 대결을 벌이는 전우치의 뛰어난 도술과 활약상

제대로 구조화하기

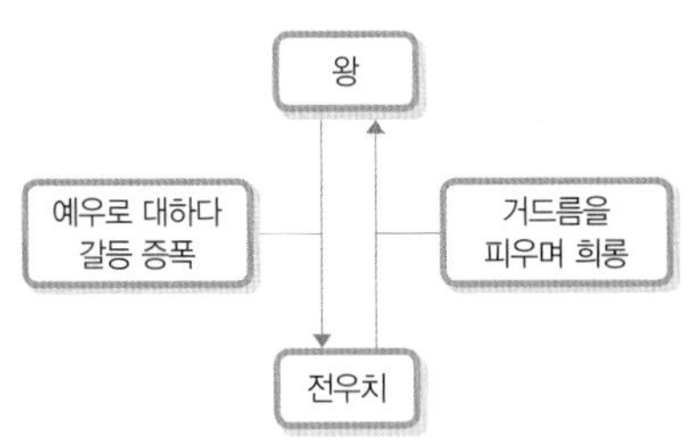

01 (가)의 화담에 대한 이해로 가장 적절한 것은?

① 전우치가 요술로 세상을 어지럽히지 않도록 이끈다.
② 전우치의 요청에 따라 선도를 닦기 위해 함께 간다.
③ 전우치의 공격을 받으나 도술로 전우치를 제압한다.
④ 전우치와 함께 구미호를 퇴치하여 나라를 안정시킨다.
⑤ 전우치와의 약속을 지키지 않고 영주산에 갈 것을 재촉한다.

02 〈보기〉는 선생님의 안내에 따라 학생들이 (가)를 이해한 내용이다. ⓐ~ⓔ 중 적절하지 않은 것은? [3점]

〈보기〉

선생님: 일반적으로 영웅 소설에서 주인공은 고난을 겪지만 조력자를 만나 병서나 무기 등을 얻어 탁월한 능력을 갖게 됩니다. 이후 주인공이 위기에 처한 나라를 구하는 공을 세워 이름을 떨치며 부귀영화를 누리는 것으로 마무리됩니다. 이때 주인공은 유교적 이념을 존중하는 인물입니다. 이와 같은 전형적인 영웅 소설과 〈전우치전〉이 어떻게 유사하고 다른지 이야기해 봅시다.

학생 1: 전우치가 천서를 익혀 뛰어난 능력을 얻게 된 것은 병서를 익혀 탁월한 능력을 갖게 된 일반적인 영웅 소설과 비슷해요. ······ ⓐ

학생 2: 전우치가 충을 다함으로써 효를 실천하는 것은 충효라는 유교적 이념을 중시하는 일반적인 영웅 소설과 비슷해요. ······ ⓑ

학생 3: 전우치가 입신양명의 길을 선택하지 않은 것은 나라에 공을 세워 이름을 널리 떨치는 일반적인 영웅 소설과는 달라요. ······ ⓒ

학생 4: 전우치가 옥황상제의 권위를 이용하여 나라의 재산을 취하려 한 것은 위기에 처한 나라를 구하는 일반적인 영웅 소설과는 달라요. ······ ⓓ

학생 5: 전우치가 재산을 흩어 노복에게 주고 떠나는 것으로 마무리되는 것은 부귀영화를 누리게 되는 일반적인 영웅 소설과는 달라요. ······ ⓔ

① ⓐ ② ⓑ ③ ⓒ ④ ⓓ ⑤ ⓔ

03 (가)를 토대로 (나)가 창작되었다고 할 때, [A]와 (나)에 대한 비교로 적절하지 않은 것은?

① 전우치가 왕에게 말하는 태도는 [A]에서는 근엄하였으나, (나)에서는 거드름을 피우는 것으로 변화하였다.
② 전우치가 왕에게 황금을 요구한 까닭은 [A]에서는 모친 봉양을 위한 것이었으나, (나)에서는 백성을 보살피는 것으로 바뀌었다.
③ 전우치가 자신의 요구 실현에 대해 취한 조치는 [A]에서는 실행하지 않을 경우 변을 당하리라 위협하는 것으로, (나)에서는 실행한 것에 대해 보상을 약속하는 것으로 표현되었다.
④ 전우치가 왕과의 만남을 끝내는 모습이 [A]에서는 구름을 타고 남쪽으로 가는 것으로, (나)에서는 돌아올 것을 예고하며 말을 타고 산수화 속으로 들어가는 것으로 나타났다.
⑤ 전우치가 왕에게 자신의 요구를 전하는 장면은 [A]에서는 왕에게 요구하는 모습이 자세히 서술되었으나, (나)에서는 꿈에 나타나 하명하였다는 왕의 대사로 간략히 처리되었다.

제대로 접근법 문제 채점까지 마친 후 복습할 때 보세요.

01
작품의 내용을 바르게 이해했는지 확인하는 유형이다. 기본적인 유형의 문제이고, 화담이 등장하는 부분이 중략 이후 부분으로 한정되어 있기 때문에 어렵지 않게 문제를 해결할 수 있다.
중략 이후의 지문에서 선택지의 내용과 연관된 부분을 찾는다. 그리고 확인할 수 없거나 내용에 어긋나는 선택지를 제외해 나간다.

02
갈래의 특징과 성격을 파악하는 유형이다. 어렵지 않은 문제인데도 정답률이 낮았다. 먼저 〈보기〉에 제시되어 있는 일반적인 영웅 소설의 특징을 정리해 보자.

〈보기〉 분석

〈일반적인 영웅 소설의 특징〉
① 고난을 겪지만 조력자를 만나 탁월한 능력을 갖게 됨.
② 위기에 처한 나라를 구하는 공을 세워 이름을 떨치고 부귀영화를 누리는 결말
③ 주인공은 유교적 이념을 존중하는 인물

〈전우치전〉은 전형적인 영웅 소설의 특징과 이에서 벗어나는 특징을 모두 가지고 있다. 전형적인 영웅 소설의 특징을 (가)에 대입해 보며 학생들이 보인 반응의 적절성 여부를 판단한다.

03
원작 소설을 시나리오로 각색하는 과정에서 나타난 변화를 파악하는 유형이다. 소설과 시나리오의 복합 지문에서 자주 등장하는 유형으로, 비슷한 줄거리를 가진 장면이 어떻게 다르게 형상화되었는지 체크해야 한다.
[A]는 전우치가 선관으로 둔갑하여 임금을 속이고 황금 들보를 요구하는 장면이다. 이 장면이 (나)에서는 어떻게 바뀌었는지 비교해 보며 선택지의 적절성을 판단해 보자.

▶ 해설편 204쪽

04 (나)에 나타난 갈등 양상에 대한 이해로 적절하지 않은 것은?

① 전우치가 자신의 정체를 드러낸 것을 계기로 왕과의 갈등이 표출되어 상황이 새로운 국면으로 전환된다.
② 전우치가 '생선은 대가리부터 썩는 법'이라고 말함으로써 왕과의 갈등이 부패한 지배층에 대한 비판으로 확장된다.
③ 왕이 전우치에게 속아 그를 최고의 예우로 대하는 것은 장차 전우치의 정체가 밝혀질 때 갈등이 증폭되는 요인이 된다.
④ 왕이 전우치를 '옥황상제의 아드님'에서 '도사 놈'으로 바꿔 부르는 것에서 전우치를 향한 왕의 적대적인 인식이 드러난다.
⑤ 왕과 전우치의 주문에 따라 연주되는 음악이 계속 바뀜으로써 왕과 전우치 간의 대결이 우열을 가리기 힘든 상황임이 드러난다.

제대로 접근법 ✩ 문제 채점까지 마친 후 복습할 때 보세요.

04
갈등의 양상을 파악하는 유형이다. (나)에는 인물과 인물 간의 외적 갈등이 드러나 있다. 따라서 인물 간의 대화나 각 인물의 행동에 주목하면 갈등의 양상을 효과적으로 파악할 수 있다.
옥황상제의 아드님 행세를 하며 왕을 속인 전우치는 궁궐에 찾아와 왕을 농락하고 사라진다. 이러한 작중 상황에 대한 이해를 바탕으로 전우치와 왕이 갈등하는 원인, 과정, 양상 등을 분석해 본다.

05 (나)를 영화로 제작한다고 할 때, ㉠~㉤에 대한 연출 계획으로 적절하지 않은 것은?

① ㉠: 전우치의 권위와 위엄이 느껴지게 하려면, 지상을 내려다보는 전우치를 올려다보며 촬영해야겠군.
② ㉡: 전우치가 거울에 관심을 갖고 있음을 강조하려면, 전우치의 얼굴이나 눈동자를 화면에 가득 담아야겠군.
③ ㉢: 천군들의 정체로 인한 왕의 당혹감을 표현하려면, 천군이 있던 자리에 놓인 허수아비를 왕의 시점으로 보여 주어야겠군.
④ ㉣: 전우치가 도사로서 가진 출중한 능력을 입체적으로 전달하려면, 여러 공간에서 동시에 일어나는 각각의 장면을 번갈아 보여 주어야겠군.
⑤ ㉤: 왕이 전우치로 인해 불쾌감을 지속적으로 느끼고 있음을 감각적으로 표현하려면, 언짢아하는 왕의 표정을 보여 주며 전우치가 남긴 웃음소리를 효과음으로 길게 끌어야겠군.

05
시나리오를 실제로 영상화할 때 유의할 점을 묻는 유형이다. 각 장면의 내용을 파악하고, 이에 어울리는 촬영 및 편집 계획이 무엇인지 생각해 본다.
선택지의 앞쪽에는 표현하고자 하는 내용이, 뒤쪽에는 이를 영상화하기 위한 연출 계획이 제시되어 있다. 따라서 먼저 ㉠~㉤의 의미를 정확하게 이해한 다음, 이를 효과적으로 영상화하기 위한 방법이 무엇일지 추리해야 한다.

1차 채점		
	맞은 문항 수	개
	틀린 문항 수	개
	헷갈리는 문항 번호	

• 틀린 문항 '/' 표시

→

2차 채점		
	맞은 문항 수	개
	틀린 문항 수	개
	헷갈리는 문항 번호	

• 틀린 문항 '×' 표시

→

3차 채점		
	맞은 문항 수	개
	틀린 문항 수	개
	헷갈리는 문항 번호	

• 틀린 문항 '△' 표시

2020 수능

◉ 권장 풀이 시간 : 7분 30초

[01-05] 다음 글을 읽고 물음에 답하시오.

가

동녁 두던 밧긔 크나큰 너븐 들히
만경(萬頃) 황운(黃雲)이 흔 빗치 되야 잇다
중양이 거의로다 내노리 ᄒᆞ쟈스라
블근 게 여믈고 눌은 돍기 솔져시니
술이 니글션졍 버디야 업슬소냐
[A] 전가(田家) 흥미는 날로 기퍼 가노매라
살여흘 긴 몰래예 밤블이 볼가시니
㉠게 잡는 아희들이 그믈을 흣텨 잇고
호두포* 엔 구븨예 아젹믈이 미러오니
㉡돗둔비 애내성(欸乃聲)*이 고기 포는 댱ᄉᆡ로다
경(景)도 됴커니와 생리(生理)라 괴로오랴

(중략)

어와 이 청경(淸景) 갑시 이실 거시런들
적막히 다든 문애 내 분으로 드려오랴
사조(私照)* 업다 호미 거즌말 아니로다
㉢모재(茅齋)*예 빗쵠 빗치 옥루(玉樓)라 다롤소냐
청준(淸樽)을 밧비 열고 큰 잔의 ᄀᆞ독 브어
㉣죽엽(竹葉) ᄀᆞ는 술롤 돌빗 조차 거후로니
표연흔 일흥(逸興)이 져기면 놀리로다
이적선(李謫仙) 이려ᄒᆞ야 돌을 보고 밋치닷다
춘하추동애 경물이 아름답고
주야조모(晝夜朝暮)애 완상이 새로오니
㉤몸이 한가ᄒᆞ나 귀 눈은 겨롤 업다
여생이 언마치리 백발이 날로 기니
세상 공명은 계륵이나 다롤소냐
ⓐ강호 어조(魚鳥)애 새 밍셰 깁퍼시니
옥당금마(玉堂金馬)*의 몽혼(夢魂)*이 섯긔엿다
초당연월(草堂煙月)의 시룸업시 누워 이셔
촌주강어(村酒江魚)로 장일취(長日醉)롤 원(願)ᄒᆞ노라
이 몸이 이러구롬도 역군은(亦君恩)이샷다

– 신계영, 〈월선헌십육경가〉

* **호두포** : 예산현의 무한천 하류
* **애내성** : 어부가 노를 저으면서 부르는 노랫소리
* **사조** : 사사로이 비춤.
* **모재** : 띠로 지붕을 이어 지은 집
* **옥당금마** : 관직 생활
* **몽혼** : 꿈

제대로 감상법

문제 풀이까지 마친 후 복습할 때 보세요.

가 신계영, 〈월선헌십육경가〉

제목의 의미·갈래

월선헌 주변의 16경관을 담은 노래라는 뜻으로, 작가가 벼슬을 사양하고 충청도 예산에 들어와 살면서 쓴 은일 가사이다. 서사에는 고향으로 돌아온 소회가, 본사에는 계절에 따라 변화하는 자연 경관의 아름다움과 전원생활의 즐거움이, 결사에는 자연에 은거하며 살겠다는 화자의 다짐이 드러난다.

화자

화자는 '나'로, 풍요롭고 여유로운 전원생활에 즐거움을 느끼며 자연에서 은거하여 살겠다고 (❶)하고 있음.

시어

- (❷): 넓은 들판에 벼가 누렇게 익은 모습을 비유한 표현으로, 전원생활의 풍요로움을 드러냄.
- (❸): 화자가 거처하는 곳으로, 벼슬길에 나아가는 일을 의미하는 '옥당금마'와 대비를 이룸.
- (❹): '역시 임금님의 은혜로구나.'라는 뜻으로, 화자의 유교적 충의 사상이 드러남.

표현

- 다양한 표현 방법을 통해 전원에서의 삶을 현장감 있게 노래함.
- (❺)에 따라 변화하는 자연 경관을 감각적으로 묘사함.
- 전원생활의 즐거움을 노래하고 있으면서도 유교적 충의 사상을 반영함.

주제

자연을 즐기며 살아가는 전원생활의 즐거움

제대로 구조화하기

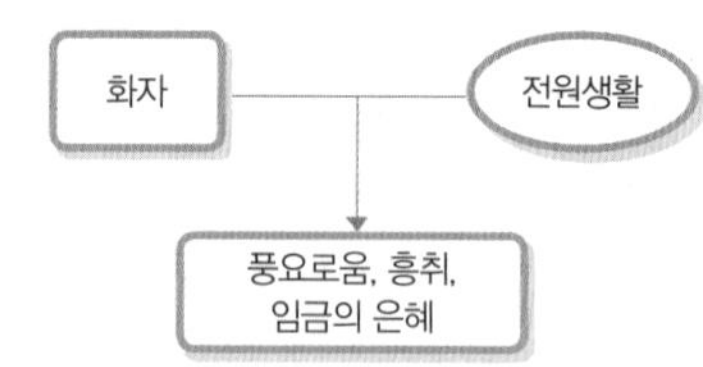

▶ 해설편 207쪽

나 어촌(漁村)은 나의 벗 **공백공**의 자호(自號)다. 백공은 나와 태어난 해는 같으나 생일이 뒤이기 때문에 내가 **아우**라고 한다. 풍채와 인품이 소탈하고 명랑하여 사랑할 만하다. **대과에 급제**하고 좋은 벼슬에 올라, 갓끈을 나부끼고 인끈을 두르고 필기를 위한 붓을 귀에 꽂고 나라의 옥새를 주관하니, 사람들은 진실로 그에게 원대한 기대를 하였으나, 담담하게 강호의 취미를 지니고 있다. 가끔 흥이 무르익으면, 〈어부사〉를 노래한다. 그 음성이 맑고 밝아서 천지에 가득 찰 것 같다. 증자가 상송(商頌)을 노래하는 것을 듣는 듯하여, 사람의 가슴으로 하여금 멀리 강호에 있는 것 같게 만든다. 이것은 그의 **마음에 사욕이 없**어 사물에 초탈하였기 때문에 소리의 나타남이 이와 같은 것이다.

하루는 나에게 말하기를,

"나의 뜻은 어부(漁父)에 있다. 그대는 어부의 즐거움을 아는가. **강태공**은 성인이니 **내가 감히** 그가 주 문왕을 만난 것과 같은 그런 만남을 기약할 수 없다. **엄자릉**은 현인이니 **내가 감히** 그의 깨끗함을 바랄 수는 없다. ⓗ아이와 어른들을 데리고 갈매기와 백로를 벗하며 어떤 때는 낚싯대를 잡고, ⓢ외로운 배를 노 저어 조류를 따라 오르고 내리면서 가는 대로 맡겨 두고, 모래가 깨끗하면 뱃줄을 매어 두고 산이 좋으면 그 가운데를 흘러간다. ⓞ구운 고기와 신선한 생선회로 술잔을 들어 주고받다가 해가 지고 달이 떠오르며 바람은 잔잔하고 물결이 고요한 때에는 배에 기대어 길게 휘파람을 불며, 돛대를 치고 큰 소리로 노래를 부른다. ⓩ흰 물결을 일으키고 맑은 빛을 헤치면, 멀고 멀어서 마치 성사*를 타고 하늘에 오르는 것 같다. 강의 연기가 자욱하고 짙은 안개가 내리면, 도롱이와 삿갓을 걸치고 그물을 걷어 올리면 금빛 같은 비늘과 옥같이 흰 꼬리의 물고기가 제멋대로 펄떡거리며 뛰는 모습은 ⓒ넉넉히 눈을 즐겁게 하고 마음을 기쁘게 한다. 밤이 깊어 구름은 어둡고 하늘이 캄캄하면 사방은 아득하기만 하다. 어촌의 등불은 가물거리는데 배의 지붕에 빗소리는 울어 느리다가 빠르다가 우수수 하는 소리가 차갑고도 슬프다. …(중략)… 여름날 뜨거운 햇빛에 더위가 쏟아질 적엔 버드나무 늘어진 낚시터에 미풍이 불고, 겨울 하늘에 눈이 날릴 때면 차가운 강물에서 홀로 낚시를 드리운다. 사계절이 차례로 바뀌건만 어부의 즐거움은 없는 때가 없다.

저 영달에 얽매여 벼슬하는 자는 구차하게 **영화**에 매달리지만 나는 만나는 대로 편안하다. 빈궁하여 고기잡이를 하는 자는 구차하게 **이익**을 계산하지만 나는 스스로 유유자적을 즐긴다. 성공과 실패는 운명에 맡기고, 진퇴도 오직 때를 따를 뿐이다. 부귀 보기를 뜬구름과 같이 하고 공명을 헌신짝 벗어 버리듯 하여, 스스로 세상의 물욕 밖에서 방랑하는 것이니, 어찌 시세에 영합하여 이름을 낚시질하고, 벼슬길에 빠져들어 생명을 가볍게 여기며 이익만 취하다가 스스로 함정에 빠지는 자와 같겠는가. ⓑ이것이 내가 몸은 벼슬을 하면서도 뜻은 강호에 두어 매양 노래에 의탁하는 것이니, 그대는 어떻게 생각하는가?"

하니 내가 듣고 **즐거워하며** 그대로 기록하여 백공에게 보내고, 또한 나 자신도 살피고자 한다. 을축년 7월 어느 날.

– 권근, 〈어촌기〉

* **성사**: 옛날 장건이 타고 하늘에 다녀왔다고 하는 배

나 권근, 〈어촌기〉

제목의 의미

'어촌(공백공)'에 대한 기록이라는 뜻으로, 작가는 벼슬을 하면서도 어부의 삶을 추구하는 벗 공백공을 통해 자신의 가치관을 드러내고 있다. 공백공은 부귀와 공명을 추구하기보다는 어부의 모습으로 자유롭게 살기를 꿈꾸는데, 이러한 모습은 속세를 떠나 강호에 묻혀 살고자 했던 신흥 사대부의 풍류를 보여 준다.

체험과 느낌

- **글쓴이의 경험**: (❶)이라는 인물을 통해 자신의 생각을 드러냄.
- **글쓴이의 관점과 태도**: 부귀와 공명을 추구하기보다는 강호에 묻혀 자유롭게 살기를 지향함.

소재

- 영화, 이익, 부귀 (❷), 세상의 물욕: 공백공이 거부하는 세속적 가치를 나타내는 말

표현

- 공백공의 말을 (❸)하여 글쓴이가 추구하는 가치를 드러냄.
- 다양한 표현법을 사용해 인물의 삶의 태도를 나타냄.
- 자연에서 느낄 수 있는 다양한 즐거움을 열거함.

주제

강호에 머물며 자유롭게 사는 삶의 즐거움

제대로 구조화하기

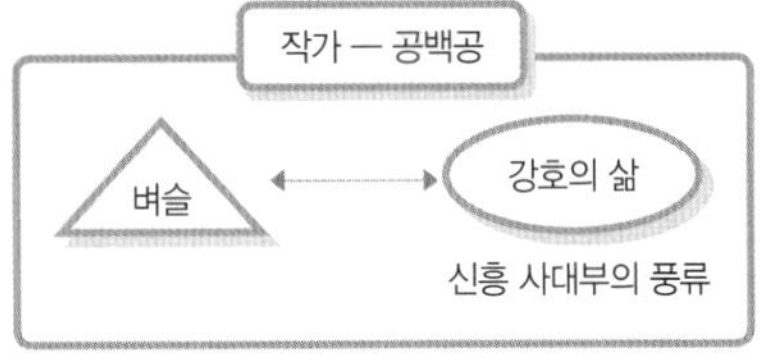

01 ㉠~㉫에 대한 이해로 적절하지 않은 것은?

① ㉠에는 전원에서의 생활상이, ㉥에는 자연과 동화되는 삶이 나타난다.
② ㉡에는 한가로운 자연 속 흥취가, ㉦에는 고독을 해소하려는 의지가 나타난다.
③ ㉢에는 자연현상에서 연상된 그리움의 대상이, ㉨에는 배의 움직임에 따른 청아한 풍경이 나타난다.
④ ㉣에는 운치 있는 풍류의 상황이, ㉧에는 자연에서 누리는 흥겨운 삶의 모습이 나타난다.
⑤ ㉤에는 변화하는 자연에서 얻는 즐거움이, ㉫에는 생동감 넘치는 자연에서 느끼는 만족감이 나타난다.

02 〈보기〉를 바탕으로 [A]를 감상한 내용으로 적절하지 않은 것은? [3점]

〈보기〉

17세기 가사 〈월선헌십육경가〉는 월선헌 주변의 16경관을 그린 작품으로 자연에서의 유유자적한 삶을 읊으면서도 현실적 생활 공간으로서의 전원에 새롭게 관심을 두었다. 그에 따라 생활 현장에서 볼 수 있는 풍요로운 결실, 여유로운 놀이 장면, 그리고 생업의 현장에서 느끼는 정서 등을 다양한 표현 방법을 통해 현장감 있게 노래했다.

① 전원생활에서 목격한 풍요로운 결실을 '만경 황운'에 비유해 드러냈군.
② 전원생활 가운데 느끼는 여유를 '내노리 ᄒᆞ자스라'와 같은 청유형 표현을 통해 드러냈군.
③ 전원생활의 풍족함을 여문 '블근 게'와 살진 '눌은 ᄃᆞᆰ'과 같이 색채 이미지에 담아 드러냈군.
④ 전원생활에서의 현장감을 '밤블이 볼가시니'와 '아격믈이 미러오니'와 같은 묘사를 활용해 드러냈군.
⑤ 전원생활의 여유를 즐기면서도 생업의 현장에서 느끼는 고단함을 '생리라 괴로오랴'와 같은 설의적인 표현으로 드러냈군.

03 (나)의 '공백공'에 대한 설명으로 가장 적절한 것은?

① 시간에 따른 공간의 다채로운 모습을 제시하며 자신의 감정을 드러내고 있다.
② 상대의 말과 행동이 불일치함을 언급하여 자신의 결백을 입증하고 있다.
③ 상대에 대해 심리적 거리감을 느껴 자신의 생각 표현을 자제하고 있다.
④ 질문에 답변하며 현실에 대처하는 자신의 태도를 밝히고 있다.
⑤ 대상과 관련된 행위를 열거하며 자신의 무력감을 깨닫고 있다.

제대로 접근법 — 문제 채점까지 마친 후 복습할 때 보세요.

01
구절의 의미를 파악하는 유형이다. 감상이 쉽지 않은 고전 작품이라는 점, 두 작품을 비교하며 의미를 파악해야 한다는 점 때문에 정답률이 낮았다.
(가)는 전원생활의 즐거움을 노래하고 있고, (나)는 자연 속에서 자유롭게 지내는 삶의 즐거움을 노래하고 있다. 작품의 주제 의식과 전체 맥락에 대한 이해를 바탕으로 세부 구절의 의미를 유추한다.

02
외적 준거에 따라 작품을 감상하는 유형이다. 〈보기〉에 작품의 주요 내용이 잘 정리되어 있다. 만약 (가)가 미리 공부한 작품이 아니라면, 〈보기〉를 활용하여 작품 감상의 실마리를 잡을 수 있다.
시적 화자의 태도를 파악했다면 어렵지 않게 문제를 해결할 수 있다. 아울러 설의적 표현의 개념만 제대로 이해하고 있어도 문제 해결이 훨씬 수월했을 것이다.

03
인물의 말하기 방식을 파악하는 유형이다. (나)에서는 공백공이라는 인물의 말을 통해 부귀와 공명을 추구하기보다는 강호에 묻혀 자유롭게 살기를 지향하는 작가의 생각을 드러내고 있다.
"나의 뜻은 어부에 있다. ~ 그대는 어떻게 생각하는가?"라는 공백공의 말에 나타난 특징을 찾아보자. 정답과 오답을 쉽게 구분할 수 있는 내용들로 선택지가 구성되어 있으므로 실수하지 않도록 유의한다.

▶ 해설편 207쪽

04 〈보기〉를 참고하여 (나)를 이해한 내용으로 적절하지 않은 것은?

〈보기〉

〈어촌기〉의 작가는 벗의 말을 인용하여 자신의 생각을 드러내고 있다. 작가는 벗에 관한 이야기가 기록할 만한 가치가 있다는 근거를 벗과의 관계와 그의 성품에 대한 평을 통해 마련하고 있다. 이를 통해 작가는 자신이 추구하는 삶의 방향성과 가치관을 드러내며 벗의 생각에 공감하고 있다.

① 벗이 '영화'와 '이익'을 중시하는 삶을 거부한다는 것을 통해 벗의 가치관을 알 수 있군.
② 작가가 벗의 말을 '즐거워하며' 자신도 살피려 하는 것을 통해 작가는 벗의 생각에 공감하고 있음을 알 수 있군.
③ 작가가 벗을 '아우'로 삼고 있다는 것을 통해 벗이 추구하는 삶의 자세가 작가로부터 전해 받은 것임을 알 수 있군.
④ 벗이 '강태공'과 '엄자릉'을 들어 '내가 감히'라는 말을 언급한 것을 통해 그들의 삶에 미치지 못함을 스스로 인정하는 벗의 겸손한 성품을 알 수 있군.
⑤ 작가가 벗이 '대과에 급제'하여 기대를 받고 있는데도 '마음에 사욕이 없'다고 평한 것을 통해 벗의 말이 기록할 만한 가치가 있다고 여김을 알 수 있군.

05 ⓐ와 ⓑ를 비교한 내용으로 가장 적절한 것은?

① ⓐ는 '내'가 '강호'에서의 은거를 긍정하지만 정치 현실에 미련이 있음을, ⓑ는 '공백공'이 정치 현실에 몸담고 있지만 '강호'에 은거하려는 지향을 나타낸다.
② ⓐ는 '내'가 '강호'에서의 은거를 마치고 정치 현실로 복귀하려는 의지를, ⓑ는 '공백공'이 정치 현실에서 신뢰를 잃어 '강호'에 은거하려는 소망을 나타낸다.
③ ⓐ는 '내'가 '강호'에서 경치를 완상하며 정치 현실의 번뇌를 해소하려는 자세를, ⓑ는 '공백공'이 정치 현실과 갈등하여 '강호'에 은거하려는 자세를 나타낸다.
④ ⓐ는 '내'가 '강호'에서 늙어 감에 체념하면서도 정치 현실을 지향함을, ⓑ는 '공백공'이 정치 현실을 외면하면서 '강호'에 은거하려는 염원을 나타낸다.
⑤ ⓐ는 '내'가 '강호'에서 임금께 맹세하며 정치 현실의 이상을 실현하려는 태도를, ⓑ는 '공백공'이 정치 현실의 폐단에 실망하며 '강호'에 은거하려는 희망을 나타낸다.

제대로 접근법

☆ 문제 채점까지 마친 후 복습할 때 보세요.

04
외적 준거에 따라 작품을 감상하는 유형이다. 〈보기〉에는 (나)의 구조적 특징과 주제 의식이 제시되어 있다. 이를 참고하여 작품을 다시 감상하고 문제 해결에 활용한다.
'나'와 공백공의 관계, 공백공의 성품에 대한 '나'의 평가, 공백공의 가치관 등에 주목하여 지문을 정리하면 선택지에서 다루고 있는 내용의 적절성 여부를 쉽게 판단할 수 있다.

05
구절의 의미를 파악하는 유형이다. (가)에 나타난 화자의 정서와 (나)에 나타난 공백공의 가치관을 이해한 다음 ⓐ와 ⓑ에 내포된 의미를 생각해 보자.
ⓐ는 강호에서 살겠다는 맹세와 관직 생활에 대한 꿈이 섞여 있다는 뜻이고, ⓑ는 몸은 벼슬을 하고 있지만 마음은 강호를 지향하고 있다는 뜻이다. 이를 이해했다면 ⓐ와 ⓑ의 차이를 바르게 진술한 선택지를 찾을 수 있다.

1차 채점	
맞은 문항 수	개
틀린 문항 수	개
헷갈리는 문항 번호	

• 틀린 문항 '/' 표시

→

2차 채점	
맞은 문항 수	개
틀린 문항 수	개
헷갈리는 문항 번호	

• 틀린 문항 '×' 표시

→

3차 채점	
맞은 문항 수	개
틀린 문항 수	개
헷갈리는 문항 번호	

• 틀린 문항 ☒ 표시

◉ 권장 풀이 시간 : 7분 30초

[01-05] 다음 글을 읽고 물음에 답하시오.

㉮ 문장(文章)을 ᄒᆞ쟈 ᄒᆞ니 인생식자(人生識字) 우환시(憂患始)*오
공맹(孔孟)을 ᄇᆡ호려 ᄒᆞ니 도약등천(道若登天) 불가급(不可及)*이로다
이 내 몸 쓸 ᄃᆡ 업ᄉᆞ니 성대농포(聖代農圃)* 되오리라

〈제1장〉

홍진(紅塵)에 [절교(絕交)]ᄒᆞ고 백운(白雲)으로 [위우(爲友)]ᄒᆞ야
녹수(綠水) 청산(靑山)에 시름 업시 늘거 가니
이 듕의 무한지락(無限至樂)을 헌ᄉᆞᄒᆞᆯ가 두려웨라

〈제3장〉

인간(人間)의 벗 잇단 말가 나ᄂᆞᆫ 알기 슬희여라
물외(物外)에 벗 업단 말가 나ᄂᆞᆫ 알기 즐거웨라
슬커나 즐겁거나 내 분인가 ᄒᆞ노라

〈제6장〉

유정(有情)코 무심(無心)ᄒᆞᆯ 손 아마도 풍진(風塵) 붕우(朋友)
무심(無心)코 유정(有情)ᄒᆞᆯ 손 아마도 강호(江湖) 구로(鷗鷺)
㉠ 이제야 작비금시(昨非今是)*을 ᄭᆡᄃᆞ론가 ᄒᆞ노라

〈제8장〉

도팽택(陶彭澤) 기관거(棄官去)*ᄒᆞᆯ 제와 태부(太傅) 걸해귀(乞骸歸)*ᄒᆞᆯ 제
호연(浩然) 행색(行色)을 뉘 아니 부러ᄒᆞ리
알고도 부지지(不知止)*ᄒᆞ니 나도 몰나 ᄒᆞ노라

〈제9장〉

인간(人間)의 풍우(風雨) 다(多)ᄒᆞ니 므ᄉᆞ 일 머므ᄂᆞ뇨
물외(物外)에 연하(煙霞) 족(足)ᄒᆞ니 므ᄉᆞ 일 아니 가리
이제ᄂᆞᆫ 가려 정(定)ᄒᆞ니 일흥(逸興) 계워 ᄒᆞ노라

〈제11장〉

– 안서우, 〈유원십이곡〉

* **인생식자 우환시** : 사람은 글자를 알게 되면서부터 근심이 시작됨.
* **도약등천 불가급** : 도는 하늘로 오르는 것과 같아 미치기 어려움.
* **성대농포** : 태평성대에 농사를 지음.
* **작비금시** : 어제는 그르고 지금은 옳음.
* **도팽택 기관거** : 도연명이 벼슬을 버리고 떠남.
* **태부 걸해귀** : 한나라 태부 소광이 사직을 간청함.
* **부지지** : 그만두어야 할 때를 알지 못함.

제대로 감상법

문제 풀이까지 마친 후 복습할 때 보세요.

㉮ 안서우, 〈유원십이곡〉

제목의 의미·갈래

'유원'은 충청도 제천에 있는 지명으로, 작가 안서우가 벼슬에서 물러나 유원에 칩거하며 그곳에서의 생활을 노래한 총 13수(서장 포함)의 연시조이다. 전반부에서는 강호에서 살아가는 구체적인 삶의 모습을, 후반부에서는 자연에 은둔하여 살아가지만 현실 사회에 대한 관심을 잃지 않았음을 드러내었다.

화자

화자는 강호(자연)에 은거한 '나'로, 강호에서 살겠다는 태도와 함께 (❶)에 대한 미련도 드러냄.

시어

- (❷): 태평성대에 농사를 지음. 속세의 삶을 버리고 자연에서 생활하겠다는 다짐
- (❸): 속세를 벗어나 자연에서 느끼는 끝없는 즐거움

표현

- 자연 친화적인 삶을 노래하면서도 벼슬에 대한 미련을 드러냄.
- 대구법을 사용하여 리듬감을 줌.
- 대조적 소재(홍진, 인간 ↔ 백운, 녹수 청산, 물외 등)를 통해 삶에 대한 화자의 인식을 드러냄.

주제

강호에서의 삶의 모습과 그 속에서 느끼는 감흥

제대로 구조화하기

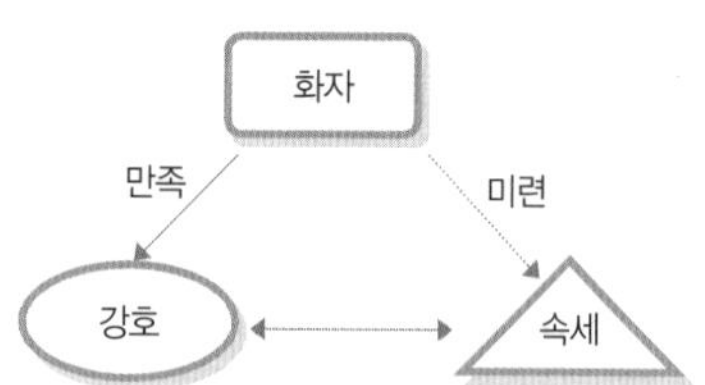

▶ 해설편 211쪽

나 어느 날 나는 잠이 들었는데 비몽사몽간이었다. 정신이 산란하고 병이 아닌데 병이 든 듯하여 그 원기가 상했다. 가슴이 돌에 눌린 것처럼 답답한 게 게으름의 귀신이 든 것이 틀림없었다. 무당을 불러 귀신에게 말하게 했다.

"네가 내 속에 숨어들어서 큰 병이 났다. …(중략)… 게을러서 집을 수리할 생각도 못하며, 솥발이 부러져도 게을러서 고치지 않고, 의복이 해져도 게을러서 깁지 않으며, 종들이 죄를 지어도 게을러서 묻지 않고, 사람들이 시비를 걸어도 게을러서 화를 내지 않아서, 마침내 날로 행동은 굼떠 가고, 마음은 바보가 되며, 용모는 날로 여위어 갈 뿐만 아니라 말수조차 줄어들고 있다. 이 모든 **허물**은 네가 내게 들어와 **멋대로** 함이라. 어째서 다른 이에게는 가지 않고 나만 따르며 귀찮게 구는가? 너는 어서 나를 떠나 저 낙토(樂土)로 가거라. 그러면 나에게는 너의 피해가 없고, 너도 너의 살 곳을 얻으리라."

이에 귀신이 말했다.

"그렇지 않습니다. 내가 어떻게 당신에게 화를 입히겠습니까? 운명은 하늘에 있으니 나의 허물로 여기지 마십시오. **굳센 쇠**는 부서지고 강한 나무는 부러지며, **깨끗한 것**은 더러워지기 쉽고, 우뚝한 것은 꺾이기 쉽습니다. 굳은 돌은 고요함으로 이지러지지 않고, 높은 산은 고요함으로 영원한 것입니다. 움직이는 것은 쉽게 요절하고 고요한 것은 장수합니다. 지금 당신은 저 산처럼 오래 살 것입니다. 경우에 따라서는 세상의 근면은 화근이, 당신의 게으름은 복의 근원이 될 수도 있지요. 세상 사람들은 세력을 좇다 우왕좌왕하여 그때마다 **시비의 소리**가 분분하지만, 지금 당신은 물러나 앉았으니 당신에 대한 시비의 소리가 전혀 없지 않습니까? 또 세상 사람들은 **물욕**에 휘둘려서 이익을 얻기 위해 날뛰지만, 지금 당신은 걱정이 없어 제정신을 잘 보존하니, 당신에게 어느 것이 흉하고 어느 것이 **길한 것**이겠습니까? 당신이 이제부터 유지(有知)를 버리고 무지(無知)를 이루며, 유위(有爲)를 버리고 무위(無爲)에 이르며, 유정(有情)을 버리고 무정(無情)을 지키며, 유생(有生)을 버리고 무생(無生)을 즐기면, 그 도는 죽지 않고 하늘과 함께 아득하여 **태초와 하나**가 될 것입니다. 내가 앞으로도 당신을 도울 것인데, 도리어 나를 나무라시니 자신의 처지를 아십시오. 그래서야 어디 되겠습니까?"

이에 나는 그만 말문이 막혔다. 그래서 ⓒ<u>앞으로 나의 잘못을 고칠 터이니 그대와 함께 살기를 바란다</u>고 했더니, 게으름은 그제야 떠나지 않고 나와 함께 있기로 했다.

– 성현, 〈조용(嘲慵)〉

나 성현, 〈조용(嘲慵)〉

제목의 의미

'조용(嘲慵)'은 '게으름이 조롱하다'라는 뜻이다. 이 작품은 게으름을 귀신으로 인격화하여 대화를 나누는 형식으로 되어 있는데, 보통 부정적으로 생각하는 게으름을 긍정적으로 받아들이며 세속적인 삶과 거리를 두고자 하는 글쓴이의 태도를 드러내고 있다.

체험과 느낌

- **글쓴이의 경험**: 게으름으로 인해 원기가 상하자 게으름 귀신을 불러 질책하지만, 논리적인 게으름 귀신의 반박에 말문이 막힘
- **글쓴이의 관점과 태도**: 게으름도 유익함을 가져다줄 수 있음을 깨닫고, (❶) 가치를 추구하는 삶을 멀리하려는 태도를 보임.

소재

- 굳센 쇠, (❷), 깨끗한 것, 우뚝한 것, 움직이는 것 등: 통념과 달리 부정적 속성을 지닌 소재들
- 굳은 돌, 높은 산, 고요한 것 등: 통념과 달리 긍정적 속성을 지닌 소재들

표현

- 대조적 소재를 통해 삶에 대한 글쓴이의 인식을 드러냄.
- 대상을 인격화하여 청자로 설정하고 (❸)의 형식으로 내용을 전개함.

주제

게으름이 가져다주는 유익함

제대로 구조화하기

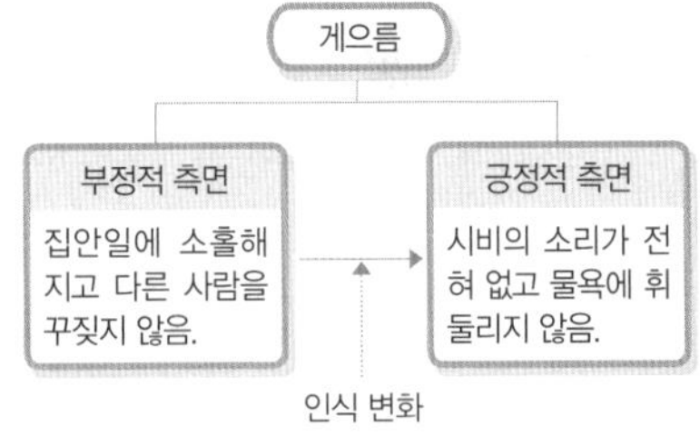

01 (가)와 (나)의 공통점으로 가장 적절한 것은?

① 대조적 소재를 통해 삶에 대한 글쓴이의 인식을 드러내고 있다.
② 명령적 어조를 통해 세태에 대한 부정적 시각을 진술하고 있다.
③ 공간의 이동을 통해 주어진 삶에 순응해야 함을 드러내고 있다.
④ 구체적인 청자를 설정하여 자연에서 얻은 깨달음을 진술하고 있다.
⑤ 계절의 변화를 통해 과거와 대비되는 현재의 상황을 드러내고 있다.

제대로 접근법 문제 채점까지 마친 후 복습할 때 보세요.

01
작품 간의 공통점을 파악하는 유형이다. (가)와 (나)의 주제 의식을 확인한 후, 이러한 주제 의식을 드러내기 위해 사용된 방법을 생각해 본다.

(가)	'홍진, 인간' ↔ '백운, 녹수 청산, 물외' → 강호에서의 삶에 대한 긍정적 인식
(나)	'근면' ↔ '게으름' → 게으름의 유익함에 대한 인식

02 〈보기〉를 참고하여 (가)를 이해한 내용으로 적절하지 않은 것은? [3점]

〈보기〉

〈유원십이곡〉은 강호에서의 삶을 추구하는 노래지만, 화자는 강호에 머문 뒤에도 강호와 속세 사이에서 갈등을 반복한다. 이는 강호에서의 만족한 삶이라는 이상에 도달하는 것이 쉽지 않음을 보여 주는 것이다. 그뿐 아니라 화자가 갈등을 반복하면서도 항상 강호를 선택하는 모습은, 결국 자신의 결정이 가치 있는 것임을 드러내기 위한 것으로 이해할 수 있다.

① 〈제1장〉의 초장에는 화자가 강호를 선택하게 되는 동기가 드러난다.
② 〈제3장〉의 중장에는 강호를 선택한 삶의 모습이 긍정적으로 드러난다.
③ 〈제6장〉의 종장에는 화자 자신이 분수에 맞는 선택을 했음이 드러난다.
④ 〈제9장〉의 중장에는 속세에 미련을 갖게 하는 가치를 언급함으로써 화자의 갈등이 드러난다.
⑤ 〈제9장〉의 종장에는 갈등하는 화자의 모습이, 〈제11장〉의 종장에는 자신의 선택에 만족하는 화자의 모습이 드러난다.

03 절교와 위우를 중심으로 (가)를 감상한 내용으로 적절하지 않은 것은?

① 화자가 '절교'하고자 하는 대상은 '인간의 벗'으로 볼 수 있다.
② 화자는 '붕우'를 '절교'하고자 하는 대상으로 인식한다고 볼 수 있다.
③ 화자는 '백운'과의 '위우'를 통해 '무한지락'을 느끼고 있다고 볼 수 있다.
④ 화자가 '위우'하고자 하는 '구로'는 '물외에 연하 족'한 곳에 있다고 볼 수 있다.
⑤ 화자가 '물외에 벗'과 '위우'하고자 하는 이유는 '유정코 무심'하기 때문으로 볼 수 있다.

04 ㉠과 ㉡을 참고하여 (가)와 (나)를 이해한 내용으로 가장 적절한 것은?

① ㉠의 화자는 '공맹을 비호'기 위해 '성대농포'의 길을 가야 함을 알게 되었다.
② ㉡의 '나'는 '태초와 하나가' 되게 하는 상대방의 제안을 수용하며 '굳센 쇠'와 같은 변치 않는 삶을 다짐하고 있다.
③ ㉠의 화자는 '녹수 청산'에서의 삶을 즐거워하고, ㉡의 '나'는 '깨끗한 것'을 '길한 것'으로 받아들이고 있다.
④ ㉠의 화자는 현재의 삶이 옳음을 '씨드른가'로 밝히고, ㉡의 '나'는 반성의 태도를 '고칠 터이니'로 드러내고 있다.
⑤ ㉠의 화자는 '풍우 다'한 현실을 긍정적으로 받아들이고, ㉡의 '나'는 '시비의 소리'에 흔들렸던 자신의 잘못을 고치겠다고 다짐하고 있다.

제대로 접근법 문제 채점까지 마친 후 복습할 때 보세요.

02
외적 준거에 따라 작품을 감상하는 유형이다. 정답률이 매우 낮았는데, 작품을 현대어로 바르게 해석하여 감상하지 못한 것으로 보인다. 고전 시가에 자주 등장하는 어휘의 의미를 익히고, 작품을 현대어로 해석할 수 있는 능력을 길러야 한다.
〈보기〉에서는 (가)의 화자가 강호와 속세 사이에서 갈등을 반복하며, 그 속에서도 항상 강호를 선택한다고 설명하고 있다. 이를 고려하여 선택지에 제시된 구절을 현대어로 해석하여 이해한 다음 그에 대한 진술이 적절한지 따져 본다.

03
핵심어를 중심으로 작품을 감상하는 유형으로, 역시 정답률이 낮았다. (가)는 대조적 소재를 활용하여 시상을 전개하고 있다. 시상 전개의 흐름을 이해하고 대조적 소재를 구분할 수 있어야 문제를 해결할 수 있다.
(가)에서 '절교'는 속세와 관계를 끊는다는 뜻이고, '위우'는 자연과 벗이 되고자 한다는 뜻이다. '백운, 녹수 청산' 등 자연을 나타내는 시어와 '홍진, 인간' 등 속세를 나타내는 시어를 구분해 보고, 이를 바탕으로 선택지의 적절성을 판단해 보자.

04
특정 구절을 매개로 하여 화자 및 글쓴이의 태도, 다른 구절의 의미를 파악하는 유형이다. ㉠과 ㉡의 의미가 무엇인지, 그리고 화자 또는 글쓴이가 ㉠, ㉡과 같이 생각하게 된 이유가 무엇인지 정리한 다음 선택지의 적절성을 판단한다.
㉠은 벼슬에 집착하던 지난날이 그르고 자연 속에서 살아가는 현재의 삶이 옳음을 깨달았다는 뜻이고, ㉡은 게으름의 긍정적 측면을 드러낸 '게으름 귀신'의 반박에 수긍하는 말이다.

▶ 해설편 211쪽

05 〈보기〉를 참고하여 (나)를 감상한 내용으로 적절하지 않은 것은?

〈보기〉

〈조용〉에서 필자는 '나'와 '게으름 귀신'의 대화라는 구조를 활용하여 게으름에 대한 사색의 결과를 담아내고 있다. 필자는 게으름의 양면성을 드러내어 게으름의 부정적 측면을 경계하는 한편 게으름의 긍정적 측면을 통해 세태에 대한 비판적 시각을 보여 준다.

① '나'가 무당을 내세워 '귀신'에게 말을 건네는 것에서, 자신의 게으른 생활에 대해 살펴보려는 필자의 모습을 알 수 있겠군.
② '나'가 집안의 대소사를 해결하지 않고 게으름을 피우는 행위를 나열하는 것에서, 게으름의 폐단을 드러내려는 필자의 생각을 알 수 있겠군.
③ '나'가 '멋대로' 행동하는 게으름을 탓하면서도 게으름은 자신의 '허물'이라 여기는 것에서, 게으름의 양면성을 드러내려는 필자의 의도를 알 수 있겠군.
④ '나'가 게으름 덕분에 '물욕'에서 벗어날 수 있다는 '귀신'의 말에서, 게으름의 긍정적 측면을 보여 주려는 필자의 의도를 알 수 있겠군.
⑤ '나'가 게으름 덕분에 세상 사람들과 달리 걱정 없이 살 수 있다는 '귀신'의 말에서, 이익을 얻기 위해 다투는 사람들에 대한 필자의 비판적 시각을 알 수 있겠군.

제대로 접근법

문제 채점까지 마친 후 복습할 때 보세요.

05
외적 준거에 따라 작품을 감상하는 유형이다. 〈보기〉에서는 (나)가 대화 구조를 활용하여 게으름의 양면성을 드러냄으로써 세태에 대한 비판적 시간을 보여 준다고 설명하고 있다.
'게으름의 양면성'은 게으름에 내재되어 있는 긍정적 측면과 부정적 측면의 양 측면을 말한다. 지문의 어느 부분이 게으름의 긍정적 측면 또는 부정적 측면과 연관되는지 구분해 보자. 이를 바르게 구분할 수 있다면 어렵지 않게 선택지의 적절성을 판단할 수 있다.

1차 채점	
맞은 문항 수	개
틀린 문항 수	개
헷갈리는 문항 번호	

• 틀린 문항 '/' 표시

→

2차 채점	
맞은 문항 수	개
틀린 문항 수	개
헷갈리는 문항 번호	

• 틀린 문항 '×' 표시

→

3차 채점	
맞은 문항 수	개
틀린 문항 수	개
헷갈리는 문항 번호	

• 틀린 문항 '⩕' 표시

◉ 권장 풀이 시간 : 7분 20초

[01-05] 다음 글을 읽고 물음에 답하시오.

(가) 반(半) 밤중 혼자 일어 묻노라 이내 꿈아
만 리(萬里) 요양(遼陽)*을 어느덧 다녀온고
반갑다 학가(鶴駕)* 선객(仙客)을 친히 뵌 듯ᄒᆞ여라 〈제1수〉

박제상* 죽은 후에 님의 시름 알 이 업다
이역(異域) 춘궁(春宮)을 뉘라서 모셔 오리
지금에 치술령 귀혼(歸魂)을 못내 슬허ᄒᆞ노라 〈제4수〉

조정을 바라보니 무신(武臣)도 하 만하라
신고(辛苦)ᄒᆞᆫ 화친(和親)을 누를 두고 ᄒᆞᆫ 것인고
슬프다 조구리(趙廏吏)* 이미 죽으니 참승(參乘)ᄒᆞᆯ* 이 업세라 〈제6수〉

구중(九重) 달 밝은 밤의 성려(聖慮)* 일정 만흐려니
이역 풍상(風霜)에 학가인들 이즐쏘냐
이 밖에 억만창생(億萬蒼生)을 못내 분별ᄒᆞ시도다 〈제7수〉

구렁에 났는 ㉠풀이 봄비에 절로 길어
아는 일 업스니 긔 아니 조흘쏘냐
우리는 너희만 못ᄒᆞ야 시름겨워 ᄒᆞ노라 〈제8수〉

조그만 이 한 몸이 하늘 밖에 떨어지니
오색구름 깊은 곳에 어느 것이 서울인고
바람에 지나는 ㉡검불* 갓ᄒᆞ야 갈 길 몰라 ᄒᆞ노라 〈제9수〉

– 이정환, 〈비가(悲歌)〉

* 요양 : 청나라의 심양
* 학가 : 세자가 탄 수레. 또는 세자. 여기서는 병자호란에서 패배하여 심양에 잡혀간 소현 세자를 가리킴.
* 박제상 : 신라의 충신. 왕의 아우가 왜에 볼모로 잡히자 그를 구하고 자신은 희생됨.
* 조구리 : 조씨 성을 가진 마부. 충신을 가리킴.
* 참승ᄒᆞᆯ : 높은 이를 호위하여 수레에 같이 탈
* 성려 : 임금의 염려
* 검불 : 마른 나뭇가지나 낙엽 따위

(나) 이전 서울 계동 홍술햇골에서 살 때 일이었다. 휘문 중학교의 교편을 잡고, 독서, 작시(作詩)도 하고, 고서도 사들이고, 그 틈으로써 난을 길렀던 것이다. 한가롭고 자유로운 맛은 몹시 바쁜 가운데에서 깨닫는 것이다. 원고를 쓰다가 밤을 새우기도 왕왕하였다. 그러하면 그러할수록 난의 위안이 더 필요하였다. 그 푸른 잎을 보고 방렬(芳烈)한 향을 맡을 순간엔, 문득 환희의 별유세계(別有世界)에 들어 무아무상의 경지에 도달하기도 하였다.

그러다가 조선어 학회 사건에 피검되어 홍원 · 함흥서 2년 만에 돌아와 보니 난은 반수 이상이 죽었다. 그해 여산으로 돌아와서 십여 분을 간신히 살렸다. 갑자기 8 · 15 광복이 되자

제대로 감상법 — 문제 풀이까지 마친 후 복습할 때 보세요.

(가) 이정환, 〈비가(悲歌)〉

제목의 의미·갈래
'비가(悲歌)'는 '슬픈 노래'라는 뜻으로, 국치에 대한 슬픔을 담은 연시조이다. 병자호란 당시 인조가 삼전도에서 청나라에 항복하고, 두 왕자와 대신들이 볼모로 잡혀간 데 대한 비분강개의 심정과 두 왕자에 대한 그리움을 노래하고 있는 작품이다.

화자
화자는 '나'로, 병자호란 후 (❶)로 잡혀간 두 왕자에 대한 그리움, 임금을 향한 충정, 부정적 현실에 대한 울분을 드러냄.

시어
• (❷): 세자가 탄 수레. 또는 세자. 볼모로 잡혀간 소현 세자를 가리킴.
• (❸): 볼모가 된 세자의 처지를 나타냄.

표현
• 병자호란의 치욕에 대한 비통한 마음을 자연물과 인간사의 (❹)를 통해 드러냄.
• 꿈을 의인화하여 청나라에 잡혀간 왕자들에 대한 그리움을 나타냄.

주제
국치(國恥)에 대한 비분강개(悲憤慷慨)

◘ 제대로 구조화하기 ◘

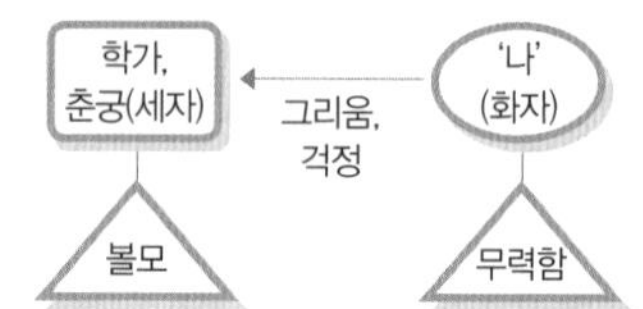

(나) 이병기, 〈풍란〉

제목의 의미
난초의 종류 중 하나인 '풍란(風蘭)'의 아름다움을 예찬하며, 물질적 가치보다는 정신적 가치를 추구하겠다는 글쓴이의 의지를 드러내고 있는 작품이다. 글쓴이는 역사적 사건을 거치며 난을 길렀던 경험을 바탕으로 난에 대한 애정을 드러내고 있다.

▶ 해설편 215쪽

나는 서울로 또 가 있었다. 한 겨울을 지내고 와 보니 난은 모두 죽었고, 겨우 뿌리만 성한 것이 두어 개 있었다. 그걸 서울로 가지고 가 또 살려 잎이 돋아나게 하였다. 건란(建蘭)과 춘란(春蘭)이다. 춘란은 중국 춘란이 진기한 것이다. 꽃이나 보려 하던 것이, 또 6 · 25 전쟁으로 피란하였다가 그 다음 해 여름에 가 보니, 장독대 옆 풀섶 속에 그 고해(枯骸)만 엉성하게 남아 있었다.

그 후 전주로 와 양사재에 있으매, 소공(素空)이 건란 한 분을 주었고, 고경선 군이 제주서 **풍란** 한 등걸을 가지고 왔다. 풍란에 웅란(雄蘭) · 자란(雌蘭) 두 가지가 있는데, 자란은 이왕안서(岸曙) 집에서 보던 것으로서 잎이 넓적하고, 웅란은 잎이 좁고 빼어났다. 물을 자주 주고, 겨울에는 특히 옹호하여, 자란은 네 잎이 돋고 웅란은 다복다복하게 길었다. 벌써 네 해가 되었다.

십여 일 전 나는 바닷게를 먹고 중독되어 곽란(霍亂)이 났다. 5, 6일 동안 미음만 마시고 인삼 몇 뿌리 달여 먹고 나았으되, 그래도 **병석**에 누워 더 조리하였다. 책도 보고, 시도 생각해 보았다. 풍란은 곁에 두었다. 하얀 꽃이 몇 송이 벌었다. 방렬 · 청상(淸爽)한 향이 움직이고 있다. 나는 밤에도 자다가 깨었다. 그 향을 맡으며 이렇게 생각을 하여 등불을 켜고 노트에 적었다.

[A]

잎이 빳빳하고도 오히려 영롱(玲瓏)하다
썩은 향나무 껍질에 **옥(玉) 같은 뿌리**를 서려 두고
청량(淸凉)한 물기를 머금고 바람으로 사노니

꽃은 하얗고도 여린 자연(紫煙) 빛이다
높고 조촐한 그 품(品)이며 그 향(香)이
숲속에 숨겨 있어도 **아는 이**는 아노니

완당 선생이 한묵연(翰墨緣)이 있다듯이 나는 **난연(蘭緣)**이 있고 **난복(蘭福)**이 있다. 당외자, 계수나무도 있으나, 이 웅란에는 백중(伯仲)할 수 없다. 이 웅란은 난 가운데에도 가장 진귀하다.

'간죽하수문주인(看竹何須問主人)*'이라 하는 시구가 있다. 그도 그럴듯하다. 나는 어느 집에 가 그 난을 보면, 그 주인이 어떤 사람인가를 알겠다. 고서도 없고, 난도 없이 되잖은 서화나 붙여 놓은 방은, 비록 **화려 광활**하다 하더라도 그건 한 요릿집에 불과하다. **두실 와옥(斗室蝸屋)***이라도 고서 몇 권, 난 두어 분, 그리고 그 사이 술이나 한 병을 두었다면 삼공(三公)을 바꾸지 않을 것 아닌가! 빵은 육체나 기를 따름이지만 난은 정신을 기르지 않는가!

– 이병기, 〈풍란〉

*** 간죽하수문주인**: '대숲을 봤으면 그만이지 그 주인이 누구인지 물을 필요가 있겠는가.'라는 뜻
*** 두실 와옥**: 몹시 작고 누추한 집

체험과 느낌

▣ **글쓴이의 경험**: 조선어 학회 사건, 8·15 광복, 6 · 25 전쟁 등 어려운 상황을 겪으면서 난을 기름.

▣ **글쓴이의 관점과 태도**: 난을 (❶)하며 정신적 가치를 추구함.

소재

• 난(蘭): 글쓴이가 각별한 (❷)을 쏟는 중심 소재로, 글쓴이가 추구하는 삶의 모습을 드러냄.

표현

• 글쓴이가 체득한 난의 일반적 생태를 담담하게 표현하고 있음.
• (❸) 표현을 사용하여 난을 기르는 만족감과 자부심을 드러냄.

주제

난초의 청초함과 고결한 기품 예찬

제대로 구조화하기

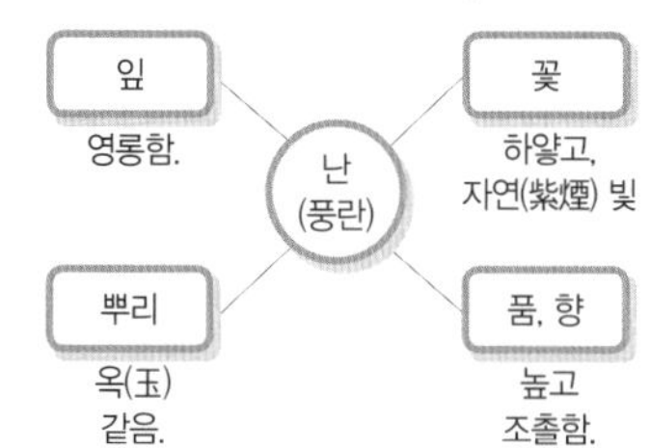

01 (가)와 (나)에 대한 설명으로 가장 적절한 것은?

① (가)에는 해소하기 어려운 문제적 상황에 당면하여 고뇌하는 태도가 드러나 있다.
② (가)에는 시대적 고난에 맞서지 못하는 자신의 나약함을 극복하고자 하는 태도가 드러나 있다.
③ (나)에는 인간의 유한한 삶에 대해 한탄하는 태도가 드러나 있다.
④ (나)에는 희망을 찾을 수 없는 절망적 현실에 대한 냉소적인 태도가 드러나 있다.
⑤ (가)와 (나)에는 이상과 현실의 괴리에서 비롯된 삶에 대한 회의적 태도가 드러나 있다.

02 (가), (나)에 대한 감상으로 적절하지 않은 것은? [3점]

① (가)는 '학가 선객'을 '꿈'에서나마 본 일을 언급함으로써 그를 만나고 싶어 하는 화자의 소망을 드러내고 있군.
② (가)는 '박제상'이 살았던 시대와 대비함으로써 그와 같은 충신을 찾기 어려운 시대적 상황에 대한 화자의 안타까움을 드러내고 있군.
③ (가)는 자신의 '몸'이 하늘 밖에 떨어진 상황을 설정하여 현실의 문제를 떠나 고통을 잠시라도 잊으려는 화자의 지향을 드러내고 있군.
④ (나)는 역사적 상황에 따른 작가의 행적과 '난'의 생사를 관련지어 언급함으로써 '난'에 대한 작가의 애착을 드러내고 있군.
⑤ (나)는 '두실 와옥'에 사는 사람이라도 만족감을 느낄 수 있도록 해 주는 '난'을 통해 작가가 지향하는 정신적 가치를 드러내고 있군.

03 ㉠과 ㉡을 비교한 내용으로 가장 적절한 것은?

① ㉠과 ㉡은 모두 화자가 경외감을 가지고 바라보는 소재이다.
② ㉠과 ㉡은 모두 세월의 흐름을 나타내어 인생의 무상함을 느끼게 하는 소재이다.
③ ㉠은 화자의 울분을 심화하는 소재로, ㉡은 화자의 울분을 완화하는 소재로 활용되고 있다.
④ ㉠은 현재의 상황에 대한 인식의 계기가, ㉡은 과거의 사건에 대한 회고의 계기가 된 소재이다.
⑤ ㉠은 화자의 처지와 대비되는 소재로, ㉡은 화자의 처지와 동일시되는 소재로 제시되고 있다.

제대로 접근법

문제 채점까지 마친 후 복습할 때 보세요.

01
화자 및 글쓴이의 태도를 파악하는 유형이다. 연시조와 수필이 묶인 갈래 복합 지문이라고 하더라도, 단일 갈래 지문에서 태도를 묻는 문제의 풀이 방법과 다를 것이 없다는 점을 기억하자.
(가)는 병자호란의 치욕에 대한 비통한 마음을 드러내고 있고, (나)는 난초의 청초함과 고결한 기품을 예찬하고 있다. 화자 및 글쓴이가 상황, 소재, 대상 등에 대해 어떠한 태도를 보이고 있는지를 살핀다.

02
작품을 종합적으로 감상하고 평가하는 유형이다. (가)는 시적 상황에 대한 화자의 정서와 태도를 중심으로, (나)는 중심 소재에 대한 글쓴이의 태도와 주제 의식을 중심으로 감상하는 것이 좋다.
(가)에서 화자는 병자호란 이후 나라의 상황에 비탄을 느끼고 세자와 임금을 걱정하고 있다. 또 (나)에서 글쓴이는 '난'을 예찬하면서 자신이 추구하는 삶의 모습을 드러내고 있다. 이를 이해했다면 선택지의 적절성을 판단할 수 있다.

03
소재의 의미와 기능을 파악하는 유형이다. 먼저 화자의 상황, 정서, 태도 등을 파악한 다음, 이를 바탕으로 화자가 '풀'과 '검불'을 어떤 심정으로 바라보고 있는지를 살핀다.
(가)에서 화자는 자신의 처지와 다르게 봄비에 길게 자란 '풀'을 보며 안타까운 심정을 토로하고 있다. 또 갈 길을 모르고 헤매는 자신의 처지가 바람에 날리는 '검불'과 같다고 탄식하고 있다. 이를 고려하여 ㉠과 ㉡의 의미를 추론해 보자.

▶ 해설편 215쪽

04 〈보기〉를 바탕으로 (가)를 이해한 내용으로 적절하지 않은 것은?

〈보기〉

임병양란 이후의 사대부들 사이에서는 긴 사연을 담을 수 있는 연시조 양식을 활용해 전란 후 현실의 문제를 다루려는 경향이 나타났다. 병자호란 직후 지어진 〈비가〉에도, 잡혀간 세자를 그리는 마음, 임금을 향한 충정, 전란 후 상황에 대한 견해 등 여러 내용이 복합되어 있다. 각 수의 시어를 연결하여 이해할 때 그 같은 내용들이 올바로 파악될 수 있다.

① 〈제1수〉의 '어느덧 다녀온고'와 〈제4수〉의 '뉘라서 모셔 오리'라는 진술에는 잡혀간 세자를 그리는 화자의 마음이 투영되어 있다.
② 〈제4수〉의 아무도 알아주지 못하는 '님의 시름'에 대해, 〈제6수〉의 '조구리'와 같은 인물이 없는 현실에 처한 화자는 애석함을 느끼고 있다.
③ 〈제6수〉에서 조정에 많은 '무신'이 남아 있음에도 '신고혼 화친'을 맺은 결과로 〈제7수〉에서 세자가 '이역 풍상'을 겪는다고 화자는 판단하고 있다.
④ 〈제7수〉에서 근심에 싸여 있는 '구중'의 임금을 떠올렸던 화자는 〈제9수〉에서는 '서울'을 찾지 못해 애태우고 있다.
⑤ 〈제7수〉의 '달 발근 밤'과 〈제8수〉의 '봄비'에는 부정적 현실이 개선되리라는 화자의 전망과 기대가 담겨 있다.

05 (나)의 맥락을 고려하여 [A]를 감상한 내용으로 적절하지 않은 것은?

① [A]의 '썩은 향나무 껍질'과 대조적인 의미를 지니는 '옥 같은 뿌리'는 '화려 광활'한 이미지를 지닌다고 볼 수 있겠군.
② [A]의 '높고 조촐한 그 품이며 그 향'은 '풍란'의 속성을 드러낸 것으로, 작가가 '풍란'을 곁에 두고자 하는 이유로 볼 수 있겠군.
③ [A]의 '아는 이'는 '풍란'의 가치를 볼 수 있는 안목을 갖춘 사람으로, '난연'과 '난복'이 있다고 생각하는 작가도 이에 해당된다고 볼 수 있겠군.
④ [A]는 평소 '난'을 통해 '위안'을 얻던 작가가 '병석'에 누워 조리할 때 '풍란'에서 영감을 얻어서 창작한 것으로 볼 수 있겠군.
⑤ [A]는 '난'과 함께한 작가의 정신세계를 함축적으로 제시하는 한편, '풍란'에 대한 예찬적 태도를 드러낸다고 볼 수 있겠군.

제대로 접근법 ☆ 문제 채점까지 마친 후 복습할 때 보세요.

04
외적 준거에 따라 작품을 감상하는 유형이다. 먼저 〈보기〉에 제시된 정보를 작품의 내용과 연결 지어 정리해 보자.

〈보기〉	(가)에 나타난 부분
잡혀간 세자를 그리는 마음	〈제1수〉, 〈제4수〉
임금을 향한 충정	〈제7수〉, 〈제9수〉
전란 후 상황에 대한 견해	〈제4수〉, 〈제6수〉, 〈제8수〉

이를 바탕으로 선택지의 내용이 적절한지 살펴본다. 〈보기〉의 내용, 작품의 내용, 선택지의 내용을 모두 고려하여 꼼꼼하게 적절성을 판단해야 한다.

05
작품의 주제를 함축하고 있는 시조의 내용을 제대로 이해했는지 묻는 유형이다. (나)의 전체 맥락, 시조를 삽입한 의도, 시조에 담겨 있는 의미 등을 종합적으로 고려하여 선택지의 적절성을 판단해야 한다.
수필 작품에 시가 삽입되는 경우, 여기에는 작품의 주제 의식이나 소재에 대한 글쓴이의 태도 등이 압축적으로 제시되어 있을 가능성이 높다는 점을 기억하자. (나)에서도 [A]에는 중심 소재인 '난'에 대한 글쓴이의 예찬적 태도가 잘 드러나 있다.

1차 채점

맞은 문항 수	개
틀린 문항 수	개
헷갈리는 문항 번호	

• 틀린 문항 '/' 표시

→ **2차 채점**

맞은 문항 수	개
틀린 문항 수	개
헷갈리는 문항 번호	

• 틀린 문항 '×' 표시

→ **3차 채점**

맞은 문항 수	개
틀린 문항 수	개
헷갈리는 문항 번호	

• 틀린 문항 ⚠ 표시

◉ 권장 풀이 시간 : 4분 45초

[01-03] 다음 글을 읽고 물음에 답하시오.

(가) 섣달에도 보름께 달 밝은 밤
㉠앞내강 쨍쨍 얼어 조이던 밤에 / 내가 부른 노래는 강 건너 갔소

㉡강 건너 하늘 끝에 사막도 닿은 곳
내 노래는 제비같이 날아서 갔소

못 잊을 계집애 집조차 없다기에 / 가기는 갔지만 어린 날개 지치면
㉢그만 어느 모래불에 떨어져 타서 죽겠죠.

사막은 끝없이 푸른 하늘이 덮여
㉣눈물 먹은 별들이 조상* 오는 밤

㉤밤은 옛일을 무지개보다 곱게 짜내나니
한 가락 여기 두고 또 한 가락 어디멘가
내가 부른 노래는 그 밤에 강 건너 갔소.

– 이육사, 〈강 건너간 노래〉

* 조상 : 남의 죽음에 대하여 슬퍼하는 뜻을 드러내어 위문함.

(나) 한 줄의 시(詩)는커녕 / 단 한 권의 소설도 읽은 바 없이
그는 한평생을 행복하게 살며 / 많은 돈을 벌었고
높은 자리에 올라 / 이처럼 훌륭한 비석을 남겼다
그리고 어느 유명한 문인이
그를 기리는 묘비명을 여기에 썼다
비록 이 세상이 잿더미가 된다 해도
불의 뜨거움 꿋꿋이 견디며
이 묘비는 살아 남아 / 귀중한 사료(史料)가 될 것이니
역사는 도대체 무엇을 기록하며
시인(詩人)은 어디에 무덤을 남길 것이냐

– 김광규, 〈묘비명(墓碑銘)〉

(다) [A] 시는 인간의 삶을 반영한다. 시에서 반영은 현실과 인생을 모방한다는 의미에서 외부 현실을 시 속에 담아내는 것으로, 역사와 현실의 상황을 시를 통해 어떻게 재현할 것인가에 초점을 둔다. 여기서 반영은 '있는 그대로의 현실'로서의 반영과 '있어야 하는 현실'로서의 반영으로 구분할 수 있다. 전자는 역사와 현실의 모습을 사실 그대로 보여 주는 일상적 진실을 반영하는 것을 말하고, 후자는 일상적 현실을 넘어 화자가 지향하는 당위적 진실을 반영하는 것을 말한다.

한편 '시에 대한 시 쓰기'라는 형식을 통해 시 그 자체를 반영하는 특수한 경우도 있다. 이 때 반영의 대상은 외부 현실이 아니라 시 쓰기 상황이나 시를 쓰는 시인이 된다. 이 경우 시

제대로 감상법

☆ 문제 풀이까지 마친 후 복습할 때 보세요.

(가) 이육사, 〈강 건너간 노래〉

화자
화자는 '나'로, 강 건너로 노래를 보냈던 과거의 일을 (❶)하며 암울한 현실을 견디고자 함.

시어
• (❷): 부정적 현실 극복에 대한 화자의 꿈과 희망, 의지

표현
• '-소'라는 종결 어미를 반복하여 화자의 정서를 부각함.
• 처음과 마지막 연에 유사한 시행을 반복하여 의미를 강조함(수미상관).

주제
부정적 현실에서도 희망을 잃지 않는 의지

제대로 구조화하기

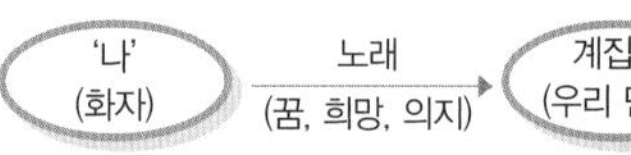

(나) 김광규, 〈묘비명(墓碑銘)〉

화자
화자는 '그'의 묘비명을 보고 있는 이로, 정신적 가치가 물질적 가치에 종속되는 현실을 비판함.

시어
• 시, (❶): 정신적 가치를 상징함.
• 돈, (❷): 물질적 가치를 상징함.

표현
• 정신적 가치를 추구해야 할 사람들마저 물질적 가치와 권위에 종속되어 버린 현실을 (❸)으로 풍자함.
• 대비되는 시어를 통해 주제 의식을 드러냄.

주제
정신적 가치가 경시되는 현실에 대한 비판과 진정한 삶의 가치에 대한 성찰

제대로 구조화하기

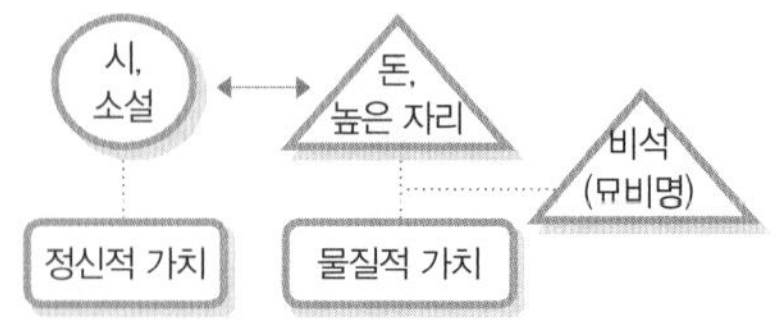

(다)

주제
인간의 일상적 (❶)과 지향을 반영하는 시(詩)

는 그 자체로 시론 혹은 시인론의 성격을 지닌다. 이러한 성격의 작품에서 시는 노래나 기타 여러 갈래의 글로 표상되기도 한다.

이처럼 시인들은 시 속에 형상화된 세계를 통해 인간이 지향해야 할 바람직한 삶의 방향을 모색한다. 이를 통해 시는 무엇을 말해야 하고, 시인은 어떤 존재로 살아가야 하는가에 대한 자기 성찰의 태도를 드러내는 것이다.

중심 내용

1문단	인간의 삶을 반영하는 시
2문단	시가 시 자체를 반영하는 경우
3문단	시를 통해 바람직한 삶의 방향을 모색하는 시인들

01 (가)와 (나)의 공통점으로 가장 적절한 것은?

① 청자를 명시적으로 설정하여 풍자적으로 비판하고 있다.
② 유사한 시구를 반복함으로써 화자의 의지를 강조하고 있다.
③ 시적 대상에 생명력을 부여하여 의지를 지닌 존재로 나타내고 있다.
④ 다양한 이미지를 통해 자연의 모습을 감각적으로 드러내고 있다.
⑤ 반어적 어조를 활용하여 현실에 대한 비관적 태도를 드러내고 있다.

02 [A]의 관점에서 ㉠~㉤을 이해한 내용으로 적절하지 않은 것은?

① ㉠: 극한의 추위를 드러내는 시간적 배경을 제시하여, 화자나 인물이 처한 상황을 드러내고 있다.
② ㉡: 현실의 모습을 사막으로 표상하여, 화자나 인물이 직면하게 될 공간적 배경을 드러내고 있다.
③ ㉢: 죽음의 상황을 가정하여, 화자에게 닥친 일상적 현실이 절망적인 상황임을 노래에 투영하여 드러내고 있다.
④ ㉣: 자연물에 대한 화자의 태도 변화를 통해, 일상적 현실이 희망적으로 바뀌었음을 보여 주고 있다.
⑤ ㉤: 밤과 무지개의 이미지를 대응시켜, 화자가 추구하는 당위적 진실에 대한 소망을 담아내고 있다.

03 (다)를 참고하여, (가)의 노래와 (나)의 묘비명을 이해한 것으로 적절하지 않은 것은? [3점]

① '노래'가 시를 표상한다면, 이 '노래'는 (가)를 쓴 시인 자신이 추구하는 바람직한 삶의 방향을 반영하고 있다고 할 수 있겠군.
② '노래'가 시를 표상한다면, 이 '노래'는 시가 '집조차 없'는 처지에 있는 이의 삶에 다가서야 한다는, (가)를 쓴 시인의 관점을 드러내고 있겠군.
③ '묘비명'이 시를 표상한다면, 이 '묘비명'은 (나)를 쓴 시인 자신이 추구하는 삶과는 거리가 있는 사람의 인생을 반영하고 있겠군.
④ '묘비명'이 시를 표상한다면, 이 '묘비명'은 (나)를 쓴 시인이 시 쓰기를 통해 '무엇을 기록'해야 하는지에 대해 자기 성찰을 하게 되는 계기라 할 수 있겠군.
⑤ '묘비명'이 시를 표상한다면, 이 '묘비명'은 한 줄의 시조차 읽지 않아도 '행복하게 살' 수 있다는, (나)를 쓴 시인의 관점을 드러내는 소재라 할 수 있겠군.

제대로 접근법 문제 채점까지 마친 후 복습할 때 보세요.

01
작품 간의 공통점을 묻는 유형으로, 정답률이 매우 낮았다. 국어 개념 학습과 꼼꼼한 작품 분석의 필요성을 확인할 수 있는 문제였다.
오답 선택지는 보통 일부는 맞고 일부는 틀린 내용으로 구성된다. 선택지에 언급된 특징이 (가)와 (나) 모두에 나타나는지 찾고, 그 특징에 따른 효과가 바르게 진술되었는지도 점검해야 한다.

02
외적 준거에 따라 작품을 감상하는 유형이다. 먼저 [A]의 내용을 정리해 보자.

[A] 분석
인간의 삶을 반영하는 시 ① '있는 그대로의 현실' 반영: 역사와 현실의 모습을 사실 그대로 보여 주는 일상적 진실 반영 ② '있어야 하는 현실' 반영: 일상적 현실을 넘어 화자가 지향하는 당위적 진실 반영

[A]의 내용과 시상 전개 흐름을 고려하여, ㉠~㉤에서 현실이 어떻게 반영되었는지 확인한다.

03
외적 준거에 따라 작품을 감상하는 유형이다. 어렵지 않은 문제인데도 오답률이 높은 편이었다. (다)의 지문이나 문제의 선택지에 어려운 용어들이 쓰였기 때문으로 보인다.
선택지가 '노래 또는 묘비명이 시를 표상한다면'이라는 가정 형식으로 구성되어 있으므로, 뒷부분에 서술된 내용의 적절성만 판단하면 된다. 즉, 선택지의 앞부분은 '노래 또는 묘비명'이 '시인의 관점, 삶, 태도와 관련이 있다면' 정도의 의미로 이해하면 어렵지 않게 답을 찾을 수 있다.

1차 채점			2차 채점			3차 채점		
맞은 문항 수		개	맞은 문항 수		개	맞은 문항 수		개
틀린 문항 수		개	틀린 문항 수		개	틀린 문항 수		개
헷갈리는 문항 번호			헷갈리는 문항 번호			헷갈리는 문항 번호		

• 틀린 문항 '/' 표시 → • 틀린 문항 '×' 표시 → • 틀린 문항 ⚠ 표시

◉ 권장 풀이 시간 : 7분 50초

[01-05] 다음 글을 읽고 물음에 답하시오.

(가) [A] 만금 같은 너를 만나 백년해로하잤더니, 금일 이별 어이 하리! 너를 두고 어이 가잔 말이냐? 나는 아마도 못 살겠다! 내 마음에는 어르신네 공조참의 승진 말고, 이 고을 풍헌(風憲)만 하신다면 이런 이별 없을 것을, 생눈 나올 일을 당하니, 이를 어이한단 말인고? 귀신이 장난치고 조물주가 시기하니, 누구를 탓하겠냐마는 속절없이 춘향을 어찌할 수 없네! 네 말이 다 못 될 말이니, 아무튼 잘 있거라!

춘향이 대답하되, 우리 당초에 광한루에서 만날 적에 내가 먼저 도련님더러 살자 하였소? 도련님이 먼저 나에게 하신 말씀은 다 잊어 계시오? 이런 일이 있겠기로 처음부터 마다하지 아니하였소? 우리가 그때 맺은 금석 같은 약속 오늘날 다 허사로세! 이리해서 분명 못 데려가겠소? 진정 못 데려가겠소? 떠보려고 이리하시오? 끝내 아니 데려가시려 하오? 정 아니 데려가실 터이면 날 죽이고 가오!

그렇지 않으면 광한루에서 날 호리려고 ㉠명문(明文) 써 준 것이 있으니, ㉡소지(所志) 지어 가지고 본관 원님께 이 사연을 하소연하겠소. 원님이 만일 당신의 귀공자 편을 들어 패소시키시면, 그 소지를 덧붙이고 다시 글을 지어 전주 감영에 올라가서 순사또께 소장(訴狀)을 올리겠소. 도련님은 양반이기에 ㉢편지 한 장만 부치면 순사또도 같은 양반이라 또 나를 패소시키거든, 그 글을 덧붙여 한양 안에 들어가서, 형조와 한성부와 비변사까지 올리면 도련님은 사대부라 여기저기 청탁하여 또다시 송사에서 지게 하겠지요. 그러면 그 ㉣판결문을 모두 덧보태어 돌돌 말아 품에 품고 팔만장안 억만가호마다 걸식하며 다니다가, 돈 한 푼씩 빌어 얻어서 동이전에 들어가 바리뚜껑 하나 사고, 지전으로 들어가 장지 한 장 사서 거기에 다 언문으로 ㉤상언(上言)을 쓸 때, 마음속에 먹은 뜻을 자세히 적어 이월이나 팔월이나, 동교(東郊)로나 서교(西郊)로나 임금님이 능에 거둥하실 때, 문밖으로 내달아 백성의 무리 속에 섞여 있다가, 용대기(龍大旗)가 지나가고, 협연군(挾輦軍)의 자개창이 들어서며, 붉은 양산이 따라오며, 임금님이 가마나 말 위에 당당히 지나가실 제, 왈칵 뛰어 내달아서 바리뚜껑 손에 들고, 높이 들어 땡땡하고 세 번만 쳐서 억울함을 하소연하는 격쟁(擊錚)을 하오리다! 애고애고 설운지고!

그것도 안 되거든, 애쓰느라 마르고 초조해하다 죽은 후에 넋이라도 삼수갑산 험한 곳을 날아다니는 제비가 되어 도련님 계신 처마에 집을 지어, 밤이 되면 집으로 들어가는 체하고 도련님 품으로 들어가 볼까! 이별 말이 웬 말이오?

이별이란 두 글자 만든 사람은 나와 백 년 원수로다! 진시황이 분서(焚書)할 때 이별 두 글자를 잊었던가? 그때 불살랐다면 이별이 있을쏘냐? 박랑사(博浪沙)*에서 쓰고 남은 철퇴를 천하장사 항우에게 주어 힘껏 둘러메어 이별 두 글자를 깨치고 싶네! 옥황전에 솟아올라 억울함을 호소하여, 벼락을 담당하는 상좌가 되어 내려와 이별 두 글자를 깨치고 싶네!

– 작자 미상, 〈춘향전〉

* 박랑사 : 중국 지명. 장량이 진시황을 암살하려 했던 곳

(나) 이별이라네 이별이라네 이 도령 춘향이가 이별이로다
춘향이가 도련님 앞에 바짝 달려들어 눈물짓고 하는 말이
도련님 들으시오 나를 두고 못 가리다

제대로 감상법

문제 풀이까지 마친 후 복습할 때 보세요.

(가) 작자 미상, 〈춘향전〉

제목의 의미

이몽룡과 성춘향의 신분을 초월한 사랑을 다룬 판소리계 소설로, 다양한 사상적 배경을 바탕으로 민중들의 의식을 잘 반영하고 있다. 단순한 열녀의 이야기가 아니라 사회적 제약과 이를 이겨 내고자 하는 민중들의 의식이 반영된 서민 문학이라고 할 수 있다.

구성

▣ 중요 인물
- (❶): 퇴기 월매의 딸로, 몽룡과 사랑에 빠져 신분을 초월한 사랑을 추구함.
- (❷): 이몽룡. 남원 부사의 아들로, 아버지의 승진으로 백년가약을 약속한 춘향과 이별하게 됨.

▣ 사건과 갈등: 아버지의 승진으로 한양에 가게 된 이몽룡이 춘향에게 (❸)을 고하자, 춘향은 자신을 죽이고 가라며 이별하고 싶지 않은 마음을 드러냄.

▣ 소재와 배경의 의미
- (❹): 춘향의 마음을 얻고자 몽룡이 쓴 글
- 판결문: 춘향이 송사에서 졌다는 판결문
- (❺): 춘향이 자신의 입장을 임금에게 전하는 글

문체 – 서술상의 특징
- '~ 하였소', '~ 계시오'와 같이 묻는 형식을 반복하여 이별을 거부하는 태도를 드러냄.
- 판결의 주체를 신분이 점점 높은 쪽으로 단계별로 나열하며 이별의 억울함을 호소함.

주제

① 신분을 초월한 남녀 간의 사랑 ② 불의한 지배 계층에 대한 서민의 항거

제대로 구조화하기

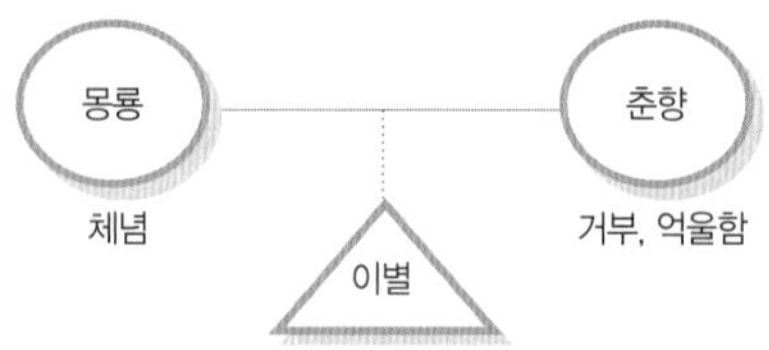

▶ 해설편 222쪽

나를 두고 가겠으면 홍로화(紅爐火) 모진 불에
다 사르겠으면 사르고 가시오
날 살려 두고는 못 가시리라
잡을 데 없으시면 ⓐ삼단같이 좋은 머리를
휘휘칭칭 감아쥐고라도 날 데리고 가시오
[B] 살려 두고는 못 가시리다
날 두고 가겠으면 용천검(龍泉劍) 드는 칼로다
요 내 목을 베겠으면 베고 가시오
날 살려 두고는 못 가시리라
두어 두고는 못 가시리다
날 두고 가겠으면 ⓑ영천수(潁川水) 맑은 물에다
던지겠으면 던지고나 가시오
날 살려 두고는 못 가시리다
이리 한참 힐난하다 할 수 없이 도련님이 떠나실 때
방자 놈 분부하여 나귀 안장 고이 지으니
도련님이 나귀 등에 올라앉으실 때
춘향이 기가 막혀 미칠 듯이 날뛰다가
우르르 달려들어 나귀 꼬리를 부여잡으니
ⓒ나귀 네 발로 동동 굴러 춘향 가슴을 찰 때
안 나던 생각이 절로 나
그때에 이별 별(別) 자 내인 사람 나와 한백 년 대원수로다
깨치리로다 깨치리로다 박랑사 중 쓰고 남은 철퇴로
천하장사 항우 주어 이별 두 자를 깨치리로다
할 수 없이 도련님이 떠나실 때
향단이 준비했던 주안을 갖추어 놓고
풋고추 겨리김치 문어 전복을 겯들여 놓고
잡수시오 잡수시오 이별 낭군이 잡수시오
언제는 살자 하고 화촉동방(華燭洞房) 긴긴 밤에
청실홍실로 인연을 맺고 백 년 살자 언약할 때
물을 두고 맹세하고 산을 두고 증삼(曾參)* 되자더니
ⓓ산수 증삼은 간 곳이 없고
이제 와서 이별이란 웬 말이오
잘 가시오
잘 있거라
산첩첩(山疊疊) 수중중(水重重)한데 부디 편안히 잘 가시오
나도 ⓔ명년 양춘가절*이 돌아오면 또다시 상봉할까나

– 작자 미상, 〈춘향이별가〉

* 증삼: 공자의 제자. 고지식하여 약속을 반드시 지킴.
* 양춘가절: 따뜻하고 좋은 봄철

㉯ 작자 미상, 〈춘향이별가〉

제목의 의미·갈래

'춘향이별가'는 제목처럼 판소리 〈춘향가〉 중에서 청중에게 인기 있는 대목인 춘향과 이 도령의 이별 장면을 따로 떼어 노래로 만든 잡가(雜歌)이다. 상황에 따라 화자를 달리하여 인물의 감정을 생생하게 드러내고 있다.

화자

화자는 상황을 설명하는 해설자와 춘향으로, 춘향과 이 도령이 (❶   )의 상황에 처함. 춘향이 이 도령과의 이별을 거부하고 막으려 하다가 결국 수용함.

시어

- (❷   ): 춘향이 죽음을 각오하는 공간으로, 죽기 전에는 도련님과 이별할 수 없다는 마음을 드러내는 시어
- (❸   ): 술과 안주를 차려 놓은 상. 춘향이 이별을 수용했음을 드러내는 시어

표현

- 화자가 해설자와 춘향으로 번갈아 나타남.
- 유사한 문장 구조를 반복하여 춘향의 안타까운 심정을 강조함.
- 비극적 상황을 (❹   )하여 이별하는 상황의 긴장감을 이완시킴.

주제

이별로 인한 춘향의 안타까움과 슬픔

제대로 구조화하기

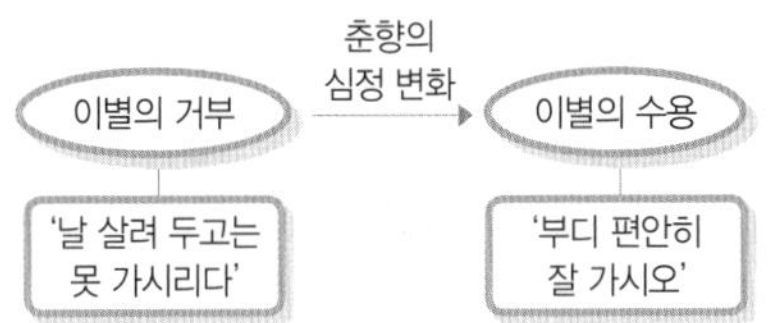

01 (가)에 대한 이해로 적절하지 않은 것은?

① '도련님'은 이별의 상황이 자신의 입장에서는 불가피한 것임을 드러내고 있다.
② '춘향'은 '도련님'을 처음 만날 때부터 이별의 상황을 우려하였음을 말하고 있다.
③ '춘향'은 '도련님' 곁에 머물고 싶은 마음을 자연물에 의탁하여 드러내고 있다.
④ '춘향'은 고사를 활용하여 자신의 상황이 역사적 사건과 관련되어 있음을 말하고 있다.
⑤ '춘향'은 천상의 존재에게 억울함을 전하는 상황을 설정하여 자신의 감정을 드러내고 있다.

02 ㉠~㉤에 대한 설명으로 가장 적절한 것은?

① ㉠: '도련님'의 마음을 확인하고자 '춘향'이 쓴 글이다.
② ㉡: '도련님'이 자신의 무고함을 밝히는 내용이 담길 것이다.
③ ㉢: '춘향'과의 친밀감을 강화하려는 '도련님'의 마음을 전하는 내용이 담길 것이다.
④ ㉣: '도련님'에게는 약속 파기의 책임을 물을 수 없음을 밝히는 내용이 담길 것이다.
⑤ ㉤: '춘향'이 '순사또'의 힘을 빌려 '임금'에게 자신의 입장을 전하는 내용이 담길 것이다.

03 ⓐ~ⓔ에 대한 설명으로 가장 적절한 것은?

① ⓐ는 인물이 지닌 자부심을 환기하여 좌절감을 완화하는 소재이다.
② ⓑ는 초월적 공간에 대한 지향을 드러내어 현재의 고통과 대비하기 위한 소재이다.
③ ⓒ는 부정적인 상황을 희화화함으로써 당면한 현실을 풍자하는 표현이다.
④ ⓓ는 기대가 어긋나 버린 사정을 부각하여 비애감을 심화하는 표현이다.
⑤ ⓔ는 미래에 대한 전망을 바탕으로 대상과의 재회를 확신하는 표현이다.

제대로 접근법

문제 채점까지 마친 후 복습할 때 보세요.

01
인물의 성격과 태도를 파악하는 유형으로, 정답률이 매우 낮았다. 〈춘향전〉에 등장하는 인물들의 성격은 잘 알고 있었겠지만, 고전 소설의 어휘와 문체에 익숙하지 않아 작품의 세부적인 내용을 제대로 해석하지 못한 것으로 보인다.
특히 오답률이 높은 선택지가 있었는데, '이런 일이 있겠기로 처음부터 마다하지 아니하였소?'라는 춘향의 말에 담긴 의미를 생각해 보자.

02
소재의 의미와 기능을 파악하는 유형이다. 도련님과의 이별을 거부하는 춘향이 이별하게 된 상황의 억울함을 호소하고 있다는 점을 기억하고, ㉠~㉤에 담길 내용을 추측해 보자.

명문	춘향의 마음을 얻고자 몽룡이 쓴 글
소지	춘향의 억울한 사연을 적은 글
편지 한 장	몽룡이 자신의 결백을 주장하는 글
판결문	춘향이 송사에서 졌다는 판결문
상언	춘향이 자신의 입장을 임금에게 전하는 글

03
시구의 의미를 파악하는 유형이다. 시적 상황, 시상 전개의 흐름, 화자의 정서와 태도에 대한 이해를 바탕으로 선택지의 적절성을 판단해 보자.
춘향은 도련님에게 자신이 죽기 전에는 갈 수 없다고 말하며 이별을 거부하다가, 나중에는 결국 이별을 수용하는 모습을 보이고 있다. 이러한 흐름을 고려하여 ⓐ~ⓔ의 의미를 바르게 설명한 선택지를 찾는다.

▶ 해설편 222쪽

04 <보기>를 바탕으로 (가), (나)를 이해한 내용으로 적절하지 않은 것은?

〈보기〉

여러 작품에서 '춘향'은 다양한 면모를 지닌 인물로 형상화되었다. '춘향'은 원치 않는 상황을 받아들이는 수용적 면모를 보이기도, 목표를 이루려 단호하게 행동하는 적극적 면모를 보이기도 한다. 신세를 한탄하며 절규하는 격정적 면모를 드러내는가 하면, 문제를 숙고하여 대응책을 모색하는 치밀한 면모를 표출하기도 한다. 한편 '춘향'은 당대 민중의 시각을 대변하는 면모를 지니기도 한다.

① (가)에서 양반들이 한통속이어서 '도련님'을 두둔할 것이라고 언급하는 모습을 통해, 민중의 입장을 취하는 '춘향'의 면모를 확인할 수 있다.
② (가)에서 구걸하고 다니면서라도 자신의 상황을 알리겠다는 모습을 통해, 뜻한 바를 성취하려는 '춘향'의 적극적 면모를 확인할 수 있다.
③ (나)에서 이별 후 자신이 겪을 고난을 말하며 '도련님'의 마음을 돌리려는 모습을 통해, 문제 해결책을 강구하는 '춘향'의 치밀한 면모를 확인할 수 있다.
④ (나)에서 '도련님'에게 주안을 올리며 어쩔 수 없이 이별을 받아들이는 모습을 통해, 서글픈 현실을 감내하려는 '춘향'의 수용적 면모를 확인할 수 있다.
⑤ (가), (나)에서 '이별'이라는 두 글자를 철퇴로 깨뜨리고자 하는 모습을 통해, 북받친 감정을 토로하면서 탄식하는 '춘향'의 격정적 면모를 확인할 수 있다.

05 <보기>를 바탕으로 [A], [B]를 감상한 내용으로 적절하지 않은 것은? [3점]

〈보기〉

조선 후기에 책을 대여하고 값을 받는 세책업자는 〈춘향전〉을 (가)와 같은 세책본 소설로, 유흥적 노래를 지은 잡가의 담당층은 〈춘향전〉의 대목을 (나)와 같은 잡가로 제작했다. 세책업자는 과장되고 재치 있는 표현을 활용하여 흥미를 높이거나 특정 부분의 분량을 늘려 이윤을 얻으려 했다. 잡가의 담당층은 노래의 내용을 단시간에 전달하기 위해 상황을 집약해 설명하고 인물의 감정을 드러내는 가사를 반복해 청중의 공감을 끌어냈다. 연속되지 않은 장면들을 엮어 노래를 구성할 때에는 작품 속 화자의 역할이 바뀌기도 하였다.

① [A]에서 '생눈 나올 일'이라는 과장된 표현을 쓴 것은 작품의 흥미를 높이려는 취지와 관련되겠군.
② [A]에서 '도련님'에게 거듭하여 묻는 형식을 사용한 것은 분량을 늘리려는 의도와 관련되겠군.
③ [B]에서 첫 행에 작품의 상황을 제시한 것은 청중을 작품의 내용에 빠르게 끌어들이려는 전략과 관련되겠군.
④ [B]에서 '못 가시리다'라는 구절을 반복하여 인물의 감정을 강조한 것은 청중의 공감을 유발하려는 목적과 관련되겠군.
⑤ [B]에서 화자가 해설자에서 인물로 역할을 바꾸는 것은 연속되지 않은 장면들이 엮여 작품이 구성되었음을 알게 해 주는 단서이겠군.

제대로 접근법

문제 채점까지 마친 후 복습할 때 보세요.

04
외적 준거에 따라 작품을 감상하는 유형이다. 먼저 〈보기〉의 내용을 정리해 보자.

〈보기〉 분석

〈'춘향'의 다양한 면모〉
① 수용적 면모
② 적극적 면모
③ 격정적 면모
④ 치밀한 면모
⑤ 민중의 시각을 대변하는 면모

〈보기〉에 춘향의 다양한 면모가 제시되었으므로, 이에 주목하여 선택지에 언급된 춘향의 면모가 적절한지 판단해 보자.

05
외적 준거에 따라 작품을 감상하는 유형이다. 〈보기〉의 내용을 정리해 보자.

〈보기〉 분석

- 〈춘향전〉을 제작한 세책업자의 전략: ① 과장되고 재치 있는 표현으로 흥미를 높임. ② 특정 부분의 분량을 늘려 이윤을 얻으려 함.
- 〈춘향이별가〉를 제작한 잡가 담당층의 전략: ① 상황을 집약해 설명함. ② 가사를 반복해 청중의 공감을 끌어냄. ③ 화자의 역할이 바뀌기도 함.

이러한 내용을 바탕으로 [A]와 [B]의 내용을 분석해 보자. 그리고 〈보기〉의 정보와 지문의 내용을 잘못 연결한 선택지를 찾는다.

1차 채점

맞은 문항 수	개
틀린 문항 수	개
헷갈리는 문항 번호	

• 틀린 문항 '/' 표시

→ **2차 채점**

맞은 문항 수	개
틀린 문항 수	개
헷갈리는 문항 번호	

• 틀린 문항 '×' 표시

→ **3차 채점**

맞은 문항 수	개
틀린 문항 수	개
헷갈리는 문항 번호	

• 틀린 문항 △ 표시

◉ 권장 풀이 시간 : 6분 10초

[01-04] 다음 글을 읽고 물음에 답하시오.

(가) 사람 사람마다 이 말삼 드러사라
이 말삼 아니면 **사람이라도 사람 아니니**
이 말삼 잇디 말고 배우고야 마로리이다 〈제1수〉

아바님 날 나흐시고 어마님 날 기르시니
부모(父母)곧 아니시면 내 몸이 업실랏다
이 덕(德)을 갚흐려 하니 하늘 가이 업스샷다 〈제2수〉

종과 주인과를 뉘라셔 삼기신고
벌과 개미가 이 뜻을 몬져 아니
한 마암애 두 뜻 업시 속이지나 마옵사이다 〈제3수〉

지아비 밭 갈라 간 데 밥고리 이고 가
반상을 들오되 눈썹에 마초이다
진실로 고마오시니 손이시나 다르실가 〈제4수〉

형님 자신 젖을 내 조처 먹나이다
어와 우리 **아우**야 어마님 너 사랑이야
형제(兄弟)가 불화(不和)하면 **개돼지**라 하리라 〈제5수〉

늙은이는 **부모** 같고 **어른**은 **형** 같으니
같은데 불공(不恭)하면 어디가 다를고
나이가 많으시거든 절하고야 마로리이다 〈제6수〉

– 주세붕, 〈오륜가〉

(나) 나는 집이 가난해서 말이 없기 때문에 간혹 남의 말을 빌려서 탔다. 그런데 **노둔하고 야윈 말**을 얻었을 경우에는 일이 아무리 급해도 감히 채찍을 대지 못한 채 금방이라도 쓰러지고 넘어질 것처럼 **전전긍긍**하기 일쑤요, 개천이나 도랑이라도 만나면 또 말에서 내리곤 한다. 그래서 후회하는 일이 거의 없다. 반면에 발굽이 높고 귀가 쫑긋하며 잘 달리는 **준마**를 얻었을 경우에는 **의기양양**하여 방자하게 채찍을 갈기기도 하고 고삐를 놓기도 하면서 언덕과 골짜기를 모두 평지로 간주한 채 매우 유쾌하게 질주하곤 한다. 그러나 간혹 위험하게 말에서 떨어지는 환란을 면하지 못한다.

아, 사람의 감정이라는 것이 어쩌면 이렇게까지 달라지고 뒤바뀔 수가 있단 말인가. 남의 물건을 빌려서 잠깐 동안 쓸 때에도 오히려 이와 같은데, 하물며 진짜로 자기가 가지고 있는 경우야 더 말해 무엇 하겠는가.

제대로 감상법

문제 풀이까지 마친 후 복습할 때 보세요.

(가) 주세붕, 〈오륜가〉

제목의 의미·갈래

'오륜가(五倫歌)'는 '다섯 가지 윤리에 대한 노래'라는 의미이다. 조선 중기 유학자인 주세붕이 해주 감사로 있을 때 지은 연시조로, 삼강오륜을 바탕으로 백성들을 교화하려는 목적을 지니고 있는 작품이다.

화자

화자는 교훈을 전하려는 이로, 오륜의 내용을 알려 백성을 (❶)시키고자 함.

시어

- (❷): 엄격한 상하 질서를 지닌 존재로, 임금에 대한 신하의 도리를 드러내기 위해 끌어들인 소재
- (❸): 형제간에 지켜야 할 도리를 다하지 않는 사람을 비유

표현

- (❹)인 내용을 직설적으로 전달함.
- 비유적 표현을 사용하여 화자가 말하고자 하는 바를 강조함.

주제

삼강오륜(三綱五倫)의 교훈 강조

제대로 구조화하기

(나) 이곡, 〈차마설〉

제목의 의미

'차마설'은 '말(馬)을 빌려 탄(借)' 개인의 체험을 고전 수필에 해당하는 '설(說)'의 형식으로 담아낸 작품이다. 말을 빌려 탈 때의 심리 상태에 대한 관찰과 시색을 통해 모든 것은 빌린 것이라는 소유에 대한 깨달음을 이끌어 내고 있다.

체험과 느낌

- **글쓴이의 경험:** 말을 빌려 탔을 때 말의 상태에 따라 마음가짐이 달라짐.
- **글쓴이의 관점과 태도:** 말을 빌려 탔던 경험을 통해 소유에 대한 (❶)을 얻음.

▶ 해설편 227쪽

그렇긴 하지만 사람이 **가지고 있는 것** 가운데 남에게 빌리지 않은 것이 또 뭐가 있다고 하겠는가. 임금은 백성으로부터 힘을 빌려서 존귀하고 부유하게 되는 것이요, 신하는 임금으로부터 권세를 빌려서 총애를 받고 귀한 신분이 되는 것이다. 그리고 자식은 어버이에게서, 지어미는 지아비에게서, 비복(婢僕)은 주인에게서 각각 빌리는 것이 또한 심하고도 많은데, 대부분 자기가 본래 가지고 있는 것처럼 여기기만 할 뿐 끝내 돌이켜 보려고 하지 않는다. 이 어찌 **미혹**된 일이 아니겠는가.

그러다가 혹 잠깐 사이에 그동안 빌렸던 것을 돌려주는 일이 생기게 되면, 만방(萬邦)의 **임금도 독부(獨夫)**가 되고 백승(百乘)의 대부(大夫)도 고신(孤臣)이 되는 법인데, 더군다나 미천한 자의 경우야 더 말해 무엇 하겠는가.

맹자(孟子)가 말하기를 "오래도록 차용하고서 반환하지 않았으니, 그들이 자기의 소유가 아니라는 것을 어떻게 알았겠는가."라고 하였다. 내가 **이 말**을 접하고서 느껴지는 바가 있기에, 〈차마설〉을 지어서 그 뜻을 부연해 보노라.

– 이곡, 〈차마설〉

소재
- (❷   ):글쓴이가 빌려 탔을 때의 심리 변화를 통해 소유에 대한 깨달음을 얻는 소재

표현
- (❸   )의 방식을 통해 개인적 경험을 보편적 깨달음으로 일반화함.
- '사실 – 의견'의 2단 구성 방식을 취함.

주제

소유에 대한 성찰과 깨달음

제대로 구조화하기

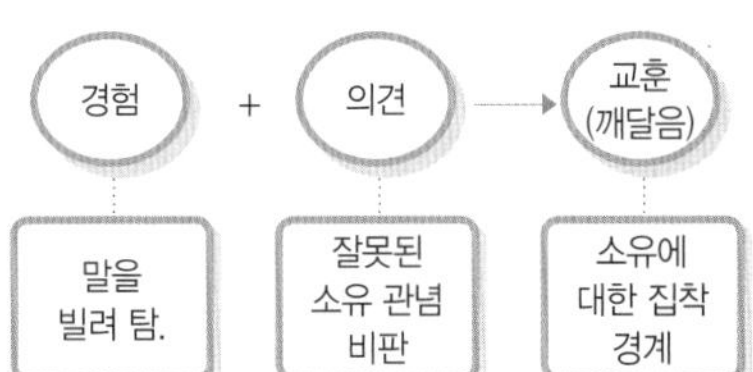

01 (가), (나)의 공통점으로 가장 적절한 것은?

① 영탄적 표현을 통해 대상의 속성을 예찬하고 있다.
② 상반된 세계관이 대구의 형식을 통해 구체화되고 있다.
③ 바람직하지 않은 인간에 대한 연민의 시선을 담고 있다.
④ 삶의 태도에 대한 경계와 권고의 의도를 드러내고 있다.
⑤ 이상향에 대한 의식을 역설적 표현을 통해 진술하고 있다.

제대로 접근법 문제 채점까지 마친 후 복습할 때 보세요.

01
작품 간의 공통점을 파악하는 유형이다. 작품을 쓴 의도, 주제 의식, 대상에 대한 태도, 표현 방식 등을 중심으로 작품의 특징을 파악한 후 선택지의 내용이 적절한지 판단한다.
선택지에는 맞는 내용과 틀린 내용이 뒤섞여 있다. 틀린 진술에 × 표시를 하며, 확실한 오답을 하나씩 걸러 낸다.

02 (가), (나)에 대한 설명으로 가장 적절한 것은?

① (가)는 관념적 덕목을 열거하여 각각이 지닌 모순점을 밝히고 있다.
② (가)는 사람들 사이의 관계를 의식하지 않는 삶의 모습을 옹호하며 시상을 전개하고 있다.
③ (나)는 개인적 체험에서 얻은 깨달음을 사회적 차원으로 일반화하고 있다.
④ (나)는 인물의 내면 심리를 형상화하여 욕망의 실현을 돕는 자연적 질서에 대한 경이감을 표출하고 있다.
⑤ (가)와 (나)는 모두 자연물이 지닌 덕성을 부각하여 인간적 삶에 대한 긍지를 드러내고 있다.

02
작품을 종합적으로 이해하고 감상하는 유형이다. 주제 의식, 주제를 이끌어 내기 위한 내용 전개 방식, 표현상의 특징 등에 유의하여 작품을 감상한 후 선택지의 내용을 검토한다.
(가)는 오륜의 덕목을 백성에게 전하여 백성을 교화할 목적으로, (나)는 말을 빌려 탄 경험을 바탕으로 소유에 대한 집착을 경계하기 위한 목적으로 쓴 작품이다. 이를 이해했다면 선택지의 적절성을 판단할 수 있을 것이다.

03 〈보기〉를 바탕으로 (가)를 감상한 내용으로 적절하지 않은 것은? [3점]

〈보기〉

교훈적 내용의 시조에는 설득력을 높이기 위한 몇 가지 특징적인 표현 전략이 있다. 우선 윤리적 덕목을 실천해야 하는 인물을 화자로 설정하여 대화 형식을 취하는 경우가 있다. 또한 비유나 상징, 유추, 다른 인물이나 사물과의 대비 등을 통해 화자가 개인 윤리는 물론 가정과 사회의 윤리를 실천하는 주체로서 추구해야 하는 가치를 정당화하기도 한다.

① 〈제3수〉에서는 '벌과 개미'의 생태로부터 윤리적 실천의 주체가 추구해야 하는 가치를 유추하고 있다.
② 〈제4수〉에서는 화자로 내세운 '지아비'와 지어미의 문답 방식을 통해 아내가 추구해야 할 윤리적 가치를 정당화하고 있다.
③ 〈제5수〉에서 어머니의 '젖'은 어머니의 사랑을 상징하는 표현으로서, '형님'과 '아우'가 이를 화제로 삼아 대화를 나누는 형식을 취하고 있다.
④ 〈제5수〉의 '개돼지'는 〈제1수〉의 '사람이라도 사람 아니니'의 의미를 비유적으로 표현한 것으로서 화자가 추구하는 가치를 따르는 윤리적 주체와 대비되고 있다.
⑤ 〈제6수〉에서 '부모'와 '형'은, 〈제2수〉의 '부모'와 〈제5수〉의 '형님'과는 달리, '늙은이'와 '어른'에 빗대어져 쓰임으로써 사회 윤리가 가정 윤리와 연결되어 있음을 보여 주고 있다.

04 (나)의 '나'에 대한 이해로 가장 적절한 것은?

① '나'는 '노둔하고 야윈 말'을 빌리는 경우 '전전긍긍'하다가 위험에 처하기 때문에 후회하게 된다고 여기고 있다.
② '나'는 '준마'를 빌려 탈 때의 '의기양양'한 감정이 그것을 소유할 때에는 발생하지 않을 것이라고 예상하고 있다.
③ '나'는 '가지고 있는 것'이 없는 천한 사람들을 '미혹'되었다고 생각하고 있다.
④ '나'는 자기가 소유하고 있는 권력이 빌린 것임을 돌아보는 '임금'의 모습을 '독부'로 표현하고 있다.
⑤ '나'는 '맹자'의 '이 말'에서, 빌린 것을 소유했다고 여기는 사람들에 대한 문제의식을 떠올리고 있다.

제대로 접근법 문제 채점까지 마친 후 복습할 때 보세요.

03
외적 준거에 따라 작품을 감상하는 유형으로, 정답률이 무척 낮았다. 고전 시가 작품을 현대어로 해석하여 이해해야 하는 것은 물론, 그에 쓰인 표현 방법까지 파악해야 한다.
문제 해결 과정에 대해 꼼꼼하게 점검하고, 오답을 선택했다면 어느 부분에서 잘못 이해했는지 확인해 보자. 각 수의 내용을 파악한 다음, 〈보기〉에 제시되어 있는 대화 형식, 비유나 상징, 유추, 대비 등이 나타난 부분을 찾는다.

04
글쓴이의 관점과 태도를 파악하는 유형이다. 문제가 어렵지 않았음에도 불구하고 오답률이 높은 편이었다. 기출문제를 반복해서 풀면서 고전 문학 작품과 문제에 익숙해질 필요가 있다.
(나)는 '나'가 말을 빌려 탄 경험을 통해 깨달은 바를 독자에게 전하고 있는 '설(說)'이다. 글쓴이가 어떤 경험을 했으며 이를 통해 무엇을 깨달았는지를 정리한 다음, 이를 바탕으로 선택지의 적절성을 판단해 보자.

1차 채점

맞은 문항 수	개
틀린 문항 수	개
헷갈리는 문항 번호	

• 틀린 문항 '/' 표시

→ **2차 채점**

맞은 문항 수	개
틀린 문항 수	개
헷갈리는 문항 번호	

• 틀린 문항 '×' 표시

→ **3차 채점**

맞은 문항 수	개
틀린 문항 수	개
헷갈리는 문항 번호	

• 틀린 문항 ⨂ 표시

◉ 권장 풀이 시간 : 6분 10초

[01-04] 다음 글을 읽고 물음에 답하시오.

(가) 문학적 시간은 작가의 체험이나 의식에 따라 자연적 시간을 의도적으로 재구성하여 미적 효과를 드러낸다. 삶의 과정과 시간의 흐름을 담은 사건은 주로 과거형으로, 대상의 특징을 감각적으로 형상화하는 이미지는 주로 현재형으로 표현한다.

하지만 과거형과 현재형의 적용은 작품 내적 상황에 따라 달라질 수 있다. 과거의 사건이나 동작의 변화를 실감나게 드러내기 위해 현재형으로 표현하기도 하고, 이미지 묘사를 시간의 흐름이 드러나도록 과거형으로 표현하기도 한다.

[A] 특히 서정시는 현재의 순간에 과거의 경험들이 공존해 있다는 점에서 이러한 시간의 모호성이 두드러진다. 즉 서정시는 과거와 현재를 분리하지 않고 시적 현재로 통합하는 시간의 의도적 변형을 드러내는 것이다.

(나) 하늘로 날을 듯이 길게 뽑은 부연* 끝 풍경이 운다
처마 끝 곱게 늘이운 주렴에 반월(半月)이 숨어
아른아른 봄밤이 ㉠두견이 소리처럼 깊어 가는 밤
㉡곱아라 고아라 진정 아름다운지고
파르란 구슬빛 바탕에 자줏빛 호장*을 받친 호장저고리
호장저고리 하얀 동정이 환하니 밝도소이다
살살이 퍼져나린 곧은 선이 스스로 돌아 곡선을 이루는 곳
열두 폭 기인 치마가 사르르 물결을 친다
초마* 끝에 곱게 감춘 운혜(雲鞋) 당혜(唐鞋)
㉢발자취 소리도 없이 대청을 건너 살며시 문을 열고
그대는 어느 나라의 고전(古典)을 말하는 한 마리 호접(蝴蝶)
호접인 양 사풋이 춤을 추라 아미(蛾眉)를 숙이고……
나는 ㉣이 밤에 옛날에 살아 눈 감고 거문곳줄 골라 보리니
㉤가는 버들인 양 가락에 맞추어 흰 손을 흔들어지이다

– 조지훈, 〈고풍 의상〉

* 부연(附椽) : 긴 서까래 끝에 덧얹는 네모지고 짧은 서까래
* 호장 : 회장(回裝). 여자 저고리를 색깔 있는 헝겊으로 꾸민 것
* 초마 : '치마'의 방언

(다) 어머님,
제 예닐곱 살 적 겨울은
목조 적산 가옥 이층 다다미방의
벌거숭이 유리창 깨질 듯 울어 대던 외풍 탓으로
한없이 추웠지요. 밤마다 나는 벌벌 떨면서
아버지 가랭이 사이로 시린 발을 밀어 넣고

제대로 감상법 ☆ 문제 풀이까지 마친 후 복습할 때 보세요.

(가)

주제

자연적 시간의 (❶   )을 통해 나타나는 문학적 시간의 특징

중심 내용

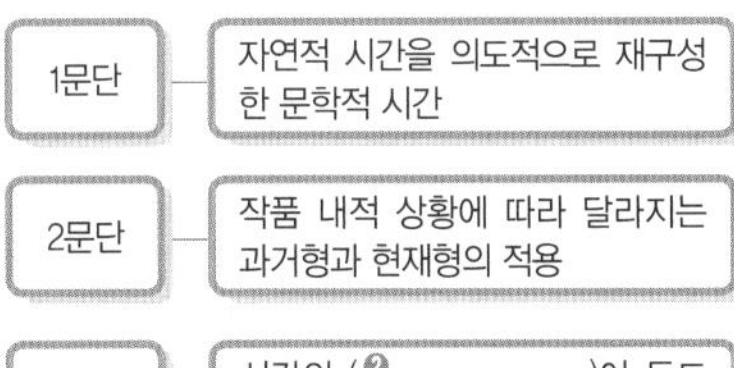

(나) 조지훈, 〈고풍 의상〉

화자

▣ **화자와 시적 상황:** 화자는 '나'로, 시선을 옮겨 가며 고풍 의상을 입은 여인을 바라봄.

▣ **화자의 정서와 태도:** 고풍 의상을 입은 여인의 아름다움에 (❶   )됨.

시어

• 파르란, 자줏빛, (❷   ): 색채어를 사용하여 고풍 의상의 아름다움 묘사

• (❸   ): 고풍 의상을 입은 여인의 아름다운 모습을 비유적으로 표현함.

표현

• 고유어와 예스러운 어투('-지고', '-도소이다', '-지이다')를 통해 대상의 아름다움을 표현함.

• (❹   )의 이동에 따라 시상을 전개함.

• 색채어를 활용하여 대상의 아름다움을 감각적으로 표현함.

주제

전통 의상의 예스러운 아름다움

◘ 제대로 구조화하기 ◘

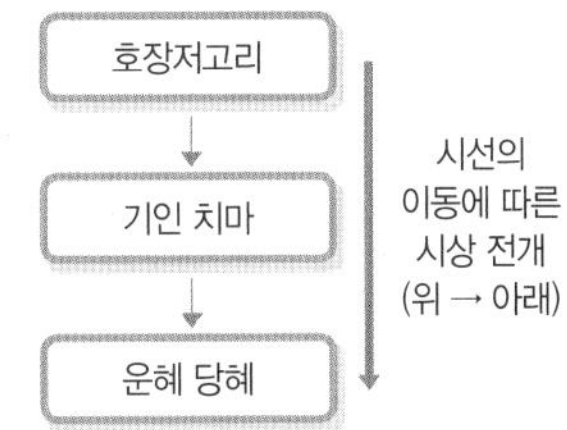

그 가슴팍에 벌레처럼 파고들어 얼굴을 묻은 채
겨우 잠이 들곤 했었지요.

[B]
요즈음도 추운 밤이면
곁에서 잠든 아이들 이불깃을 덮어 주며
늘 그런 추억으로 마음이 아프고,
나를 품어 주던 그 가슴이 이제는 한 줌 뼛가루로 삭아
붉은 흙에 자취 없이 뒤섞여 있음을 생각하면
옛날처럼 나는 다시 아버지 곁에 눕고 싶습니다.

그런데 어머님,
오늘은 영하(零下)의 한강교를 지나면서 문득
나를 품에 안고 추위를 막아 주던
예닐곱 살 적 그 겨울밤의 아버지가
이승의 물로 화신(化身)해 있음을 보았습니다.
품 안에 부드럽고 여린 물살은 무사히 흘러
바다로 가라고,
꽝 꽝 얼어붙은 잔등으로 혹한을 막으며
하얗게 얼음으로 엎드려 있던 아버지.
아버지, 아버지……

– 이수익, 〈결빙(結氷)의 아버지〉

다 이수익, 〈결빙(結氷)의 아버지〉

화자

▣ **화자와 시적 상황:** 화자는 '나'로, 영하의 한강교를 지나며 유년 시절의 아버지를 떠올림.

▣ **화자의 정서와 태도:** 어린 자식을 보살피던 아버지를 (❶)하며 애타게 그리워함.

시어

- (❷): 밖에서 불어오는 바람. 시련과 고난을 의미함.
- (❸): 얼음 아래로 흐르는 물살로, 어린 자식을 의미함.

표현

- (❹)의 흐름에 따라 시상을 전개함.
- '어머니'를 청자로 설정해 말을 건네는 방식을 사용함.
- 명사로 시상을 마무리하여 여운을 남김.

주제

아버지의 헌신적 사랑에 대한 회상과 아버지에 대한 애틋한 그리움

제대로 구조화하기

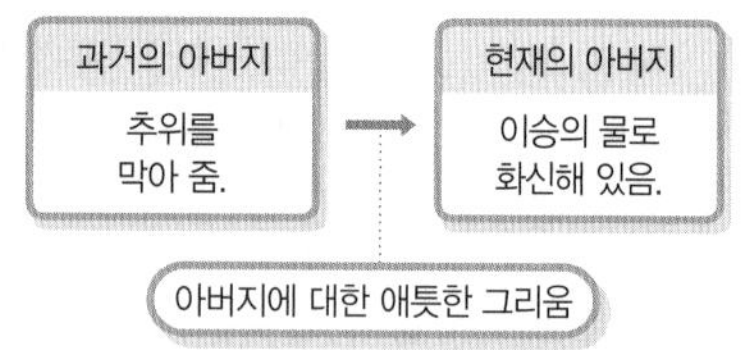

01 (가)를 바탕으로 (나)의 ㉠~㉤을 이해한 내용으로 가장 적절한 것은?

① ㉠은 자연적 시간이 작가의 의식에 의해 문학적으로 재구성된 경우에 해당한다.
② ㉡은 과거형과 현재형의 적용이 작품 내적 상황에 따라 달라진 경우에 해당한다.
③ ㉢은 서정시에서 동작의 변화를 현재형으로 묘사하지 않은 경우에 해당한다.
④ ㉣은 과거와 현재를 통합적으로 인식함으로써 시간의 정확성을 드러낸 경우에 해당한다.
⑤ ㉤은 시간의 흐름이 드러나도록 과거형을 사용한 경우에 해당한다.

제대로 접근법

문제 채점까지 마친 후 복습할 때 보세요.

01
외적 준거에 따라 작품을 감상하는 유형이다. 비문학 지문과 문학 작품을 함께 분석해야 하지만, 사실 문제에 〈보기〉가 딸려 있는 형태와 다를 바가 없다. 먼저 (가)에 제시된 내용을 정리해 보자. 문학적 시간은 자연적 시간을 의도적으로 재구성한 것으로, 과거형과 현재형의 적용은 작품 내적 상황에 따라 달라지며, 특히 서정시는 시간의 모호성이 두드러진다고 하였다. 이를 선택지의 내용에 적용하여 적절성 여부를 살핀다.

▶ 해설편 230쪽

02 [A]를 중심으로 (다)를 이해할 때 적절하지 않은 것은? [3점]

① 화자가 '아버지'와 겪었던 유년 시절을 '어머님'에게 들려주는 시상 전개 방식으로 과거와 현재의 시간을 이어 준다.
② '목조 적산 가옥 이층 다다미방'이라는 현재 위치에서 화자가 과거의 이야기를 전해 주는 방식으로 시적 현재의 의미를 생성해 낸다.
③ '옛날처럼 나는'에서 현재의 순간에 과거의 경험들이 공존해 있는 시적 상황을 설정하고 있다.
④ '예닐곱 살 적 그 겨울밤'을 '영하의 한강교를 지나면서' 떠올리는 데서 과거와 현재의 통합이 드러난다.
⑤ '그 겨울밤의 아버지'가 '이승의 물로 화신'했다고 표현함으로써 과거와 현재를 분리하지 않는 시간의 모호성을 드러낸다.

제대로 접근법 ☆ 문제 채점까지 마친 후 복습할 때 보세요.

02
외적 준거에 따라 작품을 감상하는 유형이다. [A]에서는 서정시에 두드러지게 나타나는 시간의 모호성에 대해 설명하고 있으므로, 이러한 관점에 따라 (다)를 해석해야 한다.
(다)에는 '예닐곱 살 적 겨울 → 요즈음 → 오늘'과 같이 시간의 변화가 나타나 있다. 화자는 현재 영하의 한강교를 지나며 과거 어린 자식을 보살피던 유년 시절의 아버지를 떠올리고 있다. 이러한 과거와 현재의 시간들이 어떻게 연결되고 있는지 생각해 보자.

03 (나)의 표현상 특징에 대한 설명으로 적절하지 않은 것은?

① 의도적으로 변형한 시어를 통하여 리듬감에 변화를 주고 있다.
② 전통적인 소재와 예스러운 말투로 고전적 분위기를 조성하고 있다.
③ 시적 상황에 등장하는 인물의 행위를 자연물에 빗대어 표현하고 있다.
④ 색채어를 활용하여 시적 대상의 아름다움을 감각적으로 형상화하고 있다.
⑤ 말줄임표를 사용하여 시적 대상의 정적인 상태와 동적인 상태가 충돌하는 상황을 표현하고 있다.

03
표현상의 특징을 파악하는 유형으로, 정답률이 매우 낮았다. (나)는 한복을 입은 여인의 우아함과 동적인 곡선이 나타내는 아름다움을 예스러운 어투를 통해 나타낸 작품이다. 이를 형상화하기 위해 다양한 표현 방법이 사용되었다.
먼저 선택지에 대응하는 표현을 지문에서 찾은 다음, 제시된 표현의 효과에 대한 설명이 적절한지도 살펴본다.

04 [B]를 중심으로 (다)를 감상한 것으로 적절하지 않은 것은?

① '곁에서 잠든 아이들 이불깃을 덮어 주'는 모습이 '나를 품에 안고 추위를 막아 주던' 모습과 호응하여, 자식을 걱정하는 아버지의 마음이 시적 화자에게로 이어짐을 보여 주는군.
② '늘 그런 추억으로 마음이 아프'다는 것으로 미루어 볼 때, '아버지, 아버지……'에서 아버지의 부재에 대한 시적 화자의 애틋함을 여운으로 남기고 있음을 알 수 있군.
③ '한 줌 뼛가루'의 이미지와 '하얗게 얼음으로 엎드려 있'는 강의 이미지를 연관시켜, 아버지의 모습을 감각적으로 표현하고 있군.
④ '나를 품어 주던 그 가슴'과 '꽝 꽝 얼어붙은 잔등'의 대비를 통하여, 내면의 의도와 반대되는 행동을 보여 주셨던 아버지의 태도를 강조하고 있군.
⑤ '다시 아버지 곁에 눕고 싶'은 현재와 '아버지 가랭이 사이로 시린 발을 밀어 넣'었던 과거를 연결하여, 아버지에 대한 그리움을 담아내고 있군.

04
감상의 적절성을 파악하는 유형이다. 다음과 같이 시의 감상 요소에 따라 (다)를 분석해 보자.

시적 화자 ('나')	아버지의 희생과 사랑을 떠올리며 아버지를 그리워함.
시적 대상 (아버지)	어려움과 추위를 막아 주며 자식을 위해 헌신함.
시적 상황	영하의 한강교를 지나면서 강 위의 얼음을 보고 아버지를 떠올림. – 아버지의 '뼛가루'와 '얼음'이 언 강의 이미지를 감각적으로 연관시킴.

(다)에서 아버지는 자식을 위해 희생하며 사랑을 베푸는 존재로 형상화되었다. 이를 고려하여 선택지의 적절성을 판단한다.

1차 채점

맞은 문항 수	개
틀린 문항 수	개
헷갈리는 문항 번호	

• 틀린 문항 '/' 표시

→ **2차 채점**

맞은 문항 수	개
틀린 문항 수	개
헷갈리는 문항 번호	

• 틀린 문항 '×' 표시

→ **3차 채점**

맞은 문항 수	개
틀린 문항 수	개
헷갈리는 문항 번호	

• 틀린 문항 ☆ 표시

◉ 권장 풀이 시간 : 8분 50초

[01-06] 다음 글을 읽고 물음에 답하시오.

(가) 전쟁을 다룬 소설 중에는 실재했던 전쟁을 제재로 한 작품들이 있다. 이런 작품들은 허구를 매개로 실재했던 전쟁을 새롭게 조명하고 있다. 가령, 〈박씨전〉의 후반부는 패전했던 병자호란을 있는 그대로 받아들이고 싶지 않았던 조선 사람들의 욕망에 따라, 허구적 인물 박씨가 패전의 고통을 안겼던 실존 인물 용골대를 물리치는 장면을 중심으로 허구화되었다. 외적에 휘둘린 무능한 관군 탓에 병자호란 당시 여성은 전쟁의 큰 피해자였다. 〈박씨전〉에서는 이 비극적 체험을 재구성하여, 전화를 피하기 위한 장소인 피화당(避禍堂)에서 여성 인물과 적군이 전투를 벌이는 장면을 설정하고 있다. 이들 간의 대립 구도하에서 전개되는 이야기는 조선 사람들의 슬픔을 위로하고 희생자를 추모함으로써 공동체로서의 연대감을 강화하였다. 한편, 〈시장과 전장〉은 한국 전쟁이 남긴 상흔을 직시하고 이에 좌절하지 않으려던 작가의 의지가, 이념 간의 갈등에 노출되고 생존을 위해 몸부림치는 인물을 통해 허구화되었다. 이 소설에서는 전장을 재현하여 전쟁의 폭력에 노출된 개인의 연약함이 강조되고, 무고한 희생을 목도한 인물의 내면이 드러남으로써 개인의 존엄이 탐색되었다.

우리는 이런 작품들을 통해 전쟁의 성격을 탐색할 수 있다. 두 작품에서는 외적의 침략이나 이념 갈등과 같은 공동체 사이의 갈등이 드러나고 있다. 그런데 전쟁이 폭력적인 것은 이 과정에서 사람들이 죽기 때문만은 아니다. 전쟁의 명분은 폭력을 정당화하기에, 적의 죽음은 불가피한 것으로, 우리 편의 죽음은 불의한 적에 의한 희생으로 간주된다. 전쟁은 냉혹하게도 아군이나 적군 모두가 민간인의 죽음조차 외면하거나 자신의 명분에 따라 이를 이용하게 한다는 점에서 폭력성을 띠는 것이다. 두 작품에서 사람들이 죽는 장소가 군사들이 대치하는 전선만이 아니라는 점도 주목된다. 전쟁터란 전장과 후방, 가해자와 피해자가 구분되지 않는 혼돈의 현장이다. 이 혼돈 속에서 사람들은 고통 받으면서도 생의 의지를 추구해야 한다는 점에서 전쟁은 비극성을 띤다. 이처럼, **전쟁의 허구화**를 통해 우리는 전쟁에 대한 인식을 새롭게 할 수 있다.

(나) 문득 나무들 사이에서 한 여인이 나와 크게 꾸짖어 왈, "무지한 **용골대**야, 네 아우가 내 손에 죽었거늘 너조차 죽기를 재촉하느냐?" 용골대가 대로하여 꾸짖어 왈, "너는 어떠한 계집이완데 장부의 마음을 돋우느냐? 내 아우가 불행하여 네 손에 죽었지만, 네 나라의 화친 언약을 받았으니 이제는 너희도 다 우리나라의 신첩(臣妾)이라. 잔말 말고 바삐 내 칼을 받아라."

계화가 들은 체 아니하고 크게 꾸짖어 왈, "네 동생이 내 칼에 죽었으니, 네 또한 명이 내 손에 달렸으니 어찌 가소롭지 아니리오." 용골대가 더욱 분기등등하여 군중에 호령하여, "일시에 활을 당겨 쏘라." 하니, 살이 무수하되 감히 한 개도 범치 못하는지라. 용골대 아무리 분한들 어찌하리오. 마음에 탄복하고 **조선 도원수** 김자점을 불러 왈, "너희는 이제 내 나라의 신하라. 내 영을 어찌 어기리오." 자점이 황공하여 왈, "분부대로 거행하오리다."

용골대가 호령하여 왈, "네 군사를 몰아 박 부인과 계화를 사로잡아 들이라." 하니, 자점이 황겁하여 방포일성에 군사를 몰아 피화당을 에워싸니, 문득 팔문이 변하여 백여 길 함정이 되는지라. 용골대가 이를 보고 졸연히 진을 깨지 못할 줄 알고 한 꾀를 생각하여, 군사로 하여금 피화당 사방 십 리를 깊이 파고 화약 염초를 많이 붓고, 군사로 하여금 각각 불을 지르

제대로 감상법 ☆ 문제 풀이까지 마친 후 복습할 때 보세요.

(가)

주제

전쟁에 대한 새로운 인식을 다룬 〈박씨전〉과 〈시장과 전장〉

중심 내용

1문단	허구를 매개로 실재했던 전쟁을 새롭게 조명한 〈박씨전〉과 〈시장과 전장〉
2문단	전쟁의 (❶)를 통한 전쟁에 대한 새로운 인식

(나) 작자 미상, 〈박씨전〉

제목의 의미

병자호란의 패배감을 심리적으로 극복하기 위해 창작된 군담 소설로, 여성 영웅 '박씨'의 입장에서 병자호란을 재구성하여 남성 중심의 세계관을 비판하고 있는 작품이다. 역사적인 사실을 배경으로 하면서도 허구적인 요소를 결합한 역사 소설이다.

구성

▣ 중요 인물
- (❶): 비범한 능력으로 청나라 군사를 물리치는 여성 영웅
- (❷): 조선을 침략한 호국의 장수로 불의한 존재

▣ 사건과 갈등 : 박씨가 조선을 침략한 불의한 존재인 용골대와 그의 군사들을 물리침. 이를 통해 청나라에 대한 우리 민족의 복수심과 (❸)을 드러냄.

고, "너희 무리가 아무리 천변만화지술이 있은들 어찌하리오." 하고 군사를 호령하여 일시에 불을 놓으니, 그 불이 화약 염초를 범하매 벽력 같은 소리가 나며 **장안 삼십 리에 불길이 충천**하여 죽는 자가 무수하더라.

박씨가 주렴을 드리우고 부채를 쥐어 불을 부치니, 불길이 오랑캐 진을 덮쳐 오랑캐 장졸이 타 죽고 밟혀 죽으며 남은 군사는 살기를 도모하여 다 도망하는지라. 용골대가 할 길 없어, "이미 화친을 받았으니 대공을 세웠거늘, 부질없이 조그만 계집을 시험하다가 공연히 장졸만 다 죽였으니, 어찌 분한(憤恨)치 않으리오." 하고 회군하여 발행할 제, **왕대비**와 세자 대군이며 **장안 미색**을 데리고 가는지라.

박씨가 시비 계화로 하여금 외쳐 왈, "무지한 오랑캐야, 너희 왕 놈이 무식하여 **은혜지국(恩惠之國)**을 침범하였거니와, 우리 왕대비는 데려가지 못하리라. 만일 그런 뜻을 두면 너희들은 본국에 돌아가지 못하리라." 하니 오랑캐 장수들이 가소롭게 여겨, "우리 이미 화친 언약을 받고 또한 인물이 나의 장중(掌中)에 매였으니 그런 말은 생심(生心)도 말라." 하며, 혹 욕을 하며 듣지 아니하거늘, 박씨가 또 계화로 하여금 다시 외쳐 왈, "너희가 일양 그리하려거든 내 재주를 구경하라." 하더니, 이윽고 공중으로 두 줄기 무지개 일어나며, 모진 비가 천지를 뒤덮게 오며, 음풍이 일어나며 백설이 날리고, 얼음이 얼어 군마의 발굽이 땅에 붙어 한 걸음도 옮기지 못하는지라. 그제야 오랑캐 장수들이 황겁하여 아무리 생각하여도 모두 함몰할지라. 마지못하여 장수들이 투구를 벗고 창을 버려, 피화당 앞에 나아가 꿇어 애걸하기를, "오늘날 이미 화친을 받았으나 왕대비는 아니 뫼셔 갈 것이니, 박 부인 덕택에 살려 주옵소서."

박씨가 주렴 안에서 꾸짖어 왈, "너희들을 모두 죽일 것이로되, 천시(天時)를 생각하고 용서하거니와, 너희 놈이 본디 간사하여 외람된 죄를 지었으나 이번에는 아는 일이 있어 살려 보내나니, 조심하여 들어가며, 우리 세자 대군을 부디 태평히 모셔 가라. 만일 그렇지 아니하면 내 오랑캐를 씨도 없이 멸하리라."

이에 오랑캐 장수들이 백배 사례하더라.

– 작자 미상, 〈박씨전〉

▣ 소재와 배경의 의미
- ([4]　　　　　): 박씨의 거처. 박씨가 영웅적인 활약으로 용골대를 물리치는 공간

문체 – 서술상의 특징
- 박씨가 도술을 부려 적을 물리치는 장면에서 전기성이 드러남.
- 여성의 능력을 부각하고 무능력한 남성 중심 사회를 비판함.

주제

박씨 부인의 영웅적 기상과 재주(표면적), 전쟁의 패배로 인해 상실한 민족적 자존감 회복(이면적)

제대로 구조화하기

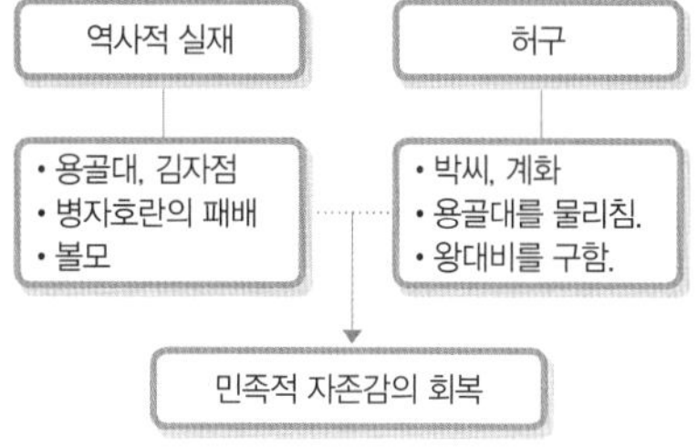

다 피란 안 갔다고 야단맞지 않을까요?"

윤씨가 걱정스럽게 묻는다. 김씨 댁 아주머니의 얼굴도 잠시 흐려진다. 그러나 이내 쾌활한 목소리로,

"쌀 배급을 주는데 야단을 치려구요? 세상에 불쌍한 백성을 더 이상 어쩌겠어요?"

"그래도 댁은…… 우린 애아범이 그래 놔서…… 전에도 배급을 못 타 먹었는데."

"이 마당에서 그걸 누가 알겠어요? 어지간히 시달려 놔서 이젠 그렇게들 안 할 거예요."

둑길을 건너서 인도교 가까이 갔을 때 노량진 쪽에서 사람들이 몰려온다. 어느 구석에 끼여 있었던지 용케 죽지도 않고, 스무 명가량의 사람들이 떼 지어 간다. 김씨 댁 아주머니는,

"여보시오! 어디서 배급을 줍니까?"

하고 물었으나 그들은 미친 듯 뛰어갈 뿐이다.

"여보, 여보시오! 어디서 배급을 줍니까?"

다시 물었으나 여전히 그들은 뛰어간다. 윤씨와 김씨 댁 아주머니도 이제 더 이상 묻지 않고 그들을 따라 뛰어간다. 그들이 간 곳은 한강 모래밭이었다. 강의 얼음은 아직 풀리지 않았다. 그곳에는 여남은 명가량의 사람들이 몰려 있었다. 사실은 배급이 아니었다. 밤사이에 **중공군**과 인민군이 후퇴하면서 미처 날라 가지 못했던 **식량**이 여기저기 흩어져 있었던 것이다. 사람들은 **갈가마귀 떼**처럼 몰려들어 가마니를 열었다. 그리고 악을 쓰면서 자루에다 쌀과 수수를 집어넣는다. 쌀과 수수가 강변에 흩어진다. 사람들은 **굶주린 이리 떼**처럼 눈에 핏발이

다 박경리, 〈시장과 전장〉

제목의 의미

'시장과 전장'에서 '시장'은 생계를 유지하기 위한 민중의 삶과 긍정을 상징하는 공간, '전장'은 이념의 대립으로 인한 죽음과 부정의 공간을 상징한다. 전쟁에 휩쓸려 고통스럽게 살아야 했던 평범한 사람들의 삶, 인물들 사이의 이념 대립 등을 치밀하게 그려 내어 전쟁 문학의 수작으로 평가받는 작품이다.

구성

▣ 중요 인물
- ([1]　　　　　), 김씨 댁 아주머니: 전쟁으로 인해 수난의 삶을 살아야 했던 민중들
- ([2]　　　　　): 피란을 가지 못하고 서울에 남아 있다가 어머니의 죽음을 겪게 되는 인물

▣ **사건과 갈등**: 윤씨가 ([3]　　　　　)을 구하러 갔다가 총을 맞고 죽자, 지영이 윤씨를 업고 집으로 돌아옴. 이를 통해 전쟁의 폭력성과 비극성을 드러내고 있음.

▣ 소재와 배경의 의미
- ([4]　　　　　): 전쟁으로 인해 인간의 기본적인 존엄성마저 상실한 모습을 드러내는 소재
- 피에 젖은 쌀자루: 전쟁의 폭력이 무고한 인물에게 끼친 전쟁의 상흔을 드러내는 소재

서서 자루에 곡식을 넣어 짊어지고 일어섰다. 쌀자루를 짊어지고 강변을 따라 급히 도망쳐 가는 사나이들, 쌀자루에 쌀을 옮겨 넣는 아낙들, 필사적이다. 그야말로 전쟁이다. 김씨 댁 아주머니와 윤씨도 허겁지겁 달려들어 쌀을 퍼낸다. 그리고 떨리는 손으로 자루 끝을 여민 뒤 머리에 이고 일어섰다. 그 순간 하늘이 진동하고 땅이 꺼지는 듯 고함 소리, 총성과 함께 윤씨가 푹 쓰러진다. 윤씨는 외마디 소리를 지르며 쌀자루 위에 얼굴을 처박는다. 거무죽죽한 피가 모래밭에 스며든다.

(중략)

김씨 부인이,

"애기 엄마……."

하고 소리쳐 부른다. 지영은 그냥 쫓아간다.

"큰일 나요! 큰일 나, 지금 가면 안 돼요! 애기를 어쩌려고 그러는 거요."

지영은 언덕길을 미끄러지는 듯 달려간다. 둑길을 넘었다. 강변에는 아무도 없었다. 강물도 하늘도 강 건너 서울도 회색빛 속에 싸여 있었다. 지영은 윤씨를 내려다본다. 쌀자루를 꼭 껴안고 있다. **쌀자루**는 피에 젖어 거무죽죽하다. 지영은 윤씨를 안아 일으킨다. 그리고 들춰 업는다. 그는 한 발 한 발 힘을 주며 걸음을 옮긴다. 윤씨를 업고 **벼랑을 기어오른다.** 아무것도 기억할 수가 없었다. 아무것도 보이지 않았다. 얼마나 오랜 시간이 흘렀는지 그는 둑길까지 나왔다. 둑길에서 저 멀리 과천으로 뻗은 길을 바라본다. 길은 외줄기…… 멀리멀리 뻗어 있다. 지영은 집으로 돌아왔다.

– 박경리, 〈시장과 전장〉

문체 – 서술상의 특징

- 현재형 시제를 사용하여 사건에 현장감을 부여하고 인물의 행동을 생생하게 보여 줌.
- 짧고 간결한 문장을 사용하여 긴박한 상황을 효과적으로 드러냄.

주제

전쟁의 비극과 폭력성, 그로 인한 우리 민족의 수난

제대로 구조화하기

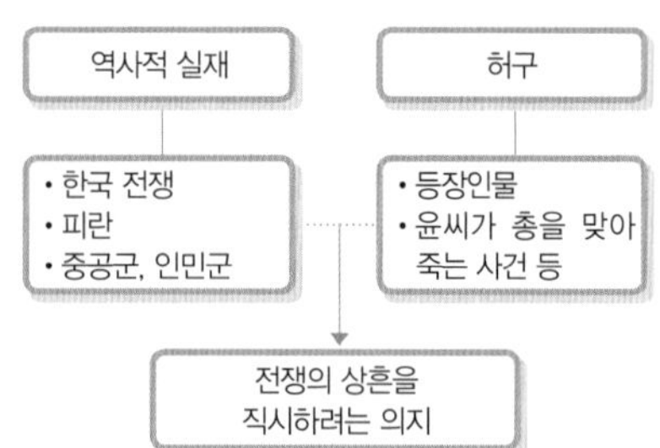

01 (가)의 '전쟁의 허구화'를 바탕으로 (나), (다)를 설명한 것으로 적절하지 <u>않은</u> 것은?

① (나)는 실재했던 전쟁을 다루면서도 이를 있는 그대로 받아들이지 않으려는 욕망에 따라 허구화가 이루어졌다.

② (나)는 박씨 등의 여성 인물과 용골대 등의 가해 세력 간의 대립 구도를 통해 전쟁을 조명하고 있다.

③ (다)는 실재했던 전쟁을 다루면서도 그 상흔을 직시하려는 의지에 따라 허구화가 이루어졌다.

④ (다)는 윤씨와 지영의 관계에서 나타나는 피해자와 가해자의 대립 구도를 통해 전쟁을 조명하고 있다.

⑤ (나)와 (다)는 '용골대'나 '중공군'과 같은 단어를 통해 실재했던 전쟁이 환기되도록 했다.

제대로 접근법

문제 채점까지 마친 후 복습할 때 보세요.

01

외적 준거에 따라 작품을 감상하는 유형이다. (가)에서 설명하고 있는 것처럼, (나)와 (다)는 '허구를 매개로 실재했던 전쟁을 새롭게 조명'한 작품이라는 점에 주목하여 문제를 해결해 보자.

작품의 기본적인 내용만 제대로 파악했다면 어렵지 않게 선택지의 적절성을 판단할 수 있다. 두 작품에서 역사적으로 실재했던 내용과 허구화된 내용이 어떤 것인지 구분할 수 있어야 한다.

▶ 해설편 234쪽

02 (가)를 바탕으로 (나)에 대해 〈학습 활동〉을 수행한 내용으로 적절하지 않은 것은? [3점]

〈학습 활동〉

◦ 병자호란에 대한 백성들의 욕망을 담은 〈박씨전〉과 다음의 〈임장군전〉을 읽고 전쟁 체험이 소설에 반영된 양상을 살펴봅시다.

> 상께서 왈, "길이 막혀 인적이 통하지 못하니 경업이 어찌 알리오. 목전의 형세가 여차하여 아무리 생각하여도 항복할 밖에 다른 묘책이 없으니 경들은 다시 말 말라." 하시고, 앙천통곡하시니 산천초목이 다 슬퍼하더라. 병자년 12월 20일에 상이 항서를 닦아 보내시니, 그 망극함을 어찌 측량하리오.
>
> 용골대가 송파장에 결진하고 승전고를 울리며 교만이 자심하여 승전비를 세워 거드럭거리며, 왕대비와 중궁을 돌려보내고 세자 대군을 잡아 북경으로 가려 하더라.
>
> – 작자 미상, 〈임장군전〉

① (나)에서 용골대를 꾸짖는 계화와 박씨가 등장하는 것에는 병자호란 때에 있었으면 좋았을 인물에 대한 백성들의 소망이 반영되었겠군.

② 〈임장군전〉에서 항서를 보낸 것에 대해 서술자도 슬픔을 토로하는 것은 패전한 나라의 백성이라는 연대감이 반영된 것이겠군.

③ (나)와 〈임장군전〉에서 모두 용골대가 부정적인 모습으로 그려진 데에는 백성들이 겪었던 패전의 고통이 반영되었겠군.

④ (나)에서는 박씨의 용서를 통해, 〈임장군전〉에서는 용골대의 승전비 건립을 통해, 조선 백성들의 희생에 대한 추모 의식이 반영되었겠군.

⑤ 〈임장군전〉과 달리 (나)에서 박씨의 승전을 통해 왕대비가 볼모로 가지 않게 된 과정이 형상화된 것은 패전의 상실감을 위로받고자 하는 백성들의 욕망이 반영된 결과이겠군.

03 (가)를 바탕으로 (나)를 설명한 것으로 적절하지 않은 것은?

① 장안 삼십 리에 불길이 충천하고 장안 미색이 끌려가는 장면은 조선 백성들의 비극적 체험을 드러내고 있다.

② 용골대에게 조선 도원수가 복종하여 명령을 따르는 장면은 관군의 무능함을 허구를 매개로 조명하고 있다.

③ 박씨의 재주에 오랑캐 장수들이 황겁해하는 장면에서, 패전의 고통이 허구적 인물의 활약을 통해 위로받고 있다.

④ 오랑캐군의 침략이 은혜지국에 대한 침범이라는 박씨의 비난은 용골대를 비롯한 오랑캐군이 불의한 존재임을 드러내고 있다.

⑤ 용골대가 장졸들의 죽음에 탄식하는 장면에서, 죽음의 책임을 폭력적인 방식으로 박씨에게 돌리려는 오랑캐의 모습이 드러나고 있다.

제대로 접근법

문제 채점까지 마친 후 복습할 때 보세요.

02

작품 간의 공통점과 차이점을 비교하는 유형이다. (가)에서는 '실재했던 전쟁'을 제재로 하되 '허구를 매개로 실재했던 전쟁을 새롭게 조명'한 작품에 대해 설명하고 있다. 먼저 비교해야 할 작품의 특징을 정리해 보자.

〈박씨전〉	용골대를 비롯한 청나라 군사를 굴복시킨 후 용서함. – 허구화
〈임장군전〉	승전한 용골대를 부정적인 모습으로 그리고, 패전의 슬픔에 대해 연대감을 표출함.

작품의 기본적인 내용과 실재했던 전쟁의 역사적 의미를 알면 어렵지 않게 해결할 수 있다. 다만, 외적 준거를 바탕으로 작품을 감상하고 선택지의 적절성을 판단해야 한다는 풀이 방법만은 정확히 기억해 두자.

03

특정 장면의 의미와 기능을 파악하는 유형이다. '(가)를 바탕으로' (나)의 장면을 이해하는 형태로 제시되어 있지만, 사실 (나)의 맥락만 제대로 이해했다면 어렵지 않게 선택지의 적절성을 판단할 수 있다. (나)에 나타난 사건을 정리한 다음, 선택지에서 각 장면의 의미를 바르게 해석했는지 살펴보자. 이때 역사적 실존 인물과 허구적 인물의 활약을 통해 드러내고자 하는 주제 의식을 고려한다.

04 (가)를 바탕으로 (다)를 감상한 내용으로 적절하지 않은 것은?

① '식량'을 얻으려다가 인물이 죽게 되는 것은 전장과 후방이 구분되지 않는 혼돈의 현장을 보여 주는 것이로군.
② '갈가마귀 떼'는 전쟁으로 인해 기본적인 존엄성마저 상실한 채 살아가는 사람들의 모습을 상기하게 하는군.
③ '굶주린 이리 떼'는 사람들이 전쟁의 폭력에 노출되어 이웃의 죽음조차 외면하는 냉혹한 존재로 변해 버렸음을 드러내는군.
④ 피에 젖은 '쌀자루'는 전쟁의 폭력이 무고한 인물에게 끼친 전쟁의 상흔을 나타내는군.
⑤ '벼랑을 기어오른다'는 전쟁 속에서 생존을 위해 몸부림치는 인물의 처지를 상징적으로 보여 주는군.

05 (나), (다)에 대한 이해로 가장 적절한 것은? [3점]

① (나)에서 용골대는 화공이 실패하자 화살로 피화당을 공격하였다.
② (나)에서 박씨는 오랑캐군이 화친 언약을 받았다는 것을 몰랐기에 회군하는 오랑캐군을 공격했다.
③ (다)에서 지영은 윤씨 때문에 김씨 부인의 만류에도 불구하고 강변으로 나갔다.
④ (다)에서 윤씨가 식량을 마련하기 위해 사람들을 따라 도착한 곳은 인도교였다.
⑤ (다)에서 김씨 댁 아주머니는 피란 갔던 것을 걱정하는 윤씨를 안심시키려 하였다.

06 (다)의 서술상의 특징에 대한 설명으로 가장 적절한 것은?

① 인물의 회상을 통해 인물 간 갈등의 원인을 제시하고 있다.
② 시간적 배경을 묘사하여 인물의 성격 변화를 암시하고 있다.
③ 인물의 경험을 관념적으로 서술하며 사건의 원인을 분석하고 있다.
④ 대화를 통해 과거로 돌아가려 하는 인물들의 심리를 보여 주고 있다.
⑤ 인물의 연속적인 행위를 제시하여 인물이 처한 긴박한 상황을 드러내고 있다.

제대로 접근법

☆ 문제 채점까지 마친 후 복습할 때 보세요.

04
구절의 의미와 기능을 파악하는 유형이다. 기본적인 문제 유형임에도 불구하고 비교적 오답률이 높았다. 사건의 흐름과 인물의 심리 등을 고려해 비유적 표현에 담겨 있는 의미를 파악해 보자.
(다)는 윤씨가 식량을 구하러 갔다가 총을 맞고 죽는 사건을 통해 전쟁의 폭력성과 비극성을 드러내고 있다. 사건의 선후 관계를 살짝 바꾸어 오답을 유도할 수 있으므로, 지문과 선택지의 내용을 꼼꼼하게 살펴야 한다.

05
작품의 세부적인 내용을 파악하는 유형으로, 어렵지 않은 문제였는데도 정답률이 높지 않았다. 문제 해결에 어려움을 겪은 학생은 어떤 내용을 잘못 파악했는지 점검해 보자.
인물과 사건을 중심으로 작품의 내용을 정리할 수 있어야 한다. 지문에서 선택지의 내용과 연관된 부분을 찾아 일치 여부를 꼼꼼하게 따져 본다.

06
서술상의 특징을 파악하는 유형이다. 빈출 유형이므로 틀리는 일이 없도록 평소에 인물의 심리, 갈등, 배경, 서술 방식 등을 파악하는 훈련을 하는 것이 좋다.
정답을 제외한 나머지 선택지가 작품에 나타난 특징과 거리가 먼 내용으로 구성되어 있다. 작품의 전반적인 흐름과 분위기만 파악했으면 어렵지 않게 문제를 해결할 수 있다.

1차 채점			→	2차 채점			→	3차 채점		
	맞은 문항 수	개			맞은 문항 수	개			맞은 문항 수	개
	틀린 문항 수	개			틀린 문항 수	개			틀린 문항 수	개
	헷갈리는 문항 번호				헷갈리는 문항 번호				헷갈리는 문항 번호	

• 틀린 문항 '/' 표시　• 틀린 문항 '×' 표시　• 틀린 문항 ☆ 표시

작품 분석 해설편

I 부 현대시

현대시 01 맹세 | 봄

▶ 문제편 20~22쪽

정답 | 01 ④ 02 ② 03 ⑤ 04 ③

[01~04] 다음 글을 읽고 물음에 답하시오. 2024 6월 모의평가

제대로 작품 분석 ▶〈보기〉에서 적절한 것을 골라 넣으며 작품을 분석해 보자.

가 [1연] 소주제: 임을 향한 뜨거운 가슴

- 싸늘한 바위, 뜨거운 가슴: 1 – 임을 향한 화자의 마음을 부각함.
- 물음의 형식 사용

> [1연] 뜨거운 가슴을 어찌하리야
> [3연] 해돋는 아침에 죽어가리야
> [6연] 내 무슨 자랑과 선물을 지니랴
> [10연] 못 잊힐 모습을 어이 하리야
> → 물음의 형식을 통해 임에 대한 사랑을 강조함.

[2, 3연] 소주제: 임을 향한 절실한 사랑

- 어둠에 창백한 ~ 아침에 죽어가리야: 꽃송이를 회복시키기 위해 자신을 희생함.
- 어둠, 해돋는 아침: 시각적 이미지의 대비 – 임을 향한 화자의 마음을 부각함.

[4, 5연] 소주제: 임을 향한 영원한 사랑

- 사랑하는 것 사랑하는 모든 것 ~ 다시 죽을 날까지: 가정과 불가능한 상황 설정 – 영원한 사랑에 대한 화자의 의지 강조 ①
- 거룩한 일월: 2
- 같은 시구의 반복

> [5연] 임의 손길 앞에 나는 울어라.
> [10연] 거룩한 이름 부르며 나는 울어라.
> → 3

[6연] 소주제: 마음이 가난한 '나'

[7, 8연] 소주제: 임에 대한 의로움

- 아픈 가락: 4
- 구천: 땅속 깊은 밑바닥이란 뜻으로, 죽은 뒤에 넋이 돌아가는 곳을 이르는 말

[9, 10연] 소주제: 임을 향한 영원한 사랑과 간절한 그리움

- 미워하는 것 미워하는 ~ 다시 재 될 때까지: 가정과 불가능한 상황 설정 – 영원한 사랑에 대한 화자의 의지 강조 ②

– 조지훈, 〈맹세〉

❖ **제대로 작품 분석의 〈보기〉**

> ㉠ 절대적 사랑의 대상
> ㉡ 촉각적 이미지의 대비
> ㉢ 임에 대한 간절한 마음을 강조함.
> ㉣ 의로운 사람들의 희생과 설움을 담고 있는 가락

❖ **제목의 의미**

이 시는 임에 대한 영원한 사랑을 맹세하는 화자의 간절한 마음을 담은 작품이다. 화자는 '일월'처럼 '거룩한' 존재인 임을 '만년을 싸늘한 바위를 안고도' 뜨겁게 사랑할 수 있다고 하며, '흰뼈가 되'었지만 부활하여 다시 죽을 날까지, 또 '붉은 마음이 숯이 되'었다 '다시 재'가 될 때까지 임을 사랑하겠다는 다짐을 드러내고 있다.

❖ **작가 소개**

조지훈(趙芝薰, 1920~1968): 시인. 본명은 동탁(東卓). 1939년 《문장》에 〈고풍 의상〉, 〈승무〉, 1940년 〈봉황수〉로 추천을 받아 등단하였다. 박두진, 박목월과 함께 1946년 시집 《청록집》을 간행하여 '청록파'로 불렸다. 고전적 풍물을 소재로 하여 우아하고 섬세하게 민족 정서를 노래했다.

❖ **핵심 정리**

- 갈래: 자유시, 서정시
- 성격: 고백적, 의지적, 영탄적
- 주제: 임에 대한 영원한 사랑의 다짐
- 특징: ① 설의적 표현, 이미지의 대비, 유사한 통사 구조의 반복을 통해 시적 의미를 부각함. ② 불가능한 상황의 설정으로 임에 대한 사랑의 감정을 강조함.

나 [1연] 소주제: 언어에 자유를 주어 봄을 맞은 대상에 자유를 줌.

- 저기 저 담벽, ~ 우리 집 개의 똥 하나: 1 → 리듬감 형성
- 내 언어 속에 서라: 자신만의 자유로운 언어로 표현하고자 함.
- 내가 내 언어에게 자유를 주었으니: 표현할 대상에 자유를 주기 위해 언어에 자유를 부여함.

[2연] 소주제: 대상을 언어로 구속하려는 기존 관습에서 벗어날 때 얻을 수 있는 자유

- 봄: 1연의 '봄'과 연결
- 꽃피고 싶은 놈 ~ 아지랑이가 되었다: 대상이 원하는 바를 실현함. – 자유로운 세계의 대상의 모습
- 봄이 자유가 아니라면 꽃피는 지옥이라고 하자: 2
- 이름이 지옥이라고 ~ 반짝일 게 안 반짝이던가: 언어와 상관없이 대상이 변하지 않음. – 3
- 자유다 마음대로 뛰어라: 언어와 대상이 기존 관습에서 벗어난 자유로운 상태

– 오규원, 〈봄〉

❖ **제대로 작품 분석의 〈보기〉**

> ㉠ 반복되는 표현과 쉼표 사용
> ㉡ 언어로 대상을 규정하는 데 한계가 있음.
> ㉢ '봄'을 다른 새로운 언어로 표현하려는 시도

❖ **제목의 의미**

봄을 맞아 생명력 넘치는 주변 풍경을 소재로 언어의 한계와 언어 사용의 새로운 가능성을 모색한 시이다. 1연에서는 봄날에 보이는 '담벽, 라일락, 별' 등과 같이 표현하려는 대상을 언급하며 언어에게 자유를 주겠다고 말한 뒤, 2연에서는 '봄은 자유다', '봄이 자유가 아니라면', '봄은 지옥이다'라고 말하며 언어와 대상이 모두 자유를 얻기 위해서는 대상을 언어로 구속하려는 기존 관습에서 벗어나야 한다는 인식을 드러내고 있다.

❖ **작가 소개**

오규원(吳圭原, 1941~2007): 시인. 경남 밀양 출생. 초반에는 관념을 언어로 구체화해 나타내는 작품을 선보였으며, 이후에는 광고를 시에 도입하는 등 형태적인 실험을 통해 산업화와 자본주의 문명을 비판하는 작품을 많이 썼다. 시집으로 《분명한 사건》, 《이 땅에 씌어지는 서정시》, 《가끔은 주목받는 생이고 싶다》 등이 있다.

❖ **핵심 정리**

- 갈래: 자유시, 서정시
- 성격: 관념적, 상징적

• 주제: 새로운 언어 사용의 가능성에 대한 탐구
• 특징: ① 반복법과 열거법을 사용하여 리듬감을 형성함. ② 일상적인 소재와 어휘를 통해 언어의 한계와 가능성을 표현함.

제대로 감상법 모범 답안

가 조지훈, 〈맹세〉

❶ 임 ❷ 거룩한 일월 ❸ 불가능한

❖ 제대로 작품 분석

1㉡ 2㉠ 3㉢ 4㉣

나 오규원, 〈봄〉

❶ 기존 관습 ❷ 봄 ❸ 반복법

❖ 제대로 작품 분석

1㉠ 2㉢ 3㉡

01

정답률 87%

(가), (나)에 대한 설명으로 적절하지 않은 것은?

정답인 이유

④ (가)는 대비되는 시어를 활용하여 대상의 양면성을 드러내고, (나)는 반복되는 행위를 제시하여 대상의 효용성*을 드러낸다.
× → 임에 대한 화자의 마음을 부각함. / ×

··· (가)는 '싸늘한 바위'와 '뜨거운 가슴', '어둠'과 '해돋는 아침'에서 각각 촉각적 이미지와 시각적 이미지의 대비를 드러내고 있다. 그러나 이는 임에 대한 화자의 마음을 부각할 뿐, 대상의 양면성을 부각하고 있지는 않다. (나)는 '담벽, 라일락, 별, 개의 똥'과 같은 대상들의 행위를 제시하고 있으나, 이를 통해 대상의 효용성을 드러내고 있지는 않다.

* 효용성(效用性): 쓸모나 보람이 있는 성질 예 그 물건은 비싸기만 하고 효용성은 떨어져 살 필요가 없어.

오답인 이유

① (가)는 1연과 6연에서 물음의 형식을 활용하여 화자의 상황 인식을 보여 준다.
1연: '어찌하리야', 6연: '지니랴'

··· (가)는 1연에서 '어찌하리야'라는 물음의 형식을 활용하여 싸늘한 바위를 안고도 임을 향한 뜨거운 마음은 변하지 않는다는 화자의 상황 인식을 드러내고 있고, 6연에서 '지니랴'라는 물음의 형식을 활용하여 '거룩한 일월의 눈부신 모습'을 한 임을 맞이하기에 부족한 자신에 대한 상황 인식을 드러내고 있다.

② (가)는 4연과 9연에서 상황을 가정하는 표현을 활용하여 화자의 의지를 강조한다.
4연: '사랑하는 모든 것 다 잃고라도', 9연: '미워하는 모든 것 다 잊고라도'

··· (가)는 4연에서 '사랑하는 모든 것'을 다 잃는 가정의 상황을 통해, 9연에서 '미워하는 모든 것'을 다 잊는 가정의 상황을 통해 임을 영원히 사랑하겠다는 화자의 의지를 강조하고 있다.

③ (나)는 반복적인 표현을 제시하면서 쉼표를 사용하여 리듬감을 형성한다.
'저기 저', '~은 내 언어의 ~고,' '~고 싶은 놈 ~고'

··· (나)는 '저기 저 ~', '~은 내 언어의 ~고', '~고 싶은 놈 ~고'와 같은 구절을 반복하면서 쉼표를 사용하고 있으며, 이를 통해 리듬감을 형성하고 있다.

⑤ (가)는 같은 시구를 5연, 10연의 마지막에서 반복하여 화자의 정서를 강조하고, (나)는 1연 끝 문장의 시어를 2연 첫 문장으로 연결하며 그 의미를 드러내고 있다.
'나는 울어라' / '봄' / '봄은 자유다'

··· (가)는 5연과 10연에 '나는 울어라'를 반복하여 임에 대한 화자의 간절한 마음을 강조하고 있다. (나)는 1연의 끝 문장인 '그래 봄이다.'와 2연의 첫 문장인 '봄은 자유다.'에서 '봄'을 연결하여, '봄'이 곧 '자유'임을 드러내고 있다.

02

정답률 84%

아픈 가락에 대한 이해로 가장 적절한 것은?

정답인 이유

② 의로운 사람들이 보여 준 희생과 설움을 담고 있다.

··· '아픈 가락'은 '의로운 사람들이 피흘린 곳에 / 솟아 오른 대나무로 만든' 피리가 내는 가락으로, '구천에 사모침'을 담고 있다. 따라서 이 가락에는 의로운 사람들의 희생이 담겨 있으며, '흐느끼는 이 피리'의 '아픈 가락'에는 설움이 담겨 있다고 볼 수 있다.

오답인 이유

① 임에게 자랑스레 내보일 화자의 자부심을 포함한다.

··· 6연에서 화자는 '임을 위해서 / 내 무슨 자랑과 선물을 지니랴'라고 했으므로, '아픈 가락'에 화자가 자랑스레 내보일 자부심이 포함되었다고 볼 수는 없다.

③ 대나무에 서린 임의 뜻을 잊으려는 화자를 질책한다.

··· 화자는 '의로운 사람들'의 뜻이 서린 '아픈 가락'을 임이 듣기를 바라고 있다. 따라서 임의 뜻이 대나무에 서린 것이 아니며 화자가 임의 뜻을 잊으려 하는 상황도 아니다. '아픈 가락'이 화자를 질책한다고 볼 수도 없다.

④ 피리의 흐느낌에 호응하여 화자의 억울함을 해소한다.

··· 화자는 흐느끼는 피리의 아픈 가락에 임이 호응해 주기를 바랄 뿐, 이를 통해 자신의 억울함을 해소하고 있지는 않다.

⑤ 구천에 사무친 원망을 살아남은 사람들에게 전달한다.

··· 화자는 '구천에 사모'치는 아픈 가락을 임이 듣기를 바라고 있을 뿐, 이를 살아남은 사람들에게 전달하고 있지는 않다.

03

정답률 45% | 매력적인 오답 ③ 25%

다음에 따라 (가), (나)를 감상한 내용으로 적절하지 않은 것은? [3점]

〈보기〉

선생님: (가)는 부재하는 임을 기다리며 더 나은 세상에 대한 바람을 드러내고, (나)는 봄과 같은 세계에서, 대상들과 함께 자유를 누리려는 바람을 드러냅니다. 그러나 (가)는 대상에게 의미를 부여하는 화자의 시선이 두드러짐에 비해, (나)는 화자가 주목하는 대상들의 모습이 두드러진다는 차이를 보여요. 이 차이가 주변 존재들을 대하는 태도나 바람을 실현하는 방식에 반영되기도 해요.
(가)의 시적 상황과 정서 / (나)의 시적 상황과 태도 / (가)의 특징 / (나)의 특징

정답인 이유

⑤ (가)의 화자는 '붉은 마음'을 바쳐 부재하는 '임'을 기다리고, (나)의 화자는 '담벽' 안에서 '봄'과 같은 세계를 대상들과 공유하려 하고 있어.

× → '담벽'은 다른 대상들과 마찬가지로 주변 사물들 중 하나임.

⋯→ (가)의 화자는 '붉은 마음이 숯이 되는 날까지 / 그 숯이 되살아 다시 재 될 때까지' 영원히 임을 기다리겠다는 의지를 드러내고 있다. 그러나 (나)에서 '담벽'은 '라일락, 별, 우리 집 개의 똥'과 마찬가지로 화자가 언어로 표현하려는 주변 사물 중 하나일 뿐이므로, 화자가 '담벽' 안에서 '봄'과 같은 세계를 대상들과 공유하려 하고 있다고 볼 수는 없다.

오답인 이유

③ (매력적인 오답) (가)의 화자는 '꽃송이'를 '창백한' 대상으로 바라보고, (나)의 화자는 대상들 각각의 모습에 주목하여 그 개별성*을 드러내고 있어.

⋯→ (가)의 '어둠에 창백한 꽃송이'에서 화자가 '꽃송이'를 '창백한' 대상으로 바라보고 있음이 드러난다. (나)의 화자는 '담벽'은 '서고', '라일락'은 '꽃이 되고', '별'은 '반짝이고', '개똥'은 '굴러라.'라고 하는데, 이는 대상이 지닌 각각의 모습에 주목해 그 개별성을 드러낸 것으로 볼 수 있다.

* 개별성(個別性) : 사물이나 사람 또는 어떤 상황이나 현상이 각각 따로 지니고 있는 특성 예 아이들의 개별성을 존중하는 교육이 이루어질 때 아이들이 올바르게 성장할 수 있다.

① (가)의 화자가 바라는 세상은 '해돋는 아침'과 같이 '어둠'을 벗어나 밝음을 회복한 세상일 거야.

⋯→ (가)의 화자는 '어둠'에 창백한 꽃송이마다 입을 맞춤으로써 피를 불어 넣고, '해돋는 아침'에 죽어가겠다고 말하고 있으므로 화자는 '어둠'과 대비되는 '해돋는 아침'과 같은 세상을 바라고 있다고 볼 수 있다.

② (나)의 화자가 지향하는 세계에서 대상들은 '자유롭게 서고, 앉고, 반짝이고,' 구를 거야.

⋯→ (나)의 화자는 봄을 맞은 대상들에게 '너희들도 자유롭게 서고, 앉고, 반짝이고, 굴러라.'라고 말하고 있다. 이를 통해 화자가 지향하는 세계에서의 대상들의 모습을 확인할 수 있다.

④ (가)의 화자는 '피마저 불어 넣'는 희생적 태도를 보이고, (나)의 화자는 대상들이 원하는 바를 실현하게 하여 '자유'를 함께 누리려는 태도를 보이고 있어.

⋯→ (가)의 화자가 '창백한 꽃송이마다' 입을 맞춤으로써 '한방울 피마저 불어 넣'겠다는 것은 꽃송이를 회복시키기 위해 자신을 희생하겠다는 뜻을 나타낸 것으로 볼 수 있다. (나)의 화자는 '봄은 자유'라고 말하며 '꽃피고 싶은 놈 꽃피고 ~ 아지랑이고 싶은 놈은 아지랑이가 되'는 등 대상이 원하는 바를 실현하게 함으로써, '자유'를 함께 누리려는 태도를 보이고 있다.

04

정답률 73%

〈보기〉를 참고하여 ㉠~㉤의 의미를 설명한 것으로 가장 적절한 것은?

〈보기〉

(나)는 언어의 한계와 가능성에 대한 시인의 탐구를 보여 준다. 언어를 사용함으로써 대상을 파악할 수 있지만 그 결과는 다시 언어에 구속된다는 필연적 한계를 갖는다. 그래서 시인은 기존의 언어 사용 방식을 벗어나려는 시도를 한다. 이를 통해 언어와 대상이 기존의 관습에서 벗어나 자유를 향해 나아갈 수 있는 가능성을 모색한다.

(나)의 주제 의식

'봄이 자유가 아니라면 꽃피는 지옥이라고 하자.'

정답인 이유

③ ㉢은 새로운 표현을 시도하여 언어와 대상이 자유를 얻을 가능성을 모색*하는 과정을 나타낸다.

'지옥이라고 하자'

⋯→ (나)는 2연의 도입부에서 '봄은 자유다.'라고 규정한 뒤 ㉢에서 '봄이 자유가 아니라면', '지옥이라고 하자.'라고 말하고 있다. 이는 기존의 언어 사용 방식에서 벗어나 새로운 표현을 시도한 것으로, 언어와 대상이 기존 관습에서 벗어나 자유를 향해 갈 수 있는 가능성을 모색하는 과정을 보여 준다고 할 수 있다.

* 모색(摸索) : 일이나 사건 따위를 해결할 수 있는 방법이나 실마리를 더듬어 찾음. 예 정부는 이번 경제 위기를 극복하기 위한 방안을 여러 각도로 모색하고 있다.

오답인 이유

① ㉠은 자신의 언어 속에서도 기존의 언어 사용 방식이 유지된다는 생각을 의미한다.

⋯→ ㉠은 '담벽, 라일락, 별, 우리 집 개의 똥 하나'라는 대상을 '내 언어'로 표현하겠다는 생각을 드러낸 것으로 볼 수 있는데, 이때 '내 언어'는 자신만의 자유로운 언어로, '내 언어'에 기존의 언어 사용 방식이 유지된다고 볼 수는 없다.

② ㉡은 대상을 파악하는 행위까지 포기하면서 자유를 얻고자 하는 의도를 나타낸다.

⋯→ ㉡은 대상을 표현할 언어에도 자유를 주었다는 의미일 뿐, 대상을 파악하는 행위까지 포기하여 자유를 얻겠다는 의지를 나타낸 것은 아니다.

④ ㉣은 대상들을 구속에서 벗어나게 하기 위해 외부 상황에 변화를 주었음을 의미한다.

⋯→ ㉣에는 이름을 다르게 부른다고 해서 대상이 달라지는 것은 아니라는 인식이 드러나 있다. 이는 언어로 대상을 규정하는 데에는 한계가 있음을 드러낸 것으로, 대상들을 구속에서 벗어나게 하기 위해 외부 상황에 변화를 주었음을 나타낸 것은 아니다.

⑤ ㉤은 언어의 새로운 가능성을 실현하여 자신이 제한한 의미에 따라 대상들이 움직임을 의미한다.

⋯→ ㉤은 언어와 대상이 기존의 관습에서 벗어나 자유를 얻은 상태로, 언어 사용의 새로운 가능성을 지니고 있다고 볼 수 있다. 따라서 제한한 의미에 따라 대상들이 움직임을 의미한다는 것은 적절하지 않다.

현대시 **02** 채전 | 음지의 꽃

▶ 문제편 23~25쪽

정답 | 01 ① 02 ④ 03 ② 04 ③

[01~04] 다음 글을 읽고 물음에 답하시오. 2023 수능

제대로 작품 분석 ▶〈보기〉에서 적절한 것을 골라 넣으며 작품을 분석해 보자.

가 [1연] 소주제: 갖가지 채소들이 타고난 대로 자라 기쁨과 화합이 있는 채전

- 한여름: 생명체들의 풍요로움을 드러내는 시간적 배경
- 반복과 변주를 통한 화자의 의도 강조

[1연] 가 보아라
[2연] 가 보아라, 와서 보아라
→ 반복과 변주를 통해 채전에서의 경험을 느끼게 하려는 화자의 의도를 강조함.

- 수염을 드리운 ~ 작은 박이며 호박들!: 1
- 과분하지 말라: 부정 명령어를 통한 의미 강조
- 오직 여기에 ~ 화합에 있거니: 2

[2연] 소주제: 주변 사물들의 축복 속에 빛나는 생명의 양상을 보이는 채전

- 나비가 심방 오고 ~ 다시 나고……: 채전의 채소들을 둘러싼 존재들 – '많은 손님들'
- 그늘: 만물이 성장을 이루어 가는 배경
- 비: 생명의 충만함과 조화로움을 갖게 하는 대상
- 많은 손님들: 3
- 이 지극히 ~ 생명의 양상: '지극히'의 반복으로 채전에서 느끼는 충족감 강조
- 빛나는 생명의 양상: 관념의 시각화

– 유치환, 〈채전(菜田)〉

❖ 제대로 작품 분석의 〈보기〉

㉠ 채전에 대한 예찬적 태도
㉡ 한여름 채전에서 자란 채소들 – '지극히 범속한 것들'
㉢ 채전의 채소들에게 축복과 은혜를 주는 존재들(의인법)

❖ 제목의 의미

'채전'은 채소를 심어 가꾸는 밭이다. 이 시에서 '채전'은 옥수수, 가지, 고추 등의 채소들이 제각기 타고난 바탕대로 자라는 기쁨과 화합의 공간이자, 나비, 풍뎅이, 햇볕 등의 주변 사물과 어우러져 빛나는 생명의 양상을 이루는 공간으로 형상화되어 있다.

❖ 작가 소개

유치환(柳致環, 1908~1967): 시인. 호는 청마(靑馬). 생명파 시인으로 불린다. 생명 본연의 순수함에 대한 추구와 동양적인 허무를 극복하려는 의지를 강건한 어조로 표현하였다. 주요 작품으로 〈생명의 서〉, 〈바위〉 등이 있다.

❖ 핵심 정리

- 갈래: 자유시, 서정시
- 성격: 감각적, 예찬적
- 주제: 채소밭에서 느끼는 생명체들의 조화로운 성장과 충만한 생명력
- 특징: ① 일상적 소재들을 나열하여 만물의 생명력과 조화를 예찬함. ② 명령형 어미의 활용과 시구의 반복을 통해 화자의 의도를 강조함.

나 [1~4행] 소주제: 벌목으로 썩어 가는 참나무 떼

- 썩어 가는 참나무 떼: 벌목으로 생명력을 잃은 모습
- 벌목의 슬픔으로 서 있는 이 땅: 1
- 패역의 골짜기: 인간의 욕망이 투영된 장소, 순리를 거스른 공간
- 겨울: 생명 파괴의 현실을 이겨 내는 시간적 배경

[5~12행] 소주제: 참나무의 구멍에서 피어나는 버섯

- 바람은 ~ 우리를 흔들고: 참나무의 상태에 변화를 가져온 요인
- 홀씨: 새로운 생명의 씨앗, 희망
- 버섯: 2
- 황홀한 음지의 꽃: 시련을 이겨 내고 탄생한 버섯
- 소나기: 3

[13~17행] 소주제: 참나무의 상처를 채우는 버섯의 생명력

- 낙엽, 바람: 참나무를 위로해 줄 수 없는 존재들
- 뿌리 없는 너의 독기: 강한 생명력

– 나희덕, 〈음지의 꽃〉

❖ 제대로 작품 분석의 〈보기〉

㉠ 강인한 생명력을 지닌 존재
㉡ 인간에 의해 황폐화된 현실
㉢ 황폐화된 현실에 생명력을 환기하는 대상

❖ 제목의 의미

'음지의 꽃'은 벌목으로 썩어 가는 참나무의 상처마다 피어나 그 고통을 멈추게 하는 버섯을 의미한다. '황홀한 음지의 꽃'인 버섯은 인간의 욕망 때문에 고통을 겪으며 황폐화된 현실 속에서 그것을 극복하게 하는 강인한 생명력을 함축하고 있다.

❖ 작가 소개

나희덕(羅喜德, 1966~): 시인. 1989년 《중앙일보》 신춘문예에 〈뿌리에게〉가 당선되어 등단하였다. 생명과 소외된 존재들을 제재로 모성적 세계와 따스한 시선이 드러나는 작품을 많이 썼다. 주요 작품으로 〈배추의 마음〉, 〈못 위의 잠〉 등이 있다.

❖ 핵심 정리

- 갈래: 자유시, 서정시
- 성격: 비유적, 예찬적, 비판적
- 주제: 인간에 의한 자연의 황폐화와 자연의 강인한 생명력
- 특징: ① 대상을 의인화하여 시상을 전개함. ② 영탄적 표현을 사용하여 대상에 대한 예찬적 태도를 드러냄.

제대로 감상법 모범 답안

가 유치환, 〈채전〉

❶ 채전 ❷ 명령형

❖ 제대로 작품 분석

1 ㉡ 2 ㉠ 3 ㉢

나 나희덕, 〈음지의 꽃〉

❶ 음지의 꽃 ❷ 영탄적

❖ 제대로 작품 분석

1 ㉡ 2 ㉠ 3 ㉢

01

정답률 **80%** | 매력적인 오답 ③ **10%**

(가)와 (나)의 공통점으로 가장 적절한 것은?

정답인 이유

① 사물의 모습에 대한 긍정적 인식을 바탕으로 중심 제재에 대한 예찬적 태도를 드러내고 있다.
○ → (가)는 '채전', (나)는 '버섯'에 대한 예찬적 태도를 드러냄.

⋯› (가)에서는 옥수수, 가지 등 갖가지 채소들이 타고난 생김새대로 싱싱하게 자라는 모습과 나비, 풍뎅이 등 주변의 사물들이 이러한 생명체들을 축복하는 모습을 통해 중심 제재인 채전의 충만한 생명

력에 대한 예찬적 태도를 드러내고 있다. (나)에서는 썩어 가는 참나무 떼의 구멍에서 피어나는 버섯의 모습을 통해 중심 제재인 버섯의 강인한 생명력에 대한 예찬적 태도를 드러내고 있다.

오답인 이유

③ (매력적인 오답) **풍경을 관조적으로 응시하는 시선으로 중심 제재의 외적 아름다움을 표현하고 있다.**

··· (가)와 (나)에서는 '채전'과 '버섯'의 외적인 아름다움이 아니라, 내적인 충만함과 강인함을 표현하고 있다고 보는 것이 적절하다.

② **주어진 현실에 순응하는 모습을 통해 중심 제재를 바라보는 비관적 태도를 암시하고 있다.**

··· (가)에서는 '제각기 타고난 바탕과 생김새로', '주어진 대로를 정성껏 충만시킴으로써' 등에서 현실에 순응하는 모습을 확인할 수 있으나, 화자는 이를 비관적이 아니라 긍정적으로 바라보고 있다. (나)에는 현실에 순응하는 모습이나 비관적 태도가 나타나지 않는다.

④ **인간의 행위에 대한 우호적 관점을 토대로 중심 제재의 심미적 속성을 강조하고 있다.**

··· (가)에서는 채전에서 자라는 채소들과 그것을 축복하는 주변 사물들에 대한 긍정적 인식이 나타날 뿐 인간의 행위에 대한 우호적 관점은 드러나지 않는다. (나)에서는 '벌목의 슬픔', '패역의 골짜기' 등에서 인간의 행위에 대한 비판적 관점을 드러내고 있다.

⑤ **장소에 대한 부정적 인식을 심화하여 중심 제재와의 정서적 거리를 부각하고 있다.**

··· (가)에서는 채전에 대한 긍정적 인식과 예찬적 태도가 드러난다. (나)에서는 '벌목의 슬픔으로 서 있는 이 땅', '패역의 골짜기' 등에 장소에 대한 부정적 인식이 나타나지만, 이를 통해 중심 제재인 '버섯'과의 정서적 거리를 부각하고 있지는 않다.

02

정답률 **90%**

㉠~㉤의 시적 기능에 대한 설명으로 적절하지 않은 것은?

정답인 이유

④ **㉣에서 사물을 인격화하여 '극진한 축복과 은혜'와 대비되는 화자의 시선을 반영하고 있다.**

(○ / × → '많은 손님들'은 '극진한 축복과 은혜'를 주는 존재들임.)

··· ㉣의 '많은 손님들'은 나비, 풍뎅이, 잠자리, 바람, 그늘, 비, 햇볕 등을 가리키므로 사물을 인격화한 표현이다. 그런데 이들은 채전에서 자라는 '지극히 범속한 것들'에게 '극진한 축복과 은혜'를 주는 존재이므로, ㉣에서 '극진한 축복과 은혜'와 대비되는 화자의 시선을 반영하고 있다는 것은 적절하지 않다.

오답인 이유

① **㉠을 반복하고 변주하여 '채전'에서 겪을 수 있는 경험의 소중함을 느끼게 하려는 화자의 의도를 드러내고 있다.**

··· (가)는 1, 2연이 각각 '한여름 채전으로 가 보아라'로 시작하고 있으며, 마지막 행이 '한여름 채전으로 와서 보아라'로 끝나고 있다. 즉, ㉠의 반복과 변주를 통해 '채전'에 가서 그곳에서 보고 느낄 수 있는 것을 경험해 보게 하려는 의도를 드러내고 있다.

② **㉡을 수식어로 반복하여 '범속한 것들'로부터 '충족한' 느낌을 받는 화자의 정서를 강조하고 있다.**

··· '범속한 것들'과 '충족한 빛나는 생명의 양상' 앞에서 ㉡ '지극히'를 반복하고 있는데, 이를 통해 '범속한 것들(채전의 채소들)'에서 충족한 느낌을 받는 화자의 정서를 강조하고 있다.

③ **㉢에서 부정 명령형을 사용하여 '주어진 대로' '족할 줄을 알'아야 한다는 화자의 인식을 제시하고 있다.**

··· ㉢에서는 부정 명령형 '말라'를 사용하여 분수에 맞는 태도를 강조하고 있다. 이는 이어진 구절에 나타난 '주어진 대로를 정성껏 충만시킴으로써 스스로를 족할 줄을 알'아야 한다는 인식과 연결된다.

⑤ **㉤에서 관념을 시각화하여 '목숨의 유열과 천지와의 화합'이 이루어진 대상에 대한 화자의 생각을 표현하고 있다.**

··· ㉤은 '생명의 양상'이라는 관념을 '빛나는'이라고 시각화하여 표현하였다. 이는 '목숨의 유열과 천지와의 화합'이 이루어진 대상, 즉 채전의 채소들에 대한 화자의 생각을 보여 주고 있다.

03

정답률 **76%**

[A]~[F]에 대한 이해로 가장 적절한 것은?

정답인 이유

② **[B]에서 참나무의 상태에 변화를 가져온 움직임은, [C]에서 버섯이 피어나는 상황과 순차적 관계를 형성한다.**

(썩어 가는 참나무를 흔드는 바람 / 바람이 홀씨들을 일어나게 함 → 버섯이 피어남.)

··· [B]에는 참나무가 썩어 갈수록 '바람'이 높은 곳에서 참나무를 흔드는 움직임이 나타난다. 그리고 [C]에서 그 '바람'은 '잠자던 홀씨들'을 일어나게 하는데, 이 '홀씨들'의 일어남은 참나무의 상처마다 '버섯'이 피어나는 상황으로 이어진다. 따라서 [B]에서 참나무를 흔드는 바람의 움직임은, [C]에서 홀씨들이 일어나 버섯이 피어나는 상황과 순차적 관계를 형성한다고 할 수 있다.

오답인 이유

① **[A]에서 참나무가 벌목으로 썩어 가는 모습은, [B]에서 바람에 흔들리는 나무의 모습과 순환적 관계를 형성한다.**

(× → 주기적으로 되풀이되는 과정이 아님.)

··· [A]에서 참나무가 벌목으로 썩어 가는 모습은 인간의 자연 파괴로 인한 상황으로, [B]에서 바람에 흔들리는 나무의 모습과 주기적으로 되풀이되는 과정을 이룬다고 볼 수 없다.

③ **[C]에서 참나무의 상처에 생명이 생성되는 순간은, [D]에서 나무의 고통이 멈추는 과정과 대립적 관계를 형성한다.**

(× → 인과적 관계를 형성함.)

··· [C]에서는 참나무의 상처에 버섯이라는 생명이 생성되었다고 하였고, [D]에서는 버섯이 피어남으로써 참나무가 썩어 가는 고통을 멈추게 한다고 하였다. 따라서 [C]의 생명 생성의 순간과 [D]의 고통이 멈추는 과정은 대립적 관계가 아니라 인과적 관계로 볼 수 있다.

④ **[D]에서 참나무의 모습에 일어난 변화는, [E]에서 낙엽이나 바람이 처한 상황과 인과적 관계를 형성한다.**

(× → 인과 관계 없음.)

··· [D]에서는 참나무의 상처에 버섯이 피어나 참나무의 고통이 멈추게 되었다고 하였는데, [E]에서 '낙엽'과 '바람'은 이어진 부분으로 보아 참나무의 몸을 덮을 길이 없는 상황이다. 따라서 [D]에 나타난 변화와 [E]에서 낙엽, 바람의 상황은 인과적 관계를 이룬다고 볼 수 없다.

⑤ **[E]에서 참나무의 주변에 존재하는 사물들은, [F]에서 나무를 채워 주는 존재로 제시된 대상과 동질적 관계를 형성한다.**

(낙엽, 바람 / 버섯 / × → 동질적 관계 아님.)

··· [E]의 '낙엽'과 '바람'은 참나무의 몸을 덮을 길이 없는 사물들이고 [F]의 '버섯'은 뿌리 없는 독기로 참나무를 채워 주는 대상이므로, 낙엽, 바람과 버섯이 동질적 관계라고 볼 수는 없다.

04

정답률 80%

〈보기〉를 바탕으로 (가)와 (나)를 감상한 내용으로 적절하지 않은 것은? [3점]

〈보기〉

생명 현상을 제재로 삼은 시는 대체로, 생명체들의 풍요로움을 감각적으로 형상화하거나, 생명 파괴의 현실을 극복하는 모습을 형상화한다. (가)는 만물의 조화로운 성장과 충만한 생명력에 자족하는 태도를, (나)는 인간의 욕망에 의한 상처와 고통으로 황폐화된 현실을 강인한 생명력이 피어나는 공간으로 변화시키는 모습을 드러낸다. 이러한 두 양상은 표면적으로 드러난 생명의 모습에서는 차이를 보이지만, 생명체들이 어우러져 살아가는 모습을 보여 준다는 점에서는 동일한 지향성을 지닌다고 할 수 있다.

(생명 현상을 제재로 삼은 시의 특징 / (가)의 주제 의식 / (나)의 주제 의식 / (가)와 (나)의 공통된 지향성)

정답인 이유

③ (가)의 '넌출'은 어우러진 생명체들이 현실의 삶에 자족하게 되는, (나)의 '홀씨'는 공존하던 생명체들이 흩어지게 되는 계기를 드러내고 있군.
× → 자족하게 되는 계기와 관련 없음.
× → 버섯이 피어나게 하는 것으로 흩어지는 계기 아님.

⋯→ (가)에서 '넌출'은 길게 뻗어 나가 늘어진 식물의 줄기를 뜻하는 말로, 어우러진 생명체들의 모습을 나타내고 있을 뿐 생명체들이 현실의 삶에 자족하게 되는 계기와는 관련이 없다. (나)에서 '홀씨'는 참나무의 상처마다 버섯이 피어나게 만들었으므로 생명체들이 어우러져 살아가는 모습을 보여 줄 뿐, 공존하던 생명체들이 흩어지게 되는 계기라는 것은 적절하지 않다.

오답인 이유

① (가)의 '한여름'은 생명체들의 풍요로움을 감각적으로 드러내는, (나)의 '겨울'은 생명 파괴의 현실을 이겨 내는 시간적 배경으로 설정되어 있군.

⋯→ (가)에서 '한여름'은 채전에서 갖가지 채소들이 자라는 계절이므로, 생명체들의 풍요로움을 드러내는 시간적 배경이다. (나)에서 겨울은 썩어 가는 참나무의 상처마다 버섯이 피어나 고통을 멈추게 하고 있으므로, 생명 파괴의 현실을 이겨 내는 시간적 배경이다.

② (가)의 '울타리'는 만물이 함께 살아가는 공간을 드러내는 경계로, (나)의 '골짜기'는 인간의 욕망이 투영된 장소로 제시되어 있군.

⋯→ (가)에서 '채전'은 만물이 함께 살아가는 공간이고, '울타리'는 그 경계를 의미한다고 볼 수 있다. (나)에서 '골짜기'는 참나무 떼가 벌목으로 인해 썩어 가는 공간이므로, '벌목'을 통해 드러나는 인간의 욕망이 투영된 장소로 볼 수 있다.

④ (가)의 '그늘'은 만물이 성장을 이루어 가는 배경으로서의, (나)의 '음지'는 현실의 고통을 극복하는 장소로서의 의미를 함축하고 있군.

⋯→ (가)에서 '그늘'은 '바람', '비', '햇볕' 등과 함께 채소들을 성장하게 하는 배경이라고 볼 수 있다. (나)에서 '음지'는 상처와 고통으로 황폐화된 현실을 강인한 생명력으로 극복하는 장소로서의 의미를 함축하고 있다고 볼 수 있다.

⑤ (가)의 '비'는 생명의 충만함과 조화로움을 갖게 하는, (나)의 '소나기'는 황폐화된 현실에 생명력을 환기하는 대상으로 표상되어 있군.

⋯→ (가)에서 '비'는 채전의 채소들에게 '축복과 은혜'를 주는 존재 중 하나이므로, 생명의 충만함과 조화로움을 갖게 하는 대상으로 표상되어 있다고 할 수 있다. (나)에서 '소나기'는 썩어 가는 참나무와 달리 '후드득' 피어나는 버섯의 생명력을 나타내고 있으므로, 황폐화된 현실에 생명력을 환기하는 대상으로 표상되어 있다고 할 수 있다.

현대시 03 향아 | 전문가

▶ 문제편 26~28쪽

정답 | 01 ② 02 ④ 03 ①

[01~03] 다음 글을 읽고 물음에 답하시오. 2023 6월 모의평가

제대로 작품 분석 ▶〈보기〉에서 적절한 것을 골라 넣으며 작품을 분석해 보자.

가 [1연] 소주제: 오래지 않은 옛날로 가기를 소망함.

- 향: 청자 – ¹
- '화자가 지향하는 순수한 세계'를 의미하는 시구

[1연] 오래지 않은 옛날 [3연] 전설같은 풍속
[4연] 정자나무 마을, 병들지 않은 젊음
[5연] 미개지, 전설같은 풍속, 싱싱한 마음밭

- 가자: 청유형 어미 사용 – 화자의 의지 강조

[2연] 소주제: 옛날의 소박하고 순수한 삶의 정경

- 수수럭거리는 ~ 나타나던 석양: 전통적인 농촌 공동체의 모습 ①

[3연] 소주제: 전설같은 풍속으로 돌아가기를 소망함.

- 구슬처럼 ~ 두드리던: 전통적인 농촌 공동체의 모습 ②

[4연] 소주제: 건강한 생명력이 있는 고향으로 돌아가기를 소망함.

- 무지갯빛 ~ 빼앗기지 말고: ²
- 정자나무 마을: 조화롭고 소박한 농촌 공동체
- 미끈덩한 기생충의 생리와 허식: ³

[5연] 소주제: 전설같은 풍속과 싱싱한 마음밭으로 돌아가기를 소망함.

- 얼굴 생김새 ~ 그만 내자: 본성에 맞지 않는 현대 문명에 물들지 말 것을 당부함.
- 들국화처럼 ~ 콩바심하던: ⁴
- 미개지: 문명에 물들지 않은 순수한 삶의 세계
- 달이 뜨는 ~ 춤추던: 건강하고 생명력 넘치는 농촌 문화 공동체의 모습

– 신동엽, 〈향아〉

❖ 제대로 작품 분석의 〈보기〉

㉠ 물질문명에 물들지 않은 순수한 존재
㉡ 농경 문화에 반하는 물질문명의 병폐 상징
㉢ 물질문명의 가식에 물들지 말 것을 당부함.
㉣ 소박하지만 순수하고 건강한 삶을 영위하던 모습

❖ 제목의 의미

'향'은 이 시의 청자로, 물질문명에 물들지 않은 순수한 존재를 나타낸다. 화자는 '향'에게 '오래지 않은 옛날', '전설같은 풍속'으로 돌아가자고 말하고 있는데, 이는 소박하고 순수했던 농경 문화가 지배하던 공간이다.

❖ 작가 소개

신동엽(申東曄, 1930~1969): 시인. 충남 부여 출생. 1959년 〈이야기하는 쟁기꾼의 대지〉로 조선일보 신춘문예에 당선되었다. 역사와 현실에 대한 자각을 바탕으로 민중의 저항 의식을 담은 시를 썼다. 대표작으로 〈껍데기는 가라〉, 〈금강〉 등이 있다.

❖ 핵심 정리

- 갈래: 자유시, 서정시
- 성격: 의지적, 문명 비판적
- 주제: 물질문명에서 벗어나 순수한 과거로 돌아가고 싶은 마음
- 특징: ① 청유형 어미를 반복하여 말을 건네는 어조로 화자의 의지를 표현함.
  ② 부정적 현실과 이상적 세계를 대비하여 주제 의식을 강조함.

나 [1연] 소주제: '그'가 이사를 와 유리 담장을 세움.

- 그: 권력자 상징
- 빛나는 유리들: [1]

[2연] 소주제: 아이들이 골목에서 놀다 유리 담장을 깨뜨림.

- 아이들: 어리석은 군중 상징

[3연] 소주제: '그'가 유리를 깨도 괜찮다며 마음껏 놀라고 함.

- 얘들아, 상관없다 ~ 골목에서 놀렴: '그'의 친절한 말 – 아이들을 교묘하게 길들이려는 의도가 담긴 말

[4연] 소주제: 아이들이 '그'의 의도에 길들여져 감.

- 아이들답게 곧 즐거워했다: 담장의 즐거움 때문에 '그'의 의도를 파악하지 못함. → '그'의 술수에 길들여지는 모습
- 견고한 송판으로 ~ 즉시 추방되었다: [2]

[5연] 소주제: 동네의 모든 아이들이 '그'의 부하가 됨.

- 유리 담장은 매일같이 깨어졌다: [3]
- 충실한 그의 부하가 되었다: 아이들이 '그'에게 복종하게 됨.

[6연] 소주제: 아이들이 골목에서 묵묵히 벽돌을 나름.

- 그 골목: 아이들이 놀이를 빼앗기고 노동만 하게 된 공간
- 가장 햇빛이 안 드는 곳: [4]
- 일렬로 선 ~ 벽돌을 날랐다: 자유를 상실하고 권력에 순응하여 살아가는 모습

– 기형도, 〈전문가〉

❖ 제대로 작품 분석의 〈보기〉

- ㉠ 아이들이 길들여지는 과정이 반복됨.
- ㉡ 유리 담장이 은폐하고 있던 골목의 실체
- ㉢ 권력자가 대중을 기만하기 위해 사용한 환영의 장치
- ㉣ 다른 생각을 용납하지 않고 획일적으로 통제하는 사회 상징

❖ 제목의 의미

'전문가'는 이사를 와서 아이들을 기만적 통치술로 길들이는 '그'를 가리킨다. 즉, 권력자를 상징하는 '그'가 '아이들'로 표현된 어리석은 군중을 교묘하게 길들이는 방법이 전문적임을 우회적으로 나타낸 것으로 볼 수 있다.

❖ 작가 소개

기형도(奇亨度, 1960~1989): 시인. 1985년 시 〈안개〉로 동아일보 신춘문예에 당선되었다. 비극적 세계 인식을 바탕으로 유년의 기억, 도시인의 삶을 담은 개성적인 시를 썼다. 저서로 유고 시집 《입 속의 검은 잎》, 산문집 《짧은 여행의 기록》 등이 있다.

❖ 핵심 정리

- 갈래: 자유시, 서정시
- 성격: 우의적, 상징적, 비판적
- 주제: 권력자에게 이용당하는 어리석은 군중의 모습
- 특징: ① 상징적 소재와 사건 전개를 통해 주제를 우의적으로 드러냄. ② 골목 안에서 벌어지는 사건을 객관적 태도로 전달하며 비판 의식을 드러냄.

제대로 감상법 모범 답안

가 신동엽, 〈향아〉

❶ 기생충의 생리와 허식 ❷ 청유형 어미 ❸ 대비

❖ 제대로 작품 분석

1㉠ 2㉢ 3㉡ 4㉣

나 기형도, 〈전문가〉

❶ 골목 ❷ 아이들 ❸ 유리 담장

❖ 제대로 작품 분석

1㉢ 2㉣ 3㉠ 4㉡

01

정답률 68% | 매력적인 오답 ① 17%

(가), (나)에 대한 설명으로 가장 적절한 것은?

정답인 이유

② (나)는 상징성을 띤 사건의 전개를 통해 주제를 암시하고 있다.
○ → '그'가 유리 담장을 이용해 아이들을 부하로 만든 사건

…› (나)에는 '그'(권력자)가 이사 온 후 유리 담장을 세워 '아이들'(어리석은 군중)을 길들이고 결국 동네의 모든 아이들을 충실한 부하로 만든 사건이 나타나 있다. 이를 통해 권력자가 교묘한 술수로 어리석은 군중들을 굴복시키고 그들에게서 자유를 빼앗아 이용하는 모습을 제시하고 있다.

오답인 이유

① [매력적인 오답] (가)는 과거를 회상하며(○) 현실을 관망하는 태도를(×) 드러내고 있다.

…› (가)의 화자는 '오래지 않은 옛날로 가자'고 하며 옛날 고향의 모습을 떠올리고 있다. 따라서 과거를 회상하고 현재의 물질문명에 대해 부정적인 시각을 드러내지만 현실을 관망하는 태도를 드러내고 있지는 않다.

③ (가)와 (나)는 모두 음성 상징어를 활용하여 상상 세계의 경이로움을 나타내고 있다.
× → (가), (나) 모두 나타나지 않음.

…› (가)와 (나)에서 음성 상징어가 활용된 부분을 찾을 수 없다. 또한 (가)의 화자가 지향하는 세계와 (나)에 묘사된 골목 안의 상황이 상상 세계라고 볼 수도 없다.

④ (가)와 (나)는 모두 동일한 시구의 반복과 변주를 통해 시적 분위기를 고조하고 있다.
× → (가)에만 나타남.

…› (가)에서는 '가자', '돌아가자'가 반복되고 이를 변주한 '가자꾸나'라는 표현으로 시적 분위기를 고조하고 있다. 그러나 (나)에는 동일한 시구의 반복과 변주가 나타나지 않는다.

⑤ (가)는 위로하는 어조로(×), (나)는 충고하는 어조로(×) 시적 청자에게 말을 건네고 있다.

…› (가)의 화자는 시적 청자인 '향'에게 '–자'라는 청유형 어조를 사용해 자신의 소망을 전달하고 있을 뿐 위로하는 어조로 말을 건네고 있지는 않다. 또한 (나)의 화자는 골목에서 일어난 사건을 관찰자적인 시각에서 전달하고 있을 뿐 충고하는 어조를 사용하지 않았다.

02

정답률 70% | 매력적인 오답 ⑤ 15%

㉠과 ㉡을 비교한 내용으로 가장 적절한 것은?

(㉠ 정자나무 마을 / ㉡ 그 골목)

정답인 이유

④ ㉠은 '향'의 노동과 놀이가 공존하던 공간이고, ㉡은 '아이들'의 놀이가 사라지고 노동만 남은 공간이다.

(○ → 냇물가에서 빨래를 하고 명절에 춤추던 공간임. / ○ → 담장을 깨뜨리며 놀다가 벽돌을 나르는 공간으로 변화함.)

⋯› ㉠ '정자나무 마을'은 화자가 '향'에게 돌아가자고 말하는 공간이다. '호미와 바구니를 든 환한 얼굴'이 있고 '냇물가'에서 빨래를 하던 공간이며, '철따라 푸짐히 두레를 먹'고 '명절밤 비단치마를 나부끼며 떼지어 춤추던' 곳이다. 따라서 노동과 놀이가 공존하던 공간으로 볼 수 있다. ㉡ '그 골목'은 아이들이 놀다가 매일같이 유리 담장을 깨뜨렸던 공간이다. 그 과정에서 아이들은 충실한 '그'의 부하가 되어 묵묵히 벽돌을 나르게 되었다. 따라서 ㉡은 '아이들'의 놀이가 사라지고 벽돌을 나르는 노동만이 남은 공간이다.

오답인 이유

⑤ 매력적인 오답 ㉠은 '향'과 화자의 우호적 관계가 드러나는 공간(○)이고, ㉡은 '아이들'과 '그'의 상생* 관계가 드러나는 공간(×)이다.

⋯› 화자가 '향'에게 함께 돌아가자고 한 ㉠은 공동체적인 삶이 있는 곳이므로, '향'과 화자의 우호적 관계가 드러나는 공간이라고 할 수 있다. 하지만 ㉡은 아이들이 '그'의 부하가 되어 그에게 복종하는 공간이므로, 아이들과 '그'의 상생 관계가 드러나는 공간이라고 볼 수 없다.

> * 상생(相生): 둘 이상이 서로 북돋우며 다 같이 잘 살아감. 예 노동자와 회사가 상생을 추구할 때 회사가 잘 유지될 수 있다.

① ㉠은 '향'에게 귀환이 금지된 공간(×)이고, ㉡은 '아이들'에게 이탈이 금지된 공간(○)이다.

⋯› (가)의 화자는 '향'에게 ㉠으로 함께 돌아가자고 말하고 있으므로, ㉠이 '향'에게 귀환이 금지된 공간이라고 볼 수는 없다. (나)에서 ㉡은 아이들이 자유를 빼앗긴 채 '그'의 부하가 되어 벽돌을 나르고 있는 공간으로 이탈이 금지된 공간이라고 볼 수 있다.

② ㉠은 '향'이 자기반성을 수행하는 공간(×)이고, ㉡은 '아이들'이 '그'의 요청을 수행하는 공간(×)이다.

⋯› ㉠은 화자가 '향'에게 돌아가자고 말하는 과거의 모습으로 이곳에서 '향'이 자기반성을 수행한다고 볼 수는 없다. ㉡은 아이들이 '그'의 부하가 되어 명령에 따르는 공간으로 '그'의 요청을 수행하는 공간이라고 볼 수는 없다.

③ ㉠은 '향'이 본성을 찾아가는 낯선 공간(×)이고, ㉡은 '아이들'이 개성을 박탈*당한 상실의 공간(○)이다.

⋯› ㉠은 '향'이 본성을 찾을 수 있는 과거의 공간이자 '우리들의 고향'이므로 낯선 공간이 아니다. ㉡은 '그'의 뜻과 다른 주장을 한 아이는 즉시 추방되고 일렬로 선 아이들이 묵묵히 벽돌을 나르게 된 공간이므로, 아이들이 개성을 박탈당한 공간이라고 할 수 있다.

> * 박탈(剝奪): 남의 재물이나 권리, 자격 따위를 빼앗음. 예 당국은 비리 공무원의 재산을 박탈하였다.

03

정답률 48% | 매력적인 오답 ③ 20%

〈보기〉를 참고하여 (가), (나)를 감상한 내용으로 적절하지 않은 것은? [3점]

〈보기〉

(가)와 (나)는 모두 부정적 현실을 비판한 작품이다.(→ (가)와 (나)의 공통점) (가)는 물질문명의 허위와 병폐에 물들어 가는 공동체가 농경 문화의 전통에 바탕을 두고 건강한 생명력과 순수성을 회복하기를 소망하는 작가 의식을 담고 있다.(→ (가)의 주제 의식) (나)는 환영(幻影)을 통해 대중의 이성을 마비시키고 대중을 획일적으로 길들이는 권력의 기만적 통치술에 대한 비판 의식을 담고 있다.(→ (나)의 주제 의식)

정답인 이유

① (가)에서 '차라리 그 미개지에로 가자'라는 화자의 권유는 공동체의 터전을 확장하여* 순수성을 지켜 나가려는 의식을 보여 주는군.

(× → 나타나지 않음.)

⋯› 화자가 돌아가자고 한 '그 미개지'는 소박한 태도로 순수하고 건강한 삶을 살던 공간이다. 〈보기〉를 참고할 때 화자가 '차라리 그 미개지에로 가자'고 한 것은 허위와 병폐에 물들어 가는 공동체가 건강한 생명력과 순수성을 회복하기를 소망하는 마음을 드러낸 것이다.

> * 확장하다(擴張−−): 범위, 규모, 세력 따위를 늘려서 넓히다. 예 이 음식점은 작년에 가게를 확장한 후 손님이 더 많아졌다.

오답인 이유

③ 매력적인 오답 (가)에서 '기생충의 생리'는 자족적인 농경 문화 전통에 반하는 문명의 병폐*를, (나)에서 '주장하는 아이'의 추방은 획일적으로 통제된 사회의 모습을 보여 주는군.

⋯› (가)의 화자는 '정자나무 마을'로 돌아가자고 말하며 그곳이 기생충의 생리와 허식에 인이 배기기 전의 공간이라고 하였다. 따라서 '기생충의 생리'는 농경 문화 전통에 반하는 문명의 병폐로 해석할 수 있다. (나)에서 '주장하는 아이'는 '견고한 송판으로 담을 쌓으면 어떨까'라고 말한 뒤 '골목에서 즉시 추방'되었다. 이는 다른 생각을 용납하지 않는, 획일적으로 통제된 사회의 모습을 보여 준다.

> * 병폐(病弊): 어떤 사물의 내부에 있는 옳지 못한 경향이나 해로운 요소 예 산업화 사회의 대표적인 두 가지 병폐는 황금만능주의와 이기심이다.

② (나)에서 골목이 '가장 햇빛이 안 드는 곳'으로 판명*되었다는 것은 '유리 담장'이 대중을 기만하는 환영의 장치였음을 보여 주는군.

⋯› (나)에서 유리 담장은 골목에 '풍성한 햇빛을 복사해내는' 것이었는데, 그 유리 담장을 떼어내자 골목이 '가장 햇빛이 안 드는 곳'임이 판명되었다. 이를 통해 유리 담장이 대중의 이성을 마비시키고 대중을 기만하는 환영의 장치임이 드러난다고 할 수 있다.

> * 판명(判明): 어떤 사실을 판단하여 명백하게 밝힘. 예 최근 떠도는 소문을 조사한 결과 그 소문은 근거가 없음이 판명되었다.

④ (가)에서 '발돋움의 흉내'를 낸다는 것은 물질문명에 물들어 가는 상황을, (나)에서 '곧 즐거워했다'는 것은 권력의 술수*에 대중이 길들여지고 있는 상황을 보여 주는군.

⋯› (가)의 화자는 '향'에게 '얼굴 생김새 맞지 않는 발돋움의 흉낼랑 그만 내자'고 말한다. 〈보기〉를 참고할 때 본성에 맞지 않는 '발돋움의 흉내'를 내는 것은 물질문명의 허위에 물들어 가는 상황이라 볼 수 있다. (나)에서 아이들은 유리를 깬 것을 용서하는 '그'의 태도에

'곧 즐거워'하는 모습을 보이는데, 이는 '그'의 의도를 파악하지 못하고 권력의 통치술에 길들여지는 대중의 모습으로 볼 수 있다.

* 술수(術數): 어떤 일을 꾸미는 꾀나 방법 예 목적을 달성하기 위해 별의별 술수를 다 쓰는 그를 사람들은 탐탁지 않은 시선으로 바라봤다.

⑤ **(가)에서 '떼지어 춤추던' 모습은 농경 문화 공동체의 건강한 생명력을, (나)에서 '일렬로', '묵묵히' 벽돌을 나르는 모습은 권력에 종속*된 대중의 형상을 보여 주는군.**

⋯ (가)에서 '떼지어 춤추던' 모습은 〈보기〉에서 언급한 농경 문화의 전통에 바탕을 둔 공동체의 건강한 모습을 형상화한 것으로 볼 수 있다. (나)에서 '그'의 부하가 된 아이들은 '그'가 유리 담장을 떼어낸 뒤 '일렬로' 서서 '묵묵히' 벽돌을 나르는데, 〈보기〉를 참고할 때 이는 권력에 대중이 획일적으로 길들여져 종속된 형상을 보여 준다.

* 종속(從屬): 자주성이 없이 주가 되는 것에 딸려 붙음. 예 한 나라가 다른 나라에 경제적으로 종속되면 정치나 외교 등의 모든 측면에서 자주권을 행사하기 어렵다.

현대시 04 연륜 | 대장간의 유혹

▶ 문제편 29~30쪽

정답 | 01 ④ 02 ⑤ 03 ②

[01~03] 다음 글을 읽고 물음에 답하시오. 2022 6월 모의평가

제대로 작품 분석 ▶〈보기〉에서 적절한 것을 골라 넣으며 작품을 분석해 보자.

가 [1연] 소주제: 자신의 지난 삶에 대한 부정적 인식
- 무너지는 꽃 ~ 발 아래 깔리는: 하강적 이미지를 통해 화자의 삶이 초라하고 보잘것없었음을 드러냄.
- 꽃 이파리: 1
- 휘날려 발 아래 깔리는: 초라함, 보잘것없음
- 서른 나문 해: 서른 남짓한 화자의 삶

[2연] 소주제: 뜻을 펼치지 못한 채 무기력하게 나이만 먹는 삶
- 구름같이 피려던 뜻: 2
- 날로 굳어: 뜻을 펼치지 못함. – 부정적 상황의 심화
- 한 금 두 금 곱다랗게 감기는 연륜: 무기력하게 나이만 들어가는 모습 – 추상적 대상의 시각화

[3연] 소주제: 이상적인 공간에 대한 지향
- 갈매기: 3
- 섬: 화자가 지향하는 공간
- 가자: 화자의 의지 강조

[4연] 소주제: 이상적인 공간의 모습
- 비취빛 하늘 아래 ~ 파도에 적시우리: 이상적 공간인 '섬'의 아름다운 모습

[5연] 소주제: 열렬한 삶을 살겠다는 강한 의지
- 초라한 경력: 화자의 지난 삶 = 연륜
- 육지: 4
- 주름 잡히는 연륜마저 끊어버리고: 지금까지의 삶에 대한 단호한 부정
- 불꽃처럼 열렬히 살리라: 새로운 삶에 대한 갈망, 열정

– 김기림, 〈연륜〉

❖ 제대로 작품 분석의 〈보기〉

㉠ 화자의 소망, 포부
㉡ '섬'과 대조되는 부정적 공간
㉢ 현실을 떨치고 비상하는 화자
㉣ '서른 나문 해'라는 시간을 시각화한 표현

❖ 제목의 의미

'연륜(年輪)'은 원래 '나무의 나이테', 또는 '여러 해 동안 쌓은 경험에 의하여 이루어진 숙련의 정도'를 뜻하는 말이다. 이 시에서 '연륜'은 부정적인 의미로 사용되었는데, 자신의 뜻을 펴지 못한 채 덧없이 흘러가 버린 시간을 가리킨다.

❖ 작가 소개

김기림(金起林, 1908~?): 시인. 함경북도 학성 출생. 1930년대 초반에 《조선일보》 기자로 활약하면서 등단하였다. 1933년 구인회에 가담. 주지주의에 근거한 보너니즘의 새로운 경향을 소개했으며, 6 · 25 전쟁 때 납북되었다. 주요 시집으로 《기상도》, 《태양의 풍속》, 《바다와 나비》 등이 있다.

❖ 핵심 정리

- 갈래: 자유시, 서정시
- 성격: 감각적, 의지적
- 주제: 초라한 삶에서 벗어나 열정적인 삶을 살겠다는 의지

• 특징: ① 추상적 대상을 시각화하여 표현함. ② '육지'와 '섬'의 대조를 통해 화자가 지향하는 공간을 부각시킴. ③ '-자', '-리라'라는 종결 어미를 통해 화자의 강한 의지를 나타냄.

㈏ [1~6행] 소주제: 플라스틱 물건처럼 무가치한 삶을 거부하고 싶음.

- 제 손으로 만들지 ~ 물건처럼 느껴질 때: 자신의 삶이 가치 없게 느껴지는 순간 ①
- 플라스틱 물건: 쉽게 만들어지고 쉽게 버릴 수 있는 자본주의 상품 – 무가치한 삶 비유 ①
- 나는 당장 버스에서 뛰어내리고 싶다: 무가치한 삶에 대한 거부 ①

[7~9행] 소주제: 털보네 대장간을 찾아가고 싶음.

- 현대 아파트: 1
- 털보네 대장간: 산업화로 인해 사라진 공간 – 가치 있는 것을 만들어 내던 곳, 새롭게 태어나는 통과 제의적 공간

[10~18행] 소주제: 가치 있게 단련된 무쇠 낫과 호미가 되고 싶음.

- 풀무질로 이글거리는 ~ 숫돌에 갈아: 2
- 시우쇠: 무쇠를 불에 달구어 단단하게 만든 쇠붙이의 하나
- 모루: 불린 쇠를 올려놓고 두드릴 때 받침으로 쓰는 쇳덩이
- 시퍼런 무쇠 낫: 날이 서 있는 생생한 삶 – 가치 있는 삶 비유 ①
- 땀 흘리며 두들겨 하나씩 만들어 낸: 3
- 꼬부랑 호미: 가치 있는 삶 비유 ②
- 대장간 벽에 걸리고 싶다: 가치 있는 존재가 되고 싶은 소망

[19~25행] 소주제: 똥덩이처럼 무가치한 삶에서 벗어나 가치 있는 존재가 되고 싶음.

- 지금까지 살아온 ~ 똥덩이처럼 느껴질 때: 자신의 삶이 가치 없게 느껴지는 순간 ②
- 해우소: 절에서 '변소'를 달리 이르는 말
- 똥덩이: 무가치한 삶 비유 ②
- 나는 가던 길을 멈추고: 무가치한 삶에 대한 거부 ②
- 어딘가 걸려 있고 싶다: 4

– 김광규, 〈대장간의 유혹〉

❖ 제대로 작품 분석의 〈보기〉

㉠ 산업화의 산물
㉡ 정성 들여 만들어 낸
㉢ 가치 있는 존재가 되고 싶은 소망
㉣ 무가치한 삶을 가치 있게 단련하는 과정을 비유적으로 보여 줌.

❖ 제목의 의미

'대장간'은 산업화로 인해 사라진 곳으로, 쇠를 단련하여 가치 있는 물건으로 만드는 생산적 공간을 의미한다. 화자는 자신도 단련되어 가치 있는 존재로 거듭나고 싶다는 갈망을 드러내고 있는데, 이러한 갈망을 '유혹'이라고 표현하고 있다.

❖ 작가 소개

김광규(金光圭, 1941~): 시인. 1975년 《문학과 지성》에 〈유무〉, 〈영산〉 등을 발표하면서 등단하였다. 개인과 사회에 대한 성찰을 표현하는 시를 썼으며, 주요 시집으로 《반달곰에게》, 《크낙산의 마음》 등이 있다.

❖ 핵심 정리

• 갈래: 자유시, 서정시
• 성격: 반성적, 비판적
• 주제 : 가치 있는 삶을 되찾고 싶은 마음
• 특징: ① 무가치한 삶에 대한 반성적 태도를 드러냄. ② 대립적 이미지의 시어들을 통해 주제를 강조함. ③ '-고 싶다'의 통사 구조를 반복하여 소망의 간절함을 드러냄.

제대로 감상법 모범 답안

㉮ 김기림, 〈연륜〉

❶ 성찰 ❷ 갈매기 ❸ 섬 ❹ 대조

❖ 제대로 작품 분석

1㉣ 2㉠ 3㉢ 4㉡

㉯ 김광규, 〈대장간의 유혹〉

❶ 반성 ❷ 플라스틱 물건 ❸ 털보네 대장간 ❹ 대립적

❖ 제대로 작품 분석

1㉠ 2㉣ 3㉡ 4㉢

01

정답률 75%

(가)와 (나)에 대한 설명으로 가장 적절한 것은?

정답인 이유

④ (가)와 (나)는 모두 하강의 이미지*가 담긴 시어를 활용하여 화자의 인식을 드러내고 있다.
○ → (가): '무너지는', '발 아래 깔리는' (나): '아득한 나락으로 떨어져 내리는'

⋯› 하강의 이미지는 위에서 아래로 내려오는 듯한 느낌을 주는 이미지를 말한다. (가)에서는 '무너지는', '발 아래 깔리는'과 같은 하강적 이미지의 시어를 통해 30년 남짓한 자신의 삶이 초라하고 보잘것없었음을 드러내고 있다. (나)에서는 '아득한 나락으로 떨어져 내리는'과 같은 하강적 이미지의 시어를 통해 자신의 삶이 무가치하고 쓸모없었음을 드러내고 있다.

* 하강의 이미지: 위에서 아래로 내려오는 느낌을 주는 이미지. 반면 낮은 데서 높은 데로 올라가는 느낌을 주는 이미지는 상승 이미지라고 한다.

오답인 이유

① (가)는 (나)와 달리 과정을 나타내는 시어들을 나열하여 시간의 급박한 흐름을 드러내고 있다.
(가) ×, (나) ○ / (가)와 (나) 모두 ×

⋯› (가)에서는 과정을 나타내는 시어들을 나열하고 있지 않다. (나)에서는 '무쇠 낫'이 만들어지는 과정을 나열하고 있지만 이를 통해 시간의 급박한 흐름을 드러내고 있지는 않다.

② (나)는 (가)와 달리 자연물에 빗대어 화자의 움직임을 드러내고 있다.
(가) ○, (나) ×

⋯› (가)에서는 '갈매기'라는 자연물에 빗대어 '섬'으로 가는 화자의 움직임을 드러내고 있다. 하지만 (나)에서는 자연물에 빗대어 화자의 움직임을 드러내고 있지 않다.

③ (나)는 (가)와 달리 색채어를 활용하여 공간적 배경이 만들어 내는 분위기를 드러내고 있다.
(가) ○, (나) ×

⋯› (가)에서는 '비취빛 하늘', '눈빛 파도'와 같이 색채어를 활용하여 '섬'의 분위기를 드러내고 있다. 하지만 (나)에서는 색채어를 활용하고 있지 않다.

⑤ (가)와 (나)는 모두 표면에 드러난 청자에게 말을 건네는 방식으로 화자의 정서를 드러내고 있다.
(가)와 (나) 모두 ×

⋯› (가)에서는 스스로 다짐하는 듯한 어조로 열정적인 삶을 살겠다는 의지를 드러내고 있고, (나)에서는 독백적 어조로 가치 있는 삶을

되찾고 싶은 마음을 드러내고 있다. (가)와 (나) 모두 표면에 드러난 청자에게 말을 건네는 방식이 사용되지 않았다.

02

정답률 80%

(가), (나)의 시어에 대한 이해로 적절하지 않은 것은?

정답인 이유

⑤ (가)에서 '또한'은 긍정적인 존재와 화자의 동질성을, (나)에서 '마구'는 부정적으로 취급되는 대상과 화자 간의 차별성을 부각한다.
○ ×

⋯› (가)에서 화자는 '불꽃'처럼 열정적으로 살겠다고 다짐하고 있으므로, '또한'이라는 시어는 긍정적인 존재인 '불꽃'과 화자의 동질성을 부각한다고 볼 수 있다. 하지만 (나)에서 화자는 자신의 삶을 '플라스틱 물건'처럼 무가치하고 쓸모없다고 여기고 있으므로, '마구'라는 시어는 부정적으로 취급되는 대상인 '플라스틱 물건'과 화자 간의 차별성을 부각한다고 볼 수 없다.

오답인 이유

① (가)에서 '열렬히'는 화자가 추구하는 삶에 대한 적극적인 태도를 표방*한다.

⋯› (가)에서는 '열렬히'라는 시어를 통해 열정적인 삶을 살겠다는 화자의 적극적인 태도를 드러내고 있다.

* 표방(標榜): 어떤 명목을 붙여 주의나 주장 또는 처지를 앞에 내세움. 예 그는 깨끗한 정치를 표방하며 국회 의원 선거에 출마하였다.

② (나)에서 '한꺼번에'와 '하나씩'의 대조는 개별적인 존재의 고유성*을 부각한다.

⋯› (나)에서는 '한꺼번에' 대량으로 생산되고 소비되는 '플라스틱 물건'과 '하나씩' 정성 들여 만들어 낸 '꼬부랑 호미'를 대조하여 가치 있는 삶을 의미하는 '꼬부랑 호미'의 고유성을 부각하고 있다.

* 고유성(固有性): 어떤 사물이 가지고 있는 고유한 성질이나 그 사물 특유의 속성 예 문화를 지키지 못한 민족은 고유성을 잃고 사라지는 경우가 많다.

③ (나)에서 '온통'은 화자의 성찰적 시선이 자신의 삶 전반에 걸쳐 있음을 부각한다.

⋯› (나)에서는 '온통'이라는 시어를 통해 자신의 삶을 부끄럽게 생각하는 화자의 반성적 인식을 드러내고 있다.

④ (가)에서 '날로'는 부정적 상황의 지속적인 심화를, (나)에서 '당장'은 당면한 상황에서 벗어나려는 절박감을 강조한다.

⋯› (가)에서는 '날로'라는 시어를 통해 무기력하게 나이만 먹는 부정적 상황이 지속적으로 심화되고 있음을 강조하고 있고, (나)에서는 '당장'이라는 시어를 통해 무가치한 삶에서 벗어나기를 바라는 절박한 마음을 강조하고 있다.

03

정답률 38% | 매력적인 오답 ⑤ 30%

<보기>를 참고하여 (가), (나)를 감상한 내용으로 적절하지 않은 것은? [3점]

<보기>

시인은 결핍을 느끼는 상황에서 새로운 가치를 발견하고 이를 통해 삶을 성찰하는 경우가 많다. 예컨대 <연륜>은 축적된 인생 경험에서, <대장간의 유혹>은 현대인이 추구하는 편리함에서 결핍을 발견한 화자를 통해 일상에서 경험하는 것들이 재해석된다. 두 작품은 결핍된 상황에서 벗어나려는 의지를 구심점으로 삼아 시상을 전개한다.

(결핍: 있어야 할 것이 없어지거나 모자람. / 축적된 인생 경험: (가)의 화자가 결핍을 느끼는 상황 / 현대인이 추구하는 편리함: (나)의 화자가 결핍을 느끼는 상황 / 결핍된 상황에서 벗어나려는 의지: (가)와 (나)의 주제 의식)

정답인 이유

② (가)에서 '불꽃'을 긍정적인 이미지로 표현한 것은, '주름 잡히는 연륜'에 결핍되어 있는 속성을 끊을 수 있는 수단이라는 의미로 재해석한 것이겠군.
× → 열정적인 삶을 살겠다는 의지

⋯› (가)에서 '주름 잡히는 연륜'은 뜻을 펼치지 못하고 무기력하게 나이만 들어가는 모습을 나타낸 것이고, '불꽃'은 화자가 추구하려는 열정적 삶의 태도를 의미한다. 따라서 '불꽃'은 '주름 잡히는 연륜'에 결핍되어 있는 속성을 끊을 수 있는 수단이 아니라, 오히려 결핍되어 있기 때문에 채워 넣어야 할 요소라고 보는 것이 적절하다.

오답인 이유

⑤ [매력적인 오답] (가)에서 '육지'를 지나간 시간을 막아 둘 공간으로, (나)에서 '버스'를 벗어나고 싶은 공간으로 표현한 것은, '육지'와 '버스'를 화자가 결핍을 느끼는 공간으로 재해석한 것이겠군.

⋯› (가)에서 화자가 자신의 지난 삶을 '육지'에 막아 두고 새로운 삶을 살기 위해 '섬'으로 가려고 한 것으로 보아, '육지'는 화자가 결핍을 느끼는 부정적 공간으로 이해할 수 있다. (나)에서 화자가 자신이 플라스틱 물건처럼 느껴져 당장 '버스'에서 뛰어내리고 싶다고 한 것으로 보아, '버스' 역시 화자가 결핍을 느끼는 부정적 공간으로 이해할 수 있다.

① (가)에서 '서른 나문 해'를 '초라한 경력'으로 표현한 것은, 화자가 자신이 살아온 인생을 변변치 않은 경험으로 재해석한 것이겠군.

⋯› (가)에서 '서른 나문 해'는 서른 남짓한 화자의 지난 삶을 의미하는데, 이를 '초라한 경력'이라고 표현한 것은 화자가 자신의 지난 인생을 초라하고 변변치 않은 경험으로 재해석한 것이다.

③ (나)에서 지금은 사라진 '털보네 대장간'을 '찾아가고 싶다'고 표현한 것은, 일상에서 결핍된 가치를 찾고자 하는 화자의 열망을 공간에 투영한 것이겠군.

⋯› (나)에서 '털보네 대장간'은 가치 있는 것을 만들어 내던 곳이지만 산업화로 인해 사라진 공간으로, 화자가 이곳을 찾아가고 싶다고 표현한 것은 참된 가치를 찾고자 하는 열망을 '털보네 대장간'이라는 공간에 투영한 것이다.

④ (나)에서 '가던 길을 멈추고' '걸려 있고 싶다'고 표현한 것은, 화자가 추구하는 가치를 표상하는 사물의 상태가 되고 싶다고 진술함으로써 결핍에서 벗어나고자 하는 의지를 드러낸 것이겠군.

⋯› (나)에서 '시퍼런 무쇠 낫'과 '꼬부랑 호미'는 화자가 추구하는 가치 있는 삶을 의미하는데, 화자가 가던 길을 멈추고 어딘가 걸려 있고 싶다고 표현한 것은 결핍에서 벗어나 그와 같은 사물처럼 가치 있는 삶을 살고자 하는 의지를 드러낸 것이다.

현대시 05 종가 | 노래와 이야기

▶ 문제편 31~33쪽

정답 | 01 ② 02 ④ 03 ⑤ 04 ③

[01~04] 다음 글을 읽고 물음에 답하시오. 2022 9월 모의평가

제대로 작품 분석 ▶〈보기〉에서 적절한 것을 골라 넣으며 작품을 분석해 보자.

(가)
- 돌담으로 튼튼히 ~ 검은 기와집 종가: 폐쇄적이고 어두운 종가의 분위기
- 충충한: 흐리고 침침한
- 거미 알 터지듯 흩어져 나가는: 1
- 오래인 동안 이 집의 ~ 날름히 올라앉는다: 종가의 권위를 상징하는 신주를 희화화하여 표현함.
- 대머리에 곰팡이가 나도록 알리어지지는 않아도: 평소에는 신주를 방치해 둠.
- 제삿날이면 갑자기 ~ 날름히 올라앉는다: 2
- 큰집에는 큰아들의 ~ 한데 얼리어 닁닁거린다: 제삿날 어수선한 종가의 모습
- 오조 할머니: 외할머니
- 닁닁거린다: 어지럽게 떠든다
- 한참 쩡쩡 울리던 ~ 주릿대를 앵기었다고.: 3
- 주릿대를 앵기었다: 두 다리를 묶고 다리 사이에 두 개의 막대기를 끼워 비트는 형벌을 주었다
- 중복사: 천도복숭아
- 웅웅거린다: 소리가 자꾸 난다
- 아무 일을 안 해도 ~ 물리어 받지는 못하여: 4
- 근시 안경을 쓰고 ~ 하여 살아 나간다: 탐욕스러운 방법으로 생계를 이어가는 종가의 모습 – 유교적 봉건 질서의 몰락

– 오장환, 〈종가〉

❖ **제대로 작품 분석의 〈보기〉**

㉠ 무능력한 종가의 모습
㉡ 자손들이 대립하여 분열된 모습
㉢ 동네 백성들을 부당하게 억압하던 종가의 횡포
㉣ 제삿날에만 신주를 귀하게 대접함. – 풍자적 태도

❖ **제목의 의미**

'종가'는 한 문중에서 맏이로만 이어 온 큰집을 뜻한다. 이 작품은 분열된 가족의 모습, 어수선한 제사 분위기, 고리대금업을 통해 생계를 유지하는 퇴락한 모습 등을 통해 피폐해진 종가의 현실과 유교적 봉건 질서의 몰락을 형상화하고 있다.

❖ **작가 소개**

오장환(吳章煥, 1918~1951): 시인. 1933년 《조선문학》에 〈목욕간〉을 발표하며 등단하였다. 주로 모더니즘의 추구, 순수 서정의 세계 지향, 계급 의식의 표출 등으로 작품 경향이 나뉜다. 시집으로 《성벽(城壁)》, 《헌사(獻詞)》, 《병든 서울》 등이 있다.

❖ **핵심 정리**

- 갈래: 산문시, 서정시
- 성격: 비판적, 풍자적
- 주제: 피폐해진 종가의 모습을 통해 바라본 봉건 질서의 몰락
- 특징: ① 과거와 현재의 상황을 대비하여 주제 의식을 부각함. ② 시적 대상의 상황을 구체적으로 나열함. ③ 종가의 권위를 상징하는 신주를 희화화하여 대상에 대한 풍자적 태도를 드러냄. ④ 음성 상징어를 사용하여 종가의 권위와 퇴락한 모습을 보여 줌.

(나) **[1행] 소주제:** '노래'와 '이야기'의 성격
- 심장: 감성
- 뇌수: 이성

[2~7행] 소주제: 처용가를 통해 본 '노래'와 '이야기'의 관계
- 처용이 밤늦게 ~ 유전해 가리라: 처용가와 처용 설화의 내용을 인용하여 노래와 이야기의 관계를 밝힘.
- 아내를 범한 귀신을 꿇어 엎드리게 했다: 노래가 주는 힘
- 목청: 노래
- 가사: 이야기
- 베개에 떨어뜨린 머리카락 하나 건드리지 못한다: 1
- 새로운 노래와 풍속을 짓고 유전해 가리라: 2

[8~11행] 소주제: 시가 '노래'에서 멀어진 현실
- 정간보: 조선 시대의 악보
- 오선지: 현대의 악보
- 시집에 악보를 그리지 않는다: 3
- 심장의 박동을 골라 넣는다: 노래가 주는 감동을 불어넣음.

[12~15행] 소주제: '노래'와 '이야기'가 조화를 이루는 시의 추구
- 그러나: 시상 전환
- 내 격정의 상처는 노래에 쉬이 덧나: 감정의 과잉으로 상처를 덧나게 하는 노래의 한계
- 이야기: 노래의 한계를 극복하는 방법
- 뇌수와 심장이 가장 긴밀히 결합: 4

– 최두석, 〈노래와 이야기〉

❖ **제대로 작품 분석의 〈보기〉**

㉠ 노래와 시가 분리된 현실
㉡ 독자에게 감동을 주지 못함.
㉢ 이야기의 특징 – 머리에 남기 때문에 오래 지속됨.
㉣ 화자가 생각하는 시의 본질 – 노래와 이야기의 조화로운 결합

❖ **제목의 의미**

'노래'는 독자의 감성과 '이야기'는 독자의 이성과 관계된 것으로, 시의 서로 다른 두 측면을 의미한다. 노래와 이야기의 관계를 통해 시의 본질이 무엇인지를 드러내고 있는 작품으로, 화자는 '노래'와 '이야기'가 조화를 이룬 시를 지향하고 있다.

❖ **작가 소개**

최두석(崔斗錫, 1956~): 시인, 교수. 1980년 《심상》에 〈김통정〉을 발표하며 등단하였다. 엄정한 현실 인식과 섬세한 상상력을 바탕으로 한 이야기 시를 많이 썼다. 시집으로 《대꽃》, 《성에꽃》, 《꽃에게 길을 묻는다》 등이 있다.

❖ **핵심 정리**

- 갈래: 자유시, 서정시
- 성격: 사색적, 인용적
- 주제 : 노래와 이야기가 조화를 이루는 시에 대한 지향
- 특징: ① 시에 대한 생각을 제재로 하여 시의 본질을 밝히고자 함. ② 노래와 이야기의 성격을 비교하여 주제를 구체화함. ③ 처용가와 처용 설화를 인용하여 시상을 전개함.

제대로 감상법 모범 답안

(가) 오장환, 〈종가〉

❶ 몰락 ❷ 고리대금 ❸ 희화화

❖ 제대로 작품 분석

1㉡ 2㉣ 3㉢ 4㉠

(나) 최두석, 〈노래와 이야기〉

❶ 조화 ❷ 심장 ❸ 뇌수

❖ 제대로 작품 분석

1㉡ 2㉢ 3㉠ 4㉣

01

정답률 88%

(가)에 대한 이해로 가장 적절한 것은?

정답인 이유

② '오래인 동안 이 집의 광영을 지키어 주는 신주들'이 '제삿날이면 갑자기 높아 제상 위에 날름히 올라앉는다'는 데서, 종가에 대한 풍자적 태도를 드러낸다.
평소에는 방치해 두던 신주를 제삿날에만 귀하게 대접함.
○ → 신주를 희화화하여 종가를 풍자함.

⋯› (가)에서 '신주'는 종가의 위계와 권위를 상징하는 소재이다. 그런데 종가에서 평소에는 신주를 '곰팡이가 나도록' 방치해 두다가 '제삿날'이 되면 '갑자기 높아 제상 위에 날름히 올라앉는다'와 같이 신주를 귀하게 대접한다는 것은, 신주를 희화화하여 종가에 대한 풍자적 태도를 드러낸 것이다.

오답인 이유

① '이 집의 지손들'이 '거미 알 터지듯 흩어져 나'간다는 데서, 종가의 번성에 대한 자부심을 드러낸다.
× → 자손의 분열과 종가의 퇴락

⋯› 자손들이 '거미 알 터지듯 흩어져 나'간다는 것은 종가의 번성에 대한 자부심이 아니라, 자손들이 대립하고 분열된 모습을 통해 종가의 퇴락을 드러낸 것이다.

③ '동네 백성들을 곧―잘 잡아들여다 모말굴림도 시키고 주릿대를 앵기었다'는 데서, 종가의 위세에 대한 시기심을 드러낸다.
× → 종가의 횡포와 봉건적 지배 질서의 불합리성

⋯› 동네 백성들을 잡아들여다 '모말굴림도 시키고 주릿대를 앵기었다'는 것은 동네 백성들을 부당하게 억압하던 종가의 횡포와 봉건적 지배 질서의 불합리성을 드러낸 것이다.

④ '종가에 사는 사람들은 아무 일을 안 해도 지내 왔었고 대대손손이 아―무런 재주도 물리어 받지는 못'했다는 데서, 종가의 내력을 존중하는 태도를 드러낸다.
× → 무능력한 종가의 모습

⋯› 종가에 사는 사람들이 '아무 일을 안 해도 지내 왔었고 대대손손이 아―무런 재주도 물리어 받지는 못'했다는 것은 무능력한 종가의 모습을 드러낸 것이다.

⑤ '근시 안경을 쓰고 눈을 찝찝거리'는 '종갓집 영감님'이 '작인들에게 고리대금을 하여 살아 나간다'는 데서, 종가에 대한 선망을 드러낸다.
× → 탐욕적인 방법으로 생계를 유지하는 종가의 모습과 유교적 봉건 질서의 몰락

⋯› 종갓집 영감님이 '작인들에게 고리대금을 하여 살아 나간다'는 것은 무능력한 종가가 탐욕적인 방법으로 생계를 유지하는 모습을 통해 유교적 봉건 질서의 몰락을 드러낸 것이다.

02

정답률 65% | 매력적인 오답 ③ 18%

[A], [B]에 대한 이해로 가장 적절한 것은?

정답인 이유

④ [B]는 '노래'의 성격이 약화된 '말'에 '노래'가 주는 감동을 불어넣는 상황을 보여 준 것이다.
○ → '아무도 시집에 악보를 그리지 않는다' ○ → '심장의 박동을 골라 넣는다'

⋯› '노래는 심장에, 이야기는 뇌수에 박힌다'를 통해 '심장'은 '노래'가 주는 감동과 관련이 있음을 알 수 있고, '아무도 시집에 악보를 그리지 않는다'를 통해 시에서 '노래'의 성격이 약해졌음을 알 수 있다. 이를 고려할 때 [B]는 시인이 시를 쓸 때 '노래'의 성격을 되살려 '노래'가 주는 감동을 불어넣는 상황으로 이해할 수 있다.

오답인 이유

③ (매력적인 오답) [B]는 시인의 '말'에 '이야기'가 직접 연결된 상황을 표현한 것이다.
× → 시인의 말에 '노래'가 연결되는 상황

⋯› '노래는 심장에, 이야기는 뇌수에 박힌다'로 보아, [B]에서 '심장의 박동을 골라 넣는다'는 시인의 '말'에 '노래'가 연결되는 상황을 표현한 것이다.

① [A]는 '노래'와 '가사'의 융합*이 가져온 결과를 보여 준 것이다.
× → '노래'와 '가사'의 분리가 가져온 결과

⋯› '목청을 떼어 내고 남은 가사'로 보아, [A]는 '노래'와 '가사'의 분리가 가져온 결과를 보여 준 것이다.

* 융합(融合): 다른 종류의 것이 녹아서 서로 구별이 없게 하나로 합하여지거나 그렇게 만듦. 또는 그런 일 예 역사 소설은 역사적 사건과 소설의 허구성을 융합한 것이다.

② [A]는 '노래'와 '이야기'가 결합되었을 때 나타나는 단점을 설명한 것이다.
× → '노래'와 '이야기'가 분리되었을 때 나타나는 단점

⋯› '베개에 떨어뜨린 머리카락 하나 건드리지 못한다'로 보아, [A]는 '노래'와 '이야기'가 분리되었을 때 나타나는 단점을 설명한 것이다.

⑤ [A]는 '이야기'의 도입이 지닌 한계를, [B]는 '노래'의 회복이 지닌 의의를 설명한 것이다.
× → '노래'와 분리된 '이야기'의 한계 × → '노래'가 주는 감동을 되살리고자 하는 모습

⋯› [A]는 '노래'와 분리된 '이야기'의 한계를, [B]는 시에 '노래'가 주는 감동을 되살리고자 하는 시인의 모습을 나타낸 것이다.

03

정답률 80%

(가), (나)에 대한 설명으로 적절하지 않은 것은?

정답인 이유

⑤ (가)는 '지금도'를 통해 '종가'의 불변성*을, (나)는 '이제'를 통해 '시'의 영속성을 강조하고 있다.
× → 여전히 '종가'에 대한 부정적 인상이 남아 있음. × → 시에서 '노래'의 성격이 약화됨.

⋯› (가)의 '지금도'는 사람들에게 여전히 종가에 대한 부정적 인상이 남아 있음을 나타낸 것이고, (나)의 '이제'는 시에서 '노래'의 성격이 약화된 현실을 나타낸 것이다.

* 불변성(不變性): 변하지 아니하는 성질 예 그녀는 돈과 명예와 같이 쉽게 사라지는 것들 대신에 불변성을 지닌 가치들을 추구하기로 했다.

오답인 이유

① (가)는 '쩡쩡 울리던 옛날'과 '달갈귀신이 융융거린다는 마을의 풍설'을 통해 '종가'에 대한 인상을 감각적으로 나타내고 있다.

⋯› (가)의 '쩡쩡 울리던 옛날'은 과거 동네 백성들에게 위세를 부리던 '종가'의 모습을 나타낸 것이고, '달갈귀신이 융융거린다는 마을의 풍설'은 '종가'의 음산한 분위기를 나타낸 것이다. 각각 '쩡쩡'이라는 음성 상징어와 '융융거리다'라는 청각적 이미지의 시어를 통해 '종가'에 대한 부정적 인상을 감각적으로 드러내고 있다.

② (가)는 '돌담으로 튼튼히 가려 놓은 집'과 '검은 기와집'을 통해 '종가'의 분위기를 드러내고 있다.

⋯› (가)의 '돌담으로 튼튼히 가려 놓은 집'은 외부와 단절된 '종가'의 폐쇄적 분위기를 드러내고 있으며, '검은 기와집'은 색채 이미지를 통해 '종가'의 어두운 분위기를 드러내고 있다.

③ (나)는 '그러나'라는 시상 전환 표지를 활용하여 '노래'만으로는 화자가 바라

는 '시' 창작이 어렵다는 점을 부각하고 있다.

⋯→ (나)의 '그러나' 앞에는 시를 쓸 때 감동을 주는 '노래'의 성격을 되살려야 한다는 생각이 드러나 있다. 하지만 '그러나'에서 시상을 전환하여 '노래'는 감정의 과잉으로 상처를 덧나게 할 수 있으므로 '노래'만으로는 화자가 바라는 시 창작이 어렵다는 점을 부각하고 있다.

④ (나)는 '처용'이 부른 '노래'와 '처용'에 대한 '이야기'의 성격을 비교하여 주제를 구체화하고 있다.

⋯→ (나)의 '아내를 범한 귀신을 꿇어 엎드리게 했다'를 통해 '노래'가 주는 힘을 알 수 있고, '새로운 노래와 풍속을 짓고 유전해 가리라'를 통해 '이야기'의 특성을 알 수 있다. 이와 같이 '노래'와 '이야기'의 성격을 비교함으로써 '노래와 이야기가 조화를 이루는 시에 대한 지향'이라는 주제를 구체화하고 있다.

04

정답률 78%

〈보기〉를 바탕으로 (가), (나)를 감상한 내용으로 적절하지 않은 것은? [3점]

〈보기〉

(가)에서 화자는 '종가'의 상황을 구체적으로 서술함으로써 종가와 연관된 사람들의 상처를 드러내고, 이러한 종가의 이야기가 현재의 상황과 연결되도록 현재 시제를 주로 사용하여 생동감 있게 표현했다. (나)에서 화자는 '시'가 '노래'의 성격을 되찾아야 할 뿐만 아니라, 감정의 과잉으로 상처가 오히려 깊어지기도 하는 노래의 한계를 극복하기 위해 '이야기'가 요구된다는 점을 강조했다. (가)는 종가에 대한 화자의 경험을 이야기한 산문 형식의 시이고, (나)는 〈종가〉와 같은, 이야기가 두드러진 시를 짓는 까닭을 제시한 시론 성격의 시이다.

('동네 백성들을 ~ 주릿대를 앵기었다고' / '닝닝거린다', '살아 나간다' 등 / '은밀히 심장의 박동을 골라 넣는다' / '내 격정의 상처는 노래에 쉬이 덧나' / '다스리는 처방은 이야기일 뿐')

정답인 이유

③ (나)는 상처가 노래에 쉽게 덧난다고 말함으로써 시에서 노래의 성격이 분리된 결과를 보여 주고 있군.

× → 감정의 과잉으로 상처가 덧나기도 하는 노래의 한계

⋯→ (나)에서 상처가 노래에 쉽게 덧난다고 말한 것은 감정의 과잉으로 인해 상처가 덧나기도 하는 노래의 한계를 뜻할 뿐, 시에서 노래의 성격이 분리된 결과와는 무관하다. 시에서 노래의 성격이 분리된 결과는 '막상 목청을 ~ 건드리지 못한다'에서 알 수 있다.

오답인 이유

① (가)는 종가 구성원들의 행동을 현재 시제로 생동감* 있게 표현함으로써 종가의 이야기와 현실이 연관되도록 서술하고 있군.

⋯→ (가)에서는 '닝닝거린다', '살아 나간다'와 같이 현재 시제를 사용하여 종가 구성원들의 행동을 생동감 있게 서술하고 있다.

* 생동감(生動感): 생기 있게 살아 움직이는 듯한 느낌 예 시장에서 상인들과 사람들이 활기 있게 움직이는 모습을 보니 생동감이 느껴졌다.

② (가)는 '동네 백성들'이 받은 상처를 보여 줌으로써 종가의 부정적 측면을 드러내려는 화자의 의도를 부각하고 있군.

⋯→ (가)에서는 '모말굴림도 시키고 주릿대를 앵기었다'고 '동네 백성들'이 받은 상처를 보여 줌으로써 종가의 횡포와 종가가 지닌 봉건적 지배 질서의 부정적 측면을 부각하고 있다.

④ (나)는 '뇌수'와 '심장'의 결합을 희망한다고 말함으로써 시에 이야기도 필요하다는 생각을 담아내고 있군.

⋯→ (나)에서는 '뇌수와 심장이 가장 긴밀히 결합되길 바란다'라고 말함으로써 시를 쓸 때 노래와 이야기의 조화로운 결합이 필요하다는 생각을 담아내고 있다.

⑤ (가)는 종가에 얽힌 경험과 상처에 대한 이야기를, (나)는 시 창작에서 이야기의 활용이 지니는 의미를 제시하고 있군.

⋯→ (가)는 '종가'에 얽힌 경험과 상처에 대한 이야기를 제시하여 피폐해진 종가의 현실과 유교적 봉건 질서의 몰락을 그리고 있다. (나)는 노래의 한계를 극복할 수 있는 이야기의 의미를 제시하여 노래와 이야기가 조화를 이루는 시에 대한 지향을 노래하고 있다.

현대시 06 그리움 | 마음의 고향 2 - 그 언덕

▶ 문제편 34~36쪽

정답 | 01 ⑤ 02 ② 03 ④

[01~03] 다음 글을 읽고 물음에 답하시오. 2021 수능

제대로 작품 분석 ▶〈보기〉에서 적절한 것을 골라 넣으며 작품을 분석해 보자.

(가) **[1연] 소주제:** 고향에 대한 그리움
- 눈: 1
- 북쪽: 가족이 있는 고향

[2, 3연] 소주제: 눈이 오는 고향의 모습 회상
- 험한 벼랑을 굽이굽이 돌아간: 지형이 험한 곳
- 연달린 산과 산 사이: 2
- 너: 화자의 가족들
- 작은 마을: 가족이 있는 곳 – 북쪽(실제 시인의 처가인 무산)
- 복된 눈: 함박눈 – 축복의 이미지

[4연] 소주제: 한밤중에 느끼는 그리움
- 잉크병 얼어드는 이러한 밤에: 혹독한 추위
- 차마: 3

[5연] 소주제: 고향에 대한 그리움
- 눈이 오는가 북쪽엔 / 함박눈 쏟아져 내리는가: 4

– 이용악, 〈그리움〉

❖ 제대로 작품 분석의 〈보기〉

㉠ 두메 산골 – 고향의 궁벽한 모습
㉡ 그리움의 응축 – '차마 말로 표현할 수 없을 정도로'의 뜻
㉢ 북쪽에 있는 고향과 가족들을 떠오르게 하는 그리움의 매개체
㉣ 1연과 수미 상관의 구성 – 형태적 안정감 획득, 화자의 그리움 강조

❖ 제목의 의미

이 시는 눈이 내리는 모습을 보며 떠나온 고향과 그곳에 있는 가족들을 그리워하는 화자의 애틋한 마음을 담은 작품이다. 시의 제목인 '그리움'은 광복 직후 홀로 서울에 상경하여 외롭게 생활하던 작가의 감정을 단적으로 드러내고 있다.

❖ 작가 소개

이용악(李庸岳, 1914~1971): 시인. 함경북도 경성 출생. 소년 시절에 겪었던 가난과 가혹한 체험을 사실감 있게 읊어 일제 강점기에 우리 민족이 겪었던 고통을 보여 주었다. 주요 작품으로 〈우라지오 가까운 항구에서〉, 〈전라도 가시내〉 등이 있다.

❖ 핵심 정리

- 갈래: 자유시, 서정시
- 성격: 서정적, 회상적
- 주제: 떠나온 고향과 가족에 대한 그리움
- 특징: ① 의문형 종결 어미를 통해 그리움의 정서를 고조함. ② 수미상관의 구성을 통해 안정감을 얻고 주제를 강조함.

(나) **[1~6행] 소주제:** 중학생 시절 '그곳'을 지나다녔던 기억
- 왜 그곳이 자꾸 안 잊히는지 몰라: '그곳(고향)'에 대한 그리움과 변함없는 애정

[7~14행] 소주제: 밭 아래 냇가에서 놀았던 추억
- 수수알이 꽝꽝 여무는 가을이었을까: 단단한 결실을 맺는 가을의 이미지를 회상함.
- 깨꽃이 하얗게 부서지는 햇빛 밝은 여름날이었을까: 1
- 허리 굵은 논실댁과 ~ 커다란 웃음들을 웃고: 2
- 나 그 아래 냇가에 ~ 쫓고 있었던가: 농촌 마을인 고향의 평화로움을 보여 줌.

[15~24행] 소주제: 이웃들의 밝은 웃음소리와 수확을 앞둔 들녘의 모습
- 청청히: 시각적 심상 – 유년의 화자에게 감동을 주었던 맑고 푸른 하늘의 색채를 부각
- 까르르 까르르: 3
- 가을 들이 또랑또랑 익는 냄새: 후각적 심상 – 가을 들녘의 모습을 선명하게 보여 줌.
- 잔돌에 호미 달그락거리는 소리: 4

[25~29행] 소주제: '그곳'에 서 있곤 했던 유년 시절의 기억
- 왜 그곳이 자꾸 안 잊히는지 몰라: 1행을 다시 반복하여 화자의 그리움을 강조함.

– 이시영, 〈마음의 고향 2 – 그 언덕〉

❖ 제대로 작품 분석의 〈보기〉

㉠ 생명력 넘치는 여름의 이미지를 회상함.
㉡ 청각적 심상 – 논실댁과 딸들이 김매는 소리
㉢ 힘든 노동 속에서도 밝게 웃던 이웃들의 모습
㉣ 청각적 심상 – 유년의 화자에게 또렷하게 인식된 이웃들의 웃음소리 부각

❖ 제목의 의미

타향으로 떠나온 뒤에도 머릿속에서 잊히지 않는 '그곳(그 언덕)'에 대해 노래한 작품이다. 화자는 유년 시절 '그곳'에서 경험했던 다양한 추억을 떠올리며 자신의 내면에 존재하는 고향에 대한 변함없는 애정을 드러내고 있다.

❖ 작가 소개

이시영(李時英, 1949~): 시인. 전남 구례 출생. 1969년 《중앙일보》 신춘문예에 시조가 당선되어 등단하였다. 섬세하고 서정적인 언어로 민중의 현실을 노래하였다. 시집으로 《만월》, 《바람 속으로》, 《이슬 맺힌 사랑 노래》 등이 있다.

❖ 핵심 정리

- 갈래: 자유시, 서정시
- 성격: 회상적, 감각적
- 주제: 마음에서 잊히지 않는 어린 시절 고향의 추억
- 특징: ① 다양한 심상과 음성 상징어를 사용해 화자의 기억에 담긴 고향을 감각적으로 묘사함. ② 계절감이 드러나는 시어를 통해 시의 정취를 북돋움.

제대로 감상법 모범 답안

(가) 이용악, 〈그리움〉

❶ 눈 ❷ 북쪽 ❸ 차마 ❹ 수미상관

❖ 제대로 작품 분석

1 ㉢ 2 ㉠ 3 ㉡ 4 ㉣

(나) 이시영, 〈마음의 고향 2 – 그 언덕〉

❶ 회상 ❷ 청청히 ❸ 계절감

❖ 제대로 작품 분석

1 ㉠ 2 ㉢ 3 ㉣ 4 ㉡

01

정답률 90%

(가)에 대한 이해로 가장 적절한 것은?

정답인 이유

⑤ '잠을' 깬 자신에게 '어쩌자고'라는 의문을 던져 현재의 상황에서 느끼는 화자의 애달픈 심정을 드러내고 있다.

⋯▸ 화자는 잠에서 깬 자신에게 '어쩌자고'라는 의문을 던져 '너를 남기고 온' '차마 그리운 곳'을 떠올리는 자신의 애달픈 심정을 드러냈다.

오답인 이유

① '오는가'를 '쏟아져 내리는가'로 변주*하여 대상에 대한 화자의 거부감을 드러내고 있다.

⋯▸ 눈은 고향을 떠오르게 하는 존재이므로 눈이 '오는가'를 '쏟아져 내리는가'로 변주한 것이 대상에 대한 거부감을 드러낸다고 볼 수 없다.

* 변주(變奏): 어떤 주제를 바탕으로, 소재·형태·방식 따위를 변형하여 표현함. 또는 그런 표현 ㉒ 김 작가의 소설에는 소시민의 삶이 다양하게 변주되어 있다.

② '돌아간'과 '달리는'의 대응을 활용하여 두 대상 간에 조성*되는 긴장감을 묘사하고 있다.

⋯▸ '돌아간'은 철길의 모양을, '달리는'은 화물차의 움직임을 나타내므로 두 용언의 대응으로 대상 간의 긴장감을 묘사했다고 볼 수 없다.

* 조성(造成): 분위기나 정세 따위를 만듦. ㉒ 학생들의 성적을 비교하는 것은 학생들 간에 경쟁적인 분위기만 조성할 뿐입니다.

③ '철길'에서 '화물차의 검은 지붕'으로 묘사의 초점을 이동하여 정적인 이미지를 강화하고 있다.

⋯▸ 화물차는 철길 위를 '밤새어 달리는' 중이므로 '화물차의 검은 지붕'으로 묘사의 초점을 이동한 것이 정적인 이미지를 강화하지는 않는다.

④ '잉크병'이라는 사물이 '얼어드는' 현상을 활용하여 화자가 처한 현실의 변화 가능성을 암시하고 있다.

⋯▸ 잉크병이 '얼어드는' 현상은 화자가 추위 속에 지내고 있음을 보여 줄 뿐, 화자가 처한 현실의 변화 가능성을 암시하지는 않는다.

02

정답률 71% | 매력적인 오답 ① 10%

㉠~㉤의 의미를 고려하여 (나)를 감상한 내용으로 적절하지 않은 것은?

정답인 이유

② ㉡을 활용하여 냇가에서 놀던 유년의 화자가 누군가 자신을 부르는 소리를 물소리로 느낀 경험을 부각하고 있군.

× → ㉡이 어떤 소리를 묘사한 것인지 알 수 없음.

⋯▸ ㉡은 유년의 화자가 냇가에서 들었던 소리를 묘사한 것으로, 화자가 들은 소리가 정확히 어떤 소리인지는 시에서 확인할 수 없다.

오답인 이유

① 매력적인 오답 ㉠을 활용하여 유년의 화자가 경험한 가을이 단단한 결실을 맺는 시간임을 부각하고 있군.

⋯▸ 화자는 ㉠을 통해 수수알이 여무는 모습을 감각적으로 표현하여 자신이 경험한 가을이 단단한 결실을 맺는 시간임을 부각하였다.

③ ㉢을 활용하여 유년의 화자에게 순간적 감동을 느끼게 한 맑고 푸른 하늘의 색채를 부각하고 있군.

⋯▸ 화자는 '맑고 푸르게'라는 뜻의 부사 '청청히'를 활용하여 자신을 '아' 하고 감동하게 한 맑고 푸른 하늘의 색채를 부각하고 있다.

④ ㉣을 활용하여 무섬증에 언덕을 달려 오른 유년의 화자에게 또렷하게 인식된 이웃들의 밝은 웃음을 부각하고 있군.

⋯▸ 화자는 ㉣을 활용하여 언덕을 달려 오르던 자신에게 또렷하게 인식된 '영자 영숙이 순임이의 청량한 웃음소리'를 부각하고 있다.

⑤ ㉤을 활용하여 유년의 화자가 곡식이 익어 가는 들녘의 인상을 선명하게 지각한 경험을 부각하고 있군.

⋯▸ 화자는 '조금도 흐리지 않고 아주 밝고 똑똑한 모양'을 뜻하는 '또랑또랑'을 활용해 들녘의 인상을 선명하게 지각한 경험을 부각했다.

03

정답률 86%

〈보기〉를 참고하여 (가)와 (나)를 이해한 내용으로 적절하지 않은 것은? [3점]

〈보기〉

이용악과 이시영의 시 세계에서 고향은 창작의 원천이 되는 공간이다. 이용악의 시에서 고향은 척박한 국경 지역이지만 언젠가 돌아가야 할 근원적 공간으로 그려지는데, (가)에서는 가족이 기다리는 궁벽한 산촌으로 구체화된다. 이시영의 시에서 고향은 지금은 상실했지만 기억 속에서 계속 되살아나는 공간으로 그려지는데, (나)에서는 이웃들과 함께했던 삶의 터전이자 생명이 살아 숨 쉬는 평화로운 농촌으로 구체화된다.

정답인 이유

④ (가)는 '눈'을 '복된' 것으로 인식함으로써 고향에 돌아갈 날에 대한, (나)는 '무엇'이 '부르는 것 같'았던 언덕을 회상함으로써 고향으로의 귀환에 대한 기대를 드러낸다.

⋯▸ (가)의 화자는 '작은 마을'에 내리는 눈을 '복된' 것으로 인식함으로써 고향에 대한 애정을 드러낸 것이다. 또한 〈보기〉에서 이시영의 시 속 고향은 지금은 상실한 공간으로 그려졌다고 하였으므로 (나)의 화자가 고향으로의 귀환에 대한 기대를 드러냈다고 볼 수 없다.

오답인 이유

① (가)는 '함박눈'으로 연상되는 겨울의 이미지를 통해 '북쪽' 국경 지역의 고향을, (나)는 '햇빛'을 받은 '깨꽃'에서 그려지는 여름의 이미지를 통해 생명력 넘치는 고향을 보여 준다.

⋯▸ (가)는 '함박눈 쏟아져 내리는' 겨울의 이미지를 통해 북쪽 국경 지역의 고향을, (나)는 '햇빛 밝은 여름날' '깨꽃이 하얗게 부서지는' 이미지를 통해 생명력 넘치는 고향의 모습을 보여 주고 있다.

② (가)는 '험한 벼랑' 너머 '산 사이'라는 위치를 통해 산촌 마을인 고향의 궁벽함*을, (나)는 '소고삐'를 풀어놓고 '가재를 쫓'는 모습을 통해 농촌 마을인 고향의 평화로움을 보여 준다.

⋯▸ (가)는 '험한 벼랑' 너머 '연달린 산과 산 사이'라는 위치를 통해 고향의 궁벽한 모습을, (나)는 화자가 냇가에 '소고삐'를 풀어놓고 '가재를 쫓'는 모습을 통해 고향의 평화로운 모습을 보여 준다.

* 궁벽하다(窮僻--): 매우 후미지고 으슥하다. ㉒ 궁벽한 산골 마을에서 사는 나는 시내에 있는 학교에 가기 위해서 새벽부터 일어나야 한다.

③ (가)는 '남기고' 온 '너'를 떠올림으로써 고향에서 기다리는 사람에 대한, (나)는 '밭 사이'에서 웃던 이웃들의 이름을 떠올림으로써 고향에서 함께 살아가던 이웃에 대한 기억을 보여 준다.

⋯→ (가)는 '작은 마을'에 남기고 온 '너'를 떠올림으로써 고향에서 기다리는 사람에 대한 기억을, (나)는 '논실댁'과 '영자 영숙이 순임이'를 떠올림으로써 고향에서 함께 살던 이웃에 대한 기억을 보여 준다.

⑤ **(가)는 '차마 그리운 곳'이라는 표현을 통해 근원적 공간인 고향에 대한 애틋함*을, (나)는 '자꾸 안 잊히는지'라는 표현을 통해 내면에 존재하는 고향에 대한 변함없는 애정을 드러낸다.**

⋯→ (가)의 화자는 '차마 그리운 곳'이라는 표현을 통해 언젠가 돌아가야 할 근원적 공간인 고향에 대한 애틋함을, (나)의 화자는 '자꾸 안 잊히는지'라는 표현을 통해 기억 속에서 계속 되살아나는 고향에 대한 변함없는 애정을 드러냈다.

***** 애틋하다: 섭섭하고 안타까워 애가 타는 듯하다. 예 종석이는 유학을 떠난 여자 친구에 대한 애틋한 그리움을 담아 편지를 썼다.

▶ 문제편 37~39쪽

정답 | 01 ④ 02 ② 03 ④

[01~03] 다음 글을 읽고 물음에 답하시오. 2020 수능

제대로 작품 분석 ▶<보기>에서 적절한 것을 골라 넣으며 작품을 분석해 보자.

가 [1, 2연] 소주제: 바람으로 인해 괴로움을 인식함.

- 바람이 어디로부터 ~ 불려 가는 것일까: 바람의 출처와 목표점에 대한 의문
- 바람: 1
- 바람이 부는데 ~ 이유가 없다: 바람을 맞으며, 괴로움에 사로잡힌 자신을 인식함.
- '없다'의 반복

[2연] 내 괴로움에는 이유가 [없다]
[4연] 단 한 여자를 사랑한 일도 [없다]
시대를 슬퍼한 일도 [없다]
→ 2

[3, 4연] 소주제: 괴로움의 원인을 탐색함.

- 내 괴로움에는 이유가 없을까: 3
- 단 한 여자를 사랑한 일도 없다: 사랑 때문에 괴로운 것이 아님.
- 시대를 슬퍼한 일도 없다: 4

[5, 6연] 소주제: 정체된 삶이 괴로움의 원인임을 깨달음.

- 바람이 자꾸 부는데 ~ 내 발이 언덕 위에 섰다: 시대의 흐름에 비껴 서 있는 자아를 발견함.
- 바람이 자꾸 ~ 반석 위에 섰다 // 강물이 자꾸 ~ 언덕 위에 섰다: 대구법
- 바람, 강물: 5
- 반석, 언덕: 움직이지 않는 대상 – 안일함을 추구하는 화자

– 윤동주, <바람이 불어>

❖ 제대로 작품 분석의 <보기>

㉠ 시대적 고민이 아님.
㉡ 괴로움의 이유를 찾기 위해 내면을 향함.
㉢ 움직이는 대상 – 화자의 변화를 촉구하는 시대 의식
㉣ 화자의 괴로움을 일깨우는 대상 – 내면의 흔들림을 자각하는 계기
㉤ '없다'의 반복을 활용하여 자신의 내면을 응시하는 화자의 반성적 자세 강조

❖ 제목의 의미

'바람'이라는 소재를 활용하여, 목적을 찾지 못하고 머물러만 있는 화자의 번민을 노래하고 있는 작품이다. '바람'을 고난이나 시련으로 보는 다른 시들과 달리, 이 작품에서 '바람'은 화자의 무기력한 삶을 일깨워 주는 역할을 하고 있다.

❖ 작가 소개

윤동주(尹東柱, 1917~1945): 시인. 북간도 출생. 양심에 따른 진실하고 순수한 삶과 고뇌 어린 자기 성찰의 자세를 담은 작품을 주로 창작했다. 많은 작품에 어두운 시대를 살면서도 순수하게 살아가고자 하는 내면의 의지가 담겨 있다. 1943년에 독립운동의 혐의로 일본 경찰에 검거되어 규슈 후쿠오카 형무소에서 옥사하였다. 유고 시집으로 《하늘과 바람과 별과 시》가 있다.

❖ 핵심 정리

- 갈래: 자유시, 서정시
- 성격: 성찰적, 상징적
- 주제: 현실에 안주하는 삶에 대한 성찰
- 특징: ① 상징적 소재를 사용하여 화자의 성찰적 자세를 드러냄. ② 유사한 어구의

반복으로 리듬감을 형성함. ③ '바람, 강물'과 '반석, 언덕'의 대립적 이미지를 통해 주제를 부각함.

나 [1~7행] 소주제: 새장에 갇혀 벗어나지 못하는 새

- 새: [1]
- 새장: 폐쇄되고 억압된 현대인의 일상 상징
- 매번 머리를 부딪치고 ~ 간격보다 큰, 몸뚱어리: 일상에 갇힌 자신을 의식하는 현대인의 모습
- 하늘과 산, 공기: '새'와 대비되는 대상 – 자유로움
- 적당한 간격: [2]
- 슬프다: 화자의 정서 직접 제시

[8~14행] 소주제: 새장의 삶에 익숙해지면서 본성을 잃어 가는 새

- 넓게, 힘차게 ~ 공기가 있지만: 자유를 추구할 수 있는 여건은 갖추어져 있음.
- 새는 다만 네 발 달린 짐승처럼 걷는다: [3]
- 닭처럼 날개가 귀찮아질 때까지 걷는다: 성실한 생활이 잠재력의 상실로 이어짐.
- 새장 문을 활짝 ~ 있을 때까지 걷는다: 일상에 충실하면서 자유로운 삶의 가능성을 외면하는 현대인의 모습

[15~20행] 소주제: 자유를 추구하지 못하고 음미만 하는 새

- 걸으면서, 가끔 ~ 증명하려는 듯: [4]
- 최첨단 신소재: 자연의 요소인 '공기'를 인공적인 느낌으로 표현함.
- 음미하려는 듯: [5]

– 김기택, 〈새〉

❖ 제대로 작품 분석의 〈보기〉

㉠ 잠재된 힘과 본질을 잃어 가는 새
㉡ 일상에 매몰되지 않았다고 스스로를 합리화함.
㉢ 자유를 억압하는 일상을 벗어나지 못하는 현대인 상징
㉣ 창살 사이의 간격. 안온함과 억압성이라는 양면성을 지님.
㉤ 자유를 추구하지 못하고 음미할 대상으로만 여김. – 일상에 안주하는 현대인의 모습

❖ 제목의 의미

새장에서 벗어나지 못하는 '새'의 모습을 통해 도시적 삶에 익숙해진 현대인의 모습을 비판적으로 돌아보고 있는 작품이다. 새장 문이 열려 있어도 나가지 않고 닭처럼 걷는 새는, 일상에 매몰되어 자유로운 삶의 가치를 상실한 채 살아가는 현대인의 모습을 상징한다.

❖ 작가 소개

김기택(金基澤, 1957~): 시인. 1989년 《한국일보》 신춘문예에 시 〈꼽추〉와 〈가뭄〉이 당선되어 등단하였다. 일상과 사물에 대한 섬세하고 냉철한 관찰을 통해 의미를 발견하는 시를 많이 창작하였다. 시집으로 《태아의 잠》, 《사무원》, 《소》 등이 있으며, 주요 작품으로 〈멸치〉, 〈바퀴벌레는 진화 중〉 등이 있다.

❖ 핵심 정리

- 갈래: 자유시, 서정시
- 성격: 비판적, 풍자적
- 주제 : 새장에 갇힌 새의 모습을 통한 현대인의 삶에 대한 성찰
- 특징: ① 현대인의 삶을 새장에 갇힌 새에 빗대어 형상화함. ② 유사한 통사 구조의 반복을 통해 의미를 강조함. ③ 현재형 시제를 활용해 점점 본질을 잃어 가는 새의 모습을 현장감 있게 표현함.

제대로 감상법 모범 답안

가 윤동주, 〈바람이 불어〉

❶ 바람 ❷ 강물 ❸ 반석 ❹ 대립

❖ 제대로 작품 분석

1㉣ 2㉤ 3㉡ 4㉠ 5㉢

나 김기택, 〈새〉

❶ 현대인 ❷ 새 ❸ 적당한 간격

❖ 제대로 작품 분석

1㉢ 2㉣ 3㉠ 4㉡ 5㉤

01

정답률 73%

(가)에 대한 이해로 가장 적절한 것은?

정답인 이유

④ '없다'의 반복을 활용하여 자신의 삶과 내면을 응시*하는 화자의 반성적 자세를 드러내고 있다.

⋯› 이 작품은 현실에 안주하는 삶에 대한 화자의 성찰을 담고 있다. '내 괴로움에는 이유가 없다.', '단 한 여자를 사랑한 일도 없다.', '시대를 슬퍼한 일도 없다.'와 같이 '없다'라는 시어가 반복되는 것에서, 괴로움의 원인을 찾으려는 화자의 반성적인 삶의 자세를 확인할 수 있다.

* 응시(凝視): 눈길을 모아 한 곳을 똑바로 바라봄. 예 그녀는 한참 동안 천장의 한 곳을 응시만 하고 있었다.

오답인 이유

① '불려 가는'이라는 피동 표현을 통해 자신이 처한 현실에 순응하려는 화자의 태도를 강조하고 있다.
× → 자신의 의지대로 살 수 없는 현실 상황 암시

⋯› '불려 가는'이라는 피동 표현은 자신의 의지대로 살 수 없는 현실 상황을 암시하고 있을 뿐, 자신이 처한 현실에 순응하려는 태도와는 관련이 없다.

② '이유가 없을까'라는 물음의 형식으로 화자의 정신적 고통에 타당한 이유가 없음을 단정하고 있다.
× → 화자의 내면에 대한 응시

⋯› '이유가 없을까'라는 물음의 형식은 괴로움의 원인을 찾기 위해 화자의 시선이 내면으로 향하고 있음을 드러낼 뿐, 화자의 정신적 고통에 타당한 이유가 없음을 단정하고 있는 것이 아니다.

③ '사랑한 일'과 '슬퍼한 일'을 병치*하여 화자의 개인적 불행이 시대에 대한 무관심의 원인임을 암시하고 있다.
× → 괴로움의 원인을 찾는 과정에서 떠올린 것

⋯› '사랑한 일'과 '슬퍼한 일'은 괴로움의 원인을 찾는 과정에서 떠올린 것일 뿐, 화자의 개인적 불행이 시대에 대한 무관심의 원인임을 암시하고 있는 것이 아니다.

* 병치(竝置 / 併置): 두 가지 이상의 것을 한곳에 나란히 두거나 설치함. 예 주인공의 과거와 미래의 모습을 한 장면에 병치하였다.

⑤ '흐르는데'와 '섰다'의 대비를 통해 변함없는 자연에서 깨달음을 얻으려는 화자의 의지를 드러내고 있다.
× → 시대의 흐름에 비껴 서 있는 태도 성찰

⋯› '흐르는데'와 '섰다'의 대비는 성찰을 통해 시대의 흐름에 비껴 서 있는 자아를 발견한 화자의 모습을 드러내는 것일 뿐, 변함없는 자연에서 깨달음을 얻으려는 의지와는 관련이 없다.

02

정답률 75% | 매력적인 오답 ④ 10%

다음에 제시된 선생님의 안내에 따라, ㉠~㉤을 탐구한 내용으로 적절하지 않은 것은?

〈보기〉

공기와 바람은 눈에 보이지 않지만 사물의 움직임을 통해 지각되고, 계속 움직이며 대상에 영향을 주는 힘으로 인식되기도 합니다. 이런 속성이 시에 어떻게 활용되는지 알아봅시다.

(공기와 바람의 객관적 속성 ① / 공기와 바람의 객관적 속성 ② / 시인의 주관적 변용)

정답인 이유

② ㉡에서는 끊임없이 움직이는 '바람'의 속성*을 활용해 '내 발'을 '반석 위'로 이끄는 힘을 보여 주고 있다.
× → '바람'과 '반석'은 대립적 이미지를 지닌 시어임.

⋯› ㉡에서 '바람'은 끊임없이 움직이는 속성을 지닌 대상으로, 화자의 변화를 촉구하는 시대 의식을 의미한다. 반면 '반석'은 고정되어 있는 대상으로, '내 발이 반석 위에 섰다'는 것은 안일함을 추구하는 화자의 모습을 보여 준다. 따라서 '바람'의 속성을 활용해 '내 발'을 '반석 위'로 이끄는 힘을 보여 준다는 것은 적절하지 않다.

* 속성(屬性) : 사물의 특징이나 성질 예 대중문화는 일반적으로 상업성이라는 속성을 띤다.

오답인 이유

④ (매력적인 오답) ㉣에서는 '날개'를 '힘껏' 떠받치는 '공기'의 속성을 활용해 '새'의 '날개'가 '공기'의 힘을 이용할 수 있음을 암시하고 있다.

⋯› ㉣에서는 '새'가 '공기'의 속성을 활용해 자유롭게 하늘을 날 수 있음에도 불구하고 네 발 달린 짐승처럼 걷는 모습을 통해, 자유로운 삶의 가능성을 외면하는 현대인의 모습을 드러내고 있다.

① ㉠에서는 움직임이라는 '바람'의 속성을 '괴로움'이라는 내면의 흔들림을 지각하는 계기로 활용하고 있다.

⋯› ㉠에서는 '바람'이 화자의 괴로움을 일깨우는 역할을 하고 있다. 계속 움직이며 대상에 영향을 주는 '바람'의 속성을 통해, '바람'을 화자가 자신의 괴로움을 자각하는 계기로 활용하고 있다.

③ ㉢에서는 자유롭게 창살 사이를 이동하는 '공기'의 속성을 '새'가 처한 상황을 부각하는 데 활용하고 있다.

⋯› ㉢에서는 새장 밖과 새장 안을 자유로이 드나드는 '공기'의 속성을 활용해, 잠재된 힘을 잃고 새장 밖으로 날지 않는 '새'의 상황을 부각하고 있다.

⑤ ㉤에서는 보이지 않지만 존재하는 '바람'의 속성을 활용해 '창살 사이'의 빈 공간을 쪼는 '새'의 동작에 의미를 부여하고 있다.

⋯› ㉤에서는 눈에 보이지 않지만 존재하는 '바람'의 속성을 활용해, '바람'을 쪼는, 눈에 보이지 않으므로 실제로는 빈 공간을 쪼는 '새'의 동작에 의미를 부여하고 있다.

03

정답률 65% | 매력적인 오답 ① 12%

〈보기〉를 바탕으로 (나)를 감상한 내용으로 적절하지 않은 것은? [3점]

〈보기〉

〈새〉에서 '새장에 갇힌 새'는 일상의 안온함에 길들어 자유를 억압하는 일상을 벗어나지 못하는 현대인의 알레고리이다. '새'의 행동에 대한 묘사는 일상에 충실할수록 잠재된 힘과 본질을 잃어 가는 아이러니와, 일상에 만족하며 자유로운 삶의 가능성을 외면하는 현대인의 모습을 보여 준다.

('새'의 상징적 의미 / '새'의 모습을 통해 비판하고 있는 현대인의 모습 ① / '새'의 모습을 통해 비판하고 있는 현대인의 모습 ②)

정답인 이유

④ 새장 문이 열려도 날지 않고 모이를 향해 달려갈 수 있을 때까지 걷는 새는, 자신의 본질에 충실하다 보니 오히려 자유를 상실하게 되는 상황을 보여 주는군.
× → 일상에 매몰되어 잠재된 힘과 본질을 잃어 가는 모습

⋯› 〈보기〉에서 '새'의 행동에 대한 묘사는 일상에 충실할수록 잠재된 힘과 본질을 잃어 가는 아이러니를 보여 준다고 하였다. 따라서 '새장 문을 활짝 열어 놓아도 날지 않고 / 닭처럼 모이를 향해 달려갈 수 있을 때까지 걷는' 모습은 일상에 매몰되어 잠재된 힘과 본질을 잃어 가는 모습을 보여 주는 것이지, 본질에 충실하다 보니 오히려 자유를 상실하게 되는 상황을 보여 주는 것이 아니다.

오답인 이유

① (매력적인 오답) 몸이 창살에 부딪치고 나서야 창살의 간격이 보이는 새는, 일상에 갇힌 자신을 의식하는 현대인의 모습을 보여 주는군.

⋯› 몸이 창살에 부딪치고 나서 창살의 간격을 인지하는 새는, 일상에 매몰되어 살아가는 현대인이 자신의 모습을 의식하는 것으로 볼 수 있다.

② 바깥 풍경이 보일 정도로 적당한 간격의 창살로 된 새장은, 안온함과 억압성이라는 양가성*을 지닌 일상을 보여 주는군.

⋯› 바깥 풍경이 보일 정도로 적당한 간격의 창살로 이루어진 새장은, 조용하고 편안하지만 결코 벗어나지 못한다는 점에서 안온함과 억압성이라는 양가성을 지닌 일상을 상징한다고 볼 수 있다.

* 양가성(兩價性) : 동일 대상에 대한 상반된 태도가 동시에 존재하는 성질 예 돌이 지나면 아이는 자기주장이 강해지고 독립심이 생기는 반면, 엄마에게 의존하려고도 하는 양가성을 보인다.

③ 닭처럼 날개가 귀찮아질 때까지 부지런히 걷는 새는, 성실한 생활이 잠재력의 상실로 이어지는 아이러니를 보여 주는군.

⋯› 닭처럼 날개가 귀찮아질 때까지 부지런히 걷는 새는 이제 새장이 열려 있어도 날지 않게 된다. 이는 새장 안에서의 성실한 생활이 하늘을 날 수 있는 잠재력을 상실하게 만드는 아이러니를 드러낸다고 볼 수 있다.

⑤ 하늘을 자유롭게 날도록 밀어 올리는 공기를 음미할 대상으로만 여기는 듯한 새는, 자유로운 삶의 가능성을 외면하고 일상에 안주하려는 현대인의 모습을 보여 주는군.

⋯› 새장이 열려 있어도 날지 않고 공기를 음미할 대상으로만 여기는 새는, 자유로운 삶의 가능성을 외면하고 일상에 안주하려는 현대인의 모습을 드러낸다고 볼 수 있다.

현대시 **08** 청명 | 초록 바람의 전언

▶ 문제편 40~42쪽

정답 | 01 ② 02 ③ 03 ④

[01~03] 다음 글을 읽고 물음에 답하시오. 2020 9월 모의평가

제대로 작품 분석 ▶〈보기〉에서 적절한 것을 골라 넣으며 작품을 분석해 보자.

㉮ [1연] 소주제: 가을 아침에 길을 거닐며 청명을 느낌.

- 호르 호르르 호르르르: 새 소리, 벌레 소리 등
- 가을 아침: 계절적·시간적 배경
- 취어진 청명을 마시며: 가을의 정취에 흠뻑 젖어 든 화자의 모습
- 수풀이 호르르 벌레가 호르르르: 1
- 청명은 내 머릿속 ~ 새어 나가나니: 가을의 맑고 밝은 기운이 화자의 몸을 돌아 나가면서 자연과 하나가 됨. – 물아일체(物我一體)

[2연] 소주제: 온몸으로 청명을 느끼며 자연과 교감함.

- 온 살결 터럭 끝은 모두 눈이요 입이라: 온 몸으로 자연을 느낌.
- 나는 수풀의 ~ 알 수 있다: 수풀, 벌레 등 자연과 소통하고 교감함.
- 가장 고웁지 못한 노래꾼: 2

[3연] 소주제: 청명을 더 느끼고 싶은 마음

- 수풀과 벌레는 자고 깨인 어린애: 3
- 이 청명에도 주리나니: 청명을 더 느끼고 싶은 화자의 마음
- 방에 문을 ~ 숨 쉬지 않았느냐: 자연과 단절된 생활을 했음.

[4연] 소주제: 햇발이 쏟아지는 가을 풍경의 아름다움

- 햇발이 처음 ~ 관을 쓴다: 4
- 토록: 동백의 열매가 빠져나오는 소리
- 오! 그 빛남 그 고요함: 가을 풍경을 본 화자의 감탄
- 간밤에 하늘을 ~ 흐름이 저러했다: 아침 햇빛을 밤의 별빛에 대응시킴.

[5연] 소주제: 고향 같은 청명에 포근하게 젖어 듦.

- 온 소리의 앞 소리, 온 빛깔의 비롯: 근원적 존재로서의 자연의 가치
- 이 청명에 포근 취어진 내 마음: 화자의 정서가 직접 드러남.
- 감각의 낯익은 ~ 내 집을 들었노라: 5

– 김영랑, 〈청명〉

❖ 제대로 작품 분석의 〈보기〉

㉠ 자연과 교감하는 화자 자신
㉡ 햇빛이 쏟아지는 순간의 아름다운 모습
㉢ 이슬을 빠는 수풀과 벌레를 젖을 빠는 어린애에 비유 – 은유법
㉣ 청명한 가을날에 젖어 든 마음을 낯익은 고향을 찾은 것에 비유함.
㉤ 청각적 이미지를 활용하여 가을 아침에 대한 화자의 인상을 표현함.

❖ 제목의 의미

'청명(淸明)'은 날씨가 맑고 밝다는 의미로, 청명한 가을 아침을 거닐며 자연과 교감하는 화자의 모습을 보여 주는 작품이다. 특히 '나도 이 아침 청명의 가장 고웁지 못한 노래꾼이 된다'라는 표현에는 자연 속에 섞여 자연과 하나가 되고 싶은 화자의 마음이 잘 담겨 있다.

❖ 작가 소개

김영랑(金永郞, 1903~1950): 시인. 본명은 윤식(允植). 《시문학》 동인으로 참여하였으며, 잘 다듬어진 언어로 한국적 정서를 담은 서정시를 발표하여 순수 서정시의 새로운 경지를 개척하였다. 만년에는 민족주의적인 색채가 강한 작품을 발표하기도 했다. 시집에 《영랑 시집》, 《영랑 시선》 등이 있다.

❖ 핵심 정리

- 갈래: 자유시, 서정시
- 성격: 감각적, 자연 친화적
- 주제 : 청명한 가을 아침에 젖어 든 마음
- 특징: ① 다양한 감각적 이미지로 산뜻한 가을 아침의 인상을 표현함. ② 의인법, 은유법 등을 통해 자연과 인간의 교감을 형상화함. ③ 동일한 종결 어미(–나니, –노라 등)를 반복하여 리듬감을 형성함.

㉯ [1연 1~3행] 소주제: 솔나무의 속삭임을 전하는 바람

- 청솔잎을 빗질해 주던 바람: '청솔잎에 불던 바람'의 의인화
- 바람: 1
- 무어라 무어라: 서로 화답하고 조응하는 모습 ①
- 푸른 햇살 ~ 달려갔다 하자: 감각적, 역동적 이미지로 생동감 부여
- 시상 전개의 특징

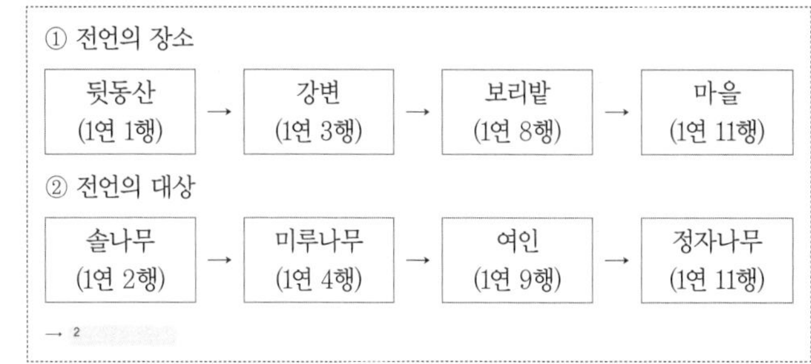

① 전언의 장소
뒷동산 (1연 1행) → 강변 (1연 3행) → 보리밭 (1연 8행) → 마을 (1연 11행)
② 전언의 대상
솔나무 (1연 2행) → 미루나무 (1연 4행) → 여인 (1연 9행) → 정자나무 (1연 11행)
→ 2

[1연 4~6행] 소주제: 미루나무가 강물에 쏟아 내는 봄비

- 미루나무에게 전하니: 바람이 솔나무의 이야기를 미루나무에게 전함.
- 알았다 알았다: 서로 화답하고 조응하는 모습 ②
- 구슬알: 3

[1연 7~12행] 소주제: 보리밭에서 김매던 여인과 봄의 정경

- 앞들 보리밭에서 ~ 구슬땀 씻어올리는: 건강한 노동의 모습
- 아픈 허리를 곧게 펴곤: 4
- 고개를 끄덕끄덕: 서로 화답하고 조응하는 모습 ③
- 일별: 한 번 흘낏 봄.

[2연] 소주제: 푸른 봄날 바람결에 들리는 소쩍새의 울음

- 아무려면 어떤가: 5
- 한 초록으로 짙어 가는 ~ 다 싣는 날에: 감각적 이미지(시각, 청각)를 사용하여 봄날의 생동감을 형상화함. – 미완의 문장으로 시행을 종결하여 여운을 줌.

– 고재종, 〈초록 바람의 전언〉

❖ 제대로 작품 분석의 〈보기〉

㉠ 봄비 – 은유법
㉡ 바람이 일하는 여인에게 휴식을 제공함.
㉢ 봄의 생동감을 드러내는 중심 소재, 이야기를 전달하는 주체
㉣ '초록 바람'이 이동하면서 말을 전하는 순서에 따라 시상을 전개함.
㉤ 청청한 날의 정경에 대한 화자의 반응 – 시적 상황에 대한 화자의 정서 집약

❖ 제목의 의미

'전언'은 '말을 전함.'을 뜻하는 말로, '초록 바람'의 전언 과정을 통해 봄날의 생동감 넘치는 모습을 형상화한 작품이다. 여러 자연물을 의인화하여 서로 화답하고 조응하는 모습과 보리밭에서 김을 매던 여인의 모습을 연결하여, 봄을 맞은 세상 만물의 모습을 감각적으로 그리고 있다.

❖ 작가 소개

고재종(高在鍾, 1957~): 시인. 전남 담양 출생. 1984년 실천문학사의 신작 시집 《시여 무기여》에 〈동구 밖 집 열 두 식구〉를 발표하며 등단하였다. 소외된 농촌의 현실을 반영한 시, 생태주의적 관점으로 농촌의 자연환경을 바라보는 시를 주로 썼다. 주요 작품으로 〈면면함에 대하여〉, 〈세한도〉, 〈첫사랑〉 등이 있고, 시집으로는 《바람 부는 솔숲에 사랑은 머물고》, 《앞강도 야위는 이 그리움》 등이 있다.

❖ 핵심 정리

- 갈래: 자유시, 서정시
- 성격: 감각적, 서정적
- 주제 : 봄을 맞이한 자연의 생동감
- 특징: ① 자연물에 인격을 부여하여 생동감 있게 표현함. ② 바람의 전언 과정에 따라 시상이 전개됨. ③ 감각적 이미지를 활용하여 생기 있는 봄의 모습을 형상화함. ④ 동일한 종결 어미(–자)를 반복하여 리듬감을 형성함.

제대로 감상법 모범 답안

㉮ 김영랑, 〈청명〉

❶ 교감 ❷ 가장 고웁지 못한 노래꾼 ❸ 청명

❖ 제대로 작품 분석

1㉤ 2㉠ 3㉢ 4㉡ 5㉣

㉯ 고재종, 〈초록 바람의 전언〉

❶ 초록 ❷ 바람 ❸ 구슬알 ❹ 전언

❖ 제대로 작품 분석

1㉢ 2㉣ 3㉠ 4㉡ 5㉤

01

정답률 80%

(가)와 (나)에 대한 설명으로 가장 적절한 것은?

정답인 이유

② (가)와 (나)는 각각 동일한 종결 어미의 반복을 활용하여 리듬감을 형성하고 있다.
○ → (가) '–나니', '–노라', (나) '–자'

···› (가)에서는 '–나니', '–노라' 등의 종결 어미를 반복하여 리듬감을 형성하고 있으며, (나)에서는 '–자'라는 종결 어미를 반복하여 리듬감을 형성하고 있다.

오답인 이유

① (가)와 (나)는 가정의 진술을 활용하여 현실과 이상의 거리감을 드러내고 있다.
(가) ×, (나) ○ / (가)와 (나) 모두 ×

···› (나)에서는 '~ 달려갔다 하자.', '~ 쏟아냈다 하자.', '~ 보냈다 하자.'에 가정의 진술이 활용되었지만, (가)에서는 '취어진 청명을 마시며 거닐면'에 조건적 진술이 활용되었다. 또한 (가)와 (나) 모두 현실과 이상의 거리감을 드러내고 있지 않으므로, ①은 적절하지 않다.

③ (가)와 (나)는 화자의 시선이 화자 내면에서 외부 세계로 이동하는 방식으로 시상을 전개하고 있다.
(가)와 (나) 모두 ×

···› (가)와 (나)는 모두 자연이 주는 느낌에서 시상을 출발하고 있다. 화자의 시선이 화자 내면에서 외부 세계로 이동하는 방식은 사용되지 않았다.

④ (가)는 여정에 따른 공간의 이동을 통해, (나)는 계절의 흐름에 따른 대상의 변화를 통해 풍경을 묘사하고 있다.
× / ×

···› (가)에는 청명한 가을 아침에 자연을 거니는 화자의 모습이 나타나 있을 뿐, 여정에 따른 공간의 이동은 나타나 있지 않다. 그리고 (나)에는 '초록으로 짙어 가는 오월도 청청한 날'이라는 계절적 배경이 제시되어 있을 뿐, 계절의 흐름에 따른 대상의 변화는 나타나 있지 않다.

⑤ (가)는 종교적 관념에 대한 사색을 바탕으로, (나)는 일상생활에서 깨달은 바를 바탕으로 주제를 구체화하고 있다.
× / ×

···› (가)는 청명한 가을 아침에 자연과 하나가 되고 싶은 마음을 노래하고 있을 뿐, 종교적 관념에 대한 사색은 나타나 있지 않다. 그리고 (나)는 자연 속에서 느낀 생동감을 노래하고 있을 뿐, 일상생활에서 깨달은 바는 나타나 있지 않다.

02

정답률 88%

㉠~㉤에 대한 이해로 적절하지 않은 것은?

정답인 이유

③ ㉢은 청명한 가을날에 느끼는 마음을 고향의 낯익음에 비유하여 지나가는 가을에 대한 아쉬움을 드러내고 있다.
○ / ×

···› ㉢은 가을의 청명함에 마음이 젖어 드는 것을 낯익은 고향을 찾은 것에 비유한 표현이다. 하지만 지나가는 가을에 대한 아쉬움을 드러내고 있는 것은 아니다.

오답인 이유

① ㉠은 청각적 심상을 활용하여 산뜻한 가을 아침에 대한 화자의 인상을 표현하고 있다.

···› '호르르', '호르르르'는 수풀이 흔들리고 벌레가 우는 소리를 나타낸 음성 상징어이다. ㉠에서는 이와 같은 청각적 심상을 활용하여 산뜻한 가을 아침에 대한 화자의 인상을 드러내고 있다.

② ㉡은 청명한 날이 으리으리한 관을 쓴다는 비유를 활용하여 햇빛이 쏟아지는 순간의 아름다운 모습을 표현하고 있다.

···› ㉡에서는 햇빛이 쏟아지는 순간을 '햇발이 처음 쏟아오아'라고 표현하고 있으며, 그 순간의 아름다움을 '갑자기 으리으리한 관을 쓴다'라며 청명이 으리으리한 관을 쓴 모습에 비유하고 있다.

④ ㉣은 역동적인 이미지를 활용하여 바람이 부는 강변의 풍경을 감각적으로 표현하고 있다.

···› ㉣에서는 강변에 바람이 불어 풀이 흔들리는 풍경을 '푸른 햇살 요동치는 강변으로 달려갔다'라는 역동적인 이미지를 활용하여 감각적으로 표현하고 있다.

⑤ ㉤은 청청한 날의 정경에 대한 화자의 반응을 제시하여 시적 상황에 대한 정서를 집약적*으로 드러내고 있다.

···› ㉤은 화자의 목소리가 직접적으로 드러난 부분으로, 자연물과 자연물, 자연물과 인간이 서로 교감하는 봄날 풍경에 대한 화자의 정서를 집약적으로 드러내고 있다.

* 집약적(集約的) : 하나로 모아서 뭉뚱그리는. 또는 그런 것 ㉔ 시는 인간의 모든 정신 활동의 집약적 산물 혹은 결정이라고 할 수 있다.

03

정답률 83%

〈보기〉를 참고하여 (가)와 (나)를 감상한 내용으로 적절하지 않은 것은? [3점]

〈보기〉

자연은 시인에게 상상력의 주요한 원천이 되어 왔다. 그중 생태학적 상상력은 생태계 구성원 간의 관계에 주목한다. 생태학적 상상력은 모든 생태계 구성원을 평등한 존재로 보는 데에서 출발하여, 서로 교감·소통하며 유대감을 느끼는 관계로(생태학적 상상력의 관점 ①), 나아가 영향을 주고받는 순환의 관계로(생태학적 상상력의 관점 ②) 인식한다. 생태학적 상상력을 통해 시인은 자연의 근원적 가치와(생태학적 상상력의 관점 ③), 인간과 자연의 조화로운 관계를 드러내며 궁극적으로는 이들을 하나의 생태 공동체로 형상화(생태학적 상상력을 통해 드러내려고 하는 바)한다.

정답인 이유

④ (가)에서 화자가 '동백 한 알'이 떨어지는 모습에서 '하늘'의 '별살'을 떠올린 것과 (나)에서 화자가 '잎새'의 흔들림에서 반짝이는 '구슬알'을 떠올린 것은 생명의 탄생을 계기로 순환하는* 생태계의 질서를 보여 주는군.

× → 대상의 유사성에 기반한 표현

…› (가)에서 화자가 '동백 한 알'이 떨어지는 것을 보고 '별살의 흐름'을 떠올린 것이나, (나)에서 화자가 '잎새'의 흔들림을 보고 반짝이는 '구슬알'을 떠올린 것은 견주어지는 대상끼리 서로 유사성을 가지고 있기 때문이다. 이는 생명의 탄생을 계기로 순환하는 생태계의 질서와는 전혀 관련이 없다. 그리고 〈보기〉에서 말하는 '순환의 관계'는 생태계 구성원 사이에 영향을 주고받는 관계를 의미하는 것이지, 생명의 탄생을 계기로 순환하는 것을 의미하는 것이 아니다.

* 순환하다(循環--): 주기적으로 자꾸 되풀이하여 돌다. 예 온대 기후에서는 봄, 여름, 가을, 겨울의 사계절이 일정한 주기를 가지고 순환한다.

오답인 이유

① (가)에서 화자가 '온 살결 터럭 끝'을 '눈'과 '입'으로 삼아 자연을 대하는 것은 인간과 자연 간의 교감을, (나)에서 '바람'이 '뒷동산 청솔잎을 빗질'하는 것은 자연과 자연 간의 교감*을 드러내는군.

…› (가)에서 화자가 '온 살결 터럭 끝'을 '눈'과 '입'으로 삼아 '수풀의 정'과 '벌레의 예지'를 알 수 있다고 한 것은 인간인 화자와 자연의 교감을 드러낸다고 볼 수 있다. 그리고 (나)에서 '바람'을 의인화하여 '뒷동산 청솔잎을 빗질'해 준다고 한 것은 자연과 자연 간의 교감을 드러낸다고 볼 수 있다.

* 교감(交感): 서로 접촉하여 따라 움직이는 느낌 예 육아 전문가들은 아이들과 대화를 나누며 교감하는 시간을 많이 가지는 것이 중요하다고 말했다.

② (가)에서 화자가 '수풀의 정'과 '벌레의 예지'를 '알 수 있다'고 하는 것과 (나)에서 '솔나무'가 '무어라' 하고 '미루나무'가 '알았다'고 하는 것은 구성원들이 서로 소통하는 조화로운 생태계의 모습을 보여 주는군.

…› (가)에서 청명한 가을 아침에 길을 거니는 화자가 '수풀의 정'과 '벌레의 예지'를 '알 수 있다'고 한 것은 생태계 구성원들이 서로 소통하며 유대감을 느끼는 조화로운 모습으로 이해할 수 있다. (나)에서 '솔나무'가 '무어라 무어라' 하는 말을 들은 '미루나무'가 다시 '알았다 알았다'는 듯이 잎새를 흔드는 것 역시 생태계 구성원들이 서로 소통하며 유대감을 느끼는 조화로운 모습으로 이해할 수 있다.

③ (가)에서 화자가 '수풀'과 '벌레'의 소리를 듣고 '나도' 청명함의 '노래꾼이 된다'고 하는 것과 (나)에서 '솔나무의 속삭임'을 '바람'이 '미루나무'에게 전하고, 이를 '여인'도 '정자나무'에게 전하는 것은 자연과 인간 간의 유대감*을 드러내는군.

…› (가)에서 화자가 '가장 고웁지 못한 노래꾼'으로서 자연 속에 섞이는 것, (나)에서 바람의 전언을 들은 '여인'이 '정자나무'를 향해 일별을 보내는 것은 자연과 인간이 서로 교감하고 소통하며 유대감을 느끼는 관계임을 드러낸다고 볼 수 있다.

* 유대감(紐帶感): 서로 밀접하게 연결되어 있는 공통된 느낌 예 같은 취미를 가진 동호인들만이 느끼는 정서적 유대감이란 것이 있다.

⑤ (가)에서 자연을 '온 소리의 앞소리'와 '온 빛깔의 비롯'이라고 표현한 것은 근원적 존재로서의 자연의 가치를, (나)에서 '오월'에 '산'과 '마을'이 '한 초록으로 짙어' 간다고 표현한 것은 인간과 자연이 하나가 되어 가는 생태 공동체를 형상화하는군.

…› (가)에서 화자는 자연의 소리가 모든 소리의 앞에 존재하며 자연의 빛깔에서 모든 빛깔이 비롯한다고 보고 있는데, 이러한 관점은 근원적 존재로서의 자연의 가치를 드러낸 것으로 볼 수 있다. 그리고 (나)에서는 대유법*을 통해 자연을 대표하는 '산'과 인간을 대표하는 '마을'이 '한 초록으로 짙어' 간다고 표현하고 있는데, 이는 인간과 자연을 하나의 생태 공동체로 형상화한 것으로 볼 수 있다.

현대시 09 출생기 | 샤갈의 마을에 내리는 눈

▶ 문제편 43~45쪽

정답 | 01 ① 02 ④ 03 ③

[01~03] 다음 글을 읽고 물음에 답하시오. 2019 수능

제대로 작품 분석 ▶〈보기〉에서 적절한 것을 골라 넣으며 작품을 분석해 보자.

가 [1연] 소주제: 화자가 태어나던 때의 분위기
- 검정 포대기 같은 ~ 어둔 바람이 불어오던: 1
- 검정 포대기 같은 까마귀 울음소리: 청각의 시각화 – 음산한 분위기 조성
- 융희 2년!: 2

[2연] 소주제: 시대 상황과 대비되는 자연의 생명력과 집안 분위기
- 그래도: 1연과 대비되는 시상 전개
- 다채하여: 색채, 형태, 종류가 어울려 호화스러워
- 지붕에 박넌출 ~ 뻗은 듯 피어: 3
- 박넌출: 박넝쿨
- 나를 잉태한 어머니는 ~ 저릉저릉 글 읽으셨다: 출생을 앞둔 집안의 분위기 제시 – 대구
- 어진 생각만을 다듬어: '나'에 대한 어머니의 사랑
- 저릉저릉 글 읽으셨다: '나'에 대한 아버지의 사랑

[3연] 소주제: 화자가 태어나던 날의 상황과 회한
- 제삿날 밤: '나'가 태어나던 날의 부정적 이미지 ①
- 제삿밥을 먹고: 부정적 이미지 ②
- 희미한 등잔불: 부정적 이미지 ③
- 번문욕례: 4
- 욕된 후예: 부정적 이미지 ④
- 떨어졌나니: 부정적 이미지 ⑤

[4연] 소주제: 울음소리의 의미와 이름이 지어진 유래
- 신월같이 슬픈: 비관적 정서 표출
- 신월: 초승달
- 고고의 곡성: 5
- 명이나 길라 하여: 이름이 지어진 유래

– 유치환, 〈출생기(出生記)〉

❖ 제대로 작품 분석의 〈보기〉

㉠ 생명력 넘치는 자연의 모습
㉡ 번거롭고 까다로운 규칙과 예절
㉢ '나'가 태어나던 때의 어둡고 음산한 분위기를 나타냄.
㉣ 생명 탄생의 울음소리 ↔ 사람이 죽었을 때의 울음소리
㉤ 시인 유치환이 태어난 해, 일제 강점기 직전의 암울한 시대

❖ 제목의 의미

일제의 강점이 현실화되고 있는 시대의 암울함을 화자의 출생 내력과 연관 지어 형상화하고 있는 작품이다. 작품의 시간적 배경이 되는 융희 2년(1908년)은 실제 시인이 태어난 해로, 일제에 의해 우리나라가 강점이 되기 직전의 시기이다. 시인은 이러한 시대적 암울함을 '검정 포대기', '까마귀 울음소리', '어둔 바람', '욕된 후예', '신월'과 같은 어둡고 음산한 이미지를 통해 그려 내고 있다.

❖ 작가 소개

유치환(柳致環, 1908~1967): 시인. 호는 청마(靑馬). 1931년 《문예 월간》에 시 〈정적〉을 발표하면서 등단하였으며, 생명파 시인으로 불린다. 생명 본연의 순수함에 대한 추구와 동양적인 허무를 극복하려는 의지를 남성적 어조로 표현하였다. 주요 작품으로 〈생명의 서〉, 〈바위〉 등이 있다.

❖ 핵심 정리

- 갈래: 자유시, 서정시
- 성격: 비유적, 사실적, 회상적
- 주제: 출생의 내력과 일제의 강점이 현실화되는 시대적 암울함
- 특징: ① 어둡고 음산한 이미지를 통해 암울한 시대적 분위기를 드러냄. ② 과거 시제를 사용하여 서사적 사건을 들려주는 형식을 취함.

나 [1행] 소주제: 눈 내리는 샤갈의 마을
- 샤갈의 마을: 1
- 눈: 2
- 현재형 어미의 사용

온다(1행), 떤다(4행), 덮는다(9행), 지핀다(15행)
→ 현재형 어미를 사용하여 생동감을 부여함.

[2~4행] 소주제: 눈을 맞는 사나이의 모습에 나타난 봄의 생명감
- 정맥: 봄의 생명감
- 바르르 떤다: 3

[5~9행] 소주제: 샤갈의 마을을 덮는 눈의 모습
- 수천수만의 날개를 달고: 4

[10~15행] 소주제: 눈 속에서 다시 피어나는 봄의 생명들과 새봄의 아름다움
- 겨울 열매들: 5
- 눈, 올리브빛, 불: 6
- 불: 맑고 순수한 생명감

– 김춘수, 〈샤갈의 마을에 내리는 눈〉

❖ 제대로 작품 분석의 〈보기〉

㉠ 생명의 꿈틀거림
㉡ 순수하고 맑은 생명력
㉢ 메마르고 움츠러든 존재
㉣ 눈송이가 날리는 모습 – 활유법
㉤ 실제 공간이 아닌 환상적인 세계
㉥ 선명한 색채 이미지를 통해 봄의 아름다움을 드러냄.

❖ 제목의 의미

마르크 샤갈의 그림인 〈나와 마을〉을 보면서 떠오르는 이미지를 감각적인 언어로 나타낸 작품으로, 봄의 순수한 생명력을 표현하고 있다. 의미 전달보다는 이미지 표현에 중점을 두어 봄의 순수하고 맑은 생명감을 드러내고 있다.

❖ 작가 소개

김춘수(金春洙, 1922~2004): 시인, 평론가. 1946년 시화집 《날개》에 시 〈애가〉를 발표하면서 등단하였다. 사물의 이면에 내재하는 본질을 파악하는 시를 써 '인식의 시인'으로도 일컬어진다. 주요 작품으로 〈꽃〉, 〈꽃을 위한 서시〉 등이 있다.

❖ 핵심 정리

- 갈래: 자유시, 서정시
- 성격: 감각적, 회화적, 환상적
- 주제: 봄의 맑고 순수한 생명감
- 특징: ① 현재형 시제를 사용하여 봄의 생명력을 생동감 있게 표현함. ② 의미 전달보다는 서로 이질적인 이미지의 연상을 통해 시상을 전개함.

제대로 감상법 모범 답안

가 유치환, 〈출생기(出生記)〉

❶ 출생 ❷ 고고의 곡성 ❸ 과거 시제

❖ 제대로 작품 분석

1㉢ 2㉤ 3㉠ 4㉡ 5㉣

나 김춘수, 〈샤갈의 마을에 내리는 눈〉

❶ 샤갈의 마을 ❷ 눈 ❸ 이미지

❖ 제대로 작품 분석

1ⓜ 2ⓛ 3ⓖ 4ⓡ 5ⓒ 6ⓑ

⑤ 자연물을 살아 있는 대상으로 묘사하여 화자가 느끼는 이국적인 세계의 모습을 담아내고 있다.
(가) ×, (나) ○

··· (나)는 '눈은 수천수만의 날개를 달고' 등에서 자연물을 살아 있는 대상으로 묘사하여 화자가 느끼는 이국적인 세계의 모습을 형상화하고 있다. 하지만 (가)는 자연물을 살아 있는 대상으로 묘사하거나 이국적인 세계의 모습을 담아내고 있지 않다.

01

정답률 80%

(가)와 (나)의 공통점으로 가장 적절한 것은?

정답인 이유

① 시간과 관련된 표지*를 제시하여 시적 분위기를 조성하고 있다.

··· (가)는 '융희 2년'이라는 시간적 배경을 제시하여 일제의 강점을 앞둔 1908년의 암울한 시대적 분위기를 암시하고 있다. 그리고 (나)는 '삼월'이라는 시간적 배경을 제시하여 봄을 맞이하는 생동감 넘치는 분위기를 표현하고 있다. 따라서 (가)와 (나)는 모두 시간과 관련된 표지를 제시하여 시적 분위기를 조성하고 있다고 볼 수 있다.

* 표지(標識): 표시나 특징으로 어떤 사물을 다른 것과 구별하게 함. 또는 그 표시나 특징 예 통행금지 표지

오답인 이유

② 과거 시제를 사용하여 서사적 사건을 들려주는 형식을 취하고 있다.
(가) ○, (나) ×

··· (가)는 '불어오던', '지니셨고', '읽으셨다' 등과 같은 과거 시제를 사용하여 화자의 출생과 관련된 서사적 사건을 들려주는 형식을 취하고 있다. 하지만 (나)는 '온다', '떤다', '덮는다' 등과 같은 현재 시제를 사용하여 봄의 생명력을 생동감 있게 표현하고 있다.

③ 시적 상황의 객관적 관찰에 초점을 둠으로써 주관적 의미의 서술을 배제*하고 있다.
(가) ×, (나) ○ / (가)와 (나) 모두 ×

··· (가)는 '검정 포대기 같은 까마귀 울음소리', '부엉이 괴괴히 울어', '상서롭지 못한 세대', '신월같이 슬픈 제 족속' 등과 같이 시적 상황에 주관적 의미를 부여하여 표현하고 있다. 그리고 (나)는 삼월에 눈이 오는 샤갈의 마을의 풍경을 비교적 객관적으로 관찰하여 묘사하고 있지만, '그해의 제일 아름다운 불' 등과 같은 표현으로 볼 때 주관적 의미의 서술을 배제했다고 볼 수 없다.

* 배제(排除): 받아들이지 아니하고 물리쳐 제외함. 예 이 조치는 특정 업체의 독점 배제를 위한 것이다.

④ 암울하고 비관적*인 정서를 내포한 시어를 사용하여 비극적 상황을 고조하고 있다.
(가) ○, (나) ×

··· (가)는 '검정 포대기 같은 까마귀 울음소리', '부엉이 괴괴히 울어', '어둔 바람', '욕된 후예', '신월같이 슬픈', '곡성' 등과 같이 암울하고 비관적인 정서를 내포한 시어를 사용하여 비극적인 시대적 상황을 드러내고 있다. 하지만 (나)는 따뜻하고 감각적인 시어를 사용하여 봄의 맑고 순수한 생명감을 드러내고 있을 뿐, 비극적 상황의 고조와는 관련이 없다.

* 비관적(悲觀的): 인생을 어둡게만 보아 슬퍼하거나 절망스럽게 여기는 것 예 그는 인생에 낙이 없다고 생각하는 비관적인 사람이다.

02

정답률 83%

[A]~[E]에 대한 이해로 적절하지 않은 것은? [3점]

정답인 이유

④ [D]: 화자가 태어난 날의 상황을 구체적으로 서술하여 출생에 대한 감격을 드러내고 있다.
○ / ×

··· [D]는 화자가 태어난 날의 상황을 구체적으로 서술한 것으로 볼 수 있다. 하지만 '왕고못댁 제삿날 밤'에 태어났다거나 '욕된 후예'로 세상에 떨어졌다는 등의 내용으로 볼 때 출생에 대한 감격을 드러내고 있는 것으로 볼 수는 없다.

오답인 이유

① [A]: 청각의 시각화를 통해 음산한 시적 상황을 조성하고 있다.
'검정 포대기 같은 까마귀 울음소리'

··· [A]의 '검정 포대기 같은 까마귀 울음소리'에서 청각(까마귀 울음소리)의 시각화(검정 포대기)가 나타나며, 이를 통해 암울하고 음산한 시대적 분위기를 조성하고 있다.

② [B]: 시대 상황과 대비되는 자연의 모습을 통해 생명력을 표현하고 있다.
'박넌출 남풍에 자라고', '푸른 하늘엔 석류꽃 피 뱉은 듯 피어'

··· '그래도'라는 접속사를 통해 [B]에서는 1연의 시대 상황과 대비되는 내용이 제시될 것이라는 사실을 짐작할 수 있다. [B]에서는 1연의 암울하고 음산한 분위기와 달리, '박넌출 남풍에 자라고', '푸른 하늘엔 석류꽃 피 뱉은 듯 피어'와 같이 생명력 넘치는 자연의 모습을 표현하고 있다.

③ [C]: 대구 형식을 활용하여 화자의 출생을 앞둔 집안의 분위기를 드러내고 있다.
'나를 잉태한 어머니는 ~ 지니셨고'와 '젊은 의원인 아버지는 ~ 읽으셨다'

··· [C]에서는 '나를 잉태한 어머니는 ~ 다듬어 지니셨고'와 '젊은 의원인 아버지는 ~ 글 읽으셨다'라는 대구 형식을 통해 화자의 출생을 앞둔 집안의 분위기를 드러내고 있다.

⑤ [E]: 울음소리에서 연상되는 상반된 의미와 연결하여 화자의 이름이 지어진 이유를 제시하고 있다.
'고고의 곡성' / '명이나 길라 하여'

··· [E]에서는 이제 막 태어나 우는 아이의 울음소리인 '고고'와 사람이 죽었을 때 슬퍼서 우는 소리인 '곡성'을 연결하여, 명이나 길었으면 하는 바람에서 화자의 이름이 '돌메'로 지어졌음을 제시하고 있다.

03

정답률 75% | 매력적인 오답 ② 10%

〈보기〉를 참고하여 (나)를 감상한 내용으로 적절하지 않은 것은?

〈보기〉

김춘수는 샤갈의 그림 〈나와 마을〉에서 받은 느낌을 시로 표현함으로써 상호 텍스트성을 구현했다. 올리브빛 얼굴을 가진 사나이와 당나귀가 서로 마주 보고 있는 그림에서 영감을 받은 시인은, "특히 인상 깊

었던 것은 커다란 당나귀의 눈망울이었고, 그 당나귀의 눈망울 속에 들어앉아 있는 마을이었다."라고 느낌을 말했다. 또한 밝고 화려한 색감을 지닌 이질적 이미지들의 병치로 이루어진 샤갈의 초현실주의적 그림에 대한 감각적 인상을, 자신의 고향 마을에 투사하여 다양한 이미지의 병치로 변용했다. 이는 봄을 맞이한 생동감과 고향 마을의 따뜻한 풍경에 대한 그리움을 형상화한 것이라고 할 수 있다.

정답인 이유

③ **'날개', '하늘', '지붕과 굴뚝' 등은 시인이 밝고 화려한 색감을 지닌 그림 속 마을의 모습을 공감각적 이미지의 풍경으로 변용한* 것이군.**
× → 시각적 이미지

…→ 공감각적 이미지는 하나의 감각적 대상을 다른 종류의 감각으로 전이시켜 표현한 이미지를 말한다. (나)의 '날개', '하늘', '지붕과 굴뚝'은 하늘에서 눈송이들이 내려와 지붕과 굴뚝을 덮는 모습을 표현한 것으로, 시각적 이미지가 나타날 뿐 공감각적 이미지는 나타나지 않는다.

* 변용하다(變容--): 용모가 바뀌다. 예 이 작품은 이미 외국에서 소개된 작품을 한국인의 정서에 맞게 변용한 것이다.

오답인 이유

② 매력적인 오답 **'삼월에 눈', '봄을 바라고 섰는 사나이', '새로 돋은 정맥' 등은 시인이 그림 속 이질적* 이미지들의 병치를 다양한 이미지들의 병치로 변용하여 봄의 생동감을 형상화한 것이군.**

…→ 〈보기〉에서 시인은 '밝고 화려한 색감을 지닌 이질적 이미지들의 병치로 이루어진 샤갈의 초현실주의적 그림에 대한 감각적 인상을, 자신의 고향 마을에 투사하여 다양한 이미지의 병치로 변용'했다고 하였다. 따라서 샤갈의 그림에 나타난 '올리브빛 얼굴을 가진 사나이와 당나귀'의 이질적 이미지의 병치가, (나)에서는 '삼월에 눈', '봄을 바라고 섰는 사나이', '새로 돋은 정맥'과 같은 다양한 이미지의 병치로 변용되어 나타났음을 알 수 있다.

* 이질적(異質的): 성질이 다른. 또는 그런 것 예 벽에 걸린 몇몇 작품은 너무 이질적인 주제를 담고 있어서 서로 잘 어울리지 못했다.

① **'샤갈의 마을'은 시인이 그림 속 마을 풍경에서 받은 인상을 자신의 고향 마을에 투사하여 표현한 것이군.**

…→ 〈보기〉에서 시인은 '샤갈의 초현실주의적 그림에 대한 감각적 인상을, 자신의 고향 마을에 투사'했다고 하였다. 따라서 (나)에 나타난 '샤갈의 마을'은 시인이 그림 속 마을 풍경에서 받은 인상을 자신의 고향 마을에 투사하여 표현한 것임을 알 수 있다.

④ **'올리브빛'은 시인이 그림 속에서 영감을 받은 것으로 '겨울 열매들'을 물들이는 따뜻한 봄의 이미지를 표상한 것이군.**

…→ 〈보기〉에서 샤갈의 그림에는 '올리브빛 얼굴을 가진 사나이'가 등장한다는 것을 알 수 있다. (나)의 '샤갈의 마을의 쥐똥만 한 겨울 열매들은 / 다시 올리브빛으로 물이 들고'는 그림에 나타난 '올리브빛'에서 영감을 받아 따뜻하고 생동감 넘치는 봄의 이미지를 형상화한 것으로 볼 수 있다.

⑤ **'아낙', '아궁이' 등은 시인이 초현실주의*적 그림 속 풍경에 대한 감각적 인상을 고향 마을을 떠올리게 하는 이미지로 전이*시킨 것이군.**

…→ 〈보기〉에서 시인은 '샤갈의 초현실주의적 그림에 대한 감각적 인상을, 자신의 고향 마을에 투사하여 다양한 이미지의 병치로 변용'했다고 하였다. (나)의 '아낙', '아궁이'는 샤갈의 그림에는 등장하지 않지만, 시인이 그림 속 풍경에 대한 감각적 인상을 변용하여 고향 마을의 따뜻한 풍경에 대한 그리움을 형상화한 것으로 볼 수 있다.

* 초현실주의(超現實主義): 제일 차 세계 대전 뒤에, 다다이즘의 격렬한 파괴 운동을 수정하여 발전시킨 예술 운동. 인간을 이성의 굴레에서 해방하고, 파괴와 창조가 함께 존재할 수 있는 '최고점'을 얻으려고 하였다. 예 그 작가는 초현실주의 기법을 사용하여 사물을 새롭게 해석했다.
* 전이(轉移): 자리나 위치 따위를 다른 곳으로 옮김. 예 현실 세계에서 상상 세계로의 전이

현대시 **10** 플라타너스 | 달

▶ 문제편 46~47쪽

정답 | 01 ① 02 ④ 03 ③

[01~03] 다음 글을 읽고 물음에 답하시오. 2018 9월 모의평가

제대로 작품 분석 ▶〈보기〉에서 적절한 것을 골라 넣으며 작품을 분석해 보자.

가 [1연] 소주제: 파란 꿈을 지닌 플라타너스
- 네게 물으면: '플라타너스'를 의인화한 표현
- '플라타너스'라는 시어의 반복

> 1~5연에 '플라타너스'라는 시어가 모두 등장함.
> → 대상을 반복적으로 호명해 관심을 집중시킴.

- 너의 머리는 어느덧 파아란 하늘에 젖어 있다: 1

[2연] 소주제: 넉넉한 사랑을 아는 플라타너스
- 너는 네게 있는 것으로 그늘을 늘인다: 2

[3연] 소주제: 인생의 동반자가 되어 준 플라타너스
- 먼 길에 ~ 외로울 제: 인생길의 아득함, 고달픔
- 너는 그 길을 나와 같이 걸었다: 3

[4연] 소주제: 플라타너스와 교감하고 싶은 마음
- 영혼을 불어넣고: '나'와 '플라타너스'의 영혼이 교감하는 것을 나타냄.
- 나는 너와 함께 신이 아니다: 4

[5연] 소주제: 플라타너스와 영원한 반려자가 되고 싶은 마음
- 우리: '너 → 우리'로의 인식 확장, 반려자로서의 인식
- 검은 흙: 5
- 네 이웃이 되고 싶을 뿐: 플라타너스와 영원한 동반자가 되고 싶은 마음
- 아름다운 별과 나의 사랑하는 창이 열린 길: 6

– 김현승, 〈플라타너스〉

❖ 제대로 작품 분석의 〈보기〉

> ㉠ 죽어서 가게 되는 근원적 공간
> ㉡ 인생의 동반자가 되어 준 플라타너스
> ㉢ 꿈과 이상을 지닌 플라타너스의 모습
> ㉣ 헌신적이고 넉넉한 사랑을 베푸는 플라타너스
> ㉤ 플라타너스와 함께할 수 있는 곳 – 영혼의 안식처
> ㉥ 유한한 존재이기 때문에 영혼을 함께 나눌 수 없는 안타까움.

❖ 제목의 의미

꿈이나 사랑, 덕성을 지닌 존재로 의인화된 '플라타너스'를 예찬하고 있는 작품이다. '플라타너스'를 반복해서 부름으로써 고독한 인생 행로를 '플라타너스'와 함께하고 싶은 소망을 담담하게 노래하고 있다.

❖ 작가 소개

김현승(金顯承, 1913~1975): 시인. 평남 평양 출생. 기독교적인 세계관을 바탕으로 경건한 삶과 인간 존재의 고독한 운명을 주로 노래했다. 주요 작품으로 〈가을의 기도〉, 〈아버지의 마음〉 등이 있다.

❖ 핵심 정리

- 갈래: 자유시, 서정시
- 성격: 서정적, 명상적, 성찰적
- 주제: 인생의 행로를 동반자인 플라타너스와 함께하고 싶은 소망
- 특징: ① 자연물을 인격화하는 의인법을 통해 화자의 정서를 표현함. ② '플라타너스'를 반복해 부름으로써 리듬감을 획득함.

나 [1연] 소주제: 유리창에 밀려오는 달빛
- 영창: 1
- 달이 이제 밀물처럼 밀려오다: 화자가 마당으로 나가는 계기

[2연] 소주제: 달빛에 이끌려 마당으로 나감.
- 미욱한: 어리석고 미련한
- 부르는 이 없이: 2

[3연] 소주제: 달빛이 비치는 마당의 풍경
- 홀로 보는: 고즈넉한 분위기를 드러냄.
- 둥긋이: 둥근 듯하게

[4연] 소주제: 달빛에 더욱 곱게 느껴지는 흰 돌의 모습
- 쪼그리고 앉은: 화자의 모습
- 흰 돌: 3
- 이마가 유달리 함초롬 고와라: 달빛에 비친 '흰 돌'을 의인화함.

[5연] 소주제: 녹음이 더욱 짙어 보이는 고요한 밤
- 연연턴: 완연한, 뚜렷한
- 수묵색: 옅은 먹물의 색
- 한창때 곤한 잠인 양 숨소리 설키도다: 4

[6연] 소주제: 심화되는 달밤의 정취
- 비둘기는 무엇이 ~ 못 견디게 향그럽다: 5
- 못 견디게: 매우

– 정지용, 〈달〉

❖ 제대로 작품 분석의 〈보기〉

> ㉠ 달빛에 이끌려
> ㉡ 화자가 교감하는 대상
> ㉢ 방 안과 바깥을 잇는 매개체
> ㉣ 숨소리가 들릴 정도로 고요함.
> ㉤ 달밤의 고즈넉한 정취가 심화됨.

❖ 제목의 의미

한밤중에 달빛에 이끌려 마당으로 나간 화자가 달빛에 비친 고즈넉한 풍경을 보며 느낀 감흥을 노래하고 있는 작품이다. 제목 '달'에는 달밤에 느끼는 화자의 정취가 잘 담겨져 있다.

❖ 작가 소개

정지용(鄭芝溶, 1902~1950): 시인. 충북 옥천 출생. 섬세하고 독특한 언어를 구사하고 대상을 선명히 묘사한, 1930년대를 대표하는 시인이다. 초기에는 주로 이미지즘 계열의 작품을 썼다가 후기에는 동양적 관조의 세계를 나타내는 작품을 많이 썼다. 주요 작품으로 〈압천〉, 〈이른봄 아침〉, 〈바다〉 등이 있다.

❖ 핵심 정리

- 갈래: 자유시, 서정시
- 성격: 회화적, 감각적, 낭만적
- 주제: 달빛에 비친 조화로운 풍경에 대한 감흥
- 특징: ① 섬세하고 감각적인 시어로 달밤의 풍경을 묘사함. ② 시각, 청각, 후각 등 다양한 감각적 이미지를 활용함.

제대로 감상법 모범 답안

가 김현승, 〈플라타너스〉

❶ 플라타너스 ❷ 길 ❸ 반복

❖ 제대로 작품 분석

1㉢ 2㉣ 3㉡ 4㉥ 5㉠ 6㉤

나 정지용, 〈달〉

❶ 마당 ❷ 오동나무 꽃 ❸ 후각

❖ 제대로 작품 분석

1㉢ 2㉠ 3㉡ 4㉣ 5㉤

01

정답률 92%

(가)에 대한 설명으로 가장 적절한 것은?

정답인 이유

① 반복적 호명*을 통해 중심 대상으로 초점을 모으고 있다.
○ → 각 연에 반복적으로 쓰인 '플라타너스'

··· (가)에서는 매 연마다 '플라타너스'를 반복적으로 호명하며 중심 대상인 '플라타너스'로 초점을 모으고 있다.

* 호명(呼名): 이름을 부름. 예 나는 수업 시간에 꾸벅꾸벅 졸다가 선생님이 호명하는 소리에 귀가 번쩍하였다.

오답인 이유

② 반어적 표현*을 활용하여 대상의 이중성을 부각하고 있다.
× ×

··· (가)에는 표현의 효과를 높이기 위해 실제와 반대되게 말을 하는 반어적 표현이 사용되지 않았다. 또한 화자는 플라타너스를 꿈과 사랑을 지닌 존재로 예찬하고 있으므로, 대상의 이중성을 부각하고 있다는 설명도 적절하지 않다.

* 반어적 표현: 나타내려는 뜻과는 반대가 되게 표현하는 방법으로, 원래의 의미가 부각되는 효과를 줌. 예 나 보기가 역겨워 / 가실 때에는 / 죽어도 아니 눈물 흘리우리다 → 매우 슬퍼할 것이라는 의미의 반어적 표현

③ 색채어*를 활용하여 대상의 고풍스러운* 모습을 드러내고 있다.
○ ×

··· '파아란', '검은' 등과 같은 색채어를 활용하고 있지만, 이를 통해 대상의 고풍스러운 모습을 드러내고 있지는 않다.

* 색채어(色彩語): 색깔을 나타내는 시어로, 대상의 인상을 선명하게 함. 예 푸른 바다, 하얀 목련
* 고풍스럽다(古風---): 보기에 예스러운 데가 있다. 예 인사동 거리에는 고풍스러운 물건들을 파는 가게가 많다.

④ 현재형 진술을 통해 대상의 역동적 성격을 보여 주고 있다.
○ ×

··· '젖어 있다', '늘인다' 등과 같은 현재형 진술을 사용하고 있지만, 이를 통해 대상의 역동적 성격을 보여 주고 있는 것은 아니다. (가)에 쓰인 현재형 진술은 플라타너스의 덕성을 부각하는 역할을 하고 있다.

⑤ 상승적 이미지를 활용하여 사물의 변화 과정을 표현하고 있다.
× ×

··· 상승적 이미지는 낮은 데서 높은 데로 올라가는 느낌을 주는 이미지를 말하는데, (가)에서 상승적 이미지를 활용하고 있다고 보기는 어렵다. 또한 (가)에 사물의 변화 과정이 드러나 있지도 않다.

02

정답률 88%

㉠과 ㉡에 대한 이해로 가장 적절한 것은?
(㉠ 홀로 되어 / ㉡ 홀로 보는)

정답인 이유

④ ㉠은 화자의 적막한* 처지를, ㉡은 화자를 둘러싼 고즈넉한* 분위기를 드러낸다.

··· (가)에서 플라타너스는 '홀로 되어' 외롭게 먼 길을 걷는 화자의 벗이자 반려자로 형상화되어 있다. 따라서 ㉠은 화자의 적막한 처지를 드러낸다고 할 수 있다. 그리고 (나)에서 '홀로 보는' 마당은 화자가 고요하고 아름다운 달밤의 풍경을 바라보는 공간이다. 따라서 ㉡은 화자를 둘러싼 고즈넉한 분위기를 드러낸다고 할 수 있다.

* 적막하다(寂寞--): 의지할 데 없이 외롭다. 예 그는 자식도 반려동물도 없이 혼자 큰 집에서 적막하게 살았다.
* 고즈넉하다: 고요하고 아늑하다. 예 우리는 식당에서 밥을 먹고 나와 고즈넉한 호숫가 카페에서 차를 마셨다.

오답인 이유

① ㉠은 화자의 관조적* 자세를, ㉡은 화자의 반성적 자세를 보여 준다.
× ×

··· (가)의 화자는 플라타너스를 예찬하고 있지 관찰하거나 무관심하게 바라보고 있지 않으므로, ㉠이 화자의 관조적 자세를 보여 주는 것은 아니다. 또한 (나)의 화자는 달밤의 아름다운 모습을 바라보고 있으므로, ㉡이 화자의 반성적 자세를 보여 주는 것도 아니다.

* 관조적(觀照的): 고요한 마음으로 사물이나 현상을 관찰하거나 비추어 보는. 또는 그런 것 예 관조적 태도를 보이다. / 관조적으로 작품을 감상하다.

② ㉠은 화자가 경험한 시련을, ㉡은 화자가 간직한 추억을 환기한다.
× ×

··· (가)의 화자는 '홀로 되어' 외로움을 느꼈기 때문에 시련을 겪었다고 볼 수도 있지만, ㉠이 이러한 시련을 환기하고 있는 것은 아니다. 또한 (나)의 화자는 현재 달밤의 조화롭고 아름다운 마당의 풍경을 바라보고 있으므로, ㉡이 화자가 간직한 추억을 환기하고 있는 것도 아니다.

③ ㉠은 화자의 무기력한 태도를, ㉡은 화자의 담담한 태도를 표현한다.
× ×

··· (가)의 화자는 꿈과 사랑을 지닌 플라타너스와 삶의 길을 함께 가고자 하는 뜻을 드러내고 있으므로, ㉠이 화자의 무기력한 태도를 표현하고 있는 것은 아니다. 또한 (나)의 화자는 달밤의 풍경에서 느끼는 감흥을 드러내고 있으므로, ㉡이 화자의 담담한 태도를 표현하고 있는 것도 아니다.

⑤ ㉠은 현실에 대한 화자의 회의감*을, ㉡은 앞날에 대한 화자의 기대감을 부각한다.
× ×

··· (가)의 화자는 고독감을 드러내지만 플라타너스와 영원한 동반자가 되기를 염원하고 있으므로, ㉠이 현실에 대한 화자의 회의감을 부각하고 있는 것은 아니다. 또한 (나)의 화자는 달밤의 풍경을 바라보는 현재의 상황에 대해 만족감을 드러내고 있으므로, ㉡이 앞날에 대한 화자의 기대감을 부각하고 있는 것도 아니다.

* 회의감(懷疑感): 의심이 드는 느낌 예 진수는 승진에 계속 실패하자 자기 능력에 대한 회의감에 젖어 결국 포기하고 말았다.

03

정답률 77%

〈보기〉를 바탕으로 (가)와 (나)를 감상한 내용으로 적절하지 않은 것은? [3점]

〈보기〉

(가)와 (나)는 특정한 공간에서 사물과 교감하는 화자의 내면을 보여 준다. (가)의 화자는 삶의 여정이자 구도적 공간인 '길'에서 이상 세계인 '하늘'을 지향하는 소망을 드러낸다. (나)의 화자는 달밤의 조화로운 풍경을 포착하는 심미적 공간인 '마당'에서 사물의 아름다움에 대한 충만한 정서를 드러낸다.

작품 감상의 방향을 제시하는 키워드 / '길'의 공간적 의미 / 화자가 표출하고 있는 정서 / '마당'의 공간적 의미 / 화자가 표출하고 있는 정서

정답인 이유

③ (가)의 '창'은 화자와 '하늘'을 잇는 매개체*로서 이상 세계의 완전함을, (나)의 '영창'은 화자의 내면과 외부 세계를 잇는 매개체로서 화자의 만족감을 상징하는군.

× → 이상 세계와 관련되어 있지만, 완전함을 상징하지 않음.
× → 방 안과 바깥을 잇는 매개체로, 만족감을 상징하지 않음.

⋯→ (가)에서 '창이 열린 길'은 플라타너스와 함께할 수 있는 안식처라고 볼 수 있다. 따라서 '창'이 〈보기〉에 언급되어 있는 '이상 세계'와 관련되어 있기는 하지만, '창' 자체가 이상 세계의 완전함을 상징한다고 보기는 어렵다. 그리고 (나)에서 화자는 '영창'을 통해 달빛이 밀려오자 마당으로 나가 풍경을 감상하게 된다. 따라서 '영창'이 방 안과 바깥을 잇는 매개체라고 볼 수는 있지만 화자의 내면과 외부 세계를 잇는 매개체라고 보기는 어려우며, '영창' 자체가 화자의 만족감을 상징한다고 보기도 어렵다.

* 매개체(媒介體): 둘 사이에서 어떤 일을 맺어 주는 것 예 여행지에 가서 사진을 많이 찍는 이유는 사진이 추억을 불러일으키는 매개체이기 때문이다.

오답인 이유

① (가)의 화자는 '플라타너스'와 '같이' 걷는 모습에서, (나)의 화자는 '흰 돌'의 '유달리' 고운 '이마'를 알아채는 모습에서 사물과의 교감을 보여 주는군.

⋯→ (가)의 화자는 '플라타너스'와 '같이' 걸으며 외로운 길을 동행하는 동반자가 되고 싶어 하는데, 이를 통해 사물과 교감하는 모습을 엿볼 수 있다. 그리고 (나)의 화자는 대상을 세심하게 관찰하여 '흰 돌'의 '이마'가 '유달리' 곱다는 것을 알아채는데, 이를 통해 사물과 교감하는 모습을 엿볼 수 있다.

② (가)의 화자는 '어느 날'에 이르는 과정을 통해 삶의 여정을 드러내고, (나)의 화자는 '한밤'에 '밀물'처럼 밀려온 달빛을 통해 조화로운 풍경을 포착하는*군.

⋯→ (가)에서 '어느 날'은 이승의 삶이 끝나는 날을 의미하는데, 화자는 이에 이르는 과정을 통해 삶의 여정을 드러내고 있다고 볼 수 있다. 그리고 (나)에서 화자는 한밤중에 달빛이 밀려오는 광경을 보고 마당으로 나서게 되므로, 화자는 '한밤'에 '밀물'처럼 밀려온 달빛을 통해 달밤의 조화로운 풍경을 포착하게 된다고 볼 수 있다.

* 포착하다(捕捉--): (시간적으로 변화가 있는 대상을) 놓치지 않고 꼭 붙잡다. 예 최 작가는 나비가 꽃에 내려앉는 순간을 포착하여 카메라에 담았다.

④ (가)는 반짝이는 '별'의 이미지를 활용하여 화자가 지향하는 세계의 아름다움을, (나)는 차고 넘치는 '호수'의 이미지를 활용하여 화자가 느끼는 '마당'의 아름다움을 표현하는군.

⋯→ (가)는 플라타너스와 함께할 '그곳'에는 '아름다운 별'이 있다고 함으로써 화자가 지향하는 세계의 아름다움을 표현하고 있다. 그리고 (나)는 마당 가득 달빛이 비추는 모습을 둥긋이 차고 넘치는 '호수'에 비유함으로써 화자가 느끼는 '마당'의 아름다움을 표현하고 있다.

⑤ (가)의 화자는 '플라타너스'와 '이웃'이 되어 구도*의 '길'을 함께하고자 하는 소망을, (나)의 화자는 오동 꽃이 '못 견디게 향그럽다'고 표현하여 자연에 대한 감흥을 드러내는군.

⋯→ (가)의 화자는 '나는 오직 너를 지켜 네 이웃이 되고 싶을 뿐'이라며 '플라타너스'와 동반자가 되어 구도의 '길'을 함께하고자 하는 소망을 드러내고 있다. 그리고 (나)의 화자는 '오동나무 꽃이야 못 견디게 향그럽다.'라며 자연의 아름다움에 대한 충만한 정서를 드러내고 있다.

* 구도(求道): 진리나 종교적인 깨달음의 경지를 구함. 예 구도를 위한 고난의 수련 과정을 모두 마친 수도자들만이 깨달음의 경지에 도달했다.

Ⅱ부 고전 시가

고전 시가 01 일동장유가 | 화암구곡

▶ 문제편 52~55쪽

정답 | 01 ② 02 ③ 03 ④

[01~03] 다음 글을 읽고 물음에 답하시오. 2024 수능

제대로 작품 분석 ▶ <보기>에서 적절한 것을 골라 넣으며 작품을 분석해 보자.

(가) 장풍에 돛을 달고 **육선**이 함께 떠나
배 여섯 척 / 멀리서 불어오는 강한 바람
사나운 바람에 돛을 달고 여섯 척의 배가 함께 떠나

「삼현과 **군악** 소리 해산을 진동하니
「」: 출발 광경의 장엄함이 드러남.
거문고, 가야금, 향비파와 군악 소리 산과 바다에 진동하니

물속의 어룡들이 응당히 놀라리라」
물속의 물고기와 용들이 마땅히 놀라리라.

[A]
해구를 얼른 나서 오륙도를 뒤 지우고
바다가 뭍의 후미진 곳으로 들어간 어귀. 부산항을 가리킴.
부산항을 얼른 떠나서 오륙도를 뒤로 하고

「고국을 돌아보니 야색이 아득하여
밤의 경치 / 「」: 고국을 돌아보지만 아무것도 보이지 않음.
고국을 돌아보니 밤경치가 아득하여

아무것도 아니 뵈고」 연해 각진포에
육지에 가까이 있는 바다
아무것도 보이지 않고, 연해변에 있는 각 포구에

불빛 두어 점이 구름 밖에 뵐 만하다 ▶ 부산항을 출발함.
불빛 두어 점이 구름 밖에 보일 만하다.

배 방에 누워 있어 내 **신세**를 생각하니
선실에 누워서 내 신세를 생각하니

가뜩이 심란한데 대풍이 일어나서
1
가뜩이나 마음이 심란한데 큰 바람이 일어나서

태산 같은 성난 물결 천지에 자욱하니
과장법, 비유법
태산 같은 성난 물결이 천지에 자욱하니

「크나큰 만곡주가 **나뭇잎** 불리이듯
만석을 실을 만한 큰 배
커다란 배가 마치 나뭇잎이 나부끼듯

하늘에 올랐다가 지함에 내려지니
2
하늘에 올랐다가 땅 밑으로 떨어지니

열두 발 쌍돛대는 차아처럼 굽어 있고
줄기에서 벋어 나간 곁가지
열두 발의 쌍돛대는 나뭇가지처럼 굽어 있고

쉰두 폭 초석 돛은 반달처럼 배불렀네」 ▶ 바다 가운데에서 폭풍을 만남.
「」: 바람이 심하게 부는 상황을 배, 돛대와 돛의 모습을 통해 드러냄.
쉰두 폭의 짚으로 만든 돛은 반달처럼 배가 불렀네.

(중략)

「날이 마침 극열하고 석양이 비치어서
몹시 뜨겁고
날이 마침 몹시 뜨겁고 석양이 비치어서

끓는 땅에 엎디어서 말씀을 여쭈오니
「」: 임금을 알현하며 뜨거운 땅에 엎드려 있는 상황에 힘겨워함.
끓는 땅에 엎드려서 말씀을 여쭈니

[B]
속에서 불이 나고 관대에 땀이 배어
속에서 불이 나고 관대에 땀이 배어

물 흐르듯 하는지라」 나라께서 보시고서
임금
물 흐르듯 하는지라 임금께서 보시고서

너희 더위 어려우니 먼저 나가 쉬라시니
3
너희 더위로 힘드니 먼저 나가 쉬라시니

곡배하고 사퇴하니 천은이 망극하다
임금께 절을 올리고 물러나 임금의 배려에 감격해함.
임금에게 절을 하고 물러 나오니 임금의 은혜가 끝이 없다.

더위를 장히 먹어 막힐 듯하는지라
더위를 몹시 먹어 (숨이) 막힐 듯하는지라.

사신들도 못 기다려 하처로 돌아오니
사처. 개인이 거처하는 곳
사신들도 못 기다려 거처로 돌아오니

누이도 반겨하고 딸은 기뻐 우는지라
누이도 반겨하고 딸은 기뻐 우는지라.

일가 친척들이 나와서 위문하네 ▶ 임금을 알현한 뒤 물러남.
일가 친척들이 나와서 위문하네.

[C]
여드레 겨우 쉬어 공주로 내려가니
4
여덟 날 겨우 쉬어 공주로 내려가니

처자식들 나를 보고 죽었던 이 고쳐 본 듯
아내와 자식들이 나를 보고 죽었던 이 다시 본 듯

화자와 재회한 가족이 기쁨에 겨워 멍하니 앉아 있는 모습
기쁘기 극한지라 어리석은 듯 앉았구나
더할 수 없는 정도에 이른지라
기쁘기 극에 달아 멍하니 앉아 있구나.

사당에 현알하고 옷도 벗고 편히 쉬니
조상의 신주를 모신 집에 찾아가 뵘.
사당에 찾아가 뵈고 옷도 벗고 편히 쉬니

풍도의 험하던 일 저승 같고 꿈도 같다 – 과거 위험했던 경험에 대한 소회를 드러냄.
바다에서 거센 바람을 만났던 일
바람과 큰 물결의 험하던 일 저승 같고 꿈도 같다.

「손주 안고 어르면서 한가히 누웠으니
「」: 집에 돌아와 한가롭게 지냄.
손주 안고 어르면서 한가히 누웠으니

강호의 산인이요 **성대**의 일반이로다」
세상을 멀리하는 사람 / 태평성대에 묻혀 지내는 사람
강호에 묻혀 한가로이 지내는 이요 태평한 세상에 묻혀 사는 이로다.

▶ 집에 돌아와 가족과 재회하고 한가로이 지냄.

– 김인겸, 〈일동장유가〉

❖ 제대로 작품 분석의 〈보기〉

㉠ 신하들의 고충을 헤아려 배려함.
㉡ 여드레 동안 쉰 뒤 가족이 있는 공주로 내려감.
㉢ 고국을 떠나는 화자의 정서 – 심란함, 어수선함
㉣ 거센 파도로 배가 높이 올라갔다 떨어지는 모습 묘사, 과장법

❖ 제목의 의미

작가 김인겸이 통신사의 일원으로 한양을 출발해 일본에 갔다가 다시 돌아오는 과정에서 본 일본의 자연환경, 문물제도, 인물, 풍속, 사건 등의 견문과 감상을 상세하게 기록한 장편 기행 가사이다.

❖ 작가 소개

김인겸(金仁謙, 1707~1772): 조선 영조 때의 문인. 호는 퇴석(退石). 47세 때 진사가 된 뒤 57세 때 조선통신사의 서기로 뽑혀 일본에 다녀와 〈일동장유가〉를 지어 조선 문인의 자부심과 우월 의식을 보였다. 저서로는 기행을 한문으로 적은 《동사록》이 있다.

❖ 핵심 정리

- 갈래: 기행 가사
- 성격: 사실적, 묘사적
- 주제: 통신사로 일본을 여행하면서 얻은 견문과 감상
- 특징: ① 일본에 다녀온 여정과 견문을 시간의 흐름에 따라 제시함. ② 4,200여 행에 달하는 장편 기행 가사로, 홍순학의 〈연행가〉와 함께 장편 기행 가사의 대표작임.

(나) 꼬아 자란 층석류*요 틀어 지은 고사매*라

1

꼬아 자란 석류나무 분재요 틀어 지은 매화 분재라.

삼봉 괴석에 달린 솔이 늙었으니
괴석에 접붙인 소나무 분재

세 개의 봉우리가 있는 괴석에 접붙인 솔이 늙었으니

아마도 화암 풍경이 **너뿐**인가 하노라

2

아마도 화암 풍경은 너뿐인가 하노라.

〈제1수〉

▶ 제1수: 자신이 가꾼 분재에 대한 만족감

막대 짚고 나와 거니니 양류풍 불어온다
버드나무에 부는 바람

막대를 짚고 나와 걸으니 버드나무에 부는 바람이 불어온다.

긴 파람 짧은 노래 **뜻대로 소일**하니
3 어떠한 것에 재미를 붙여 심심하지 아니하게 세월을 보내니

긴 휘파람 짧은 노래 (읊조리며) 뜻대로 소일하니

어디서 초동과 목수(牧叟)는 웃고 가리키나니
땔나무를 하는 아이 가축을 치는 늙은이

어디서 땔나무를 하는 아이와 가축을 치는 늙은이는 웃고 가리키나니

〈제6수〉

▶ 제6수: 소일하며 유유자적하는 삶

「맑은 물에 벼를 갈고 **청산**에 섶을 친 후
「 」: 야인으로서의 일상 땔나무

맑은 물에 벼를 갈고 청산에 땔나무를 친 후

서림 풍우에 소 먹여 돌아오니」
바람과 비

서쪽 수풀에 비바람이 불어 소에게 풀을 먹여 돌아오니

두어라 **야인 생애**도 자랑할 때 있으리라 – 강호에서의 삶에 대한 만족감
시골에 사는 사람

두어라 야인으로 사는 생애도 자랑할 때 있으리라.

〈제9수〉

▶ 제9수: 야인 생애에 대한 만족감

– 유박, 〈화암구곡〉

* 층석류: 석류나무로 만든 분재
* 고사매: 매화를 고목에 접붙인 분재

❖ 제대로 작품 분석의 〈보기〉

㉠ 화자가 가꾸는 분재
㉡ 휘파람을 불고 시조를 읊조림.
㉢ 자신이 가꾼 풍경에 대한 만족감

❖ 제목의 의미

영조, 정조 때의 문인이며 원예 전문가인 유박이 지은 연시조이다. 출사하지 못한 선비의 강호에서의 유유자적함과 작가 자신의 취향이 반영된 자연물로 구성한 공간에 대한 자긍심을 드러내고 있다.

❖ 작가 소개

유박(柳璞, 1730~1787): 조선 영조, 정조 때의 문인. 황해도 향촌에서 화원을 조성하면서 얻은 지식을 바탕으로 꽃에 대해 품평하고 자신의 취향이 반영된 분재를 만들어 감상하며 풍류를 즐긴 것으로 알려져 있다. 저서로 《화암수록》이 있다.

❖ 핵심 정리

- 갈래: 연시조(전 9수)
- 성격: 전원적, 풍류적
- 주제: 향촌 생활의 만족감과 분재에 대한 애정
- 특징: ① 향촌에 머물며 유유자적하는 선비의 모습이 드러남. ② 식물과 자연에 대한 애정이 나타남.

제대로 감상법 모범 답안

(가) 김인겸, 〈일동장유가〉

❶ 출발 ❷ 어리석은 듯 앉았구나 ❸ 추보식

❖ 제대로 작품 분석

1㉢ 2㉣ 3㉠ 4㉡

(나) 유박, 〈화암구곡〉

❶ 취미 ❷ 초동과 목수

❖ 제대로 작품 분석

1㉠ 2㉢ 3㉡

01

정답률 56% | 매력적인 오답 ⑤ 17%

(가), (나)의 표현상 특징에 대한 설명으로 가장 적절한 것은?

정답인 이유

② (가)는 사물의 형태가 변화한 모습을 묘사하여 외부 환경의 영향력을 부각하고 있다.

⋯➝ (가)는 '크나큰 만곡주가 나뭇잎 불리이듯', '열두 발 쌍돛대는 차아처럼 굽어 있고 / 쉰두 폭 초석 돛은 반달처럼 배불렀네'에서 대풍이라는 외부 환경의 영향으로 배가 나뭇잎처럼 파도에 휩쓸리고, 쌍돛대가 굽고, 초석 돛이 부푸는 등 사물의 형태가 변화한 모습을 비유적으로 묘사하고 있다.

오답인 이유

⑤ (매력적인 오답) (가)와 (나)는 모두 영탄적 표현을 통해 대상에 대한 경외감*을 드러내고 있다.

⋯➝ (가)는 '기쁘기 극한지라 어리석은 듯 앉았구나'에서, (나)는 〈제1수〉의 '너뿐인가 하노라' 등에서 감탄의 뜻이 수반된 어미(–구나, –노라)를 사용하고 있다. 하지만 모두 영탄적 표현을 통해 대상에 대한 경외감을 드러내고 있지는 않다.

* 경외감(敬畏感): 공경하면서 두려워하는 감정 예 태어난 아이를 보며 생명의 탄생에 대한 경외감 같은 것이 생겼습니다.

① (가)는 과거를 회상하는 표현을 통해 현재 상황에 대한 아쉬움을 드러내고 있다.

⋯➝ (가)에는 '부산항에서 일본으로 출발함. – 바다 위에서 대풍을 만남. – 조선으로 돌아와 임금을 알현함. – 가족과 재회하고 한가롭게 지냄.'의 상황이 시간의 흐름에 따라 드러나고 있다. 집에 돌아온 뒤 '풍도의 험하던 일 저승 같고 꿈도 같다'라고 생각하는 것은 과거를 회상한 부분이기는 하지만 이를 통해 현재 상황에 대한 아쉬움을 드러낸다고 볼 수는 없다.

③ (나)는 계절을 나타내는 어휘를 활용해 애달픈 정서를 부각하고 있다.

⋯➝ (나)는 〈제6수〉의 '양류풍(버드나무에 부는 바람)'에서 봄의 계절감을 나타낸다고 볼 수도 있으나, 〈제6수〉에는 뜻대로 소일하며 유유자적하는 모습이 나타날 뿐 애달픈 정서는 드러나지 않는다.

④ (나)는 두 인물의 행위를 대비하여 대상에 대한 평가를 드러내고 있다.

⋯➝ (나)의 〈제6수〉에 '초동'과 '목수'라는 두 인물이 나타나지만, '웃고

가리키'는 동일한 행위를 보일 뿐 대비되는 행위를 하고 있지 않으며, 이들의 행동이 여유롭게 소일하는 화자와 대비되고 있는 것도 아니다.

02

정답률 68% | 매력적인 오답 ④ 13%

[A]~[C]에 대한 이해로 적절하지 않은 것은?

정답인 이유

③ [C]에서는 갑작스러운 상황에 감정을 표현하지 못하고 무심하게 대응하는 가족들의 모습이 드러난다.
× → 기쁨으로 인한 멍한 모습임.

⋯▸ [C]의 '처자식들 나를 보고 죽었던 이 고쳐 본 듯 / 기쁘기 극한지라 어리석은 듯 앉았구나'는 처자식들이 화자와 재회한 후 너무나 기뻐 감정을 표현하지 못하고 멍하게 앉아 있는 모습을 묘사한 것으로 볼 수 있다. 따라서 가족들이 무심하게 대응하고 있다는 설명은 적절하지 않다.

오답인 이유

④ (매력적인 오답) [A]에서는 포구를 돌아보지만 보고 싶은 것이 보이지 않는 상황이, [B]에서는 격식을 갖추기 위해 뜨거운 땅에 엎드려 있는 일을 힘겨워하는 상황이 드러난다.

⋯▸ [A]의 '고국을 돌아보니 야색이 아득하여 / 아무것도 아니 뵈고'는 화자가 포구를 돌아보지만 아무것도 보이지 않는 상황, 즉 보고 싶은 것이 보이지 않는 상황을 드러낸다. [B]의 '끓는 땅에 엎디어서 말씀을 여쭈오니 / 속에서 불이 나고 관대에 땀이 배어 / 물 흐르듯 하는지라'는 화자가 임금을 알현하며 격식을 갖추기 위해 뜨거운 땅에 엎드려 있는 것을 힘겨워하는 상황을 드러낸다.

① [A]에서는 선상에서 불빛 두어 점에 의지해, 떠나온 곳을 가늠하는 행위를 통해 출항 후의 모습이 드러난다.

⋯▸ [A]의 '연해 각진포에 / 불빛 두어 점이 구름 밖에 뵐 만하다'에서는 출항 후 배 위에서 연해 각진포의 불빛을 바라보며 자신이 있는 곳과 육지 사이의 거리를 가늠하는 화자의 모습을 드러내고 있다.

② [B]에서는 신하들의 고충을 헤아리는 임금의 배려에 감격한 마음이 드러난다.

⋯▸ [B]에서 '나라' 즉 임금은 무더운 날씨에 땅에 엎드려 보고하는 신하들의 모습을 보고 '너희 더위 어려우니 먼저 나가 쉬라'고 배려한다. 이에 화자는 '천은이 망극하다'라며 감격한 마음을 드러내고 있다.

⑤ [A]에서는 예기치 않게 맞닥뜨린 여정상의 위험이, [C]에서는 과거의 위험했던 경험에 대한 소회*가 드러난다.

⋯▸ [A]의 '대풍이 일어나서 / 태산 같은 성난 물결 천지에 자욱하니'에서는 예기치 않게 대풍이 불어 성난 물결을 맞닥뜨린 여정상의 위험을 드러내고 있고, [C]의 '풍도의 험하던 일 저승 같고 꿈도 같다'에서는 배 위에서 거센 바람을 만나 위기를 겪었던 경험에 대한 소회를 드러내고 있다.

* 소회(所懷): 마음에 품고 있는 회포 예 오랜만에 만난 친구에게 그동안 있었던 일의 소회를 털어놓았다.

03

정답률 37% | 매력적인 오답 ③ 30%

〈보기〉를 참고하여 (가), (나)를 감상한 내용으로 적절하지 않은 것은? [3점]

〈보기〉

조선 후기 시가에서는 경험과 외물(바깥 세계의 사물)에 대한 관심이 확대되었다. 〈일동장유가〉는 사행을 다녀온 경험을 생생하게 표현하며 그에 대한 정서를 솔직하게 드러냈다(〈일동장유가〉의 내용). 〈화암구곡〉은 포착된 자연의 양상에 따라 강호에서의 자족감, 출사하지 못한 선비로서 생활 공간인 향촌에 머물 수밖에 없는 데 따른 회포, 취향이 반영된 자연물로 구성한 개성적 공간에서의 긍지를 드러냈다(〈화암구곡〉에 담긴 화자의 상황과 정서).

정답인 이유

④ (가)는 배에서 '신세'를 생각하는 모습으로 사행길의 복잡한 심사를, (나)는 '청산'에서의 삶에서 느끼는 자랑스러움을 '야인 생애'로 표현하여 겸양의 태도를 드러내는군.
×

⋯▸ (가)의 '배 방에 누워 있어 내 신세를 생각하니 / 가뜩이 심란한데'에서 화자가 자신의 신세를 생각하며 사행길의 복잡한 심사를 드러냈음을 확인할 수 있다. 하지만 (나)의 '야인 생애도 자랑할 때 있으리라'는 화자가 자신의 향촌 생활을 '야인 생애'로 표현하며 자족감을 드러내는 것으로, 겸양의 태도를 드러낸 것으로 볼 수 없다.

오답인 이유

③ (매력적인 오답) (가)는 '육선'에 탄 사신단이 만물이 격동할 만한 '군악'을 들으며 떠나는 데 주목해 경험에 대한 관심을, (나)는 꼬이고 틀어진 모양으로 가꾼 식물에 주목해 외물에 대한 관심을 드러내는군.

⋯▸ (가)의 '장풍에 돛을 달고 육선이 함께 떠나 / 삼현과 군악 소리 해산을 진동하니 / 물속의 어룡들이 응당히 놀라리라'는 '육선'에 탄 사신단이 물속 어룡들이 놀랄 만한 군악을 들으며 떠나는 데 주목해 경험에 대한 관심을 드러냈음을 보여 준다. (나)의 〈제1수〉에서 '꼬아 자란 충석류요 틀어 지은 고사매라'는 각각 꼬이고 틀어진 모양으로 가꾼 분재의 모습으로, 이를 통해 외물에 대한 관심을 드러냈음을 보여 준다.

① (가)는 배가 '나뭇잎'처럼 파도에 휩쓸리고 하늘에 올랐다 떨어지는 것 같다고 하여 대풍을 겪은 체험을 생동감 있게 드러내는군.

⋯▸ (가)의 '크나큰 만곡주가 나뭇잎 불리이듯 / 하늘에 올랐다가 지함에 내려지니'는 대풍이 일어나 물결이 거세지자 배가 나뭇잎이 나부끼듯 위로 높이 올랐다 떨어지는 모습을 묘사한 것으로, 화자의 체험이 생동감 있게 드러나고 있다.

② (나)는 화암의 풍경이라 인정할 만한 것이 '너뿐'이라고 하여 자신이 기른 화훼로 조성한 공간에 대한 자긍심을 드러내는군.

⋯▸ (나)의 〈제1수〉 초장과 중장은 화자가 가꾼 분재의 모습을 묘사하고 있는데, 이는 〈보기〉에서 언급한 '취향이 반영된 자연물로 구성한 개성적 공간'과 연관이 있다. 화자는 종장에서 '화암 풍경이 너뿐인가 하노라'라며 자신이 조성한 공간에 대한 자긍심을 드러내고 있다.

⑤ (가)는 집으로 돌아와 한가하게 지내며 '성대'를 누리는 삶에 대한 만족감을, (나)는 양류풍에 감응하며 '뜻대로 소일'하는 강호의 삶에 대한 자족감을 드러내는군.

⋯▸ (가)의 화자는 처자식이 있는 공주로 돌아와 손수를 안고 어르며 한가롭게 지내는 자신의 모습을 '강호의 산인이요 성대의 일반이로다'라고 말하는데, 이를 통해 '성대'를 누리는 삶에 대한 만족감이 드러난다고 볼 수 있다. (나)의 〈제6수〉에는 '양류풍'이 불어오는 가운데 '긴 파람 짧은 노래 뜻대로 소일'하는 화자의 모습이 나타나는데, 이는 양류풍에 감응하며 소일하는 강호의 삶에 대한 자족감을 드러낸 것으로 볼 수 있다.

고전 시가 02 성산별곡 | 생매 잡아 길 잘 들여~

▶ 문제편 56~58쪽

정답 | 01 ② 02 ④ 03 ①

[01~03] 다음 글을 읽고 물음에 답하시오. 2024 9월 모의평가

제대로 작품 분석 ▶〈보기〉에서 적절한 것을 골라 넣으며 작품을 분석해 보자.

(가) 청강 녹초변에 소 먹이는 아이들이
푸른 풀이 우거진 강변
맑은 강 푸른 풀이 우거진 강변에서 소 먹이는 아이들이
석양에 흥이 겨워 피리를 빗기 부니
석양에 흥이 겨워 피리를 비껴 부니
물 아래 잠긴 **용**이 잠 깨어 일어날 듯
물 아래 잠긴 용이 잠 깨어 일어날 듯
내 기운에 나온 **학**이 제 깃을 던져 두고 반공에 솟아 뜰 듯
집(보금자리)을
안개 기운에 나온 학이 제 집을 버려 두고 허공에 솟아 뜰 듯
소선(蘇仙)* 적벽은 추칠월이 좋다 하되
소동파의 적벽부에서는 가을 칠월이 좋다 하되
팔월 십오야를 모두 어찌 칭찬하는가
팔월 보름밤을 모두 어찌 칭찬하는가.
구름이 걷히고 물결이 다 잔 적에
구름이 걷히고 물결이 모두 잔잔할 때에
하늘에 돋은 달이 솔 위에 걸렸거든
하늘에 돋은 달이 소나무 위에 걸렸거든
잡다가 빠진 줄이 **적선(謫仙)***이 헌사할샤 ▶ 성산의 가을 풍경의 아름다움
달을 잡다가 물에 빠졌다는 이태백의 일이 요란하구나.
「공산에 쌓인 잎을 삭풍이 거둬 불어
겨울철에 북쪽에서 불어오는 찬 바람
빈산에 쌓인 잎을 삭풍이 거둬 불어
떼구름 거느리고 눈조차 몰아오니」 「」: 가을에서 겨울로의 계절 변화
떼구름 거느리고 눈까지 몰아오니
「천공이 호사로워 옥으로 꽃을 지어
「」: 1
조물주가 호사로워 옥으로 꽃을 만들어
만수천림을 꾸며곰 낼세이고」
온갖 나무들을 잘도 꾸며 냈구나.
앞 여울 가리 얼어 독목교(獨木橋) 비꼈는데
앞 여울 가리어 얼어 외나무다리 비스듬히 놓여 있는데
막대 멘 늙은 중이 어느 절로 간단 말고
막대 멘 늙은 중이 어느 절로 간단 말인가.
「**산옹**의 이 부귀를 남더러 자랑 마오
「」: 숨어 있는 성산이 알려질까 봐 두려워하는 태도
산 늙은이의 이 부귀를 남에게 자랑 마오.
경요굴(瓊瑤窟)* 숨은 세계 찾을 이 있을세라」
경요굴의 숨은 세계를 찾을 이 있을까 두렵다. ▶ 성산의 겨울 풍경의 아름다움
[A] 산중에 벗이 없어 서책을 쌓아 두고
산중에 벗이 없어 서책을 쌓아 두고
만고 인물을 거슬러 혜여하니
옛 시대의 인물
오래전 인물을 거슬러 헤아려 보니
성현도 많거니와 호걸도 하도 할샤
성현도 많거니와 호걸도 많기도 많다.
하늘 삼기실 제 곧 무심할까마는
하늘이 (사람을) 나게 하실 때
하늘이 (사람을) 만들 때 어찌 무심할까마는
어찌한 시운(時運)이 흥망이 있었는고
시대나 그때의 운수
어찌 된 시대의 운수가 흥했다 망했다 하였는가.
모를 일도 하거니와 애달픔도 그지없다
모를 일도 많거니와 애달픔도 끝이 없다.
기산의 늙은 고블* 귀는 어찌 씻었던고
2
기산의 늙은 고블(허유) 귀는 어찌 씻었던가.
박 소리 핑계하고 지조가 가장 높다
기산에 은거한 허유에 대한 평가 - 은거하는 삶에 대한 긍정적 인식이 드러남.
박 소리가 난다는 핑계로 (표주박을) 버린 지조가 가장 높다.
인심이 낯 같아야 볼수록 새롭거늘
인심은 사람의 얼굴과 같아 볼수록 새롭거늘
세사는 구름이라 험하기도 험하구나
세상일은 구름이라 험하기도 험하구나.
엊그제 빚은 **술**이 얼마나 익었느냐
3
엊그제 빚은 술이 얼마나 익었느냐.
잡거니 밀거니 실컷 기울이니
(술잔을) 잡거니 권하거니 하며 실컷 기울이니
마음에 맺힌 시름 조금은 풀리나다 ▶ 세속의 인간사에 대한 시름을 달램.
마음에 맺힌 시름이 조금은 풀리는구나.

– 정철, 〈성산별곡〉

* 소선: 소동파를 신선에 빗댄 말
* 적선: 이태백을 신선에 빗댄 말
* 경요굴: 눈 내린 성산의 모습을 빗댄 말
* 고블: 기산에 은거한 인물인 허유

❖ **제대로 작품 분석의 〈보기〉**
㉠ 눈 덮인 산의 아름다움
㉡ 허유가 귀를 씻은 고사를 의미함.
㉢ 세상에 대한 시름을 달래 주는 소재

❖ **제목의 의미 · 갈래**
작가 정철이 벼슬길에 나서기 전 담양의 성산에 있는 서하당과 식영정 주변의 자연 경관과 그곳에 은거하는 김성원의 풍류 생활을 예찬한 가사 작품이다.

❖ **작가 소개**
정철(鄭澈, 1536~1593): 조선 중기의 문신, 문인. 호는 송강. 가사 문학의 대가. 45세 때 강원도 관찰사로 부임하며 〈관동별곡〉과 〈훈민가〉를 지었으며, 탄핵으로 쫓겨나 고향으로 돌아가 은거 생활을 하며 〈사미인곡〉, 〈속미인곡〉 등의 가사와 여러 편의 시조를 지었다. 우리에게 잘 알려진 〈관동별곡〉, 〈사미인곡〉, 〈속미인곡〉, 〈성산별곡〉과 같은 네 편의 가사 외에도 100여 수의 시조 등을 남겼다.

❖ **핵심 정리**
- 갈래: 가사
- 성격: 전원적, 풍류적
- 주제: 성산의 사계절의 경관과 식영정 주인의 풍류 예찬
- 특징: ① 시간의 흐름에 따라 시상을 전개함. ② 손님과 주인 사이의 문답 형식이 나타남.

길들이지 아니한 매
(나) **생매** 잡아 길 잘 들여 먼 산 두메로 꿩 사냥 보내고 흰 말 구불구종*
□: 음성 상징어 – 인물의 행위를 역동적으로 드러냄. 1
갈기 솔질 [활활 솰솰] 하여 임의 집 송정 뒤 잔디 잔디 금잔디 밭에 말 말
숙마줄(잿물에 삶아 희고 부드럽게 만든 삼 껍질로 꼬아 만든 줄)
뚝 [광광쌍쌍] 박아 숭마 바 고삐 길게 늘려 매고
▶ 매를 꿩 사냥 보내고 말의 갈기를 손질해 매어 둠.
야생매를 잡아 잘 길들여 먼 산골로 꿩 사냥을 보내고, 흰말은 말 모는 하인에게 갈기 솔질을 활활 솰솰 하게 하여 임의 집 송정 뒤 잔디 잔디 금잔디 밭에 말 말뚝을 광광쌍쌍 박아 삼줄로 된 고삐를 길게 늘려 매어 두고
앞내 여울 **고기** 뒷내 여울 고기 오르는 고기 내리는 고기 자나 굵으나
2
굵으나 자나 [주섬주섬] 낚아 내여 시내 동으로 뻗은 움버들 가지 [와지끈 뚝딱] 꺾어 거꾸로 잡고 잎사귀 셋만 남기고 [주루룩] 훑어 아가미 [너슬 너슬] 꿰어 시내 잔잔 흐르는 물에 납작 실죽 청 바둑돌로 임도 모르고

아무도 모르게 가만히 살짝 자기자 장단 맞춰 지근지지 눌러 놓고 동자야 이 뒤에 학 타신 **선관**이 날 찾거든 그물 낚싯대 종이 종다래끼* 파리
동자에게 선관이 찾거든 그물, 낚싯대 등과 술병까지 들고 뒷내 여울로 오라고 일러 줄 것을 당부함.
밥풀통 고추장 **술병**까지 가지고 뒷내 여울로 오라고 일러만 주소
▶ 여울에서 물고기를 잡으며 풍류를 즐김.

앞내 여울의 물고기 뒷내 여울의 물고기, 오르는 물고기 내리는 물고기, 잘거나 굵거나 굵으나 잘거나 주섬주섬 낚아 내어, 시내 쪽으로 뻗은 움버들 가지를 와지끈 뚝딱 꺾어 거꾸로 잡고 잎사귀 셋만 남기고 주르륵 훑어 (잡은 물고기들의) 아가미를 너슬너슬 꿰어, 시내에 잔잔하게 흐르는 물에 납작 실죽한 청 바둑돌로 임도 모르고 아무도 모르게 가만히 살짝 자기자 장단에 맞춰 지그시 눌러 놓고, 동자야 이 뒤에 학을 타신 선관이 날 찾거든 그물, 낚싯대, 작은 종이 바구니, 파리 밥풀통, 고추장, 술병까지 가지고 (내가 있는) 뒷내 여울로 오라고 일러만 주소.

아마도 산중호걸이 **나**뿐인가 하노라 ▶ 산중 생활에 대한 만족감과 자부심
산속에 사는 호걸이라는 뜻으로, 호랑이나 호랑이의 기상(氣象)을 이르는 말
아마도 산중에 진정한 호걸은 나뿐인가 하노라.

– 작자 미상

* 구불구종: 말 모는 하인
* 종다래끼: 작은 바구니

❖ 제대로 작품 분석의 〈보기〉

㉠ 대구적 표현, 대조
㉡ 말 모는 하인에게 흰 말의 갈기를 손질하게 함.

❖ 핵심 정리

- 갈래: 사설시조
- 성격: 감각적, 역동적
- 주제: 꿩 사냥과 물고기 잡이를 하며 풍류를 즐기는 삶에 대한 자부심
- 특징: ① 자연 속에서 일상적 삶을 즐기는 모습을 묘사함. ② 음성 상징어를 활용하여 인물의 행동을 역동적으로 드러냄. ③ 대구와 대조를 사용하여 대상의 속성을 나타냄.

제대로 감상법 모범 답안

(가) 정철, 〈성산별곡〉

❶ 풍류 ❷ 부귀 ❸ 술 ❹ 시간의 흐름

❖ 제대로 작품 분석

1㉠ 2㉡ 3㉢

(나) 작자 미상, 〈생매 잡아 길 잘 들여~〉

❶ 학 타신 선관 ❷ 인물

❖ 제대로 작품 분석

1㉡ 2㉠

01

정답률 76%

(가), (나)에 대한 설명으로 가장 적절한 것은?

정답인 이유

② (나)는 음성 상징어*를 통해 인물의 역동성을 드러내고 있다.
'활활 솰솰', '꽝꽝씽씽', '와지끈 뚝딱' 등

⋯▸ (나)의 초장에서는 '활활 솰솰', '꽝꽝씽씽'과 같은 음성 상징어를 통해 말의 갈기를 솔질하고 말뚝을 박는 인물의 행위를 역동적으로 나타내고 있고, 중장에서는 '주섬주섬', '와지끈 뚝딱', '주루룩', '너슬너슬'과 같은 음성 상징어를 통해 물고기를 잡은 뒤 버들 가지에 꿰는 인물의 행위를 역동적으로 나타내고 있다.

* 음성 상징어(音聲象徵語): 소리와 의미의 관계가 필연적인 것으로 여겨지는 단어. 의성어와 의태어로, '멍멍', '탕탕', '아장아장', '엉금엉금' 따위가 있다.

오답인 이유

① (가)는 영탄적 표현을 통해 인물에 대한 그리움을 드러내고 있다. ×

⋯▸ (가)는 '성현도 많거니와 호걸도 하도 할샤'와 같이 영탄적 표현을 사용했지만, 이를 통해 성현이나 호걸에 대한 그리움을 드러내고 있지는 않다.

③ (가)는 (나)와 달리 공간의 이동을 통해 다양한 대상의 면모를 드러내고 있다. ×

⋯▸ (가)는 계절의 변화에 따른 자연의 모습을 드러내고 있는데, 각 장면의 공간적 배경이 바뀌고 있으므로 공간이 이동했다고 볼 수도 있다. 또한 (나)는 초장에서 '임의 집', 중장에서 '여울'이라는 공간적 배경이 나타나며, 각 공간에서 일상적 삶의 모습이 드러나고 있다.

④ (나)는 (가)와 달리 시간의 흐름에 따라 인물의 심리 변화를 드러내고 있다. ×

⋯▸ (나)에서는 생매를 길들여 꿩 사냥을 보내고 여울에서 고기잡이를 하는 일이 시간의 흐름에 따라 제시되고 있으나, 이때 인물의 심리 변화가 드러나고 있지는 않다.

⑤ (가)와 (나)는 모두 대구를 사용하여 대조적 대상의 속성을 드러내고 있다.
× → (나)는 (가)와 달리

⋯▸ (가)는 '성현도 많거니와 호걸도 하도 할샤'에 대구적 표현이 나타난다고 할 수 있지만, 성현과 호걸은 대조적 대상으로 볼 수 없다. (나)는 중장의 '앞내 여울 고기 뒷내 여울 고기 오르는 고기 내리는 고기 자나 굵으나 굵으나 자나'에서 대구적 표현이 나타나며, '오르는 고기 내리는 고기'와 '자나 굵으나'는 물고기의 대조적 속성을 드러낸 것으로 볼 수 있다.

02

정답률 54% | 매력적인 오답 ③ 19%

[A]에 대한 이해로 적절하지 않은 것은?

정답인 이유

④ 하늘의 이치가 제대로 구현되지 못했음을 '시운'의 '흥망'에서 발견하고도 모를 일이 많다고 한 것에는, 인물의 담담한 태도가, 이상에 미치지 못하는 현실을 수용하는 것을 통해 드러난다. ×

⋯▸ '하늘 삼기실 제 곧 무심할까마는 / 어찌한 시운이 흥망이 있었는고 / 모를 일도 하거니와 애달픔도 그지없다'에는 변화가 심한 인간사에 대한 안타까움이 반영되어 있다. 즉 '애달픔도 그지없다'로 보아 담담한 태도와는 거리가 멀며, 이상에 미치지 못하는 현실을 수용하는 태도 또한 드러나 있지 않다.

오답인 이유

③ (매력적인 오답) 만족스러운 외적 풍경에서 눈을 돌려 벗이 없는 '산중'에서 '만고 인물'을 생각하는 것에는, 정신적 세계에 주목하는 태도가, 적적한 상황에 놓인 인물의 행위를 통해 드러난다.

⋯▸ 눈이 내린 아름다운 풍경에 감탄하던 화자는 '산중에 벗이 없어' 책을 쌓아 두고 '만고 인물'을 생각하며 시운의 흥망에 애달파하고 있다. 이는 적적한 상황에 놓인 화자가 정신적 세계에 주목하는 태도라고 이해할 수 있다.

① '삭풍'이 가을 잎을 쓸고 간 자리에 구름을 불러와 '공산'을 눈 세상으로 만들

었다고 한 것에는, 인물이 거처한 공간의 아름다움에 대한 인식이 계절에 따른 자연의 변화를 통해 드러난다.

…› '공산에 쌓인 잎'을 '삭풍'이 불어 쓸어간 뒤 '구름'을 거느리고 '눈'을 몰아왔다는 것에서 가을에서 겨울로의 계절 변화가 드러나며, '천공이 호사로워 옥으로 꽃을 지어'에는 눈 덮인 산의 아름다움에 대한 인식이 드러나 있다. 따라서 눈 덮인 산의 아름다움에 대한 인식이 계절에 따른 자연의 변화를 통해 드러난다고 할 수 있다.

② **'앞 여울'을 건너가는 노승을 발견하고 '경요굴'이 들키지 않기를 바라는 것에는, 빼어난 경치를 소중하게 여기는 태도가, 숨어 있는 세계가 알려질 것에 대한 염려를 통해 드러난다.**

…› '앞 여울'을 건너가는 '노승'을 발견한 화자는 '경요굴 숨은 세계 찾을 이 있을세라'와 같이 '경요굴'의 숨어 있는 세계가 알려질까 두렵다는 태도를 보이고 있다. 이때 '경요굴'은 눈 내린 성산의 모습을 빗댄 말이므로, 이를 통해 성산의 빼어난 경치를 소중하게 여기는 태도가 드러난다고 할 수 있다.

⑤ **세상을 등진 인물의 삶을 '기산'의 '고블'에 비유한 것에는, 험한 세사와의 단절과 은거 지향에 대한 긍정적 인식이 인물의 선택에 대한 평가를 통해 드러난다.**

…› '기산의 늙은 고블'은 기산에 은거한 허유로, 화자는 그에 대해 '박 소리 핑계하고 지조가 가장 높다'라며 높게 평가하고 있다. 따라서 화자는 이를 통해 험한 세사와 단절되어 은거를 지향하는 삶에 대한 긍정적인 인식을 드러낸다고 볼 수 있다.

03

정답률 **43%** | 매력적인 오답 ③ **22%**

〈보기〉를 바탕으로 (가)와 (나)를 감상한 내용으로 적절하지 않은 것은? [3점]

〈보기〉

고전 시가에서 자연은 작품에 따라 다양하게 그려진다. (가)의 자연은 속세와 구별되는 청정한 이상 세계로 그려지며, 신선의 이미지를 통해 탈속적이고 고고한 가치를 추구하는 곳이다. (나)의 자연은 풍요롭게 그려지는 현실적 풍류의 장으로, 활달하고 흥겹게 놀이를 펼치는 곳이며, 신선의 이미지를 통해 멋이 고조된다.

(가)에 나타난 자연의 성격 / (나)에 나타난 자연의 성격

정답인 이유

① **(가)의 '용'은 피리 소리로 조성된 탈속적 분위기를 환상적으로 표현하는 소재이고, (나)의 '생매'는 고고한 취향을 사실적으로 보여 주는 소재이군.** ×

…› (가)에서 '물 아래 잠긴 용이 잠 깨어 일어날 듯'은 아이들의 피리 소리로 조성된 분위기를 나타낸 부분으로, 이때 '용'은 탈속적 분위기를 환상적으로 표현하는 소재라고 할 수 있다. 하지만 (나)에서 '생매'는 꿩 사냥에 동원된 것으로, 이를 통해 고고한 취향이 드러난다고 볼 수 없다. 〈보기〉에서 알 수 있듯이 자연이 탈속적이고 고고한 가치를 추구하는 곳으로 그려진 것은 (가)이며, (나)의 자연은 현실적 풍류의 장으로, 활달하고 흥겹게 놀이를 펼치는 곳으로 나타난다.

오답인 이유

③ **[매력적인 오답] (가)의 '소선', '적선'은 청정한 강호의 세계에서 떠올린 인물의 이미지이고, (나)의 '선관'은 '나'가 현재의 행위를 함께 하고 싶은 인물을 멋스럽게 표현한 이미지이군.**

…› (가)의 '소선'과 '적선'은 각각 소동파와 이태백을 신선에 빗댄 말로, 청정한 강호의 세계인 성산의 아름다운 풍경을 보며 떠올린 인물들이다. (나)의 화자는 물고기 잡이를 하는 상황에서 학 타신 선관이 자신을 찾거든 술병까지 가지고 뒷내 여울로 오라고 일러만 주라고 했으므로, 이때 '선관'은 화자가 뒷내 여울에서 놀이를 하며 풍류를 즐기는 행위를 함께 하고 싶은 인물을 멋스럽게 표현한 것으로 이해할 수 있다.

② **(가)의 '학'은 이상적 세계의 아름다움을 구현하는 소재이고, (나)의 '고기'는 풍요롭고 생동하는 세계를 표현하는 소재이군.**

…› 〈보기〉에서 (가)의 자연은 속세와 구별되는 청정한 이상 세계라고 한 것을 참고할 때, 성산의 풍경 속에 솟아 뜰 듯한 '학'은 이상적 세계의 아름다움을 구현하는 소재로 볼 수 있다. 또한 〈보기〉에서 (나)의 자연은 풍요롭게 그려지는 현실적 풍류의 장이라고 한 것을 참고할 때, (나)의 중장에 묘사된 앞내와 뒷내의 여울을 오르내리는 물고기는 풍요롭고 생동하는 세계를 표현하는 소재로 볼 수 있다.

④ **(가)의 '산옹'은 계절에 따른 산의 모습을 바라보며 이상 세계의 삶을 지향하는 인물이고, (나)의 '나'는 사냥과 고기잡이를 통해 현실의 즐거움을 향유하는 인물이군.**

…› (가)의 '산옹'은 가을과 겨울의 아름다운 성산 풍경을 바라보며 은거하는 인물이므로, 계절에 따른 산의 모습을 바라보며 이상 세계의 삶을 지향하는 인물이라고 할 수 있다. 또한 (나)의 '나'는 생매를 길들여 꿩 사냥을 보내고 여울에서 물고기를 잡는 모습을 보이므로, 현실의 즐거움을 향유하는 인물이라고 할 수 있다.

⑤ **(가)의 '술'은 강호에서 세상에 대한 시름을 달래 주는 소재이고, (나)의 '술병'은 풍류의 장에 흥취를 더해 줄 소재이군.**

…› (가)에서 세상사의 험함을 한탄하던 화자는 '술'을 마시며 '마음에 맺힌 시름 조금은 풀리나다'라고 말하고 있으므로, '술'은 강호에서 세상에 대한 시름을 달래 주는 소재라고 할 수 있다. (나)에서 물고기를 잡으며 즐기고 있는 화자는 '선관'이 자신을 찾으면 '술병'을 가지고 뒷내 여울로 오라고 전하라고 했으므로, '술병'은 풍류의 장에 흥취를 더해 줄 소재라고 할 수 있다.

고전 시가 03 어부단가 | 소유정가

▶ 문제편 59~61쪽

정답 | 01 ④ 02 ③ 03 ②

[01~03] 다음 글을 읽고 물음에 답하시오. 2023 9월 모의평가

제대로 작품 분석 ▶〈보기〉에서 적절한 것을 골라 넣으며 작품을 분석해 보자.

(가) 이 중에 시름없으니 **어부(漁父)**의 생애로다 (화자, 자연 속에서 유유자적하며 살아가는 이)
일엽편주를 만경파(萬頃波)에 띄워 두고 (한 척의 작은 배 / 한없이 넓은 바다)
인세(人世)를 다 잊었거니 날 가는 줄을 아는가 (인간 세상, 속세)

〈제1수〉
▶ 제1수: 인세를 잊은 어부의 한가로운 삶

(□: 강호를 둘러싸고 있어 속세와 단절시키는 대상)
[A]
굽어보면 천심 녹수 돌아보니 만첩 청산 (천 길 푸른 물 / 겹겹이 둘러싸인 푸른 산)
십장 홍진(十丈紅塵)이 얼마나 가렸는가 (1)
강호에 월백(月白)하거든 더욱 무심(無心)하여라 (자연 / 속세에 욕심이 없음.)

〈제2수〉
▶ 제2수: 속세와 단절되어 강호에서 유유자적하는 삶

「청하(靑荷)에 밥을 싸고 **녹류(綠柳)에 고기 꿰어** (푸른 연잎 / 푸른 버드나무)
노적 화총(蘆荻花叢)에 배 매어 두고」 (갈대가 우거진 곳) 「」: 자연 속에서 지내는 어부의 생활상
일반 청의미(一般淸意味)를 어느 분이 아실까 (2 / 알 사람이 없다.(설의법))

〈제3수〉
▶ 제3수: 자연 속에서 참된 의미를 깨달은 자족감

㉠산두(山頭)에 한운(閑雲) 일고 수중(水中)에 백구(白鷗) 난다 (산봉우리 / 한가로운 구름 / 갈매기 — 자연 경관을 제시하여 한가로운 분위기를 조성함.(대구법))
무심코 다정한 것 이 두 것이로다 (3)
㉡일생에 시름을 잊고 너를 좇아 놀리라 (자연과 동화하려는 의지)

〈제4수〉
▶ 제4수: 자연에 동화되어 지내는 삶

— 이현보, 〈어부단가〉

❖ 제대로 작품 분석의 〈보기〉

㉠ 한운과 백구
㉡ 자연의 참된 의미
㉢ 열 길이나 되는 붉은 먼지 – 속세를 의미함.

❖ 제목의 의미

'어부의 짧은 노래'라는 뜻으로, '어부(漁父)'는 물고기를 잡는 일을 직업으로 하는 사람을 가리키는 것이 아니라 세속에서 벗어나 자연 속에서 유유자적한 삶을 살아가는 작가 자신을 이르는 말이다. '단가'는 시조를 달리 이르는 말로, 이 작품은 고려 때부터 전해 내려오던 노래를 작가가 5수의 연시조로 개작한 것이다.

❖ 작가 소개

이현보(李賢輔, 1467~1555): 조선 중기의 문신이자 자연을 노래한 대표적인 시인. 호는 농암(聾巖)·설빈옹(雪鬢翁). 중종 때 병을 핑계로 낙향한 뒤 시를 지으며 한가롭게 지냈다. 작품에 〈어부단가〉와 〈춘면곡〉, 저서에 《농암집》 등이 있다.

❖ 핵심 정리

- 갈래: 연시조(전 5수)
- 성격: 강호 한정가, 자연 친화적
- 주제: 강호에서 자연을 벗하며 유유자적하는 어부의 삶
- 특징: ① 속세와 단절된 채 자연에서 지내는 삶의 모습과 그에 대한 만족감이 드러남. ② 한자어가 많이 사용되었고, 정경 묘사가 관념적임.

(나) 때마침 부는 **추풍(秋風)** 반갑게도 보이도다 (가을에 부는 선선하고 서늘한 바람)
말술이 다나 쓰나 술병 메고 벗을 불러 (한 말 정도의 술 – 화자의 풍류적 삶을 나타내는 소재)
언덕 너머 어촌에 내 놀이 가자꾸나
흰 두건을 젖혀 쓰고 **소정(小艇)**을 타고 오니 (작은 배 – 소박한 뱃놀이를 즐기는 모습)
㉢바람에 떨어진 갈대꽃 갠 하늘에 눈이 되어 (1)
석양에 높이 날아 어지러이 뿌리는데
「갈잎에 닻 내리고 **그물로**
잔잔한 강물 속 자린은순(紫鱗銀脣)* **수없이 잡아내어**
연잎에 담은 회와 항아리에 채운 술을
실컷 먹은 후에」 「」: 그물로 물고기를 잡은 뒤 회와 술을 먹으며 뱃놀이를 즐김.
태기 넓은 돌에 높이 베고 누웠으니 (이끼 낀 넓은 돌)
희황천지(羲皇天地)*를 오늘 다시 보는구나 (2)
▶ 1~12행: 추풍이 불 때 벗들과 즐기는 뱃놀이
잠시 잠들어 뱃노래에 깨어 보니
[B]
추월(秋月)이 만강(滿江)하여 밤빛을 잃었거늘 (가을밤의 달 / 강에 가득하여)
반쯤 취해 시 읊으며 배 위로 건너오니
강물 아래 잠긴 달은 또 어인 달인 게오 (강물에 비친 달)
「달 위에 배를 타고 달 아래 앉았으니
문득 의심은 월궁(月宮)에 올랐는 듯」 (달에 있다는 전설 속의 궁전) 「」: 강물에 비친 달과 하늘에 뜬 달 사이에 앉아 월궁에 오른 듯한 신비로움 표현
물외(物外)의 기이한 경관 넘치도록 보이도다 (세상 밖)
청경(淸景)을 다투면 내 분에 두랴마는 (맑은 경치)
즐겨도 말리는 이 없으니 나만 둔가 여기노라
놀기를 탐하여 돌아갈 줄 잊었도다
㉣아이야 닻 들어라 만조(晩潮)에 띄워 가자
「푸른 물풀 위로 **강풍(江風)**이 짐짓 일어 (강바람)
귀범(歸帆)을 재촉하는 듯」 (멀리 나갔던 돛단배가 돌아옴.) 「」: 강바람이 일어 배가 돌아오는 것을 도움.
아득하던 앞산이 뒷산처럼 보이도다
잠깐 사이 날개 돋아 연잎배 탄 신선된 듯
연파(烟波)를 헤치고 월중(月中)에 돌아오니 (연기나 안개가 자욱하게 낀 수면)
㉤동파(東坡) 적벽유(赤壁遊)*인들 이내 흥(興)에 미치겠는가 (3)
강호 흥미(興味)는 나만 둔가 여기노라
▶ 13행~30행: 가을밤의 뱃놀이에서 느끼는 흥취

— 박인로, 〈소유정가〉

* 자린은순: 물고기를 아름답게 표현하는 말
* 희황천지: 복희씨(伏羲氏) 때의 태평스러운 세상
* 동파 적벽유: 중국 송나라 때 소식(蘇軾)이 적벽에서 했던 뱃놀이

❖ 제대로 작품 분석의 〈보기〉

㉠ 뱃놀이에서 느낀 만족감
㉡ 자신의 흥취에 대한 자긍심
㉢ 물가의 아름다운 풍경을 감각적으로 묘사함.

❖ 제목의 의미

'소유정'은 정자의 이름으로, 소유정 주변의 아름다운 자연과 그 속에서 풍류를 즐기는 사대부의 모습을 노래한 가사이다. 다양한 비유를 활용하여 소유정 주변의 아름다운 풍경을 실감나게 묘사하였으며, 그 속에서 뱃놀이와 낚시를 하며 한가롭게 풍류를 즐기는 삶에 대한 만족감을 드러내고 있다.

❖ 작가 소개

박인로(朴仁老, 1561~1642): 조선 중기의 문인으로 임진왜란 때는 무인으로도 활약하였다. 호는 노계(蘆溪)·무하옹(無何翁). 벼슬에서 물러난 뒤 독서와 시작에 전념하여 가사 문학의 발전에 이바지하였다. 〈오륜가〉, 〈조홍시가〉 등의 시조 60여 수와 〈선상탄〉, 〈누항사〉 등의 가사 작품을 남겼다.

❖ 핵심 정리

- 갈래: 가사
- 성격: 한정가, 풍류적
- 주제: 소유정 주변의 아름다운 자연에서 안빈낙도를 추구하는 삶
- 특징: ① 다양한 비유와 고사 등을 활용하여 소유정 주변의 자연 풍경을 묘사함. ② 아름다운 자연 속에서 뱃놀이를 하며 한가롭게 풍류를 즐기는 모습과 그에 대한 만족감이 드러남.

제대로 감상법 모범 답안

가 이현보, 〈어부단가〉

❶ 한가로움 ❷ 십장 홍진

❖ 제대로 작품 분석

1㉢ 2㉡ 3㉠

나 박인로, 〈소유정가〉

❶ 자긍심 ❷ 추풍

❖ 제대로 작품 분석

1㉢ 2㉠ 3㉡

01

정답률 83%

㉠~㉤에 대한 이해로 적절하지 않은 것은?

정답인 이유

④ ㉣은 명령형 어미를 사용하여 '아이'가 해야 할 행동을 제시함으로써 자연 경물*에 대한 인식의 변화를 촉구하고 있다.

× → 인식의 변화 촉구와 관련이 없음.

··· ㉣에서는 '-어라'라는 명령형 어미를 사용하여 아이가 '닻'을 드는 행동을 해야 함을 제시하고 있다. 하지만 이는 배를 다시 움직이는 것을 나타낼 뿐 자연 경물에 대한 인식의 변화를 촉구하는 것과는 관련이 없다.

* 경물(景物): 계절에 따라 달라지는 경치 예 타국에서 지내다 보니 고향의 경물이 그리워졌다.

오답인 이유

① ㉠은 대구를 통해 자연 경물의 모습을 제시함으로써 한적한* 분위기를 조성하고 있다.

○ → '산두에 한운 일고'와 '수중에 백구 난다'

··· ㉠에서는 '산두에 한운 일고'와 '수중에 백구 난다'의 대구적 표현을 통해 산봉우리에 구름이 일고 강에 갈매기가 나는 자연 경물의 모습을 제시함으로써 한적한 분위기를 조성하고 있다.

* 한적하다(閑寂--): 한가하고 고요하다. 예 우리 동네는 인구가 적고 한적하다.

② ㉡은 자연 경물을 '너'로 지칭하여 관계를 맺음으로써 이들과 동화하려는 의지를 표출하고 있다.

○ → 한운과 백구를 '너'로 지칭

○ → '너를 좇아 놀리라'

··· ㉡에서는 '한운'과 '백구'라는 자연 경물을 '너'로 의인화하여 시름을 잊고 함께 즐기는 존재로 관계를 맺음으로써 자연과 하나가 되려는 의지를 표출하고 있다.

③ ㉢은 자연 경물의 모습을 감각적으로 표현함으로써 물가의 아름다운 풍경을 묘사하고 있다.

○ → 흩날리는 갈대꽃의 모습을 시각적으로 표현

··· ㉢에서는 '바람에 떨어진 갈대꽃'이 석양에 눈처럼 어지럽게 흩날리는 모습을 시각적으로 표현함으로써 물가의 아름다운 풍경을 묘사하고 있다.

⑤ ㉤은 유사한 놀이를 즐겼던 과거 인물과 비교함으로써 화자의 자긍심*을 드러내고 있다.

○ → 동파의 뱃놀이와 비교

··· ㉤의 '동파 적벽유'는 중국 송나라 때 소동파가 적벽에서 했던 뱃놀이를 의미하는 것으로, 화자는 소동파의 뱃놀이인들 자신의 흥에 미치겠느냐고 말하며 자긍심을 드러내고 있다.

* 자긍심(自矜心): 스스로에게 긍지(자신의 능력을 믿음으로써 가지는 당당함)를 가지는 마음 예 내 일에 자긍심을 갖자.

02

정답률 82%

[A], [B]에 대한 설명으로 가장 적절한 것은?

정답인 이유

③ [B]에서 화자는 하늘의 달과 강물에 비친 달 사이에 놓임으로써 '월궁'에 오른 듯한 신비로움을 표현하고 있다.

○ → '달 위에 배를 타고 달 아래 앉았으니'

··· [B]에서 '달 위에 배를 타고 달 아래 앉았으니'는 하늘에 달이 떠 있고 그 달이 강에 비치는 환상적인 분위기에서 뱃놀이를 즐기는 모습을 표현한 것이다. 이러한 분위기 속에서 화자는 달 속 궁전에 오른 듯한 신비로움을 느끼고 있다.

오답인 이유

① [A]에서 화자는 달을 절대적 존재로 인식하고 강호 자연에서 '무심'한 삶을 살 수 있도록 기원하고 있다.

× ×

··· [A]에서 '달'은 속세와 단절된 자연의 탈속적 분위기를 조성하는 소재이다. 화자는 달을 절대적 존재로 인식하고 있지 않으며, 화자가 자연에서 무심한 삶을 살 수 있도록 기원하고 있지도 않다.

② [A]에서 화자는 달에 인격을 부여하여 '녹수'와 '청산'으로 둘러싸인 강호 자연의 가을 달밤 정경을 묘사하고 있다.

×

··· [A]에서 화자는 '녹수'와 '청산'으로 둘러싸인 강호 자연의 달밤 정경을 묘사하고 있으나, 달에 인격을 부여하고 있지는 않다.

④ [B]에서 화자는 시간의 흐름에 따라 모양을 달리 하는 달의 특성을 활용하여 계절의 변화를 다채롭게 나타내고 있다.

× ×

··· [B]에서 화자는 가을의 계절감을 느끼고 있다. 하지만 모양을 달리 하는 달의 특성이나 계절의 변화는 나타나 있지 않다.

⑤ [A]와 [B]에서 강호 자연에 은거한 화자는 달을 대화 상대이면서 동시에 위안의 대상으로 여기고 있다.

×

··· [A]와 [B]에서 화자는 모두 자연에 은거하고 있다고 볼 수 있다. 하지만 두 화자가 달을 대화 상대로 삼은 모습이나 위안의 대상으로 여기는 태도는 나타나 있지 않다.

03

정답률 57% | 매력적인 오답 ⑤ 23%

〈보기〉를 바탕으로 (가), (나)를 감상한 내용으로 적절하지 않은 것은? [3점]

〈보기〉

'어부'는 정치 현실과 거리를 둔 은자로 형상화된다. 이때 '어부 형상'(시가 속 '어부'의 성격)은 어부 관련 소재, 행위, 정서 등의 어부 모티프와 연관하여 작품별로 공통적인 속성을 가지면서 다양한 변주를 보인다. (가)는 어부와 관련된 상황의 일부를 초점화하여 유유자적한 삶을 사는 어부를(〈가〉에 형상화된 어부의 모습), (나)는 어부와 관련된 여러 상황을 이어 가며 흥취 있는 삶을 사는 어부를(〈나〉에 형상화된 어부의 모습) 형상화하고 있다.

정답인 이유

② (나)의 '추풍'은 뱃놀이의 흥취*를 북돋우는 자연 현상이고, '강풍'은 흥취의 대상을 강에서 산으로 옮겨 가는 자연 현상이라 볼 수 있군.
× → 흥취의 대상이 옮겨 가지는 않음.

⋯▸ (나)의 화자는 '때마침 부는 추풍'을 반갑게 여기며 벗을 불러 '내 놀이'를 가고자 한다. 따라서 '추풍'은 뱃놀이의 흥취를 북돋우는 자연 현상으로 볼 수 있다. 그러나 '강풍'은 '귀범(멀리 나갔던 돛단배가 돌아옴)'을 재촉하는 자연 현상으로, 이를 통해 흥취의 대상이 강에서 산으로 옮겨 가고 있지는 않다.

* 흥취(興趣): 흥과 취미를 아울러 이르는 말 예 어느 정도 분위기가 무르익자 사람들이 자리에서 일어나 춤을 추고 노래를 부르며 흥취를 돋우었다.

오답인 이유

⑤ 매력적인 오답 (가)의 '어부'는 강호 자연의 삶 속에서 홀로 자족감*을 표출하고 있고('일반 청의미를 어느 분이 아실까'), (나)의 어부는 벗들과 함께한 흥겨운 뱃놀이를 통해 만족감을 표출하고 있군('희황천지를 오늘 다시 보는구나').

⋯▸ (가)의 '어부'는 강호에서 한가롭게 지내면서 '일반 청의미를 어느 분이 아실까'라고 하였다. 이는 자연의 참된 의미를 알 사람이 없다는 것으로, 화자인 어부의 자족감을 드러내는 표현이다. 그리고 (나)의 어부는 벗과 함께 뱃놀이를 가서 물고기를 잡아 회와 술을 실컷 먹고 '희황천지를 오늘 다시 보는구나'라며 만족감을 드러내고 있다.

* 자족감(自足感): 스스로 넉넉하게 여기는 느낌 예 그녀는 밀린 일을 모두 해치운 뒤 자족감에 가득 차서 집으로 돌아갔다.

① (가)의 '어부'는 '십장 홍진'으로 표현된 정치 현실에서 벗어나 뱃놀이를 즐기며 '인세'의 근심과 시름을 다 잊고 한가로움을 추구하려고 하는군.

⋯▸ (가)에서 '십장 홍진'은 속세를 뜻하는 말로, 〈보기〉의 설명을 참고할 때 '정치 현실'을 의미한다고 이해할 수 있다. (가)에서 '어부'는 이러한 정치 현실에서 벗어나 뱃놀이를 즐기며 인간 세상의 근심과 시름을 잊고 한가로운 삶을 추구하고 있다.

③ (가)의 '일엽편주'와 (나)의 '소정'은 화자가 소박한 뱃놀이를 즐기고 있다는 것을 알려 주는 어부 형상 관련 소재라고 할 수 있군.

⋯▸ (가)의 '일엽편주'는 한 척의 조그마한 배, (나)의 '소정'은 작은 배를 의미한다. 이는 모두 화자가 자연 속에서 소박한 뱃놀이를 즐기고 있다는 것을 알려 주는 소재이다.

④ (가)의 '녹류에 고기 꿰어'에는 어부의 삶과 관련된 일부 행위를 통해 유유자적*한 삶이, (나)의 '그물로', '수없이 잡아내어', '실컷 먹은'에는 뱃놀이의 여러 상황들이 연결되어 흥취를 즐기는 삶이 나타나고 있군.

⋯▸ (가)에서 '녹류에 고기 꿰어'는 강에서 잡은 고기를 버드나무 가지에 꿰어 두는 행위를 통해 어부의 유유자적한 삶의 모습을 보여 주고 있다. 그리고 (나)에서 '그물로', '수없이 잡아내어', '실컷 먹은'은 그물로 고기를 잡아 마음껏 먹는 여러 상황들을 연결하여 흥취를 즐기는 어부의 삶의 모습을 나타내고 있다.

* 유유자적(悠悠自適): 속세를 떠나 아무 속박 없이 조용하고 편안하게 삶 예 그는 은퇴 후 시골에서 유유자적하며 전원생활을 즐기고 있다.

고전 시가 **04** 탄궁가 | 농가

▶ 문제편 62~63쪽

정답 | 01 ④ 02 ⑤ 03 ③

[01~03] 다음 글을 읽고 물음에 답하시오. 2022 수능

제대로 작품 분석 ▶ 〈보기〉에서 적절한 것을 골라 넣으며 작품을 분석해 보자.

가 춘일(春日)이 지지(遲遲)하여 뻐꾸기가 보채거늘
농사지으라고 재촉하기에
봄날이 깊어져 뻐꾸기가 보채거늘
동린(東隣)에 쟁기 얻고 서사(西舍)에 호미 얻고
1
동쪽 이웃에게 쟁기를 얻고 서쪽 이웃에게 호미를 얻고
집 안에 들어가 씨앗을 마련하니
집 안에 들어가 씨앗을 마련하니
㉠「올벼 씨 한 말은 반 넘게 쥐 먹었고
농사지을 볍씨마저 쥐가 먹음.
올벼 씨 한 말은 반 넘게 쥐가 먹었고
기장 피 조 팥은 서너 되 부쳤거늘」 「」: 2
심었거늘
기장, 피, 조, 팥은 서너 되를 부쳤거늘
한아(寒餓)한 식구 이리하여 어이 살리 ▶ 1~6행: 농사를 짓기조차 어려운 형편
현실 타개의 어려움과 그로 인한 화자의 탄식
춥고 굶주린 식구 이리하여 어찌 살리.

(중략)

베틀 북도 쓸데없어 빈 벽에 남겨 두고
실이 없어서 옷감을 만들 수가 없음.
베틀의 북은 쓸데없어 빈 벽에 걸려 있고
㉡솥 시루 버려두니 붉은 빛이 다 되었다
끼니조차 잇지 못하는 생활이 지속됨.
시루 솥도 버려두니 붉은빛이 다 되었다.
세시 삭망 명절 제사는 무엇으로 해 올리며
세시 절기, 명절 제사는 무엇으로 해 올리며
원근 친척 내빈왕객(來賓往客)은 어이하여 접대할꼬
왔다 가는 손님들
멀고 가까운 친척과 손님들은 어떻게 대접할고.
㉢이 얼굴 지녀 있어 어려운 일 하고 많다
자신의 처지에 대한 한탄 ▶ 7~11행: 사람의 도리도 하기 힘든 궁핍한 처지
이 얼굴 지니고 있어 어려운 일이 많고도 많다

[A]
이 원수 궁귀(窮鬼)를 어이하여 여의려뇨
3
이 원수 같은 가난귀신을 어떻게 이별할까.
술에 후량을 갖추고 이름 불러 전송하여
말린 음식 / 잔치를 베풀어 떠나보냄.
술에 음식을 갖추어서 이름 불러 떠나보내
길한 날 좋은 때에 사방으로 가라 하니
좋은 날 좋은 때에 사방으로 가라 하니
웅얼웅얼 불평하며 원노(怨怒)하여 이른 말이
웅얼웅얼 불평하며 화를 내며 하는 말이
「어려서나 늙어서나 희로우락(喜怒憂樂)을 너와 함께하여
가난에서 벗어난 적이 없는 화자의 삶
어려서부터 지금까지 희로애락을 너와 함께하여
죽거나 살거나 여읠 줄이 없었거늘
죽거나 살거나 이별할 일이 없었거늘
어디 가 뉘 말 듣고 가라 하여 이르느뇨」
「」: 궁귀가 화자에게 하는 말
어디 가서 누구 말을 듣고 가라고 말하는가.
우는 듯 꾸짖는 듯 온가지로 협박커늘
우는 듯 꾸짖는 듯 온갖 방법으로 협박하거늘

돌이켜 생각하니 네 말도 다 옳도다
궁귀
돌이켜 생각하니 네 말도 다 옳도다.
무정한 세상은 다 나를 버리거늘
세상을 향한 화자의 부정적 인식
무정한 세상은 다 나를 버리거늘
네 혼자 유신하여 나를 아니 버리거든
가난을 의인화하여 고통스러운 상황을 희화화함.
너 혼자 신의 있어 나를 아니 버리거늘
위협으로 회피하며 잔꾀로 여읠려냐
가난을 피할 수 없다는 뜻
일부러 피하여서 잔꾀로 이별하겠느냐.
하늘 삼긴 이내 궁(窮)을 설마한들 어이하리
가난을 운명으로 받아들이는 태도
하늘이 만들어 준 이 내 가난 설마한들 어찌하리.
빈천도 내 분(分)이니 서러워해 무엇하리
4 ▶ 12~25행: 가난에 대한 수용과 체념
가난하고 천한 것도 내 분수니 서러워하여 무엇하리.

– 정훈, 〈탄궁가〉

❖ 제대로 작품 분석의 〈보기〉

㉠ 궁핍한 생활을 사실적으로 묘사함.
㉡ 농기구마저 없어 빌려야 하는 처지
㉢ 가난을 수용하는 화자의 체념적 태도
㉣ 가난귀신 – '가난'을 의인화하여 청자로 설정하고 대화 형식으로 전개함.

❖ 제목의 의미

'곤궁한 생활을 탄식한다.'는 의미로, 궁핍한 삶에서 벗어날 수 없음을 탄식하면서도 결국 그 가난을 수용하는 자세를 보이는 화자의 삶의 처지를 구체적으로 형상화한 작품이다. 가난한 생활의 모습을 일상적 소재를 바탕으로 사실적으로 그리고 있으며, 가난을 의인화한 '궁귀(가난귀신)'와의 대화를 통해 가난을 운명적으로 받아들이는 모습을 드러내고 있다.

❖ 작가 소개

정훈(鄭勳, 1563~1640): 조선 중기의 시인. 호는 수남방옹(水南放翁). 섬세한 관찰력과 독창적인 시어 등으로 개성 있는 작품 세계를 창조했다는 평가를 받는다. 전형적 양반 집안에서 태어났지만 관직에 나간 적 없이 초야에 묻혀 살면서 일생을 보냈다. 정철과 더불어 가사 문학의 쌍벽을 이루며, 6편의 가사와 20수의 시조 작품을 남겼다. 저서에 《수남방옹유고》가 있다.

❖ 핵심 정리

- 갈래: 가사
- 성격: 사실적, 체념적
- 주제: 궁핍한 생활로 인한 고통과 이를 수용하려는 자세
- 특징: ① 일상적 소재를 바탕으로 가난한 생활을 사실적으로 묘사함. ② 가난을 '궁귀'로 의인화하여 참신하게 표현함.

나 서산에 돋을볕 비추고 구름은 느지막이 내린다
아침에 해가 솟아오를 때의 햇볕
서산에 아침 햇볕이 비추고 구름은 낮게 떠 있다.
비 온 뒤 묵은 풀이 뉘 밭이 우거졌던고
해야 할 농사일
비가 온 뒤의 묵은 풀이 누구의 밭에 더 짙어졌는가.
㉣두어라 차례 정한 일이니 매는 대로 매리라
1
두어라, 차례가 정해진 일이니 묵은 풀을 매는 대로 매리라.

〈제1수〉
▶ 제1수: 아침에 김매기를 하러 나섬.

[B]
면화는 세 다래 네 다래요 이른 벼 의 패는 모가 곱난가
2 / 벼가 익어가는 모습에 대한 만족감
면화는 세 다래 네 다래로 듬뿍 피고 이른 벼는 피는 이삭이 곱더라.
오뉴월이 언제 가고 칠월이 반이로다
수확의 시기
오뉴월이 언제 가고 벌써 칠월이 반이 지났구나.

아마도 하느님 너희 삼길 제 날 위하여 삼기셨다
면화, 벼
아마도 하늘이 너희를 만드실 때 나를 위하여 만드셨구나.

〈제7수〉

▶ 제7수: 가을에 풍요로운 결실을 맺음.

아이는 낚시질 가고 집사람은 절이채 친다
한가하고 평화로운 집안의 정경
아이는 낚시질 가고 집사람은 겉절이를 만든다.
새 밥 익을 때에 새 술을 걸러셔라
새 밥 익을 때에 새 술을 거르리라.
㉲아마도 밥 들이고 잔 잡을 때에 흥에 겨워 하노라
3
아마도 밥 들여오고 잔 잡을 때에 흥에 겨워 하노라.

〈제8수〉

▶ 제8수: 햇곡식으로 만든 음식을 먹는 흥겨움

– 위백규, 〈농가〉

❖ 제대로 작품 분석의 〈보기〉

㉠ 면화 수확에 대한 만족감
㉡ 서로 도와 차례대로 밭을 맴.
㉢ 가을의 풍족함을 누리는 흥겨움

❖ 제목의 의미

농촌의 하루 일과를 계절의 추이에 따라 사실적으로 노래한 작품이다. 총 9수로 구성되어 있으며, 농촌의 일과와 농사 풍경이 밝고 생동감 넘치는 분위기로 그려졌다. 제1~6수에는 농사일로 바쁜 여름을 배경으로 농촌의 하루 일과가 이른 아침부터 정오, 저녁에 걸쳐 제시되어 있으며, 제7~9수에는 추수의 기쁨이 있는 초가을의 정경이 여유롭게 묘사되어 있다. 농민의 삶이나 일상에 대한 작가의 긍정적인 시각을 읽을 수 있다.

❖ 작가 소개

위백규(魏伯珪, 1727~1798): 조선 후기의 실학자. 호는 존재(存齋). 〈역례설(易禮說)〉과 〈역총계몽(易總啓蒙)〉 등을 연구하여 20여 세에 명성을 얻었다. 당대 농촌 사회의 실상을 드러내고 있는 시론, 현실 비판적 한시 등을 저술했으며, 천문 · 지리 · 산수 등에 정통하였다. 저서에 《존재집》, 《지제지》 등이 있다.

❖ 핵심 정리

- 갈래: 평시조, 연시조
- 성격: 사실적, 전원적
- 주제: 농가의 생활과 농사일을 하는 즐거움
- 특징: ① 시간의 흐름에 따라 시상을 전개함. ② 농촌을 풍류의 대상이 아니라 땀 흘리며 일하는 생활 터전으로 그림.

제대로 감상법 모범 답안

㉮ 정훈, 〈탄궁가〉

❶ 수용 ❷ 궁귀 ❸ 가난

❖ 제대로 작품 분석

1㉡ 2㉠ 3㉣ 4㉢

㉯ 위백규, 〈농가〉

❶ 농사일 ❷ 돋을볕 ❸ 시간

❖ 제대로 작품 분석

1㉡ 2㉠ 3㉢

01

정답률 79% | 매력적인 오답 ② 14%

(가)에 대한 설명으로 가장 적절한 것은?

정답인 이유

④ **특정 계절을 배경으로 제시해 화자의 처지를 부각하고 있다.**
○ → 봄 ○ → 화자의 궁핍한 처지를 부각함.

··· (가)의 계절적 배경은 '춘일'이라는 시어를 통해 봄이라는 것을 알 수 있다. '중략' 이전 부분에서 화자는 봄이 되어 농사를 지으려고 이웃에게 농기구를 빌려 오지만 파종할 씨앗조차 없어 막막해하고 있다. 또 '중략' 이후 부분에서 화자는 명절과 제사를 지내거나 친척과 손님을 맞기 어려울 정도로 궁핍한 상황을 한탄하고 있다. 이처럼 (가)는 봄이라는 계절을 배경으로 제시하여 화자의 궁핍한 처지를 부각하고 있다.

오답인 이유

② (매력적인 오답) **계절감이 드러난 소재를 대등하게 나열해 시상을 전개하고 있다.**
×

··· '춘일', '뻐꾸기' 등의 일부 시어에서 계절감을 느낄 수 있지만, 이러한 소재를 대등하게 나열하여 시상을 전개하고 있지는 않다.

① **계절의 변화에 조응*하는 여러 자연물을 활용해 화자의 인식 전환을 보여 주고 있다.**
× ×

··· 봄이라는 계절에 조응하는 '뻐꾸기'라는 자연물이 나타날 뿐 여러 자연물을 활용했다고 볼 수 없고, 이를 통해 화자의 인식 전환을 보여 주고 있지도 않다.

* 조응(照應): 둘 이상의 사물이나 현상 따위가 서로 일치하게 대응함.
예 컴퓨터는 기계 문명의 현대화에 조응하여 발달해 왔다.

③ **특정 계절의 풍속을 화자의 시선 이동에 따라 묘사하고 있다.**
× ×

··· 봄에 농사 준비를 하는 모습이 나타날 뿐 봄의 풍속을 제시하고 있다고 보기 어려우며, 이를 화자의 시선 이동에 따라 묘사하고 있지도 않다.

⑤ **계절의 순환을 중심으로 자연의 섭리를 드러내고 있다.**
× ×

··· 봄이라는 계절을 배경으로 궁핍한 삶에서 벗어나지 못하는 처지를 한탄하고 있을 뿐, 계절의 순환이나 자연의 섭리는 나타나 있지 않다.

02

정답률 67% | 매력적인 오답 ④ 13%

[A], [B]에 대한 이해로 적절하지 않은 것은?

정답인 이유

⑤ **[A]와 [B]에서 화자는 각각 초월적인 존재인 '하늘'과 '하느님'을 예찬하는 어조를 취하고 있다.**
×

··· [A]에서 화자는 '하늘 삼긴 이내 궁을 설마한들 어이하리'라며 하늘이 준 가난을 운명으로 받아들이는 태도를 보이고 있다. 또 [B]에서 화자는 '하느님 너희 삼길 제 날 위하여 삼기셨다'라며 가을의 풍요로운 결실에 만족해하는 태도를 보이고 있다. 즉, [A]와 [B]에서 화자는 '하늘'과 '하느님'이라는 존재를 통해 자신의 삶의 태도를 드러내고 있을 뿐, 이들을 예찬하고 있는 것은 아니다.

오답인 이유

④ **매력적인 오답** **[A]에서 화자는 '옳도다'라는 응답으로 '네 말'을 수용하는 태도를, [B]에서 화자는 '반이로다'라는 감탄으로 '패는 모'에 대한 기대감을 드러내고 있다.**

⋯→ [A]에서 화자는 '네 말도 다 옳도다'라는 응답을 통해, 평생을 함께했으니 이제 와서 떠날 수는 없다는 궁귀의 말을 수용하는 태도를 드러내고 있다. 그리고 [B]에서 화자는 '칠월이 반이로다'라는 감탄을 통해, 가을이 되어 익어가는 벼에 대한 기대감을 드러내고 있다.

① **[A]에서 '술에 후량'을 갖춘 화자는 의례를 통해 '궁귀'에 대한 예우를 표하고 있다.**

⋯→ [A]에서 사람의 도리도 하기 힘든 궁핍한 처지의 화자는 궁귀를 멀리 떠나보내려 하는데, 이때 좋은 날 좋은 때를 고르고 술에 음식을 갖춤으로써 궁귀에 대한 예우를 표하고 있다.

② **[B]에서 화자는 시간의 경과를 의식하며 '세 다래 네 다래' 열린 '면화'에 대한 만족감을 드러내고 있다.**

⋯→ [B]에서 화자는 오뉴월이 지나고 수확을 앞둔 칠월이 되었을 때 세 다래, 네 다래나 될 정도로 듬뿍 핀 면화에 대한 만족감을 드러내고 있다.

③ **[A]에서 화자는 '이내 궁'과의 관계를, [B]에서 화자는 '너희'와의 관계를 운명적인 것으로 여기는 관점을 취하고 있다.**

⋯→ [A]에서 화자는 '하늘 삼긴 이내 궁', '빈천도 내 분이니'라며 가난을 운명적인 것으로 여기는 관점을 보이고 있다. 그리고 [B]에서 화자는 '너희 삼길 제 날 위하여 삼기셨다'라며 면화와 벼의 풍요로운 결실을 운명적인 것으로 여기는 관점을 보이고 있다.

03

정답률 80% | 매력적인 오답 ④ 14%

〈보기〉를 참고할 때, ㉠~㉤의 문맥적 의미에 대한 이해로 적절하지 않은 것은? [3점]

〈보기〉

〈탄궁가〉는 향촌 공동체에서 경제적 기반이 취약한 사대부가 가정과 사회에 대한 책임을 다하기 어려운 자신의 궁핍한 삶을 실감나게 그려 낸 작품이다. 한편 〈농가〉는 곤궁한 향촌 공동체의 발전을 위해 여러 방도를 모색한 사대부가 가난을 벗어난 이상화된 농촌상을 그려 낸 작품이다.

(가)의 화자가 지닌 성격 / (가)의 주제 의식 / (나)의 화자가 지닌 성격 / (나)의 주제 의식

정답인 이유

③ **㉢은 체면을 지키기 어려운 상황을 제시해 취약한 경제적 기반 때문에 사회적 책임을 내려놓는 향촌 사대부의 죄책감을 드러낸다.**

○ → '세시 삭망 명절 제사는 ~ 어이하여 접대할꼬'
× → (가)에 나타나 있지 않은 내용임.

⋯→ ㉢은 궁핍한 처지 때문에 명절 제사를 지내거나 친척과 손님을 접대하기 어려운 일이 많음을 나타내는 것으로, 화자가 사대부로서의 체면을 지키기 어려운 상황임을 알 수 있다. 이는 〈보기〉에 언급되어 있는 것처럼, 경제적 기반이 취약한 사대부의 궁핍한 삶을 보여 주는 것이다. 하지만 (가)에서 화자가 사회적 책임을 내려놓거나 죄책감을 드러내는 내용은 나타나 있지 않다.

오답인 이유

④ **매력적인 오답** **㉣은 밭을 맬 때 예정된 차례에 따라야 함을 나타내어 사회적 약속에 대한 존중을 향촌 공동체 발전의 방도로 여기는 관점을 드러낸다.**

⋯→ ㉣은 서로 도와 가며 차례대로 밭을 매겠다는 뜻이다. 이는 〈보기〉에 따르면, 상부상조라는 사회적 약속에 대한 존중을 향촌 공동체 발전의 방도로 여기는 관점을 드러낸 것으로 볼 수 있다.

① **㉠은 파종*할 볍씨를 쥐가 먹어 버린 상황을 제시해 가난한 향촌 사대부의 곤혹스러운 처지를 실감나게 그려 낸다.**

⋯→ ㉠은 봄이 되어 파종해야 할 볍씨를 쥐가 먹어 버린 상황을 나타낸 것이다. 이는 〈보기〉에 따르면, 경제적 기반이 취약한 향촌 사대부의 곤혹스러운 처지를 실감나게 그린 것으로 볼 수 있다.

* **파종(播種)**: 곡식이나 채소 따위를 키우기 위하여 논밭에 씨를 뿌림.
예 지난해 가을에 파종한 밀밭에는 파릇파릇 새싹이 돋아 있었다.

② **㉡은 솥과 시루가 녹슨 상황을 제시해 끼니조차 잇지 못하는 생활이 지속되는 향촌 사대부 가정의 궁핍함을 부각한다.**

⋯→ ㉡은 솥 시루를 오랜 시간 방치해 두어 붉게 녹이 슬었다는 뜻이다. 이는 〈보기〉에 따르면, 경제적 기반이 취약한 사대부의 궁핍한 삶을 부각하는 것으로 볼 수 있다.

⑤ **㉤은 먹을거리에 부족함이 없이 즐거운 향촌 구성원의 모습을 통해 가난을 벗어난 이상화된 농촌상의 일면을 보여 준다.**

⋯→ ㉤은 햇곡식으로 만든 음식을 먹는 흥겨움을 나타낸 것이다. 이는 〈보기〉에 따르면, 가난을 벗어난 이상화된 농촌의 모습을 형상화한 것으로 볼 수 있다.

고전 시가 05

규원가 | 재 위에 우뚝 선~

▶ 문제편 64~65쪽

정답 | 01 ④ 02 ② 03 ②

[01~03] 다음 글을 읽고 물음에 답하시오. 2022 9월 모의평가

제대로 작품 분석 ▶ 〈보기〉에서 적절한 것을 골라 넣으며 작품을 분석해 보자.

가 공후배필은 못 바라도 군자호구 원하더니
높은 벼슬아치의 아내 / 군자의 좋은 짝
높은 벼슬아치의 아내는 바라지 않아도 군자의 좋은 짝 정도는 바랐더니

삼생의 원업(怨業)이오 월하의 연분으로
원하지 않는 사람을 남편으로 맞이하게 되었다는 의미
삼생(전세, 현세, 내세)의 원망스러운 업보이자 부부의 인연으로

장안유협(長安遊俠) 경박자(輕薄子)를 ㉠ 꿈같이 만나 있어
장안의 호탕하면서도 경박한 사람 – 남편을 가리킴.
장안의 호탕하면서도 행동이 경박한 사람을 꿈같이 만나서

당시의 용심(用心)하기 살얼음 디디는 듯
시집간 뒤 / 마음을 씀. / 매우 조심스러웠음.
시집간 뒤에 마음을 쓰며 조심하기를 마치 살얼음 디디는 듯

삼오이팔 겨우 지나 천연여질 절로 이니
열다섯, 열여섯 / 타고난 아름다운 모습
열다섯, 열여섯 살을 겨우 지나 타고난 고운 모습이 절로 나타나니

이 얼굴 이 태도로 백년기약하였더니
모습, 형상
이 모습으로 백년 기약하려고 하였더니

연광(年光)이 훌훌하고 조물이 다시(多猜)*하여
세월
세월이 빨리 지나가고 조물주마저 시기가 많아서

[A]
봄바람 가을 물이 베오리에 북 지나듯
1
세월이 베틀의 올에 북 지나가듯 빨리 지나가
설빈화안 어디 두고 면목가증(面目可憎)* 되거고나
고운 머릿결과 꽃 같은 얼굴
아름다운 얼굴을 어디에 두고 보기 싫은 얼굴이 되었구나.

내 얼굴 내 보거니 어느 임이 날 괼소냐
자신의 모습에 대한 자괴감 ▶ 기: 세월의 덧없음과 늙은 자신의 모습 한탄
내 얼굴을 내가 보거니 어느 임이 나를 사랑할 것인가?

(중략)

옥창에 심은 매화 몇 번이나 피여 진고
남편이 집을 나간 지 여러 해가 되었음.
규방 앞에 심은 매화는 몇 번이나 피었다 졌는가?

[B]
「겨울밤 차고 찬 제 자최눈 섯거 치고
□: 화자의 쓸쓸한 정서를 심화시키는 객관적 상관물
겨울밤 차고 찬 때 자국눈(조금 내린 눈) 섞어 내리고,
여름날 길고 길 제 궂은비는 무슨 일고
여름날 길고 길 때 궂은비는 무슨 일로 내리는고.

삼촌화류(三春花柳) 호시절(好時節)의 경물이 시름없다
봄의 꽃과 버들
꽃 피고 버들잎 돋아나는 봄의 좋은 시절에 아름다운 경치를 보아도 아무 생각이 없다.

가을 달 방에 들고 실솔(蟋蟀)이 상(床)에 울 제
귀뚜라미 – 감정 이입의 대상
가을 달빛이 방에 들어오고 귀뚜라미가 침상에서 울 때

긴 한숨 지는 눈물 속절없이 헴만 많다」
「」: 2
긴 한숨과 떨어지는 눈물에 속절없이 생각만 많다.

아마도 모진 목숨 죽기도 어려울사 ▶ 승: 임에 대한 원망과 애달픈 심정
아마도 모진 목숨이 죽기도 어렵구나.

도로혀 풀쳐 혜니 이리하여 어이하리
돌이켜
돌이켜 여러 가지 일을 생각하니 이렇게 살아서 어찌할 것인가?

청등을 돌라 놓고 녹기금(綠綺琴) 빗겨 안아
3
등불을 돌려 놓고 푸른 거문고를 비스듬히 안아

벽련화(碧蓮花) 한 곡조를 시름 좇아 섯거 타니
거문고의 곡조 이름. 매우 슬픈 곡조
벽련화 한 곡조를 시름에 섞어 타니

「소상야우(瀟湘夜雨)의 댓소리 섯도는 듯
중국 소상강에 내리는 밤비
소상강 밤비에 댓잎 소리가 섞여 들리는 듯

화표천년(華表千年)의 별학이 우니는 듯」
묘 앞에 세우는 망주석 / 「」: 거문고 소리 묘사 – 화자의 처량하고 구슬픈 심정 반영
망주석에 천 년 만에 찾아온 이별한 학이 울고 있는 듯

옥수(玉手)의 타는 수단 옛 소리 있다마는
여성의 아름답고 고운 손
아름다운 손으로 타는 솜씨는 옛 노래 그대로건만

부용장(芙蓉帳) 적막하니 뉘 귀에 들리소니
연꽃이 그려진 휘장
연꽃무늬 휘장을 친 방이 텅 비어 있으니 누구의 귀에 들리겠는가?

간장이 구곡되어 굽이굽이 끊쳤어라 ▶ 전: 거문고를 타며 달래는 외로움과 한
구곡간장. 시름이 쌓인 마음속
간장이 아홉 굽이가 되어 굽이굽이 끊어졌구나.

「차라리 잠을 들어 ㉡ 꿈에나 보려 하니
4
차라리 잠이 들어 꿈에나 임을 보려고 했더니

바람의 지는 잎과 풀 속에 우는 짐승
장애물
바람에 지는 잎과 풀 속에 우는 벌레는

무슨 일 원수로서 잠조차 깨우는다」 ▶ 결: 독수공방의 외로움
「」: 고독감으로 잠을 이루지 못하는 화자의 모습
무슨 일로 원수가 되어 잠조차 깨우는가?

– 허난설헌, 〈규원가〉

* 다시: 시기가 많음.
* 면목가증: 얼굴 생김이 남에게 미움을 살 만한 데가 있음.

❖ 제대로 작품 분석의 〈보기〉

㉠ 계절에 따른 외로움과 그리움의 정서 표현
㉡ 푸른 거문고 – 외로움을 달래기 위한 소재
㉢ 빠르게 지나감. – 여성의 생활에 밀접한 소재 활용
㉣ 현실에서 문제를 해결하지 못한 화자가 선택한 방법

❖ 제목의 의미

'아녀자가 원망하는 노래'라는 뜻으로, 가부장적 유교 질서 속에서 독수공방하며 살아가는 부녀자의 남편에 대한 원망과 신세 한탄을 담은 규방 가사이다. 실제로 무능한 남편과 고된 시집살이로 불행한 결혼 생활을 했던 작가 허난설헌의 슬픈 삶을 문학적으로 형상화한 것이라고도 알려져 있다.

❖ 작가 소개

허난설헌(許蘭雪軒, 1563~1589): 조선 중기의 시인. 본명은 초희이며, 난설헌은 호이다. 천재적인 시재(詩才)를 발휘하였으며, 특히 한시에 능하였다. 결혼 후 불행했던 자신의 처지를 바탕으로 당시 여성들의 삶과 정서를 섬세한 필치로 표현했다. 주요 작품으로 〈규원가〉, 〈봉선화가〉 등이 있고, 유고집에 《난설헌집》이 있다.

❖ 핵심 정리

- 갈래: 규방 가사(내방 가사)
- 성격: 원망적, 절망적, 한탄적
- 주제: 봉건 사회에서 겪는 부녀자의 한(恨)
- 특징: ① 현전하는 최초의 여류 가사이자 규방 가사임. ② 과거와 현재 상황의 대비를 통해 화자의 현재 처지를 강조함. ③ 다양한 자연물을 활용하여 화자의 정서를 드러냄.

나 [C] 재 위에 우뚝 선 **소나무 바람 불 적마다 흔덕**흔덕
화자가 동질감을 느끼는 자연물 ①
고개 위에 우뚝 선 소나무 바람이 불 때마다 흔덕흔덕
개울에 섰는 **버들** 무슨 일 좇아서 흔들흔들
화자가 동질감을 느끼는 자연물 ②
개울에 서 있는 버드나무 무슨 일 때문에 흔들흔들

임 그려 우는 눈물은 옳거니와 **입하고 코**는 어이 무슨 일 좇아서 **후루룩 비쭉** 하나니
임을 그리며 우는 눈물은 옳거니와 입하고 코는 무슨 일 때문에 후루룩 비쭉 하는가.

– 작자 미상

❖ 제대로 작품 분석의 〈보기〉

㉠ 화자의 처지와 정서
㉡ 큰 물체가 흔들리는 모양
㉢ 외양을 우스꽝스럽게 표현 – 슬픔을 절제하는 효과

❖ 핵심 정리

- 갈래: 사설시조
- 성격: 서정적, 해학적
- 주제: 임과 이별한 슬픔과 간절한 그리움
- 특징: ① 자연물을 통해 화자의 상황과 처지를 드러냄. ② 음성 상징어를 활용하여 화자의 정서를 강조함. ③ 해학적 표현을 통해 슬픔과 거리를 둠.

제대로 감상법 모범 답안

가 허난설헌, 〈규원가〉

❶ 장안 유협 경박자 ❷ 실솔 ❸ 대비

❖ 제대로 작품 분석

1㉢ 2㉠ 3㉡ 4㉣

나 작자 미상, 〈재 위에 우뚝 선~〉

❶ 소나무 ❷ 버들 ❸ 해학

❖ 제대로 작품 분석

1㉡ 2㉠ 3㉢

01 정답률 80%

[A]~[C]의 표현상 특징에 대한 설명으로 적절하지 않은 것은?

정답인 이유

④ [A], [B]는 계절적 배경을 알려 주는 시어를 활용하여 시간에 따라 화자의 처지가 달라졌음을 드러내었다.
[A]와 [B] 모두 ○ / [A] ○, [B] ×

⋯› [A]에서는 '봄바람'과 '가을 물', [B]에서는 '겨울밤'과 '여름날' 등 모두 계절적 배경을 알려 주는 시어를 활용하고 있다. 그리고 [A]에서 화자는 '아름다운 얼굴(설빈화안)'이 '보기 싫은 얼굴(면목가증)'이 되었다고 하였으므로, 세월이 빠르게 흘러 화자의 모습과 처지가 달라졌음을 알 수 있다. 하지만 [B]에서 화자는 계절이 바뀌었어도 여전히 집으로 돌아오지 않는 남편을 기다리고 있으므로, 화자의 한스러운 처지가 달라졌다고 볼 수 없다.

오답인 이유

① [A]는 여성의 생활에 밀접한 소재를 활용하여 흘러가는 세월에 대한 화자의 인식을 시각적으로 표현하였다.
○

⋯› [A]에서는 세월이 빨리 지나가는 것을 '베오리에 북 지나듯'이라고 표현하였다. 여성의 생활에 밀접한 베틀과 관련된 소재를 활용하여 빠르게 흘러가는 세월에 대한 화자의 인식을 시각적으로 형상화하고 있다.

② [B]는 단어를 반복하는 구절을 행마다 사용하여 화자가 주목하는 각 계절의 특성을 강조하였다.
○

⋯› [B]에서는 '차고 찬 제', '길고 길 제' 등 단어를 반복하는 구절을 행마다 사용하여 겨울과 여름의 계절적 특성을 강조하였다. 이를 통해 집 나간 남편을 기다리는 화자의 쓸쓸한 정서를 부각하고 있다.

③ [C]는 두 대상을 발음이 비슷한 의태어로 표현하여 움직이는 모습의 유사성을 드러내었다.
○

⋯› [C]에서는 발음이 비슷한 '흔덕흔덕'과 '흔들흔들'이라는 의태어를 사용하여 소나무와 버들이 움직이는 모습의 유사성을 드러내었다. 이를 통해 임과 헤어져 흔들리는 화자의 마음을 효과적으로 형상화하고 있다.

⑤ [B], [C]는 대구*를 활용하여 리듬감을 형성하였다.
○

⋯› 대구는 같거나 비슷한 문장 구조를 나란히 배열하여 리듬감을 주는 방법이다. [B]와 [C]에서는 모두 앞의 행과 뒤의 행이 대구를 이루며 리듬감을 형성하고 있다.

* 대구(對句): 같거나 비슷한 문장 구조를 나란히 배열하여 표현하는 방법 예 청산(靑山)은 엇뎨ᄒᆞ야 만고(萬古)애 프르르며 / 유수(流水)는 엇뎨ᄒᆞ야 주야(晝夜)애 긋디 아니ᄂᆞᆫ고.

02 정답률 90%

㉠, ㉡에 대한 이해로 가장 적절한 것은?

정답인 이유

② ㉡은 현실에서는 화자가 문제를 해결할 수 없어서 선택한 방법이다.
○ → 현실에서 돌아오지 않는 남편을 꿈속에서 만나겠다고 생각함.

⋯› (가)에서 화자는 집을 나간 지 여러 해가 되었지만 돌아오지 않는 남편을 기다리고 있다. 외로운 처지의 화자는 차라리 잠을 들어 꿈속에서나마 임(남편)을 만나겠다고 생각하고 있다. 따라서 ㉡은 현실에서 문제를 해결하지 못한 화자가 임을 만나기 위해 선택한 방법으로 볼 수 있다.

오답인 이유

① ㉠은 흐릿한 기억 때문에 혼란스러운 화자의 심정을 나타낸다.
×

⋯› ㉠은 화자가 남편을 만나 혼인했던 과거를 회상한 것으로, 흐릿한 기억 때문에 혼란스러운 화자의 심정을 나타낸 것이 아니다.

③ ㉠은 임과의 만남에 대한 기대에서, ㉡은 임과의 이별에 대한 망각*에서 비롯된다.
× / ×

⋯› ㉠은 과거를 회상한 것일 뿐 임과의 만남에 대한 기대에서 비롯된 것이 아니며, ㉡은 꿈에서나마 임을 만나고 싶은 마음을 표현한 것일 뿐 임과의 이별에 대한 망각에서 비롯된 것이 아니다.

* 망각(忘却): 어떤 사실을 잊어버림. 예 그녀는 괴로운 자신의 과거를 망각 속에 묻어 버리고 싶었다.

④ ㉠은 이미 일어난 일에 대해 회상하고, ㉡은 곧 일어날 일에 대해 단정하고 있다.
○ ×

··· ㉠은 과거에 있었던 일을 회상한 것이 맞지만, ㉡은 곧 일어날 일에 대해 단정하고 있는 것이 아니다.

⑤ ㉠은 인연의 우연성에 대한, ㉡은 재회의 필연성에 대한 화자의 우려를 드러내고 있다.
× ×

··· ㉠은 '삼생의 원업'이나 '월하의 연분'을 고려할 때 남편과의 인연이 운명으로 정해져 있었다는 의미를 담고 있으므로 인연의 우연성이나 그에 대한 우려를 드러낸 것이 아니다. ㉡은 꿈에서나마 임을 만나고 싶다는 마음을 담고 있을 뿐 재회의 필연성이나 그에 대한 우려를 드러낸 것이 아니다.

03

정답률 50% | 매력적인 오답 ④ 38%

〈보기〉를 참고하여 (가), (나)를 감상한 내용으로 적절하지 않은 것은? [3점]

〈보기〉

(가), (나)는 이별에 대한 서로 다른 대처를 보여 준다. (가)의 화자는 외부와 단절된 채 자신의 쓸쓸한 내면에 몰입하고, 자신의 슬픔을 주변으로 확장한다. (나)의 화자는 외부 대상의 모습에서 자신과의 동질성을 발견하며 슬픔을 확인하면서도, 슬픔을 분출하는 자신의 우스운 외양에 주목한다. (가)는 슬픔을 확장하고 펼쳐 냄으로써, (나)는 슬프지만 슬픔과 거리를 둠으로써 이별에 대처한다.

(가)에 나타난 화자의 정서와 태도 / (나)에 나타난 화자의 정서와 태도 / (가)의 화자가 이별에 대처하는 방식 / (나)의 화자가 이별에 대처하는 방식

정답인 이유

② (가)에서 '부용장 적막하니 뉘 귀에 들리소니'는 화자가 외부와의 교감을 거부하고 내면에 몰입*하는 모습을 드러내는군.
× → 독수공방하는 화자의 쓸쓸한 처지

··· (가)에서 '부용장 적막하니 뉘 귀에 들리소니'는 화자가 연주하는 거문고 소리를 들어줄 사람이 없다는 뜻이다. 따라서 이는 독수공방하는 화자의 쓸쓸한 처지를 나타내는 것일 뿐, 화자가 외부와의 교감을 거부하고 내면에 몰입하는 모습을 드러내는 것이 아니다.

* 몰입(沒入): 깊이 파고들거나 빠짐. 예 그는 뛰어난 말솜씨로 사람들을 자신의 이야기에 몰입시켰다.

오답인 이유

④ (매력적인 오답) (가)의 '삼춘화류'는, (나)의 '버들'과 달리 화자의 내면과 대비되어 외부와의 단절감을 강조하는군.

··· (가)에서 화자는 봄의 아름다운 경치를 보아도 아무런 감흥을 느끼지 못하는데, 이는 화자가 여러 해 전에 집을 나간 남편을 기다리고 있기 때문이다. 따라서 '삼춘화류'는 화자의 쓸쓸한 내면과 대비되어 외부와의 단절감을 강조하는 소재로 볼 수 있다. 반면 (나)의 '버들'은 흔들거리는 모습에서 화자가 동질감을 느끼고 있는 대상이므로, 화자의 내면과 대비되어 외부와의 단절감을 강조하는 소재가 아니다.

① (가)에서 '실솔이 상에 울 제'는 화자가 자신의 슬픔을 주변으로 확장한 것을 보여 주는군.

··· (가)에서 '실솔'은 화자의 슬픈 감정이 이입되어 있는 자연물로, 화자가 자신의 슬픔을 주변으로 확장한 것을 보여 주고 있다.

③ (나)에서 화자는 '소나무'가 '바람 불 적마다 흔덕'거리는 모습에서 자신과의 동질성*을 발견한 것이겠군.

··· (나)에서 화자는 바람이 불 때마다 흔들거리는 '소나무'의 모습에서 임과 헤어져 심리적으로 흔들리는 자신과의 동질성을 발견하고 있다.

* 동질성(同質性): 사람이나 사물의 바탕이 같은 성질이나 특성 예 두 나라의 문화에서는 동질성을 발견할 수 있다.

⑤ (나)의 '후루룩 비쭉'하는 '입하고 코'는, (가)의 '긴 한숨 지는 눈물'과 달리 화자가 자신의 우스운 외양에 주목하여 슬픔과 거리를 두는 것을 보여 주는군.

··· (가)에서 '긴 한숨 지는 눈물'은 독수공방하는 화자의 슬픔을 부각하는 표현이다. 반면 (나)에서 '입하고 코는 어이 무슨 일 좇아서 후루룩 비쭉 하나니'는 화자가 눈물과 콧물을 흘리는 자신의 우스운 외양에 주목하여 슬픔과 거리를 두는 것을 보여 주고 있다.

고전 시가 **06** 관동별곡

▶ 문제편 66~67쪽

정답 | 01 ③ 02 ② 03 ③

[01~03] 다음 글을 읽고 물음에 답하시오. 2021 6월 모의평가

제대로 작품 분석 ▶〈보기〉에서 적절한 것을 골라 넣으며 작품을 분석해 보자.

금강대 맨 우층의 선학(仙鶴)이 삿기 치니
신선이 탄다는 학(미화법)
금강대 맨 꼭대기에 학이 새끼를 치니

춘풍 옥적성(玉笛聲)의 첫잠을 깨돗던디
봄바람에 들려오는 옥피리 소리에 첫 잠을 깨었던지

호의현상*이 반공(半空)의 소소 뜨니
흰 저고리에 검은 치마 – 학을 가리킴.
흰 저고리에 검은 치마로 단장한 학이 공중에 솟아 뜨니

서호 녯 주인*을 반겨셔 넘노는 듯 ▶ 본사 1 – ②: 금강대의 선학
화자 자신을 비유
서호의 옛 주인이었던 임포를 반기듯 나를 반겨서 넘노는 듯하구나!

소향로 대향로 눈 아래 구버보고
소향로봉과 대향로봉을 눈 아래 굽어보고

정양사 진헐대 고텨 올나 안즌마리
정양사 진헐대에 다시 올라 앉으니

여산 진면목이 여긔야 다 뵈는구나
1
중국의 여산처럼 아름다운 금강산의 진면목이 여기서야 다 보이는구나.

「어와 조화옹이 헌사토 헌사할샤」
「 」: 숭고미 야단스럽기도 야단스럽구나
아아, 조물주의 솜씨가 야단스럽기도 야단스럽구나.

[A]
날거든 뛰디 마나/셧거든 솟디 마나
대구법 – 산봉우리의 변화무쌍하고 역동적인 모습
나는 듯하면서도 뛰는 듯하고, 우뚝 서 있는 듯하면서도 솟은 듯하구나.

부용(芙蓉)을 고잣는 듯/백옥(白玉)을 믓것는 듯 : 2
연꽃 대구법
연꽃을 꽂아 놓은 듯, 백옥을 묶어 놓은 듯

동명(東溟)*을 박차는 듯/북극(北極)을 괴왓는 듯
대구법
동해 바다를 박차는 듯, 북극을 괴어 놓은 듯하구나.

놉흘시고 망고대 외로올샤 혈망봉이
충신의 모습
높기도 높은 망고대, 외롭기도 외로운 혈망봉이

하늘의 추미러 므스 일을 사로려
임금을 상징
하늘에 치밀어 무슨 일을 아뢰려고

천만겁(千萬劫) 디나도록 구필 줄 모르느냐
어떤 시간의 단위로도 계산할 수 없는 무한히 긴 시간
천만 겁(오랜 세월)이 지나도록 굽힐 줄 모르는가?

어와 너여이고 너 가트니 또 잇는가 ▶ 본사 1 – ③: 진헐대에서 바라본 금강산
▶망고대, 혈망봉
아아, 너로구나. 너 같은 이가 또 있겠는가?

개심대 고텨 올나 중향성 바라보며
개심대에 다시 올라 중향성을 바라보며

만이천봉을 녁녁(歷歷)히 혀여 하니
헤아려 보니
일만 이천 봉을 똑똑히 헤아려 보니,

봉마다 맷쳐 잇고 긋마다 서린 긔운
봉마다 맺혀 있고 끝마다 서려 있는 기운

맑거든 조티 마나/조커든 맑디 마나
맑고도 깨끗한 산의 정기(대구법, 연쇄법)
맑거든 깨끗하지나 말지, 깨끗하거든 맑지나 말지

뎌 긔운 흐터 내야 인걸을 만들고쟈
3
저 기운을 흩어 내어 뛰어난 인재를 만들고 싶구나.

형용도 그지업고 톄세(體勢)도 하도 할샤
금강산의 정적이고도 동적인 모습
(산의) 생김새도 끝이 없고, 형세도 다양하기도 하구나.

천지 삼기실 제 자연이 되연마는
저절로
천지가 생겨날 때에 저절로 이루어진 것이지만,

이제 와 보게 되니 유졍(有情)도 유졍할샤 ▶ 본사 1 – ④: 개심대에서의 중향성 조망
이제 와 보게 되니 조물주의 뜻이 담겨 있기도 하구나!

(중략)

그 알픠 너러바희 화룡소 되어셰라
넓은 바위
(사자봉을 찾아 가니) 그 앞의 넓은 바위가 화룡소가 되었구나.

천년 노룡(老龍)이 굽이굽이 서려 이셔
화룡소의 모습 – 화자 자신
천 년 묵은 늙은 용이 굽이굽이 서려 있는 것같이

주야의 흘녀 내여 창해(滄海)에 니어시니
넓은 바다
밤낮으로 물이 흘러내려 넓은 바다까지 이어 있으니

「풍운을 언제 어더 삼일우(三日雨)를 디련느냐」 「 」: 선정에의 포부, 숭고미
선정의 여건 4
(저 용은) 바람과 구름을 언제 얻어 흡족한 비를 내리려 하느냐?

음애예 이온 플*을 다 살와 내여스라」 ▶ 본사 1 – ⑤: 화룡소의 감회
고통받는 백성
그늘진 벼랑에 시든 풀을 다 살려 내려무나.

「마하연 묘길상 안문재 너머 디여
「 」: 불정대에 오르기까지의 경로가 드러남.
마하연, 묘길상, 안문재를 넘어 내려가

외나모 써근 다리 불정대 올라 하니」
외나무 썩은 다리를 건너 불정대에 오르니,

천심(千尋) 절벽을 반공애 셰여 두고
천 길이나 되는 절벽을 공중에 세워 두고

은하수 한 구비를 촌촌이 버혀 내여
원관념 – 폭포
은하수 큰 굽이를 마디마디 잘라 내어

「실가티 플텨 이셔 베가티 거러시니」 「 」: 5
폭포의 근경 폭포의 원경
실같이 풀어서 베처럼 걸어 놓았으니

도경(圖經) 열두 구비 내 보매는 여러히라
산수를 그림으로 설명한 책
도경에는 열두 굽이라 하였으나, 내가 보기에는 그보다 더 많아 보이는구나.

이적선 이제 이셔 고텨 의논하게 되면
당나라 시인 이백
만약 이백이 지금 있어 다시 의논하게 되면

여산*이 여긔도곤 낫단 말 못 하려니
6 ▶ 본사 1 – ⑥: 불정대에서 바라본 십이 폭포의 장관
여산 폭포가 여기보다 낫다는 말은 못 할 것이다.

– 정철, 〈관동별곡〉

* 호의현상: 흰 저고리에 검은 치마란 뜻으로 학을 가리킴.
* 서호 녯 주인: 송나라 때 서호에서 학을 자식으로 여기며 살았던 은사(隱士) 임포
* 동명: 동해 바다
* 음애예 이온 플: 그늘진 벼랑에 시든 풀
* 여산: 당나라 시인 이백(이적선)의 시구에 나오는 중국의 명산

❖ 제대로 작품 분석의 〈보기〉

㉠ 백성에게 베푸는 선정
㉡ 자신의 사회적 책무 인식(우국지정)
㉢ 중국 여산의 참모습 – 금강산의 절경을 비유
㉣ 폭포의 아름다움을 구체적 사물을 활용하여 사실감 있게 표현함.
㉤ 상태나 동작을 보여 주는 유사한 통사 구조 나열 – 봉우리의 다채로운 표현
㉥ 불정대와 '여산'의 풍경 비교 – 현실에서 아름다움을 발견하려는 작가의 태도

❖ 제목의 의미

관동 지방에 대한 별곡(別曲)이라는 뜻으로, 강원도 관찰사로 부임한 화자가 관동 팔경과 내금강 · 외금강 · 해금강을 유람하며 뛰어난 경치와 이에 대한 감흥을 노래한 가사

이다. 내용은 시상 전개에 따라 총 4단으로 나눌 수 있다. 우리말의 묘미를 잘 살리고 다양한 표현 기법을 적절히 사용하여 조선 시대 가사 중 대표작으로 손꼽힌다.

❖ 작가 소개

정철(鄭澈, 1536~1593): 조선 중기의 문신이자 시인. 호는 송강(松江). 가사 문학의 대가로서 고산 윤선도와 함께 한국 시가 사상 쌍벽으로 일컬어진다. 가사 작품 외에도 시조와 한시 작품을 남겼고, 저서로는 《송강집》과 《송강가사》가 있다.

❖ 핵심 정리

- 갈래: 정격 가사, 양반 가사, 기행 가사
- 성격: 유교적, 도교적, 상징적, 비유적
- 주제: 금강산과 관동의 절경 유람 및 애민 정신
- 특징: ① 3(4)·4조, 4음보의 율격이 사용되고, 낙구(落句)에는 시조의 종장과 같은 3·5·4·3의 음수율이 사용됨. ② 시간적 순서(여정)에 따른 추보식 구성으로 시상을 전개함. ③ 우리말의 아름다움을 잘 살린 표현이 많음.

제대로 감상법 모범 답안

정철, 〈관동별곡〉

❶ 근심 ❷ 삼일우 ❸ 여산

❖ 제대로 작품 분석

1㉢ 2㉤ 3㉡ 4㉠ 5㉣ 6㉥

01

정답률 80%

윗글에 대한 설명으로 가장 적절한 것은?

정답인 이유

③ '개심대'에서는 선경후정의 방식으로 화자가 바라본 풍경과 그에 대한 감흥* 이 서술되고 있다.
○ → 금강산 봉우리의 경치 먼저 묘사, 이에 대한 감흥 나중에 묘사

…→ 화자는 '개심대'에 올라 금강산의 만이천 봉을 바라보고 먼저 '봉마다 맺쳐 잇고 긋마다 서린 긔운 / 맑거든 조티 마나 조커든 맑디 마나'라며 봉우리의 맑고 깨끗한 기운을 묘사하였다. 그 후 '뎌 긔운 흐터 내야 인걸을 만들고쟈'라며 금강산의 기운을 흩어 뛰어난 인재를 만들고 싶은 자신의 감흥을 서술하고 있다.

* 감흥(感興): 마음속 깊이 감동받아 일어나는 흥취 예 곡 하나하나마다 감흥이 다르다.

오답인 이유

① '금강대'에서 '진헐대'로 이동하면서 자연에 대한 화자의 이중적 태도를 보여 주고 있다.
× → 자연 속에서의 만족감, 풍경에 대한 감탄

…→ 화자는 '금강대'에서 공중에 솟아 뜬 학을 보고 학이 '서호 녯 주인'을 반기듯 자신을 반겨 넘노는 듯하다며 자연 속에서의 만족감을 표현하고 있다. '진헐대'에서는 중국의 '여산'처럼 아름다운 금강산의 진면목이 여기서야 다 보인다며 금강산의 아름다움에 감탄하고 있다. 즉 화자는 '금강대'에서 '진헐대'로 이동하며 만족감이나 감탄을 표출하고 있을 뿐 자연에 대한 이중적 태도를 보이지는 않는다.

② '진헐대'와 '불정대'에서는 이미지의 대립을 통해 화자의 내적 갈등이 고조되고 있다.
× → 자연의 아름다움에 감탄

…→ 화자는 '진헐대'에 올라 '여산 진면목이 여긔야 다 뵈는구나'라고 말하며 금강산의 아름다움에 감탄하고 있고, '불정대'에 올라서도 '도경 열두 구비 내 보매는 여러히라'라고 말하며 십이 폭포의 아름다움에 감탄하고 있다. 따라서 이미지의 대립을 통해 내적 갈등이 고조되고 있지는 않다.

④ '화룡소'에서는 화자의 시선이 원경에서 근경으로 이동하며 대상의 특징을 묘사하고 있다.
×

…→ 화자는 '화룡소'가 바다와 이어져 있는 모습을 천 년 묵은 늙은 용이 굽이굽이 서려 있는 것 같다고 묘사하고 있을 뿐 시선을 원경에서 근경으로 이동시키며 대상의 특징을 묘사하고 있지는 않다.

⑤ '화룡소'에서 '불정대'까지의 이동 경로를 드러내지 않아 시상이 빠르게 전개되고 있다.
× → 마하연, 묘길상, 안문재 등 이동 경로가 드러남.

…→ '마하연 묘길상 안문재 너머 디여 / 외나모 써근 다리 불정대 올라하니'에 '화룡소'에서 '불정대'에 이르기까지의 경로가 드러나 있다.

02

정답률 68% | 매력적인 오답 ④ 17%

[A]를 이해한 내용으로 적절하지 않은 것은?

정답인 이유

② 봉우리를 '백옥', '동명'과 같은 무생물에 빗대어 대상에서 느낄 수 있는 자연의 영속성*을 표현하였다.
× → 봉우리의 아름다움과 역동성

…→ 화자는 [A]에서 봉우리가 백옥을 묶어놓은 듯하고 동해 바다를 박차는 듯하다고 묘사하며 봉우리의 아름다움과 역동성을 표현하고 있다. 자연의 영속성을 표현하고 있는 것은 아니다.

* 영속성(永續性): 영원히 계속되는 성질이나 능력 예 이런 사업은 영속성이 없다.

오답인 이유

④ (매력적인 오답) '날거든 뛰디 마나 섯거든 솟디 마나'와 같이 행위를 부각하는 대구를 통해 봉우리의 역동적인 느낌을 표현하였다.

…→ 화자는 [A]에서 '~거든 ~디 마나'의 구조로 된 두 어구를 짝짓는 대구를 통해 나는 듯하면서도 뛰는 듯하고, 우뚝 서 있는 듯하면서도 솟은 듯한 봉우리의 역동적인 느낌을 표현하고 있다.

① 봉우리를 '부용'을 꽂고 '백옥'을 묶은 듯한 시각적 형상으로 묘사하여 대상의 아름다움을 표현하였다.

…→ 화자는 [A]에서 금강산의 많은 봉우리들이 부용(연꽃)을 꽂아 놓은 듯하고 백옥을 묶어 놓은 듯하다고 묘사하며 봉우리의 아름다움을 표현하고 있다.

③ 봉우리를 '동명'을 박차고 '북극'을 받치는 듯한 모습에 빗대어 대상의 웅장한* 느낌을 표현하였다.

…→ 화자는 [A]에서 봉우리가 동해 바다를 박차는 듯하고 북극을 괴어 놓은 것 같다고 표현하며 봉우리의 역동적이고 웅장한 느낌을 표현하고 있다.

* 웅장하다(雄壯--): 규모 따위가 거대하고 성대하다. 예 그 성당은 내가 본 어떤 다른 건물보다도 웅장한 건물이었다.

⑤ '고잣는 듯', '박차는 듯'과 같이 상태나 동작을 보여 주는 유사한 통사 구조의 나열을 통해 봉우리의 다채로운 면모를 표현하였다.

…→ 화자는 [A]에서 '고잣는 듯(꽂아 놓은 듯)', '뭇것는 듯(묶어 놓은

듯)', '박차는 듯', '괴왓는 듯(괴어 놓은 듯)'과 같이 상태나 동작을 보여 주는 유사한 통사 구조를 나열하며 봉우리의 다채로운 면모를 표현하고 있다.

03

정답률 72% | 매력적인 오답 ⑤ 11%

〈보기〉를 바탕으로 윗글을 감상한 내용으로 적절하지 않은 것은? [3점]

〈보기〉

조선의 사대부들은 자연에 하늘의 이치[天理]가 구현된 것으로 보았으며, 그들 중 대부분은 자연의 미를 관념적으로 형상화하였다. 한편 〈관동별곡〉의 작가는 자연의 미를 현실에서 발견하여 사실감 있게 묘사함으로써 그들과의 차별성을 드러내었다. 또한 그는 자연을 바라보며 사회적 책무를 떠올리고 자연에 투사된 이상적 인간상을 모색하기도 하였다.

(조선 사대부들의 사상 / 조선 사대부들 대부분의 작품이 갖는 특징 / 정철 작품의 특징 ① – 다른 조선 사대부들과 대비되는 점 / 정철 작품의 특징 ②)

정답인 이유

③ '중향성'을 바라보며 천지가 '자연이 되'었다고 본 것은, 자연의 미가 하늘의 이치가 구현* 된 인간 사회의 영향을 받는다고 생각하는 작가의 인식을 보여 주는군.

…› 작가는 중향성을 바라보며 '천지 삼기실 제 자연이 되연마는'이라고 말하는데 이 구절은 '천지가 생겨날 때에 저절로 이루어진 것이지만'으로 풀이된다. 이를 통해 자연에 하늘의 이치가 구현된 것으로 보는 작가의 인식을 알 수 있다. 자연의 미가 인간 사회의 영향을 받는다는 인식은 드러나지 않는다.

* 구현(具現): 어떤 내용이 구체적인 사실로 나타나게 함. 예 토론과 설득은 민주 정치를 구현하는 방법 중 하나이다.

오답인 이유

⑤ (매력적인 오답) '불정대'에서 본 풍경을 중국의 '여산'과 비교하며 우리 자연의 아름다움을 강조한 것은, 관념이 아닌 현실에서 아름다움을 발견하는 작가의 차별성을 보여 주는군.

…› 작가는 이백도 여산 폭포가 여기보다 낫다는 말을 못 할 것이라며 '불정대'에서 본 풍경과 이백의 시구 속 '여산'의 풍경을 비교하고 있다. 이를 통해 작가가 시에 나타난 관념적 공간이 아닌 현실에서 아름다움을 발견하고 있음을 알 수 있다.

① '혈망봉'을 '천만겁'이 지나도록 굽히지 않는 존재로 본 것은, 작가가 지향하는* 이상적 인간상을 자연에 투사한 것이군.

…› 작가는 '혈망봉'을 '천만겁'이 지나도록 굽히지 않는 지조 있는 존재로 보고 '너 가트니 또 잇는가'라고 긍정적으로 평가하였다. 이를 통해 작가가 자신이 생각하는 이상적 인간상(지조 있는 인간상)을 '혈망봉'에 투사했음을 알 수 있다.

* 지향하다(志向--): 어떤 목표로 뜻이 쏠리어 향하다. 예 자유와 평등은 인류 사회가 지향해야 할 보편적 이념이다.

② '개심대'에서 '뎌 긔운 흐터 내야 인걸을 만들'겠다는 의지를 드러낸 것은, 작가가 자연을 바라보며 자신의 사회적 책무*를 인식하고 있음을 보여 주는군.

…› 작가가 '개심대'에서 금강산의 만이천 봉우리를 바라보며 맑고 깨끗한 금강산의 기운을 흩어 뛰어난 인재를 만들고 싶다고 말하는 모습은 백성을 다스릴 인재를 구해야 한다는 자신의 사회적 책무를 인식하고 있음을 보여 준다.

* 책무(責務): 직무에 따른 책임이나 임무 예 그는 정치인으로서 책무를 다하기 위하여 최선을 다하겠다고 말했다.

④ '불정대'에서 본 폭포의 아름다움을 '실'이나 '베'와 같은 구체적 사물을 활용하여 표현한 것은, 자연을 사실감 있게 나타내려는 작가의 태도를 반영한 것이군.

…› 작가는 '불정대'에서 폭포를 보고 은하수 큰 굽이를 마디마디 잘라 내어 실같이 풀어서 베처럼 걸어 놓았다고 묘사하며 '실', '베'와 같은 구체적 사물을 활용하여 폭포를 사실감 있게 나타냈다.

고전 시가 07 상춘곡 | 고산구곡가

▶ 문제편 68~71쪽

정답 | 01 ⑤ 02 ④ 03 ② 04 ③ 05 ⑤

[01~05] 다음 글을 읽고 물음에 답하시오. 2020 9월 모의평가

제대로 작품 분석 ▶〈보기〉에서 적절한 것을 골라 넣으며 작품을 분석해 보자.

(가) ㉠ 홍진(紅塵)에 뭇친 분네 이 내 생애 엇더ᄒᆞᆫ고
속세
속세에 묻혀 사는 사람들이여, 이 나의 생활이 어떠한가?

녯사ᄅᆞᆷ 풍류ᄅᆞᆯ 미ᄎᆞᆯ가 못 미ᄎᆞᆯ가
1
옛 사람들의 풍류에 미치겠는가, 못 미치겠는가?

천지간 남자 몸이 날만 ᄒᆞᆫ 이 하건마ᄂᆞᆫ
세상 / 많지마는
세상에 남자의 몸으로 태어나 나와 비슷한 사람이 많건마는,

산림에 뭇쳐 이셔 지락(至樂)을 ᄆᆞᄅᆞᆯ 것가
자연 / 지극한 즐거움
(그들은 왜) 자연에 묻혀 지내는 지극한 즐거움을 모른단 말인가?

ⓐ 수간모옥(數間茅屋)을 벽계수(碧溪水) 앏픠 두고
공간 ① – 몇 칸 안 되는 작은 초가집
작은 초가집을 푸른 시냇물 앞에 두고,

송죽 울울리*예 풍월주인 되여셔라 ▶ 서사: 자연에 묻혀 사는 즐거움
2
(나는) 소나무와 대나무가 울창한 속에서 자연의 주인이 되어 살고 있노라.

「엇그제 겨을 지나 새봄이 도라오니
「 」: 봄의 경치 묘사 / 계절적 배경
엊그제 겨울이 지나고 새봄이 돌아오니,

도화행화(桃花杏花)ᄂᆞᆫ 석양리(夕陽裏)예 퓌여 잇고
복숭아꽃과 살구꽃은 석양 속에 피어 있고,

녹양방초(綠楊芳草)ᄂᆞᆫ 세우(細雨) 중에 프르도다」
3 / 가랑비 속
푸른 버드나무와 향기로운 풀은 가랑비 속에 푸르구나.

「칼로 ᄆᆞᆯ아 낸가 붓으로 그려 낸가 「 」: 봄의 경치에 대한 감상
대구법
칼로 마름질해 내었는가, 붓으로 그려 내었는가?

조화신공(造化神功)이 물물마다 헌ᄉᆞᄅᆞᆸ다
조물주의 신비로운 재주 / 야단스럽다
조물주의 신비로운 재주가 사물마다 야단스럽구나.

수풀에 우ᄂᆞᆫ 새ᄂᆞᆫ 춘기(春氣)ᄅᆞᆯ ᄆᆞᆺ내 계워 소리마다 교태로다」 ▶ 본사 1: 봄의 아름다운 경치
감정 이입의 대상
수풀에서 우는 새는 봄기운을 끝내 못 이겨 소리마다 교태로구나.

물아일체(物我一體)어니 흥이ᄋᆞ 다ᄅᆞᆯ소냐
4 / 다를 바가 없다(설의법)
자연과 내가 한 몸이 되니, 흥겨움이 다르겠는가?

시비예 거러 보고 ⓑ 정자애 안자 보니
사립문 / 공간 ②
사립문 앞을 걸어도 보고, 정자 위에 앉아도 보니,

소요음영*ᄒᆞ야 산일(山日)이 적적ᄒᆞᆫᄃᆡ
천천히 거닐며 시를 나직이 읊조리니 산 속의 하루가 적적한데,

한중진미(閒中眞味)ᄅᆞᆯ 알 니 업시 호재로다 ▶ 본사 2: 봄의 흥취
5
한가로움 속에서 느끼는 참다운 맛을 알 사람 없이 나 혼자로구나.

㉡ 이바 니웃드라 산수 구경 가쟈스라
청유형
여보게 이웃 사람들아, 산수 구경 가자꾸나.

답청(踏靑)으란 오ᄂᆞᆯ ᄒᆞ고 욕기(浴沂)란 내일 ᄒᆞ새
풀 밟기 / 6
풀 밟기는 오늘 하고, 개울에 멱 감기는 내일 하세.

아ᄎᆞᆷ에 채산(採山)ᄒᆞ고 나조ᄒᆡ 조수(釣水)ᄒᆞ새 ▶ 본사 3: 산수 구경 권유
나물을 캠. / 저녁에 / 낚시
아침에 산나물 캐고, 저녁에 낚시하세.

ᄀᆞᆺ 괴여 닉은 술을 갈건(葛巾)으로 밧타 노코
체가 아닌 두건으로 술을 걸러 마시겠다는 소탈한 성품이 드러남.
이제 막 익은 술을 칡베로 만든 두건으로 걸러 놓고,

곳나모 가지 것거 수 노코 먹으리라
정철의 〈장진주사〉와 유사한 표현
꽃나무 가지 꺾어 술잔을 세어 가며 마시리라.

화풍(和風)이 건ᄃᆞᆺ 부러 녹수(綠水)ᄅᆞᆯ 건너오니
문득, 잠깐
화창한 봄바람이 문득 불어 푸른 물을 건너오니,

청향(淸香)은 잔에 지고 낙홍(落紅)은 옷새 진다
자연에의 몰입, 물아일체의 경지
맑은 향기는 잔에 스미고 붉은 꽃잎은 옷에 떨어진다.

㉢ 준중(樽中)이 뷔엿거ᄃᆞᆫ 날ᄃᆞ려 알외여라
술동이
술동이 비었거든 나에게 알리어라.

소동 아ᄒᆡᄃᆞ려 주가에 술을 믈어
심부름하는 아이에게 술집에 술이 있는지 물어,

얼운은 막대 집고 아ᄒᆡᄂᆞᆫ 술을 메고
어른은 지팡이 짚고, 아이는 술동이 메고

미음완보(微吟緩步)ᄒᆞ야 ⓒ 시냇ᄀᆞ의 호자 안자
= 소요음영(逍遙吟詠) / 공간 ③
시를 나직이 읊조리며 천천히 걸어가 시냇가에 혼자 앉아,

명사(明沙) 조ᄒᆞᆫ 믈에 잔 시어 부어 들고
깨끗한
고운 모래 맑은 물에 잔 씻어 부어 들고

청류(淸流)ᄅᆞᆯ 굽어보니 ᄯᅥ오ᄂᆞ니 도화(桃花)ㅣ로다
도연명의 〈도화원기〉를 연상하게 함.
맑은 물을 바라보니 떠오는 것이 복숭아 꽃이로다.

무릉이 갓갑도다 져 ᄆᆡ이 긘 거인고 ▶ 본사 4: 술을 마시며 즐기는 풍류
들판
무릉도원이 가까운 듯하다. 저 들이 그곳인가?

– 정극인, 〈상춘곡〉

* 울울리: 빽빽하게 우거진 속
* 소요음영: 자유로이 천천히 걸으며 시를 읊조림.

❖ 제대로 작품 분석의 〈보기〉

㉠ 시냇물에 목욕하고 노는 것
㉡ 푸른 버드나무와 향기로운 풀
㉢ 한가로움 속에서 느끼는 참맛
㉣ 물심일여(物心一如), 주객일체(主客一體)
㉤ 자연의 주인, 자연을 즐기는 사람(화자 자신)
㉥ 화자의 삶과 옛사람들의 풍류적 삶을 비교함. – 자부심

❖ 제목의 의미

'봄 경치를 감상하고 즐기며 부르는 노래'라는 뜻으로, 작가가 벼슬에서 물러나 고향인 태인(전라북도 정읍)에 머무를 때 부귀공명을 버리고 안빈낙도(安貧樂道)하며 사는 삶의 즐거움을 노래하고자 쓴 은일(隱逸) 가사이다. 조선 시대 양반 가사 문학의 효시가 되는 작품이다.

❖ 작가 소개

정극인(丁克仁, 1401~1481): 조선 전기의 문신 · 학자. 단종이 왕위를 빼앗기자 벼슬을 버리고 고향에 가서 후진을 가르쳤다. 국문학사상 최초의 가사인 〈상춘곡〉을 지었으며, 문집에 《불우헌집》이 전한다.

❖ 핵심 정리

- 갈래: 정격 가사, 양반 · 은일(隱逸) 가사
- 성격: 묘사적, 예찬적
- 주제: 봄의 완상(玩賞)과 안빈낙도
- 특징: ① 공간의 이동(수간모옥 → 정자 → 시냇가 → 산봉우리)에 따라 시상을 전개함. ② 직유법, 대구법, 설의법 등 다양한 표현법을 사용함.

나 ⓓ고산구곡담(高山九曲潭)을 사룸이 모로더니
작품 전체의 시적 대상 – 공간적 배경
고산의 아홉 번을 굽이도는 계곡의 아름다운 경치를 사람들이 모르더니

주모복거(誅茅卜居)ᄒᆞ니 벗님ᄂᆡ 다 오신다
1 여러 후학들
내가 터를 닦아 집을 짓고 살게 되니 벗들이 찾아오는구나.

어즈버 무이를 상상ᄒᆞ고 학주자(學朱子)를 ᄒᆞ리라
주자가 학문을 닦았다는 무이산 2
아, 주자가 학문을 닦은 무이산을 생각하면서 주자의 학문을 공부하리라.

〈1수〉
▶ 1수: 주자학을 연구하고자 하는 결의

: 반복법 – ① 형식적 통일 ② 운율 형성
일곡은 어ᄃᆡ미오 ⓔ관암에 ᄒᆡ 비칀다 → 자문자답 형식
① 지명 ② 갓(冠)같이 생긴 바위
일곡은 어디인가? 관암에 해가 비친다.

평무(平蕪)에 ᄂᆡ 거드니 원산(遠山)이 그림이로다
잡초가 무성한 들판 안개
잡초가 무성한 들판에 안개가 걷히니 먼 산의 경치가 그림같이 아름답구나.

「송간(松間)에 녹준*을 노코 벗 오는 양 보노라」「 」: 3
소나무 사이
소나무 사이에 술동이를 놓고 벗이 찾아온 것처럼 바라보노라.

〈2수〉
▶ 2수: 관암의 아침 경치

계절적 배경 – 늦봄
이곡은 어ᄃᆡ미오 화암에 춘만(春晩)커다
① 지명 ② 꽃바위
이곡은 어디인가? 화암의 늦봄 경치로다.

「벽파*에 곳을 띄워 야외로 보ᄂᆡ노라」「 」: 도연명의 〈도화원기〉를 연상하게 함.
4
푸른 물결에 꽃을 띄워 멀리 들판으로 보내노라.

ⓔ사룸이 승지(勝地)를 모로니 알게 ᄒᆞᆫ들 엇더리
① 명승지 ② 학문의 진리(중의법)
사람들이 경치 좋은 이곳을 모르니 알게 한들 어떠한가?

〈3수〉
▶ 3수: 화암의 늦봄 경치

오곡은 어ᄃᆡ미오 은병(隱屛)이 보기 됴타
① 지명 ② 병풍처럼 둘러 있는 절벽
오곡은 어디인가? 은병이 보기 좋다.

수변(水邊) 정사ᄂᆞᆫ 소쇄ᄒᆞᆷ*도 ᄀᆞ이 업다
학문을 가르치려고 지은 집
물가의 정사(精舍)는 기운이 맑고 깨끗함이 끝이 없구나.

「이 중에 강학(講學)도 ᄒᆞ려니와 영월음풍ᄒᆞ리라」「 」: 5
학문을 닦고 연구함. 자연을 시로 읊음.
이 속에서 학문을 연구하려니와 자연을 시로 읊으면서 풍류도 즐기리라.

〈6수〉
▶ 6수: 수변 정사에서의 강학과 영월음풍

계절적 배경 – 가을
칠곡은 어ᄃᆡ미오 ⓕ풍암에 추색(秋色) 됴타
① 지명 ② 단풍으로 둘러싸인 바위
칠곡은 어디인가? 풍암에 가을빛이 좋다.

청상(淸霜) 엷게 치니 절벽이 금수(錦繡)ㅣ로다
맑은 서리
맑은 서리가 엷게 내리니 절벽이 수놓은 비단 같구나.

한암(寒巖)에 혼자셔 안자 집을 잊고 잇노라
차가운 바위 집안의 일, 속세
차가운 바위에 혼자서 앉아 집안의 일을 잊고 있노라.

〈8수〉
▶ 8수: 단풍으로 덮인 풍암에서의 흥취

한 해가 끝날 무렵
구곡은 어ᄃᆡ미오 문산에 세모(歲暮)커다
① 지명 ② 학문의 세계
구곡은 어디인가? 문산에 한 해가 저무는구나.

기암괴석이 눈 속에 무쳐셰라
계절적 배경 – 겨울
기묘하게 생긴 돌과 바위는 눈 속에 묻혀 있구나.

ⓜ「유인(遊人)은 오지 아니ᄒᆞ고 볼 것 업다 ᄒᆞ더라」「 」: 6
① 노는 사람 ② 학문에 뜻이 없는 사람(중의법)
놀러 다니는 사람은 와 보지도 않고 볼 것이 없다 하더라.

〈10수〉
▶ 10수: 문산의 겨울 경치와 세속의 경박함

– 이이, 〈고산구곡가〉

* 녹준: 술잔 또는 술동이 * 벽파: 푸른 물결 * 소쇄ᄒᆞᆷ: 기운이 맑고 깨끗함.

❖ 제대로 작품 분석의 〈보기〉

㉠ 자연 속에서의 풍류
㉡ 풀을 베어 내고 살 집을 마련하니
㉢ 진리 탐구 – 작품 전체의 주제를 직설적으로 제시
㉣ 구곡의 아름다움을 모르는 사람들에 대한 안타까움
㉤ ① 승지로 안내하는 길잡이 ② 학문의 길잡이(중의법)
㉥ 자연을 경치를 즐기는 장소이자 학문을 수양하는 공간으로 파악함.

❖ 제목의 의미

'고산의 구곡 풍경과 감회를 읊은 노래'라는 뜻으로, 작가가 황해도 해주에서 후진 양성에 힘쓰고 있을 때 지은 작품이다. '서곡'을 포함하여 총 10수로 구성된 연시조이며, 주자의 〈무이구곡가(武夷九曲歌)〉를 창의적으로 계승한 것이 특징이다. 작가는 시를 통해 자연에 묻혀 살면서 학문에 힘쓰고자 하는 마음을 드러내고 있다.

❖ 작가 소개

이이(李珥, 1536~1584): 조선 중기의 문신 · 학자. 유학자로서 이기론과 심성론의 핵심 명제를 제시하였고, 정치가로서 〈동문호답〉, 〈만언봉사〉, 〈시무육조〉 등을 써서 조선 사회의 제도 개혁을 주장하였다. 문학 작품으로는 〈낙빈가〉, 〈낙지가〉 등을 남겼다.

❖ 핵심 정리

- 갈래: 평시조, 연시조
- 성격: 교훈적, 유교적, 예찬적
- 주제: 자연에 대한 예찬과 학문을 깨우치는 즐거움
- 특징: ① 중의법을 통해 고산의 아름다움과 학문의 즐거움을 동시에 나타냄. ② '~곡은 어ᄃᆡ미오'라는 물음에 대답하는 형식을 반복하여 통일성을 갖추고 운율을 형성함.

제대로 감상법 모범 답안

가 정극인, 〈상춘곡〉

❶ 자부심 ❷ 홍진 ❸ 산림 ❹ 공간

❖ 제대로 작품 분석

1㉥ 2㉤ 3㉡ 4㉣ 5㉢ 6㉠

나 이이, 〈고산구곡가〉

❶ 곳 ❷ 문산 ❸ 유인 ❹ 중의법

❖ 제대로 작품 분석

1㉡ 2㉡ 3㉠ 4㉤ 5㉥ 6㉣

01

정답률 88%

(가)와 (나)의 공통점으로 가장 적절한 것은?

정답인 이유

⑤ 자연물을 통하여 시간적 배경을 시각적으로 드러내고 있다.
○ → (가) '도화행화, 녹양방초', (나) '곳, 청상, 눈'

⋯▸ (가)에서는 '도화행화', '녹양방초' 등의 자연물을 통해 봄이라는 시간적 배경을 시각적으로 드러내고 있다. 그리고 (나)에서는 '곳', '청상', '눈'이라는 자연물을 통해 각각 봄, 가을, 겨울이라는 시간적 배경을 시각적으로 드러내고 있다.

오답인 이유

① 과거를 회상하며 현실의 덧없음을 환기하고 있다.
×
…› (가)와 (나)에는 과거를 회상하는 장면이나 현실의 덧없음을 환기하는 장면이 나타나 있지 않다.

② 음성 상징어의 사용으로 생동감을 부각하고 있다.
×
…› (가)와 (나)에는 의성어나 의태어 같은 음성 상징어가 나타나 있지 않다.

③ 점층적인 표현으로 대상과의 거리감을 강조하고 있다.
×
…› (가)와 (나)에는 의미를 점점 강하고 고조되게 표현하는 점층적 표현이 나타나 있지 않다. 또한 (가)와 (나)에서는 공간적 배경이나 자연에 대한 친밀감을 드러내고 있지 거리감을 강조하고 있지도 않다.

④ 역사적 인물들을 호명하여 회고적* 분위기를 조성하고 있다.
(가) ×, (나) ○ ×
…› (가)에는 역사적 인물을 호명하거나 회고적 분위기를 조성하고 있는 장면이 나타나 있지 않다. (나)에는 '주자'라는 역사적 인물이 언급되어 있으나, 그를 호명하여 회고적 분위기를 조성하고 있지는 않다.

* 회고적(回顧的): 지나간 일을 돌이켜 생각하는 것 예 오랜만에 만난 동창들은 학창 시절을 떠올리며 회고적 분위기에 빠졌다.

02

정답률 80%

〈보기〉를 참고하여 ㉠~㉤을 설명한 내용으로 가장 적절한 것은?

〈보기〉

조선 전기의 시조와 가사는 노래로 향유되며, 사대부들이 서로의 문화적 동질성을 확인하는 데 활용되었다. 이러한 갈래적 특성으로 인해 사대부 시가에는 대화 상황이 연상되는 여러 표현으로 공감을 유도하는 방식이 관습화되었다.
(가)의 '홍진에 뭇친 분네', '이바 니웃드라', (나)의 '알게 흔들 엇더리', '볼 것 업다 ᄒᆞ더라' 등

정답인 이유

④ ㉣에서는 사람들을 일깨우려는 화자의 생각을 청자에게 묻는 방식으로 제시해 공감을 유도하고 있다.
○
…› ㉣은 '사람들이 경치 좋은 이곳을 모르니 알게 한들 어떠한가?'라는 뜻이다. 화자는 청자에게 묻는 방식을 통해 화암의 늦봄 경치의 아름다움을 사람들에게 알리고 싶다는 생각을 드러내고 있다.

오답인 이유

① ㉠에서는 청자와 화자가 서로 동질적인 삶을 살고 있음을 질문하기를 통해 확인하고 있다.
× → 서로 이질적인 삶을 살고 있음.
…› ㉠은 '홍진(속세)에 묻혀 사는 사람들이여, 이 나의 생활이 어떠한가?'라는 뜻이다. 화자는 속세에 묻혀 사는 사람들에게 질문하는 방식을 통해 자연에 묻혀 시내는 자신이 그들과 이질적인 삶을 살고 있음을 드러내고 있다.

② ㉡에서는 청자를 불러들여 함께했던 지난날의 경험을 상기시키며 동질성 회복을 권유하고 있다.
× → 산수 구경을 가자고 권유
…› ㉡은 '이보게 이웃 사람들아, 산수 구경 가자꾸나.'라는 뜻이다. 화자는 이웃 사람들에게 산수 구경을 권유하고 있지, 그들에게 지난날의 경험을 상기시키거나 동질성 회복을 권유하고 있지 않다.

③ ㉢에서는 화자가 상대의 부탁을 수용하며 자신과 뜻을 같이할 것을 청자에게 명령하고 있다.
× → 술을 마시며 풍류를 즐김.
…› ㉢은 '술동이가 비었거든 나에게 알리어라.'라는 뜻이다. 화자는 술을 마시며 풍류를 즐기고 있을 뿐, 상대의 부탁을 수용하거나 자신과 뜻을 같이할 것을 명령하고 있지 않다.

⑤ ㉤에서는 눈으로 확인한 사실만을 믿어야 한다고 주장하는 이의 말을 청자에게 전하며 조언을 구하고 있다.
× → 유인(遊人)들에 대해 비판함.
…› ㉤은 '놀러 다니는 사람은 와 보지도 않고 볼 것이 없다 하더라.'라는 뜻이다. 화자는 고산에 직접 와 보지도 않고 볼 것이 없다고 말하는 속세 사람들의 경박함에 대해 안타까워하고 있지, 다른 사람의 말을 청자에게 전하며 조언을 구하고 있지 않다.

03

정답률 80% | 매력적인 오답 ③ 10%

(가)에 대한 감상으로 적절하지 않은 것은?

정답인 이유

② 붓으로 그린 듯한 숲 속에서 봄의 흥을 노래하는 새를 바라보는 데에서 새에 대한 화자의 부러움이 드러나는군.
'수풀에 우는 새는 춘기를 못내 계워 소리마다 교태로다'
×
…› '수풀에 우는 새는 춘기를 못내 계워 소리마다 교태로다'는 봄 경치에 도취된 화자 자신의 감정을 새에게 이입한 표현이다. 따라서 '새'는 화자의 감정이 이입된 대상이지, 화자가 부러워하는 대상이 아니다.

오답인 이유

③ (매력적인 오답) 오늘과 내일, 아침과 저녁에 할 일들을 나열하는 데에서 하고 싶은 일에 대한 화자의 기대감이 드러나는군.
'답청으란 오늘 ᄒᆞ고 욕기란 내일 ᄒᆞ새 / 아ᄎᆞᆷ에 채산ᄒᆞ고 나조ᄒᆡ 조수ᄒᆞ새'
…› '답청으란 오늘 ᄒᆞ고 욕기란 내일 ᄒᆞ새 / 아ᄎᆞᆷ에 채산ᄒᆞ고 나조ᄒᆡ 조수ᄒᆞ새'에서 화자는 여러 가지 할 일을 나열하고 있다. 이는 하고 싶은 일에 대한 화자의 기대감을 드러낸 것이다.

① 자신의 삶을 옛사람과 비교하며 스스로를 풍월주인이라 여기는 데에서 화자의 자부심이 드러나는군.
'녯사ᄅᆞᆷ 풍류를 미ᄎᆞᆯ가 못 미ᄎᆞᆯ가' '송죽 울울리예 풍월주인 되여셔라'
…› '녯사ᄅᆞᆷ 풍류를 미ᄎᆞᆯ가 못 미ᄎᆞᆯ가'에서 옛사람들의 풍류와 자신의 풍류를 비교하는 화자의 모습을 확인할 수 있고, '송죽 울울리예 풍월주인 되여셔라'에서 스스로를 풍월주인이라 여기는 화자의 모습을 확인할 수 있다. 이는 자연에 묻혀 지내는 삶에 대한 화자의 자부심을 드러낸 것이다.

④ 맑은 향이 담긴 술잔과 옷에 떨어지는 꽃잎을 주목하는 데에서 자연과 화자의 일체감이 드러나는군.
'청향은 잔에 지고 낙홍은 옷새 진다'
…› '청향은 잔에 지고 낙홍은 옷새 진다'에서 맑은 향이 담긴 술잔과 옷에 떨어지는 꽃잎에 주목한 화자의 모습을 확인할 수 있다. 이는 자연과 하나가 된 것처럼 느끼는 화자의 감정을 드러낸 것이다.

⑤ 시냇물에 떠내려오는 도화를 보며 이상향을 연상하는 데에서 화자의 고조되는 감흥이 드러나는군.
'청류를 굽어보니 써오ᄂᆞ니 도화 ㅣ로다 / 무릉이 갓갑도다 져 뫼이 권 거인고'
…› '청류를 굽어보니 써오ᄂᆞ니 도화 ㅣ로다 / 무릉이 갓갑도다 져 뫼이 권 거인고'에서 화자가 맑은 물에 떠내려오는 복숭아꽃을 보고 이상향인 무릉도원을 연상했음을 확인할 수 있다. 이는 봄의 경치를 보며 무릉도원을 떠올릴 만큼 고조된 화자의 감흥을 드러낸 것이다.

04

정답률 55% | 매력적인 오답 ④ 23%

ⓐ~ⓕ를 중심으로 (가)와 (나)를 이해한 내용으로 적절하지 않은 것은?

정답인 이유

③ (가)와 (나)의 화자는 각각 ⓑ와 ⓔ를 주위에서 가장 빼어난 경치를 볼 수 있는 곳이라고 예찬하고 있다.
× → 다른 공간과의 비교는 나타나지 않음.

…→ ⓑ는 화자가 '한중진미'를 즐기는 공간이고, ⓔ는 화자가 아침 경치를 감상하는 공간이다. 이처럼 ⓑ와 ⓔ가 빼어난 경치를 볼 수 있는 공간인 것은 맞지만, (가)와 (나)의 화자가 이 공간을 다른 공간과 비교하며 예찬하고 있는 것은 아니다.

오답인 이유

④ 매력적인 오답 (가)의 화자는 ⓐ에 인접한 맑은 풍경을, (나)의 화자는 자신이 ⓓ에 터를 정함으로써 생긴 변화를 드러내고 있다.

…→ (가)의 화자는 ⓐ를 '벽계수 앏픠 두'었다고 함으로써 ⓐ의 주변으로 푸른 시냇물이 흐르는 맑은 풍경을 드러내고 있다. 그리고 (나)의 화자는 '주모복거ᄒᆞ니 벗님ᄂᆡ 다 오신다'라고 함으로써 자신이 ⓓ에 터를 정하면서 벗들이 찾아오는 변화가 일어났음을 드러내고 있다.

① (가)의 화자는 거처인 ⓐ를 나와 ⓑ와 ⓒ의 장소들로 옮겨 다니고 있다.

…→ ⓐ는 '몇 칸 안 되는 작은 초가집'으로, 화자가 사는 공간이다. ⓐ에서 나온 화자는 ⓑ에 앉았다가 이동하여 ⓒ에도 앉아 보는 등 장소를 옮겨 다니면서 아름다운 봄의 경치를 감상하고 있다.

② (나)의 화자가 소개하는 ⓔ와 ⓕ는 ⓓ를 구성하는 장소들이라는 점에서 서로 대등한 관계에 있다.

…→ ⓓ는 작품 전체의 시적 대상이자 공간적 배경으로, 화자가 은거한 장소이다. 각 수의 초장에 제시된 '관암(ⓔ)', '화암', '은병', '풍암(ⓕ)', '문산'은 모두 구곡을 구성하는 장소이므로 이들은 서로 대등한 관계에 있다.

⑤ (가)의 화자는 ⓒ에서 주변으로 시선을 보내고 있고, (나)의 화자는 ⓕ를 향해 시선을 보내고 있다.

…→ (가)의 화자는 ⓒ에 혼자 앉아 '청류'를 굽어보고 '뫼'를 바라보고 있으므로, ⓒ에서 주변으로 시선을 보내고 있는 것이다. 그리고 (나)의 화자는 '풍암에 추색 됴타'라며 단풍으로 둘러싸인 바위를 바라보고 있으므로, ⓕ를 향해 시선을 보내고 있는 것이다.

05

정답률 67% | 매력적인 오답 ③ 15%

〈보기〉를 활용하여 (나)를 탐구한 내용으로 적절하지 않은 것은? [3점]

〈보기〉

이이의 생애를 기록한 연보에는, 그가 고산구곡에 정사를 건립한 일이 주자가 무이구곡의 은병에서 후학을 양성한 것을 본받았다는 점(③의 근거)과 〈고산구곡가〉의 창작 이후 이곳을 찾는 이들이 더 많아졌다는 사실이(②의 근거) 기록되어 있다. 한편 그가 고산구곡의 곳곳에서 지인들과 교유한 경험(①의 근거)을 소개한 〈송애기〉에는 욕심 없는 마음으로 자연과 인간이 별개가 아님을 느끼고, 자연으로부터 마음을 바르게 하는 도리를 찾으면 군자의 참된 즐거움을 누릴 수 있다는(④의 근거) 그의 생각이 나타나 있다.

정답인 이유

⑤ 자연의 감상에 대한 〈송애기〉의 기록을 참고할 때, 바위를 덮은 '눈'에서 자연과 합일을 이루려는 인간의 의지를 엿볼 수 있겠군.
× → 아름다운 겨울 풍경

…→ 기암괴석을 덮은 '눈'은 문산의 아름다운 겨울 풍경을 드러내고 있을 뿐, 자연과 합일을 이루려는 인간의 의지와는 관련이 없다. 〈보기〉에서도 인간의 의지를 언급한 내용은 나타나 있지 않다.

오답인 이유

③ 매력적인 오답 정사에 대한 연보의 기록을 참고할 때, '은병'이 주자를 학문적으로 계승하기 위해 선택된 공간이기도 했음을 짐작할 수 있겠군.

…→ 〈1수〉의 '학주자'와 〈6수〉의 '강학' 등을 통해 주자의 학문을 공부하겠다는 화자의 결의를 엿볼 수 있다. 또한 〈보기〉에서는 '고산구곡에 정사를 건립한 일이 주자가 무이구곡의 은병에서 후학을 양성한 것을 본받'은 것이라고 하였다. 이를 통해 '은병'이 주자를 학문적으로 계승하기 위해 선택된 공간임을 짐작할 수 있다.

① 고산구곡에서의 생활에 대한 〈송애기〉의 기록을 참고할 때, 고산구곡이 작자와 '벗님'들의 교유 장소로도 활용되었음을 추리할 수 있겠군.

…→ 〈1수〉의 '벗님ᄂᆡ 다 오신다'와 〈보기〉의 '고산구곡의 곳곳에서 지인들과 교유한 경험'을 통해 고산구곡이 작자와 '벗님'들의 교유 장소로도 활용되었음을 추리할 수 있다.

② 작품 창작 이후와 관련한 연보의 기록을 참고할 때, '학주자'를 하려는 작자의 선택에 대한 사람들의 긍정적 반응을 추측할 수 있겠군.

…→ 〈1수〉의 '학주자를 ᄒᆞ리라'에서 주자의 학문을 공부하겠다는 화자의 결의를 엿볼 수 있고, 〈보기〉에서는 〈고산구곡가〉가 창작된 이후 고산을 찾는 이들이 더 많아졌다는 기록이 있다고 하였다. 이를 통해 주자의 학문을 공부하려는 작자의 선택에 사람들이 긍정적인 반응을 보였음을 추측할 수 있다.

④ 참된 즐거움과 관련한 〈송애기〉의 기록을 참고할 때, '강학'과 '영월음풍'이 모순 없이 서로 어울릴 수 있는 행위임을 유추할 수 있겠군.

…→ 〈6수〉의 '이 중에 강학도 ᄒᆞ려니와 영월음풍ᄒᆞ리라'와 〈보기〉의 '자연으로부터 마음을 바르게 하는 도리를 찾으면 군자의 참된 즐거움을 누릴 수 있다는 그의 생각이 나타나 있다.'를 통해 '강학'과 '영월음풍'이 모순 없이 서로 어울릴 수 있는 행위임을 유추할 수 있다.

고전 시가 08 일동장유가

▶ 문제편 72~73쪽

정답 | 01 ① 02 ③ 03 ④

[01~03] 다음 글을 읽고 물음에 답하시오. 2019 수능

제대로 작품 분석 ▶〈보기〉에서 적절한 것을 골라 넣으며 작품을 분석해 보자.

배 방에 누워 있어 내 신세를 생각하니
선실에 누워서 내 신세를 생각하니

가뜩이 심란한데 대풍(大風)이 일어나서
화자의 정서와 자연 현상이 조응함.
가뜩이나 마음이 심란한데 큰 바람이 일어나서

태산(泰山) 같은 성난 물결 천지에 자욱하니
1
태산 같은 성난 물결이 천지에 자욱하니

「크나큰 만곡주가 나뭇잎 불리이듯」 「 」: 2
만석의 곡식을 실을 수 있을 만큼 큰 배
커다란 배가 마치 나뭇잎이 나부끼듯

하늘에 올랐다가 지함(地陷)*에 내려지니
상승과 하강의 이미지를 대비하여 위기감 강조
하늘에 올랐다가 땅 밑으로 떨어지니

열두 발 쌍돛대는 차아*처럼 굽어 있고
열두 발의 쌍돛대는 나뭇가지처럼 굽어 있고

쉰두 폭 초석(草席) 돛은 반달처럼 배불렀네
짚으로 만든 돛 / 화자의 위급한 상황
쉰두 폭의 짚으로 만든 돛은 반달처럼 배가 불렀네.

굵은 우레 잔 벼락은 등[背] 아래서 진동하고
큰 천둥과 작은 벼락은 등 뒤에서 진동을 하고

성난 고래 동(動)한 용(龍)은 물속에서 희롱하니
3
성난 고래와 꿈틀거리는 용이 물속에서 장난을 치는 것만 같으니

방 속의 요강 타구(唾具) 자빠지고 엎어지며
가래나 침을 뱉는 그릇
선실의 요강과 타구가 자빠지고 엎어지고

상하좌우 배 방 널은 잎잎이 우는구나 ▶ 1~11행: 바다에서 풍랑을 만남.
4
상하좌우 선실의 널빤지들은 우는 듯이 삐걱거리는구나.

이윽고 해 돋거늘 장관(壯觀)을 하여 보세
시간의 경과
이윽고 해가 돋거늘 장대한 광경을 구경해 보세.

일어나 배 문 열고 문설주 잡고 서서
문의 양쪽에 세운 기둥
일어나 선실 문을 열고 문설주를 잡고 서서

사면(四面)을 돌아보니 어와 장할시고
영탄적 표현
사면을 바라보니 아아! 굉장하구나.

인생 천지간에 ㉠이런 구경 또 있을까
해돋이의 장관에 대한 감탄
인생 천지간에 이런 구경이 또 어디 있을까?

구만리 우주 속에 큰 물결뿐이로다 ▶ 12~16행: 풍랑 뒤의 바다의 장관
넓고 넓은 우주 속에서 다만 큰 물결뿐이로구나.

(중략)

[A]
그중에 전승산이 글 쓰는 양(樣) 바라보고
일본인 문인 5
그중에 전승산이 (나의) 글 쓰는 모습을 바라보고

[B]
「필담(筆談)으로 써서 뵈되 전문(傳聞)에 퇴석(退石) 선생
글로 써서 서로 묻고 대답함. / 김인겸의 호
글로 써서 보이되, 다른 사람을 통해 전해 듣기에 퇴석 선생은

쉬 짓기가 유명(有名)터니 선생의 빠른 재주
'나'의 글에 대한 상대방의 평가
글을 쉽게 짓기로 이름났는데 선생의 빠른 재주를

일생 처음 보았으니 엎디어 묻잡나니
난생처음 보았을 정도로 뛰어남.
일생에 처음 보았으니 엎드려 묻자오니

필연코 귀한 별호(別號) 퇴석인가 하나이다
본명이나 자 이외에 쓰는 이름
마땅히 귀한 별호가 퇴석인가 합니다.

[C]
내 웃고 써서 뵈되 늙고 병든 둔한 글을
6 / 자신의 글에 대한 '나'의 겸손한 태도
내가 웃고 써서 보이되, 늙고 병든 둔한 글(보잘것없는 글)을

포장(褒獎)을 과히 하니 수괴(羞愧)*키 가이 없다」
칭찬하며 장려함. 「 」: 7
칭찬을 과하게 하니 부끄럽기가 끝이 없소이다.

[D]
승산이 다시 하되 소국(小國)의 천한 선비
전승산이 자신을 낮추어 표현한 말
전승산이 다시 글을 써 보이되, 소국의 천한 선비인 제가

세상에 났삽다가 ㉡장(壯)한 구경 하였으니
8
세상에 태어나 이렇게 뛰어난 솜씨를 구경하였으니

저녁에 죽사와도 여한이 없다 하고
풀지 못하고 남은 원한
저녁에 죽어도 남은 한이 없습니다 하고

어디로 나가더니 또다시 들어와서
어디로 나가더니 또다시 들어와서

아롱보(褓)에 무엇 싸고 삼목궤(杉木櫃)에 무엇 넣어
아롱무늬의 보자기에 무엇을 싸고 삼나무로 만든 궤에 무엇을 넣어

이마에 손을 얹고 엎디어 들이거늘
공손한 태도
이마에 손을 얹고 엎드려 들이거늘

받아 놓고 피봉(皮封)* 보니 봉(封)한 위에 쓰였으되
받아 놓고 겉봉을 보니 봉한 위에 쓰였으되

각색 대단(大緞) 삼단이요 사십삼 냥 은자(銀子)로다
중국에서 나는 비단의 하나
갖가지 빛깔의 비단 3단이요 43냥의 은자로구나.

[E]
놀랍고 어이없어 종이에 써서 뵈되
글 값을 주려 했기 때문에
놀랍고 어이없어 종이에 써서 (전승산에게) 보이되

그대 비록 외국이나 선비의 몸으로서
그대가 비록 외국 사람이나 선비의 몸으로서

은화를 갖다 가서 글 값을 주려 하니
9
돈을 가져 와서 글 값을 주려 하니

그 뜻은 감격하나 의(義)에 크게 가하지 않아
옳지 않아
그 뜻은 감격하나 의로움에는 크게 벗어나니

못 받고 도로 주니 허물하지 말지어다 ▶ 17~36행: '나'의 글솜씨에 대한 문답
10
받지 않고 돌려 주니 이를 나무라지 말지어다.

– 김인겸, 〈일동장유가〉

* 지함: 땅이 움푹하게 주저앉은 곳
* 차아: 줄기에서 벋어 나간 곁가지
* 수괴: 부끄럽고 창피함.
* 피봉: 겉봉

❖ 제대로 작품 분석의 〈보기〉

㉠ 필담이 시작되는 계기
㉡ 험한 파도를 비유한 표현
㉢ '나'의 글솜씨에 대한 감탄
㉣ 배가 심하게 요동치는 모습
㉤ 상대방의 글에 대한 '나'의 대답
㉥ '나'가 옳지 않다고 생각하는 행위
㉦ 상대방의 글 값에 대한 '나'의 거절
㉧ 악화된 기상 상황을 자연물에 비유하여 표현
㉨ 화자의 위태로운 상황을 연약한 식물에 빗대어 표현
㉩ 문답의 형식을 활용하여 의사소통 장면을 구체적으로 제시

❖ 제목의 의미

'일본을 장쾌하게 유람한 노래'라는 뜻으로, 조선 영조 때 일본 통신사의 수행원으로 따라간 작가가 약 11개월 동안 국내를 거쳐 일본을 유람하면서 견문한 내용을 8천여 구의 국문으로 기록한 장편 기행 가사이다. 작가는 여정과 함께 그곳에서 보고 들은 일본의 문물 제도와 인물, 풍속, 외교 임무의 수행 과정 등과 이에 대한 느낌을 기록하고, 여기에 자신의 날카로운 비판과 해학을 곁들여 실감 나게 묘사하였다.

❖ 작가 소개

김인겸(金仁謙, 1707~1772): 조선 후기의 문인. 자는 사안(士安). 호는 퇴석(退石). 영조 39년(1763)에 일본 통신사 조엄의 삼방 서기(三房書記)로 따라가, 그때에 보고 느낀 것을 바탕으로 기행 가사인 〈일동장유가〉를 지었다.

❖ 핵심 정리

- 갈래: 장편 기행 가사, 사행(使行) 가사
- 성격: 사실적, 직설적
- 주제: 일본의 풍속과 문화에 대한 견문과 감상
- 특징: ① 여정에 따른 추보식 구성을 보임. ② 날짜, 사건, 견문, 감상 등을 사실적으로 기록함. ③ 작가의 날카로운 비판 정신과 재치, 실학적 사고 등이 드러남.

제대로 감상법 모범 답안

김인겸, 〈일동장유가〉

❶ 전승산 ❷ 나뭇잎 ❸ 퇴석 ❹ 여정

❖ 제대로 작품 분석

1 ⓞ 2 ⓩ 3 ⓛ 4 ⓡ 5 ⓖ 6 ⓜ 7 ⓒ 8 ⓓ 9 ⓑ 10 ⓢ

01

정답률 73% | 매력적인 오답 ③ 10%

윗글에 대한 설명으로 적절하지 않은 것은?

정답인 이유

① 동물의 역동성을 통해 공간의 분위기를 긍정적으로 바꾸고 있다.
× → 화자가 처한 위태로운 상황을 보여 줌.

⋯› 화자는 일본으로 가는 배 안에서 풍랑을 만나 위태로운 상황에 처해 있다. '성난 고래 동한 용은 물속에서 희롱하니'는 파도가 요동치는 모습을 비유한 표현이다. 이러한 표현을 통해 화자가 처한 위태로운 상황을 효과적으로 보여 주고 있기는 하지만, 공간의 분위기를 긍정적으로 바꾸고 있지는 않다.

오답인 이유

③ 매력적인 오답 식물의 연약한 속성을 활용하여 화자의 위태로운 상황을 드러내고 있다.
○ → '크나큰 만곡주가 나뭇잎 불리이듯'

⋯› '크나큰 만곡주가 나뭇잎 불리이듯'은 화자가 타고 있는 배를 나뭇잎에 비유한 표현이다. 이러한 표현을 통해 풍랑을 만난 화자의 위태로운 상황을 부각하고 있다.

② 거대한 자연물에 비유하여 악화된 기상 상황을 표현하고 있다.
○ → '태산 같은 성난 물결 천지에 자욱하니'

⋯› '태산 같은 성난 물결 천지에 자욱하니'는 거세게 몰아치는 물결을 태산에 비유한 표현이다. 이러한 표현을 통해 악화된 기상 상황을 효과적으로 드러내고 있다.

④ 상승과 하강의 이미지를 대비하여 목전에 닥친 위기감을 강조하고 있다.
○ → '하늘에 올랐다가 지함에 내려지니'

⋯› '하늘에 올랐다가 지함에 내려지니'는 상승('하늘에 올랐다가')과 하강('지함에 내려지니')의 이미지를 대비하여 배가 요동치는 모습을 나타낸 표현이다. 이러한 표현을 통해 화자의 눈앞에 닥친 위기감을 강조하고 있다.

⑤ 인물의 행동을 시간의 흐름에 따라 열거하여 상황을 구체적으로 보여 주고 있다.
○ → '필담으로 써서 뵈되 → 승산이 다시 하되', '내 웃고 써서 뵈되 → 종이에 써서 뵈되'

⋯› 제시문의 '중략' 이후 부분에는 화자와 '전승산'의 필담을 통한 문답 과정이 나타나 있다. '필담으로 써서 뵈되', '승산이 다시 하되'에서는 '전승산'의 행동을, '내 웃고 써서 뵈되', '놀랍고 어이없어 종이에 써서 뵈되'에서는 화자의 행동을 시간의 흐름에 따라 열거하여 두 사람이 필담을 나누는 상황을 구체적으로 보여 주고 있다.

02

정답률 88%

㉠과 ㉡에 대한 이해로 가장 적절한 것은?
㉠ 이런 구경 / ㉡ 장한 구경

정답인 이유

③ ㉠은 자연의 풍광에 대한 감탄을, ㉡은 인물의 능력에 대한 감탄을 표현하고 있다.

⋯› ㉠의 '이런 구경'은 풍랑이 지나간 후에 선실 밖으로 나와서 보게 된 해돋이의 장관에 대한 화자의 평가가 담겨 있는 표현이다. '어와 장할시고', '천지간에 또 있을까' 등의 표현을 고려할 때, '이런 구경'에는 자연의 풍광에 대한 화자의 감탄이 내포되어 있다고 볼 수 있다. ㉡의 '장한 구경'은 화자의 글 쓰는 모습을 본 '전승산'의 평가가 담겨 있는 표현이다. '일생 처음 보았으니', '저녁에 죽사와도 여한이 없다' 등의 표현을 고려할 때, '장한 구경'에는 화자의 글솜씨에 대한 '전승산'의 감탄이 내포되어 있다고 볼 수 있다.

오답인 이유

① ㉠과 ㉡은 모두 화자의 고난 극복 의지를 드러내고 있다.
×

⋯› ㉠은 해돋이의 장관에 대한 화자의 감탄, ㉡은 화자의 글솜씨에 대한 '전승산'의 감탄을 담고 있으므로, 모두 화자의 고난 극복 의지와는 관련이 없다.

② ㉠과 ㉡은 모두 화자가 구경하는 대상의 실체를 은폐*하고 있다.
×

⋯› ㉠과 ㉡은 모두 대상에 대한 감탄의 의미를 담고 있으므로, 대상의 실체를 은폐하는 것과는 관련이 없다.

* 은폐(隱蔽): 덮어 감추거나 가리어 숨김. 예 그는 자신의 잘못을 은폐하였다.

④ ㉠은 화자의 관찰력에 대한, ㉡은 화자의 창조력에 대한 타인의 평가를 담고 있다.
× → 자연의 풍광에 대한 화자의 평가 / × → 화자의 글솜씨에 대한 타인의 평가

⋯› ㉠은 화자의 관찰력에 대한 타인의 평가가 아니라, 해돋이의 장관에 대한 화자의 평가를 담고 있다. ㉡은 화자의 창조력에 대한 타인의 평가가 아니라, 화자의 글솜씨에 대한 타인의 평가를 담고 있다.

⑤ ㉠은 대상에 대한 화자의 만족을, ㉡은 대상에 대한 화자의 아쉬움을 드러내고 있다.
○ / ×

⋯› ㉠은 해돋이의 장관에 대한 화자의 감탄을 담고 있으므로 대상에 대한 화자의 만족을 드러내고 있다고 볼 수 있다. 하지만 ㉡은 화자의 글솜씨에 대한 '전승산'의 감탄을 담고 있으므로 대상에 대한 화자의 아쉬움을 드러내고 있다고 볼 수 없다.

03

정답률 60% | 매력적인 오답 ⑤ 13%

〈보기〉를 바탕으로 윗글을 감상한 내용으로 적절하지 않은 것은? [3점]

〈보기〉

사행 가사인 〈일동장유가〉에는 화자와 일본인 문인 사이의 필담 장면이 기술되어 있는데, 필담을 통한 문답 형식은 일종의 대화의 성격을 지닌다. 필담 속에는 대화가 시작되는 상황, 문답의 주요 내용, 의사소통의 심층적 의미, 선비로서의 예법 등이 자연스럽게 포함되어 있다.

(사행 가사: 왕명으로 다른 나라에 다녀온 외교 사절들의 해외 체험을 다룬 가사)
(대화가 시작되는 상황 ~ 선비로서의 예법: 〈일동장유가〉에 나타난 필담의 내용)

정답인 이유

④ **[B]의 '귀한 별호 퇴석'과 [D]의 '소국의 천한 선비'는 선비의 예법을 동원하여 동일한 사람을 다르게 지칭한 표현이군.**
× → '귀한 별호 퇴석' – 화자, '소국의 천한 선비' – 전승산

··· [B]는 일본인 문인인 '전승산'이 화자인 '나'가 글을 쓰는 모습을 보고는 소문으로만 듣던 '퇴석 선생'이 바로 눈앞에 있는 사람이라는 것을 깨닫고 감탄하는 장면으로, '퇴석'은 작가인 김인겸의 호이다. 즉 '귀한 별호 퇴석'은 화자인 '나'를 가리킨다. 그리고 [D]는 '전승산'이 '나'의 글솜씨를 보았으니 죽어도 여한이 없다고 토로하는 장면으로, 여기서 '소국의 천한 선비'는 '전승산'이 자신을 낮추어 표현한 말이다. 따라서 [B]의 '귀한 별호 퇴석'과 [D]의 '소국의 천한 선비'는 서로 다른 사람을 지칭한 표현임을 알 수 있다.

오답인 이유

⑤ (매력적인 오답) **[D]에는 '나'의 글에 대한 상대의 찬사*가 나타나 있고, [E]에는 상대의 글 값에 대한 '나'의 거절이 드러나 있군.**

··· [D]에서 '전승산'은 '나'의 뛰어난 글솜씨를 보았으니 저녁에 죽어도 여한이 없다며 '나'의 글에 대한 찬사를 드러내고 있고, [E]에서 '나'는 '전승산'이 글 값으로 준 것들을 의에서 크게 벗어난다며 거절하고 있다.

* 찬사(讚辭): 칭찬하거나 찬양하는 말이나 글 예 그의 업적에 대해 사람들은 찬사를 아끼지 않았다.

① **[A]는 [B]~[D]의 필담이 시작되는 계기를 보여 주는군.**

··· [A]는 일본인 문인인 '전승산'이 '나'가 글을 쓰는 모습을 바라보게 된 상황을 나타낸 장면으로, 이를 계기로 이후에 '전승산'과 '나' 사이의 필담이 시작된다. 따라서 [A]는 두 사람의 필담이 시작되는 계기를 보여 주고 있다.

② **[B]의 '빠른 재주'는 '나'의 글에 대한 상대의 평가를, [C]의 '늙고 병든 둔한 글'은 자신의 글에 대한 '나'의 입장을 보여 주는군.**

··· [B]에서 '전승산'은 '나'의 글솜씨에 대해 '빠른 재주'라며 높이 평가하고 있고, [C]에서 '나'는 자신의 글에 대해 '늙고 병든 둔한 글'이라며 겸손한 입장을 보이고 있다.

③ **[B]의 '필담으로 써서 뵈되'와 [C]의 '내 웃고 써서 뵈되'를 통해, 문답의 형식을 활용하여 의사소통 장면을 구체적으로 제시하는군.**

··· 〈보기〉에서 이 작품에는 화자와 일본인 문인 사이의 필담 장면이 기술되어 있는데, 필담을 통한 문답 형식은 일종의 대화의 성격을 지닌다고 하였다. [B]의 '필담으로 써서 뵈되'는 '전승산'의 필담 행위이고, [C]의 '내 웃고 써서 뵈되'는 '나'의 필담 행위이다. 이러한 문답 형식을 활용하여 '전승산'과 '나' 사이의 의사소통 장면을 구체적으로 제시하고 있다.

고전 시가 09 서경별곡 | 만분가

▶ 문제편 74~75쪽

정답 | 01 ④ 02 ⑤ 03 ②

[01~03] 다음 글을 읽고 물음에 답하시오. 2019 6월 모의평가

제대로 작품 분석 ▶〈보기〉에서 적절한 것을 골라 넣으며 작품을 분석해 보자.

(가)

서경(西京)이 아즐가 서경(西京)이 셔울히마르는
('○○○ 아즐가 ○○○'의 반복을 통한 정형적인 율격 형성 / 1)
서경(평양)이 서울이지마는
위 두어렁셩 두어렁셩 다링디리
(후렴구(여음구) – 악기 소리의 의성어(내용과 대비되는 경쾌한 리듬감을 형성))
닷곤딕 아즐가 닷곤딕 쇼셩경 고외마른
(닦은 곳, 중수한(낡은 것을 고친) 곳 / 사랑하지마는)
중수(重修)한 곳인 소성경(서경)을 사랑하지마는
위 두어렁셩 두어렁셩 다링디리
「여히므론 아즐가 여히므논 질삼뵈 브리시고
(여의기보다는, 헤어지기보다는 / 2)
(임과) 이별하기보다는 길쌈하던 베를 버리고서라도
위 두어렁셩 두어렁셩 다링디리
괴시란딕 아즐가 괴시란딕 우러곰 좃니노이다」
(「 」: 이별을 거부하는 자기중심적, 적극적 태도)
(저를) 사랑만 해 주신다면 울면서 (임을) 따르겠습니다.
위 두어렁셩 두어렁셩 다링디리

〈제1연〉
▶ 제1연: 이별의 거부와 연모의 정

(「 」: 변함없는 사랑을 다짐하는 구절로, 〈정석가〉의 6연과 동일한 표현)

[A]
「구스리 아즐가 구스리 바회예 디신돌
(사랑 / 3 / 이별하게 된들)
구슬이 바위 위에 떨어진들
위 두어렁셩 두어렁셩 다링디리
긴히뚄 아즐가 긴힛뚄 그츠리잇가 나는
(믿음, 신뢰 / 의미 없는 여음구)
끈이야 끊어지겠습니까?
위 두어렁셩 두어렁셩 다링디리
즈믄 히를 아즐가 즈믄 히를 외오곰 녀신돌
(임과 헤어져) 천 년을 외로이 살아간들
위 두어렁셩 두어렁셩 다링디리
신(信)잇둔 아즐가 신(信)잇둔 그츠리잇가 나는」
(4)
(임을) 믿고 사랑하는 마음이야 끊어지겠습니까?
위 두어렁셩 두어렁셩 다링디리

〈제2연〉
▶ 제2연: 변함없는 사랑과 믿음의 맹세
– 작자 미상, 〈서경별곡〉

제대로 작품 분석의 〈보기〉

㉠ 시련, 장애물
㉡ 변치 않는 신의를 다짐함.
㉢ 노랫가락을 맞추기 위한 의미 없는 여음
㉣ '생업'을 의미. 화자가 여성임을 알려 줌.

제목의 의미

'서경의 노래'라는 뜻으로, 서경에 사는 여자가 사랑하는 임을 떠나보내는 이별의 정한을 노래한 고려 가요이다. 이별을 적극적으로 거부하며 원망과 질투의 마음을 솔직하게 드러내는 화자의 모습이 특징적인 작품이다.

핵심 정리

- 갈래: 고려 가요
- 성격: 이별가, 남녀상열지사(男女相悅之詞)
- 주제: 이별의 정한(情恨)
- 특징: ① 반복법과 설의법을 사용하여 의미를 강조함. ② 간결하고 소박하며 함축적인 시어를 구사함. ③ 〈가시리〉와 함께 전통적 정서인 이별의 정한을 노래함.

나 「이 몸이 녹아져도 옥황상제 처분이요
화자를 옥황상제와 이별하고 하계로 내려온 선녀로 설정함.
이 몸이 녹아져도 옥황상제의 처분이요.
이 몸이 싀여져도 옥황상제 처분이라」 「」: 1
이 몸이 죽어져도 옥황상제의 처분이라.
녹아지고 싀여지어 혼백(魂魄)조차 흩어지고
녹아지고 죽어져서 혼백조차 흩어지고
공산(空山) 촉루(髑髏)*같이 임자 업시 구닐다가
텅 빈 산의 해골같이 임자 없이 굴러다니다가
곤륜산(崑崙山) 제일봉의 만장송(萬丈松)이 되어 이셔
중국 전설 속의 높은 산 / 연군지정을 드러내는 소재 ①
곤륜산 제일봉에 제일 큰 소나무가 되어 있어
바람비 뿌린 소리 님의 귀에 들리기나
2
바람비 뿌리는 소리를 임의 귀에 들리게 하거나
연군지정을 드러내는 소재 ②
윤회(輪迴) 만겁(萬劫)ᄒᆞ여 금강산(金剛山) 학(鶴)이 되어
영원한 시간. 여기서는 여러 번 되풀이함을 뜻함.
다시 태어나길 여러 번 하여 금강산의 학이 되어
일만 이천봉에 ᄆᆞ음껏 솟아올라
마음껏
일만 이천 봉에 마음껏 솟아올라
ᄀᆞ을 ᄃᆞᆯ ᄇᆞᆯ근 밤에 두어 소리 슬피 우러
가을 달 밝은 밤에 두어 소리 슬피 울어
님의 귀에 들리기도 옥황상제 처분이로다
임의 귀에 들리게 하는 것도 옥황상제의 처분이겠구나.
ᄒᆞᆫ(恨)이 뿌리 되고 눈물로 가지 삼아
3
한이 뿌리 되고 눈물로 가지 삼아
님의 집 창밧긔 외나모 매화(梅花) 되어
연군지정을 드러내는 소재 ③
임의 집 창밖에 한 그루 매화 되어
설중(雪中)에 혼자 피어 침변(枕邊)*에 시드는 듯
고난, 시련
눈 속에 혼자 피어 베갯머리에 시드는 듯
월중(月中) 소영(疎影)*이 님의 옷에 빗취어든
달빛에 비치는 그림자가 임의 옷에 비치거든
어엿븐 이 얼굴을 너로다 반기실가
임이 자신을 반기시길 기대함.
불쌍한 이 얼굴을 너로구나 반기실까.
동풍이 유정(有情)ᄒᆞ여 암향(暗香)을 불어 올려
4
동풍이 유정하여 매화 향기를 불어 올려
고결(高潔)ᄒᆞᆫ 이내 생애 죽림(竹林)에나 부치고져
대나무 숲. 여기서는 속세와 단절된 곳을 말함.
고결한 이내 생애를 대나무 숲에나 부치고 싶구나.
빈 낙대 빗기 들고 빈 ᄇᆡ를 혼자 띄워
빈 낚싯대 비껴 들고 빈 배를 혼자 띄워
백구(白溝) 건네 저어 건덕궁(乾德宮)에 가고지고
5 / 천자의 궁궐. 여기서는 한양의 궁궐을 뜻함.
한강을 건너 저어 임금이 계신 궁궐에 가고 싶구나.

– 조위, 〈만분가〉

* 공산 촉루: 텅 빈 산의 해골
* 침변: 베갯머리
* 월중 소영: 달빛에 언뜻언뜻 비치는 그림자

제대로 작품 분석의 〈보기〉

㉠ 임에게 전하고 싶은 화자의 마음
㉡ 아주 그윽하게 풍기는 향기. 매화 향기를 말함.
㉢ 성종에 대한 충성심에서 나오는 애끓는 하소연
㉣ 화자의 억울하고도 분한 한의 정서를 형상화함.
㉤ 중국의 송과 요의 경계를 이루던 강. 여기서는 한강을 뜻함.

제목의 의미

'만분가(萬憤歌)'는 '귀양살이의 분함을 토로하는 노래'라는 의미이다. 작가가 1498년(연산군 4년)의 무오사화에서 간신히 죽음을 면하고 전남 순천으로 유배되었을 때 지은 것으로, 자신의 억울함을 선왕인 성종에게 하소연하는 내용이다.

작가 소개

조위(曺偉, 1454~1503): 조선 전기의 문신 · 학자. 도승지, 충청도 관찰사 등을 지냈다. 1498년 명나라에 다녀오던 중 무오사화가 일어나 오랫동안 의주에 유배되었다. 이후 순천으로 옮겨진 뒤 만분가를 지었으며, 그곳에서 죽었다. 작품으로 〈조계문묘비〉가 있고, 저서로 《매계집》이 있다.

핵심 정리

- 갈래: 양반 가사, 유배 가사
- 성격: 원망적, 한탄적
- 주제: 유배당한 현실에 대한 원망과 연군의 정
- 특징: ① 자연물을 매개로 화자의 정서를 표현함. ② 고사를 인용하여 화자의 억울함을 호소함. ③ 현전하는 가장 오래된 유배 가사임(유배 가사의 효시).

제대로 감상법 모범 답안

가 작자 미상, 〈서경별곡〉

❶ 적극적 ❷ 질삼뵈 ❸ 긴

❖ 제대로 작품 분석

1㉢ 2㉣ 3㉠ 4㉡

나 조위, 〈만분가〉

❶ 천상 ❷ 옥황상제 ❸ 죽림

❖ 제대로 작품 분석

1㉢ 2㉠ 3㉣ 4㉡ 5㉤

01

정답률 70% | 매력적인 오답 ③ 17%

(가)와 (나)에 대한 설명으로 가장 적절한 것은?

정답인 이유

④ (가)의 '좃니노이다'와 (나)의 '빗취어든'은 모두 임의 곁에 있고 싶은 화자의 소망을 드러내고 있다. (가), (나) 모두 ○

··· (가)의 '좃니노이다'는 '따르겠습니다'라는 의미로, 화자는 임과 헤어지기보다는 임이 자신을 사랑해 준다면 임을 따르겠다고 말하고 있다. (나)의 '빗취어든'은 '비치거든'이라는 의미로, 화자는 임과 떨어져 있지만 달빛에 비치는 그림자가 되어 임의 옷에 비치고 싶다고 말하고 있다. 따라서 (가)의 '좃니노이다'와 (나)의 '빗취어든'은 모두 임의 곁에 있고 싶은 화자의 소망을 드러내는 것으로 볼 수 있다.

오답인 이유

③ (매력적인 오답) (가)의 '우러곰'과 (나)의 '슬피 우러'는 모두 임의 심정을 드러내고 있다.
(가), (나) 모두 ×

⋯ (가)의 '우러곰(울면서)'은 자신의 모든 것을 버리고 울면서라도 임을 따르겠다는 화자의 심정을 드러내고 있다. (나)의 '슬피 우러'는 학이 되어 슬프게 울어 임의 귀에 들리게 하고 싶다는 화자의 심정을 표현하고 있다. 따라서 (가)의 '우러곰'과 (나)의 '슬피 우러'는 모두 임의 심정을 드러내는 것이 아니다.

① (가)의 '셔울'과 (나)의 '건덕궁'은 모두 화자가 현재 머무르고 있는 공간이다.
(가) ○, (나) ×

⋯ (가)의 '셔울'은 화자가 현재 머무르고 있는 공간이고, (나)의 '건덕궁'은 임이 있는 공간으로 화자가 가고 싶어 하는 곳이다.

② (가)의 '질삼뵈'와 (나)의 '빈 낙대'는 모두 화자가 현재 회피하고* 싶은 대상이다.
(가), (나) 모두 ×

⋯ (가)의 화자는 임과 헤어지기보다는 자신에게 소중한 생업인 '질삼뵈(길쌈하던 베)'를 버리고서라도 임을 따르겠다고 말하고 있고, (나)의 화자는 임이 있는 곳으로 가기 위해 '빈 낙대(낚싯대)'를 들고 배를 띄우겠다고 하고 있다. 따라서 (가)의 '질삼뵈'와 (나)의 '빈 낙대'는 모두 화자가 회피하고 싶은 대상이 아니다.

* 회피하다(回避--): 어떤 일이나 상황에 대하여 직접 하거나 부딪치기를 꺼리고 피하다. 예 그는 어려운 일은 늘 회피하려고 한다.

⑤ (가)의 '그츠리잇가'와 (나)의 '반기실가'는 모두 미래 상황에 대한 의혹을 드러내고 있다.
(가), (나) 모두 ×

⋯ (가)의 '그츠리잇가'는 '끊어지겠습니까'라는 의미로, 임을 믿고 사랑하는 화자의 마음이 변하지 않을 것이라는 확신을 드러내고 있다. (나)의 '반기실가'는 '반가워하실까'라는 의미로, 임이 화자를 반기시길 기대하는 마음을 나타내고 있다. 따라서 (가)의 '그츠리잇가'와 (나)의 '반기실가'는 모두 미래 상황에 대한 의혹을 드러낸 것으로 볼 수 없다.

02

정답률 80%

(나)에 대한 감상으로 적절하지 않은 것은?

정답인 이유

⑤ 'ᄀ을 ᄃ 불근 밤'과 '월중'이라는 시간적 배경을 통해 임과 재회한 순간을 드러내고 있다.
× → 임과 재회하고 싶은 소망

⋯ 'ᄀ을 ᄃ 불근 밤'과 '월중'은 시간적 배경으로 볼 수 있지만, 이는 화자가 이별한 임을 그리워하는 시간이므로 임과 재회한 순간을 드러내고 있는 것이 아니다.

오답인 이유

① '임자 업시 구닐'던 '이 몸'이 '학'이 되어 솟아오르게 함으로써 상승의 이미지를 구현하고 있다.

⋯ 텅 빈 산의 해골처럼 '임자 업시 구닐'던 화자가 금강산의 '학'이 되어 마음껏 솟아오른다고 표현함으로써 상승의 이미지를 구현하고 있다.

② '만장송'과 '매화'라는 소재를 활용하여 임을 향한 화자의 마음을 표상하고* 있다.

⋯ 화자는 자신이 절개와 지조를 의미하는 '만장송'과 '매화'가 되고 싶다고 함으로써 임을 향한 화자의 마음이 변하지 않을 것임을 드러내고 있다.

* 표상하다(表象--): 추상적이거나 드러나지 아니한 것을 구체적인 형상으로 드러내어 나타내다. 예 실종 사건은 사회의 무질서와 불안함을 표상한다.

③ '바람비 뿌린 소리'와 '두어 소리'의 청각적 이미지를 활용하여 임에게 알리고 싶은 화자의 심정을 나타내고 있다.

⋯ '바람비 뿌린 소리'와 '두어 소리'는 모두 청각적 이미지로, 화자는 이러한 소리를 '님의 귀에 들리'게 하여 임에게 자신의 마음을 알리고 싶은 심정을 표현하고 있다.

④ '매화'의 '뿌리'와 '가지'를 활용하여 '흔'의 정서를 형상화하고 있다.

⋯ 화자는 '흔이 뿌리 되고 눈물로 가지 삼아' '매화'가 되고 싶다고 하였으므로, '매화'의 '뿌리'와 '가지'를 활용하여 임과의 이별로 인한 '흔'의 정서를 형상화한 것으로 볼 수 있다.

03

정답률 70% | 매력적인 오답 ① 10%

〈보기〉를 참고할 때, (가)의 [A]와 〈보기〉의 [B]를 비교하여 이해한 내용으로 적절하지 않은 것은? [3점]

〈보기〉

〈서경별곡〉의 제2연에서 여음구를 제외한 부분은 당시 유행하던 민요의 모티프를 수용한 것으로, 〈정석가〉에도 동일한 모티프가 나타난다. 고려 시대의 문인 이제현도 당시에 유행하던 민요를 다음과 같이 한시로 옮긴 적이 있다.
(동일한 모티프: 끈이 끊어지지 않는 것에 변하지 않는 마음을 비유함.)

[B]
비록 구슬이 바위에 떨어져도 (구슬: 변할 수 있는 것, 바위: 시련, 장애물)	縱然巖石落珠璣
끈은 진실로 끊어질 때 없으리. (끈: 변하지 않는 것)	纓縷固應無斷時
낭군과 천 년을 이별한다고 해도	與郎千載相離別
한 점 붉은 마음이야 어찌 바뀌리오? (붉은 마음: 임을 향한 변치 않는 사랑)	一點丹心何改移

정답인 이유

② [A]에서는 '신'을, [B]에서는 '붉은 마음'을 굳건한 '바위'로 형상화하였군.
× → '끈'으로 형상화함.

⋯ 〈보기〉를 참고하면 [A]와 [B]는 '구슬이 바위에 떨어져 깨져도 끈은 끊어지지 않는다.'라는 동일한 모티프를 통해 사랑하는 임에 대한 화자의 마음이 변하지 않을 것임을 비유하고 있다. 따라서 [A]의 '신(믿음)'과 [B]의 '붉은 마음'을 형상화한 것은 끊어지지 않는 '끈'이며, [A]와 [B]의 '바위'는 모두 그 마음을 변할 수 있게 하는 시련이나 장애물을 의미한다는 것을 알 수 있다.

오답인 이유

① (매력적인 오답) [A]와 [B]에서 '구슬'은 변할 수 있는 것을, '긴'이나 '끈'은 변하지 않는 것을 비유하는 소재로 활용하였군.

⋯ [A]와 [B]에서 '구슬'은 바위에 떨어져 깨질 수 있지만 '긴'이나 '끈'은 끊어지지 않는다고 하였으므로, '구슬'은 변할 수 있는 것을, '긴'이나 '끈'은 변하지 않는 것을 비유하는 소재로 활용하였음을 알 수 있다.

③ **[A]와 [B] 모두에서 변하지 않는 마음을 소중한 가치로 여기는 화자의 태도가 나타나는군.**

⋯› [A]의 화자는 '신(믿음)'이 변하지 않을 것임을, [B]의 화자는 '붉은 마음'이 바뀌지 않을 것임을 말하고 있으므로, [A]와 [B] 모두에서 변하지 않는 마음을 소중한 가치로 여기는 화자의 태도가 나타나고 있다고 볼 수 있다.

④ **[A]와 [B]를 보니 동일한 모티프*가 서로 다른 형식의 작품으로 수용되었군.**

⋯› 〈보기〉를 참고하면 '구슬'과 '끈'의 관계를 통해 변하지 않는 마음을 드러내는 동일한 모티프가 [A]에서는 고려 가요로, [B]에서는 한시로 수용되었음을 알 수 있다.

* 모티프(motif): 예술 작품에서 창작 동기가 되는 중심 제재나 생각 예 이 작품은 그 지역에서 전승되어 오는 설화에서 모티프를 얻었다.

⑤ **[A]와 [B]를 보니 여음구*의 사용 여부에 차이가 있군.**

⋯› [A]에는 '위 두어렁셩 두어렁셩 다링디리'와 '나는'이라는 여음구가 사용되었지만, [B]에는 여음구가 사용되지 않았다.

* 여음구(餘音句): 시가 양식이나 노래에서 일정한 간격을 두고 반복되어 나타나는 말이나 소리

[01~03] 다음 글을 읽고 물음에 답하시오. 2017 수능

제대로 작품 분석 ▶〈보기〉에서 적절한 것을 골라 넣으며 작품을 분석해 보자.

좌우에 탁자 놓아 만권 서책 쌓아 놓고
주위에 탁자를 놓아 많은 책을 쌓아 놓고
㉠ 자명종과 자명악은 절로 울어 소리하며
1
자명종과 자명악(저절로 소리가 나게 만든 악기)은 저절로 울어 소리를 내며
좌우에 당전(唐氈) 깔고 담방석과 백전요며
주위에 중국 담요 깔고 짐승의 털로 짠 방석과 흰색 털실로 만든 담요며
㉡ 이편저편 화류교의(樺榴交椅) 서로 마주 걸터앉고
조선 사람과 청나라 사람 – 지시적 표현
이편과 저편이 화류나무로 만든 의자에 서로 마주 걸터앉고

[A]
거기 사람 처음 인사 차 한 그릇 갖다 준다
청나라 사람
거기 사람이 처음 인사로 차 한 그릇을 갖다 준다.
화찻종에 대를 받쳐 가득 부어 권하거늘
그림이 그려진 찻잔에 받침대를 받쳐 (차를) 가득 부어 권하거늘
파르스름 노르스름 향취가 만구하데
후각적 이미지
파르스름 노르스름 향취가 가득한데
「저희들과 우리들이 언어가 같지 않아
청나라 사람 조선 사람
저희들과 우리들이 언어가 같지 않아
말 한마디 못 해 보고 덤덤하니 앉았으니」 「」: 2
말 한마디 못 해 보고 조용하게 앉았으니
귀머거리 벙어린 듯 물끄러미 서로 보다
대화가 이루어지지 못하는 상황
귀머거리 벙어린 듯 물끄러미 서로 보다
천하의 글은 같아 필담이나 하오리라
한자 3
세상의 글은 같아 글을 써서 대화나 하오리다.
당연(唐硯)에 먹을 갈아 양호수필(羊毫鬚筆) 덤뻑 찍어
벼루 붓
중국 벼루에 먹을 갈아 양털로 만든 붓을 듬뿍 찍어
시전지(詩箋紙)를 빼어 들고 글씨 써서 말을 하니
종이
시를 쓰는 종이를 빼어 들고 글씨를 써서 말을 하니
묻는 말과 대답함을 글귀 절로 오락가락
필담을 통해 난처한 상황이 해소됨.
묻고 대답하는 말이 글을 통해 저절로 오고 가고
간담을 상응하여 정곡(情曲) 상통(相通)하는구나
상대방에 대한 친밀감 – 4
주고받는 이야기를 통해 지극한 정이 서로 통하는구나.

▶ 1~15행: 조선 사신 일행이 청나라 사람들과 글을 써서 대화를 나눔.

(중략)

황상이 상을 주사 예부상서 거행한다
청나라 황제 예부의 최고 벼슬 – 상을 주는 청나라 관리
청나라 황제가 상을 내리니 예부상서가 거행한다.
말에 관한 일을 맡아보던 사람
삼 사신과 역관이며 마두와 노자(奴子)까지
통역을 하는 관리 사내종
세 사신과 역관이며 마두와 노자까지
은자며 비단 등속 차례로 받아 놓고
나열한 사물과 같은 종류의 것들을 몰아서 이르는 말
은돈이며 비단 등을 차례로 받아 놓고
삼배(三拜)에 구고두(九叩頭)*로 사례하고 돌아오니
5

세 번 절하고 머리를 땅에 아홉 번 조아려 감사의 뜻을 전하고 돌아오니

상마연* 잔치한다 예부에서 지휘하기로

일을 마치고 떠나가는 외국 사신들을 위해 잔치한다며 예부에서 지휘하기로

삼 사신과 역관들이 예부로 나아가니

세 명의 사신과 역관들이 예부로 나아가니

대청 위에 포진하고 상을 차려 놓은 모양

큰 마루

대청 위에 늘어놓고 상을 차려 놓은 모양이

메밀떡에 밀다식에 겉밤 머루 비자(榧子) 등물(等物)

6

메밀떡에 밀다식에 겉밤, 머루, 비자 등

푸닥거리 상 벌이듯 좌우에 떠벌였다

무당이 하는 굿의 하나로, 간단하게 음식을 차려 놓고 부정이나 살 따위를 풂.

굿하는 상을 벌이듯 주위에 떠벌였다.

[B]

다 각기 한 상씩을 앞에다 받아 놓으니

다 각자 한 상씩을 앞에다 받아 놓으니

비위가 뒤집혀서 먹을 것이 전혀 없네

7

입에 맞지 않아 속이 울렁거려 먹을 것이 전혀 없네.

삼배주를 마시는 듯 연파(宴罷)하고 일어서서

잔치를 마치고

석 잔의 술을 마시는 듯 잔치를 마치고 일어서서

뜰에 내려 북향하여 구고두 사례한 후

청나라 황제가 있는 북쪽을 향하여 감사함을 표함.

뜰에 내려와 북쪽을 향해 머리를 땅에 아홉 번 조아려 감사의 뜻을 전한 후

▶ 16~28행: 청나라 황제가 조선 사신 일행에게 상을 내리고 잔치를 베풂.

관소로 돌아와서 회환(回還) 날짜 택일하니

갔다가 다시 돌아옴.

관소로 돌아와 돌아갈 날짜를 정하니

ⓒ사람마다 짐 동이느라 각 방은 분분하고

8

사람마다 짐을 싸느라 각 방은 떠들썩하고

흥정 외상 셈하려 주주리는 지저귄다

흥정하고 외상 계산하느라 줄줄이 시끄럽다.

ⓔ장계(狀啓)를 발정(發程)하여 선래 군관(先來軍官) 전송하고

조선에 돌아가기 전에 해야 하는 일

왕에게 보고하는 문서를 보내고 먼저 귀국하는 군관을 배웅하고

추칠월 십일일에 회환하여 떠나오니

9

음력 7월 11일에 돌아가려 (청나라를) 떠나오니

한 달 닷새 유하다가 시원하고 상연(爽然)하구나

연경에 머문 시간 / 귀환하며 느끼는 감정 ①

한 달 닷새 머물다가 시원하고 후련하구나.

천일방(天一方) 우리 서울 창망하다 갈 길이여

중국에서 북극 자미원 옆에 있는 별이름을 이르는 말. 우리나라가 중국의 옆에 있음을 의미함.

하늘 한쪽 끝 우리 서울 아득하다 갈 길이여.

풍진이 분운(紛紜)한데 집 소식이 돈절하니

떠들썩하여 복잡하고 어지러운데 / 끊어지니

바람에 날리는 티끌이 어지러운데 집 소식이 끊어지니

사오 삭(朔) 타국 객이 귀심(歸心)이 살 같구나

귀환하며 느끼는 감정 ②

4~5개월 타국에서 머문 나그네가 고향으로 돌아가고 싶은 마음이 화살처럼 급하구나.

숭문문 내달아서 통주로 향해 가니

중국에 있는 문 / 중국 베이징에 있는 지역

숭문문 내달아서 통주로 향해 가니

ⓜ올 적에 심은 곡식 추수가 한창이요

10

올 적에 심은 곡식이 추수가 한창이요

서풍이 삽삽하여 가을빛이 쾌히 난다

서쪽 바람이 쌀쌀하여

서풍이 쌀쌀하여 가을빛이 기분 좋게 난다.

▶ 29~40행: 청나라를 떠나 귀국하는 조선 사신 일행의 일정과 감회

– 홍순학, 〈연행가〉

* 구고두: 공경하는 뜻으로 머리를 땅에 아홉 번 조아림.
* 상마연: 일을 마치고 떠나가는 외국 사신들을 위하여 베풀던 잔치

❖ 제대로 작품 분석의 〈보기〉

ⓐ 여러 가지 청나라 음식
ⓑ 낯선 음식에 대한 감상
ⓒ 가을의 계절감 – 시간의 경과
ⓓ 이동을 앞둔 어수선한 분위기
ⓔ 구체적인 시간을 나타내는 표현
ⓕ 서로 말이 달라 소통이 되지 않음.
ⓖ 의사소통의 어려움을 해결하는 수단
ⓗ 의례적 상황에서 감사를 표하는 공식적 예법
ⓘ 조선에서 볼 수 없었던 낯선 물건들 – 청각적 이미지
ⓙ 간담상조(肝膽相照): 서로 속마음을 털어놓고 친하게 사귐.

❖ 제목의 의미

'청나라 연경을 다녀와 쓴 노래'라는 뜻으로, 여기서 '연경'은 중국의 '베이징[北京]'을 의미한다. 이 작품은 서울에서 북경까지 130여 일 간의 긴 여정 동안 보고 들은 바를 노래한 장편 기행 가사이다.

❖ 작가 소개

홍순학(洪淳學, 1842~1892): 조선 후기의 문신. 1857년 16세의 나이로 문과에 급제하여 대사헌, 대사간, 예조 참의, 인천 부사 등을 역임하였다. 고종 3년(1866)에 청나라에 서장관(외국에 보내는 사신 가운데 기록을 맡아보던 임시 벼슬)으로 다녀와 견문을 기록한 〈연행가〉가 전한다.

❖ 핵심 정리

- 갈래: 기행 가사, 사행(使行) 가사, 장편 가사
- 성격: 묘사적, 객관적, 사실적, 서사적
- 주제: 청나라의 문물과 제도, 풍속에 대한 견문과 감상
- 특징: ① 형식은 운문이나 내용은 관찰, 보고로서 산문에 가까움. ② 치밀한 관찰을 통해 대상을 자세하고 사실적으로 묘사함. ③ 조선 후기 기행 가사의 대표적인 작품임.

제대로 감상법 모범 답안

홍순학, 〈연행가〉

❶ 귀국 ❷ 자명악 ❸ 필담

❖ 제대로 작품 분석

1ⓧ 2ⓗ 3ⓢ 4ⓩ 5ⓞ 6ⓐ 7ⓑ 8ⓓ 9ⓔ 10ⓒ

01

정답률 75% | 매력적인 오답 ⑤ 10%

윗글에 대한 설명으로 가장 적절한 것은?

정답인 이유

③ 객지*에서의 낯선 풍물* 및 경험에 대한 정서를 드러내고 회환할 때의 심정을 서술하고 있다.

⋯ 청나라(객지)에 간 화자는 자명종, 자명악 등의 낯선 풍물을 접하고, 청나라 사람들과 말이 통하지 않아 필담을 나누거나 황궁의 공식적인 행사에 참여한 경험 등에 대해 다양한 정서를 드러내고 있다. 그리고 '시원하고 상연하구나', '귀심이 살 같구나'와 같이 회환할 때의 심정을 서술하고 있다.

* 객지(客地): 자기 집을 멀리 떠나 임시로 있는 곳 ⓔ 고향을 떠나 객지에서 맞이하는 명절은 무척 쓸쓸했다.
* 풍물(風物): 어떤 지방이나 계절 특유의 구경거리나 산물 ⓔ 그는 세계의 독특한 풍물에 대해 소개하는 글을 썼다.

오답인 이유

⑤ 매력적인 오답 구체적인 시간을 나타내는 표현을 제시하여 귀국까지의 여정이 마무리되었음을 알려 주고 있다.
○ → '추칠월 십일일', '추수가 한창이요'
× → 귀국을 하는 도중임.

⋯→ '추칠월 십일일'과 '추수가 한창이요'와 같이 구체적인 시간을 나타내는 표현을 제시하였지만, '숭문문 내달아서 통주로 향해 가니'로 볼 때 귀국까지의 여정이 마무리된 것이 아니라 귀국을 하는 도중임을 알 수 있다.

① 자연의 경이로운 풍광*에 대한 감상을 장황하게 서술하고 있다.
×

⋯→ '올 적에 심은 곡식 추수가 한창이요 / 서풍이 삽삽하여 가을빛이 쾌히 난다'에서 자연의 풍광에 대해 묘사하고 있지만, 이에 대한 감상을 장황하게 서술하고 있는 것은 아니다.

* 풍광(風光): 산이나 들, 강, 바다 따위의 자연이나 지역의 모습 예 산을 오르며 가을 풍광에 흠뻑 취하였다.

② 학문과 관련된 사물을 나열하여 입신양명*에 대한 화자의 관심을 드러내고 있다.
○ ×

⋯→ '당연에 먹을 갈아 양호수필 덤뻑 찍어 / 시전지를 빼어 들고 글씨 써서 말을 하니'에 학문과 관련된 사물이 나타나 있기는 하지만, 이는 필담을 위한 과정을 제시한 것이지 입신양명에 대한 화자의 관심을 드러내고 있는 것은 아니다.

* 입신양명(立身揚名): 출세하여 이름을 세상에 떨침. 예 주하는 입신양명하기 위해 피나는 노력을 했다.

④ 공식적인 행사에 참여한 다양한 사람들의 외양과 감정을 개성적으로 표현하고 있다.
×

⋯→ 삼 사신, 역관, 마두, 노자 등 공식적인 행사에 참여한 사람들은 제시되어 있지만, 이들의 외양과 감정을 개성적으로 표현한 부분은 찾을 수 없다.

02

정답률 85%

㉠~㉤을 이해한 내용으로 가장 적절한 것은?

정답인 이유

⑤ ㉤: 계절감을 드러내는 표현을 사용하여 시간의 경과를 보여 주고 있다.
'추수가 한창'(가을) '올 적에 심은 곡식' → '추수가 한창'

⋯→ '올 적에 심은 곡식 추수가 한창이요'에서는 '추수가 한창'이라는 표현을 통해 가을의 계절감을 드러내고 있으며, 청나라에 올 때 심었던 곡식이 지금은 추수가 한창이라고 함으로써 시간의 경과를 보여 주고 있다.

오답인 이유

① ㉠: 청각적 이미지를 사용하여 대상이 지닌 슬픔을 표현하고 있다.
○ → '절로 울어 소리하며' ×

⋯→ '절로 울어 소리하며'에 청각적 이미지가 사용되었으나, 이를 통해 대상이 지닌 슬픔을 표현하고 있는 것은 아니다.

② ㉡: 지시적 표현을 사용하여 상대와의 친밀감을 드러내고 있다.
○ → '이편저편' × → 상대와 처음 만난 상황

⋯→ '이편저편'이라는 지시적 표현이 사용되었지만, 이를 통해 상대와의 친밀감을 드러내고 있는 것은 아니다. 다음 행의 '처음 인사'를 통해 처음 만난 사람들이 의자에 마주 앉은 상황임을 알 수 있다.

③ ㉢: 음성 상징어를 사용하여 이동을 앞둔 여유로운 분위기를 드러내고 있다.
× × → 어수선한 분위기

⋯→ ㉢에는 음성 상징어가 사용되지 않았다. '분분하다'는 '떠들썩하고 뒤숭숭하다.'는 의미의 형용사로 음성 상징어가 아니며, 이동을 앞둔 여유로운 분위기가 아니라 어수선한 분위기를 드러내고 있다.

④ ㉣: 대구적 표현을 사용하여 새로운 계책을 마련한 기쁨을 드러내고 있다.
×

⋯→ '장계를 발정하여'와 '선래 군관 전송하고'를 대구적 표현으로 볼 수도 있지만, ㉣은 조선으로 돌아가기 전에 해야 하는 일들을 나타내고 있을 뿐 새로운 계책을 마련한 기쁨을 드러내고 있지는 않다.

03

정답률 85%

[A], [B]에 대한 감상으로 적절하지 않은 것은? [3점]

정답인 이유

① [A]에서 '간담을 상응*하여'는 상대방에 대한 경계심을, [B]에서 '뜰에 내려 북향하여'는 상대방에 대한 거부감을 드러내는군.
× → 친밀감
× → 감사함

⋯→ [A]에서 '간담을 상응하여'는 필담을 통해 비로소 의사소통이 이루어져서 상대방과 마음을 터놓게 된 상황을 표현한 것이며, [B]에서 '뜰에 내려 북향하여'는 청나라 황제를 향하여 사례하는 모습을 나타낸 것이다. 따라서 [A]에서 '간담을 상응하여'는 상대방에 대한 경계심이 아닌 친밀감을, [B]에서 '뜰에 내려 북향하여'는 상대방에 대한 거부감이 아닌 감사함을 드러내고 있음을 알 수 있다.

* 상응(相應): 서로 응하거나 어울림. 예 그는 자신의 능력에 상응하는 보수를 받고 있다.

오답인 이유

② [A]에서 '우리들'은 '거기 사람'에게 인사로 차를 대접받고, [B]에서 '삼 사신' 일행은 '예부상서'를 통해 황상의 상을 하사받고 있군.

⋯→ [A]에서 '거기 사람 처음 인사 차 한 그릇 갖다 준다'를 통해, '우리들'은 '거기 사람'에게 인사로 차를 대접받았음을 알 수 있다. 또한 [B]에서 '황상이 상을 주사 예부상서 거행한다'를 통해, '삼 사신' 일행은 '예부상서'를 통해 황상의 상을 하사받고 있음을 알 수 있다.

③ [A]에서 '필담'은 의사소통의 어려움을 해결하는 수단을, [B]에서 '구고두'는 의례적 상황에서 감사를 표하는 공식적 예법을 나타내는군.

⋯→ [A]에서 '저희들과 우리들이 언어가 같지 않아 / 말 한마디 못 해 보고 덤덤하니 앉았으니 / 귀머거리 벙어린 듯 물끄러미 서로 보다 / 천하의 글은 같아 필담이나 하오리라'를 통해, '필담'은 의사소통의 어려움을 해결하는 수단임을 알 수 있다. 또한 [B]에서 '뜰에 내려 북향하여 구고두 사례한 후'를 통해, '구고두'는 의례적 상황에서 감사를 표하는 공식적 예법임을 알 수 있다.

④ [A]에서 '글귀 절로 오락가락'은 난처한 상황이 해소되고 있음을, [B]에서 '비위가 뒤집혀서'는 난감한 상황에 처하게 되었음을 드러내는군.

⋯→ [A]의 '글귀 절로 오락가락'은 언어가 달라 이야기를 나누지 못했던 난처한 상황이 필담을 통해 해소되고 있음을 드러내고 있다. 또한 [B]의 '비위가 뒤집혀서'는 푸짐한 잔칫상을 받았으나 음식이 입에 맞지 않아 먹을 수 없는 난감한 상황에 처하게 되었음을 드러내고 있다.

⑤ [A]의 '귀머거리 벙어린 듯'은 대화가 이루어지지 못하는 상황을, [B]의 '메밀떡에 밀다식에 겉밥' 등은 여러 가지 음식을 차려 놓은 상황을 알려 주는군.

⋯→ [A]의 '귀머거리 벙어린 듯'은 언어가 달라 대화가 이루어지지 못하고 물끄러미 서로 바라보기만 하는 상황을 알려 준다. 또한 [B]의 '메밀떡에 밀다식에 겉밥'은 잔칫상에 놓인 음식을 나열한 것으로 여러 가지 음식을 차려 놓은 상황을 알려 준다.

고전 시가 11 어와 동량재를~ | 고공답주인가

▶ 문제편 78~79쪽

정답 | 01 ① 02 ④ 03 ①

[01~03] 다음 글을 읽고 물음에 답하시오. 2016 수능 B형

제대로 작품 분석 ▶〈보기〉에서 적절한 것을 골라 넣으며 작품을 분석해 보자.

가 어와 동량재(棟梁材)*를 뎌리 ᄒᆞ야 어이 ᄒᆞᆯ고
1
인재를 제대로 쓰지 않는 현실에 대한 안타까움 – 설의적 표현

아아, 기둥과 들보로 쓸 만한 재목을 저렇게 하여 어떻게 할까?

▶ 초장: 동량재를 함부로 다루는 상황에 대한 안타까움

헐쓰더 기운 집의 의논(議論)도 하도 할샤
2 3

헐뜯어 기울어진 집에 의견이 많기도 많다.

▶ 중장: 무너져 가는 집을 수리하지 않고 논쟁만 벌이는 상황

뭇 목수 고자(庫子) 자* 들고 허둥대다 말려ᄂᆞ다
4

많은 목수들이 창고지기가 쓰는 작은 자를 들고 허둥대다 말겠구나.

▶ 종장: 허둥대기만 하고 제 역할을 하지 못하는 목수들에 대한 비판

– 정철

* 동량재: 건축물의 마룻대와 들보로 쓸 만한 재목
* 고자 자: 창고지기가 쓰는 작은 자

❖ 제대로 작품 분석의 〈보기〉

㉠ 불필요한 당쟁
㉡ 당쟁을 일삼는 신하들
㉢ 기강이 문란해진 나라의 형편을 비유
㉣ 나라나 집안의 살림을 맡아 볼 만한 큰 인물을 비유

❖ 작가 소개

정철(鄭澈, 1536~1593): 조선 중기의 문신이자 시인. 자는 계함(季涵). 호는 송강(松江). 가사 문학의 대가로서 고산 윤선도와 함께 한국 시가 사상 쌍벽으로 일컬어진다. 가사 작품 외에도 시조와 한시 작품을 남겼고, 저서로는 《송강집》과 《송강가사》가 있다.

❖ 핵심 정리

- 갈래: 평시조
- 성격: 비유적, 비판적, 풍자적
- 주제: 조정의 혼란 속에서 인재를 잃어가는 현실에 대한 안타까움
- 특징: ① 비유적 표현을 사용해 현실에 대한 비판 의식을 드러냄. ② 설의적 표현을 통해 화자의 정서를 강조함.

△: 지방에 파견된 관리(무관)를 가리킴.

나 「바깥 별감* 많이 있어 ㉠바깥 마름 달화주*도
직분을 망각하여 화자의 비판을 받고 있는 존재

바깥 별감 많이 있어 바깥 마름과 달화주도

제 소임 다 바리고 몸 ᄉᆞ릴 ᄲᅮᆫ이로다」
「 」: 제 소임을 다하지 않는 관리들의 모습

제 맡은 바 책임을 다 버리고 몸만 사릴 뿐이로다.

「비 ᄉᆡ여 셔근 집을 뉘라셔 곳쳐 이며
임진왜란 나라

비 새어 썩은 집을 누가 고쳐 이으며

옷 버서 문허진 담 뉘라셔 곳쳐 쌀고
1
□: 설의적 표현

옷 벗어 무너진 담을 누가 고쳐 쌓을 것인가?

㉡불한당 구멍 도적 아니 멀니 단이거든
2

불한당 구멍 도적은 멀리 다니지 아니하거든

화산 춘 수하상직(誰何上直)* 뉘라셔 힘써 [홀고]」
「 」: 기울어진 집안 살림(나라 형편)에 대한 걱정
화살을 찬 상직군은 누가 힘써 할 것인가?

큰나큰 기운 집의 마누라* 혼자 안자
위태로운 나라 임금
크나크게 기운 집에 주인님 혼자 앉아

명령을 뉘 드르며 논의를 눌라 [홀고]
명령을 누가 들으며 논의를 누구와 할까?

낫 시름 밤 근심 혼자 맛다 계시거니
낮 시름 밤 근심을 혼자 맡아 하시니

옥 ᄀᆞ튼 얼굴리 편ᄒᆞ실 적 [몇 날이리]
3
옥 같은 얼굴이 편하실 적 몇 날일까?

이 집 이리 되기 뉘 타시라 [홀셔이고]
이 집 이리 된 것을 누구 탓이라 할 것인가?

「혬 업는 죵의 일은 뭇도 아니 ᄒᆞ려니와
4
헤아림 없는 종의 일은 묻지도 아니하려니와

도로혀 혜여ᄒᆞ니 마누라 타시로다」 ▶ 1~13행: 나태한 관리들에 대한 비판
「 」: 5
돌이켜 생각하니 주인님 탓이로다.

㉢닉 주인 외다 ᄒᆞ기 죵의 죄 만컨마는
마누라 = 임금
내 주인이 그르다 하기에는 종의 죄가 많지만

그러타 세상 보려 민망ᄒᆞ야 사뢰나이다
그렇다고 세상을 보려니 민망하여 여쭙니다.

㉣새끼 ᄭᅩ기 마르시고 내 말솜 드로쇼셔
6
새끼 꼬는 일 멈추시고 내 말씀 들으소서.

「집일을 곳치거든 죵들을 휘오시고
「 」: 해결 방안 제시 – 연쇄법, 반복법
집일을 고치려거든 종들을 휘어잡으시고

죵들을 휘오거든 상벌을 밝히시고
종들을 휘어잡으려거든 상과 벌을 밝히시고

㉤상벌을 밝히거든 어른 죵을 미드쇼셔」
7 화자 자신, 또는 자신을 포함한 고위 관리
상과 벌을 밝히시려거든 어른 종을 믿으소서.

진실노 이리 ᄒᆞ시면 가도(家道) 절노 닐니이다
8 ▶ 14~20행: 나라의 기강을 일으킬 수 있는 방안 제시
진실로 이리 하시면 집안의 도가 절로 일어날 것입니다.

– 이원익, 〈고공답주인가(雇工答主人歌)〉

* 별감: 사내 하인끼리 서로 존대하여 부르던 말
* 달화주: 주인집 밖에서 생활하는 종들에게서 주인에게 내야 할 대가를 받아오는 일을 맡아 보던 사람
* 수하상직: "누구냐!" 하고 외치는 상직군
* 마누라: 상전, 마님 등을 이르는 말

❖ 제대로 작품 분석의 〈보기〉

㉠ 중요하지 않은 행위
㉡ 위태로운 나라의 상태
㉢ 조정의 일에 무심한 관리
㉣ 집안의 도 – 나라의 기강
㉤ 아름다운 얼굴(임금의 얼굴) – 직유법
㉥ 왜적 – 가까운 곳에 있으며 불안감을 주는 세력
㉦ 화자가 공정하고 엄중하게 시행되기를 바라는 일
㉧ 나태한 관리들도 문제가 있지만, 임금에게도 책임이 있음.

❖ 제목의 의미

'주인에게 답하는 고공(머슴)의 노래'라는 의미로, 허전의 〈고공가〉에 답하는 형식으로 지어졌다. 이 작품은 임진왜란 이후 황폐해진 나라의 상황 속에서 자신의 이익만을 챙기는 이기적인 신하들을 비판하고, 임금에게 나라를 일으킬 수 있는 방도를 제시하고 있다.

❖ 작가 소개

이원익(李元翼, 1547~1634): 조선 중기의 문신. 호는 오리(梧里). 조선 중기를 대표하는 명신의 한 사람으로, 1569년 문과에 급제하여 우의정과 영의정을 지냈다. 저서에 《오리집》, 《오리일기》가 있다.

❖ 핵심 정리

- 갈래: 가사
- 성격: 경세적, 비유적
- 주제: 기울어진 집안 살림(나라 형편)을 일으키는 방도
- 특징: ① 임금과 신하의 관계를 농사짓는 주인과 종의 관계에 빗댐. ② 3 · 4조, 4음보의 율격으로 이루어짐. ③ 허전의 〈고공가〉에 답하는 형식으로, 나라의 형편이 기울게 된 원인을 신하의 이기적인 행태에만 초점을 맞춘 〈고공가〉보다 사태에 대한 분석력이 더 뛰어남.

제대로 감상법 모범 답안

가 정철, 〈어와 동량재를~〉

❶ 당쟁 ❷ 동량재 ❸ 고자 자

❖ 제대로 작품 분석

1㉣ 2㉢ 3㉠ 4㉡

나 이원익, 〈고공답주인가(雇工答主人歌)〉

❶ 비판 ❷ 불한당 구멍 도적 ❸ 어른 죵 ❹ 임금

❖ 제대로 작품 분석

1㉡ 2㉥ 3㉤ 4㉢ 5㉧ 6㉠ 7㉦ 8㉣

01

정답률 65% | 매력적인 오답 ② 24%

(가), (나)의 표현 방식에 대한 설명으로 가장 적절한 것은?

정답인 이유

① (가)와 달리 (나)에서는 연쇄*와 반복을 통해 리듬감이 나타나고 있다.

…› (나)의 '집일을 곳치거든 죵들을 휘오시고 / 죵들을 휘오거든 상벌을 밝히시고 / 상벌을 밝히거든 어른 죵을 미드쇼셔'에서 연쇄의 표현법을 확인할 수 있다. 또한 '비 ᄉᆡ여 셔근 집을 뉘라셔 곳쳐 이며 / 옷 버서 문허진 담 뉘라셔 곳쳐 ᄡᅡᇂ고'에서 '뉘라셔 곳쳐'가 반복되고 있다. 그러나 (가)에는 연쇄와 반복의 표현법이 사용되지 않았다.

* 연쇄(連鎖): 앞말의 꼬리를 물고 뒷말을 계속 연결하는 방법으로, 앞 구절의 끝 부분을 다음 구절의 시작에서 되풀이하여 의미를 강조함.
예 고인도 날 못보고 나도 고인을 보지 못하네 / 고인을 보지 못해도 가던 길 앞에 있네 / 가던 길 앞에 있거든 아니 가고 어찌할까
– 이황, 〈도산십이곡〉

오답인 이유

② (매력적인 오답) **(나)와 달리 (가)에서는 설의적인 표현을 통해 안타까움의 정서가 강조되고 있다.**
× → (가)와 (나) 모두 설의적 표현 사용

…› (가)는 '뎌리 ᄒᆞ야 어이 홀고'에서, (나)는 '뉘라셔 곳쳐 ᄡᅡᇂ고', '뉘라셔 힘써 홀고' 등에서 설의적인 표현을 사용하여 바람직하지 않은 상황에 대한 안타까움의 정서를 강조하고 있다.

③ (나)와 달리 (가)에서는 직유의 방식을 통해 대상의 이미지가 선명하게 드러나고 있다.
× → (가)와 달리 (나)에서는

…› (가)에서는 '나라의 유능한 인재'를 의미하는 '동량재', '어려운 지경에 놓인 나라'를 의미하는 '기운 집' 등 은유의 방식을 사용하고 있다. 이와 달리 (나)에서는 '옥 굿튼 얼굴'과 같은 직유의 방식을 사용하여 대상의 이미지를 드러내고 있다.

④ (가), (나)에서는 모두 색채어를 통해 대상의 면모*가 강조되고 있다.
×

…› (가)와 (나) 모두 색채어는 사용되지 않았으며 이를 통해 대상의 면모가 강조되고 있지도 않다.

* 면모(面貌): 사람이나 사물의 겉모습. 또는 그 됨됨이 예 그는 귀공자다운 면모를 풍기는 사람이었다.

⑤ (가), (나)에서는 모두 과거와 현재의 대비를 통해 시상의 전환이 이루어지고 있다.
×

…› (가)에는 조정의 혼란 속에서 인재를 잃어가는 현실에 대한 안타까움이, (나)에는 나태하고 이기적인 관리들의 행태에 대한 비판이 나타나 있다. (가)와 (나) 모두 현재 상황에 대한 비판 의식이 드러나 있을 뿐, 과거와 현재의 대비를 통한 시상의 전환은 이루어지고 있지 않다.

02

정답률 79% | 매력적인 오답 ③ 11%

㉠~㉤에 대한 이해로 적절하지 않은 것은?

정답인 이유

④ ㉣: 화자가 청자에게 당부하는 시급하고* 중요한 행위
× → 중요하지 않은 행위

…› 화자는 청자인 '마누라(임금)'에게 새끼 꼬기를 멈추고 자신의 말을 들으라고 하고 있다. 즉, 화자의 충언을 듣고 실천하는 것이 중요한 일이며, '새끼 꼬기'는 시급하고 중요한 행위가 아니다.

* 시급하다(時急--): 시각을 다툴 만큼 몹시 절박하고 급하다. 예 고갈되어 가고 있는 석유 자원을 대체할 수 있는 에너지를 개발하는 일이 시급하다.

오답인 이유

③ [매력적인 오답] ㉢: 잘못된 일을 고치도록 화자가 설득하고 있는 청자

…› 화자는 청자인 '닉 주인(임금)'이 종들을 제대로 다스리기 위해서 해야 할 일을 알려 주며 잘못된 일을 고치도록 설득하고 있다. 따라서 '닉 주인'은 잘못된 일을 고치도록 화자가 설득하고 있는 청자임을 알 수 있다.

① ㉠: 직분을 망각하여 화자에 의해 비판을 받고 있는 존재

…› ㉠에 이어지는 '제 소임 다 바리고 몸 쓰릴 뿐이로다'는 제 소임을 다하지 않고 몸을 사린다는 의미이다. 따라서 '바깥 마름'은 직분을 망각하여 화자에 의해 비판을 받고 있는 존재임을 알 수 있다.

② ㉡: 가까운 곳에 있으며 화자에게 불안감을 주고 있는 세력

…› '불한당 구멍 도적 아니 멀니 단이거든'은 불한당 구멍 도적이 멀지 않은 곳에 다니고 있다는 의미이므로, '불한당 구멍 도적'은 가까운 곳에 있으며 화자에게 불안감을 주고 있는 세력임을 알 수 있다.

⑤ ㉤: 화자가 공정하고 엄중하게* 시행되기를 바라고 있는 일

…› '죵들을 휘오거든 상벌을 밝히시고'를 통해 화자는 주인이 '상벌'을 밝게 하기를 바라고 있음을 알 수 있다. 따라서 '상벌'은 화자가 공정하고 엄중하게 시행되기를 바라고 있는 일이다.

* 엄중하다(嚴重--): 몹시 엄하다. 예 우리 학교는 규율이 얼마나 엄중한지 다른 학교 학생들까지도 모두 알고 있었다.

03

정답률 71% | 매력적인 오답 ② 12%

〈보기〉를 참고하여 (가), (나)를 감상한 내용으로 가장 적절한 것은? [3점]

〈보기〉

유학 이념에서는 국가를 가족의 확장된 형태로 본다. 「집안의 화목을 위해서는 구성원들이 자기 역할에 충실해야 하듯, 국가의 안정적인 경영을 위해서는 군신(君臣)이 본분을 다해야 한다. 조선 시대 시가에서는 이러한 이념을 담아 국가를 집으로 표현하는 경우가 많다.」
유학 이념에서의 국가관
「 」: (가)와 (나)에서는 집안일에 빗대어 나라와 조정의 문제에 대해 비판적 태도를 드러내고 있음.

정답인 이유

① (가)의 '동량재'와 (나)의 '어른 죵'은 모두 국가의 바람직한 경영을 위해 요구되는 중요한 요소를 뜻하겠군.

…› (가)의 '동량재'는 건축물의 마룻대와 들보로 쓸 만한 재목이고, (나)의 '어른 죵'은 다른 종들의 기강을 바로잡기 위해 필요한 종들의 우두머리이다. 〈보기〉에서 유학 이념에서는 국가를 가족의 확장된 형태로 보며, 조선 시대 시가에서는 이러한 이념을 담아 국가를 집으로 표현하는 경우가 많다고 하였다. 이러한 관점에서 볼 때 '동량재'는 한 집안이나 한 나라를 떠받치는 중대한 일을 맡을 만한 인재, '어른 죵'은 기강을 잡는 고위 관리를 의미하므로, 이들은 모두 국가의 바람직한 경영을 위해 요구되는 중요한 요소라고 할 수 있다.

오답인 이유

② [매력적인 오답] (가)의 '기운 집'은 위태로운 상태에 놓인 국가를, (나)의 '기운 집'은 되돌릴 길 없이 기울어 패망한 국가를 나타내겠군.
× → 화자의 조언을 따르면 되돌릴 수 있음.

…› (가)의 '기운 집'은 위태로운 상태에 놓인 국가를 의미한다. 그러나 (나)에서는 '기운 집'을 바로세우기 위해 실천해야 할 일을 하인들과 주인에게 간곡히 호소하고 있으므로, (나)의 '기운 집'은 패망한 국가가 아니라 다시 바로잡을 수 있는 국가임을 알 수 있다.

③ (가)의 '의논'과 (나)의 '논의'는 모두 국가 대사를 위해 임금과 신하가 합의하여 도출해* 낸 올바른 대책을 뜻하겠군.
× → 국가 대사를 위한 올바른 대책과는 거리가 있음.

…› (가)의 '의논'은 바른 방향을 잡지 못하고 불필요하게 전개되는 당쟁을 의미하므로 국가 대사를 위한 올바른 대책과 거리가 멀다. (나)의 '논의'도 함께 논의할 대상이 없다는 문맥에서 나온 것이므로 국가 대사를 위한 올바른 대책과는 거리가 있다.

* 도출하다(導出--): 판단이나 결론 따위를 이끌어 내다. 예 추론이란 주어진 자료에서 결론을 도출하는 논리적 과정을 의미하는 말이다.

④ (가)의 '뭇 목수'는 조정의 일에 무관심한 신하들을, (나)의 '혬 업는 죵'은 조정의 일에 지나치게 관여하는* 신하를 나타내겠군.
× → 조정의 일에 관심이 많지만 당쟁을 일삼음.
× → 조정의 일에 무심함.

…› (가)의 '뭇 목수'는 '고자 자 들고 허둥대다 말려ᄂᆞ다'를 통해 볼

때, 조정의 일에 무관심한 것이 아니라 조정의 일에 관심은 많으나 당쟁을 일삼는 이들로 볼 수 있다. (나)의 '혬 업는 죵'에서 '혬'은 '생각, 헤아림' 등을 뜻하므로, '혬 업는 죵'은 조정의 일에 무심한 이들을 가리킨다고 볼 수 있다.

* 관여하다(關與--): 어떤 일에 관계하여 참여하다. 예 언론에서는 이번 사건에 관여한 정치인들의 이름을 숨김없이 나타냈다.

⑤ (가)의 '고자 자'와 (나)의 '문허진 담'은 모두 외세의 침입에 협조하며* 국익을 저버리고 사익을 추구하는 마음을 뜻하겠군. ×

··· (가)에서 여러 목수들은 '고자 자'를 들고 허둥댈 뿐 집을 바로 세우지 못하고 있으며, (나)의 '문허진 담'은 위험에 빠진 나라를 뜻한다. 따라서 '고자 자'와 '문허진 담'은 외세의 침입에 협조하는 것과는 관련이 없다.

* 협조하다(協助--): 힘을 보태어 돕다. 예 송 감독은 행인들에게 드라마 촬영에 협조해 달라고 공손하게 부탁하였다.

고전 시가 12 용비어천가 | 강호사시가

▶ 문제편 80~81쪽

정답 | 01 ⑤ 02 ② 03 ④

[01~03] 다음 글을 읽고 물음에 답하시오. 2016 수능 A형

제대로 작품 분석 ▶ <보기>에서 적절한 것을 골라 넣으며 작품을 분석해 보자.

가 뿌리 깊은 나무는 바람에 아니 뮐새 꽃 좋고 열매 많나니
(뿌리 깊은 나무: 기초가 튼튼한 나라 / 바람: 1 / 꽃 좋고 열매: 문화의 융성)
뿌리가 깊은 나무는 바람에 흔들리지 않으므로 꽃이 좋고 열매가 많이 열리니

샘이 깊은 물은 가뭄에 아니 그칠새 내가 일어 바다에 가나니
(샘이 깊은 물: 유서 깊은 나라 / 가뭄: 시련 / 내가 일어 바다에 가나니: 2)
샘이 깊은 물은 가뭄에 그치지 않으므로 내(川)가 이루어져 바다에 가나니

<제2장>

▶ 제2장: 조선의 무궁한 발전 송축

천세(千世) 전에 미리 정하신 한강 북녘에 누인개국(累仁開國)하시어 복년(卜年)*이 가없으시니
(천세: 천 년 / 누인개국: 3 / 가없으시니: 끝이 없으시니)
천 년 전에 미리 정하신 한강의 북쪽(한양)에 어진 덕을 쌓아 나라를 여시어 왕조의 운수가 끝이 없으시니

성신(聖神)*이 이으셔도 경천근민(敬天勤民)하셔야 더욱 굳으시리이다
(경천근민: 4)
훌륭한 임금의 자손이 대를 이으셔도 하늘을 공경하고 백성을 다스리는 데에 부지런히 힘쓰셔야 나라가 더욱 굳건해질 것입니다.

임금하 아소서 낙수(洛水)에 사냥 가 있어 조상만 믿겠습니까*
(임금하: 청자 설정 / 낙수에 ~ 믿겠습니까: 5)
임금님이시여, 알아주십시오. (하나라 태강왕이) 낙수에 사냥 가서 (백일이 되도록 돌아오지 않아 결국 폐위를 당하였으니, 태강왕은) 할아버지(우왕의 공덕)만을 믿었던 것입니까?

<제125장>

▶ 제125장: 후왕들에 대한 권계

– 정인지 외, <용비어천가(龍飛御天歌)>

* 복년: 하늘이 주신 왕조의 운수
* 성신: 훌륭한 임금의 자손
* 낙수에 ~ 믿겠습니까: 중국 하나라의 태강왕이 정사를 돌보지 않고 사냥을 갔다가 폐위당한 일을 가리킴.

제대로 작품 분석의 <보기>

㉠ 무궁한 발전
㉡ 시련, 내우외환(內憂外患)
㉢ 어진 덕을 쌓아 나라를 엶.
㉣ 하늘을 공경하고 백성을 위해 부지런히 일함.
㉤ 임금이 타산지석(他山之石)으로 삼을 만한 고사의 인용

제목의 의미

'용이 날아 하늘을 본받아 처신함을 노래한다.'는 뜻으로, 이때 '용'은 조선의 왕들을 가리킨다. 이 작품은 조선 건국을 찬양하며 후대 왕에게 권계를 하기 위한 목적으로 지어진 악장 문학의 대표작이다. 훈민정음으로 기록된 최초의 작품으로서 대구와 비유, 상징 등 다양한 표현을 통해 우리말의 묘미를 느낄 수 있다.

핵심 정리

- 갈래: 악장
- 성격: 찬양적, 교술적
- 주제: 조선 건국의 정당성과 후대 왕에 대한 권계
- 특징: ① 훈민정음으로 기록된 최초의 작품임. ② <제1장>과 <제125장>을 제외하고 대체로 두 줄이 대구를 이룬 2절 4구체임. ③ 국문에 한자를 섞어서 쓰고, 그 뒤에 한시와 배경 설화를 한문으로 적음.

나 강호(江湖)에 봄이 드니 미친 흥(興)이 절로 난다
자연(대유법) ❶
강호에 봄이 찾아오니 깊은 흥이 절로 난다.
「탁료계변(濁醪溪邊)에 금린어(錦鱗魚)가 안주로다」「 」: 안빈낙도, 안분지족
막걸리를 마시며 노는 시냇가 쏘가리
막걸리를 마시며 노는 시냇가에 싱싱한 물고기가 안주로구나.
이 몸이 한가(閑暇)하옴도 역군은(亦君恩)이샷다
❷
이 몸이 한가롭게 지내는 것도 임금님의 은혜이시도다.

〈제1수〉
▶ 제1수: 강호에서 느끼는 봄의 흥취

강호에 여름이 드니 초당(草堂)에 일이 업다
초가집
강호에 여름이 찾아오니 초가집에 할 일이 없다.
「유신(有信)한 강파(江波)는 보내나니 바람이로다」
「 」: 자연과 혼연일체가 된 생활
믿음직스러운 강의 물결은 보내는 것이 시원한 바람이로다.
이 몸이 서늘하옴도 역군은이샷다
이 몸이 시원하게 지내는 것도 임금님의 은혜이시도다.

〈제2수〉
▶ 제2수: 초당에서 한가로이 보내는 생활

강호에 가을이 드니 고기마다 살쪄 있다
❸
강호에 가을이 찾아오니 고기마다 살이 올라 있다.
「소정(小艇)에 그물 실어 흘리띄워 던져두고」「 」: 무위자연, 유유자적한 삶의 태도
작은 배
작은 배에 그물을 실어 물결 따라 흐르도록 던져두고
이 몸이 소일(消日)하옴도 역군은이샷다
❹
이 몸이 소일하며 지내는 것도 임금님의 은혜이시도다.

〈제3수〉
▶ 제3수: 고기잡이하며 소일하는 여유로움

강호에 겨울이 드니 눈 깊이 한 자가 넘네
강호에 겨울이 찾아오니 눈 깊이가 한 자가 넘는다.
「삿갓 빗기 쓰고 누역으로 옷을 삼아」「 」: ❺
도롱이(짚으로 만든 비옷)
삿갓을 비스듬히 쓰고 도롱이로 옷을 삼으니
이 몸이 춥지 아니하옴도 역군은이샷다
이 몸이 춥지 않게 지내는 것도 임금님의 은혜이시도다.

〈제4수〉
▶ 제4수: 눈 쌓인 가운데 안분지족하는 생활
– 맹사성, 〈강호사시가(江湖四時歌)〉

❖ 제대로 작품 분석의 〈보기〉

㉠ 풍요로움
㉡ 계절적 배경
㉢ 느긋하게 세월을 보냄.
㉣ 소박함 – 안빈낙도, 안분지족
㉤ 임금의 은혜에 대한 감사 – 유교적 충의

❖ 제목의 의미

'강호(江湖)'는 강과 호수를 아울러 이르는 말로 자연을 의미하며, '사시(四時)'는 사계절을 의미한다. 이 작품은 만년에 벼슬을 버리고 강호에 묻혀 사는 생활을 사계절의 변화와 관련시켜 노래한, 강호가도의 선구적 작품이자 우리나라 최초의 연시조이다. 조선 전기의 정치적 안정에 대한 찬양과 임금에 대한 충의를 표출한 사대부 의식이 잘 나타나 있다.

❖ 작가 소개

맹사성(孟思誠, 1360~1438): 조선 전기의 재상. 세종 때 우의정, 좌의정을 지냈으며, 황희와 함께 조선 전기 문화 창달에 크게 기여하였다. 성품이 청백하고 검소하기로 이름이 났으며, 시문에 능하고 음률에도 밝았다. 《태종실록》을 편찬하였으며, 작품에 〈강호사시가〉가 있다.

❖ 핵심 정리

- 갈래: 평시조, 연시조(전 4수)
- 성격: 풍류적, 낭만적
- 주제: 강호에서의 한정과 임금에 대한 충의
- 특징: ① 계절별로 한 수씩 노래하여 4수로 4계절을 표현함. ② '역군은이샷다'와 같은 반복된 마무리를 통해 운율감을 형성함. ③ 각 연마다 형식을 통일하여 안정감을 드러내며 주제를 효과적으로 부각함.

제대로 감상법 모범 답안

가 정인지 외, 〈용비어천가(龍飛御天歌)〉

❶ 건국 ❷ 가뭄 ❸ 누인개국

❖ 제대로 작품 분석

1㉡ 2㉠ 3㉢ 4㉣ 5㉤

나 맹사성, 〈강호사시가(江湖四時歌)〉

❶ 강호 ❷ 역군은 ❸ 계절

❖ 제대로 작품 분석

1㉡ 2㉤ 3㉠ 4㉢ 5㉣

01

정답률 86%

(가)에 대한 설명으로 적절하지 않은 것은?

정답인 이유

⑤ 〈제2장〉과 〈제125장〉은 모두 자연 현상과 인간의 삶을 대조적으로 보여 주고 있다.
× → 둘 다 자연 현상과 인간의 삶을 대조하는 내용이 없음.

…› 〈제2장〉에서 '뿌리 깊은 나무', '샘이 깊은 물'은 기초가 튼튼한 나라를 의미하는 것으로, 〈제2장〉은 나라의 기초가 튼튼하면 어떤 시련에도 흔들리지 않고 굳건할 것임을 비유적으로 표현하고 있다. 즉, 세상사를 자연물에 빗대어 표현한 것일 뿐, 자연 현상과 인간의 삶을 대조하고 있지 않다. 〈제125장〉 역시 후대 왕에 대한 권계*를 담고 있을 뿐, 인간의 삶과 대조되는 자연 현상이 드러나 있지 않다.

* 권계(勸戒): 잘못함이 없도록 타일러 주의시킴. 예 이 글은 권계를 목적으로 창작되었다.

오답인 이유

① 〈제2장〉에서는 유사한 자연의 이치가 내포*된 두 사례를 나란히 배열하고 있다.
'뿌리 깊은 나무', '샘이 깊은 물'

…› 〈제2장〉에서는 근원이 깊고 튼튼한 '나무'와 '물'이 시련을 이겨 내고 결실을 맺는다는, 유사한 자연의 이치가 담긴 두 사례를 열거하고 있다.

* 내포(內包): 어떤 성질이나 뜻 따위를 속에 품음. 예 이 작품에 내포된 의미를 발견하는 일이 중요하다.

② 〈제125장〉에서는 행에 따라 종결 어미를 달리하고 있다.
'-니', '-다', '-습니까'

…› 〈제125장〉의 1행에서는 '-니', 2행에서는 '-다', 3행에서는 '-습니까'로 각각 다른 종결 어미가 사용되었다.

③ 〈제2장〉과 달리, 〈제125장〉은 전언의 수신자를 명시하고 있다.
'임금하'

··· '전언'은 전하는 말, '수신자'는 그러한 말을 듣는 사람을 의미한다. 〈제125장〉에서는 '임금하 아소서'라고 하며 후대의 임금들에게 전하는 말이라는 것을 명시하고 있다.

④ 〈제125장〉과 달리, 〈제2장〉은 한자어를 배제하고 순우리말의 어감을 살리고 있다.
'뮐새', '내' 등

··· 〈제125장〉에는 '천세(千世), 누인개국(累人開國), 복년(卜年), 성신(聖神), 경천근민(敬天勤民)' 등의 한자어가 사용되었지만, 〈제2장〉에는 한자어 없이 순우리말이 사용되었다.

02

정답률 55% | 매력적인 오답 ④ 35%

〈보기〉는 (나)의 글쓴이가 창작을 위해 세운 계획을 가상적으로 구성한 것이다. 〈제1수〉~〈제4수〉에 공통적으로 반영된 것만을 있는 대로 고른 것은?

〈보기〉

ㄱ. 각 수 초장의 전반부에는 계절적 배경을 제시하며 시상의 단서를 드러내야겠군.
〈제1수〉 '봄', 〈제2수〉 '여름', 〈제3수〉 '가을', 〈제4수〉 '겨울'

ㄴ. 각 수 초장의 후반부에서는 내면적 감흥을 구체적 사물을 통해 표현해야겠군.
〈제2수〉 '초당', 〈제3수〉 '고기', 〈제4수〉 '눈'

ㄷ. 각 수 중장에서는 주변의 자연 풍광을 묘사하여 내가 즐기고 있는 삶의 모습을 제시해야겠군.
〈제1수〉 냇가의 풍경, 〈제2수〉 강가의 모습, 〈제3수〉 배가 떠 있는 자연 풍광

ㄹ. 각 수 종장의 마지막 어절에는 동일한 시어를 배치하여 전체적 통일성을 확보해야겠군.
'역군은이샷다'

정답인 이유

② ㄱ, ㄹ

··· ㄱ: 〈제1수〉는 '봄', 〈제2수〉는 '여름', 〈제3수〉는 '가을', 〈제4수〉는 '겨울'이라는 계절이 각 수 초장의 전반부에서 제시되며 시상의 단서를 드러내고 있다.

ㄴ: 〈제2수〉는 '초당', 〈제3수〉는 '고기', 〈제4수〉는 '눈'을 통해 내면적 감흥이 드러나지만, 〈제1수〉는 구체적 사물을 통해서가 아니라 '미친 흥이 절로 난다'라고 하여 직접 감흥을 드러내고 있다.

ㄷ: 〈제1수〉에서는 물고기를 안주로 하여 술을 마시는 냇가의 풍경을, 〈제2수〉에서는 바람이 부는 강가의 모습을, 〈제3수〉에서는 그물을 던져 놓은 배가 떠 있는 풍광을 각각 중장에서 묘사하고 있다. 그러나 〈제4수〉의 중장에서는 삿갓을 쓰고 누역을 입은 화자의 모습을 드러낼 뿐, 자연 풍경을 묘사하지 않았다.

ㄹ: 〈제1수〉~〈제4수〉 모두 종장의 마지막 어절에 '역군은이샷다'라는 동일한 시어를 배치하여 작품의 전체적인 통일성을 확보하고 있다.

오답인 이유

④ **매력적인 오답** ㄱ, ㄷ, ㄹ

··· 〈제4수〉의 중장 '삿갓 빗기 쓰고 누역으로 옷을 삼아'에서는 '삿갓'을 쓰고 '누역'을 입은 화자의 모습을 드러내고 있을 뿐 주변의 자연 풍광을 묘사하지 않았으므로, 〈보기〉의 'ㄷ'과 같은 진술은 적절하지 않다.

03

정답률 84%

〈보기〉를 바탕으로 (가)와 (나)를 감상한 것으로 적절하지 않은 것은? [3점]

〈보기〉

〈용비어천가〉는 새 왕조에 대한 송축, 왕에 대한 권계 등 정치적 목적으로 왕명에 따라 신하들이 창작하여 궁중 의례에서 연행된 작품이고, 〈강호사시가〉는 정계를 떠난 선비가 강호에서 누리는 개인적 삶을 표현한 작품이다. 두 작품 모두 사대부들에 의해 창작되었다. 사대부들은 수신(修身)을 임무로 하는 사(士)와 관직 수행을 임무로 하는 대부(大夫), 즉 선비와 신하라는 두 가지 정체성을 지니고 있었다. 이로 인해 사대부들이 향유한 시가는 정치적인 성격을 띠기도 한다.

(가)의 창작 배경 / (나)의 주제 의식 / (가)와 (나)의 공통점 / (가)와 (나)의 특징

정답인 이유

④ (나)에서 '강파', '바람' 등의 자연물과 '소정', '그물' 등의 인공물의 대립은 '사'와 '대부'라는 정체성 사이에서 고뇌하는 모습을 드러내는군.
× → 자연물과 인공물이 대립하고 있지 않음.
× → 고뇌하는 모습은 나타나 있지 않음.

··· '강파'와 '바람'이 자연물이고 '소정'과 '그물'이 인공물인 것은 맞다. 그러나 '소정'과 '그물'은 화자가 자연에서 한가로이 지내는 모습과 관련된 도구들이므로, 자연물과 대립되는 것이 아니다. 또한 화자는 개인적인 한가로움을 즐기며 임금의 은혜에 감사하고 있으므로, '사'와 '대부'라는 정체성 사이에서 고뇌하고 있는 것도 아니다.

오답인 이유

① (가)에서 '뿌리 깊은 나무'와 '샘이 깊은 물'은 기반이 굳건하고 기원이 유구하다는 뜻을 내세워 왕조를 송축하는 표현이겠군.

··· 〈보기〉에서 (가)는 새 왕조에 대한 송축을 목적으로 한 작품임을 알 수 있다. 이로 볼 때 '뿌리 깊은 나무'와 '샘이 깊은 물'은 기반이 굳건하고 기원이 유구하다는 뜻을 내세워 왕조를 송축하는 표현이다.

② (가)에서 '경천근민'의 덕목을 부각하여 왕에 대해 권계한 것은 '대부'로서의 정치적 의식을 드러낸 것이군.

··· 〈보기〉에서 (가)는 왕에 대한 권계를 나타낸 작품으로, 이를 창작한 사대부들은 '대부(신하)'로서의 정체성도 지니고 있다고 하였다. (가)에서는 경천근민해야 나라가 굳건해진다며 왕에 대해 권계하고 있는데, 이는 '대부'로서의 정치적 의식을 드러낸 것으로 볼 수 있다.

③ (나)에서 '한가'하게 '소일'하는 개인적 삶도 임금의 은혜 덕분이라고 표현한 데서 정치적 성격을 엿볼 수 있군.

··· (나)의 화자가 한가하게 소일하는 모습은 강호에서 개인적 삶을 누리는 모습을 표현한 것이다. 그런데 화자는 '역군은이샷다'라고 하며 자신이 소일하는 것이 모두 임금의 은혜 덕분이라고 하였다. 이를 통해 사대부들이 향유한 시가의 정치적 성격을 엿볼 수 있다.

⑤ (가)의 '한강 북녘'은 새 왕조의 터전이라는 정치적 의미를 지니고, (나)의 '강호'는 개인적, 정치적 의미를 모두 지니고 있겠군.

··· (가)의 '한강 북녘'은 조선의 새로운 수도인 한양을 의미하므로 새 왕조의 터전이라는 정치적 의미를 지닌다고 할 수 있다. 그리고 (나)의 '강호'는 화자가 한가롭게 즐기는 공간이자 임금의 은혜에 감사하는 공간이므로 개인적, 정치적 의미를 모두 지닌 공간으로 볼 수 있다.

Ⅲ부 현대 소설·극

현대 소설 01 골목 안

▶ 문제편 86~89쪽

정답 | 01 ① 02 ④ 03 ① 04 ②

[01~04] 다음 글을 읽고 물음에 답하시오. 2024 수능

제대로 작품 분석 ▶〈보기〉에서 적절한 것을 골라 넣으며 작품을 분석해 보자.

[장면 1] (처음 ~ 중략 이전)

소주제: 갑순이 할머니가 정이와 갑득이 어미의 싸움을 말림.

- 갑순이 할머니: 정이의 어머니
- 역성: 옳고 그름에는 관계없이 무조건 한쪽 편을 들어 주는 일
- "애최에 늬가 ~ 네 잘못이야.": 진짜 하고 싶은 말을 감추고 대신 자신의 딸을 나무람.
- 자계: 자기
- "아, 그 배지 못헌 ~ 것이 분명하였다: 갑득이 어미가 추측한 갑순이 할머니의 의도
- 집주름 영감: 정이의 아버지
- 상것: 갑득이 어미에 대한 인식
- "그렇죠, 그렇구 말구요. ~ 소용 있나요.": 1
- 그리고 후유우 ~ 들리더라 한다: 특정 인물의 편에 서지 않으려는 서술자의 태도가 드러남.

[장면 2] (중략 이후 ~ 끝)

소주제: 양 서방이 뒷간에 갇힌 일로 갑득이 어미와 갑순이 할머니가 갈등함.

- 상고하여: 생각해
- 제엔장: 젠장. 뜻에 맞지 않고 불만스러울 때 혼자 욕으로 하는 말
- 인제는 할 수가 ~ 경향이 있다: 자신의 생각을 실행으로 옮기지 못하고 망설이고 있음.
- 저의 아비: 양 서방
- 이것은 평소에 ~ 마음에 단정하고: 2
- 애아범이 미우면 ~ 옳단 말예요?: 갑순이 할머니의 행위가 고의라고 보고 추궁함.
- 전혀 예기하지 ~ 억울한 말이라: 갑득이 어미의 비난에 대한 갑순이 할머니의 심리
- 괜한 소리유, 괜한 소리야: 3
- 모르구 그랬지, 모르구 그랬어: 뒷간에 자물쇠를 채운 일이 고의가 아니라 실수임을 밝힘.
- 발명: 죄나 잘못이 없음을 말하여 밝힘. 또는 그런 말
- 모르긴 왜 몰라요. 다아 알구서 한 짓이지: 억울해하는 갑순이 할머니의 말을 믿지 않고 몰아붙임.
- 그래 자물쇨 ~ 모른 체했지: 갑순이 할머니가 뒷간 안에서 말하는 소리를 모른 체한 것이라고 추측함.
- "아무러기서루니 갑순이 ~ 그래 몰르셨지!": 4
- "자물쇨 채실 ~ 된 거야.": 양 서방이 뒷간에 갇힌 일은 갑순이 할머니의 잘못이 아니라 자기 실수 때문이라고 말함.
- 매우 겸연쩍게 하여 : 매우 쑥쓰럽고 미안해하는 태도를 보임.
- 집주름집 마누라: 갑순이 할머니
- 공박: 남의 잘못을 몹시 따지고 공격함.
- "오오, 그러니까, ~ 기대린 게로군?": 양 서방의 발언을 바탕으로 사건의 정황을 파악함.

– 박태원, 〈골목 안〉

❖ 제대로 작품 분석의 〈보기〉

㉠ 갑득이 어미의 비난이 사실과 다르다고 반응함.
㉡ 이웃들이 갑순이 할머니 편을 들며 싸움을 말림.
㉢ 갑순이 할머니가 정이를 나무라며 싸움을 말린 이유
㉣ 갑순이 할머니가 일부러 양 서방을 뒷간에 갇히게 했다고 생각함.

❖ 제목의 의미

〈골목 안〉은 근대적 질서에 편입하지 못하고 소외되어 가는 사람들의 일상을 보여 주는 작품이다. 순이네 영감(집주름 영감) 식구가 사는 '골목 안'은 빈곤층이 사는 골목의 전형으로, 작품의 서사가 일어나고 있는 배경이다.

❖ 작가 소개

박태원(朴泰遠, 1909~1986): 소설가. 호는 구보(丘甫 / 仇甫). 순수 문학을 지향한 구인회의 일원으로서 예술파적 소설을 지향했으며 독특한 문체를 시도했다. 주로 소시민의 생활을 소재로 한 심리 소설과 세태 소설을 썼다. 주요 작품으로 〈성탄제〉, 〈소설가 구보 씨의 일일〉, 〈천변풍경〉 등이 있다.

❖ 전체 줄거리

어려운 사람들이 모여 사는 동네의 골목 안 막다른 집에 순이네 가족이 살고 있다. 순이 아버지인 집주름 영감은 손님 없는 복덕방을 지키며 자신의 신세를 한탄한다. 맏아들 인섭은 첩을 둔 일로 아내와 갈등하다 집을 나가 버렸고, 둘째 아들 충섭은 싸움질을 하고 다니다 권투 선수가 되었는데 경기로 벌어들이는 몇 푼 수익은 모두 탕진하고 집에 보태지도 않는다. 셋째 아들 효섭은 중학교 시험에 낙방하고 고등소학교를 다시 다녀야 한다. 막막한 상황에서 큰딸 정이만이 카페 여급으로 일하며 집안의 생계를 돕는다. 둘째 딸 순이는 부잣집 아들 문주와 사귀지만 문주 아버지의 반대로 수모를 겪는다. 효섭의 고등소학교 입학식에 참석한 영감은 사람들에게 큰아들은 의학전문학교를 나온 의사이고, 둘째 아들은 고등공업학교를 나와 광산기수를 한다며 거짓말을 늘어놓는다.

❖ 핵심 정리

- 갈래: 단편 소설, 세태 소설
- 성격: 사실적, 세태적
- 배경: 1930년대 말, 서울 정동
- 시점: 전지적 작가 시점
- 주제: 근대적 질서에 편입하지 못하고 소외되어 가는 사람들의 일상
- 특징: ① 대화를 통해 인물의 심리와 갈등 양상이 드러남. ② 사회 변화에 적응하지 못하는 서민들의 삶의 모습을 사실적으로 보여 줌.

제대로 감상법 모범 답안

박태원, 〈골목 안〉

❶ 갑순이 할머니 ❷ 갑득이 어미 ❸ 골목 안 ❹ 뒷간

❖ 제대로 작품 분석

1 ㉢ 2 ㉣ 3 ㉠ 4 ㉡

01

정답률 41% | 매력적인 오답 ② 35%

윗글에 대한 설명으로 가장 적절한 것은?

정답인 이유

① 집 안에서의 대화가 이웃에 노출되어 인물의 속내*가 드러난다.

…→ 갑순이 할머니는 저녁때 돌아온 집주름 영감과 '그래 그런 상것 허구 욕지거리를 허구 그러다니…….', '그렇죠, 그렇구 말구요. 쌈을 허드래두 같은 양반끼리 해야지'와 같은 대화를 나눈다. 이를 통해 정이를 꾸짖은 갑순이 할머니의 속내는 갑득이 어미를 '상것', '그런 것'이라고 여겨 상대하지 않도록 한 것임을 알 수 있다. 그런데 이들이 방 안에서 나눈 이와 같은 대화는 대문 밖까지 그대로 들려, 을득이가 듣고 갑득이 어미에게 '보고'를 했으므로 집 안에서의 대화가 이웃에 노출되어 갑득이 어미에 대한 갑순이 할머니의 속내가 드러났음을 알 수 있다.

* 속내: 겉으로 드러나지 아니한 속마음이나 일의 내막 예 두 친구는 그동안 말하지 못했던 서로의 속내를 털어놓았다.

오답인 이유

② (매력적인 오답) 서로의 말실수에 대한 비난이 인물 간 다툼의 원인임이 드러난다.
…→ 제시된 장면에는 정이와 갑득이 어미 간의 다툼과 갑순이 할머니와 갑득이 어미 간의 갈등이 제시되어 있다. 정이와 갑득이 어미 사이의 다툼에 대해 갑순이 할머니는 정이에게 "애최에 늬가 말 실수헌 게 잘못"이라고 하고 이에 갑득이 어미가 "그렇지, 자계가 먼저 말을 냈지. 나야 그저 대꾸헌 죄밖엔 없으니까."라고 한 것으로 보아, 둘 사이의 말싸움 원인은 정이의 말실수라고 볼 수 있다. 또한 이후 갑순이 할머니와 갑득이 어미 간의 다툼은 양 서방이 뒷간에 갇힌 일로 인한 것이다. 따라서 서로의 말실수에 대한 비난이 인물 간 다툼의 원인이라고 볼 수는 없다.

③ 이웃의 갈등을 곁에서 지켜보고 있는 인물들의 냉담함이 드러난다.
…→ 양 서방이 뒷간에 갇힌 일로 인해 갑순이 할머니와 갑득이 어미가 다투자 구경 나온 이웃 사람들은 '아무러기서루니 갑순이 할머니께서 아시구야 그러셨겠소?', '노인이 되셔서 귀두 어두시구 그래 몰르셨지!'라고 말하며 싸움을 말리므로, 이웃의 갈등을 곁에서 지켜보고 있는 인물들의 냉담함이 드러난다고 볼 수 없다.

④ 이웃을 무시하는 인물의 차별적 언행을 함께 견뎌 내려는 사람들의 결연함이 드러난다.
…→ 갑순이 할머니와 집주름 영감은 갑득이 어미에 대해 '그런 상것', '그런 것'과 같이 부르며 무시하는 차별적 언행을 보인다. 그러나 이러한 차별적 언행을 함께 견뎌 내려는 사람들의 모습은 나타나 있지 않다.

⑤ 곤경에 빠진 가족의 상황을 다른 가족에게 전한 것이 이웃 간 앙금을 씻는 계기가 됨이 드러난다.
…→ 갑득이 어미는 을득이에게 양 서방이 '불단집' 소유의 뒷간에 갇혀 있다는 말을 듣고 그곳까지 뛰어온 뒤 사정을 알고, 갑순이 할머니가 일부러 한 일이라고 단정하며 다툼을 벌인다. 이에 구경 나온 이웃들이 갑순이 할머니의 편을 들고 양 서방도 자기 실수 때문에 벌어진 일이라고 말하자 갑순이 어미는 갑순이 할머니에 대한 공박을 단념하게 된다. 따라서 곤경에 빠진 가족의 상황을 다른 가족에게 전한 것이 이웃 간 앙금을 씻는 계기가 된 것은 아니다.

02

정답률 84%

[A]~[C]에 대한 설명으로 적절하지 않은 것은?

정답인 이유

④ [A]에서 인물은 상대의 행위와 동기를 함께 비난하고, [B]에서 인물은 상대의 비난을 파악하지 못해 자신의 행위에 대해서만 인정한다.
× → 갑득이 어미의 비난을 파악하고 반응함.
…→ 양 서방이 뒷간에 갇힌 일을 두고 갑득이 어미는 '평소에 자기에게 좋지 않은 생각을 품고 있는 갑순이 할머니가 계획적으로 한 일임에 틀림없다고 혼자 마음에 단정'하여, [A]를 통해 애아범(양 서방)이 미워 뒷간에 가두는 심사를 부렸다며 갑순이 할머니를 비난한다. 이에 갑순이 할머니는 '전혀 예기하지 못하였던 억울한 말이라' [B]를 통해 아무도 없는 줄 알고 뒷간 자물쇠를 채웠다고 발명한다. 따라서 갑순이 할머니가 갑득이 어미의 비난을 파악하지 못해 자신의 행위에 대해서만 인정했다는 것은 적절하지 않다.

오답인 이유

① [A]에서 인물은 상대의 행위가 옳지 않다고 판단하여, 반복적으로 추궁하며 상대가 잘못했음을 분명히 한다.
…→ 갑득이 어미는 갑순이 할머니가 양 서방을 뒷간에 가둔 것이라는 판단을 바탕으로 [A]에서 '글쎄 가둬야만 헌단 말예요?', '심사를 그렇게 부려야 옳단 말예요?'와 같이 반복적으로 추궁하고 있다.

② [B]에서 인물은 상대의 주장이 사실과 다르다며, 모르고 그랬다는 말을 반복함으로써 자신의 억울함을 알린다.
…→ 갑순이 할머니는 [B]에서 갑득이 어미의 비난에 대해 '괜한 소리'라고 하며, '모르구 그랬지, 모르구 그랬어.'와 같이 모르고 그랬다는 말을 반복하여 자신의 억울함을 알리고 있다.

③ [C]에서 인물은 추측을 바탕으로 상대의 발언이 신뢰하기 어렵다고 반박하고, 상대의 반응에 아랑곳하지 않고 거짓으로 답했다며 몰아붙인다.
…→ 갑득이 어미는 모르고 그랬다는 갑순이 할머니의 말에 대해 '모르긴 왜 몰라요.'라고 반박하며, '자물쇨 챌 때, 안에서 말하는 소리두 뭇 들었단 말예요? 듣구두 모른 체했지.'와 같은 추측을 바탕으로 억울해하는 갑순이 할머니를 몰아붙이고 있다.

⑤ [A]에서 인물이 상대에게 화를 내자, [B]에서 인물은 당황하며 자신을 방어하지만, [C]에서 갈등 상황은 지속된다.
…→ [A]에서 갑득이 어미가 갑순이 할머니에게 애아범(양 서방)을 뒷간에 가뒀다며 화를 내자, 갑순이 할머니는 전혀 예상하지 못했던 어울한 말이었기에 당황하며 [B]와 같이 자신을 방어한다. 그렇지만 갑득이 어미는 갑순이 할머니의 말을 믿지 않고 [C]와 같이 갑순이 할머니를 계속 몰아붙여 갈등 상황이 지속되고 있다.

03

정답률 31% | 매력적인 오답 ④ 29%

집주름 영감과 양 서방에 대한 이해로 가장 적절한 것은?

정답인 이유

① 집주름 영감이 딸의 행동을 분별없다고 탓한 이유는 아내가 갑득이 어미 앞에서 딸을 나무란 뒤 남편에게 밝힌 생각과 같다.
…→ 집주름 영감은 정이와 갑득이 어미의 다툼을 전해 듣고 '걔두 그만 분별은 있을 아이가, 그래 그런 상것허구 욕지거리를 허구 그러

다니…….'라며 딸의 행동을 탓한다. 이에 갑득이 어미 앞에서는 딸을 나무랐던 갑순이 할머니는 집주름 영감의 말에 '그렇죠. 그렇구말구요. 쌈을 허드래두 같은 양반끼리 해야지. 그런 것허구 허는 건, 꼭 하늘 보구 침 뱉기지.'라고 대꾸한다. 즉 집주름 영감과 갑순이 할머니는 둘 다 갑득이 어미를 '그런 상것', '그런 것'이라며 무시하는 태도를 바탕으로 딸을 나무라고 있는 것이다.

오답인 이유

④ (매력적인 오답) **양 서방은 아내가 갑순이 할머니에게 한 말과 이에 대한 이웃들의 반응을 듣고도 아내에게 무덤덤한 태도를 보이고 있다.** ×

⋯ 양 서방은 아내인 갑득이 어미가 갑순이 할머니의 행동을 고의로 몰아붙이며 비난하는 말과, 이에 대해 이웃들이 갑순이 할머니가 일부러 그런 것은 아닐 것이라며 편을 들어주는 말을 듣고 '자물쇠 채실 때, 내가 얼른 소리를 냈어두 아셨을 텐데, 미처 못 그래 그리 된 거야.'라며 '매우 겸연쩍게' 말한다. 따라서 아내의 말과 이웃들의 반응을 듣고도 아내에게 무덤덤한 태도를 보이고 있다는 것은 적절하지 않다.

② **집주름 영감은 아내와 갑득이 어미의 갈등이 드러나지 않게 하는, 양 서방은 결과적으로 이들의 갈등을 완화하는 역할을 한다.** ×

⋯ 집주름 영감은 아내인 갑순이 할머니와 갑득이 어미에 대해 '그런 상것', '그런 것'이라며 무시하는 태도를 보이는 대화를 하고, 이러한 대화는 을득이를 통해 갑득이 어미에게 전달된다. 따라서 집주름 영감은 아내와 갑득이 어미의 갈등을 심화하는 역할을 한다고 볼 수 있다. 한편 양 서방이 뒷간에 갇힌 일로 갑득이 어미와 갑순이 할머니 사이에 갈등이 생기자, 양 서방은 갑득이 어미의 생각과 달리 갑순이 할머니 때문이 아니라 자기 실수로 생긴 일이라고 말하여 갑득이 어미가 갑순이 할머니를 계속 공박하는 것을 단념하게 만든다.

③ **양 서방이 여러 궁리를 하면서도 뒷간을 빠져나오지 못한 이유는 아내에게 밝힌 사건의 경위와 무관하다.** ×

⋯ 양 서방은 뒷간에 갇힌 상황에서 여러 궁리를 했지만 수상한 인물처럼 느껴질까 봐 소리를 지르지도 못하고 '문 좀 여세요오.'와 같은 말을 그저 중얼대며 문을 잡아 흔들기만 했다. 이후 양 서방은 아내인 갑득이 어미에게 자신이 소리를 내지 못해 뒷간에 갇히게 되었다고 했으므로, 양 서방이 뒷간을 빠져나오지 못한 이유가 아내에게 밝힌 사건의 경위와 무관하다고 볼 수 없다.

⑤ **양 서방이 자신의 상황을 갑순이 할머니에게 알리지 못했다고 말한 것은 누가 뒷간 문을 잠갔는지에 대한 의문이 풀려서 화가 누그러졌기 때문이다.** ×

⋯ 양 서방은 뒷간에 갇힌 상황에서 '제 집 뒷간두 아니구 남의 집 것을 그렇게 기가 나서 꼭꼭 잠그구 그럴 건 뭐 있누? 늙은이두 제엔장헐…….'이라고 생각하는데, 이로 보아 누가 뒷간을 잠갔는지 알고 있었다. 양 서방이 자신의 상황을 갑순이 할머니에게 알리지 못했다고 말한 것은 구경 나온 이웃 사람들의 반응 이후이다.

04

정답률 44% | 매력적인 오답 ⑤ 21%

〈보기〉를 참고하여 ㉠~㉤을 이해한 내용으로 적절하지 않은 것은? [3점]

〈보기〉

서술자는 자신의 시선만으로 서술하기도 하고 인물의 시선으로 초점화하여 서술하기도 한다.(이 작품에 나타난 서술 방식) 그런데 이 작품에서는 두 서술 방식이 겹쳐 나타나는 경우가 있다. 이때 서술자는 인물과 거리를 둠으로써 그들의 말이나 생각, 감정 등에 대한 태도를 드러낸다. 이 밖에도 쉼표의 연이은 사용은 시간의 지연이나 인물의 상황 등을 드러낸다.(쉼표의 연이은 사용의 효과) 이러한 서술 기법은 문맥 속에서 글의 의미를 다양하게 보충한다.

정답인 이유

② **㉡: 서술자 시선의 서술과 인물의 시선으로 초점화한 서술이 겹쳐 나타난 것은, 상황을 잘못 인지한 채 상대의 생각을 추측하는 인물에게 서술자가 거리를 두고 있음을 드러낸 것이겠군.** (× → 상황을 잘못 인지하는 모습은 나타나지 않음.)

⋯ ㉡ 앞부분의 '나중에 깨달으니 ~ 한사코 집으로 데리고 들어간 것에는'으로 보아, ㉡은 서술자 시선의 서술인 동시에 갑득이 어미가 나중에 깨달은 바에 대해 인물의 시선으로 초점화한 서술이 겹쳐 나타난 부분으로 볼 수 있다. 〈보기〉에서 두 서술 방식이 겹쳐 나타나는 경우 서술자는 인물과 거리를 둔다고 했으나, ㉡에 갑득이 어미가 상황을 잘못 인지한 채 상대의 생각을 추측하는 모습이 나타나 있다고 볼 수는 없다.

오답인 이유

⑤ (매력적인 오답) **㉤: 감탄사 이후 쉼표를 연이어 사용한 것은, 인물이 새로운 정보를 바탕으로 사건을 파악하는 상황을 드러낸 것이겠군.**

⋯ 〈보기〉에서 쉼표의 연이은 사용은 인물의 상황을 드러낸다고 한 내용을 참고할 때, ㉤에서 감탄사 '오오' 이후 쉼표를 연이어 사용한 것은, 소리를 내지 못해 뒷간에 갇히게 되었다는 양 서방의 발언을 바탕으로 사건을 파악하는 상황을 드러낸 것으로 볼 수 있다.

① **㉠: 말줄임표 이후 쉼표를 연이어 사용한 것은, 인물이 자신의 생각을 감추거나 다른 할 말을 떠올리면서 시간의 지연이 있음을 드러낸 것이겠군.**

⋯ 〈보기〉에서 쉼표의 연이은 사용은 시간의 지연을 드러낸다고 한 내용을 참고할 때, ㉠에서 말줄임표 이후 쉼표를 연이어 사용한 것은, 갑순이 할머니가 딸에게 진짜 하고 싶은 말을 감추거나 다른 할 말을 떠올리면서 시간의 지연을 드러낸 것으로 볼 수 있다. ㉠에서 갑순이 할머니는 딸에게 '네 잘못이야'라고 하지만, 집에 들어가서는 '그 배지 못헌 행랑것허구' 무슨 싸움이냐고 하는데, 이를 통해 ㉠에서 자신의 의도를 감추고 있었음을 확인할 수 있다.

③ **㉢: 말을 전하는 '~라 한다'의 주체가 인물일 수도 있고 서술자일 수도 있게 서술한 것은, 인물의 경험을 전하기만 하고 특정 인물의 편에 서지 않으려는 서술자의 태도를 드러낸 것이겠군.**

⋯ '을득이 녀석이 나중에 보고하는데 들으니까'라는 구절로 보아 ㉢에서 '~라 한다'의 주체는 을득이일 수도 있고 서술자일 수도 있다. 〈보기〉에서 두 서술 방식이 겹쳐 나타나는 경우 서술자가 인물과 거리를 둠으로써 그들의 말이나 생각, 감정 등에 대한 태도를 드러낸다고 한 것을 참고할 때, ㉢에 나타난 서술 방식은 인물의 경험을 전하기만 하고 특정 인물의 편에 서지 않으려는 서술자의 태도를 드러낸 것으로 볼 수 있다.

④ **㉣: 인물의 생각에 대해 쉼표를 연이어 사용하며 설명한 것은, 인물이 생각을 실행에 옮기지 못하고 망설이는 상황을 드러낸 것이겠군.**

⋯ 〈보기〉에서 쉼표의 연이은 사용은 인물의 상황을 드러낸다고 한 내용을 참고할 때, ㉣에서 양 서방의 생각에 대해 쉼표를 연이어 사용하여 설명한 것은, 양 서방이 소리를 질러 볼까 하는 생각을 실행에 옮기지 못하고 망설이는 상황을 드러낸 것으로 볼 수 있다.

현대 소설 **02** 원미동 시인

▶ 문제편 90~93쪽

정답 | **01** ① **02** ④ **03** ⑤ **04** ④

[01~04] 다음 글을 읽고 물음에 답하시오.

2024 9월 모의평가

제대로 작품 분석 ▶〈보기〉에서 적절한 것을 골라 넣으며 작품을 분석해 보자.

[장면 1] (처음 ~ 중략 이전)

소주제: 몽달 씨와 김 반장은 '나'의 스무 살 많은 친구들임.

- 몽달 씨: 중심인물 1
- 나: 서술자, 일곱 살짜리 여자아이
- 김 반장: 중심인물 2
- 누구보다도 씩씩하고 재미있는 사람이었다: 김 반장에 대한 기존의 '나'의 평가
- 그 까닭도 ~ 때문인 것이다: [1]

[장면 2] (중략 이후 ~ 여태 시 따위나 읽고 있는 몽달 씨 꼴이 한심했다)

소주제: '나'는 형제 슈퍼에서 일하는 몽달 씨의 모습을 목격하고 몽달 씨가 기억 상실증에 걸렸다고 생각함.

- 실컷 두들겨 ~ 만큼 핼쑥했다: 몽달 씨가 처한 상황과 관련한 정보를 제시함.
- 뭐가 좋은지 ~ 반장네 가게에서: '나'가 몽달 씨가 제정신이 아니라고 생각하는 이유 – '그날 밤' 김 반장이 쫓아냈는데도 웃으며 김 반장네 가게 일을 도와주고 있어서
- 어쨌든 제정신이 ~ 내 생각이었다: [2]
- 잊었을까, 그날 밤 ~ 것은 아닐까: [3]
- 아무튼 나의 ~ 환자로 결정되었다: 미성숙한 어린아이의 상상력으로 인한 판단이 드러남.
- 멀쩡한 정신도 ~ 꼴이 한심했다: 미성숙한 서술자의 비합리적인 판단이 드러남.

[장면 3] ("이거, 또 시예요?" ~ 끝)

소주제: '나'가 김 반장이 몽달 씨를 쫓아낸 일을 언급하지만 몽달 씨는 못 들은 척함.

- 또 한 번 나는 몽달 씨의 형편없는 정신 상태에 실망했다: [4]
- "김 반장이 아저씨를 쫓아내는 것……": '그날 밤' 자신이 본 것을 밝혀 몽달 씨의 새로운 반응을 이끌어 내려는 의도가 반영됨.
- "김 반장은 나쁜 사람이야, 그렇지요?": '그날 밤' 이후 김 반장에 대한 '나'의 달라진 평가가 드러남.
- 그래도 몽달 씨는 못 들은 척 팔뚝만 문지르고 있었다: [5]

– 양귀자, 〈원미동 시인〉

❖ 제대로 작품 분석의 〈보기〉

㉠ 미성숙한 서술자의 비합리적인 판단이 드러남.
㉡ 금방 나았다는 몽달 씨의 말에 대한 '나'의 반응
㉢ 김 반장이 전에 비해 다소 통명스러워진 이유를 제시함.
㉣ '나'가 그날 밤 사건을 보았음을 밝히며 김 반장을 비난하자 딴전을 피움.
㉤ 김 반장에게 내쫓겼던 몽달 씨가 형제 슈퍼에서 박스를 나르는 것을 보고 기억 상실증에 걸린 것 같다고 생각함.

❖ 제목의 의미

작가의 《원미동 사람들》 연작 중 단편 소설이다. '원미동 시인'은 작품의 핵심 인물인, 즉 동네에서 바보 취급을 받는 몽달 씨를 의미한다.

❖ 작가 소개

양귀자(梁貴子, 1955~): 소설가. 1978년에 등단한 뒤 80년대~90년대에 활발하게 활동했다. 일상적 현실을 살아가는 소시민들의 갈등과 생활상을 그린 작품을 주로 썼다. 주요 작품으로 〈원미동 사람들〉, 〈희망〉, 〈지구를 색칠하는 페인트공〉, 〈슬픔도 힘이 된다〉 등이 있다.

❖ 전체 줄거리

올해 일곱 살인 '나'에게는 스무 살 많은 친구가 둘 있는데 '원미동 시인' 몽달 씨와 형제슈퍼를 운영하는 김 반장이다. 늘 시를 외우고 다니는 '원미동 시인'은 대학을 다니다 군대에 다녀 온 뒤 몽달귀신 같은 모습으로 다니고 약간 돌았다는 소문이 나 동네 사람들에게 '몽달 씨'라고 불린다. 그는 '나'와 마찬가지로 형제슈퍼 앞 비치파라솔 앞에서 시간을 보내다 김 반장네 일을 돕고 김 반장은 자신과 친해지고 싶어 하는 몽달 씨를 적당히 이용한다. '나'는 '나'의 셋째 언니인 선옥이 언니를 좋아하는 김 반장이 형부가 되기를 바랐지만, '그날 밤'의 사건 이후로 김 반장에 대한 생각이 변한다. 그날 밤 '나'는 부모님의 부부 싸움을 피해 아무도 모르게 형제슈퍼 앞에 있었는데, 김 반장은 불량배들에게 폭행당하는 몽달 씨를 외면해 놓고 '나'가 이웃에 도움을 청해 몽달 씨를 구한 뒤에는 아무 일 없었다는 듯 몽달 씨를 챙기는 척한다. '나'는 폭행 사건 이후 열흘 만에 다시 보게 된 몽달 씨가 형제슈퍼에서 짐을 나르는 것을 보고 이상하게 여기며 김 반장을 비난하고, 이에 몽달 씨는 딴전만 피우다 '나'에게 순교자에 대한 시를 들려준다.

❖ 핵심 정리

- 갈래: 단편 소설, 연작 소설, 세태 소설
- 성격: 사실적, 비판적
- 배경: 1980년대, 원미동
- 시점: 1인칭 관찰자 시점
- 주제: 소시민적 근성에 대한 비판과 인간다운 삶에 대한 향수
- 특징: ① 어린아이인 서술자 '나'가 관찰한 내용을 전달함으로써 어른들의 부정적 면모를 효과적으로 드러냄. ② 두 인물의 대비를 통해 사건을 전개함.

제대로 감상법 모범 답안

양귀자, 〈원미동 시인〉
❶ 몽달 씨 ❷ 김 반장

❖ 제대로 작품 분석
1㉢ 2㉠ 3㉤ 4㉡ 5㉣

01

정답률 87%

윗글에 대한 이해로 가장 적절한 것은?

정답인 이유

① 몽달 씨는 김 반장이 자기를 매정하게 대했으나('그날 밤' 몽달 씨를 쫓아냄.), 김 반장네 가게 일을 해 주고 있다(김 반장네 가게의 박스를 나름.).

⋯ '나'는 몽달 씨가 히죽히죽 웃어 가면서 김 반장네 가게의 박스들을 나르고 있는 것을 목격하고 몽달 씨가 제정신이 아닌 것 같다고 생각하는데, 그 이유는 '나'가 '그날 밤' 김 반장이 몽달 씨를 쫓아내는 것을 목격했기 때문이다. 즉 몽달 씨는 '그날 밤' 김 반장에게 쫓겨나는 매정한 대접을 받았으나 다시 김 반장네 가게 일을 돕고 있는 것이다.

오답인 이유

② 김 반장은 선옥을 좋아했으나, 선옥이 서울로 가자 '나'를 통해 선옥과의 관계를 회복해 나갔다.(×)

⋯ 김 반장은 '나'의 셋째 언니인 선옥이 언니와 좋아지내다 선옥이 언니가 서울로 떠나자 '나'를 대하는 태도가 달라졌을 뿐, '나'를 통해 선옥과의 관계를 회복해 나가는 모습은 보이지 않았다.

③ '나'는 김 반장을 좋은 친구라고 생각했으나, 김 반장이 빈둥거리며 실없는 행동을 해서 당황했다.(×)

⋯ '나'는 김 반장이 자신보다 스무 살이나 많지만 친구이며, 매일같

이 그와 함께 낄낄거리는 재미로 하루를 보내다시피 했다고 하였으므로 '나'는 그를 좋은 친구라고 생각했다고 볼 수 있다. 하지만 김 반장은 선옥이 언니가 떠난 후 '나'를 다소 퉁명스럽게 대했을 뿐, 빈둥거리며 실없는 행동을 해서 '나'를 당황하게 한 것은 아니다.

④ **선옥은 자신의 집안 형편에 대해 부정적으로 생각하고 있지만, 'ㄴ'는 집안 형편을 그렇게 생각하지 않는다.**

×

··· '나'는 선옥이 언니에 대해 얼굴이 아주 예뻐서 '지지리 궁상인 우리 집에 두고 보기로는 아까운 편'이며, '그 지지리 궁상이 지겨워 맨날 뚱하던 언니'라고 했다. 이로 보아 '나'와 선옥이 언니는 둘 다 집안 형편에 대해 부정적으로 생각했음을 알 수 있다.

⑤ **'나'는 몽달 씨를 친구라 여겼으나, 몽달 씨가 김 반장 가게에 다시 나온 것을 보고 그렇게 생각한 것을 후회했다.**

×

··· '나'는 몽달 씨가 자신보다 스무 살이나 많지만 엄연히 친구라고 했다. 하지만 몽달 씨가 김 반장 가게에 다시 나와 일하는 모습을 보고 몽달 씨가 제정신이 아니며 기억 상실증에 걸린 것이라고 여겼을 뿐, 몽달 씨를 친구로 생각한 것을 후회하고 있지는 않다.

02

정답률 74% | 매력적인 오답 ③ 17%

ⓐ~ⓖ에 대한 이해로 적절하지 않은 것은?

정답인 이유

④ **ⓕ는 ⓔ에 대한 상대의 반응이 예상을 벗어났지만, 상대가 보여 준 판단을 수용하기 위한 질문이라고 할 수 있다.**

× → 상대에게 동의를 이끌어 내려는 질문

··· 몽달 씨는 '나'가 "김 반장이 아저씨를 쫓아내는 것"(ⓔ)을 보았다고 말하자 애써 외면하며 모르는 척한다. 그러자 '나'는 몽달 씨의 처지에 동조하는 입장에서 "김 반장은 나쁜 사람이야. 그렇지요?"(ⓕ)라고 말하고, 이에 몽달 씨가 "아니야"라고 응수하자 "그렇지요? 맞죠?"라고 계속해서 다그친다. 즉 ⓕ는 김 반장에 대한 자신의 인식을 드러내며 상대에게 동의를 이끌어 내려는 질문이므로, 김 반장에 대한 몽달 씨의 판단을 수용하기 위한 질문이라고 볼 수 없다.

오답인 이유

③ (매력적인 오답) **ⓔ는 ⓓ를 듣고 실망하여, 상대의 새로운 반응을 기대하며 한 발언이라고 할 수 있다.**

··· 다 나았느냐는 '나'의 질문에 몽달 씨가 "시를 읽으면서 누워 있었더니 금방 나았지."(ⓓ)라고 답하자, '나'는 '몽달 씨의 형편없는 정신 상태에 실망'하며 그날 밤에 "김 반장이 아저씨를 쫓아내는 것"(ⓔ)을 보았다고 말한다. 따라서 ⓔ는 ⓓ와 같은 몽달 씨의 반응에 실망한 상태에서, '나'는 몽달 씨가 그날 밤의 김 반장 행동을 깡그리 잊어버린 기억 상실증에 걸렸기 때문이라고 생각하며 몽달 씨가 진실을 알게 되면 새로운 반응을 보일 것이라는 기대를 가지고 한 말로 볼 수 있다.

① **ⓐ는 상대를 못마땅해하는 발언이지만, ⓒ를 고려하면 상대의 상태에 대한 관심에서 비롯된 것이라고 할 수 있다.**

··· '나'는 '이번엔 기억 상실증이란 병까지 얻어 놓고도 여태 시 따위나 읽고 있는 몽달 씨 꼴이 한심'하다고 생각하며 "이거, 또 시예요?"(ⓐ)라고 말했으므로, ⓐ는 '나'의 못마땅함이 반영되었다고 볼 수 있다. 하지만 "이제 다 나았어요?"(ⓒ)라고 물은 것을 고려하면 ⓐ 또한 열흘간이나 누워 있다가 나타난 몽달 씨의 상태에 대한 관심에서 비롯된 질문이라고 볼 수 있다.

② **ⓑ와 ⓓ의 시에 대한 인물의 태도를 고려하면, 인물이 시를 통해 위안을 얻었음을 알 수 있다.**

··· 몽달 씨는 "이거, 또 시예요?"라는 '나'의 말에 "그래, 슬픈 시야. 아주 슬픈……."(ⓑ)이라고 답하며 행복하게 웃는다. 또한 다 나았느냐는 질문에는 "시를 읽으면서 누워 있었더니 금방 나았지."(ⓓ)라고 답한다. 따라서 몽달 씨가 시를 통해 위안을 얻었음을 알 수 있다.

⑤ **ⓖ는 ⓕ의 주장을 확인하는 질문으로, 상대의 태도를 탐탁지* 않게 여기는 마음이 반영된 발언이라고 할 수 있다.**

··· 몽달 씨는 '나'가 "김 반장은 나쁜 사람이야. 그렇지요?"(ⓕ)라고 말하자 "아니야"라고 응수하고, 이에 나는 "그렇지요? 맞죠?"(ⓖ)라며 몽달 씨를 계속해서 다그쳤다. 따라서 ⓖ는 김 반장이 나쁜 사람이 아니라고 말하는 몽달 씨의 태도를 탐탁지 않게 여기며, ⓕ의 주장을 확인하는 발언이라고 할 수 있다.

* 탐탁하다: 모양이나 태도, 또는 어떤 일 따위가 마음에 들어 만족하다. 예 친구가 우리 집에 놀러 온다고 했을 때는 내가 마음에 여유가 없었는지 별로 탐탁지 않았어요.

03

정답률 62% | 매력적인 오답 ① 13%

[형제슈퍼]를 중심으로 확인할 수 있는 인물의 행위에 대한 설명으로 가장 적절한 것은?

정답인 이유

⑤ **'여기'에서 목격된 '그날' 김 반장의 행위는 '요즘'보다 이후의 시간대에 이루어지며, '나'가 김 반장을 이전과 다르게 평가하는 원인으로 기능하고 있다.**

(김 반장이 몽달 씨를 쫓아낸 날 / 김 반장 가게 앞의 비치파라솔 / '나'가 김 반장을 친구로 여기던 시기 / 김 반장을 '나쁜 사람'이라고 평가하게 됨.)

··· '요즘'은 '나'와 김 반장이 함께 낄낄거리며 재미있게 지내다가 선옥이 언니가 서울로 떠난 일로 김 반장의 태도가 다소 퉁명스러워졌던 때로, '나'가 김 반장을 친구라고 여기던 시기이다. 그런데 '나'는 '그날' 밤 이후 열흘 만에 나타난 몽달 씨에게 '그날' 밤 '여기', 즉 김 반장 가게 앞의 비치파라솔에서 김 반장이 몽달 씨를 쫓아내는 것을 목격했음을 밝히며, '김 반장은 나쁜 사람이야.'라고 하고 있다. 따라서 '그날' 김 반장의 행위는 '요즘'보다 이후의 시간대에 이루어진 일로, '나'가 '친구'라고 생각하던 김 반장을 '나쁜 사람'이라고 평가하는 원인으로 기능함을 알 수 있다.

오답인 이유

① (매력적인 오답) **'나'가 '매일같이' 김 반장과 재미있게 낄낄거렸던 행위는 '그날'보다 앞선 시간대에 이루어지며, '그날'의 일을 지켜보기만 한 '나'의 부정적 자기 인식으로 이어지고 있다.**

×

··· '나'는 '그날' 이전에는 김 반장을 친구로 여기고, '매일같이' 슈퍼 앞의 비치파라솔 의자에 앉아 그와 함께 낄낄거리는 재미로 하루를 보내다시피 했지만, '그날' 밤 김 반장이 몽달 씨를 쫓아내는 행동을 보고 그를 '나쁜 사람'으로 인식하게 되었다. 하지만 '나'가 '그날'의 일을 지켜보기만 한 자신에 대해 부정적으로 인식하는 모습은 나타나 있지 않다.

② **김 반장이 '나'를 퉁명스럽게 대하는 행위는 '요즘'보다 앞선 시간대에 이루어지며, '나'에게 반성을 유도하고 있다.**

× → '요즘' 이루어짐. / ×

⋯➝ '나'는 자신과 매일같이 낄낄거리던 김 반장이 '요즘'은 다소 퉁명스러워졌다고 했다. 즉 김 반장이 '나'를 퉁명스럽게 대하는 행위는 '요즘'보다 앞선 시간대가 아닌 '요즘'에 이루어진 것이며, 이러한 행위가 '나'에게 반성을 유도하고 있다고 볼 수도 없다.

③ **몽달 씨가 '히죽히죽' 웃는 행위는 현재 '여기'에서 '나'에게 속내를 감추는 행위보다 앞선 시간대에 이루어지며, '나'에게 진심을 드러내어 보여 주고 있다.**
×

⋯➝ 몽달 씨가 '히죽히죽' 웃은 것은 실컷 두들겨 맞고 열흘 만에 나타나 김 반장네 가게의 음료수 박스들을 나를 때 보인 모습이므로, '여기'에서 '나'에게 속내를 감추는 것보다 앞선 시간대에 이루어진 행위이다. 하지만 '히죽히죽' 웃는 행위가 '나'에게 진심을 드러내어 보여 주는 행위라고 볼 수는 없다.

④ **'의자'에서 '뭔가'를 읽는 몽달 씨의 행위는 '여기'에서 환기된 '그날'의 경험보다 앞선 시간대에 이루어지며, '나'가 '그날' 느꼈을 긴박감과 대비되는 이완된 상황을 보여 주고 있다.**
시
× → '그날' 이후 열흘 만에 나타나 보인 행위임.

⋯➝ 몽달 씨가 '의자'에서 '뭔가'를 읽고 있는 행위는 실컷 두들겨 맞고 열흘간이나 누워 있다가 나타나 김 반장네 가게 일을 거들어 주고 난 뒤 보인 모습이다. 따라서 이 행위는 '여기'에서 환기된 '그날'의 경험보다 앞선 시간대가 아니라 그 이후의 시간대에 이루어진 것이다.

04

정답률 72% | 매력적인 오답 ③ 12%

〈보기〉를 바탕으로 ㉠~㉤을 이해한 내용으로 적절하지 않은 것은? [3점]

〈보기〉

미성숙한 어린아이 서술자라도 합리적 정보를 제공하면 독자는 서술자를 신뢰하게 된다. 그러나 작가는 때로 합리성이 부족한 어린아이의 특성을 강화하여 독자가 서술자를 의심하게 한다. 이때 독자는 서술자가 제공하는 정보가 틀릴 수 있다고 생각하면서 서술자와 다른 각도에서 작품이 전하려는 의미를 탐색하게 된다. 이 경우에도 독자는 서술자가 제공하는 제한된 정보에 의존할 수밖에 없으므로, 서술적 상황과 작품이 전하려는 의미가 서로 달라져 작품을 더욱 집중해서 읽게 된다.

(미성숙한 어린아이 서술자를 신뢰할 수 있는 경우 / 미성숙한 어린아이 서술자를 신뢰할 수 없는 경우 / 서술자를 의심할 때의 효과 ① / 서술자를 의심할 때의 효과 ②)

정답인 이유

④ **㉣: 인물에 대해 적극적으로 탐색하고, 인물의 상태를 스스로 진단하여 그 정보를 제공하는 모습을 통해 독자가 서술자를 신뢰하도록 유도하고 있군.**
× → 서술자를 의심하게 함.

⋯➝ ㉣에서 '나'는 자신의 '기막힌 상상력으로 인해 몽달 씨는 부분적인 기억 상실증 환자로 결정되었다.'라고 말하고 있다. 이는 〈보기〉에 따르면 합리성이 부족한 어린아이의 특성이 강화된 부분으로, 독자가 서술자인 '나'를 의심하게 만든다고 볼 수 있다.

오답인 이유

③ **(매력적인 오답) ㉢: 논리적 연관을 무시하고, 추측에 근거하여 인물의 의식 상태를 단정하는 모습을 통해 독자가 작품에 더욱 집중하면서, 서술자와 다른 각도로 생각하도록 유도하고 있군.**

⋯➝ ㉢에서 '나'는 히죽히죽 웃어 가면서 김 반장네 가게에서 박스를 나르는 몽달 씨의 모습을 보고 '제정신이 아닌 작자임이 틀림'없으며, '그날 밤의 김 반장 행동을 깡그리 잊어버리지 않고서야 저럴 수가 없다'고 단정하고 있다. 이는 추측에 근거하여 인물의 의식 상태를 단정하는 모습으로, 〈보기〉에 따르면 이와 같이 합리성이 부족한 어린아이 서술자의 특성이 강화될 때 독자는 서술자를 의심하면서 서술자와 다른 각도에서 작품이 전하려는 의미를 탐색하고 작품을 더욱 집중해서 읽게 된다고 하였다.

① **㉠: 문제적 상황의 원인을 파악하여 이에 대응하고, 인물의 태도 변화를 설명할 수 있는 정보를 제시한다는 점에서 독자가 서술자를 신뢰하도록 유도하고 있군.**

⋯➝ ㉠에서 '나'는 김 반장이 요즘 다소 퉁명스러워진 이유는 김 반장과 좋아지내던 '나'의 셋째 언니 선옥이 서울로 떠났기 때문이라고 밝히며, 이러한 사실을 알고 있지만 '모르는 척하는 수밖에' 없다고 말하고 있다. 이는 상황의 원인을 파악하여 이에 대응하면서 김 반장의 태도 변화를 설명할 수 있는 정보를 제시한 부분이므로, 개연성과 합리성이 높아 〈보기〉에서 언급한 미성숙한 어린아이 서술자가 합리적 정보를 제공하여 독자가 서술자를 신뢰하도록 유도하는 내용으로 볼 수 있다.

② **㉡: 인물이 처한 부정적 상황을 보여 주고, 인물의 안색과 그 이유에 대해 여러 정보를 제공한다는 점에서 독자가 서술자를 신뢰하도록 유도하고 있군.**

⋯➝ ㉡에서는 실컷 두들겨 맞고 열흘간 누워 있다가 나타난 몽달 씨의 안색이 차마 마주보기 어려울 만큼 핼쑥했다는 점을 제시하고 있다. 이는 몽달 씨가 처한 부정적 상황을 보여 주면서 그와 관련한 정보를 제공한 부분이므로, 〈보기〉에서 언급한 합리적 정보를 통해 독자가 서술자를 신뢰하도록 유도하는 내용으로 볼 수 있다.

⑤ **㉤: 시에 대한 이해가 부족하고, 합당한 이유 없이 인물의 취향을 비난하는 모습을 통해 독자가 작품에 더욱 집중하면서, 서술자와 다른 각도로 생각하도록 유도하고 있군.**

⋯➝ ㉤에서 '여태 시 따위나 읽고 있는 몽달 씨 꼴이 한심했다.'라고 한 것은 시에 대한 이해가 부족하며 근거 없이 몽달 씨의 취향을 비난하는 모습이라고 할 수 있다. 〈보기〉에 따르면 이와 같이 합리성이 부족한 어린아이 서술자의 특성이 강화될 때, 독자는 서술자를 의심하면서 서술자와 다른 각도에서 작품이 전하려는 의미를 탐색하고 작품을 더욱 집중하여 읽게 된다고 하였다.

현대소설 03 무성격자

▶ 문제편 94~97쪽

정답 | 01 ⑤ 02 ③ 03 ④ 04 ②

[01~04] 다음 글을 읽고 물음에 답하시오. 2024 6월 모의평가

제대로 작품 분석 ▶〈보기〉에서 적절한 것을 골라 넣으며 작품을 분석해 보자.

[장면 1] (처음 ~ 중략 이전)

소주제: 아버지가 위독한 상황에서 용팔이 정일에게 재산 상속에 대해 의논함.

- 용팔: 정일의 여동생의 남편
- 아버지가 아직도 ~ 도장을 치라고 하였다: 중심인물 정일의 시선에 따라 사건을 드러내며 그의 내면을 제시함.
- 용팔이가 따지는 ~ 바라보고 있는 자신: 1
- 여기 대한 상속세만 ~ 말씀대로 하시지요: 장인이 위독한 상황에서 상속세를 안 물 방법을 궁리하는 이해타산적인 모습이 드러남.
- 정일이는 더욱 ~ 충동을 느끼었다: 상속세를 논하는 용팔에 대한 정일의 심리 - 불쾌함, 분노
- 기탄없이: 어려움이나 거리낌이 없이
- 의분: 불의에 대하여 일으키는 분노
- 미끄러지는 듯한 웃음이 자기 얼굴에 흐름을 깨달았다: 분노한 심리와 다른 행동
- 정일이는 조급히 ~ 모르니까 하였다: 용팔의 제안에 따라 도장을 내어 줌.
- 정일이는 자기가 실없이 ~ 없어지고 말았다: 용팔의 제안을 순순히 따르면서 웃기까지 하는 자신의 모습을 의식함.
- 창졸간: 미처 어찌할 수 없이 매우 급작스러운 사이
- 그걸 못 해? ~ 아슬아슬한 것이었다: 아버지에게 재산 상속에 대한 이야기를 하기 위해 들어가는 용팔의 모습을 비유적으로 표현함.
- 종시 용팔이가 ~ 있지 않은가?: 용팔을 불러내는 행동을 주저하는 자신에게 관심을 돌림.
- 예기: 앞으로 닥쳐올 일에 대하여 미리 생각하고 기다림.
- 정일이는 실험의 결과를 ~ 귀를 기울이고 있었다: 2
- 자기의 귀를 ~ 고함 소리를 들었다: 아버지가 유산 상속에 대한 이야기에 격분함.

[장면 2] (중략 이후 ~ 끝)

소주제: 죽음과 사투를 벌이며 동경에 사무친 아버지의 모습을 발견함.

- 아버지는 한 번도 ~ 필요가 없었던 사람: 아버지의 삶의 태도에 대한 정일의 평가
- 어떤 위대한 의지력을 ~ 발견하는 때가 있었다: 죽음과 싸우는 아버지의 의지적 태도를 우러러보는 자신을 발견함. - 내면의 대상화
- 만수 노인: 정일의 아버지
- 병인: 만수 노인
- 자기 눈에 눈물이 솟아 오름을 참을 수가 없었다: 아버지에 대한 정일의 안타까움
- 자기 아버지에게서 ~ 의외라고 할밖에 없었다: 3

– 최명익, 〈무성격자〉

❖ 제대로 작품 분석의 〈보기〉

㉠ 속물적 욕망으로부터 자유롭지 못한 모습
㉡ 아버지가 내비치는 생에 대한 강렬한 동경을 파악함.
㉢ 재산 상속에 대한 아버지와 용팔의 대화 결과를 주시함.

❖ 제목의 의미

'무성격자'는 삶을 무기력하게 살아가며 주변 사람들을 속물이라고 경멸하거나 귀찮은 대상으로 치부하는 주인공 정일의 모습이다. 그러나 정일은 죽음과 사투를 벌이는 아버지의 모습을 보면서 생활인의 의의를 깨닫게 되고 무성격한 자신의 모습을 고수하는 것이 자기기만임을 인식하게 된다.

❖ 작가 소개

최명익(崔明翊, 1902~1972): 소설가. 평양 출생. 1936년 단편 소설 〈비 오는 길〉을 발표하며 문단에 등단하였고, 1947년에는 창작집 《장삼이사》를 발간하였다. 박태원, 이상과 함께 1930년대 한국 모더니즘 소설을 대표하는 작가이며, 주로 자의식의 심리적 갈등을 묘사한 작품을 창작하여 심리 소설의 지평을 열었다는 평가를 받는다.

❖ 전체 줄거리

동경 유학을 다녀온 뒤 고향을 떠나 교사로 일하고 있는 정일은, 아버지가 위독하다는 연락에 각혈로 입원해 있는 애인 문주와 작별한 뒤 귀향길에 오른다. 두 달 전 위암 판정을 받은 아버지는 일생을 돈만을 위해 살며 재산을 모았고, 대학 공부까지 마친 정일이 명예도 없고 돈벌이도 안 되는 교사 일을 하는 것을 못마땅해하며 용팔처럼 자신을 도와 돈 버는 일을 하기를 원했다. 병실에 들어선 정일은 죽음의 냄새를 느끼지만, 아버지는 죽고 싶지 않다는 강한 의지를 보이며 용팔이 재산 상속에 대한 이야기를 꺼내자 분노한다. 아버지는 물 한 방울도 먹지 못하게 된 상황에서 물을 보기라도 하려고 하고, 이에 정일은 아버지의 시선을 따라 물이 보이도록 해 준다. 나날이 쇠약해져 간다는 소식 끝에 문주가 죽었다는 전보를 받은 날 저녁, 아버지도 죽음을 맞는다.

❖ 핵심 정리

- 갈래: 단편 소설
- 성격: 심리적
- 배경: 시간 – 일제 강점기
  공간 – 정일의 고향집
- 시점: 전지적 작가 시점
- 주제: 근대 지식인의 무성격한 모습
- 특징: ① 일제 강점기를 배경으로 근대 지식인의 내면을 의식의 흐름에 따라 드러냄. ② 3인칭 시점이나 중심인물의 시선에 의존해 사건을 전달함으로써 사건의 양상이 제한적으로 드러남.

제대로 감상법 모범 답안

최명익, 〈무성격자〉

❶ 용팔 ❷ 아버지 ❸ 정일

❖ 제대로 작품 분석

1 ㉠ 2 ㉢ 3 ㉡

01

정답률 74% | 매력적인 오답 ② 14%

윗글의 서술상의 특징으로 가장 적절한 것은?

정답인 이유

⑤ 서술자가 중심인물(정일)의 시선에 의존하여 사건의 양상을 제한적으로 나타낸다(정일이 경험한 일과 그의 내면으로 제한되어 나타남).

⋯ 이 글의 서술자는 작품 밖에 존재하면서 중심인물인 정일의 시선에 의존하여 사건을 전개하고 있다. 이에 따라 '용팔의 눈과 마주치게 되자 정일이는 흠칫 놀라게 되는 자신의 얼굴이 붉어지는 것을 깨달았다', '정일이는 더욱 불쾌하여졌다. ~ 그의 뺨을 갈기고 싶은 충동을 느끼었다.'와 같이 사건의 양상이 정일이 경험하고 느낀 일이나 그의 내면으로 제한되어 나타나고 있다.

오답인 이유

② 매력적인 오답 사물의 세부를 구체적으로 묘사하여 장면의 현장성을 강화한다.

⋯ 산판알, 도장, 물그릇, 어항 등의 소재가 제시되어 있으나 이러한 사물의 세부를 구체적으로 묘사한 부분을 찾을 수는 없다.

① 회상 장면을 병치하여 사건의 흐름을 반전시킨다.

⋯ 이 글에 제시된 부분은 용팔이 정일에게 상속세에 대한 계산을

보여 주며 재산 상속과 관련한 이야기를 하는 장면과, 정일이 아버지에게서 생에 대한 강렬한 의지를 발견하게 된 장면이다. 이러한 장면은 시간의 흐름에 따라 제시되어 있으며 이 부분에 회상 장면을 병치하고 있지는 않다.

③ **중심인물의 반복적인 동작을 강조하여 내적 갈등을 표면화한다.**

⋯ '정일이는 아버지가 보기 편한 곳에 큰 물그릇을 놓고 대접으로 물을 떠서는 작은 폭포같이 들이 쏟고 또 떠서는 들이 쏟기를 계속하였다.'에서 중심인물의 반복적인 동작을 강조하고 있다고 볼 수 있다. 그러나 이러한 반복적인 동작은 시원히 흐르는 물을 보고 싶어 하는 아버지를 위한 행동일 뿐, 이를 통해 내적 갈등을 표면화하고 있지는 않다.

④ **서술자가 풍자적* 어조를 활용하여 중심인물에 대한 비판적 입장을 드러낸다.**

⋯ 서술자는 중심인물인 정일의 시선에 의존하여 사건과 인물의 내면을 서술하고 있을 뿐, 풍자적 어조를 활용하여 정일에 대한 비판적 입장을 드러내고 있지는 않다.

* 풍자적(諷刺的): 현실의 부정적 현상이나 모순 따위를 빗대어 비웃는, 풍자의 성격을 띤 것 예 작가들은 당시 사회의 모순을 풍자적으로 표현하여 정부의 검열을 피했다.

02

정답률 85%

ⓐ~ⓔ에 대한 이해로 적절하지 않은 것은?

정답인 이유

③ **ⓒ는 용팔의 행위에 대한 정일의 실망스러운 마음을 드러낸다.** ×

⋯ ⓒ는 '심한 장난을 꾸미다가 용기를 못 내는 자기'와 달리 아버지에게 재산 상속에 대한 이야기를 하기 위해 들어가는 용팔의 뒷모습을 '내 하마 하고 나서는 동무의 모양'에 빗대어 표현한 것이므로, 용팔의 행위에 대한 정일의 실망스러운 마음을 드러낸다고 볼 수는 없다.

오답인 이유

① **ⓐ는 정일이 주목하는 용팔의 이해타산*적인 태도를 드러낸다.**

⋯ ⓐ는 아버지가 위독하다는 소식을 듣고 귀향한 정일에게 재산 상속에 대한 이야기를 한 용팔이, 상속세를 물지 않을 방안을 제시하면서 한 말이다. 이를 통해 ⓐ는 아버지(용팔 입장에서는 장인)의 죽음 앞에서 자신의 이익을 먼저 생각하는 용팔의 이해타산적인 태도를 드러낸다고 볼 수 있다.

* 이해타산(利害打算): 이해관계를 이모저모 모두 따져 봄. 또는 그런 일 예 삭막하고 이해타산적인 사회에서 벗어나기 위해서는 서로를 돕고 격려하는 문화가 만들어져야 한다.

② **ⓑ는 용팔이 정일에게 예의를 갖추어야 하는 위치임을 드러낸다.**

⋯ ⓑ에서 용팔이 정일에게 '공손히' 행동하고 '말씀드리겠습니다'와 같이 존댓말을 하는 모습을 통해, 용팔이 정일에게 예의를 갖추어야 하는 위치임이 드러난다.

④ **ⓓ는 아버지와 용팔 간 대화의 결과를 정일이 주시하고 있음을 드러낸다.**

⋯ ⓓ는 용팔이 아버지에게 재산 상속에 대한 이야기를 하기 위해 중문 안으로 들어간 상황에서 정일이 그에 대한 결과를 기다리며 숨을 죽이고 귀를 기울이고 있는 모습이다. 이를 통해 정일이 아버지와 용팔 간의 대화 결과를 주시하고 있음을 알 수 있다.

⑤ **ⓔ는 아버지가 보여 주는 삶의 태도에 대한 정일의 평가를 드러낸다.**

⋯ ⓔ에서 정일은 죽음과 싸우는 아버지의 모습을 바라보며 아버지가 '한 번도 자기의 생활을 회의하거나 죽음을 생각할 필요가 없었던' 삶을 살았다고 생각하고 있다. 이를 통해 ⓔ에는 아버지의 삶에 대한 정일의 평가가 드러나 있음을 알 수 있다.

03

정답률 83%

[A], [B]를 고려하여 ㉠과 ㉡을 이해한 내용으로 가장 적절한 것은?
(㉠ 심열 ㉡ 서늘한 감각)

정답인 이유

④ **㉠은 용팔에 대한 미움이 '뺨을 갈기고 싶은 충동'으로 격화되는* 정일의 마음을, ㉡은 '물그릇'에서 '어항', '드리우는 물줄기'로 심화되는 아버지의 갈망을 함축한다.**

⋯ [A]에서 정일은 아직 아버지가 지키고 있는 재산을 두고 상속세를 줄일 방안을 논하며 자신에게 위임장에 도장을 찍으라고 하는 용팔의 행동에 불쾌함과 미움을 느끼고, 더 나아가 '의분 같은 심열(㉠)'과 '그의 뺨을 갈기고 싶은 충동'을 느끼고 있다. 따라서 ㉠은 용팔에 대한 미움이 격화되는 정일의 마음을 함축한다고 할 수 있다. [B]에서 정일은 '물을 보기라도 하겠다'는 아버지를 위해 바라보기 편한 곳에 '물그릇'을 놓아 주었다가, 아버지가 '어디나 눈 가는 곳'에 물이 보이기를 원하자 '어항'을 늘어놓고 물을 채웠다. 하지만 아버지가 '이 어항 저 어항으로 서늘한 감각(㉡)을 시선으로 핥듯이 돌려' 보며 어항의 물에 만족하지 못하자, 정일은 큰 물그릇을 놓고 대접으로 물을 떠서 들이 쏟기를 반복하여 '드리우는 물줄기'를 볼 수 있게 했다. 따라서 ㉡은 '물그릇'에서 '어항', '드리우는 물줄기'로 심화되는 아버지의 갈망을 함축한다고 할 수 있다.

* 격화되다(激化--): 격렬하게 되다. 예 그들은 이야기를 하다가 감정이 격화되어 말다툼을 벌였다.

오답인 이유

① **㉠은 용팔의 '웃음'에 대한 정일의 불쾌감으로 인해, ㉡은 아버지가 내비치는 '황홀한 눈'으로 인해 발생한다.** ×

⋯ [A]에서 정일은 '용팔이의 얼굴에 발라 놓은 듯한 그 웃음이 말할 수 없이 미웠다.'라고 했으므로, ㉠은 용팔이의 웃음에 대한 정일의 불쾌감으로 인해 발생했다고 볼 수 있다. 그러나 [B]에서 '황홀한 눈'은 ㉡을 갈구하던 아버지가 '드리우는 물줄기'를 바라볼 때의 시선이므로, ㉡이 아버지가 내비치는 '황홀한 눈'으로 인해 발생한다고는 볼 수 없다.

② **㉠은 정일이 갈등 끝에 '도장'을 찍음으로써, ㉡은 아버지가 사무치는 '동경'을 포기함으로써 지속된다.** ×

⋯ [A]에서 정일은 용팔의 제안에 따라 '도장'을 내어 주며 '내가 지금 더 심한 심열에 떠 있지 않은가? 하는 생각'을 하고 있으므로, 정일이 갈등 끝에 도장을 찍음으로써 ㉠이 지속된다고 볼 수 있다. 그러나 [B]에서 아버지는 ㉡을 느끼기 위해 '물'에 대한 '동경'을 심화하고 있으므로, 아버지가 '동경'을 포기함으로써 ㉡이 지속된다고는 볼

수 없다.

③ ㉠은 정일의 '신경 쇠약'을 일으키는 원인이고, ㉡은 아버지가 '꺼멓게 탄 혀'의 고통을 줄이기 위한 방편이다.

…› [A]에서 정일이 '이러한 심열은 신경 쇠약의 탓이 아닐까?'라고 생각한 것으로 보아, ㉠이 '신경 쇠약' 탓에 일어난 것으로 볼 수는 있으나 '신경 쇠약'을 일으킨 원인이라고 보기는 어렵다. 한편 [B]에서 아버지는 '한 방울 물도 먹지 못하고 혓바닥을 축이는 것만으로도 심한 구역을 하게 된' 상태에서 어항을 보며 ㉡을 시선으로 느끼고 있으므로, ㉡은 아버지가 '꺼멓게 탄 혀'의 고통을 줄이기 위한 방편이라고 볼 수 있다.

⑤ ㉠은 용팔의 '공모' 요구로 인해 표면화된 정일의 물질 지향적인 태도를, ㉡은 '심한 구역' 이후로 아버지가 '물'에서 얻고자 하는 육체적 안정에 대한 추구를 드러낸다.

…› [A]에서 정일은 재산 상속에 대해 '공모' 요구를 하며 물질 지향적 태도를 보이는 용팔의 모습에서 ㉠이 떠오름을 느끼고 있으므로, ㉠이 표면화된 정일의 물질 지향적인 태도를 드러낸다고 볼 수는 없다. [B]에서 아버지는 '심한 구토를 한 후부터 한 방울 물도 먹지 못하'는 처지에 놓이게 되면서 이로 인한 갈증을 ㉡을 통해 해소하고자 하고 있다. 따라서 ㉡은 '심한 구역' 이후로 아버지가 물에서 얻고자 하는 육체적 안정에 대한 추구를 드러낸다고 볼 수 있다.

04

정답률 62% | 매력적인 오답 ④ 15%

〈보기〉를 참고하여 윗글을 감상한 내용으로 적절하지 않은 것은? [3점]

〈보기〉

〈무성격자〉의 정일은 자신을 구속하는 속물적 욕망을 경멸하고 현실에서의 적극적인 행동을 주저하는 한편, 자신과 주변에 관심을 집중한다. 그는 주변 대상을 관찰하여 그 의미를 파악하고, 파악한 내용에 반응하며, 그런 자신을 분석하기도 한다. 나아가 관찰과 분석을 수행하는 자신의 내면마저 대상화함으로써 인간 심리의 중층적 구조를 드러낸다.

(정일의 태도 ① / 정일의 태도 ② / 정일의 태도 ③)

정답인 이유

② 상대의 웃음에서 공모 의사를 읽어 내자 얼굴에 흐르는 미끄러지는 듯한 웃음을 깨닫는 데에서, 상대에 대한 불쾌감을 웃음으로 무마하려는 자신을 의식하는 모습을 찾을 수 있군.

…› 정일은 용팔이 위임장에 도장을 치라고 하면서 얼굴에 웃음을 띤 것이 미워 마음속에 심열이 떠오르고 그의 뺨을 갈기고 싶은 충동을 느낀다. 그러나 금시에 미끄러지는 듯한 웃음이 자기 얼굴에도 흐르고 있음을 깨닫게 되고 실없이 웃는 자신이 더 심한 심열에 떠 있다는 생각을 하게 된다. 이러한 내용을 고려할 때 상대에 대한 불쾌감을 웃음으로 무마하려는 것이 아니라 상대에 대한 불쾌감과 함께 자신의 얼굴에도 웃음이 흐르는 것을 느끼고 있는 것으로 볼 수 있다.

오답인 이유

④ (매력적인 오답) 상대의 고통을 바라보며 의지력을 우러러보는 듯한 마음이 있는 자신을 발견하는 데에서, 상대와의 차이를 인식하는 스스로의 내면마저 대상화하는 모습을 찾을 수 있군.

…› 정일은 '애써 살려는 의지력이 없는' 자신과 달리 '위대한 의지력'으로 죽음과 싸우는 아버지를 바라보며 '우러러보는 듯한 마음으로 아버지의 고통을 바라보고 있는 자기를 발견하는 때가 있었다'고 한다. 이를 〈보기〉의 내용과 관련지어 이해할 때 스스로의 내면을 대상화하는 모습으로 볼 수 있다.

① 산판알을 놓으며 이익을 따지는 상대를 경멸하면서도 산판알이 올라가는 것을 주목하는 데에서, 자신을 구속하는 속물적 욕망으로부터 자유롭지 못한 모습을 찾을 수 있군.

…› 정일은 아버지가 위독한 상황에서 산판알을 놓으며 재산 상속에 따른 이익을 계산하는 용팔을 보면서 속으로 '이 소인 놈!'이라고 하며 경멸하고 있다. 하지만 정일은 '용팔이가 따지는 산판알이 거침없이 한 자리씩 올라가는 것을 유심히 바라보'는 모습을 보이기도 하는데 〈보기〉에 따르면 이는 정일 자신도 속물적 욕망에서 자유롭지 못함을 드러낸다.

③ 중문 안으로 들어가는 상대를 불러내지는 못하고 자신이 그를 부르지 못한 이유를 생각하는 데에서, 행동을 주저하고 자신에게로 관심을 돌리는 모습을 찾을 수 있군.

…› 정일은 아버지에게 재산 상속에 대한 이야기를 하기 위해 중문으로 들어가는 용팔을 불러내고 싶어 하지만, 결국 그를 불러내지 못하고 '내가 정말 후회하는 것이라면 지금이라도 따라가서 붙들 수도 있지 않은가?'와 같이 생각하고 있다. 이러한 정일의 모습은 용팔을 부르는 행동을 주저하고 있는 자신에게 관심을 돌리는 것으로 볼 수 있다.

⑤ 물줄기를 바라보는 상대로부터 이전에는 한 번도 보지 못한 눈을 확인하는 데에서, 주변 대상을 관찰하여 상대가 내비치는 생에 대한 강렬한 동경을 파악하는 모습을 찾을 수 있군.

…› 정일은 아버지가 죽음과 사투를 벌이는 모습에서 '위대한 의지력'을 느끼고 있다. 그리고 물 한 방울도 먹지 못하게 된 아버지가 '물줄기를 바라보'는 모습에서 '동경에 사무친 황홀한 눈'을 발견하게 된다. 즉 정일은 주변 대상을 관찰하여 아버지가 가진 생에 대한 강렬한 동경을 파악하고 있다.

현대 소설 04 쓰러지는 빛

▶ 문제편 98~101쪽

정답 | 01 ① 02 ⑤ 03 ① 04 ②

[01~04] 다음 글을 읽고 물음에 답하시오. 2023 수능

제대로 작품 분석 ▶〈보기〉에서 적절한 것을 골라 넣으며 작품을 분석해 보자.

[장면 1] (처음 ~ 천변에까지 들리는 성싶었다)

소주제: 정겹고 아름다운 풍경과 추억이 있는 천변 우리 집에서의 삶

- 그 모양을 이만큼에 ~ 가지 사이로 바라보면: 상인들이 리어카를 끌고 다리 위로 올라오는 광경을 바라봄.
- 돈이 없어도 ~ 곧 알게 되었다: 1
- 벽오동집 아주머니, 오동나무 아주머니: '나'의 어머니를 부르는 호칭들 – '나'의 집에 오동나무가 높이 자라고 있기 때문에
- 나무는 그렇게도 ~ 되었던 것: '나'의 집 오동나무의 모습
- 거기다가, 우리 집에서 ~ 자라나게 되었다: '나'가 우리 동네를 '벽오동촌'이라고 별명 지은 이유
- 나: 서술자 – 서술자가 자기 경험을 바탕으로 이야기를 서술함.
- 이 가난한 동네의 한 호사였는지도 모른다: 2
- 전주: 공간적 배경
- 천변: 냇물의 주변. 냇가
- 부성 밖의 ~ 동네였을 것: 삼십 년 전 천변 동네의 분위기에 대한 추측
- 그 나무는 나보다 더 나이가 많았다: 오동나무를 통해 세월의 흐름을 느낌.
- 나를 낳으시던 ~ 웃으셨다는 아버지: '나'의 집 오동나무는 아버지가 '나'의 탄생을 기념해 앞마당에 심은 것임.
- 해마다 이른 봄이면, ~ 넓어지는 것 같았다: 오동나무를 통해 느끼는 계절의 변화

[장면 2] (어머니는 물끄러미 ~ 않은 것만 같았다)

소주제: 우리 집의 이사가 결정된 뒤 마음이 불편한 식구들

- 어머니의 고개는 무거워 보였다: 어머니의 심리 – 무겁고 불편함.
- 벌써 이 년째 ~ 준비를 하고 있었다: 영익의 처지
- 말이 없고 우울한 때가 많았다: 영익의 심리 – 우울함.
- 그저께 집에 내려와, ~ 산으로 올라갔었다: 3

[장면 3] (우리가 이사하기로 된 ~ 끝)

소주제: 우리가 이사하기로 한 집의 천박하고 위태로운 모습

- 천박하였나: 얕고 상스러웠다
- 우선 대문이 ~ 막아 버린 모양이었다: 우리가 이사하기로 한 집의 구조 – 천박한 느낌을 줌.
- 비긋하니: 한쪽으로 약간 기울어져
- 양품점: 의류, 장신구 따위의 잡화를 전문적으로 파는 가게
- 뿐만 아니라 그 가게를 ~ 자동차 소리: 4
- 아스팔트의 바둑판, ~ 위태해 보였다: 우리가 이사하기로 한 집의 분위기
- 철제 대문 사이로 ~ 참새들 같기만 하였다: 5

– 최명희, 〈쓰러지는 빛〉

❖ 제대로 작품 분석의 〈보기〉

㉠ 마을 곳곳에 오동나무가 자라난 모습을 호사로 여김.
㉡ 천변 동네의 분위기 – 따뜻하고 친숙한 이웃들이 있음.
㉢ 이사하기로 한 집 주변의 환경과 그곳에서 듣게 된 소음들
㉣ 이사 갈 집을 낯설어하는 '우리들'의 심리를 비유적으로 표현
㉤ 이사를 가게 된 가족의 상황에 대한 자신의 생각을 분명히 드러내지 않음.

❖ 제목의 의미

이사할 처지에 놓인 한 가족의 이야기를 통해 '집'이 가진 의미를 고찰하고 있는 작품으로, '쓰러지는 빛'은 작품의 마지막 부분에 나오는 구절이다. '나'의 가족이 삼십 년 동안 살던 집을 떠나게 되고 새로 이사 온 사람이 '나'의 집 앞마당의 오동나무를 없애려고 하는 상황에서, '나'는 오동나무가 우는 곡소리를 듣고 '그것은 빛이 쓰러지는 소리였다.'라고 말한다.

❖ 전체 줄거리

'나'의 가족은 삼십 년 동안 살아오던 천변의 집을 떠나 전세로 이사를 나가야 하는 처지이다. '나'의 집에 이사를 오기로 한 부부는 계약 날짜보다 앞당겨서 들어와 '나'의 가족을 불편하게 만들고 '나'와 어머니는 한 몸 같던 집과 작별하는 것을 힘들어하며 짐을 싼다. '나'는 육 년 전 세상을 떠난 아버지와 유년 시절의 추억, 천변 동네에서 보낸 시간들을 회상하며 이사 가게 될 집의 천박하고 위태로운 분위기에 낯설어한다. 이사 온 남자는 아버지 이름으로 된 문패를 떼어내고 앞마당의 오동나무를 팔아 없애려 하는데, 이에 아버지가 돌아가시기 며칠 전 나무를 바라보며 말씀하시던 모습을 떠올린 '나'는 그날 밤 나무가 우는 소리를 듣는다.

❖ 작가 소개

최명희(崔明姬, 1947~1998): 소설가. 전주 출생. 1980년 《중앙일보》 신춘문예에 〈쓰러지는 빛〉이 당선되어 등단했다. 일제 강점기의 전북 남원을 배경으로 유서 깊은 양반 가문과 상민 마을 사람들의 삶의 모습을 생생하게 그린 대하소설 〈혼불〉을 썼다.

❖ 핵심 정리

- 갈래: 단편 소설
- 성격: 묘사적, 회상적, 성찰적
- 배경: 전주의 한 천변 동네
- 시점: 1인칭 주인공 시점
- 주제: 가족의 추억이 오롯이 담긴 집에 대한 추억
- 특징: ① 공간적 배경을 감각적으로 묘사하여 분위기를 조성함. ② 공동체적 삶의 공간으로서의 천변의 집과 이사 갈 도로변의 집을 대비하여 서술함.

제대로 감상법 모범 답안

최명희, 〈쓰러지는 빛〉

❶ 천변 ❷ 벽오동집 ❸ 감각적

❖ 제대로 작품 분석

1㉡ 2㉠ 3㉤ 4㉢ 5㉣

01

정답률 83%

윗글에 대한 이해로 가장 적절한 것은?

정답인 이유

① '영익'은 가족의 상황을 알고서도 제 생각을 분명히 드러내지 않는다.

⋯› 그저께 집에 내려온 '나'의 동생 영익은, 이사 날짜가 결정되었다는 말을 듣고는 아무 말도 없이 고개를 떨어뜨리더니 "내가……." 하고 무슨 말을 이으려다 말고 그냥 돌아갔다고 하였다. 이를 통해 영익은 이사를 가야 하는 가족의 상황을 알고서도 자신의 생각을 분명히 드러내지 않았음을 알 수 있다.

오답인 이유

② '어머니'는 아들이 출가*하여 소식이 끊긴 뒤 그의 근황을 궁금해한다.

× → 아들의 소식이 끊기지 않았으며 어머니가 근황을 궁금해하지도 않음.

⋯› '나'의 동생인 영익은 이 년째 산속의 절에서 사법 고시 준비를 하고 있는 상황으로, "영익이 언제 다녀갔지?"라는 어머니의 물음에 '나'가 "사흘 됐나? 그저께 아니었어요?"라고 답한 것을 통해 영익이 이삼일 전 집에 다녀갔음을 알 수 있다. 따라서 영익이 집을 떠난 뒤

에 소식이 끊긴 것은 아니며 어머니가 아들의 근황을 궁금해하는 모습도 나타나 있지 않다.

* 출가(出家): 집을 떠나감. 예 형은 취직을 한 뒤 곧 출가했다.

③ '나'는 동생의 말을 듣고서 그가 현재 어디에 머무르고 있는지 알게 된다.
× → 동생의 말을 듣고 알게 된 것은 아님.

···› '나'는 동생 영익이 산속의 절에 머무르고 있는 것을 알고 있는 상황에서 동편 산마루의 불빛을 보며 어머니에게 "저 산마루에 절, 저기가 영익이 있는 데예요?"라고 묻는다. 그리고 어머니의 말을 듣고 자신이 가리킨 곳은 중바위산의 승암사이며 영익이 있는 곳은 기린봉 중턱에 있는 절이라는 것을 알게 된다.

④ '시장 안의 가게들'은 밤늦게 물건을 사기 위해 사람들이 모여드는 곳이다.
× → 밤이 깊어지면 문을 닫음.

···› '밤이 깊어지면, 시장 안의 가게들은 하나씩 문을 닫고'라고 한 것으로 보아, 시장 안의 가게들은 밤늦게 물건을 사기 위해 사람들이 모여드는 곳이라고 볼 수 없다.

⑤ '천변'은 아버지와 어머니가 결혼할 때부터 사람들이 북적였던 번화한 동네이다.
× → 한적하고 빈한한 동네였음.

···› '나'는 아버지와 어머니가 혼인하고 전주로 와 터를 잡았던 '삼십 년 전 그때'만 해도 천변이 '부성 밖의 한적하고 빈한한 동네였을 것'이라고 추측하고 있으므로, 천변이 그때부터 사람들이 북적였던 번화한 동네였다는 것은 적절하지 않다.

02

정답률 88%

[A]~[E]의 서술 방식에 대한 설명으로 적절하지 않은 것은?

정답인 이유

⑤ [E]: 누가 한 말인지 명시*하지 않은 것을 보면, 대화 상황에서 말하는 이와 서술자가 다르다는 사실을 알 수 있다.
× → '나'로 같음

···› [E]에서 "사흘 됐나? 그저께 아니었어요?"라고 어머니에게 답한 사람은 서술자인 '나'이므로, 대화 상황에서 말하는 이와 서술자는 같다.

* 명시(明示): 분명하게 드러내 보임. 예 계약서에 계약 기간을 1년으로 명시했다.

오답인 이유

① [A]: '이만큼에 서서'와 '바라보면'을 보면, 서술자가 대상을 지각할 수 있는 위치에서 서술하고 있음을 알 수 있다.

···› [A]는 상인들이 리어카를 끌고 다리 위로 올라오는 광경을 바라보는 모습을 서술한 부분이다. '그 모양을 이만큼에 서서' '바라보면' 리어카마다 켜져 있는 카바이드 불빛이 요요해 보였다고 한 것으로 보아, 서술자가 대상을 지각할 수 있는 위치에서 바라보며 서술하고 있음을 알 수 있다.

② [B]: 호명하는 말을 각각 하나의 문단에 서술하여, 그 호칭이 두드러져 보이는 효과가 나타난다.

···› '벽오동집 아주머니'와 '오동나무 아주머니'는 모두 '나'의 어머니를 호명하는 말로, 이를 각각의 문단에 서술함으로써 호칭이 두드러져 보이고 있다.

③ [C]: '나'와 '우리' 같은 표현을 사용하여, 서술자가 자기 경험을 바탕으로 하는 이야기를 서술하면서 자신의 내면을 드러낸다.

···› '나는 속으로 우리 동네를 벽오동촌이라고 별명 지었다.'와 같이 '나'와 '우리' 같은 표현을 사용하여 서술자가 자기 경험을 바탕으로 한 이야기를 서술하고 있는 한편, '그것은 어쩌면 이 가난한 동네의 한 호사였는지도 모른다.'와 같이 서술자의 내면을 드러내고 있다.

④ [D]: '동네였을 것이다'를 보면, 서술자가 과거 상황에 대해 확정적으로 진술하지 않고 추측의 의미를 담아 서술하고 있음을 알 수 있다.

···› '삼십 년 전 그때만 하여도, 부성 밖의 한적하고 빈한한 동네였을 것이다.'는 서술자가 과거 부모님이 천변에 터를 잡았을 때의 동네 상황을 추측하여 서술한 부분이다.

03

정답률 82%

윗글의 '오동나무'에 대한 이해로 가장 적절한 것은?

정답인 이유

① '나'가 계절의 자연스러운 변화와 세월의 흐름을 느끼게 되는 경험적 대상이다.

···› '나'는 오동나무에 대해 '이른 봄이면, 어린아이 손바닥만 하던 잎사귀가 어느 결에 손수건만 해지고, 그러다가 초여름에는 부채처럼 나부낀다.', '가을에는 종이우산만큼이나 넓어지는 것 같았다.'라고 하였다. 이를 통해 '나'가 오동나무에서 계절의 자연스러운 변화를 느끼고 있음을 알 수 있다. 또한 오동나무는 '나'가 태어난 해 아버지가 앞마당에 기념으로 심은 것으로, '나보다 더 나이가 많았다.'라고 한 것을 통해 세월의 흐름을 느끼게 되는 대상이라고 볼 수 있다.

오답인 이유

② 가난한 마을이지만 사람들로 하여금 호사*를 누릴 수 있게 하는 경제적 기반이다.
× – 경제적 호사를 누리게 하는 것은 아님.

···› '나'는 동네 여기저기에 오동나무가 자라난 것을 보고 속으로 동네를 '벽오동촌'이라고 부르며 이것이 '가난한 동네의 한 호사'일지도 모른다고 생각했다. 하지만 오동나무가 동네 사람들로 하여금 경제적 호사를 누리게 한 것은 아니다.

* 호사(豪奢): 호화롭게 사치함. 또는 그런 사치 예 지수는 경제적으로 넉넉한 부모 밑에 태어나 호사를 누리며 살았다.

③ '어머니'가 결혼 후에 심고 정성을 다해 키워 내어 무성해진 애착*의 결실이다.
× – 아버지가 심은 것임.

···› '나'의 집 오동나무는 '나'가 태어난 해에 아버지가 우리 집 앞마당에 기념으로 심은 것이다.

* 애착(愛着): 몹시 사랑하거나 끌리어서 떨어지지 아니함. 또는 그런 마음 예 그는 자신의 구두에 애착을 보였다.

④ 동네 사람들이 마을의 특징에 부합한 별명을 자기 마을에 붙일 때 적용한 단서이다.
× – '벽오동촌'이라는 별명은 '나'가 마음속으로 생각한 것임.

···› '나'는 동네 여기저기에 오동나무가 자라난 것을 보고 속으로 동네를 '벽오동촌'이라고 별명 지었다. 동네 사람들이 마을에 오동나무와 관련한 별명을 붙인 것은 아니다.

⑤ '아버지'가 자식을 얻은 기쁨을 이웃과 나눌 생각에 마을 곳곳에 심은 상징적 기념물이다.
× – 우리 집 앞마당에 심음.

⋯→ 아버지는 '나'가 태어난 해에 기념으로 우리 집 앞마당에 오동나무를 심었는데, 이후 '우리 집'에서 날아간 오동나무 씨앗이 마을 곳곳에 떨어져 오동나무가 자라게 된 것이다.

04

정답률 **88%**

〈보기〉를 바탕으로 윗글을 감상한 내용으로 적절하지 않은 것은? [3점]

〈보기〉

> 집에 대한 정서적 반응은 집의 구조, 주변 환경, 거주 기간 등의 요인
> (집에 대한 정서적 반응을 일으키는 요인)
> 에 따라 다를 수 있다. 자신이 거주하는 집의 내·외부와 관계를 맺으며
> (천변에 오랫동안 살며 이웃들과 관계를 맺고 오동나무에 대한 추억을 쌓음.)
> 충분한 시간 동안 쌓은 경험들은 현재 살고 있는 집에 대한 정서를 형
> (천변의 '우리 집'에 대한 긍정적 정서)
> 성하는 데 영향을 주며, 다른 낯선 공간에 대한 정서적 반응에 영향을
> (이사할 집에 대한 부정적 반응)
> 주기도 한다. 〈쓰러지는 빛〉은 이사할 처지에 놓인 한 가족의 이야기를 통해 집에 대한 '나'의 정서적 반응을 보여 준다.

정답인 이유

② '집을 고치'던 경험을 바탕으로 (×) '구조'가 '천박'한 집의 여건*을 살펴보는 것에서, 거주 환경의 변화에 적응하여 낯선 공간에 친숙해지고자 하는 '나'의 생각을 확인할 수 있겠군. (× – 나타나지 않음.)

⋯→ '나'는 '이사하기로 된 집의 구조'가 '지극히 천박'하다며 그 여건을 살펴보고 있으나, 이것이 '집을 고치'던 경험을 바탕으로 한 것은 아니다. 또한 이사하기로 한 집에 대한 부정적 태도를 드러낼 뿐, 낯선 공간에 친숙해지고자 하는 생각을 드러내지도 않았다.

* 여건(與件): 주어진 조건 예 집을 장만할 때는 주변의 교통 여건이 어떠한지도 자세히 살펴보아야 한다.

오답인 이유

① '나'가 '천변' 집에 살면서 추억을 형성해 온 시간들은, 이사할 처지에 놓인 현재의 상황을 불편하게 여기는 요인이 될 수 있겠군.

⋯→ '천변' 집은 '나'의 부모님이 혼인한 뒤 터를 잡고 삼십 년 동안 살아온 곳으로, 앞마당에 '나'의 탄생 때 심은 오동나무가 자라고 있다. 이처럼 '나'가 '천변' 집에서 살며 추억을 형성해 온 시간은, '나'와 가족들이 이사 날짜를 정한 뒤에 그 상황을 불편하게 여기게 된 요인으로 볼 수 있다.

③ '서걱거리는 소리'와 '불규칙한 마찰음'에서 드러나는 집 주변 환경의 차이는, 두 집에 대해 '나'가 느끼는 친밀감의 차이를 유발할* 수 있음을 예상할 수 있겠군.

⋯→ '서걱거리는 소리'는 '천변' 집의 앞마당에 있는 오동나무의 무성한 잎사귀에서 나는 소리이고, '불규칙한 마찰음'은 이사하기로 한 집 주변에서 들려오는 소음이다. 이러한 차이로 인해 '나'는 오동나무의 아름다운 모습을 볼 수 있는 '천변' 집에 친밀감을 느끼는 반면, 여기저기서 소음이 들려오는 이사 갈 집에 대해 거리감을 느끼게 될 것으로 예상할 수 있다.

* 유발하다(誘發--): 어떤 것이 다른 일을 일어나게 하다. 예 움직이는 장난감은 아기의 흥미를 유발했다.

④ '창문'을 '막아 버린' 방은 '채광 통풍조차' 되지 않는 속성으로 인해, 지금 살고 있는 집에 대한 '나'의 정서적 반응과는 다른 정서적 반응을 일으키는 요인이 될 수 있겠군.

⋯→ '나'에게 지금 살고 있는 '천변' 집은 아름다운 주변 환경과 추억이 있는 곳이기에 애착의 대상이다. 이와 달리 이사 갈 집의 '창문'을 '막아 버린' 방은 '채광 통풍조차' 되지 않는 속성으로 인해 그 집의 구조를 천박하게 느끼게 하는 부정적 반응을 일으킨다.

⑤ '우리들'의 상황이 '잘못 날아든 참새들 같'다고 한 것은, 변화될 거주 여건을 낯설어하는 심리를 비유적으로 드러낸 것이라 할 수 있겠군.

⋯→ '나'는 이사 갈 집을 기웃거리며 들여다보는 '우리들'의 상황이 '잘못 날아든 참새들' 같다고 느낀다. 이는 〈보기〉의 '낯선 공간에 대한 정서적 반응'에 해당하는 것으로, 변화될 거주 여건을 낯설어하는 심리를 비유적으로 드러낸 것이다.

현대 소설 **05** 크리스마스 캐럴 5

▶ 문제편 102~104쪽

정답 | 01 ⑤ 02 ④ 03 ③ 04 ③

[01~04] 다음 글을 읽고 물음에 답하시오. 2023 9월 모의평가

제대로 작품 분석 ▶〈보기〉에서 적절한 것을 골라 넣으며 작품을 분석해 보자.

[장면 1] (처음 ~ 중략 이전)

소주제: 밤이면 '나'의 겨드랑이에 파마늘이 돋는 증상이 생김.

- 이변: 예상하지 못한 사태나 괴이한 변고
- 파마늘: 파마늘이 주는 통증은 자유에 대한 요구를 상징
- 밤 12시부터 ~ 알 길이 없다는 것: 이변의 전모
- 나: 서술자이자 주인공
- 그 시간에는 ~ 멀쩡했기 때문이다: 의사 앞에서는 '나'의 증상이 나타나지 않음.
- 하루 이틀이지 ~ 지내야 했기 때문이다: 서술상의 특징 – 사건에 대한 '나'의 내적 반응을 '나'의 목소리로 제시함.
- 도적놈: 1
- 뜰에 나와 있어도 ~ 편한 상태가 되었다: 이상한 일 – 겨드랑이의 통증이 거리를 거닐면 깨끗이 나음.
- 통행 제한: 2
- 12시부터 4시까지는 ~ 나다니지 말기: 관청에서 정한 규칙의 내용
- 이 도덕률을 지키는 한 ~ 죽을는지도 모른다: 규칙을 지키면 겨드랑이의 통증을 해결할 수 없음.

[장면 2] (중략 이후 ~ 누룩 반죽처럼)

소주제: 밤 산책을 계속하면서 산책의 성격이 변질됨.

- 산책: 자유를 위한 실천을 상징
- 은신처: 경관이 나타나자 '나'가 몸을 감춘 공간
- 혁명가, 간첩, 도적놈: '나'가 자신의 행동을 이해하기 위해 비교해 보는 대상
- 치료라는 순전히 공리적인 이유: 처음 산책을 시작한 목적
- 나의 산책의 ~ 누룩 반죽처럼: 3

[장면 3] (기적, 기적, 경악 ~ 끝)

소주제: 밤 산책을 하던 중 겨드랑이에 작은 날개가 돋은 것을 발견함.

- 바위틈: 4
- 내 겨드랑에는 ~ 돋아나 있었다: 내 몸에 일어난 희한한 일 – 날개가 돋음.
- 귓바퀴가 말을 ~ 참말 부끄러워졌다: '나'의 부끄러움 – 자유를 의지대로 실현하기 어려운 한계에 대한 인식

– 최인훈, 〈크리스마스 캐럴 5〉

❖ 제대로 작품 분석의 〈보기〉

㉠ 자유가 억압되는 시대적 상황을 보여 줌.
㉡ 겨드랑이에 난 것을 확인하기 위해 몸을 숨긴 공간
㉢ 자신의 집인데도 방에 들어가지 못하는 '나' 자신을 비유한 말
㉣ 산책의 의미가 단순한 치료에서 자유를 위한 실천으로 확장됨.

❖ 제목의 의미

크리스마스를 소재로 서구 문물의 무분별한 수용과 한국의 암울한 정치 상황을 결부하여 한국 사회의 문제를 파헤치고 있는 연작 소설 《크리스마스 캐럴》의 마지막 작품이다. 〈크리스마스 캐럴 5〉에서는 1960년대의 야간 통행금지 상황을 내세워 한국 사회의 억압적이고 폐쇄적인 정치 상황을 조명하고 있다.

❖ 작가 소개

최인훈(崔仁勳, 1936~2018): 소설가이자 희곡 작가. 현대인의 고뇌와 불안을 다채로운 플롯과 기교로 표현한, 전후의 주목할 만한 작가로 손꼽힌다. 남북의 이데올로기를 동시에 비판한 소설 〈광장〉으로 1960년대 문학의 지평을 열었다는 평가를 받는다. 주요 작품으로 〈회색인〉, 〈총독의 소리〉 등의 소설과 〈옛날 옛적에 훠어이 훠이〉 등의 희곡이 있다.

❖ 전체 줄거리

1959년 여름의 어느 날 밤부터 '나'의 겨드랑이에 통증이 일어나며 파마늘 같은 것이 돋아난다. 이 증상은 야간 통행금지 시간에 방 안에 있을 때만 나타났으며, 바깥에 나가면 씻은 듯이 없어졌다. '나'는 증상을 치료하기 위해 통행금지 시간에 몰래 밤 산책을 나가기 시작해 서울 시내 곳곳을 돌아다닌다. 그러다 '나'가 산책의 목적이 변질되었다고 느낄 무렵, 겨드랑이에서 파마늘이 아닌 작은 날개가 돋아난 것을 보게 된다. 4·19 이후에 한동안 날개가 잠잠했지만 곧 다시 증상이 나타난다. 날개는 사람이 있는 방향으로 가면 쑤시기 시작했기에 '나'는 자연스럽게 사람을 피해 밤 산책을 한다. 5·16 이후에도 통행 제한이 사라지지 않자 계속해서 몰래 밤 산책을 다니던 '나'는 거리에 사람들이 많은 크리스마스이브에는 밤 산책을 하지 못한다. 몇 해의 크리스마스가 지나면서 '나'는 고통이 없어지려면 통행 제한이 없어져야 한다는 것을 알게 되고, 언제까지 이러한 생활이 계속될 것인지 생각한다.

❖ 핵심 정리

- 갈래: 단편 소설, 연작 소설
- 성격: 상징적, 비판적
- 배경: 시간 – 1950년대 말~1960년대 초
  공간 – 서울
- 주제: 자유가 억압된 시대 상황 속에서 자유의 가능성과 그 한계
- 특징: ① 주인공인 서술자가 사건에 대한 내적 반응을 자신의 목소리로 제시함.
  ② 상징적 사건을 통해 억압적 시대 상황에 대한 비판적 시각을 드러냄.

제대로 감상법 모범 답안

최인훈, 〈크리스마스 캐럴 5〉

❶ 자유 ❷ 산책 ❸ 날개

❖ 제대로 작품 분석

1 ㉢ 2 ㉠ 3 ㉣ 4 ㉡

01

정답률 **90%**

윗글의 서술상 특징으로 가장 적절한 것은?

정답인 이유

⑤ 사건에 대한 중심인물의 내적 반응을 중심인물 자신의 목소리를 통해 제시하고 있다.

··· 이 글에는 중심인물인 '나'의 겨드랑이에 밤만 되면 파마늘이 돋는 증상이 나타난 일과 그로 인해 밤 산책을 다니게 된 사건이 제시되어 있다. 그리고 '줄곧 밖에서 새운다는 것은 못 할 일이었다.', '참으로 이상한 일도 다 있었다.' 등과 같이 사건에 대한 '나'의 반응을 '나'의 목소리를 통해 제시하고 있다.

오답인 이유

① 시간의 순서를 뒤바꾸어 이야기의 인과 관계를 재구성하고 있다.
× → 시간의 흐름에 따라 서술 ×

··· 이 글에서는 '나'의 겨드랑이에 파마늘이 돋기 시작한 뒤 일어난 사건을 시간의 흐름에 따라 제시하고 있을 뿐, 시간의 순서를 뒤바꾸어 서술하고 있지는 않다. 따라서 이를 통해 이야기의 인과 관계를 재구성하고 있다고 볼 수도 없다.

② 유사한 사건을 반복해서 제시하며 서술의 초점을 분산시키고 있다.
×

··· '나'는 겨드랑이에 파마늘이 돋는 증상을 치료하기 위해 밤 산책

을 다녔는데, 밤 산책의 성격이 변질되기 시작했을 때 겨드랑이에 작은 날개가 돋은 것을 발견하게 된다. 즉, 겨드랑이에 생긴 이변과 관련된 사건이 이어서 제시되고 있으므로, 유사한 사건을 반복적으로 제시하며 서술의 초점을 분산시키고 있다고 볼 수 없다.

③ 장면에 따라 서술자를 달리하여 사건의 의미를 입체적으로 조명하고 있다.
× → 서술자는 계속해서 '나'임.
…→ 이 글의 서술자는 계속해서 '나'이므로, 장면에 따라 서술자를 달리하여 사건의 의미를 입체적으로 조명하고 있다고 볼 수 없다.

④ 공간의 이동에 따른 인물의 경험을 다른 인물의 시선을 통해 서술하고 있다.
× → '나'의 시선으로 서술
…→ 이 글에는 '방', '뜰', '거리' 등 공간의 이동에 따른 '나'의 경험이 나타나 있다. 그러나 이러한 경험은 모두 '나'의 목소리로 전달되고 있을 뿐, 다른 인물의 시선을 통해 서술되고 있지 않다.

02

정답률 55% | 매력적인 오답 ⑤ 15%

윗글에 대한 이해로 적절하지 않은 것은?

정답인 이유

④ '나'는 '시민'이 정한 규칙을 준수해야 하는 '페어플레이'를 지키지 못하게 되어 고민한다.
× → 관청에서 정한 규칙임.
…→ '나'는 겨드랑이에 파마늘이 돋고 통증이 느껴지는 증상이 밖에서 산책을 하면 나아짐을 알게 되는데, 문제는 산책을 해야 하는 시간이 행정상의 통행 제한 시간과 겹치는 점이었다. 이에 '나'는 관청에서 정한 통행금지 규칙을 따르면 자신의 겨드랑이가 요절이 나고 자신은 죽을지도 모른다며 고민한다. 즉, '나'가 '페어플레이를 지키는 사람'으로서 지켜야 하는 규칙은 '12시부터 4시까지는 모든 시민은 밖에 나다니지 말기'라는 관청에서 정한 규칙이다.

오답인 이유

⑤ (매력적인 오답) '혁명가'와 '간첩'은 '나'가 자신의 행동을 이해하기 위해 자신과 비교해 보는 대상이다.
…→ '나'는 밤 산책을 하다 경관을 만나자 몸을 숨기고는, 그 순간에 '내가 혁명가였다는 것도 분명한 사실', '분명히 간첩이었던 것'이라고 생각한다. 이는 몸을 숨긴 자신의 행동을 이해하기 위해 자신을 '혁명가', '간첩'과 비교해 본 것으로 이해할 수 있다.

① '의사'가 '나'의 증상을 진단하지 못한 것은 '나'의 증상이 '의사' 앞에서는 나타나지 않았기 때문이다.
…→ '나'는 밤 12시부터 새벽 4시 사이에 겨드랑이에 파마늘이 돋는 증상이 나타났는데, 의사에게 진단을 받은 시간에는 겨드랑이가 멀쩡했기 때문에 의사는 '나'에게 전혀 이상이 없다고 말한다.

② '나'는 자신의 집에서 '도적놈'과 비슷한 방식으로 행동하곤 했다.
…→ '나'는 방에 있으면 겨드랑이가 쑤시는 증상이 나타나고 밖에 나가면 그 증상이 괜찮아졌기 때문에, 겨드랑이에 파마늘이 돋을 때면 '도적놈'처럼 뜰의 어느 구석에 숨어서 밤을 지냈다고 하였다.

③ '뜰'에서의 '나'의 고통은 '방'에서보다는 덜하지만 완전히 사라지지는 않는다.
…→ '나'의 겨드랑이가 쑤시는 증상은 밖에 나가면 씻은 듯이 괜찮아졌다. 하지만 '뜰에 나와 있어도 가끔 뜨끔거리고 손을 대 보면 미열이 있'었다고 한 것으로 보아, 뜰에서의 '나'의 고통은 방에서보다는 덜하지만 완전히 사라지지는 않았음을 알 수 있다.

03

정답률 89%

㉠과 ㉡에 대한 이해로 가장 적절한 것은?
(㉠ 은신처, ㉡ 바위틈)

정답인 이유

③ ㉠은 ㉡과 달리, 타인의 출현으로 인해 몸을 감춘 공간이다.
○ → 경관의 출현으로 인해 몸을 감춤.
…→ ㉠의 '은신처'는 밤거리를 몰래 산책하다가 경관을 마주치고 몸을 숨긴 공간이므로, '나'가 타인의 출현으로 인해 몸을 감춘 공간이다. 이와 달리 ㉡의 '바위틈'은 겨드랑이에 난 것을 확인하기 위해 몸을 숨긴 공간이므로, '나'가 타인의 출현으로 인해 몸을 감춘 공간이 아니다.

오답인 이유

① ㉠은 정신적 안정을, ㉡은 신체적 회복을 위한 공간이다.
…→ ㉠은 경관을 피해 숨은 공간일 뿐 정신적 안정과 관련이 없고, ㉡ 역시 신체의 변화를 확인하는 공간일 뿐 신체적 회복과 관련이 없다.

② ㉠은 윤리적인, ㉡은 정치적인 이유로 몸을 숨기는 공간이다.
…→ ㉠은 통행 제한을 어긴 것을 경관에게 들키지 않기 위해 숨은 공간일 뿐 윤리적인 이유와 관련이 없고, ㉡ 역시 겨드랑이에 난 것을 확인하기 위해 몸을 숨긴 공간일 뿐 정치적인 이유와 관련이 없다.

④ ㉡은 ㉠과 달리, 반복적으로 사용하는 공간이다.
…→ ㉠과 ㉡ 모두 일시적으로 몸을 숨긴 공간일 뿐 반복적으로 사용하는 공간이 아니다.

⑤ ㉠과 ㉡은 모두, 과거의 자신을 긍정하는 공간이다.
…→ ㉠과 ㉡ 모두 '나'가 당시의 필요에 따라 선택한 공간일 뿐, 과거의 자신을 긍정하는 모습과는 관련이 없는 공간이다.

04

정답률 73% | 매력적인 오답 ⑤ 15%

〈보기〉를 바탕으로 윗글을 감상한 내용으로 적절하지 않은 것은? [3점]

〈보기〉

〈크리스마스 캐럴 5〉는 자유가 억압된 시대적 상황에서 자유의 가능성과 한계를 묻는 작품이다. '나'의 겨드랑이에 돋은 정체불명의 파마늘이 주는 통증은 자유에 대한 요구를, 그로 인한 밤 '산책'은 자유를 위한 실천을 의미한다. 작품은 처음에는 명료하지 않고 미약했던 자유를 향한 의지가 밤 산책을 거듭하면서 심화되는 모습과 함께 그 과정에서 생기는 문제점을 드러낸다.

(작품의 주제 의식 / 겨드랑이의 통증이 지닌 의미 / 산책의 의미 / 파마늘이 날개의 형상으로 바뀜.)

정답인 이유

③ '공리적인' 목적을 가지고 있었던 산책이 점차 '누룩 반죽'처럼 '변질'되었다는 표현은, 자유의 필요성이 망각되어 자유를 위한 실천의 목적이 훼손되는 문제점에 대한 비판이겠군.
× → 산책의 의미가 자유를 위한 실천으로 확장됨.
…→ '나'는 처음에 겨드랑이의 통증을 치료하려는 공리적인 목적으로 산책을 시작했는데, 지금은 통증이 없어져도 금지된 산책을 그만둘 수 있을지 의심스럽다고 하였다. 밤 산책이 자유를 위한 실천을 의미한다는 〈보기〉의 내용을 참고할 때, 산책의 성격이 점차 '누룩 반죽'처럼 '변질'되었다는 표현은 산책의 의미가 치료를 위한 행위에서 자유를 위한 실천으로 확장되었음을 나타낸 것으로 이해할 수 있다.

따라서 산책이 '변질'되었다는 표현을 자유를 위한 실천의 목적이 훼손되는 문제점에 대한 비판을 나타낸 것으로 볼 수 없다.

오답인 이유

⑤ **(매력적인 오답) '날개'가 '귓바퀴' 같다는 점에 대해 '나'가 느낀 부끄러움은, 여러 차례의 산책에도 불구하고 자유를 의지대로 실현하기 어려웠던 한계에 대한 인식으로 볼 수 있겠군.**

⋯➝ '나'는 날개를 움직이려고 했지만, '귓바퀴'가 말을 안 듣는 것처럼 날개가 움직이지 않아 부끄러워졌다고 하였다. 이 작품이 자유를 향한 의지가 심화되는 과정에서 생기는 문제점을 드러내고 있다고 한 〈보기〉의 내용을 참고할 때, 날개가 돋은 것은 자유를 향한 의지가 심화되는 모습을, 그러한 날개를 마음대로 움직이지 못하는 부끄러움은 자유를 의지대로 실현하기 어려웠던 한계에 대한 인식을 나타낸 것으로 볼 수 있다.

① **'통행 제한'으로 인해 산책의 자유가 제한된 상황은, 단순히 이동의 자유에 대한 억압만이 아니라 자유가 억압되는 시대적 상황 자체에 대한 문제 제기라고 할 수 있겠군.**

⋯➝ '나'는 겨드랑이의 통증 때문에 밤 산책이 필요하지만, 밤 12시부터 새벽 4시 사이는 통행 제한 시간이기에 몰래 밤 산책을 다녀야 했다. 작품에 자유가 억압된 시대적 상황이 반영되어 있다는 〈보기〉의 내용을 참고할 때, '나'에게 반드시 필요한 산책의 자유가 제한된 상황은 이동의 자유를 포함해 자유가 억압되는 시대적 상황에 대한 문제 제기라고 볼 수 있다.

② **'파마늘'이 돋을 때의 극심한 통증은, 자유가 그만큼 절박하게 요구되었던 상황을 보여 주는 동시에 자유를 얻기 위해 필요한 고통을 암시하기도 하겠군.**

⋯➝ '나'는 겨드랑이에 정체불명의 파마늘이 돋으며 극심한 통증을 느끼고, 이를 치료하기 위해 몰래 밤 산책을 다닌다. 파마늘이 주는 통증은 자유에 대한 요구를, 그로 인한 밤 산책은 자유를 위한 실천을 의미한다는 〈보기〉의 내용을 참고할 때, 파마늘이 돋을 때의 극심한 통증은 자유에 대한 요구가 그만큼 절박하다는 점, 자유를 얻기 위해서는 고통이 필요하다는 점을 암시한다고 볼 수 있다.

④ **정체불명의 파마늘이 '날개'의 형상으로 바뀐 것은, 처음에는 명료하지 않았던 자유를 향한 의지가 산책을 통해 심화되었다는 것을 의미하겠군.**

⋯➝ 파마늘이 돋아난 겨드랑이의 통증을 치료하기 위해 밤 산책을 다니던 '나'는 어느 순간 겨드랑이에서 날개가 돋아난 것을 보게 된다. 처음에는 명료하지 않고 미약했던 자유를 향한 의지가 밤 산책을 거듭하면서 심화된다고 한 〈보기〉의 내용을 참고할 때, 정체불명의 파마늘은 명료하지 않고 미약했던 자유를 향한 의지를, 날개는 자유를 향한 의지가 심화된 모습을 의미한다고 볼 수 있다.

현대소설 06 미스터 방

▶ 문제편 105~107쪽

정답 | 01 ③ 02 ① 03 ③ 04 ⑤

[01~04] 다음 글을 읽고 물음에 답하시오. 2023 6월 모의평가

제대로 작품 분석 ▶〈보기〉에서 적절한 것을 골라 넣으며 작품을 분석해 보자.

[장면 1] (처음 ~ 날두 산산허구 허니)

소주제: 서 주사가 적은 돈을 두고 갔다며 비난하는 방삼복

- 서 주사: 미스터 방에게 청탁하러 온 인물
- 들고 올라온 각봉투 한 장: 서 주사가 전한 뇌물
- 소절수: 수표
- 미스터 방: 방삼복. 허세가 심하고 기회주의적이며 자신의 이익을 우선시하는 인물
- 다다미: 마루방에 까는 일본식 돗자리
- 불하: 국가의 재산을 개인에게 팔아넘기는 일
- 그래 겨우 둔 만 원야?: 서 주사가 두고 간 돈이 적다며 비난함.
- 내가 엠피헌테 ~ 모를 줄 모르구서: 미군의 권력에 기대어 사익을 추구하는 인물의 부정적 모습
- 내 말 한마디에, ~ 경 좀 쳐 봐라……: 1

[장면 2] (새로이 안주가 오고 ~ 목숨만 우선 보전하였다)

소주제: 일제 강점기에 호사스럽게 살았던 백 주사 일가의 몰락

- 백 주사: 방삼복의 힘을 빌려 일제 강점기에 누렸던 부를 되찾고자 함.
- 진작부터 벼르던 이야기: 2
- 백선봉은, 순사 임명장을 ~ 패물과를 장만하였다: 일제에 기대어 재산을 축적한 인물의 부정적 모습 나열
- 남들은 주린 창자를 ~ 날이 없었다: 일제의 앞잡이로 호사스러운 삶을 누린 백선봉
- 광목 여섯 필 ~ 설탕 한 부대: 백선봉이 부정하게 모은 물건 나열 – 군중의 놀람과 분노 표현
- 지카다비: 일본 버선 모양의 노동자용 작업화
- 도지: 남의 논밭을 빌려서 부치고 논밭을 빌린 대가로 해마다 내는 벼
- 집과 세간 죄다 ~ 목숨만 우선 보전하였다: 백 주사 일가의 몰락

[장면 3] (백 주사는 비싼 여관 밥을 ~ 끝)

소주제: 방삼복의 권세를 빌려 빼앗긴 재산을 되찾으려는 백 주사

- 어떻게 하면 빼앗긴 ~ 아무런 묘책도 없었다: 3
- 이 미스터 방을 만났다: 백 주사의 시각에서 서술함.
- 신기료장수: 헌 신을 꿰매어 고치는 일을 직업으로 하는 사람
- 코삐뚤이 삼복이: 방삼복에 대한 백 주사의 인식이 드러남.
- 의표: 차린 모습
- 진소위: 정말 그야말로
- 또 한 번 어깨가 ~ 아니치 못하였다: 4
- 이 녀석이, 언제 적 ~ 심히 불쾌하였고: 방삼복의 태도를 불쾌하게 여김.
- 엔간히 자리를 ~ 그러나 참았다: 방삼복에 대한 반감과 기대감이 뒤섞임.
- 잘만 하면 그 힘을 ~ 있을 듯싶었다: 방삼복의 힘을 빌려 분풀이를 하고 재산을 되찾고 싶어 함.

– 채만식, 〈미스터 방〉

❖ **제대로 작품 분석의 〈보기〉**

㉠ 잘못을 반성할 줄 모르는 친일파의 모습
㉡ 자신과 가족들의 억울함을 하소연하는 내용
㉢ 백 주사 앞에서 자신의 위세를 드러내는 방삼복
㉣ 몰락한 자신의 처지와 상반되는 방삼복의 모습에 주눅이 듦.

❖ 제목의 의미

'미스터 방'은 주인공 방삼복이 미군 통역관이 되어 불리게 된 이름이다. 광복 직후의 혼란한 시대 상황을 배경으로, 역사에 대한 바른 인식 없이 권세를 누리며 부정하게 재산을 쌓는 주인공의 부정적인 면모를 통해 당시의 혼란스러운 세태를 드러내고 있다.

❖ 작가 소개

채만식(蔡萬植, 1902~1950): 소설가. 호는 백릉(白菱). 와세다 대학 영문과 중퇴. 1924년 《조선 문단》에 〈세 길로〉를 발표하며 등단하였다. 작품을 통해 당시 지식인 사회의 고민과 약점을 풍자하고, 사회 부조리와 갈등을 사실적으로 묘사하였다. 주요 작품으로 〈탁류〉, 〈태평천하〉, 〈치숙〉, 〈미스터 방〉 등이 있다.

❖ 전체 줄거리

지금은 미스터 방으로 불리는 방삼복은 일제 강점기 때 신기료장수를 하며 생계를 유지했다. 그러다 광복이 되고 미군이 서울에 주둔했을 때 귀동냥으로 익힌 영어를 이용해 미군 S 소위의 통역관이 되어 재산을 쌓고 권세를 누린다. 그러던 중 방삼복은 길에서 우연히 고향 사람인 백 주사를 만나 그를 집으로 데려와 술을 마신다. 백 주사는 일제 강점기에 순사였던 아들 덕에 많은 재산을 모으는 한편 지주로서 도지를 많이 걷고 고리대금까지 한 인물로, 광복 때 군중의 습격으로 재산을 모두 빼앗기고 서울로 도망을 온 상황이었다. 백 주사는 방삼복에게 재산을 다시 찾을 수 있게 해 달라고 부탁하고, 이에 방삼복은 흔쾌히 수락한다. 술을 마시면 양치하는 습관이 있던 방삼복은 입을 헹구고 머금은 물을 창밖에 뱉는다. 그 물이 마침 그를 찾아온 S 소위의 얼굴에 맞고, 이에 화가 난 소위는 욕을 하며 방삼복을 때린다.

❖ 핵심 정리

- 갈래: 풍자 소설, 세태 소설
- 성격: 풍자적, 현실 비판적
- 배경: 시간 – 광복 직후
  공간 – 서울
- 주제: 광복 직후의 혼란한 세태와 기회주의적 인간에 대한 풍자
- 특징: ① 인물을 희화화하여 해학과 풍자의 효과를 높임. ② 냉소적 어조, 판소리 사설 문체를 사용함.

제대로 감상법 모범 답안

채만식, 〈미스터 방〉

❶ 방삼복 ❷ 백 주사 ❸ 위세

❖ 제대로 작품 분석

1ⓔ 2ⓛ 3ⓖ 4ⓡ

01

정답률 70% | 매력적인 오답 ④ 15%

윗글의 대화를 중심으로 '방삼복'을 이해한 것으로 가장 적절한 것은?

정답인 이유

③ **눈앞에 없는 사람을 비난하고 위협함으로써 함께 있는 상대에게 자신의 위세*를 드러내고 있다.**
○ → 자리에 없는 서 주사를 비난하고 위협함.
○ → 함께 있는 백 주사에게 자신의 위세를 드러냄.

…› 방삼복은 서 주사가 두고 갔다며 아내가 전해 준 봉투를 뜯어 보고는 '겨우 둔 만 원야?'라고 비난하면서, 자신이 미군 헌병한테 말하면 그가 곤경에 처하게 될 것이라며 서 주사를 위협하는 말을 한다. 방삼복은 자신이 집으로 초대한 백 주사 앞에서 이러한 말을 하는데, 이 말에는 백 주사에게 자신의 위세를 드러내려는 의도가 담겨 있다고 볼 수 있다.

* 위세(位勢): 지위와 권세를 아울러 이르는 말 ㉠ 그는 정승으로서의 위세와 부귀영화도 마다하고 낙향했다.

오답인 이유

④ **(매력적인 오답) 차에서 내려 상대에게 먼저 알은체하며 동승자에게 자신의 인맥을 과시하고 있다.**
× → 동승자에게 인맥을 과시하지는 않음.

…› 서양 사람과 차를 타고 가다 내린 방삼복은 백 주사와 어쩌다 눈이 마주치자 알은체한 뒤 백 주사를 자신의 집으로 데리고 왔을 뿐, 동승자인 서양 사람에게 자신의 인맥을 과시하고 있지는 않다.

① **자신이 꾸미고 있는 일에 관심 없는 상대에게 자기 업무를 떠넘기는 뻔뻔함을 보이고 있다.**
× → 나타나지 않음.

…› 방삼복이 아내나 백 주사에게 자기 업무를 떠넘기는 뻔뻔함을 보이는 모습은 나타나 있지 않다.

② **질문에 대꾸하지 않음으로써 상대가 같은 질문을 반복하도록 거드름을 피우고 있다.**
× → 나타나지 않음.

…› 방삼복이 아내와의 대화나 백 주사와의 대화에서 질문에 대꾸하지 않음으로써 상대가 같은 질문을 반복하도록 하는 모습은 나타나 있지 않다.

⑤ **상대가 이름을 제대로 말하기 전에 말을 가로채 상대에 대한 열등감을 감추고 있다.**
× → 열등감을 감추려는 의도는 아님.

…› 방삼복은 백 주사가 자신의 이름을 말하지 못하자 대신 "네, 삼복입니다."라며 자신의 이름을 밝힌다. 방삼복은 자신의 이름을 밝히고 백 주사를 집으로 데리고 가며 자신의 달라진 처지를 드러내고 있을 뿐, 상대에 대한 열등감을 감추고 있지는 않다.

02

정답률 80% | 매력적인 오답 ③ 10%

㉠과 ㉡에 대한 설명으로 가장 적절한 것은?

정답인 이유

① **㉠과 ㉡에는 모두 외세에 기대어 사익을 추구하는 인물의 부정적 모습이 드러난다.**
○ → ㉠은 미군, ㉡은 일제에 기대어 사익을 추구하는 모습

…› ㉠은 자신이 미군 헌병에게 말하면 서 주사를 곤경에 빠뜨릴 수 있다는 의미의 말로, 미군에 기대어 위세를 부리는 방삼복의 부정적 모습이 드러나 있다. 또한 ㉡은 백선봉이 일제 강점기 때 순사로 일하며 재산을 축적했다는 내용으로, 일제의 권력에 기대어 사익을 추구한 인물의 부정적 모습이 드러나 있다.

오답인 이유

③ **(매력적인 오답) ㉠과 ㉡에는 모두 사회적 지위를 이용하여 타인의 권익*을 침해하는 인물이 몰락하는 모습이 드러난다.**
×

…› ㉠에는 방삼복이 미군 헌병과 가까운 지위를 이용해 타인을 위협하려는 태도가, ㉡에는 백선봉이 순사로서의 지위를 이용한 상황이 나타나 있다. ㉠과 ㉡에 인물이 몰락하는 모습은 드러나 있지 않다.

* 권익(權益): 권리와 그에 따르는 이익 ㉠ 국회에서는 노동자의 권익을 보호하는 법을 통과시켰다.

② **㉠과 ㉡에는 모두 외세와 이를 돕는 인물 간의 권력 관계가 일시적으로 역전된 모습이 드러난다.**
×

…› ㉠에서는 미군과 방삼복, ㉡에서는 일제와 백선봉의 권력 관계를 알 수 있는데, 이 관계가 일시적으로 역전된 모습은 나타나

있지 않다.

④ ㉠에는 권력을 향한 인물의 조바심이, ㉡에는 권력에 의한 인물의 좌절감이 드러난다.

×　×

…→ ㉠에는 권력을 이용할 수 있다는 방삼복의 태도가 나타날 뿐 그의 조바심은 드러나지 않으며, ㉡에는 권력을 이용하여 부를 누리게 된 백선봉의 상황이 드러날 뿐 그의 좌절감이 드러나지는 않는다.

⑤ ㉠에는 자신의 권위에 대한 인물의 확신이, ㉡에는 추락한 권위를 회복할 수 있다는 인물의 자신감이 드러난다.

○　×

…→ ㉠은 말 한마디면 미군 헌병을 이용할 수 있다는 말로, 자신의 권위에 대한 방삼복의 확신이 드러난다. 그러나 ㉡에는 부를 누리게 된 백선봉의 상황이 드러날 뿐 그의 권위가 추락한 상황이나 그것을 회복할 수 있다는 자신감이 드러나지는 않는다.

03

정답률 87%

ⓐ~ⓔ에 대한 이해로 적절하지 않은 것은?

정답인 이유

③ ⓒ: 신수가 좋고 재력이 대단해 보이는 방삼복의 모습에 고향 사람에 대한 자부심을 갖게 되었음을 보여 준다.

× → 불쾌하게 여김.

…→ ⓒ는 과거와 다르게 신수가 좋고 재력이 대단해 보이는 방삼복에 대한 백 주사의 반응이다. 이어지는 내용에서 보면 백 주사는 방삼복의 태도가 무엄스럽다고 생각해 불쾌하게 여기고 있다.

오답인 이유

① ⓐ: 스스로는 문제 해결이 불가능한 상태임을 강조하여 인물의 답답한 처지를 보여 준다.

'아무런 묘책도 없었다'

…→ ⓐ는 백 주사가 빼앗긴 재물을 되찾을 궁리를 했지만 아무 방법이 없었다는 것으로, 겨우 목숨만 보전한 백 주사의 답답한 처지를 보여 준다.

② ⓑ: 방삼복의 제안에 엉겁결*에 따라가는 모습을 통해 인물이 얼떨떨한 상태임을 보여 준다.

'잡아끄는 대로 끌리어 온 것'

…→ ⓑ는 우연히 방삼복과 마주치고 그의 변한 모습에 놀라워하던 백 주사가 집으로 가자는 방삼복이 이끄는 대로 끌려왔다는 것으로, 이때 백 주사는 얼떨떨한 상태라고 볼 수 있다.

* 엉겁결: 미처 생각하지 못하거나 뜻하지 아니한 순간 예 그는 너무 놀라서 엉겁결에 비명을 질렀다.

④ ⓓ: 자신의 처지를 방삼복과 비교하면서 주눅이 들었음을 보여 준다.

'일조에 몰락하여 ~ 초라한 자기'　'어깨가 옴츠러듦'

…→ ⓓ에서 백 주사는 방삼복 앞에서 어깨가 옴츠러듦을 느끼는데, 이는 자신이 몰락하여 초라한 처지가 된 상황이 성공한 방삼복과 대비되었기 때문이다.

⑤ ⓔ: 방삼복에게 도움을 받을 수 있다는 기대감과 그에 대한 반감이 뒤섞여 있음을 보여 준다.

방삼복이 큰 세도를 부리는 듯해 일어나고 싶은 것을 참음.　'자리를 털고 일어설 생각'

…→ ⓔ에서 백 주사는 자리를 털고 일어설 생각이 몇 번이나 났지만 참고 있다. 이는 방삼복의 무엄스러운 태도에 반감을 느껴 자리를 떠나고 싶었지만, 방삼복이 큰 세도를 부리는 듯하니 그의 힘을 빌려 빼앗긴 재물을 되찾을 수 있을지도 모른다는 기대가 생겼기 때문이다.

04

정답률 45% | 매력적인 오답 ② 27%

〈보기〉를 참고하여 [A]~[E]를 감상한 내용으로 적절하지 않은 것은? [3점]

〈보기〉

'진작부터 벼르던 이야기'는 백 주사가 자신과 가족의 억울함을 하소연하는 부분이다. 그런데 서술자는 그 '이야기'를 서술자의 시선뿐 아니라 여러 인물들의 시선으로 초점화하여 서술함으로써 독자와 작중 인물 간의 거리를 조절한다. 또한 세부 항목을 하나씩 나열하여 장면의 분위기를 고조하고 정서를 확장하는 서술 방법으로 독자에게 현장감을 전해 준다. 이때 독자는 백 주사와 그의 가족에게 고통받았던 사람들의 입장에 서서 그들을 비판적으로 보게 된다.

(백 주사의 하소연을 서술한 부분의 특징 ① / 서술 방식의 효과 ① / 백 주사의 하소연을 서술한 부분의 특징 ② / 서술 방식의 효과 ② / 서술 방식의 효과 ③)

정답인 이유

⑤ [E]: 백 주사 '가족'의 몰락을 보여 주는 사건들을 백 주사의 시선으로 일관되게 초점화하여 그들에게 고통받았던 사람들의 편에 선 독자가 통쾌함을 느끼게 하고 있군.

× → 서술자의 시선임.

…→ [E]는 집과 세간이 부서지고 백선봉과 백 주사가 피신하는 등 백 주사 가족의 몰락을 보여 주는 장면이다. 그런데 '백 주사는 서울로 각기 피신하여'라는 서술로 볼 때, 이 장면을 백 주사의 시선으로 일관되게 초점화하고 있다고 볼 수 없다.

오답인 이유

② (매력적인 오답) [B]: 부정하게 모은 많은 물건들을 하나씩 나열하여 습격 당시 현장의 들뜬 분위기를 환기함으로써 '군중'의 놀람과 분노를 독자에게 전하려 하고 있군.

'광목 여섯 필 ~ 설탕 한 부대'
광복을 맞아 백 주사네를 습격한 흥분된 분위기 환기

…→ [B]는 군중들이 부정하게 재산을 모은 백선봉의 집을 습격했을 때 그의 집에서 발견한 물건들을 나열한 것이다. 이는 광복을 맞아 순사의 집을 습격한 현장의 흥분된 분위기를 환기하는 것으로, 많은 이들이 고통을 겪던 상황에서도 백선봉이 엄청난 부를 누렸다는 사실에 대한 군중의 놀라움과 분노를 드러내고 있다.

① [A]: 백선봉의 풍요로운 생활을 '남들'의 굶주린 생활과 비교하여 서술함으로써 독자가 그를 비판적으로 보게 하고 있군.

'정백미가 몇 가마니씩 쌓였고~'　'주린 창자를 졸라맬 때'

…→ [A]에서는 광에 옥 같은 정백미가 몇 가마니씩 쌓여 있는 백선봉의 풍요로운 생활과 주린 창자를 졸라맬 수밖에 없는 '남들'의 굶주린 생활을 대비하고 있다. 이를 통해 독자로 하여금 일제 강점기에 순사였던 백선봉을 비판적으로 바라보게 하고 있다.

③ [C]: '있었더란다'를 통해 누군가에게 들은 것처럼 전하면서도, 전하는 내용을 '군중'의 시선으로 초점화하여 독자가 '군중'의 입장에 서도록 유도하고 있군.

= 있었더라고 한다

…→ '있었더란다'는 누군가에게 들은 이야기를 전하는 표현이다. [C]에서는 군중이 목격한 내용을 군중의 시선으로 초점화함으로써 독자가 군중의 입장에서 사건을 바라보도록 유도하고 있다.

④ [D]: '동네 사람'의 시선으로 초점화하여 백 주사의 만행을 서술함으로써 백 주사가 습격의 빌미를 제공한 것처럼 독자가 느끼게 하고 있군.

'백 주사가, ~ 고리대금을 하고 하였대서'

…→ [D]에서는 '백 주사가, ~ 고리대금을 하고 하였대서'와 같이 '동네 사람'의 시선으로 백 주사의 만행을 서술함으로써 독자로 하여금 백 주사가 습격의 빌미를 제공한 것처럼 느끼게 하고 있다.

현대 소설 07 무사와 악사

▶ 문제편 108~110쪽

정답 | 01 ② 02 ① 03 ④ 04 ⑤

[01~04] 다음 글을 읽고 물음에 답하시오. 2022 6월 모의평가

제대로 작품 분석 ▶〈보기〉에서 적절한 것을 골라 넣으며 작품을 분석해 보자.

[장면 1] (처음 ~ 중략 이전)

소주제: 일규의 장례식장에서 있었던 기범과의 대화 회상

- 일규: '나'와 기범의 친구. 이 글의 '무사'에 해당하는 인물
- 기범: 1
- 너무나 돌연한 웃음이어서 나는 그때 꽤나 놀랐다: 기범의 갑작스러운 웃음에 대한 '나'의 반응
- 허지만 누가 그놈을 진심으로 사랑한 줄 아냐?: 기범 자신이 진심으로 일규를 사랑했다는 뜻
- 나는 긴장했다: 기범의 갑작스러운 감정 변화에 대한 '나'의 반응
- 나는 그놈이 죽어 세상 살맛이 없어졌다: 일규의 죽음으로 인한 기범의 충격
- 나는 살기가 ~ 재미와 기쁨을 느꼈다: 2
- 그놈 역시 사정은 ~ 나를 잊은 적이 없다: 일규 역시 자신이 삶의 원동력이었을 것이라고 생각하는 기범
- 우리는 서로 ~ 달랐을 뿐이다: 일규와 기범이 서로를 통해서 삶의 의미를 찾았다는 뜻

[장면 2] (중략 이후 ~ 끝)

소주제: 임 씨에게 일규의 죽음 이후 기범의 행적을 듣는 '나'

- 그 사람: 기범
- 왜 그때 도시를 버리구 깊은 산골을 찾았는지 모르겠군: 기범이 산골로 들어와 산 것에 대한 '나'의 의구심
- 저: 임 씨. 기범의 행적을 알려 주는 인물
- 뭔가 세상에 죄를 짓구 숨어 사는 분: 기범에 대한 임 씨의 첫인상
- 더구나 이리루 ~ 수염까지 기르셨거든요: 임 씨가 기범을 더욱 의심하게 된 이유
- 세상에 뭔가 실망을 느끼신 게 아닌가 싶습니다: 임 씨가 생각하는 기범이 산골로 들어온 이유
- 묘한 철학: 3
- 세상을 좀 더 썩게 ~ 없도록 만들어야 한다: 기범이 지닌 '묘한 철학'의 내용
- '모두 썩어라, 철저히 썩어라'가 ~ 이상한 눈입니다: 기범의 세상에 대한 관점이 일반적인 사람들의 생각과는 다르다고 생각함.
- 나는 그것이 기범을 ~ 열쇠기 아닌가 생각했다: 4
- 기행: 기이한 행동
- 어지러운 혼란 속에서 ~ 어렴풋이 늘어서는 것: 기범의 기이한 행동과 말들을 이해할 수 있게 됨.
- 당신께서 아끼시던 친구 한 분: 오일규
- 갑자기 세상을 버리셨다: 기범이 산골로 들어온 이유
- 요설: 요사스러운 수작
- 어쩌면 기범은 그때 ~ 했는지도 알 수 없다: 기범의 행적에 대한 '나'의 추측
- 아니 그는 ~ 사라져 버린 것이다: '나'의 추측이 맞음을 뒷받침하는 사실
- 세상 살 재미가 없어졌다: 기범이 세상을 등진 이유
- 미련하게 살밖에: 5
- 당신이 미련하다고 ~ 착한 일을 뜻하시는 것이었습니다: 말의 표면적인 뜻과 달리 그 속에 숨은 뜻을 우호적으로 해석함.
- 이곳에 오신 ~ 남을 위해서만 사셨습니다: 기회주의적 삶을 살던 기범의 변화
- 나는 다시 기범이 ~ 역설적인 예인 것이다: 이야기 내부의 서술자인 '나'가 기범에 대한 평가를 관념적으로 서술함.
- 난해성: 뜻을 이해하기 어려운 성질이나 요소
- 역순: 거꾸로 된 순서
- 역행: 6
- 동위: 같은 위치
- 동질: 성질이 같음.

– 홍성원, 〈무사와 악사〉

❖ 제대로 작품 분석의 〈보기〉

㉠ 실제로는 착한 일을 해 나가는 것을 뜻함.
㉡ 보통의 방향과 반대 방향으로 거슬러 나아감.
㉢ 기범에게 일규의 의미 → 일규는 기범의 삶의 원동력이었음.
㉣ 임기응변에 능한 기회주의자. 이 글의 '악사'에 해당하는 인물
㉤ 기범의 '묘한 철학'에 대한 이해를 통해 기범에 대한 '나'의 인식이 전환됨.
㉥ 세상을 좀 더 썩게 해서 더 이상 그 세상에 썩을 것이 없도록 만들어야 한다는 생각

❖ 제목의 의미

'무사'는 편안할 때만 칼을 뽑아 명성과 지위를 얻는 인물형으로 개인의 안위를 우선시하는 위선적인 지식인의 모습을 나타내고, '악사'는 무사를 칭송함으로써 살아가는 인물형으로 강자에게 빌붙어 이득을 누리는 부정적인 지식인의 모습을 나타낸다. 이 작품은 오일규와 김기범이라는 인물을 각각 '무사'와 '악사'에 비유함으로써 격동의 역사 속에서 지식인이 보인 부정적인 모습을 비판하고 있다.

❖ 작가 소개

홍성원(洪盛原, 1937~2008): 소설가. 경남 합천 출생. 1964년 《한국일보》 신춘문예에 단편 소설 〈빙점지대〉가 당선되어 등단하였다. 전쟁이나 군대의 폭력, 사회나 인간관계 속에서의 보이지 않는 폭력을 날카롭게 그려낸 작기로 평가된다. 주요 작품으로 남과 북〉, 〈달과 칼〉, 〈먼동〉, 〈폭군〉 등이 있다.

❖ 전체 줄거리

'나'는 소학교 때부터 친구인 김기범의 사망 소식을 듣고, 그의 행적을 찾아 나선다. 김기범은 타고난 재능과 영민한 두뇌의 소유자로 일본에서 법대를 나온 유학생 출신이다. 그는 현실을 누구보다도 정확하게 판단하고 기민하게 대처하는 현실주의자로, 때때로 주위 사람들을 배신하는 모습을 보인다. 일제 말 조선 학생 출정식에서 친구들과 '만세'를 부르기로 모의하고는 기상천외한 만세를 불러 위기를 벗어난 일이나 친일파에 대한 변호, 친구 오일규에 대한 배신 등은 그의 이와 같은 성격을 잘 보여 주는 일화이다. 오일규가 교통사고로 세상을 뜨자 무사가 없는 세상에 악사가 무슨 필요가 있겠느냐며 자취를 감춘 그는 시골에 들어가 도인의 삶을 살다가 10년 만에 '나'를 찾아오고, 그 와중에 교통사고로 사망한 것이다.

❖ 핵심 정리

- 갈래: 중편 소설
- 성격: 우의적, 비판적, 풍자적
- 배경: 일제 시대 ~ 1950년대
- 시점: 1인칭 관찰자 시점
- 주제: 지식인의 부정적 삶의 방식에 대한 비판
- 특징: ① 등장인물을 '무사'와 '악사'에 빗대어 지식인의 모습을 풍자함. ② 서술자인 '나'를 관찰사로 설정하여 부정적 인물의 행적을 서술함. ③ 현재 시점에서 과거의 이야기를 회상하여 삽입하고 있는 액자식 구성을 취함.

제대로 감상법 모범 답안

홍성원, 〈무사와 악사〉

❶ (김)기범 ❷ (오)일규 ❸ 임 씨 ❹ 지식인

❖ 제대로 작품 분석

1㉣ 2㉢ 3㉥ 4㉤ 5㉠ 6㉡

01

정답률 89%

[A]의 서술상 특징으로 가장 적절한 것은?

정답인 이유

② 이야기 내부의 서술자가 인물에 대한 평가를 관념적으로 서술하고 있다.
○ → '나' ○ → '그는 어쩌면 이 세상을 ~ 솔직하게 살다 간 것 같다.'

⋯→ 이 글은 1인칭 관찰자 시점의 작품으로, 이야기 내부의 서술자인 '나'가 작품의 주인공인 기범의 삶을 관찰하여 서술하고 있다. 그리고 [A]에서 '나'는 '그는 어쩌면 이 세상을 역순과 역행에 의해 누구보다 열심히 가장 솔직하게 살다 간 것 같다.'와 같이 기범이라는 인물에 대한 자신의 추상적인 생각을 관념적으로 서술하고 있다.

오답인 이유

① 이야기 내부의 서술자가 인물의 행동을 객관적으로 서술하고 있다.
×

⋯→ 이야기 내부의 서술자인 '나'가 기범이라는 인물의 행동에 대한 자신의 생각을 객관적이 아니라 주관적으로 서술하고 있다.

③ 이야기 외부의 서술자가 인물의 체험을 바탕으로 사건의 배경을 실감나게 서술하고 있다.
×→ 이야기 내부의 서술자 ×

⋯→ 서술자가 이야기 외부가 아니라 이야기 내부에 위치해 있으며, 인물의 체험을 바탕으로 사건의 배경을 실감 나게 서술하고 있다고 볼 수도 없다.

④ 이야기 외부의 서술자가 인물의 회상을 중심으로 사건의 전개를 지연시키며 서술하고 있다.
× ×

⋯→ 서술자가 이야기 내부에 위치해 있으며, 사건의 전개를 지연시키고 있다고 볼 수도 없다.

⑤ 이야기 외부의 서술자가 인물의 내면을 묘사하여 인물 간의 갈등이 지속되고 있음을 서술하고 있다.
× ×

⋯→ 서술자가 이야기 내부에 위치해 있으며, 인물 간의 갈등이 지속되고 있다고 볼 수도 없다.

02

정답률 72% | 매력적인 오답 ④ 17%

ⓐ, ⓑ에 대한 설명으로 가장 적절한 것은?

정답인 이유

① ⓐ에 대한 '나'의 이해는 기범에 대한 '나'의 인식이 전환되는 데에 기여한다.
○ → '그것이 기범을 이해하는 어떤 열쇠가 아닌가 생각'

⋯→ ⓐ는 '세상을 좀 더 썩게 해서 더 이상 그 세상에 썩을 것이 없도록 만들어야 한다.'는, 일반적인 사람들의 생각과는 다른 기범만의 독특한 관점을 말한다. 임 씨에게 이 말을 들은 '나'는 '가슴 한구석에 뭔가가 미미하게 부딪쳐 오는 진동'을 느끼며, 그것이 '기범을 이해하는 어떤 열쇠'가 아닌가 생각하게 된다. 따라서 '묘한 철학'에 대한 '나'의 이해는 기범에 대한 '나'의 인식이 전환되는 데에 기여한다고 볼 수 있다.

오답인 이유

④ (매력적인 오답) '저'가 ⓐ로 인해 기범을 오해한다면, '나'는 ⓑ에 의해 기범을 이해한다.
× ×

⋯→ '저'는 '임 씨'를 가리킨다. 임 씨가 ⓐ로 인해 기범을 오해하고 있지 않으며, '나' 역시 ⓑ에 의해 기범을 이해하고 있지도 않다.

② ⓐ에 대한 얘기를 '나'가 꺼낸 것은 기범에 대한 '저'의 오해를 풀 목적에서이다.
×

⋯→ ⓐ에 대한 얘기를 꺼낸 것은 임 씨이며, 임 씨가 기범에 대해 오해하고 있지도 않다.

③ '저'는 '나'가 기범에 대해 품은 의문이 ⓑ를 바탕으로 하고 있음을 알게 된다.
×

⋯→ ⓑ는 '나'가 마음속으로 생각한 것이므로, 기범에 대해 품은 '나'의 의문이 ⓑ를 바탕으로 하고 있는지의 여부를 임 씨가 알 수는 없다.

⑤ '저'는 기범이 선행을 베풀며 보인 변화가 ⓑ에서 ⓐ로 변화된 과정과 일치함을 알고 있다.
×

⋯→ 임 씨는 기범의 과거를 몰라서 기범이 어떻게 변화했는지 알 수 없다고 하였으므로, 기범의 변화가 ⓑ에서 ⓐ로 변화된 과정과 일치하는지도 알 수 없다.

03

정답률 87%

서사의 흐름을 고려하여 ㉠~㉤에 대해 이해한 내용으로 적절하지 않은 것은?

정답인 이유

④ ㉣: 약속을 곧바로 실행에 옮긴 행위에 대한 놀라움을 드러낸 표현이다.
× → '나'의 추측이 맞음을 뒷받침하는 표현

⋯→ '나'는 기범이 오일규의 장례식 후에 지껄인 '요설들'을 떠올리며, 기범이 그때 이미 세상을 등질 결심을 했을지 모른다고 추측한다. ㉣은 이러한 '나'의 추측이 맞음을 뒷받침하는 내용일 뿐, 약속을 실행에 옮긴 행위에 대한 놀라움과는 관계가 없다.

오답인 이유

① ㉠: 돌연한* 웃음을 보이다가 눈물을 보이는 식으로 갑작스러운 감정 변화를 보인 데 대한 반응이다.

⋯→ '나'는 미친 듯이 웃던 기범의 눈에서 번쩍이는 눈물을 보았는데, 이러한 기범의 갑작스러운 감정 변화에 대한 '나'의 반응이 ㉠과 같이 나타난 것이다.

> * 돌연하다(突然--): 생각지도 못한 일이 갑자기 일어난 상태에 있다. 예 일이 순조롭게 진행되고 있었는데 돌연한 사고로 모든 일이 중단되었다.

② ㉡: 신원이 미심쩍다고 의심하는 상황에서 그 외모가 의심을 가중*했다는 생각이 담긴 말이다.

⋯→ 임 씨는 처음에 기범을 '세상에 죄를 짓구 숨어 사는 분'이라고 의심했는데, ㉡과 같은 기범의 외모가 이러한 임 씨의 의심을 더욱 가중한 것이다.

> * 가중(加重): 부담이나 고통 따위를 더 크게 하거나 어려운 상태를 심해지게 함. 예 각종 시험이 수험생들의 부담을 가중하고 있다.

③ ㉢: 세상에 대한 관점이 상식적이지 않아 일반적으로는 수긍하기 어렵다는 생각을 드러낸 판단이다.

⋯→ '묘한 철학'이나 '이상한 눈' 등의 표현으로 보아, ㉢은 임 씨가 세상에 대한 기범의 관점이 일반적인 사람들의 상식과는 다르다고 판단한 것이다.

⑤ ㉤: 말의 표면적인 뜻과 달리 그 속에 숨은 뜻을 파악한 우호적*인 해석이다.

⋯→ 임 씨가 미련하게 살겠다는 기범의 말이 '착한 일'을 뜻한다고 생

각하는 것으로 보아, ⓔ은 임 씨가 기범의 말 속에 숨은 뜻을 우호적으로 해석한 것이다.

* 우호적(友好的): 개인끼리나 나라끼리 서로 사이가 좋은 것 예 그는 전보다 우호적으로 변했다.

04

정답률 87%

〈보기〉의 관점에서 윗글을 감상한 내용으로 적절하지 않은 것은? [3점]

〈보기〉

사람들은 존경하거나 사랑하는 사람을 닮아 가며 그와 자신을 동일시(둘 이상의 것을 똑같은 것으로 봄.)하려는 경향이 있다. 이를 통해 심리적 위안이나 성취감을 느끼기도 하(동일시의 결과 ①)지만 그 상대로부터 외면받거나 그가 부재한 상황에서는 마음에 상처를 입는다(동일시의 결과 ②). 이때 동일시의 상대를 부정하거나, 외면당하지 않았다고 자신의 처지를 합리화한다(동일시의 상대로부터 외면받거나 그가 부재할 때의 대응 방식 ①). 또는 관심을 다른 데로 돌려 그 상황에서 아예 벗어나고자 한다(동일시의 상대로부터 외면받거나 그가 부재할 때의 대응 방식 ②). 〈무사와 악사〉에서 '기범'이 보이는 기행과 궤변은 '일규'를 동일시하려는 상대로 의식한 데서 비롯한 것으로도 볼 수 있다.

정답인 이유

⑤ **기범이 일규를 '입에 올릴 자격이 없다'는 것이 동일시의 대상에 대한 존경심의 표현이라면(○), '사람만이 지닌 이상한 초능력'에 대한 기범의 믿음은 동일시를 통한 성취감에 해당되겠군(×).**

…› 〈보기〉의 관점에 따라 이 글을 감상한다면, 기범이 일규를 '입에 올릴 자격이 없다'고 말한 것은 동일시하려는 대상인 일규에 대한 존경심의 표현으로 볼 수 있다. 하지만 '사람만이 지닌 이상한 초능력'은 세상을 바라보는 기범만의 독특한 관점으로, 이는 일규와 관계가 없는 기범의 생각이므로 동일시를 통한 성취감에 해당한다고 볼 수 없다.

오답인 이유

① **일규의 죽음에 '충격을 받'고 '세상 살 재미가 없어졌다'는 기범의 말이 사실이라면, 동일시하려던 상대의 부재가 가져오는 심리적 영향이 컸다는 것이겠군.**
○ → 〈보기〉의 '그가 부재한 상황에서는 마음에 상처를 입는다.'

…› 〈보기〉에서 동일시하려는 상대가 부재한 상황에서는 마음에 상처를 입게 된다고 하였다. 일규의 죽음은 기범이 동일시하려던 상대의 부재로 볼 수 있고, 기범이 '세상 살 재미가 없어졌다'고 말한 것은 일규의 죽음으로 인한 충격이 그만큼 큰 것으로 이해할 수 있다.

② **기범이 자신을 '발길로 걷어찼'던 일규로부터 외면받았다고 본다면, 일규와 '서로 사랑했'다고 믿는 기범의 진술은 외면당한 자신의 처지를 합리화하려는 의도에서 나온 것이겠군.**
○ → 〈보기〉의 '외면당하지 않았다고 자신의 처지를 합리화한다.'

…› 〈보기〉에서 동일시하려던 상대로부터 외면받았을 때는 외면당하지 않았다고 자신의 처지를 합리화한다고 하였다. 일규에게 외면받은 기범이 일규와 '서로 사랑했'다고 말한 것은 외면당한 자신의 처지를 합리화하려는 것으로 이해할 수 있다.

③ **'울적할 때마다' 일규를 떠올리며 삶의 '재미와 기쁨'을 얻었다는 기범의 고백을 동일시의 결과로 이해한다면, 일규를 통해 기범이 심리적 위안*을 얻었음을 추측할 수 있겠군.**
○ → 〈보기〉의 '이를 통해 심리적 위안이나 성취감을 느끼기도'

…› 〈보기〉에서 존경하거나 사랑하는 사람과의 동일시를 통해 심리적 위안을 느끼기도 한다고 하였다. 기범이 일규를 떠올리며 삶의 '재미와 기쁨'을 느꼈다고 말한 것은 일규와의 동일시를 통해 심리적 위안을 얻은 것으로 이해할 수 있다.

* 위안(慰安): 위로하여 마음을 편하게 함. 또는 그렇게 하여 주는 대상 예 그녀는 종교에서 참다운 마음의 기쁨과 위안을 느꼈다.

④ **일규의 죽음이 기범이 도시를 떠나 '깊은 산골'에 정착한 계기였다고 본다면, 이는 동일시하려던 상대가 사라진 상황에서 관심을 다른 데로 돌려 그 상황을 벗어나기 위해서였겠군.**
○ → 〈보기〉의 '관심을 다른 데로 돌려 그 상황에서 아예 벗어나고자 한다.'

…› 〈보기〉에서 동일시하려는 상대가 부재한 상황에서는 관심을 다른 데로 돌려 그 상황에서 아예 벗어나고자 한다고 하였다. 기범이 도시를 떠나 '깊은 산골'에 정착한 것은 일규가 죽자 자신의 관심을 다른 데로 돌려 그 상황을 벗어나기 위한 것으로 이해할 수 있다.

현대소설 08 황만근은 이렇게 말했다

▶ 문제편 111~113쪽

정답 | 01 ② 02 ⑤ 03 ④ 04 ⑤

[01~04] 다음 글을 읽고 물음에 답하시오. 2021 6월 모의평가

제대로 작품 분석

▶ 〈보기〉에서 적절한 것을 골라 넣으며 작품을 분석해 보자.

[장면 1] (처음 ~ 온몸을 떨면서 뒷발을 든 채 버티고 있었다)

소주제: 토끼 고개에서 거대한 토끼를 만나 대결을 벌이게 된 황만근

- 거대한 토끼: 현실에 존재하지 않는 신이한 존재
- "너는 여기서 죽는다. ~ 집에 못 간다.": 1
- 여기: 황만근이 기이한 체험을 하는 공간
- 황만근이 한 말이 아니라 ~ 민 씨의 표현이다: 민 씨에 대한 서술 – 민 씨는 황만근에게 들은 말을 자신의 언어로 바꾸어 말하고 있음.

[장면 2] (그런 상태로 ~ 니가 가 뿌리만 되지, 바보 자슥아)

소주제: 대결에서 승리하고 소원을 세 가지 말한 황만근

- 어느새 동쪽 하늘이 부옇게 밝아 오기 시작했다: 밤새워 토끼와 대치한 황만근
- "너는 이제 살았다. ~ 나를 놓아라": 반복적인 어구 사용 – 언어의 주술성(민담적 요소)
- "택도 없는 소리 말거라. ~ 니는 인자 죽었다, 자슥아": 2
- 토끼는 다급하게 물었다 ~ 니까잇 거는 못 간다" 하고 말했다: 황만근의 위협에 당황한 토끼가 황만근의 소원을 들어주기로 함.
- 우리 어무이가 팥죽 할마이겉이 오래오래 사는 거: 황만근의 소원 ①
- 팥죽 할마이란 ~ 민 씨는 모른다: 민 씨에 대한 서술 – 민 씨는 팥죽 할마이의 존재에 대해 잘 모름.
- 마을: 황만근이 복귀해야 할 일상적 공간
- 여우 겉은 마누라가 생기는 거: 황만근의 소원 ②
- 떡두깨(떡두꺼비) 겉은 아들: 황만근의 소원 ③
- 바보 자슥아: 3

[장면 3] (그러자 토끼는 ~ 와 밥만 해 놓고 물은 안 떠다 놨나!)

소주제: 집으로 돌아와 목이 막혀 죽을 뻔한 어머니를 살린 황만근

- 황만근의 주변: 4
- 토끼털이 무수히 떨어져 바늘처럼 반짝이고 있었다: 황만근과 토끼가 대결한 흔적
- 황만근은 밖에서 ~ 아무 기척이 없었다: 황만근의 부름에도 기척이 느껴지지 않는 안방 – 황만근이 불안을 느낌.
- 마당: 5
- 그의 어머니는 ~ 백지장처럼 변해 앉아 있었다: 주먹밥 덩어리에 목이 막힌 상황
- 주먹밥 덩어리: 어머니의 목을 막고 있던 것 – 토해 냄으로써 목숨을 건짐.

[장면 4] (황만근은 울다가 웃다가 덩싱덩실 춤을 추었다 ~ 끝)

소주제: 우물가에서 자신이 말한 경험담대로 아내를 얻은 황만근

- 우물: 황만근이 어머니의 채근에 물을 뜨러 가는 공간
- 그날 우물가에서는 ~ 같은 이야기를 늘어놓아야 했다: 마을 사람들이 황만근의 이야기에 흥미를 느낌.
- 이야기: 황만근이 토끼와 대결한 이야기
- 토끼의 말: 6
- 토끼의 말대로 ~ 보는 눈이 달라졌다: 황만근이 한 이야기의 일부가 실현되며 마을 사람들이 황만근을 달리 보게 됨.

– 성석제, 〈황만근은 이렇게 말했다〉

제대로 작품 분석의 〈보기〉

㉠ 황만근이 어머니에 대한 불안을 감지하는 공간
㉡ 황만근에 대한 토끼의 우위가 변했음을 보여 줌.
㉢ 반복적인 어구 사용 – 언어의 주술성(민담적 요소)
㉣ 토끼를 향한 황만근의 위협 – 의외의 결과를 가져 옴.
㉤ 황만근이 지난밤 토끼와 대결한 흔적이 남아 있는 공간
㉥ 송편을 세 번 먹으면 아내가 황만근의 집에 올 것이라는 말

제목의 의미

황만근의 생애와 행적이 '전(傳)'의 형식으로 서술되고 있음을 드러낸 제목이다. 작가는 황만근의 일생을 통해 척박해져 가는 농촌의 현실과 현대인의 이기적인 삶의 태도를 비판하고, 바람직한 인간상을 제시하고 있다. 황만근은 지능이 떨어진다는 이유로 마을 사람들에게 무시당하지만, 그야말로 작가가 생각하는 바람직한 인물인 것이다.

작가 소개

성석제(成碩濟, 1960~): 소설가. 경상북도 상주 출생. 1995년 《문학동네》 여름호에 〈내 인생의 마지막 4.5초〉를 발표하며 본격적인 작품 활동을 시작하였다. 해학과 풍자 혹은 과장과 익살을 통해 인간의 다양한 국면을 그려 내는 작품을 썼다. 주요 작품으로는 〈오렌지 맛 오렌지〉, 〈새가 되었네〉, 〈재미나는 인생〉, 〈호랑이를 봤다〉 등이 있다.

전체 줄거리

농민 궐기 대회에 참가하기 위해 집을 나섰던 황만근이 돌아오지 않자 동네 사람들은 의견을 나눈다. 그러나 민 씨를 제외한 나머지 사람들은 그의 실종을 대수롭지 않게 생각한다. 전쟁 때 유복자로 태어난 황만근은 어머니를 봉양하고 아들을 부양하면서 마을 공동체의 일원으로 살아간다. 언젠가 황만근이 신체검사를 받던 날 커다란 토끼와 싸우고 소원을 말하는데 그 소원은 어머니가 오래 사는 것과 아내와 아들을 얻는 것이었다. 그 후 황만근은 마을 저수지에서 자살하려는 처녀를 구해 아들 하나를 얻지만 여인은 곧 떠나 버린다. 어느 날 황만근은 농가 부채 탕감 촉구를 위한 궐기 대회에 경운기를 몰고 참가하라는 이장의 지시를 받는다. 대회가 끝났지만 황만근은 돌아오지 않고, 일주일 후에 뼈로 돌아온다. 먼 길을 경운기를 끌고 갔다가 대회에 참가도 못하고 돌아오는 길에 사고를 당한 것이다. 평소 황만근을 긍정적으로 평가해 왔던 민 씨는 그를 위해 묘비명을 쓰고, 신대리를 떠나 도시로 되돌아간다.

핵심 정리

- 갈래: 단편 소설, 농촌 소설
- 성격: 향토적, 해학적, 비극적
- 배경: 시간 – 1990년대
  공간 – '신대리'라는 농촌 마을
- 시점: 전지적 작가 시점
- 주제: 이타적인 황만근의 생애와 그 행적, 현대인들의 이기적인 세태에 대한 비판
- 특징: ① 전(傳)의 양식을 변용하여 재구성함. ② 풍자를 통해 농촌 현실에 대해 비판하면서 골계미를 형성함.

제대로 감상법 모범 답안

성석제, 〈황만근은 이렇게 말했다〉

❶ 황만근 ❷ 토끼 ❸ 아내 ❹ 우물

제대로 작품 분석

1 ㉢ 2 ㉣ 3 ㉡ 4 ㉤ 5 ㉠ 6 ㉥

01

정답률 69% | 매력적인 오답 ① 13%

㉠, ㉡의 서술 효과로 가장 적절한 것은?

정답인 이유

② ㉡을 통해 황만근의 말을 전하는 민 씨도 다른 인물들처럼 서술자의 서술 대상임을 알 수 있다.

⋯ '그 할머니가 누구인지, 어째서 오래 산다고 하는지 민 씨는 모른다.'라는 구절은 서술자가 민 씨의 상태를 직접 제시한 구절이므로 ㉡을 통해 민 씨도 다른 인물들처럼 서술자의 서술 대상임을 알 수 있다.

오답인 이유

① (매력적인 오답) ㉠을 통해 민 씨가 황만근에게 들은 말을 그대로 전하고 있음을 알 수 있다.
× → 자신의 언어로 바꾸어 말하고 있음.

⋯ '황만근이 한 말이 아니라 그 말을 들은 민 씨의 표현이다.'라는 ㉠의 서술을 통해 민 씨는 황만근에게 들은 말을 그대로 전하고 있는 것이 아니라 자신의 언어로 바꾸어 말하고 있는 것임을 알 수 있다.

③ ㉠과 ㉡을 삭제하면 황만근과 토끼의 대결 과정을 파악하기 어렵게 된다.
× → 삭제해도 둘 사이의 대결 과정을 파악하는 데 지장이 없음.

⋯ ㉠과 ㉡은 황만근과 토끼의 대결 과정 자체에 주목하기보다는 둘 사이의 대결 과정을 서술하는 민 씨에 주목하여 그에 대한 부연 설명을 하고 있으므로 ㉠과 ㉡을 삭제해도 황만근과 토끼의 대결 과정을 파악하는 데에는 문제가 없다.

④ ㉠과 ㉡은 황만근과 토끼의 대결 과정 자체에 더 몰입하여* 읽도록 도와주는 기능을 한다.
× → ㉠, ㉡은 둘 사이의 대결 과정과 직접적인 관련이 없음.

⋯ ㉠과 ㉡은 황만근과 토끼의 대결 과정과는 직접적인 관련이 없으며, 황만근과 토끼에 대한 추가적인 서술도 아니므로 이 구절이 둘 사이의 대결 과정 자체에 더 몰입하여 읽도록 도와주는 기능을 한다고 볼 수 없다.

* 몰입하다(沒入--): 깊이 파고들거나 빠지다. 예 주인공의 감정에 깊이 몰입한 나머지 영화를 보다 울고 말았다.

⑤ ㉠과 ㉡을 통해 황만근이 민 씨로부터 전해 들은 이야기가 다시 서술되고 있음을 알 수 있다.
× → 민 씨가 황만근으로부터 전해 들은 이야기

⋯ 민 씨가 황만근의 말을 자신의 표현으로 바꾸었다는 ㉠의 내용, 민 씨는 황만근이 한 말 중 '팥죽 할마이'에 대해 잘 모른다는 ㉡의 내용은 민 씨가 황만근으로부터 전해 들은 이야기가 다시 서술되고 있음을 알려 준다.

02

정답률 90%

ⓐ~ⓔ를 이해한 내용으로 적절하지 않은 것은?

정답인 이유

⑤ ⓔ: 주인공이 어머니의 요청을 동네 사람들에게 전하러 간 공간
우물 / × → 어머니의 채근에 물을 뜨러 간 공간

⋯ 황만근은 어머니의 요청을 동네 사람들에게 전하러 '우물'에 간 것이 아니라 '어머니에게 엉덩이를 채어 물을 뜨러 동네 우물로 달려갔'다가 그곳에서 만난 사람들에게 자신의 체험을 전한 것이다.

오답인 이유

① ⓐ: 주인공이 기이한* 체험을 하는 공간
여기

⋯ '여기'는 황만근이 거대한 토끼를 만나 대결하고, 토끼에게 세 가지 소원을 이뤄 주기로 약속 받는 기이한 체험을 하는 공간이다.

* 기이하다(奇異--): 기묘하고 이상하다. 예 수영이는 현실에서 도저히 일어날 수 없을 것 같은 기이한 이야기를 전해 들었다.

② ⓑ: 주인공이 복귀해야* 할 일상적 공간
마을

⋯ 토끼가 고개를 기울인 '마을'은 황만근의 집과 어머니가 있는 공간으로, 황만근이 복귀해야 할 일상적인 공간이다.

* 복귀하다(復歸--): 본디의 자리나 상태로 되돌아가다. 예 그는 10년 만에 정치에서 손을 떼고 대학교수의 자리로 복귀했다.

③ ⓒ: 주인공의 지난밤 체험의 흔적이 남아 있는 공간
주변

⋯ '토끼털이 무수히 떨어져 바늘처럼 반짝이고 있'는 황만근의 '주변'은 지난밤 토끼와 대결한 체험의 흔적이 남아 있는 공간이다.

④ ⓓ: 주인공이 어머니에 대한 불안을 감지하는* 공간
마당

⋯ 황만근이 "어무이, 어무이" 하고 소리치며 불러도 방 안에서 아무런 기척이 느껴지지 않는 '마당'은 황만근이 어머니에 대한 불안을 감지하는 공간이다.

* 감지하다(感知--): 느끼어 알다. 예 그의 비틀비틀한 발걸음과 횡설수설한 말투에서 술기운을 감지할 수 있었다.

03

정답률 89%

[A], [B]에 대한 설명으로 가장 적절한 것은?

정답인 이유

④ [B]의 '말'은 [A]의 '이야기'의 일부로, '말'의 실현이 '이야기'의 신뢰성을 높이고 있음을 보여 준다.

⋯ [B]의 '말'은 3년 뒤에 황만근에게 아내가 생긴다는 토끼의 말로, 황만근의 기이한 체험을 담은 [A]의 '이야기'의 일부이다. 토끼가 말한 대로 3년 뒤에 어떤 처녀가 황만근의 집으로 들어왔을 때 동네 사람들이 황만근을 보는 눈이 달라진 상황은 [B]의 '말'의 실현이 [A]의 '이야기'의 신뢰성을 높이고 있음을 보여 준다.

오답인 이유

① [A]는 마을 사람들이 '이야기'를 여러 차례 들었으나 여전히 흥미를 느끼지 못했음을 보여 준다.
× → 흥미를 느낌.

⋯ '종내 황만근이 우물가로 초청되어 입이 아프도록 같은 이야기를 늘어놓아야 했다.'라는 [A]의 서술은 마을 사람들이 '이야기'에 흥미를 느끼고 있음을 보여 준다.

② [A]는 직접 경험한 사건이라도 반복적으로 전달되면서 '이야기'의 내용이 점차 달라지고 있음을 보여 준다.
× → 입이 아프도록 같은 이야기를 늘어놓음.

⋯ [A]에서 황만근은 마을 사람들에게 입이 아프도록 같은 이야기를 늘어놓았다고 하였으므로 [A]가 '이야기'의 내용이 점차 달라지고 있음을 보여 준다고 볼 수 없다.

③ [B]는 새로운 등장인물의 '말'에 따라 '말'을 처음 전한 존재에 대한 평가가 달라졌음을 보여 준다.
× → 새로운 등장인물의 '말'은 확인할 수 없음.

⋯ [B]의 '말'은 3년 뒤에 황만근에게 아내가 생긴다는 토끼의 말이

므로 이를 새로운 등장인물의 '말'로 파악하는 것은 적절하지 않다. 또한 [B]에서 새로운 등장인물인 '어떤 처녀'의 말은 확인할 수 없다.

⑤ **[B]는 [A]의 '이야기'가 삼 년 동안 전해질 수 있었던 이유가 '말'의 실현에 대한 공동체의 확신 때문임을 보여 준다.**

× → 공동체의 확신은 확인할 수 없음.

…› [A]와 [B]에서 공동체가 '말'의 실현에 확신을 가지는 부분은 찾을 수 없다. 또한 황만근이 마을 사람들에게 바보 취급을 받았다는 '앞부분의 줄거리' 내용으로 볼 때 공동체가 '말'의 실현을 확신하지 않았을 것으로 추측할 수 있다.

04

정답률 80% | 매력적인 오답 ④ 12%

〈보기〉를 참고하여 윗글을 감상한 내용으로 적절하지 않은 것은? [3점]

〈보기〉

윗글은 민담적 요소를 적극 활용한 현대 소설이다. 바보 취급을 받는 황만근이 신이한 존재와 대면했으나 위기를 극복하며 의외의 승리를 거둔다는 비현실적 이야기는 민담적 특징을 잘 보여 준다. 또한 반복적이거나 위협적인 어구 사용, 구성진 입담 등에는 언어의 주술성과 해학성이 잘 드러난다.

(비현실적 이야기, 반복적이거나 위협적인 어구 사용, 구성진 입담 / 거대한 토끼 / '너는 여기서 죽는다.', '너는 이제 살았다.', '니는 인자 죽었다.')

정답인 이유

⑤ **어머니가 '주먹밥 덩어리'를 토해 내는 것은 황만근에게 속은 것을 깨달은 토끼의 주술적* 복수라 할 수 있겠군.**

(어머니가 목숨을 건지게 해 줌. ×)

…› 목이 막혀 죽을 뻔했던 황만근의 어머니는 주먹밥 덩어리를 토해 내는 행위를 통해 목숨을 건질 수 있었으므로 주먹밥 덩어리를 토해 내는 것이 토끼의 주술적 복수 때문에 일어난 일이라고 볼 수 없다.

* 주술적(呪術的): 초자연적인 존재의 힘을 빌어 재앙을 물러가게 하거나 앞으로 다가올 일을 점치는. 또는 그런 것 예 동굴의 벽화에 그려진 그림에는 사냥이 잘되기를 바라는 주술적 의미가 담겨 있다.

오답인 이유

④ **(매력적인 오답) '바보 자슥아'라는 말은 황만근에 대한 신이한 존재의 우위*가 변했음을 보여 주는 것이겠군.**

…› 황만근이 대면한 신이한 존재는 거대한 토끼이다. 황만근은 토끼를 보고 온몸에 소름이 돋고 털이 모두 위로 곤두설 정도로 놀라지만, 토끼와의 대결 과정에서 의외의 승리를 거두고 난 뒤에는 토끼에게 '바보 자슥아.'라고 말하며 자신이 토끼보다 우위에 섰음을 보여 준다.

* 우위(優位): 남보다 나은 위치나 수준 예 우리 팀은 공격이 약하니까 수비에서 우위를 점해야 한다.

① **황만근이 '거대한 토끼'와 겨루는 비현실적인 이야기 전개는 민담의 일반적 특성과 맞닿아 있는 것이겠군.**

…› 〈보기〉에서 황만근이 신이한 존재와 대면했으나 위기를 극복하며 의외의 승리를 거둔다는 비현실적 이야기가 민담적 특징을 잘 보여 준다고 하였으므로, 황만근이 실제로는 존재하지 않는 거대한 토끼와 겨루는 비현실적인 이야기 전개는 민담의 일반적 특성과 맞닿아 있다고 볼 수 있다.

② **토끼가 '너는 여기서 죽는다.'라는 말을 세 번 반복한 것은 언어의 주술적 특성을 드러내는 것이겠군.**

…› 〈보기〉에서 반복적이거나 위협적인 어구를 사용하는 것은 언어의 주술성을 드러낸다고 하였으므로 토끼가 '너는 여기서 죽는다.'라는 말을 세 번 반복한 것은 언어의 주술적 특성을 드러낸다고 볼 수 있다.

③ **황만근이 '니는 인자 죽었다.'라고 발언하며 위협한 것은 의외의 결과를 가져와 토끼가 황만근의 소원을 들어주기로 하였겠군.**

…› 황만근은 토끼에게서 팔을 안 빼는 게 아니라 못 빼고 있었는데 황만근이 '니는 인자 죽었다.'라고 소리치자 다급해진 토끼가 황만근의 소원을 들어주기로 하였으므로 황만근의 위협이 의외의 결과를 가져와 토끼가 황만근의 소원을 들어준 것이라고 볼 수 있다.

현대 소설 **09** 자전거 도둑

▶ 문제편 114~116쪽

정답 | 01 ① 02 ⑤ 03 ⑤

[01~03] 다음 글을 읽고 물음에 답하시오. 2020 수능

제대로 작품 분석 ▶〈보기〉에서 적절한 것을 골라 넣으며 작품을 분석해 보자.

[장면 1] (처음 ~ 중략 이전)

소주제: 가난하고 궁핍했던 '나'의 어린 시절에 대한 기억

- 한 평도 채 안 되는 구멍가게: 아버지의 수입원이자 자존심
- 아버지: 1
- 그 구멍가게에 대한 아버지의 몰두와 자존심은 각별했다: 서술자가 아버지의 내면 심리를 직접 제시함.
- 몰두: 어떤 일에 온 정신을 다 기울여 열중함.
- '나': 어린 시절 아버지와 관련된 아픈 상처를 갖고 있는 인물
- '미키대장군'이라는 캐러멜: 시대적 배경을 드러내는 구체적 소재
- 당수를 한 대 세게 내려 꽂는 것이었다: 목덜미를 때렸다는 의미
- — 이런 민한 종간나래 ~ 제대로 남아나겠니, 응?: 2
- 민한: 좀 미련한
- 종간나: 종의 새끼라는 뜻으로, 어떤 사람을 욕하여 이르는 말. 함경 지방의 방언
- 약생이: 남의 물건을 조금씩 슬쩍슬쩍 훔쳐 내는 짓을 속되게 이르는 말
- 쏠라닥질: 쥐 따위가 이리저리 쏘다니며 물건을 함부로 갉게 물어뜯는 짓
- 나는 그 무허가 ~ 쥔 채 서 있었다: 아버지에 대한 반항심
- 워낙 짧은 밑천으로: 가난한 사정이 드러남.
- 정부미 포대: 3
- 아버지의 뒤로 팔을 늘어뜨린 채: 하기 싫은 일을 하고 있기 때문에 – 창피함
- 그땐 그게 죽도록 싫었다: 현재 시점에서 유년 시절의 심리를 제시함.
- 그 자리에서 혀를 빼물고 죽고 싶은 생각뿐이었다: 궁핍으로 인한 수치심 – '나'의 어린 시절의 내면적 상처에 해당함.

[장면 2] (중략 이후 ~ 끝)

소주제: 소주 두 병 때문에 아들 앞에서 무너진 아버지의 권위

- 아버지의 얼굴은 ~ 금세 하얗게 질렸다: 소주 두 병을 빼고 팔면 본전밖에 안 남기 때문에
- 본전치기: 장사를 하여 본밑천만을 겨우 건지는 일
- 혹부리 영감: 4
- 사초시종: 집에 가서 물건을 정리해 보니 소주 두 병이 모자란 일
- 귓등에 연필을 꽂은 채 ~ 내 얼굴에 마구 튀겼다: 혹부리 영감의 외모를 기형적으로 묘사함. – 혹부리 영감이 탐욕스럽고 인색한 사람임을 나타냄.
- 애초 자기 눈앞에서 ~ 없다며 막무가내였다: 5
- 큰 타격이 아닐 수 없었다: 혹부리 영감에게 물건을 싸게 얻는 일을 할 수 없음.
- 동향: 고향이 같음.
- 아버지는 자신의 과오를 인정하지 않을 수 없었다: 소주 두 병이 모자란 것을 아버지 자신의 책임으로 돌림.
- 과오: 부주의나 태만 따위에서 비롯된 잘못이나 허물
- 당신의 자그마한 구멍가게로 ~ 눈물을 보이고 말았다: 6
- 아! 아버지……: 권위가 철저하게 무너진 아버지에 대한 연민과 서글픔

– 김소진, 〈자전거 도둑〉

❖ 제대로 작품 분석의 〈보기〉

㉠ 자신의 실수를 인정하지 않음.
㉡ 도매상 주인으로, 아버지와 동향인 구두쇠 노인
㉢ 팔아야 할 물건을 먹어버린 '나'에 대한 아버지의 질책
㉣ 무능한 가장. 가족의 생계를 위해 아들 앞에서 비굴한 모습을 보이는 인물
㉤ 빼놓고 온 소주 두 병 때문에 눈물을 보이고야 마는 소심한 아버지의 모습
㉥ 아버지의 구멍가게에 물건을 가져다 놓는 수단. '나'를 창피하게 만드는 소재

❖ 제목의 의미

영화 〈자전거 도둑〉을 매개로 하여 유년 시절의 아픈 기억이 남긴 상처와 그 치유 과정을 그린 단편 소설이다. 이 작품은 〈자전거 도둑〉이라는 영화와, '나'와 '서미혜'의 이야기가 서로 겹쳐져 있으며, 과거 회상 장면이 현재의 이야기 속에 삽입되어 있는 액자식 구성 방식을 취하고 있다.

❖ 작가 소개

김소진(金昭晋, 1963~1997): 소설가. 1991년 신춘문예에 〈쥐잡기〉를 발표하며 등단하였다. 자신의 유년 시절의 기억을 생생하게 복원하고, 도시 서민들의 곤궁한 삶에 대한 시선을 개성적인 문체로 담아내었다. 주요 작품으로는 〈장석조네 사람들〉, 〈자전거 도둑〉 등이 있다.

❖ 전체 줄거리

'나'는 누군가 자신의 자전거를 훔쳐 타고 있다는 사실을 깨닫고 이를 추적한 끝에 그 사람이 위층에 사는 에어로빅 강사 서미혜임을 알게 된다. 하지만 '나'는 화를 내기는커녕 왜 그녀가 자신의 자전거를 훔쳐 타는지를 궁금해한다. 이후 서미혜와 가까워진 '나'는 그녀의 집에 초대받아 저녁을 대접받는다. 그녀와 영화 〈자전거 도둑〉을 같이 보면서 '나'는 혹부리 영감에 관련된 이야기를 해 준다. 어릴 적 아버지는 소주 두 병 때문에 혹부리 영감에게 수모를 당하고 아버지로서의 권위를 잃는다. '나'는 복수심에 불타 하수구를 통해 혹부리 영감의 가게에 침입하여 분탕질하고 똥까지 싸 놓는다. 이 충격으로 얼마 안 가서 혹부리 영감은 죽는다. 이야기를 들은 서미혜는 자신의 오빠에 관한 이야기를 한다. 그녀의 오빠는 간질병 환자였는데, 그녀가 밥을 주지 않아 얼마 후 죽었다는 것이다. 이후 '나'는 한동안 서미혜와 연락을 하지 않는다. 어느 날 '나'는 자전거 도로에서 다른 사람의 자전거를 타고 있는 그녀를 발견한다.

❖ 핵심 정리

- 갈래: 단편 소설
- 성격: 자전적, 회고적
- 배경: 시간 – [현재] 1990년대 [과거] 두 인물의 유년기
  공간 – [현재] 서울 주변의 신도시 [과거] 두 인물의 고향
- 시점: 1인칭 주인공 시점
- 주제: 유년 시절의 상처와 삶의 쓸쓸함
- 특징: ① 영화를 매개로 하여 과거를 회상하는 형식을 취함. ② 방언과 비속어를 사용하여 현장감을 줌.

제대로 감상법 모범 답안

김소진, 〈자전거 도둑〉

❶ 아버지 ❷ 혹부리 영감 ❸ 구멍가게 ❹ 소주 두 병

❖ 제대로 작품 분석

1 ㉣ 2 ㉢ 3 ㉥ 4 ㉡ 5 ㉠ 6 ㉤

01

정답률 93%

윗글에 대한 이해로 가장 적절한 것은?

정답인 이유

① **혹부리 영감의 위협적인 경고 때문에, 아버지는 혹부리 영감의 주장을 따를 수밖에 없었다.**

⋯→ 아버지는 혹부리 영감에게 물건을 받아 오는 과정에서 소주 두 병을 빠뜨리는 실수를 저지른다. 이에 혹부리 영감에게 자초지종을 설명했지만, 혹부리 영감은 그렇게 우기면 거래를 끊겠다고 협박성 경고를 할 뿐이었다. 이러한 혹부리 영감의 위협적인 경고 때문에, 아버지는 실수를 자신의 과오로 인정하며 혹부리 영감의 주장을 따르게 된다.

오답인 이유

② **아버지는 소주 두 병을 덜 받아 왔기 때문에 곤란했지만, '나'에게 당황한 내색을 하지 않았다.**
× → 아버지의 얼굴이 하얗게 질림.

⋯→ 소주 두 병이 모자란 것을 확인한 후에 '아버지의 얼굴은 맞보기가 민망할 정도로 금세 하얗게 질렸다.'라고 하였다. 이를 통해 아버지가 당황한 내색을 보였음을 알 수 있다.

③ **아버지는 '나'의 잘못을 묵인*했지만, 혹부리 영감과의 잘못된 거래는 바로 잡으려 노력했다.**
× → 불같이 화를 냄.

⋯→ '나'가 캐러멜을 집어먹은 사실을 안 아버지는 '불같이 화를 내며 내 목덜미에 당수를 한 대 세게 내려 꽂'았다고 하였다. 이를 통해 아버지가 '나'의 잘못을 묵인하지 않았음을 알 수 있다.

* 묵인(默認) : 모르는 체하고 하려는 대로 내버려 둠으로써 슬며시 인정함. 예 상급자의 묵인 아래 부정을 저지르다.

④ **혹부리 영감은 가게 일로 바빴지만, '나'의 자초지종을 듣고 마지못해 '나'의 염려를 덜어 주었다.**
× → 인정할 수 없다며 막무가내였음.

⋯→ '나'의 자초지종을 들은 혹부리 영감은 '자기 눈앞에서 까 보이지 않은 것은 인정할 수 없다며 막무가내였다.'라고 하였다. 이를 통해 혹부리 영감이 '나'의 염려를 덜어 준 것이 아님을 알 수 있다.

⑤ **아버지는 '나'의 도움이 필요했기에, 친구들의 시선을 의식하여 우울해 하는 '나'를 기분 좋게 하려 노력했다.**
× → '나'의 기분을 고려하지 않음.

⋯→ '나'는 아버지의 뒤로 팔을 늘어뜨린 채 따를 수밖에 없었는데 '그땐 그게 죽도록 싫었다.'라고 하였다. 이를 통해 아버지가 '나'의 기분을 고려하지 않았음을 알 수 있다.

02

정답률 90%

윗글을 감상한 내용으로 적절하지 않은 것은?

정답인 이유

⑤ **'거래를 끊어도' 표가 나지 않을 사람이었던 아버지와 거래를 끊지 않은 혹부리 영감에 대한 기억은, '나'에게 형편이 어려운 사람들 간의 유대를 느끼게 했겠어.**
× → 이해타산적인 어른들의 세계

⋯→ 혹부리 영감의 입장에서 아버지는 거래를 끊어도 장부상 거의 표가 나지 않을 정도의 대상이다. 반면 아버지의 입장에서 혹부리 영감은 거래가 끊긴다면 큰 타격을 받을 수밖에 없는 대상이다. 즉, 둘 사이의 거래 관계에서 혹부리 영감은 절대적인 우위를 차지하고 있다. 두 사람의 거래가 끊기지 않은 것은 소주 두 병을 빠뜨린 것에 대한 책임을 아버지가 지기로 했기 때문이지, 형편이 어려운 사람들 간의 유대감 때문이 아니다.

오답인 이유

① **'한 평도 채 안 되는 구멍가게'를 각별한 애정으로 운영하던 아버지에 대한 기억은, '나'에게 아버지의 '생존 이유'를 짐작하게 했겠어.**

⋯→ 캐러멜 갑 안에 미키대장군이 몇 개 들어 있는지조차 훤히 꿰차고 있는 모습에서, '한 평도 채 안 되는 구멍가게'에 대한 아버지의 애정과 가족의 생계에 대한 아버지의 걱정을 확인할 수 있다.

② **'캐러멜'을 먹었다고 화를 냈다가 남은 '캐러멜'을 '나'의 손에 쥐어 준 아버지에 대한 기억은, '나'에게 아버지가 속마음을 드러내는 데 서툰 사람이라고 생각하게 했겠어.**

⋯→ 캐러멜을 집어먹은 '나'에게 불같이 화를 낸 후에 미안하다고 말하지 못하고 머쓱해서 나머지 캐러멜 네 개를 내미는 모습에서, 아버지가 속마음을 드러내는 데 서툰 사람임을 확인할 수 있다.

③ **'팔을 늘어뜨린 채' 아버지를 따르던 '나'가 '시장통'에서 '반 친구'를 만났던 경험은, '나'에게 궁핍으로 인한 내면의 상처로 남은 기억이겠어.**

⋯→ 아버지의 뒤를 졸졸 따르다가 '반 친구'를 만났던 '나'가 후에 '정말 그 자리에서 혀를 빼물고 죽고 싶은 생각뿐이었다.'라고 회상하는 모습에서, '나'에게 어린 시절의 궁핍함이 내면의 상처로 남아 있음을 알 수 있다.

④ **'중풍 후유증' 때문에 '언어 장애'가 있는 아버지 대신 혹부리 영감을 상대하게 된 경험은, '나'에게 어린 나이에 이해타산적*인 어른들의 세계를 느끼게 한 기억이겠어.**

⋯→ 혹부리 영감의 매몰찬 태도에 결국 자신의 과오를 인정하고 돌아와 눈물을 보이는 아버지에게 서글픔을 느끼는 모습에서, 어린 나이지만 '나'가 이해타산적인 어른들의 세계를 느꼈음을 알 수 있다.

* 이해타산적(利害打算的) : 이로움과 해로움을 이리저리 따져 헤아리는 것 예 이해타산적인 현대인의 모습

03

정답률 77% | 매력적인 오답 ③ 12%

<보기>를 참고할 때, ㉠~㉤에 대한 반응으로 적절하지 않은 것은? [3점]

<보기>

이 소설의 서술자인 성인 '나'는 주로 세 가지 서술 방식을 활용한다. 첫째는 서술자가 등장인물의 내면 심리나 사건을 설명하는 것이다(서술 방식 ①). 이 경우 독자는 서술자의 해석을 통해 사건을 이해하게 된다(서술 방식 ①의 효과). 둘째는 서술자가 인물의 외양이나 행위만을 묘사하는 것이다(서술 방식 ②). 이 경우 독자는 그 묘사가 갖는 의미를 스스로 해석해야 한다(서술 방식 ②의 효과). 셋째는 서술자가 유년 '나'로 시선을 제한하여 유년 '나'의 눈에 보이는 다른 인물의 외양이나 행위를 묘사하는 것이다(서술 방식 ③). 이 경우 독자는 사건의 현장을 직접 보는 듯한 느낌을 가질 수 있으며, 둘째 방식에서처럼 그 묘사에 대해 해석해야 한다(서술 방식 ③의 효과). 셋째 방식에 유년 '나'의 심리가 함께 서술되면 독자는 인물의 심리에 쉽게 공감하게 된다.

정답인 이유

⑤ ⓜ: 유년 '나'로 시선을 제한하여 아버지의 행위와 표정을 묘사하면서 유년 '나'의 심리를 함께 제시하여 독자는 그 심리에 공감하겠군.
× → 유년 '나'의 심리를 제시하지 않음.

…→ ⓜ에서는 아들인 '나'의 앞에서 열여덟 병의 소주를 쓰다듬으며 눈물을 보이는 아버지의 모습을 묘사하고 있다. 이는 〈보기〉에서 설명하고 있는 서술 방식 중, 유년 '나'로 시선을 제한하여 유년 '나'의 눈에 보이는 다른 인물의 행위를 묘사한 것이다. 하지만 ⓜ에 유년 '나'의 심리는 함께 제시되어 있지 않다.

오답인 이유

③ 매력적인 오답 ⓒ: 유년 '나'로 시선을 제한하여 아버지의 내면이 직접적으로 서술되지 않았다고 생각한 독자라면 아버지의 내면을 스스로 해석하겠군.

…→ ⓒ에서는 아버지의 외양을 묘사함으로써 소주 두 병을 빠뜨린 일에 대한 아버지의 당혹감을 드러내고 있다. 이는 〈보기〉에서 설명하고 있는 서술 방식 중, 유년 '나'로 시선을 제한하여 유년 '나'의 눈에 보이는 다른 인물의 외양을 묘사한 것이다. 이 경우 독자는 그 묘사가 갖는 의미를 스스로 해석해야 한다고 하였다.

① ㉠: 서술자가 아버지의 내면을 설명하여 독자는 서술자의 해석을 통해 상황을 이해하겠군.

…→ ㉠에서는 성인이 된 '나'의 시각에서 구멍가게에 대한 아버지의 심리를 설명하고 있다. 이는 〈보기〉에서 설명하고 있는 서술 방식 중, 서술자가 등장인물의 내면 심리를 설명한 것이다. 이 경우 독자는 서술자의 해석을 통해 사건을 이해하게 된다고 하였다.

② ⓛ: 서술자가 유년 '나'의 행위를 묘사하여 독자는 그 행위가 갖는 의미를 스스로 해석하겠군.

…→ ⓛ에서는 '나'의 행동을 묘사함으로써 아버지의 질책을 들은 '나'의 반항심을 드러내고 있다. 이는 〈보기〉에서 설명하고 있는 서술 방식 중, 서술자가 인물의 행위를 묘사한 것이다. 이 경우 독자는 그 묘사가 갖는 의미를 스스로 해석해야 한다고 하였다.

④ ⓔ: 유년 '나'로 시선을 제한하여 혹부리 영감의 모습과 행동을 묘사했다고 생각한 독자라면 장면을 직접 보는 듯한 느낌을 받겠군.

…→ ⓔ에서는 유년 시절의 '나'의 눈에 비친 혹부리 영감의 모습과 행동을 묘사하고 있다. 이는 〈보기〉에서 설명하고 있는 서술 방식 중, 유년 '나'로 시선을 제한하여 유년 '나'의 눈에 보이는 다른 인물의 외양이나 행위를 묘사한 것이다. 이 경우 독자는 사건의 현장을 직접 보는 듯한 느낌을 가질 수 있다고 하였다.

현대 소설 10 자서전들 쓰십시다

▶ 문제편 117~119쪽

정답 | 01 ② 02 ⑤ 03 ③ 04 ①

[01~04] 다음 글을 읽고 물음에 답하시오. 2020 9월 모의평가

제대로 작품 분석

▶ 〈보기〉에서 적절한 것을 골라 넣으며 작품을 분석해 보자.

[장면 1] (처음 ~ 중략 이전)

소주제: 지욱이 최상윤 선생의 자서전을 쓰는 일에 회의감을 느낌.

- 지욱은 차츰 선생의 그런 신념이 두려워지기 시작했다: 세상일을 자신의 신념에 따라 외곬으로 이해하는 최상윤 선생에게 두려움을 느낌.
- 뿐만 아니라 그 자신감이 ~ 용납을 하지 않고 있었다: 1
- 감동적인 자서전적 인물상: ① 작가의 의사를 존중하며 삶을 거짓 없이 성찰하는 사람 ② 타인의 삶에 기여할 수 있는 정직한 고백을 하는 사람
- 회의가 없는 자서전이야말로 ~ 동상에 불과할 뿐이었다: 성찰이 담기지 않은 자서전은 자서전 속의 인물을 우상화한 글일 뿐임.
- 지욱이 최상윤의 신념을 ~ 어슴푸레 느끼고 있었기 때문이다: 지욱이 최상윤의 신념을 두려워한 이유 ① – 최상윤이 자신을 우상화하려 한다고 느꼈기 때문에
- 의식의 경화: 2
- 그보다도 지욱이 더더욱 ~ 맡고 있었기 때문이다: 지욱이 최상윤의 신념을 두려워한 이유 ② – 최상윤의 언동이나 생활 방식이 가식적이라고 느꼈기 때문에
- 한 인간의 생애에서 ~ 없을 수 있단 말인가: 자신의 삶을 회고하는 가운데 후회나 의구심을 내비치지 않는 최상윤
- 따뜻한 아랫목과 좋은 음식: 안락하고 편안한 삶(↔ 엄격한 극기의 세월)
- 이 노인은 어찌하여 ~ 부끄러움이 될 수는 없단 말인가 —: 3

[장면 2] (중략 이후 ~ 끝)

소주제: 자서전 대필 부탁을 거절당한 피문오가 지욱의 집에 찾아와 행패를 부림.

- 맘에 없는 웃음을 팔아먹고 사는 무식쟁이: 코미디언인 피문오 자신을 가리킴.
- 왜 내 일을 안 하겠다는 건지 그걸 말해 보라는 거야: 피문오가 지욱을 찾아온 이유 – 자서전 대필을 거절한 이유를 납득할 수 없음.
- 이미 본색을 드러내기 ~ 걷잡을 수가 없을 지경이었다: 서술자가 피문오의 행동을 지욱의 입장에서 서술함.
- 알량한 양심: 4
- 벌건 얼굴에 ~ 내질러 대고 있었다: 외양과 행동 묘사로 피문오의 감정을 드러냄.
- 무슨 말을 할래도 목이 말라 소리가 되어 나오질 않았다: 피문오에게서 수모를 당하는 지욱이 항변도 못하고 주눅이 든 상대
- 이런 자의 책을 쓰면서 ~ 찬미함이 낫지 않으냐: 5
- 작자의 일: 피문오 씨의 자서전을 대필하는 일
- 내 좀 더 똑똑히 말을 해 줄까?: 자신이 자서전 대필 거절을 납득하지 못하는 까닭을 말해 주겠다는 뜻
- 고장난 시계나 라디오들 ~ 회고록들 쓰십시다아 —: 6
- 고저단속: 높음과 낮음과 끊김과 이어짐

– 이청준, 〈자서전들 쓰십시다〉

❖ 제대로 작품 분석의 〈보기〉

㉠ 지욱의 작가적 양심을 폄하하는 말
ⓛ 자서전 대필이 의뢰인의 삶을 미화하는 행위임을 드러냄.
ⓒ 신념이 너무 강해 자신이 틀릴 수 있다는 의심을 전혀 하지 않음.
ⓔ 자신의 신념에 빠져 타인의 의견이나 사고방식을 받아들이지 않는 것
ⓜ 인간의 욕망을 드러내지 않는 가식적인 태도가 오히려 부끄러움이 됨.
ⓑ 자서전 쓰기가 다른 상행위와 다를 바 없다는 뜻 – 양심을 지키려는 지욱을 조롱함.

❖ **제목의 의미**

'자서전들 쓰십시다'는 자서전 대필을 거절당한 피문오가 주인공을 조롱하기 위해 한 말로, 자서전 대필 작업이 다른 상행위와 다를 바 없다는 인식이 담긴 말이다. 이 말을 통해 작가는 실체를 반영하지 못하는 글의 무의미함을 드러내는 한편, 진정한 글쓰기는 자기 성찰과 반성을 통해 이루어진다는 점을 강조하고 있다.

❖ **작가 소개**

이청준(李淸俊, 1939~2008): 소설가. 1965년 《사상계》 신인상에 〈퇴원〉이 당선되어 등단하였다. 정치 · 사회적인 메커니즘과 그 횡포에 대한 인간 정신의 대결 관계를 주로 형상화하였다. 주요 작품으로 〈병신과 머저리〉, 〈당신들의 천국〉, 〈잔인한 도시〉, 〈서편제〉 등이 있다.

❖ **전체 줄거리**

자서전과 회고록을 대필하며 살던 지욱은 현실과 동떨어진 말로 자서전을 쓰는 일에 회의를 느낀다. 결국 지욱은 인기 코미디언 피문오 씨의 자서전 대필 작업을 단념하고 그에게 사과 편지를 부친다. 그리고 다음날 진정한 글쓰기에 대한 기대를 안고 회고록 대필을 요청한 최상윤 선생을 만나러 버스에 오른다. 지욱은 산간벽지에서 오랜 세월 동안 황폐한 야산을 옥토로 개간한 최상윤 선생이라면 진실한 삶을 살고 있을 것이라 생각한다. 하지만 일말의 자기 회의도 용납하지 않는 선생의 확고한 신념에 오히려 두려움을 느낀다. 지욱은 생각을 더 해보겠다는 말을 남긴 채 서울로 올라간다. 지욱이 집에 도착하자 그를 기다리고 있던 피문오 씨는 자신의 자서전을 쓰지 않는 이유를 말하라며 행패를 부린다. 지욱은 피문오 씨에게 수모를 당하며 최상윤 선생을 떠올린다. 그리고 최상윤 선생에게도 자기 성찰이나 고백의 용기가 없음을 깨닫는다. 피문오 씨가 돌아간 뒤 지욱은 '자서전들 쓰십시다'라는 환청에 넋을 빼앗긴다.

❖ **핵심 정리**

- 갈래: 단편 소설, 연작 소설
- 성격: 비판적, 성찰적
- 배경: 시간 – 1970년대
  공간 – 최상윤 선생의 농장, 윤지욱의 집 안 등
- 시점: 전지적 작가 시점
- 주제: 참된 글쓰기의 의미
- 특징: ① 글쓰기를 직업으로 하는 주인공을 내세워 참된 글쓰기의 의미를 탐색함. ② 작품 밖의 서술자가 중심인물의 내면을 묘사하며 인물이 처한 갈등 상황을 제시함. ③ 인물이나 사건에 대한 주인공의 주관적 판단을 중심으로 글이 서술됨.

제대로 감상법 모범 답안

이청준, 〈자서전들 쓰십시다〉

❶ 최상윤 ❷ 피문오 ❸ 자서전 ❹ 내면

❖ **제대로 작품 분석**

1㉢ 2㉣ 3㉤ 4㉠ 5㉡ 6㉥

01

정답률 88%

윗글의 서술상 특징으로 가장 적절한 것은?

정답인 이유

② **서술자가 중심인물의 내면을 묘사하며 인물이 처한 갈등 상황을 제시하고 있다.**

⋯› 이 글은 작품 밖의 서술자가 인물의 내면 심리와 사건의 내막을 모두 서술하는 전지적 작가 시점을 취하고 있는데, 서술자는 중심인물인 지욱의 내면을 묘사하며 지욱이 어떤 갈등 상황에 처해 있는지 제시하고 있다. 지욱은 최상윤의 회의가 없는 확고한 신념에 두려움을 느끼며 심리적 갈등을 겪고 있고, 자서전 대필을 거절한 일로 피문오와 대립하고 있다.

오답인 이유

① **장면의 빈번한 교차를 통해 인물 간의 갈등을 입체적으로 드러내고 있다.** (장면의 빈번한 교차 ×)

⋯› 제시된 부분은 최상윤으로 인한 지욱의 심리적 갈등을 다룬 장면(중략 이전의 내용)과 지욱과 피문오 사이의 외적 갈등을 다룬 장면(중략 이후의 내용)으로 이루어져 있다. 따라서 장면을 빈번하게 교차하고 있다고 볼 수 없으며, 갈등이 입체적으로 드러나고 있다고 볼 수도 없다.

③ **이야기 내부의 서술자가 인물의 행위를 묘사하며 사건의 원인을 추리하고 있다.** (이야기 내부의 서술자 × → 전지적 작가 시점임. / 사건의 원인을 추리 ×)

⋯› 서술자는 작품의 밖에 위치하며, 서술자가 사건의 원인을 추리하고 있지도 않다.

④ **인물 간의 대화를 통해 인물이 겪은 사건의 비현실적인 면모를 드러내고 있다.** (인물이 겪은 사건의 비현실적인 면모 ×)

⋯› 지욱과 피문오 간의 대화가 제시되어 있지만, 이 대화가 사건의 비현실적인 면모를 드러내고 있지는 않다.

⑤ **공간의 이동에 따라 서술자를 달리하여 사건에 대한 다양한 관점을 서술하고 있다.** (공간의 이동에 따라 서술자를 달리하여 ×)

⋯› 작품 밖에 있는 서술자가 처음부터 끝까지 지욱의 관점에서 이야기를 이끌어 나가고 있을 뿐, 공간의 이동에 따라 서술자가 달라지지 않았다.

02

정답률 68% | 매력적인 오답 ① 20%

문맥상 의미를 고려할 때, ㉠~㉤에 대한 설명으로 적절하지 않은 것은?

정답인 이유

⑤ **㉤: 침묵하는 지욱에게 피문오가 자신에 대한 의구심을 풀 것을 독촉하고 있음을 나타낸다.** (자신에 대한 의구심을 풀 것을 독촉 × → 자서전 대필 작업을 하지 않는 이유를 설명해 달라고 요구)

⋯› ㉤의 앞에서 피문오는 '어째서 내 일을 하지 않게 되었느냐, 내 일을 하기가 싫어졌느냐⋯⋯ 그 이율 좀 더 솔직하게 말해 달라 이거야.'라고 하였다. 이로 보아 ㉤은 피문오가 지욱에게 자신의 자서전 대필 작업을 하지 않는 이유를 납득이 가게끔 설명해 달라고 요구하는 말이다. 따라서 이는 피문오가 지욱에게 자신에 대한 의구심을 풀 것을 독촉하는 것이 아니다.

오답인 이유

① (매력적인 오답) **㉠: 피문오가 지욱의 말을 무시하고자 하는 경멸의 감정을 담고 있다.**

⋯› 피문오는 지욱이 자서전 대필을 거부하며 편지에 쓴 말을 '얼렁뚱땅 되잖은 소리', '업어치나 메치나 그게 그놈 아들놈 같은 소리'로 여기고 있다. ㉠은 이와 같은 맥락에서 피문오가 지욱이 한 말을 '말재간' 취급하며 무시하고자 하는 경멸의 감정을 담은 것이다.

② **㉡: 지욱에게서 무시당하고 있다고 여기는 피문오의 성난 감정을 담고 있다.**

⋯› ㉡은 피문오가 자신의 양심 때문에 자서전 대필을 할 수 없다는 지욱에게 자신이 바보 멍청이로 보이냐며 분노의 감정을 표출한 것이다.

③ **㉢: 피문오에게서 수모를 당하는 지욱이 항변*도 못하고 주눅이 든 상태를 나타낸다.**

⋯→ ⓒ은 피문오의 행패에 기가 질려 아무 말도 할 수 없을 만큼 주눅이 든 지욱의 상태를 나타낸 것이다.

> * 항변(抗卞): 못마땅한 생각이나 반대의 뜻을 주장함. 예 그는 회사의 부당 해고에 한마디 항변도 못 하고 회사를 그만두었다.

④ ⓔ: 피문오가 지욱의 해명을 요구하면서 닦달하고* 있음을 나타낸다.

⋯→ ⓔ은 피문오가 자신의 자서전 대필을 거부하는 이유가 무엇인지 대답하라며 지욱을 닦달하는 것이다.

> * 닦달하다: 남을 단단히 윽박질러서 혼을 내다. 예 음식을 기다리던 손님이 종업원에게 당장 주인을 불러오라고 닦달하였다.

03

정답률 73%

〈보기〉를 참고할 때, 감동적인 자서전적 인물상에 대한 이해로 적절하지 않은 것은? [3점]

〈보기〉

〈자서전들 쓰십시다〉의 주인공은 자서전 대필 작가로서의 글쓰기에 환멸을 느끼고 있다. 이러한 글쓰기는 의뢰인의 삶을 미화하여 결국 의뢰인에게 아첨하는 것일 뿐이기 때문이다(주인공이 글쓰기에 환멸을 느끼는 이유). 어떤 의뢰인들은 자신의 요구를 강요하는 일(피문오가 보여 준 예)까지 서슴지 않아 주인공을 괴롭히기도 한다. 주인공이 바라는 의뢰인은 작가의 의사를 존중하면서 삶을 거짓 없이 성찰하는 사람(감동적인 자서전적 인물상 ①)이다. 또한 주인공은, 후회나 의문이 없는 확신에 찬 태도로 독자를 사로잡는 주장(최상윤이 보여 준 예)을 하는 사람보다는 타인의 삶에 기여할 수 있는 정직한 고백을 하는 사람(감동적인 자서전적 인물상 ②)을 원한다.

정답인 이유

③ '엄격한 극기'로 '부끄러움' 없이 '결백'하게 사는 것은 독자에게 후회나 의문이 없는 삶을 주장할 수 있다는 점에서 감동적인 자서전적 인물상에 부합한다고 할 수 있겠군.

× → 후회나 의문이 없는 삶이 바람직하다고 여기지 않음.

⋯→ 지욱은 후회나 의구가 없는 최상윤의 삶에서 '가식의 냄새'를 맡고 있다. 또한 〈보기〉에서는 주인공이 '후회나 의문이 없는 확신에 찬 태도로 독자를 사로잡는 주장을 하는 사람'보다는 '타인의 삶에 기여할 수 있는 정직한 고백을 하는 사람'을 원한다고 하였다. 따라서 엄격한 극기로 결백하게 사는 것이 지욱이 말하는 감동적인 자서전적 인물상에 부합한다고 보기는 어렵다.

오답인 이유

① 작가에게 '압박감'이 느껴질 정도로 '자기 독단'이 강할 뿐만 아니라 확신에 찬 태도로 '신념'을 내세우는 것은 독자를 사로잡는 자기주장을 하는 것이라는 점에서 감동적인 자서전적 인물상에 부합한다고 할 수 없겠군.

⋯→ 지욱은 '논리적인 이해가 불가능한' 최상윤의 신념에 두려움과 압박감을 느끼며, 회의가 없는 신념은 '맹목적인 자기 독단'에 흐를 위험이 있다고 생각한다. 따라서 확신에 찬 태도로 신념을 내세우는 것은 지욱이 말하는 감동적인 자서전적 인물상에 부합한다고 볼 수 없다.

② 스스로 '회의'하며 '의식의 경화'를 경계할 줄 아는 것은 삶을 거짓 없이 성찰할 수 있다는 점에서 감동적인 자서전적 인물상에 부합한다고 할 수 있겠군.

⋯→ 지욱은 회의가 없는 자서전은 '거인의 동상'에 불과하다고 여기며, '의식의 경화 현상'에 대해서도 부정적으로 생각하고 있다. 따라서 스스로 회의하며 의식의 경화를 경계할 줄 아는 것은 지욱이 말하는 감동적인 자서전적 인물상에 부합한다고 볼 수 있다.

④ 자서전을 쓰라고 '반말 투로' 작가를 '윽박'지르는 것은 자서전을 통해 자신에게 아첨하기를 요구하는 것으로 보인다는 점에서 감동적인 자서전적 인물상에 부합한다고 할 수 없겠군.

⋯→ 지욱은 자서전 대필을 거부당한 피문오가 자신을 윽박지르는 모습을 보며, 피문오의 자서전을 쓰는 것이 '그의 밑구멍'을 핥는 일이라고 생각한다. 따라서 반말 투로 작가를 윽박지르는 것은 지욱이 말하는 감동적인 자서전적 인물상에 부합한다고 볼 수 없다.

⑤ 작가의 '양심'을 '알량'하다고 여기고 자신은 '들러리'가 아님을 주장하는 것은 작가를 존중하지 않고 삶을 미화하도록* 요구한다는 점에서 감동적인 자서전적 인물상에 부합한다고 할 수 없겠군.

⋯→ 지욱은 의뢰인의 삶을 미화하는 글쓰기에 가책을 느껴 피문오의 의뢰를 거절하지만, 피문오는 이러한 작가의 양심을 '알량'한 것으로 여기고 있다. 따라서 작가의 의사를 존중하지 않고 자신의 삶을 미화하도록 강요하는 것은 지욱이 말하는 감동적인 자서전적 인물상에 부합한다고 볼 수 없다.

> * 미화하다(美化--): 아름답게 꾸미다. 예 이번에 본 영화는 침략 행위를 지나치게 미화한 것 같은 느낌이다.

04

정답률 85%

ⓐ에 대해 이해한 내용으로 가장 적절한 것은?

정답인 이유

① 피문오는 지욱이 생각하는 자서전의 가치를 폄하하여* 지욱을 우롱하고 있다.

○ → 자서전 대필 작업도 일반적인 돈벌이와 다르지 않다며 지욱을 조롱함.

⋯→ ⓐ는 자서전 대필로 돈을 버는 지욱이 자서전 대필 작업을 거부하자, 피문오가 자서전이나 회고록을 쓰는 일도 고장난 시계나 라디오를 고치는 일과 같은 돈벌이와 다르지 않다며 지욱을 조롱하는 말이다. 즉, 피문오가 ⓐ와 같이 말한 것은 지욱이 생각하는 자서전의 가치를 폄하하며, 작가적 양심을 지키려는 지욱을 우롱하기 위한 것이다.

> * 폄하하다(貶下--): 가치를 깎아내리다. 예 신분이 낮다고 해서 그 사람의 공로까지 폄하해서는 안 됩니다.

오답인 이유

② 피문오가 자서전을 상품으로 팔기 위한 방법을 지욱에게 직접 보여 주고 있다.

⋯→ 피문오는 자서전 대필 작업이 고장난 시계나 라디오를 고치는 일, 채권을 사는 일, 부서진 우산이나 빈 병을 사는 일과 다르지 않다고 강조하고 있을 뿐, 자서전을 상품으로 팔기 위한 방법을 보여 주고 있는 것이 아니다.

③ 피문오가 '잘난 소리'를 하는 지욱에게 자신은 '무식한 놈'이 아님을 과시하고 있다.

⋯→ 피문오는 지욱을 조롱하고 있을 뿐, 지욱에게 자신이 '무식한 놈'이 아님을 과시하고 있는 것이 아니다.

④ 피문오가 자서전 쓰기를 더 많은 사람들에게 권해야 한다고 지욱에게 요청하고 있다.

···› 자서전 쓰기를 더 많은 사람들에게 권해야 한다는 피문오의 생각은 드러나 있지 않다.

⑤ **피문오는 지욱의 자서전 쓰기에 소재를 제공하고자 '맘에 없는 웃음을 팔아먹'어 왔던 자신의 직업적 능력을 발휘하고 있다.**

···› 피문오는 자서전 대필로 돈벌이를 하면서 양심을 이야기하는 지욱을 조롱하고 있을 뿐, 지욱의 자서전 쓰기에 소재를 제공하고 있는 것이 아니다.

현대 소설 **11** 토지

▶ 문제편 120~122쪽

정답 | **01** ⑤ **02** ③ **03** ③

[01~03] 다음 글을 읽고 물음에 답하시오. 2020 6월 모의평가

제대로 작품 분석 ▶〈보기〉에서 적절한 것을 골라 넣으며 작품을 분석해 보자.

[장면 1] (처음 ~ 중략 이전)

소주제: 삼수의 말을 듣고 계획을 앞당기는 윤보

- 아무리 그리 시치미를 ~ 나도 알고 있이니께요: 삼수가 윤보의 계획을 눈치채고 사건에 끼어들고자 찾아옴.
- 조가 놈을 먼지 치고 시작하라 그 말이오: 1
- 고방: 광(세간이나 그 밖의 여러 가지 물건을 넣어 두는 곳)
- 큰일: 의병 활동을 가리킴.
- 꿩 묵고 알 묵는 거: 친일파인 조준구를 몰아낼 수 있고 곡식과 재물도 얻을 수 있음. – 일석이조(一石二鳥)
- 야아가 참 제정신이 아니구마는: 삼수가 자신의 속마음을 떠보는 것이라 생각하여 삼수의 제안을 물리침.
- 전력: 과거의 경력
- 초록은 동색: 풀색과 녹색은 같은 색이라는 뜻으로, 처지가 같은 사람들끼리 한패가 되는 경우를 비유적으로 이르는 말
- 삼수: 최 참판가의 하인. 어려서부터 천덕꾸러기로 자라 최 참판가에 복수하고자 함.
- 내가 머 염탐이라도 ~ 몇 놈 왔일 거 아니오: 자신이 진심으로 말하고 있다는 근거
- 다 된 죽에 코 빠지는 거: 2
- 날을 다가야겄다: 날을 앞당겨야겠다
- 칠흑의 밤을 타고 ~ 타작마당에 장정들이 모여들었다: 장정들이 최 참판가를 습격하기 위해 모임.
- 덩어리 같은 침묵: 3

[장면 2] (중략 이후 ~ "길상이 놈이 날 죽으라고 내버리고 갔다.")

소주제: 서희가 자신을 습격했던 무리와 한패라고 몰아가는 홍 씨

- 네년 소행인 줄 뉘 모를 줄 알았더냐?: 간밤에 습격한 무리가 서희와 관련이 있다고 생각함.
- 와락와락: 홍 씨의 격렬한 행동을 강조하는 음성 상징어
- 봉순: 서희의 몸종
- 그는 죽을 생각을 했던 것이다: 서술자가 서희의 내면을 직접적으로 묘사함.
- 서희는 연못가에서 걸음을 뚝 멈춘다: 4
- 홍 씨 눈을 똑바로 주시한다: 죽을 생각을 했던 서희가 생각을 고쳐먹고 홍 씨와 대립을 지속할 것임을 나타냄.
- 사람 영악한 것은 ~ 말 못 들으셨소?: 자신의 영악함은 범보다 더 무섭다는 뜻 → 홍 씨를 향한 경고
- 길상이 놈이 날 죽으라고 내버리고 갔다: 5
- 길상: 최 참판가의 하인. 간도로 이주한 뒤 서희를 돕고, 후에 서희와 혼인함.

[장면 3] (달려온 헌병들에게 맨 먼저 당한 것은 삼수다 ~ 끝)

소주제: 자신을 구해 준 삼수를 의병의 앞잡이라며 헌병에게 넘기는 조준구

- 헌병이 총대를 들이밀자 ~ 조준구를 향해 도움을 청하였다: 아직까지 조준구의 도움을 받을 수 있을 것이라 생각함.
- 찢어 죽일 놈, 능지처참할 놈: 삼수에 대한 조준구의 부정적 인식이 드러남.
- 무섭게 눈을 부릅뜬 ~ 일순 백지장으로 변한다: 6
- 목심을 건지 디린: 의병들이 최 참판가를 습격했을 때, 삼수는 대문을 열어 주는 한편 사당 안에 숨은 조준구를 모른 척함. – 기회주의적 인물

– 박경리, 〈토지〉

❖ 제대로 작품 분석의 〈보기〉

㉠ 서희의 심리 상태 변화
㉡ 삼수가 윤보를 찾아온 목적
㉢ 길상에 대한 서운함과 배신감이 드러남.
㉣ 장정들의 은밀한 행동 양상을 드러내는 비유
㉤ 최 참판가를 습격하기 전에 의병 활동이 발각되는 것
㉥ 심리의 간접적 제시 – 예상치 못한 조준구의 행동에 당황함.

❖ 제목의 의미

'토지'는 삶의 터전으로서 모든 생물이 태어나는 바탕이자 영혼의 안식처이며 반드시 보존되어야 할 가치를 의미한다. 최 참판 일가와 주변 인물들의 굴곡과 애환, 민족의식 등을 담고 있는 대하소설로, 근대사의 흐름 속에서 다양한 인물들의 삶과 갈등이 사실적으로 제시되어 있는 작품이다.

❖ 작가 소개

박경리(朴景利, 1926~2008): 소설가. 경상남도 통영 출생. 1955년 《현대문학》에 〈계산〉을 발표하며 등단하였다. 전쟁의 폭력과 고난을 견디면서 생명의 가치를 고양하는 작품들을 주로 발표하였다. 주요 작품으로 〈불신 시대〉, 〈김 약국의 딸들〉, 〈시장과 전장〉 등이 있다.

❖ 전체 줄거리

구한말, 경남 하동의 농촌 마을 평사리에서 지주인 최치수가 살해되며 그의 친척 조준구는 최 참판 집안의 재산을 노리고 계략을 꾸민다. 조준구에게 재산을 빼앗긴 어린 서희는 가문을 되찾으려는 집념으로 간도로 이주하여 길상의 도움으로 큰 재산을 모으고 귀향길에 오른다. 귀향 후 진주에 정착한 서희는 조준구에게 빼앗겼던 재산과 토지 문서를 되찾고, 무력감에 시달린다. 서희의 남편 길상은 독립운동을 하다가 감옥에 갇힌다. 3·1 운동 이후 서희의 두 아들인 환국과 윤국은 자신들의 풍족한 처지와 현실에서 괴리감을 느낀다. 윤국은 시위에 참가하여 정학 처분을 받는다. 출옥한 길상은 절에서 탱화를 그리다가 사상범으로 투옥된다. 히로시마에 폭탄이 투하된 상황에서 서희는 가족을 데리고 서울로 올라갈 것을 결심한다.

❖ 핵심 정리

• 갈래: 대하소설, 가족사 소설
• 성격: 사실적, 회상적, 일대기적
• 배경: 시간 – 구한말~1945년 광복
  공간 – 경남 하동, 경성, 간도의 용정촌, 동경 등
• 시점: 전지적 작가 시점
• 주제: 격동의 근대사를 살아온 우리 민족의 삶의 애환과 강인한 생명력
• 특징: ① 광범위한 공간과 숱한 인물들이 등장하는 대하소설 ② 전반적으로 간결체가 나타나며 방언을 사용하여 현장감과 사실성을 높임. ③ 일제 강점기 한국인의 보편적이고 총체적인 삶을 보여 주고 있음.

제대로 감상법 모범 답안

박경리, 〈토지〉

❶ 서희 ❷ 조준구 ❸ 칠흑의 밤 ❹ 사당 마루 밑

❖ 제대로 작품 분석

1㉡ 2㉤ 3㉣ 4㉠ 5㉢ 6㉥

01

정답률 65% | 매력적인 오답 ③ 18%

[A]와 [B]에 대한 설명으로 적절하지 않은 것은?

정답인 이유

⑤ [A]는 시간적 배경을 통해 장면의 분위기를 드러내고, [B]는 공간적 배경의 변화를 통해 인물 간 대립의 원인을 드러낸다.

⋯› [A]에는 자정이 넘은 칠흑의 밤이라는 시간적 배경이 나타나 있다. 이를 바탕으로 장정들이 최 참판가를 습격하기 위해 움직이기 시작하는 장면의 긴박한 분위기를 드러내고 있다. 한편 [B]에는 서희의 방에서 연못으로의 공간적 배경의 변화가 나타나 있다. 하지만 이러한 공간적 배경의 변화가 인물 간 대립의 원인을 드러내고 있지는 않다. 인물 간 대립의 원인은 홍 씨와 서희 간의 대화를 통해 확인할 수 있다.

오답인 이유

③ (매력적인 오답) [A]는 장면에 대한 관찰을 중심으로 서술하고, [B]에는 인물의 내면에 대한 직접적 서술이 나타난다.
○ → 장정들이 모여드는 모습에 대한 관찰
○ → '그는 죽을 생각을 했던 것이다.'

⋯› [A]에서는 장정들이 모여드는 모습, 개들이 짖는 모습, 장정들에게 윤보가 지시를 내리는 모습, 횃불이 움직이는 모습 등 장면에 대한 관찰을 중심으로 내용이 서술되고 있다. 그리고 [B]에는 '그는 죽을 생각을 했던 것이다.'와 같이 서희의 내면에 대한 직접적 서술이 나타나 있다.

① [A]는 비유적 표현을 활용하여 인물의 은밀한 행동 양상을 드러낸다.
○ → '덩어리 같은 침묵' – 직유법

⋯› [A]에서는 '덩어리 같은 침묵'과 같은 비유적 표현을 활용하여 장정들이 은밀하게 모여드는 행동 양상을 드러내고 있다.

② [B]는 음성 상징어를 활용하여 행동의 격렬함을 강조한다.
○ → '와락와락'

⋯› [B]에서는 '와락와락'이라는 음성 상징어를 활용하여 서희를 잡고 흔드는 홍 씨의 행동이 격렬함을 강조하고 있다.

④ [A]는 시제가 과거형에서 현재형으로 바뀌면서 장면에 긴장감을 더하고, [B]는 현재형 진술을 활용하여 인물 간 갈등을 더욱 생생하게 전달한다.
○ → '넘었다', '모여들었다' → '짖는다', '난다' 등
○ → '흔들어 댄다', '변한다', '남는다' 등

⋯› [A]에서는 '넘었다', '모여들었다'와 같이 과거형 시제가 사용되다가 '짖는다', '난다', '않는다' 등과 같이 현재형 시제로 바뀌고 있는데, 이러한 시제 변화는 장면에 긴장감을 더하고 있다. 그리고 [B]에서는 '흔들어 댄다', '변한다', '남는다' 등과 같이 현재형 진술을 활용하여 서희와 홍 씨 간의 갈등을 더욱 생생하게 전달하고 있다.

02

정답률 75% | 매력적인 오답 ④ 10%

㉠~㉤에 대한 이해로 가장 적절한 것은?

정답인 이유

③ ㉢: 홍 씨는 자신을 습격했던 무리를 '화적 놈'이라 부르며 서희가 그들과 공모했다고 몰아가고 있다.
○ → '네년 소행인 줄 뉘 모를 줄 알았더냐?'

⋯› ㉢의 앞에서 홍 씨가 서희를 끌어 일으키며 '네년 소행인 줄 뉘 모를 줄 알았더냐?'라고 말한 것을 볼 때, 홍 씨는 어젯밤 자신을 습격했던 무리가 서희와 공모한 '화적 놈'이라고 생각하고 있음을 알 수 있다.

오답인 이유

④ 매력적인 오답 ㉣: 서희는 홍 씨에게 홍 씨의 뻔뻔함과 영악함이 도를 넘었음을 경고하고 있다.
× → 서희 자신의 영악함이 무서움.

···› ㉣에서 '사람 영악한 것'은 서희 자신의 영악함을 가리킨다. 따라서 ㉣은 자신의 영악함이 범보다 더 무섭다는 경고이지, 홍 씨의 뻔뻔함과 영악함이 도를 넘었다는 경고가 아니다.

① ㉠: 삼수는 자신의 말대로 하면 '조가'도 제거할 수 있고 윤보의 계획도 숨길 수 있음을 알리고 있다.
× → 조가의 재물도 차지할 수 있음.

···› ㉠에서 삼수는 자신의 말대로 하면 친일파인 조준구를 죽이고 그들의 재물도 차지할 수 있다고 윤보를 설득하고 있다. 윤보의 계획을 숨길 수 있다고 알리는 것은 아니다.

② ㉡: 삼수는 자신이 윤보의 계획을 이미 알고 있어 이를 동네에 알리겠다며 윤보를 협박하고 있다.
× → 자신은 염탐꾼이 아니니 믿어 달라고 청함.

···› ㉡에서 삼수는 자신이 염탐꾼이 아니기 때문에 동네에서 도는 소문을 조가에게 고해바치지 않았다고 강조하고 있다. 이는 윤보의 계획을 동네에 알리겠다고 협박하는 것이 아니라 윤보에게 자신을 믿어 달라고 청하는 것이다.

⑤ ㉤: 조준구는 지난밤 자신을 습격했던 삼수의 행동에 분노하고 있다.
× → 습격한 것은 윤보 일행임.

···› ㉤의 앞뒤에서 조준구는 삼수에게 '찢어 죽일 놈', '능지처참할 놈'이라고 분노를 표출하고 있다. 하지만 지난밤에 조준구를 습격했던 것은 윤보 일행이므로, 조준구는 삼수가 지난밤 자신을 습격했기 때문에 분노하는 것이 아니다. 조준구는 오히려 삼수의 도움을 받아 윤보 일행에게 들키지 않았다.

03

정답률 85%

〈보기〉를 바탕으로 윗글을 감상한 내용으로 적절하지 않은 것은? [3점]

〈보기〉

〈토지〉는 개화기부터 해방 무렵까지 우리 민족의 수난과 저항의 역사를 다루고 있다. (작품의 시대적 배경과 주제 의식) 근대 이전까지 비교적 안정적이었던 신분 질서와 사회적 관계는 이 시기를 거치며 큰 변화를 겪는데, 〈토지〉에서는 몰락한 양반층, 친일 세력(조준구), 저항 세력(윤보), 기회주의자(삼수) 등 다양한 인물들이 때로 협력하고 때로 대립하면서 복잡한 관계망을 형성한다.

정답인 이유

③ 봉순이가 달려들어 서희 몸을 잡아당기는 것으로 보아, 이전까지 비교적 안정적이었던 신분 질서가 흔들리며 봉순이와 서희의 협력 관계가 약화되고 있군.
× → 봉순이의 행동은 단순히 서희를 흔들어 대는 홍 씨를 막기 위해서임.

···› 봉순이가 달려들어 서희 몸을 잡아당긴 이유는 홍 씨가 서희를 흔들어 대지 못하게 막기 위해서이다. 봉순이는 서희를 도와주고 있으므로, 이러한 행동을 안정적이었던 신분 질서가 흔들리며 봉순이와 서희의 협력 관계가 약화된 근거로 볼 수 없다.

오답인 이유

① 최 참판가 습격을 준비하던 윤보가 삼수의 제안을 듣지 않은 것으로 하겠다는 내용으로 보아, 윤보는 삼수와의 협력 관계를 거부한 것이군.

···› '내 안 들은 거로 해 둘 기니 어서 돌아가거라.'라고 말하며 삼수를 돌려보낸 것으로 볼 때, 윤보는 삼수와의 협력 관계를 거부한 것이다.

② 타작마당에 모인 장정들이 횃불을 들고 윤보와 함께 움직이는 것으로 보아, 이들은 조준구로 대표되는 친일 세력과 대립하고 있군.

···› '왜눔들하고 한통속인 조가 놈'이라는 말을 고려할 때 조준구는 친일 세력을 대표함을 알 수 있고, 조준구가 있는 최 참판가를 습격한 것으로 보아 윤보 일행은 친일 세력과 대립하고 있음을 알 수 있다.

④ 홍 씨의 모욕에 죽을 생각을 했던 서희가 홍 씨의 눈을 똑바로 주시한 것으로 보아, 홍 씨와 서희는 대립 관계를 이어 가겠군.

···› 맨발로 연못에 뛰어들어 죽으려 했던 서희는, "내가 왜 죽지? 누구 좋아하라고 죽는단 말이냐?"라며 홍 씨 눈을 똑바로 주시하기 시작한다. 이는 홍 씨의 모욕에 죽을 생각을 했던 서희가 생각을 고쳐먹고 홍 씨와 정면으로 대립하겠다는 의지를 나타낸 것으로 볼 수 있다.

⑤ 윤보에게 조준구를 치라고 했던 삼수가 조준구의 목숨을 구해 줬다는 것으로 보아, 조준구와 삼수의 관계는 상황에 따라 변하는군.

···› 삼수는 윤보를 찾아가 '조가 놈을 먼지 치고 시작하라'고 권하지만, 윤보 일행이 습격하자 오히려 조준구 내외를 도와준다. 이를 통해 조준구와 삼수의 관계가 상황에 따라 변하고 있음을 알 수 있다.

현대소설 12 비 오는 길

▶ 문제편 123~125쪽

정답 | 01 ② 02 ④ 03 ⑤ 04 ①

[01~04] 다음 글을 읽고 물음에 답하시오. 2019 9월 모의평가

제대로 작품 분석 ▶〈보기〉에서 적절한 것을 골라 넣으며 작품을 분석해 보자.

[장면 1] (처음 ~ 중략 이전)

소주제: 자신을 믿지 못하는 주인에게 반감을 가지게 된 병일

- 초평: 풀이 무성하게 자란 넓은 벌판
- 이 성 밖으로 뀌여 나오기 시작: 식민지 상황에서의 기형적 도시 성장
- 이 거리의 누렇던 길이 매연과 발걸음에 나날이 짙어서: 도시의 발전으로 변화하는 환경
- 꺼멓게 멍들기 시작한 이 거리: 매연과 발걸음으로 까맣게 변한 모습
- 신흥 상공 도시라는 이 도시의 공장 지대: 1
- 신원 보증인을 얻지 못하였다: 사회적으로 불안정한 처지
- 시재: 액수나 수량
- 주인은 금고의 현금을 헤었다: 병일을 믿지 못하는 주인
- 병일이가 장부에 적어 놓은 ~ 하루의 일이 끝나는 것이었다: 물질주의가 팽배한 사회 모습
- 사무실 마루를 쓸고, ~ 점심 그릇을 나르고: 소사와 급사의 일
- 수십 장의 편지를 쓰고, 장부를 정리: 서사의 일
- 병일의 다리와 머리는 물병과 같이 무거웠다: 2
- 작은 별들이 반짝이는 하늘 아래 말할 수 없이 호젓해짐: 사색을 좋아하는 인물의 특성이 드러남.
- 2년 내로 구하여도 ~ 궁리하여 보는 것이었다: 3
- 책임 문제로 보아서 무한히 간편한 것: 신원 보증인이 없어서 생기는 장점
- 취직한 첫날부터 지금까지 ~ 불쾌한 감을 느껴온 것이었다: 신원 보증인이 없어서 생기는 불안과 불쾌감
- 담박한: 욕심이 없고 순박한

[장면 2] (중략 이후 ~ 끝)

소주제: 사진사와 시간을 보내며 내적으로 갈등하는 병일

- 근자에 병일이는 ~ 몸서리를 치기도 하였다: 4
- 근자: 요 얼마 안 되는 동안
- 니체가 푸른 이끼 돋친 ~ 신음 소리가 나오려는 것을 깨닫고는: 지식인의 분열된 내면과 자의식
- 담배를 피우며 신문을 뒤적이고 있는: 세속적 삶의 모습
- 신문 외에는 활자와 ~ 부럽도록 경쾌한 것 같았다: 타인의 삶에 대해 부러움을 느끼는 병일
- 월급에서 하숙비를 제하고 ~ 무거운 짐같이 겨웠다: 5
- 발호하여서: 기세를 떨쳐서
- 장마: 병일에게 지루함을 더하는 요인
- 마음대로 할 수 있는 '나의 시간': 노동에서 벗어난 시간
- 누각: 성문의 일부
- 하숙방에서 활자로 시커멓게 ~ 용기가 없어진 병일: 자의식의 과다와 무기력증에 빠진 병일
- 하숙방: 6
- 사진관: 삶에 지친 병일의 일시적 도피처
- 사진사: 소시민적 행복을 추구하는 인물
- 자기도 적지 않게 ~ 주고받을 수 있다는 것이 만족: 타인의 삶에 대한 병일의 관심
- 문득 자기를 기다릴 듯한 ~ 마음을 가라앉히는 것이었다: 7
- 이것이 무슨 짓이냐! ~ 핑계하기가 편하였던 것이다: 타인의 삶에 대한 관심과 실망 – 자기만의 세계에 대한 긍정
- 코 고는 소리: 8

– 최명익, 〈비 오는 길〉

❖ 제대로 작품 분석의 〈보기〉

㉠ 반복되는 일상의 힘겨움과 무기력함
㉡ 병일의 휴식을 방해하는 상상의 소리
㉢ 사회적으로 불안정한 처지에서 벗어나고 싶음.
㉣ 자신이 몰두하던 삶에서 만족감을 느끼지 못함.
㉤ 병일이 책을 읽으며 자신의 세계에 몰두하는 공간
㉥ 근대화로 인한 도시의 확대 – 소외된 개인의 일상이 반복되는 곳
㉦ 지식인의 불안 의식 표현(병일의 낙이 독서와 사색임을 짐작케 함.)
㉧ 자기만의 세계에 몰두하여 타인의 이야기에 귀를 기울이지 않는 모습

❖ 제목의 의미

'비 오는 길'에서 '비'의 우울한 이미지는 자신의 소망이나 욕구가 충족되지 않아 내면적인 갈등을 겪고 있는 주인공 병일의 정서를 심화하고 있다. 비가 내리는 길의 모습을 통해 주인공의 무기력한 내면 의식을 형상화하고, 지식인의 무기력한 일상과 그에 따른 고독감을 드러낸 작품이다.

❖ 작가 소개

최명익(崔明翊, 1903~1972): 소설가. 평양 출생. 1936년 단편 소설 〈비 오는 길〉을 발표하며 문단에 등단하였고, 1947년에는 창작집 《장삼이사》를 발간하였다. 박태원, 이상과 함께 1930년대 한국 모더니즘 소설을 대표하는 작가이며, 주로 자의식의 심리적 갈등을 묘사한 작품을 창작하여 심리 소설의 지평을 열었다는 평가를 받는다.

❖ 전체 줄거리

도시의 공장에서 2년째 소사와 급사의 일을 하는 병일은 남을 믿지 못하는 공장 주인의 감시 속에 불안정한 생활을 영위하는데, 일과 후 책과 독서로 사색에 몰두하는 것을 낙으로 삼는다. 비 오는 어느 날 사진관 처마 밑에서 비를 피하던 병일은 사진관 주인 이칠성을 알게 되고 자주 만남을 갖는다. 병일은 부지런히 돈을 모으려는 사진사의 삶에 대해 궁금해하면서, 돈을 모으지 않고 자기만의 생활에 몰두하기 위해 책을 사서 읽는 자신의 삶을 생각하며 내적 갈등을 겪게 된다. 그러나 사진사의 갑작스러운 죽음으로 병일은 이전의 자신으로 돌아가 독서에 매진하겠다고 생각한다.

❖ 핵심 정리

- 갈래: 단편 소설, 심리 소설
- 성격: 심리적, 허무적
- 배경: 시간 – 1930년대
  공간 – 식민지 조선
- 시점: 전지적 작가 시점
- 주제: 현실적 삶과 독서 사이에서 갈등하는 현대인의 모습
- 특징: ① 무기력하고 허무주의적인 지식인의 내면을 그림. ② 대비되는 인물을 통해 주제 의식을 형상화함. ③ 상황에 대한 인물의 주관적인 판단을 중심으로 이야기를 서술함.

제대로 감상법 모범 답안

최명익, 〈비 오는 길〉

❶ 병일 ❷ 사진사 ❸ 하숙방 ❹ 사진관

❖ 제대로 작품 분석

1㉥ 2㉠ 3㉢ 4㉦ 5㉣ 6㉤ 7㉧ 8㉡

01

정답률 87%

윗글에 대한 설명으로 가장 적절한 것은?

정답인 이유

② 상황에 대한 인물의 주관적인 판단을 중심으로 이야기를 서술하고 있다.

…› 이 글은 도시의 공장으로 출퇴근하며 느끼는 병일의 생각, 공장 주인에 대한 병일의 감정, 사진관에서 사진사와 술과 한담을 나누며 갖는 상념 등을 드러내고 있다. 따라서 상황에 대한 인물의 주관적 인 판단을 중심으로 이야기를 서술하고 있다고 볼 수 있다.

오답인 이유

① 풍자적 어조를 통해 세태를 우회적*으로 비판하고 있다.

…› 이 글은 인물의 자의식과 내면 서술에 초점을 맞추고 있을 뿐, 풍자적 어조를 통해 세태를 우회적으로 비판하고 있지 않다.

* 우회적(迂廻的): 곧바로 가지 않고 멀리 돌아서 가는. 또는 그런 것 예 그는 자신의 불만을 우회적으로 표현하였다.

③ 인물의 과장된 말과 행동을 통해서 비극적인 분위기에 반전을 꾀하고 있다.

…› 이 글은 인물의 내면을 드러내고 있을 뿐, 인물의 과장된 말과 행동을 통해 비극적인 분위기에 반전을 꾀하고 있지 않다.

④ 자연에 대한 감각적인 묘사를 중심으로 환상적인 분위기를 그려 내고 있다.

…› 이 글은 도시 풍경에 대한 묘사가 나타날 뿐, 자연에 대한 감각적 인 묘사를 중심으로 환상적인 분위기를 그려 내고 있지 않다.

⑤ 빈번하게 장면을 전환하여 인물들 사이에 조성된 긴장감을 해소하고 있다.

…› 이 글은 장면을 빈번하게 전환하고 있지 않으며, 인물의 내면에 집중하고 있을 뿐 인물들 사이에 조성된 긴장감을 해소하고 있지 않다.

02

정답률 78% | 매력적인 오답 ⑤ 10%

ⓐ~ⓔ에 대한 이해로 적절하지 않은 것은?

정답인 이유

④ ⓓ는 노동에서 벗어난 '병일'이 '나의 시간'을 보내는 곳이다.
누각

…› '병일'은 사무실에서 하숙방으로 돌아오는 시간을 "지금부터는 마음대로 할 수 있는 '나의 시간'이라고 생각"한다고 하였다. 그리고 그 길에 발을 멈추고 성문을 바라보곤 했는데, 이때 ⓓ를 그저 지나치다 '생각나서 돌아볼 때에 수없는 빗발에 씻기며 서 있는' 성문의 일부라고 여길 뿐이다. 따라서 ⓓ를 노동에서 벗어난 '병일'이 '나의 시간'을 보내는 곳이라고 보는 것은 적절하지 않다.

오답인 이유

⑤ (매력적인 오답) ⓔ는 '병일'의 휴식을 방해하는 상상의 소리이다.
코 고는 소리

…› 이른 아침 시간을 위하여 자야 할 '병일'이 벌써 깊이 잠들었을 사진사의 코 고는 소리가 들리는 듯하여 잠이 오지 않았다고 한 것을 볼 때, ⓔ는 '병일'의 휴식을 방해하는 상상의 소리라고 볼 수 있다.

① ⓐ는 변화하고 있는 주변 환경을 말하고 있다.
꺼멓게 멍들기 시작한 이 거리

…› ⓐ는 도시가 발전하면서 거리의 누렇던 길이 매연과 발걸음에 나날이 짙어지고 있는 모습을 나타낸 것이므로, 변화하고 있는 주변 환경을 말하고 있다고 볼 수 있다.

② ⓑ는 '병일'이 '사무실'에서 하는 반복적인 일이다.
소사와 급사와 서사의 일

…› '소사'와 '급사'는 잔심부름을 시키기 위해 고용한 사람이고, '서사'는 서류를 작성하는 사람이다. 따라서 ⓑ는 '병일'이 '사무실'에서 하는 반복적인 일을 나타낸다고 볼 수 있다.

③ ⓒ는 피곤한 '병일'에게 지루함을 더하는 요인 중 하나이다.
장마

…› 피곤한 '병일'이 사무실에서 돌아올 때마다 이 지루한 장마는 언제까지나 계속할 셈인가라고 중얼거린 것을 볼 때, ⓒ는 피곤한 '병일'에게 지루함을 더하고 있는 배경 요인 중 하나라고 볼 수 있다.

03

정답률 75% | 매력적인 오답 ③ 11%

<보기>를 참고하여 ㉠~㉤을 감상한 내용으로 적절하지 않은 것은? [3점]

<보기>

소망이나 욕구가 충족되지 못해서 갈등을 겪는 개인은 심리적으로 불안한 상태에 빠진다. 특히 사회적으로 불안정한 처지에 놓여 있는 개인은 긴장과 갈등 상황에 과민하게 반응하며 현실에 적응하는 데에 어려움을 겪는다.(특징 ①) 이 과정에서 불쾌감, 고독, 우울, 불면 같은 심리적 불안 증세(특징 ②)가 표출된다. 이 같은 증세를 보이는 개인은 불안을 야기하는 요소를 차단하기 위해 자기만의 세계에 몰두하려고(특징 ③) 한다. 그렇다고 자기만의 세계에 만족하는 것은 아니며 타인의 삶에 대한 관심과 실망을 오가는 이중적 감정(특징 ④)을 드러낸다.

정답인 이유

⑤ ㉤에서는 '병일'이 타인의 삶에 대한 관심과 실망을 오가고 있음을 알 수 있군.
문득 자기를 기다릴 듯한 ~ 가라앉히는 것이었다.

…› '병일'은 사진사가 수다스럽게 주워섬기는 이야기를 듣고 있는 동안에 자신이 어젯밤 펴 놓은 대로 있을 책을 생각하고 있다. 이때 책은 '병일'이 자기만의 세계에 몰두하기 위해 필요한 것이므로, '병일'은 타인의 삶보다는 자기만의 세계로 돌아가고 싶다는 생각을 하고 있음을 알 수 있다. 또한 '병일'은 문밖의 빗소리를 듣고는 누구에 대한 것인지도 모른 송구한 마음을 가라앉히고 있다. 따라서 ㉤에서는 '병일'이 타인의 삶에 대한 관심과 실망을 오가고 있는 것이 아니라, 자기만의 세계에 몰두하여 타인의 이야기를 귀담아듣고 있지 않다는 것을 알 수 있다.

오답인 이유

③ (매력적인 오답) ㉢에서는 자신의 세계에 만족하지 못하는 '병일'이 타인의 세속적* 삶에 관심을 갖고 있음을 알 수 있군.
신문 외에는 ~ 부럽도록 경쾌한 것 같았다.

…› '병일'은 독서와 사색으로 자기만의 세계에 몰두하며 생활하고 있었지만, 신문을 뒤적이는 주인을 바라보며 그의 생활이 부럽도록 경쾌한 것 같았다고 하였다. 따라서 ㉢에서는 자신의 세계에 만족하지 못하는 '병일'이 타인의 세속적 삶에 관심을 갖고 있음을 알 수 있다.

* 세속적(世俗的): 세상의 일반적인 풍속을 따르는. 또는 그런 것 예 신문은 온갖 세속적인 이야기들로 가득 채워져 있었다.

① ㉠은 사회적으로 불안정한 처지에 놓여 있는 '병일'의 상태를 보여 주는군.
2년 내로 구하여도 ~ 궁리하여 보는 것이었다.

…› '병일'은 취직한 지 2년이 되도록, 고용 계약에서 고용된 사람으로 인해 사용자가 입게 될지도 모르는 손해의 배상을 담보하는 신용 보증인을 구하지 못해 궁리하고 있다. 따라서 ㉠은 사회적으로 불안정한 처지에 놓여 있는 '병일'의 상태를 보여 주고 있다고 할 수 있다.

② ㉡은 자신이 의심을 받는다고 생각하는 '병일'의 심리적 불안이 드러난 예이군.
취직한 첫날부터 ~ 불쾌한 감을 느껴온 것이었다.

…› '주인'은 신용 보증인을 구하지 못한 '병일'을 믿지 못해 하루도 변함없이 '병일'을 감시하고, '병일' 역시 이에 대해 꾸준히 불쾌감을 느끼고 있다. 따라서 ㉡은 자신이 의심을 받는다고 생각하는 '병일'의 심리적 불안이 드러난 예라고 할 수 있다.

④ ㉣에서는 자신이 몰두하던* 세계에서 '병일'이 더 이상 만족을 찾지 못하고 있음을 알 수 있군.
월급에서 하숙비를 ~ 무거운 짐같이 겨웠다.

…› '병일'은 독서와 사색을 통해 자기만의 세계에 몰두하며 생활하고 있었지만, 요즈음에는 그러한 것들이 무거운 짐같이 느껴진다고 하였다. 따라서 ㉣에서는 자신이 몰두하던 세계에서 '병일'이 더 이상 만족을 찾지 못하고 있음을 알 수 있다.

* 몰두하다(沒頭--) : 어떤 일에 온 정신을 다 기울여 열중하다. 예 우리는 밤새 연구실에 모여 신약 개발에 몰두하였다.

③ 하숙방은 '병일'이 자신의 사회적 관계를 회복하려고 노력하는 곳이고, 사진관은 '병일'에게 위안을 주는 곳이다.
× ○

…› '하숙방'은 '병일'이 자기만의 세계에 몰두하는 곳일 뿐, 자신의 사회적 관계를 회복하려고 노력하는 곳이 아니다. 그리고 '사진관'은 '병일'이 사진사와 함께 술과 한담을 주고받는 것을 만족스럽게 생각하고 있으므로 일시적으로나마 '병일'에게 위안을 주는 곳이라고 볼 수 있다.

④ 하숙방은 '주인'의 감시가 계속되는 곳이고, 사진관은 '병일'이 이전에 해 보지 못한 경험을 하는 곳이다.
× → 사무실 ○

…› '주인'의 감시가 계속되는 곳은 '하숙방'이 아니라 '사무실'이다. 그리고 '사진관'은 '나의 시간'만을 보내던 '병일'이 사진사와 술과 한담을 나누는 일처럼 이전에 해 보지 못한 경험을 하는 곳이라고 볼 수 있다.

⑤ 하숙방은 '병일'이 '고역'을 지속하는 곳이고, 사진관은 '병일'이 자신의 과거를 긍정하는 곳이다.
× → 사무실 ×

…› '병일'이 '고역'을 지속하는 곳은 '하숙방'이 아니라 '사무실'이다. 그리고 '사진관'은 '병일'이 사진사와 술과 한담을 나누며 자신의 책을 떠올린 곳일 뿐 자신의 과거를 긍정하는 곳이라고 볼 수 없다.

04

정답률 84%

하숙방과 사진관에 대한 이해로 가장 적절한 것은?

정답인 이유

① 하숙방은 '병일'이 자신을 대면하는 고독한 곳이고, 사진관은 삶에 지친 '병일'이 일시적으로 도피하는 곳이다.

…› 모기 소리와 빈대 냄새와 벼룩이가 기다릴 뿐 바람 한 점 없는 '하숙방'은 '병일'이 책을 읽으며 자기만의 세계에 몰두하는 공간이므로, '병일'이 자신을 대면하는 고독한 곳이라고 볼 수 있다. 또한 '사진관'은 책과 마주 앉을 용기가 없어진 '병일'이 찾아가는 곳이며 '하숙방'으로 돌아가는 길에 '이것이 무슨 짓이냐!'라고 반성하는 것으로 볼 때, 삶에 지친 '병일'이 일시적으로 도피하는 곳이라고 볼 수 있다.

오답인 이유

② 하숙방은 '병일'이 '니체'에 관한 상상을 하였던 곳이고, 사진관은 '사진사'에 대한 '병일'의 동정*이 드러나는 곳이다.
× → 사무실 ×

…› '병일'은 '사무실'에서 장부 정리를 할 때에도 혹시 후원에서 성낸 소와 같이 거닐고 있던 니체가 푸른 이끼 돋친 바위를 붙안고 이마를 부딪치는 것을 상상했다고 하였으므로, '병일'이 '니체'에 관한 상상을 했던 곳은 '하숙방'이 아니라 '사무실'이다. 그리고 '병일'은 '사진관'에서 사진사와 함께 술과 한담을 주고받을 뿐 그를 동정하고 있지는 않다.

* 동정(同情) : 남의 어려운 처지를 자기 일처럼 딱하고 가엾게 여김. 예 이 소설에는 힘겨운 삶을 살아가는 소시민에 대한 동정과 연민이 담겨 있다.

현대소설 **13** 눈이 오면

▶ 문제편 126~128쪽

정답 | 01 ① 02 ③ 03 ③

[01~03] 다음 글을 읽고 물음에 답하시오.

2018 9월 모의평가

제대로 작품 분석

▶ <보기>에서 적절한 것을 골라 넣으며 작품을 분석해 보자.

[장면 1] (처음 ~ 중략 이전)

소주제: 어머니의 사랑과 궁핍했던 과거 – '그'의 어린 시절에 대한 회상

- 그렇게…… 그렇게도 배가 고프디야 ~ 넋두리에 더 가까웠다: '그'가 배고픔과 관련된 잘못을 저질렀음을 짐작하게 함.
- 그: 주인공 찬우 – '그'의 시각에서 바라본 사건을 전달함.
- 다릿목: 다리가 놓여 있는 길목
- 구호소 식당: [1]
- 그런 그를 어머니는 별안간 무서운 힘으로 잡아끌었다: '그'를 당황스럽게 만듦.
- 가자. 아무리 없어서 못 먹고 ~ 보시면 뭣이라고 그러시끄나이: '그'의 잘못이 구걸이나 도둑질이었음을 알 수 있음.
- 어머니의 음성은 돌연 냉랭하게 변해 있었다: 무언가를 결심한 듯한 태도가 드러남.
- 와앙 울음을 터뜨려 버리고 말았다: 죄송함과 부끄러움, 죄책감이 드러남.
- 한 그릇의 국수: [2]
- 먹어라이. 어서 먹어 보란 말다이……: 아들을 측은하게 여기는 태도가 나타나 있음.
- 젓가락을 딸각 놓아 버리고 말았다: [3]
- 어머니의 눈에는 ~ 괴어오르고 있었기 때문: '그'가 그만 젓가락을 놓아 버린 이유
- 낡은 먹고무신: 가난한 처지를 드러냄.
- 목구멍이 뻐근해져 옴을 느껴야 했다: 어머니에 대한 죄송함, 자신의 행동에 대한 죄책감을 느낌.
- 그 후: 어머니가 구호소 식당을 데리고 간 이후
- 국수는 그에게 여전히 싫어하는 음식으로 남아 있었다: 구호소 식당의 국수에 대한 아픈 기억 때문에

[장면 2] (중략 이후 ~ 끝)

소주제: 치매에 걸린 어머니와 망연자실한 '그' – 두 달 전 늦가을에 대한 회상

- 이상한 변화: 치매에 걸림.
- 두 달 전쯤부터: 과거 회상을 중심으로 서술함.
- 늦가을: 계절적 배경
- 심상찮은 기색: [4]
- 그즈음은 마침 지난달의 봉급을 ~ 튀어나오리라고 지레짐작했던 때문이었다: 봉급 문제로 아내가 심상찮은 기색으로 앉는 것이라 생각함.
- 궁색한 소리: 집안 살림이 어렵다는 소리
- 그게: '그'의 직장과 봉급에 대한 아내의 투정
- 여보, 나가시기 전에 ~ 암만해도……: 어머니가 치매에 걸리신 것 같다는 표현 ①
- 며칠 전부터 몸이 ~ 어머니는 손을 내젓던 것이었다: [5]
- 어머님이 좀 이상해지신 것 같단 말예요: 어머니가 치매에 걸리신 것 같다는 표현 ②
- 불길한 예감: 어머니가 치매에 걸리신 것 같다는 예감
- 아무리 봐도 예전 같지가 ~ 글쎄 그게 아니에요.: 어머니가 치매에 걸리신 것 같다는 표현 ③
- 도대체 난데없이 무슨 소릴 하고 있는 거야, 지금.: '그'의 당혹스러움이 드러남.
- 하지만 어머니는 ~ 멈춰 두고 있을 뿐이었다: 치매에 걸린 어머니의 행동
- 찬우야이!: 불길한 예감이 들게 하는 소리 – 어머니가 처음으로 '그'를 이렇게 부름.
- 아직까지 어머니는 한 번도 ~ 부르는 적이 없었다: [6]
- 어머니의 음성: 냉랭하고 생경한 음성
- 언제나 보이지 않는 ~ 흘러나오곤 하던 그 목소리: 치매에 걸리기 전 어머니의 목소리
- 어딘가 냉랭하면서도 들떠 있는 듯한 건조함이 배어 있었다: [7]
- 찬우야이. 어서 꼬두메로 돌아가자이 ~ 집으로 가야 한단 말다이: 과거와 현재를 구분하지 못하는 어머니
- 꼬두메: 어머니에게 그리움의 공간인 고향
- 그 말이 무슨 뜻인지: [8]

– 임철우, <눈이 오면>

❖ 제대로 작품 분석의 <보기>

㉠ 불길한 예감이 든 이유
㉡ 어머니의 치매를 눈치챔.
㉢ 꼬두메로 돌아가자는 말의 뜻
㉣ 전쟁 직후가 배경임을 드러냄.
㉤ 치매에 걸린 후의 어머니의 목소리
㉥ 어머니가 눈물을 흘리는 것을 보고 놀람.
㉦ 어머니가 감기 때문에 편찮으시다고 생각함.
㉧ '그'로 하여금 어머니의 속마음을 깨닫게 하는 매개물

❖ 제목의 의미

'눈이 오면'에서 '눈'의 차가운 이미지는 이 글의 주제 의식인 고향 상실로 인한 삭막한 분위기를 효과적으로 드러내며, 어머니를 잃어버린 주인공 '나'의 쓸쓸한 심정을 나타내고 있다. 눈이 내리는 차가운 아파트촌의 모습을 통해 급격한 산업화로 인한 고향 상실을 형상화하고, 잃어버린 고향에 대한 그리움을 그리고 있는 작품이다.

❖ 작가 소개

임철우(林哲佑, 1954~): 소설가. 1980년대 5·18 광주 민주화 운동을 중심 테마로 삼고 창작 활동에 주력하는 작가이다. 대표작으로는 <직선과 독가스>, <사평역>, <아버지의 땅> 등이 있다.

❖ 전체 줄거리

서울에서 '그(찬우)'와 사는 어머니는 죽은 남편과 큰아들을 찾아 고향인 꼬두메로 돌아가자는 말을 하며 치매 증세를 보인다. '그'는 월급도 제대로 받지 못하는 회사에 사표를 낸 후, 어머니와 함께 기차를 타고 꼬두메로 향한다. 꼬두메로 가는 밤기차에서 어머니의 치매 증세는 더욱 심해지고 '그'는 지독한 가난으로 기억되는 꼬두메를 회상한다. 하지만 꼬두메에 도착했으나 논밭과 야산이 있던 자리에는 고급 빌라가 지어져 꼬두메의 흔적은 어디서도 찾지 못한다. '그'가 아버지의 무덤에 대해 알아보러 간 사이 어머니는 다방에서 나와 사라져 버리고, 어머니가 잣고개 쪽으로 가더라는 이야기를 듣는다. '그'가 어머니를 만나지 못할 것 같다는 예감을 할 때 하늘에서 함박눈이 내리고, '그'는 눈을 맞으며 어머니를 찾아 나선다.

❖ 핵심 정리

- 갈래: 단편 소설, 여로형 소설
- 성격: 현실 비판적
- 배경: 시간 – 1980년대 산업화 시대, 겨울
  공간 – 서울 → 기차 안 → 시골 마을 꼬두메
- 시점: 전지적 작가 시점
- 주제: 산업화로 인해 잃어버린 고향에 대한 그리움
- 특징: ① 고향을 찾아가는 여로형 구조로 전개되고 있음. ② 인물의 내적 독백이 직접적으로 표출됨. ③ '그(찬우)'의 시각에서 어머니의 행동을 서술하며 사건이 전개됨.

제대로 감상법 모범 답안

임철우, <눈이 오면>

❶ 어머니 ❷ 치매 ❸ 국수(가락국수) ❹ 꼬두메

❖ 제대로 작품 분석

1㉣ 2㉧ 3㉥ 4㉡ 5㉦ 6㉠ 7㉤ 8㉢

01

정답률 71% | 매력적인 오답 ④ 17%

윗글의 서술상 특징으로 가장 적절한 것은?

정답인 이유

① 특정 인물의 회상을 중심으로 이야기를 전개하고 있다.
'그(찬우)'의 회상

⋯ 이 글은 '그(찬우)'의 과거 회상을 중심으로 이야기를 전개하고 있다. 즉, '중략' 이전의 이야기는 '그'가 구호소 식당에서 국수를 먹었던 가난한 어린 시절에 대한 회상이고, '중략' 이후의 이야기는 '그'가 성인이 된 후 '어머니한테 뭔가 이상한 변화가 일어나고 있을지도 모른다는 불길한 조짐'을 느끼기 시작한 '두 달 전쯤'의 일에 대한 회상이다.

오답인 이유

④ (매력적인 오답) 서술자가 관찰자의 입장에서 사건을 전달함으로써 객관성을 높이고 있다.
× → 전지적 작가 시점으로 인물의 내면까지 전달함.

⋯ 이 글은 서술자가 작품 밖에 위치한 전지적 작가 시점*으로, '저만치 구호소 식당이 눈에 들어왔을 때 그는 까닭 모를 두려움과 수치심으로 뒷걸음질을 쳤다.', '그가 너무 당황하여 그 말이 무슨 뜻인지를 얼른 쉽사리 가려낼 수가 없었다.' 등과 같이 서술자는 인물의 내면 심리까지 서술하고 있다. 따라서 서술자가 관찰자의 입장에서 사건을 전달하여 객관성을 높이고 있다는 설명은 적절하지 않다.

* 전지적 작가 시점: 서술자가 마치 신과 같이 사건의 내막과 인물의 모든 것(심리, 과거와 미래, 행적 등)을 알고 서술하는 시점

② 계절의 변화를 통해 사건 해결의 실마리가 드러나고 있다.
○ → '늦가을 날씨' ×

⋯ '그날따라 겨울이 전에 없이 일찍 앞당겨 찾아온 듯한 늦가을 날씨로 밖은 유난히 썰렁했다.'에서 계절의 변화가 제시되어 있지만, 이를 통해 사건 해결의 실마리가 드러나고 있는 것은 아니다.

③ 공간적 배경에 대한 상세한 묘사를 통해 사건 전개를 지연시키고 있다.
×

⋯ '넓은 운동장', '빈민 구호소 식당' 등의 공간적 배경은 나타나지만, 이에 대한 상세한 묘사는 나타나지 않는다. 또한 이를 통해 사건 전개가 지연되고 있지도 않다.

⑤ 서술의 초점을 다양한 인물로 옮겨 가며 갈등을 다각적으로 조명하고 있다.
× → 서술의 초점은 '그'에게 맞추어져 있음.

⋯ 이 글은 전지적 작가 시점이지만, 서술자는 작품 속 인물인 '그'에게 서술의 초점을 맞추어 '그'의 내면 심리를 중심으로 사건과 다른 인물들의 행동을 서술하고 있다. 즉, 서술의 초점이 '그'에게 맞추어져 있으므로 서술의 초점을 다양한 인물로 옮겨 가며 갈등을 다각적으로 조명하고 있다는 설명은 적절하지 않다.

02

정답률 85%

ⓐ에 대한 설명으로 가장 적절한 것은?
한 그릇의 국수

정답인 이유

③ '그'가 '어머니'의 속마음을 깨닫게 하는 매개물이다.
○ → 어머니의 사랑을 깨달음.

⋯ "가자. 아무리 없어서 못 먹고 ~ 나는 절대로 내 새끼를 거지나 도둑놈으로 키울 수는 없응께."를 보면 '그'가 배고픔과 관련된 잘못을 저질렀기 때문에 '어머니'가 냉랭한 모습으로 '그'를 구호소 식당으로 데려갔음을 추측할 수 있다. '그'는 두려움과 죄책감으로 울음을 터뜨리지만, '마주 앉아서 그때까지 그를 ~ 목구멍이 뻐근해져 옴을 느껴야 했다.'를 보면 '그'가 가난 때문에 배불리 먹지도 못하는 자식에게 구호소 식당의 국수를 먹게 하는 '어머니'의 사랑을 깨닫게 되는 것을 알 수 있다. 따라서 ⓐ는 '그'가 '어머니'의 속마음을 깨닫게 하는 매개물이라고 할 수 있다.

오답인 이유

① '어머니'와 '그'의 갈등을 지속시키는 매개물이다.
×

⋯ 구호소 식당 앞에서 울음을 터뜨린 '그'와, '그'를 식당의 의자 위에 끌어다가 앉힌 '어머니' 사이에 잠시 갈등이 있었다고 볼 수도 있다. 그러나 '그'는 국수를 먹으며 '어머니'의 사랑을 깨닫고 있으므로, ⓐ를 '어머니'와 '그'의 갈등을 지속시키는 매개물로 볼 수 없다.

② '그'가 사회 문제에 관심을 갖게 하는 매개물이다.
×

⋯ '그'가 구호소 식당에서 먹었던 국수는 가난했던 어린 시절을 떠올리게 할 뿐이므로, ⓐ를 '그'가 사회 문제에 관심을 갖게 하는 매개물로 볼 수 없다.

④ '어머니'에 대한 '그'의 배려를 드러내는 매개물이다.
× → '어머니가 손바닥에 받쳐 들고 온 것'

⋯ '어머니'가 배고파하는 '그'를 배려하여 국수를 먹을 수 있도록 구호소 식당에 데려간 것이므로, ⓐ를 '어머니'에 대한 '그'의 배려를 드러내는 매개물로 볼 수 없다.

⑤ 어려운 처지의 '어머니'에게 위안을 주는 매개물이다.
× → '눈물이 그득히 괴어오르고'

⋯ '어머니'는 '그'에게 국수를 먹이면서 가난한 처지로 인한 슬픔과 자식에게 미안한 마음을 느껴 눈물을 흘렸을 것이므로, ⓐ를 '어머니'에게 위안을 주는 매개물로 볼 수 없다.

03

정답률 76% | 매력적인 오답 ② 12%

〈보기〉를 참고하여 ㉠~㉤을 감상한 내용으로 적절하지 않은 것은? [3점]

〈보기〉

〈눈이 오면〉에서는 어머니의 목소리가 발화 내용과 어우러져 '그'에게 특별한 메시지를 전달한다. 그 목소리는 '그'에게 수치심, 죄책감, 불길함, 섬찟함, 당혹감 등의 감성을 불러일으키거나 특정한 행동을 야기한다.

정답인 이유

③ ㉢에서 '어머니'가 냉랭함이 사라진 음성으로 '그'에게 국수를 먹으라고 권하는 것은 '그'에게 불길함을 느끼게 하여 젓가락을 딸각 놓는 행동에 영향을 주는군.
아들에 대한 측은한 태도가 나타남. / × → '어머니'의 누그러진 태도에 안심함. – '어머니'의 눈물을 보고 젓가락을 놓음.

⋯ ㉢에서 '어머니'는 '그'에게 냉랭함이 사라진 음성으로 "먹어라이. 어서 먹어 보란 말다이⋯⋯."라고 하며 국수를 먹기를 권하고, '그'는 '어머니'의 누그러진 태도에 안심하고 국수를 먹기 시작한다. 그러다가 '그'가 젓가락을 딸각 놓는 행동을 한 것은 '어머니'가 소리도 없이 눈물을 흘리고 있는 것을 보고 죄송함을 느꼈기 때문이다. 따라서 '어머니'가 국수를 먹으라고 권하는 것이 '그'에게 불길함을 느끼게 하여 젓가락을 놓게 했다는 설명은 적절하지 않다.

오답인 이유

② (매력적인 오답) ㉡에서 '어머니'가 냉랭한 음성으로 '아버지'를 언급한 것은 '그'에게 죄책감을 불러일으켜 결국 '그'로 하여금 울음을 터뜨리게 하는군.

··· ㉡에서 "시상에, 돌아가신 느그 아버지가 이런 꼴을 보시면 뭣이라고 그러시끄나이."라고 '어머니'가 냉랭한 음성으로 아버지를 언급하자 '그'는 울음을 터뜨리고 만다. 즉, '그'는 '어머니'가 노한 음성으로 돌아가신 '아버지'가 '그'의 잘못을 아셨다면 화를 내셨을 것이라고 하자, 잘못된 행동을 한 자신에게 죄책감을 느끼고 울음을 터뜨린 것으로 볼 수 있다.

① ㉠에서 '어머니'가 넋두리에 가까운 말로 아들의 배고픔을 언급한 것은 '그'가 구호소 식당을 보았을 때 느낀 까닭 모를 두려움과 수치심으로 이어지는군.

··· ㉠에서 "그렇게…… 그렇게도 배가 고프디야."와 같이 '어머니'가 넋두리에 가까운 말로 아들의 배고픔에 대해 언급한 것을 보면 '그'는 배고픔과 관련된 잘못을 저질렀음을 알 수 있다. 즉, '그'는 '어머니'의 말을 듣고 자신이 저지른 잘못에 대한 죄책감과 부끄러움을 느끼며 어머니를 따라 간 곳에서 구호소 식당을 발견하게 되는 것이다. 따라서 '어머니'의 넋두리에 가까운 말이 '그'가 구호소 식당을 보고 느낀 까닭 모를 두려움과 수치심으로 이어지고 있다는 설명은 적절하다.

④ ㉣에서 '어머니'가 생경한 이질감이 느껴지는 음성으로 '그'의 이름을 부른 것은 '그'에게 '어머니'의 변화를 인식하게 하여 섬찟함을 느끼게 하는군.

··· ㉣에서 '어머니'는 아들이 결혼한 후에 한 번도 이름을 직접 부르지 않다가 "찬우야이!"라고 생경한 이질감이 느껴지는 음성으로 '그'의 이름을 부른다. 따라서 '그'가 '어머니'의 '어딘가 냉랭하면서도 들떠 있는 듯한 건조함'이 배어 있는 음성을 듣는 순간 '어머니'의 변화를 인식하여 섬찟함을 느끼게 된다는 설명은 적절하다.

⑤ ㉤에서 '어머니'가 힘이 서린 목소리로 돌아가신 아버지가 있는 집으로 가자고 하는 것은 과거와 현재를 구분하지 못하는 '어머니'의 모습을 드러내어 '그'에게 당혹감을 갖게 하는군.

··· ㉤에서 '어머니'는 죽은 남편과 큰아들이 기다리고 있는 고향 마을인 '꼬두메'로 돌아가자고 힘 있게 말하고 있으므로, 과거와 현재를 구분하지 못하는 상태임을 짐작할 수 있다. 그런데 '그'는 너무 당황하여 '어머니'의 그 말이 무슨 뜻인지를 쉽게 가려낼 수 없었다고 하였으므로, '어머니'의 이러한 모습에 의해 '그'가 당혹감을 갖게 된다는 설명은 적절하다.

현대소설 14 큰 산

▶ 문제편 129~131쪽

정답 | 01 ⑤ 02 ② 03 ⑤

[01~03] 다음 글을 읽고 물음에 답하시오. 2018 6월 모의평가

제대로 작품 분석

▶〈보기〉에서 적절한 것을 골라 넣으며 작품을 분석해 보자.

[장면 1] (처음 ~ 액땜을 했다고 자처해 버렸을 것이다)

소주제: 아내가 고무신짝을 다른 집 담장 너머로 버리고 옴.

- 고무신짝: 미신적인 두려움을 줌. → 현대인들의 이기심을 드러내는 소재
- 길가의 아무 집이건 ~ 휭 던졌던 모양이었다: 1
- ~던 모양이었다, ~을 것이다: 추측성 문장으로 아내의 행동을 요약적으로 제시함.
- 나: 서술자 – 1인칭 주인공 시점
- 나도 아침에 그런 일이 있고, ~ 없었던 셈으로 쳤다: '나'는 고무신짝을 쓰레기통에 버리고 내색하지 않음.
- 미심한: 일이 확실하지 아니하여 늘 마음을 놓을 수 없는 데가 있는
- 아내는 그 미심한 점이 역시 미심했던 모양이었다: 2
- 고무신짝의 논리: 고무신짝을 버린 집으로 액이 함께 따라간다는 논리 – 주술적인 사고방식
- 그리하여 어두울 무렵에 ~ 액땜을 했다고 자처해 버렸을 것이다: 아내가 고무신짝을 다른 집에 던지고 액땜을 했다고 자처함. → 자신의 안위를 더 중요시함.
- 희끄무레한 남자 고무신짝: 남편이 쓰레기통에 버린 고무신짝

[장면 2] (그 며칠 뒤, 정확하게 열흘쯤 ~ 개어 있기는 마찬가지일 것이다)

소주제: 눈이 내린 아침을 즐겁게 맞이함.

- 그 며칠 뒤: 3
- 눈: 고무신짝으로 심란해 있던 부부에게 즐거움을 주는 소재
- 파자마 바람으로 싱글벙글 웃고 서 있었다: 아내는 눈이 온 기쁨에 옷도 갖춰 입지 않고 나옴.
- "밤새 왔던 모양이지요." ~ "몰라요, 모르니까 묻죠.": 눈이 내린 겨울 아침의 풍경에 들뜬 아내는 '나'에게 장난스런 질문을 계속 함.
- "나는 합리적인 사람이니까 이치에 닿지 않는 소린 싫거든.": '나'는 자신을 합리적인 사람이라고 생각함. – 아내의 행위는 합리적이지 않다고 여김.
- 장난스러운 표정: 눈이 온 상황에 들떠 있는 아내
- 깝북: 한가득
- 낭랑한: 맑고 또랑또랑한
- 눈 내린 겨울 아침과 ~ 눈 내린 겨울 아침: 눈 내린 겨울 아침 눈을 보며 웃는 아내를 보고 기쁨을 느낌.
- 무엇인가: 삶의 근원적인 중심 – 큰 산
- 고향의 그 큰 산이 ~ 흔들어 지워 버렸다: 4
- 비나 눈이 오다가 개어 ~ 활짝 개어 있곤 한다: 고무신짝으로 인해 우울했지만 눈으로 인해 즐거워진 상황을 날씨의 변화를 통해 드러냄.

[장면 3] (이렇게 눈이 내려서, ~ 끝)

소주제: 다시 돌아온 고무신짝을 발견하고 공포를 느끼는 부부

- 아내는 저렇게도 단순하게 기분이 좋은 모양이었다: 눈이 내려 기분이 좋아진 아내는 고무신짝에 대한 생각을 잊음.
- 그러더니 뜰 끝에서 멈칫 섰다 ~ 현실적인 분위기로 굳어지고 있었다: 5
- "어마, 저게 뭐유?": 고무신짝처럼 보이는 것을 발견한 아내가 놀라 말함.
- 나도 가슴이 철렁해지며 ~ 그쪽으로 급하게 다가갔다: 아내가 발견한 것이 고무신짝일 수도 있겠다는 생각에 불안감을 느끼는 '나'
- 열흘쯤 전의 그 일: 아내가 고무신짝을 다른 집 담장 너머로 던져 버린 일
- 좀 전의 그 환하던 겨울 아침: 눈이 내린 아침의 즐거운 분위기

- 음산한 분위기: 6
- 아내의 목소리는 완연히 ~ 공포 속으로 휘어 감겼다: 버렸던 고무신짝이 다시 돌아오자 공포에 휩싸이는 부부
- 머릿속의 저 아득한 ~ 확 열려 오는 듯한 공포: 7

— 이호철, 〈큰 산〉

❖ 제대로 작품 분석의 〈보기〉

㉠ 아내는 계속 마음을 놓지 못함.
㉡ 다시 돌아온 '고무신짝'에 대한 공포
㉢ 아내가 '고무신짝'을 버리고 온 며칠 뒤
㉣ 아내가 무언가를 발견하고 공포감을 느낌.
㉤ 고향의 큰 산에 대한 생각을 스스로 지워 버림.
㉥ 남을 상관하지 않는 소시민적 이기주의가 드러남.
㉦ '나'는 자신을 합리적인 사람이라고 하면서도 '고무신짝'을 보고 공포감을 느낌. – 가치관이 혼재된 상황을 보여 줌.

❖ 제목의 의미

'큰 산'은 '나'의 고향에 있던 산으로, 마을을 넉넉하게 보듬어 주며 공동체적 균형과 질서를 잡아 주는 근원적인 힘을 의미한다. 어느 날 갑자기 집 안에 던져진 '고무신짝'에 관련된 일화를 통해 현대인들의 소시민적 이기심을 비판하며, 삶의 균형을 잡아 주는 근원적인 힘의 필요성을 나타낸 작품이다.

❖ 작가 소개

이호철(李浩哲, 1932~2016): 소설가. 함경남도 원산 출생. 1955년 《문학예술》에 단편 〈탈향〉이 추천되어 등단하였다. 주로 월남한 사람들의 애환과 분단의 비극을 그려냈다. 주요 작품으로는 〈판문점〉, 〈닳아지는 살들〉 등이 있다.

❖ 전체 줄거리

'나'는 대학 출신의 젊은 샐러리맨 부부가 많이 사는 동네에 산다. 첫눈이 내린 어느 날 아침, 벽돌담 위에 놓인 하얀 남자 고무신 한 짝을 두고 '나'와 아내는 그것이 무슨 길흉과 관계가 있는 듯한 생각에 사로잡혀 불안해한다. '나'는 어린 시절 이북에 살 때 우연히 보았던 한 짝의 지까다비(일본 버선 모양의 노동자용 작업화)의 추억과 이 고무신짝과의 얘기를 연결 지으면서, 고향의 마식령이라는 큰 산줄기를 떠올리며 지까다비에 얽힌 사연을 회상한다. 그 고무신짝을 그의 아내가 이웃집으로 던졌는데, 그 고무신짝이 이 집 저 집 같은 방식으로 돌아다니다가 다시 되넘어온다. 그 고무신짝을 두고 '나'는 고향의 큰 산을 떠올리며 '큰 산이 안 보여서 이렇다'고 혼잣말을 하고, 아내는 그런 남편의 태도를 공박한다. 아내는 그 고무신짝을 멀리 다른 곳으로 가져다 버리고 만족한 표정으로 돌아온다.

❖ 핵심 정리

- 갈래: 단편 소설, 세태 소설
- 성격: 상징적, 현실 비판적
- 배경: 시간 – 1970년대 어느 겨울
  공간 – 서울의 어느 주택가
- 시점: 1인칭 주인공 시점
- 주제: 현대인의 이기심과 소시민적 태도에 대한 비판
- 특징: ① 현재의 사건 서술과 과거의 사건 회상을 교차시킴. ② 상징적인 소재를 통해 주제 의식을 구현하고 있음.

제대로 감상법 모범 답안

이호철, 〈큰 산〉

❶ 아내 ❷ 공포감 ❸ 고무신짝 ❹ 큰 산

❖ 제대로 작품 분석

1㉥ 2㉠ 3㉢ 4㉤ 5㉣ 6㉡ 7㉦

01

정답률 75% | 매력적인 오답 ③ 10%

윗글에 대한 설명으로 가장 적절한 것은?

정답인 이유

⑤ 추측을 포함한 요약적 진술로 사건의 경과를 드러내어 현재 상황에 대한 이해를 돕고 있다.
('~던 모양이었다', '~을 것이다' / 고무신짝이 다시 나타난 상황)

··· 앞부분의 '뒤에야 알았지만 ~ 휭 던졌던 모양이었다.'와 이후의 내용을 보면, 아내가 고무신짝을 다른 집으로 던져서 액땜을 했다고 자처해 버리는 정황이 나타난다. 즉, '쓰레기통 속에서 희끄무레한 남자 고무신짝을 끄집어냈을 것이다.' 등과 같이 추측을 포함한 요약적 진술로 아내가 고무신짝을 버리는 사건의 경과를 드러내어, 열흘쯤 뒤인 현재 집에서 다시 고무신짝을 발견하게 된 상황에 대한 이해를 돕고 있다.

오답인 이유

③ (매력적인 오답) 연상을 통해 새로운 공간을 제시하여(×) 시대 상황의 이념적 성격을 구체화하고 있다.(×)

··· '나'는 아내와 눈 내린 아침에 얘기를 나누다가 고향의 '큰 산'을 떠올리지만, 이를 연상을 통해 새로운 공간을 제시한 것으로 볼 수 없다. 또한 이 글은 시대 상황의 이념적 성격과 관련이 없다.

① 다른 장소에서 동시에 벌어진 사건을 병치*하여(×) 서사의 진행을 지연시키고 있다.(×)

··· 고향의 '큰 산'이라는 장소가 나타나기는 하지만 다른 장소에서 동시에 벌어진 사건을 병치하거나 서사의 진행을 지연시킨 것은 아니다. 이 글의 주요 사건은 '나'의 집 뜰에서 진행되고 있다.

> * 병치(竝置/倂置): 두 가지 이상의 것을 한곳에 나란히 두거나 설치함.
> 예 주인공의 과거와 미래의 모습을 한 장면에 병치하였다.

② 작중 인물이 아닌 서술자가 등장하여(× → 1인칭 주인공 시점, '나'가 서술자임.) 인물 간의 갈등을 새 국면으로 이끌고 있다.(×)

··· 이 글은 1인칭 주인공 시점의 소설로 작중 인물인 '나'가 서술자로 등장하여 사건에 직접적으로 개입하고 있다. 그리고 인물 간의 갈등은 나타나지 않으므로 인물 간의 갈등이 새 국면으로 전환되고 있지 않다.

④ 사건에 개입되지 않은 이의 객관적 관점을 통해(× → 1인칭 주인공 시점, 서술자인 '나'가 사건에 개입함.) 인물의 위선적 면모를 표면화하고 있다.(×)

··· 서술자인 '나'가 '아내'와 고무신과 관련된 사건에 개입하여 서술하고 있으므로 주관적인 관점이 나타난다고 볼 수 있다. 또한 고무신 때문에 생긴 일이 나타나고 있을 뿐, 인물의 위선적 면모를 표면화하고 있지 않다.

02

정답률 73% | 매력적인 오답 ④ 13%

눈 내린 겨울 아침에 대한 이해로 가장 적절한 것은?

정답인 이유

② 눈 내린 겨울 아침의 밝은 분위기가 '나'와 '아내'의 불안감으로 인해 음산한 분위기로 바뀐다.
(○ → '동시에 좀 전의 그 환하던 ~ 둔갑을 하고 있었다.')

··· '눈 내린 겨울 아침과 저 낭랑한 웃음'을 보면 고무신짝으로 인해

심란해하던 '나'와 '아내'에게 '눈 내린 겨울 아침'은 이전의 고무신짝에 대한 기억을 버리고 즐거움과 기쁨을 느끼게 함을 알 수 있다. 하지만 '그 환하던 겨울 아침은 대뜸 우리 둘 사이에서 음산한 분위기로 둔갑을 하고 있었다.'를 보면, '아내'가 갑자기 다시 돌아온 고무신짝을 발견하면서 둘의 불안감 때문에 밝은 분위기에서 음산한 분위기로 바뀌고 있다.

오답인 이유

④ **매력적인 오답** **눈 내린 겨울 아침에 '아내'는 감정에 들떠 한때 '나'에 대해 가졌던 '미심한*' 느낌'을 떨쳐 버린다.**
○ → '아내는 ~ 싱글벙글 웃고 서 있었다.'
× → '나'에 대한 것이 아니라 고무신짝에 대한 것임.

⋯› '아내'는 '눈 내린 겨울 아침'의 모습을 보고 들뜬 마음에 '싱글벙글 웃고 서 있'으며, '나'에게 장난스런 질문을 계속 던지고 있다. 하지만 '아내'는 '나'가 아니라 고무신짝과 관련된 일에 '미심한 느낌'을 가지고 있었기 때문에 고무신짝을 끄집어 내어 담장 너머로 던진 것이다. 따라서 '아내'는 '나'에 대해 '미심한 느낌'을 가진 적이 없으므로 적절하지 않은 설명이다.

* 미심하다(未審--): 일이 확실하지 아니하여 늘 마음을 놓을 수 없는 데가 있다. 예 우리는 그 상황이 계속 미심하여 경계를 늦추지 않았다.

① **눈 내린 겨울 아침의 활짝 갠 하늘을 보고 '나'는 '아내'의 자존심을 세워 주겠다고 다짐한다.**
× → '아내'의 웃는 모습을 보며 기뻐하고 있음.

⋯› '눈 내린 겨울 아침'에 '나'는 '아내'의 낭랑한 웃음을 보며 함께 즐거워하고 기뻐하지만, '나'가 '아내'의 자존심을 세워 주겠다고 다짐한 것은 아니다.

③ **눈 내린 겨울 아침에 '나'와 '아내'는 '열흘쯤 전의' 일에 대한 대화를 나누며 상실감에 젖는다.**
× → 되돌아온 고무신짝을 발견하고 두려워하고 있음.

⋯› '눈 내린 겨울 아침'에 '나'와 '아내'는 '열흘쯤 전의' 고무신짝에 대한 기억을 잊고 잠시나마 즐거움을 느끼고 있다. 그러다가 갑자기 나타난 고무신짝을 발견한 뒤 둘 다 불길함과 공포감을 느끼게 되지만, '나'와 '아내'가 상실감에 젖는 것은 아니다.

⑤ **눈 내린 겨울 아침에 '나'는 '고향의 그 큰 산'에서 겪은 일에 대한 기억을 낱낱이 되살리려 애쓴다.**
× → '나는 문득 ~ 지워 버렸다.'

⋯› '나'는 '고향의 그 큰 산'이 떠오르려고 하는 것을 머리를 흔들어 지워 버렸다고 하였으므로, '큰 산'에 대한 기억을 떠올리지 않으려고 노력하고 있음을 알 수 있다.

03

정답률 80%

〈보기〉를 참고하여 윗글을 감상한 내용으로 적절하지 않은 것은? [3점]

〈보기〉

〈큰 산〉에는 도시화로 인한 가치관의 변화와 과도기적 상황이 드러난다. 도시화 과정에서 도시인들은 공동체의 이익보다 개인의 이익을 중시하고, 남을 배려하기보다 자신의 안위를 보장받는 데 더 관심을 둔다. 또한 미신과 같은 주술적인 사고방식이 남아 있는가 하면 합리적인 사고방식으로 사태에 대처하려는 태도를 보이기도 한다. 이렇듯 상이한 가치관 사이에서 사람들은 혼란을 겪는다.

(〈큰 산〉의 상황적 배경 / 남의 집으로 고무신짝을 던짐. / 고무신짝을 던져 버리고 액땜을 했다고 생각함. / '나'는 스스로 합리적인 사람이라고 생각함. / 고무신짝에 대한 미신을 믿지 않으면서도 공포를 느낌.)

정답인 이유

⑤ **스스로 '합리적인 사람'이라고 강조하는 '나'에게 '아내'가 '장난스러운 표정'으로 응대하는 대화 내용에서, 합리적 자세로 남을 배려하는 새로운 가치관의 면모를 확인할 수 있겠군.**
× → 눈이 내려서 즐거워하는 감정이 드러남.

⋯› 스스로 '합리적인 사람'이라며 이치에 닿지 않는 소리는 싫다고 강조하는 '나'에게, '아내'는 "흥, 이치 좋아하시네."라고 웃으며 대답하고는 '장난스러운 표정'으로 하늘이 개어 오르려면 얼마나 걸리냐고 묻는다. 이처럼 '아내'가 '나'에게 '장난스러운 표정'으로 응대하는 것은 단지 눈이 내려서 즐거워하는 것일 뿐, 합리적 자세로 남을 배려하는 새로운 가치관으로는 볼 수 없다.

오답인 이유

① **'고무신짝의 논리'가 '액땜'과 연관되어 있다는 점에서 주술적인 방식으로 문제를 인식하는 태도를 엿볼 수 있겠군.**

⋯› 고무신짝을 담장 너머로 휭 던져 버리고 '그렇게 그쯤으로 액땜을 했다고 자처해 버렸을 것이다.'라고 생각하는 것에서 미신과 같은 주술적인 사고방식으로 문제를 인식하는 태도를 엿볼 수 있다.

② **'아내'가 '아무 집이건 담장 너머로' '고무신짝'을 던져 버렸다는 점에서 자신의 안위를 앞세우는 태도를 엿볼 수 있겠군.**

⋯› '아내'가 '아무 집이건 담장 너머로' 액운이 있다고 생각되는 '고무신짝'을 던져 버리며 자신에게는 액운이 오지 않기를 바라는 것은, 남을 배려하기보다 자신의 안위를 앞세우는 태도가 나타난다고 볼 수 있다.

③ **'아내'가 '완연히 떨고 있'는 목소리로 무엇인가를 염려하는 듯한 모습에서, 사태를 합리적 방식으로 파악하는 데 익숙하지 않은 과도기적 상황을 엿볼 수 있겠군.**

⋯› 다시 집으로 돌아온 고무신짝을 본 '아내'의 목소리가 '완연히 떨고 있'는 것을 통해 '아내'가 아직 미신과 같은 주술적인 사고방식을 벗어나지 못했음을 알 수 있다. 따라서 합리적인 사고방식으로 사태에 대처하지 못하는 과도기적 상황이 나타난다고 볼 수 있다.

④ **'나'가 '이치에 닿지 않는 소린 싫'다고 하면서도 '남자 고무신짝'에 대해서는 '공포'를 느끼며 합리적으로 사고하지 못한다는 설정에서, 가치관이 혼재*된 상황을 짐작할 수 있겠군.**

⋯› '나'는 자신이 '합리적인 사람이니까 이치에 닿지 않는 소린 싫'다고 했으면서도 '남자 고무신짝'을 보고는 '공포'를 느끼고 있으므로, 합리적으로 사고하지 못하고 주술적인 사고방식에 영향을 받고 있음을 알 수 있다. 따라서 이는 주술적인 사고방식과 합리적인 사고방식이라는 가치관이 혼재된 상황임을 짐작할 수 있다.

* 혼재(混在): 뒤섞이어 있음. 예 빛과 어둠이 혼재해 있다.

극 15 공동 경비 구역 JSA

▶ 문제편 132~134쪽

정답 | 01 ⑤ 02 ⑤ 03 ⑤

[01~03] 다음 글을 읽고 물음에 답하시오. 2019 9월 모의평가

제대로 작품 분석 ▶〈보기〉에서 적절한 것을 골라 넣으며 작품을 분석해 보자.

[장면 1] (처음 ~ 중략 이전)

소주제: 아버지 문제 때문에 사건에서 밀려나는 소피

- S#79: 남북한이 대치하고 있는 공간의 특수성을 드러냄.
- 수혁, 경필: 우정을 나누던 남북의 병사
- 소피: [1]
- 보타의 관측경으로, ~ 북한 군인이 보인다 ↔ 판문각 쪽에서 ~ 소피의 모습이 잡힌다: 남과 북이 대치하고 있는 모습
- 한국전 당시 거제도 ~ 영화 화면으로 편집된다: [2]
- 그중 동그라미가 처진 사람 얼굴로 줌인: 소피의 아버지가 포로 중 한 사람이었음을 알 수 있음.
- 표 장군이 매우 잽싸게 움직였더군: 남북이 엇갈린 주장을 하는 상황에서 유리한 국면을 만들기 위해
- 전 인민군 장교의 딸: [3]

[장면 2] (중략 이후 ~ 끝)

소주제: 진실을 알기 위해 수혁을 설득하는 소피

- S#81: 대사 없이 인물의 행동과 소품만으로 인물의 심리를 드러냄.
- 오라고 해서 미안해요. 몸도 불편한데: 진실을 확인하기 위해 수혁을 부름.
- 들었습니다, 아버지 얘기: 전 인민군 장교였던 소피 아버지의 얘기
- 소피, 당황한 듯 잠시 ~ 목에 나 있는 피멍 자국: [4]
- 수정: [5]
- 석 장의 이미지: [6]
- 네 명의 병사: 남한 병사 수혁과 성식, 북한 병사 경필과 우진
- 노란색과 빨간색 디스켓 두 개: 완전히 다른 두 개의 수사 보고서
- 이 병장이 끝까지 ~ 오경필의 안전이에요: [7]

– 박상연 원작, 박찬욱 외 각색, 〈공동 경비 구역 JSA〉

제대로 작품 분석의 〈보기〉

㉠ 소피가 직무에서 해제되는 원인
㉡ 수혁이 오경필의 안전을 염려한다고 생각함.
㉢ 소피가 네 병사의 관계를 짐작하게 되는 단서
㉣ 정우진이 그린 초상화 속의 인물로, 수혁의 애인
㉤ 클로즈업 기법으로 '피멍 자국'을 부각시키는 것이 효과적임.
㉥ 사진이나 기록 영상물을 제시하여 당시 상황을 효과적으로 보여 줌.
㉦ 중립국 감독 위원회에서 파견한 공동 경비 구역 총격 사건의 수사관

제목의 의미

판문점 공동 경비 구역은 비무장지대(DMZ) 내의 군사분계선(MDL)상에 있는 구역으로, 남북 분단의 상징적 공간이다. 이 작품은 박상연의 소설 〈DMZ〉를 각색한 시나리오로, 남북 분단이라는 무거운 소재를 새롭게 해석하여 이념적 갈등이 휴머니즘에 의해 극복될 수 있다는 것을 보여 주고 있다. 공동 경비 구역에서 일어난 총격 사건의 진상을 밝히는 과정을 통해 남북 병사들의 우정마저 비극적인 결말로 귀결되는 분단 체제의 모순과 비극을 드러내고 있다.

전체 줄거리

판문점 공동 경비 구역에서 총격 사건이 일어난다. 북한 병사 정우진과 최상위가 죽고, 오경필은 부상을 입고 쓰러졌다. 그리고 이 사건의 용의자인 남한 병사 이수혁은 군사분계선 한가운데서 총상을 입은 채 발견된다. 사건에 대해 남북은 서로 엇갈린 주장을 펼치고, 수사를 위해 중립국 감독 위원회 책임 수사관으로 한국계 스위스인 소피가 파견된다. 당국의 비협조와 사건 당사자의 상반된 진술로 수사 초기부터 어려움을 겪던 중 사건의 목격자가 투신자살을 시도하고, 갈등하던 이수혁은 주변 사람에게 피해가 가지 않도록 하겠다는 소피의 제안에 진실을 털어놓는다.

핵심 정리

- 갈래: 각색 시나리오
- 성격: 비극적, 휴머니즘적, 추리적
- 배경: 시간 – 1990년대
  공간 – 판문점 공동 경비 구역
- 구성: '발단 – 전개 – 절정 – 하강 – 대단원'의 5단 구성, 역순행적 구성
- 주제: 분단에서 비롯한 비극적 현실과 이념적 갈등을 뛰어넘은 남북 병사의 우정
- 특징: ① 남북한 문제에 대해 새로운 시각을 제시함. ② 미스터리 구조를 통해 오락성을 획득함. ③ 휴머니즘적이고 유머러스한 분위기로 분단 문제에 접근함.

제대로 감상법 모범 답안

박상연 원작, 박찬욱 외 각색, 〈공동 경비 구역 JSA〉

❶ 수혁 ❷ 소피 ❸ 관측경 ❹ 석 장의 이미지

❖ 제대로 작품 분석

1㉦ 2㉥ 3㉠ 4㉤ 5㉣ 6㉢ 7㉡

01

정답률 90%

윗글의 인물에 대한 설명으로 가장 적절한 것은?

정답인 이유

⑤ '소피'는 '수혁'이 '오경필'의 안전을 염려한다고 생각한다.

⋯› '이 병장이 끝까지 보호하려고 하는 사람⋯ 오경필의 안전이에요.'라는 '소피'의 마지막 대사를 통해 볼 때, '소피'는 '수혁'이 '오경필'의 안전을 염려한다고 생각하고 있음을 알 수 있다.

오답인 이유

① '소피'의 아버지는 전쟁이 끝나자 북으로 귀환*한다.

⋯› '그들 중 지금도 행방이 묘연한 사람이 있네. 바로⋯ 자네 아버지 장연우 같은 사람이지.'라는 '보타'의 대사를 통해 볼 때, '소피'의 아버지가 전쟁이 끝나고 북으로 귀환하지 않았음을 알 수 있다.

* 귀환(歸還): 다른 곳으로 떠나 있던 사람이 본래 있던 곳으로 돌아오거나 돌아감. 예 의용군들은 무사히 고국에 귀환하였다.

② '소피'는 사건의 진실에 대해 조사 의지가 없다.

⋯› '진실을 말해 준다면 난 후임자한테 어떤 증거나 추리도 제공하지 않겠어요.'라는 '소피'의 대사를 통해 볼 때, '소피'가 사건의 진실에 대해 조사 의지가 없다고 보기 어렵다.

③ '수혁'은 '소피'의 아버지의 전력*을 듣고 '소피'를 경계한다.

⋯› '소피'의 질문에 대답하는 '친근감이 들었습니다.'라는 '수혁'의 대사를 통해 볼 때, '수혁'은 '소피'의 아버지의 전력을 듣고 '소피'를 경계한다고 볼 수 없다.

* 전력(前歷): 과거의 경력 예 그 후보는 다양한 전력을 지닌 입지전적 인물이다.

④ '소피'는 '사라진 얼굴'이 누구인지 짐작하지 못한다.
×
⋯› "'사라진 얼굴'은 네 명의 병사가 오랫동안 친하게 지냈다는 걸 뜻하는 증거죠."라는 '소피'의 대사를 통해 볼 때, '소피'는 '사라진 얼굴'이 누구인지 짐작하고 있음을 알 수 있다.

02

정답률 83%

ⓐ~ⓔ에 대한 설명으로 적절하지 않은 것은?

정답인 이유

⑤ ⓔ는 '수혁'이 수사본부에 있는 '소피'를 만나러 온 이유이다.
진실의 대가
⋯› '오라고 해서 미안해요. 몸도 불편한데.'라는 '소피'의 대사를 통해 볼 때, '소피'가 사건의 진실을 확인하기 위해 '수혁'을 수사본부로 불렀음을 알 수 있다. 따라서 ⓔ를 위해 '수혁'이 수사본부에 있는 '소피'를 만나러 온 것이라고 보는 것은 적절하지 않다.

오답인 이유

① ⓐ의 공간 범위는 팔각정 내부뿐만 아니라 외부도 포함한다.
S#79
⋯› 'S#79'에서 '팔각정에서 본 판문각 근처 부감 전경'에서 '팔각정 내부로 초점 이동'하는 카메라의 시선을 확인할 수 있으므로, ⓐ의 공간 범위는 팔각정 내부뿐만 아니라 외부도 포함한다고 볼 수 있다.

② ⓑ는 '소피'가 직무에서 해제되는 원인이 된다.
전 인민군 장교의 딸
⋯› '표 장군으로선 전 인민군 장교의 딸인 자네에게 사건을 맡길 수 없었겠지.'라는 '보타'의 대사를 통해 볼 때, ⓑ는 '소피'가 직무에서 해제되는 원인이 된다고 볼 수 있다.

③ ⓒ는 '소피'가 네 병사의 관계를 짐작하게 된 단서이다.
석 장의 이미지
⋯› '자, 진짜 재미난 쇼는 이제부터예요. 잘 봐요.'라는 대사 후 '소피'는 '수혁'에게 '수정의 얼굴이 프린트된 출력물', '수정의 초상화', '정우진의 시신에서 나온 사진'을 보여 주며 말하고 있으므로, ⓒ는 '소피'가 네 병사의 관계를 짐작하게 된 단서임을 알 수 있다.

④ ⓓ는 '수혁'이 진실을 밝히느냐에 따라 어느 것이 제출될지가 정해질 것이다.
노란색과 빨간색 디스켓 두 개
⋯› '완전히 다른 두 개의 수사 보고서예요. 내가 뭘 제출하느냐는 이 병장한테 달렸어요.'라는 '소피'의 대사를 통해 볼 때, ⓓ는 '수혁'이 진실을 밝히느냐에 따라 어느 것이 제출될지가 정해진다는 것을 알 수 있다.

03

정답률 90%

윗글을 영상화한다고 가정할 때, ㉠~㉥에 해당하는 감독의 연출 계획으로 적절하지 않은 것은? [3점]

정답인 이유

⑤ ㉥은 사건의 맥락이 관객에게 인지*될 수 있도록 실내 전체를 한 화면에 담아야겠어.
⋯› ㉥은 '소피'의 '목에 나 있는 피멍 자국'으로 시선이 주목되는 장면이다. 따라서 사건의 맥락이 관객에게 인지될 수 있도록 실내 전체를 한 화면에 담는 것보다는, '피멍 자국'을 자세히 클로즈업하는 기법을 통해 장면을 연출하는 것이 적절하다.

* 인지(認知): 어떠한 사실을 분명하게 인식하여 앎. 예 그 일은 모든 사람에게 사회적 문제로 인지되었다.

오답인 이유

① ㉠과 ㉡은 각각 관측경과 쌍안경으로 상대측을 바라보는 장면을 설정하여 남북한 대치 국면에 있는 S#79 공간의 특수성을 그려야겠어.
⋯› ㉠과 ㉡은 각각 '보타의 관측경'과 '북한 군인의 쌍안경'으로 상대측을 바라보는 장면으로, 이를 통해 남북한 대치 국면에 있는 S#79 공간의 특수성을 긴장감 있게 그려 내고 있다.

② ㉢은 인물에 초점을 맞추는 촬영과 달리 사진이나 기록 영상물을 제시하여 당시 상황을 보여 주어야겠어.
⋯› ㉢의 앞부분에서 '보타의 설명 사이사이, ~ 장면들이 사진과 기록 영화 화면으로 편집된다.'라고 한 것을 통해 볼 때, ㉢은 인물에 초점을 맞추는 촬영과 달리 사진이나 기록 영상물을 제시하여 당시 상황을 보여 주고 있다.

③ ㉣은 동그라미 처진 얼굴을 확대 촬영하여 '소피'의 아버지가 포로 중 한 사람이었다는 사실을 환기해야겠어.
⋯› ㉣의 앞부분에서 '보타'의 '바로⋯ 자네 아버지 장연우 같은 사람이지.'라는 대사를 통해 볼 때, '소피'가 결박당한 채 쪼그리고 앉아 있는 포로수용소의 포로들을 바라보는 장면에서, ㉣은 '소피'의 아버지가 포로 중 한 사람이었다는 사실을 환기하는 효과를 주고 있다.

④ ㉤은 대사 없이 인물의 행동과 소품으로 인물의 심리를 간접적으로 표현해야겠어.
⋯› ㉤은 '소피'가 자신의 숙소에서 가족사진을 펴 아버지의 모습을 물끄러미 바라보는 장면으로, 대사 없이 인물의 행동과 소품으로 인물의 심리를 간접적으로 표현하고 있다.

극 **16** 불모지

▶ 문제편 135~137쪽

정답 | 01 ⑤ 02 ④ 03 ④ 04 ⑤

[01~04] 다음 글을 읽고 물음에 답하시오. 2018 9월 모의평가

제대로 작품 분석 ▶〈보기〉에서 적절한 것을 골라 넣으며 작품을 분석해 보자.

[장면 1] (처음 ~ 중략 이전)

소주제: 시대의 변화에 대한 최 노인과 경재의 갈등

- 최 노인: 옛것을 지키려는 세대의 전형적 인물
- 저기 심어 놓은 화초며 고추 모가 도무지 자라질 않는단 말이야: 주변 빌딩들이 빛을 가렸기 때문에
- 저 멋없는 것: 도시화된 빌딩들
- 땅에서 풀도 안 나는 세상: 제목 '불모지'와 조응함.
- 말세야 말세: 1
- 제복을 차려 입고: 복장을 통해 인물의 신분(학생)을 드러냄.
- 경재: 최 노인의 둘째 아들
- 옛날엔 그렇지 않았어: 2
- 옛날 일이 오늘에 와서 무슨 ~ 최소한도로 아셔야 할 것입니다! 에헴: 3
- (웅변 연사의 흉을 내며): 경재의 말에 주목하게 하는 효과를 줌.

[장면 2] (중략 이후 ~ 경수: 집을 팔지 말라고 했는데……)

소주제: 경수의 말로 인해 복덕방과의 거래가 틀어짐.

- 경수: 최 노인의 큰아들
- 종로 한복판: 4
- 그런 당치도 않은 거짓말은 공동묘지에서나 하시오: 전세 계약을 위한 흥정의 중지로 이어지는 경수의 말
- 뭐 뭐요? ~ 버릇없는 놈 같으니라구: 경수의 말에 분개하는 복덕방
- 거간: 사고파는 사람 사이에 들어 흥정을 붙임.
- 사고무친: 의지할 만한 사람이 아무도 없음.
- 장성 같은: 어른이 된
- 아니 제가 뭐라고 했길래: 복덕방의 민감한 반응에 어이없어함.
- 용서하시우. 요즘 젊은 놈들이란 ~ 게다가 술을 마셨다우: 복덕방에게 경수 대신 용서를 구함.
- 바람 맞은 대추알: 바람을 맞고 여기저기 떨어진 대추알처럼 흔하고 가치 없는 것
- 난 그만 가 보겠소이다: 화가 난 복덕방이 거래를 마치지 않고 나감.
- 김 첨지! 김 선생!: 5

[장면 3] (이때 최 노인 쌔근거리며 등장하자 ~ 끝)

소주제: 집을 둘러싼 오해로 인한 가족 간의 갈등

- 이 말: 집을 팔지 말라고 한 경수의 말
- 누가 이 집을 판다고 했어?: 6
- 아니 그럼 이백오십만 환이란 무슨 얘깁니까?: 어머니 역시 최 노인이 집을 파는 줄 알고 있었음.
- 전세로 육 개월만 내놓겠다는 거야: 7
- 예? 전세라구요?: 놀람 – 경수는 최 노인이 전세를 내놓으려 한 것임을 몰랐음.
- (어머니와 경운은 서로 얼굴을 바라본다.): 8
- 경운: 최 노인의 둘째 딸
- 아니면 껍질이냐?: 9
- 여보 그럼 집을 전세로 줘서 뭘 하시게요?: 최 노인이 전세를 내놓으려고 했던 이유를 물음.
- 그래 '샤뿔뽀오드' 말이다! ~ 해 볼까 하고 이 집을 보였지: 최 노인이 전세를 내놓으려고 한 이유
- 거이 익어 가는: 다 되어 가는
- 다 되어 간 음식에 코 빠치기: 애써 해 놓은 일을 물거품으로 만들기
- 아버지께서 이 집을 팔으실 줄만 알았어요: 경운이 오해한 내용
- 화초밭: 10
- (맨발로 뛰어내리며): 어머니의 다급한 심리가 드러남.

– 차범석, 〈불모지〉

제대로 작품 분석의 〈보기〉

㉠ 언어유희가 사용됨.
㉡ 최 노인의 진짜 의도
㉢ 옛것에 얽매여 있는 사고방식
㉣ 최 노인은 집을 팔 의도가 없음.
㉤ 실제 지명을 제시하여 사실감을 부여함.
㉥ 호칭을 달리하여 복덕방의 마음을 돌리기 위한 노력
㉦ 어머니와 경운 역시 최 노인의 전세 계획을 모르고 있었음.
㉧ 경재는 시대의 변화를 수용하는 태도가 필요하다고 생각함.
㉨ 빌딩이 들어서면서 주변 생물이 자랄 수 없게 된 상황에 대한 비판적 태도
㉩ 자신의 노력이 결실을 맺지 못해 허망해하는 최 노인의 감정이 드러나는 장소

제목의 의미

시대 변화에 적응하지 못하는 '최 노인'과 그 가족의 비극적인 삶을 통해, 불모지처럼 피폐한 1950년대 한국 사회의 어두운 사회상을 조명한 작품이다. '불모지'는 식물이 자라지 못하는 거칠고 메마른 땅을 뜻하는데, 이 작품에서는 근대화 과정에서 겪어야 했던 세대 간의 불화와 가족의 해체, 도시 문명과 전통 간의 갈등으로 인한 우리 사회의 피폐함 등을 상징하고 있다.

작가 소개

차범석(車凡錫, 1924~2006): 극작가. 1956년 《조선일보》 신춘문예에 〈귀향〉으로 등단했다. 한국 전쟁의 상처, 문명화에 따른 인간성 상실, 정치의 비리 등을 다루었으며, 한국적 개성이 뚜렷한 사실주의 극을 확립하는 데 공헌하였다. 주요 작품으로 〈불모지〉, 〈산불〉 등이 있다.

전체 줄거리

혼구 대여점을 경영하는 최 노인은 아버지가 물려 준 고옥에 대해 지나칠 정도의 집착을 보인다. 신식 결혼이 성행하여 전통 혼례용 혼구를 대여하는 최 노인의 사업이 날로 쇠퇴하게 되자, 가족들은 경제적 어려움을 덜기 위해 집을 팔자고 권유하지만 최 노인의 고집은 꺾일 줄을 모른다. 가족들의 계속된 성화와 큰아들 경수의 방황을 보다 못한 최 노인은 집을 세놓기로 한다. 그런데 아버지가 집을 팔려고 하는 것으로 오해한 경수가 이를 막으려 하고, 최 노인은 아들의 행동을 집을 팔지 않고 세놓는 것에 대한 불만의 표시로 여겨 심하게 꾸짖는다. 이에 모든 불화의 원인이 돈에 있다고 생각한 경수는 대낮에 총을 들고 나가 강도짓을 하려다 경찰에 잡히고, 배우를 꿈꾸던 장녀 경애는 사기를 당해 울분과 체념 속에 자살을 선택한다. 큰아들을 형사들 손에 이끌려 보낸 얼마 후 딸의 시체를 발견한 최 노인은 딸의 이름을 부르며 절규한다.

핵심 정리

- 갈래: 희곡
- 성격: 사실적, 세태 고발적
- 배경: 시간 – 1950년대 전후
  공간 – 서울 종로 한복판
- 주제: 근대화 과정에서 겪는 가족의 해체와 세대 간의 갈등
- 특징: ① 대조적인 배경 및 인물 유형을 설정하여 근대화 과정에서 발생하는 갈등을 드러냄. ② 세대 차이의 비극과 도시 문명의 급격한 변화를 보여 주기 위해 대사와 조명 등을 효과적으로 활용함.

제대로 감상법 모범 답안

차범석, 〈불모지〉

❶ 최 노인 ❷ 경수 ❸ 저 멋없는 것 ❹ 화초밭

❖ 제대로 작품 분석

1㉩ 2㉢ 3㉧ 4㉤ 5㉥ 6㉣ 7㉡ 8㉦ 9㉠ 10㉩

③ 인물들의 복장을 통해 인물들의 심리를 드러내고 있다.
× → 인물의 복장이 제시되지만, 이를 통해 인물의 심리를 드러내지 않음.
⋯→ '이때 경재 제복을 차려 입고'에서 '경재'의 복장이 제시되지만, 이를 통해 '경재'의 심리를 드러내고 있지는 않다.

④ 인물의 등퇴장을 통해 인물의 성격 변화를 드러내고 있다.
× → 인물의 등퇴장은 있지만, 이를 통해 인물의 성격 변화를 드러내지 않음.
⋯→ '경재'가 등장하는 장면, 화가 난 '복덕방'이 퇴장하고 그를 따라 '최 노인'이 퇴장했다가 다시 등장하는 장면 등이 제시되지만, 이를 통해 인물의 성격 변화를 드러내고 있지는 않다.

01

정답률 67% | 매력적인 오답 ② 14%

윗글에 대한 이해로 가장 적절한 것은?

정답인 이유

⑤ 실제 지명의 노출을 통해 극중 상황에 사실감을 부여하고* 있다.
⋯→ 이 글은 도시화가 급속하게 진행 중인 서울 한복판을 배경으로 하고 있는데, '경수'의 대사 중 '여긴 종로 한복판입니다.'라는 말에서 극의 배경이 되는 실제 지명을 노출하고 있다. 이를 통해 '최 노인'이 '저 멋없는 것이 좌우로 탁 들어 막아서 햇볕을 가렸으니 어디 자라날 재간이 있어야지! 이러다간 땅에서 풀도 안 나는 세상이 될 게다! 말세야 말세!'라고, 빌딩들이 들어서서 삭막하게 변해 가는 현실을 개탄하고 있는 극중 상황에 사실감을 부여하고 있다.

* 부여하다(附與--): 사람에게 권리 · 명예 · 임무 따위를 지니도록 해 주거나, 사물이나 일에 가치 · 의의 따위를 붙여 주다. ⓔ 우리는 이번 여행에 특별한 의미를 부여했다.

오답인 이유

② (매력적인 오답) 장면의 전환*을 통해 각 인물의 내면이 부각되고* 있다.
× → 인물의 내면이 드러나지만, 장면의 전환을 통한 것은 아님.
⋯→ 중략 이전의 장면에서는 '최 노인'과 '경재'의 대화가 중심을 이루고 있고, 중략 이후의 장면에서는 '복덕방' 및 '최 노인' 가족의 대화가 중심을 이루고 있으므로, 중략 이전과 이후에서 장면이 전환된 것으로 볼 수 있다. 하지만 이러한 장면의 전환을 통해 각 인물의 내면이 부각되고 있지는 않다.

* 전환(轉換): 다른 방향이나 상태로 바뀌거나 바꿈. ⓔ 그 사건은 역사의 방향을 전환하는 계기가 되었다.
* 부각되다(浮刻--): 어떤 사물이 특징지어져 두드러지게 되다. ⓔ 환경의 중요성이 새삼 부각되고 있다.

① 언어유희*를 통해 인물 간의 긴장을 고조시키고 있다.
× → 언어유희가 사용되었지만, 인물 간의 긴장을 고조시키지는 않음.
⋯→ '아니에요'라는 '경수'의 말에 '최 노인'은 '아니면 껍질이냐?'라고 답하고 있는데, 이는 '아니(안[不])'와 '안[內]'의 발음의 유사성을 이용해 언어유희를 한 것이다. 하지만 이러한 언어유희를 통해 인물 간의 긴장이 고조되고 있지는 않다. 일반적으로 언어유희를 활용하면 긴장이 이완되는 효과를 준다.

* 언어유희(言語遊戱): 소리나 의미의 유사성을 이용하여 말놀이를 하듯 재치 있게 표현하는 것으로, 단어의 비문법적 조합, 발음하기 어려운 말의 나열, 동음이의어의 활용, 차자 놀이, 말꼬리 잡기 등의 방법이 있음. ⓔ 네 서방인지 남방인지 걸인 하나 내려왔다. → '서방(書房)'과 '서방(西方)'의 발음의 유사성을 이용한 언어유희

02

정답률 90%

㉠~㉤에 대한 설명으로 적절하지 않은 것은?

정답인 이유

④ ㉣: 두 인물이 '경수'와는 다른 생각을 가지고 있음을 동시에 확인하고 있다.
× → 같은
⋯→ '경수'는 집을 파는 것으로 알고 있었던 상황에서 집을 팔지 않고 전세로 내놓겠다는 '최 노인'의 말에 '예? 전세라구요?'라며 놀란다. 그리고 '어머니'와 '경운'이 서로 얼굴을 바라보는 것은 이들 역시 '경수'와 같은 생각을 하고 있어서 놀랐기 때문이다. 이는 뒤에 이어지는 '어머니'의 대사 중 '여보 그럼 집을 전세로 줘서 뭣 하시게요?'와 '경운'의 대사 중 '아버지께서 이 집을 팔으실 줄만 알았어요.'를 통해 확인할 수 있다.

오답인 이유

① ㉠: 주변 환경의 변화에 대한 '최 노인'의 부정적 인식이 드러나 있다.
⋯→ '최 노인'은 집 주위로 높은 건물들이 들어서서 햇볕을 가리니 심어 놓은 화초며 고추 모가 도무지 자라지 않는다고 하며, '이러다간 땅에서 풀도 안 나는 세상이 될 게다!'라고 비판하고 있다. 따라서 ㉠에는 변해 가는 주변 환경에 대한 '최 노인'의 부정적 인식이 드러나 있다.

② ㉡: '경재'의 말에 주목하게 하는 효과를 드러내고 있다.
⋯→ '경재'는 세상의 변화를 받아들이지 못하는 '최 노인'에게 일반적인 대화 말투가 아니라 ㉡과 같이 웅변을 하는 어조로 말을 하고 있다. 이를 통해 변화하는 세상을 잘 알고 그 흐름에 따라 살아야 한다는 자신의 말에 주목하게 만들고 있다.

③ ㉢: 호칭*을 달리하면서 상대방의 마음을 돌리기 위한 '최 노인'의 노력이 드러나 있다.
⋯→ '경수'의 무례한 말을 듣고 화가 난 '복덕방'이 그냥 가 버리려고 하자, '최 노인'은 이제까지 부르던 호칭인 '김 첨지'를 '김 선생'이라고 높여 부르며 좇아 나가고 있다. 따라서 ㉢에는 기분이 상한 '복덕방'의 마음을 돌려 흥정을 계속하려는 '최 노인'의 의도가 담겨 있는 것이다.

* 호칭(呼稱): 이름 지어 부름. 또는 그 이름 ⓔ 나는 그를 뭐라고 호칭해야 할지 몰라 망설였다.

⑤ ㉤: '어머니'의 다급한 심리를 행동을 통해 제시하고 있다.
⋯→ 화가 난 '최 노인'이 그동안 정성을 들여 가꾼 화초밭을 짓밟자, '어머니'는 놀라서 급한 마음에 신발도 신지 못하고 '최 노인'을 말리고 있다. 따라서 ㉤은 '어머니'의 다급한 심리가 행동을 통해 제시된 것이다.

03

정답률 88%

〈보기〉와 ⓐ~ⓔ를 관련지어 윗글을 감상한 내용으로 적절하지 않은 것은? [3점]

〈보기〉

'발견'이란 인물이 극의 전개 과정에서 사건의 숨겨진 측면을 알아차리는 계기를 드러내는 기법이다. ('발견'의 정의) '발견'의 대상은 중요한 의미를 지닌 물건이 될 수도 있고 몰랐던 사실이나 새로운 가치, 인물의 다른 면 등이 될 수도 있다. ('발견'의 내용) 이러한 '발견'을 통해 사건은 새로운 국면으로 바뀌기도 하고 인물들의 갈등 양상이 변모되기도 한다. ('발견'의 결과)

정답인 이유

④ '최 노인'은 ⓓ를 통해 자신의 계획을 '어머니'가 못마땅해한다는 것을 발견함으로써, 자신의 계획을 변경하게 되는군.
× → '어머니'가 '최 노인'의 계획을 못마땅해한다고 볼 수 없음.
× → '최 노인'은 자신의 계획을 변경하고 있지 않음.

⋯› '최 노인'이 집을 팔려는 줄로만 알고 있던 '어머니'는 ⓓ와 같이 '최 노인'이 전세를 내놓으려고 했던 이유를 묻고 있다. 이는 집을 전세로 육 개월만 내놓겠다는 '최 노인'의 의도가 무엇인지 궁금해하는 것일 뿐이다. '어머니'가 '최 노인'의 계획을 못마땅해한다고 볼 수 없으며, 이를 계기로 '최 노인'이 자신의 계획을 변경하고 있지도 않다.

오답인 이유

① '경재'는 ⓐ를 통해 '최 노인'이 예전과 달라진 현실을 부정적으로 인식한다는 것을 발견함으로써, '최 노인'에게 변화를 수용하는 태도가 필요함을 드러내는군.

⋯› '경재'는 자신의 말에 대해 '최 노인'이 ⓐ와 같이 말하는 것을 통해, '최 노인'이 예전과 다른 현재의 상황을 부정적으로 보고 있다는 것을 알게 된다. 이에 '최 노인'에게 오늘은 오늘이며 역사는 쉴 새 없이 흐르고 인생은 변화무쌍하다는 사실을 알고 변화를 수용하는 태도가 필요하다고 말하고 있다.

② '복덕방'은 ⓑ를 통해 '경수'가 자신을 무시한다는 것을 발견함으로써, '최 노인'과의 흥정*을 중지하게 되는군.

⋯› '복덕방'은 ⓑ와 같은 '경수'의 말을 듣고 '경수'가 자신을 무시한다고 생각하여, '내가 집 거간이나 놓고 다니니까 뭐 사고무친한 외도토린 줄 아느냐?', '내가 그렇게 만만하니?'라며 화를 내고 있다. 이는 전세 계약을 위한 흥정이 중지되는 결과로 이어진다.

* 흥정: 물건을 사거나 팔기 위하여 품질이나 가격 따위를 의논함. 예 그는 여러 가게에서 흥정을 시도했다.

③ '경수'는 ⓒ를 통해 '최 노인'이 집을 팔 의도가 없다는 것을 발견함으로써, '최 노인'에 대한 오해가 풀리게 되는군.

⋯› '최 노인'이 집을 팔려는 것으로 생각했던 '경수'는 '최 노인'이 ⓒ와 같이 말하자, 자신이 잘못 생각했다는 것을 깨닫고 '최 노인'에 대한 오해를 풀게 된다.

⑤ '최 노인'은 ⓔ를 통해 집 문제에 대한 자신의 의도를 '경운'이 잘 모르고 있었다는 것을 발견함으로써, 가족들에 대한 불만을 드러내는군.

⋯› '최 노인'은 '경운'의 ⓔ와 같은 말을 듣고 '경수', '어머니'와 마찬가지로 '경운'도 자신이 집을 팔려 한다고 생각했음을 알게 된다. 이에 '최 노인'은 '흥! 너희들은 모두 한속이 되어서 어쩌든지 내 일을 안 되게 하고 이 집을 날려 버릴 궁리들만 하고 있구나! 이 천하에 못된 것들!'이라고 하며 가족들에 대한 불만을 드러내고 있다.

04

정답률 90%

화초밭에 대한 이해로 가장 적절한 것은?

정답인 이유

⑤ 자신의 노력이 결실을 맺지 못하여 허망*해하는 중심인물의 감정이 드러나는 장소이다.

⋯› '어머니'의 마지막 대사 '여보! 이게 무슨 짓이오! 그렇게 정성을 들여서 가꾼 것들을……'을 통해 '화초밭'은 '최 노인'이 정성과 노력을 들인 대상이라는 것을 알 수 있다. 그런데 '최 노인'은 '화초밭'을 짓밟고 뽑아 헤치며 '나는 모든 일에 정성을 들였지만 안 되지 않아! 하나도 씨도 말아!'라고 외치고 있다. 이를 통해 '화초밭'은 자신의 노력이 결실을 맺지 못해 허망해하는 '최 노인'의 감정이 드러나는 장소임을 알 수 있다.

* 허망(虛妄): 어이없고 허무함. 예 그녀를 만날 수 있으리라는 기대가 허망하게 무너졌다.

오답인 이유

① 경제적 안정에 대한 가족들의 희망이 드러나는 장소이다.
× → 가족들은 화초밭을 중요하게 생각하지 않음.

⋯› 앞부분의 '지금 세상에 남의 집 고추 밭을 넘어다보며 집을 짓는 사람이 어디 있어요?'라는 '경재'의 말을 통해, '경재'가 '화초밭'을 중요하게 생각하지 않음을 알 수 있다. 다른 부분에서도 '화초밭'이 경제적 안정에 대한 가족들의 희망이 드러나는 장소라는 내용은 나타나 있지 않다.

② 중심인물이 집을 지키기 위해 자신의 꿈을 포기하는 장소이다.
× → 집을 지키기 위해 꿈을 포기하는 장소로 볼 수 없음.

⋯› 중심인물인 '최 노인'은 집에 햇볕이 들지 않고 전세 계약을 위한 흥정마저 무산되자 '화초밭'을 짓밟으며 '이 집안에서는 되는 거라곤 하나도 없어!'라고 외친다. 이는 자신의 뜻대로 되는 일이 없는 현실에 대해 분노를 터뜨리는 것이지, 집을 지키기 위해 자신의 꿈을 포기하는 것은 아니다.

③ 두 인물의 상반된* 행동을 통해 인물 간의 갈등이 해소되는 장소이다.
× → 인물 간의 갈등이 해소되고 있지 않음.

⋯› '최 노인'은 '화초밭'을 짓밟고 있고 '어머니'는 이를 말리고 있으므로 두 인물이 상반된 행동을 하고 있다고 볼 수 있다. 하지만 이를 통해 인물 간의 갈등이 해소되고 있는 것은 아니다.

* 상반되다(相反--): 서로 반대되거나 어긋나게 되다. 예 두 사람은 상반되는 성격을 가졌다.

④ 중심인물이 현재의 고통이 자신에게서 비롯되었음을 자책*하는 장소이다.
× → '최 노인'은 자신을 자책하고 있지 않음.

⋯› 중심인물인 '최 노인'이 '화초밭'을 짓밟는 것은 모든 일에 정성을 들였지만 자신의 뜻대로 되는 것이 없는 현실에 대해 분노했기 때문이다. '최 노인'이 현재의 고통이 자신에게서 비롯되었다고 자책하고 있는 것은 아니다.

* 자책(自責): 자신의 결함이나 잘못에 대하여 스스로 깊이 뉘우치고 자신을 책망함. 예 나는 친구에게 소홀했던 내 자신을 자책했다.

Ⅳ부 고전 소설

고전 소설 01 김원전

▶ 문제편 142~145쪽

정답 | 01 ② 02 ① 03 ③ 04 ⑤

[01~04] 다음 글을 읽고 물음에 답하시오. 2024 수능

제대로 작품 분석 ▶〈보기〉에서 적절한 것을 골라 넣으며 작품을 분석해 보자.

[A] 황상과 만조백관이 어찌할 줄 모르더니 좌장군 서경태가 급히 입직군을 동원하여 칼을 들고 내달아 크게 꾸짖길, (황상: 황제 / 만조백관: 조정의 모든 벼슬아치)

"이 몹쓸 흉악한 놈아, 어찌 이런 변을 짓느냐?"

하고 칼을 들어 치니 아귀가 몸을 기울여 피하고 입을 벌려 숨을 들이쉬니 서경태가 날리어 아귀 입으로 들어갔다. (전기적 요소) 상이 보시다가 크게 놀라,

"짐이 여러 번 **전장**을 지내었으되 이런 일은 보도 듣도 못하였으니 제신 중에 뉘 이 짐승을 잡아 짐의 한을 씻으리오."

정서장군 한세충이 나와 아뢰길,

"소장이 비록 재주 없으나 저것을 베어 황상께 바치리이다."

하고 황금 투구에 엄신갑을 입고 팔 척 장창을 들고 청룡마를 내달아 외쳐 말하길,

"흉적은 목을 늘여 내 칼을 받으라." (흉적: 흉악한 도적) / 아귀가 크게 웃고 말하길,

"아까는 내 숨을 들이쉬니 모기 같은 것도 삼켰으니 지금은 숨을 내쉴 것이니 네 눈을 부릅뜨고 자세히 보라."

하고 입을 벌려 숨을 내부니 황상과 만조백관이 오 리나 밀려갔다. 아귀가 궁중이 텅 빈 것을 보고 세 공주를 등에 업고 돌아갔다. 1

이때 황상이 제신과 함께 정신을 겨우 차려 환궁하시니 세 공주가 다 없었다. 상께 이 연고를 아뢰니 상이 크게 놀라 하교하시되, (하교: 임금이 명령을 내림. 또는 그 명령)

"이런 해괴한 변이 천고에 없으니 경들의 소견이 어떠하뇨?"

하고 용루를 흘리시니 **조정**에 모인 여러 신하가 감히 우러러 보지 못하였다. (용루: 임금의 눈물)

이우영이 아뢰길,

"전 좌승상 김규가 지모 넉넉하오니 불러 문의하심이 마땅할까 하나이다." (김규: 김원의 아버지)

상이 깨달아 조서를 내려 김규를 부르셨다. ▶ 아귀가 세 공주를 납치해 감.

이때 승상이 원을 데리고 평안히 지내더니 천만의외에 사관이 조서를 가지고 왔거늘 받자와 본즉, (원: 주인공 김원)

"전임 좌승상에게 부치나니 그사이 **고향**에서 무사한가. ⓐ짐은 불행하여 공주를 잃고 종적을 모르니 통한함을 어찌 측량하리오. 2 경에게 옛 벼슬을 다시 내리나니 바삐 올라와 고명한 소견으로 짐의 아득함을 깨닫게 하라."

하였다. 승상이 사관을 후대하고 ㉠국변을 물으니 아귀 작란하던 일과 세 공주 잃은 말을 대강 고하니 승상이 못내 슬퍼하며 상경하여 사은숙배하니, 상이 보시고, (국변: 나라의 변고나 난리 / 작란하던: 난리를 일으키던 / 김규가 황제의 부름을 받고 상경함. / 사은숙배: 예전에, 임금의 은혜에 감사하며 공손하고 경건하게 절을 올리던 일)

"경이 고향에 돌아감은 짐이 불명한 탓이로다. 국운이 불행하여 세 공주를 일시에 잃었으니 짐의 이 원을 어찌하리오? 경의 소견으로 이 일을 도모하면 평생의 한을 풀리로다." / 승상이 엎드려 아뢰길,

"소신이 자식이 있삽는데 창법 검술이 일세에 무쌍하와 매일 종적 없이 다니옵기 연고를 물으니 **철마산**에 가 무예를 익히다가 일일은 그 산에서 아귀라 하는 짐승을 만나 겨루고 그 뒤를 좇아 바위 구멍으로 들어감을 보았노라 하옵기 과연 허언이 아닌가 싶사오니 ⓑ자식을 불러 들으심이 마땅하올까 하나이다." 3 (무쌍하와: 서로 견줄 만한 것이 없을 정도로 뛰어나 / 원이 철마산에서 아귀를 만난 적이 있어 아귀가 있는 곳을 앎.) ▶ 김규가 공주를 구출하는 일에 원을 천거함.

[중략 부분의 줄거리] 원은 황상을 뵙고 원수가 되어 철마산 아귀의 소굴로 들어간다.

원수가 백계를 생각하다가 갑자기 깨달아 공주께 아뢰기를, (원수: 김원 / 백계: 여러 가지의 꾀. 또는 온갖 계교)

"독한 술을 많이 빚어 좋은 안주를 장만하여야 계교를 베풀리이다."

하고, 약속을 정해 여러 여자를 청하여 여차여차하게 계교를 갖추고 기다리라고 하였다.

이때 아귀가 원의 칼에 상한 머리 거의 나으니 모든 시녀를 불러 말하기를, (이전에 원과의 싸움에서 부상을 입었음.)

ⓒ"내 병이 조금 나았으니 사오일 후 세상에 나가 남두성을 잡아 죽여 이 원한을 풀리라. 너희는 나를 위하여 마음을 위로하라." (남두성: 김원의 천상에서의 이름)

여자들이 이 말을 듣고 크게 기뻐하여 각각 술과 성찬을 권하기를, (김원과 모의한 계교를 실행할 수 있게 되었으므로)

"대왕의 상처가 나으시면 첩 등의 복인가 하나이다. ⓓ수이 차도를 얻사오면 남두성 잡기야 어찌 근심하리오? 주찬을 대령하였사오니 다 드시어 첩 등의 우러르는 마음을 즐겁게 하소서." (원수의 계교에 따라 아귀를 잠들게 하기 위해 자신들의 의도를 숨기며 한 말임.)

아귀가 가져오라 하거늘, 여러 여자가 일시에 한 그릇씩 드리니 아홉 입으로 권하는 대로 먹으니 그 수를 알 수 없었다. 술이 취하매 여러 여자가 거짓으로 위로하여, 4

"장군은 잠깐 잠을 청하여 아픔을 잊으소서."

아귀가 듣고 잠을 자려 하거늘, 막내 공주가 곁에 앉아 말하길,

"보검을 놓고 주무소서. 취중에 보검을 한번 휘둘러 치면 잔명이 죄 없이 상할까 하나이다." / 아귀가 말하기를,

"장수가 잠이 드나 칼을 어찌 손에서 놓으리오마는 혹 실수함이 있을까 하노니 머리맡에 세워 두라."

하고 주거늘, 공주가 받아 놓고 잠들기를 기다렸다. 아귀가 깊이 잠들었거늘, 비수를 가지고 **협실**로 나와 원수에게 잠들었음을 이르고 함께 후원에 이르러 큰 기둥을 가리키며, / "원수의 칼로 저 기둥을 쳐 보소서." (협실: 안방에 딸린 작은 방. 또는 주가 되는 방에 곁붙은 방)

원수가 칼을 들어 기둥을 치니 반쯤 부러졌다. 공주가 크게 놀라 말하기를,

"만일 그 칼을 썼더라면 성사도 못하고 도리어 큰 화가 미칠 뻔하였습니다."

아귀가 쓰던 비수로 기둥을 치니 썩은 풀이 베어지는 듯하였다.

▶ 김원이 아귀를 물리치기 위해 계교를 실행함.

– 작자 미상, 〈김원전〉

❖ 제대로 작품 분석의 〈보기〉

㉠ 아귀가 세 공주를 납치해 감.
㉡ 공주를 잃은 일로 인한 통한을 드러냄.
㉢ 계교에 따라 술을 먹인 뒤 잠을 재우려 함.
㉣ 문제 해결의 단서를 제공할 인물로 원을 천거함.

❖ 제목의 의미

'김원전'은 흉측한 모양으로 태어난 주인공 김원이 원래의 모습을 회복한 뒤 요괴에게 납치된 공주를 구출하고 용왕의 사위가 되어 부귀영화를 누린다는 내용의 영웅 소설이다. '김원전'은 지하국 대적 퇴치 설화를 기본으로 하여 변신 모티프, 적강 모티프, 비현실적 인물의 등장 등 다양한 요소가 사용되었다.

❖ 전체 줄거리

천상에서 남두성이라는 별이 옥황상제에게 죄를 짓고 그 벌로 지상으로 적강하여 김규의 아들 김원으로 태어난다. 괴상한 모습으로 태어난 김원은 10년 만에 탈을 벗고 도원수가 되어 지하국에 들어가 아귀를 처치하고자 한다. 원은 아귀를 물리치고 세 공주를 구하지만 원을 시기한 부원수가 원이 굴에서 빠져 나오는 것을 막는다. 탈출하기 위해 헤매던 원은 괴물에게 잡혀 있던 용왕의 아들을 구해 준 일로 용녀와 혼인한 뒤 인간 세상으로 올라온다. 원은 귀향 중에 도적을 만나 살해되나 용왕의 도움으로 되살아나고, 고국에 돌아와 황제에게 부원수의 일을 고해 원수를 갚은 뒤 부마가 된다. 이후 김원은 용녀, 공주와 행복하게 살다가 승천한다.

❖ 핵심 정리

- 갈래: 전기 소설, 영웅 소설, 적강 소설
- 성격: 전기적, 영웅적
- 주제: 아귀를 퇴치하고 공주를 구한 김원의 영웅적 활약상
- 특징: ① 적강 구조와 변신 모티프가 나타나며 영웅의 일대기 구조에 따라 서사가 전개됨. ② 지하국, 용궁 등 신비한 장소를 배경으로 하며 내용 전개에 전기성이 두드러짐. ③ 지하국 대적 퇴치 설화, 재생 설화, 용궁 설화 등 다양한 배경 설화를 결합했으며, 〈금방울전〉과 유사성을 보임.

제대로 감상법 모범 답안

작자 미상, 〈김원전〉

❶ 아귀 ❷ 김원 ❸ 철마산

❖ 제대로 작품 분석

1㉠ 2㉡ 3㉣ 4㉢

01

정답률 87%

[A]의 서술상 특징에 대한 설명으로 가장 적절한 것은?

정답인 이유

② 대화를 통해 인물 간의 위계나 관계를 보여 주고 있다.

⋯▸ [A]에서는 '제신 중에 뉘 이 짐승을 잡아 짐의 한을 씻으리오', '소장이 비록 재주 없으나 저것을 베어 황상께 바치리이다.'와 같은 황상과 신하들의 대화를 통해 인물 간의 위계가 드러나고 있다. 또한 '흉적은 목을 늘여 내 칼을 받으라.', '아까는 내 숨을 들이쉬니 ~ 자세히 보라.'와 같은 한세충과 아귀의 대화를 통해 그들 사이의 적대 관계가 드러나고 있다. 따라서 대화를 통해 인물 간의 위계나 관계를 보여 주고 있다고 할 수 있다.

오답인 이유

① 서술자가 개입하여 인물에 대한 평가를 제시하고 있다.
×

⋯▸ [A]에는 서술자가 개입하여 인물을 평가하는 부분을 찾을 수 없다.

③ 현재와 과거를 교차하여 장면의 전환을 보여 주고 있다.
×

⋯▸ [A]에서는 서경태, 한세충이 아귀와 싸우는 사건과 아귀가 세 공주를 납치하는 사건이 시간의 흐름에 따라 제시되어 있을 뿐 현재와 과거를 교차하여 장면의 전환을 보여 주는 부분은 찾을 수 없다.

④ 인물의 회상을 통해 인물 간 갈등의 원인을 암시하고 있다.
×

⋯▸ [A]에서는 시간의 흐름에 따라 사건이 제시되어 있을 뿐, 인물의 회상이 나타나 있지 않다.

⑤ 상황에 대한 인물의 반응을 과장되게 서술하여 사건의 비극성을 완화하고 있다.
×

⋯▸ [A]에서는 서경태가 아귀 입으로 들어간 일과 세 공주가 납치된 일로 크게 놀라는 한편 눈물을 흘리는 황상의 모습이 나타나 있다. 상황에 대한 인물의 반응을 과장되게 서술하여 사건의 비극성을 완화하는 부분은 찾을 수 없다.

02

정답률 65% | 매력적인 오답 ⑤ 11%

㉠과 관련하여 윗글을 이해한 내용으로 적절하지 않은 것은?
국변

정답인 이유

① 황상은 ㉠의 심각성을 이전의 '전장'과 비교하고, 그때의 경험에 근거하여 ㉠에 대한 대처 방안을 찾아낸다.
×

⋯▸ ㉠의 '국변'은 '아귀 작란하던 일과 세 공주 잃은' 일이라고 할 수 있다. 황상은 좌장군 서경태가 숨을 들이쉬는 아귀 입으로 들어가자 크게 놀라며, '짐이 여러 번 전장을 지내었으되 이런 일은 보도 듣도 못하였으니 제신 중에 뉘 이 짐승을 잡아 짐의 한을 씻으리오.'라고 말한다. 즉 황상은 ㉠의 심각성을 이전의 '전장'과 비교하고 있으나, 그때의 경험에 근거하여 ㉠에 대한 대처 방안을 찾아내고 있지는 않다.

오답인 이유

⑤ (매력적인 오답) 원은 ㉠의 해결 방안을 떠올리고, '협실'에서 공주를 만나 ㉠을 해결할 수 있는 기회가 왔음을 알게 된다.

⋯▸ 아귀에게 납치된 공주를 구출하기 위해 철마산 아귀의 소굴로 들어간 원수는 백계를 생각한 끝에 떠올린 방법을 공주에게 일러 주어 계교를 실행하도록 한다. 이후 공주는 아귀에게 술을 먹여 잠들게 한 뒤 '협실'에서 원과 만나 아귀가 잠들었음을 알려 준다. 따라서 원은 ㉠의 해결 방안으로 계교를 떠올리고, '협실'에서 공주를 만나 ㉠을 해결할 수 있는 기회가 왔음을 알게 되었다고 할 수 있다.

② 이우영은 ㉠의 해결을 위해 '조정'에서 황상의 질문에 답하며 ㉠에 대처할 방안을 찾아 줄 지모 있는 인물을 거명한다.

⋯▸ 황상이 '조정'에 모인 여러 신하에게 공주가 납치된 일을 해결할 방안을 묻자, 신하들 중 이우영이 '전 좌승상 김규가 지모 넉넉하오니 불러 문의하심이 마땅'하다고 답한다. 이를 통해 이우영은 황상의 질문에 지모 있는 인물로 김규를 거명했음을 알 수 있다.

③ 황상은 ㉠의 여파가 미치지 않은 '고향'에서 편안히 지내던 승상에게 ㉠으로 인한 위기 상황을 알린다.

⋯▸ 황상은 전 좌승상 김규를 불러 ㉠에 대처할 방안을 찾자는 이우영의 말에 따라 조서를 내려 김규를 부른다. 이에 원을 데리고 평안히 지내고 있던 김규는 조서를 들고 온 사관을 통해 ㉠으로 인한 위기 상황을 알게 된다. 따라서 황상은 '고향'에서 편안히 지내던 승상

에게 ㉠으로 인한 위기 상황을 알리고 있다고 할 수 있다.

④ **승상은 ㉠의 원흉인 아귀를 원이 '철마산'에서 본 것을 황상에게 아뢰고, ㉠을 해결할 단서를 제공할 인물을 천거한다.**

··· 황상의 부름에 따라 상경한 승상은 ㉠을 일으킨 아귀를 원이 '철마산'에서 보았음을 아뢰며, 원을 불러 그에 대해 들어 보는 것이 좋겠다고 한다. 즉 승상은 ㉠을 해결할 단서를 제공할 인물로 원을 천거한 것이다.

03

정답률 77% | 매력적인 오답 ⑤ 11%

ⓐ~ⓓ에 대한 설명으로 가장 적절한 것은?

정답인 이유

③ **ⓐ에서는 자신의 감정을 상대에게 드러내고, ⓓ에서는 자신들의 의도를 상대에게 숨기고 있다.**

··· 황상은 전 좌승상 김규에게 조서를 보내면서 ⓐ를 통해 공주가 납치된 상황으로 인한 통한을 드러내고 있다. ⓓ는 여자들이 원수의 계교에 따라 아귀에게 술을 먹인 뒤 잠들게 하기 위해 한 말로, 자신들의 의도를 아귀에게 숨기고 있다.

오답인 이유

⑤ **매력적인 오답** **ⓒ에서는 상대에게 자신의 목표를 위해 행동할 것을 촉구하고, ⓓ에서는 상대의 목표를 위해 행동할 것을 약속하고 있다.**

··· ⓒ에서 아귀는 '남두성을 잡아 죽여 이 원한을 풀리라'라고 말하며 시녀들에게 자신을 위로할 것을 요구하고 있으므로, 상대에게 자신의 목표를 위해 행동할 것을 촉구하고 있다고 볼 수 있다. 하지만 ⓓ는 여자들이 원수의 계교에 따라 아귀를 속이기 위해 한 말이므로, 상대의 목표를 위해 행동할 것을 약속하는 말로 볼 수 없다.

① **ⓐ와 ⓑ에서는 상대에 대한 신뢰를 바탕으로, 숨겨 온 사실을 드러내고 있다.**

··· ⓐ는 황상이 김규에 대한 신뢰를 바탕으로 공주를 잃은 통한을 드러내고 있을 뿐 숨겨 온 사실을 드러내고 있다고 볼 수 없다. ⓑ 또한 승상이 세 공주를 잃은 황상을 위해 문제를 해결하는 단서를 제시한 것일 뿐, 숨겨 온 사실을 드러내고 있다고 볼 수 없다.

② **ⓑ와 ⓒ에서는 자신의 위세를 드러내어, 상대의 복종을 이끌어 내고 있다.**

··· ⓑ는 승상이 세 공주를 잃은 황상을 위해 문제를 해결하는 단서를 제시한 것으로, 황상에 대한 충성이 드러나는 것이지 자신의 위세를 드러내어 상대의 복종을 이끌어 내고 있다고 볼 수 없다. 반면 ⓒ에서 아귀가 시녀들에게 자신을 위로하라고 명령한 것은 자신의 위세를 드러내어 시녀들의 복종을 이끌어 내려는 의도로 볼 수 있다.

④ **ⓑ에서는 당위를 내세워 상대의 행위를 요구하고, ⓓ에서는 상대의 안위를 우려하여 자제를 요청하고 있다.**

··· ⓑ에서 승상은 황제에게 철마산에서 아귀를 만난 원의 이야기를 들어볼 것을 청할 뿐, 당위를 내세워 상대의 행위를 요구하고 있지는 않다. ⓓ는 여자들이 원수의 계교에 따라 아귀를 속여 술에 취하게 하려 한 말이므로, ⓓ가 상대의 안위를 우려하여 자제를 요청한 말이라고 볼 수 없다.

04

정답률 73%

〈보기〉를 참고하여 윗글을 감상한 내용으로 적절하지 않은 것은? [3점]

〈보기〉

〈김원전〉은 당대의 보편적 가치인 충군을 주제로, 초월적 능력을 지닌 주인공(김원)과 기이한 존재인 적대자(아귀)의 필연적 대결 관계를 보여 준다. 특히 적대자의 압도적 무력에 맞서는 과정에서 인물에 따라, 혹은 인물이 처한 상황에 따라 다른 대응 방식을 보여 줌으로써 독자의 흥미를 자극한다.

정답인 이유

⑤ **일세에 무쌍한 무예를 갖춘 원수가 아귀의 비수로 기둥을 베어 보는 데서, 주인공이 적대자를 처치하기 위해 자신의 계획대로 초월적 능력을 시험하고 있음을 알 수 있군.**

··· 원수는 자신의 계획이 아닌 막내 공주의 말에 따라 자신의 칼과 아귀의 비수로 기둥을 베어 보면서 그 위력을 확인하고, 적대자를 처치하기 위해서는 자신의 칼이 아닌 아귀의 비수가 필요하다는 것을 알게 된다. 따라서 원수가 아귀의 비수로 기둥을 베어 보며 자신의 계획대로 초월적 능력을 시험하고 있다고 볼 수 없다.

오답인 이유

① **서경태가 입직군을 동원해 아귀와 맞서고 원수가 계교를 마련해 아귀를 상대하는 데서, 압도적 무력을 지닌 적대자에 대응하는 양상이 서로 다름을 알 수 있군.**

··· 좌장군 서경태는 아귀에게 맞서기 위해 급히 입직군을 동원하여 칼을 들고 내달아 아귀를 꾸짖은 반면, 원수는 공주를 구출하기 위해 아귀의 소굴에 가서 백계를 생각한 끝에 계교를 마련해 아귀를 상대하려 하고 있다. 이러한 서경태와 원수의 모습을 통해 적대자인 아귀에 대응하는 양상이 서로 다르게 나타남을 확인할 수 있다.

② **한세충이 황상의 한을 씻고자 아귀에게 대항하고 승상이 황상의 불행에 슬퍼하며 상경하는 데서, 인물들이 충군의 가치를 지키고 있음을 알 수 있군.**

··· 좌장군 서경태가 아귀에게 당하는 것을 본 황상이 크게 놀라 '제신 중에 뉘 이 짐승을 잡아 짐의 한을 씻으리오.'라고 하자, 정서장군 한세충은 아귀를 베어 황상께 바치겠다며 아귀에게 맞선다. 또한 황상이 조서를 내려 전 좌승상 김규를 부르자 승상은 국변을 전해 듣고 못내 슬퍼하며 상경한다. 따라서 한세충과 승상의 모습을 통해 인물들이 충군의 가치를 지키고 있음을 확인할 수 있다.

③ **원이 아귀의 머리를 상하게 한 것과 아귀가 남두성인 원에게 원한을 갚겠다고 다짐하는 데서, 주인공과 적대자의 대결이 피할 수 없는 것임을 알 수 있군.**

··· 아귀는 원의 칼에 상한 머리가 거의 낫자 사오일 후 세상에 나가 남두성을 잡아 죽여 원한을 풀겠다고 다짐한다. 이를 통해 주인공인 원과 적대자인 아귀가 피할 수 없는 대결 관계임을 알 수 있다.

④ **공주가 황상에게는 국운의 불행으로 잃은 대상이지만 원수에게는 약속대로 아귀를 잠들게 하는 인물인 데서, 여성 인물이 사건의 피해자이자 해결을 돕는 존재임을 알 수 있군.**

··· 아귀가 세 공주를 납치해 가자 황상이 '국운이 불행하여 세 공주를 일시에 잃었'다며 한스러워하는 것에서, 공주는 납치 사건의 피해자로 나타나고 있다. 한편 철마산 아귀의 소굴로 들어간 원수는 백계를 생각하다가 떠오른 계교를 공주에게 일러 주고, 이에 공주는 계교에 따라 아귀를 잠들게 하고 아귀의 비수를 원수에게 가져다준다. 따라서 공주는 사건의 피해자이자 해결을 돕는 존재이다.

고전 소설 **02** 숙영낭자전

▶ 문제편 146~148쪽

정답 | 01 ⑤ 02 ② 03 ③ 04 ③

[01~04] 다음 글을 읽고 물음에 답하시오. 2024 9월 모의평가

제대로 작품 분석 ▶〈보기〉에서 적절한 것을 골라 넣으며 작품을 분석해 보자.

선군이 한림원에 다녀온 후 편지 먼저 하는지라. 노복이 주야로 내려와 상공께 편지를 드리니, 한 장은 부모님께, 한 장은 낭자에게 부친 편지거늘, 부모님께 올린 편지를 상공이 열어 보니,
(선군: 남성 주인공, 숙영의 남편 / 노복: 사내종 / 낭자: [1])

[A] "문안드립니다. 그사이 부모님께서는 평안하셨나이까? 저는 부모님 덕분에 무탈하옵니다. 또한 천은을 입어 금번에 장원 급제하여 한림학사로 입조하여 도문*하니, 일자는 금월 망일이오니 잔치는 알아서 준비해 주옵소서."
(천은: 하늘의 은혜. 또는 임금의 은덕 / 입조: 벼슬에 오름. / 망일: 음력 보름날)

하였더라.

낭자에게 온 편지를 부인 정 씨 **춘양**에게 주며,
(부인 정 씨: 숙영의 시어머니 / 춘양: 숙영과 선군의 자식)

"ⓐ이 편지는 네 어미에게 부친 편지라. 네가 잘 간수하라."

하고 부인 통곡하니 춘양이 그 편지를 받고 울며 동춘을 안고 방에 들어가 「어미 시신 흔들고 울며, 편지 열어 낯에 대고 통곡 왈,
(동춘: 숙영과 선군의 자식, 춘양의 동생)
(「」: 춘양이 아버지의 소식을 어머니에게 전하고 싶은 마음을 표출함.)

"어머님 일어나소. 아버님 편지가 왔나이다. 일어나소. 아버님 장원 급제하여 내려오시나이다."

하며 편지로 낯을 덮으며,」

"동춘은 연일 젖 먹자고 웁니다. 어머님 평시 글을 좋아하시더니 아버님 편지 왔사온데 어찌 반기지 아니하시나이까? 춘양은 글을 몰라 어머님 영전에 읽어 드리지 못하니 답답하나이다."
(영전: 신이나 죽은 사람의 영혼을 모셔 놓은 자리의 앞)

하고 할머님께 빌며,

"할머님께서 어머님 영전에 가 편지를 읽으시면 어머님 영혼이 감동할 듯하나이다."

하니 정 씨 마지못해 방에 들어가 울면서 편지를 읽는지라.

[B] "낭자께 문안 전하니, 애정 담은 편지 한 장 올리나이다. 우리의 태산 같은 정이 천리에 가림에, 낭자의 얼굴을 보고 싶어도 볼 수 없고, 낭자를 생각하지 않아도 절로 생각이 납니다. 요사이 그대의 그림이 전과 빛이 달라 날로 변하나이다. 무슨 병이 들었는지 몰라 객창 등불 아래에서 수심으로 잠들지 못하니 답답합니다. 낭자의 지극한 정성으로 장원 급제하여 이 몸이 영화롭게 내려가니, 어찌 낭자의 뜻을 맞추지 아니하였으리오? 날짜는 금월 모일이니 바라건대 낭자는 천금 같은 옥체를 보존하소서. 내려가 반갑게 만나사이다."
(우리의 태산 ~ 절로 생각이 납니다: [2] / 객창: 나그네가 거처하는 방. 또는 객지에서 묵고 있는 방 / 낭자의 지극한 ~ 아니하였으리오: 장원 급제 소식을 전하며 그 공을 숙영에게 돌림.)

정 씨 보기를 다함에 더욱 슬픈 마음을 진정치 못하여 통곡하며,

"ⓑ슬프다, 춘양아! 가련타, 동춘아! 너희 어미 잃고 어찌 살라하는가?"

▶ 선군이 장원 급제하여 집으로 돌아온다는 소식을 보냄.

[중략 부분의 줄거리] 선군은 숙영이 시아버지로부터 가문의 명예를 실추했다는 오해를 받고 자결한 것을 알게 된다. 숙영은 장례 중 부활해 선군과 집에 돌아온다.
(실추: 명예나 위신 따위를 떨어뜨리거나 잃음. / 숙영은 장례 중 부활해: [3])

상공과 정씨 부인 내달아 낭자를 붙들고 통곡하며,

"낭자는 어디를 갔다 왔느냐?"

하며 참혹한 마음을 이기지 못하더라. 낭자 상공과 정 씨 부인 앞에 가 절하고 사뢰되,

"ⓒ첩은 천상의 죄 있으니 천명이 아닌 것이 없습니다. 너무 한탄치 마옵소서."
(천명: 타고난 운명 / [4])

하며,

"ⓓ옥황상제님이 우리를 올라오라 하시니 천명을 거스르지 못하여 올라가옵나이다."
(옥황상제의 부름을 거스를 수 없음. - 부모와 자식 간의 이별이 예정됨.)

하니, 상공 부부 더욱 처량한 심사를 측량치 못할러라. 낭자 백학선과 약주 한 병을 드리며,
(상공 부부에게 주는 선물 – 부모를 걱정하는 마음이 드러남.)

"ⓔ이 백학선은 몸이 추우면 더운 바람이 나오니 천하 유명한 보배이옵고, 약주는 기운 불편하시거든 드십시오. 백학선과 약주를 몸에 지니시오면 백세 무양하오리다."
(무양: 몸에 병이나 탈이 없음.)

하고,

"**부모님 돌아가실 때 연화궁**의 세계로 모셔 가오이다. 천상 선관이 연화궁에 자주 다니오니 극락 연화궁으로 오시면 반가이 만나 뵈오리다."
([5])

하고 선군더러,

"우리 올라갈 때가 급하였으니, 하직하고 **올라가사이다**."

하니 선군이 부모지정을 잊지 못하여 새로이 슬퍼하니, 「선군과 낭자 **부모를 위로하여 나아가 엎드려** 고왈,

"소자 등은 세상 연분이 다하였삽기로 오늘 하직하옵나이다."

하고 인하여 **하직**하며,

"부모님 내내 평안하옵소서."」
(「」: 숙영과 선군이 부모를 위로하며 하직 인사를 전함.)

하고 청사자 한 쌍을 몰아 한림은 동춘을 낭자는 춘양을 안고, 구름에 싸여 올라가는지라.
(숙영과 선군이 아이들을 데리고 승천함.)

상공 부부 낭자와 선군이 천궁에 올라간 후로 망연해하며 **세간을 다 나누어 주고**, 백세를 살다가 한날한시에 별세하더라.
(숙영 부부가 하늘로 떠난 뒤 허망해함. - 가문의 무의미함을 깨닫게 함.)

▶ 숙영은 부활한 뒤 선군, 자식들과 함께 승천함.

– 작자 미상, 〈숙영낭자전〉

* 도문: 과거 급제하고 집에 오던 일

❖ 제대로 작품 분석의 〈보기〉

㉠ 숙영
㉡ 비현실적 사건
㉢ 자신의 운명을 하늘의 뜻으로 여기는 태도가 드러남.
㉣ 숙영 부부가 천상에 간 뒤에도 부모를 잘 섬기려는 모습이 드러남.
㉤ 숙영을 만나고 싶지만 그럴 수 없는 처지에 대한 안타까움과 숙영에 대한 그리움을 드러냄.

❖ 제목의 의미

〈숙영낭자전〉은 천상의 선녀 숙영이 인간 세상에 내려와 선군과 사랑하게 되어 부부의 인연을 맺고 살다가, 누명을 쓰고 죽었다 부활한 후 선군과 함께 승천한다는 내용의 작품이다.

❖ 전체 줄거리

안동에 사는 양반 백상군과 부인 정 씨의 외아들 선군이 혼처를 구할 때 천상에서 죄를 짓고 인간 세상에 귀양 와 있던 선녀 숙영이 선군의 꿈에 나타나 자신과의 인연을 알려 주며 3년만 기다리라고 한다. 선군이 숙영을 그리워하다 병이 나자 두 사람은 3년을 기다리지 못하고 혼인한 뒤 남매를 낳고 행복하게 지낸다. 선군은 부모의 명에 따라 과거를 보러 떠났다가 중간에 숙영이 그리워 몰래 집에 와서 자고 가는데, 이때

백상군은 선군을 외간 남자로 오인한다. 또한 숙영을 질투하던 시비 매월이 숙영에게 누명을 씌우고 숙영은 가혹한 취급을 받다 자결한다. 과거에 급제한 선군은 꿈을 통해 사건의 진상을 알게 되고 숙영을 모함한 매월을 처벌한다. 며칠 뒤 숙영은 옥황상제의 은덕으로 부활하여 선군과 함께 승천한다.

❖ 핵심 정리

- 갈래: 애정 소설
- 성격: 전기적
- 배경: 조선 시대
- 주제: 유교적 가부장제의 현실적 장애를 넘어선 남녀의 사랑
- 특징: ① 안동의 한 양반 가정을 배경으로 하여 유교적 가치관과 부부의 애정 추구로 인한 부모와 자식 사이의 갈등이 드러남. ② 비현실적 사건을 통해 서사가 전개됨.

제대로 감상법 모범 답안

작자 미상, 〈숙영낭자전〉

❶ 숙영 ❷ 선군 ❸ 부활 ❹ 백학선

❖ 제대로 작품 분석

1㉠ 2㉤ 3㉡ 4㉢ 5㉣

01

정답률 **83%**

'춘양'에 대한 설명으로 가장 적절한 것은?

정답인 이유

⑤ 아버지의 소식을 어머니에게 전하고 싶은 마음을 행동으로 표출한다.
아버지의 편지를 어머니 시신의 낯에 대고 통곡함.

⋯› 춘양은 아버지(선군)가 어머니(숙영)에게 보낸 편지를 할머니에게 전해 받고, 그 편지를 들고 어머니의 시신이 있는 방으로 들어가 '어미 시신 흔들고 울며, 편지 열어 낯에 대고 통곡'하며 "어머님 일어나소. 아버님 편지가 왔나이다."라고 말한다. 이러한 행동과 말을 통해 아버지의 소식을 어머니에게 전하고 싶은 춘양의 마음이 표출되고 있다.

오답인 이유

① 아버지를 보고 싶은 심정을 어머니 영전에서 언급한다.
×

⋯› 춘양은 아버지가 어머니에게 보낸 편지를 어머니의 시신 앞에 들고 가 아버지의 편지가 왔음을 알리고 아버지의 소식을 어머니에게 전하고 싶은 마음을 표출하고 있을 뿐, 아버지를 보고 싶은 심정을 언급하고 있지는 않다.

② 할머니로부터 아버지의 편지를 받아 어머니에게 읽어 준다.
× → 글을 몰라 읽어 드리지 못해 답답해함.

⋯› 춘양은 아버지가 어머니에게 보낸 편지로 어머니 낯을 덮으며 "춘양은 글을 몰라 어머님 영전에 읽어 드리지 못하나니 답답하나이다."라고 했으므로, 편지를 어머니에게 읽어 주지는 못했음을 알 수 있다.

③ 할머니와 함께 어머니 생전의 일화에 대해 이야기를 나눈다.
×

⋯› 춘양은 할머니에게 어머니를 위해 영전에 가 편지를 읽어 달라고 했을 뿐, 할머니와 함께 어머니 생전의 일화에 대해 이야기를 나누지는 않았다.

④ 동생이 어머니가 살아 있는 줄 알고 찾아가려 하자 동생을 막아선다.
×

⋯› 춘양은 동생 동춘을 안고 어머니의 시신이 있는 방에 들어가 "동춘은 연일 젓 먹자고 웁니다."라고 말한다. 즉 동생이 어머니가 살아 있는 줄 알고 찾아가려 한 것이 아니라 춘양이 동생을 어머니의 시신이 있는 곳으로 데려간 것이다.

02

정답률 **63%** | 매력적인 오답 ④ **18%**

[A], [B]에 대한 이해로 가장 적절한 것은?

정답인 이유

② [B]에서는 받는 이를 만나고 싶지만 당장 그럴 수 없는 처지를 언급하며 안타까운 심정을 드러낸다.
○ → '우리의 태산 같은 정이 ~ 보고 싶어도 볼 수 없고'

⋯› [B]는 선군이 낭자(숙영)에게 보낸 편지로, 이 편지에서 선군은 '우리의 태산 같은 정이 천리에 가림에, 낭자의 얼굴을 보고 싶어도 볼 수 없고'라며, 낭자를 만나고 싶지만 당장 그럴 수 없는 처지에 대한 안타까움을 드러내고 있다.

오답인 이유

④ (매력적인 오답) [A]와 [B]에서 모두 자신이 뜻한 바를 이루었음을 전하고, 받는 이에게 그 공을 돌리며 감사해한다.
[A] – ×, [B] – ○

⋯› [B]는 '낭자의 지극한 정성으로 장원 급제하여 이 몸이 영화롭게 내려가니'에서 자신이 장원 급제했음을 전하며 그 공을 받는 이인 낭자에게 돌리고 있다. 하지만 [A]에서는 '천은을 입어 금번에 장원 급제하여'라고 하였을 뿐 장원 급제를 이룬 덕을 받는 이인 부모에게 돌리고 있지 않다.

① [A]에서는 자신의 안부를 전한 뒤 곧이어 받는 이의 안부를 묻는다.
× → 받는 이의 안부를 묻고 자신의 안부를 전함.

⋯› [A]에서는 '문안드립니다. 그사이 부모님께서는 평안하셨나이까?'와 같이 받는 이의 안부를 먼저 물은 뒤, '저는 부모님 덕분에 무탈하옵니다.'라며 자신의 안부를 전하고 있다.

③ [B]에서는 받는 이의 건강에 문제가 있다는 소식을 듣고 걱정하는 마음을 드러낸다.
×

⋯› [B]는 '요사이 그대의 그림이 전과 빛이 달라 ~ 수심으로 잠들지 못하니 답답합니다.'에서 그림의 빛이 전과 다른 것을 보고 낭자가 병이 들었을지 몰라 걱정하는 모습을 보이고 있다. 낭자의 건강에 문제가 있다는 소식을 듣고 걱정하고 있는 것은 아니다.

⑤ [A]와 [B] 모두 당부의 말을 전하는데, [A]에서는 받는 이가 글쓴이의 노력을 알아주길 바라고, [B]에서는 받는 이가 스스로 잘 처신하기를 바란다.
×

⋯› [B]에서 '낭자는 천금 같은 옥체를 보존하소서.'라는 부분은 받는 이가 스스로 잘 처신하기를 바라는 당부라고 볼 수 있다. 하지만 [A]에서는 '잔치는 알아서 준비해 주옵소서.'라고 할 뿐, 받는 이가 글쓴이의 노력을 알아주길 바라는 당부는 드러나 있지 않다.

03

정답률 **73%**

ⓐ~ⓔ를 이해한 내용으로 적절하지 않은 것은?

정답인 이유

③ ⓒ: 자신의 운명은 하늘의 뜻이라고 함으로써 집에 온 자신을 책망하지 말 것을 부탁하고 있다.
× → 오해로 인해 자신이 죽었다가 다시 살아난 일에 너무 괴로워하지 말라고 한 것임.

…→ ⓒ에서 숙영이 '천명이 아닌 것이 없습니다.'라고 말하는 것에서 자신의 운명을 하늘의 뜻으로 여기는 태도가 드러난다. 하지만 '너무 한탄치 마옵소서.'라는 말은 오해를 받고 자결한 숙영이 부활해서 돌아온 일에 대해 너무 자책하지 말라는 것이지 집에 온 자신을 책망하지 말 것을 부탁하는 것은 아니다.

오답인 이유

① **ⓐ: 편지의 수신인이 누구인지 말해 주며 상대가 편지의 중요성을 인식하게 하고 있다.**

…→ ⓐ에서 정 씨는 편지가 '네 어미'에게 온 것이라고 말하며 '네가 잘 간수하라.'라고 했으므로, 춘양이 편지의 중요성을 인식하게 하고 있다고 볼 수 있다.

② **ⓑ: 손주들을 호명하며 격해진 감정과 그들을 불쌍해하는 마음을 표출하고 있다.**

…→ ⓑ에서 정 씨는 '슬프다, 춘양아! 가련타, 동춘아!'와 같이 손주들을 호명하며 격해진 감정과 손주들을 불쌍해하는 마음을 드러내고 있다.

④ **ⓓ: 옥황상제의 부름을 거절할 수 없다고 말함으로써 이별이 예정되어 있음을 언급하고 있다.**

…→ ⓓ에서 숙영은 옥황상제가 '올라오라' 하시니 '천명을 거스르지 못하여' 올라간다고 말한다. 즉 숙영은 하늘로 올라오라는 옥황상제의 부름을 거절할 수 없다고 함으로써 상공 부부와 숙영 부부의 이별이 예정되어 있음을 드러내고 있다.

⑤ **ⓔ: 백학선과 약주를 선물함으로써 상대를 걱정하는 마음을 드러내고 있다.**

…→ 숙영은 상공 부부에게 백학선과 약주 한 병을 선물하며 ⓔ에서 백학선과 약주를 몸에 지니면 '백세 무양'할 것이라고 말하고 있으므로, 이를 통해 상공 부부를 걱정하는 마음을 알 수 있다.

04

정답률 48% | 매력적인 오답 ④ 28%

〈보기〉를 참고하여 윗글을 감상한 내용으로 적절하지 않은 것은? [3점]

〈보기〉

〈숙영낭자전〉에서 승천은 인간 세상의 명분에 구속받지 않는 가족 사랑을 모색한다는 의의를 갖는다. 작품에서는 상공의 잘못이 개인의 문제이기 이전에 가문이라는 명분을 중시하는 인간 세상의 구조적 문제라고 보았다. 그래서「숙영 부부는 가문이라는 명분이 작동하지 않는 천상으로 보내고, 상공 부부는 가문의 무의미함을 깨닫게 하여」구조적 문제에 대응하는 한 방식을 보여 주었다. 하지만 숙영 부부를 천상에 간 뒤에도 부모를 잘 섬기려는 모습으로 그려 낸 것은, 가족 사랑의 보편적 가치를 환기하기 위한 것이다.

(〈숙영낭자전〉에 나타난 승천의 의의)
(「」: 가문이라는 명분을 중시하는 구조적 문제에 대응하는 방식)

정답인 이유

③ **숙영 부부가 '부모를 위로하여 나아가 엎드려 고'하는 데에서, 승천을 망설이는 모습을 보여 주어 숙영 부부를 부모를 잘 섬기는 인물로 그려 낸 것을 확인할 수 있군.**

…→ 숙영 부부는 '올라갈 때가 급하였으니, 하직하고 올라가'야 하는 상황에서 '부모를 위로하여 나아가 엎드려' 하직 인사를 전하고 있는데, 이때 승천을 망설이는 모습은 찾을 수 없다. '천명을 거스르지 못하여 올라가옵나이다', '세상 연분이 다하였삽기로 오늘 하직하옵나이다.' 등으로 보아 숙영 부부가 승천을 받아들이고 있음을 알 수 있다.

오답인 이유

④ **매력적인 오답 숙영 부부가 부모에게 '하직' 인사를 하는 데에서, 숙영 부부로 하여금 부모를 떠나게 하여 인간 세상의 구조적 문제에 대응하는 양상을 보여 준 것을 확인할 수 있군.**

…→ 〈보기〉에서는 숙영 부부를 가문이라는 명분이 작동하지 않는 천상으로 보냄으로써 구조적 문제에 대응하는 방식을 보여 준다고 하였다. 숙영 부부가 부모에게 '하직' 인사를 하는 것은 천명에 따라 승천하기 위해서이므로, 이는 숙영 부부가 부모를 떠남으로써 인간 세상의 구조적 문제에 대응하는 양상을 보여 준다고 할 수 있다.

① **숙영이 '부모님 돌아가실 때 연화궁'으로 모셔 가겠다고 하는 데에서, 연화궁에서 숙영과 부모를 만나게 하여 가족 사랑의 보편적 가치를 환기하려는 것을 확인할 수 있군.**

…→ 숙영은 승천을 앞두고 '부모님 돌아가실 때 연화궁의 세계로 모셔 가오이다. 천상 선관이 연화궁에 자주 다니오니 극락 연화궁으로 오시면 반가이 만나 뵈오리다.'라고 한다. 〈보기〉에 따르면 이는 숙영 부부를 천상에 간 뒤에도 부모를 잘 섬기려는 모습으로 그려 낸 것으로, 이를 통해 가족 사랑의 보편적 가치를 환기하려 했다고 할 수 있다.

② **숙영이 선군에게 천궁으로 '올라가사이다'라고 하는 데에서, 숙영 부부를 천상으로 보내 가문이라는 명분이 작동하지 않는 곳에서 살게 하려는 것을 확인할 수 있군.**

…→ 숙영은 상공 부부에게 옥황상제의 부름에 따라 승천하게 되었음을 전한 뒤, 선군에게 '우리 올라갈 때가 급하였으니, 하직하고 올라가사이다.'라고 한다. 〈보기〉에 따르면 이는 숙영 부부를 가문이라는 명분이 작동하지 않는 천상으로 보내 구조적 문제에 대응하는 양상을 보여 준 것이라 할 수 있다.

⑤ **'상공 부부'가 '세간을 다 나누어 주'는 데에서, 가족을 잃어 허망해하는 상공 부부의 모습을 보여 주어 가문의 무의미함을 깨닫게 한 것을 확인할 수 있군.**

…→ 상공 부부는 숙영 부부가 '천궁에 올라간 후로 망연해하며 세간을 다 나누어' 준다. 즉 상공 부부가 세간을 다 나누어 주는 것은 가족을 잃은 허망함 때문이라고 볼 수 있는데, 〈보기〉에 따르면 이는 상공 부부가 가문의 무의미함을 깨닫는 모습으로 이해할 수 있다.

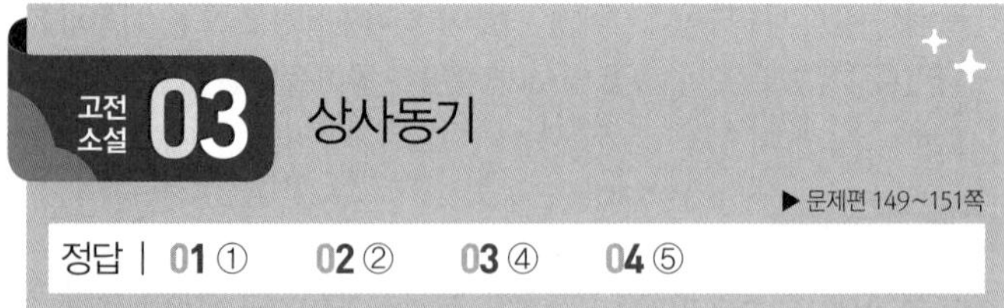

고전소설 03 상사동기

▶ 문제편 149~151쪽

정답 | 01 ① 02 ② 03 ④ 04 ⑤

[01~04] 다음 글을 읽고 물음에 답하시오. 2024 6월 모의평가

제대로 작품 분석 ▶〈보기〉에서 적절한 것을 골라 넣으며 작품을 분석해 보자.

십여 일이 지날 무렵 노비 막동이 눈물을 흘리며 물었다.

(김생의 조력자, 보조적 인물)

"낭군께선 늘 언행이 호방하시고 재주가 무리 중에 탁월해 거침없으시더니, 요즘에는 울적해 하시니 말 못할 근심이 있는 듯하옵니다. 사모하는 이라도 있으신지요?"

(호방하시고: 의기가 장하여 작은 일에 거리낌이 없으시고) 1

김생이 슬퍼하며 느낀 바를 사실대로 말하니 막동이 한참 생각하고 말했다.

(김생: 남자 주인공)

"소인이 낭군을 위해 마륵의 ㉠계책을 올릴 테니, 낭군께선 애태울 일이 없으십니다."

(마륵의: 주인의 문제를 해결할 계책을 낸 종이 고사를 인용함. / ㉠계책: 노파에게 은혜를 느끼게 하여 김생의 속내를 드러낼 수 있는 방법)

"그게 무엇이더냐?"

"낭군께선 급히 주효(酒肴)를 성대히 마련하시고 바로 미인이 머문 집으로 가셔서 손님을 전별(餞別)하려는 듯 하십시오. 방 하나를 빌려 잔치를 벌이시고 이놈을 불러 손님을 모셔 오라 하시면, 제가 명을 받들어 나갔다가 [한 식경 후]에 돌아와 '손님이 오십니다.'라 하지요. 낭군께서 다시 명하시면 제가 또 명을 받고 [날이 저물 때쯤] 돌아와, '손님께서 [오늘]은 송별객이 많아 심히 취해 갈 수 없으니 [내일] 꼭 가겠노라 하셨습니다.'라 하지요. 이때 낭군께선 주인을 불러 앉으라 하시고 그 주효를 먹게 하고, 기색을 드러내지 말고 물러나십시오. 『[다음 날]도 그렇게 하고 [그다음 날]도 그렇게 하시면, 처음엔 고맙게 여길 것이요, 두 번째는 은혜에 감격할 것이며, 세 번째는 필히 의문을 품을 것입니다. 은혜를 느끼면 보답을 생각할 것이고, 은혜에 감격하면 죽음으로써 보답하고자 생각할 것이며, 의문이 생기면 하시고 싶은 바를 물어볼 것입니다.』 이때 흉금을 털고 말하신다면 일은 거의 다 된 것입지요."

(주효: 술과 안주 / 전별: 잔치를 베풀어 작별한다는 뜻으로, 보내는 쪽에서 예를 차려 작별함을 이르는 말 / [ ]: 시간 표지가 활용된 부분 / 한 식경: '식경'은 밥을 먹을 동안이라는 뜻으로, 잠깐 동안을 이르는 말 / 주인: 노파 / 『 』: 막동이 낸 계책 – 노파에게 은혜를 느끼게 하여 보답을 위해 원하는 바를 묻게 만드는 것 / 흉금: 마음속 깊이 품은 생각)

생은 진정 그럴듯하다 여기고 기뻐하며 말했다.

"내 일이 잘 되겠구나!"

생은 그 계책에 따라 즉시 주효를 갖추어서 곧바로 그 집에 가 전별 자리를 마련하였다.

▶ 막동이 미인을 그리워하는 김생을 위해 계책을 냄.

(중략)

생이 사모하는 이가 필시 이곳에 없는 줄 알고 낯빛을 바꾸며 말했다.

"이 몸이 할멈에게 후의(厚意)를 입었으니 어찌 사실대로 말하지 않겠나? 과연 [모월 모일] 모처에서 오다가 길에서 마침 한 낭자를 보았다네. 나이는 대략 십오륙 세에 푸른 적삼에 붉은 치마를 입었고, 백릉버선에 자색 신을 신었지. 진주 비녀를 꽂고 새하얀 옥 반지를 끼고, 홍화문 앞길을 지나가고 있었다네. 내 마음이 화사해지고 춘정을 이기지 못해 뒤따랐는데, 마지막에 이른 곳이 곧 할멈의 집이었네. 『[그날 이후]로 마음이 혼미하여 만사가 흐릿하며, 오로지 그 낭자만 생각했다네. 맑은 눈동자와 하얀 이가 자나 깨나 잊히지 않아 상심하며 애태우길 하루 이틀이 아니었네.』 할멈이 나를 보고 낯빛이 파리하다 했는데 왜 그랬겠나? 그래서 손님을 전별한다며 할멈을 번거롭게 한 것이네."

(후의: 남에게 두터이 인정을 베푸는 마음 / 2 / 춘정: 남녀 간의 정욕 / 『 』: 여인을 깊이 사모하게 됨.)

노파가 이 말을 듣고 몹시 애처로워했으나 생이 마음에 둔 사람이 누군지 몰랐다. 한동안 깊이 생각하다가 문득 깨닫고서 말했다.

"그런 애가 있습죠. 바로 죽은 제 언니의 딸이에요. 이름은 영영이고 자(字)는 난향이죠. 만약에 정말 그렇다면 참으로 어려운 일입니다. 참 어려운 일이에요!"

(여인의 정체)

"왜 그러한가?"

"이 애는 회산군 댁 시비예요. 궁에서 나고 자라 문 앞길도 밟지 못한 지 오래랍니다. 『자색(姿色)이 고운 것은 낭군께서 이미 보셨으니 굳이 말할 것 없지만 고운 마음이며 얌전한 몸가짐은 양반집 규수와 다를 게 없지요.』 게다가 음률과 문장을 알아 나리께서 어여삐 여기시고 장차 소실(小室)로 맞으려 하셨지만, 부인의 시샘이 하동의 사자후보다 심하여 그렇게 못 하고 있을 뿐이옵니다. 지난번 그 애가 올 수 있었던 것은 한식 때를 맞아 그 애가 어미의 제사를 이곳에서 지내려고 부인께 말미를 얻었기 때문이지요. 그리고 때마침 나리께서 외출하신 터에 올 수 있었지 그렇지 않았던들 낭군께서 어찌 얼굴을 볼 수 있었겠습니까? 아이고! 낭군께서 다시 만나시기는 참으로 어렵습죠. 참으로 어려워요!"

(3 / 자색: 여자의 고운 얼굴이나 모습 / 『 』: 영영에 대한 노파의 논평 / 하동의 사자후: 하동의 사자가 울부짖는 소리라는 뜻. 아내가 남편에게 크게 소리 지르는 것을 이름. / 한식: 우리나라 명절의 하나. 동지에서 105일째 되는 날로서 4월 5일이나 6일쯤)

생이 하늘을 우러러 탄식하며 말했다.

"아, 끝난 것이로구나! 나는 필시 죽겠구나!"

노파가 안타까워 멍하니 서 있다가 다시 말했다.

(노파: 김생의 조력자, 보조적 인물)

"딱 한 가지 ㉡방법이 있습죠. 단오가 꼭 한 달 남았습니다. 그때 이 몸이 죽은 언니를 위해 제사상을 차리고 부인께 영영에게 반나절의 말미를 주도록 청한다면, 만에 하나 낭군의 뜻을 이룰 수 있을 것입니다. 낭군께선 돌아가시어 때를 기다렸다가 오시지요."

(4)

생이 기뻐하며 말했다.

"할멈 말대로 된다면야 인간의 5월 5일이 천상의 7월 7일이 되겠소!"

(천상의 7월 7일: 은하의 서쪽에 있는 직녀와 동쪽에 있는 견우가 오작교에서 일 년에 한 번 만나는 날)

생과 노파는 각각 만복을 기원하며 헤어졌다.

▶ 노파가 김생의 사연을 듣고 김생에게 영영을 만날 수 있는 방법을 제시함.

– 작자 미상, 〈상사동기〉

❖ 제대로 작품 분석의 〈보기〉

㉠ 김생이 사모하게 된 낭자의 외양 묘사
㉡ 김생의 근심이 사모하는 마음 때문일 것이라 추측함.
㉢ 단오에 노파의 집에 제사상을 차리고 영영을 부르는 것
㉣ 김생의 사랑이 이루어지기 어려운 이유 – 신분적 한계

❖ 제목의 의미

'상사동'은 이 작품의 공간적 배경으로, 영영의 이모이자 김생을 도와주는 노파가 사는 동네의 지명이다. 즉 '상사동기'는 '상사동에 대한 기록'이라는 의미로 볼 수 있다. 한편 이 작품은 작중 인물의 이름을 따서 〈영영전〉, 〈회산군전〉 등으로 불리기도 한다.

❖ 전체 줄거리

명나라 효종 때 성균관 진사 김생이 어느 날 취중에 한 아름다운 여인을 보고 마음을 빼앗기는데, 종 막동이가 계책을 내어 미인이 머문 집 노파에게 김생의 속마음을 털어놓을 수 있는 방법을 마련한다. 사연을 알게 된 노파가 주선하여 김생과 영영을 만나게 해 주고, 이후 김생은 회산군의 궁에 몰래 들어가 영영과 하룻밤을 동침하고 헤어진다. 그 후 3년이 지나는 동안 회산군이 세상을 떠나고, 영영에 대한 그리움으로 괴로워하던 김생은 과거를 치르고 장원 급제한다. 장원 급제자로서 행렬을 돌다 회산군의 궁에 이른 김생은 일부러 말에서 떨어져 그 집에 들어가고, 영영과 서로 마음이

변하지 않았음을 확인한다. 하지만 둘은 편지만 주고받다가 결국 헤어지게 된다. 김생이 영영에 대한 그리움으로 앓아눕자 문병을 온 회산군 부인의 조카인 친구가 그의 사연을 알고 회산군 부인에게 전한다. 이에 회산군 부인이 영영을 김생에게 보내 주고, 김생은 벼슬도 마다하고 영영과 여생을 보낸다.

❖ 핵심 정리
- 갈래: 애정 소설
- 성격: 낭만적, 현실적
- 배경: 시간 – 명나라 효종 때
  공간 – 회산군의 궁과 상사동
- 주제: 신분의 한계를 뛰어넘는 남녀의 열렬한 사랑
- 특징: ① 남녀가 결연의 어려움을 극복하고 애정을 성취하는 과정을 사실적 수법으로 그림. ② 선비와 궁녀의 결연 과정에서 애정 성취를 가로막는 사회적 관습과의 갈등이 드러남.

제대로 감상법 모범 답안

작자 미상, 〈상사동기〉
❶ 막동 ❷ 사랑 ❸ 조력자

❖ 제대로 작품 분석
1㉡ 2㉠ 3㉣ 4㉢

01

정답률 72% | 매력적인 오답 ③ 15%

윗글의 대화에 대한 설명으로 가장 적절한 것은?

정답인 이유

① 시간 표지를 활용하여 사건의 추이*를 드러낸다.
'한 식경 후', '다음 날', '그 다음 날', '모월 모일', '그날 이후' 등

⋯› 막동이 생에게 계책을 말하는 부분에서 '한 식경 후', '날이 저물 때쯤', '오늘', '내일', '다음 날', '그다음 날'과 같은 시간 표지를 사용하여 계책의 진행 과정을 드러내고 있다. 또한 생이 노파에게 자신의 사연을 이야기하는 부분에서 '모월 모일', '그날 이후'와 같은 시간 표지를 사용하여 생이 '한 낭자'를 마주친 후 사모하게 된 사건의 추이를 드러내고 있다.

* 추이(推移): 일이나 형편이 시간의 경과에 따라 변하여 나감. 또는 그런 경향 예 우리나라 수출 소득의 추이를 보면 소득이 점차적으로 늘어나고 있음을 알 수 있다.

오답인 이유

③ (매력적인 오답) 인물에 대한 논평*을 활용하여 갈등의 해소 방안을 제시한다. ×

⋯› 막동이 '낭군께선 늘 언행이 호방하시고 재주가 무리 중에 탁월해 거침없으시더니'라고 말한 부분에서 김생에 대한 논평이 드러나 있고, 노파가 '자색이 고운 것은 ~ 양반집 규수와 다를 게 없지요.'라고 말한 부분에서 영영에 대한 논평이 드러나 있다. 그러나 이를 통해 갈등의 해소 방안을 제시하고 있는 것은 아니다.

* 논평(論評): 어떤 글이나 말 또는 사건 따위의 내용에 대하여 논하여 비평함. 또는 그런 비평 예 우리 신문사는 정부의 정책에 대한 논평을 실었다.

② 앞날의 일을 가정하여 인물 간 갈등의 심화를 암시한다. ×

⋯› 막동이 생에게 계책을 말하는 부분에서 '~ 하시면 ~ 하지요.', '~면 ~ 것입니다.'라고 한 것과, 노파가 생에게 방법을 말하는 부분에서 '~한다면, ~있을 것입니다.'라고 한 것은 앞날의 일을 가정하여 말한 것으로 볼 수 있다. 하지만 이를 통해 인물 간 갈등의 심화를 암시하고 있지는 않다.

④ 인물의 내력을 요약적으로 제시하여 성격의 변화를 보여 준다. ×

⋯› 노파가 '이 애는 회산군 댁 시비예요. ~ 말미를 얻었기 때문이지요.'라고 말한 부분에서 영영의 내력이 요약적으로 제시되고 있으나, 이를 통해 성격 변화를 보여 주고 있지는 않다.

⑤ 인물의 성격을 고사에 빗대어 사건을 새로운 국면으로 전환한다. ×

⋯› 노파가 '부인의 시샘이 하동의 사자후보다 심하여'라고 한 것에서 회산군 댁 부인의 성격을 고사에 빗대고 있음을 알 수 있으나, 이를 통해 사건을 새로운 국면으로 전환하고 있는 것은 아니다.

02

정답률 91%

윗글의 내용에 대한 이해로 적절하지 않은 것은?

정답인 이유

② 생이 노파의 집에서 손님을 전별하는 일을 벌인 데 대해 노파는 번거로움을 호소하였다. ×

⋯› 생이 노파에게 '그래서 손님을 전별한다며 할멈을 번거롭게 한 것이네.'라고 한 것에서, 생은 막동의 계책에 따라 노파의 집에서 손님을 전별하는 일을 벌였음을 알 수 있다. 그러나 노파가 이에 대해 번거로움을 호소하는 모습은 찾을 수 없다.

오답인 이유

① 막동은 생의 근심이 사모하는 마음 때문일 것이라 추측했다.

⋯› 막동이 생에게 '말 못할 근심이 있는 듯하옵니다. 사모하는 이라도 있으신지요?'라고 한 것에서, 막동은 생의 근심이 사모하는 마음 때문일 것이라고 추측했음을 알 수 있다.

③ 노파는 생이 찾는 자색이 고운 여인이 죽은 언니의 딸인 것을 깨달았다.

⋯› 생이 자신이 길에서 보고 첫눈에 반한 '한 낭자'가 할멈의 집에 들어갔다고 말하자, 노파는 이를 듣고 누군지 몰라 하다가 문득 깨닫고서 '그런 애가 있습죠. 바로 죽은 제 언니의 딸이에요.'라고 말했다.

④ 노파는 생의 사연을 애처롭게 여기고 자신이 영영에 대해 아는 바를 알려 주었다.

⋯› 노파는 생이 한 낭자를 보고 반하여 깊이 사모하게 된 이야기를 듣고 몹시 애처로워하다가 그 낭자가 바로 영영임을 깨닫고는, '바로 죽은 제 언니의 딸이에요. 이름은 영영이고 자는 난향이죠.', '이 애는 회산군 댁 시비예요. ~ 말미를 얻었기 때문이지요.'와 같이 자신이 영영에 대해 아는 바를 생에게 알려 주었다.

⑤ 생은 천상의 일에 빗대어 영영을 만나는 일의 기쁨을 표현하였다.

⋯› 노파가 영영과 만날 수 있는 방법으로 단오에 영영을 노파의 집으로 부르는 방법을 제시하자, 생은 기뻐하며 '할멈 말대로 된다면야 인간의 5월 5일이 천상의 7월 7일이 되겠소!'라고 말하였다. 즉 생은 영영과 만날 수 있는 날을 '천상의 7월 7일'에 빗대어 기쁨을 표현한 것이다.

03

정답률 79% | 매력적인 오답 ③ 16%

노파가 제시한 '방법'

㉠과 ㉡에 대한 설명으로 가장 적절한 것은?

막동의 '계책'

정답인 이유

④ ㉠이 이루어지면 생은 노파에게 속내를 드러낼 기회를 얻게 되고, ㉡이 이루어지면 생이 영영과 만날 기회를 얻게 된다.

⋯→ ㉠은 막동의 계책으로, 노파의 집에서 주효를 마련하여 노파에게 은혜를 입게 하고, 이를 통해 노파가 보답하고자 하는 마음을 품게 한 뒤 생의 '흉금'을 털어놓는 방법이다. 따라서 ㉠이 이루어지면 생은 노파에게 속내를 드러낼 기회를 얻게 된다고 할 수 있다. ㉡은 노파가 단오에 죽은 언니의 제사상을 차리고 영영을 부르는 방법으로, 이것이 이루어지면 생은 영영과 만날 기회를 얻게 된다.

오답인 이유

③ (매력적인 오답) ㉠은 막동의 제안을 생이 실행함으로써 이루어지고, ㉡은 생의 제안을 노파가 실행함으로써 이루어질 수 있다.

× → 노파의 제안

⋯→ ㉠은 생을 위해 막동이 제안한 것으로, 생이 노파의 집으로 가 주효를 벌임으로써 이루어지는 것이다. 그러나 ㉡은 생이 아니라 노파가 제안한 것이다.

① ㉠과 ㉡은 모두 생에게 실현 가능성에 의구심*을 갖게 한다.

× → 기대감을 갖게 함.

⋯→ 생은 막동이 제시한 ㉠을 듣고 '진정 그럴듯하다 여기고 기뻐하며' '내 일이 잘 되겠구나!'라고 했고, 노파가 제시한 ㉡에 대해서도 '기뻐하며', '할멈 말대로 된다면야 ~ 천상의 7월 7일이 되겠소!'라고 말했다. 즉 생은 ㉠과 ㉡에 대해 기대감을 보였을 뿐, 그 실현 가능성에 의구심을 갖지는 않았다.

* 의구심(疑懼心): 믿지 못하고 두려워하는 마음 예 그녀는 무조건 자기 말을 믿으라고 했지만, 나는 의구심을 떨쳐 버릴 수 없었다.

② ㉠과 ㉡은 모두 생의 의도를 숨기기 위해 상황의 급박함을 부각하는 방식을 취한다.

×

⋯→ ㉠은 노파의 집에서 여러 날 주효를 마련하여 노파에게 은혜를 느끼게 하는 방법으로, 생의 의도를 숨기면서 이루어지나 이때 상황의 급박함을 부각하는 방식을 취하지는 않는다. ㉡ 역시 김생과 영영을 만나게 하려는 의도를 숨긴 채 진행되나, 이를 위해 상황의 급박함을 부각하는 방식을 취하지는 않는다.

⑤ ㉠에서 생은 노파에게 접근하기 위해 가상의 존재를 내세우고, ㉡에서 생은 영영과의 만남을 위해 권력자의 위세를 내세운다.

'손님' / ×

⋯→ ㉠은 노파의 집에서 주효를 베풀기 위해 '손님'이라는 가상의 존재를 내세우는 것이다. 그러나 ㉡은 노파가 김생과 영영을 만나게 하기 위해 집에 죽은 언니의 제사상을 차리고 회산군 부인에게 청해 영영을 부르겠다는 것으로, 이때 생이 권력자의 위세를 내세우는 것은 아니다.

04

정답률 88%

〈보기〉를 참고하여 윗글을 감상한 내용으로 적절하지 않은 것은? [3점]

〈보기〉

〈상사동기〉는 남녀가 결연의 어려움을 극복하고 애정을 추구하는 서사라는 점에서, 애정 전기 소설의 전통을 따르면서도 전대 소설보다 현실성이 강화되었다. 「감정에 충실하여 애정을 우선시하는 주인공의 성격, 서사 진행에 적극 개입하는 보조적 인물의 등장, 환상성을 벗어나 일상에 밀착된 배경의 설정」 등에서 이를 확인할 수 있다. 또한 신분적 한계를 지닌 여성과의 결연 과정에서 애정 성취를 가로막는 사회적 관습으로 인한 갈등이 드러난다는 점에서 소설사적 의의가 있다.

(〈상사동기〉의 내용상 특징 / 〈상사동기〉의 서술상 특징 / 「 」: 〈상사동기〉의 현실성을 강화한 방법)

정답인 이유

⑤ 회산군 부인의 허락을 구하려는 노파에게 생이 동조하는 것에서, 사회적 관습 안에서 현실적인 애정 성취 방법을 찾는 인물의 내적 갈등을 확인할 수 있군.

⋯→ 노파는 김생과 영영을 만나게 하기 위해 단오에 죽은 언니의 제사상을 차리고 회산군 부인에게 영영이 노파의 집에 올 수 있도록 허락을 구하겠다고 말하였다. 이러한 계획을 들은 김생은 기뻐하며 동조하고 있는데, 이는 사회적 관습 안에서 현실적인 애정 성취 방법을 찾으며 기대하는 모습일 뿐 인물의 내적 갈등을 드러낸다고 볼 수 없다.

오답인 이유

① 생이 첫눈에 반한 영영과의 애정 추구에 적극적으로 나서는 점에서, 감정에 충실한 인물의 성격을 확인할 수 있군.

⋯→ 생은 첫눈에 반한 영영과 만나기 위해 막동이 제시한 계책과 노파가 제시한 방법을 적극적으로 따르려 하고 있다. 이는 영영과의 애정 추구에 적극적으로 나서는 모습으로, 감정에 충실한 생의 성격을 보여 주는 것이라고 할 수 있다.

② 막동과 노파가 생의 애정 성취를 돕기 위해 나서는 점에서, 사건에 적극 개입하는 보조적 인물의 등장을 확인할 수 있군.

⋯→ 막동은 생이 노파의 집으로 들어간 '한 낭자'에게 반하여 근심하고 있음을 알고, 생을 돕기 위해 노파와 가까워지는 계책을 제시하였다. 그리고 노파는 영영에게 반한 생의 이야기를 듣고 애처로워하며 생과 영영을 만나게 할 방법을 제안하였다. 이를 고려하면 막동과 노파는 사건에 적극 개입하는 보조적 인물임을 알 수 있다.

③ 생이 길을 가다 우연히 영영을 마주치고 노파의 집까지 뒤따르는 것에서, 사건 전개가 일상적 공간 속에서 이루어짐을 확인할 수 있군.

⋯→ 생은 '길에서' 영영을 마주치고는 반하여 그 뒤를 따라 '할멈의 집'까지 이르렀다. 길이나 노파의 집과 같은 공간적 배경을 고려할 때 이 글은 사건 전개가 일상적 공간에서 이루어지고 있음을 확인할 수 있다.

④ 영영이 회산군 댁 시비인 까닭에 두 인물의 만남이 어려운 점에서, 여성 주인공의 신분적 한계로 인해 애정 성취에 곤란을 겪는 것을 확인할 수 있군.

⋯→ 노파는 생이 반한 낭자는 영영이라고 하며, 영영은 '회산군 댁 시비'로서 '궁에서 나고 자라 문 앞길도 밟지 못한 지 오래'되었고 '낭군께서 다시 만나시기는 참으로 어렵습죠.'라고 말하고 있다. 이를 통해 회산군 댁 시비라는 영영의 신분적 한계로 인해 생과 영영의 애정 성취에 어려움이 있음을 알 수 있다.

고전 소설 **04** 최척전

▶ 문제편 152~154쪽

정답 | 01 ④ 02 ③ 03 ③ 04 ⑤

[01~04] 다음 글을 읽고 물음에 답하시오. 2023 수능

제대로 작품 분석 ▶〈보기〉에서 적절한 것을 골라 넣으며 작품을 분석해 보자.

혼례를 마친 후 최척(주인공)이 아내와 함께 장모를 모시고 집으로 돌아오매 하인들이 기뻐했다. 대청에 오르자 **친척들**이 축하하여 온 집안에 기쁨이 넘쳤고, 이들을 기리는 소리가 사방의 이웃으로 퍼졌다.「시집에 온 옥영(주인공, 최척의 아내)은 소매를 걷고 머리를 빗어 올린 채 손수 물을 긷고 절구질을 했으며, 시아버지를 봉양(받들어 모시고)하고 남편을 대할 때 효와 정성을 다하고, 윗사람을 받들고 아랫사람을 대할 때는 성의와 예의를 두루 갖췄다.」(「 」: 옥영의 인물됨 - 성실하고 가정의 구성원들을 정성스러운 마음으로 대함.) **이웃 사람들**이 이를 듣고는 모두 양홍의 처나 포선의 아내도(1) 이보다 낫지 않을 것이라고 칭찬했다.

최척은 결혼한 후 구하는 것이 뜻대로 되어 재산이 점차 넉넉히 불었으나,(혼인 후 최척의 집안이 점차 부유해짐.) 다만 일찍이 자식이 없는 것이 걱정이었다. 최척 부부는 후사(대를 잇는 자식)를 염려하여 ㉠매월 초하루가 되면 몸과 마음을 깨끗이 하고 함께 만복사에 올라 부처께 기도를 올렸다. 다음 해 갑오년 ㉡정월 초하루에도 만복사에 올라 기도를 했는데, 이날 밤 장육금불이 옥영의 꿈에 나타나 말했다.

"나는 **만복사의 부처**(2)로다. 너희 정성이 가상해 기이한 **사내아이**를 점지해 주니, 태어나면 반드시 특이한 징표가 있을 것이다."

옥영은 ㉢그달에 바로 잉태해 열 달 뒤 과연 아들을 낳았는데, 등에 어린아이 손바닥만 한 **붉은 점**(장육금불의 예언이 실제로 이루어졌음을 확인할 수 있는 증거)이 있었다. 그래서 최척은 아들 이름을 몽석(夢釋)이라고 지었다.

▶ 최척과 옥영이 혼인하여 아들을 낳음.

최척은 피리를 잘 불었으며, ㉣매양 꽃 피는 아침과 달 뜬 밤이(3) 되면 아내 곁에서 피리를 불곤 했다.「일찍이 날씨가 맑은 ㉤어느 봄날 밤이었는데,(최척의 피리 연주에 옥영이 절구를 읊은 사건이 일어난 날) 어둠이 깊어 갈 무렵 미풍(약하게 부는 바람)이 잠깐 일며 밝은 달이 환하게 비쳤으며, 바람에 날리던 꽃잎이 옷에 떨어져 그윽한 향기가 코끝에 스며들었다.」(「 」: 감각적인 배경 묘사 - 낭만적 분위기 형성) 이에 최척은 옥영과 술을 따라 마신 후, 침상에 기대 피리를 부니 그 여음(소리가 그치거나 거의 사라진 뒤에도 아직 남아 있는 음향)이 하늘거리며 퍼져 나갔다. 옥영이 한동안 침묵하다 말했다.

"저는 평소 여인이 시 읊는 것을 좋게 여기지 않습니다. 그런데 이처럼 맑은 정경을 대하니 도저히 참을 수가 없군요."

옥영은 마침내 절구(4구로 이루어진 한시 형식의 하나) 한 수를 읊었다.

「 」: 삽입 시 - 최척의 피리 소리에 감흥이 일어 읊은 시로, 훗날 재회의 계기가 됨.

「왕자진(주나라 영왕의 태자로, 생황(피리)을 잘 불었음.)이 피리를 부니 달도 내려와 들으려는데,
바다처럼 푸른 하늘엔 이슬이 서늘하네.

때마침 날아가는 푸른 난새(중국 전설에 나오는 상상의 새)를 함께 타고서도,
안개와 노을이 가득해 봉도(봉래산. 신선이 살고 불사약이 있는 중국 전설상의 산) 가는 길 찾을 수 없네.」

최척은 애초에 자기 아내가 이리 시를 잘 읊는 줄 모르고 있던 터라 놀라 감탄하였다.(옥영이 읊은 시를 듣고 재능에 놀라 감탄함.)

▶ 최척의 피리 연주에 감동한 옥영이 시를 읊음.

[중략 부분의 줄거리] 전란으로 가족과 이별한 최척은 명나라 배를 타고 안남(베트남)에 이르러 처량한 마음에 피리를 불었다.

최척은 동방이 밝아 오자, 강둑을 내려가 **일본인 배에 이르러 조선말로**(4) 물었다.

"어젯밤 시를 읊던(최척과 옥영이 재회하게 되는 계기 ①) 사람은 조선 사람 아닙니까? 나도 조선 사람이어서 한번 만나 보았으면 합니다. 멀리 **다른 나라를 떠도는 사람**이 비슷하게 생긴 **고국 사람을 만나**는 것이 어찌 그저 기쁘기만 한 일이겠습니까?"

옥영도 생각하기를 어젯밤 들은 **피리 소리**(최척과 옥영이 재회하게 되는 계기 ②)가 조선의 곡조인 데다, 평소 익히 들었던 것과 너무나 흡사했다. 그래서 남편 생각에 감회가 일어 절로 시를 읊게 되었던 것이다. 옥영은 자기를 찾는 사람의 목소리를 듣고는 황망히 뛰쳐나와 최척을 보았다.(5) 둘은 서로 마주하고 놀라 **소리를 지르며 끌어안**고 백사장을 뒹굴었다. 목이 메고 기가 막혀 마음을 안정할 수 없었으며, 말도 할 수 없었다. 눈에서는 **눈물이 다하자 피가 흘러내려** 서로를 볼 수도 없을 지경이었다.(재회의 기쁨을 과장하여 표현) 양국의 **뱃사람들**(최척이 탄 명나라 배와 옥영이 탄 일본인 배의 사람들)이 저잣거리처럼 모여들어 구경했는데, 처음에는 친척이나 잘 아는 친구인 줄로만 알았다. 뒤에 그들이 부부 사이라는 것을 알고 서로 돌아보며 소리쳐 말했다.

"이상하고 기이한 일이로다! 이것은 하늘의 뜻이요, 사람이 이룰 수 있는 일이 아니로다. 이런 일은 옛날에도 들어 보지 못하였다."(극적으로 재회한 최척과 옥영이 부부 사이라는 것을 안 뱃사람들의 놀라움)

최척은 옥영에게 그간의 소식을 물었다.

"산속에서 붙들려 강가로 끌려갔다는데, 그때 아버지와 장모님은 어찌 되었소?"

옥영이 말했다.

"날이 어두워진 뒤 배에 오른 데다 정신이 없어 서로 잃어버렸으니, 제가 두 분의 안위를 어떻게 알겠습니까?"(헤어진 다른 가족들의 안위를 알지 못함.)

두 사람이 손을 붙들고 통곡하자, 옆에서 지켜보던 사람들도 슬퍼하며 눈물을 닦지 않는 이가 없었다.(전쟁의 참상에 대한 연민)

▶ 전란으로 이별했던 최척과 옥영이 안남에서 재회함.

– 조위한, 〈최척전〉

❖ 제대로 작품 분석의 〈보기〉

㉠ 최척이 피리를 부는 행위가 나타나는 배경
㉡ 공간적 배경이 조선에서 다른 나라로 확장됨.
㉢ 부부간 금슬이 좋고 행실이 뛰어난 고사 속 인물
㉣ 최척과 옥영의 극적인 재회 – 고전 소설의 우연성
㉤ 자식이 없는 것을 염려한 옥영에게 도움을 주는 신이한 존재

❖ 제목의 의미

'최척'은 남자 주인공의 이름이다. 이 작품은 임진왜란과 정유재란을 배경으로 '최척' 일가가 겪은 가족 간의 이산과 상봉의 과정을 다루어, 당시 전쟁으로 인한 민중들의 고통을 형상화한 작품이다. 만남과 이별, 재회가 반복되는 과정에서 인물들이 겪는 고난과 역경을 사실적으로 그리고 있다. 일본, 안남(베트남)까지 공간적 배경을 확장하고 옥영을 통해 여성도 운명을 개척해 내는 인물로 그리고 있다는 점이 특징적이다.

❖ 작가 소개

조위한(趙緯韓, 1567~1649): 조선 중기의 문신. 광해군 때 급제한 뒤 계축옥사 때 파직당했다가 인조반정으로 다시 벼슬길에 오른다. 이괄의 난을 토벌하고 정묘호란 때 의병을 이끌고 항전하였다. 저서에 《유민탄(流民嘆)》, 《현곡집(玄谷集)》 등이 있다.

❖ 전체 줄거리

남원에 사는 최척과 옥영은 사랑에 빠져 혼인을 약속하는데 왜구의 침략에 의병으로 참전한 최척은 혼인날까지 돌아오지 않는다. 옥영의 어머니는 옥영을 부잣집 아들과 결혼시키려 하지만 옥영은 끝까지 최척을 기다려 결국 두 사람은 혼인을 하고 아들

몽석을 낳는다. 이후 정유재란으로 최척의 가족은 모두 헤어지고 왜인의 장사를 돕던 옥영과 명나라 상선을 타고 다니던 최척은 우연히 안남(베트남)에서 재회한다. 최척과 옥영이 중국에 정착해 둘째 몽선을 낳고 살던 중 호족이 침략하자 최척은 명나라의 군사로 출전하게 된다. 포로가 된 최척은 맏아들 몽석을 만나 고향으로 돌아오고, 옥영 역시 둘째와 함께 조선으로 돌아와 온 가족이 재회하여 행복하게 산다.

❖ 핵심 정리

- 갈래: 한문 소설, 전쟁 소설
- 성격: 사실적, 우연적
- 배경: 시간 – 조선 중기
  공간 – 조선, 중국, 일본, 베트남
- 주제: 전란으로 인한 가족의 이산과 가족애를 통한 재회
- 특징: ① 실제 일어났던 전쟁을 배경으로 하여 당시 백성들의 고통을 사실적으로 표현함. ② 조선뿐만 아니라 중국, 일본, 베트남 등 해외를 배경으로 하고 있음. ③ '만남 – 이별 – 재회'의 과정이 반복됨.

제대로 감상법 모범 답안

조위한, 〈최척전〉

❶ 최척 ❷ 안남 ❸ 배경

❖ 제대로 작품 분석

1㉢ 2㉤ 3㉠ 4㉡ 5㉣

01

정답률 87%

윗글에 대한 설명으로 가장 적절한 것은?

정답인 이유

④ **감각적인 배경 묘사를 통해 인물의 행동이 전개되는 상황의 낭만적 분위기를 부각하고 있다.**
○ → '어둠이 깊어 갈 ~ 향기가 코끝에 스며들었다.'

⋯› '날씨가 맑은 어느 봄날 밤'의 풍경을 '어둠이 깊어 갈 무렵 미풍이 잠깐 일며 밝은 달이 환하게 비췄으며, 바람에 날리던 꽃잎이 옷에 떨어져 그윽한 향기가 코끝에 스며들었다.'와 같이 감각적으로 묘사하고 있다. 이를 통해 최척이 피리를 연주하고 옥영이 절구를 읊는 상황의 낭만적 분위기를 부각하고 있다.

오답인 이유

① **시를 삽입하여 인물 간의 갈등 양상이 구체화되는 상황을 드러내고 있다.**
× → 인물의 감흥을 나타낸 것임.

⋯› 옥영은 최척의 피리 연주를 듣고 '이처럼 맑은 정경을 대하니 도저히 참을 수가 없군요.'라고 하며 절구 한 수를 읊었다. 즉, 삽입된 시는 피리 소리에 대한 옥영의 감흥을 나타낸 것으로 인물 간의 갈등 양상과는 관련이 없다.

② **인물의 행위가 연속적으로 나열된 장면을 통해 신분의 변화 과정을 드러내고 있다.**
× → 나타나지 않음.

⋯› 시집에 온 옥영이 '소매를 걷고 머리를 빗어 올린 채 ~ 성의와 예의를 두루 갖췄다.'에서 인물의 행위가 연속적으로 나열되고 있으나 이는 옥영의 성실한 모습을 보여 줄 뿐 신분의 변화 과정과는 관련이 없다. 또한 최척과 옥영이 안남에서 재회하는 장면에서도 인물의 행위가 나열되고 있으나 두 사람의 재회의 감격을 나타낼 뿐 신분의 변화 과정과는 관련이 없다.

③ **주변 인물이 알고 있는 사례를 근거로 주요 인물에 대해 상반된 평가를 내리게 하고 있다.**
× → 나타나지 않음.

⋯› 시집에 온 옥영이 성실하게 일하는 한편 가정의 구성원들을 정성스럽게 대하자, 이웃 사람들은 '양홍의 처나 포선의 아내도 이보다 낫지 않을 것'이라며 옥영을 칭찬했다. 하지만 주변 인물이 알고 있는 사례를 근거로 주요 인물에 대해 상반된 평가를 내리고 있지는 않다.

⑤ **인물 간 대화가 오가는 장면을 보여 주어 이전 사건에 따른 다른 인물들의 현재 행선지를 드러내고 있다.**
× → 헤어진 다른 가족들의 행선지를 알지 못함.

⋯› 전란으로 가족과 이별했다가 안남에서 옥영과 재회한 최척은 옥영에게 아버지와 장모님이 어찌 되었는지 묻는데, 옥영은 서로 잃어버려 두 분의 안위를 알지 못한다고 답한다. 즉, 전란으로 인해 헤어진 다른 인물들의 현재 행선지는 드러나지 않는다.

02

정답률 95%

윗글의 인물에 대한 이해로 적절하지 않은 것은?

정답인 이유

③ **'최척'은 옥영의 시에 대한 재능을 결혼 전에 알고 있었지만, 옥영이 시를 읊기 전까지 이를 모른 척했다.**
× → 옥영이 시를 잘 읊는 줄 모르던 터라 옥영의 시를 듣고 감탄함.

⋯› 최척은 자신의 피리 연주를 듣고 옥영이 절구를 한 수 읊자 '애초에 자기 아내가 이리 시를 잘 읊는 줄 모르고 있던 터라 놀라 감탄'했다. 따라서 최척이 옥영의 시에 대한 재능을 결혼 전에 알고 있었던 것은 아니며, 그 재능을 모른 척하고 있었다고 볼 수도 없다.

오답인 이유

① **'뱃사람들'은 최척과 옥영의 관계가 자신들이 생각하던 것과 달라 놀라워했다.**
○ → 친척이나 친구인 줄 알았으나 부부 사이라는 것을 알게 됨.

⋯› '양국의 뱃사람들'은 재회한 최척과 옥영의 모습을 보며 처음에는 그들이 친척이나 친구인 줄로만 생각했다가 뒤에 부부 사이라는 것을 알고는 "이상하고 기이한 일이로다!"라며 놀라워했다.

② **'최척'은 강둑을 내려가 자신을 '다른 나라를 떠도는 사람'이라 말하며 자신의 처지와 심정을 드러냈다.**
○ → '멀리 다른 나라를 떠도는 사람이 ~ 기쁘기만 한 일이겠습니까?'

⋯› 최척은 강둑을 내려가 일본인 배에 이르러 자신이 조선 사람으로 '다른 나라를 떠도는 사람'이라고 밝힌 후 "비슷하게 생긴 고국 사람을 만나는 것이 어찌 그저 기쁘기만 한 일이겠습니까?"라며 자신의 심정을 드러냈다.

④ **'옥영'은 가정의 구성원들을 정성스러운 마음으로 대했고, 옥영이 시집온 후 최척의 집안은 점차 부유해졌다.**
○ → '시아버지를 봉양하고 ~ 예의를 두루 갖췄다.'
○ → '최척은 결혼한 후 ~ 재산이 점차 넉넉히 불었으나'

⋯› 시집에 온 옥영이 '시아버지를 봉양하고 남편을 대할 때 효와 정성을 다하고, 윗사람을 받들고 아랫사람을 대할 때는 성의와 예의를 두루 갖췄다.'고 한 것과 최척이 결혼한 후 '구하는 것이 뜻대로 되어 재산이 점차 넉넉히 불었'다고 한 것으로 보아 적절하다.

⑤ **'친척들'은 최척의 결혼을 경사로 받아들였고, '이웃 사람들'은 옥영의 행실을 칭찬했다.**
○ → '친척들이 축하하여 온 집안에 기쁨이 넘쳤고'
○ → '양홍의 처나 포선의 아내도 이보다 낫지 않을 것'

⋯› 최척과 옥영이 혼례를 마치고 집으로 돌아오자 '친척들이 축하하여 온 집안에 기쁨이 넘쳤'다고 한 것과, 옥영이 성실히 일하고 가정 구성원들을 정성스럽게 대하는 것을 본 이웃 사람들이 '양홍의 처나 포선의 아내도 이보다 낫지 않을 것이라고 칭찬'했다는 것으로 보아 적절하다.

03

정답률 90%

㉠~㉤에 대한 이해로 가장 적절한 것은?

정답인 이유

③ ㉣은 인물의 행위가 반복적으로 일어나는, ㉤은 ㉣ 중 한 시점을 특정하는 시간의 표지이다.
[○ → 최척이 피리를 불곤 하는 시간적 배경] [○ → 피리 연주를 들은 옥영이 절구를 읊은 때]

…› '매양 꽃 피는 아침과 달 뜬 밤'이면 최척은 아내 곁에서 피리를 불곤 하였으므로, ㉣은 피리를 부는 인물의 행위가 반복적으로 일어나는 시간의 표지이다. '어느 봄날 밤'은 최척의 피리 연주를 들은 옥영이 절구 한 수를 읊은 때이므로, ㉤은 ㉣ 중 한 시점을 특정하는 시간의 표지이다.

오답인 이유

① ㉠은 인물의 심리적 갈등이 발생하는, ㉢은 ㉠에서 발생한 갈등이 심화되는 시간의 표지이다.

…› ㉠은 후사를 염려한 최척 부부가 만복사에 올라 부처께 기도를 올리는 날로, 인물의 심리적 갈등이 발생하는 시간으로 볼 수 없다. ㉢은 옥영이 아이를 잉태하여 후사에 대한 염려에서 벗어난 때이므로, 인물의 갈등이 심화되었다고 볼 수 없다.

② ㉢과 ㉤은 모두 과거의 행위를 통해 인물의 성격이 변화됨을 드러내는 시간의 표지이다.

…› ㉢은 옥영이 아이를 잉태함으로써 후사에 대한 염려에서 벗어난 때이고, ㉤은 옥영이 최척의 피리 연주를 듣고 절구 한 수를 읊은 시간이다. 따라서 ㉢과 ㉤이 과거의 행위를 통해 인물의 성격이 변화됨을 드러내고 있지는 않다.

④ ㉡은 ㉠에서부터 이어진 행위를 알려 주는, ㉤은 그 행위가 완결된 순간을 지시하는 시간의 표지이다.

…› ㉡은 최척 부부가 만복사에 올라 부처께 기도를 올렸던 ㉠ 중 하루에 해당하는 시간이다. ㉤은 옥영이 최척의 피리 연주를 듣고 절구 한 수를 읊은 시간으로, ㉠에 기도를 올린 일과 관련이 없다.

⑤ ㉡과 ㉢은 인물의 소망이 실현되어 가는 과정에 포함되는, ㉤은 인물의 소망이 좌절된 시간의 표지이다.

…› ㉡은 후사를 염려한 최척 부부가 만복사 부처에게 기도를 올렸던 날 중 하나로, 옥영의 꿈에 만복사 부처가 나타나 사내아이를 점지해 준 날이다. 이 꿈을 꾼 옥영은 ㉢에 바로 잉태해 아들을 낳았으므로, ㉡과 ㉢은 인물의 소망이 실현되어 가는 과정에 포함되는 시간이다. 그러나 ㉤은 옥영이 최척의 피리 연주를 듣고 절구 한 수를 읊은 시간일 뿐, 이때 인물의 소망이 좌절된 모습은 나타나지 않는다.

04

정답률 92%

〈보기〉를 바탕으로 윗글을 감상한 내용으로 적절하지 않은 것은? [3점]

〈보기〉

〈최척전〉에는 하나의 문제 상황이 해결되면 또 다른 문제가 확인되는 서사 구조[〈최척전〉의 서사 구조]가 나타나고 있다. 이 과정에서 도움을 주는 신이한 존재[만복사의 부처]를 나타나게 하거나, 예언의 실현을 보여 주는 특이한 증거[아들 몽석의 몸에 있는 붉은 점]를 활용하거나, 문제 해결의 계기가 되는 소재[최척의 피리 소리, 옥영의 시 읊는 소리]를 제시하거나, 공간적 배경을 확장[조선 → 안남]하여 다양한 국적의 사람들을 등장시키는 등의 서사적 장치들이 확인된다. 이러한 서사 구조와 다양한 서사적 장치는 독자가 이야기에 흥미를 가지고 그것을 자연스럽게 수용하는 데 기여한다.

정답인 이유

⑤ 최척과 옥영이 '소리를 지르며 끌어안'는 것은 문제의 해결에 따른 기쁨과, '눈물이 다하자 피가 흘러내'리는 것은 또 다른 문제 확인에 따른 인물의 불안감과 관련이 있겠군.
[× → 기쁨과 감격의 표현일 뿐 불안감은 드러나지 않음.]

…› 최척과 옥영은 안남 땅에서 극적으로 재회한 뒤 놀라서 '소리를 지르며 끌어안'았고, 목이 메어 말도 할 수 없는 감격 속에서 '눈물이 다하자 피가 흘러내'리게 되었다. 이는 두 사람의 이별이 재회를 통해 해결된 기쁨과 감격을 드러낸 부분으로, 또 다른 문제를 확인한 인물의 불안감은 드러나지 않는다.

오답인 이유

① 옥영의 꿈에 나타난 '만복사의 부처'는, 옥영이 겪고 있는 현실적인 문제를 해결하는 데 도움을 주는 신이한 존재로서 역할을 한다고 볼 수 있겠군.
[○ → 자식이 없어 걱정하는 옥영에게 사내아이를 점지해 줌.]

…› 최척과 옥영은 자식이 없는 것을 걱정하여 매달 초하루에 만복사에 올라 부처께 기도를 올렸고, 그러던 중 옥영의 꿈에 나타난 '만복사의 부처'가 정성이 가상하다며 사내아이를 점지해 주었다. 이후 옥영이 잉태하여 아들을 낳았으므로, 옥영의 꿈에 나타난 '만복사의 부처'는 자식으로 인한 옥영의 걱정을 해결하는 데 도움을 준 신이한 존재로 볼 수 있다.

② 몽석의 몸에 나타난 '붉은 점'은, '사내아이'의 출생과 관련한 예언이 실제로 이루어졌음을 확인할 수 있는 특이한 증거로 활용된다고 볼 수 있겠군.
[○ → 만복사의 부처가 아들이 태어나면 특이한 징표가 있을 것이라고 함.]

…› 옥영의 꿈에 나타난 만복사의 부처는 사내아이를 점지해 주면서 아이가 태어나면 특이한 징표가 있을 것이라고 예언했는데, 옥영이 낳은 아들의 등에는 어린아이 손바닥만 한 '붉은 점'이 있었다. 따라서 '붉은 점'은 만복사의 부처가 예언한 것이 실제로 이루어졌음을 보여 주는 증거로 볼 수 있다.

③ 최척이 '일본인 배에 이르러 조선말로 물'어보는 것과 '고국 사람을 만나'려 하는 것은, 서사 전개 과정에서 공간적 배경을 조선뿐 아니라 다른 나라로도 확장한 것과 관련이 있겠군.
[○ → 최척과 옥영이 각각 명나라 배와 일본인 배를 타고 안남으로 감.]

…› 최척은 명나라 배를 타고 안남에 이르렀고, 그곳에서 일본인 배에서 들려온 시를 읊는 소리를 듣고 일본인 배에 찾아가 고국 사람을 만나고자 한다고 조선말로 말한다. 최척이 '일본인 배'에 찾아가 '고국 사람'을 만나고자 하는 것은 공간적 배경이 조선이 아닌 다른 나라로 확장되었기에 나타난 사건이다.

④ 옥영이 들은 '피리 소리'는, 옥영이 최척을 떠올리게 하여 이별의 상황을 해결하는 계기가 되는 소재로 작용하고 있다고 볼 수 있겠군.
[○ → '어젯밤 들은 피리 소리가 ~ 읊게 되었던 것이다.']

…› 옥영은 어젯밤 들은 '피리 소리'가 조선의 곡조인 데다 평소 익히 들었던 것과 흡사했기 때문에 남편인 최척 생각에 감회가 일어 시를 읊었다. 그리고 이 시 읊는 소리를 들은 최척이 일본인 배에 찾아옴으로써 두 사람의 재회가 이루어졌으므로, '피리 소리'는 이별의 상황을 해결하는 계기가 되는 소재이다.

고전 소설 **05** 정수정전

▶ 문제편 155~157쪽

정답 | 01 ④ 02 ② 03 ③ 04 ④

[01~04] 다음 글을 읽고 물음에 답하시오. 2023 9월 모의평가

제대로 작품 분석 ▶<보기>에서 적절한 것을 골라 넣으며 작품을 분석해 보자.

이때 예부 상서 진량을 황제 가장 총애하시니 진량이 의기양양하고 교만
정 상서를 모함하는 인물, 정수정의 복수 대상
방자한지라. 정 상서 일찍 진량이 소인인 줄 알고 황제께 간하되 황제 종시
정수정의 아버지 / 정 상서가 황제에게 간언한 일로 진량이 정 상서를 해치려 함.
그렇지 않다 하심에, 진량이 이 일을 알고 정 상서를 해하려 하더라. 차시 황제의 탄생일이 되었는지라. ㉠마침 정 상서 병이 있어 상소하고 참석지 못
진량에게 정 상서를 모함할 기회가 생김.
하였더니 황제 만조백관더러 묻기를,
조정의 모든 벼슬아치

"정 상서의 병이 어떠하더뇨?"

하시고 사관을 보내려 하시니 진량이 나아가 왈,

「"정 상서는 간악한 사람이라 그 병세를 신이 자세히 아옵니다. 상서가 요
「」: 진량이 정 상서를 모함함.
사이 황제께 조회하는 것이 다르옵고 신이 상서의 집에 가오니 상서의 말이 수상하옵더니 오늘 조회에 불참하오니 반드시 무슨 생각 있는 줄 아나이다."」

황제 대경하여 처벌하려 하시거늘 중관이 아뢰길,

"정 상서의 죄 명백함이 없으니 어찌 벌로 다스리오리까?"
정 상서를 처벌하기에는 죄가 분명하지 않음을 주장함.

황제 듣지 않고 절강에 귀양을 정하시니 중관이 명을 듣고 정 상서의 집에
진량의 말만 듣고 정 상서를 절강으로 귀양 보내기로 함.
나아가 황명을 전하니, 상서 크게 울며,

거짓으로 꾸며서 남을 헐뜯어 윗사람에게 고하여 바침.
"내 일찍 국은을 갚을까 하였더니 소인의 참언을 입어 이제 귀양을 가니
진량의 모함으로 귀양을 가게 된 정 상서의 억울함
어찌 애달프지 않으리오."

하고 칼을 빼어 서안을 치며 말하기를,
책을 읽거나 글을 쓰는 데 필요한 책상

"소인을 없애지 못하고 도리어 해를 입으니 누구를 원망하리오."

하며 눈물을 흘리니 부인은 애원 통도하고 친척 노복이 다 서러워하더라.
마음이 몹시 아프도록 슬퍼하고

사관이 재촉 왈,

"㉡황명이 급하오니 수이 행장 차리소서."
[1]

정 상서가 일변 행장을 준비하여 부인더러 이르기를,

"나는 천만 의외에 귀양 가거니와 부인은 여아를 데리고 조상 제사를 받들어 길이 무탈하소서."

하고 즉시 발행할새, 모녀 가슴이 막혀 아무 말도 못하더라. 정 상서 여러 날
길을 떠날새
만에 귀양지에 이르니 절강 만호가 관사를 깨끗이 하고 정 상서를 머물게 하
귀양지 무관 벼슬 이름
더라. ▶ 정 상서가 진량의 모함으로 귀양을 가게 됨.

차설. 정 상서 적거한 후로 슬픔을 머금고 세월을 보내더니 석 달 만에 홀
귀양살이를 한 / [2]
연 득병하여 마침내 세상을 영결하니 절강 만호 슬퍼 놀라 황제께 ⓐ장계로
지방에 나가 있는 신하가 중요한 일을 왕에게 보고하던 문서
보고하고 부인께 기별하니라. 이때 부인과 정수정이 정 상서를 이별하고 눈물로 세월을 보내더니 일일 문득 시비 고하되,

"절강에서 사람이 왔나이다."

하거늘 부인이 급히 불러 물으니 답하기를,

윗사람이 세상을 떠남.
"㉢정 상서께서 지난달 보름께 별세하셨나이다."

하는지라. 부인과 정수정 이 말을 듣고 한마디 소리를 내며 혼절하니 시비
주인공, 여성 영웅 / 정신이 아찔하여 까무러치니
등이 창황망조하여 약물로 급히 구함에 오랜 후에야 숨을 내쉬며 눈물이
너무 급하여 어찌할 수가 없어
비 오듯 하더라. ▶ 정 상서가 귀양지에서 세상을 떠남.

[중략 부분의 줄거리] 남장을 한 정수정은 장원 급제한 뒤 북적을 물리친다. 이후 황제에게 자신이 여성임을 밝히고 정혼자인 장연과 혼인한다. 호왕이 침공하자 정수정은 대원수, 장연은 중군장으로 출전한다.
[3]

정수정
㉣대원수 호왕에 승리하여 황성으로 향할새 강서 지경에 이르러 한복더
정수정의 부하
러 묻기를,

"**진량의 귀양지가 여기서 얼마나 되는**가?"
진량을 찾아 부친의 한을 풀어 주려 함.

"수십 리는 되나이다."

「대원수 분부하되 철기를 거느려 결박하여 오라 하니 한복 등이 듣고 나
「」: 한복이 대원수의 명령에 따라 진량의 귀양지로 가 진량을 결박하여 옴.
는 듯이 가 바로 내실로 들어갈새 진량이 대경하여 연고를 묻거늘 한복이 칼을 들어 시종을 베고 군사를 호령하여 진량을 결박하여 본진으로 돌아와 대원수께 고하되,」 대원수 이에 진량을 잡아들여 장하에 꿇리고 노기 대발하여 부친 모해하던 죄상을 문초하니 진량이 다만 살려 달라 빌거늘, 대
죄나 잘못을 따져 묻거나 심문하니
원수 무사를 호령하여 빨리 베라 하니 이윽고 무사 진량의 머리를 드리거늘, 대원수 **제상을 차려 부친께 제사 지내**더라.
▶ 정수정이 진량의 목을 베어 아버지의 원한을 갚음.

황제께 ⓑ첩서를 올려 승전을 알리고, 중군장 장연을 기주로 보내고 대
싸움에서 승리한 것을 보고하는 글 / 정수정의 남편
군을 지휘하여 경사로 향하여 여러 날 만에 궐하에 이르니, 황제 백관을
대궐 아래라는 뜻으로, 임금의 앞을 이르는 말
거느려 대원수를 맞아 치하하시고 좌각로 평북후를 봉하시니 대원수 사은
황제가 호왕에 승리한 정수정에게 보상을 내림.
하고 청주로 가니라.
받은 은혜에 대하여 감사히 여겨 사례하고

차설. 장연이 기주에 이르러 모친 태부인 뵈옵고 전후사연을 고하되 태
장연의 어머니 = 정수정의 시어머니
부인이 듣고 통분 왈,
원통하고 분함.

"너를 길러 벼슬이 공후에 이르니 기쁨이 측량없던 차에 **전쟁터에서 부**
끝이 없던
인에게 욕을 보고 돌아올 줄 어찌 알았으리오."
장연이 대원수인 정수정에게 징계를 받은 일

장연의 다른 부인들인 원 부인과 공주가 아뢰기를,
장연의 부인들

"정수정 벼슬이 높으니 능히 제어치 못할 것이요, 저 사람 또한 대의를 알아 삼가 화목할 것이니 이제는 노하지 마소서."
정수정이 도리를 지켜 원만하게 지낼 것이라며 진정시킴.

태부인이 그렇게 여겨 이에 시녀를 정하여 서찰을 주어 청주로 보내니라. 이때 정수정은 전쟁에서 **장연 징계한 일로 심사 답답**하더니 시비 문득
[4]
아뢰되 기주 시녀 왔다 하거늘 불러들여 ⓒ서찰을 본즉 태부인의 서찰이라. 기뻐 즉시 회답하여 보내고 익일에 행장 차려 갈새, 홍군 취삼으로 봉
태부인의 서찰을 보고 기뻐하여 다음 날 떠날 채비를 함.
관 적의에 명월패 차고 수십 시녀를 거느려 성 밖에 나오니, 한복이 정수정을 **호위**하여 기주에 이르러 **태부인께 예**하고 두 부인으로 더불어 예필
인사를 끝마침.
좌정함에, 태부인이 지난 일에 조금도 거리낌이 없으니, 정수정 또한 태부
태부인과 정수정이 화해함.
인을 지성으로 섬기더라. ▶ 정수정을 못마땅해하던 태부인과 정수정이 화해함.

– 작자 미상, 〈정수정전〉

❖ 제대로 작품 분석의 〈보기〉

㉠ 정 상서가 귀양지에서 세상을 떠남.
㉡ 사관이 정 상서에게 빨리 이동할 준비를 하라고 재촉함.
㉢ 여성임이 밝혀진 후에도 사회적 지위를 유지하며 활약함.
㉣ 전쟁에서 남편인 장연을 징계했던 일로 갈등이 생길 것을 염려함.

❖ 제목의 의미

'정수정'이라는 여성 영웅이 가정에 어려움이 닥치자 남장을 하고 장군이 되어 나라에 큰 공을 세운다는 내용의 작품으로, 〈여장군전〉이라고도 불린다. 가부장제가 힘을 발휘하고 있던 시대에, 정수정이라는 주인공을 통해 그에 맞서는 새로운 여성상을 제시하고 있다. 여주인공이 남장을 하고 관직에 오른다는 점, 남편의 첩을 죽여 냉대를 받다가 남편이 반성하여 행복해진다는 점 등에서 또 다른 여성 영웅 소설인 〈홍계월전〉과 공통점이 많다.

❖ 전체 줄거리

송나라 태종 때 친구 사이인 병부 상서 정국과 이부 상서 장운은 딸 수정과 아들 연의 혼약을 맺는다. 그러나 간신 진량의 모함을 받은 정 상서가 귀양을 가 죽고, 부인 양씨와 장 상서마저 잇따라 죽는다. 의지할 곳이 없게 된 수정은 부모의 원수를 갚기 위해 남장을 하고 무예를 닦아 과거에 급제한다. 이때 북방 오랑캐가 침입하자 수정은 대원수로, 연은 부원수로 출정하여 대승을 거둔다. 황성으로 회군한 수정은 황제에게 자신이 정 상서의 딸임을 밝히고, 황제의 명에 의해 연과 혼인하게 된다. 수정이 방자하게 구는 연의 애첩을 죽이자 시어머니와 연은 수정을 냉대한다. 이에 군사 훈련에만 온 힘을 기울이던 수정은 오랑캐가 다시 침입하자 출정하여 물리치는 한편, 군법을 어긴 남편을 벌준다. 그리고 황성으로 회군하던 도중 진량의 목을 베어 부모의 원수도 갚는다. 수정이 돌아오자 시어머니는 화해를 청하고, 수정과 연은 화목하게 살다가 승천한다.

❖ 핵심 정리

- 갈래: 여성 영웅 소설, 군담 소설
- 성격: 영웅적, 일대기적
- 배경: 중국 송나라 때
- 주제: 정수정의 고난 극복과 영웅적 활약
- 특징: ① 여장군이 등장하는 여성 영웅 소설임. ② 일대기적 구성 방식과 남장 모티프가 사용됨. ③ 여성인 주인공이 가정과 사회에서 겪는 갈등과 그것을 해결하는 과정이 나타남.

제대로 감상법 모범 답안

작자 미상, 〈정수정전〉

❶ 진량 ❷ 첩서 ❸ 남장

❖ 제대로 작품 분석

1 ㉡ 2 ㉠ 3 ㉢ 4 ㉣

01

정답률 72% | 매력적인 오답 ③ 12%

윗글의 인물에 대한 이해로 적절하지 않은 것은?

정답인 이유

④ '한복'은 대원수의 명령에 따라 진량의 귀양지로 가서 그의 죄를 묻고 처벌을 내린다.
× → '진량을 결박하여 본진으로 돌아와'

⋯ 한복은 진량을 결박해 오라는 대원수의 명령을 듣고 진량의 귀양지로 가서 '진량을 결박하여 본진으로 돌아'왔으며, 이에 대원수는 진량을 문초한 뒤에 처형한다. 따라서 한복이 진량의 죄를 묻고 처벌을 내린 것은 아니다.

오답인 이유

③ (매력적인 오답) '정 상서'는 자신이 소인의 참언 때문에 뜻하지 않게 귀양을 가게 되었다고 생각한다.
○ → '소인의 참언을 입어 이제 귀양을 가니'

⋯ 중관이 정 상서의 집에 와 절강으로 귀양을 가라는 황제의 명을 전하자, 정 상서가 '소인의 참언을 입어 이제 귀양을 가니 어찌 애달프지 않으리오.'라고 말한 것에서 알 수 있다.

① '황제'는 자신이 총애하는 사람의 말을 듣고 정 상서를 처벌하기로 결심한다.
○ → 진량의 모함만 믿고 정 상서의 귀양을 결정함.

⋯ 황제는 자신이 총애하던 진량이 '정 상서는 간악한 사람'이라며 모함하자, 정 상서의 죄가 분명하지 않다는 중관의 말을 무시한 채 진량의 말만 믿고 정 상서를 귀양 보내기로 결정하였다.

② '중관'은 정 상서를 처벌하기에는 그 죄가 분명하지 않음을 황제에게 주장한다.
○ → '정 상서의 죄 명백함이 없으니'

⋯ 중관은 황제가 정 상서를 처벌하려 하자, '정 상서의 죄 명백함이 없으니 어찌 벌로 다스리오리까?'라고 하며 정 상서의 죄가 분명하지 않음을 지적한다.

⑤ '원 부인'과 '공주'는 정수정이 도리를 지켜 원만하게 지낼 것임을 내세워 태부인을 진정시킨다.
○ → '저 사람 또한 대의를 알아 삼가 화목할 것이니'

⋯ 정수정의 시어머니인 태부인이 전쟁터에서 아들 장연이 정수정에게 징계를 받은 일을 듣고 분노하자, 원 부인과 공주는 '저 사람 또한 대의를 알아 삼가 화목할 것이니 이제는 노하지 마소서.'라고 하며 태부인을 진정시킨다.

02

정답률 70% | 매력적인 오답 ④ 15%

㉠~㉤에 대한 이해로 적절하지 않은 것은?

정답인 이유

② ㉡으로 정 상서는 비보*가 전해질 것을 짐작하게 된다.
× → 이미 비보를 들은 상황임.

⋯ 정 상서는 ㉡과 같은 말을 듣기 전에 이미 중관으로부터 황제가 귀양을 명했다는 소식을 들었으므로, ㉡으로 인해 비보가 전해질 것을 짐작하게 된 것은 아니다. ㉡은 사관이 정 상서에게 빨리 귀양지로 이동할 준비를 하라고 재촉하는 말이다.

* 비보(悲報): 슬픈 기별이나 소식 예 갑작스럽게 할머님이 쓰러지셨다는 비보를 들었다.

오답인 이유

④ (매력적인 오답) ㉣로 정수정은 황제로부터 노고에 대한 보답을 받게 된다.
○ → 치하를 받고 좌각로 평북후로 봉해짐.

⋯ 황제는 호왕과의 전쟁에서 승리하고 돌아온 정수정을 맞아 치하하고 좌각로 평북후로 봉했다. 따라서 정수정은 황제로부터 ㉣에 대한 보답을 받게 되었음을 알 수 있다.

① ㉠으로 진량에게는 정 상서를 모함할 기회가 생긴다.
○ → 황제의 탄생일 불참이 모함의 기회가 됨.

⋯ 진량은 정 상서가 황제에게 자신에 대해 간언한 것을 알고 정 상서를 해칠 마음을 품고 있었는데, 황제의 탄생일에 정 상서가 병이 있어 참석하지 못하자 이를 기회로 황제에게 정 상서를 모함한다.

③ ㉢으로 부인과 정수정은 충격을 받고 정신을 잃게 된다.
○ → 정 상서가 죽었다는 소식에 혼절함.

⋯ ㉢은 정 상서가 귀양지에서 세상을 떠났다는 소식으로, 이를 들은 부인과 정수정은 충격을 받고 혼절한다.

⑤ ㉤으로 정수정은 걱정을 덜며 떠날 채비를 하게 된다.
○ → 서찰을 보고 기뻐하며 행장을 차림.

⋯ 정수정은 전쟁에서 남편 장연을 징계한 일로 갈등이 생길 것을 염려하며 답답해한다. 그런데 태부인이 있는 기주에서 시녀가 와 서찰을 전하자 그것을 보고 기뻐 회답하고는 다음 날 기주로 떠날 행장을 차린다.

03

정답률 90%

ⓐ(첩서)과 ⓑ(장계)에 대한 이해로 가장 적절한 것은?

정답인 이유

③ **ⓑ는 호왕과 벌인 전쟁의 결과를 보고할 목적으로 작성되었다.** (○ → 승전을 보고함.)

⋯ '첩서'는 싸움에서 승리한 것을 보고하는 글로, 대원수인 정수정은 호왕에 승리한 뒤 황제에게 ⓑ를 올려 승전을 알렸다.

오답인 이유

① **ⓐ는 자신의 귀양살이를 보고할 목적으로 작성되었다.** (× → 절강 만호가 정 상서에 대해 보고함.)

⋯ '장계'는 왕명을 받고 지방에 나가 있는 신하가 담당 관하의 중요한 일을 왕에게 보고하던 문서이다. ⓐ는 정 상서가 귀양지에서 병을 얻어 세상을 떠나자 절강 만호가 그의 죽음을 황제에게 보고하기 위해 작성한 것이다.

② **ⓐ는 황제와의 갈등을 해결하기 위한 목적으로 작성되었다.** (× → 갈등 관계 아님.)

⋯ ⓐ를 작성한 절강 만호가 황제와 갈등이 있던 것은 아니므로, ⓐ가 갈등 해결을 목적으로 작성되었다는 것은 적절하지 않다.

④ **ⓑ는 황제를 직접 만나 보고하는 것을 피할 목적으로 작성되었다.** (× → 보고 후 황제를 직접 만남.)

⋯ 대원수는 황제에게 ⓑ를 올려 승전을 알린 뒤 경사로 향하고, 황제를 만나 승전에 대한 치하를 받는다. 황제가 있는 곳까지 가기 전에 미리 소식을 알리기 위해 작성한 것일 뿐, 대원수가 황제와의 만남을 피하려고 하는 모습은 나타나 있지 않다.

⑤ **ⓐ와 ⓑ에 담긴 소식은 황제 외의 사람들에게는 알려지지 않았다.** (× → 다른 사람에게도 알려짐.)

⋯ ⓐ에 담긴 정 상서가 죽었다는 소식은 정 상서의 부인 등 가족에게도 전해졌고, ⓑ에 담긴 승전 소식을 들은 황제는 백관과 함께 대원수를 맞아 치하하였다. 따라서 ⓐ와 ⓑ에 담긴 소식은 모두 황제 외의 사람들에게도 알려졌음을 알 수 있다.

04

정답률 82% | 매력적인 오답 ③ 12%

〈보기〉를 참고하여 윗글을 감상한 내용으로 적절하지 않은 것은? [3점]

〈보기〉

정수정은 국가적 위기를 해결하는 영웅이자, 부친의 원수를 갚는 효녀이고, 부녀자로서의 덕목을 지녀야 하는 장씨 가문의 여성이다. (정수정에게 주어진 세 가지 역할) 정수정은 주어진 상황과 조건에 따라 세 역할 사이에서 갈등하기도 하지만, 결과적으로는 모든 역할에 충실하며 다양한 능력과 덕목을 갖춘 인물로 형상화된다. (정수정의 인물됨)

정답인 이유

④ **'장연 징계한 일로 심사 답답'한 '정수정'의 모습에서, '정수정'은 군대를 통솔했던 국가적 영웅으로 돌아가고 싶어 함을 알 수 있군.** (× → 나타나지 않음.)

⋯ 〈보기〉에서 정수정은 자신의 세 가지 역할 사이에서 갈등하기도 했다고 하였다. 정수정은 전쟁에서 부하이자 남편인 장연을 징계했는데, 이 일로 정수정이 답답해하는 것은 국가적 위기를 해결하는 영웅이면서도 부녀자로서의 덕목을 지녀야 하는 장씨 가문의 여성이라는 두 역할 사이의 갈등 때문이라고 할 수 있다. 이러한 정수정의 답답한 심사는 시어머니인 태부인의 편지를 받으면서 해소된다. 이 글에 정수정이 군대를 통솔했던 국가적 영웅으로 돌아가고 싶어 한다는 내용은 나타나 있지 않다.

오답인 이유

③ 매력적인 오답 **'장연'이 '전쟁터에서 부인에게 욕을 보고 돌아'왔다며 통분하는 '태부인'의 모습에서, '태부인'은 '정수정'이 아내의 역할보다 대원수의 역할을 중시한 것에 대해 못마땅해함을 알 수 있군.**

⋯ 대원수인 정수정과 함께 중군장으로 출전했던 장연에게 전쟁에서 있었던 일을 들은 태부인은 장연이 전쟁터에서 부인에게 욕을 보고 왔다며 통분한다. 이는 정수정이 아내로서의 역할보다 대원수로서의 역할에 충실하여 남편인 장연을 징계한 것에 대해 못마땅해하는 마음을 표현한 것으로 볼 수 있다.

① **'진량의 귀양지가 여기서 얼마나 되는'지 묻는 '대원수'의 발언에서, '진량'을 찾아 부친의 한을 풀어 주려는 '정수정'의 효녀로서의 면모가 드러남을 알 수 있군.**

⋯ 정수정은 부하 한복에게 진량의 귀양지가 어디쯤 있는지 물은 뒤, 진량을 결박하여 데리고 오라고 명령한다. 이는 부친을 모함하여 귀양 가게 만든 진량을 찾아 부친의 한을 풀어 주기 위해서 내린 명령이므로, 정수정의 효녀로서의 면모가 드러난다고 볼 수 있다.

② **'제상을 차려 부친께 제사 지내'는 '대원수'의 모습에서, '정수정'은 부친의 원수를 갚는 효녀로서의 소임을 수행하여 죽은 부친의 넋을 위로하고 있음을 알 수 있군.**

⋯ 정수정은 자신의 부친을 모해한 진량을 잡아들여 처형한 다음 제상을 차려 부친께 제사를 지낸다. 이는 정수정이 부친의 원수를 갚은 뒤에 죽은 부친의 넋을 위로하는 모습으로, 정수정의 효녀로서의 면모가 드러난다고 볼 수 있다.

⑤ **'한복'의 '호위'를 받으며 기주로 가서 '태부인께 예'하는 '정수정'의 모습에서, 국가적 영웅의 면모를 유지하는 '정수정'이 며느리로서의 역할도 수행함을 알 수 있군.**

⋯ 정수정이 '홍군 취삼으로 봉관 적의에 명월패 차고' 부하 한복의 호위를 받으며 기주로 향하는 위풍당당한 모습에서 국가적 영웅의 면모를 유지함을 알 수 있다. 그리고 정수정이 기주에 도착해서는 시어머니인 태부인에게 예하고 또 지성으로 섬기는 모습에서 장씨 가문의 여성의 역할, 즉 며느리로서의 역할도 충실하게 수행함을 알 수 있다.

고전 소설 **06** 소현성록

▶ 문제편 158~160쪽

정답 | 01 ④ 02 ③ 03 ④ 04 ⑤

[01~04] 다음 글을 읽고 물음에 답하시오. 2023 6월 모의평가

제대로 작품 분석 ▶〈보기〉에서 적절한 것을 골라 넣으며 작품을 분석해 보자.

상서(주인공 소현성)의 셋째 부인 여씨는 둘째 부인 석씨의 행실과 마음 씀이(석씨의 인물됨) 매사 뛰어남을 보고 마음속에 불평하여 생각하되, '이 사람이 있으면 내게 상서의 총애가 오지 않으리라.' 하여 좋은 마음이 없더라. 날이 늦어져 모임이 흩어진 후 상서의 서모(庶母)(아버지의 첩) 석파가 청운당에 오니 여씨가 말하길,

"석 부인은 실로 적강선녀라. 상공의 총애가 가볍지 않으리로다."

석파가 취해 실언함을 깨닫지 못하고 왈,

"석 부인은 비단 얼굴뿐 아니라 덕행을 겸비하여 시모이신 양 부인이 더욱 사랑하시나이다."(석씨의 덕행이 뛰어나 시모 양 부인의 사랑을 받음.)

이때 석씨가 석파를 청하자 석파가 벽운당에 이르러 웃고 왈,

"나를 불러 무엇 하려 하느뇨? 내 석 부인이 받는 총애를 여 부인에게 자랑하였나이다."

석씨가 내키지 않아 하며 당부하되,

"㉠ 후일은 그런 말을 마소서."(석파의 경솔한 언행을 염려함.)

하니, 석파 웃더라. ▶ 상서와 양 부인의 총애를 받는 석씨와 이를 시기하는 여씨

여씨의 거동이 점점 아름답지 않으나 양 부인과 상서는 내색하지 않더라. 일일은 상서가 문안 후 청운당에 가니 여씨 없고, 녹운당에 이르니 희미한 달빛 아래 여씨가 난간에 엎드려 화씨의 방을 엿듣는지라.[1] 도로 청운당에 와 시녀로 하여금 청하니 여씨가 급히 돌아오니 상서가 정색하고 문 왈,

「"부인은 깊은 밤에 어디 갔더뇨?"

여씨 답 왈,

"㉡ 문안 후 소 부인의 운취각에 갔더이다."[2]

상서는 본래 사람을 지극한 도로 가르치는지라 책망하며(잘못을 꾸짖거나 나무라며 못마땅하게 여기며) 왈,

"부인이 여자의 행실을 전혀 모르는지라. 무릇 여자의 행세 하나하나 몹시 어려운지라. 어찌 깊은 밤에 분주히 다니리오? 더욱이 다른 부인의 방을 엿들음은 **금수의 행동**이라(여씨가 화씨의 방을 엿들은 일을 지적하며 꾸짖음.) 전일 말한 사람이 있어도 전혀 믿지 않았더니 내 눈에 세 번 뵈니 비로소 그 말이 사실임을 알지라.(남이 한 말의 진위를 직접 확인하여 판단함.) 부인은 다시 이 행동을 말고 과실을 고쳐 나와 함께 늙어갈 일을 생각할지어다."(여씨의 잘못된 행동을 교화하고자 함.)

하며 기세가 엄숙하니, 여씨가 크게 부끄러워하더라.」

「」: 여씨의 잘못된 행동으로 인한 상서와 여씨 간의 갈등

▶ 화씨의 방을 엿보다 들켜 상서에게 책망을 받은 여씨

이후 여씨 밤낮으로 생각하더니, 문득 옛날 강충이란 자가 저주로써 한 무제와 여 태자를 **이간**(둘 사이를 헐뜯어 서로 멀어지게 함.)했던 일을 떠올리고, 저주의 말을 꾸며 취성전을 범하니 일이 치밀한지라 뉘 능히 알리오?(여씨가 석씨를 모함하기 위해 계략을 꾸밈.)

일일은 취성전[3]에서 양 부인이 일찍 일어나 앉았으나 석씨가 마침 병이 나서 문안에 불참하매 시녀 계성[4]에게 청소시키니, 계성이 짐짓 침상 아래를 쓸다가 갑자기 **봉한 것**(석씨를 모함하기 위해 여씨가 꾸며 낸 것)을 얻어 내며,

"알지 못하겠도다. 누가 잃은 것인고? 필연 동료 중 잃은 것이니 임자를 찾아 주리라."

하고 스스로 혼잣말 하거늘 부인이 수상히 여겨 가져오라 하여 풀어 보니, **그 글**에 품은 한이 흉악하여 차마 보지 못할 바이러라.(양 부인이 확인한 '봉한 것'의 내용) 필적이 산뜻하니 완연히 석씨의 것이라 크게 괴히 여겨 다시 보니 그 언사의 흉함이 차마 바로 보지 못할지라.「양 부인이 불을 가져다가 사르고 시녀들을 당부하여 왈,

"너희들이 이 일을 누설(비밀이 새어 나가게 함.)한즉 죽을죄를 당하리라."」

「」: 양 부인이 석씨의 글씨체로 쓰인 흉악한 내용의 글을 없애고 누설을 막음.

좌우 시녀 듣고 송구하여 입을 봉하되, 홀로 계성은 누설치 못함을 조급해하고 양 부인은 이후 석씨와 자녀를 보나 내색하지 않더라.

▶ 석씨를 쫓아내기 위해 계략을 꾸민 여씨

[중략 부분의 줄거리] 석씨가 쫓겨난 후, 첫째 부인 화씨를 모함하려고 여씨가 여의개용단을 먹고 화씨로 둔갑해 나타나자, 상서는 친누나 소씨, 의남매 윤씨, 석파를 불러 모아 함께 실상을 밝히려 여씨의 심복을 찾는다.

시녀가 여씨 심복(마음 놓고 부리거나 일을 맡길 수 있는 사람) 미양을 가리켜 아뢰니, 상서가 미양을 잡아내어 엄하게 조사하더라. 미양이 혼비백산하여 사실대로 고하고 두 가지 약을 내어 드리니, 소씨 등이 다투어 보고 웃되, 상서는 홀로 눈을 들어 보지 않으니 사악한 빛을 보지 않으려 함이라. 석파가 그중 **회면단**[5]을 물에 풀어 두 화씨에게 나누어 주니 진짜 화씨 노기 가득하여 먹고 왈,

"약을 먹더라도 부모님 남긴 몸이 달리 되랴? 네 굳이 내 얼굴이 되고자 하니, 이 무슨 괴이한 생각으로 패악(사람으로서 마땅히 하여야 할 도리에 어그러지고 흉악함.)을 떨려 하느뇨?"

상서 왈,

"어지럽게 굴지 말라."

진짜 화씨는 회면단을 마시되 용모 변치 않더라. 상서가 또 여씨에게 권하니, 여씨 먹지 않거늘 윤씨 웃고 왈,

"아니 먹는 죄 의심되도다."

소씨 나아가 우김질로 들이붓더라.(회면단을 먹지 않으려는 여씨를 압박하여 의혹을 해소하려 함.) 여씨가 마지못하여 먹으니 화씨 변하여 여씨 되는지라.(여의개용단을 먹고 화씨로 둔갑했던 여씨의 정체가 드러남.) 좌우 사람들이 박장대소하더라. 상서 바야흐로 단정히 고쳐 앉으며 왈,

"군자 있는 곳에는 요사스러운(요망하고 간사한 데가 있는) 일이 없거늘 이 아우가 어질지 못하여 집안에 이런 변이 있으니 대장부 되어 아녀자를 거느리지 못하여 이런 행동거지 있으니 어찌 부끄럽지 않으리오. 석씨를 모함함도 여씨의 일이니 누님은 따져 물으소서."

석파가 먼저 나서며 미양을 붙들고 물으니 미양이 당초부터 여씨가 계교(요리조리 헤아려 보고 생각해 낸 꾀)를 꾸몄던 일들을 낱낱이 말하더라. 소씨, 윤씨 두 사람이 웃으며 왈,

"이제 보건대, 당초 우리 의심이 그르지 않았도다."

석파가 몹시 좋아해 뛰면서 기쁨을 이기지 못하고, 여씨는 부끄러움을 이기지 못하여 움직이지 못하고, 화씨는 꾸짖기를 마지않더라. 날이 새어 취성전에 들어가 **어젯밤 일**(여씨가 꾸민 음모가 드러난 일)을 일일이 아뢰더라.「양 부인이 놀라고 여씨를 불러 마루 아래에 꿇리고 벌주니 가장 엄숙하여 언어 명백하며 듣음에 모골이 송연하더라. 이에 여씨를 내치고 계성과 미양 등을 엄히 다스리고 집안을 평정하더라.」

▶ 화씨로 둔갑해 화씨를 모함하려다 지난 잘못까지 모두 들통난 여씨

「」: 권위를 가지고 집안을 통솔하는 양 부인의 모습

– 작자 미상, 〈소현성록〉

❖ 제대로 작품 분석의 〈보기〉

㉠ 양 부인의 처소
㉡ 상서의 첫째 부인
㉢ 여씨의 음모에 조력하는 인물
㉣ 상서의 의심을 피하기 위해 거짓으로 대답함.
㉤ 여의개용단을 먹고 둔갑한 모습을 원래대로 돌아가게 만드는 약

❖ 제목의 의미

'소현성'은 남자 주인공의 이름으로, 이 작품은 소현성의 가족 구성원 사이에서 일어나는 갈등과 해소 과정을 담은 가정 소설이다. 가정의 화목함을 지키려고 애쓰는 양 부인의 행적, 소현성의 효심과 입신양명, 소현성의 부인 석씨의 현숙함과 덕성 등을 그리고 있다.

❖ 전체 줄거리

송나라 태종 때 처사 소광의 부인 양씨는 유복자로 현성을 낳는다. 현성은 과거에 장원급제한 뒤 화씨와 혼인하고 이어서 석씨, 여씨를 부인으로 들인다. 처음에 석씨에게 투기하던 화씨는 현성의 공정한 처사와 석씨의 현숙함을 보고 깨달음을 얻어 화목하게 지낸다. 하지만 여씨는 석씨를 질투하여 계략을 꾸며 석씨를 모함하고 이에 현성은 석씨를 친정으로 보낸다. 이후에도 여씨는 여의개용단을 먹고 화씨로 변신하여 화씨를 모함하는데 결국 그간의 모든 악행이 들통나 내쫓기고 석씨는 돌아오게 된다. 자신의 딸이 쫓겨난 것에 원한을 품은 여운이 현성을 모함해 강주 안찰사로 보내지만 현성이 공을 세우자 황제는 그를 다시 상경하게 한다. 이후 현성은 더욱 높은 벼슬에 오르고 화씨, 석씨 두 부인과 화목하게 산다.

❖ 핵심 정리

- 갈래: 가정 소설
- 성격: 유교적, 교훈적
- 배경: 중국 송나라 때
- 주제: 소현성 가족의 갈등과 그 해소 과정을 통한 유교적 규범의 제시
- 특징: ① 인물들의 대화를 통해 사건의 내용이 제시됨. ② 한 인물과 다른 여러 인물들 간의 다면적 갈등 관계를 제시함.

제대로 감상법 모범 답안

작자 미상, 〈소현성록〉

❶ 양 부인 ❷ 여씨 ❸ 여의개용단

❖ 제대로 작품 분석

1㉡ 2㉣ 3㉠ 4㉢ 5㉤

01

정답률 **90%**

윗글에 대한 설명으로 가장 적절한 것은?

정답인 이유

④ 한 인물과 다른 인물들 간의 다면적 갈등 관계를 제시하고 있다.
○ → 여씨 ↔ 석씨, 상서, 화씨, 양 부인 등의 갈등이 드러남.

··· 석씨를 질투하는 여씨로 인한 여씨와 석씨의 갈등, 화씨의 방을 엿듣는 잘못된 행동을 하고 거짓을 고하는 여씨와 이를 꾸짖은 상서 사이의 갈등, 화씨로 둔갑하여 화씨를 모함하고자 한 여씨와 이러한 계교를 알아내고 대립하는 석파, 화씨, 양 부인 사이의 갈등 등 여씨와 다른 가족 구성원 간의 다면적 갈등 관계를 제시하고 있다.

오답인 이유

① 배경 묘사를 통해 인물의 성격 변화를 암시하고 있다.
○ → '희미한 달빛 아래' × → 나타나지 않음.

··· '녹운당에 이르니 희미한 달빛 아래'에서 일부 배경 묘사가 나타난다고 볼 수 있지만 이는 여씨가 화씨의 방을 엿듣는 모습의 배경일 뿐 인물의 성격 변화를 암시하고 있지는 않다.

② 독백을 반복하여 내적 갈등의 해결 과정을 드러내고 있다.
× → 반복되지 않음. × → 나타나지 않음.

··· "알지 못하겠도다. ~ 임자를 찾아 주리라."에 계성이 혼잣말을 하는 모습이 나타나지만 독백이 반복된 부분은 찾을 수 없으며, 이를 통해 내적 갈등의 해결 과정을 드러내고 있는 것도 아니다.

③ 과거와 현재를 교차하여 사건을 입체적으로 전개하고 있다.
× → 시간의 흐름에 따라 전개됨.

··· 여씨가 석씨를 질투하는 모습과 석씨를 모함하려 꾸민 사건, 결국 석씨가 쫓겨난 뒤 화씨를 모함하기 위해 계교를 부리다 여씨의 모든 잘못이 들통난 사건 등이 시간의 흐름에 따라 전개되고 있다.

⑤ 두 공간에서 동시에 일어나는 사건을 병렬적으로 배치하고 있다.
× → 나타나지 않음.

··· 청운당, 벽운당, 취성전 등으로 배경이 바뀌며 사건이 제시되었을 뿐 두 공간에서 동시에 일어나는 사건을 병렬적으로 배치하지는 않았다.

02

정답률 **88%**

윗글의 내용에 대한 이해로 적절하지 않은 것은?

정답인 이유

③ 여씨는 상서의 책망에도 부끄러워하지 않는다.
× → '여씨가 크게 부끄러워하더라.'

··· 상서는 여씨가 화씨의 방을 엿듣는 모습을 목격한 뒤 '다른 부인의 방을 엿들음은 금수의 행동'이라며 '다시 이 행동을 말고 과실을 고'치라고 엄숙하게 책망하고, 이에 여씨는 '크게 부끄러워'한다.

오답인 이유

① 석파는 집안사람들과 교류하며 집안일에 관여한다.
○ → '석파를 불러 모아 함께 실상을 밝히려'

··· 석파는 여씨, 석씨 등 상서의 부인과 교류하는 모습을 보였으며, 여씨가 여의개용단을 먹고 화씨로 둔갑한 사건의 실상을 밝히기 위해 집안사람들이 모였을 때도 참여하는 등 집안일에 관여하였다.

② 상서는 남의 말의 진위*를 직접 확인하여 판단한다.
○ → '전일 말한 사람이 있어도 ~ 비로소 그 말이 사실임을 알지라.'

··· 상서가 여씨에게 '전일 말한 사람이 있어도 ~ 그 말이 사실임을 알지라.'라고 말한 것에서 상서가 남의 말을 그대로 믿지 않고 그 진위를 직접 확인하여 판단함을 알 수 있다.

* 진위(眞僞): 참과 거짓 또는 진짜와 가짜를 통틀어 이르는 말 ㊀ 그는 소문의 진위를 밝힐 증거를 내밀었다.

④ 양 부인은 권위를 지니고 가족과 시녀들을 통솔한다.
○ → '여씨를 내치고 계성과 미양 등을 엄히 다스리고 집안을 평정하더라.'

··· 양 부인은 여씨가 화씨와 석씨를 모함하기 위해 벌인 사건이 들통나자 엄숙한 태도로 여씨를 벌준 뒤에 내치고 시녀 계성과 미양 등을 엄히 다스려 집안을 평정하는 등 권위를 지니고 가족과 시녀들을 통솔하였다.

⑤ 소씨는 여씨를 압박하여 의혹을 해소하려 한다.
○ → '소씨 나아가 우김질로 들이붓더라.'

··· 여씨가 여의개용단을 먹고 화씨로 둔갑한 상황에서 집안사람들은 진짜 화씨와 화씨로 둔갑한 여씨에게 회면단 푼 물을 마시게 하여 의혹을 해소하려 한다. 이에 진짜 화씨는 회면단 푼 물을 마셨으나 여씨는 먹지 않고 버티는데, 이에 소씨가 나서 우김질로 여씨에게 들이부어 여씨가 마지못하고 약을 먹도록 만든다. 따라서 소씨는 여씨를 압박하여 의혹을 해소하려 했다고 할 수 있다.

03

정답률 80% | 매력적인 오답 ① 10%

맥락을 고려하여 ㉠과 ㉡을 이해한 내용으로 가장 적절한 것은?

여씨: "문안 후 소 부인의 운취각에 갔더이다."
석씨: "후일은 그런 말을 마소서."

정답인 이유

④ ㉠은 석파의 경솔함을 염려하는 말이고, ㉡은 상서의 의심을 피하기 위해 한 말이다.

○ → 석파가 여씨에게 한 경솔한 행동을 염려함. ○ → 상서의 질문에 거짓으로 둘러댐.

…› ㉠은 석파가 여씨에게 석씨가 받는 총애를 자랑했다는 말을 듣고 한 말로, 앞으로 그런 말을 하지 말라고 한 것에는 석파의 언행이 경솔하다고 보고 염려하는 의도가 반영되어 있다. ㉡은 상서가 깊은 밤에 어디 갔었는지 묻자 여씨가 자신의 행동을 거짓으로 둘러댄 말로, 자신에 대한 상서의 의심을 피하려는 의도가 반영되어 있다.

오답인 이유

① (매력적인 오답) ㉠은 석파의 독선을 질책하는 말이고, ㉡은 상서의 오해를 증폭시키는 말이다.

× ×

…› ㉠은 석씨가 받는 총애를 자랑한 석파에게 당부하는 말로, 석파의 독선을 꾸짖어 나무라는 것으로는 볼 수 없다. 또한 ㉡을 들은 상서는 자신이 본 여씨의 행동을 지적하며 꾸짖고 있으므로, ㉡이 상서의 오해를 증폭시키고 있다고 볼 수 없다.

② ㉠은 석파의 안전을 도모하기 위한 말이고, ㉡은 상서를 위험에 빠뜨리기 위한 말이다.

× ×

…› ㉠은 석씨가 석파의 언행이 내키지 않아 당부하고자 한 말일 뿐이고, ㉡은 상서에게 자신의 잘못을 들키지 않기 위해 한 말일 뿐이다.

③ ㉠은 석파에 대한 호의를 표현하는 말이고, ㉡은 상서에 대한 불신을 표현하는 말이다.

× ×

…› ㉠은 석씨가 석파의 언행이 내키지 않아서 한 말이므로 석파에 대한 호의를 표현하는 말이라고 볼 수 없다. 또한 ㉡은 여씨가 자신의 잘못을 들키지 않기 위해 거짓으로 한 말이지 상서를 믿지 못하는 태도를 표현하는 말은 아니다.

⑤ ㉠은 석파에게 얻은 정보를 불신하는 말이고, ㉡은 상서가 가진 정보를 몰라서 하는 말이다.

× ○

…› ㉠은 석파가 여씨에게 했다는 말을 듣고 내키지 않아서 한 말이므로, 석파에게 얻은 정보를 불신하는 말로 볼 수 없다. ㉡은 상서가 화씨의 방을 엿듣는 여씨의 모습을 본 것을 모르고 한 거짓말이므로 상서가 가진 정보를 여씨가 몰라서 하는 말이라고 할 수 있다.

04

정답률 60% | 매력적인 오답 ② 16%

〈보기〉를 참고하여 윗글을 감상한 내용으로 적절하지 않은 것은? [3점]

〈보기〉

음모 모티프는 인물이 욕망을 실현하기 위해 음모를 실행하는 이야기 단위이다. 음모의 진행 과정에 환상적 요소가 사용되기도 하고 조력자가 등장해 음모자를 돕기도 한다. 「음모가 실행되면서 서사적 긴장이 고조되는데, 음모자의 욕망 실현이 지연되면 서사적 긴장은 일시적으로 이완된다. 이때 음모자가 또 다른 음모를 꾸미나 결국 음모의 실체가 드러나며 죄상에 따라 처벌된다.」

음모 모티프의 개념
음모 모티프에 나타나는 서사적 요소
「」: 음모 모티프에 따른 전개 과정

정답인 이유

⑤ 상서는 '금수의 행동'을 한 여씨를 교화하려 했지만 양 부인은 '어젯밤 일'로 여씨를 내친 데서, 처벌 방법을 두고 대립이 있음을 알 수 있군.

× → 서로 다른 사건에 대한 각각의 처벌임.

…› 상서는 여씨가 화씨의 방을 엿들은 일을 알고 '금수의 행동'이라고 지적하면서 '다시 이 행동을 말고 과실을 고쳐' 나가라고 당부한다. 한편 양 부인은 여씨가 여의개용단을 이용해 화씨를 모함하려 했던 일 등의 실상이 밝혀진 '어젯밤 일'을 알고 여씨를 내친다. 즉, 상서가 여씨를 교화하고자 한 것과 양 부인이 여씨를 내치고자 한 것은 서로 다른 사건에 대한 처분이며, 상서와 양 부인이 처벌 방법을 두고 대립하는 모습은 나타나지 않았다.

오답인 이유

② (매력적인 오답) 여씨가 꾸민 '봉한 것'이 계성을 통해 양 부인에게 건네진 데서, 상하 관계에 있는 음모자와 조력자에 의해 서사적 긴장이 고조됨을 알 수 있군.

○ → 여씨가 석씨를 모함하고자 꾸민 '봉한 것'을 계성이 찾아 양 부인에게 건넴.
○ → 음모자(여씨), 조력자(계성)

…› 여씨는 '저주의 말'을 꾸며 취성전에 두고, 취성전을 청소하던 시녀 계성은 이것이 담긴 '봉한 것'을 찾아 양 부인에게 건넨다. 그리고 '봉한 것'을 풀어 본 양 부인은 그 글에 품은 한이 흉악한데 글씨체가 '석씨의 것'임을 확인하게 된다. 이는 상하 관계에 있는 음모자와 조력자, 즉 여씨와 계성에 의해 음모가 진행되면서 서사적 긴장이 고조되는 부분에 해당한다.

① 여씨가 자신을 석씨와 견주고 양 부인과 석씨를 '이간'하려는 데서, 석씨와의 경쟁 관계를 의식한 여씨의 욕망에서 음모가 비롯됨을 알 수 있군.

○ → 강충이 저주로 이간했던 일을 떠올리고 음모를 꾸밈.
○ → 총애받는 석씨를 모함하고자 음모를 꾸밈.

…› 여씨는 석씨의 행실과 마음 씀이 뛰어남을 보고 질투하며 '이 사람이 있으면 내게 상서의 총애가 오지 않으리라.'라고 생각한다. 그리고 '옛날 강충이란 자가 저주로써 한 문제와 여 태자를 이간했던 일'을 떠올린 뒤 양 부인과 석씨의 사이를 갈라놓고자 취성전에 '봉한 것'을 두어 석씨를 모함하고자 한다. 따라서 석씨와의 경쟁 관계를 의식한 여씨의 욕망 때문에 음모가 진행된 것이라고 할 수 있다.

③ '그 글'이 불살라지고 시녀들의 누설이 금지된 데서, 양 부인에 의해 음모의 실행이 저지되어 서사적 긴장이 일시적으로 이완됨을 알 수 있군.

○ → 양 부인은 석씨의 글씨체로 쓰인 흉악한 내용의 글을 없애 음모를 막음.

…› 양 부인은 여씨가 석씨를 모함하기 위해 꾸민 '그 글'에서 흉악한 내용이 석씨의 글씨체로 쓰인 것을 보고는 '그 글'을 불태워 없애고 시녀들에게 '이 일을 누설한즉 죽을죄를 당하리라.'라고 당부한다. 이를 통해 석씨를 모함하려던 여씨의 음모가 양 부인에 의해 저지되어 여씨의 욕망 실현이 지연되면서 서사적 긴장이 일시적으로 이완된다고 할 수 있다.

④ '회면단'을 먹고 여씨가 본래 모습으로 돌아오는 데서, 음모자가 욕망의 실현을 위해 준비한 환상적 요소가 음모의 실체를 드러내는 도구로 작용함을 알 수 있군.

○ → 여씨가 화씨를 모함하기 위해 준비한 '두 가지 약'이 음모의 실체를 드러냄.

…› 여씨가 여의개용단을 먹고 화씨로 둔갑해 나타난 일의 실상을 밝히고자 여씨의 심복 미양을 심문하자, 미양은 사실대로 고한 뒤 '두 가지 약'을 내놓는다. 그리고 그중 '회면단'을 통해 여씨의 둔갑이 풀리면서 여씨의 음모가 드러난다. 이를 통해 음모자 여씨가 욕망의 실현을 위해 준비한 환상적 요소인 '두 가지 약'이 음모의 실체를 드러내는 도구로 작용했음을 알 수 있다.

고전 소설 **07** 박태보전

▶ 문제편 161~163쪽

정답 | **01** ② **02** ① **03** ③ **04** ⑤

[01~04] 다음 글을 읽고 물음에 답하시오. 2022 수능

제대로 작품 분석 ▶ 〈보기〉에서 적절한 것을 골라 넣으며 작품을 분석해 보자.

이때 태보 궐문 밖으로 나오니 그제야 정신없어 기절하거늘 좌우 제신
숙종 시대 실존 인물 박태보. 충직하고 윤리적임. 임금에게 혹독한 고문을 당함.
이며 일가 제족이 구완하여 겨우 인사 차려 좌우를 돌아보며 왈,

「"이 몸이 명재경각(命在頃刻)이라. 어찌 살기를 바라리오. 군 등은 태보
거의 죽게 되어 곧 숨이 끊어질 지경에 이름.
가 죽거든 죽기로써 간하여 왕비를 내치지 못하게 하옵소서."」
「」: 1
한데 이때에 상소 중에 이름 올린 제원(諸員)이 모두 이로되,

[A] 「"그대는 죽기로써 간하다 어명을 입고 사경이 되었으나 우리도 역시
「」: 태보의 강직함을 칭송하는 한편 태보의 위기에 책임감을 느낌.
한 탓이로다. 막중한 충을 몰랐으니 무슨 낯이 있으리오. 일은 여럿이 참여하고 죄는 그대만 혼자 당하였으니 죄스럽고 민망하기 측량없노라."」

무수히 위로하다가 형옥(刑獄)으로 전송하더라. 이튿날에 형조 판서 마지못하여 위계를 갖추고 대강 직계(直啓)로 올렸더니 상(上)이 보시고 다시
형조 판서도 태보를 징벌하는 것을 거리끼고 있음.
하교하사,

"금부로 가두라."

하시거늘 금부 옥졸이 옹위하여 **금부**에 이르니 만조백관이며 장안 백성이
조정의 모든 벼슬아치
구름 뫼듯 하더라. 이때에 생가 친척이며 양가 제족이 애연 돌탄하거늘 태
수많은 백성들이 태보를 걱정함. 허를 차며 탄식하거늘
보 위로 왈,

[B] 「"인명이오면 재천이옵거늘 설마 무죄로 죽어 청춘 원혼이 되리오마
「」: 살기를 도모하기보다 소신을 지키겠다는 다짐 – 그의 강직한 성격이 드러남.
는 나의 뜻은 정한 지 오래되었는지라. 하늘이 무너지고 땅이 꺼져도 변할 길이 없사오니 이 몸이 죽거든 영천수 흐르는 물에 훨훨 씻어 다른 곳에는 묻지 말고 남산하에 묻어 주오면 죽은 혼백이라도 궐내를 향하여 우리 주상 심하에 복지하여 주야로 간하여 왕비를 다시 환궁하게 하올 것이니 아무리 죽은 사람의 말이라 하옵고 저버리지 마시며 부디 명심하소서."」

금부에 수일 잡혀 갇혔더니, 상이 구태여 왕비는 내치시고 태보는 **진도**
임금은 결국 태보의 간언을 받아들이지 않음.
로 정배하라 하시니라. ▶ 임금에게 간언하다 고문을 당하고 진도로 정배받은 박태보

[중략 부분의 줄거리] 박태보의 정배를 따라가려다 되돌아온 박태보의 부인은 꿈에서 남편을 만난다.

한림이 울어 왈,
박태보
「"내 무죄하여 탕탕한 청천이 감동하사 사생풍진을 다 버리고 전고 충신
하늘이 태보를 무죄로 판명함. – 2
을 따라 황성에로 구경 가나니, 슬프다! 부인은 기다리지 말고 만세 무양하옵소서."」
「」: 부인에게 이별을 고하는 태보
하되, 부인이 대경 왈,

"어디를 가시며 기다리지 말라 하시니까? 한림은 그다지 독하시오. 첩도 한가지로 가사이다."

하며 한림의 소매를 잡고 못 가게 하니 한림이 왈,

"부인은 안심하소서. 구구한 사정을 어찌 잊으오리까? 일후 상봉할 날이 있으오리다."

하고 떨치고 나가거늘 부인 한림의 손을 잡고 따라가니 어떤 남자 십여 명이 의관을 정제하고 서 있거늘 겸연쩍어 방으로 들어앉으며 가만 보니 학
격식에 맞게 차려입고 매무시를 바르게 하고
발의관(鶴髮衣冠)을 갖춘 어린 제자 오륙 인이 분명하거늘 부인이 놀라 깨
달으니 남가일몽이라.
덧없는 꿈이나 부귀영화를 이르는 말
부인이 몽사를 생각함에 심신이 산란하여 명월을 대하여 내념에

'분명 한림이 기사하였도다.' ▶ 꿈을 꾸고 남편이 죽을 위기에 처했음을 직감하는 부인
거의 다 죽게 되었도다
시비를 데리고 몽사를 설화하더니 이미 동방이 밝았거늘 시부모 당하에
시부모에게 문안하기 위해 이화촌으로 향함.
문안차로 나가니, **이화촌**에 개 짖으며 문밖에 울음소리 들리거늘 부인이 놀라 문을 열어 보니 한림의 하인 동일이라 하는 사람이 한림의 편지를 드리거늘 대감 부부와 부인이 망극하야 서로 붙들고 통곡하다가 기절하거늘 비복 등이 급히 구완하여 겨우 인사를 분별하는지라.

이때에「원근 제족과 만조백관이 다 조문 후에 장안 백성이 뉘 아니 낙루
「」: 3
하리오. 이러구러 곡성이 진동하니 어찌 천신이 감동치 아니하리오.」그 편지를 떼어 보니 하였으되,

'불효자 태보는 두어 자 문안을 부모 전에 올리나이다. 천 리 원정에 가
4
다가 **과천**의 관에서 신병과 심회가 울적하거늘 구천에 들어가오니, 사람의 죄 삼천을 정하였으되 불효한 죄가 제일이라 하였으니 삼천 수죄
부모를 남겨 두고 먼저 죽게 된 일을 일컬음.
(首罪) 지었으나 국은을 또한 갚지 못하옵고 중로 고혼이 되어 구천에 돌아가는 자식을 생각지 마옵고 말년 귀체를 안보하시다가 만세 후에 부자지정을 만분지일이나 바라나이다.'
죽은 후에 만분의 일이라도 효도하고 싶은 태보의 염원
하였더라.

이날 대감이 판서 노복 등을 거느리고 즉시 과천으로 행할새, 장안 백성이 다 애연하며 구름 뫼듯 하더라. 대감과 판서 애통함이 측량없더라. 초종례로 극진히 한 후에 채단으로 염습하고 도로 집으로 옮겨와 장사를 지
편집자적 논평 – 박태보에 대한 가족들의 애통함 제시
내니 일문이 애통함을 차마 못 볼러라.
▶ 귀양길에서 죽음을 맞이한 박태보와 슬퍼하는 백성들

각설, 이때에 상이 민 중전을 내치시고 태보를 정배 후, 자연 심신이 산란하여 밤이면 **성내 성외**를 미복으로 순행하시더니 일일은 **한 곳**에 다다
지위가 높은 사람이 무엇을 몰래 살피러 다닐 때에 입는 남루한 옷차림
르니 명월은 명랑한데 어떤 아이 오륙 인이 월색 희롱하며 노래하야 즐거워하거늘 상이 몸을 은신하시고 자세히 들으니 그 노래에 하였으되,
박태보
"저 달은 밝다마는 우리 주상은 불명하야 충신을 무슨 일로 천 리 원정
밝은 달과 주상을 대비 – 백성이 주상을 부도덕한 인물로 평가했음을 보여 줌.
에 내치시며, 무슨 일로 민 중전은 **외관**에 내치시고 군의신충 없었으니
임금은 의롭고 신하는 충성스러움.
이 부자자효 쓸데없다. 인심은 분명하건마는 국운이 말세 되어 백성도
어버이는 자식에게 도타운 사랑을 베풀고 자식은 부모를 잘 섬기는 일
못할 일을 국가에서 행하고 한심하고 가련하다. 사백 년 사직을 뉘라서 붙들랴. 이 애야, 저 애야, 흥망성쇠는 불관하다마는 당상 부모 모셨어라. **심산궁곡**에 들어가 초목으로 붓을 적시고, 금수로 벗을 삼아 세월을
5
보내다가 성군을 기다리자."
지금의 임금은 성군이 아니라는 인식
서로 비기며 애연히 가거늘 상이 그 노래를 들으시매 심신이 산란하여 그 아이들 성명을 묻고자 하시니 아이들이 달아나는지라 못내 애연하시며 곧 환궁하시니라. ▶ 순행을 나섰다가 자신을 풍자하는 노래를 들은 임금

– 작자 미상, 〈박태보전〉

❖ 제대로 작품 분석의 〈보기〉

㉠ 임금을 피하려는 백성들의 마음이 투영된 공간
㉡ 윤리적 명분 면에서 인정받은 도덕적 영웅의 면모
㉢ 편집자적 논평 – 박태보에 대한 백성들의 안타까움 제시
㉣ 진도로 정배를 가던 중 형벌 후유증으로 과천에서 죽게 됨.
㉤ 목숨이 위태로운 상황에서도 자신의 소신을 굽히지 않는 태보의 모습

❖ 제목의 의미

'박태보'는 조선 숙종 시대의 실존 인물로, 이 작품은 임금에게 직간을 하다 죽은 박태보의 삶을 다루고 있다. 작품 속의 사건들이 《정재집》, 《숙종실록》에도 기록되어 있을 만큼 박태보의 사적을 정사적 입장에서 서술한 것이 특징이다. 온갖 박해 속에서도 소신을 굽히지 않는 박태보의 모습은 충신의 도리가 무엇인지 보여 준다.

❖ 전체 줄거리

숙종 시절 박세당의 둘째 아들로 태어난 박태보는 열여덟 살에 이조 판서 이경의 딸과 혼인하고 과거에 급제하여 응교(應敎)의 벼슬에 이른다. 한편 후궁 장 씨는 중전을 폐하고자 계략을 꾸민다. 결국 중전은 장 씨가 낳은 왕자를 살해했다는 누명을 쓰게 되고, 숙종은 중전의 생일날 중전 폐위 전교를 내린다. 이에 많은 신하들은 왕의 결정이 불가하다는 상소를 올린다. 화가 난 숙종이 상소인을 잡아들이자 박태보는 모든 책임을 지고 들어간다. 박태보는 숙종 앞에서도 소신을 다해 중전 폐위의 부당함을 직간한다. 더욱 화가 난 숙종은 박태보를 형틀에 올려놓고 매우 치게 하고 중형을 가하게 하지만 박태보는 간언을 멈추지 않는다. 숙종은 끝내 중전을 내치고 박태보를 진도로 정배한다. 혹독한 고문에 형독이 난 박태보는 유배지로 가던 도중 죽고 만다. 얼마 후 숙종은 후원에 들어섰다가 장 씨가 굿을 하며 중전을 저주하는 모습을 보게 된다. 장 씨의 음모를 알게 된 숙종은 크게 뉘우쳐 인현 왕후를 복위시킨다. 또한 박태보의 죽음을 애도하며 그를 정경 대부로 추증하고 그 가문을 충신의 가문으로 칭찬하는 한편, 박태보를 위해 서원을 세워 배향하는 것을 허락한다.

❖ 핵심 정리

- 갈래: 역사 소설
- 성격: 비판적, 사실적
- 배경: 시간 – 조선 숙종 때
  공간 – 한양
- 주제: 죽음 앞에서도 임금에게 충간을 아끼지 않은 박태보의 드높은 지조와 삶
- 특징: ① 역사적 인물과 사건을 소재로 하여 사실성을 확보함. ② 서술자가 개입하여 인물에 대해 주관적으로 평가함. ③ 임금에게 충간을 멈추지 않는 박태보의 모습을 통해 충신의 진정한 도리를 밝힘.

제대로 감상법 모범 답안

작자 미상, 〈박태보전〉

❶ 박태보 ❷ 숙종 ❸ 진도 ❹ 이화촌 ❺ 서술자

❖ 제대로 작품 분석

1㉤ 2㉡ 3㉢ 4㉣ 5㉠

01

정답률 83%

윗글의 내용에 대한 이해로 적절한 것은?

정답인 이유

② **부인은 꿈에서 학발의관을 갖춘 사람들을 보고 놀라 꿈을 깼다.**
○ → '학발의관을 갖춘 어린 제자 ~ 놀라 깨달으니 남가일몽이라.'

··· 꿈에서 박태보를 만난 부인은 그를 따라나섰다가 '학발의관을 갖춘 어린 제자 오륙 인'이 서 있는 것을 보고 놀라 꿈에서 깨어난다.

오답인 이유

① **태보는 형옥에서 금부로 이송해 줄 것을 자청했다.**
× → 임금이 태보를 금부로 가두라고 명령함.

··· 태보는 임금의 명령에 따라 형옥에서 금부로 이송되었다. 태보가 형옥에서 금부로 이송해 줄 것을 자청하는 장면은 나타나 있지 않다.

③ **대감은 아들의 주검을 집으로 데려와 초종례를 극진히 지냈다.**
× → 과천에서 초종례를 지낸 후 집으로 데려옴.

··· 대감은 과천에서 초종례를 극진히 지낸 후 다시 아들의 주검을 집으로 데려와 장사를 지냈다.

④ **상은 노래의 내용을 알기 위해 아이들에게 이름이 무엇인지 물었다.**
× → 노래의 내용을 알고 있음. × → 물어보려 했으나 아이들이 달아남.

··· 아이들의 노래를 들은 상(임금)은 심신이 산란해져 그들의 이름을 물으려 했지만, 그들이 달아나자 슬퍼하며 궁으로 돌아갔다. 임금은 가사에 담긴 뜻을 알았기에 심신이 산란해진 것이다.

⑤ **형조 판서는 상의 명령대로 태보에 대한 조사 결과를 자세히 보고했다.**
× → '마지못하여 위계를 갖추고 대강'

··· 태보는 중전을 내치지 말라는 상소를 올렸다가 어명으로 고문을 당한 후 형옥에 갇힌 상황이다. 형조 판서는 태보의 죄를 자세히 조사하여 임금에게 보고한 것이 아니라, '마지못하여 위계를 갖추고 대강' 직계를 올렸다.

02

정답률 70% | 매력적인 오답 ⑤ 13%

윗글에 제시된 공간에 대한 설명으로 적절하지 않은 것은?

정답인 이유

① **'금부'는 임금이 권위를 실현하는 공간이고, '한 곳'은 임금이 권위를 내세우는 공간이다.**
× → 임금은 태보를 굴복시키지 못함. × → 자신의 정체를 감춘 채 비판을 들음.

··· 임금은 태보를 강제로 금부에 가두었으나 태보는 금부에서도 자신의 뜻을 굽히지 않고 있다. 따라서 '금부'는 임금이 권위를 실현하는 공간으로 볼 수 없다. 또한 임금은 '한 곳'에서 자신의 정체를 숨긴 채 아이들이 자신을 비판하는 노래를 듣고 있다. 따라서 '한 곳'은 임금이 권위를 내세우는 공간으로 볼 수 없다.

오답인 이유

⑤ 매력적인 오답 **'심산궁곡'은 '성내 성외'와 대비되어 임금을 피하려는 백성의 마음이 투영된 공간이다.**
깊은 산속 / 임금이 순행하는 공간 / ○

··· '심산궁곡'은 '깊은 산속의 험한 골짜기'를 뜻하는 말로, 임금이 순행하는 '성내 성외'와 달리 세속적인 질서나 임금의 통치가 미치지 않는 공간이다. 즉, '심산궁곡'에는 임금을 피하려는 백성의 마음이 투영되어 있다고 볼 수 있다.

② **'진도'는 임금에게 정배받은 태보가 향해야 하는 곳이고, '외관'은 임금에게 내쳐진 민 중전이 거처해야 하는 곳이다.**
○ → '상이 ~ 태보는 진도로 정배하라 하시니라.'
○ → '민 중전은 외관에 내치시고'

⋯→ '상이 구태여 왕비는 내치시고 태보는 진도로 정배하라 하시니라.'를 통해 '진도'는 태보가 가야 하는 정배지임을 알 수 있다. 또한 '무슨 일로 민 중전은 외관에 내치시고'를 통해 '외관'은 임금에게 내쳐진 민 중전이 거처해야 하는 곳임을 알 수 있다.

③ '이화촌'은 부인이 시부모에게 직접 문안하는 곳이자 태보가 하인을 보내 부모에게 문안하는 곳이다.

⋯→ 날이 밝자 부인은 '시부모 당하에 문안차로' 이화촌에 간다. 그리고 그곳에서 태보의 하인이 전달한 편지를 받는데, 그 편지는 태보가 대감 부부에게 보내는 문안 편지였다. 따라서 '이화촌'은 부인이 시부모에게 직접 문안하는 곳이자 태보가 하인을 보내 부모에게 문안하는 곳이라고 볼 수 있다.

④ '과천'은 태보가 '진도'로 가는 경유지이자, 태보의 소식을 받은 대감이 '이화촌'을 떠나 향하는 지점이다.

⋯→ 태보가 대감 부부에게 보낸 편지에는 자신이 '천 리 원정에 가다가 과천의 관에서' 죽게 되었다는 내용이 쓰여 있다. 그리고 이 소식을 받은 대감은 '판서 노복 등을 거느리고 즉시 과천으로 행'했다고 하였다. 따라서 '과천'은 태보가 진도로 가는 경유지이자, 이 소식을 들은 대감이 향하는 지점이라고 볼 수 있다.

03

정답률 72% | 매력적인 오답 ② 12%

[A]와 [B]에 대한 설명으로 가장 적절한 것은?

정답인 이유

③ [A]에서 제원들이 칭송하는* 태보의 강직함은, [B]에서 소신을 지키겠다고 하는 태보의 다짐에서 확인된다.

⋯→ [A]에서 제원들은 임금에게 죽음을 무릅쓰고 간언하다가 고문을 당한 태보의 충이 막중하다며 칭송하고 있다. 그리고 이러한 태보의 강직함은, [B]에서 그가 죽어서도 '주야로 간하여 왕비를 다시 환궁하게' 하겠다고 다짐한 부분에서 확인된다.

* 칭송하다(稱頌--): 칭찬하여 일컫다. 예 백성들은 전쟁을 승리로 이끈 장군을 영웅으로 칭송했다.

오답인 이유

② (매력적인 오답) [A]에서 태보가 받은 제원들의 위로는, [B]에서 삶을 도모하여 무죄를 소명하겠다*는 태보의 결심으로 이어진다.

⋯→ 태보와 함께 상소에 이름을 올린 제원들은 [A]에서 흘로 벌을 받게 된 태보를 '무수히 위로'하였다. 하지만 이러한 위로가 [B]에서 무죄를 소명하겠다는 태보의 결심으로 이어지고 있지는 않다. [B]에서 태보는 자신의 소신을 굽히지 않겠다며 다짐하고 있다.

* 소명하다(疏明--): 까닭이나 이유를 밝혀 설명하다. 예 저를 둘러싼 의혹에 대해 소명할 기회를 먼저 주십시오.

① [A]에서 태보의 위기에 대해 책임을 통감하는* 제원들의 탄식은, [B]에서 그 책임을 자신에게 돌리는 태보의 자책과 대비된다.

⋯→ [A]에서 제원들은 '우리도 역시 한 탓이로다.'라고 탄식하며 태보의 위기에 대한 자신들의 책임을 통감하고 있다. 하지만 [B]에서 태보는 자신의 결정에 대해 자책하고 있지 않다.

* 통감하다(痛感--): 마음에 사무치게 느끼다. 예 민 감독은 팀의 성적 부진에 대한 책임을 통감하고 감독직에서 사퇴했다.

④ [A]에서 제원들 간의 갈등으로 인한 태보의 심리적 상처는, [B]에서 가족과의 만남을 통해 해소된다.

⋯→ [A]에 제원들 간의 갈등은 나타나 있지 않다. 그리고 [B]에서 태보는 슬퍼하는 가족들을 위로하고 있을 뿐, 가족과의 만남을 통해 심리적 상처를 해소하고 있지 않다.

⑤ [A]에서 제원들의 말을 통해 드러난 태보의 후회는, [B]에서 가족들을 향한 태보의 말에서 반복된다.

⋯→ [A]에는 제원들의 안타까움과 죄책감이 드러날 뿐, 태보의 후회가 나타나 있지 않다. [B]에서도 태보의 후회는 확인할 수 없다.

04

정답률 63% | 매력적인 오답 ④ 17%

〈보기〉를 참고하여 윗글을 감상한 내용으로 적절하지 않은 것은? [3점]

〈보기〉

〈박태보전〉은 숙종 대의 실존 인물 박태보의 삶을 소설화한 작품이다. 이 작품에서 박태보는 임금의 부당함으로 드러나는 부도덕한 세계와의 대결에서 패배하여 숭고한 뜻을 이루지 못한다. 그럼에도 그는 가족과 국가에 윤리적 책무를 다하는 인물로 인정받음으로써 도덕적 영웅으로 고양된다. 이때 다양한 서사 장치들은 사건의 입체적 전개에 기여한다.

(민 중전이 내쳐지는 것을 막지 못하고 죽음을 맞이함. / 임금에게 간언하기를 멈추지 않으며, 부모에게 도리를 다하려 함.)

정답인 이유

⑤ 태보에 대한 민심을 편집자적 논평을 통해 반복적으로 나타내어, 태보가 기우는 국운을 회복한 영웅으로 추대*되어 백성들의 지지를 받았음을 보여 주는군.

(○ → '장안 백성이 뉘 아니 낙루하리오.', '일문이 애통함을 차마 못 볼러라.' / × → 중전이 내쳐지는 것과 자신의 죽음을 막지 못함.)

⋯→ '장안 백성이 뉘 아니 낙루하리오.', '일문이 애통함을 차마 못 볼러라.' 등과 같은 편집자적 논평을 통해 태보에 대한 민심을 반복적으로 드러내고 있다. 하지만 태보는 민 중전이 내쳐지는 것을 막지 못하고 결국 죽음을 맞이했으므로, 태보가 기우는 국운을 회복한 영웅으로 추대되었음을 보여 준다는 감상은 적절하지 않다.

* 추대(推戴): 윗사람으로 떠받듦. 예 회원들 다수가 그녀를 회장으로 추대하는 데 찬성했다.

오답인 이유

④ (매력적인 오답) 주상이 밝은 달의 속성과 대비되는 불명한 인물임을 노래를 통해 제시하여, 백성들이 주상을 부도덕한 인물로 평가하여 신임하지* 않았음을 보여 주는군.

⋯→ 아이들이 '저 달은 밝다마는 우리 주상은 불명하'다고 노래하며 임금을 비판하는 모습은 백성들이 주상을 부도덕한 인물로 평가하여 신임하지 않았음을 보여 준다.

* 신임하다(信任--): 믿고 일을 맡기다. 예 권 사장은 일을 대충 하는 직원을 신임하지 않았다.

① 하늘이 태보를 무죄로 판명하여 전고 충신을 따르게 함을 몽사로 드러내어, 태보가 윤리적 명분 면에서 인정받은 도덕적 영웅임을 보여 주는군.

⋯→ 부인의 꿈속에서, 하늘이 자신의 무죄함에 감동하여 전고 충신을

따르게 했다는 태보의 말은 그가 부당한 죽음을 맞이했지만 윤리적 명분 면에서 인정받은 도덕적 영웅임을 보여 준다.

② **국은을 갚지 못하고 죽는다는 태보의 한탄을 편지로 제시하여, 태보가 임금을 올바른 길로 인도하려는 숭고한 뜻을 이루지 못하고 세계와의 대결에서 패배했음을 보여 주는군.**

⋯→ '국은을 또한 갚지 못하옵고 중로 고혼이 되어 구천에 돌아'간다는 태보의 한탄은 그가 임금을 올바른 길로 인도하려는 숭고한 뜻을 이루지 못하고 부도덕한 세계와의 대결에서 패배했음을 보여 준다.

③ **만세 후에도 부자지정을 바라는 태보의 염원을 편지로 제시하여, 태보가 죽음에 이른 상황에서조차 부모에 대한 윤리적 책임을 다하려 한 인물임을 보여 주는군.**

⋯→ '만세 후에 부자지정을 만분지일이나' 바란다는 태보의 염원은 그가 죽음에 이른 상황에서조차 부모에 대한 윤리적 책임을 다하려 한 도덕적 인물임을 보여 준다.

▶ 문제편 164~166쪽

정답 | **01** ④ **02** ④ **03** ③ **04** ④

[01~04] 다음 글을 읽고 물음에 답하시오. 2022 9월 모의평가

제대로 작품 분석 ▶〈보기〉에서 적절한 것을 골라 넣으며 작품을 분석해 보자.

[앞부분의 줄거리] 제주도에 간 배 비장은 애랑의 유혹에 넘어가, 사람들에게 조롱을 받는다. 창피를 당한 배 비장은 서울로 돌아가려고 한다.

이때 배 비장은 떠나는 배가 어디 있나 물어보려고 무서움을 억지로 참고,
(배 비장: 위선적인 지배 계층을 상징하는 인물)

"ⓐ 여보게, 이 사람, 말씀 물어보세."
(상대방을 하대하는 표현 – 계집의 기분을 상하게 함.)

그 계집이 한참 물끄러미 보다가 대답도 아니 하고 고개를 돌리니, 배 비장 그중에도 분해서 목소리를 돋우어 다시 책망 겸 묻것다.
(계집의 언짢은 기분이 행동으로 드러남.)

"ⓑ 이 사람, **양반이** 물으면 **어찌하여 대답이** 없노?"
(배 비장의 책망이 담긴 표현)

"무슨 말이람나? 양반, 양반, 무슨 양반이야. 품행이 좋아야 양반이지.[1] 「양반이면 남녀유별 예의염치도 모르고 남의 여인네 발가벗고 일하는 데 와서 말이 무슨 말이며, 싸라기밥 먹고 병풍 뒤에서 낮잠 자다 왔습나? 초면에 반말이 무슨 반말이여?」 참 듣기 싫군. 어서 가소. 오래지 아니하여 우리 집 남정네가 물속에서 전복 따 가지고 나오게 되면 큰 탈이 날 것이니, 어서 바삐 가시라구! 요사이 세력이 빨랫줄 같은 배 비장도 궤속 귀신이 될 뻔한 일 못 들었습나?"
(싸라기밥 먹고 병풍 뒤에서 낮잠 자다 왔습나: 상대방이 반말 투로 나올 때 빈정거리는 말)
(「」: 계집이 배 비장을 양반답지 못하다고 생각하는 이유)
(요사이 세력이 ~ 못 들었습나: 계집은 배 비장의 정체를 모르고 있음.)

배 비장이 구식적 습관으로 **지방이라고 한 손 놓고 하대를** 하다가 그 말을 들어 보니, 부끄럽고 분한 마음이 앞서져서 혼잣말로 자탄을 하것다.
(서울 양반이라는 지역적·신분적 우월감에 빠져 제주도 사람을 하대함.)

"허허 내가 금년 신수 불길하다! 우리 부모 만류할 제 오지나 말았더면 좋을 것을, 고집을 세우고 예 왔다가 경향에 유명한 웃음거리가 되고, 또 도처마다 망신을 당하니 섬이라는 데 참 사람 못 살 곳이로구!"
(경향: 서울과 시골을 아울러 이르는 말)
(도처: 이르는 곳)

하며, 분한 마음에 그 계집과 다시 말싸움을 하고 싶지 않건마는, 해는 점점 서산에 걸치고 앞길은 **물을 사람이 없어** 함경도 문자로 '붙은 데 붙으라' 하는 말과 같이 '**사과나 하고 다시 물을 수밖에 없다.**'[2] 하여, 말공대를 얼마쯤 올려 다시 수작을 히것다.
(해는 점점 ~ 물을 사람이 없어: 계집마저 외면하면 도와줄 사람이 아무도 없음. – 고립무원(孤立無援)의 상황)

"ⓒ 여보시오,[3] 내가 참 실수를 대단히 하였소. 이곳 풍속을 모르고."

"실수라 할 것이 왜 있사오리까? 그렇다 하는 말씀이지요. 그런데 당신은 어디로 가시는 양반이십니까?"
(배 비장이 공손히 사과하자 바로 사과를 받아 주고, 함께 존댓말을 사용함.)

"네, 나는 지금 급한 일이 있어 서울을 갈 터인데, 어느 배가 서울로 가는지 그것을 좀 묻고자 그리하오."

"서울 양반이시면 무슨 일로 여기를 오셨으며, 또 성함은 뉘시오니까?"

"성명은 차차 아시지오마는,[4] 내가 이곳에 볼일이 있어서 왔다가, 부모 병환 기별을 듣고 급히 가는 길인데, 가는 배가 없어 이처럼 애절이오."
(부모 병환 기별을 ~ 가는 길인데: 도움을 받기 위해 꾸며 낸 말)

"그러하면 가이없습니다. 서울로 가는 배는 어제저녁에 다 떠나고, 인제는 다시 사오 일을 기다려야 있겠습니다."

"그러하면 **이 노릇을 어찌하여야** 좋소?"
(배 비장의 안타까움과 난감함을 드러내는 말)

"참 딱한 일이올시다."

하더니,

「"옳지! 가는 배 하나 있습니다. 그러나 그 배에서 행인을 잘 태울는지 모르겠소. 저기 저편 언덕 밑에 포장 치고 조그마한 돛대 세운 배에 가서 물어보시오. 그 배가 제주 성내에 사는 부인 한 분이 친정이 해남인데 급한 일이 있어 비싼 값을 주고 혼자 빌려 저녁 물에 떠난다더니, 참 떠나는지 알 수 없습니다."」

「」: 오늘 저녁 제주도를 떠나는 배가 있다는 정보를 제공함.

▶ 계집에게서 제주도를 떠나는 배편이 있다는 정보를 들은 배 비장

배 비장이 그 말 듣고 좋아라고 허겁지겁 그 배로 뛰어가서 사공을 찾는다.

"ⓓ어이, 뱃사공이 누구여?"

상대방을 하대하는 표현 – 사공의 기분을 상하게 함.

사공이 반말에 비위가 틀려,

「"어! 사공은 왜 찾어?"

「」: 배 비장의 반말에 비위가 상해 퉁명스럽게 대답하는 사공

"말 좀 물어보면…."

"무슨 말?"

"그 배가 어디로 가는 배여?"

"물로 가는 배여."」

원래 배 비장이 사공을 공손하게 대하기는 초라하고(5) '해라' 하자니 제 모양 보고 받을는지 몰라, **어정쩡하게** 말을 내놓다가 사공의 대답이 한층 더 올라가는 것을 보고, 한숨을 휘이 쉬며,

"허! 내가 그저 춘몽을 못 깨고 또 실수를 하였구나!"(6)

어법을 고쳐 입맛이 썩 들어붙게,

"여보시오, ⓔ노형이 이 배 임자시오?"

자신보다 나이가 많은 사람을 높여 이르는 말 – 상대의 기분을 풀어 주기 위해 사용한 표현 ②

사공은 목낭청*의 혼이 씌었던지 그대로 좇아가며,

"그렇습니다. 내가 이 배 임자올시다."

배 비장이 존대하자 자신도 존댓말을 사용함.

"들으니까 노형 배가 오늘 떠나 해남으로 간다지요?"

"예, 오늘 저녁 물에 떠납니다."

"그러면 내가 서울 사는데 지금 가는 길이니 좀 타고 가읍시다."

"좋은 말씀이올시다마는「이 배가 행객 싣는 배가 아니옵고, 해남으로 가시는 부인 한 분이 혼자 빌려 가시는 터인즉, 사공의 임의로 다른 행객을 태울 수가 없습니다."」

「」: 이유를 구체적으로 밝히며 배 비장의 요청을 정중히 거절함.

"그는 그러하겠소마는, 내가 부모 병환 급보를 듣고 급히 가는 길인데, 달리 가는 배는 없고 이 배가 간다 하니, 아무리 부인이 타신 터이라도 이러한 정세를 말씀하시고, 한편 이물 구석에 종용히 끼어 가게 하여 주시면 그 아니 적선이오?"

이물: 배의 앞부분 / 적선: 착한 일을 많이 함.

「"당신 정경이 불쌍하오. 그러면 해 진 후에 다시 오시면, 부인 모르시게라도 슬며시 타고 가시게 하오리다."」

정경: 사람이 처하여 있는 모습이나 형편

「」: 배 비장을 연민하며 도와주려 함.

▶ 배 비장의 처지를 듣고 그를 배에 태우기로 한 사공

– 작자 미상, 〈배비장전〉

* 목낭청 : 자기 주관 없이 응대하는 사람을 이르는 말

❖ 제대로 작품 분석의 〈보기〉

- ㉠ 계집의 도움을 받기 위한 불가피한 선택
- ㉡ 배 비장의 양반답지 못한 태도에 대한 비판
- ㉢ 상대를 화가 나게 한 자신의 태도를 돌아봄.
- ㉣ 계집의 질문을 회피하며 자신의 정체를 숨김.
- ㉤ 상대의 기분을 풀어 주기 위해 사용한 표현 ①
- ㉥ 다급한 상황에서도 신분적 우월감을 버리지 못함.

❖ 제목의 의미

'배 비장'은 겉으로는 윤리 도덕을 외치면서도 속으로는 본능적인 욕구를 추구하는 위선적인 인물이다. 이 작품은 배 비장이 기생 애랑에게 반해 망신을 당한 뒤 도망치듯 제주도를 떠나려 하는 과정을 통해 지배 계층의 허위와 위선을 풍자하고 있다. 판소리계 소설로, 판소리 창자의 말투와 4·4조의 율문체가 잘 드러나 있다.

❖ 전체 줄거리

제주 목사 김경과 그 일행은 날마다 기생과 즐기지만, 배 비장은 여색을 멀리하며 홀로 고고한 척한다. 이 사실을 안 제주 목사는 배 비장을 골려 주기 위해 애랑을 시켜 그를 유혹하게 한다. 어느 날 배 비장은 애랑이 목욕하는 모습을 보고 난 후 애랑을 못 잊어 병이 난다. 배 비장은 방자의 주선으로 개가죽 옷을 입고 개구멍으로 애랑의 집을 찾아간다. 애랑을 만나는 도중 방자가 남편 행세를 하며 들이닥치자 황급해진 배 비장은 피나무 궤에 들어가 몸을 숨긴다. 방자와 애랑은 여러 가지 방법으로 배 비장을 골탕 먹인다. 배 비장이 든 피나무 궤는 동헌으로 운반되고, 바다 위에 던져진 줄 안 배 비장은 궤 속에서 도움을 청한다. 뱃사공으로 가장한 사람들이 궤문을 열어 주자, 배 비장은 알몸으로 허우적거리며 동헌 대청에 머리를 부딪쳐 온갖 망신을 당한다. 그 후 배 비장은 겨우 배를 구해 도망치듯 제주도를 빠져나가지만, 어느 객사에 갇히게 된다. 애랑은 배 비장을 찾아와 그간의 사정을 털어놓는다. 얼마 후 배 비장은 제주 목사가 자신을 정의 현감 자리에 제수했다는 소식을 듣는다. 배 비장은 애랑을 첩으로 맞이하는 한편 정의 현감으로 부임해 선정을 베푼다.

❖ 핵심 정리

- 갈래: 판소리계 소설, 풍자 소설
- 성격: 풍자적, 해학적
- 배경: 조선 시대
- 주제: 지배 계층의 위선적인 행위에 대한 폭로와 풍자
- 특징: ① 판소리로 불리어진 〈배비장 타령〉을 소설화한 작품임. ② 근원 설화(〈발치 설화〉, 〈미궤 설화〉)를 가지고 있음. ③ 지배 계층의 허세에 대한 풍자를 통해 신분 질서가 무너져 가는 당대의 시대상을 반영함.

제대로 감상법 모범 답안

작자 미상, 〈배비장전〉

❶ 배 비장 ❷ 계집 ❸ 서울 ❹ 돛대

❖ 제대로 작품 분석

1㉡ 2㉠ 3㉤ 4㉣ 5㉥ 6㉢

01

정답률 80% | 매력적인 오답 ② 10%

윗글의 내용에 대한 이해로 적절하지 않은 것은?

정답인 이유

④ '사공'은 '부인'의 허락 없이 임의로 다른 행객을 태울 수 없다고 말함으로써 낯선 이에 대한 경계심을 드러내고 있다.

× → 자신의 상황을 사실대로 말한 것

⋯› 사공은 '부인 한 분이 혼자 빌려 가시는 터인즉, 사공의 임의로 다른 행객을 태울 수가 없습니다.'라고 말하며 배 비장의 부탁을 거절하고 있다. 이는 실제로 자신이 배 비장을 배에 태울 권한이 없기 때문이지, 배 비장을 경계하여 그의 승선을 거절한 것이 아니다.

오답인 이유

② 매력적인 오답 '배 비장'은 자신에게 이름을 묻는 '계집'의 질문에 즉답을 피함으로써 자신의 정체를 숨기고 있다.

○ → '성명은 차차 아시지오마는~'

⋯› 계집이 '요사이 세력이 빨랫줄 같은 배 비장도 궤 속 귀신이 될 뻔한 일 못 들었습나?'라고 말하는 것을 들은 배 비장은, 이후 그녀가 '성함은 뉘시오니까?'라고 묻자 그 말에 대답하는 대신 '성명은 차차

아시지오마는'이라고 말하며 자신의 정체를 숨기고 있다.

① **'계집'은 '배 비장'의 문제점을 지적함으로써 양반답지 못한 태도에 대해 비판적 인식을 표출하고 있다.**
○ → '품행이 좋아야 양반이지'

…→ 계집은 '품행이 좋아야 양반이지. 양반이면 남녀유별 예의염치도 모르고 ~ 반말이 무슨 반말이여?'라는 말을 통해 남녀 내외의 관행을 어기고, 초면에 반말을 한 배 비장이 양반답지 못하다며 비판하고 있다.

③ **'계집'은 '배 비장'에게 배편이 있을 수도 있다는 말을 건넴으로써 그가 궁금해했던 정보를 제공하고 있다.**
○ → '부인 한 분이 친정이 해남인데 ~ 혼자 빌려 저녁 물에 떠난다더니'

…→ 계집은 '부인 한 분이 친정이 해남인데 급한 일이 있어 비싼 값을 주고 (배를) 혼자 빌려 저녁 물에 떠난다'는 말을 건넴으로써 서울로 가는 배편을 찾는 배 비장에게 정보를 제공하고 있다.

⑤ **'사공'은 '배 비장'의 다급한 상황을 듣고 해결책을 알려 줌으로써 상대방에 대한 연민의 감정을 보여 주고 있다.**
○ → '해 진 후에 다시 오시면 ~ 슬며시 타고 가시게 하오리다.'
○ → '당신 정경이 불쌍하오.'

…→ 사공은 배 비장이 부모 병환 때문에 급하게 서울로 가는 길이라는 상황을 듣고는 '당신 정경이 불쌍하오.'라며 연민의 감정을 보인 후, '해 진 후에 다시 오시면, 부인 모르시게라도 슬며시 타고 가시게 하오리다.'라며 배에 탈 방법을 알려 주고 있다.

02

정답률 **97%**

ⓐ~ⓔ 중 '배 비장'이 상대의 기분을 풀어 주기 위해 사용한 표현으로만 짝지어진 것은?

정답인 이유

④ **ⓒ, ⓔ**
ⓒ: '여보시오', ⓔ: '노형'

…→ 배 비장이 반말을 하며 하대하자 계집은 화를 내고 그를 비판한다. 이에 갈 길이 급한 배 비장은 '사과나 하고 다시 물을 수밖에 없다.'라고 생각하며 말공대를 올려 계집을 '여보시오(ⓒ)' 하고 부르고 있다. 또한 배 비장은 자신의 반말에 사공이 비위가 틀려 같이 반말을 하자 '춘몽을 못 깨고 또 실수를 하였구나!'라고 탄식한 뒤에 어법을 고쳐 사공을 '노형(ⓔ)'이라고 부르고 있다. 따라서 ⓒ와 ⓔ는 상대의 기분을 풀어 주기 위해 사용한 표현으로 볼 수 있다.

오답인 이유

① **ⓐ, ⓑ**
ⓐ: '여보게', ⓑ: '이 사람'

…→ 배 비장이 계집을 '여보게(ⓐ)' 하고 부르며 하대하자 계집은 대답도 하지 않고 고개를 돌렸다고 하였다. 즉, ⓐ는 배 비장이 상대의 기분을 풀어 주기 위해 사용한 표현이 아니라, 상대의 기분을 상하게 한 표현으로 볼 수 있다. 또한 배 비장이 계집의 태도에 분해서 목소리를 돋우어 꾸짖기 위해 그녀를 '이 사람(ⓑ)' 하고 불렀다고 하였으므로, ⓑ 역시 배 비장이 상대의 기분을 풀어 주기 위해 사용한 표현으로 볼 수 없다.

② **ⓐ, ⓓ**
'어이'

…→ ⓐ는 배 비장이 상대의 기분을 풀어 주기 위해 쓴 표현으로 볼 수 없다. 또한 배 비장이 '어이(ⓓ)' 하고 부르자 사공이 반말에 비위가 틀렸다고 하였으므로, ⓓ 역시 상대의 기분을 풀어 주기 위해 쓴 표현으로 볼 수 없다.

③ **ⓑ, ⓒ**

…→ ⓒ는 상대의 기분을 풀어 주기 위해 사용한 표현으로 볼 수 있으나, ⓑ는 그러한 표현으로 볼 수 없다.

⑤ **ⓓ, ⓔ**

…→ ⓔ는 상대의 기분을 풀어 주기 위해 사용한 표현으로 볼 수 있으나, ⓓ는 그러한 표현으로 볼 수 없다.

03

정답률 **95%**

조그마한 돛대 세운 배에 대한 이해로 가장 적절한 것은?

정답인 이유

③ **주인공이 당일에 제주도를 떠나기 위해 타려는 대상이다.**
○ → 배 비장은 오늘 저녁 뜨는 배를 타고 제주도를 떠나려 함.

…→ 배 비장은 '조그마한 돛대 세운 배'가 오늘 저녁 해남으로 떠난다는 말을 들은 뒤 자신을 배에 태워 달라며 사공에게 간청하고 있다. 이를 통해 '조그마한 돛대 세운 배'는 주인공(배 비장)이 당일에 제주도를 떠나기 위해 타려는 대상임을 알 수 있다.

오답인 이유

① **주인공이 부모의 병환 소식을 듣게 되는 공간이다.**

…→ 배 비장은 '조그마한 돛대 세운 배'를 얻어 타기 위해 부모의 병환 소식을 들었다고 거짓말한 것이지, 배에서 부모의 병환 소식을 들은 것은 아니다.

② **주인공을 태우고 서울로 가기 위해 급히 준비되었다.**

…→ '조그마한 돛대 세운 배'는 급한 일이 있어 해남에 가야 하는 한 부인이 비싼 값을 주고 빌린 것이지, 배 비장을 태우기 위해 준비된 것이 아니다.

④ **주인공이 경제적 보상까지 내세우며 타고자 하는 것이다.**

…→ 배 비장은 자신을 배에 태워 달라며 사공에게 간청하고 있지만, 경제적 보상을 내세우지는 않았다.

⑤ **주인공이 행객들을 데리고 제주도를 떠나기 위해 타려 한다.**

…→ 배 비장은 망신을 당한 뒤 혼자 제주도를 떠나기 위해 '조그마한 돛대 세운 배' 한 구석에 끼어 가려고 한 것이지, 행객들을 데리고 배를 타려 하지는 않았다.

04

정답률 **95%**

〈보기〉를 참고하여 윗글을 감상한 내용으로 적절하지 않은 것은? [3점]

〈보기〉

〈배비장전〉에서 「창피를 당해 제주도를 떠나려 했던 배 비장은 제주도에 남게 되고, 결말에 가서는 현감에 올라 사람들의 칭송을 받게 된다.」 이와 같은 변화가 어떻게 가능했을까? 배 비장이 제주도를 떠나고자 할 때, 제주도 사람들의 도움을 받기 위해 자신이 서울 양반이라는 우월감을 버리고 그들을 존중하는 경험을 했기 때문이다. 이는 비록 불가피한 선택이었지만, 이 과정에서 그는 자신의 태도를 돌아보게 된다. 서울 양반의 경직된 관념에 변화가 일기 시작한 것이다.

「」: 〈배비장전〉의 결말 내용 / 현감: 조선 시대에 둔, 작은 현(縣)의 수령 / 자신이 서울 양반이라는 우월감: '배 비장이 구식적 습관으로 지방이라고 한 손 놓고 하대를 하다가~' / 불가피한 선택: '사과나 하고 다시 물을 수밖에 없'어서 한 선택 / 그는 자신의 태도를 돌아보게 된다: '허! 내가 그저 춘몽을 못 깨고 또 실수를 하였구나!'

정답인 이유

④ '이 노릇을 어찌하여야' 좋겠냐고 묻는 배 비장의 모습에서, 그가 경직된 관념을 버리고 제주도 사람을 존중하는 방법을 고민하고 있음을 알 수 있군.
× → 현재의 상황에 대한 안타까움, 난관을 해소하고 싶은 간절함이 담김.

⋯› 배 비장은 서울로 가는 배를 타려면 사오 일을 기다려야 한다는 계집의 말에 '이 노릇을 어찌하여야' 좋겠냐며 묻고 있다. 배 비장의 물음은 현재의 상황에 대한 안타까움과 난감함을 드러낼 뿐, 그가 경직된 관념을 버리고 제주도 사람을 존중하는 방법을 고민하고 있음을 보여 주지는 않는다.

오답인 이유

① '양반이' 묻는데 '어찌하여 대답이' 없냐고 계집을 책망한 배 비장의 행위에서, 그가 자신의 신분에 대해 우월감을 갖고 있음을 알 수 있군.

⋯› 양반이 묻는데 어찌하여 대답이 없냐는 배 비장의 책망을 통해 자신은 상대방을 하대해도 상대방은 양반인 자신의 물음에 깍듯하게 대답해야 한다는 그의 인식을 엿볼 수 있다. 이를 통해 배 비장이 자신의 신분에 대해 우월감을 갖고 있음을 알 수 있다.

② '지방이라고 한 손 놓고 하대를' 한 배 비장의 태도에서, 그가 서울에서 온 양반이라는 이유로 제주도 사람을 얕보고 있음을 알 수 있군.

⋯› 배 비장이 계집에게 함부로 하대를 하는 모습을 통해, 그가 지역적·신분적 우월감을 바탕으로 제주도 사람을 얕보고 있음을 알 수 있다.

③ '물을 사람이 없어' 계집에게 '사과나 하고 다시 물을 수밖에 없다'고 하는 배 비장의 생각에서, 그가 계집의 도움을 받기 위해 불가피한* 선택을 했음을 알 수 있군.

⋯› 배 비장이 계집에게 사과하며 말을 높인 것은 '해는 점점 서산에 걸치고 앞길은 물을 사람이 없'는 상황에서 계집의 도움을 받기 위해 한 불가피한 선택임을 알 수 있다.

* 불가피하다(不可避--): 피할 수 없다. 예 재료값이 올라서 불가피하게 음식 값을 오백 원씩 인상합니다.

⑤ '어정쩡하게' 말하려다 '춘몽을 못 깨고 또 실수'했다고 한 배 비장의 발언에서, 그가 우월감을 가지고 있던 자신의 태도를 돌아보고 있음을 알 수 있군.

⋯› 배 비장은 자신의 반말에 기분이 상한 사공이 자신을 냉대하자 '허! 내가 그저 춘몽을 못 깨고 또 실수를 하였구나!' 하고 탄식하며 우월감을 가지고 있던 자신의 태도를 돌아보고 있다.

고전소설 09 채봉감별곡

▶ 문제편 167~169쪽

정답 | 01 ① 02 ① 03 ③ 04 ③

[01~04] 다음 글을 읽고 물음에 답하시오. 2022 6월 모의평가

제대로 작품 분석 ▶〈보기〉에서 적절한 것을 골라 넣으며 작품을 분석해 보자.

[앞부분의 줄거리] 김 진사의 딸 채봉은 선비 필성(남자 주인공. 재주가 뛰어나고 순정적임.)과 정혼하나, 우여곡절 끝에 스스로 기녀(여자 주인공. 사리가 분명하고 진취적임.)가 되어 송이로 이름을 바꾼다. 송이의 서화를 눈여겨본 감사(새로 부임한 평양 감사 이보국. 채봉과 필성의 재회를 도움.)가 송이를 데려와 관아에서 살게 한다.

송이(채봉의 기생 이름)는 감사가 있는 별당 건넌방에 가 홀로 살고 지내며 감사가 시키는 일을 처리하고 지내며 마음에 기생을 면함은 다행하나, 「주야로 잊지 못하는 바는 부모의 소식과 장필성을 못 봄을 한하고 이 감사가 보는 데는 감히 그 기색을 드러내지 못하니, 혼자 있을 때에는 주야 탄식으로 지내더라.」(「」: 1)

장필성이 이 소문(송이가 관아에 살며 감사의 일을 돕는다는 소문)을 듣고 또한 다행하나, 이때 감사는 송이 있는 별당은 외인 출입을 일절 엄금하니, 다시 만날 길이 없어 수심으로 지내더니, 한 계책을 생각하되,

"나도 감사 앞에서 거행하는 관속이 된다면 채봉을 만나기가 쉬우리라."

하고 여러 가지로 주선하더니, ㉠이때 마침 감사가 문필이 있는 이방(지방 관아에서 인사 관계의 실무를 맡아보던 향리)을 구하는지라. 필성이 한 길을 얻어 이방이 되어 감사에게 현신하니(자신을 보이니) 감사가 일견 대희하여 칭찬하며 왈,

"가위 여옥기인(如玉其人)(인품이 옥과 같이 맑고 깨끗한 사람)이로다. 필성아, 이방이라 하는 것은 승상접하(承上接下)(윗사람을 받들고 아랫사람을 거느려 그 사이를 잘 주선함.)하는 책임이 중대하니, 아무쪼록 일심봉공(一心奉公)하여 민원(民怨)이 없도록 잘 거행하라."

필성이 국궁수명(鞠躬受命)*하고 차후로 공사 문첩(文牒)*을 가지고 매일 드나들며 송이의 소식을 알고자 하나 별당이 깊고 깊어 지척이 천 리라(편집자적 논평) 어찌 알리오.
▶ 송이와 만나기 위해 이방이 된 필성

차시(이때) 송이는 별당에 있어 이 감사가 들어와 공문을 쓰라면 쓰고 판결문을 내라면 내고 하더니, ㉡하루는 ⓐ공사 문첩 한 장을 본즉(2), 필성의 글씨가 완연한지라, 속으로 생각하되,

'이상하다. 필법이 장 서방님 필적 같으니, 혹 공청에를 드나드나.'(공사 문첩을 본 송이의 추측)

하고 감사더러 묻는다.

"㉢요사이 공사 들어온 것을 보면 전과 글씨가 다르오니 이방이 갈리었습니까?"

"응, 전 이방은 갈고 장필성이란 사람으로 시켰다.(3) 네 보아라, 글씨를 잘 쓰지 않느냐."

「송이가 이 말을 듣고 속으로 암암이 기꺼하며, 어떻게 하면 한번 만나 볼까, 그렇지 못하면 편지 왕복이라도 할까, 사람을 시키자니 만일 대감이 알면 무슨 죄벌이 내려올지 몰라 못 하고 무슨 기회를 기다리나 때를 타지 못하여」(「」: 필성과 재회하고 싶은 마음이 더욱 깊어졌지만 뜻을 이루지 못하는 송이) 필성이나 송이나 서로 글씨만 보고 창연히(몹시 서럽고 슬프게) 지내기를 ㉣이미 반년이라. 자연 서로 상사병이 될 지경이더라.
▶ 서로를 간절히 그리워하지만 만나지 못하는 송이와 필성

[A]

이때는 추구월(秋九月)(음력 9월의 가을철) 보름 때라. 월색은 명랑하여 남창(남쪽으로 난 창)에 비치었고, 공중에 외기러기 웅웅한 긴 소리(송이의 외로움을 심화하는 소리 ①)로 짝을 찾아 날아가고, 동산의 송림 간에 두견이 슬피 울어(송이의 외로움을 심화하는 소리 ②) 불여귀를 화답하니, 무심한 사람도 마음이 상하거든 독수공방에 눈물로 세월을 보내는 송이야 오죽할까.[4] 송이가 모든 심사 잊어버리고 책상머리에 의지하여 잠깐 졸다가 기러기 소리에 놀라 눈을 뜨고 보니, 남창 밝은 달 발허리에 가득하고 쓸쓸한 낙엽성은(송이의 외로움을 심화하는 소리 ③) 심회를 돕는지라. 잊었던 심사가 다시 가슴에 가득하여지며 눈물이 무심히 떨어진다.

송이가 남창을 가만히 열고 달빛을 내다보며 위연탄식하는데,(한숨을 쉬며 크게 탄식하는데)

"달아, 너는 내 심사를 알리라. 작년 이때 뒷동산 명월 아래 우리 님을 만났더니,(달을 보며 장필성과 만났던 추억을 떠올림.) 달은 다시 보건마는 님은 어찌 못 보는고.[5] 그 옛날 심양강 거문고 뜯던 여인은 만고문장 백낙천(萬古文章白樂天)(세상에 유례가 없을 정도로 뛰어난 글을 쓴 중국 당나라의 시인 백거이)을 달 아래 만날 적에 마음속에 맺힌 말을 세세히 풀었건만, 나는 어찌 박명하여 명랑한 저 달 아래서 부득설진심중사(不得說盡心中事)(마음속에 맺힌 일(심중사)을 말하지 못하니)하니 가련하지 아니할까. 사람은 없어 말 못하나 차라리 심중사를 종이 위에나 그리리라."

하고 연상(벼루, 먹, 붓, 연적 따위를 넣어 두는 납작한 상자)을 내어 먹을 흠씬 갈고 청황모 무심필을 덤벅 풀어 백릉화주지를 책상에 펼쳐 놓고 섬섬옥수(가냘프고 고운 손)로 붓대를 곱게 쥐고 장우단탄(長吁短歎)(긴 한숨과 짧은 탄식)에 맥맥히 앉았다가 고개를 돌리어 벽공의 높은 달을 두세 번 우러러보더니, 서두에 '추풍감별곡(秋風感別曲)'[6] 다섯 자를 쓰고, 상사가 생각 되고 생각이 노래 되고 노래가 글이 되어 붓끝을 따라 나오니 붓대가 쉴 새 없이 쓴다.

▶ '추풍감별곡'을 써서 그리운 마음을 달래는 송이

(중략)

아득한 정신은 기러기 소리를 따라 멀어지고 몸은 책상머리에 엎드렸더니,(깜빡 잠이 든 송이) 잠시간에 잠이 들어 주사야몽(晝思夜夢)(낮에 생각한 것이 밤에 꿈으로 나타남.) 꿈이 되어 「장주(莊周)의 나비같이 두 날개를 떨치고 바람 좇아 중천에 떠다니며 사면을 살피니, 오매불망하던 장필성이 적막 공방에 혼자 몸이 전일의 답시(答詩)를 내놓고 보며 울고 울고 보며 전전반측(누워서 몸을 이리저리 뒤척이며 잠을 이루지 못함.) 누웠거늘, 송이가 달려들어 마주 붙들고 울다가」(「」: 꿈의 내용 – 일시적으로 필성과 재회함.) 꿈 가운데 우는 소리가 잠꼬대가 되어 아주 내처 울음이 되었더라.

사람이 늙어지면 상하물론(上下勿論)하고 잠이 없는 법이라. ⓐ이때 이 감사는 연광도 팔십여 세뿐 아니라,(감사가 잠을 이루지 못했던 이유 ①) 일도방백(一道方伯)(한 도의 으뜸 벼슬)이 되어 밤이나 낮이나 어떻게 하면 백성의 원성이 없을까, 어떻게 하면 국은(國恩)에 보답할까 하며(감사가 잠을 이루지 못했던 이유 ②) 잠을 이루지 못하고 누웠더니, 홀연히 송이의 방에서 흐느껴 우는 소리가 들리기늘, 깜짝 놀라 속으로 짐작하되,

'지금 송이가 나이 십팔 세라. 필연 무슨 사정이 있어 저리하나 보다.'

하고 가만히 나와 보니, 남창을 열고 책상머리에 누웠는데 불을 돋우어 놓고 책상 위에 무엇을 써서 펼쳐 놓았거늘, 마음에 괴이하여 가만히 들어가 ⓑ두루마리를 펼치고 본즉 '추풍감별곡'이라.

▶ 송이의 흐느낌을 듣고 찾아왔다가 '추풍감별곡'을 발견하는 이 감사

– 작자 미상, 〈채봉감별곡〉

* 국궁수명 : 존경하는 뜻으로 몸을 굽히며 분부를 받음.

* 공사 문첩 : 관청에서 공무상 작성하는 문서

❖ 제대로 작품 분석의 〈보기〉

㉠ 달빛과 새소리에 외로움이 더욱 깊어짐.
㉡ 필성을 그리워하는 송이의 마음을 담은 가사
㉢ 송이가 필성이 자기 가까이에 있음을 알게 한 소재
㉣ 부모와 장필성의 소식을 몰라 혼자 속앓이하는 송이
㉤ 과거 추억과의 대비 → 홀로 보내는 현재의 처지 부각
㉥ 감사의 대답으로 송이는 자신의 추측이 사실임을 알게 됨.

❖ 제목의 의미

채봉이 정을 담아 읊은 노래라는 뜻으로, 진취적이고 주체적인 여성 채봉이 우여곡절 끝에 자신이 원하는 사랑을 이룬다는 내용의 애정 소설이다. 매관매직이 성행하던 조선 후기의 세태를 사실적으로 드러내는 한편, 일반적인 고전 소설과 달리 우연성과 비현실성이 적은 점이 특징이다.

❖ 전체 줄거리

평양에 사는 김 진사의 외동딸 채봉은 어려서부터 총명하여 부모의 귀여움을 받고 자란다. 열여섯 살이 된 채봉은 꽃구경을 하러 뒷동산에 올랐다가 그곳에서 우연히 장필성을 만난다. 채봉은 수줍어하며 급히 집으로 돌아오다 수건을 떨어뜨린다. 수건을 주운 필성은 여기에 시를 써서 채봉에게 돌려주고, 이 일이 인연이 되어 두 사람은 혼인을 약속한다. 하지만 벼슬에 눈이 먼 김 진사는 자신의 딸을 세도가 허 판서의 첩으로 보내어 벼슬자리를 얻기로 한다. 필성과 딸을 파혼시킨 김 진사는 가산을 정리하여 서울로 가던 중 화적패를 만나 재물을 모두 잃고, 이 와중에 채봉은 평양으로 도망친다. 허 판서는 약속을 어긴 김 진사를 옥에 가둔다. 그러자 채봉은 기생 송이가 되어 아버지를 구하고자 한다. 한편 신임 평양 감사 이보국은 채봉(송이)의 글재주가 뛰어나다는 소식을 듣고 그녀를 데려와 문서 정리하는 일을 시킨다. 필성은 채봉을 만나기 위해 이방이 되어 그 곁을 맴돈다. 어느 가을밤, 장필성을 그리워하던 채봉은 '추풍감별곡'을 지어 외로움을 달래다 이보국에게 속내를 들키게 된다. 두 사람의 사정을 알게 된 이보국은 두 사람을 만나게 해 준다. 이후 이보국의 도움으로 채봉과 필성은 혼인한다.

❖ 핵심 정리

- 갈래: 애정 소설, 세태 소설
- 성격: 사실적, 비판적, 진취적
- 배경: 조선 후기
- 주제: 고난과 권세에 굴하지 않는 순결하고 진취적인 사랑
- 특징: ① 적극성과 주체성을 갖춘 근대적인 여인상을 창조함. ② 우연성과 비현실성을 탈피하여 사실적으로 사건을 전개함. ③ 매관매직이 성행하던 조선 후기의 세태를 반영함.

제대로 감상법 모범 답안

작자 미상, 〈채봉감별곡〉

❶ 송이 ❷ 장필성 ❸ 추풍감별곡 ❹ 공사 문첩

❖ 제대로 작품 분석

1㉣ 2㉢ 3㉥ 4㉠ 5㉤ 6㉡

01

정답률 82%

윗글의 내용에 대한 이해로 적절하지 않은 것은?

정답인 이유

① 송이는 부모의 소식으로 애태우다 감사의 걱정을 산다.
× → '이 감사가 보는 데는 감히 그 기색을 드러내지 못하니'

⋯› 송이는 '부모의 소식과 장필성을 못 봄'을 슬퍼하지만 '이 감사가 보는 데는 감히 그 기색을 드러내지 못하'고 혼자 있을 때만 밤낮으로 탄식하며 지낸다고 하였다. 이 감사는 송이가 부모의 소식으로 애태운다는 사실을 알지 못하므로, 송이가 감사의 걱정을 샀다는 설명은 적절하지 않다.

오답인 이유

② 송이는 필성이 이방이 되었음을 감사를 통해 알게 된다.
○ → '전 이방은 갈고 장필성이란 사람으로 시켰다.'
⋯› 공사 문첩이 장필성의 필법으로 쓰인 것을 이상하게 여긴 송이의 질문에, 감사는 '전 이방은 갈고 장필성이란 사람으로 시켰다.'라고 대답한다. 이를 통해 송이가 감사를 통해 필성이 이방이 되었음을 알게 됨을 확인할 수 있다.

③ 감사는 필성의 문필* 능력을 높이 평가하고 기대를 건다.
○ → '가위 여옥기인이로다.'
⋯› 문필이 있는 이방을 구하던 감사는 이방이 된 필성을 보고 '여옥기인(인품이 옥과 같이 맑고 깨끗한 사람)'이라고 칭찬한다. 이를 통해 감사가 필성의 문필 능력을 높이 평가하며 그에게 기대를 걸고 있음을 알 수 있다.

* 문필(文筆): 글을 짓거나 글씨를 쓰는 일 예 그는 대학 시절에 문필로 이름을 날렸다.

④ 송이는 필성과 꿈속에서나마 일시적으로 만남을 이룬다.
○ → '송이가 달려들어 마주 붙들고 울다가'
⋯› 책상머리에 엎드려 잠이 든 송이는 꿈속에서 장필성을 만나 마주 붙들고 울게 된다. 이를 통해 두 사람이 꿈속에서나마 일시적으로 만남을 이루었음을 알 수 있다.

⑤ 필성은 송이를 그리워하는 마음을 감사에게 숨기고 있다.
○ → '필성이나 송이나 서로 글씨만 보고 창연히 지내기를 이미 반년이라.'
⋯› 필성이 관아에 드나들며 송이의 소식을 알고자 하나 알 길이 없었으며, 필성과 송이가 반년이 지나도록 서로 글씨만 보고 지내 상사병이 될 지경이라고 하였다. 이를 통해 필성이 감사에게 송이를 그리워하는 마음을 드러내지 않았음을 알 수 있다.

02

정답률 73% | 매력적인 오답 ④ 10%

[A]의 '달'에 대한 이해로 적절하지 않은 것은?

정답인 이유

① 송이가 필성의 안녕을 기원하는 마음을 의탁*하는 대상이다.
× → 필성의 안녕을 기원하는 장면은 나타나지 않음.
⋯› [A]에서 송이는 달에게 하소연하고 있을 뿐, 필성의 안녕을 기원하거나 이러한 자신의 마음을 달에 의탁하고 있지 않다.

* 의탁(依託): 어떤 것에 몸이나 마음을 의지하여 맡김. 예 부모님이 돌아가신 후로 그는 친척에게 의탁하여 생활하고 있다.

오답인 이유

④ (매력적인 오답) 송이의 처지와 대조되는 옛 이야기를 환기시켜 송이가 스스로에 대한 연민을 표하게 한다.
심양강 거문고 뜯던 여인이 백낙천을 만난 이야기
'나는 어찌 박명하여 ~ 가련하지 아니할까.'
⋯› 달은 백낙천을 만나 마음속에 맺힌 말을 세세히 풀었던 '심양강 거문고 뜯던 여인'의 이야기를 환기시킴으로써, 송이로 하여금 이야기 속의 여인과 달리 마음속에 있는 말을 풀어 내지 못하는 자신의 처지에 대한 연민을 드러내게 하고 있다.

② 자연물의 다양한 소리와 어울려 송이의 외로움을 심화한다.
기러기 소리, 두견 소리, 낙엽 소리 / '심회를 돕는지라.'
⋯› 달은 기러기가 짝을 찾아 날아가는 소리, 두견이 우는 소리, 쓸쓸한 낙엽 소리 등 자연물의 다양한 소리와 어울려 '독수공방에 눈물로 세월을 보내는' 송이의 외로움을 심화하고 있다.

③ 송이가 자신의 심사를 들추어내어 감정을 토로하는 인격화된 상대이다.
'달아, 너는 내 심사를 알리라.'
⋯› 송이는 달에 인격을 부여하여 '달아, 너는 내 심사를 알리라.'라고 말을 건네면서 자신의 서글픈 감정을 토로하고 있다.

⑤ 송이에게 필성과의 추억을 떠올리게 하면서 재회를 기약*할 수 없는 현재 상황을 부각한다.
달 아래에서 장필성을 만난 추억 / '달은 다시 보건마는 님은 어찌 못 보는고.'
⋯› 달은 송이로 하여금 달 아래에서 장필성을 만난 추억을 떠올리게 하는 한편, 다시 볼 수 있는 달과 달리 필성과의 만남을 기약할 수 없는 현재의 상황을 부각하고 있다.

* 기약(期約): 때를 정하여 약속함. 또는 그런 약속 예 언제 만난다는 기약도 없이 그들은 헤어졌다.

03

정답률 87%

ⓐ와 ⓑ에 대한 설명으로 가장 적절한 것은?
ⓐ: 공사 문첩 한 장, ⓑ: 두루마리

정답인 이유

③ ⓐ를 본 송이는 필성이 가까운 곳에 있음을 알게 되고, ⓑ에 필성을 만나지 못하는 마음을 풀어낸다.
○ → 필적을 보고 필성이 이방이 되었음을 알게 됨.
○ → '추풍감별곡'으로 마음을 풀어냄.
⋯› ⓐ에서 장필성의 필적을 본 송이는 필성이 공청에 드나들지도 모른다고 추측하고, 감사의 대답을 통해 실제로 필성이 자신과 가까운 곳에서 이방으로 일하고 있음을 알게 된다. 그리고 감사는 송이가 ⓑ에 '추풍감별곡'을 쓴 것을 발견하는데, '추풍감별곡'은 송이가 장필성을 만나지 못해 슬프고 그리운 마음을 풀어낸 것이다.

오답인 이유

① ⓐ에 대해 대화하며 송이의 그리움을 눈치챈 감사는, ⓑ를 읽으며 그 대상이 필성임을 알게 된다.
⋯› 감사는 이방이 바뀌었냐는 송이의 질문에 그렇다고 대답했을 뿐, ⓐ에 대해 대화하며 송이의 그리움을 눈치채지는 못했다. 또한 감사가 ⓑ를 읽으며 송이가 그리워하는 대상이 필성임을 알게 되었는지는 이 글에서 확인할 수 없다.

② ⓐ를 작성한 사람에 대한 궁금증을 갖게 된 송이는, ⓑ를 통해 자신의 궁금증을 필성에게 알린다.
⋯› 송이가 ⓐ를 작성한 사람이 필성인지 궁금해한 것은 사실이다. 하지만 이러한 자신의 궁금증을 ⓑ에 적지는 않았다. ⓑ에는 필성을 그리워하는 송이의 마음이 담겨 있다.

④ ⓐ를 감사로부터 전달받은 필성은 송이의 마음을 알게 되고, ⓑ를 쓰면서 송이에 대한 자신의 그리움을 드러낸다.
⋯› 필성이 감사로부터 ⓐ를 전달받은 것이 아니라, 필성이 ⓐ를 작성하여 감사에게 전달한 것이다. 또한 ⓑ는 필성이 아니라 송이가 쓴 것이다.

⑤ ⓐ를 보면서 필성이 자신을 찾고 있음을 알게 된 송이는, ⓑ를 쓰면서 필성과 재회하고자 하는 의지를 드러낸다.
⋯› ⓐ는 관청에서 공무상 작성하는 문서이므로 송이가 이를 읽고 필성이 자신을 찾고 있음을 알게 되었다는 설명은 적절하지 않다. 송이는 ⓐ를 보고 이를 작성한 이가 필성일 것이라고 추측했을 뿐이다. 또한 송이는 ⓑ에 필성을 그리워하는 마음을 담았을 뿐, 필성과 재회하고자 하는 의지를 드러내지는 않았다.

04

정답률 80%

〈보기〉를 참고하여 ㉠~㉤을 이해한 내용으로 적절하지 않은 것은? [3점]

〈보기〉

소설에서 시간 표지는 배경을 지시할 뿐 아니라, 우연하게 일어날 수 있는 사건들에 개연성을 부여하거나 사건의 전개나 장면의 전환 등에 관여된 서사적 정보를 제시하기도 한다. 또한 장면을 제시하는 것은 물론 서로 다른 장면을 연결하거나, 사건이 요약적으로 제시되었음을 가늠하게 하는 등 서사의 주요 요소들을 보조하는 기능을 한다.

(소설 속 시간 표지의 기능 ①, 기능 ②, 기능 ③, 기능 ④, 기능 ⑤, 기능 ⑥)

정답인 이유

③ ㉢은 공청에서 일어난 최근의 변화에 송이가 주목하고 있음을 보여 주는 한편, 송이가 공청의 일을 돕게 되기까지의 과정이 요약적으로 제시되었음을 드러낸다.
(○ / × → ㉢은 송이가 공청의 일을 돕게 된 이후의 시간)

⋯› ㉢은 '이제까지의 매우 짧은 동안'을 지칭하는 시간 표지로, 송이가 최근에 공사 문첩의 글씨가 바뀐 일에 주목하고 있음을 보여 준다. 하지만 송이가 공청의 일을 돕게 된 것은 '요사이'에 일어난 일이 아니라 그 이전에 일어난 일이므로, ㉢이 송이가 공청의 일을 돕게 되기까지의 과정을 요약적으로 제시한다고 보기는 어렵다.

오답인 이유

① ㉠은 우연으로 보이는 감사의 이방 선발이, 필성이 송이와 만나기 위해 애써 왔던 시간과 맞물려 있음을 드러냄으로써 필성의 관아 입성에 개연성*을 부여한다.

⋯› ㉠은 감사가 문필이 있는 이방을 구하던 시기와 필성이 송이와 만나기 위해 힘쓰던 시기가 맞물려 있음을 드러냄으로써 필성의 관아 입성에 개연성을 부여한다고 볼 수 있다.

* 개연성(蓋然性): 절대적으로 확실하지 않으나 아마 그럴 것이라고 생각되는 성질 예 이 교통사고는 운전자의 부주의로 일어났을 개연성이 높다.

② ㉡은 평범한 일상을 지내던 송이와 감사의 대화를 통해 중요한 서사적 정보가 드러난 시간을 부각하여, 필성과 재회하고자 하는 송이의 바람을 심화하게 되는 서사적 전환에 관여한다.

⋯› ㉡은 평범한 일상을 지내던 송이가 공사 문첩을 작성한 것이 필성이라는 정보를 알게 된 시간을 부각하여, 필성과 재회하고자 하는 송이의 바람이 심화하게 되는 서사적 전환에 관여했다고 볼 수 있다.

④ ㉣은 송이와 필성의 만남이 이루어지지 않은 상태에서 상당한 시간이 흘렀음을 드러내면서, 송이와 필성이 가진 그리움의 깊이를 함축한 서사적 정보로 기능한다.

⋯› ㉣은 송이와 필성이 만나지 못한 채 반년이라는 긴 시간이 흘렀음을 드러내는 동시에, 그 시간 동안 송이와 필성의 그리움이 더욱 깊어졌음을 함축하는 기능을 한다고 볼 수 있다.

⑤ ㉤은 감사의 사람됨과 감사가 잠을 이루지 못하는 이유를 관련짓게 하는 한편, 흐느껴 울던 송이를 감사가 발견하는 사건의 시간적 배경을 지시한다.

⋯› ㉤은 감사가 잠을 이루지 못하는 이유가 백성과 나라에 대한 걱정 때문임을 드러내는 한편, 그렇게 잠을 이루지 못하는 상황에서 흐느껴 울던 송이를 발견하는 사건의 시간적 배경을 지시한다고 볼 수 있다.

고전 소설 10 최고운전

▶ 문제편 170~172쪽

정답 | 01 ② 02 ② 03 ⑤

[01~03] 다음 글을 읽고 물음에 답하시오. 2021 수능

제대로 작품 분석 ▶〈보기〉에서 적절한 것을 골라 넣으며 작품을 분석해 보자.

승상 나업은 딸 하나가 있었다. 재예(才藝)(재능과 기예)가 당대에 빼어났다. 아이는 이 말을 듣고 헌 옷으로 갈아입고(1) 거울 고치는 장사라 속여 승상 집 앞에 가서 "거울 고치시오!"라 외쳤다. 소저는 이 말을 듣고 **거울**을 꺼내 유모에게 주어 보냈다. 소저는 유모 뒤를 따라 바깥문 안쪽까지 나가 문틈으로 엿보았다. 장사가(최치원) 소저의 얼굴을 언뜻 보고 반해, 손에 쥐었던 **거울**을 일부러 떨어뜨려 깨뜨렸다(일부러 거울을 깨뜨린 이유 / ① 승상의 집안으로 들어가는 계기 ② 파경노라는 이름을 얻는 계기). 유모가 놀라 화내며 때리자 장사가 울며 말했다.

"거울이 이미 깨졌거늘 때려 무엇 하세요? 저를 노비로 삼아 거울값을 갚게 해 주세요."(소저에게 반하여 승상 집 노비로 들어가려는 적극적인 태도를 보임.)

유모가 들어가 이를 승상께 아뢰니 허락하였다. 승상은 그의 이름을 거울을 깨뜨린 노비라는 뜻으로('파경노'의 의미) 파경노(破鏡奴)라 짓고 말 먹이는 일을 시켰다. 말들은 저절로 살쪄 여윈 것이 하나도 없었다(최치원의 신이한 능력 ①). ▶ 최치원이 승상 집의 노비가 됨.

하루는 천상의 선관들이 구름처럼 몰려와 말 먹일 꼴을 다투어 그에게 주었다(2). 이에 파경노는 말들을 풀어놓고 누워만 있었다. 날이 저물어 말들이 파경노가 누워 있는 곳에 와 그를 향해 머리를 숙이며 늘어서자 보는 자마다 모두 기이하게 여겼다(승상 부인이 최치원의 비범성을 알아차리게 되는 계기). 승상 부인은 이 말을 듣고 승상에게 말했다.

"파경노는 용모가 기이하고 탄복할(매우 감탄하여 마음으로 따름.) 일이 많으니 필시 비범한 사람일 것입니다. 마부 일도, 천한 일도 맡기지 마세요."(최치원의 비범함을 알아챈 승상 부인의 조언)

승상이 옳게 여겨 그 말을 따랐다. 이전에 승상은 동산에 꽃과 나무를 많이 심었는데, 파경노에게 이를 기르게 했다. 이때부터 동산의 **화초**가 무성하며 조금도 시들지 않아, 봉황이 쌍쌍이 날아들어 꽃가지에 깃들었다(3). ▶ 최치원이 종살이를 하며 비범함을 드러냄.

열흘이 지났다(시간의 순차적 흐름). 파경노는 소저가 동산의 **꽃**을 보고 싶으나 파경노가 부끄러워 오지 못한다는 말을 들었다. 이에 파경노는 승상을 뵙고 말했다.

"제가 이곳에 온 지 여러 해 지났습니다. 한 번도 노모를 뵙지 못했으니, 노모를 뵙고 올 말미를 주십시오."(소저가 마음 놓고 동산에 올 수 있게 함. – 소저와 만나기 위한 기지 발휘)

승상은 닷새를 주었다. 소저는 파경노가 귀향했다는 소식을 듣고 동산에 들어와 꽃을 보고,

"꽃이 난간 앞에서 웃는데 소리는 들리지 않네."라고 시를 지었다. 파경노는 꽃 사이에 숨어 있다가,(소저를 만나기 위해 동산에 숨어 기다림.)

"새가 숲 아래서 우는데 눈물 보기 어렵네."라고 시로 화답했다(소저와 교감하며 마음을 얻고자 함.). 소저가 부끄러워 얼굴을 붉히며 돌아갔다. ▶ 최치원이 기지를 발휘하여 동산에서 소저와 만남.

[중략 부분의 줄거리] 「중국 황제는 신라 왕에게 석함을 보내, 그 안에 있는 물건을(달걀) 알아내 시를 지어 올리라 명한다.」(「 」: 신라를 공격할 구실을 찾기 위한 횡포) 신라 왕은 이를 해결하지 못하고 나업에게 과업을 넘긴다.

나업은 집으로 돌아와 석함을 안고 통곡했다(석함 속의 물건을 알아내어 시를 지으라는 왕의 명을 해결하기가 막막하고 절망스러움.). 파경노는 이 말을 듣고 사람들에게 왜 우는지를 물었다. 사람들이 모두 말해 주자, 자못 기쁨을 띠(석함 속 물건의 정체를 알아 문제 해결이 가능함. → 소저와 결혼할 수 있는 기회라 여겨 기뻐함.)

며 꽃가지를 꺾어 외청으로 갔다.

소저가 슬피 울다가 문득 벽에 걸린 **거울**에 비친 그림자를 보았다. 속으로 놀라 창틈으로 엿보니 파경노가 **꽃**을 들고 서 있었다. 소저가 이상히 여겨 묻자, 시치미를 떼며 말했다.

최치원의 존재감을 인식함.
소저를 위로하고 자신의 마음을 전달하는 수단

"그대가 이 꽃을 보고 싶다 하여 그대를 위해 가져 왔소. 시들기 전에 받아 보시오."

소저가 한숨을 크게 쉬니, 파경노가 위로하며 말했다.

아버지가 처한 위기로 인해 근심함.

"거울 속에 비친 이가 반드시 그대 근심을 없애 줄 것이오. 근심치 말고 꽃을 받으시오."

최치원 / 문제 해결에 대한 자신감을 내비침.

소저가 꽃을 받고 부끄러워하며 안으로 들어갔다.

▶ 승상이 근심하는 원인을 알게 된 최치원이 소저를 찾아가 위로함.

얼마 뒤 소저는 파경노의 말을 괴이히 여겨 승상께 말했다.

"파경노가 비록 어리지만 재주가 남보다 뛰어나고, 신인(神人)의 기운이 있어 석함 속의 물건을 알아내어 **시**를 지을 수 있을 것입니다."

신과 같이 신령하고 숭고한 사람 / 판단의 근거 / 판단의 내용

승상이 말했다.

"너는 어찌 쉽게 말하느냐? 만약 파경노가 할 수 있다면 나라의 이름난 선비 가운데 한 명도 시를 짓지 못해 이 석함을 나에게 맡겼겠느냐?"

최치원의 능력을 신뢰하지 않는 승상

소저가 말했다.

"뱁새는 비록 작지만 큰 새매를 살린다 합니다. 그가 비록 노둔하나 큰 재주를 지니고 있는지 어찌 알겠습니까?"

둔하고 어리석어 미련하나

이어서 파경노가 걱정하지 말라고 했음을 고했다.

"만약 그가 시를 지을 수 없다면 어찌 그런 말을 냈겠습니까? 원컨대 그를 불러 시험 삼아 시를 짓게 하소서."

최치원의 능력을 신뢰하는 소저 / 사건의 해결 방안 제시

▶ 소저가 최치원에게 시를 짓게 하자고 승상에게 말함.

승상이 파경노를 불러 구슬리며 말했다.

"만약 이 석함 속의 물건을 알아내 시를 짓는다면 후한 상을 줄 것이며, 마땅히 네 뜻을 이루어 주겠다."

「파경노가 거절하며 말했다.

「 」: 궁극적 목적(소저와의 결혼)을 이룰 기회를 얻기 위해 승상의 제안을 거절하는 기지를 발휘함.

"비록 후한 상을 준다 한들 제가 어찌 시를 짓겠습니까?"」

거짓으로 시를 못 짓는 체함.

소저가 이 말을 듣고 승상에게 말했다.

"살고 싶고 죽기 싫은 것이 인지상정입니다. 옛날에 어떤 이가 사형을 당하게 되었을 때, 그에게 '네가 만약 시를 짓는다면 내 마땅히 사면해 주겠다.' 했습니다. 그 사람은 무식한 이였으나 그 명을 따랐습니다. 하물며 파경노는 문학이 넉넉해 시를 지을 수 있지만 거짓으로 못 하는 체하고 있습니다. 「지금 아버님께서 그를 겁박하시면 어찌 삶을 좋아하고 죽음을 싫어하는 마음이 없어 복종치 않겠습니까?"」

사람이면 누구나 가지는 보통의 마음 / 죄를 용서하여 형벌을 면제함. / 4 / 으르고 협박함.

「 」: 최치원을 겁박해서라도 시를 짓게 하라고 권함.

승상이 그럴 듯하다 여기고 파경노를 불렀다.

▶ 승상의 권유에 최치원이 시 짓기를 거절함.

– 작자 미상, 〈최고운전〉

❖ 제대로 작품 분석의 〈보기〉

㉠ 최치원의 신이한 능력 ②
㉡ 속임수가 들통나지 않도록 하기 위함. – 치밀한 면모
㉢ 최치원이 초월적 존재에게 도움을 받는 인물임을 보여 줌.
㉣ 동산에서 최치원이 시로 화답했던 경험으로 미루어 판단한 내용

❖ 제목의 의미

역사적 실존 인물인 최치원을 주인공으로 하여 그의 일생을 허구적으로 형상화한 영웅 소설이다. 최치원은 신라 말기의 학자로, '고운(孤雲)'은 그의 또 다른 이름이다. 작품에서 최치원은 적강 영웅으로서 뛰어난 능력을 발휘하여 당나라의 위협을 제압하는 인물로 그려져 있다. 이처럼 지략과 도술로 위기를 해결하고 승리하는 최치원의 영웅적 행적을 통해, 우리 민족의 우월성을 드러내고 민족의 자긍심을 고취하고 있다고 볼 수 있다.

❖ 전체 줄거리

최치원은 금돼지의 아들이라 하여 출생 후 버려졌으나, 선녀에게 보호받고 하늘에서 내려온 선비들에게 글을 배운다. 최치원이 12세가 되었을 때, 중국 황제가 달걀을 넣고 봉한 함을 신라에 보내 그 안에 든 것을 알아내어 시를 지어 올리라 한다. 최치원은 승상의 딸인 운영과 혼인하는 것을 조건으로 하여, 상자 속에 든 것을 소재로 시를 지어 올린다. 중국 황제는 최치원이 장차 중국에 위협이 될 것을 우려하여 그를 죽이려고 중국으로 부른다. 최치원은 지략과 도술로 모든 장애를 해결하고 과거에도 급제한다. 마침 황소의 난이 일어나자 최치원은 문장을 지어 적장의 항복을 받는다. 그러나 이를 시기한 중국 신하들의 모함으로 유배를 가게 되고, 몇 차례의 위기를 도술로 모면한 뒤 신라로 돌아와 가야산의 신선이 된다.

❖ 핵심 정리

- 갈래: 영웅 소설, 설화 소설
- 성격: 영웅적, 설화적, 전기적
- 배경: 시간 – 신라 말기
  공간 – 신라와 중국 땅
- 주제: 최치원의 영웅적 면모와 민족의 자긍심 고취
- 특징: ① 역사적 실존 인물을 주인공으로 함. ② 민담·전설·신화적인 요소를 수용하여 다양한 설화를 바탕으로 이야기를 전개함.

제대로 감상법 모범 답안

작자 미상, 〈최고운전〉

❶ 파경노 ❷ 소저 ❸ 시 ❹ 동산 ❺ 꽃

❖ 제대로 작품 분석

1㉡ 2㉢ 3㉠ 4㉣

01

정답률 90%

윗글의 서술상 특징으로 가장 적절한 것은?

정답인 이유

② 인물 간의 대화를 통해 사건 해결의 방안을 제시하고 있다.

⋯› 이 글에서 나업은 왕의 명으로 중국 황제가 보낸 석함 속에 어떤 물건이 들어 있는지 알아내 시를 지어 올려야 하는 상황에 처해 있다. 이를 알게 된 파경노, 즉 최치원은 소저를 찾아가 "거울 속에 비친 이가 반드시 그대 근심을 없애 줄 것이오."라고 말하며 문제 해결에 대한 자신감을 드러내고, 이후 소저는 나업에게 최치원의 재주가 뛰어남을 언급하며 그가 "석함 속의 물건을 알아내어 시를 지을 수 있을 것입니다."라고 말하였다. 이처럼 최치원과 소저의 대화, 나업과 소저의 대화를 통해 사건이 전개되면서 나업이 근심하고 있는 문제, 즉 석함 속의 물건을 알아내 시를 지어야 하는 일을 해결할 방안이 제시되고 있다.

오답인 이유

① 꿈과 현실의 교차를 통해 앞으로 일어날 사건을 암시하고 있다.

× → 현실의 사건만 다루고 있음.

⋯› 이 글에는 현실의 사건만 제시되어 있으며, 꿈과 현실이 교차되는 부분은 확인할 수 없다.

③ **인물의 희화화를 통해 사건의 반전 효과를 나타내고 있다.**
× → 인물을 희화화하지 않음.
⋯› 인물을 의도적으로 우스꽝스럽게 나타낸 부분은 확인할 수 없다.

④ **서술자의 개입을 통해 사건의 전모*를 밝히고 있다.**
× → 서술자가 개입하여 사건의 전모를 밝히지 않음.
⋯› 서술자가 개입하여 사건의 전체 내용에 대해 밝힌 부분은 확인할 수 없다.

* 전모(全貌): 전체의 모습. 또는 전체의 내용 예 그의 양심선언으로 비리의 전모가 드러났다.

⑤ **시간의 역전을 통해 사건의 진상을 밝히고 있다.**
× → 시간의 순차적 흐름에 따라 전개됨.
⋯› '열흘이 지났다.', '얼마 뒤' 등에서 알 수 있듯이 이 글은 시간의 순차적인 흐름에 따라 이야기가 전개되고 있으며, 시간의 역전은 나타나지 않는다.

02

정답률 63% | 매력적인 오답 ⑤ 18%

윗글의 내용에 대한 이해로 적절하지 않은 것은?

정답인 이유

② **깨뜨린 '거울'은 아이가 파경노라는 이름을 얻고 승상의 집안으로 들어가는 계기가 되고, 파경노가 관리한 동산의 '화초'는 승상 부인으로부터 인정받는 계기로 작용한다.**
× → 승상 부인은 파경노가 돌보는 말들에 관한 이야기를 듣고 그의 비범성을 인정함.
⋯› 아이는 일부러 깨뜨린 '거울'의 값을 갚겠다며 승상 집의 노비가 되기를 자처하였고, 이에 승상은 그에게 거울을 깨뜨린 노비라는 뜻으로 파경노라는 이름을 지어 주고 말 먹이는 일을 시켰다. 즉, 깨뜨린 '거울'은 아이가 파경노라는 이름을 얻고 승상의 집안으로 들어가는 계기가 되었다고 할 수 있다. 한편, 승상 부인은 파경노가 돌보는 말들에 관한 이야기를 듣고 그가 비범한 사람임을 알아차린다. 파경노가 관리한 동산의 '화초'는 파경노가 승상 부인으로부터 인정받는 계기가 아니라, 소저가 동산을 찾아와 파경노와 만나게 되는 계기로 작용하였다.

오답인 이유

⑤ **(매력적인 오답) 석함 속 물건에 대한 '시'는 나업에게 슬픔을 유발하는 과업이지만, 파경노에게는 소저의 슬픔을 해소시켜 줄 수 있는 수단이다.**
⋯› 석함 속 물건에 대한 '시'는 신라 왕의 명으로 나업에게 주어진 과업인데, 나업은 이를 해결하지 못해 통곡하며 슬퍼하였다. 한편, 소저는 아버지의 일로 근심하여 슬피 우는데, 파경노는 "반드시 그대 근심을 없애 줄 것이오."라고 말하며 소저의 슬픔을 해소시켜 줄 수 있다는 자신감을 내비친다.

① **유모에게 주어 보낸 '거울'은 아이가 소저의 얼굴을 보게 되는 계기를 만들고, 벽에 걸린 '거울'은 파경노가 소저에게 자신의 존재감을 드러내는 계기를 만든다.**
⋯› 소저는 '거울'을 유모에게 주어 거울 고치는 장사에게 보내고 그 뒤를 따라 나가 문틈으로 엿보았는데, 이때 아이는 소저의 얼굴을 언뜻 보게 된다. 한편, 소저는 슬피 울다가 문득 벽에 걸린 '거울'에 비친 그림자를 보고 창밖에 파경노가 있음을 알게 된다.

③ **동산의 '꽃'은 소저가 보고 싶었으나 파경노로 인해 접근하기 어렵게 된 대상이고, 파경노가 들고 서 있던 '꽃'은 소저에게 자신의 마음을 전달하기 위한 수단이다.**
⋯› 소저는 동산의 '꽃'을 보고 싶었으나 파경노가 있어 부끄러워 오지 못하였다. 한편, 소저를 찾아간 파경노는 그녀를 위해 가져 왔다고 말하며 '꽃'을 건넴으로써 자신의 마음을 드러낸다.

④ **동산에서 화답*한 '시'는 파경노가 소저와 교감하기 위해 읊은 것이고, 석함 속 물건에 대한 '시'는 파경노가 해결할 수 있다고 소저가 기대하는 과제이다.**
⋯› 동산에 숨어 있던 파경노는 소저의 시를 듣고 그녀와 교감하고자 '시'로써 화답하였다. 한편, 소저는 파경노가 석함 속 물건에 대한 '시'를 지을 수 있다고 기대하여, 파경노에게 시를 짓게 해 보라고 나업에게 권하였다.

* 화답(和答): 시(詩)나 노래에 응하여 대답함. 예 당신의 노래에 대한 화답으로 나도 노래 한 곡 하겠습니다.

03

정답률 72% | 매력적인 오답 ④ 18%

〈보기〉를 참고하여 윗글을 감상한 내용으로 적절하지 않은 것은? [3점]

〈보기〉

〈최고운전〉은 비범한 인물로서의 최치원을 형상화했다. 주인공은 문제 해결의 국면에서 치밀함, 기지, 당당함을 보인다. 또한 초월적 존재의 도움을 받으면서도 이에 전적으로 의존하지 않고 자신이 지닌 신이한 능력을 발휘하여 개인의 문제와 국가의 과제를 직접 해결한다. 이는 당대 독자들이 원했던 새로운 영웅상을 최치원에 투영하여 작품 속에서 구현한 것이다.

(비범한 인물로서 최치원의 특징 ① / 특징 ② / 특징 ③ / 작품의 문학사적 의의)

정답인 이유

⑤ **파경노가 승상의 제안을 거절하는 장면은 최치원이 보상을 추구하기보다 스스로 국가의 과제를 해결하려는 당당한 인물임을 보여 주는군.**
× → 소저를 얻고자 하는 더 큰 계획이 있었기 때문임.
⋯› 파경노가 시 짓기를 못 하는 체하며 승상의 제안을 거절한 것은 소저를 얻고자 하는 궁극적인 목적을 위해 기지를 발휘한 것으로, 보상을 추구하지 않았다고 보기 어렵다.

오답인 이유

④ **(매력적인 오답) 파경노가 노모를 핑계 삼아 말미*를 얻는 장면은 최치원이 원하는 바를 얻기 위해 기지를 발휘하는 인물임을 보여 주는군.**
⋯› 파경노가 실제로는 귀향하지 않고 동산에서 소저를 기다린 것으로 보아, 그가 소저와 만나기 위해 노모를 뵙고 오겠다는 핑계로 말미를 얻었음을 알 수 있다. 이러한 모습은 최치원이 원하는 바를 얻기 위해 기지를 발휘하는 인물임을 보여 준다.

* 말미: 일정한 직업이나 일 따위에 매인 사람이 다른 일로 말미암아 얻는 겨를 예 사장님은 직원들에게 휴가를 다녀오라며 며칠 간의 말미를 주었다.

① **아이가 헌 옷으로 바꾸어 입고 거울 고치는 장사라 속이는 장면은 최치원이 치밀한 면모를 지닌 인물임을 보여 주는군.**
⋯› 아이가 헌 옷으로 바꾸어 입은 것은 거울 고치는 장사로 위장한 속임수가 들키지 않도록 하기 위한, 치밀한 행동으로 볼 수 있다.

② **파경노에게 선관들이 몰려와 말먹이를 가져다주는 장면은 최치원이 초월적* 존재에게 도움을 받는 인물임을 보여 주는군.**

⋯→ 천상의 선관들이 말을 돌보는 파경노를 위해 말먹이를 가져다주는 것은 파경노가 천상계의 도움을 받는 인물임을 보여 준다.

* 초월적(超越的): 어떠한 한계나 표준, 이해나 자연 따위를 뛰어넘거나 경험과 인식의 범위를 벗어나는. 또는 그런 것 예 그녀는 힘든 일이 있을 때마다 종교적인 권위나 초월적인 힘에 의지했다.

③ **파경노가 기른 뒤로 화초가 시들지 않아 봉황이 날아드는 장면은 최치원이 신이한 능력을 지닌 인물임을 보여 주는군.**

⋯→ 파경노가 기른 뒤로 동산의 화초가 무성하고 조금도 시들지 않아 봉황이 날아드는 것은 그의 신이한 능력과 비범성을 보여 준다.

고전소설 11 심청전

▶ 문제편 173~175쪽

정답 | 01 ⑤ 02 ② 03 ③

[01~03] 다음 글을 읽고 물음에 답하시오. 2021 9월 모의평가

제대로 작품 분석 ▶〈보기〉에서 적절한 것을 골라 넣으며 작품을 분석해 보자.

심청이 왈,

「"나는 이 동네 사람이러니, 우리 부친 앞을 못 봐 '공양미 삼백 석을 지성으로 불공하면 눈을 떠 보리라.' 하되 가난하여 장만할 길이 전혀 없어 내 몸을 팔려 하니 어떠하뇨?"」 (「 」: 공양미 삼백 석을 마련하기 위해 자신을 희생하려는 심청)

뱃사람들이 이 말을 듣고,

"효성이 지극하나 가련하다."

하며 허락하고, 즉시 쌀 삼백 석을 몽운사로 보내고,

"금년 삼월 십오 일에 배가 떠난다." ▶ 남경 선인들에게 자신을 팔기로 한 심청

하고 가거늘 심청이 부친께,

"공양미 삼백 석을 이미 보냈으니 이제는 근심치 마옵소서."

심봉사 깜짝 놀라,

"너 그 말이 웬 말이냐?"

「심청같이 타고난 효녀가 어찌 부친을 속이랴마는 어찌할 수 없는 형편이라」 (「 」: 편집자적 논평) 잠깐 ㉠거짓말로 속여 대답하길, (심청은 불가피하게 거짓말을 선택함.)

"장승상댁 노부인이 일전에 저를 수양딸로 삼으려 하셨으나 차마 허락지 아니하였는데, 지금 공양미 삼백 석을 주선할 길이 전혀 없어 이 사연을 노부인께 여쭌즉 쌀 삼백 석을 내어 주시기에 수양딸로 가기로 했나이다." (심봉사를 안심시키기 위해 선의의 거짓말을 함.)

하니 「심봉사 물색 모르고 이 말 반겨 듣고, (물색: 어떤 일의 까닭이나 형편)

"그렇다면 고맙구나. 그 부인은 일국 재상의 부인이라 아마도 다르리라. 복이 많겠구나. 저러하기에 그 자제 삼 형제가 벼슬길에 나아갔으리라. 그러하나 양반의 자식으로 몸을 팔았단 말이 이상하다마는 장승상댁 수양딸로 팔린 거야 관계하랴. 언제 가느냐?"

"다음 달 보름에 데려간다 하더이다."

"어, 그 일 매우 잘 되었다."」 (「 」: 심청의 말을 의심 없이 받아들이는 심봉사) ▶ 심봉사를 안심시키기 위해 거짓말을 하는 심청

심청이 그날부터 곰곰이 생각하니, 눈 어두운 백발 부친 영영 이별하고 (자신이 죽은 후 홀로 남겨질 아버지를 걱정함.) 죽을 일과 사람이 세상에 나서 십오 세에 죽을 일이 (자신의 죽음을 생각하며 걱정함.) 정신이 아득하고 일에도 뜻이 없어 식음을 전폐하고 근심으로 지내더니 다시금 생각하되,

'엎질러진 물이요, 쏘아 놓은 화살이다.'

날이 점점 가까워 오니,

'이러다간 안 되겠다. 내가 살았을 제 부친 의복 빨래나 하리라.' (자신의 효행으로 아버지가 홀로 남겨지게 되는 모순적 상황을 대비함.)

하고 「춘추 의복 상침 겹것, 하절 의복 한삼 고이 박아 지어 들여 놓고, 동절 의복 솜을 넣어 보에 싸서 농에 넣고, 청목으로 갓끈 접어 갓에 달아 벽에 걸고, 망건 꾸며 당줄 달아 걸어 두고,」 (「 」: 심청이 아버지를 위해 한 일 열거 – 심청의 정성을 보여 줌.) 행선 날을 세어 보니 하룻밤이 남은지라. 밤은 깊어 삼경인데 (삼경: 밤 열한 시에서 새벽 한 시 사이) 은하수 기울어졌다. 촛불을 대하여 두 무릎

마주 꿇고 머리를 숙이고 한숨을 길게 쉬니, 아무리 효녀라도 마음이 온전할쏘냐. (편집자적 논평)

'아버지 버선이나 마지막으로 지으리라.'

하고 바늘에 실을 꿰어 드니 가슴이 답답하고 두 눈이 침침, 정신이 아득하여 하염없는 울음이 간장으로조차 솟아나니, 부친이 깰까 하여 크게 울지 못하고 흐느끼며 얼굴도 대어 보고 손발도 만져 본다.

▶ 아버지가 홀로 남겨질 상황을 대비하는 심청

(중략)

[A]

「황후 반기시사 가까이 입시하라 하시니 상궁이 명을 받아 심봉사의 손을 끌어 별전으로 들어갈 새 심봉사 아무란 줄 모르고 겁을 내어 걸음을 못 이기어」 별전에 들어가 계단 아래 섰으니 심 맹인의 얼굴은 몰라볼레라 백발은 소소하고 황후는 삼 년 용궁에서 지냈으니 부친의 얼굴이 가물가물하여 물으시길,

(심청이 황후가 됨. / 입시: 대궐에 들어가서 임금을 뵙던 일 / 「」: 3 / 시간이 많이 흐르고 아버지도 늙어 한번에 알아보지 못함.)

"처자 있으신가?" (4)

심봉사 땅에 엎드려 눈물을 흘리면서,

"아무 연분에 상처하옵고 초칠일이 못 지나서 어미 잃은 딸 하나 있삽더니 눈 어두운 중에 어린 자식을 품에 품고 동냥젖을 얻어먹여 근근 길러 내어 점점 자라나니 효행이 출천하여 옛사람을 앞서더니 요망한 중이 와서 '공양미 삼백 석을 시주하오면 눈을 떠서 보리라.' 하니 신의 여식이 듣고 '어찌 아비 눈 뜨리란 말을 듣고 그저 있으리오.' 하고 달리 마련할 길이 전혀 없어 신도 모르게 남경 선인들에게 삼백 석에 몸을 팔아서 인당수에 제물이 되었으니 그때 십오 세라. 눈도 뜨지 못하고 자식만 잃었사오니 자식 팔아먹은 놈이 세상에 살아 쓸데없으니 죽여 주옵소서."

(연분: 일 년 중의 어떤 때 / 출천: 하늘이 냄. / 5)

황후 들으시고 슬피 눈물 흘리시며 그 말씀을 자세히 들으심에 정녕 부친인 줄은 아시되 부자간 천륜에 어찌 그 말씀이 그치기를 기다리랴마는 자연 말을 만들자 하니 그런 것이었다. 그 말씀을 마치자 황후 버선발로 뛰어 내려와서 부친을 안고,

(심봉사의 말을 듣고 자신의 아버지임을 앎. / 편집자적 논평)

"아버지, 제가 그 심청이어요."

심봉사 깜짝 놀라,

"이게 웬 말이냐?"

하더니 어찌나 반갑던지 뜻밖에 두 눈에 딱지 떨어지는 소리가 나면서 두 눈이 활짝 밝았으니, 그 자리 맹인들이 심봉사 눈 뜨는 소리에 일시에 눈들이 '희번덕, 짝짝' 까치 새끼 밥 먹이는 소리 같더니, 뭇 소경이 천지 세상 보게 되니 맹인에게는 천지개벽이라.

(심봉사의 개안이 뒤늦게 실현됨. – 결말이 보다 극적인 양상을 띰.)

▶ 심청과 상봉하고 눈을 뜨는 심봉사

– 작자 미상, 〈심청전〉

❖ 제대로 작품 분석의 〈보기〉

㉠ 황후의 반가운 감정과 심봉사의 두려운 감정이 대비됨.
㉡ 아버지와의 이별을 걱정하면서도 자신의 결정을 수용함.
㉢ 심봉사에게 장승상댁 노부인이 낯설지 않은 존재임을 보여 줌.
㉣ 가족에 관한 질문 – 황후가 심봉사의 정체를 확인하는 계기가 됨.
㉤ 심청이 희생되었음에도 자신이 눈을 뜨지 못한 모순적 상황에 대한 자책

❖ 제목의 의미

판소리 〈심청가〉가 소설로 정착된 판소리계 소설로, 심봉사를 위한 심청의 희생과 환생, 심봉사가 눈을 뜨게 되는 과정을 그리고 있다. 아버지를 위한 심청의 희생은 유교적 효(孝) 사상을, 인당수에 던져진 심청의 환생은 불교의 인과응보(因果應報) 사상을 반영한 것이다.

❖ 전체 줄거리

송나라 말년 황주 도화동에 심학규라는 봉사가 곽 씨 부인과 살고 있었다. 곽 씨 부인은 딸 심청을 낳은 후 7일 만에 죽고, 마을 사람들의 도움으로 자란 심청은 눈이 먼 아버지를 극진히 봉양한다. 어느 날 심봉사는 공양미 삼백 석을 시주하면 눈을 뜰 수 있다는 화주승의 말에 시주를 약속하고 고민에 빠진다. 아버지의 고민을 알게 된 심청은 남경 상인들에게 공양미 삼백 석을 받기로 하고 자신의 몸을 제물로 바치기 위해 인당수에 뛰어든다. 바다에 뛰어든 심청은 용궁에서 후한 대접을 받은 후 연꽃을 타고 다시 인간 세상으로 돌아온다. 심청이 탄 연꽃을 남경 상인들이 천자에게 바치고, 천자는 심청을 아내로 맞이한다. 황후가 된 심청은 아버지를 찾기 위해 맹인 잔치를 벌인다. 맹인 잔치에 참석한 심봉사는 심청과 상봉한 후 눈을 뜬다.

❖ 핵심 정리

- 갈래: 판소리계 소설, 윤리 소설
- 성격: 교훈적, 비현실적, 우연적
- 배경: 시간 – 송나라 말
  공간 – 황주 도화동, 인당수, 황궁 등
- 주제: 부모에 대한 지극한 효성
- 특징: ① 판소리로 가창되다 고전 소설로 정착한 판소리계 소설임. ② 여러 배경 사상이 융합되어 나타남. ③ 현실계와 환상계의 이원적 구조가 드러남.

제대로 감상법 모범 답안

작자 미상, 〈심청전〉

❶ 심청 ❷ 심봉사 ❸ 공양미 삼백 석 ❹ 별전

❖ 제대로 작품 분석

1㉢ 2㉡ 3㉠ 4㉣ 5㉤

01

정답률 81%

㉠에 대한 이해로 적절하지 않은 것은?

정답인 이유

⑤ '심봉사'가 ㉠을 듣고 한 말에서, ㉠이 '심청'과 '심봉사' 사이의 갈등을 해소하는 단초*가 됨을 알 수 있다. (× → 심청과 심봉사의 갈등은 제시되지 않음.)

···› 이 글에 심청과 심봉사 사이의 외적 갈등은 나타나 있지 않다. 따라서 심청의 거짓말이 둘 사이의 갈등을 해소하는 단초가 되었다고 보기 어려우며, 심봉사가 심청의 거짓말을 듣고 긍정적 반응을 보인 것이 둘 사이의 갈등 해소를 나타낸다고 볼 수도 없다.

* 단초(端初): 일이나 사건을 풀어 나갈 수 있는 첫머리 예 ○○병원의 연구 결과는 치료제 개발의 단초가 되었다.

오답인 이유

① '심청'과 '뱃사람'의 대화 속에서, ㉠으로 감추려고 한 사건을 확인할 수 있다.

···› 심청이 뱃사람들에게 '우리 부친 ~ 내 몸을 팔려 하니 어떠하뇨?'라고 말한 부분에서 거짓말로 감추려 한 사건이 공양미 삼백 석을 장만하기 위해 뱃사람들에게 자신의 몸을 판 일임을 알 수 있다.

② '심청'이 ㉠을 결심할 때 드러나는 생각에서, '심청'이 불가피하게 ㉠을 선택했음을 알 수 있다.

···› '심청같이 타고난 효녀가 어찌 부친을 속이랴마는 어찌할 수 없는 형편이라' 거짓말을 결심했다는 서술에서 심청이 불가피하게 아버지에게 거짓말을 하게 되었음을 알 수 있다.

③ ㉠을 전후하여 진행된 '심청'과 '심봉사'의 대화에서, ㉠에 등장하는 인물이 '심봉사'에게 낯설지 않은 존재임을 알 수 있다.

…› 심청이 장승상댁 노부인이 자신을 수양딸로 삼았다는 거짓말을 하자 심봉사는 '그 부인은 일국 재상의 부인이라 ~ 그 자제 삼 형제가 벼슬길에 나아갔으리라.'라며 자신이 알고 있었던 내용을 말하고 있다. 이를 통해 장승상댁 노부인이 심봉사에게 낯설지 않은 존재임을 확인할 수 있다.

④ '심봉사'가 ㉠을 듣고 보인 반응에서, ㉠이 '심봉사'에게 의심 없이 받아들여졌음을 확인할 수 있다.

…› 심청의 거짓말을 들은 심봉사는 '물색 모르고' 이 말을 반겨 듣고 있다. 또한 심청이 장승상댁에 간다는 것을 기정사실화하여 '언제 가느냐?'라고 묻고 있다. 이를 통해 심청의 거짓말이 심봉사에게 의심 없이 받아들여졌음을 알 수 있다.

02

정답률 90%

[A]에 대한 설명으로 가장 적절한 것은?

정답인 이유

② '심봉사'에게 가족에 관한 질문을 함으로써 '황후'가 '심봉사'의 정체를 확인할 수 있는 계기가 마련되고 있다.

…› 황후는 '심 맹인'의 정체를 확인하기 위해 그에게 '처자 있으신가?'라며 질문하고, 이 질문에 심봉사는 자신에게 딸이 하나 있다는 사실, 그 딸이 공양미 삼백 석을 마련하기 위해 인당수에 제물이 된 사실을 밝힌다. 이 대답을 통해 황후는 심봉사가 '정녕 부친인 줄' 알게 되었으므로 가족에 관한 질문이 황후가 심봉사의 정체를 확인하는 계기가 되었다고 볼 수 있다.

오답인 이유

① '황후'가 있는 별전에 '심봉사'가 들어가는 과정을 묘사함으로써 두 사람이 동일한 감정을 느끼고 있음을 보여 주고 있다.
× → 서로 다른 감정을 느낌.

…› 황후는 반가워하며 심봉사에게 가까이 입시하라고 명하지만 심봉사는 '아무란 줄 모르고 겁을 내어 걸음을 못 이기어' 별전에 들어가고 있다. 이러한 묘사는 황후는 심봉사에게 반가움을 느끼는 반면 심봉사는 두려움을 느끼고 있음을 보여 준다.

③ '심봉사'가 부인과 일찍 사별하게 된 이유를 눈물을 흘리며 언급함으로써 '심봉사'의 기구한 삶이 드러나고 있다.
× → 사별한 이유는 밝히지 않음.

…› 심봉사는 황후 앞에서 눈물을 흘리며 자신이 심청을 길러 온 내력을 말하고 있다. 이 과정에서 부인과 사별한 사실을 '아무 연분에 상처하옵고'라는 말로 간단히 언급했을 뿐 그 이유를 자세히 밝힌 것은 아니다.

④ '심봉사'가 딸에게 그녀의 의지와는 무관한 선택을 강요함으로써 결국 영원히 이별하게 된 과정을 풀어내고 있다.
× → 심청이 스스로 선택함

…› 심봉사는 효심이 뛰어난 자신의 딸이 중의 말을 전해 듣고 '신도 모르게' 남경 선인들에게 몸을 팔아 인당수에 제물이 되었다고 말하고 있다. 따라서 심봉사가 딸에게 그녀의 의지와는 무관한 선택을 강요했다고 볼 수 없다.

⑤ '심봉사'가 자신의 아버지임을 알아차린 '황후'가 '심봉사'의 발언이 끝나기 전에 자신이 딸임을 밝힘으로써 상봉의 기쁨을 강조하고 있다.
× → 심봉사의 발언이 끝난 후 밝힘.

…› 심봉사가 '그 말씀을 마치자 황후 버선발로 뛰어 내려와서 부친을 안고' 자신이 심청임을 밝혔다는 서술을 통해 황후는 심봉사의 발언이 끝난 이후에 자신이 딸이라고 밝혔음을 알 수 있다.

03

정답률 90%

〈보기〉를 참고하여 윗글을 감상한 내용으로 적절하지 않은 것은? [3점]

〈보기〉

〈심청전〉은 효의 실현 과정에서 다양한 양상의 모순적 상황이 발생한다. 심청이 효를 실천하기 위해 자기희생을 선택함으로써 정작 부친 곁에 남아 있지 못하게 되는 것은 심청의 효행으로 인한 모순적 상황이다. 그리고 심청의 자기희생의 목적이었던 부친의 개안(開眼)이 뒤늦게 실현되는 것은 결말의 지연을 위해 설정된 모순적 상황이라 할 수 있다. 이러한 모순적 상황들로 인해 결말은 보다 극적인 양상을 띠게 되고 심청의 효녀로서의 면모가 더욱 강조된다.

(심청의 효행으로 인한 모순적 상황 / 결말의 지연을 위해 설정된 모순적 상황 / 모순적 상황이 만드는 효과)

정답인 이유

③ 심청이 '어찌 아비 눈 뜨리란 말을 듣고 그저 있으리오'라고 말했다는 것으로 보아, 심청은 효행 그 자체보다는 효행으로 인한 모순적* 상황을 걱정하고 있음을 알 수 있군.
×

…› '어찌 아비 눈 뜨리란 말을 듣고 그저 있으리오.'라는 말은 심청이 자기희생을 선택하게 된 까닭을 알려 줄 뿐 이 말에서 효행으로 인한 모순적 상황을 걱정하는 심청의 태도는 확인할 수 없다.

* 모순적(矛盾的): 어떤 사실의 앞뒤, 또는 두 사실이 이치상 어긋나서 서로 맞지 않는. 또는 그런 것 ㉠ 좋은 품질의 제품을 싸게 판다는 것이 모순적으로 느껴졌다.

오답인 이유

① 심청이 '눈 어두운 백발 부친'과의 '영영 이별'을 근심하면서도 이를 '다시금 생각'하는 것으로 보아, 심청은 자신의 효행으로 인한 모순적 상황을 염려하면서도 결국은 이를 수용하려* 함을 알 수 있군.

…› 부친과 '영영 이별'하는 상황이 걱정되어 '식음을 전폐하고 근심으로' 지내던 심청이 '엎질러진 물이요, 쏘아 놓은 화살이다.'라고 다시금 생각하는 것을 통해 심청이 모순적 상황을 염려하면서도 결국은 이를 수용하려 함을 알 수 있다.

* 수용하다(受容--): 어떠한 것을 받아들이다. ㉠ 남의 말을 따져 보지 않고 무비판적으로 수용하는 것은 위험한 일이다.

② 심청이 '이러다간 안 되겠다'며 '내가 살았을 제' 할 일을 생각하는 것으로 보아, 심청은 자신의 효행으로 인한 모순적 상황을 걱정하며 이를 대비하고 있음을 알 수 있군.

…› 심청이 아버지가 한 해 동안 입을 의복을 손보고 버선을 짓는 것을 통해 심청이 자신의 효행으로 인해 아버지가 홀로 남게 되는 모순적 상황을 걱정하며 이를 대비하고 있음을 알 수 있다.

④ 심봉사가 '자식만 잃었사오니'라고 말하는 것으로 보아, 심봉사는 결말의 지연을 위해 설정된 모순적 상황에 직면하여* 자책하고 있음을 알 수 있군.

…› '자식만 잃었사오니 ~ 죽여 주옵소서.'라는 심봉사의 말을 통해 그가 심청이 희생되었음에도 자신이 아직 눈을 뜨지 못한(개안이 뒤늦게 실현되는) 모순적 상황에 직면하여 자책하고 있음을 알 수 있다.

＊ 직면하다(直面--): 어떠한 일이나 사물을 직접 당하거나 접하다. 예 그 회사는 무리한 사업 확장으로 인해 자금난에 직면했다.

⑤ 심봉사가 심청과의 상봉으로 인해 '뜻밖에 두 눈'을 뜨게 되는 것으로 보아, 모순적 상황으로 인한 결말의 지연이 극적인 효과를 자아내고 있음을 알 수 있군.

···› 심봉사가 심청과 상봉함으로써 뒤늦게 눈을 뜨는 상황은 결말의 지연을 위해 설정된 모순된 상황이라고 볼 수 있으며, 이러한 상황으로 인해 결말은 보다 극적 양상을 띠게 되었다고 할 수 있다.

고전 소설 12 유씨삼대록

▶ 문제편 176~178쪽

정답 | 01 ③ 02 ④ 03 ③ 04 ③

[01~04] 다음 글을 읽고 물음에 답하시오. 2020 수능

제대로 작품 분석 ▶ <보기>에서 적절한 것을 골라 넣으며 작품을 분석해 보자.

[앞부분의 줄거리] 아들 유세기가 부모의 허락 없이 백공과 혼사를 결정했다고 여긴 선생은 유세기를 집에서 내쫓는다.
(유세기: 유씨 3대 중 2대의 중심인물 ① – 1대인 유 승상의 장남이자 선생의 양자)

백공이 왈,

"혼인은 좋은 일이라 서로 헤아려 잘 생각할 것이니 어찌 이같이 좋지 않은 일이 일어나는가? 내가 한림의 재모를 아껴 이같이 기별해 사위를 삼고자 하였더니 선생 형제는 도학군자라 예가 아닌 것을 문책하시는도다. 내가 마땅히 곡절을 말하리라."
(한림: 유세기 / 선생 형제: 유세기의 양아버지와 친아버지 / 도학군자: 도학을 닦아 덕이 높은 사람 / 곡절: 복잡한 사정이나 까닭)

이에 백공이 유씨 집안에 이르러 선생 형제를 보고 인사를 하고 나서 흔쾌히 웃으며 가로되,

"제가 두 형과 더불어 죽마고우로 절친하고 또 아드님의 특출함을 아껴 제 딸의 배필로 삼고자 하여, 어제 세기를 보고 여차여차하니 아드님이 단호하게 말하고 돌아가더이다. 제가 더욱 흠모하여 염치를 잊고 거짓말로 일을 꾸며 구혼하면서 '정약'이라는 글자 둘을 더했으니 이는 진실로 저의 희롱함이외다. 두 형께서 과도히 곧이듣고 아드님을 엄히 꾸짖으셨다 하니, 혼사에 도리어 훼방이 되었으므로 어찌 우습지 않으리까? 원컨대 두 형은 아드님을 용서하여 아드님이 저를 원망하게 하지 마오."
(백공이 유세기를 사위로 삼고자 한 이유 / 유세기가 혼인 제안을 거절함. / 유세기가 '이같이 좋지 않은 일'을 겪은 원인)

선생과 승상이 바야흐로 아들의 죄가 없는 줄을 알고 기뻐하면서 사례하여 왈,
(선생과 승상: 선생 형제)

"저희 자식이 분에 넘치게 공의 극진한 대우를 받으니 마땅히 그 후의를 받들 만하되, 이는 선조로부터 대대로 내려오는 가법이 아니기에 감히 재취를 허락하지 못하였소이다. 저희 자식이 방자함이 있나 통탄하였더니 그간 곡절이 이렇듯 있었소이다."
(후의: 남에게 두터이 인정을 베푸는 마음 / 선생 형제가 유세기에게 잘못이 없음을 알게 됨.)

백공이 화답하고 이윽고 돌아가서 다시 혼삿말을 이르지 못하고 딸을 다른 데로 시집보냈다. 선생이 백공을 돌려보낸 후에 한림을 불러 앞으로 더욱 행실을 닦을 것을 훈계하자 한림이 절을 하면서 명령을 받들었다. 「차후 더욱 예를 삼가고 배우기를 힘써 학문과 도덕이 날로 숙연하고, 소 소저와 더불어 백수해로하면서 여덟 아들, 두 딸을 두고, 집안에 한 명의 첩도 없이 부부 인생 희로를 요동함이 없더라.」
(「 」: 혼사 갈등이 해소되면서 유세기의 이야기가 마무리됨. / 소 소저: 유세기의 부인 / 희로: 기쁨과 노여움)
▶ 유세기가 혼사 갈등을 겪은 후 소 소저와 행복하게 삶.

승상의 둘째 아들 세형의 자는 문희이니, 형제 중 가장 빼어났으니 산천의 정기와 일월의 조화를 타고 태어나 「아름다운 얼굴은 윤택한 옥과 빛나는 봄꽃 같고, 호탕하고 깨끗한 풍채는 용과 호랑이의 기상이 있으며, 성품이 호기롭고 의협심이 강하여 맑고 더러움의 분별을 조금도 잃지 않으니,」 부모가 매우 사랑하여 며느리를 널리 구하더라.
(세형: 유씨 3대 중 2대의 중심인물 ② – 유 승상의 차남이자 유세기의 동생 / 「 」: 유세형의 외모와 성품 묘사)
▶ 승상이 유세형의 며느리를 구함.

(중략)

유세형의 부인. 공주를 시기하여 부정적 행실을 저지름.

화설, 장 씨 ㉠이화정에 돌아와 긴 단장을 벗고 난간에 기대어 하늘가를 바라보며 평생 살아갈 계책을 골똘히 헤아리자, 한이 눈썹에 맺히고 슬픔이 마음속에 가득하여 생각하되,

[A]

'내가 재상가의 귀한 몸으로 유생과 백년가약을 맺었으니 마음이 흡족하고 뜻이 즐거울 것이거늘, 천자의 귀함으로 한 부마를 뽑는데 어찌 구태여 나의 아름다운 낭군을 빼앗아 가 위세로써 나로 하여금 공주 저 사람의 아래가 되게 하셨는가? 도리어 저 사람의 덕을 찬송하고 은혜를 읊어 한없는 영광은 남에게 돌려보내고 구차한 자취는 내 일신에 모이게 되었도다. 우주 사이는 우러러 바라보기나 하려니와 나와 공주의 현격함은 하늘과 땅 같도다. 나의 재주와 용모가 저 사람보다 떨어지는 것이 없고 먼저 혼인 예물까지 받았는데 이처럼 남의 천대를 감심할 줄 어찌 알리오? 공주가 덕을 베풀수록 나의 몸엔 빛이 나지 않으리니 제 짐짓 능활하여 아버님, 어머님이나 시누이를 제 편으로 끌어들인다면 낭군의 마음은 이를 좇아 완전히 달라질지라. 슬프다, 나의 앞날은 어이 될고?'

(유세형 / 세형과 먼저 정혼함. → 세형이 부마가 됨. → 공주의 부탁으로 세형과 혼인함. / 장 씨가 한을 품게 된 원인 / 자신과 공주의 격차를 비유적으로 표현해 자신의 처지를 부각함. / 괴로움이나 책망 따위를 기꺼이 받아들임. / 능력이 있으면서 교활하여 / 공주에게 낭군의 마음을 빼앗길까 봐 우려함.)

생각이 이에 미치자 북받쳐 오르는 한이 마음속에 가득 쌓이기 시작하니 어찌 좋은 뜻이 나리오? 정히 눈물을 머금고 마음을 붙일 곳 없어 하더니, 문득 세형이 보라색 두건과 녹색 도포를 가볍게 나부끼며 이르러 장 씨의 참담한 안색을 보고 옥수를 잡고 어깨를 비스듬히 기대게 하며 물어 왈,

(아름답고 고운 손)

"그대 무슨 일로 슬픈 빛이 있나뇨? 나를 좇음을 원망하는가?"

장 씨가 잠시 동안 탄식 왈,

[B]

"낭군은 부질없는 말씀 마옵소서. 제가 낭군을 좇는 것을 원망했다면 어찌 깊은 규방에서 홀로 늙는 것을 감심하였사오리까? 다만 제가 귀댁에 들어온 지 오륙일이 지났으나 좌우에 친한 사람이 없고 오직 우러르는 바는 아버님, 어머님과 낭군뿐이라 어린 여자의 마음이 편안하지 못한 바이옵니다. 공주가 위에 계셔 온 집의 권세를 오로지 하시니 그 위의와 덕택이 저로 하여금 변변찮은 재주 가진 하졸이 머릿수나 채워 우물 속에서 하늘을 바라보는 것 같게 만드옵니다. 제가 감히 항거할 뜻이 있는 것이 아니나 평생의 신세가 구차하여 슬프고, 진양궁에 나아가면 궁비와 시녀들이 다 저를 손가락질하며 비웃어 한 가지 일도 자유롭게 하지 못하게 하옵고, 제 입에서 말이 나면 일천여 시녀가 다 제 입을 가리니, 공주의 은덕에 의지하여 겨우 실례를 면하고 돌아왔사옵니다." ▶ 장 씨가 자신의 처지를 한탄함.

(세형에게 지난 일에 대해 토로하며 공주를 참소함.)

부마가 바야흐로 장 씨의 외로움을 가련하게 여기고 공주의 위세가 장 씨를 억누르는 것을 좋지 않게 여기고 있다가 장 씨의 이렇듯 애원한 모습을 보자 크게 불쾌하여 장 씨를 위한 애정이 샘솟는 듯하였다. 은근하고 간곡하게 장 씨를 위로하고 그 절개와 외로움에 감동하여 이날부터 발자취가 ㉡이화정을 떠나지 않았다. 연리지와 같은 신혼의 정은 양왕의 꿈에 빠진 듯 어지럽고, 낙천의 마음이 취한 듯 기쁘고 즐거워 바라던 바를 얻은 듯한 마음은 세상에 비할 데가 없더라.

(장 씨가 애정을 확인하는 공간 / 화목한 부부나 남녀의 사이를 비유적으로 이르는 말)

▶ 유세형이 장 씨를 위로하고 신혼의 정을 나눔.

– 작자 미상, 〈유씨삼대록〉

❖ 제대로 작품 분석의 〈보기〉

㉠ 유세기가 집에서 쫓겨난 일
㉡ 장 씨가 한탄을 드러내는 공간
㉢ 혼사 문제를 개인이 아니라 가문 차원에서 다룸.
㉣ 백공이 자신의 잘못을 밝힌 후 유세기를 용서할 것을 간청함.
㉤ 공주의 위세에 눌린 모습을 비유적으로 표현해 자신의 처지를 부각함.

❖ 제목의 의미

유씨 가문의 삼대에 관한 기록이라는 뜻으로, 유씨 3대 인물들의 이야기들을 연결한 국문 장편 가문 소설이다. 각각의 이야기는 완결성을 갖추고 있어 독립적이지만, 혼사나 그로부터 파생된 갈등이 동일한 가문 내에서 전개된다는 점에서 연결된다. 이 작품은 사대부 가문의 창달과 번영, 당대 여성들의 삶에 가해진 제약, 인생살이의 다채로운 모습을 밀도 있게 보여 준다고 평가받는다.

❖ 전체 줄거리

1대의 이야기는 중심인물인 유우성의 승진과 전장에서의 무훈이 주를 이룬다. 그리고 2대의 이야기는 유세기, 유세형, 유세창 등 유우성의 여덟 자녀가 혼인하고 출세하는 이야기, 부부 생활에서 갈등을 겪고 해소하는 이야기로 구성되어 있다. 특히 2대의 중심인물인 유세형의 결혼 생활이 큰 비중을 차지하고 있다. 또 3대의 이야기는 유세형의 아들인 관과 현 형제의 무훈과 가족 간의 갈등, 유세창의 아들인 몽의 영웅담을 중심으로 진행된다. 그중 3대의 중심인물인 유현의 두 부인이 갈등하는 모습은 진양 공주와 장 씨가 갈등하는 모습과 흡사하게 나타난다.

❖ 핵심 정리

- 갈래: 국문 소설, 가문 소설, 삼대록계 소설
- 성격: 가정적, 유교적
- 배경: 중국 명나라 때
- 주제: 유씨 가문 3대의 이야기
- 특징: ① 삼대록계 소설의 전형적인 구조를 취함. ② 세대별로 중심인물이 설정되어 있음(1대 유우성, 2대 유세형, 3대 유현). ③ 세세한 대목에서 당대의 예법을 충실히 재현함. ④ 유교적 가치를 적극적으로 담아내고 있음.

제대로 감상법 모범 답안

작자 미상, 〈유씨삼대록〉

❶ 유세기 ❷ 유세형 ❸ 정약 ❹ 이화정

❖ 제대로 작품 분석

1㉠ 2㉣ 3㉢ 4㉡ 5㉤

01

정답률 78%

이같이 좋지 않은 일에 대한 이해로 적절하지 않은 것은?

정답인 이유

③ 선생과 승상 사이에서 의견 대립이 심화된 일이다.

× → 선생과 승상은 의견 대립을 보이지 않음.

⋯› 유세기가 집에서 쫓겨나자 백공은 '이같이 좋지 않은 일'이 생겼다며 선생과 승상을 찾아가 곡절을 이야기했고, 백공의 이야기를 들은 선생과 승상은 아들이 죄가 없음을 알고 기뻐하였다. 즉, '이같이 좋지 않은 일'은 선생과 승상 사이에서 의견 대립이 심화된 일이 아니라 유세기가 집에서 쫓겨난 일을 가리킨다.

오답인 이유

① 백공의 거짓말 때문에 일어난 일이다.

···› 백공은 유세기를 딸의 배필로 삼기 위해 거짓말로 일을 꾸며 구혼하면서 '정약'이라는 글자 둘을 더했고, 이 때문에 유세기는 선생과 승상에게 문책을 당했다. 따라서 유세기가 집에서 쫓겨난 것은 백공의 거짓말 때문에 일어난 일이다.

② 백공이 한림을 곤경에 처하게 한 일이다.

···› 백공이 거짓말을 한 탓에 한림(유세기)은 선생과 승상에게 문책을 당하고 집에서 내쫓기는 곤경에 처하게 되었다.

④ 한림이 선생과 승상으로부터 꾸지람을 당한 일이다.

···› 아들인 한림이 부모의 허락 없이 백공과 혼사를 결정했다고 오해한 선생과 승상은 한림을 엄히 꾸짖고 집에서 내쫓았다.

⑤ 백공이 한림을 자신의 딸과 혼인시키려다 일어난 일이다.

···› 백공은 한림의 특출함을 아껴 딸의 배필로 삼기 위해 거짓말로 일을 꾸몄고, 그 결과 한림이 선생과 승상에게 꾸지람을 듣고 쫓겨나는 일이 일어났다.

02

정답률 87%

[A]와 [B]에 대한 설명으로 적절하지 않은 것은?

정답인 이유

④ [B]는 [A]와 달리 대화 상대의 환심*을 사기 위해 자신의 우월한 지위를 드러내고 있다.
[A]와 [B] 모두 ×

···› 공주와 유세형의 혼인으로 한을 품게 된 장 씨는 [A]에서는 독백 형식으로, [B]에서는 낭군인 유세형에게 하소연하는 형식으로 자신의 신세를 한탄하고 있다. [A]에서는 혼잣말을 하고 있으므로 아예 대화 상대가 설정되어 있지 않다. 그리고 [B]에서는 유세형이라는 대화 상대가 설정되어 있으나, 장 씨가 유세형의 환심을 사기 위해 자신의 우월한 지위를 드러내는 모습은 나타나 있지 않다. 오히려 공주의 권세로 인해 자신의 신세가 구차하게 되었다며 지위가 낮음을 한탄하고 있다.

* 환심(歡心): 기뻐하고 즐거워하는 마음 예 민수는 여자에게 온갖 선물을 사주며 환심을 구하였다.

오답인 이유

① [A]와 [B]는 모두 과거 사건에 대한 정보를 제공하고 있다.

···› [A]에서는 장 씨와 먼저 정혼했던 유세형이 부마로 간택된 사건에 대한 정보를 제공하고 있으며, [B]에서는 장 씨가 공주의 위세에 억눌리고 천대를 당했던 사건에 대한 정보를 제공하고 있다.

② [A]와 [B]는 모두 비유적 진술을 통해 자신이 처한 상황을 부각하고 있다.

···› [A]에서는 '나와 공주의 현격함은 하늘과 땅 같도다.', [B]에서는 '변변찮은 재주 가진 하졸이 머릿수나 채워 우물 속에서 하늘을 바라보는 것 같게 만드옵니다.'와 같은 비유적 진술을 통해 공주의 위세로 인해 억눌림을 당하는 장 씨의 상황을 부각하고 있다.

③ [A]는 [B]와 달리 타인에 대한 자신의 원망을 의문형 표현을 활용하여 드러내고 있다.

···› [A]에서는 '~ 나로 하여금 공주 저 사람의 아래가 되게 하셨는가?', '~ 이처럼 남의 천대를 감심할 줄 어찌 알리오?'와 같은 의문형 표현을 활용하여 공주에 대한 장 씨의 원망을 드러내고 있다. [B]에도 '~ 어찌 깊은 규방에서 홀로 늙는 것을 감심하였사오리까?'라는 의문형 표현이 나타나지만, 이는 타인에 대한 원망을 드러낸 것이 아니다.

⑤ [A]는 앞으로의 일을 추정하는, [B]는 지난 일을 토로*하는 방식으로 자신의 우려를 제시하고 있다.

···› [A]에서는 '공주가 덕을 베풀수록 ~ 낭군의 마음은 이를 좇아 완전히 달라질지라.'라고 앞으로의 일을 추정하며 장 씨의 우려를 드러내고 있다. [B]에서는 '진양궁에 나아가면 궁비와 시녀들이 ~ 일천여 시녀가 다 제 입을 가리니'라고 지난 일을 토로하며 장 씨의 우려를 드러내고 있다.

* 토로(吐露): 마음에 있는 것을 죄다 드러내어서 말함. 예 그의 횡설수설은 누이를 다시 보고픈 소망의 토로에서 비롯하였다.

03

정답률 90%

'장 씨'를 중심으로 ㉠과 ㉡을 이해한 내용으로 가장 적절한 것은?
(㉠ 이화정, ㉡ 이화정)

정답인 이유

③ ㉠은 한탄을 드러내는 공간이고, ㉡은 애정을 확인하는 공간이다.

···› ㉠에서 장 씨는 유세형이 부마가 되면서 자신의 신세가 구차해졌다고 한탄하고 있다. 따라서 ㉠은 장 씨가 한탄을 드러내는 공간이다. 장 씨의 하소연을 들은 유세형은 장 씨에 대한 애정이 샘솟아 ㉡을 떠나지 않고 신혼의 정을 나누었다. 따라서 ㉡은 장 씨가 유세형의 애정을 확인하는 공간이다.

오답인 이유

① ㉠은 학문을 연마하는 공간이고, ㉡은 덕행을 닦는 공간이다.
× → 학문을 연마하지 않음. × → 덕행을 닦지 않음.

···› 장 씨는 ㉠에서 학문을 연마하지 않았고, ㉡에서 덕행을 닦지도 않았다.

② ㉠은 불신을 드러내는 공간이고, ㉡은 조소*를 당하는 공간이다.
× → 불신을 드러내지 않음. × → 조소를 당하는 공간은 '진양궁'임.

···› 장 씨는 ㉠에서 자신의 신세를 한탄했을 뿐 타인에 대한 불신을 드러내지 않았다. 또한 ㉡에서 장 씨가 누군가에게 조소를 당하고 있지도 않다.

* 조소(嘲笑): 흉을 보듯이 빈정거리거나 업신여기는 일. 또는 그렇게 웃는 웃음 예 많은 사람들의 조소를 받으면서도 꾸준히 노력한 결과 마침내 그는 새로운 제품 개발에 성공했다.

④ ㉠은 계책*을 꾸미는 공간이고, ㉡은 외로움을 인내하는 공간이다.
× → 계책을 꾸미지 않음. × → 신혼의 정을 나누는 공간임.

···› 장 씨는 ㉠에서 계책을 꾸미지 않았다. 또한 장 씨는 ㉡에서 유세형과 신혼의 정을 나누었으므로 ㉡을 외로움을 인내하는 공간으로 볼 수 없다.

* 계책(計策): 어떤 일을 이루기 위하여 꾀나 방법을 생각해 냄. 또는 그 꾀나 방법 예 문제를 해결하기 위해 머리를 짜내 보았으나 별 뾰족한 계책이 떠오르지 않았다.

⑤ ㉠은 선후 시비를 따지는 공간이고, ㉡은 오해를 해소하는 공간이다.
× → 장 씨는 항거할 뜻이 없음. × → 장 씨는 유세형을 오해하지 않음.

…→ 장 씨는 단지 자신의 신세를 생각하며 한탄하고 있을 뿐이므로 ㉠을 선후 시비를 따지는 공간으로 볼 수 없다. 또한 장 씨가 유세형을 오해하고 있지 않으므로 ㉡을 오해를 해소하는 공간으로 볼 수도 없다.

04

정답률 73% | 매력적인 오답 ⑤ 10%

〈보기〉를 참고하여 윗글을 감상한 내용으로 적절하지 않은 것은? [3점]

〈보기〉

〈유씨삼대록〉은 유씨 3대 인물들의 이야기들을 연결한 국문 장편 가문 소설이다. 각 이야기는 그 자체로 완결성을 갖추고 있어 독립적이지만, (⑤의 근거) 혼사나 그로부터 파생된 각각의 갈등이 동일한 가문 내에서 전개된다는 점에서 연결된다. (①의 근거) 이러한 갈등은 가법이나 인물의 성격에서 유발된다. 가문의 구성원들은 혼사를 둘러싼 갈등이 가문의 안정과 번영을 저해한다고 여겼기에, 가문 차원에서 이를 해결해 간다. (②, ④의 근거)

정답인 이유

③ **유세기가 혼사와 관련한 곤욕*을 치른 것과 유세형이 공주를 멀리한 것을 보니, 가법과 인물의 성격 간의 대립이 갈등의 원인임을 알 수 있군.** (× → 백 공이 거짓말로 일을 꾸몄기 때문 / × → 장 씨를 가련하게 여겼기 때문)

…→ 유세기가 곤욕을 치른 것은 백공이 거짓말로 일을 꾸몄기 때문이지, 유세기가 실제로 가법을 어기고 부모의 허락 없이 혼사를 결정했기 때문이 아니다. 또한 유세형이 공주를 멀리한 것은 장 씨의 외로움을 가련하게 여겨서일 뿐이다. 따라서 두 사건의 갈등이 가법과 인물의 성격 간의 대립 때문에 발생한 것은 아니다.

* 곤욕(困辱): 심한 모욕. 또는 참기 힘든 일 예 그 인기 배우는 엉뚱한 구설수에 올라 곤욕을 치렀다.

오답인 이유

⑤ (매력적인 오답) **유세기가 평생 첩을 두지 않고 소 소저와 해로했다*는 것을 보니, 유세기를 둘러싼 혼사 갈등이 해소되며 이야기 하나가 마무리됨을 알 수 있군.**

…→ 〈보기〉에서 작품 속의 각 이야기는 그 자체로 완결성을 갖추고 있어 독립적이라고 하였다. 유세기를 둘러싼 혼사 갈등이 해소되고 유세기가 소 소저와 더불어 백수해로했다고 하였고, 그 이후에 승상의 둘째 아들인 유세형에 대한 이야기가 시작되고 있다. 이를 통해 하나의 완결성을 갖춘 이야기가 마무리되었음을 알 수 있다.

* 해로하다(偕老--): 부부가 한평생 같이 살며 함께 늙다. 예 60년째 해로하시는 우리 부모님을 보면 존경심이 절로 든다.

① **유세기 이야기와 유세형 이야기를 보니, 각각의 갈등이 한 가문의 혼사를 중심으로 발생한다는 점에서 두 이야기가 서로 연결되어 있음을 알 수 있군.**

…→ 〈보기〉에서 각 이야기는 혼사나 그로부터 파생된 각각의 갈등이 동일한 가문 내에서 전개된다는 점에서 연결된다고 하였다. 유세기 이야기와 유세형 이야기는 각각 독립적이면서도 유씨 가문의 혼사를 중심으로 발생한다는 점에서 서로 연결되어 있음을 알 수 있다.

② **유세기의 혼사 문제에 선생과 승상이 관여한 것을 보니, 혼사를 둘러싼 갈등 해결이 가문 구성원들의 문제로 다루어짐을 알 수 있군.**

…→ 〈보기〉에서 가문의 구성원들은 혼사를 둘러싼 갈등이 가문의 안정과 번영을 저해한다고 여겼기에 가문 차원에서 이를 해결해 간다고 하였다. 유세기의 혼사 문제에 선생과 승상이 적극적으로 관여하는 것을 통해, 혼사를 둘러싼 갈등 해결이 가문 구성원들의 문제로 다루어지고 있음을 알 수 있다.

④ **백공이 유세기를 사위 삼으려는 것과 천자가 유세형을 부마 삼은 것을 보니, 혼사가 혼인 당사자 개인의 문제에 그치지 않음을 알 수 있군.**

…→ 〈보기〉에서 혼사 문제는 가문 차원에서 해결한다고 하였다. 백공은 유세기의 의사와 상관없이 유세기를 자신의 사위로 삼으려 하였고, 천자는 유세형의 의사와 상관없이 유세형을 부마로 삼았다. 이를 통해 혼사가 혼인 당사자 개인이 아니라 가문 전체의 문제로 다루어지고 있음을 알 수 있다.

고전 소설 13 장끼전

▶ 문제편 179~181쪽

정답 | 01 ① 02 ⑤ 03 ④

[01~03] 다음 글을 읽고 물음에 답하시오. 2020 9월 모의평가

제대로 작품 분석 ▶<보기>에서 적절한 것을 골라 넣으며 작품을 분석해 보자.

「'콩알 하나 없으니 주린 처자를 어이할꼬? 어떻든 협사촌의 서대주(신흥 부호 계층을 상징하는 인물)가 도적들과 아래위 낭청을 다니며 함께 도적하여 부유하다 하니 찾아가 얻어 보리라.(식량을 얻기 위해 서대주를 찾아가려는 장끼)'

하고 협사촌을 찾아간다.」(「」: 1) 허위허위 이 산 저 산 어정어정 걸어가며 생각하되,

'이놈이 본디 큰 쥐로 도적질하는 놈(서대주에 대한 장끼의 평가)이니 무엇이라 부를꼬? 쥐라 해도 좋지 않고, 서대주라 해도 좋지 않으니, 이놈 부르기 어렵구나. 어떻든 대접함이 으뜸이라.(2)'

길을 재촉해 협사촌을 찾아 서대주 집 문 앞에서 장끼(몰락 양반을 상징하는 인물 ①) 큰기침 두 번 하고,

"서동지(벼슬 이름) 계시오?"

하며 찾으니, 이윽고 시비 쥐 나오거늘 장끼 문왈(물어 말하기를),

"이 댁이 아래위 낭청으로 다니며 관리하시는 서동지(서대주의 환심을 사는 표현) 댁이오?"

물으니 시비 답왈(답해 말하기를),

"어찌 찾으시오?"

장끼 가로되,

"잠깐 뵈오리다." ▶ 장끼가 곡식을 얻기 위해 서대주를 찾아감.

이때 서대주 자녀의 재미 보며 아내와 함께 있더니, 시비 와서 왈,

"문전에 어떤 객이 왔으되 위풍이 헌앙(軒昂)*하고 빛갓 쓰고 옥관자 붙이고(장끼를 긍정적으로 묘사하는 시비 쥐) 여차여차 동지 님을 뵈러 왔다 하나이다."

서대주 동지란 말을 듣더니 대희하여(자신의 호칭에 크게 기뻐함.) 외헌으로 청하고, 정주(頂珠) 탕건 모자 쓰고 평복으로 나아가 장끼를 맞아 예하고 자리를 정하니(3), 장끼 하는 말이,

"댁이 서동지라 하시오? 나는 양지촌 사는 화충이라고도 하고, 세상에서 부르기를 장끼라고도 혹 꿩이라고도 하는데, 귀댁을 찾아 금일 만나니 구면처럼 반갑소이다. 한 번도 뵌 적 없으나 평안하시었소?"

서대주 맹랑하다(서술자의 개입), 탕건을 어루만지며 답왈,

"존객(높고 귀한 손님)의 이름은 높이 들었더니 나를 먼저 찾아 누지(누추한 곳)에 와 주시니 황공 감사하오이다."

장끼 답왈,

"서로 찾기에 선후가 있는 것 아니니 아무커나 반갑다 못하여 진저리 나노라.(매우 반갑다는 뜻 – 과장법)"

하거늘 서대주 웃으며 온갖 음식으로 대접하고 고금사를 문답하며 장끼를 조롱하며 벗하더니, 장끼 콧소리를 내며 말하기를,

"서동지께 청할 말이 있노라. 내 본시 넉넉지 못해 오늘까지 먹지 못하다가 처음 청하온데 양미 이천 석만 빌려주시면(장끼가 서대주를 찾아온 목적) 내년 가을에 갚으리니 동지 님 생각에 어떠시오?"

서대주 웃으며 하는 말이,

"속담에 '우마(牛馬)도 초분식(草分食)하고, 산저(山猪)도 갈분식(葛分食)이라*.' 하였거든 우리 사이에 무엇이 어려우리오?(서대주가 속담을 인용하며 장끼의 부탁을 승낙함.)"

(중략)

장끼 감사함을 칭사하고 양지촌으로 돌아가니라. 이때 서대주 노비 쥐를 명하여 창고를 열고 이천 석 콩을 배로 옮겨 양지촌으로 보내니라.

▶ 장끼가 서대주의 환심을 사서 곡식을 빌림.

각설. 이때 동지촌에 딱부리(몰락 양반을 상징하는 인물 ②)란 새가 있으되 주먹볏에 흑공단 두루마기, 홍공단 끝동이며, 주둥이는 두 자나 하고 위풍이 헌앙한 짐승이라(4). 양지촌 장끼를 찾아가 오래 못 본 인사 하고 하는 말이,

"자네는 어찌하여 양식이 저리 풍족하여 쌓아 두었는가?"

장끼가 협사촌 서대주를 찾아가 양식 빌린 사연을 자세히 말하니, 딱부리 놈이 고개를 끄덕이며,

"자네 마음이 녹녹지 아니하거늘 미천한 도적놈(서대주에 대한 딱부리의 평가)을 무엇이라 찾았는가?"

장끼 답왈,

「"나도 생각이 있으나 옛글에 '교만한 자는 집이 망한다.' 했고, '남을 대접하면 내가 대접을 받는다.' 했고, 내 가난하여 빌리러 갔기로 저를 대접하여 서동지라 존칭하였더니 대희하여 후대하고 종일 문답하며 여차여차하였노라."」(「」: 장끼가 옛글을 인용하며 서대주에게 곡식을 빌린 과정을 설명함.)

하거늘 딱부리 하는 말이,

"자네 일정 간사하도다. 만일 입신양명하면 충신을 험담하여 귀양 보내고 조정을 농권하며 임금을 어둡게 하리로다.(장끼를 비판하는 딱부리 – 몰락 양반들 간에 의견 차가 있었음을 암시) 나는 그놈을 찾아가서 서대주라 하고 도적질한 말을 하면 그놈이 겁내어 만석이라도 추심(推尋)* 하리라.(5)"

장끼 답왈,

"자네 재주를 몰랐더니 오늘에야 알리로다."

▶ 딱부리가 서대주를 협박해 곡식을 추심하겠다고 함.

딱부리 웃으며 나와 협사촌을 찾아가, 구멍 앞에 나가서 생각은 많으나 이를 갈고 "서대주, 서대주." 찾으니 이윽하여 시비 쥐 나오며 하는 말이,

"뉘 집을 찾아오시니까?"

딱부리 하는 말이,

"네 명색이 무엇이냐? 이 집이 아래위 낭청으로 다니며 도적질하는 서대주(서대주의 반감을 사는 표현) 집이냐? 나는 동지촌 사는 딱장군(자기 자신을 높여 지칭함.)이니 와 계시다 일러라."

하거늘 쥐란 놈이 골을 내어 대답하고 들어가 고하니, 서대주 크게 성내고 분부하는 말이,

"어떤 놈이든지 잡아들이라."

하니 수십 명 범 같은 쥐들이 명을 듣고 딱부리를 에워싸고 결박하고 이 빰 치고 저 빰 치며 몰아가니(6) 딱부리 애걸하며 비는 말이,

"내 무슨 잘못이 있다 이리하시오? 내 손주 노릇할 터이니 놓아주고 달아났다 하시오.(해를 당하자 굴욕적인 태도로 돌변함.)"

한데 듣지 않고 잡아들여 서대주 앞에다 꿇리니 서대주 호령하되,

"이놈! 너는 어인 놈이기에 주인 찾을 때 근본을 해하여 찾으니 그중에 너 같은 놈은 만단을 내리라."

하며 매우 치라 하니 딱부리 머리를 조아리고 애걸하며 빌더라.

▶ 서대주의 심기를 거스른 딱부리가 화를 입음.

– 작자 미상, 〈장끼전〉

* 헌앙: 풍채가 좋고 의기가 당당함.
* 우마도 초분식하고, 산저도 갈분식이라: 소와 말도 풀을 나눠 먹고, 산돼지도 칡을 나눠 먹는다.
* 추심: 찾아내어 가지거나 받아 냄.

❖ 제대로 작품 분석의 〈보기〉

㉠ 딱부리의 외양 묘사
㉡ 신흥 부호의 호화로운 생활상을 보여 줌.
㉢ 가장으로서의 책무를 다하려는 장끼의 모습
㉣ 곡식을 얻기 위한 장끼의 전략 – 서대주를 대접하기로 함.
㉤ 곡식을 얻기 위한 딱부리의 전략 – 서대주를 협박하기로 함.
㉥ 수많은 하인을 부리는 서대주 – 신흥 부호의 위세를 보여 줌.

❖ 제목의 의미

장끼, 까투리 등을 의인화한 우화 소설로, 조선 후기의 인간 세태와 사회상을 풍자한 작품이다. 소설은 크게 장끼가 까투리의 말을 듣지 않고 콩을 먹다 덫에 걸려 죽는 전반부와 그 후에 까투리가 개가하는 후반부로 나뉘며, 전반부와 후반부는 각각 남존여비와 개가 금지라는 당시의 완고한 유교 도덕을 풍자하고 있다. 한편 이야기의 전반부에서 장끼는 콩을 먹고 죽기 전에 서대주를 찾아가 곡식을 빌리는데, 이는 조선 후기 유교적 질서의 붕괴에 따른 신흥 세력의 부상과 구세력의 몰락을 보여 준다.

❖ 전체 줄거리

장끼가 아내 까투리와 함께 아홉 아들, 열두 딸을 거느리고 엄동설한(嚴冬雪寒)에 먹을 것을 찾아 들판을 헤매다 붉은 콩 한 알을 발견하고는 먹으려 한다. 까투리는 사람들이 덫을 놓은 것 같다며 콩을 먹지 말라고 말린다. 하지만 장끼는 까투리의 말을 무시하고 콩을 먹겠다며 고집을 부린다. 까투리는 간밤에 자신이 꾼 꿈 이야기를 들려주며 다시 한 번 만류하지만, 장끼는 그 꿈들을 엉뚱하게 해몽하며 자신에게 좋은 일이 있을 것이라고 말한다. 결국 콩을 먹으려다 덫에 걸린 장끼는 죽어 가며 까투리의 수절을 요구한다. 하지만 장끼가 죽자 까투리는 장례를 치르고 홀아비 장끼에게 개가한다. 재혼한 부부는 아들딸을 모두 결혼시키고 행복하게 살다가 물에 들어가 조개가 된다.

❖ 핵심 정리

- 갈래: 국문 소설, 우화 소설, 판소리계 소설
- 성격: 우의적, 풍자적, 해학적, 현실 비판적
- 배경: 조선 후기
- 주제: 조선 후기의 변화된 사회상과 인간 세태 풍자(남존여비와 개가 금지에 대한 비판과 풍자)
- 특징: ① 인격화된 동물이 이야기를 이끌어 감. ② 조선 후기의 생활상과 평민 의식이 반영됨. ③ 중국의 고사가 많이 인용됨.

제대로 감상법 모범 답안

작자 미상, 〈장끼전〉

❶ 장끼 ❷ 딱부리 ❸ 서대주 ❹ 외헌 ❺ 외양

❖ 제대로 작품 분석

1㉢ 2㉣ 3㉡ 4㉠ 5㉤ 6㉥

01

정답률 80%

윗글에 대한 설명으로 가장 적절한 것은?

정답인 이유

① **세밀한 외양 묘사를 통해 인물의 속성을 드러내고 있다.**
○ → '딱부리란 새가 있으되 ~ 위풍이 헌앙한 짐승이라.'

⋯ 딱부리를 소개하면서 '주먹볏에 흑공단 두루마기, 홍공단 끝동이며, 주둥이는 두 자나 하고 위풍이 헌앙한 짐승이라.'와 같이 딱부리의 외양을 세밀하게 묘사하였다. 이를 통해 겉으로 보기에 풍채가 좋고 의기가 당당한 딱부리의 속성을 드러내고 있다.

오답인 이유

② **서술자가 개입하여 인물의 행동에 대해 호감을 보이고 있다.** (○ / ×)

⋯ '서대주 맹랑하다'와 같이 서술자가 개입하여 서대주의 행동을 평가하고 있지만, 이를 통해 인물의 행동에 대해 호감을 보이고 있지는 않다.

③ **속담과 옛글을 삽입하여 인물의 내적 갈등을 강조하고 있다.** (○ / ×)

⋯ '우마도 초분식하고, 산저도 갈분식이라.', '교만한 자는 집이 망한다.', '남을 대접하면 내가 대접을 받는다.'와 같이 속담과 옛글을 활용하고 있지만, 이를 통해 인물의 내적 갈등을 강조하고 있지는 않다.

④ **과거와 현재를 대비하여 인물의 초월적 능력을 부각하고 있다.** (× / ×)

⋯ 과거와 현재를 대비하거나 인물의 초월적 능력을 부각한 부분은 나타나 있지 않다.

⑤ **공간적 배경을 자세히 묘사하여 인물의 심리 변화를 암시하고 있다.** (× / ×)

⋯ 이 글의 공간적 배경은 서대주가 사는 협사촌, 장끼가 사는 양지촌 등이다. 이러한 공간적 배경에 대한 자세한 묘사는 나타나 있지 않으며, 공간적 배경이 인물의 심리 변화를 암시하고 있지도 않다.

02

정답률 72% | 매력적인 오답 ③ 10%

'장끼'와 '딱부리'가 '서대주'를 각각 방문하는 상황에 대한 이해로 적절하지 않은 것은?

정답인 이유

⑤ **서대주를 방문하는 목적을, 장끼는 이익을 취하는 데에 두었고 딱부리는 도적질을 벌로 다스리고 교화하는 데 두었다.** (○ / ×)

⋯ 장끼는 양식으로 쓸 곡식을 빌리기 위해 서대주를 찾아갔으므로, 이익을 취하기 위해 서대주를 방문한 것으로 볼 수 있다. 한편 딱부리는 장끼가 서대주를 찾아가 양식을 구한 사연을 듣고 '나는 그놈을 찾아가서 서대주라 하고 도적질한 말을 하면 그놈이 겁내어 만석이라도 추심하리라.'라고 하였으므로, 딱부리 역시 곡식을 얻기 위해 서대주를 찾아갔음을 알 수 있다. 즉, 딱부리는 서대주를 협박하여 곡식을 얻어내려 한 것이지, 도적질을 벌로 다스리고 교화하려고 한 것은 아니다.

오답인 이유

③ **[매력적인 오답] 서대주를 방문하여, 장끼는 시종 일관된 태도를 보였고 딱부리는 상황의 변화에 따라 자신의 태도를 바꾸었다.**

···› 서대주를 방문한 장끼는 처음부터 끝까지 서대주를 '서동지'라고 부르며 존대하는 일관된 태도를 보였다. 하지만 딱부리는 처음에 '동지촌 사는 딱장군이니 와 계시다 일러라.'라며 거만하고 고압적인 모습을 보이다가, 수십 명의 하인들에게 결박되어 해를 당하는 상황에 이르자 태도를 바꾸어 '머리를 조아리고 애걸하며' 비는 굴욕적인 모습을 보였다.

① **서대주를 방문하기 전에, 장끼와 딱부리는 서대주의 정체에 대해 알고 있었다.**

···› 서대주를 방문하기 전에 장끼는 서대주를 '도적질하는 놈'이라고 지칭하고 있고, 딱부리 역시 서대주를 '미친한 도적놈'이라고 지칭하고 있다. 이로 보아 장끼와 딱부리는 서대주의 정체를 이미 알고 있었던 것으로 볼 수 있다.

② **서대주를 방문하기 전에, 장끼와 딱부리는 각자의 생각에 따라 서대주를 대할 방식을 계획했다.**

···› 서대주를 방문하기 전에 장끼는 '어떻든 대접함이 으뜸이라.'라고 생각했으며, 이에 따라 서대주를 서동지라 부르며 극진히 대접하는 방식을 택했다. 그리고 딱부리는 '그놈을 찾아가서 서대주라 하고 도적질한 말을 하면 그놈이 겁내어 만석이라도 추심하리라.'라고 생각했으며, 이에 따라 서대주를 겁주고 협박하는 방식을 택했다. 따라서 장끼와 딱부리는 각자의 생각에 따라 서대주를 대할 방식을 계획했음을 알 수 있다.

④ **서대주의 거처를 확인하면서, 장끼는 서대주의 환심을 살 만하게, 딱부리는 서대주의 반감을 살 만하게 표현했다.**

···› 서대주의 거처를 확인하면서 장끼는 '이 댁이 아래위 낭청으로 다니며 관리하시는 서동지 댁이오?'라고 예의를 갖추어 물어 서대주의 환심을 샀고, 딱부리는 '이 집이 아래위 낭청으로 다니며 도적질하는 서대주 집이냐?'라고 무례하게 물어 서대주의 반감을 샀다.

03

정답률 80% | 매력적인 오답 ③ 10%

〈보기〉를 참고하여 윗글을 감상한 내용으로 적절하지 않은 것은? [3점]

〈보기〉

〈장끼전〉은 '까투리'를 중심으로 남존여비와 여성의 개가 금지 같은 가부장제 사회의 문제를, '장끼'를 중심으로는 몰락 양반의 삶과 조선 후기 향촌 사회의 다양한 변화상을 형상화했다. 이 대목은 가족의 생계 문제를 걱정하는 몰락 양반의 출현과 향촌 사회에 새롭게 등장한 신흥 부호의 생활상을 보여 주고 있다. 또한 신흥 부호의 위세로 인해 빚어지는 신흥 부호와 몰락 양반의 갈등, 그리고 신흥 부호를 둘러싼 몰락 양반 간의 불화를 그려 내고 있다.

(〈장끼전〉에 담긴 조선 후기의 생활상 ① / 〈장끼전〉에 담긴 조선 후기의 생활상 ② / 장끼, 딱부리 / 서대주)

정답인 이유

④ **서대주의 '시비 쥐'가 딱부리에게 골을 내는 장면에서, 몰락 양반의 경제적 곤궁함을 업신여기는 신흥 부호의 모습을 알 수 있군.** (× → 시비 쥐는 신흥 부호를 상징하지 않음.)

···› 서대주는 신흥 부호를 상징하는 인물로 볼 수 있지만, '시비 쥐'는 서대주가 부리는 종이므로 신흥 부호를 상징하는 인물로 볼 수 없다. '시비 쥐'는 딱부리의 고압적이고 거만한 태도에 기분이 상해 골을 낸 것이지, 몰락 양반의 경제적 곤궁함을 업신여겨 골을 낸 것은 아니다.

오답인 이유

③ **(매력적인 오답) 서대주를 대접하여 양식을 빌린 장끼에게 딱부리가 '간사하도다'라고 언급하는 장면에서, 신흥 부호에 대한 처신을 놓고 몰락 양반 간에 의견 차이가 있었음을 알 수 있군.**

···› 〈보기〉에서 이 작품은 신흥 부호를 둘러싼 몰락 양반 간의 불화를 그리고 있다고 하였다. 장끼와 딱부리는 모두 몰락 양반을 상징하는 인물로, 딱부리가 '자네 일정 간사하도다.'라며 장끼를 비판하는 장면에서 신흥 부호에 대한 처신을 놓고 몰락 양반 간에 의견 차이가 있었음을 확인할 수 있다. 장끼는 신흥 부호를 대접함으로써 얻는 실질적 이득을 중시한 반면, 딱부리는 여전히 양반으로서의 위신과 체면을 더 중시하고 있다.

① **장끼가 양식이 떨어져 굶주리는 처자식을 위해 부유한 서대주를 찾아가 양식을 빌리는 장면에서, 가장으로서의 책무를 다하려는 몰락 양반의 면모를 알 수 있군.**

···› 〈보기〉에서 이 작품은 몰락 양반의 삶을 형상화했다고 하였다. 장끼가 '주린 처자'를 걱정하며 협사촌까지 찾아가 서대주에게 양식을 빌리는 장면에서, 비록 몰락했지만 가장으로서의 책무를 다하려는 양반의 면모를 확인할 수 있다.

② **서대주가 '시비 쥐'를 부리고 복색을 갖추어 손님을 '외헌'에서 맞이하는 장면에서, 신흥 부호의 생활상을 알 수 있군.**

···› 〈보기〉에서 이 작품은 향촌 사회에 새롭게 등장한 신흥 부호의 생활상을 보여 주고 있다고 하였다. 서대주가 '시비 쥐'를 부리는 장면이나 장끼를 외헌으로 불러 '정주 탕건 모자 쓰고 평복으로 나아가' 맞이하는 장면에서 신흥 부호의 부유한 생활상을 확인할 수 있다.

⑤ **서대주가 '수십 명 범 같은 쥐들'에게 명령하여 딱부리를 결박하는 장면에서, 향촌 사회에서의 신흥 부호의 위세를 알 수 있군.**

···› 〈보기〉에서 이 작품은 신흥 부호의 위세로 인해 빚어지는 신흥 부호와 몰락 양반의 갈등을 그리고 있다고 하였다. 서대주가 수십 명의 하인에게 명령하여 딱부리를 결박하는 장면에서 위세를 떨치는 신흥 부호의 모습을 확인할 수 있다.

고전 소설 14 조웅전

▶ 문제편 182~184쪽

정답 | 01 ③ 02 ⑤ 03 ① 04 ②

[01~04] 다음 글을 읽고 물음에 답하시오. 2020 6월 모의평가

제대로 작품 분석 ▶ <보기>에서 적절한 것을 골라 넣으며 작품을 분석해 보자.

[앞부분의 줄거리] 조웅은 송나라 회복을 위해 태자를 구해 함께 위국으로 가던 중 서번국 병사가 매복한 함곡을 향한다. (주인공의 위기 상황)

이적에 원수가 여러 날 만에 연주에 도달하여 군마를 다 쉬게 하고 원수도 노곤하여 사관에서 쉬고 있었는데, (원수: 조웅 – 온갖 어려움을 이겨 내고 태자를 복위시키는 영웅적 인물) (1)

[A] 「한 나비가 침상에 날아들거늘 원수도 자연스럽게 날개를 얻어 그 나비를 따라 공중에 날아 한 곳에 이르니, 첩첩한 산중에 수목이 빽빽한 곳을 깊이 들어가니 그 가운데 광활하여 완연한 별세계라. 또 한 곳을 들어가니 아름다운 궁궐이 하늘에 닿았거늘, 나아가 보니 문에 현판을 붙였으되, '만고충렬문'이라 뚜렷이 쓰여 있었다.」 (「 」: 2)

궁궐 위를 바라보니 한 노인이 앉았으되 얼굴은 관옥 같고 머리에 황금관을 쓰고 몸에 용포를 입고 윗자리에 높이 앉았는데, (노인이 임금임을 나타냄.) 무수한 사람들이 열좌하여 (자리에 죽 벌여서 앉음.) 큰 잔치를 배설하고 (연회나 의식에 쓰는 물건을 차려 놓고) 술과 음식이 가득한 중에 절대 가인이 차례로 앉았으니, 그 아름다움이 측량없더라. (서술자의 개입) 좌석에 가득 앉은 사람들이 여러 왕의 흥망성쇠와 만고역대를 (오랜 세월 대대로 이어 내려온 여러 대) 역력히 이르는지라. 맨 윗자리에 앉은 제왕은 어찌 된 줄을 모르매 분부 왈,

"그대 등은 각각 공을 밝히어 올리라." (충성을 다하거나 절개를 지킨 사람의 공적을 밝히라고 함.)

하니 좌석에 가득 앉은 사람들이 각각 공을 밝히는 글을 올리니 그 공적에 왈,

"저는 본래 한나라 신하로 깊은 뜻이 많지 아니하리로다. 옛일을 살펴보니 복이 북두칠성과 일월에 찬란하리로다."

또 한 공적에 왈,

"칼을 잡아 흉적을 소멸하니 제후 될 만하도다. 천하를 성처럼 막았으니 문호 세상에 진동하는도다."

하였더라.

그 남은 공적은 어찌 다 기록하리오. (서술자의 개입) 「좌중의 여러 사람들이 각각 소회를 다하고, 혹 노기등천하며, (성이 하늘을 찌를 듯이 머리끝까지 치받쳐 있음.) 혹 칼을 빼들고 매우 성을 내고, 어떤 자는 땅에 섰고, 어떤 자는 깡충깡충 뛰며, 어떤 자는 노래하고, 어떤 자는 춤추기도 하는지라.」 (「 」: 참석자들이 소회를 다한 후 여러 행위를 통해 각자의 심정을 드러냄.) 이러한 좋은 장면을 세밀히 구경할새, 한 사람이 좌중에 나와 앉으며 왈,

「"우리 각각 소회는 옛일이라. 한하여도 미치지 못하려니와 알지 못하겠노라. 대송이 역적에 망하니 인하여 멸송이 되오면 언제 회복되오리까?" (3)

하니 한 사람이

"송나라의 복은 아직 길고 멀었는지라. 어찌 회복이 없사오리까?"」 (송나라가 회복될 것임을 암시) (「 」: 국가의 흥망성쇠에 대한 관심을 드러냄.)

한데, 또 한 사람이,

"그대 등은 알지 못하는도다. 하늘이 송나라 왕실을 회복하고자 조웅을 명하였더니, (조웅에게 부여된 천명) 불쌍하도다 조웅이여! 일시가 극난하여 명일 미명에 서번 적의 간계에 걸려들어 죽을 듯하니 불쌍하도다. (4) 조웅의 일도 우리와 같을지라. (참석자들이 충성을 다하다 억울하게 죽은 인물들임을 알 수 있음.) 정해진 나이를 못 마치고 전쟁의 패한 혼이 될 듯하니 불쌍코 가련하다."

이러할 제 문 지키는 군사 급히 고하기를,

"송나라 문제 들어오시나이다." (조웅의 조력자 ① – 천명 도사에게 조웅을 살려 달라고 부탁함.)

하니, 여러 사람이 일시에 뜰로 내려와 영접하여 상좌한 후에 여러 사람이 아뢰기를,

"오늘날 만날 약속을 정하옵고 어찌 늦게 도착하시나이까?"

문제 왈,

"송나라 왕실을 회복할 신하는 조웅이라. 오다가 한 곳을 보니 불측한 서번이 조웅을 잡으려고 이러저러하였거늘, (서번이 함곡에 매복함.) 행여 그러할까 하여 시운일수를 통치 못하여 죽을 듯함에, 도사를 찾아가 구하라 하고 부탁하고 오노라." (조웅을 구하기 위한 조치)

하시니, 좌중이 외쳐 왈,

"우리는 분명 조웅이 죽으리라 하고 불쌍한 공론을 하였더니, 대운이 막히지 아니하였사오니 천수를 어찌 하오리까?"

원수가 깨달으니 남가일몽이라. (각몽 – 다시 현실로 장면이 전환됨.) ▶ 꿈속에서 자신의 위기를 알게 되는 조웅

(중략)

원수 꿈속의 일을 생각하니 (조웅이 초월적 세계의 비호를 받고 있음을 보여 줌.) 저절로 마음이 비창하여 (마음이 몹시 상하고 슬퍼) 슬픔을 머금고 종일 행군할 동안에 염려가 끊이지 않았다.

[B] 「이날 함곡에 (서번이 매복하고 있는 장소) 도달하니 해는 서쪽 산 위로 떨어지고 달은 동쪽 고개 위로 떠올랐는데, 무심한 잔나비는 (원숭이) 달빛 아래에서 슬피 울고, 그윽한 두견성은 불여귀를 일삼았다. (소쩍새가 계속해서 울었다) 갈 길은 험악한데 동쪽은 험한 산이고 서쪽은 깊은 골짜기여서 층층이 험한 산봉우리는 가슴을 찌르는 듯하고 야광은 희미하기만 했다.」 (「 」: 5)

선봉을 재촉하여 함곡으로 들어가는데 문득 바라보니 동편 작은 골짜기에 갈포로 만든 두건과 베옷을 입은 한 노옹이 (6) 있어 푸른 나귀를 재촉하며 백우선으로 (새의 흰 깃으로 만든 부채) 원수를 만류하거늘 원수가 그 노옹을 바라보니 정신이 황홀하였다. 원수가 말을 머물게 하고 잠깐 기다리니 그 노옹이 묻기를,

"연주로부터 오십니까?"

원수가 답 왈,

"그러하오이다."

노옹이 왈,

"위국으로 가는 조 원수를 혹 보셨습니까? 보시면 바삐 알려 주소서."

하였다. 원수는 마음속으로 의심하고 한편으로 이상하게 여겨 왈,

"내가 바로 조웅이거니와 무슨 일로 긴히 찾습니까?"

하니, 노옹이 크게 기뻐하며 왈,

"나는 떠돌아다니는 나그네라. 성품이 남과 달라 빼어난 산천과 명승지지를 즐겨 구경하고 두루 다녔는데, 오로봉에 들어갔다가 천명 도사를 (꿈속에서 송나라 문제가 도움을 요청했다는 도사) 만나 수삼 일을 머물렀더니 출발할 때 한 서찰을 주며 왈, '그대에게 오늘 오시에 전하라' 하여 나귀를 바삐 몰아 진시에 도착하려고 했으나 피곤한 나귀 탓으로 시간을 넘겨 버렸기에 행여 못 만날까 염려하였더니 이곳에서 만나니 어찌 즐겁지 아니하겠습니까?"

하며, 소매 속에서 한 통 편지를 내어 주고는 팔을 들어 하직하거늘 원수 다시 노옹을 바라보니 행색이 아득하였다. 마음속으로 신기하게 여겨 그 편지를 급히 떼어 보니 다른 말은 없고 '함곡에 들어가지 말고 성중으로 먼저 들어가서 포를 한 번 쏘라'고만 쓰여 있었다. 원수가 편지를 다 보고는 대경실색하여 좌장군 위홍창을 불러 왈,

노인이 비범한 인물임을 드러냄.
초월적 세계의 비호를 알 수 있는 증거물
몹시 놀라 얼굴빛이 하얗게 변하여

"장졸을 함곡에 들어가지 못하게 하라."

하니, 홍창이 급히 아뢰길,

"선봉이 이미 함곡에 들어갔습니다."

하거늘 원수가 크게 놀라며 왈,

"너는 급히 들어가 선봉을 데려오라. 데려올 때 조금도 어수선하게 하지 말고 그곳에 진을 치고 있는 것처럼 하면서 한둘씩 숨어 나오되 빨리 데리고 나오너라."

적에게 눈치챘음을 들키지 않기 위해서

홍창이 원수의 명을 듣고는 급히 함곡에 들어가서 전하니 선봉이 군사를 물려 돌아왔다. 원수가 편지를 얻어 기뻐하며 진을 쳤다.

▶ 초월적 세계의 도움으로 위기에서 벗어나는 조웅
– 작자 미상, 〈조웅전〉

❖ 제대로 작품 분석의 〈보기〉

ㄱ 조웅에게 위기가 닥칠 것을 암시함.
ㄴ 조웅과 관련된 이야기로 화제가 전환됨.
ㄷ 함곡의 어둡고 불길한 분위기를 드러냄.
ㄹ 입몽 – 조웅의 꿈속으로 장면이 전환됨.
ㅁ 조웅의 꿈속 공간. 비현실적이고 신비로운 세계
ㅂ 조웅의 조력자 ② – 천명 도사의 편지를 조웅에게 전달함.

❖ 제목의 의미

충신이자 영웅인 '조웅'이 역적 이두병을 처단하고 태자를 복위시켜 나라를 구하는 과정을 영웅의 일대기 구조로 그려 낸 영웅·군담 소설이다. 작품의 전반부는 조웅의 고행담과 애정담으로, 후반부는 조웅의 영웅적 무용담으로 구성되어 있다.

❖ 전체 줄거리

중국 송나라 문제 시절에 충신인 조정인이 간신 이두병에게 참소를 당해 음독자살한다. 이두병은 조정인의 아들 조웅도 죽이려 하지만, 조웅의 모친이 아들을 데리고 피난하라는 꿈을 꾼 덕분에 모자가 함께 도망하여 목숨을 건진다. 문제가 세상을 떠나자 이두병은 어린 태자를 귀양 보내고 자칭 황제가 된다. 조웅 모자는 온갖 고생을 하다가 월경 대사를 만나 강선암이라는 산사에 의탁한다. 이후 조웅은 철관 도사를 만나 도술을 익히는데, 도술을 배우고 강선암으로 돌아가는 길에 장 진사의 딸 장 소저와 백년가약을 맺는다. 얼마 후 서번이 위국을 침공하자 조웅은 위왕을 도와 서번군을 격파한다. 그리고 남해로 가서 잡혀 있던 송나라 태자를 구출해 낸다. 조웅은 위왕과 연합하여 이두병의 목을 베고 태자를 천자의 자리에 등극시킨다.

❖ 핵심 정리

- 갈래: 고전 소설, 영웅 소설, 군담 소설
- 성격: 영웅적, 비현실적
- 배경: 시간 – 중국 송나라 시대
  공간 – 송나라와 중국 대륙
- 주제: 진충보국(盡忠報國)과 자유연애
- 특징: ① 구성이 비교적 복잡하면서도 통일을 이루고 있음. ② 영웅적 무용담과 결연담을 결합해 구성함. ③ 영웅의 출생 과정이 다른 영웅 군담 소설과는 차별화됨.

제대로 감상법 모범 답안

작자 미상, 〈조웅전〉

❶ 조웅 ❷ 노옹 ❸ 편지 ❹ 큰 잔치 ❺ 함곡

❖ 제대로 작품 분석

1ㄹ 2ㅁ 3ㄴ 4ㄱ 5ㄷ 6ㅂ

01

정답률 88%

윗글에 대한 이해로 가장 적절한 것은?

정답인 이유

③ 노옹은 자신의 계획보다 늦게 도착했음에도 조웅을 만나게 되어 기뻐했다.
○ → '시간을 넘겨 버렸기에 행여 못 만날까 염려하였더니 이곳에서 만나니'

⋯› 노옹은 조웅에게 '피곤한 나귀 탓으로 시간을 넘겨 버렸기에 행여 못 만날까 염려하였더니 이곳에서 만나니 어찌 즐겁지 아니하겠습니까?'라고 하였다. 이를 통해 노옹이 자신의 계획보다 늦게 도착했음에도 조웅을 만나 기뻐하고 있음을 알 수 있다.

오답인 이유

① 송 문제는 서번 적의 간계에 빠져 사람들과의 약속을 지키지 못했다.
× → 조웅을 구하라고 부탁하다가

⋯› 송 문제가 사람들과 약속한 장소에 늦게 도착한 것은 맞지만, 서번 적의 간계에 빠져 약속을 지키지 못한 것은 아니다. 송 문제는 도사를 찾아가 조웅을 구하라고 부탁하다가 늦었다고 하였다.

② 원수는 함곡에서 연주로 가는 도중에 사관에서 쉬려고 군마를 멈추었다.
× → 연주에 도착해서 함곡으로 출발하기 전에

⋯› 조웅은 태자를 구해 함께 위국으로 가던 중 연주에 도달하여 군마를 다 쉬게 하고 자신도 사관에서 쉬었다고 하였다. 이후에 행군하여 함곡에 도달하게 되므로, 원수는 함곡에서 연주로 가는 도중에 쉬기 위해 군마를 멈춘 것이 아니다.

④ 위홍창은 역적에게 망한 송나라를 구하고자 선봉을 이끌고 함곡에 들어갔다.
× → 이미 함곡에 들어간 선봉을 데리고 나오기 위해

⋯› 편지를 읽은 조웅은 함곡에 적들이 매복해 있음을 깨닫는다. 위홍창은 조웅의 명령에 따라 선봉을 데려오기 위해 함곡에 들어간 것이지, 송나라를 구하고자 선봉을 이끌고 함곡에 들어간 것이 아니다.

⑤ 황금관을 쓴 노인은 모임의 상석에 앉아 있다가 뜰로 내려와 여러 사람을 맞이했다.
× → 상석에 앉은 채로 공적을 이야기하라고 함.

⋯› 조웅이 꿈속에서 만난 노인은 '머리에 황금관을 쓰고 몸에 용포를 입고 윗자리에 높이' 앉아 있었다고 하였다. 하지만 뜰로 내려와 여러 사람들을 맞이했다는 내용은 나타나 있지 않다.

02

정답률 85%

[A]와 [B]에 대한 설명으로 가장 적절한 것은?

정답인 이유

⑤ [A]에서는 비현실적 공간에서 느껴지는 신비로움이, [B]에서는 현실 공간에서 느껴지는 불길함이 드러나고 있다.

⋯› [A]는 조웅의 꿈속 공간을 묘사하고 있는데, '광활하여 완연한 별세계라.', '아름다운 궁궐이 하늘에 닿았거늘' 등을 통해 비현실적인 공간에서 느껴지는 신비로움을 확인할 수 있다. 그리고 [B]는 함곡의 모습을 묘사하고 있는데, '무심한 잔나비는 달빛 아래에서 슬피 울고', '험한 산봉우리는 가슴을 찌르는 듯하고' 등을 통해 적군이 매복하고 있는 현실 공간에서 느껴지는 불길함을 확인할 수 있다.

오답인 이유

① [A]에서는 공간의 광활함을 통해 인물의 진취적인 기상이 드러나고 있다.
×

⋯› '첩첩한 산중에 수목이 빽빽한 곳을 깊이 들어가니 그 가운데 광활하여 완연한 별세계라.'에서 공간의 광활함을 느낄 수는 있지만,

이를 통해 조웅의 진취적인 기상을 드러내고 있지는 않다.

② [B]에서는 시간의 흐름을 통해 인물의 낙관적 태도가 드러나고 있다.
× → 인물의 불안감

⋯ '해는 서쪽 산 위로 떨어지고'에서 시간의 흐름을 느낄 수는 있지만, 이를 통해 인물의 낙관적인 태도를 드러내고 있지는 않다. [B]에는 조웅이 느끼는 불안감이 나타나 있다.

③ [A]에서는 낭만적인 사건에 의한 환상성이, [B]에서는 구체적인 시대적 상황에 의한 현실성이 부각되고 있다.
×　×

⋯ [A]에 나타나는 환상성은 비현실적인 사건과 분위기에 의한 것이지 낭만적인 사건에 의한 것으로 보기는 어렵다. 또 [B]에는 구체적인 시대적 상황이 나타나지 않는다.

④ [A]에서는 공간적 변화에서 비롯되는 긴장감이, [B]에서는 계절적 상황에서 비롯되는 쓸쓸함이 강조되고 있다.
×　×

⋯ [A]에서는 날개를 얻은 조웅이 이동하면서 공간적 변화가 나타난다고 볼 수 있지만, 이를 통해 긴장감이 강조되고 있지는 않다. [B]에서는 계절적 상황이 뚜렷하게 제시되지 않았고, 이에서 비롯되는 쓸쓸함도 찾아볼 수 없다.

03

정답률 50% | 매력적인 오답 ④ 20%

큰 잔치에 대한 설명으로 적절하지 않은 것은?

정답인 이유

① 참석자들은 서로의 공적*을 평가하며 소회*를 드러내고 있다.
× → 각자 자신의 공적만을 밝힘.

⋯ '큰 잔치'에 참석한 사람들은 "그대 등은 각각 공을 밝히어 올리라."라는 제왕의 분부에 따라 각자 자신의 공적을 밝히는 글을 올리고 있다. 하지만 참석자들이 서로의 공적을 평가하는 내용은 나타나 있지 않다.

* 공적(功績): 노력과 수고를 들여 이루어 낸 일의 결과 예 이순신 장군의 위대한 공적을 기리기 위해 기념관을 건립하였다.
* 소회(所懷): 마음에 품고 있는 회포 예 은퇴를 앞둔 교장 선생님께서 삼십 년이 넘는 교직 생활이 즐거웠다는 소회를 털어놓으셨다.

오답인 이유

④ (매력적인 오답) 참석자들은 소회를 다한 후 여러 행위를 통해 각자의 심정을 드러내고 있다.
'혹 노기등천하며 ~ 어떤 자는 춤추기도'

⋯ '큰 잔치'에 참석한 사람들은 각각 소회를 다한 후에 '혹 노기등천하며, 혹 칼을 빼들고 매우 성을 내고, 어떤 자는 땅에 섰고, 어떤 자는 깡충깡충 뛰며, 어떤 자는 노래하고, 어떤 자는 춤추기도' 한다고 하였다. 이를 통해 참석자들이 소회를 다한 후에 여러 행위를 통해 각자의 심정을 드러내고 있음을 알 수 있다.

② 참석자들은 특정 인물에 대한 염려와 기대를 드러내고 있다.
'전쟁의 패한 혼이 될 듯하니'　'대운이 막히지 아니하였사오니'

⋯ '큰 잔치'에 참석한 사람들은 '정해진 나이를 못 마치고 전쟁의 패한 혼이 될 듯하니 불쌍코 가련하다.'라며 조웅에 대한 염려를 드러내기도 하고, '우리는 분명 조웅이 죽으리라 하고 불쌍한 공론을 하였더니, 대운이 막히지 아니하였사오니 천수를 어찌 하오리까?'라며 조웅에 대한 기대를 드러내기도 한다.

③ 참석자들은 대화를 통해 국가의 흥망성쇠에 대한 관심을 드러내고 있다.
'대송이 역적에 망하니 ~', '송나라의 복은 아직 ~'

⋯ '큰 잔치'에 참석한 사람들은 '대송이 역적에 망하니', '송나라의 복은 아직 길고 멀었는지라.'와 같이 말하며 국가의 흥망성쇠에 대한 관심을 드러내고 있다.

⑤ 많은 참석자와 가득한 음식 차림을 통해 풍성한 잔치 분위기를 드러내고 있다.
'술과 음식이 가득', '좌석에 가득 앉은 사람들'

⋯ '큰 잔치'에 술과 음식이 가득하고, 사람들이 좌석에 가득 앉았다고 하였다. 이를 통해 풍성한 잔치 분위기를 확인할 수 있다.

04

정답률 83%

〈보기〉를 참고하여 윗글을 감상한 내용으로 적절하지 않은 것은? [3점]

〈보기〉

〈조웅전〉에서 꿈은 초월적 세계의 뜻을 주인공에게 전달하는 기능을 한다. 꿈속 경험을 통해 주인공은 자신에게 부여된 천명과 현실 세계에서의 위기, 자신에 대한 초월적 세계의 비호 등을 알게 된다. 이러한 초월적 세계의 뜻에 대해 주인공은 확신하지 못하지만, 전달자와 구체적 증거물을 통해 초월적 세계의 뜻을 확인하게 된다. 주인공은 이와 같이 초월적 세계의 뜻을 확인하고 실천하여 영웅적 면모를 드러낸다.

(〈조웅전〉에서 꿈의 기능 / 송나라 왕실의 회복 / 서번의 매복 / 송 문제의 도움 / 노옹과 천명 도사의 편지)

정답인 이유

② 조웅이 행군 중에 슬퍼하는 것은, 전쟁에 패한 혼이 될 것이라는 꿈속의 말에 대해 확신하지 못한 것이겠군.
× → 꿈속의 말을 믿기 때문에 슬퍼한 것

⋯ 조웅은 꿈속의 일을 생각하면서 '마음이 비창하여 슬픔을 머금고 종일 행군할 동안에 염려가 끊이지 않았다.'고 하였다. 이는 꿈속의 말에 대해 확신하지 못해서가 아니라, 오히려 '서번 적의 간계에 걸려들어 죽을 듯'하다는 말이나 '정해진 나이를 못 마치고 전쟁의 패한 혼이 될 듯'하다는 말에 불안감과 위기감을 느꼈기 때문이다.

오답인 이유

① 꿈속에서 송 문제가 조웅을 구하려 하는 것은, 조웅에 대한 초월적 세계의 비호를 보여 주는 것이겠군.

⋯ 〈보기〉에서 〈조웅전〉의 주인공은 초월적 세계의 비호를 받는다고 하였다. 꿈속에서 송 문제가 도사를 찾아가 위기에 처한 조웅을 구하라고 부탁했다는 것은, 조웅에 대한 초월적 세계의 비호를 보여 주는 것이다.

③ 꿈속에서 송나라 왕실을 회복할 신하로 조웅이 거론*되는 것은, 조웅에게 주어진 천명을 알게 하려는 것이겠군.

⋯ 〈보기〉에서 〈조웅전〉의 주인공은 꿈속 경험을 통해 자신에게 부여된 천명을 알게 된다고 하였다. 꿈속에서 '하늘이 송나라 왕실을 회복하고자 조웅을 명하였더니', '송나라 왕실을 회복할 신하는 조웅이라.'와 같이 거론되는 것은, 조웅에게 주어진 천명을 알게 하기 위한 것이다.

* 거론(擧論): 어떤 사항을 논제로 삼아 제기하거나 논의함. 예 유명 기업의 차기 이사 자리를 두고 여러 후보들이 거론되었다.

④ 조웅이 노옹을 통해 전달 받은 편지의 지시에 따른 것은, 조웅이 꿈속 경험에서 알게 된 초월적 세계의 뜻을 신뢰한 것이겠군.

⋯ 〈보기〉에서 〈조웅전〉의 주인공은 전달자와 구체적 증거물을 통

해 초월적 세계의 뜻을 확인하게 된다고 하였다. 꿈을 꾸고 불안해 하던 조웅이 노옹의 편지를 받고 그 지시를 따른 것은, 구체적 증거물(편지)을 접하며 초월적 세계의 뜻을 신뢰한 것으로 볼 수 있다.

⑤ 노옹이 천명 도사의 부탁을 받아 편지를 전하고 떠나는 것은, 노옹이 초월적 세계의 뜻을 조웅에게 전달하는 사람임을 보여 주는 것이겠군.

⋯ 〈보기〉에서 〈조웅전〉의 주인공에게 초월적 세계의 뜻을 알려 주는 전달자가 있다고 하였다. 천명 도사에게 건네받은 편지를 조웅에게 전달하고 사라지는 노옹은 초월적 세계의 뜻을 조웅에게 전달하는 사람이라고 할 수 있다.

고전소설 15 임장군전

▶ 문제편 185~187쪽

정답 | 01 ⑤ 02 ⑤ 03 ④

[01~03] 다음 글을 읽고 물음에 답하시오. 2019 수능

제대로 작품 분석 ▶〈보기〉에서 적절한 것을 골라 넣으며 작품을 분석해 보자.

자점이 심복을 보내 거짓 조서를 전하고 옥에 가두니, 경업이 옥에 갇혀
자점과 경업의 대립 구도를 통해 서사적 흥미를 높임.
생각하되,

'세자와 대군이 어찌 내 일을 모르고 구치 아니시는고?'

하며 주야번민하여 목이 말라 물을 찾는데, 옥졸이 자점의 부촉(咐囑)*을 들은 고로 물도 주지 아니하여 경업이 더욱 한하더니, 전옥(典獄)(죄인을 가두던 감옥) 관원은 강직한지라 경업의 애매함을 불쌍히 여겨 경업더러 왈,

"장군을 역적으로 잡음이 다 자점의 흉계니, 잘 주선하여 누명을 벗으라."

경업이 그제야 자점의 흉계로 알고 통분을 이기지 못하여 바로 몸을 날려 옥문(獄門)을 깨치고(경업의 비범한 능력) 궐내에 들어가 상을 뵙고 청죄한데, 상이 경업을 보시고 반겨 가로되,

"경이 만리타국에 갔다가 이제 돌아오매 반가움이 끝이 없거늘 무삼 일로 청죄하느뇨?"

경업이 돈수사죄 왈,

「"신이 무인년에 북경에 잡혀가다가 중간에 도망한 죄는 만사무석(만 번 죽어도 아까울 것이 없음.)이오나, 대명(大明)과 함께 호왕을 베어 병자년 원수를 갚고 세자와 대군을 모셔오고자 하였더니, 간인에게 속아 북경에 잡혀갔다가 천행으로 살아 돌아옵더니, 의주(義州)에서 잡혀 아무 연고인 줄 알지 못하옵고 오늘을 당하와 천안(天顔)(임금의 얼굴을 높여 이르는 말)을 뵈오니 이제 죽어도 한이 없사옵니다."」

상이 들으시고 대경하사 신하더러 왈,

"경업을 무슨 죄로 잡아온고?"

하시고 자점을 패초(牌招)*하사 실사를 물으시니, 자점이 속이지 못하여 주왈,

"경업이 역적이옵기로 잡아 가두고 계달코자 하였나이다."

경업이 대로하여 고성대매(크고 높은 목소리로 호되게 꾸짖음.) 왈,

"이 몹쓸 역적아! 들으라. 벼슬이 높고 국록(나라에서 일한 대가로 관료에게 주는 돈)이 족하거늘 무엇이 부족하여 모반할(국가나 군주의 전복을 꾀함.) 마음을 두어 나를 해코자 하느뇨?"

자점이 듣고 무언이거늘, 상이 노하여 왈,

"경업은 삼국의 유명한 장수요, 또한 만고충신이거늘 네 무슨 일로 죽이려 하느뇨?"

하시고,

"자점과 함께한 자를 금부에 가두고 경업은 물러가 쉬게 하라."

하시다.

[A] 「경업이 사은하고 퇴궐할새, 자점은 궐문 밖에 나와 심복 수십 명을 매복하였다가, 경업이 나옴을 보고 불시에 달려들어 난타하니, 경업
「」: 경업이 자점의 무리에게 피습되어 옥에 갇힘.

이 아무리 용맹한들 손에 촌철이 없는지라. 여러 번 맞아 중상하매 자점이 용사들을 분부하여 경업을 옥에 가두고 금부로 가니라.」

이때 대군이 시자(侍者)더러 문왈,

"임 장군이 입성하였으나 지금 어디 있느뇨?"
대군이 경업의 입성 소식을 듣고 경업을 찾음.

시자가 대왈,

"소인 등은 모르나이다."

대군이 의심하여 바삐 입궐하여 경업의 거처를 묻되, 상이 수말을 이르시니 대군이 주왈,
대군이 자점을 의심함. / 수말: 일이나 사물의 처음과 끝

"자점이 이런 만고충신을 해하려 하오니 이는 역적이라. 엄치하소서."

하고, 명일을 기다려 친히 경업을 가 보려 하시더라.

[B] 「차시, 경업이 자점에게 매를 많이 받아 천명이 진하게 되매 분기대발하여 신음하다 죽으니, 시년 사십팔 세요, 기축(己丑) 9월 26일이라.」
▶경업이 자점의 무리에게 피습되어 죽음에 이름.

(중략)

자점이 반심을 품은 지 오래다가 절도(絕島)에 안치되매 더욱 앙앙(怏怏)하여* 불측지심이 나타나거늘, 우의정 이시백이 자점의 일을 아뢰니, 상이 놀라 금부도사를 보내 엄형 국문하신 후 옥에 가두었더니, 이날 밤 한 꿈을 얻으시니, 경업이 나아와 주왈,
자점을 징벌하게 되는 계기

"흉적 자점이 소신을 죽이고 반심을 품어 거의 일이 되었사오니 바삐 국문하옵소서."

하고 울며 가거늘, 상이 놀라 깨달으시니 경업이 앞에 있는 듯한지라. 상이 슬픔을 이기지 못하시고 날이 밝으매 자점을 올려 국문하시니, 자점이 자복하여 역심을 품은 일과 경업을 모해한 일을 승복하거늘, 「상이 노하여 자점의 삼족을 다 내어,
「」: 악인의 횡포 징벌 – 권선징악

"저자 거리에서 죽이라."」

하시고,

"그 동류를 다 문죄하라."
동류: 같은 무리

하시며, 경업의 자식들을 불러 하교 왈,

"너희 아비가 자결한 줄로 알았더니, 꿈에 와 '자점의 모해로 죽었다.' 하기로 내어 주나니 원수를 갚으라."

하시다.
▶상이 꿈에 나타난 경업의 말을 듣고 자점을 징벌함.

– 작자 미상, 〈임장군전〉

* 부촉: 부탁하여 맡김.
* 패초: 임금이 승지를 시켜 신하를 부름.
* 앙앙하여: 매우 마음에 차지 아니하거나 야속하여

❖ 제대로 작품 분석의 〈보기〉

㉠ 작고 날카로운 쇠붙이나 무기
㉡ 주인공 경업과 적대적 관계에 있는 인물
㉢ 주인공의 죽음 제시로 작품의 비극성 고조
㉣ 대화의 내용을 통해 이전 사건의 정황을 나타냄.
㉤ 꿈에 나타난 경업의 말을 듣고 자점의 자복을 받아 냄.
㉥ 강직한 전옥 관원의 말을 통해 자점의 흉계를 알게 됨.

❖ 제목의 의미

병자호란을 배경으로 인조 때의 명장 임경업의 일생을 소설화한 작품이다. 다른 군담 소설과 달리 실존 인물을 바탕으로 하고 있으며, 역사적인 사실에 허구적인 면을 가미하여 병자호란의 치욕으로 인한 한을 풀고자 하는 민중의 정서를 반영하고 있다. 아울러 사리사욕만을 채우던 집권층에 대한 강한 비판 의식을 드러내고 있다는 점도 특징이다.

❖ 전체 줄거리

임경업은 25세에 무과에 급제한 후 사신 이시백을 따라 중국에 가게 된다. 이때 가달의 침입을 받은 호국이 명나라에 구원을 청하고, 명나라에 마땅한 장수가 없어 임경업이 호국을 도와 싸움을 승리로 이끌고 귀국한다. 이후 호국이 점차 강성해져 조선을 침략해 인조의 항복을 받아 낸다. 임경업이 의주에서 세자 일행을 인질로 끌고 가던 호국병을 격파하자 호국 왕이 진노하여 인조에게 임경업을 호국으로 보낼 것을 명한다. 임경업은 호국으로 보내져 호국군으로서 명군과 싸우지만, 친구였던 명나라 장수를 만나 명나라와의 의리를 지켜 역으로 호국을 치려다가 실패하여 호국의 병사들에게 잡힌다. 호왕은 임경업의 충의에 감복하여 그와 세자 일행을 조선으로 돌려보낸다. 이때 간신 김자점이 인조에게 임경업을 모함하는 음모를 꾸미다가 실패하자 임경업을 암살한다. 그 후 인조가 꿈속에서 임경업을 만나 내막을 알게 되어, 김자점을 잡아 처형하고 임경업의 충의를 포상한다.

❖ 핵심 정리

- 갈래: 영웅 소설, 역사 소설, 군담 소설
- 성격: 영웅적, 비극적
- 배경: 시간 – 조선 시대 병자호란 때
  공간 – 조선, 중국
- 주제: 민중적 영웅 임경업의 비극적 일생과 병자호란의 패전에 대한 정신적 승리
- 특징: ① 실존 인물을 주인공으로 하여 창작됨. ② 악인의 횡포를 징벌함으로써 권선징악의 세계관을 드러냄. ③ 조선 후기의 민족의식을 잘 드러냄.

제대로 감상법 모범 답안

작자 미상, 〈임장군전〉

❶ (임)경업 ❷ (김)자점 ❸ 전옥 ❹ 국문

❖ 제대로 작품 분석

1㉡ 2㉥ 3㉣ 4㉠ 5㉢ 6㉤

01

정답률 88%

윗글에 대한 설명으로 적절하지 않은 것은?

정답인 이유

⑤ 적대자와의 지략* 대결을 통해 주인공의 초월적 능력을 보여 주고 있다.
× → 지략 대결이 나타나지 않음.

⋯› 자점이 거짓 조서를 꾸며 경업을 옥에 가두는 장면이나 자점이 심복들을 매복시켰다가 경업을 공격하여 결국 죽게 만드는 장면 등을 통해, 자점이 주인공 경업의 적대자라는 것을 알 수 있다. 또 자점의 흉계를 알고 옥문을 깨치는 모습에서 경업의 초월적 능력을 일부 확인할 수 있다. 하지만 경업이 적대자인 자점과 지략 대결을 펼치는 장면은 나타나 있지 않다.

* 지략(智略): 어떤 일이나 문제든지 명철하게 포착하고 분석·평가하며 해결 대책을 능숙하게 세우는 뛰어난 슬기와 계략 예 그는 탁월한 지략을 가진 장군이다.

오답인 이유

① 인물들의 대립 구도를 통해 서사적인 흥미를 높이고 있다.

⋯› 자점의 역심을 밝히려는 충신 경업과, 자신의 사리사욕을 위해 경업을 해치려고 흉계를 꾸미는 간신 자점의 대립 구도를 통해 이야기에 대한 독자들의 흥미를 높이고 있다.

② 주인공의 죽음을 제시하여 작품의 비극성을 고조하고 있다.

⋯› 주인공 경업이 자점의 심복들에게 매를 많이 맞아 결국 죽음에 이르게 되는 모습을 통해 작품의 비극성을 높이고 있다.

③ 대화의 내용을 통해 이전에 일어난 사건의 정황을 나타내고 있다.

··· 옥문을 깨치고 나온 경업은 상에게 "신이 무인년에 ~ 한이 없사옵니다."라며 이전에 일어난 사건에 대해 말하고 있다. 이러한 대화의 내용을 통해 무인년에 북경에 잡혀가다가 중간에 도망한 일, 호왕을 베어 원수를 갚고 세자와 대군을 모셔오고자 했던 일, 간인에게 속아 북경에 잡혀갔다가 살아 돌아와 의주에서 잡혀 있던 일 등 이전에 일어난 사건의 정황을 나타내고 있다.

④ 악인의 횡포를 징벌함으로써 권선징악*의 세계관을 드러내고 있다.

··· 경업을 죽인 악인 자점의 죄가 밝혀지고 처벌받는 장면에서 권선징악의 세계관을 드러내고 있다.

* 권선징악(勸善懲惡): 착한 일을 권장하고 악한 일을 징계함. 예 흥부전은 권선징악을 주제로 한 판소리계 소설이다.

02

정답률 73% | 매력적인 오답 ③ 13%

윗글에 대한 이해로 가장 적절한 것은?

정답인 이유

⑤ 상은 꿈에 나타난 경업의 발언 이후 자점의 자복*을 받아 내었다.

··· '중략' 이후에 나타난 사건의 순서를 정리하면, '이시백이 자점의 일을 아룀. → 상이 자점을 국문하고 옥에 가둠. → 경업이 상의 꿈에 나타나 자점의 반심을 아룀. → 상이 다시 자점을 국문하여 자복을 받아 냄. → 자점의 삼족을 죽임.'과 같다. 즉, 상은 꿈에 나타난 경업의 말을 듣고 다시 자점을 국문하여 역심을 품은 일과 경업을 모해한 일의 자복을 받아 내었다.

* 자복(自服): 저지른 죄를 자백하고 복종함. 예 그가 자복함으로써 사건의 진실이 밝혀졌다.

오답인 이유

③ (매력적인 오답) 대군은 자점을 의심하며 경업에게 옥에 갇힌 경위를 물었다. (× → 경업을 만나지 못함.)

··· 대군은 경업이 입성했다는 소식을 듣고 경업을 찾았으나 만나지 못한다. '대군이 의심하여 바삐 입궐하여'를 통해 대군이 자점을 의심했다는 것은 확인할 수 있지만, 경업을 만나지 못했기 때문에 경업에게 옥에 갇힌 경위를 물었다는 내용은 적절하지 않다.

① 경업은 옥에 갇히기 전부터 거짓 조서 때문에 자점의 흉계를 알고 있었다. (× → 옥에 갇히고 나서 강직한 전옥 관원의 말을 들은 후에)

··· 경업은 강직한 전옥 관원으로부터 "장군을 역적으로 잡음이 다 자점의 흉계니, 잘 주선하여 누명을 벗으라."라는 말을 들은 후에야 자점의 흉계를 알게 되었다. 따라서 경업이 옥에 갇히기 전부터 거짓 조서 때문에 자점의 흉계를 알고 있었다는 내용은 적절하지 않다.

② 옥졸은 자점의 부탁을 받고 경업의 죄를 상에게 밀고*했다. (×)

··· '옥졸이 자점의 부촉을 들은 고로 물도 주지 아니하여'를 통해, 옥졸이 자점의 부탁을 받고 경업에게 물을 주지 않았다는 것을 알 수 있다. 하지만 옥졸이 자점의 부탁을 받고 경업의 죄를 상에게 밀고하는 내용은 나타나 있지 않다.

* 밀고(密告): 남몰래 넌지시 일러바침. 예 독립운동을 했던 그는 친일파의 밀고로 일본 경찰에 체포되었다.

④ 우의정 이시백은 경업이 옥에 갇힐 만한 정보를 상에게 제공했다. (×)

··· 우의정 이시백은 절도에 안치된 자점의 불측지심이 나타나자 상에게 자점의 일을 아뢴다. 하지만 이시백이 경업이 옥에 갇힐 만한 정보를 상에게 제공했다는 내용은 나타나 있지 않다.

03

정답률 83%

〈보기〉를 참고할 때, [A]와 [B]에 대한 이해로 적절하지 않은 것은? [3점]

〈보기〉

〈임장군전〉을 읽은 당시 독자층은 책의 여백과 말미에 특정 대목에 대한 자신의 생각을 적은 다양한 필사기를 남겼다('필사기'의 뜻). '식자층'은 "㉠ 대역 김자점의 소행이 혐오스러워 붓을 멈춘다."(경업이 죽는 대목에 남아 있는 필사기 ①)라는 시각을 나타내거나 "㉡ 잡혔으니 가히 아프고 괴로우며 애석하네."(경업이 자점에게 피습되는 대목에 남아 있는 필사기 ①)라며 경업에 대한 안타까움을 드러냈다. 한편 '평민층'은 "㉢ 슬프다, 임 장군이여, 남의 손에 죽으니 어찌 천운이 아니랴."(경업이 죽는 대목에 남아 있는 필사기 ②)라며 숙명론적인 반응을 보이거나, "㉣ 조회하고 나오는 것을 문외의 무사로 박살하니 그 아니 가엾지 아니리오."(경업이 자점에게 피습되는 대목에 남아 있는 필사기 ②)라는 안타까운 반응을 남기거나, "㉤ 사람마다 알게 하기는 동국충신의 말임에 혹 만민이라도 깨달아 본받게 함이라."(경업이 죽는 대목에 남아 있는 필사기 ③)라는 필사기를 남겼다. ㉠, ㉢, ㉤은 경업이 죽는 대목에, ㉡과 ㉣은 경업이 자점에게 피습되는 대목에 남아 있는 필사기이다.

정답인 이유

④ [A]를 읽은 평민층은, ㉣을 통해 자점을 비판하면서도 그의 행위에 대한 연민을 드러내고 있군. (× → 경업에 대한 연민)

··· [A]는 경업이 자점에게 피습되어 옥에 갇히는 장면이고, ㉣은 이러한 대목에 대한 평민층의 필사기이다. 경업이 자점에게 피습되는 대목을 읽은 평민층은 "조회하고 나오는 것을 문외의 무사로 박살하니 그 아니 가엾지 아니리오."라며 경업에 대한 안타까움을 드러내고 있다. 이를 통해 평민층이 경업을 고통에 빠뜨린 자점의 행위를 비판한다고 볼 수 있지만, 자점의 행위에 대해 연민을 드러내고 있는 것은 아니다. 평민층이 연민을 드러내는 대상은 자점의 행위로 인해 시련을 겪는 경업이다.

오답인 이유

① [B]를 읽은 식자층은, ㉠을 통해 자점의 행위에 대해 부정적 평가를 내리고 있군.

··· [B]는 자점의 심복들에게 매를 맞은 경업이 결국 죽음에 이르는 장면이고, ㉠은 이러한 대목에 대한 식자층의 필사기이다. 경업이 죽는 대목을 읽은 식자층은 "대역 김자점의 소행이 혐오스러워 붓을 멈춘다."라며 자점의 행위에 대한 혐오를 드러내고 있다. 이를 통해 식자층이 자점의 행위에 대해 부정적 평가를 내리고 있음을 알 수 있다.

② [A]를 읽은 식자층은, ㉡을 통해 경업의 시련에 대한 안타까움을 나타내고 있군.

··· [A]는 경업이 자점에게 피습되어 옥에 갇히는 장면이고, ㉡은 이러한 대목에 대한 식자층의 필사기이다. 경업이 자점에게 피습되는 대목을 읽은 식자층은 "잡혔으니 가히 아프고 괴로우며 애석하네."라며 경업에 대한 안타까움을 드러내고 있다. 이를 통해 식자층이 경업의 시련에 대한 안타까움을 나타내고 있음을 알 수 있다.

③ **[B]를 읽은 평민층은, ⓒ을 통해 경업의 죽음이 자점 때문임을 알고 있으면서도 그의 죽음에 대해 운명론적인 태도를 보이고 있군.**

⋯→ [B]는 자점의 심복들에게 매를 맞은 경업이 결국 죽음에 이르는 장면이고, ⓒ은 이러한 대목에 대한 평민층의 필사기이다. 경업이 죽는 대목을 읽은 평민층은 "슬프다, 임 장군이여. 남의 손에 죽으니 어찌 천운이 아니랴."라며 경업의 죽음을 하늘이 정한 운명으로 돌리고 있다. 이를 통해 평민층이 경업의 죽음이 자점 때문임을 알고 있으면서도 그의 죽음에 대해 운명론적인 태도를 보이고 있음을 알 수 있다.

⑤ **[B]를 읽은 평민층은, ⓔ을 통해 충신의 이야기가 널리 알려지기를 바라고 있군.**

⋯→ [B]는 자점의 심복들에게 매를 맞은 경업이 결국 죽음에 이르는 장면이고, ⓒ은 이러한 대목에 대한 평민층의 필사기이다. 경업이 죽는 대목을 읽은 평민층은 "사람마다 알게 하기는 동국충신의 말임에 혹 만민이라도 깨달아 본받게 함이라."라며 사람들이 경업을 본받게 되기를 바라고 있다. 이를 통해 평민층이 충신의 이야기가 널리 알려지기를 바라고 있음을 알 수 있다.

고전소설 16 홍길동전

▶ 문제편 188~190쪽

정답 | **01** ③ **02** ③ **03** ③

[01~03] 다음 글을 읽고 물음에 답하시오. 2019 9월 모의평가

제대로 작품 분석 ▶〈보기〉에서 적절한 것을 골라 넣으며 작품을 분석해 보자.

길동이 대희하여 채문 안에 들어가니 비단 병풍을 치고 영웅호걸 수백이 앉았는지라. ㉠ 그중에 상좌(上座)의 사람을 보니, 청포운삼에 자금관을 쓰고 팔을 가볍게 들며 용력을 자랑하니, 길동이 거만하게 들어가 길게 읍만 하고 절하지 않으며, 좌우 중인을 하찮게 여기고 윗자리에 앉으니, 청포 입은 사람이 먼저 문왈, (활빈당의 우두머리)

"소년은 어디로 오며, 성명은 뉘라 하느뇨?" (길동의 정체를 궁금해함.)

[가]
길동이 대왈,

"나는 다른 사람이 아니요, 서울 장안에 있는 홍 정승의 아들이러니, 들은즉 활빈당에 천하 역사(力士) 모여 용맹을 자랑한다 하기로 「내 한번 찾아와 힘을 자랑코자 왔나니, 그대 등은 무슨 재주와 용력이 있으며, 나와 ⓐ 시험할쏘냐?」 (길동이 활빈당 무리에게 자신을 소개함.) (「」: 1) (길동이 자신의 용력을 드러낼 기회)

그 사람들이 길동의 말을 듣고 서로 바라볼 뿐 답을 못하더니, 상석에 앉은 사람이 방목(榜目)을 지어 가지고 쓴 ⓑ 글을 내여 왈, (시험의 내용을 담고 있음.)

"그대는 이 세 가지를 행할쏘냐?"

하거늘 길동이 받아 보니,

"제일은 이 앞에 초부석(樵夫石)이란 돌이 있으되 무게 천 근이라, 능히 그 돌을 들면 우리 우두머리를 삼을 것이요, 제이는 무쇠로 철관을 만들었으니 무게 오백 근이라, 그 철관을 쓰고 이 앞 돌문 삼백 단을 세웠으니 그 돌문을 뛰어넘으면 가히 그 용맹을 알 것이요, 또한 해인사라 하는 절이 있으되 재물이 누거만(累巨萬)이요, 그 절 중의 용맹이 과인하기로 우리 등이 마음대로 못하는 고로, 우두머리에게 지략과 술법을 배우고 이후에 ⓒ 상장군 자리에 모시려 하나이다." (매우 많음.) (2)

길동이 한 번 보고 대소 왈,

"이 세 가지를 어렵다 하니, 어찌 가소롭지 아니하리오?"

하고, 모든 역사를 데리고 초부석 있는 곳에 나아가 흔연히 소매를 걷고 그 돌을 잡아 공중에 던지니, 그 돌이 미처 땅에 떨어지기 전에 발로 돌을 차니 수십 보 밖에 내려지는지라. 중인이 대경하여 또 돌문 앞에 나아가니, 길동이 또한 ㉡ 철관 오백 근을 쓰고 돌문 삼백 단을 넘어가니, 모든 무리 일시에 고함하여 왈, (길동의 출중한 용력 ①) (길동의 출중한 용력 ②)

"천하장사로다!"

하고 용력을 칭찬하고, 길동을 장군 자리로 모신 후에 여러 도적 천여 명이 일시에 자리 아래 엎드려 군례(軍禮)를 마친 후에 그 용맹을 치하하더라.

▶ 활빈당의 우두머리가 되는 길동

(중략)

상이 하교하사 왈,

"경은 자식을 분명히 알지라. 저 많은 길동 중에 경의 자식을 잡아내라."

하신대, 홍 의정 주왈,

"신의 자식 길동은 왼쪽 다리의 붉은 기미, 용의 비늘 같은 일곱 점이 있사오니, 그를 보면 알리이다."

3

상이 그리 여겨,

"빨리 잡아들여 수검(搜檢)하여 보라."

수색하여 검사함.

하신대, 홍 의정이 물러나와 길동을 바라보고 왈,

"내 자식 길동은 빨리 나와 나를 보라."

한대, 무수한 길동이 홍 의정을 보고 다 나와 절하여 왈,

4

"부친께선 강녕하시나이까?"

하거늘, 홍 의정 왈,

"내 자식은 왼쪽 다리에 검은 일곱 점이 있으니, 일곱 점 있는 자 길동이라."

하니, 많은 길동이 홍 의정 말을 듣고 일시에 다리를 걷고 보이니 각각 일곱 점이 있는지라.

무수한 길동이 동일한 언행을 함. ②

홍 의정이 할 수 없어 상께 주왈,

"신의 역자(逆子)를 조사하여 밝힐 수 없사오니, 황공 대죄 하나이다."

임금에 반역한 자식

상이 진노하사 길동을 보시고 왈,

"너희 등은 물러가 임의로 하라."

하시고 금부도사를 명하여 다 물려 보내라 하시니, 모든 길동 등이 나올새 종일토록 나오더니, 그제야 참 길동이 다시 궐내에 들어가 명을 받들고 절하며 슬피 통곡하여 왈,

"신의 아비 대대로 국은을 입었거늘 신이 어찌 나라를 저버리리까? 신의 몸이 천비(賤婢)에서 나와 아버지를 아버지라 못하옵고 형을 형이라 못하여 제 몸이 천대를 받으매, 여의주 없는 용이요 날개 부러진 봉이라, 어찌 장부의 힘을 갖고 속절없이 집안에서만 늙으리까? 그러므로 한번 「재주를 시험코자 ⓒ각 읍 각 관을 치고 군기를 탈취하기는 신의 책략을 자랑함이요, 상의 어위대장 이흡을 속임도 재주를 보임이요,」 또 신의 가슴에 경서와 병서와 음양조화며 세상을 다스릴 재주를 지녔사오니 어찌 속절없이 세월만 보내오리까? 복걸 ⓔ상께서 신에게 병조판서 삼년만 제수하시면 남의 천대를 면하옵고 충성을 다하여 상을 받들리다."

유교적 질서를 따르는 모습 / 신분적 한계로 인한 길동의 갈등 / 5 / 「 」: 길동이 상에게 자신이 저지른 행위의 이유를 밝힘. / 6

상이 길동의 아뢲을 듣고 탄식하여 왈,

"난세의 영웅이로다. 어찌 쓰지 아니 하리요?"

즉시 공부상서를 명해 홍길동에게 병조판서를 제수하니, ⓜ뒷일은 어찌 된고? 다음 권을 볼지어다.

▶ 임금에게 요구하여 병조판서에 제수되는 길동

특정 장면에서 서술을 중단함.
– 소설업자들의 상업적 전략

– 〈홍길동전〉

❖ 제대로 작품 분석의 〈보기〉

㉠ 길동의 신체적 특징
㉡ 무수한 길동이 동일한 언행을 함. ①
㉢ 벼슬을 할 수 없는 자신의 처지 비유
㉣ 길동이 과제를 통과하면 차지할 자리
㉤ 인물의 신분 상승 욕구 – 독자의 욕망 반영
㉥ 길동이 자신의 능력에 대해 자신감을 드러냄.

❖ 제목의 의미

'홍길동'은 서자라는 신분적 한계에 부딪혀 방황하지만 비범한 능력을 바탕으로 새로운 이상 국가를 세운 인물이다. 〈홍길동전〉은 우리 문학사상 최초의 국문 소설로, '홍길동'이라는 영웅적 인물을 통해 적서 차별과 부패한 정치 현실에 대한 비판 의식 및 개혁 의지를 드러낸다. 제시된 작품은 〈홍길동전〉의 19세기 이본 중 하나로, 당대 독자들의 욕망에 부합하는 확대 · 변형을 통해 작품의 흥미를 높이고, 다음 권으로의 독서를 유도하는 상업적 전략이 돋보인다.

❖ 전체 줄거리

길동은 홍 판서와 시비 춘섬 사이에서 서자로 태어난다. 길동은 총명하고 재주가 뛰어나지만 신분 때문에 천대를 받으며 가슴속에 한을 품는다. 홍 판서의 첩 초란은 길동을 죽이려 하고, 이를 알게 된 길동은 출가를 결심한다. 위기를 피해 집을 나와 떠돌던 길동은 도적의 소굴에 들어가 우두머리가 된 후 활빈당을 조직한다. 길동은 팔도 수령들의 불의한 재물을 탈취하여 빈민 구제를 위해 나서지만 조정에서는 그를 반역죄로 몰아 잡아들이려 한다. 조정에서 길동을 회유하려고 병조판서로 임명하자, 길동은 조선을 떠나 남경으로 가던 중 율도국을 발견하고 이를 정벌하여 왕이 된다. 길동은 율도국에서 이상적인 정치를 펼치다가 신선이 되어 사라진다.

❖ 핵심 정리

• 갈래: 국문 소설, 사회 소설, 영웅 소설
• 성격: 현실 비판적, 전기적(傳奇的), 영웅적
• 배경: 시간 – 조선 시대
공간 – 조선국과 율도국
• 주제: 모순된 사회 제도의 개혁과 이상국의 건설
• 특징: ① 영웅 소설적 구조를 취하고 있으며 전기성이 드러남. ② 현실의 모순을 실천적 의지를 통해 극복하고자 함. ③ 사회 제도의 불합리성과 현실의 문제점을 적나라하게 파헤친 사회 소설의 선구적 작품임.

제대로 감상법 모범 답안

작자 미상, 〈홍길동전〉

❶ 길동 ❷ 용력 ❸ 시험 ❹ 병조판서

❖ 제대로 작품 분석

1㉥ 2㉣ 3㉠ 4㉡ 5㉢ 6㉤

01

정답률 88%

윗글의 내용에 대한 이해로 적절하지 않은 것은?

정답인 이유

③ 홍 의정은 '참 길동'을 찾으라는 상의 명령에 유보적* 태도를 보인다.

× → 상의 명령에 따름.

⋯› 홍 의정은 상이 '저 많은 길동 중에 경의 자식을 잡아내라.'고 명령하자, '신의 자식 길동은 왼쪽 다리의 붉은 기미, 용의 비늘 같은 일곱 점이 있사오니, 그를 보면 알리이다.'라고 하며 '참 길동'을 찾기 위해 노력한다. 그러나 모든 길동의 다리에 일곱 점이 있어 '참 길동' 찾기에 실패하고 만다. 홍 의정은 상의 명령에 따르고 있으므로, 홍 의정이 '참 길동'을 찾으라는 상의 명령에 유보적 태도를 보인다는 것은 적절하지 않다.

* 유보적(留保的): 어떤 일을 당장 처리하지 아니하고 나중으로 미루어 두는 것 ⓔ 시민 단체들은 정부의 이번 정책에 대해 유보적 입장을 보였다.

오답인 이유

① '청포 입은 사람'은 길동의 정체를 궁금해한다.

⋯› '청포 입은 사람'은 '소년은 어디로 오며, 성명은 뉘라 하느뇨?'라고 물으며 길동의 정체를 궁금해하고 있다.

② 길동은 활빈당 무리에게 자기를 소개하며 자신감을 드러낸다.

⋯› 길동은 활빈당 무리에게 '나는 다른 사람이 아니요, ~ 그대 등은 무슨 재주와 용력이 있으며, 나와 시험할쏘냐?'라고 자기를 소개하며 자신감을 드러내고 있다.

④ 무수한* 길동이 홍 의정 앞에서 동일한 언행*을 보이고 있다.

⋯› '무수한 길동이 홍 의정을 보고 다 나와 절하여 왈', '많은 길동이 홍 의정 말을 듣고 일시에 다리를 걷고 보이니' 등을 통해, 무수한 길동이 홍 의정 앞에서 동일한 언행을 보이고 있음을 알 수 있다.

* 무수하다(無數--): 헤아릴 수 없다. 예 밤하늘에 떠 있는 무수한 별을 보며 소원을 빌었다.
* 언행(言行): 말과 행동을 아울러 이르는 말 예 나는 아무 말이나 생각나는 대로 하고 다니다가 언행을 조심하라는 충고를 받았다.

⑤ 상에게 길동은 자신이 저지른 행위의 이유를 밝히고 있다.

⋯› 길동은 상에게 '한번 재주를 시험코자 각 읍 각 관을 치고 군기를 탈취하기는 신의 책략을 자랑함이요, 상의 어위대장 이흡을 속임도 재주를 보임이요'라며 자신이 저지른 행위의 이유를 밝히고 있다.

02

정답률 92%

[가]의 ⓐ~ⓒ에 대한 설명으로 가장 적절한 것은?

정답인 이유

③ ⓒ는 길동이 활빈당에서 ⓑ에 제시된 과제를 통과하면 차지할 지위이다.
상장군 자리 / 글

⋯› 상석에 앉은 사람은 길동에게 '글'을 보여 주며, 여기에 적힌 세 가지를 행하면 길동에게 지략과 술법을 배우고 이후에 '상장군 자리'에 모시겠다고 하였다. 따라서 '상장군 자리'는 길동이 활빈당에서 '글'에 제시된 과제를 통과하면 차지할 지위라고 볼 수 있다.

오답인 이유

① ⓐ는 길동이 활빈당 무리와 한편이 될 수 없음을 보여 준다.
시험 ×

⋯› '시험'은 길동이 용력을 발휘할 수 있는 기회를 제공하여, 활빈당의 우두머리가 될 수 있도록 하였다. 따라서 '시험'은 길동이 활빈당 무리와 한편이 될 수 없음을 보여 준다는 설명은 적절하지 않다.

② ⓑ는 길동에게 활빈당이 세워진 이유가 무엇인지를 알려준다.
×

⋯› '글'에는 활빈당이 세워진 이유와 같은 내용이 적혀 있지 않으므로, 활빈당이 세워진 이유를 알려준다는 설명은 적절하지 않다.

④ ⓐ는 길동이 활빈당에서 자아를 실현하게 하는 역할을 하고, ⓑ와 ⓒ는 이를 방해하는 역할을 한다.
○ ×

⋯› '시험'은 길동이 자신의 역량을 발휘할 수 있는 기회가 되었으므로, 길동이 활빈당에서 자아를 실현하게 하는 역할을 했다고 볼 수 있다. 그러나 시험의 내용을 담은 '글'과 시험을 통해 얻을 수 있는 지위인 '상장군 자리'가 길동의 자아실현을 방해하는 역할을 한다는 설명은 적절하지 않다.

⑤ ⓐ는 길동이 활빈당에서 무리들과 갈등하게 되는 계기가 되고, ⓑ와 ⓒ는 이를 심화하는 역할을 한다.
× ×

⋯› '시험'은 길동이 활빈당에서 무리들과 화합하게 되는 계기가 되고, '글'과 '상장군 자리'는 길동과 활빈당 무리들의 갈등을 심화하는 역할을 하지 않으므로 이 설명은 적절하지 않다.

03

정답률 90%

〈보기〉를 참고하여 ㉠~㉤을 감상한 내용으로 적절하지 않은 것은? [3점]

〈보기〉

〈홍길동전〉은 19세기에 오면 특정 대목을 확대·변형한 이본이 여럿 등장한다. 윗글은 이러한 이본 중 하나로, 이전에는 길동이 용력을 과시하는 장면이 바위를 드는 것으로만 제시되었으나 윗글에서는 철관을 쓰고 돌문을 넘는 장면이 추가되었다.(19세기 이본의 내용 확대·변형 ①) 또한 활빈당의 우두머리가 되는 장면에서는 활빈당을 이끌던 수령을 새롭게 등장시켜 자신의 자리를 길동에게 넘겨주는 것으로(19세기 이본의 내용 확대·변형 ②) 흥미를 높였다. 특히 이전에는 왕이 길동을 잡기 위한 계략으로 병조판서를 제수하였지만 윗글에서는 길동이 왕에게 직접 요구하여 원하던 바를 얻는 것으로 변형하였다.(19세기 이본의 내용 확대·변형 ③) 이는 자신의 능력에 따라 신분 상승이 가능하기를 바라던 당대 독자들의 욕망을 작품에 반영한 것이다. 단, 이 과정에서 군신 관계를 바탕으로 한 조선의 유교적 질서에 대한 부정으로까지는 나아가지 않았다. 한편, 특정 장면에서 서술을 중단한 것은 다음 권을 보게 하려는 소설업자들의 상업적 전략에서 나온 것이다.(특정 장면에서 서술을 중단한 이유)

정답인 이유

③ ㉢은 군신 관계를 바탕으로 한 유교적 질서를 무너뜨리고자 한 시도이겠군.

⋯› 〈보기〉에서 〈홍길동전〉의 내용이 확대·변형되는 과정에서 군신 관계를 바탕으로 한 조선의 유교적 질서에 대한 부정으로까지는 나아가지 않았다고 하였다. 따라서 ㉢을 군신 관계를 바탕으로 한 유교적 질서를 무너뜨리고자 한 시도로 보는 것은 적절하지 않다.

오답인 이유

① ㉠은 추가된 인물을 통해서 작품의 흥미를 높이려는 것이겠군.

⋯› 〈보기〉에서 활빈당을 이끌던 수령을 새롭게 등장시켜 자신의 자리를 길동에게 넘겨주는 것으로 흥미를 높였다고 하였다. 따라서 ㉠은 추가된 인물을 통해 작품의 흥미를 높이려는 것이라고 볼 수 있다.

② ㉡은 길동의 용력*을 보여 주는 장면이 더해진 것이겠군.

⋯› 〈보기〉에서 이전에는 길동이 용력을 과시하는 장면이 바위를 드는 것으로만 제시되었으나 윗글에서는 철관을 쓰고 돌문을 넘는 장면이 추가되었다고 하였다. 따라서 ㉡은 길동의 용력을 보여 주는 장면이 더해진 것이라고 볼 수 있다.

* 용력(勇力): 씩씩한 힘. 또는 뛰어난 역량 예 선생님의 용력과 지혜라면 새 나라를 충분히 이끌 수 있을 것입니다.

④ ㉣은 주인공의 신분 상승을 바라는 독자의 욕망이 반영된 것이겠군.

⋯› 〈보기〉에서 길동이 왕에게 직접 병조판서의 자리를 요구하여 원하던 바를 얻는 것은, 자신의 능력에 따라 신분 상승이 가능하기를

바라던 당대 독자들의 욕망을 작품에 반영한 것이라고 하였다. 따라서 ㉣은 주인공의 신분 상승을 바라는 독자의 욕망이 반영된 것이라고 볼 수 있다.

⑤ **㉤은 독자들의 궁금증을 유발하여 돈을 벌려는 소설업자의 전략*으로 볼 수 있겠군.**

···› 〈보기〉에서 특정 장면에서 서술을 중단한 것은 다음 권을 보게 하려는 소설업자들의 상업적 전략에서 나온 것이라고 하였다. 따라서 ㉤은 독자들의 궁금증을 유발하여 돈을 벌려는 소설업자의 전략으로 볼 수 있다.

* 전략(戰略): 정치, 경제 따위의 사회적 활동을 하는 데 필요한 책략
예 제품의 판매량을 두 배로 늘리기 위해서는 새로운 판매 전략이 필요하다.

고전소설 17 옹고집전

▶ 문제편 191~193쪽

정답 | 01 ③ 02 ① 03 ③ 04 ④

[01~04] 다음 글을 읽고 물음에 답하시오. 2019 6월 모의평가

제대로 작품 분석 ▶〈보기〉에서 적절한 것을 골라 넣으며 작품을 분석해 보자.

[앞부분의 줄거리] 옹고집은 성격이 고약한 부자이다. 어느 날 옹고집 앞에 가짜 옹고집이 나타나, 서로가 자신이 진짜라고 주장한다.
(옹고집의 사람됨이 직접 제시됨.) 1

[A]

두 옹고집이 송사 가는 제, 읍내를 들어가니 짚옹고집 거동 보소. 「주저 없이 제가 앞에 가며 읍의 촌가인 하나와 만나 보면 깜짝 반겨 두 손을 잡고, "나는 가변을 송사하러 가는지라. 자네와 나와 아무 연분에 서로 알아 죽마고우로 지냈으니 나를 몰라볼쏘냐."
(짚옹고집: 지푸라기로 만든 옹고집으로, '가짜 옹고집'을 말함. / 가변: 집안의 사건 / 연분: 일 년 중의 어떤 때 / 죽마고우: 대말을 타고 놀던 벗이라는 뜻으로, 어릴 때부터 같이 놀며 자란 벗)

또 하나를 보면, "자네 내게서 아무 연분에 돈 오십 냥을 취하여 갔으니 이참에 못 주겠느냐. 노잣돈 보태 쓰게 하라."
(이참에: 이번에 / 노잣돈: 먼 길을 오가는 데 드는 돈)

또 하나 보면, "자네 쥐골평 논 두 섬지기 이때까지 소작할제, 거년 선자(先資)* 스물닷 말을 어찌 아니 보내는가."」
(거년: 지난해)
「 」: 짚옹고집이 앞장서서 가면서 동네 사람을 만나면 아는 체하는 상황임.

이처럼 하니 참옹고집이 짚옹고집을 본즉 낱낱이 내 소견대로 내가 할 말을 제가 먼저 하니 기가 질려 뒤에 오며, 실성한 사람같이, 아는 사람도 오히려 짚옹고집같이도 모르는지라.
(참옹고집이 할 말을 짚옹고집이 먼저 함.) 2

짚옹고집이 노변에서 지나가는 사람 데리고 하는 말이,
(노변: 길가)

「"가운이 불길하여 어떠한 놈이 왔으되 용모 나와 비슷해 제가 내라 하고 자칭 옹고집이라 하기로, 억울한 분을 견디지 못하여 일체 구별로 송사하러 가는지라. 뒤에 오는 사람이 기네. 자네들도 대소간 눈이 있거든 혹 흑백을 가릴쏘냐."」
(어떠한 놈: 참옹고집)
「 」: 짚옹고집이 참옹고집을 가짜 옹고집이라고 주장함.

참옹고집이 뒤에 오면서 기가 막히고 열척도 없어 말도 못하고 울음 울 제, 행인들이 이어 보고 하는 말이, "누가 알아보리오. 뉘 아들인지 알 수가 없다. 아마도 상동이란 말밖에 또 하리오."
(열척: 어처구니 / 진짜와 가짜를 가리기가 어려움.)
▶ 송사하러 가는 길에 짚옹고집이 참옹고집처럼 행동함.

(중략)

짚옹고집 반만 웃고 집으로 돌아와서 바로 내정으로 들어가니 처자 권속이 내달아 잡고 들어가니, "하늘도 무심치 아니하기로 **내 좋은 형세와 처자를 빼앗기지 아니하였다.**"
(내정: 안뜰 / 권속: 한집에 거느리고 사는 식구)

「송사를 이긴 내력을 말하니 처자 권속이며 상하 노복 등이 참옹고집으로 알고, 마누라는, "㉠우리 서방님이 그런 고생이 또 있을까."
「 」: 가족들까지 짚옹고집을 참옹고집으로 알고 무사히 돌아온 것에 안도함.

맏 아들 나서며, "그런 자식에게 아버지가 큰 봉재를 보았다."」

노복 종이며 마을 사람들이 다 칭찬하거늘, 짚옹고집이,

"내가 혈혈단신으로 자수성가하였기로 전곡을 과연 아낄 줄만 알았더니 내빈 왕객 접대 상과 만가 동냥 거지들을 독하게 박대하였더니 인심부득 절로 되어 이런 재변이 난 듯싶으니, 사람 되고 개과천선 못할쏘냐. 오늘부터 재물과 곡식을 흩어 활인구제(活人救濟)하리라."
(혈혈단신: 의지할 곳이 없는 외로운 홀몸 / 전곡: 돈과 곡식) 3
(이런 재변: 가짜 옹고집이 나타나 참옹고집 행세를 한 상황을 가리킴.)

전곡을 흩어 사방에 구차한 사람을 구제한단 말이 낭자하니 팔도 거지
(가난한 이들을 구제해야 하는 참옹고집의 책무가 대신 이행됨.)

들과 각 절 유걸승들이 구름 모이듯 모여드니 **백 냥 돈 천 냥 돈을 흩어 주니** 옹고집은 인심 좋단 말이 낭자하더라.

「」: 4
▶ 짚옹고집이 참옹고집의 재산으로 가난한 사람들을 구제함.

「하루는 주효(술과 안주를 아울러 이르는 말)를 낭자케 장만하고 원근에 모모한 친구며 사방 사람을 청좌하여 대연(큰 규모로 벌인 잔치)을 배설할 제,」 이때의 참옹고집 전전걸식(정처 없이 이리저리 돌아다니며 빌어먹음.)하다가 맹랑촌 옹고집 활인구제한단 말 듣고 분심(억울하고 원통한 마음)으로 하는 말이,

"㉡남의 재물 갖고 제 마음대로 쓰는 놈은 어떤 놈의 팔자인고. 찾아가서 내 집 망종 보고 죽자."
(자신의 재물로 가난한 이들을 구제하는 짚옹고집을 못마땅하게 생각함.)

하고 죽장망혜(대지팡이와 짚신이란 뜻으로, 먼 길을 떠날 때의 아주 간편한 차림새를 이르는 말)로 찾아갈 제, ㉢짚옹고집 도술 보고 근처에 참옹고집 온 줄 알고 사환을 분부하되,
(망종: 아주 몹쓸 종자란 뜻으로, 행실이 아주 못된 사람을 낮잡아 이르는 말)

"오늘 큰 잔치에 음식도 낭자하고 걸인도 많을 제, 타일 천하게 다투던 거짓 옹가 놈이 배도 고프고 기한(飢寒)(굶주리고 헐벗어 배고프고 추움.)을 견디지 못하여 전전걸식 다닐 제, 잔치 소문을 듣고 마을 근처에 왔으나 차마 못 들어오는가 싶으니 너희 등은 가서 데려오라. 일변 생각하면 되도 못할 일 하다가 중장(重杖)(곤장으로 몹시 쳐서 엄중하게 다스리던 형벌)만 맞았으니 불쌍하다."
5

사환 등이 영을 듣고 사방으로 나가 보니 ㉣과연 마을 뒷산에 앉아 잔치하는 데를 보고 눈물을 흘리고 앉았거늘(집에 들어가지 못한 채 서러워하고 있음.) 「사환들이 바로 가서 엉겁결에 배례하고 문안하니, 슬프다. 참옹고집이 대성통곡 절로 난다.」
「」: 하인들이 자신을 진짜 옹고집으로 착각하고 인사하자 옛 생각에 더 서러워짐.

사환들이 가자 하니, "㉤갈 마음 전혀 없다."
▶ 짚옹고집이 거지 신세가 된 참옹고집을 집으로 데려오게 함.

[B]

여러 놈이 부축하여 들어가서 좌상에 앉히니 짚옹고집 일어서며 인사 후에,

"네 들어라. 형세 있어 좋다 하는 것이(옹고집이 가난한 이들을 구제했어야 한다는 뜻) 활인구제하여 만인적선이 으뜸이거늘 천여 석 거부로서 첫째로는 부모 박대하니 세상에 용납지 못할 놈이요, 둘째는 유걸산승 욕보이니(옹고집이 벌을 받게 된 이유) 불도가 어찌 허사리오. 우리 절 도승이 나를 보내어 묘하신 불법으로 가르쳐서(짚옹고집이 나타나게 된 이유가 밝혀짐.) 너의 죄목을 잡아 아주 죽여 세상에 영영 자취 없게 하여 세상 사람에게 모범이 되게 하라 하시거늘 「너를 다시 세상에 내어 보내기는 나의 어진 용심(마음을 씀.)으로 살린 것이니, 이만해도 후생에게 너같은 행실을 징계한 사례가 될 듯싶으니」 이후는 아무쪼록 개과하라."
「」: 6

하고, 좌상에 나앉으며 문득 자빠지니 허수아비 찰벼 짚뭇음(짚옹고집의 실체)이라.

이로 좌상이 다 놀라 공고를 하고 옹고집이 이날부터 개과천선하여 세상에 전하여 일가친척이며 원근친고 사람에게 인심(남의 딱한 처지를 헤아려 알아주고 도와주는 마음)을 주장하니 옹고집의 인심을 만만세에 전하더라.
▶ 짚옹고집은 허수아비가 되고 옹고집은 개과천선함.

– 작자 미상, 〈옹고집전〉

* 선자: 일을 시작하기에 앞서 드는 돈

❖ 제대로 작품 분석의 〈보기〉

㉠ 옹고집을 살려 주는 이유
㉡ 참옹고집 행세를 하는 일을 말함.
㉢ 짚옹고집이 많은 사람들을 불러 큰 잔치를 벌임.
㉣ 진짜와 가짜를 가리는 이야기 구조임을 알 수 있음.
㉤ 가난한 이들을 외면했던 참옹고집의 행적이 언급됨.
㉥ 참옹고집이 당황하여 짚옹고집보다 아는 사람을 알아보지 못함.

❖ 제목의 의미

'옹고집'은 부자이면서 인색한 인물로, 조선 후기에 등장한 신흥 서민 부자 계층으로 볼 수 있다. 이들 중 극단적으로 이기적이고 부도덕한 행위를 하던 사람들에 대한 일반 서민들의 반감을 풍자적으로 표현한 작품이다.

❖ 전체 줄거리

옹진 고을의 옹고집은 사납고 인색하며 부모에게 효도하지 않는 고약한 부자인데, 집에 찾아온 중을 때려 내쫓는다. 이에 도술이 능통한 도사가 옹고집을 벌주려고 짚으로 가짜 옹고집을 만들고, 진위를 다투던 두 옹고집은 송사까지 하지만 진짜 옹고집이 송사에서 지게 되어 집에서 쫓겨난다. 거지로 떠돌던 옹고집은 지난날을 뉘우치고, 도사에게 용서받아 개과천선한다.

❖ 핵심 정리

- 갈래: 판소리계 소설, 설화 소설, 풍자 소설, 송사 소설
- 성격: 해학적, 풍자적
- 배경: 시간 – 조선 후기
  공간 – 옹진 고을
- 시점: 전지적 작가 시점
- 주제: ① 인간의 참된 도리에 대한 교훈 ② 개과천선(改過遷善)
- 특징: ① 학승 설화와 진가쟁주(眞假爭主) 설화의 모티프를 차용함. ② 불교의 인과응보 사상과 유교의 효 사상을 기본으로 함.

제대로 감상법 모범 답안

작자 미상, 〈옹고집전〉

❶ 짚옹고집 ❷ 참옹고집 ❸ 송사 ❹ 대연

❖ 제대로 작품 분석

1 ㉣ 2 ㉥ 3 ㉤ 4 ㉢ 5 ㉡ 6 ㉠

01

정답률 **75%**

[A]에 대한 설명으로 가장 적절한 것은?

정답인 이유

③ 송사* 가는 이의 답답한 심정이 서술자에 의해 드러난다.
○ → '기가 질려 뒤에 오며, 실성한 사람같이', '기가 막히고 열척도 없어'

⋯› [A]는 참옹고집과 짚옹고집이 송사를 가는 장면이다. 짚옹고집은 앞장서서 가면서 동네 사람을 만나면 아는 체하며 참옹고집이 할 말을 먼저 하고, 마치 자신이 진짜 옹고집인 것처럼 행동하며 참옹고집을 당황하게 만든다. 이에 참옹고집은 기가 막혀 울고 있다. 서술자는 이러한 상황에서 참옹고집의 답답한 심정을 '낱낱이 내 소견대로 내가 할 말을 제가 먼저 하니 ~ 아는 사람도 오히려 짚옹고집같이도 모르는지라.'라고 제시하고 있으므로 적절하다.

* 송사(訟事): 백성끼리 분쟁이 있을 때, 관부에 호소하여 판결을 구하던 일 예 그는 억울하다고 생각했지만, 결국 이웃 사람들의 권유를 받아들여 송사를 포기했다.

오답인 이유

① 송사 원인이 금전적 이해관계*에 있음이 밝혀진다.
× → 옹고집의 진위 여부

⋯› 짚옹고집은 '어떠한 놈이 왔으되 용모 나와 비슷해 ~ 일체 구별로 송사하러 가는지라.'라고 하였다. 즉 송사의 원인이 '참옹고집'과 '짚옹고집' 둘 중 누가 진짜 옹고집인지 가리기 위한 것임을 알 수 있으나, 금전적 이해관계 때문이라는 내용은 나타나지 않는다.

* 이해관계(利害關係): 서로 이해가 걸려 있는 관계 예 두 나라의 이해관계가 복잡하게 얽혀 있다.

② 송사 결과에 대한 행인들의 상반된 예측이 제시된다.
× → 누가 옹고집인지 알 수 없음.

…→ 행인들은 "누가 알아보리오. 뉘 아들인지 알 수가 없다. 아마도 상동이란 말밖에 또 하리오."라고 하며 누가 진짜 옹고집인지 알 수 없다고 하였으므로, 송사 결과에 대한 상반된 예측이 제시되는 것은 아니다.

④ 송사 가는 이들 간에 서로를 비방*하는 대화가 이어진다.
× → 동네 사람, 행인과의 대화

…→ [A]에서 송사를 가는 참옹고집과 짚옹고집은 서로 대화하지 않고 있다. 앞서 가는 짚옹고집이 지나가는 사람들에게 자신이 진짜 옹고집인 것처럼 말하는 대화만 나타나고 있을 뿐, 송사 가는 두 옹고집이 서로를 비방하는 대화는 나타나지 않는다.

* 비방(誹謗): 남을 비웃고 헐뜯어서 말함. 예 두 경쟁사는 상대에 대한 비방을 멈추지 않았다.

⑤ 송사 가는 길에 새롭게 등장한 인물의 외양이 묘사된다.
× → 외양 묘사는 나타나지 않음.

…→ 두 옹고집이 송사 가는 길에 동네 사람들과 행인이 새롭게 등장하고 있지만, 이들의 외양이 묘사되는 것은 아니다.

③ '전곡을 흩어 사방에 구차한 사람을 구제'한다는 데에서, 가난한 이들을 구제해야 하는 '참옹고집'의 책무가 '짚옹고집'을 통해 이행됨을 알 수 있군.

…→ '짚옹고집'은 그동안 거지들을 박대했던 잘못을 뉘우치며 '전곡을 흩어 사방에 구차한 사람을 구제'할 것이라고 말하고 있다. 이를 통해 '참옹고집'과 같은 조선 후기 향촌 사회의 부유층에게 요구되는 사회적 책무가 '짚옹고집'을 통해 대신 이행되고 있음을 알 수 있다.

④ '짚옹고집'이 '백 냥 돈 천 냥 돈을 흩어' 줄 수 있을 만큼 '참옹고집'의 재물이 많았다는 데에서, 조선 후기 향촌 사회의 부유층을 연상시키는 '참옹고집'의 모습이 확인되는군.

…→ '짚옹고집'은 '팔도 거지들과 각 절 유걸승들'에게 '백 냥 돈 천 냥 돈을 흩어' 주고 있다. 이처럼 '참옹고집'이 재물이 많고 부유했다는 것에서 '참옹고집'은 조선 후기 향촌 사회의 부유층을 형상화했다는 것을 확인할 수 있다.

⑤ '참옹고집'이 '짚옹고집'에게 자리를 빼앗기고 '전전걸식'하며 살아가는 데에서, 공동체로부터 소외되어 고통을 겪는 '참옹고집'의 처지가 확인되는군.

…→ '참옹고집'은 진짜 옹고집을 가리는 송사에서 진 후 '짚옹고집'에게 자리를 뺏기고 쫓겨나 '전전걸식'하며 거지 신세로 살게 된다. 이를 통해 부유하지만 가난한 이들을 외면한 죄로 공동체로부터 소외되어 고통을 겪는 '참옹고집'의 처지를 확인할 수 있다.

02

정답률 82%

〈보기〉를 참고하여 윗글을 감상한 내용으로 적절하지 않은 것은?

〈보기〉

〈옹고집전〉은 주인공 '참옹고집'이 소외를 경험하도록 그와 똑같이 생긴 '짚옹고집'을 등장시켜 그를 대신하게 하는 독특한 인물 관계를 설정하였다. 이는 '참옹고집'으로 형상화된 조선 후기 향촌 사회의 부유층 ('백 냥 돈 천 냥 돈을 흩어' 줄 만큼 부유함.) 에게 요구되는 사회적 책무와도 연결된다. 부유하게 살면서도 가난한 이들을 구제하지 않고 ('전곡을 흩어 사방에 구차한 사람을 구제') ('만가 동냥 거지들을 독하게 박대') 외면하면 공동체로부터 소외될 수 있음을 보여 ('참옹고집'이 '전전걸식'하며 살아감.) 주고 있기 때문이다.

정답인 이유

① '내 좋은 형세와 처자를 빼앗기지 아니하였다'고 말한 데에서, '참옹고집'이 송사 이전부터 가족에게 소외되어 온 정황이 '짚옹고집'을 통해 드러남을 알 수 있군.
× → 송사 이전부터 소외되어 온 정황은 나타나지 않음.

…→ 송사를 마치고 돌아온 '짚옹고집'이 '내 좋은 형세와 처자를 빼앗기지 아니하였다'고 말한 것은, 자신이 '참옹고집'인 것처럼 행동하기 위해서이다. 이때 가족들은 '짚옹고집'을 진짜 옹고집이 돌아온 것으로 알고 고생이 많았다며 걱정하고 있으므로, '참옹고집'이 송사 이전부터 가족에게 소외되어 왔다고 볼 수 없다.

오답인 이유

② '만가 동냥 거지들을 독하게 박대'하였다고 말한 데에서, 가난한 이들을 외면했던 '참옹고집'의 행적이 '짚옹고집'을 통해 언급됨을 알 수 있군.

…→ '짚옹고집'은 자신이 거지들을 박대하여 이런 재변*이 났다고 말하고 있으므로, 이를 통해 가난한 이들을 구제하지 않고 외면했던 '참옹고집'의 과거 행적이 언급되고 있다.

* 재변(災變): 재앙으로 생긴 변고 예 올해에는 생각지도 못한 재변이 심하여 농사를 망쳤다.

03

정답률 82%

㉠~㉤에 대한 이해로 적절하지 않은 것은?

정답인 이유

③ ㉢: '짚옹고집'은 '참옹고집'의 거동*을 수상히 여기고 있다.
× → 참옹고집이 근처에 온 것을 알고 있음.

…→ '짚옹고집'은 ㉢에서 도술을 통해 '참옹고집'이 집 근처에 찾아온 것을 미리 알고 사환을 불러 데려오게 하고 있다. 즉 '짚옹고집'은 '참옹고집'의 행동을 알고 있는 것이지 그의 거동을 수상히 여기고 있는 것은 아니다.

* 거동(擧動): 몸을 움직임. 또는 그런 짓이나 태도 예 그는 거동이 불편한 아내를 정성껏 보살폈다.

오답인 이유

① ㉠: '마누라'는 집에 돌아온 이를 '참옹고집'으로 알고 있다.

…→ ㉠에서 '마누라'는 송사에서 이기고 돌아온 '짚옹고집'을 '참옹고집'으로 알고 서방님에게 그간 고생했다고 위로의 말을 건네고 있다.

② ㉡: '참옹고집'은 '짚옹고집'을 못마땅하게 여기고 있다.

…→ ㉡에서 '참옹고집'은 '짚옹고집'이 자신의 재물로 큰 잔치를 벌이고 사방의 사람들에게 돈을 흩어 주며 마음대로 쓰고 있다는 것을 듣고 못마땅하게 여기며 비난하고 있다.

④ ㉣: '참옹고집'은 집에 들어가지 못한 채 서러워하고 있다.

…→ ㉣에서 '참옹고집'은 마을 근처에 찾아왔으나 집으로 들어가지는 못하고, 마을 뒷산에 앉아 잔치하는 것을 보면서 눈물을 흘리고 있다.

⑤ ㉤: '참옹고집'은 '사환들'에게 거절의 의사를 표하고 있다.

…→ ㉤에서 '참옹고집'은 자신을 데리러 온 '사환들'에게 집에 갈 마음이 전혀 없다며 거절의 의사를 표하고 있다.

04

정답률 68% | 매력적인 오답 ① 12%

〈보기〉는 〈옹고집전〉 이본의 일부이다. [B]와 〈보기〉를 비교하여 이해한 내용으로 적절하지 않은 것은? [3점]

〈보기〉

참옹고집 듣기를 다하여 천방지방(너무 급하여 허둥지둥 함부로 날뜀.) 도사 앞에 급히 나아가 합장배례하며 공손히 하는 말이, "이놈의 죄를 생각하면 천사(千死)라도 무석(無惜)(자신의 죄가 천번 만번 죽어도 아깝지 않음.)이요 만사라도 무석이나 명명하신 도덕하에 제발 덕분 살려 주오. 당상의 늙은 모친 규중의 어린 처자 다시 보게 하옵소서. 원견지(멀리서 봄.) 하온 후 지하에 돌아가도 여한이 없을까 하나이다. 제발 덕분 살려 주옵소서."

만단(여러 가지나 온갖)으로 애걸하니 도사 하는 말이, "천지간에 몹쓸 놈아. 인제도 팔십 당년 늙은 모친 냉돌방에 구박할까. 불도를 능멸할까. 너 같은 몹쓸 놈은 응당 죽일 것이로되(참옹고집의 악행을 언급함.) 정상(情狀)이 불쌍하고 너의 처자 가여운 고로 놓아주니(참옹고집을 살려 두는 이유) 돌아가 개과천선하라."

부적을 써 주며 왈, "이 부적을 몸에 붙이고 네 집에 돌아가면 괴이한 일 있으리라."하고 홀연 간데없거늘(훈계를 하던 도사가 홀연 사라짐.) 참옹고집 즐겨 돌아와서 제집 문전 다다르니 고루거각(높고 크게 지은 집) 높은 집에 청풍명월 맑은 경은 옛 놀던 풍경이라.

정답인 이유

④ '참옹고집'에게 개과천선*하라는 요청이 [B]와 〈보기〉 모두 인물의 발화에 나타나는 것으로 보아(→ [B]와 〈보기〉 모두 ○), [B]와 〈보기〉에서 모두 인물의 발화는 '참옹고집'이 용서를 구하기 시작하는 계기에 해당하는군.(→ [B]에서는 용서를 구하지 않음. 〈보기〉에서는 인물의 발화 전에 용서를 구함.)

…→ [B]에서는 '짚옹고집'이, 〈보기〉에서는 '도사'가 '참옹고집'을 용서해 줄 테니 개과천선하라고 말하고 있다. 그러나 [B]에서 '참옹고집'이 용서를 구하는 모습은 나타나 있지 않다. 그리고 〈보기〉에서는 '도사'가 말하기 전에 '참옹고집'이 먼저 잘못을 뉘우치고 살려 달라고 용서를 구하고 있다. 따라서 [B]와 〈보기〉에서 개과천선을 요청하는 발화는 '참옹고집'이 용서를 구하기 시작하는 계기로 볼 수 없다.

* 개과천선(改過遷善): 지난날의 잘못이나 허물을 고쳐 올바르고 착하게 됨. 예 그는 지난날의 잘못을 반성하고 봉사 활동을 하며 개과천선의 길을 걷고 있다.

오답인 이유

① (매력적인 오답) '참옹고집'을 살려 두는 이유로 [B]는 '나의 어진 용심'을, 〈보기〉는 '정상이 불쌍'함을 제시하는 것으로 보아, [B]에서는 용서하는 이의 마음을 고려했고, 〈보기〉에서는 용서받는 이의 처지까지도 고려하였군.

…→ [B]에서는 '짚옹고집'이 '참옹고집'을 살려 주면서 '나의 어진 용심' 때문이라고 하며 자신의 마음을 이유로 들었고, 〈보기〉에서는 '도사'가 '참옹고집'의 '정상이 불쌍'하여 용서한다고 하며 '참옹고집'의 처지를 이유로 들고 있으므로 적절하다.

② '참옹고집'을 살려 두는 이유로 [B]는 '이만해도 후생에게' '징계한 사례'가 됨을, 〈보기〉는 '너의 처자 가여'움을 제시하는 것으로 보아, [B]에서는 징계의 사회적 효용이, 〈보기〉에서는 징계로 인한 가족의 피해가 고려되었군.

…→ [B]에서는 '참옹고집'을 살려 두는 이유로 후생에게 이러한 행실을 징계한 사례가 된다고 하며 징계의 사회적 효용을 언급하고 있고, 〈보기〉에서는 '참옹고집'의 처자가 가엾기 때문에 놓아준다고 하며 가족의 피해를 언급하고 있으므로 적절하다.

③ '참옹고집'의 악행으로 [B]는 '부모 박대'를, 〈보기〉는 '모친' '구박'을 거론하는 것으로 보아, [B]와 〈보기〉에서 모두 '참옹고집'의 비인륜적 행위가 징계의 사유에 포함되었군.

…→ [B]에서는 '참옹고집'의 악행으로 부모를 박대한 행위를 말하고 있고, 〈보기〉에서는 늙은 모친을 냉돌방에 구박한 행위를 말하고 있으므로, '참옹고집'의 비인륜적 행위가 징계의 사유에 포함되었다는 것은 적절하다.

⑤ '참옹고집'을 훈계하던 존재가 [B]에서는 '허수아비'로 변하고, 〈보기〉에서는 '홀연' 사라지는 것으로 보아, [B]와 〈보기〉에서 모두 신이한* 사건이 벌어지는군.

…→ [B]에서는 '참옹고집'을 훈계하던 '짚옹고집'이 말을 마친 뒤 '허수아비'로 변하고, 〈보기〉에서는 '도사'가 홀연 간데없이 사라지고 있으므로, 모두 현실에서 벌어질 수 없는 신이한 사건이 벌어지고 있다는 것은 적절하다.

* 신이하다(神異--): 신기하고 이상하다. 예 영웅이 태어날 때는 신이한 조짐이 일어난다.

V부 갈래 복합

갈래 복합 01 문 | 가지가 담을 넘을 때 | 잊음을 논함

▶ 문제편 196~200쪽

정답 | 01 ② 02 ① 03 ③ 04 ③ 05 ② 06 ⑤

[01~06] 다음 글을 읽고 물음에 답하시오. 2024 수능

제대로 작품 분석 ▶〈보기〉에서 적절한 것을 골라 넣으며 작품을 분석해 보자.

가 [1연] **소주제:** 천년 동안 머무른 흰 벽의 그림자

[2, 3연] **소주제:** 쇠락해 가면서도 자신의 자리를 지키는 문
- 단청은 연년이 ~ 쓰라리게 스며들었다: 문이 세월의 흐름에 쇠락해 가는 모습
- 연년이: 해마다 거르지 않고
- 두리기둥: 둘레를 둥그렇게 깎아 만든 기둥
- 서럽지 않았다: ¹
- 푸른: 동일한 색채어 반복
- 상기: 아직도
- 바람 소리에 귀를 기울이는: ²

[4연] **소주제:** 시간의 흐름 속에서 순환하는 자연
- 주춧돌: 기둥 밑에 기초로 받쳐 놓은 돌
- 푸른: 동일한 색채어 반복

[5~6연] **소주제:** 새벽에 열리는 희망의 문
- 푸른: 동일한 색채어 반복
- 흘러간 별들이 ~ 쏟아지는 새벽: 흘러간 별들이 돌아오고 밤에서 새벽이 되며 빛이 쏟아짐. – 순환하는 자연
- 오래 닫혀진 문은 산천을 울리며 열리었다: ³
- 그립던 깃발이 눈뿌리에 사무치는 푸른 하늘이었다.: 새로운 역사의 시작에 대한 희망의 이미지
- 그립던 깃발: 인간 역사의 이상을 상징함.

– 김종길, 〈문〉

❖ 제대로 작품 분석의 〈보기〉

㉠ 자연이 가진 변화의 힘을 받아들임.
㉡ 새로운 역사를 실현할 가능성이 열림.
㉢ 부정적인 현실에서도 새로운 가능성을 찾음.

❖ 제목의 의미

'문'이 닫혀 있는 모습은 암울했던 시절을, 열리는 모습은 희망찬 새 시대가 오고 있음을 나타내는 것으로 이 시는 암울한 시대가 가고 희망에 찬 새 시대를 맞이하는 감격을 드러낸 작품이다.

❖ 작가 소개

김종길(金宗吉, 1926~2017): 시인, 영문학자. 고전적인 품격과 절제된 미학을 보여 주는 시를 썼다. 1947년 경향신문 신춘문예에 〈문〉이 당선되면서 등단했고, 대표작으로 〈성탄제〉가 있다. 《하회에서》, 《황사 현상》등의 시집을 펴냈다.

❖ 핵심 정리

- 갈래: 자유시, 서정시
- 성격: 상징적, 감각적
- 주제: 암울한 시대가 지나고 희망찬 새 시대를 맞이하는 감격
- 특징: ① 상징적인 시어와 시어의 대비를 통해 주제 의식을 형상화함. ② 동일한 색채어를 반복적으로 사용하여 감각적 이미지를 형성하며 시상을 전개함.

나 [1연] **소주제:** 가지가 담을 넘을 수 있도록 믿어준 존재들
- 수양의 늘어진 가지가 담을 넘을 때: 시적 상황 – 수양의 가지가 담을 넘는 상황
- 아니었을 것이다: 부정 표현 반복
- 뿌리, 꽃과 잎: ¹
- 혼연일체: 생각, 행동, 의지 따위가 완전히 하나가 됨.

[2연] **소주제:** 가지가 담을 넘으려는 마음을 갖게 한 존재들
- 아니었으면, 아니었을 것이다, 못했을 것이다: 부정 표현 반복
- 한 닷새 내리고 ~ 신명 나는 일이 아니었을 것이다: 비, 폭설과 같은 장애물의 존재가 가지가 담을 넘는 일을 신명 나게 만듦.
- 금단의 담: ²

[3연] **소주제:** 가지가 담을 넘는다는 것의 의미
- 목련 가지라든가 ~ 담쟁이 줄기라든가: 수양 가지와 같이 담을 넘으려는 존재들
- 도박: ³

– 정끝별, 〈가지가 담을 넘을 때〉

❖ 제대로 작품 분석의 〈보기〉

㉠ 가지가 담을 넘을 수 있도록 믿어준 존재들
㉡ 가지가 담을 넘으려는 마음을 가지게 만든 존재
㉢ 담을 넘는다는 것은 성공이 보장되지 않는 위험한 일에 도전하는 것이므로

❖ 제목의 의미

수양의 늘어진 '가지가 담을 넘을 때'의 과정과 그 의미를 통해 제약을 이겨 내고 미지의 영역에 도달하기 위해 용기와 협력이 필요함을 드러내고 있다.

❖ 작가 소개

정끝별(1964~): 시인, 대학교수. 1988년 시 〈칼레의 바다〉를 발표하며 등단했고, 1994년 동아일보 신춘문예에 평론이 당선되었다. 리듬과 이미지가 충만한 독특한 시 세계와, 분석과 해석이 치밀하고 정교한 평론을 보여 준다. 《자작나무 내 인생》, 《흰 책》, 《삼천갑자 복사빛》 등의 시집과 《패러디 시학》, 《천 개의 혀를 가진 시의 언어》, 《오룩의 노래》, 《파이의 시학》 등의 시론·평론집을 펴냈다.

❖ 핵심 정리

- 갈래: 자유시, 서정시
- 성격: 상징적, 의지적
- 주제: 가지가 담을 넘는 과정과 의미
- 특징: ① 자연물을 의인화하여 주제 의식을 드러냄. ② 가정적 표현과 부정 표현('~은/이 아니었을 것이다', '~ 아니었으면', '~ 못했을 것이다')을 통해 의미를 강조함.

다 나는 이홍에게 이렇게 말했다.
글쓴이 ¹

「ⓐ너는 잊는 것이 병이라고 생각하느냐? 잊는 것은 병이 아니다. 너는 잊지 않기를 바라느냐? 잊지 않는 것이 병이 아닌 것은 아니다.」 ⓑ그렇다면 잊지 않는 것이 병이 되고, 잊는 것이 도리어 병이 아니라는 말은 ²

「」: '잊는 것'과 '잊지 않는 것'에 대한 글쓴이의 새로운 시각이 드러남.

무슨 근거로 할까? 잊어도 좋을 것을 잊지 못하는 데서 연유한다. 잊어도 좋을 것을 잊지 못하는 사람에게는 잊는 것이 병이라고 치자. 그렇다면 잊어서는 안 되는 것을 잊는 사람에게는 잊는 것이 병이 아니라고 말할 수 있다. ⓒ그 말이 옳을까? ▶ 잊는 것과 잊지 않는 것에 대한 인식

천하의 걱정거리는 어디에서 나오겠느냐? 잊어도 좋을 것은 잊지 못하고 잊어서는 안 될 것은 잊는 데서 나온다.(사람들의 걱정거리가 생기는 이유) 「눈은 아름다움을 잊지 못하고, 귀는 좋은 소리를 잊지 못하며, 입은 맛난 음식을 잊지 못하고, 사는 곳은 크고 화려한 집을 잊지 못한다. 천한 신분인데도 큰 세력을 얻으려는 생각을 잊지 못하고, 집안이 가난하건만 재물을 잊지 못하며, 고귀한데도 교만한 짓을 잊지 못하고, 부유한데도 인색한 짓을 잊지 못한다. 의롭지 않은 물건을 취하려는 마음을 잊지 못하고, 실상과 어긋난 이름을 얻으려는 마음을 잊지 못한다.」(「」: 잊어도 좋을 것을 잊지 못하는 예) ▶ 잊어야 할 것을 잊지 못하는 모습

그래서 잊어서는 안 될 것을 잊는 자가 되면, 「어버이에게는 효심을 잊어버리고, 임금에게는 충성심을 잊어버리며, 부모를 잃고서는 슬픔을 잊어버리고, 제사를 지내면서 정성스러운 마음을 잊어버린다. 물건을 주고받을 때 의로움을 잊고, 나아가고 물러날 때 예의를 잊으며, 낮은 지위에 있으면서 제 분수를 잊고, 이해의 갈림길에서 지켜야 할 도리를 잊는다.」(「」: 잊어서는 안 되는 것을 잊는 예 - 타인과 자신의 관계에서 지켜야 할 가치를 강조함.)

ⓓ먼 것을 보고 나면 가까운 것을 잊고, 새것을 보고 나면 옛것을 잊는다. 입에서 말이 나올 때 가릴 줄을 잊고, 몸에서 행동이 나올 때 본받을 것을 잊는다. 내적인 것을 잊기 때문에 외적인 것을 잊을 수 없게 되고, 외적인 것을 잊을 수 없기 때문에 내적인 것을 더더욱 잊는다. ▶ 잊어서는 안 될 것을 잊는 모습

ⓔ그렇기 때문에 하늘이 잊지 못해 벌을 내리기도 하고, 남들이 잊지 못해 질시의 눈길을 보내며, 귀신이 잊지 못해 재앙을 내린다. 그러므로 잊어도 좋을 것이 무엇인지를 알고 잊어서는 안 되는 것이 무엇인지를 아는 사람은 내적인 것과 외적인 것을 서로 바꿀 능력이 있다. 내적인 것과 외적인 것을 서로 바꾸는 사람은, 다른 사람의 잊어도 좋을 것은 잊고 자신의 잊어서는 안 될 것은 잊지 않는다." ▶ 잊어도 좋을 것과 잊어서는 안 될 것을 구분하는 태도의 필요성

– 유한준, 〈잊음을 논함〉

❖ 제대로 작품 분석의 〈보기〉

- ㉠ 청자에게 이야기하는 형식
- ㉡ 자신이 앞서 말한 것의 근거가 무엇인지 제시하고자 함.
- ㉢ 잊어도 좋을 것과 잊어서는 안 될 것을 아는 태도의 필요성

❖ 제목의 의미

〈잊음을 논함〉은 잊어야 할 것과 잊지 않아야 할 것에 대한 사유를 통해 깨달음을 전하는 고전 수필이다. 한문 원제는 '망해(忘解)'이다.

❖ 작가 소개

유한준(兪漢雋, 1732~1811): 조선 후기의 문신, 서예가. 호는 저암(著菴)·창애(蒼厓). 당대에 뛰어난 문장가로 꼽혔으며, 연암 박지원과 경쟁하며 서로의 문장을 비판한 것으로 유명하다. 그림에도 소질이 있었으며 글씨 역시 뛰어났다고 한다. 저서로 《저암집》이 있다.

❖ 핵심 정리

- 갈래: 고전 수필
- 성격: 성찰적, 교훈적
- 주제: 잊어야 할 것과 잊지 않아야 할 것을 분별하는 지혜의 필요성
- 특징: ① 잊어도 좋을 것과 잊어서는 안 될 것에 대한 새로운 시각과 성찰이 드러남. ② 반복적 표현과 구체적인 사례를 통해 내용을 전개함.

제대로 감상법 모범 답안

(가) 김종길, 〈문〉

❶ 희망 ❷ 주춧돌 ❸ 닫혀진 문 ❹ 상징적

❖ 제대로 작품 분석

1㉠ 2㉢ 3㉡

(나) 정끝별, 〈가지가 담을 넘을 때〉

❶ 담 ❷ 비, 폭설 ❸ 도박 ❹ 도반

❖ 제대로 작품 분석

1㉠ 2㉡ 3㉢

(다) 유한준, 〈잊음을 논함〉

❶ 잊어도 ❷ 잊어서는 ❸ 청자

❖ 제대로 작품 분석

1㉠ 2㉡ 3㉢

01

정답률 **60%** | 매력적인 오답 ④ **30%**

(가)~(다)에 대한 설명으로 가장 적절한 것은?

정답인 이유

② (가)는 동일한 색채어를('푸른'), (나)는 유사한 문장 구조를('가지가 담을 넘을 때 ~을 것이다', '~이(가) 아니었으면') 반복적으로 제시하며 시상을 전개한다.

⋯▸ (가)에서는 색채어 '푸른'을 3~6연에 반복적으로 사용하여 감각적 이미지를 형성하며 시상을 전개하고 있다. (나)의 1연과 3연에서는 '가지가 담을 넘을 때 ~을 것이다', 2연에서는 '~이(가) 아니었으면'이라는 유사한 문장 구조를 반복하고 있다.

오답인 이유

④ (매력적인 오답) (나)는 사물을 관조함으로써, (다)는 세태를 관망함으로써(×) 주제 의식을 부각한다.

⋯▸ (나)는 수양의 늘어진 가지가 담을 넘어가는 모습을 관조하는 태도로 주제 의식을 부각한다고 볼 수 있다. 하지만 (다)는 잊어도 좋을 것은 잊지 못하고 잊어서는 안 될 것은 잊는 세태를 비판하며 깨달음을 전하고 있으므로, 세태를 관망하고 있다고 볼 수 없다.

① (가)는 명시적 청자에게(× → 나타나지 않음.) 말을 건네는 방식으로 화자의 감정을 드러낸다.

⋯▸ (가)에는 분명하게 드러난 청자가 나타나 있지 않다.

③ (가)와 (나)는 모두, 사라져 가는 대상에 대한 화자의 안타까움을(×) 드러낸다.

⋯▸ (가)는 2연에서 대상이 쇠락해 가는 모습이 나타나지만 그에 대한 안타까움은 드러나지 않는다. 또한 (나)에서는 사라져 가는 대상이나 이에 대한 화자의 안타까움을 찾아볼 수 없다.

⑤ (가), (나)(×), (다)는 모두, 대상과 소통하며 문제 해결 과정을 연쇄적으로 제시한다.

⋯▸ (가), (나)에는 모두 대상과 소통하는 모습이나 문제 해결 과정을 연쇄적으로 제시한 부분을 찾아볼 수 없다. (다)는 글쓴이가 '이홍'에게 말하는 방식으로 내용을 전개하고 있으며, 문제를 제기한 뒤 그것을 해결하는 과정을 논리적으로 제시하고 있으므로 대상과 소통하며 문제 해결 과정을 연쇄적으로 제시한다고 볼 수 있다.

02

정답률 60% | 매력적인 오답 ③ 16%

〈보기〉를 참고하여 (가)를 감상한 내용으로 적절하지 않은 것은?

〈보기〉

(가)에서 순환하는 자연이 가진 변화의 힘은 인간 역사의 쇠락과 생성에 관여한다. 인간의 역사는 쇠락의 과정에서도 생성의 기반을 잃지 않고, 자연과 어우러지며 자연의 힘을 탐색하거나 수용한다. 이를 통해 '문'은 새로운 역사를 생성할 가능성을 실현하게 되고, 인간의 역사는 '깃발'로 상징되는 이상을 향해 다시 나아갈 수 있게 된다.

(가)에 나타난 인간의 역사 / '문'의 역할

정답인 이유

① '흰 벽'에 나뭇가지가 그림자로 나타나는 것은, 천년을 쇠락해 온 인간의 역사가 자연의 힘을 탐색하는 과정에서 자연의 모습에 영향을 미친 결과를 보여 주는군. (×)

⋯› '흰 벽'에 나뭇가지가 그림자로 나타나는 것은 '해들 적마다' 벽에 나뭇가지의 그림자가 드리운 것으로, 이러한 모습은 인간의 역사가 진행되는 동안 반복된 자연의 모습일 뿐, 인간의 역사가 자연의 힘을 탐색하는 과정에서 자연의 모습에 영향을 미친 결과라고 볼 수 없다.

오답인 이유

③ (매력적인 오답) '기왓장마다' 이끼와 세월이 덮여 감에도 멀리 있는 바람 소리에 귀를 기울이는 것은, 자연의 영향을 받으면서도 자연이 가진 변화의 힘에서 생성의 가능성을 찾는 모습이겠군.

⋯› 〈보기〉에서 순환하는 자연이 가진 변화의 힘은 인간 역사의 쇠락과 생성에 관여하고, 인간의 역사는 쇠락의 과정에서도 생성의 기반을 잃지 않고, 자연과 어우러지며 자연의 힘을 탐색하거나 수용한다고 언급하였다. 이를 참고할 때 '기왓장마다' 이끼와 세월이 덮여 가는 것은 자연의 영향을 받는 모습으로, '멀리 지나가는 바람 소리에 귀를 기울이는' 것은 자연이 가진 변화의 힘에서 생성의 가능성을 찾는 모습으로 이해할 수 있다.

② '두리기둥'의 틈에 별과 바람이 쓰라리게 스며드는 것을 서럽지 않다고 한 것은, 쇠락해 가는 인간의 역사가 자연이 가진 변화의 힘을 수용함을 드러내는군.

⋯› '단청은 연년이 빛을 잃'는 것은 인간 역사의 쇠락을 의미하는데 '별과 바람이 쓰라리게 스며'듦에도 서럽지 않다고 했으므로, 이는 자연이 가진 변화의 힘을 수용하는 태도로 볼 수 있다.

④ '주춧돌 놓인 자리'에 봄이면 푸른 싹이 돋고 나무가 자라는 것은, 생성의 기반을 잃지 않은 인간의 역사가 자연과 어우러져 생성의 힘을 수용하는 모습이겠군.

⋯› '주춧돌'은 기둥 밑에 기초로 받쳐 놓은 돌로, 인간의 역사의 기반으로 볼 수 있다. 따라서 '주춧돌 놓인 자리'에 '푸른 싹이 살고', '꽃이 피는 나무가 자'란다는 것은 인간의 역사가 생성의 기반을 잃지 않고 자연과 어우러져 생성의 힘을 수용하는 것으로 이해할 수 있다.

⑤ '닫혀진 문'이 별들이 돌아오고 낡은 처마 끝에 빛이 쏟아지는 새벽에 열리는 것은, 순환하는 자연 속에서 인간의 역사를 다시 생성할 가능성이 나타남을 보여 주는군.

⋯› 흘러간 별들이 돌아오는 것과, 밤에서 빛이 쏟아지는 새벽으로 시간이 흐른 것은 자연의 순환을 보여 준다. 따라서 이때 '닫혀진 문'이 열리는 것은 순환하는 자연 속에서 인간의 역사를 다시 생성할 가능성이 나타나는 것을 보여 주는 것으로 이해할 수 있다.

03

정답률 52% | 매력적인 오답 ④ 18%

(나)에 대한 이해로 가장 적절한 것은?

정답인 이유

③ [B]에서는 '가지의 마음을 머뭇 세우'는 대상을 '신명 나는 일'에 연결하여 '정수리를 타 넘'는 행위의 의미를 드러낸다.

(담 / 가지가 담을 넘는 일의 의미 / 가지가 담을 넘는 일)

⋯› '가지의 마음을 머뭇 세우'는 대상은 '담'으로, 화자는 가지가 담을 넘는 것을 '신명 나는 일'이라고 말하고 있다. 이는 가지가 '담의 정수리를 타 넘'는 행위의 의미를 드러낸 것으로 해석할 수 있다.

오답인 이유

④ (매력적인 오답) [A]에서 '가지만의'와 '혼자서는'에 나타난 가지의 상황은, [B]에서 '담 밖'을 가두어 [C]에서 '획'을 긋는 가지의 모습으로 이어진다.

(× → 가지가 혼자만의 힘으로 담을 넘지 못할 것)

⋯› [C]에서 '무명에 획을 긋는' 것은 가지가 담을 넘는 상황인데, 화자는 가지가 혼자만의 힘으로는 담을 넘지 못할 것이라고 했으므로 '가지만의'와 '혼자서는'에 나타난 가지의 상황이 '획'을 긋는 가지의 모습으로 이어진다고 볼 수는 없다.

① [A]에서는 '얼굴 한번 못 마주친' 상황과 '손을 터는' 행위가 '한없이' 떠는 가지의 마음으로 인한 것임을 드러낸다.

(× → 뿌리와 꽃과 잎이 가지를 믿어주지 않을 때)

⋯› '얼굴 한번 못 마주친 애먼 뿌리와 / 잠시 살 붙였다 적막히 손을 터는 꽃과 잎'은 수양의 가지와 뿌리가 서로 떨어져 있는 상황과, 꽃과 잎이 가지에서 떨어지는 상황을 나타낸 것이다. 이를 '한없이' 떠는 가지의 마음과 연관 짓는 것은 적절하지 않다.

② [B]에서는 '고집 센'과 '도리 없는'을 통해 가지가 '꿈도 꾸지 못'하게 만든 두 대상의 성격을 부각한다.

(× → '비'(고집 센)와 '폭설'(도리 없는)은 가지가 담을 넘는 일을 신명 나게 만듦.)

⋯› '고집 센'은 '비'의 성격을, '도리 없는'은 '폭설'의 성격을 나타내고, '꿈도 꾸지 못'함과 연결되는 것은 '담'에 해당한다. 따라서 '고집 센'과 '도리 없는'을 통해 가지가 '꿈도 꾸지 못'하게 만든 두 대상의 성격을 부각한다는 것은 적절하지 않다.

⑤ [A]에서 '않았다면'과 [B]에서 '아니었으면'이 강조하는 대상들의 의미는, [C]에서 '목련'과 '감나무' 사이의 관계에서도 나타난다.

(혼연일체 믿어주는 존재, 담을 넘는 일을 신명 나게 만드는 존재 / 수양과 마찬가지로 담을 넘으려는 가지를 지닌 존재)

⋯› '않았다면'이 강조하는 대상들은 혼연일체로 믿어준 대상들인 뿌리, 꽃과 잎이며, '아니었으면'이 강조하는 대상들은 비, 폭설, 담으로 볼 수 있다. '목련'과 '감나무'는 수양과 마찬가지로 가지가 담을 넘는 식물이므로, '않았다면'과 '아니었으면'이 강조하는 대상들의 의미가 '목련'과 '감나무' 사이의 관계에서도 나타난다는 것은 적절하지 않다.

04

정답률 64% | 매력적인 오답 ④ 18%

ⓐ~ⓔ에 대한 설명으로 적절하지 않은 것은?

정답인 이유

③ ⓒ: 잊음에 대해 '나'가 제시한 가정적 상황이 틀리지 않았음을 강조하기 위한 물음이다.

(× → 옳지 않음.)

⋯› '잊어도 좋을 것을 잊지 못하는 사람에게는 잊는 것이 병'이라는 것과 '잊어서는 안 되는 것을 잊는 사람에게는 잊는 것이 병이 아니라고 말'하는 것은 모두 옳지 못한 상황이다. 따라서 ⓒ는 앞서 제시한 가정적 상황이 옳지 않음을 강조하기 위한 것으로 볼 수 있다.

오답인 이유

④ (매력적인 오답) ⓓ: 잊지 못하는 것과 잊어버리는 것의 관계를 대비적 표현을 통해 제시하며 잊음에 대한 '나'의 생각을 드러내는 진술이다.

··· '먼 것'과 '가까운 것', '새것'과 '옛것'은 각각 '잊지 못하는 것'과 '잊어버리는 것'의 관계처럼 대조를 이룬다. ⓓ에서 글쓴이는 대조적 관계를 지닌 대상 중에 하나를 취하면 다른 하나를 잊는다고 하여 '잊음'에 대한 생각을 드러내고 있다.

① ⓐ: 잊는 것에 대한 '나'의 생각을 전개하기 위한 물음이다.

··· ⓐ에서 '너는 잊는 것이 병이라고 생각하느냐?'라고 질문한 것은 잊는 것에 대한 '나'의 생각을 전개하기 위해 문제를 제시한 것이다.

② ⓑ: 잊음에 대한 '나'의 생각이 어디에서 비롯된 것인지에 대한 답을 제시하기 위해 던지는 물음이다.

··· ⓑ에서는 '잊지 않는 것이 병이 되고, 잊는 것이 도리어 병이 아니라'고 한 것의 근거가 무엇일지 묻고 있는데, 이는 잊음에 대한 자신의 생각의 근거를 제시하기 위한 질문으로 볼 수 있다.

⑤ ⓔ: 잊음의 대상을 제대로 구분하지 못할 때 일어날 수 있는 일을 열거하여 잊음에 대한 '나'의 생각이 옳음을 강조하는 진술이다.

··· ⓔ는 잊음의 대상을 구분하지 못하면 하늘이 벌을 내리기도 하고, 남들이 질시의 눈길을 보내며, 귀신이 재앙을 내린다고 말한다. 따라서 ⓔ는 잊음의 대상을 제대로 구분하지 못할 때 일어날 수 있는 일을 열거하여 자신의 생각이 옳음을 강조한 것으로 볼 수 있다.

05

정답률 79%

㉠과 ㉡에 대한 이해로 가장 적절한 것은?
(㉠ 문, ㉡ 가지)

정답인 이유

② ㉠은 자신의 자리를 지켜 내는, ㉡은 자신의 영역을 확장하는 모습을 보인다.

··· (가)에서 '문'은 '기왓장마다 푸른 이끼가 앉고 세월은 소리없이 쌓'이는 상황에서 닫혀진 채 자신의 자리를 지키고 있다. (나)에서 '가지'는 담 밖을 가둬두는 담을 넘으려 하고 있으므로, 이를 통해 자신의 영역을 확장하는 모습을 보인다고 할 수 있다.

오답인 이유

① ㉠은 주변 대상의 도움을 받으며(×) 미래로 나아가고, ㉡은 주변 대상에게 도움을 주며(×) 미래를 대비한다.

··· (가)에서 '문'은 오래 닫혀져 있다가 '찬란히 빛이 쏟아지는 새벽' 산천을 울리며 열렸다고 했을 뿐, 주변 대상의 도움을 받으며 미래로 나아간다고 볼 수는 없다. 또한 (나)에서 '가지'가 주변 대상에게 도움을 주는 모습은 나타나 있지 않다.

③ ㉠은 주변과 단절된 상황을(×) 극복하려 하고, ㉡은 외부의 간섭을 최소화하려(×) 한다.

··· (가)의 '문'은 오래 닫혀져 있었으나 자연 속에 어우러져 있으며, (나)는 '가지'가 다른 존재의 도움과 영향을 받으며 담을 넘는다고 인식하고 있다.

④ ㉠과 ㉡은 외면의 변화를 통해 내면의 불안을 감추려 한다(×).

··· (가)의 '문'과 (나)의 '가지' 모두 외면의 변화를 통해 내면의 불안을 감추려는 모습은 보이고 있지 않다.

⑤ ㉠과 ㉡은 과거의 행위에 대해 반성하는 모습을 보인다(×).

··· (가)의 '문'과 (나)의 '가지' 모두 과거의 행위에 대해 반성하는 모습은 보이고 있지 않다.

06

정답률 38% | 매력적인 오답 ④ 31%

〈보기〉를 참고하여 (나), (다)를 감상한 내용으로 적절하지 않은 것은? [3점]

〈보기〉

(나)와 (다)에는 주체가 대상을 바라보고 사유하여 얻은 인식이 드러난다. 이는 대상에서 발견한 새로운 의미를 보여 주는 방식이나, 대상의 속성에 주목하여 얻은 깨달음을 제시하는 방식으로 나타난다.
((나): 수양의 늘어진 가지가 담을 넘는 과정 (다): 잊어야 할 것과 잊지 않아야 할 것)

정답인 이유

⑤ (나)는 담의 의미를 사유하여 담이 '도박이자 도반'이라는, (다)는 '예의'나 '분수'를 잊지 않아야 함에 주목해 '잊지 않는 것이 병이 아닌 것은 아니'라는(×) 깨달음을 드러내는군.

··· (나)에서는 가지에게 담을 넘는 것은 성공이 보장되지 않는 도전이므로 도박의 의미를 지닌다고 하고, 담의 존재로 인해 넘어설 대상이 생기는 것이므로 도반이라고 한다. (다)에서 '잊어서는 안 될 것을 잊는 자가 되면' '예의'나 '분수'를 잊게 된다고 하였으므로, '예의'와 '분수'는 잊지 않아야 할 대상이다. 이에 주목한다면 '잊지 않는 것이 병이 아닌 것은 아니'라는 것은 적절하지 않다.

오답인 이유

④ (매력적인 오답) (나)는 '담쟁이 줄기'의 속성에 주목해 담쟁이 줄기가 담을 넘을 수 있다는, (다)는 잊어서는 안 될 것을 잊는 데 주목해 '내적인 것'을 잊으면 '외적인 것'에 매몰된다는 인식을 드러내는군.

··· (나)에서 '담쟁이 줄기'는 담을 넘을 수 있는 존재이므로 (나)는 '담쟁이 줄기'의 속성에 주목해 담을 넘을 수 있다는 인식을 드러내고 있다. (다)에서는 잊어서는 안 될 것을 잊는 모습에 주목해 '내적인 것을 잊기 때문에 외적인 것을 잊을 수 없게' 된다고 했다. 이를 통해 '내적인 것'을 잊으면 '외적인 것'에 매몰된다는 인식을 드러내고 있다.

① (나)는 '수양'을 부분으로 나눠 살피고 부분들의 관계가 '혼연일체'라는 것을 발견해 수양이 하나의 통합된 대상이라는 인식을 드러내는군.

··· (나)에서는 '수양'을 '가지', '뿌리', '꽃과 잎'으로 나눠 살핀 뒤 '뿌리', '꽃과 잎'이 혼연일체로 '가지'를 믿어주지 않으면 가지가 담을 넘을 때 한없이 떨기만 했을 것이라고 말하고 있다. 따라서 수양이 하나의 통합된 대상이라는 인식이 드러난다고 볼 수 있다.

② (다)는 '잊어도 좋을 것'과 '잊어서는 안 될 것'에 대해 사유하여 타인과 자신의 관계 속에서 지켜야 할 자세에 대한 깨달음을 드러내는군.

··· (다)는 '잊어도 좋을 것'과 '잊어서는 안 될 것'을 사례를 통해 사유하며 특히 잊어서는 안 될 것으로 효심, 충성심, 의로움, 예의, 분수, 도리 등을 제시하고 있다. 이는 타인과 자신의 관계 속에서 지켜야 할 자세에 대한 깨달음을 드러낸 것으로 볼 수 있다.

③ (다)는 '내적인 것과 외적인 것을 서로 바꾸는 사람'의 특성에 주목해 잊음의 본질에 대한 깨달음이 바람직한 삶의 태도를 이끈다는 인식을 드러내는군.

··· (다)의 마지막 문단에서는 '내적인 것과 외적인 것을 서로 바꾸는 사람은, 다른 사람의 잊어도 좋을 것은 잊고 자신의 잊어서는 안 될 것은 잊지 않는다.'라고 하였다. 이는 잊음의 본질에 대한 깨달음을 통해 바람직한 삶의 태도를 갖게 됨을 드러낸다.

갈래 복합 **02** 월훈 | 연 1 | 문의당기

▶ 문제편 201~205쪽

정답 | 01 ② 02 ④ 03 ④ 04 ③ 05 ② 06 ④

[01~06] 다음 글을 읽고 물음에 답하시오. 2024 9월 모의평가

제대로 작품 분석 ▶〈보기〉에서 적절한 것을 골라 넣으며 작품을 분석해 보자.

가 **[1행] 소주제:** 첩첩산중에도 없는 마을
- 첩첩산중에도 없는 ~ 보이는 마을: 『』: 1

[2행] 소주제: 갱 속 같은 마을에 있는 후미진 외딴집
- 갱 속 같은 마을, 후미진 외딴집: 단절되고 적막한 공간
- 노루꼬리 해: 짧은 겨울 해
- 봉당: 안방과 건넌방 사이의 마루를 놓을 자리에 마루를 놓지 아니하고 흙바닥 그대로 둔 곳
- 후미진: 아주 구석지고 으슥한

[3행] 소주제: 외딴집에 사는 잠 못 이루는 노인
- 외딴집 노인은 홀로 잠이 깨어: 2
- 시나브로: 모르는 사이에 조금씩 조금씩
- 짚오라기의 설레임을 듣습니다: 집단이 풀리는 소리를 설레며 들음. – 막연한 기대감
- 짚오라기, 이름 모를 새: 노인의 고독을 부각하는 소재
- 후루룩 후루룩 ~ 숨을 죽이고 생각하지요: 새들의 날갯짓에서 온기를 떠올림. – 그리움

[4행] 소주제: 겨울 귀뚜라미의 울음
- 벽 속에서 ~ 무너지라고 웁니다: 3
- 겨울 귀뚜라미: 노인의 고독을 부각하는 소재

[5행] 소주제: 눈 내리는 겨울밤 달무리가 진 정경
- 월훈(月暈): 명사로 시상을 끝맺어 여운을 남김.

– 박용래, 〈월훈〉

❖ 제대로 작품 분석의 〈보기〉

㉠ 노인의 고독감이 드러남.
㉡ 공간적 배경 – 쉽게 찾기 어려운 산골 마을
㉢ 점층. 벽이 무너지라고 우는 귀뚜라미는 감정 이입의 대상으로 노인의 고독감과 슬픔을 드러냄.

❖ 제목의 의미

'월훈'은 달 언저리에 둥그렇게 생기는 구름 같은 허연 테, 즉 달무리를 말하는데 외로운 긴 밤의 적막한 풍경의 분위기를 드러낸다.

❖ 작가 소개

박용래(朴龍來, 1925~1980): 시인. 충청남도 논산 출신. 1956년 〈가을의 노래〉, 〈황토길〉 등을 발표하며 등단한 뒤 향토적 서정의 세계를 압축적으로 간결하게 노래한 시를 썼다. 대표작으로 〈저녁 눈〉이 있으며, 《강아지풀》, 《백발의 꽃대궁》, 《먼바다》 등의 시집을 펴냈다.

❖ 핵심 정리

- 갈래: 현대시, 서정시
- 성격: 향토적, 감각적
- 주제: 홀로 사는 노인의 고독한 마음
- 특징: ① 원경에서 근경으로 시선을 이동하며 시상을 전개함. ② 화자가 노인의 모습을 관찰자적 시선으로 드러냄. ③ 감각적 묘사가 두드러지며 명사로 시상을 끝맺어 여운을 남김.

나 **[1연] 소주제:** 아슴푸레한 내 어린 날의 기억
- 내 어린 날!: 영탄적 어조
- 아슴한 하늘에 뜬 연같이, 바람에 깜박이는 연실같이: 1

[2연] 소주제: 하늘에 높이 뜬 연
- 하늘은 파랗고, 흰 연: 색채 이미지의 대비
- 조매롭고: 2

[3연] 소주제: 연실이 끊어진 날의 서러움
- 울다, 서러워: '내 어린 날'의 처지, 정서가 드러나는 시어

[4연] 소주제: 외롭고 서러웠던 내 어린 날
- 오!: 영탄적 어조
- 하얀 옷 입고, 붉은 발자욱: 색채 이미지의 대비
- 외로이 자랐다, 눈물이 고이었었다: 3

– 김영랑, 〈연 1〉

❖ 제대로 작품 분석의 〈보기〉

㉠ 아슴푸레한 '내 어린 날'을 빗댐.
㉡ 초조함, 불안, 두려움의 정서가 드러남.
㉢ 어린 시절이 외롭고 서러웠음을 드러냄.

❖ 제목의 의미

'연'은 유년 시절의 기억을 떠올리게 하는 매개체이다.

❖ 작가 소개

김영랑(金永郞, 1903~1950): 시인. 전라남도 강진 출신. 잘 다듬어진 언어로 한국적 정서를 담은 서정시를 발표하여 순수 서정시의 새로운 경지를 개척했다. 주요 작품으로 〈동백잎에 빛나는 마음〉, 〈모란이 피기까지는〉, 〈독을 차고〉 등이 있으며 《영랑시집》, 《영랑시선》 등의 시집을 펴냈다.

❖ 핵심 정리

- 갈래: 현대시, 서정시
- 성격: 회상적, 애상적
- 주제: 슬프고 외로웠던 어린 시절의 회상
- 특징: ① 영탄적 어조와 감정의 직접적 표출로 정서를 드러냄. ② 선명한 색채 이미지와 그 대비, 부사어의 사용으로 화자의 정서를 강조함.

다 ⓐ신위가 **자기 집** 이름을 '문의당'이라 하고 ⓑ나에게 편지를 보내 말했다.
('문의당'의 주인 / 글쓴이)

"내 천성이 물을 좋아하는데, 도성 안이라 **볼만한 샘이나 못**이 없어 비록 **물을 보는 법**을 알고 있어도 **써 볼 데가 없**는 것이 늘 아쉬웠습니다. 그런데 **천하의 지도를 보고** 깨우친 점이 있었습니다.
(사고를 전환한 계기(물이 없는 곳에 산다고 생각함. → 물 가운데 있는 존재라고 생각함.))
넘실거리는 큰 바다 사이로 아홉 개 대륙, 일만 개 나라가 퍼져 있는데 큰 나라는 범선이 늘어선 듯하고, 작은 나라는 갈매기와 해오라기가 출몰하는 듯했습니다. 천하만국에 두루 살고 있는 사람들은 모두 물 가운데 있는 존재일 뿐입니다.(1) 이것이 제 집의 이름을 '**문의**(文漪)*'라고 한 까닭입니다. 그대는 저를 위해 이 집의 기문을 지어 주시기 바랍니다."
(편지를 쓴 목적 – 기문을 지어 줄 것을 요청함.)
▶ 신위가 자신의 집 '문의당'에 대한 기문을 지어 줄 것을 요청함.

나는 편지를 보고 웃으며 말했다.

"세상에는 본래 그 실물은 없으면서도 이름을 차지하는 경우가 있으니, 지금 그대가 집에 이름을 붙인 것이 바로 그 실물이 없는 것이라고 할 수 있겠소. 비록 그러하나 그대도 이에 대해 할 말이 있을 것이오. 지금 **바다의 섬 가운데 집을 짓고 사는 사람**(2)이 있다면, 사람들은 반드시 **물에 산다고** 하지 산에 산다고 하지 않겠지요. 섬사람 중에는 담장을 두르고,

집을 짓고, 문을 닫고 **들어앉아 사는 사람**도 있게 마련이니, 그가 날마다 파도와 깊은 물을 가까이 접하지는 않는다고 하여, 물에 사는 게 아니라고 한다면 옳지 않겠지요. 이와 같은 이치를 **사람들**이 모두 그렇다고 인정하는데, 어찌 유독 그대의 말에만 의심을 품겠소?
설의적 표현. 세상 사람들이 모두 물 가운데 있는 존재라는 신위의 의견이 타당하다는 생각을 드러냄.
대지는 하나의 섬이고, 세상 사람들은 섬사람이라오. 비록 **배를 집으로 삼아** 물 위를 떠다니면서 날마다 **물과 더불어** 살아가는 사람이라 하더라도, 그 형편상 눈을 한곳에 두고 꼼짝하지 않을 수는 없을 것이고, 잠시 **눈길을 돌려**서 잠깐 동안이나마 물이 있다는 것을 생각하지 못할 때가 반드시 있을 것이오. 이때에는 겨우 반걸음을 움직인 것이나 천 리를 간 것이나 매한가지라 할 것이오."

▶ 세상 사람들이 모두 물 가운데 존재라는 신위의 견해에 대한 '나'의 의견

– 서영보, 〈문의당기〉

* 문의: 물결무늬

❖ 제대로 작품 분석의 〈보기〉

㉠ 집 이름을 '문의'로 지은 이유
㉡ 가상 상황을 구체적 예로 들어 내용을 전개함.
㉢ 바라보는 관점에 따라 세상 사람들은 모두 섬사람이라고 할 수 있다는 인식이 드러남.

❖ 제목의 의미

'문의당'은 신위가 붙인 자기 집 이름이다. 이 작품은 신위에게 집의 기문을 부탁받은 글쓴이가 집의 이름에 담긴 신위의 생각에 동의한다는 뜻을 밝히는 고전 수필이다.

❖ 작가 소개

서영보(徐榮輔, 1759~1816): 조선의 문신. 정조 때 장원 급제한 뒤 예조판서, 대사헌, 홍문관제학, 호조판서 등의 벼슬을 역임했다. 저서로 《죽석문집》, 《풍악기》, 《교초고》, 《어사고풍첩》 등이 있다.

❖ 핵심 정리

- 갈래: 고전 수필
- 성격: 경험적, 성찰적
- 주제: 상대주의적 관점으로 세상을 바라보는 태도의 중요성
- 특징: ① 신위라는 인물의 편지 내용과 그에 대한 글쓴이의 생각을 밝히는 방식으로 서술됨. ② '바다의 섬 가운데 집을 짓고 사는 사람'과 '배를 집으로 삼아 물 위를 떠다니면서 날마다 물과 더불어 살아가는 사는 사람'의 예를 통해 의도를 전달함.

제대로 감상법 모범 답안

㉮ 박용래, 〈월훈〉

❶ 외딴집 ❷ 겨울 귀뚜라미

❖ 제대로 작품 분석

1㉡ 2㉠ 3㉢

㉯ 김영랑, 〈연 1〉

❶ 연 ❷ 색채

❖ 제대로 작품 분석

1㉠ 2㉡ 3㉢

㉰ 서영보, 〈문의당기〉

❶ 기문 ❷ 문의

❖ 제대로 작품 분석

1㉠ 2㉡ 3㉢

01

정답률 87%

(가)~(다)의 공통점으로 가장 적절한 것은?

정답인 이유

② 묘사의 방식을 활용하여 대상의 특징을 구체화하고 있다.

⋯▸ (가)는 '갱 속 같은 마을', '콩깍지처럼 후미진 외딴집'과 같은 묘사로 노인이 사는 곳이 세상과 단절된 곳임을 드러내고 있다. (나)는 2연에서 파랗고 끝없는 하늘에 높이 뜬 연의 위태로운 모습을 묘사하고 있다. (다)는 '넘실거리는 큰 바다 사이로 ~ 갈매기와 해오라기가 출몰하는 듯했습니다.'에서 '천하의 지도'를 묘사하여 천하만국이 물 가운데 있음을 드러내고 있다.

오답인 이유

① 설의적 표현을 사용하여 인물의 정서를 강조하고 있다.
×→ (가), (나)에는 나타나지 않음.

⋯▸ (다)에서 '어찌 유독 그대의 말에만 의심을 품겠소?'는 설의적 표현으로, 세상 사람들이 모두 물 가운데 있는 존재일 뿐이라는 신위의 관점이 타당하다는 글쓴이의 생각을 강조하고 있다. 하지만 (가), (나)에는 설의적 표현이 쓰이지 않았다.

③ 말을 건네는 방식을 사용하여 주제 의식을 심화하고 있다.
×→ (나)에는 나타나지 않음.

⋯▸ (가)는 '여긴 있습니다.'와 같이 청자에게 이야기하는 어투를 사용하고 있고, (다)는 신위와 '나'가 상대에게 말하는 방식으로 내용을 전달하고 있다. 하지만 (나)에는 상대에게 말을 건네는 방식이 나타나 있지 않다.

④ 과거의 장면을 회상하여 현재 상황에 대한 원인을 포착하고 있다.
×→ (가), (다)에는 나타나지 않음.

⋯▸ (나)는 화자가 자신의 유년 시절에 대해 회상하며 시상을 전개하고 있으나, (가), (다)에는 과거의 장면을 회상하는 부분이 나타나 있지 않다.

⑤ 가상의 상황을 설정하여 현실에 대한 긍정적 인식을 이끌어 내고 있다.
×→ (나)에는 나타나지 않음.

⋯▸ (가)에서 겨울 귀뚜라미가 떼를 지어 우는 상황은 현재 일어나지 않는 상황이므로 가상의 상황으로 볼 수 있으나 이를 통해 긍정적 인식을 이끌어 내고 있지는 않으며, (나)는 가상의 상황이 제시되어 있지 않다. 한편 (다)는 '바다의 섬 가운데 집을 짓고 사는 사람이 있다면'과 같은 가상의 상황을 예로 들어 세상을 바라보는 관점에 대한 의견을 드러내고 있다.

02

정답률 58% | 매력적인 오답 ③ 35%

〈보기〉를 참고하여 (가)를 감상한 내용으로 적절하지 않은 것은?

〈보기〉

(가)는 적막한 산골 마을을 배경으로 그곳에 사는 한 노인의 모습을 관찰하여 들려주는 시이다. 향토적인 정경 속에서 낯설게 느껴지는 일상에 감각적으로 집중하는 노인을 통해 점점 사라져 가는 것들에 대한 관심을 드러내고, 노인의 삶이 마주한 깊은 정적 속 울음소리를 통해 인간의 쓸쓸함을 고조하고 있다. 이러한 노인의 모습은 외딴집 창호지 문살에 비친 달무리의 이미지로 형상화되고 있다.

(가)의 시적 상황과 대상 / (가)의 분위기 / (가)에서 노인의 외로움을 드러낸 방법

정답인 이유

④ '짚오라기의 설레임'을 '귀를 모으고 듣'고 '새들의 온기'를 '숨을 죽이고 생각하'는 것은, 일상을 자연스럽게 받아들이는 노인의 감각을 부각한 것으로 볼 수 있겠군.
× → 낯설게 느껴지는 일상에 감각적으로 집중하는 노인의 모습임.

··· 〈보기〉를 참고하면 '짚오라기의 설레임'을 '귀를 모으고 듣'고 '새들의 온기'를 '숨을 죽이고 생각하'는 것은 낯설게 느껴지는 일상에 감각적으로 집중하는 노인의 모습을 드러낸 것으로 볼 수 있다. 따라서 일상을 자연스럽게 받아들이는 노인의 감각을 부각했다는 것은 적절하지 않다.

오답인 이유

③ 매력적인 오답 '봉당에 불을 켜'는 분위기와 '콩깍지'의 이미지로 나타낸 향토적 정경에서, 사라져 가는 것들에 대한 관심을 유추할* 수 있겠군.

··· '봉당에 불을 켜'는 분위기와 '콩깍지'의 이미지는 모두 시골의 정취를 드러내는 소재로, 〈보기〉를 참고할 때 이러한 향토적 정경은 점점 사라져 가는 것들에 대한 관심을 드러낸다고 볼 수 있다.

* 유추하다(類推--): 같은 종류의 것 또는 비슷한 것에 기초하여 다른 사물을 미루어 추측하다. 예 그 드라마의 결말은 이전 화까지의 내용으로 충분히 유추할 수 있었다.

① '첩첩산중에도 없는 마을'을 '여긴 있'다고 한 데서, 노인이 살아가는 곳은 쉽게 보기 어려울 것 같은 장소임을 짐작할 수 있겠군.

··· '첩첩산중에도 없는 마을'이 '여긴 있'는데, 이곳이 '그 너머 강기슭에서도 보이진 않'는다는 것을 통해 노인이 사는 마을은 쉽게 발견할 수 없는 장소임을 짐작할 수 있다.

② '강기슭에서도 보이진 않'는 '후미진 외딴집'이라는 배경 설정에서, 적막한 공간의 분위기를 추측할 수 있겠군.

··· 노인이 사는 집은 '강기슭에서도 보이지 않'는 곳의 '후미진 외딴집'이다. '후미지다'는 '아주 구석지고 으슥하다.'라는 의미로, 이러한 외딴집에서 적막한 공간의 분위기를 추측할 수 있다.

⑤ '밭은기침 소리도 없'는데 '겨울 귀뚜라미'가 우는 상황과 눈발이 치는 듯한 '밖'의 달무리 이미지가 어우러져*, 노인의 고독을 형상화한 것으로 이해할 수 있겠군.

··· 〈보기〉를 참고할 때 '밭은기침 소리도 없'는데 '겨울 귀뚜라미'가 우는 상황은 노인의 삶이 마주한 깊은 정적 속 울음소리로, 인간의 쓸쓸함을 고조한다고 볼 수 있다. 〈보기〉에서는 이러한 노인의 모습이 외딴집 창호지 문살에 비친 달무리의 이미지로 형상화되고 있다고 했으므로, '겨울 귀뚜라미'가 우는 상황은 '밖'의 달무리 이미지와 어우러져 노인의 고독을 형상화한다고 볼 수 있다.

* 어우러지다: 여럿이 조화를 이루거나 섞이다. 예 해안가에 높이 솟은 산과 푸른빛 바다가 어우러져 아름다운 풍경을 연출했다.

03

정답률 82%

(나)에 대한 설명으로 적절하지 않은 것은?

정답인 이유

④ 4연에서 '외로이 자랐다'와 이어진 '하얀 넋'은 '붉은 발자욱'에 함축된 정서와 상반되는 의미를 이끌어 내고 있다.
× → 유사한 의미를 이끌어 냄.

··· 4연에서 '외로이 자랐다'와 이어진 '하얀 넋'은 유년 시절의 화자가 느낀 외로움을 담고 있는데, '붉은 발자욱' 또한 '눈물이 고이었었다'와 연결되어 곧 유년 시절의 화자가 느꼈을 슬픔을 드러낸다. 즉 '하얀 넋'과 '붉은 발자욱'은 외로움, 슬픔과 같은 애상적 정서를 드러내므로 서로 유사한 의미를 이끌어 낸다고 볼 수 있다.

오답인 이유

① 1연에서 '연'과 '연실'의 모습에 빗대어 '내 어린 날'의 기억을 '아슴풀하다'라고 표현하고 있다.

··· 1연에서는 '내 어린 날'의 기억을 '아슬한 하늘에 뜬 연같이 / 바람에 깜박이는 연실같이'와 같은 표현에 빗대어 '아슴풀하다'라고 표현하고 있다.

② 2연에서 '조매롭고'로 표현된 '연실'의 긴장은 3연에서 연실이 '바람 일어 끊어지던 날'의 정서를 고조하고* 있다.

··· 2연에서는 하늘에 높이 뜬 연의 '펜펜한 연실'을 '조매롭고'라고 표현하여 끊어질 듯한 연실을 초조하고 불안하게 바라봤던 심정을 드러내고 있다. 3연에서는 연실이 '바람 일어 끊어지던 날'에 울었던 상황과 서러움이 드러나 있는데, 2연에 나타난 연실의 긴장으로 인한 정서가 3연에서 연실이 끊어진 상황에서의 정서를 고조한다고 할 수 있다.

* 고조하다(高調--): 사상이나 감정, 세력 따위를 더 무르익게 하거나 높아지게 하다. 예 관객들의 환호성이 경기장의 분위기를 더욱 고조했다.

③ 3연에서 '울다'의 반복과 4연에서 '눈물이 고이었었다'를 통해 '내 어린 날'의 상황을 짐작할 수 있게 하고 있다.

··· 3연에서는 '울다'를 반복하고 있고, 4연에서는 '눈물이 고이었었다'라는 표현이 제시되어 있는데, 이를 통해 '내 어린 날'의 상황이 서럽고 괴로웠음을 짐작할 수 있다.

⑤ 1연과 4연의 '내 어린 날'은 2연의 '내 어린 날'의 기억을 통해 떠올린 유년 시절을 표상하는* 의미를 지니고 있다.

··· 2연에서 화자는 '흰 연'이 하늘에 높이 뜬 것을 보며 '내 어린 날'을 기억하는데, 1연의 '아슴풀'한 '내 어린 날'과 4연에 묘사된 외롭고 괴로웠던 '내 어린 날'은 2연의 '내 어린 날'의 기억을 통해 떠올린 유년 시절에 대한 인상과 정서를 표상한 것으로 볼 수 있다.

* 표상하다(表象--): 추상적이거나 드러나지 아니한 것을 구체적인 형상으로 드러내어 나타내다. 예 김 작가는 이번 그림이 자신의 무의식의 세계를 가장 잘 표상한 작품이 될 것이라고 했다.

04

정답률 86%

㉠~㉤에 대한 설명으로 적절하지 않은 것은?

정답인 이유

③ ㉢: 높이 날아오른 연을 동경하는* 심리를 드러내고 있다.
× → 초조하고 불안한 심리를 드러냄.

··· '아실아실'은 '아슬아슬(마음이 약간 위태롭거나 조마조마한 모양)'의 방언으로, 하늘에 높이 뜬 연을 바라보는 초조하고 불안한 심리를 드러내고 있는 것이지 연을 동경하는 심리를 드러내는 것은 아니다.

* 동경하다(憧憬--): 어떤 것을 간절히 그리워하여 그것만을 생각하다. 예 도시 생활을 동경하던 그는 주변 친구들의 만류에도 불구하고 고향을 떠나기로 결심했다.

오답인 이유

① ㉠: 아주 짧은 순간에 해가 지는 모습을 나타낸 말로, 시간의 변화를 함축하고 있다.

⋯ '꼴깍'은 '노루꼬리 해'가 갑자기 지는 모습을 나타낸 말로, 해가 지고 밤이 찾아오는 시간의 변화를 함축하고 있다.

② ㉡: 소리를 통해 연상되는 새의 모습을 감각적으로 형상화하고 있다.

⋯ '후루룩 후루룩'은 처마 깃에 나래를 묻는 새가 내는 소리를 표현한 것으로, 새의 모습을 청각적 이미지를 통해 감각적으로 형상화하고 있다.

④ ㉣: 서러움을 느끼게 하는 대상인 실낱의 모습을 표현하고 있다.

⋯ '희끗희끗한'은 흰 빛깔이 보일 듯 말 듯한 모양을 나타내는 말로 서러움을 느끼게 하는 대상인 실낱의 모습을 표현하고 있다.

⑤ ㉤: 외롭고 슬픈 어린 시절의 정서를 함께 담아내고 있다.

⋯ '조마조마'는 마음이 초조하고 불안한 모양을 나타내는 말로, '붉은 발자욱'마다 '눈물이 고이었었다'는 것과 연결되어 외롭고 슬픈 어린 시절의 정서를 함께 담아내고 있다.

05

정답률 53% | 매력적인 오답 ⑤ 18%

ⓐ, ⓑ에 대한 이해로 적절하지 않은 것은?

신위 '나'(글쓴이)

정답인 이유

② ⓐ가 '자기 집'을 '문의'라고 한 것에 ⓑ가 동의한 이유는 ⓐ의 상황이 '배를 집으로 삼아' 사는 사람의 상황보다 집에 '들어앉아 사는 사람'의 상황에 가깝다고 생각했기 때문이다.

⋯ 신위는 '천하만국에 두루 살고 있는 사람들은 모두 물 가운데 있는 존재일 뿐'이라는 생각에서 자기 집 이름을 '문의'라고 지었다고 했고, '나'도 이러한 생각에 동의하고 있다. '나'는 '배를 집으로 삼아' 사는 사람들의 상황과 집에 '들어앉아 사는 사람'의 상황 모두 결국 물 가운데 사는 것은 같다고 보고 있으므로, '나'가 신위의 생각에 동의한 이유가 신위의 상황이 집에 '들어앉아 사는 사람'의 상황에 더 가깝다고 생각했기 때문이라는 것은 적절하지 않다.

오답인 이유

⑤ (매력적인 오답) ⓑ는 '물과 더불어' 사는 사람도 '눈길을 돌'리는 순간이 있는 것과 ⓐ가 '물을 보는 법'을 '써 볼 데가 없'다 하는 것은 물을 보지 못할 때가 있다는 점에서 유사하다고 생각한다.

⋯ '물과 더불어' 사는 사람도 '잠시 눈길을 돌려' 물이 있다는 것을 생각하지 못할 때가 있는 것과, 신위가 '볼만한 샘이나 못'이 없어서 '물을 보는 법'을 '써 볼 데가 없'다고 하는 것은 둘 다 물을 보지 못할 때가 있는 상황으로, '나'는 이러한 상황을 '반걸음을 움직인 것이나 천 리를 간 것이나 매한가지'라고 하며 유사하다는 인식을 드러내고 있다.

① ⓐ는 '볼만한 샘이나 못'이 없는 곳에 산다고 생각하다가, '천하의 지도를 보고' 깨달은 바에 따라 자신이 물 가운데 살고 있는 것이나 다름없다는 발상으로 사고를 전환한다*.

⋯ 신위는 자신이 도성 안에 있어 '볼만한 샘이나 못'이 없는 곳에 산다고 생각했는데, '천하의 지도'를 보고 자신이 물 가운데 있는 존재라는 점을 깨달았다고 하였다.

* 전환하다(轉換--): 다른 방향이나 상태로 바꾸다. 예 우리는 우울한 기분을 즐거운 마음으로 전환하기 위해 교외로 나가 비싼 음식점에서 맛있는 음식을 먹었다.

③ ⓑ는 '바다의 섬'에 '집을 짓고 사는 사람'의 삶에 주목하여, 바라보는 관점을 달리하면 세상 모든 사람들이 섬에 살고 있다는 논리가 성립한다고 생각한다.

⋯ '나'는 '바다의 섬'에 '집을 짓고 사는 사람'이라도 담장을 두르고, 집을 짓고, 문을 닫고 들어앉아 사는 사람도 있기 마련이라고 한다. 또 그러한 사람이 날마다 파도와 깊은 물을 가까이 접하지 않더라도 물에 사는 사람일 것이라고 말한다. 이러한 관점을 바탕으로, 글쓴이(ⓑ)는 '대지는 하나의 섬이고, 세상 사람들은 섬사람'이라는 인식을 드러내고 있다.

④ ⓑ가 ⓐ의 발상이 타당하다고 하는 이유는, '바다의 섬 가운데' 살더라도 그것을 가리켜 '물에 산다고' 보는 것이 ⓑ의 생각만이 아니라 '사람들'의 판단과도 일치하기 때문이다.

⋯ '나'는 '바다의 섬'에 '집을 짓고 사는 사람'이 있다면, 사람들은 반드시 물에 산다고 하지 산에 산다고 하지 않는다고 하였다. 또한 섬사람 중에는 담장을 두르고, 집을 짓고, 문을 닫고 들어앉아 사는 사람도 있게 마련이니, 그가 날마다 파도와 깊은 물을 가까이 접하지는 않는다고 하여, 물에 사는 게 아니라고 한다면 옳지 않다고 하였다. 이는 사람들이 모두 그렇다고 인정하는 이치라고 말하면서, 이를 토대로 '나'는 세상 사람들이 모두 물 가운데 있는 존재라는 신위의 발상이 타당하다는 견해를 드러내고 있다.

06

정답률 38% | 매력적인 오답 ③ 37%

<보기>를 바탕으로 (가), (다)를 이해한 내용으로 가장 적절한 것은? [3점]

<보기>

문학 작품 속의 소재들은 연관성 속에서 서로 유사 혹은 대립의 관계를 이룸으로써 의미를 생성하거나 그 특징을 부각하는 효과를 드러낸다.

(문학 작품 속 소재들의 연관성 / 연관성을 바탕으로 한 소재의 기능 ① / 연관성을 바탕으로 한 소재의 기능 ②)

정답인 이유

④ (다)의 '파도'와 '깊은 물'은 바다의 형상이라는 유사성으로 관계를 맺으며 물에 사는 사람이 살면서 만나게 되는 환경이라는 의미를 생성하고* 있군.

⋯ (다)에서 '나'는 '바다의 섬 가운데 집을 짓고 사는 사람'은 '날마다 파도와 깊은 물'을 가까이 접하지 않더라도 물에 사는 사람이라고 하였다. 이때 '파도'와 '깊은 물'은 섬에서 접하게 되는 바다의 형상이라는 유사성으로 관계를 맺으며, 물에 사는 사람이 살면서 만나게 되는 환경이라고 할 수 있다.

* 생성하다(生成--): 사물이 생겨나다. 또는 사물이 생겨 이루어지게 하다. 예 지금 이 순간에도 자연은 늘 생성하고 소멸하기를 반복한다.

오답인 이유

③ (매력적인 오답) (다)의 '아홉 개 대륙'과 '일만 개 나라'는 바다 안의 육지라는

유사성으로 관계를 맺으며 '천하의 지도'라는 새로운 의미를 생성하고 있군.

⋯→ (다)의 '천하의 지도'에서 '넘실거리는 큰 바다' 사이로 펴져 있는 '아홉 개 대륙'과 '일만 개 나라'는 물에 둘러싸인 공간이라는 유사성이 있다. 하지만 이를 통해 '천하의 지도'라는 새로운 의미를 생성하고 있다고 볼 수는 없다.

① (가)의 '허방다리 들어내면 보이는 마을', '갱 속 같은 마을'은 얕음과 깊음의 대비를 이루어 숨어 있는 두 공간의 차이를 부각하고 있군.

⋯→ (가)의 '허방다리 들어내면 보이는 마을', '갱 속 같은 마을'은 모두 쉽게 찾을 수 없고, 숨어 있는 마을의 특성을 부각하는 표현이다.

② (가)의 '무우'와 '고구마'는 차가움과 따뜻함의 대비를 이루어 밤에 출출함을 달래기 위해 먹는 다양한 음식의 속성을 부각하고 있군.

⋯→ (가)의 '무우'와 '고구마'는 밤에 잠이 깬 노인이 출출함을 달래기 위해 먹는 음식인데, 그 속성이 차가움과 따뜻함의 대비를 이루고 있지는 않다.

⑤ (가)의 '창문은 모과빛'과 '기인 밤'은 밝음과 어둠의 대비를, (다)의 '갈매기'와 '해오라기'는 크고 작음의 대비를 이루어 각 소재가 가진 특징을 부각하고 있군.

⋯→ (가)에서 창문이 '모과빛'을 띤 것과 '기인 밤'은 밝음과 어둠의 대비를 이룬다. 하지만 (다)에서 '작은 나라는 갈매기와 해오라기가 출몰하는 듯했습니다.'라고 한 것으로 보아 '갈매기'와 '해오라기'는 모두 '작은 나라'의 모습을 비유하는 유사한 소재임을 알 수 있다. 따라서 '갈매기'와 '해오라기'는 크고 작음의 대비를 이룬다고 볼 수 없다.

갈래 복합 **03** 한거십팔곡 | 기취서행

▶ 문제편 206~209쪽

정답 | **01** ⑤ **02** ④ **03** ① **04** ③ **05** ④

[01~05] 다음 글을 읽고 물음에 답하시오. 2024 6월 모의평가

제대로 작품 분석 ▶〈보기〉에서 적절한 것을 골라 넣으며 작품을 분석해 보자.

가 ㉠평생에 원하느니 다만 충효뿐이로다
(평생 충효를 중요하게 여겨 옴.)
이 두 일 말면 금수(禽獸)나 다르리야
(충효 / 짐승과 다를 것이 없다(설의법))
마음에 하고자 하여 ㉡십재 황황(十載遑遑)* 하노라
((충효를) 다하고자)

〈제1수〉
▶ 제1수: 평생 충효를 추구함.

[A]
비록 못 이뤄도 임천(林泉)이 좋으니라
(자연)
무심 어조(魚鳥)는 절로 한가하였나니
(아무 욕심 없는 물고기와 새)
조만간 세상일 잊고 너를 좇으려 하노라
(자연과 하나가 되는 삶을 지향함.)

〈제3수〉
▶ 제3수: 임천에 은거해 자연과 벗하며 사는 삶을 지향함.

출(出)하면 치군택민* 처(處)하면 조월경운*
(벼슬길에 나아가면 / 자연에 은거하면)
명철 군자는 이것을 즐기나니
(총명하고 사리에 밝은 군자)
하물며 **부귀 위기라 가난하게 살리로다**
(1)

〈제8수〉
▶ 제8수: 치군택민과 조월경운 사이에서 안빈낙도하고자 함.

[B]
날이 저물거늘 **도무지 할 일 없어**
소나무 문을 닫고 달 아래 누웠으니
(2)
세상에 티끌 마음이 일호말(一毫末)도 없다
(세상일에 번잡한 마음을 두지 않음.)

〈제13수〉
▶ 제13수: 세상에 미련을 두지 않고 자연에서 한가로이 지냄.

[C]
성현의 가신 길이 ㉢만고(萬古)에 한가지라
(예나 지금이나 다름이 없음.)
은(隱)커나 현(見)커나 **도(道)가 어찌 다르리**
(은거하거나 세상에 나아가거나 도가 다르지 않음.(설의법))
한가지 길이오 다르지 않으니 아무 덴들 어떠리
(3)

〈제17수〉
▶ 제17수: 자연에 은거하여 도를 추구하고자 함.

「강가에 누워서 강물 보는 뜻은
(「」: 자연 속에서 한가롭게 지내는 삶에 대한 만족감이 드러남.)
세월이 빠르니 ㉣백세(百歲)인들 길겠느냐」
(백 년도 길지 않게 느껴짐.(설의법))
㉤십 년 선 신세(塵世) 일념이 얼음 녹듯 한다
(4)

〈제19수〉
▶ 제19수: 속세에 대한 집착에서 벗어남.
– 권호문, 〈한거십팔곡〉

* **십재 황황**: 십 년을 허둥지둥함.
* **치군택민**: 임금에게 충성하고 백성에게 혜택을 베풂.
* **조월경운**: 달 아래 고기 낚고 구름 속에서 밭을 갊.

❖ **제대로 작품 분석의 〈보기〉**

㉠ 속세에 얽매이던 마음
㉡ 자연 속에서 한가롭게 지내는 모습
㉢ 부귀를 위기로 여기고 안빈낙도를 추구함.
㉣ 자연에 은거하여 도를 추구할 것임을 드러냄.

❖ **제목의 의미**

총 19수로 되어 있는 연시조로, '한거'는 '특별히 하는 일 없이 집안에 한가하게 있음.'을 의미한다. 이 작품은 자연에 은거하는 삶과 벼슬길에 대한 고민이 시간의 흐름에 따라

해소되는 과정을 담고 있다.

❖ 작가 소개

권호문(權好文, 1532~1587): 호는 송암(松巖). 퇴계 이황의 문인으로 진사시에 합격했으나, 모친상을 당한 후 벼슬을 단념하고 독서와 작시로 일생을 보냈다. 작품으로 경기체가 〈독락팔곡〉과 시조 〈한거십팔곡〉이 있고, 저서에 《송암집》이 있다.

❖ 핵심 정리

- 갈래: 연시조(전 19수)
- 성격: 은일적, 유교적
- 주제: 공명과 은거 사이의 갈등과 한가로운 강호의 삶에 대한 긍정
- 특징: ① 〈제2수〉~〈제7수〉는 공명과 은거 사이의 내적 갈등을, 〈제8수〉~〈제13수〉는 자연 속의 은거를 선택한 후의 삶을, 〈제14수〉~〈제19수〉는 내적 갈등의 극복과 정신적 성숙을 노래함. ② 당대 사대부들의 현실과 강호에 대한 인식 및 대응 방식이 드러남.

나 [D] 몇 칸의 집을 수선하려 함에, 아내가 취서사로 들어가 겨릅*을 구해 오길 권하였다. (취서사로 겨릅을 구하러 가게 된 계기) 유택은 안 된다고 하고, 유평은 해 보자고 하는데, (의리에 부합하지 않고, 이욕을 탐하는 행위라고 염려함.) 「나도 스스로 생각해 보니, 젊은 기와를 쓰기에 겨릅은 그다지 아끼는 것이 아니고, 다만 민간의 요구와 요청에 응하는 것이기에, 이를 요구하더라도 의리를 심히 해치지 않을 듯하였다.」(「 」: 취서사로 겨릅을 구하러 가는 것에 대한 글쓴이의 생각) 그래서 다시 의견을 널리 구해 보지 않았다.

마침 처숙부(아내의 친정 삼촌) 상사공이 약을 지으려고 취서사로 가게 되었는데, 내가 가고자 함을 알고 따르게 하였다. 대개 공 또한 안 된다고 생각하지는 않았기 때문이다.

이윽고 취서사에 도착하니 근방 마을에서 모여든 자가 거의 승려들 수와 맞먹었는데, 모두 겨릅 때문에 온 자들이었다. 「좌우에서 낚아채 가며 많이 가지려 다투고, **시끌벅적하게 뒤섞여 밟아 대**어 곧 시장판을 만들었으며, 가져감이 많고 적음은 그 힘의 강약에 따랐으나 승려들은 참견하는 바가 없었다.」(「 」: 1) 그런데 늦게 도착하여 종도 없는 자는 승려들을 나무라며, 심지어 가혹한 일을 하기까지 했지만 또한 얻을 수 없었다.

▶ 아내의 권유로 취서사로 겨릅을 구하러 감.

(중략)

나는 마음속으로 민망히 생각하였지만, 이미 그 속에 가 있었기에 (겨릅을 얻기 위해 다투는 모습을 민망하게 생각하면서도 이욕에 휩쓸림.) 의리를 이욕(사사로운 이익을 탐내는 욕심)에 빼앗겨서 초연히 **버리고 돌아오지 못하였다**. 상사공의 힘으로 수십 묶음을 얻어 햇빛에 말려 보관할 수 있었으니, 다 상사공의 도움 덕분이었다.

▶ 겨릅을 구하기 위해 다투는 사람들 사이에서 무사히 겨릅을 구함.

[E] 스스로 헛걸음하지 않은 것을 매우 다행스럽게 여겼는데, (겨릅을 구한 것에 대한 '나'의 심리) 집으로 돌아오자 멍하기가 마치 술에서 막 깨어난 사람이 잔뜩 취했을 때를 되짚어 생각하는 듯하였다. (2)

내 아내는 비록 원대한 식견이 있는 사람은 아니지만, 내가 항상 곤궁함 때문에 치욕(수치와 욕됨)을 입을까 걱정하였으니, 가령 이와 같을 줄 알았다면 반드시 나의 행차를 권하지 않았을 것이고, 유평도 또한 마땅히 찬동하지 않았을 것이다. (찬동: 어떤 행동이나 견해 따위가 옳거나 좋다고 판단하여 그에 뜻을 같이함.)

상사공은(글쓴이와 상반된 태도를 보인 인물) 청렴하고 정직하여 주고받음이 구차하지 않다. 「거처하는 집 아래채가 세 칸의 초가집이니, 마땅히 겨릅이 필요하였을 것이다. 그리고 막 삼계 서원 원장이 되었는데, 취서사가 바로 삼계 서원에 귀속된 절이었다. 그때 서원의 노비가 개인적으로 취서사에 가서 머물고 있는 자가 서너 명 있었으니, 진실로 가지려고 하면 힘이 없을 걱정이 없었다. 그런데 담담하게 한 마디도 간섭함이 없었으니,」(「 」: 3) 그 마음속으로 반드시 나를 비난하였을 것이다. 그런데도 애써 나를 위하여 저와 같이 마음과 힘을 써 주신 것은 다만 나의 곤궁함을 불쌍히 여겨서일 뿐이리라.

(상사공이 자신을 도와준 이유에 대한 글쓴이의 생각)

맹자는 "**궁해도 의(義)를 잃지 않는다.**" 하였고, 이극은 "궁할 때에 그 해서는 안 될 일을 살펴본다." 하였다. (맹자와 이극의 말을 인용하여 자신이 추구하는 삶의 태도를 드러냄.) 나는 궁함 때문에 이미 스스로 **의를 잃**어서 평소에 하지 않던 행동을 했고, 또 어른에게까지 폐를 끼쳤으니 참으로 부끄러워할 일이다. (4) 이미 뉘우칠 줄 알았으니, **이후에는 마땅히 조심**해야겠기에 이를 갖추어 기록하고, 또 유택이 나를 아껴 약이 되는 유익한 말을 했음을 드러낸다.

▶ 이욕에 사로잡혀 의를 잊었던 자신의 행동을 반성함.

– 김낙행, 〈기취서행〉

* 겨릅: 껍질을 벗긴 삼대

❖ 제대로 작품 분석의 〈보기〉

㉠ 집으로 돌아온 '나'의 심리
㉡ 취서사에서의 자신의 행동을 반성함.
㉢ 겨릅을 필요로 하고, 겨릅을 쉽게 구할 수 있었음에도 이욕을 내지 않음.
㉣ 겨릅을 많이 가져가기 위해 서로 다투는 사람들의 모습 – 이전투구(泥田鬪狗)

❖ 제목의 의미

'기취서행'은 '취서사에 다녀와서 기록하다.'의 뜻으로, 글쓴이가 취서사에 가서 겨릅을 구해 온 경험을 통해 얻은 깨달음을 전하고 있는 수필이다.

❖ 작가 소개

김낙행(金樂行, 1708~1766): 조선 영조 때의 학자. 경북 안동 출신. 호는 구사당. 아버지가 사도세자의 추존 문제와 관련된 사건으로 제주도에 유배되었을 때 아버지를 따라갔으며, 효행이 극진하고 문장, 특히 제문에 뛰어났다는 평을 들었다. 저서로 《계몽질의》, 《기법질의》, 《구사당집》 등이 있다.

❖ 핵심 정리

- 갈래: 고전 수필
- 성격: 경험적, 성찰적
- 주제: 이욕에 사로잡혀 의리를 잊은 자신의 행동에 대한 반성과 성찰
- 특징: ① 글쓴이의 구체적인 경험과 그를 통한 성찰이 드러남. ② 비유적 표현과 인용을 통해 성찰과 삶의 태도에 대한 지향하는 바를 드러냄.

제대로 감상법 모범 답안

가 권호문, 〈한거십팔곡〉

❶ 자연 친화적 ❷ 치군택민 ❸ 조월경운 ❹ 설의적

❖ 제대로 작품 분석

1 ㉢ 2 ㉡ 3 ㉣ 4 ㉠

나 김낙행, 〈기취서행〉

❶ 반성 ❷ 겨릅 ❸ 비유

❖ 제대로 작품 분석

1 ㉣ 2 ㉠ 3 ㉢ 4 ㉡

01

정답률 92%

[A]~[E]의 표현상 특징에 대한 설명으로 가장 적절한 것은?

정답인 이유

⑤ [E]는 비유적 표현을 통해 자신의 행동을 돌아보는 글쓴이의 상태를 부각하고 있다.

⋯ [E]에서 글쓴이는 취서사에서 겨릅을 구했을 때는 스스로 헛걸음하지 않은 것을 매우 다행스럽게 여기다가, 집으로 돌아오자 '멍하기가 마치 술에서 막 깨어난 사람이 잔뜩 취했을 때를 되짚어 생각하는 듯하였다.'라고 하고 있다. 이는 취서사에서 겨릅을 구하는 일에 마음을 빼앗겨 의를 잠시 잊었던 자신의 행동을 돌아보며 비유적으로 표현한 것으로 볼 수 있다.

오답인 이유

① [A]는 자연물을 대상화하여 그 자연물에 역동성*을 부여하고 있다.
× → 한가한 존재로 묘사

⋯ [A]에서는 '어조(물고기와 새)'라는 자연물을 대상화하고 있으나 '절로 한가하'다고 표현하고 있으므로, 자연물에 역동성을 부여하고 있다고 볼 수 없다.

* 역동성(力動性): 힘차고 활발하게 움직이는 성질 예 빠른 음악에 맞춰 움직이는 무용수들의 몸짓에서 역동성이 느껴졌다.

② [B]는 근경에서 원경으로 시선을 이동하여 인간과 자연의 차이점을 강조하고 있다.
×

⋯ [B]에서는 날이 저문 시간에 소나무 문을 닫고 달 아래 누운 모습이 나타날 뿐, 근경에서 원경으로 시선을 이동하는 부분은 찾을 수 없다. 또한 자연 속에서 은거하며 세상일에 대해 번잡한 마음을 두고 있지 않음을 드러내고 있으므로, 인간과 자연의 차이점을 강조하고 있는 것도 아니다.

③ [C]는 성현의 말을 인용함으로써 화자가 지닌 궁금증을 드러내고 있다.
×

⋯ [C]에서는 '성현의 가신 길'이 예나 지금이나 다름이 없다는 인식을 드러내고 있을 뿐, 성현의 말을 인용하고 있지는 않다.

④ [D]는 점층적인 표현으로 앞으로 해야 할 일의 중요성을 환기하고* 있다.
×

⋯ [D]에서는 취서사에서 겨릅을 구해 오는 일에 대한 주변 사람들의 반응과 글쓴이 자신의 견해를 드러내고 있을 뿐, 점층적인 표현이나 앞으로 해야 할 일의 중요성을 환기하는 내용은 찾을 수 없다.

* 한기하다(喚起　): 주의나 여론, 생각 따위를 불러일으키다. 예 선생님은 학생들의 흥미를 환기하기 위해 수업 내용과 관련된 영상을 준비했다.

02

정답률 80%

㉠~㉤을 이해한 내용으로 적절하지 않은 것은?

정답인 이유

④ ㉣은 흘러간 시간이 길다는 의미를 드러낸다는 점에서 세월이 빨리 지나가는 것에 대한 화자의 안타까움을 강조한다.
백세　× → '백 년'이 길지 않게 느껴진다고 함.
× → 자연 속에서 한가롭게 지내는 삶에 대한 만족감을 표출

⋯ 〈제19수〉의 초장과 중장에서는, 자연 속에서 한가롭게 지내는 상황에서 세월이 빠르게 흐르니 백 년도 길지 않게 느껴짐을 말하고 있다. 따라서 '백세'가 흘러간 시간이 길다는 의미를 드러낸다고 볼 수는 없으며, 세월이 빨리 지나가는 것에 대한 화자의 안타까움을 강조한다는 것도 적절하지 않다.

오답인 이유

① ㉠은 화자의 인생을 포괄한다는 점에서 충효를 중요하게 여겨 온 화자의 생각을 강조한다.
평생

⋯ '평생'은 '세상에 태어나서 죽을 때까지의 동안'이라는 뜻이므로, 화자의 인생 전체를 포괄하여 가리킨다. 따라서 '평생'은 '다만 충효뿐'을 중요하게 여겨 온 화자의 생각을 강조한다고 볼 수 있다.

② ㉡은 화자가 돌이켜 보는 삶의 기간을 가리킨다는 점에서 충효를 실현하려고 애쓴 세월을 나타낸다.
십재

⋯ '십재 황황하노라'는 십 년을 허둥지둥했다는 의미로, 화자는 충효를 추구하는 마음으로 십 년을 허둥지둥했다고 말하고 있다. 따라서 '십재'는 화자가 돌이켜 보는 삶의 기간으로, 충효를 실현하려고 애쓴 세월을 나타낸다고 할 수 있다.

③ ㉢은 유구한* 세월이라는 의미를 드러낸다는 점에서 성현의 도는 예나 지금이나 변함없음을 강조한다.
만고 = 아주 오랜 세월

⋯ '만고'는 '아주 오랜 세월 동안'이라는 뜻이므로, '유구한 세월'이라는 의미를 드러낸다고 볼 수 있다. 따라서 '성현의 가신 길이 만고에 한가지'라는 것은 성현의 도가 예나 지금이나 변함없음을 강조한 것으로 볼 수 있다.

* 유구하다(悠久--): 아득하게 오래다. 예 5천 년의 유구한 역사를 잊지 않을 때 우리 민족을 지킬 수 있습니다.

⑤ ㉤은 과거의 한때를 가리킨다는 점에서 현재 자연에서 여유를 느끼는 상황과 대비되는 시절을 나타낸다.
십 년 전

⋯ '십 년 전'은 '진세 일념', 즉 속세에 얽매이는 마음이 있었던 과거의 한때로, 현재 자연 속에서 한가롭게 지내며 여유를 느끼는 상황과 대비되는 시절이라고 볼 수 있다.

03

정답률 65% | 매력적인 오답 ③ 12%

〈보기〉를 참고하여 (가)를 이해한 내용으로 가장 적절한 것은?

〈보기〉

권호문의 〈한거십팔곡〉은 지향하는 삶을 실천하는 태도의 변화 과정을 형상화한 연시조로, 〈제1수〉부터 〈제19수〉까지의 내용이 긴밀히 연결되어 있다.
〈한거십팔곡〉의 내용
〈한거십팔곡〉의 구성상 특징

정답인 이유

① 〈제3수〉의 '임천이 좋으니라'에는 〈제1수〉의 '마음에 하고자 하여'에 담긴 태도와는 다른 태도가 나타난다.

⋯ 〈제1수〉의 '마음에 하고자 하여'에는 충효를 실천하고자 하는 태도 즉 현실 정치의 영역에서 임금을 제대로 보필하고자 함이 담겨 있고, 〈제3수〉의 '임천이 좋으니라'에는 자연과 벗하며 사는 삶에 대한 만족감과 '임천'을 지향하는 태도가 담겨 있다. 따라서 〈제3수〉의 '임천이 좋으니라'에는 〈제1수〉에 나타난 충효를 실천하려는 태도와 다른 태도가 나타난다고 볼 수 있다.

오답인 이유

③ 매력적인 오답 〈제8수〉의 '이것을 즐기나니'에는 〈제1수〉의 '이 두 일'을 더 이상 추구하지 않겠다는 의도가 드러난다.
× → '이 두 일' 중 '충'에 대한 지향이 드러남.

⋯ 〈제8수〉의 명철 군자가 즐기는 '이것'은 '출하면 치군택민 처하면 조월경운'하는 삶으로, 여기에서 '치군'은 임금에게 몸을 바쳐 충성을 다하는 것을 의미한다. 〈제1수〉의 '이 두 일'은 '충과 효'이므로, '이것을 즐기나니'에 '이 두 일'을 추구하지 않겠다는 의도가 드러난다고 볼 수 없다.

② 〈제3수〉의 '너를 좇으려' 했던 태도는 〈제8수〉에서 '출'하는 모습으로 실현되어 나타난다.
자연과 하나가 되는 태도 / 벼슬길에 나아가는 모습

⋯ 〈제3수〉의 '너를 좇으려' 했던 것은 자연과 하나가 되는 삶을 지향하는 태도이다. 그런데 〈제8수〉에서 '출하면 치군택민'은 벼슬길에 나아가 임금에게 충성하고 백성하게 혜택을 베푸는 모습이므로, '너를 좇으려' 했던 태도가 '출'하는 모습으로 실현되어 나타났다고 볼 수는 없다.

④ 〈제13수〉의 '달 아래 누'운 모습에는 〈제3수〉에서 '절로 한가하였'던 삶으로 되돌아가고 싶어 하는 태도가 나타난다.
자연 속에서 한가롭게 지내는 모습임. / '무심 어조'의 모습임.

⋯ 〈제13수〉의 '달 아래 누'운 것은 자연 속에서 한가롭게 지내는 모습을 드러낸 것이다. 그런데 〈제3수〉의 '절로 한가하였'던 것은 '무심 어조'의 모습으로, '조만간 세상일 잊고 너를 좇으려 하노라'라고 말한 것으로 보아 〈제3수〉의 화자가 한가로운 삶을 지향하나 그러한 삶을 살고 있다고 볼 수는 없다. 따라서 〈제13수〉에서 화자가 〈제3수〉의 '절로 한가하였'던 삶으로 되돌아가고 싶어 하는 태도가 나타난다는 설명은 적절하지 않다.

⑤ 〈제17수〉에서 '아무 덴들' 상관없다고 하는 화자의 생각은 〈제19수〉에서 '일념'으로 바뀌어 나타난다.
성현의 도가 '은커나 현커나' 다르지 않다는 인식을 바탕으로 함. / 속세에 얽매이던 마음임.

⋯ 〈제17수〉에서 '아무 덴들' 상관없다고 말하고 있는데, 이는 '은커나 현커나' 도가 다르지 않으므로 자연에 은거하며 도를 추구하겠다는 화자의 생각을 드러낸 것이다. 그런데 〈제19수〉의 '일념'은 '진세', 즉 속세에 얽매이던 마음을 의미하므로, '아무 덴들' 상관없다고 하는 화자의 생각이 '일념'으로 바뀌어 나타난다고 볼 수는 없다.

04

정답률 78%

의리와 이욕을 중심으로 (나)를 이해한 내용으로 적절하지 않은 것은?

정답인 이유

③ 글쓴이는 겨릅을 얻도록 상사공이 자신을 도와준 것은 글쓴이가 '의리'를 해칠 것을 걱정했기 때문이라고 본다.
× → 글쓴이 자신의 곤궁함을 불쌍히 여겼기 때문

⋯ 글쓴이는 자신이 겨릅을 얻도록 상사공이 도와준 것은 '다만 나의 곤궁함을 불쌍히 여겨서일 뿐'이라고 생각했으며, '의리'를 해칠 것을 걱정했기 때문이라고 여기지는 않았다.

오답인 이유

① 글쓴이는 겨릅을 얻은 것을 다행스럽게 여겼던 것은 자신이 '이욕'에 빠졌기 때문이라고 본다.

⋯ 글쓴이는 취서사에서 겨릅을 구한 것에 대해 '의리를 이욕에 빼앗겨서 초연히 버리고 돌아오지 못'한 것이라고 표현하고 있고, '스스로 헛걸음하지 않은 것을 매우 다행스럽게 여겼'다는 것을 술에 잔뜩 취했던 상태에 비유하여 표현하고 있다. 이를 고려하면 글쓴이는 겨릅을 얻어 오게 된 것을 다행스럽게 여긴 것에 대해 자신이 '이욕'에 빠졌기 때문이라고 보고 있음을 알 수 있다.

② 글쓴이는 아내가 자신에게 취서사에 가길 권한 것은 글쓴이가 '이욕'에 빠지게 될 줄 몰랐기 때문이라고 본다.

⋯ 글쓴이는 취서사에 가길 권한 아내에 대해 '내가 항상 곤궁함 때문에 치욕을 입을까 걱정하였으니, 가령 이와 같을 줄 알았다면 반드시 나의 행차를 권하지 않았을 것'이라고 말하고 있다. 이로 보아 글쓴이는 아내가 자신에게 취서사에 가 겨릅을 구해 오기를 권한 것은 그 과정에서 자신이 '이욕'에 빠지게 될 줄 몰랐기 때문이라고 보고 있다.

④ 글쓴이는 취서사에 가는 것을 유택이 반대한 것은 글쓴이를 아껴 '의리'를 해치지 않기를 바랐기 때문이라고 본다.

⋯ 아내가 취서사에 가 겨릅을 구해 오길 권했을 때 유택은 안 된다고 했는데, 글쓴이는 이러한 유택의 태도에 대해 '나를 아껴 약이 되는 유익한 말을 했'다고 언급하고 있다. 글쓴이가 취서사에서 돌아와 성찰한 내용을 고려하면 유택이 취서사에 가는 것을 반대한 이유는 그 과정에서 의리를 해칠까 봐 염려했기 때문이라고 볼 수 있다.

⑤ 글쓴이는 겨릅을 구하러 가는 것에 유평이 동의한 것은 그 일이 '이욕'에 빠지는 것은 아니라고 생각했기 때문이라고 본다.

⋯ 취서사에서 겨릅을 얻어 오는 일에 대해 유평은 해 보자고 했고, 이에 글쓴이도 이 일이 의리를 심히 해치지 않을 듯하다고 생각했다. 이를 통해 유평이 겨릅을 구하러 가는 일에 동의한 이유는 그 일이 '이욕'에 빠지는 것이 아니라고 생각했기 때문이라고 볼 수 있다.

05

정답률 90%

〈보기〉를 참고하여 (가), (나)를 감상한 내용으로 적절하지 않은 것은? [3점]

〈보기〉

(가)와 (나)에는 작가가 유학자로서의 신념을 바탕으로 자신이 선택한 가치를 추구하는 삶이 나타난다. (가)에는 출사와 은거 사이에서의 고민과 그 해소 과정이, (나)에는 경제적 문제로 인해 곤란을 겪은 상황에 대한 성찰이 나타난다. 한편 (나)는 세속적 가치를 떨치지 못해 과오를 저질렀던 상황이 나타난다는 점에서 (가)와 차이를 보인다.
(가)의 시적 상황과 주제 / (나)의 내용 / 취서사에서 의리를 이욕에 빼앗겼던 일

정답인 이유

④ (가)의 '도무지 할 일 없어'에서 출사하*지 못한 것에 대해 고민하는 모습을, (나)의 '시끌벅적하게 뒤섞여 밟아 대'는 모습에서 경제적 문제로 곤란을 겪는 상황을 확인할 수 있군.

⋯ (가)의 '도무지 할 일 없어'는 자연 속에서 한가롭게 지내는 모습일 뿐, 출사하지 못한 것에 대해 고민하는 모습은 아니다. (나)의 '시끌벅적하게 뒤섞여 밟아 대'는 모습은 취서사에서 겨릅을 많이 가져가기 위해 사람들이 경쟁하는 모습일 뿐, 이를 통해 경제적 문제로 곤란을 겪는 상황을 확인할 수 있는 것은 아니다.

* 출사하다(出仕--): 벼슬을 하여 관청에 출근하다. 예 그는 옥대를 띠고 조정에 출사하기 위해 과거 공부를 열심히 했다.

오답인 이유

① (가)의 '부귀 위기라 가난하게 살리로다'에서 자신이 선택한 가치를 추구하려

는 작가의 태도를 엿볼 수 있군.

⋯→ (가)의 '부귀 위기라 가난하게 살리로다'는 부귀를 위기로 인식하고 가난하게 살겠다는 태도를 드러낸 부분으로 자신이 선택한 가치를 추구하려는 작가의 태도를 엿볼 수 있다.

② (나)의 '궁해도 의를 잃지 않는다.'에서 작가가 추구하는 유학자로서의 신념을 엿볼 수 있군.

⋯→ (나)의 글쓴이는 맹자의 말인 '궁해도 의를 잃지 않는다.'를 인용하고 있는데, 이를 통해 궁핍해도 의로움을 잃지 않는 것을 추구하는 유학자로서의 신념을 드러내고 있다고 볼 수 있다.

③ (가)의 '세상에 티끌 마음이 일호말도 없다'에서 세속적 가치에 구애되지* 않은 모습을, (나)의 '버리고 돌아오지 못하였다.'에서 세속적 가치를 떨치지 못한 모습을 엿볼 수 있군.

⋯→ (가)의 '세상에 티끌 마음이 일호말도 없다'는 세상의 티끌에 마음이 전혀 없다는 의미이므로, 세속적 가치에 구애되지 않은 모습이라고 할 수 있다. (나)의 글쓴이는 취서사에서 다른 사람과 경쟁하며 겨릅을 구한 것을 마음속으로 민망하게 생각하면서도 의리를 이욕에 빼앗겨서 버리고 돌아오지 못했으므로, 이는 세속적 가치를 떨치지 못한 모습이라 할 수 있다.

* 구애되다(拘礙--): 거리끼거나 얽매이게 되다. 예 10년 만에 만났으니 우리 오늘은 시간에 구애되지 말고 이야기를 나눠 봅시다.

⑤ (가)의 '도가 어찌 다르리'에서 출사와 은거 사이에서의 고민이 해소되었음을, (나)의 '의를 잃'은 것에 대해 '이후에는 마땅히 조심'하겠다는 다짐에서 성찰적 태도를 확인할 수 있군.

⋯→ (가)의 화자는 '은커나 현커나', 즉 자연 속에 은거하거나 세상으로 나아가거나 도가 다르지 않다고 말하고 있으므로, 이는 출사와 은거 사이의 고민이 해소되었음을 보여 준다고 할 수 있다. (나)의 글쓴이는 '의를 잃어' 평소에 하지 않던 행동을 한 것을 반성하며 '이후에는 마땅히 조심'하겠다고 다짐함으로써 성찰적 태도를 보여 주고 있다.

갈래 복합 04 도산십이곡 | 지수정가 | 겸재의 빚

▶ 문제편 210~213쪽

정답 | 01 ① 02 ⑤ 03 ③ 04 ③ 05 ④

[01~05] 다음 글을 읽고 물음에 답하시오. 2023 수능

제대로 작품 분석

▶〈보기〉에서 적절한 것을 골라 넣으며 작품을 분석해 보자.

(가) [A]

이런들 어떠하며 저런들 어떠하료
달관적 태도 – 유사한 어휘의 반복으로 리듬감 형성
초야우생(草野愚生)이 이렇다 어떠하료
1
하물며 **천석고황(泉石膏肓)**을 고쳐 므슴하료
2
무엇하겠는가

〈제1수〉
▶ 제1수: 자연에 대한 깊은 애정

연하(烟霞)로 **집을 삼고** 풍월(風月)로 **벗을 삼아**
안개와 노을 – 자연 / 바람과 달 – 자연
태평성대에 병으로 늙어 가네
자연을 사랑하는 마음 = 천석고황
이 중에 바라는 일은 **허물이나 없고자**
3

〈제2수〉
▶ 제2수: 허물없이 사는 삶의 추구

춘풍(春風)에 화만산(花滿山)하고 추야(秋夜)에 월만대(月滿臺)라
봄바람에 꽃이 산에 만발하고 가을밤에 달빛이 대에 가득함. – 조화로운 자연의 모습
사시 가흥(佳興)이 **사람과 한가지라**
4
하물며 어약연비(魚躍鳶飛) 운영천광(雲影天光)이야 어느 끝이 있으리
물고기가 뛰고 솔개가 날아다님. 구름이 그늘을 짓고 햇빛이 빛남.

〈제6수〉
▶ 제6수: 자연의 오묘한 조화

– 이황, 〈도산십이곡〉

❖ 제대로 작품 분석의 〈보기〉

㉠ 사계절의 좋은 흥취
㉡ 자연을 벗 삼아 허물없이 살기를 소망함.
㉢ 시골에 묻혀 사는 어리석은 사람 – 화자 자신
㉣ 자연을 사랑하는 마음이 병이 될 정도로 깊음 – 자연 속의 삶에 대한 만족감

❖ 제목의 의미

'도산십이곡'은 '도산 서원에서 지은 열두 곡의 노래'라는 뜻으로, 작가가 벼슬을 사직하고 향리로 돌아와 도산 서원에서 후학을 양성할 때 지은 전 12수의 연시조이다. 자연에 동화된 생활을 하면서 사물을 접하는 감흥을 노래한 '언지 6곡'과 학문 수양에 임하는 심경을 노래한 '언학 6곡'으로 구성되어 있다.

❖ 작가 소개

이황(李滉, 1501~1570): 조선 시대의 유학자. 호는 퇴계(退溪). 조선 성리학 발달의 기초를 형성했다. 벼슬에서 물러난 뒤 고향에 돌아와 도산 서원에서 후진을 양성하고 학문을 닦는 데 힘썼다. 작품에 시조 〈도산십이곡(陶山十二曲)〉, 저서에 《퇴계전서(退溪全書)》 등이 있다.

❖ 핵심 정리

- 갈래: 연시조(전 12수)
- 성격: 자연 친화적
- 주제: 자연 친화적 삶의 추구(언지 6곡)와 학문 수양에 대한 의지(언학 6곡)
- 특징: ① 자연물을 활용하여 화자가 추구하는 삶의 가치를 드러냄. ② 대구법, 설의법 등의 다양한 표현 방법을 사용하여 주제를 부각함. ③ 어려운 한자어를 많이 사용함.

나 산가(山家) 풍수설에 동구 못이 좋다 할새
풍수지리에 대한 학설 / 동네 어귀의 연못
십 년을 경영하여 한 땅을 얻으니
계획하여
형세는 좁고 굵은 암석은 많고 많다
산의 모양과 지세
[B] 옛 길을 새로 내고 **작은 연못** 파서
활수*를 **끌어 들여** 가는 것을 **머물게 하니**
맑은 거울 **티 없어 산 그림자** 잠겨 있다
1
천고(千古)에 황무지를 아무도 모르더니
아주 오랜 세월 동안
일조(一朝)에 진면목을 **내 혼자 알았노라** ▶ 1~8행: 산속에 작은 연못을 만듦.
짧은 시간 / 참모습 / 2
처음의 이 내 뜻은 물 머물게 할 뿐이더니
물을 머물게 하기 위해 연못을 만듦.
이제는 돌아보니 **가지가지 다 좋구나**
연못 주변의 아름다운 풍광에 대한 감탄
백석은 치치(齒齒)하여 은도로 새겨 있고
흰 돌이 줄지어 서 있어
벽류는 **콸콸 흘러 옥 술잔을 때리는 듯**
푸른 물줄기
첩첩한 산들은 좌우의 병풍이요
빽빽한 소나무는 전후의 울타리로다
구곡 상하대는 층층이 둘러 있고
아홉 골짜기의 높고 낮은 대
삼경(三逕) 송국죽(松菊竹)은 줄지어 벌여 있다
소나무, 국화, 대나무 ▶ 9~16행: 연못 주변 풍광의 아름다움
하물며 바위 벼랑 높은 위에 노송이 용이 되어 구부려 누웠거늘
늙은 소나무의 모습을 용이 누운 모습에 빗댐.
「운근(雲根)을 베어 내고 ㉠작은 정자 붙여 세워
화자에게 만족하며 머무르는 삶에 대해 생각하게 하는 장소
띠 풀로 지붕 이고 자르지 않으니」이것이 어떤 집인가
「 」: 3
남양의 제갈려인가 무이의 와룡암인가*
작은 정자를 옛 현인이 은거한 거처와 같다고 표현함.
다시금 살펴보니 필굉 위언의 그림의 것이로다
중국 당나라의 유명한 화가
무릉도원을 예 듣고 못 봤더니
이상향
이제야 알겠구나 이 진짜 거기로다 ▶ 17~23행: 자신에 세운 정자에 대한 만족감
4

– 김득연, 〈지수정가〉

* 활수: 흐르는 물
* 남양의 제갈려, 무이의 와룡암: 옛 현인이 은거한 거처

❖ 제대로 작품 분석의 〈보기〉

㉠ 황무지의 가치를 혼자 알아차림.
㉡ 작은 정자를 이상적 공간으로 인식함.
㉢ 띠 풀로 지붕을 이은 작은 정자를 세움.
㉣ 산 그림자가 담긴 맑은 연못의 모습(은유법)

❖ 제목의 의미

'지수정'은 작가가 와룡산의 선영 아래 직접 세운 정자의 이름이다. 이 작품은 지수정과 그 주변을 둘러싼 자연의 아름다움, 자연을 벗 삼아 풍류를 즐기며 지내는 삶에 대한 만족감과 도학자로서의 결의를 담고 있는 가사이다.

❖ 작가 소개

김득연(金得硏, 1555~1637): 조선 중기의 학자이자 문인. 호는 갈봉(葛峯). 임진왜란 때 의병에 가담하여 군량미 조달에 힘썼으며, 생원시에 급제했으나 벼슬하지 않고 학문과 시작에 전념했다. 작품으로 시조 〈산중잡곡〉과 가사 〈지수정가〉가 있고, 저서에 《갈봉유고》가 있다.

❖ 핵심 정리

- 갈래: 양반 가사, 장편 가사
- 성격: 예찬적, 자족적
- 주제: 지수정을 짓고 자연 속에서 지내는 삶에 대한 만족감
- 특징: ① 정자를 세운 과정과 그 주변 풍경을 드러냄. ② 은유법, 직유법, 대구법 등 다양한 표현 방법을 사용함.

다 [장면 1] (처음 ~ 중략 이전)

소주제: 겸재가 그림에 담은 망양정 터를 찾은 경험

- 초로: 노년에 접어드는 나이
- 나는 겸재가 ~ 일삼아 떠돌아다녔다: 1
- 겸재: 조선 후기 화가 정선의 호
- 승경: 뛰어난 경치
- 옛 망양정 자리: 글쓴이에게 허전하지 않은 이유에 대해 생각하게 하는 장소
- 도로 공사로 ~ 흙더미로 변해 있었다: 2
- 단애: 깎아 세운 듯한 낭떠러지
- 칠갑: 물건의 겉면에 다른 물질을 흠뻑 칠하여 바름.
- 고로: 경험이 많고 옛일을 잘 알고 있는 늙은이
- 실경산수: 실제 풍경을 그린 그림
- 옛 정자가 ~ 허전하지 않았다: 3
- 현실 속의 ~ 보이지 않는다: 그림 속의 정자가 없는 것이 허전하지 않은 이유

[장면 2] (중략 이후 ~ 끝)

소주제: 겸재의 그림에 나타난 사실성

- 그 산과 인간 ~ 그리는 것이 아니라: 4
- 그 거리를 ~ 깊이를 그린다: 자신만의 시선으로 풍경을 재구성함.
- 격리되는: 다른 것과 통하지 못하게 사이가 막히거나 분리되는
- 정립되는: 정하여져 세워지는
- 세계를 관찰하는 ~ 정립되는 사실성: 5

– 김훈, 〈겸재의 빛〉

❖ 제대로 작품 분석의 〈보기〉

㉠ 옛 망양정 터의 현재 모습
㉡ 겸재의 그림 속 장소들을 찾아다님.
㉢ 겸재의 그림에 나타나는 사실성의 특징
㉣ 망양정 터의 현재 모습에 대한 글쓴이의 반응
㉤ 대상을 실물과 똑같이 그리는 것을 능사로 여기지 않음.

❖ 제목의 의미

'겸재'는 국내의 명승고적을 찾아다니며 진경산수화를 그린 조선 후기의 화가 정선의 호이다. 이 글은 글쓴이가 겸재 정선이 동해안을 따라 내려가며 화폭에 담았던 소재 중 망양정이 있던 옛터를 찾아갔던 경험을 바탕으로, 겸재의 그림에 담긴 의미와 특징에 대한 생각을 서술하고 있는 수필이다.

❖ 작가 소개

김훈(金薰, 1948~): 소설가. 초기에는 언론 기관의 기자로서 문학 기행을 전문적으로 집필하다가 1994년에 장편 소설 〈빗살무늬 토기의 추억〉을 발표하며 소설가로 등단하였다. 역사적 사실을 새로운 시각으로 재해석한 작품을 다수 창작하였다. 이순신 장군의 〈난중일기〉를 소재로 한 〈칼의 노래〉, 병자호란을 담은 〈남한산성〉, 정약전과 신유박해를 다룬 〈흑산〉 등의 소설을 썼고, 수필집으로 〈풍경과 상처〉, 〈자전거 여행〉 등이 있다.

❖ 핵심 정리

- 갈래: 수필
- 성격: 경험적, 사색적
- 주제: 겸재의 그림에 나타난 원근과 사실성의 의미
- 특징: ① 글쓴이가 망양정 옛터를 찾아가 본 경험을 바탕으로 한 기행 수필임. ② 겸재의 그림과 현실 사이의 괴리, 겸재의 그림에 담긴 의미에 대해 사색한 내용이 드러남.

제대로 감상법 모범 답안

가 이황, 〈도산십이곡〉
❶ 천석고황 ❷ 한자어

❖ 제대로 작품 분석
1ⓒ 2ⓔ 3ⓛ 4ⓖ

나 김득연, 〈지수정가〉
❶ 만족감 ❷ 송국죽

❖ 제대로 작품 분석
1ⓔ 2ⓖ 3ⓒ 4ⓛ

다 김훈, 〈겸재의 빛〉
❶ 사실성 ❷ 허전

❖ 제대로 작품 분석
1ⓛ 2ⓖ 3ⓔ 4ⓜ 5ⓒ

01

정답률 82%

(가)~(다)의 공통점으로 가장 적절한 것은?

정답인 이유

① 대상에 주목하여 대상과 관련된 가치를 추구하는 자세를 나타내고 있다.
··· (가)에는 자연의 조화로운 모습에 주목하여 그 속에서 허물없는 삶을 살고자 하는 화자의 모습이 나타나 있다. (나)에는 아름다운 자연 풍광 속에 정자를 짓고 옛 현인처럼 은거해 살겠다는 화자의 태도가 나타나 있다. (다)에는 겸재의 그림에 담긴 사실성의 의미에 대해 사색하고 그에 공감하는 글쓴이의 태도가 나타나 있다. 따라서 (가)~(다)는 모두 대상에 주목하여 그와 관련된 가치를 추구하는 자세를 나타내고 있다고 볼 수 있다.

오답인 이유

② 부정적인 현실을 비판하며 좌절을 극복하려는 의지를 부각하고 있다.
(가)~(다) 모두 ×
··· (가)~(다)에는 모두 부정적인 현실을 비판하는 내용이나 좌절을 극복하려는 의지가 나타나 있지 않다.

③ 현실을 통찰하며 관용적* 삶에 대한 지향을 보여 주고 있다.
(가)~(다) 모두 ×
··· (가)에는 자연 속에서의 삶에 대한 지향, (나)에는 자연 속에 정자를 짓고 지내는 삶의 만족감, (다)에는 현실의 공간이 겸재의 화폭에 담기는 과정에 대한 사색이 나타나 있다. 하지만 (가)~(다) 모두 현실에 대한 통찰이나 관용적 삶에 대한 지향은 나타나 있지 않다.

* 관용적(寬容的): 남의 잘못 따위를 너그럽게 받아들이거나 용서하는 것 예 선생님은 나의 실수를 관용적인 태도로 넘어가 주셨다.

④ 계절감을 활용하여 환경의 다양한 변화를 표현하고 있다.
(가)에만 나타남.
··· (가)는 〈제6수〉의 '춘풍에 화만산하고 추야에 월만대라'에서 계절감을 활용하고 있으나, (나)와 (다)는 계절감을 활용하고 있지 않다.

⑤ 가상의 상황을 제시하여 환상적 분위기를 강화하고 있다.
(가)~(다) 모두 ×
··· (가)~(다)에는 모두 가상의 상황을 제시한 부분이나 환상적 분위기가 나타나 있지 않다.

02

정답률 85%

[A], [B]에 대한 설명으로 적절하지 않은 것은?

정답인 이유

⑤ [A]의 '허물이나 없고자'는 미래에 대한 화자의 바람을, [B]의 '티 없어'는 대상을 관찰하기 전에 나타난 화자의 심리를 표현하고 있다.
× – 작은 연못을 나타낸 것임.
··· [A]의 '허물이나 없고자'는 화자가 자연을 벗으로 삼아 늙어 가는 과정에서 바라는 바에 해당하므로, 미래에 대한 화자의 바람을 표현한 것으로 볼 수 있다. 그러나 [B]의 '티 없어'는 '맑은 거울'에 빗댄 '작은 연못'의 모습일 뿐, 대상을 관찰하기 전에 나타난 화자의 심리를 표현한 것이 아니다.

오답인 이유

① [A]의 〈제1수〉 초장은 유사한 어휘의 반복을 통해 리듬감을 형성하고 있다.
··· [A]의 〈제1수〉 초장은 '이런들 어떠하며', '저런들 어떠하료'가 대구를 이루며 유사한 어휘가 반복되어 리듬감을 형성하고 있다.

② [A]의 〈제2수〉 초장은 〈제1수〉 종장의 시상을 이어받아 자연 친화적인 모습을 드러내고 있다.
··· [A]의 〈제1수〉 종장에서는 자연을 사랑하는 버릇을 고쳐 무엇하겠느냐고 하며 자연 친화적인 태도를 드러내고 있는데, 〈제2수〉 초장에서는 '연하'로 집을 삼고 '풍월'로 벗을 삼는 자연과 동화된 모습을 통해 〈제1수〉 종장에 나타난 시상을 이어받고 있다.

③ [B]에서는 '산 그림자'가 담긴 '작은 연못'의 경관을 묘사하여 깨끗한 자연의 형상을 보여 주고 있다.
··· [B]에서는 '작은 연못'의 모습을 '맑은 거울'에 빗대어 그 속에 '산 그림자'가 잠겼다고 묘사함으로써 깨끗한 자연의 형상을 보여 주고 있다.

④ [A]의 '집을 삼고'와 '벗을 삼아'는 화자와 대상의 가까운 관계를, [B]의 '끌어 들여'와 '머물게 하니'는 화자가 대상을 가까이 하려는 행동을 제시하고 있다.
··· [A]에서 '집을 삼고'와 '벗을 삼아'의 대상은 '연하'와 '풍월'로, 화자는 대상(자연)과 동화된 모습을 보이고 있다. [B]에서 '끌어 들여'와 '머물게 하니'의 대상은 '활수'로, 화자는 대상(활수)을 가까이 하려는 모습을 보이고 있다.

03

정답률 88%

〈보기〉를 바탕으로 (가), (나)를 이해한 내용으로 적절하지 않은 것은? [3점]

〈보기〉

〈도산십이곡〉에서 강호는 자연의 이치와 인간이 지향하는 이치가 일치된 이상적 공간으로, 〈지수정가〉에서 강호는 자연에서 생활하면서 자연의 가치를 새롭게 발견할 수 있는 공간으로 나타난다. 〈도산십이곡〉에서는 조화로운 자연과 합일하는 화자가 등장하며, 〈지수정가〉에서는 자연의 구체적인 모습을 묘사하며 자연의 가치를 확인한 화자가 등장한다.

(〈도산십이곡〉에서 강호의 의미 / 〈지수정가〉에서 강호의 의미 / 〈도산십이곡〉의 화자의 특징 / 〈지수정가〉의 화자의 특징)

정답인 이유

③ (가)의 '천석고황'은 이상적 공간에 다다르지 못한 것에 대한 화자의 아쉬움
× → 이상적 공간에서의 삶에 대한 만족감

이, (나)의 '무릉도원'은 현실적 공간을 이상적 공간으로 바라보는 화자의 인식이 나타난 말이겠군.

⋯→ (가)에서 화자는 자신이 있는 강호를 이상적 공간으로 인식하며 '천석고황'을 고칠 필요가 있겠느냐는 말로 만족감을 드러내고 있으므로, 화자가 이상적 공간에 다다르지 못한 아쉬움을 드러내고 있다고 볼 수 없다. (나)에서 화자는 자연 속에 정자를 지은 뒤 자신이 있는 곳이 '무릉도원'이라고 말하고 있으므로, 화자가 현실적 공간을 이상적 공간으로 바라보는 인식을 드러내고 있다고 볼 수 있다.

오답인 이유

① **(가)의 '초야우생'은 인간이 지향하는 이치와 자연의 이치가 일치된 공간에 존재하는 화자가 스스로를 이르는 말이겠군.**

⋯→ 〈보기〉에서 (가)의 강호는 자연의 이치와 인간이 지향하는 이치가 일치된 이상적 공간임을 알 수 있다. (가)에서 '초야우생'은 '시골에 묻혀 사는 어리석은 사람'이라는 뜻으로, 강호에서 지내는 화자가 스스로를 겸손하게 이르는 말이다.

② **(나)의 '내 혼자 알았노라'는 자연에서 생활하면서 자연의 가치를 발견한 화자의 심정을 드러내는 말이겠군.**

⋯→ (나)에서 '내 혼자 알았노라'는 오랜 세월 동안 아무도 모르던 황무지의 진면목을 화자가 알아차렸다는 의미로, 자연에서 생활하면서 자연의 가치를 발견한 화자의 만족감이 드러난다.

④ **(가)의 '사람과 한가지라'는 자연의 이치와 인간이 지향하는 이치가 다르지 않음을 확인한 화자의 인식이, (나)의 '가지가지 다 좋구나'는 자연의 가치를 확인한 화자의 심정이 나타난 말이겠군.**

⋯→ (가)에서 '사시 가흥이 사람과 한가지라'는 사계절의 좋은 흥취가 사람과 마찬가지라는 의미로, 자연의 이치와 인간이 지향하는 이치가 다르지 않다는 화자의 인식을 드러낸다고 볼 수 있다. (나)에서 '가지가지 다 좋구나'는 이어지는 작은 연못 주변의 '백석', '벽류', '첩첩한 산들', '빽빽한 소나무' 등과 같은 자연 풍광의 아름다움을 발견한 화자의 감탄이므로, 자연의 가치를 확인한 화자의 심정을 나타낸다고 볼 수 있다.

⑤ **(가)의 '춘풍에 화만산하고 추야에 월만대라'는 계절의 양상을 통해 조화로운 자연을, (나)의 '벽류는 콸콸 흘러 옥 술잔을 때리는 듯'은 화자가 발견한 자연의 아름다운 모습을 드러낸 말이겠군.**

⋯→ (가)에서 '춘풍에 화만산하고 추야에 월만대라'는 '봄바람에 꽃이 산에 만발하고 가을밤에 달빛이 대에 가득하다'는 의미로, 봄과 가을의 양상을 통해 조화로운 자연의 모습을 드러내고 있다. (나)에서 '벽류는 콸콸 흘러 옥 술잔을 때리는 듯'은 푸른 물줄기가 흐르는 모습을 감각적·비유적으로 표현한 구절로, 화자가 작은 연못 주변에서 발견한 자연의 아름다운 모습을 드러내고 있다.

04

정답률 75%

㉠과 ㉡을 이해한 내용으로 가장 적절한 것은?

(㉠ 작은 정자 / ㉡ 옛 망양정 자리)

정답인 이유

③ **㉠은 화자에게 만족하며 머무르는 삶에 대해, ㉡은 글쓴이에게 허전하지 않은 이유에 대해 생각하게 한다.**

○ → '무릉도원을 예 듣고 못 봤더니 / 이제야 알겠구나 이 진짜 거기로다'
○ → '그 허전한 사태는 그다지 허전하지 않았다'

⋯→ (나)에서 화자는 아름다운 자연 풍광 속에 ㉠ '작은 정자'를 만들었다. 화자는 이곳을 옛 현인이 은거한 거처나 유명한 화가의 그림과 같다고 생각하고 있으며, 이상적 공간인 '무릉도원'이라고 여길 만큼 만족해하는 모습을 보이고 있다. 따라서 ㉠은 화자에게 만족하며 머무르는 삶에 대해 생각하게 하는 이상적 공간이다. (다)에서 ㉡ '옛 망양정 자리'에 찾아간 글쓴이는 옛 정자가 이미 오래전에 없어져 버린 것을 목격한다. 하지만 '그 허전한 사태는 그다지 허전하지 않았다'고 하면서 그 이유를 밝히고 있다. 따라서 ㉡은 글쓴이에게 허전하지 않은 이유에 대해 생각하게 하는 장소이다.

오답인 이유

① **㉠은 화자가 노력을 기울여 만든 인공물이고, ㉡은 글쓴이가 의도하지 않게 찾아낸 장소이다.**

× → 겸재의 그림 속 소재를 따라 찾아간 곳임.

⋯→ ㉠은 (나)의 화자가 '운근을 베어 내고', '띠 풀로 지붕 이'어 세운 정자이므로 화자가 노력을 기울여 만든 인공물이다. ㉡은 (다)의 글쓴이가 겸재가 그림에 담은 장소를 따라가다 찾아간 곳이므로 글쓴이가 의도하지 않게 찾아낸 장소는 아니다.

② **㉠은 현실에서 명예를 실현하려는 의지를, ㉡은 현실에서 편의를 실현한 결과를 보여 준다.**

⋯→ ㉠은 (나)의 화자가 자연 속에서 지내며 만든 공간일 뿐 현실에서 명예를 실현하려는 의지와는 관련이 없다. ㉡은 도로 공사로 인해 단애의 허리가 잘리워 나간 상태이므로 현실에서 편의를 실현한 결과를 보여 준다고 할 수 있다.

④ **㉠은 화자에게 일상적인 유용성을 상실한 공간이고, ㉡은 글쓴이에게 본래적인 유용성을 상실한 공간이다.**

⋯→ ㉠은 (나)의 화자가 자연 속에서 지내며 만든 거처이므로 일상적인 유용성을 상실했다고 볼 수 없다. ㉡은 실제로 '망양정'을 보고자 하는 사람들에게는 그 의미가 변질되었다고 볼 수 있지만, (다)의 글쓴이가 겸재의 그림에 대해 사색하고 있다는 점을 고려하면 본래적인 유용성을 상실한 공간이라고 보기 어렵다.

⑤ **㉠은 화자에게 자신의 삶을 가다듬는 역할을 수행하고, ㉡은 글쓴이에게 자신의 삶을 비판하는 계기로 작용한다.**

⋯→ ㉠은 (나)의 화자가 만족하며 지내는 공간일 뿐 화자에게 자신의 삶을 가다듬는 역할을 수행하게 한다고 볼 수 없다. ㉡은 (다)의 글쓴이가 겸재의 그림에 대해 사색하는 기회를 제공할 뿐 자신의 삶을 비판하게 한다고 볼 수 없다.

05

정답률 88%

〈보기〉를 바탕으로 [C]를 읽은 독자의 반응으로 적절하지 않은 것은?

〈보기〉

겸재는 산을 그리면서도 뺄 건 빼고 과장할 것은 과장하면서 필요한 경우에는 자리를 옮겨 가면서까지 자신이 생각하는 구도로 풍경을 재구성하였다. 한 폭의 그림 속에서 물과 바다, 하늘과 땅, 그리고 정자와 인간을 포함한 모든 대상이 화가의 시선에 의해 재구성되어 회화의 구도상 의미를 지닌 자리에 놓일 때야말로 진정한 그림의 요체가 드러나기 때문에, 겸재의 그림은 실물과 똑같이 그리는 것이 능사가 아니라는 점을 증명하고 있다.

(겸재의 화법 / 겸재가 그림에 대상을 재구성하여 배치하는 이유 / 겸재는 그림에서 실물과 똑같이 그리는 것을 추구하지 않음.)

정답인 이유

④ **'인간과 인간에 직접 관련된 것들'을 '비교적 명료한 사실성을 띠'도록 그린다는 뜻은, 대상을 회화의 구도상 의미를 지닌 자리로 옮겨 풍경의 원근감을 보이는 그대로 실현해야 한다는 의미이겠군.**

× → '겸재의 그림은 실물과 똑같이 그리는 것이 능사가 아니라는 점을 증명'

⋯→ 〈보기〉에서 '겸재의 그림은 실물과 똑같이 그리는 것이 능사가 아니라는 점을 증명'했다고 하였으므로, 겸재의 그림에서 '인간과 인간에 직접 관련된 것들'을 '비교적 명료한 사실성을 띠'도록 그린다는 것이 풍경의 원근감을 보이는 그대로 실현해야 한다는 의미라고 볼 수는 없다. [C]에서 '인간과 인간에 직접 관련된 것들'이 띠고 있는 '비교적 명료한 사실성'은 '원근에 의해 정립되는 사실성이 아니라, 세계를 관찰하는 인간과의 관계 속에서 정립되는 사실성'이라고 하였다.

오답인 이유

① **'먼 산을 그릴 때' 그 거리에 집착하지 않는 까닭은, 실물과 똑같이 그리는 것이 능사*가 아니기 때문이겠군.**

⋯→ [C]에서 겸재는 먼 산을 그릴 때 '그 산과 인간 사이의 거리를 그리는 것이 아니'라고 한 것을 통해, 겸재가 그 거리에 집착하지 않음을 알 수 있다. 〈보기〉에 따르면 이는 겸재가 실물과 똑같이 그리는 것이 능사가 아니라고 보기 때문이다.

* 능사(能事): 잘하는 일 ㊀ 문제를 무조건 빨리 푼다고 능사는 아니다.

② **'그 거리를 들여다보는 시선의 깊이를 그린다'는 뜻은, 화가가 자신의 시선으로 풍경을 재구성하는 작업이 중요하다는 의미이겠군.**

⋯→ [C]에서 겸재는 먼 산을 그릴 때 '그 거리를 들여다보는 시선의 깊이'를 그리며, 따라서 '먼 것들은 원근상의 거리에 의해 격리되는 것이 아니라, 깊이에 의해 자리 잡는다.'고 하였다. 〈보기〉에 따르면 이는 겸재가 자신이 생각하는 구도로 풍경을 재구성한 것이라고 이해할 수 있다.

③ **'가깝다는 이유만으로 사실성을 부여받지 않'는 까닭은, 대상을 표현할 때 뺄 건 빼고 과장할 것은 과장할 수 있다는 화가의 생각 때문이겠군.**

⋯→ [C]에서 겸재의 그림에서 '풍경은 가깝다는 이유만으로 사실성을 부여받지 않'는다고 하였다. 〈보기〉에 따르면 이는 겸재가 산을 그릴 때 뺄 건 빼고 과장할 것은 과장하면서 자신이 생각하는 구도로 풍경을 재구성한 것이라고 이해할 수 있다.

⑤ **'세계를 관찰하는 인간과의 관계 속'에서 사실성이 '정립'되는 까닭은, 화가의 의도에 따라 풍경을 재구성하는 창작 작업을 통해 그림의 요체*가 드러나기 때문이겠군.**

⋯→ 〈보기〉에서 모든 대상이 화가의 시선에 의해 재구성되어 구도상 의미를 지닌 자리에 놓일 때 진정한 그림의 요체가 드러난다고 하였고, [C]에서 겸재의 그림 속에서 사실성을 띠고 있는 것들은 '세계를 관찰하는 인간과의 관계 속'에서 사실성이 정립된 것이라고 하였다. '세계를 관찰하는 인간'은 화가이므로, 결국 화가와의 관계 속에서 사실성이 정립되는 까닭은 화가의 의도에 따라 풍경을 재구성하는 작업을 통해 그림의 요체가 드러나기 때문이라고 볼 수 있다.

* 요체(要諦): 중요한 점 ㊀ 민주주의의 요체는 자유와 평등이다.

갈래 복합 05 사시가 | 자도사 | 그 시절 우리들의 집

▶ 문제편 214~217쪽

정답 | **01** ⑤ **02** ② **03** ② **04** ① **05** ① **06** ②

[01~06] 다음 글을 읽고 물음에 답하시오. 2023 6월 모의평가

제대로 작품 분석 ▶〈보기〉에서 적절한 것을 골라 넣으며 작품을 분석해 보자.

(가)
강호에 봄이 드니 이 몸이 일이 많다 (강호: 공간적 배경 / 봄: 계절적 배경)
나는 그물 깁고 아이는 밭을 가니 (1 ______)
뒷 뫼에 엄기는 약을 **언제** 캐려 하나니 (엄기는 약: 돋아나는 약초) 〈제1수〉
▶제1수: 봄을 맞은 분주한 일상

「삿갓에 도롱이 입고 세우(細雨) 중에 호미 메고 (도롱이: 비옷 / 세우: 가늘게 내리는 비)
산전을 흩매다가 **녹음**에 누웠으니」 「」: 인물의 행위가 순차적으로 나열됨. (녹음: 푸른 잎이 우거진 나무나 수풀)
목동이 우양을 몰아다가 **잠든 나**를 깨와다 (우양: 소와 양 / 잠든 나를 깨와다: 전원 속에서의 한가로운 삶의 모습) 〈제2수〉
▶제2수: 여름날 밭을 갈다 여유를 즐기는 일상

「대추 볼 붉은 골에 밤은 어이 떨어지며 (골: 골짜기)
벼 벤 그루에 게는 어이 내리는고」 「」: 2 ______
술 익자 체 장수 **돌아가니** 아니 먹고 어이리 (술을 마시며 가을날의 흥취를 즐기려는 태도) 〈제3수〉
▶제3수: 가을날의 풍요로운 정경과 화자의 흥취

뫼에는 **새** 다 긏고 들에는 갈 이 없다 (긏고: 끊어지고 / 산과 들에 새의 흔적도, 인적도 다 끊긴 정적인 분위기)
외로운 배에 삿갓 쓴 **저 늙은이** (3 ______)
낚대에 맛이 깊도다 눈 깊은 줄 아는가 (맛: 재미) 〈제4수〉
▶제4수: 겨울날의 눈 덮인 정경과 풍류
– 황희, 〈사시가〉

❖ 제대로 작품 분석의 〈보기〉

㉠ 가을날의 정경 묘사(대구법)
㉡ 홀로 자연 속에서 한가롭게 흥취를 즐기는 인물
㉢ 봄을 맞아 분주히 일하는 강호의 일상이 드러남.

❖ 제목의 의미

'사시(四時)'는 사계절을 의미하는 말로, 계절의 흐름에 따른 자연의 모습과 자연 친화적으로 살아가는 화자의 흥취를 노래한 연시조이다. '사시가' 형태의 작품들은 고려 중기 이후부터 사대부층 사이에서 창작되기 시작하였고 자연에 대한 관심과 자연 속에서 보내는 사계절의 풍류를 담고 있다.

❖ 작가 소개

황희(黃喜, 1363~1452): 조선 세종 때 18년 동안이나 영의정을 지낸 문신으로, 어질고 깨끗한 관리의 표본이 되어 사람들의 존경을 받았다. 호는 방촌(厖村). 농사법을 개량하고 예법을 개정하는 등 문물제도의 정비에 힘썼으며 북방 야인과 남방 왜에 대한 방비책, 4군 6진의 개척, 집현전을 중심으로 한 문물의 진흥 등을 지휘했다. 저서에 《방촌집》이 있다.

❖ 핵심 정리

- 갈래: 연시조, 한정가
- 성격: 자연 친화적, 풍류적
- 주제: 사계절 자연의 모습과 자연 속 삶의 풍류
- 특징: ① 계절별로 자연 속에서 일상을 보내는 모습과 그에 따른 정서가 드러남.
  ② 대구법, 설의법 등의 다양한 표현법을 사용함.

나 건곤이 얼어붙어 삭풍이 몹시 부니
하늘과 땅 / 겨울철에 북쪽에서 불어오는 찬 바람
하루 쬔다 한들 열흘 추위 어찌할꼬

「**은침**을 빼내어 **오색실** 꿰어 놓고
「」: 1
임의 터진 옷을 깁고자 하건마는」

㉠ 천문구중(天門九重)에 갈 길이 아득하니 → 임과 만날 가능성이 희박함.
임금이 있는 깊은 대궐 안
아녀자 깊은 정을 임이 **언제** 살피실꼬
2
㉡ 음력 섣달 거의로다 새봄이면 늦으리라
겨울이 다 지나기 전에 임의 옷을 기우려 하는 마음
동짓날 자정이 지난밤에 **돌아오니**
12월 22일경
「만호천문(萬戶千門)이 차례로 연다 하되 「」: 다른 사람들과 대비되는 행동을 통해 화자의 고독한 처지가 드러남.
수많은 백성들의 집
자물쇠를 굳게 잠가 **동방(洞房)**을 닫았으니」
잠을 자는 방 → 화자가 외로움을 느끼는 암울한 장소
눈 위에 서리는 얼마나 녹았으며

뜰 가의 매화는 몇 송이 피었는고 ▶ 1~12행: 임과 이별하고 고독하게 지내는 화자

㉢ 간장이 다 썩어 넋조차 그쳤으니
임에 대한 그리움과 슬픔, 원망이 드러남.
천 줄기 원루(怨淚)는 피 되어 솟아나고
원통하여 흘리는 눈물
반벽청등(半壁靑燈)은 빛조차 어두워라
벽에 걸린 푸른 등불 – 외로운 처지를 부각하는 객관적 상관물
황금이 많으면 매부(買賦)나 하련마는
천금으로 글을 사서 임의 총애를 되찾은 고사(천금매부) 인용
㉣ 백일(白日)이 무정하니 뒤집힌 동이에 비칠쏘냐
임(임금)을 비유 / 화자의 처지 비유
평생에 쌓은 죄는 다 나의 탓이로되

언어에 공교 없고 눈치 몰라 다닌 일을
솜씨나 꾀 따위가 재치가 있고 교묘함.
풀어서 헤여 보고 다시금 생각거든
헤아려
조물주의 처분을 누구에게 물으리오
운명론적 가치관이 드러남.
사창 매화 달에 가는 한숨 다시 짓고
부녀자가 거처하는 방의 창문
㉤ 은쟁(銀箏)을 꺼내어 원곡(怨曲)을 슬피 타니
은으로 장식한 악기 / 원망의 노래
주현(朱絃) 끊어져 다시 잇기 어려워라
슬(중국 고대 현악기)에서 실제로는 쓰지 아니하는 열셋째 줄
「차라리 죽어서 **자규**의 넋이 되어 「」: 죽어서 자규의 넋이 되어 임에게 자신의 억울함을 호소하려 함.
3
밤마다 이화에 피눈물 울어 내어

오경에 잔월(殘月)을 섞어 **임의 잠**을 깨우리라」
새벽녘까지 희미하게 남아 있는 달 ▶ 13~27행: 임을 향한 원망과 그리움

– 조우인, 〈자도사〉

❖ 제대로 작품 분석의 〈보기〉

㉠ 화자, 임과 이별한 여인
㉡ 두견새, 화자가 죽어서 되고자 하는 존재
㉢ 임에 대한 정성과 사랑 – 임금에 대한 굳은 충심

❖ 제목의 의미

'스스로를 애도하는 노래'라는 뜻으로, 임금에 대한 변함없는 충정을 남녀 관계에 의탁하여 드러낸 가사이다. 작가는 무고하게 옥에 갇힌 상황에서 극단적인 슬픔과 임금을 향한 애절한 심정을 노래하고 있다.

❖ 작가 소개

조우인(曺友仁, 1561~1625): 조선 중기의 문신. 호는 매호(梅湖)·이재(頤齋). 광해군 때 고궁의 황폐함을 보고 시를 지은 것이 이이첨 일당에 의해 무고를 받아 옥에 갇혔다가 인조반정으로 풀려났다. 글씨·그림·시에 모두 뛰어났으며 저서에는 《매호집(梅湖集)》과 《이재영언》이 있다.

❖ 핵심 정리

- 갈래: 가사
- 성격: 충신연주지사, 애상적
- 주제: 임금에 대한 변함없는 충정
- 특징: ① 임금에게 버림받은 신하의 애절한 심정을 남녀 관계에 의탁하여 읊음. ② 계절감을 드러내는 소재와 객관적 상관물을 통해 화자의 상황과 정서를 부각함.

다 [장면 1] (처음 ~ 삶이 명료했다)

소주제: 자연과 사람들의 삶이 명료했던 '그 집'

- 그 집: '그'와 가족들이 자연과 조화를 이루며 살았던 공간
- 비밀들: 자연의 이치, 자연의 섭리
- 석양의 북새, ~ 뚜렷했으므로: 1
- 비설거지: 비가 오려고 하거나 올 때, 비에 맞으면 안 되는 물건을 치우거나 덮는 일
- 봄과 여름과 ~ 뚜렷했으므로: 사계절과 아침과 저녁이 뚜렷했던 '그 집'

[장면 2] (이제 그 집을 ~ 다른지 알지 못한다)

소주제: 사계절과 오감이 불분명한 아파트에서의 삶

- 아침과 저녁이 ~ 불분명하다: '그 집'과 대조되는 아파트에서의 삶
- 사각진 콘크리트 벽: 아파트
- 그의 아이는 ~ 입는다: 2
- 돈은 은행에서 ~ 알지 못한다: 자연 속에 감춰진 비밀들을 모르고 살아가는 모습

[장면 3] (어머니의 부음을 ~ 끝이 난 것이다)

소주제: 어머니의 죽음으로 '그 집'의 역사가 끝남.

- 부음: 사람이 죽었다는 것을 알리는 말이나 글
- 그 집의 역사는 그렇게 끝이 난 것이다: 3

[장면 4] (우리들의 어머니의 ~ 끝)

소주제: 탄생과 죽음이 없는 쓸쓸한 집으로 돌아감.

- 조왕신, 성주신: 부엌을 맡는다는 신, 집을 다스린다는 신

– 공선옥, 〈그 시절 우리들의 집〉

❖ 제대로 작품 분석의 〈보기〉

㉠ 사계절이 불분명한 삶의 모습
㉡ '그 집'에서 깨달은 자연 속에 감춰진 비밀들
㉢ 어머니의 죽음을 끝으로 그 집에서 탄생과 죽음이 일어나지 않을 것이기 때문에

❖ 제목의 의미

'그'와 가족들이 자연과 조화를 이루며 살았던 공간으로, 자연처럼 뚜렷한 삶을 보낸 '그'의 가족들의 집을 의미한다. 이에 대비되는 아파트는 사계절과 오감이 불분명하며 그곳에서 살고 있는 '그'의 아이는 자연과 동떨어진 삶을 살아간다. '그'는 팔 남매가 태어나고 자란 그 집의 역사가 어머니의 죽음 이후 끝이 난 것을 안타까워하고 있다.

❖ 작가 소개

공선옥(孔善玉, 1963~): 소설가. 전라남도 곡성 출생. 1991년 중편 소설 〈씨앗불〉을 발표하며 등단하였다. 여성을 포함한 사회적 약자들에게 깊은 애정을 가지고 그들의 삶을 생동감 넘치게 형상화했다는 평을 받는다. 소설집으로 《피어라 수선화》, 《명랑한 밤길》, 《나는 죽지 않겠다》 등이 있다.

❖ 핵심 정리

- 갈래: 경수필
- 성격: 회상적, 자연 친화적
- 주제: 과거의 자연 친화적 삶에 대한 그리움
- 특징: ① '그'의 경험을 이야기하는 형식으로 내용을 전개함. ② 전통적인 집에서의 삶과 오늘날 아파트에서의 삶을 대비함.

제대로 감상법 모범 답안

가 황희, 〈사시가〉

❶ 녹음 ❷ 눈 ❸ 계절

❖ 제대로 작품 분석

1 ㉢ 2 ㉠ 3 ㉡

나 조우인, 〈자도사〉

❶ 자규 ❷ 남녀

❖ 제대로 작품 분석

1 ㉢ 2 ㉠ 3 ㉡

다 공선옥, 〈그 시절 우리들의 집〉
❶ 자연 ❷ 아파트 ❸ 대비

❖ 제대로 작품 분석
1㉡ 2㉠ 3㉢

01

정답률 75% | 매력적인 오답 ② 12%

(가)~(다)의 공통점으로 가장 적절한 것은?

정답인 이유

⑤ 시간을 나타내는 표현을 활용하여 내용을 전개하고 있다.
○ → (가): '봄이 드니', (나): '음력 섣달', '동짓날 자정', (다): '봄과 여름과 가을과 겨울'

··· (가)는 〈제1수〉의 '강호에 봄이 드니'에서, (나)는 '음력 섣달 거의로다', '동짓날 자정이 지난밤'에서 시간적 배경이 드러나고 있다. (다)는 '봄과 여름과 가을과 겨울과 아침과 낮과 저녁과 밤이'에서 시간을 나타내는 표현이 드러난다.

오답인 이유

② 매력적인 오답 자연과 인간의 대비를 통해 세태를 비판하고 있다.
×→ (가), (나)는 나타나지 않음.

··· (가)에는 자연 속에서 조화를 이루며 살아가는 모습이 나타날 뿐이며, (나) 또한 자연과 인간의 대비나 세태 비판은 찾아볼 수 없다. 반면 (다)는 사계절과 아침저녁이 뚜렷한 자연과, 사계절과 아침저녁이 불분명한 현대인의 삶을 대비하여 오늘날의 세태에 대한 아쉬움을 드러내고 있다.

① 어조의 변화를 통해 긴장감을 조성하고 있다.
×→ (가)~(다) 모두 나타나지 않음.

··· (가)에는 자연 속의 삶을 즐기는 모습이, (나)에는 슬픔과 원망, 그리움의 어조가, (다)에는 전통적인 집에 대한 그리움과 현대인의 집에 대한 아쉬움의 태도가 어조의 변화 없이 드러나 있다.

③ 대상과의 문답을 통해 주제 의식을 부각하고 있다.
×→ (가)~(다) 모두 나타나지 않음.

··· (가)는 '언제 캐려 하나니', '눈 깊은 줄 아는가' 등에서, (나)는 '어찌할꼬', '피었는고' 등에서 물음의 형식을 활용하고 있지만 대상과의 문답 형식은 찾아볼 수 없다. (다) 또한 대상과의 문답이 나타난 부분은 찾을 수 없다.

④ 초월적 공간을 설정하여 고조된 감정을 드러내고 있다.
×→ (가), (다)는 나타나지 않음.

··· (가)는 강호, 즉 전원이 배경이고, (다)는 '그 집'과 '아파트'가 배경으로 초월적 공간은 드러나지 않는다. 한편 (나)에서 임이 있는 곳인 '천문구중'은 임금이 있는 대궐을 '하늘'이라는 초월적 공간으로 표현한 것으로 볼 수도 있는데, 화자는 임이 '천문구중'에 있어 갈 길이 아득하다고 하였으므로 이를 통해 고조된 감정을 드러내고 있다고 할 수 있다.

02

정답률 88%

(가)의 시상 전개에 대한 설명으로 가장 적절한 것은?

정답인 이유

② 〈제2수〉의 초장, 중장은 인물의 행위가 순차적*으로 나열된 것이다.
○ → 삿갓에 도롱이를 입음. – 호미를 멤. – 밭을 맴. – 녹음에 누움.

··· 〈제2수〉의 초장에는 삿갓을 쓰고 도롱이를 입은 후 호미를 메는 모습이 나타나 있고, 중장에는 밭을 맨 후 녹음 속에 누워 있는 모습이 나타나 있으므로, 인물의 행위가 순차적으로 나열되었다.

* 순차적(順次的): 순서를 따라 차례대로 하는 것 예 설명서에 따라 순차적으로 모형 자동차를 조립했다.

오답인 이유

① 〈제1수〉의 초장, 중장은 풍경 묘사이고, 종장은 이에 대한 감상의 표현이다.
×

··· 〈제1수〉의 초장과 중장에서는 봄을 맞이하여 할 일이 많다며 분주한 일상을 드러내고 있을 뿐 풍경을 묘사하고 있지는 않다.

③ 〈제2수〉의 초장과 중장에 있는 인물의 행위는 〈제3수〉의 초장에서 그 결과로 나타난다.
×

··· 〈제2수〉의 초장과 중장에는 가랑비 속에서 호미를 들고 밭을 맨 후 녹음에 눕는 인물의 모습이 나타나 있고, 〈제3수〉의 초장에는 가을에 대추가 붉은 가운데 밤이 떨어지는 정경이 제시되어 있다. 따라서 〈제2수〉의 초장과 중장에 있는 인물의 행위가 〈제3수〉의 초장에서 그 결과로 나타난다고 볼 수는 없다.

④ 〈제3수〉의 초장의 장면은 중장과 인과적 관계로 연결된다.
×

··· 〈제3수〉의 초장에는 대추가 붉은 골짜기에 밤이 떨어지는 장면이, 중장에는 벼를 벤 논에 게가 다니는 모습이 나타나 있는데 이 두 장면이 원인과 결과의 관계로 연결되고 있는 것은 아니다.

⑤ 〈제4수〉의 초장의 동적인 분위기는 중장의 정적인 분위기로 전환된다.
×

··· 〈제4수〉의 초장에는 산과 들에 새의 흔적도, 사람도 보이지 않는 장면이 나타나므로 정적인 분위기만 나타난다.

03

정답률 80%

〈보기〉에 따라 (나)의 ㉠~㉤을 이해한 내용으로 적절하지 않은 것은?

〈보기〉

선생님: 이 작품의 제목에 쓰인 '자도(自悼)'는 '자신을 애도한다'는 뜻으로, 죽음에 견줄 만큼의 극단적인 슬픔을 드러낸 것입니다. 이 점에 주목하여 작품을 읽어 봅시다.
(제목의 의미)

정답인 이유

② ㉡을 통해, 새봄을 맞이하여 이별의 슬픔을 극복하기 위해 마음을 다잡으려 노력하고 있음을 알 수 있어요.
× → 마음을 다잡으려는 모습이 나타나지 않음.

··· 화자는 '열흘 추위'를 염려하여 '임의 터진 옷'을 깁고자 하면서 '음력 섣달 거의로다 새봄이면 늦으리라'라고 말하고 있다. 즉, ㉡에는 새봄이 오면 늦으니 겨울이 지나기 전에 임의 옷을 기우려 하는 마음이 담겨 있는 것으로 볼 수 있다.

오답인 이유

① ㉠을 통해, 임과 만날 가능성이 희박하다는 비관적 인식이 자신을 애도하게 만든 배경임을 알 수 있어요.
○ → 임이 있는 곳에 가는 것이 아득하다고 말함.

··· ㉠의 '천문구중'은 화자와 이별한 임이 있는 곳인데, 화자는 그곳에 '갈 길이 아득하'다고 말하고 있다. 여기에는 임과 만날 가능성이

희박하다는 비관적 인식이 담겨 있는데, 이것이 '자도', 즉 자신을 애도하게 만든 이유라고 볼 수 있다.

③ ⓒ을 통해, 임에 대한 사무치는 그리움이 너무나 커서 자신을 애도할 수밖에 없는 상황임을 알 수 있어요.
○ → 임에 대한 그리움으로 넋조차 그침.

⋯ 임과 이별한 화자는 침실의 자물쇠를 굳게 닫고 고독하게 지내는 상황에서 간장이 다 썩어 넋조차 그쳤으며 원통한 눈물이 난다고 말하고 있다. 따라서 ⓒ은 임에 대한 사무치는 그리움과 슬픔, 원망으로 자신을 애도하는 상황임을 드러낸 것으로 볼 수 있다.

④ ⓔ을 통해, 무정한 임 때문에 자신의 처지가 바뀔 가능성이 없음을 깨닫고 좌절감을 느끼고 있음을 알 수 있어요.
= '백일' = '뒤집힌 동이'

⋯ ⓔ에서 '백일'은 무정한 임을, '뒤집힌 동이'는 임과 이별한 화자를 비유한 표현으로, 백일이 뒤집힌 동이에 비칠 리 없다는 것은 무정한 임 때문에 자신의 처지가 바뀔 가능성이 없다는 깨달음과 그로 인한 화자의 좌절감을 보여 준다.

⑤ ⓜ을 통해, 임을 향한 원망의 마음을 음악으로 표현하여 내면의 슬픔을 토로하고 있음을 알 수 있어요.
○ → 악기로 '원곡'을 연주함.

⋯ ⓜ에서 '은쟁'은 악기, '원곡'은 원망하는 마음을 나타낸 곡조로, 은쟁으로 원곡을 연주한다는 것을 통해 원망의 마음을 음악으로 표현하여 슬픔을 토로하고 있다고 볼 수 있다.

04

정답률 80% | 매력적인 오답 ③ 10%

(가)와 (나)의 시어에 대한 이해로 가장 적절한 것은?

정답인 이유

① (가)의 '녹음'은 평온한 분위기의, (나)의 '동방'은 암울한* 분위기의 장소이다.
○ → 화자가 누워 여유를 즐김. ○ → 화자의 고독한 처지가 드러남.

⋯ (가)의 '녹음'은 화자가 밭을 매다가 누워 있는 공간이므로 여유를 느끼는 평온한 분위기의 장소로 볼 수 있다. (나)의 '동방'은 임과 이별한 화자가 자물쇠를 굳게 닫아 잠근, 화자의 고독한 처지가 드러나는 공간이므로 암울한 분위기의 장소라고 할 수 있다.

* 암울하다(暗鬱--): 절망적이고 침울하다. 예 그 소설 작가는 자신의 작품을 통해 암울한 시대에 대한 고뇌와 깊은 절망감을 표현하고 있다.

오답인 이유

③ (매력적인 오답) (가)의 '새'와 (나)의 '자규'는 모두 화자의 감정이 이입된 대상물이다.
× → (가)의 '새'는 해당하지 않음.

⋯ (나)의 '자규'는 화자가 죽어서 되고자 하는 존재로, 자규의 넋이 되어 밤마다 피눈물을 울어 임의 잠을 깨우겠다는 것에서 화자의 감정이 이입된 대상물임을 알 수 있다. 그러나 (가)의 '새'는 겨울에 흔적이 보이지 않는 자연물일 뿐 화자의 감정이 이입된 대상물은 아니다.

② (가)의 '언제'는 미래의 어느 시기를, (나)의 '언제'는 과거의 어느 시기를 가리킨다.
○ ×

⋯ (가)의 '언제'는 약초를 캘 미래의 어느 시기를 가리킨다고 볼 수 있다. 한편 (나)의 '언제'는 화자의 정을 임이 살필 수 있는 때를 가리키므로 과거가 아니라 미래의 어느 시기라고 볼 수 있다.

④ (가)의 '잠든 나'의 '잠'과 (나)의 '임의 잠'은 모두 꿈을 통해서라도 소망을 실현하기 위한 매개이다.
×

⋯ (가)의 '잠든 나'의 모습은 전원에서 한가로운 일상을 보내는 모습을 보여 주고, (나)에서 화자는 죽어서 자규의 넋이 되어서 밤마다 울어 '임의 잠'을 깨우겠다고 하고 있다. 따라서 (가), (나)의 '잠'은 모두 꿈을 통한 소망의 실현과 관련이 없다.

⑤ (가)의 '돌아가니'와 (나)의 '돌아오니'는 모두 화자가 새로운 상황에 기대감을 갖는 계기이다.
× → (나)의 '돌아오니'는 해당하지 않음.

⋯ (가)에서 화자는 체 장수가 '돌아가니' 술을 안 먹고 어찌하겠느냐고 말하고 있으므로, 이때 '돌아가니'는 술을 마시는 상황에 대한 기대감을 갖는 계기라고 할 수 있다. 하지만 (나)의 화자는 동짓날 자정이 '돌아오니' 자물쇠를 굳게 잠가 동방을 닫고 있을 뿐, 이를 통해 새로운 상황에 대한 기대감을 드러내고 있지는 않다.

05

정답률 55% | 매력적인 오답 ④ 15%

비밀들을 중심으로 (다)를 이해한 내용으로 적절하지 않은 것은?

정답인 이유

① '그 집'을 떠난 후 그의 오감이 불분명한 것은 비밀들이 그의 '아파트'에 감춰져 있기 때문이다.
× → 자연 속에 감춰진 '비밀들'이 아파트에 있다고 볼 수 없음.

⋯ '아파트'는 '그 집'과 대비되는 공간으로, '아침과 저녁', '사계절', '오감'이 모두 불분명하다. 따라서 '그 집'에서 깨달았던 '자연 속에 감춰진 비밀들'이 '아파트'에 감춰져 있다고 볼 수 없다.

오답인 이유

④ (매력적인 오답) '그 집'의 역사가 어머니의 죽음 후 끝났다고 한 것은 비밀들과 함께할 사람들의 '탄생과 죽음'이 사라졌기 때문이다.
이후로 아무도 그 집에서 아이를 낳지 않고 죽음도 일어나지 않을 것임.

⋯ '그 집'은 '그'가 나고 자라며 '자연 속에 감춰진 비밀들'을 깨달은 공간이다. 그런데 '그 집'의 안주인인 어머니의 죽음 이후 아무도 그 집에서 아이를 낳지 않을 것이며 따라서 죽음 또한 일어나지 않을 것이기 때문에 '그 집'의 역사가 끝났다고 한 것이다.

② '그 집 아이들'은 '그 집'에서 '낮게 깔리는 굴뚝 연기'에 감춰진 '비'에 관한 비밀들을 깨달을 수 있었다.
다음 날에 틀림없이 비가 옴.

⋯ '그 집 아이들'은 '그 집'에서 크면서 '자연 속에 감춰진 비밀들'을 깨달았는데, 그중 하나가 '낮게 깔리는 굴뚝 연기'가 나타난 다음 날에는 틀림없이 비가 온다는 것이었다.

③ '그의 아이'가 '여름에 긴팔 옷을 입고 겨울에 반팔 옷을 입는' 것은 비밀들을 모르고 살아가는 모습을 보여 준다.
사계절이 불분명한 삶의 모습

⋯ '그의 아이'가 '여름에 긴팔 옷을 입고 겨울에 반팔 옷을 입는' 것은 사계절이 불분명한 아파트에서의 삶의 모습으로, 사계절이 뚜렷한 '그 집'에서 깨달을 수 있는 '자연 속에 감춰진 비밀들'을 모르고 살아가는 모습이라 할 수 있다.

⑤ '그 사각진 콘크리트 벽 속'에 사는 '그의 아이'는 비밀들을 알아차릴 줄 아는 감각을 익히지 못해 삶이 불분명하다.
아파트
사계절을 알지 못하고 아침 저녁의 냄새를 알지 못함.

⋯ '그 사각진 콘크리트 벽 속', 즉 '아파트'에서의 삶은 '아침과 저녁이 불분명하고 사계절이 불분명하고 오감이 불분명'한 삶으로, 그 속에서 사는 '그의 아이'는 사계절을 알지 못하고 아침 저녁의 냄새와

소리와 맛과 형태와 색깔이 어떻게 다른지 알지 못한다고 하였다. 따라서 '그의 아이'는 비밀들을 알아차릴 줄 아는 감각을 익히지 못해 삶이 불분명하다고 할 수 있다.

06

정답률 65% | 매력적인 오답 ④ 14%

〈보기〉를 참고하여 (가)~(다)를 감상한 내용으로 적절하지 않은 것은? [3점]

〈보기〉

시조, 가사, 수필에서 작가는 대개 1인칭으로 나타나므로 작가 정보(시조, 가사, 수필에 나타나는 화자의 특징)를 활용하면 작품을 더 풍부하게 해석할 수 있다. 그런데 작가는 자신을 다른 인물로 상정하여(어떤 정황을 가정적으로 생각하여) 표현하기도 한다. 이 경우에도 작가를 그 인물에 투영해서 읽을 수 있다. (가)는 작가가 나이 들어 벼슬에서 물러나 전원에서 생활하며 지은 시조라는 점(〈가〉의 창작 배경), (나)는 작가가 임금에게 충언하는 시를 쓴 죄로 옥에 갇혔을 때 지은 가사라는 점(〈나〉의 창작 배경), (다)는 작가가 시골에서 성장한 경험을 반영하여 쓴 수필이라는 점(〈다〉의 창작 배경)을 고려하여 작품을 해석할 수 있다.

정답인 이유

② (가)의 '저 늙은이'가 작가가 아니라면, 〈제4수〉는 '낚대'의 깊은 맛에 몰입하며 '나'와는 달리 한가롭게 지내는 인물에 대한 심리적 거리감을 드러낸 것이겠군.
(× → 화자는 전원에서 한가롭게 지내고 있으므로 적절하지 않음.)

⋯→ (가)의 '저 늙은이'가 작가가 아니라면, 〈제4수〉에서 작가는 낚시의 깊은 맛을 즐기는 '저 늙은이'를 바라보고 있다고 볼 수 있다. (가)의 화자는 전원 속에서 흥취를 즐기는 인물이므로 화자가 '저 늙은이'에게 심리적 거리감을 드러낸다고 보기 어렵다.

오답인 이유

④ (매력적인 오답) (다)의 '그'가 작가라면, 이 작품은 '그 집'에서 성장하고 떠났던 자신의 경험을 타인의 것처럼 전달함으로써 개인적인 경험에 거리를 두고 객관화하여* 표현한 것이겠군.

⋯→ (다)는 '그 집'에서 자란 뒤 '그 집'을 떠난 '그'의 경험을 담고 있다. 〈보기〉에서 (다)는 작가가 시골에서 성장한 경험을 반영하여 쓴 수필이라고 하였으므로, '그'가 작가라면 (다)는 작가 자신의 개인적인 경험을 타인인 '그'로 객관화하여 표현한 것으로 볼 수 있다.

* 객관화하다(客觀化--): 자기에게 직접 관련되는 사항을 제삼자의 입장에서 보거나 생각하다. 예 다른 사람들에게 자신의 장단점을 객관화하여 말하기란 쉬운 일이 아니다.

① (가)의 '저 늙은이'가 작가라면, 전체적으로 이 작품은 연로한* 작가가 느끼는 전원생활의 흥취를 드러낸 것이겠군.

⋯→ 〈보기〉에서 (가)는 작가가 나이 들어 벼슬에서 물러나 전원에서 생활하며 쓴 시조라고 하였다. 따라서 (가)의 '저 늙은이'가 작가라면 (가)는 전원에서 생활하고 있는 연로한 작가가 느끼는 흥취를 드러낸 것이라고 볼 수 있다.

* 연로하다(年老--): 나이가 많다. 예 시어머님께서 연로하셔서 조금만 걸어도 힘들어하셨다.

③ (나)의 '아녀자'가 작가라면, 이 작품은 '은침'과 '오색실'로 '임의 터진 옷'을 깁는 상황을 설정하여 임금에 대한 곧은 충심을 표현한 것이겠군.

⋯→ 〈보기〉에서 (나)는 작가가 임금에게 충언하는 시를 쓴 죄로 옥에 갇혔을 때 지은 가사라고 하였다. (나)에서는 '아녀자'가 '은침'과 '오색실'로 '임의 터진 옷'을 깁는 상황을 통해 임에 대한 정성과 사랑을 드러내고 있으므로, (나)의 '아녀자'가 작가라면 이는 임금에 대한 곧은 충심을 표현한 것이라고 볼 수 있다.

⑤ (다)의 '우리들'에 작가 자신이 포함되므로, 이 작품은 작가 자신의 개인적 경험을 확장하여 유사한 경험을 가진 독자들의 공감을 이끌어 내려 한 것이겠군.

⋯→ (다)는 작가가 시골에서 성장한 경험을 반영하여 쓴 수필로, 작가는 끝부분에서 '우리들의 집은 이제 적막하다.'라고 하며 개인적 경험을 확장하고 있다. 이는 유사한 경험을 가진 이들을 '우리들'로 표현하여 공감을 이끌어 내려 한 것으로 볼 수 있다.

갈래 복합 06 별-금강산시 3 | 길 | 편지

▶ 문제편 218~222쪽

정답 | 01 ① 02 ④ 03 ⑤ 04 ⑤ 05 ④ 06 ③

[01~06] 다음 글을 읽고 물음에 답하시오. 2023 9월 모의평가

제대로 작품 분석 ▶〈보기〉에서 적절한 것을 골라 넣으며 작품을 분석해 보자.

가 [1, 2연] 소주제: 금강산에 들어오는 과정
- 아아: 영탄적 어조
- 아득히 내 첩첩한 ~ 잠기어 왔더니라: '아득히'와 '왔더니라'의 반복 – 화자가 떠나온 곳이 멀다는 것을 강조
- 한낮: [1]
- 화안한 골 길: 화자가 금강산에 들어서며 본 자연의 모습 ①
- 백화 앙상한 사이: 화자가 금강산에 들어서며 본 자연의 모습 ②
- 흰 돌 되어 씻기우며: [2]

[3, 4연] 소주제: 금강산에서 본 아름다운 자연 풍광
- 살다가 오래여 ~ 날선 봉우리: 오래되어 삭은 나무와 눈과 바람에 깎인 봉우리의 모습 – 자연의 유구함
- 훌 훌 훌, 쏴아, 호르르르: [3]
- 구월 고운 ~ 낙화같이 지더니라: 낙엽이 지는 모습을 낙화가 지는 모습에 빗댐.

[5, 6연] 소주제: 바다와 산에서 본 별이 뜬 광경
- 나는 장엄히 ~ 별들을 보았느니: 수없이 떠 있는 바다의 별들을 보며 장엄함을 느낌.
- 나의 하늘에 ~ 난만하여라: [4]

– 박두진, 〈별 – 금강산시 3〉

❖ 제대로 작품 분석의 〈보기〉
- ㉠ 화자가 생각에 잠길 만한 시간
- ㉡ 산장에서 바라본 하늘의 별들을 난만한 꽃에 빗댐.
- ㉢ 화자를 '흰 돌'에 빗댐. → 자연에 동화됨을 표현함.
- ㉣ 음성 상징어 – 자연의 모습을 생동감 있게 표현함.

❖ 제목의 의미

이 시는 '금강산'의 아름다운 자연 풍광을 기행문처럼 형상화한 시로, 후반부에서 동해안 어촌과 산장에서 '별'이 뜬 광경을 바라보는 화자의 내면을 드러내고 있다.

❖ 작가 소개

박두진(朴斗鎭, 1916~1998): 시인, 교수. 박목월, 조지훈과 함께 청록파 시인으로 활동했다. 기독교 신자이자 민족주의자로서 자연과 신앙, 역사 현실에 대한 시들을 썼고 많은 시집과 산문집을 남겼다. 대표적인 저서로 시집 《청록집》, 《해》, 《거미와 성좌》, 《인간 밀림》, 산문집 《시인의 고향》, 《생각하는 갈대》 등이 있다.

❖ 핵심 정리
- 갈래: 산문시, 서정시
- 성격: 묘사적, 예찬적
- 주제: 금강산의 아름다운 자연과 동화되는 과정
- 특징: ① 비유를 통해 자연의 아름다운 속성을 드러냄. ② 예스러운 종결 표현을 사용하고 계절감이 드러나는 소재를 활용함. ③ 감각적 표현과 음성 상징어를 활용하여 생생한 느낌을 줌.

나 [1~6행] 소주제: 사람들의 뜻을 좇지 않는 길
- 사람들은 ~ 알지만: 길에 대한 사람들의 일반적인 생각
- 길: 길을 의인화하여 주체적인 존재로 형상화함.
- 사람을 끌고 ~ 만들기도 한다: [1]

[7~12행] 소주제: 길에 대한 사람들의 잘못된 통념
- 거꾸로 사람들한테 세상 ~ 거라고 말한다: 길에 대한 잘못된 통념 ①
- 세상 사는 ~ 말한다: 길에 대한 잘못된 통념 ②

[13~19행] 소주제: 내면을 성찰하게 하는 길
- 스스로를 깊이 ~ 것은 모른다: [2]
- 꽃으로 제 몸을 ~ 식히게도 한다: 길의 참된 의미를 아는 자에게 주는 길의 혜택

[20~21행] 소주제: 길에 대해 깨닫고 겸손해진 사람들
- 자기들이 길을 ~ 말하지 않는다: [3]

– 신경림, 〈길〉

❖ 제대로 작품 분석의 〈보기〉
- ㉠ 길이 사람들의 뜻을 좇지 않는 모습
- ㉡ 깨달음을 얻은 사람들의 겸손한 태도
- ㉢ 길의 참된 의미 – 사람들에게 내면을 성찰하게 함.

❖ 제목의 의미

'길'을 통해 인생을 살아가는 법에 대한 깨달음을 드러낸 시이다. 자기들이 길을 만든 줄 알고 길이 사람들을 밖으로 불러내어 가르침을 준다는 사람들과 길이 안으로 나 있어 스스로를 들여다보게 한다는 사람들을 대비하여 시상을 전개하고 있다.

❖ 작가 소개

신경림(申庚林, 1936~): 시인. 충북 충주 출생. 1955년 《문학예술》에 〈낮달〉, 〈갈대〉 등이 추천되어 등단하였다. 도시화와 산업화로 인해 소외된 농민들의 한과 울분을 노래한 시를 많이 발표하였다. 주요 시집으로 《농무》, 《새재》, 《남한강》, 《가난한 사랑 노래》 등이 있다.

❖ 핵심 정리
- 갈래: 자유시, 서정시
- 성격: 성찰적, 상징적
- 주제: 길을 통해 깨닫는 내면을 가꾸는 삶의 중요성
- 특징: ① '길'을 의인화하여 인간 중심적 사고에 대한 비판적 시각을 드러냄. ② '길'에 대한 서로 다른 시각을 대비하여 바람직한 삶의 자세를 제시함. ③ 유사한 시구와 통사 구조를 반복하여 의미를 강조하고 운율을 형성함.

다 [장면 1] (처음 ~ 치워 놓아야 하겠습니다)

소주제: '당신'에게 받은 수선화를 보며 떠올린 한 처녀에 대한 슬픈 기억
- 고요하니 즐거운 이 밤: '당신'이 보낸 수선화를 보며 처녀를 떠올리는 시간
- 지금 당신께서 ~ 들여다봅니다: '당신'에게 말하듯 편지 형식으로 서술함.
- 노란 슬픔의 이야기: [1]
- 남쪽 바닷가 ~ 나는 좋아하였읍니다: '나'의 개인적 경험 – 처녀를 좋아함.
- 어느 해 ~ 무더운 밤: '나'가 좋아하던 '처녀'를 처음 알게 되었던 때
- 나의 수선: [2]
- 그는 스물을 ~ 병을 얻었읍니다: [3]

[장면 2] (밤이 아직 샐 때가 ~ 끝)

소주제: '나'의 고향의 육보름 밤의 즐거운 분위기
- 당신께서 좋아하실 ~ 밤의 이야기: [4]
- 육보름으로 넘어서는 ~ 들썩이는 밤입니다: 복을 맞이하는 밤에 기대감으로 들뜬 분위기가 드러남.
- 새악시 처녀들은 ~ 뽑아 오고……: 육보름의 축제 분위기 속에서 일시적으로 용인된 일탈 행위들

– 백석, 〈편지〉

❖ 제대로 작품 분석의 〈보기〉
- ㉠ '나'가 좋아했던 처녀를 '수선'에 빗댐.
- ㉡ '당신'에게 전하려는 이야기 ① – 개인적 경험
- ㉢ '당신'에게 전하려는 이야기 ② – 공동체적 경험
- ㉣ '나'가 좋아하는 처녀가 병을 얻음. → '노란 슬픔'의 이유

❖ 제목의 의미

'당신'에게 쓴 편지 형식의 수필로, 글쓴이의 개인적 경험과 고향에서의 공동체적 경험을 친근하게 이야기하는 방식으로 서술하고 있다.

❖ 작가 소개

백석(白石, 1912~1996): 시인. 본명은 기행. 평북 정주 출생. 1935년 《조선일보》에 〈정주성〉을 발표하면서 등단하였다. 토속적이고 향토적인 서정시를 창작하여 민속적인 시를 개척했다. 주요 작품으로 〈여승〉, 〈여우난골족〉, 〈북방에서〉 등이 있다.

❖ 핵심 정리

- 갈래: 수필
- 성격: 회상적, 감각적
- 주제: 밤과 관련하여 떠오른 슬픔과 즐거움의 기억
- 특징: ① 편지 형식을 통해 특정 인물과 공간에서 환기되는 정서를 담담한 어조로 소개함. ② 육보름 밤의 마을 풍속에 관한 내용을 현재형으로 서술하여 제시함.

제대로 감상법 모범 답안

가 박두진, 〈별 – 금강산시 3〉

❶ 동화 ❷ 음성 상징어 ❸ 감각적

❖ 제대로 작품 분석

1 ㉠ 2 ㉢ 3 ㉣ 4 ㉡

나 신경림, 〈길〉

❶ 내면 성찰 ❷ 의인화 ❸ 운율

❖ 제대로 작품 분석

1 ㉠ 2 ㉢ 3 ㉡

다 백석, 〈편지〉

❶ 편지 ❷ 수선화 한 폭 ❸ 육보름 밤

❖ 제대로 작품 분석

1 ㉡ 2 ㉠ 3 ㉣ 4 ㉢

01

정답률 84%

(가)~(다)의 공통점으로 가장 적절한 것은?

정답인 이유

① 빗대어 표현하는 방식으로 대상의 속성을 드러내고 있다.
(가): '낙엽' – '낙화', '별들' – '꽃', (나): '길' 의인화, (다): '처녀' – '수선'

⋯› (가)는 4연에서 '낙엽'을 '낙화'에 빗대고 있으며, 6연에서 하늘의 '별들'을 난만한 '꽃'에 빗대어 자연의 아름다운 모습을 드러내고 있다. (나)에서는 '길'을 사람에 빗대는 방식, 즉 의인화를 사용하여 인생에 깨달음을 주는 존재로 표현하고 있다. (다)에서 '나'는 좋아했던 '처녀'의 아름다움을 표현할 대상을 찾지 못했으나, 친구가 그를 비겨 '수선'이라고 했다면서 '수선'에 빗대어 '처녀'의 아름다움을 드러내고 있다. 따라서 (가)~(다)는 모두 빗대어 표현하는 방식으로 대상의 속성을 드러내고 있음을 알 수 있다.

오답인 이유

② 과거를 회상하는 방식으로 현재의 의미를 나타내고 있다.
× → (나)에는 나타나지 않음.

⋯› (가)는 5연에서 '어젯밤' 어촌에서 본 별들을 회상하며 '오늘밤' 산장에서 별들을 본 감회를 드러내고 있고, (다)는 과거 '나'가 좋아했던 '어떤 낡은 항구의 처녀'와 '시골 육보름 밤'의 모습을 회상하며 그에 대한 정서를 드러내고 있다. 그러나 (나)에서는 과거를 회상하는 내용이 나타나지 않는다.

③ 영탄적인 어조로 대상에서 촉발된* 인상을 표현하고 있다.
× → (가) '아아'에만 나타남.

⋯› (가)는 '아아'와 같은 감탄사를 활용하여 '첩첩한 산길'을 통해 금강산으로 가는 길에서 만난 자연에 대한 인상을 표현하고 있다. 그러나 (나), (다)는 영탄적 어조가 아닌 담담한 어조로 새로운 깨달음이나 자신의 경험을 전달하고 있다.

* 촉발되다(觸發--): 어떤 일을 당하여 감정, 충동 따위가 일어나다.
예 무모한 행동으로 위기 상황이 촉발되었다.

④ 예스러운 종결 표현으로 고풍스러운 느낌을 자아내고 있다.
× → (가) '-더니라'에만 나타남.

⋯› (가)는 '-더니라'라는 예스러운 종결 표현을 사용하고 있으나, (나)는 '-는다', (다)는 '-ㅂ니다'와 같이 현재에도 흔히 쓰이는 종결 표현을 사용하고 있다. 따라서 (나)와 (다)는 예스러운 종결 표현을 사용하고 있다고 볼 수 없다.

⑤ 계절감을 드러내는 표현으로 시간의 경과를 보여 주고 있다.
○ / × → 나타나지 않음.

⋯› (가)는 '구월 고운 낙엽', (나)는 '꽃으로 제 몸을 수놓아 향기를 더하기도 하고', (다)는 '유월이 저물게 실비 오는 무더운 밤', '육보름으로 넘어서는 밤' 등에서 계절감을 드러내고 있다. 그러나 (가)~(다) 모두 이러한 표현을 통해 시간의 경과를 보여 주고 있지는 않다.

02

정답률 72% | 매력적인 오답 ③ 12%

〈보기〉를 참고하여 (가), (나)를 감상한 내용으로 적절하지 않은 것은? [3점]

〈보기〉

(가)에서 화자는 금강산으로 가는 길에서 만난 자연의 모습을 자신의 내면에 투영하여 형상화하고 있다. 자연의 외적 모습을 바라보는 데 그치지 않고 주관적 대상으로 묘사하여, 화자와 자연의 정서적 교감을 드러낸다.
(가)에 형상화된 내용 / (가)의 화자의 태도

(나)에서 화자는 길에 대한 사람들의 생각이 자신의 관점에만 치우쳐 있어서 내면이 길을 찾지 못하고 있음을 일깨우고 있다. '밖'과 '안'을 대비하여 내적 성찰의 중요성을 이끌어 내는 길의 상징적 의미를 진술함으로써, 길에 대해 사람들이 깨달음을 얻어 가는 과정을 보여 준다.
(나)의 화자가 전하고자 한 내용 / (나)의 표현상 특징

정답인 이유

④ (나)는 '세상 사는 이치'에서, 내면의 길을 찾아내어 내적 성찰을 이끌어 낸 사람들의 생각을 담아내고 있군.
× → 길이 안으로 나 있다는 것을 모르는 사람들의 생각임.

⋯› (나)에서 '세상 사는 이치'는 길의 진정한 의미를 알지 못하는 사람, 즉 사람들이 길을 만들었고, 길이 밖으로 나 있어 사람들을 불러낸다고 보는 사람들의 생각이다. 반면 '내면의 길을 찾아내어 내적 성찰을 이끌어 낸 사람들'은 길의 진정한 의미를 알게 된 사람으로, 길이 안으로 나 있다는 것을 깨달은 사람들이다. 따라서 '세상 사는 이치'에 '내적 성찰을 이끌어 낸 사람들의 생각'이 담겨 있다는 설명은 적절하지 않다.

오답인 이유

③ (매력적인 오답) (나)는 '벼랑 앞에'서 '낭패'를 겪는 사람들의 상황을 보여 줌으로써, 자신의 관점으로만 길을 이해한 사람들을 일깨우려 하고 있군.

⋯→ (나)에서 '길'은 자기들이 길을 만든 줄 아는 '사람들의 뜻'을 순순히 좇지 않고, '사람을 끌고 가다가' '벼랑 앞에 세워 낭패시키'기도 한다고 하였다. 따라서 '벼랑 앞에'서 '낭패'를 겪는 사람들의 상황을 보여 준 것은, 자신들이 길을 만든 줄 아는 사람들과 같이 자신의 관점으로만 길을 이해한 사람들을 일깨우기 위한 것으로 볼 수 있다.

① (가)는 '화안한 골 길'과 '백화 앙상한 사이'를 통해, 화자가 여정 속에서 만난 자연의 모습을 묘사하고 있군.

⋯→ (가)의 1연과 2연은 화자가 금강산에 들어오는 과정을 묘사한 부분이다. 1연에서는 '인기척 끊이고 ~ 화안한 골 길'을, 2연에서는 '백화 앙상한 사이'를 지나서 왔다고 하여 여정 속에서 만난 자연의 모습을 묘사하고 있다.

② (가)는 '바다의 별들'과 '하늘에 별들'을 통해, 화자의 내면에 투영된 자연에 대한 주관적 인상을 형상화하고 있군.

⋯→ (가)의 5연에서 화자는 동해안 어촌의 밤하늘에 '바다의 별들'이 '장엄히 뿌리어진' 것을 보았다고 하였고, 6연에서는 오늘밤 산장에서 우러르는 '하늘에 별들'이 '꽃과 같이 난만'하다고 하였다. 별들의 모습이 장엄하고, 난만하다는 표현은 별들에 대한 화자의 주관적 인상을 형상화한 것으로 볼 수 있다.

⑤ (가)는 '꽃과 같이 난만하여라'에서, (나)는 '꽃으로 제 몸을 수놓아 향기를 더하기도 하고'에서, 대상에 대한 화자의 긍정적인 태도를 엿볼 수 있군.

⋯→ (가)의 '꽃과 같이 난만하여라'는 하늘에 뜬 별들의 모습에 대한 느낌을 형상화한 것으로 '별'에 대한 화자의 긍정적인 태도가 드러난다. (나)의 '꽃으로 제 몸을 수놓아 향기를 더하기도 하고'는 길의 진정한 의미를 아는 사람들에게 길이 보여 주는 아름다운 모습으로, 길에 대한 화자의 긍정적인 태도를 엿볼 수 있다.

03

정답률 85%

(가), (다)에 대한 이해로 가장 적절한 것은?

정답인 이유

⑤ (가)의 '인기척 끊긴 '한낮'은 화자가 생각에 잠길 만한, (다)의 '아직 샐 때가' 먼 '이 남은 밤'은 글쓴이가 이야기를 계속할 만한 시간으로 볼 수 있다.
(○ → '머언 생각에 잠기어' / ○ → '당신께서 좋아하실 ~ 이야기나 해서 보내도 좋겠습니까')

⋯→ (가)의 화자는 '인기척 끊이고 새도 짐승도 있지 않은 한낮'에 '그 화안한 골 길'을 '머언 생각에 잠기어 왔'다고 하였으므로, 이때 '인기척 끊'긴 '한낮'은 화자가 생각에 잠길 만한 시간으로 볼 수 있다. 그리고 (다)의 글쓴이는 수선화를 닮은 처녀에 관한 이야기를 마친 뒤 '아직 샐 때가' 먼 '이 남은 밤'을 '당신께서 좋아하실 내 시골 육보름 밤의 이야기나 해서 보내도 좋겠'느냐고 묻고 있다. 따라서 '이 남은 밤'은 글쓴이가 당신에게 이야기를 계속할 만한 시간이라고 할 수 있다.

오답인 이유

① (가)의 '구월'은 화자의 고뇌가 심화되는 시간으로 볼 수 있다.
(× → 나타나지 않음.)

⋯→ (가)의 '구월'은 '고운 낙엽'이 푸른 연못 위로 낙화처럼 떨어지는 광경을 볼 수 있는 시간일 뿐, 화자의 고뇌가 심화되는 시간이 아니다.

② (다)의 '고요하니 즐거운 이 밤'은 '당신'과의 재회에 대한 기대감이 고조되는 시간으로 볼 수 있다.
(× → 나타나지 않음.)

⋯→ (다)의 '고요하니 즐거운 이 밤'은 당신이 보내 준 '수선화 한 폭'을 보며 '노란 슬픔'으로 떠오르는 '처녀'를 회상하고 '당신'에게 '처녀'에 대한 이야기를 하는 시간일 뿐, '당신'과의 재회에 대한 기대감이 고조되는 시간이 아니다.

③ (가)의 '어젯밤'은 화자가, (다)의 '복덩이가 돌아다닐 것도 같은 밤'은 글쓴이가 고독감을 느끼는 시간으로 볼 수 있다.
(× → (가), (다) 모두 나타나지 않음.)

⋯→ (가)의 '어젯밤'은 화자가 동해안 어촌에서 수없이 많은 '바다의 별들'을 보았던 시간으로, 장엄함을 느꼈을 뿐 고독감을 느끼는 시간이 아니다. (다)의 '복덩이가 돌아다닐 것도 같은 밤'은 집집마다 불을 켜 놓고 복을 맞이하는 밤으로, 복을 맞는 기대감으로 들뜬 분위기가 나타날 뿐 글쓴이의 고독감이 나타나지는 않는다.

④ (가)의 '오늘밤'은 화자가 고향에 대한 기억을 되살리는, (다)의 '실비 오는 무더운 밤'은 글쓴이가 지난날을 후회하는 계기로 볼 수 있다.
(× → 나타나지 않음. / × → 나타나지 않음.)

⋯→ (가)의 '오늘밤'은 산장에서 하늘에 꽃처럼 난만한 별들을 바라보는 시간으로, 이때 화자가 고향에 대한 기억을 되살리는 모습은 나타나지 않는다. (다)의 '실비 오는 무더운 밤'은 글쓴이가 수선화 같은 '처녀'를 처음 알게 되었던 때로, 이 때문에 글쓴이가 지난날을 후회하고 있지는 않다.

04

정답률 83%

(가)에 대한 이해로 적절하지 않은 것은?

정답인 이유

⑤ 5연의 '동해안'과 6연의 '산장'이라는 공간의 대조를 통해, 장소의 이동에 따른 화자의 태도 변화를 부각하고 있다.
(×→ 대조되지 않음. / ×→ 나타나지 않음.)

⋯→ 5연의 '동해안'은 화자가 '바다의 별'들을 보며 장엄함을 느낀 공간이고, 6연의 '산장'은 화자가 '하늘에 별들'이 꽃처럼 난만하게 떠 있는 것을 본 공간이다. 즉, '동해안'과 '산장'은 아름다운 별들을 본 공간이므로 대조된다고 볼 수 없으며, '동해안'에서 '산장'으로 이동함에 따라 화자의 태도가 변화하는 부분도 찾아볼 수 없다.

오답인 이유

① 1연에서 '아득히', '왔더니라'를 반복하여, '첩첩한 산길'과 '머언 생각에 잠기'는 화자의 내면을 조응시키고 있다.

⋯→ 1연에서는 '아득히 내 첩첩한 산길 왔더니라', '아득히 나는 머언 생각에 잠기어 왔더니라'와 같이 '아득히', '왔더니라'를 반복함으로써 화자가 '첩첩한 산길'을 지나는 동안 '머언 생각에 잠기어' 왔음을 표현하고 있다.

② 2연의 '물소리에 흰 돌 되어 씻기우며'에서, 자연과의 관계에서 느끼는 화자의 정서를 드러내고 있다.

⋯→ 2연의 '물소리에 흰 돌 되어 씻기우며'에서 '흰 돌'은 화자를 비유한 소재로, '흰 돌'이 물소리에 씻긴다는 표현은 자연과 동화되고 있는 화자의 정서를 드러낸 것이다.

③ 3연의 '오래여 삭은 장목들'과 '풍설에 깎이어 날선 봉우리'를 통해, 자연의 유구함에서 풍기는 분위기를 표상하고* 있다.

⋯→ 3연의 '오래여 삭은 장목들'과 '풍설에 깎이어 날선 봉우리'는 오래되어 삭은 나무와 눈과 바람에 깎인 봉우리의 모습을 나타낸 것으로, 아득하고 오래된 자연의 분위기를 드러내고 있다.

＊표상하다(表象--): 추상적이거나 드러나지 아니한 것을 구체적인 형상으로 드러내어 나타내다. 예 이 작품에서 쥐는 불길함을 표상한다.

④ **3연의 '훌 훌 훌', 4연의 '쏴아', '호르르르'와 같은 표현으로, 자연의 풍경을 생동감 있게 형상화하고 있다.**

⋯→ 3연의 '훌 훌 훌'은 흰 구름이 날리는 모습을, 4연의 '쏴아'는 바람소리를, '호르르르'는 낙엽이 떨어지는 모습을 표현한 음성 상징어로, 이를 통해 금강산의 아름다운 자연 풍경이 생동감 있게 드러나고 있다.

05

정답률 74% | 매력적인 오답 ③ 11%

[A]~[F]에 대한 이해로 적절하지 않은 것은?

정답인 이유

④ **[E]와 같이 제 뜻을 굽혀 '사람'에게 복종하는 '길'의 모습은 [B]와 대비되고 있다.**
× → 제 뜻을 굽혀 사람에게 복종하는 모습이 아님.

⋯→ [E]는 길이 '안으로 나 있다는 것을 아는 사람'에게만 길이 고분고분하다는 것으로, 길이 제 뜻을 아는 이들에게 아름다운 모습을 보여 주고 땀을 식히게도 하며 혜택을 베푼다는 것을 의미한다. 따라서 이를 길이 제 뜻을 굽혀 사람에게 복종하는 모습으로 이해하는 것은 적절하지 않다.

오답인 이유

③ **(매력적인 오답) [C]의 '사람들'이 미처 깨닫지 못한 바가 무엇인지를 [D]에서 밝히고 있다.**

⋯→ [C]에서 '사람들'은 길이 사람들의 뜻을 순순히 좇지 않고 사람들을 낭패시키는 것이, 길이 사람들한테 '세상 사는 슬기'를 가르치는 것이라고 생각한다. [D]에서는 이러한 사람들은 길이 사람을 '안으로 끌고 들어가 / 스스로를 깊이 들여다보게 한다는 것은 모른다'고 밝히고 있다. 따라서 [D]의 내용이 [C]의 '사람들'이 길에 대해 깨닫지 못하고 있는 바임을 알 수 있다.

① **[A]에서 '길'이 '사람들의 뜻'을 좇지 않는다는 진술의 구체적인 양상을 [B]에서 확인할 수 있다.**

⋯→ [B]에서 '길'이 큰물에 자기 허리를 동강 내어 사람들이 길을 버리게 만드는 것은, [A]에 나타난 '사람들의 뜻을 좇지는 않'는 '길'의 구체적인 모습으로 볼 수 있다.

② **[B]에서의 경험을 [C]에서 '사람들'이 어떻게 수용하는지를 밝히고 있다.**

⋯→ [B]에는 '길'이 사람들의 뜻을 순순히 좇지 않고 큰물에 허리를 동강 내어 사람들이 길을 버리게 만드는 경험이 나타나 있는데, [C]에서는 '사람들'이 이러한 경험에 대해 길이 사람들에게 '세상 사는 슬기'를 가르치는 것이라고 생각함을 보여 준다.

⑤ **[F]에서 깨달음을 얻은 '사람들'의 태도는 [A]의 '사람들'의 태도와 대비되고 있다.**

⋯→ [F]에서 깨달음을 얻은 '사람들'은 자기들이 길을 만들었다고 말하지 않는다고 하였는데, 이는 [A]에 나타난 자기들이 길을 만든 줄 아는 '사람들'의 태도와 대비된다.

06

정답률 78%

〈보기〉를 참고하여 (다)를 감상한 내용으로 적절하지 않은 것은?

〈보기〉

'당신'에게 쓰는 편지 형식의 이 수필에서 글쓴이는 개인적 경험과 공동체적 경험으로 대비되는 두 가지 이야기를 들려준다. 수선화에서 연상된 이야기가 글쓴이에게 슬픔을 환기하는 기억이라면, 고향의 풍속 이야기는 일탈이 용인되는 유쾌한 축제로 그려진다. 이를 통해 독자는 슬픔과 즐거움이라는 삶의 양면성을 경험하게 된다.

(다)의 표현상 특징 / (다)에 제시된 두 이야기의 성격 / 개인적 경험의 성격 / 공동체적 경험의 성격

정답인 이유

③ **'육보름'에 대한 '당신'과 글쓴이의 경험을 대비한 것은 삶의 양면성을 보여 주려는 의도로 볼 수 있겠군.**
× → (다)에 나타나 있지 않은 내용임.

⋯→ (다)의 글쓴이는 '당신께서 좋아하실 내 시골 육보름 밤의 이야기'를 해 주겠다고 하며 자신이 고향에서 경험한 육보름 밤의 풍속과 즐거운 분위기를 전하고 있을 뿐, '당신'과 자신의 경험을 대비하고 있지는 않다.

오답인 이유

① **글쓴이가 '당신'에게 말하는 형식으로 되어 있어 독자는 자신이 편지의 수신인이 된 것처럼 친근함을 느낄 수 있겠군.**

⋯→ (다)는 '당신'에게 보내는 편지 형식의 수필로, '당신께서 보내 주신 ~ 들여다봅니다.', '당신께 ~ 보내도 좋겠습니까.'와 같이 '당신'에게 말하는 형식으로 서술되어 있어 독자가 편지의 수신인이 된 듯한 친근함을 느낄 수 있다.

② **'노란 슬픔의 이야기'는 '가슴의 병'을 얻은 여인과 관련된 개인적 경험으로 볼 수 있겠군.**

⋯→ '노란 슬픔의 이야기'는 글쓴이가 좋아하던 '처녀'에 대한 개인적 경험으로, 수선을 닮은 그 처녀가 스물을 넘지 못하고 가슴의 병을 얻었기 때문에 '노란 슬픔'이라고 표현하고 있다.

④ **'부잣집'의 '기왓장을 벗겨 오'는 '새악시 처녀들'의 행동은 축제 같은 분위기 속에 일시적으로 용인된 것이겠군.**

⋯→ 복을 맞이하는 밤에 '새악시 처녀들'은 '부잣집'으로 가서 '기왓장을 벗겨 오고 ~ 짚날을 뽑아 오'는 등의 행동을 했는데, 〈보기〉를 참고할 때 이는 육보름의 축제 분위기 속에서 일시적으로 용인된 일탈이라고 볼 수 있다.

⑤ **'자깔자깔', '끼득깨득'과 같은 음성 상징어에서 '새악시 처녀들'의 '허물없는 즐거움'과 쾌감을 느낄 수 있겠군.**

⋯→ '자깔자깔'은 '새악시 처녀들'이 물을 길어 오며 이야기를 나누는 소리, '끼득깨득'은 '새악시 처녀들'이 일시적으로 용인된 일탈 행위를 하며 즐거움을 나누는 소리로, 이와 같은 음성 상징어를 통해 '허물없는 즐거움'과 쾌감을 느낄 수 있다.

갈래 복합 07 초가 | 거산호 2 | 담초

▶ 문제편 223~227쪽

정답 | 01 ③ 02 ③ 03 ② 04 ④ 05 ① 06 ④

[01~06] 다음 글을 읽고 물음에 답하시오. 2022 수능

제대로 작품 분석 ▶〈보기〉에서 적절한 것을 골라 넣으며 작품을 분석해 보자.

가 [1연] **소주제:** 산기슭에서 떠올리는 고향의 모습

- 구겨진 하늘은 ~ 둘러싼 산기슭: 화자가 위치한 공간 묘사 – 우중충하고 답답함.
- 구겨진 하늘: 암울한 시대 상황
- 박쥐 나래 밑에 황혼이 묻혀 오면: 날이 어두워짐.
- 묵화 한 폭 좀이 쳐: 먹으로 그려서 어둡고 오래되어 좀이 쳐 진 그림 – [1]

[2, 3연] **소주제:** 봄날 고향의 모습

- 띄엄 띄엄 보이는 그림 조각: [2]
- 종달새 소리: 청각적 심상
- 두 뺨 위에 모매꽃이 피었고: 얼굴이 붉어짐. – 부끄러워하는 가시내의 모습

[4연] **소주제:** 홍수로 피폐해진 고향과 고향을 떠나는 젊은이들

- 그넷줄에 비가 오면 풍년이 든다더니: 단옷날 전후에 비가 내리면 가을에 풍년이 든다는 속신 – 마을 사람들의 기대감이 드러남.
- 앞내강에 씨레나무 밀려 나리면: 마을에 홍수가 듦.
- 젊은이는 젊은이와 뗏목을 ~ 흘러간 몇 달에: [3]
- 서릿발 잎 져도 못 오면: 가을이 되어도 돌아오지 않는 젊은이들

[5, 6연] **소주제:** 암담하고 부정적인 고향의 현실

- 피로 가꾼 이삭이 참새로 날아가고: [4]
- 곰처럼 어린 놈이 북극을 꿈꾸는데: 현실 너머의 세계를 꿈꾸는 어린아이들
- 동리의 밀고자인 강물조차 얼붙는다: [5]

– 이육사, 〈초가〉

❖ 제대로 작품 분석의 〈보기〉

㉠ 고향의 어두운 분위기를 드러냄.
㉡ 먹고살기 위해 고향을 등지는 젊은이들
㉢ 묵화. 고향에 대한 화자의 단편적인 기억들
㉣ 삭막한 겨울의 이미지 – 일제 강점기의 가혹한 현실
㉤ 힘겹게 곡식을 가꾸었지만 풍족한 결실을 얻지 못함.

❖ 제목의 의미

'초가'는 '짚이나 갈대 따위로 지붕을 인 집'으로, 화자가 산기슭에서 바라본 초가를 매개로 하여 오래전 떠나온 고향의 모습을 형상화하고 있는 작품이다. 계절에 따라 시상이 전개되는 동안 고향의 모습은 낭만적인 모습에서 점차 피폐한 모습으로 변해 가는데, 이는 악화되어 가는 일제 강점기의 시대 현실을 보여 주고 있다.

❖ 작가 소개

이육사(李陸史, 1904~1944): 시인. 경상북도 안동 출생. 본명은 원록(源綠). '육사'는 형무소 수인 번호 264에서 따왔다. 1933년 〈황혼〉으로 등단 후 일제 강점기의 민족 현실을 바탕으로 강인한 저항 의지를 담은 작품을 주로 창작하였다. 유고 시집으로 《육사 시집》이 있다.

❖ 핵심 정리

- 갈래: 자유시, 서정시
- 성격: 비극적, 묘사적
- 주제: 고향에 대한 그리움과 피폐해진 현실 상황
- 특징: ① 계절의 흐름에 따라 낭만적인 봄에서 비극적인 겨울로 시상을 전개함. ② 다양한 비유 표현과 감각적 심상으로 고향의 모습을 묘사함. ③ 담담한 어조로 비극적인 현실을 제시함.

나 [1~4행] **소주제:** 변함없는 산에 대한 지향

- 북창: [1]
- 장거리: 세속적 삶의 공간
- 산을 향하여 앉은: 자연 지향적인 삶의 태도
- 사람 ↔ 산: 가변성을 지닌 존재 ↔ 불변성을 지닌 존재
- 태고로부터 푸르러 온: 산의 속성 ①

[5~8행] **소주제:** 산을 보고 배우는 삶

- 고요하고 너그러워: 산의 속성 ②
- 수하는: 오래 사는
- 보옥: 보석
- 겸허한: 산의 속성 ③
- 마음이 본시 산을 사랑해: 자연 친화적인 태도
- 평생 산을 보고 산을 배우네: [2]

[9~11행] **소주제:** 산과 함께하는 삶과 죽음

- 거기에 가 또 묻히리니: [3]
- 내 이승의 낮과 ~ 다리 놓는 산: [4]
- 아아라히: 산이나 큰 바위 따위가 험하게 우뚝 솟아 있는 모양

[12~15행] **소주제:** 산에 대한 끝없는 그리움

- 미역취 한 이파리 상긋한 산 내음새: 자연 친화적 태도를 후각적으로 형상화함.
- 미역취: 산나물의 한 종류
- 산에서도 오히려 산을 그리며: [5]
- 꿈같은 산 정기를 그리며 산다: 산의 맑고 깨끗한 정기를 그리워하며 사는 무욕의 삶을 강조함.

– 김관식, 〈거산호 2〉

❖ 제대로 작품 분석의 〈보기〉

㉠ 산을 바라보게 해 주는 매개체
㉡ 역설법 – 산에 대한 그리움 강조
㉢ 산을 보며 바람직한 삶의 태도를 배움.
㉣ 산을 삶이 끝난 후 돌아가야 할 공간으로 여김.
㉤ 화자의 삶과 죽음이 '산'을 매개로 연결되어 있음.

❖ 제목의 의미

'거산호(居山好)'는 '산에 사는 것이 좋다.'라는 뜻으로, 세속에서 벗어나 자연과 동화된 삶을 살고자 하는 화자의 소망을 노래한 작품이다. 산을 본받고 싶어 하는 화자의 마음, 그리고 삶과 죽음에 대한 화자의 통찰이 잘 드러나 있다. 화자는 산에서도 산을 그리워한다고 말하며 산에 대한 깊은 애정을 드러내고 있다.

❖ 작가 소개

김관식(金冠植, 1934~1970): 시인. 충청남도 논산 출생. 1955년 《현대문학》에 〈연(蓮)〉 등을 추천받아 등단하였다. 동양적 달관의 시 세계를 드러냈으며, 한시풍의 작품을 주로 창작했다. 주요 작품으로 〈나의 임종은〉 등이 있다.

❖ 핵심 정리

- 갈래: 자유시, 서정시
- 성격: 자연 친화적, 탈속적
- 주제: 산의 덕을 배우며 산과 동화된 삶을 살고 싶은 마음
- 특징: ① 자연 친화적인 삶의 태도를 감각적으로 형상화함. ② 변덕스러운 인간사와 불변하는 자연을 대비함. ③ 역설적 표현으로 주제를 강조함.

다 온갖 꽃들이 요란스럽게 일제히 터트려져 광채가 찬란하다. 이때에 바람이 살짝 불어오면 향기가 코를 스친다. 때마침 꼴 베는 자가 낫을 가지
(관련 한자 성어 – 백화난만(百花爛漫))

고 와서 손 가는 대로 베어 내는데, 아쉬워 돌아보거나 거리끼는 마음도
여물을 마련하려는 것이므로 광채나 향기가 중요하지 않음.
없다. 나는 이에 한숨을 쉬며 탄식하여 말하였다. ▶ 꼴 베는 자를 본 글쓴이의 탄식

"땅이 낳고 하늘이 기르는바, 만물이 무성히 자라며 모두가 광대한 은택을 입는구나. 이에 따스한 바람이 불어 갖가지 형상을 아로새기고 단비를 내려 온 둘레를 물들이니, 「천기(天機)를 함께 타고나 형체를 부여받음에 각기 그 자질에 따라 고운 자태를 드러낸다. 모란의 진귀하고 귀중함을 해당화의 곱고 아름다움에 견주어 보면, 비록 크고 작은 차이는 있겠으나, 어찌 **공교함과 졸렬함**에 다른 헤아림이 있었겠는가?」

하늘의 기밀 또는 조화(造化)의 신비
○: 귀하게 여김 받는 것
△: 천하게 여김 받는 것
「」: 글쓴이의 생각 – ▶ 만물에는 우열의 차이가 없음.

(중략)

그런데도 **귀함**이 저와 같고 **천함**이 이와 같아, 어떤 것은 **부호가의 깊은 장막 안**에서 눈앞의 봄바람을 지키고, 어떤 것은 짧은 낫을 든 어리석은 종의 손아귀에서 가을 서리처럼 변한다. 이 어찌 된 일인가? 뜨락은 사람 가까이에 있고 교외의 땅은 멀리 막혀 있어 가까운 것은 친하기 쉽고 멀리 있는 것은 저어하기 때문이 아니겠는가? 아니면 요황과 위자*는 성씨가 존엄한데 범상한 화초는 이름이 없으며, 성씨가 존엄한 것은 귀하게 빛나는데 이름 없는 것들은 먼 데서 이주해 온 백성 같은 존재이기 때문인가? 그도 아니면 뿌리가 깊은 것은 종족이 번성한데 빽빽이 늘어선 것들은 가늘고 작으며, 높고 큰 것은 높은 자리에 있고 가늘고 작은 것들은 둔황에 있기 때문인가?

천한 대우를 받는 삶
▶ 글쓴이가 생각하는 화초가 차별받는 원인

아! 낳는 것은 하늘에 달려 있으나 **영화롭게** 하는 것은 인간에 달려 있다. 하늘은 사사로움이 없기에 그 **조화(造化)가 균일**하지만, 인간은 널리 베풀지 못하므로 **소원함**도 있고 **친함**도 있는 것이다. 하늘이 이미 낳아 주었는데 또 어찌 사람이 영화롭게 하고 영화롭지 못하게 한다고 원망하겠는가? 나에게는 비록 감정이 있지만 풀에는 감정이 없으니, 그것이 **소**의 목구멍을 채우는 것과 **나비**로 하여금 다투어 찾도록 하는 것을 어찌 달리 보겠는가?"

스스로 세운 기준에 의해 가치의 우열을 나누는 인간의 태도 비판 ①
인간의 태도 비판 ②
여물로 쓰이는 것
부호가의 장막 안에 심기는 것
▶ 자연물을 차별하는 인간의 태도에 대한 비판

– 이옥, 〈담초(談艸)〉

* 요황과 위자: 모란의 진귀한 품종을 일컫는 말

❖ 제대로 작품 분석의 〈보기〉

㉠ 귀한 대우를 받는 삶
㉡ 꼴 베는 자를 비판적으로 바라보는 글쓴이
㉢ 만물은 모두 천기를 타고나므로 공교함과 졸렬함에 차이가 없음.
㉣ 인간이 자의적인 기준에 따라 자연물의 우열을 판가름할 수 없음.

❖ 제목의 의미

'담초'는 '풀에 대한 이야기'라는 뜻으로, 인간이 꽃과 풀을 어떻게 대하는지 살핌으로써 인간의 태도를 비판적으로 성찰하고 있는 고전 수필이다. 글쓴이는 하늘의 입장에서 보면 모든 꽃과 풀에 차이가 없는데 인간이 생김새나 심긴 장소 등에 따라 귀함과 천함을 구별한다고 말하면서, 스스로 설정한 기준에 따라 자연물에 차등을 두는 인간의 태도를 비판하고 있다.

❖ 작가 소개

이옥(李鈺, 1760~1815): 조선 후기 정조 때의 문인. 호는 문무자(文無子), 매화외사(梅花外史) 등. 문체반정에 연루되어 벼슬길에 나서지 못했으나, 자신의 문체를 고치지 않고 신념을 지켰다. 주요 작품으로 〈심생전〉, 〈유광억전〉 등이 있다.

❖ 핵심 정리

- 갈래: 고전 수필
- 성격: 교훈적, 사색적, 비판적
- 주제: 자연을 바라보는 인간의 태도에 대한 성찰의 필요성
- 특징: ① 대조적인 상황을 설정하여 논리를 전개함. ② 인간에 대한 비판적인 시각이 드러남. ③ 의문형 문장을 통해 전달하려는 바를 강조함.

제대로 감상법 모범 답안

가 이육사, 〈초가〉
❶ 초가 ❷ 봄 ❸ 한겨울 밤 ❹ 계절

❖ 제대로 작품 분석
1㉠ 2㉢ 3㉡ 4㉤ 5㉣

나 김관식, 〈거산호 2〉
❶ 장거리 ❷ 북창 ❸ 산 ❹ 역설적

❖ 제대로 작품 분석
1㉠ 2㉢ 3㉣ 4㉤ 5㉡

다 이옥, 〈담초(談艸)〉
❶ 꼴 ❷ 부호가 ❸ 하늘 ❹ 비판적

❖ 제대로 작품 분석
1㉡ 2㉢ 3㉠ 4㉣

01

정답률 92%

(가)~(다)에 대한 설명으로 가장 적절한 것은?

정답인 이유

③ (다)에서는 자연과 인간의 관계를 살펴 자연을 바라보는 인간의 태도에 대한 성찰을 드러내고 있다.
○ → 인간과 화초의 관계를 살핌. ○ → 자연물을 차별하는 태도 성찰

⋯▸ (다)에서 글쓴이는 만물이 하늘로부터 부여받은 자질에 따라 고운 자태를 드러내기에 공교함과 졸렬함에 차이가 없는데, 인간은 그것들 중 어떤 것은 귀하게 여기고 어떤 것은 천하게 여긴다고 하였다. 또한 사사로움이 없는 하늘은 만물을 조화가 균일한 존재로 바라보지만, 인간은 그것들 중 어떤 것은 소원하게 또 어떤 것은 친하게 대한다고 하였다. 글쓴이는 이와 같이 자연과 인간의 관계를 살핌으로써 스스로 정한 기준에 따라 자연물을 차별하는 인간의 태도를 성찰하고 있다.

오답인 이유

① (가)에서는 현실적인 문제 해결의 실마리로 조화로운 공동체의 모습을 제시하고 있다.
× ×

⋯▸ (가)에서 화자는 오래전 떠나온 고향에 대한 기억을 떠올리며 고향을 그리워하고 있다. 하지만 화자가 문제를 해결하려고 하거나 조화로운 공동체의 모습을 제시하고 있지는 않다.

② (나)에서는 현실에 대한 부정적 인식을 바탕으로 앞날에 대한 회의를 드러내고 있다.
×

⋯▸ (나)에서 '장거릴 등지고', '사람은 맨날 변해 쌓지만' 등을 통해 화자가 속세를 부정적으로 인식하고 있음을 알 수 있지만, 이를 바탕으로 앞날에 대한 회의를 드러내고 있지는 않다.

④ (가), (다)에서는 모두 자연물이 쇠락하는 과정을 제시하여 인생에 대한 무상
(가)와 (다) 모두 × (가)와 (다) 모두 ×

감을 드러내고 있다.

⋯→ (가)와 (다)에는 모두 자연물이 쇠락하는 과정이 제시되어 있지 않으며, 인생에 대한 무상감도 드러나 있지 않다.

⑤ **(가), (나), (다)에서는 모두 자연과의 교감을 통해 장소에 대한 낙관적 전망을 이끌어 내고 있다.**
(가) ×, (나) ○, (다) × / (가), (나), (다) 모두 ×

⋯→ (나)에는 산을 동경하고 산과 교감하는 화자의 모습이 드러나 있지만, (가)와 (다)에는 자연과 교감하는 모습이 제시되어 있지 않다. 또한 (가), (나), (다) 모두 어떤 장소가 긍정적으로 변할 것이라는 전망을 드러내고 있지 않다.

02

정답률 **90%**

〈보기〉를 참고할 때, [A]~[E]에 대한 이해로 적절하지 않은 것은?

〈보기〉

이육사는 〈초가〉를 발표하면서 '유폐된 지역에서'라고 창작 장소를 밝혔다. 이곳에서 그는 오래전 떠나온 고향을 떠올려 시로 형상화했다. 계절의 흐름에 따라 낭만적인 봄에서 비극적인 겨울로 시상을 전개하여 악화되어 가는 일제 강점기의 현실을 묘사했다.
(〈초가〉의 소재 / 〈초가〉의 시상 전개 방식 / 〈초가〉의 주제 의식)

정답인 이유

③ **[C]: 고향 사람들이 기대하던 앞내강 정경을 묘사하여 화자의 소망이 이루어진 상황을 나타내고 있다.**
× → 기대와 달리 홍수가 난 상황 묘사 / ×

⋯→ [C]에서 '그넷줄에 비가 오면 풍년이 든다'는 단옷날 비가 내리면 그해 풍년이 든다는 속신과 관계된 말로, 이 시구에는 풍년을 바라는 고향 사람들의 소망이 담겨 있다고 볼 수 있다. 하지만 '앞내강에 씨레나무 밀려 나리면'은 마을에 홍수가 난 상황을 그린 것이므로, 고향 사람들이 기대하던 앞내강 정경을 묘사한 것이 아니며, 화자의 소망이 이루어진 상황을 나타낸 것도 아니다.

오답인 이유

① **[A]: 돌담 울에 둘러싸인 산기슭을 묘사하여 화자가 고향을 회상하는 장소의 분위기를 나타내고 있다.**
'돌담 울이 고성같이 둘러싼 산기슭' / 답답하고 암울한 분위기

⋯→ 화자는 묵은 이야기책을 편 듯 구겨진 하늘, 돌담 울이 외딴 성같이 둘러싼 산기슭을 묘사하여 고향을 회상하는 장소('유폐된 지역')의 답답하고 암울한 분위기를 드러내고 있다.

② **[B]: 봄날의 보리밭 풍경을 제시하여 화자가 떠올리는 고향의 모습을 형상화하고 있다.**
2, 3연에서 제시 / ○

⋯→ 화자는 보리밭에 말매나물(봄나물)을 캐러 간 가시내들이 종달새 소리에 반하는 낭만적인 풍경을 제시하여 자신이 떠올린 고향의 모습을 형상화하고 있다.

④ **[D]: 풍족한 결실을 거두지 못한 상황에서 자신이 처한 현실 너머의 세계를 꿈꾸는 소년의 모습을 보여 주고 있다.**
'피로 가꾼 이삭이 참새로 날아가고' / '곰처럼 어린 놈이 북극을 꿈꾸는데'

⋯→ '북극'은 현실 너머의 세계를 상징하는 시어로, 화자는 힘겹게 농사를 지었지만 풍족한 결실을 거두지 못한 상황에서 현실 너머의 세계를 꿈꾸는 소년의 모습을 보여 주고 있다.

⑤ **[E]: 강물이 얼어붙는 삭막한 겨울의 이미지로 일제 강점기의 가혹한 현실 상황을 드러내고 있다.**
'동리의 밀고자인 강물조차 얼붙는다.' / ○

⋯→ 화자는 입김이 벽에 서려 성에가 끼고, 강물조차 얼어붙는 삭막한 겨울 이미지를 통해 악화되어 가는 일제 강점기의 가혹한 현실을 드러내고 있다.

03

정답률 **91%**

'산'에 대한 화자의 태도를 중심으로 (나)를 감상한 내용으로 적절하지 않은 것은?

정답인 이유

② **'산'을 인간의 덕성을 표면화하는 데 집중하는 적극적 의지를 지닌 존재로 여기는군.**
× → 화자에게 인간은 덕성을 지닌 존재가 아님.

⋯→ (나)에서 화자는 '사람은 맨날 변해 쌓지만'이라며 인간을 부정적으로 평가하고 있다. 따라서 화자가 긍정적으로 여기는 '산'을 인간의 덕성을 표면화하는 데 집중하는 존재로 여긴다는 설명은 적절하지 않다. 화자는 '태고로부터 푸르러 온', '고요하고 너그러워', '보옥을 갖고도 자랑 않는' 등의 시구를 통해 산의 덕성을 드러내고 있다.

오답인 이유

① **'산'을 수시로 변하는 인간과 달리 태고로부터 본질을 잃지 않는 불변성을 지닌 것으로 인식하는군.**

⋯→ 화자는 '맨날 변해 쌓'는 사람과 '태고로부터 푸르러 온 산'을 대비하여 인간과 달리 불변성을 지닌 '산'을 예찬하고 있다.

③ **'산'을 삶과 죽음을 이어 줌으로써 죽음 이후에도 함께할 대상으로 여기는군.**

⋯→ '내 이승의 낮과 저승의 밤에 / 아아라히 뻗쳐 있어 다리 놓는 산.'이라는 시구에는 '산'이 삶과 죽음을 이어 주는 존재라는 화자의 인식이 담겨 있다. 화자는 '산'의 품 안에서 자라나 거기에 가 묻힐 것이라며, 산을 죽음 이후에도 함께할 대상으로 여기고 있다.

④ **'산'을 근원적 고향으로 인식함으로써 그리움의 대상으로 바라보는군.**

⋯→ '네 품이 내 고향인 그리운 산아'라는 시구를 통해 화자가 '산'을 근원적 고향으로 인식하고 있으며, 산을 그리워하고 있음을 알 수 있다.

⑤ **'산'을 현재 함께하는 존재로 여기면서도 지속적으로 지향해야 할 궁극적*인 존재로 인식하는군.**

⋯→ '산에서도 오히려 산을 그리며 / 꿈같은 산 정기를 그리며 산다.'라는 시구를 통해 화자가 현재 '산'에서 살고 있으면서도 '산'을 지속적으로 지향해야 할 궁극적인 존재로 인식하고 있음을 알 수 있다.

* 궁극적(窮極的): 더할 나위 없는 지경에 도달하는 것 예 이 운동의 궁극적인 목표는 건강한 농촌 사회를 만드는 것이다.

04

정답률 **88%**

(다)의 '나'에 대한 이해로 가장 적절한 것은?

정답인 이유

④ **하늘의 입장에서 보면 모든 풀은 '조화가 균일'한 존재로서 가치의 우열을 가지지 않는다고 생각한다.**
○ → '하늘은 사사로움이 없기에 그 조화가 균일하지만'

⋯→ '나'는 '하늘은 사사로움이 없기에 그 조화가 균일'하다고 하였다.

이를 통해 '나'는 하늘의 입장에서 보면 모든 풀은 '조화가 균일'한 존재이며, 그것들의 가치의 우열을 정할 수 없다고 생각하고 있음을 알 수 있다.

오답인 이유

① **꽃의 '공교함과 졸렬함'을 판단할 때는 꽃의 형체보다는 쓰임새에 기준을 두어야 함을 강조한다.**
⋯ '나'는 만물이 하늘로부터 형체를 부여받아 그 자질에 따라 자태를 드러내는데, '어찌 공교함과 졸렬함에 다른 헤아림이 있었겠는가?'라고 말하고 있다. 이를 통해 '나'는 형체나 쓰임새 등의 기준으로는 꽃의 '공교함과 졸렬함'을 판단할 수 없다고 생각하고 있음을 알 수 있다.

② **화초의 '귀함'과 '천함'에 대한 평가는 그 본성에 맞게 이름이 부여되었느냐에 달려 있다고 믿는다.**
⋯ '나'는 화초를 형태, 이름, 심긴 장소 등에 따라 다르게 평가하는 인간의 태도를 비판적으로 바라보고 있다. 따라서 '나'가 그 본성에 맞게 이름이 부여되었느냐에 따라 화초의 '귀함'과 '천함'을 평가해야 한다고 믿는다는 설명은 적절하지 않다.

③ **풀을 '영화롭게' 만드는 주체는 인간이 아니라 하늘이어야 한다는 깨달음을 드러낸다.**
⋯ '나'는 풀을 '낳는 것은 하늘에 달려 있으나 영화롭게 하는 것은 인간에 달려 있다.'고 하였다. 이는 인간이 스스로가 정한 기준에 따라 어떤 자연물은 영화롭게 만들고 어떤 자연물은 천하게 만든다는 성찰을 드러내는 것이지, 풀을 영화롭게 만드는 주체가 하늘이어야 한다는 깨달음을 드러내는 것은 아니다.

⑤ **인간의 감정에는 '소원함'과 '친함'이 모두 있으므로 사사로움을 넘어 균형을 도모할 수 있다고 본다.**
⋯ '나'는 '소원함'과 '친함'은 인간이 널리 베풀지 못하고, 하늘과 달리 사사롭게 만물을 판단하기에 생기는 감정이라고 생각하고 있다. 따라서 '나'가 인간의 감정에는 '소원함'과 '친함'이 모두 있어 균형을 도모할 수 있다고 보았다는 설명은 적절하지 않다.

05

정답률 56% | 매력적인 오답 ④ 23%

묵화와 북창을 중심으로 (가)와 (나)를 비교한 내용으로 가장 적절한 것은?

정답인 이유

① **(가)에서는 '묵화'와 '박쥐 나래'의 이미지를 연결하여 고향의 어두운 분위기를, (나)에서는 '북창'에서 바라본 산의 '품'에 주목하여 산이 주는 아늑한 분위기를 드러낸다.**
⋯ (가)에서 '고향을 그린 묵화 한 폭 좀이 쳐'는 낡고 어두운 느낌을 주며, '박쥐 나래 밑에 황혼이 묻혀 오면'은 해가 져서 어둠에 잠기는 마을을 연상하게 한다. 화자는 이처럼 '묵화'와 '박쥐 나래'의 이미지를 연결하여 고향의 어두운 분위기를 드러내고 있다. 또한 (나)에서 화자는 '그 품 안에서 자라나 거기에 가 또 묻히리니', '네 품이 내 고향인 그리운 산아'와 같이 '북창'을 열고 바라본 산의 '품'에 주목하여, 산이 주는 아늑한 분위기를 드러내고 있다.

오답인 이유

④ **(매력적인 오답) (가)에서 '묵화'를 '그림 조각'이라고 한 것은 고향의 분절된 이미지를, (나)에서 '북창'을 '열어' 산을 보고 있다는 것은 선망*하는 세계와 분리된 이미지를 나타낸다.**
⋯ (가)에서 고향을 그린 '묵화'를 '띄엄 띄엄 보이는 그림 조각'이라고 한 것은 고향에 대한 화자의 단편적인 기억이 나열되고 있음을 드러내는 것으로, 이는 고향의 분절된 이미지를 나타낸다고 볼 수도 있다. 하지만 (나)에서 화자는 '북창'을 매개로 자신이 선망하는 산을 감상하고 있으므로, '북창'을 '열어' 산을 보고 있다는 것은 화자가 선망하는 세계와 연결된 이미지를 나타낸다고 볼 수 있다.

* 선망(羨望): 부러워하여 바람. 예 요즘 청소년들 사이에는 연예인을 선망하는 경향이 많아지고 있다.

② **(가)에서 '묵화'는 '황혼'이 상징하는 현실적 상황에, (나)에서 '북창'은 '저승의 밤'이 의미하는 절망적 상황에 대응된다.**
⋯ (가)에서 먹으로만 그린 '묵화'는 어두운 이미지를 지니고 있고 '황혼'은 일제 강점기의 암울한 현실을 의미하므로, '묵화'는 '황혼'이 상징하는 현실적 상황에 대응된다고 볼 수 있다. 하지만 (나)에서 '저승의 밤'은 단순히 화자가 죽은 이후의 시간을 나타낼 뿐 절망적 상황을 상징하는 것이 아니므로, '북창'이 '저승의 밤'이 의미하는 절망적 상황에 대응된다는 설명은 적절하지 않다.

③ **(가)에서 '묵화'에 '좀이 쳐'라고 한 것은 화자가 고향에 대해 느끼는 세월의 깊이를, (나)에서 '북창'을 '오늘' 열었다고 한 것은 산을 대하는 화자의 인식이 변화된 시점을 드러낸다.**
⋯ (가)에서 고향을 그린 '묵화'에 '좀이 쳐'졌다는 것은 고향의 부정적 상황이 지속되었음을 의미하며 오랜 시간이 흘렀음을 나타내므로, 이는 화자가 고향에 대해 느끼는 세월의 깊이를 드러낸다고 볼 수 있다. 하지만 (나)에서 화자는 한결같이 산에 대한 애정을 드러내고 있으므로, '북창'을 '오늘' 열었다고 한 표현을 통해 화자의 인식이 변화된 시점을 드러냈다는 설명은 적절하지 않다.

⑤ **(가)에서는 '묵화'에 그려진 '모매꽃'에 부끄러움의 정서를, (나)에서는 '북창'을 통해 본 '보옥'에 안타까움의 정서를 담아낸다.**
⋯ (가)에서 가시내는 '빈 바구니 차고 오긴 너무도 부끄러워' 두 뺨 위에 '모매꽃'이 피었다고 했는데, '모매꽃'은 얼굴이 붉어진 가시내의 모습을 연상시키므로 부끄러움의 정서를 담아냈다고 볼 수 있다. 하지만 (나)에서 '보옥'은 그것을 갖고도 자랑하지 않는 산의 겸허한 속성을 보여줄 뿐, 여기에 안타까움의 정서가 담겨 있지는 않다.

06

정답률 44% | 매력적인 오답 ⑤ 40%

〈보기〉를 참고하여 (가)~(다)를 감상한 내용으로 적절하지 않은 것은? [3점]

〈보기〉

문학적 표현에는 표현 대상을 그와 연관된 다른 관념이나 사물로 대신하여 나타내는 방법(비유법)이 있다. 여기에는 사물의 속성으로 실체를 대신하거나(환유) 대상의 한 부분으로 전체를 대신하는(제유) 것 등이 포함된다. 이러한 방법들은 서로 혼재되기도 하면서 구체적이고 생생한 이미지와 분위기를 환기한다(대유(환유와 제유)가 주는 효과).

정답인 이유

④ (다)에서 귀한 대우를 받는 삶을 그러한 속성을 가진 '부호가의 깊은 장막 안'으로 나타냄으로써, 인간과 가까운 공간의 적막한 분위기를 환기하는군.

…› '부호가의 깊은 장막 안'에 있다는 것은 인간의 가꿈과 보살핌을 받는다는 의미이므로 귀한 대우를 받는 삶을 나타낸다고 볼 수 있다. 하지만 이러한 비유를 통해 인간과 가까운 공간의 적막한 분위기를 환기하고 있는 것은 아니다.

오답인 이유

⑤ 매력적인 오답 (다)에서 풀의 가치를 '소'와 '나비'의 행위와 연관 지어 나타냄으로써, 하찮게 취급되는 풀과 귀하게 여겨지는 풀의 차이를 구체적 이미지로 보여 주는군.

…› '소의 목구멍을 채우는 것'은 풀이 여물로 쓰이는 것을 의미하고, '나비로 하여금 다투어 찾도록 하는 것'은 풀이 귀한 취급을 받으며 아름다움을 드러내는 것을 의미한다. 이처럼 (다)에서는 하찮게 취급되는 풀과 귀하게 여겨지는 풀의 차이를 '소'와 '나비'의 행위를 통해 구체적 이미지로 보여 주고 있다.

① (가)에서 저녁이 오는 시간을 그와 연관된 사물인 '호롱불'이 켜진다는 것으로 나타냄으로써, 산골 마을의 저녁 풍경을 시각적 이미지로 보여 주는군.

…› (가)에서는 날이 어두워진 것을 '초가 집집마다 호롱불이 켜지고'와 같이 표현함으로써 산골 마을의 저녁 풍경을 시각적 이미지로 보여 주고 있다.

② (가)에서 고향에 머무르지 못하고 객지로 떠나는 현실을 '뗏목'을 타고 흘러가는 것과 연관 지어 나타냄으로써, 삶의 불안정함을 구체적 이미지로 보여 주는군.

…› (가)에서는 젊은이들이 먹고살 것을 찾아 객지로 떠나는 현실을 '뗏목'을 타고 흘러가는 모습으로 표현함으로써 삶의 불안정함을 구체적 이미지로 보여 주고 있다.

③ (나)에서 세속적인 삶의 공간 전체를 이해관계가 얽혀 있는 '장거리'의 속성을 활용하여 나타냄으로써, 인심이 쉽게 변하는 세속 공간의 분위기를 환기하는군.

…› (나)에서는 세속적인 삶의 공간 전체를 물건을 사고파는 '장거리'의 속성을 활용하여 나타냄으로써 '맨날 변해 쌓'는 세속 공간의 분위기를 환기하고 있다.

갈래 복합 08 유객 | 율리유곡 | 조어삼매

▶ 문제편 228~231쪽

정답 | 01 ⑤ 02 ③ 03 ④ 04 ① 05 ③ 06 ②

[01~06] 다음 글을 읽고 물음에 답하시오. 2022 6월 모의평가

제대로 작품 분석 ▶ 〈보기〉에서 적절한 것을 골라 넣으며 작품을 분석해 보자.

(가)
청평사의 나그네 有客淸平寺
(공간적 배경) 1
봄 산을 마음대로 노니네 → 유유자적하며 자연을 즐김. 春山任意遊
(시간적·계절적 배경)
고요한 외로운 탑에 산새 지저귀고 鳥啼孤塔靜
2
흐르는 작은 내에 꽃잎 떨어지네 花落小溪流
(시각적 심상) 3
좋은 나물은 때 알아 돋아나고 佳菜知時秀
향기로운 버섯은 비 맞아 부드럽네 香菌過雨柔
4
시 읊조리며 신선 골짝 들어서니 行吟入仙洞
5
나의 백 년 근심 사라지네 消我百年愁
(속세에서 유발된 것)

– 김시습, 〈유객(有客)〉

❖ 제대로 작품 분석의 〈보기〉
- ㉠ 청각적 심상
- ㉡ 후각적 심상
- ㉢ 객관화된 화자 – 자유분방한 모습
- ㉣ 봄을 맞이한 자연의 모습을 구체적으로 표현함.
- ㉤ 속세의 근심을 정화시키는 이상향, 화자의 지향점

❖ 제목의 의미

'유객(有客)'은 '어떤 나그네'라는 뜻으로, 화자 자신을 지칭한다. 나그네의 모습으로 청평사를 찾은 화자는 봄 산을 마음대로 노닐며 즐기고 있다. 산새 지저귀는 소리, 떨어지는 꽃잎, 향기로운 버섯 등 감각적인 이미지를 통해 자연의 아름다움 표현했고, 마지막 두 구로 자연 속에서 속세의 근심을 잊고자 하는 마음을 드러냈다.

❖ 작가 소개

김시습(金時習, 1435~1493): 조선 전기의 학자. 호는 매월당(梅月堂). 생육신의 한 사람으로, 승려가 되어 방랑 생활을 하며 절개를 지켰다. 유교와 불교가 어우러진 자유분방한 사상을 지녔고, 뛰어난 문장으로 후학들에게 영향을 미쳤다. 《매월당집》, 《금오신화》와 같은 작품집을 남겼다.

❖ 핵심 정리
- 갈래: 한시(5언 율시)
- 성격: 감각적, 탈속적, 풍류적
- 주제: 자연의 아름다움 속에서 정화시키는 속세의 근심
- 특징: ① 다양한 감각적 표현으로 봄의 아름다움을 형상화함. ② 선경후정의 방식으로 시상을 전개함. ③ 계절감을 나타내는 시어로 자연의 모습을 구체화함.

(나)
도연명(陶淵明) 죽은 후에 또 연명(淵明)이 나다니
(자연을 노래한 중국의 시인) (화자 – 도연명을 지치함.)
밤마을 옛 이름이 때마침 같을시고
1
돌아와 수졸전원(守拙田園)*이야 그와 내가 다르랴 : 설의적 표현
(다르지 않음. – 도연명처럼 자연 속에 묻혀 살겠다는 의지)
〈제1곡〉

▶ 제1곡: 자연에 귀의한 삶에 대한 자부심

「삼공(三公)이 귀하다 한들 이 강산과 바꿀쏘냐 △: 세속적 가치 ↕ ○: 탈속적 가치
(영의정, 좌의정, 우의정의 삼정승)
조각배에 달을 싣고 낚싯대 흩던질 때

이 몸이 이 청흥(淸興) 가지고 만호후*인들 부러우랴」
「」: 2 맑은 흥과 운치

〈제8곡〉

▶제8곡: 자연 속에서 유유자적하는 삶의 흥취

어지럽고 시끄런 문서 다 주어 내던지고
관직에서 물러남.
필마(匹馬) 추풍에 채를 쳐 돌아오니
한 필의 말 / 채찍
아무리 매인 새 놓였다고 **이대도록 시원하랴**
3

〈제10곡〉

▶제10곡: 벼슬살이에서 벗어난 해방감

「**세버들 가지** 꺾어 낚은 **고기** 꿰어 들고
「」: 다양한 행위를 연속적으로 나열 – 화자가 누리는 전원생활의 모습 제시
주가(酒家)를 찾으려 **낡은 다리** 건너가니」
술을 파는 곳
온 골에 살구꽃 져 쌓이니 갈 길 몰라 하노라
4

〈제15곡〉

▶제15곡: 살구꽃 쌓인 풍경에 갈 곳을 잃음.

「」: 청자 호명 – 5
「최 행수 쑥달임 하세 조 동갑 꽃달임 하세」
한 무리 중의 윗사람 / 나이가 같은 사람
닭찜 게찜 올벼 점심은 날 시키소
제철보다 일찍 여무는 벼
매일에 이렇게 지내면 무슨 **시름** 있으랴
자연 속에서 즐기는 소박한 삶에 대한 만족감(안분지족, 안빈낙도)

〈제17곡〉

▶제17곡: 소박한 삶에 대한 만족감

– 김광욱, 〈율리유곡(栗里遺曲)〉

* 수졸전원: 전원에서 분수를 지키며 소박하게 살아감.
* 만호후: 재력과 권력을 겸비한 세도가

❖ 제대로 작품 분석의 〈보기〉

㉠ 계절적 배경을 드러내는 시어
㉡ 즐거움을 함께하고 싶은 화자의 마음
㉢ 지명을 매개로 도연명과 자신을 연관 지음.
㉣ 벼슬, 권력 같은 세속적 가치보다 자연의 가치를 높이 여김.
㉤ 새장에서 풀려난 새보다 벼슬에서 물러난 화자의 해방감이 더 크다는 의미

❖ 제목의 의미

'율리유곡'은 '율리(밤골)에서 남긴 노래'라는 뜻으로, 광해군 때에 인목 대비 폐모론(廢母論)에 반대한 일로 벼슬과 품계를 빼앗긴 작가가 고향인 율리로 내려가 지은 총 17수의 연시조이다. 부귀공명과 속세를 잊고 자연을 즐기며 유유자적하게 살아가는 삶의 흥취를 노래하고 있다.

❖ 작가 소개

김광욱(金光煜, 1580~1656): 조선 중기의 문신. 호는 죽소(竹所). 1606년 문과에 급제하여 형조 판서, 좌참찬, 우참찬 등을 지냈다. 《청구영언》, 《해동가요》에 시조 22수가 전한다. 저서에 《죽소집》이 있다.

❖ 핵심 정리

- 갈래: 연시조
- 성격: 전원적, 자연 친화적
- 주제: 자연 속에서 여유와 풍류를 즐기는 삶에 대한 만족감
- 특징: ① 대조적 의미의 시어를 사용하여 주제를 강조함. ② 구체적 지명과 인명을 사용하여 화자의 생각을 드러냄. ③ 설의적 표현으로 자연 속에서 살아가는 즐거움과 만족감을 부각함.

다 [**장면 1**] (처음 ~ 삼매경에 몰입할 수 있는 좋은 놀음이다)

소주제: 판교의 삶과 낚시에 대한 긍정

- 판교: 청나라 중기에 양주 지방에서 활동한 화가. 글쓴이가 본받으려 하는 인물
- "청수한 한 폭 대를 그리어 ~ 낚대나 만들까 보다.": 판교가 쓴 시의 한 구절
- 궁핍을 면할 양으로 ~ 청고한 마음이냐: ① 관직을 버리고 은거한 판교에 대한 예찬 ② 생계를 유지하기 위한 생활과 대비되는 낚시의 의의
- 속사: 일상생활의 잡다한 일
- 청고한: 맑고 고결한
- 삼매경: 잡념을 떠나서 오직 하나의 대상에만 정신을 집중하는 경지

[**장면 2**] (푸른 물이 그득히 담긴 못가에서 ~ 무언의 우정을 교환한다)

소주제: 어지러운 세상을 뒤로한 채 낚시에 몰두하려는 글쓴이

- 푸른 물이 그득히 담긴 못가: 글쓴이가 삼매경에 빠지기를 기대하는 곳 – 1
- 가장자리에는 물이끼들이 ~ 송사리 떼밖에 오지 않는지라: 낚싯줄을 최대한 멀리 던지는 이유
- 송사리: 글쓴이가 잡고 싶지 않은 대상
- 거울 같은 수면에 찌만이 외롭고 슬프게 곧추서 있다: 화자의 감정이 찌에 이입됨.
- 한 점 찌는 객이 되고 ~ 서로 무언의 우정을 교환한다: 2
- 알력과 모략과 시기와 저주로 꽉 찬: 세상에 대한 글쓴이의 부정적 인식

[**장면 3**] (내 모든 정열을 오로지 ~ 더럽힐 줄 어찌 알았으랴)

소주제: 기대와 달리 큰 물고기가 나오지 않자 실망한 글쓴이

- 내 모든 정열을 ~ 기울이고 있노라면: 낚시에 몰입한 글쓴이
- 별안간 이 한 점 찌는 ~ 흔들리기 시작한다: 물고기가 미끼를 물어 찌가 흔들리는 것을 표현 – 글쓴이의 기다림과 기대에 부응하는 순간을 부각함.
- '옳다, 큰 놈이 물린 게로군.': 기대에서 비롯된 글쓴이의 착각
- 허허 이런 기막힌 일도 있을까: 3
- 큰 고기 ↔ 방게, 개구리: 글쓴이가 기대한 것 ↔ 실제로 낚싯대에 걸려 나온 것
- 간대로: 그리 쉽사리
- 하면 되는 줄만 알았던 ~ 단번에 되란 법은 없나 보다: 4
- 세상일이란 모조리 그러한 ~ 더럽힐 줄 어찌 알았으랴: 세상일을 잊기 위해 몰두한 낚시마저 뜻대로 되지 않자 울분을 토함.
- 구역질 나는 놈들: 방게, 개구리
- 젠체하고: 잘난 체하고

[**장면 4**] (세상이 하 뒤숭숭하니 ~ 끝)

소주제: 글쓴이가 '조어삼매'에 빠지려는 까닭

- 세상이 하 뒤숭숭하니: 세상에 대한 글쓴이의 부정적 인식
- 한묵: 글을 짓거나 쓰는 것을 이르는 말
- 내 서재: 5
- 속에서 울화가 터져 나온다: 서재에서 마음의 안정을 얻지 못한 글쓴이 – '조어삼매'에 빠지려는 이유
- 욕을 한 적도 있었으나: 세상사를 피해 은거한 옛사람을 부정적으로 인식했음.
- 막상 나 자신이 ~ 넉넉히 동감하게 된다: 낚시를 해 본 후 은거했던 옛사람들의 심정을 이해하게 됨.

– 김용준, 〈조어삼매(釣魚三昧)〉

❖ 제대로 작품 분석의 〈보기〉

㉠ 글쓴이의 실망감이 드러남.
㉡ 글쓴이의 지향과 직결되는 공간
㉢ 뜻대로 되지 않는 현실에 대한 글쓴이의 부정적 인식
㉣ '심사 틀리는 소식'을 피해 글쓴이가 머무른 곳 – 글쓴이의 지향이 되지 못함.
㉤ 글쓴이와 찌의 관계를 주인과 객의 관계로 설정 – 낚시에 몰입하는 태도를 표현함.

❖ 제목의 의미

'조어삼매'는 물고기를 낚는 일에 몰두한다는 의미로, 해방 직후의 혼란한 세상을 뒤로 한 채 자유롭게 살고 싶은 글쓴이의 심정을 표현한 제목이다. 글쓴이는 낚시에 몰두해 세상사를 잊어 보려 하지만 이마저 뜻대로 되지 않자 울분을 토하며 혼탁하고 불의한 시대를 살아가는 지식인의 고통을 표출하고 있다.

❖ 작가 소개

김용준(金瑢俊, 1904~1967): 화가, 미술평론가, 미술사학자. 호는 근원(近園). 광복 전후 예리한 비평을 남기며 평론가로 활약하였고, 광복 이후에는 서울대, 동국대 교수로 재직했다. 1948년에 출간된 저서 《근원수필》은 담박하면서도 격조 높은 문장을 구사했다는 평가를 받는다.

❖ 핵심 정리

- 갈래: 경수필
- 성격: 체험적, 비판적, 유추적
- 주제: 불의한 시대를 낚시로 잊고자 하는 지식인의 마음
- 특징: ① 낚시를 통해 현실에 대한 인식과 태도를 보여 줌. ② 세상사에 대한 분노와 한탄을 직설적으로 드러냄. ③ 대조적 소재를 활용하여 주제 의식을 표현함.

제대로 감상법 모범 답안

가 김시습, 〈유객(有客)〉

❶ 속세 ❷ 나그네 ❸ 감각적

❖ 제대로 작품 분석

1㉢ 2㉠ 3㉣ 4㉡ 5㉤

나 김광욱, 〈율리유곡(栗里遺曲)〉

❶ 율리 ❷ 강산 ❸ 설의적

❖ 제대로 작품 분석

1㉢ 2㉣ 3㉤ 4㉠ 5㉡

다 김용준, 〈조어삼매(釣魚三昧)〉

❶ 낚시 ❷ 개구리 ❸ 서재

❖ 제대로 작품 분석

1㉡ 2㉤ 3㉠ 4㉢ 5㉣

01

정답률 72% | 매력적인 오답 ① 17%

(가)와 (나)의 공통점으로 가장 적절한 것은?

정답인 이유

⑤ 계절을 드러내는 시어를 사용하여 시기에 부합하는* 자연의 모습을 구체화하고 있다.
(가) 봄 산, 좋은 나물, (나) 살구꽃 / (가)와 (나) 모두 ○

⋯› (가)에서는 '봄 산'과 '좋은 나물은 때 알아 돋아나고 / 향기로운 버섯은 비 맞아 부드럽네'라는 표현을 통해 봄에 부합하는 자연의 모습을 구체화하고 있다. (나)에서도 '살구꽃'이 져서 온 고을에 쌓인다는 표현을 통해 봄에 부합하는 자연의 모습을 구체화하고 있다.

* 부합하다(符合--): 부신(符信)이 꼭 들어맞듯 사물이나 현상이 서로 꼭 들어맞다. 예 그는 이 세대에 부합하는 예술가로 평가받는다.

오답인 이유

① 매력적인 오답 자연물의 속성에 주목하여 교훈적 의미를 전달하고 있다.
(가) ○, (나) × / (가)와 (나) 모두 ×

⋯› (가)에서는 '좋은 나물은 때 알아 돋아나고' 등과 같이 자연물의 속성을 드러내고 있지만, 이를 통해 교훈적 의미를 전달하고 있지는 않다. (나)에서는 '강산', '세버들', '살구꽃' 등과 같이 자연물이 나타나기는 하지만, 이를 통해 자연물의 속성을 드러내거나 교훈적 의미를 전달하고 있지 않다.

② 설의적 표현을 통해 추구하고자 하는 삶의 태도를 제시하고 있다.
(가) ×, (나) ○

⋯› (나)에서는 '다르랴', '부러우랴' 등과 같은 설의적 표현을 통해 속세를 멀리하고 자연을 가까이하려는 삶의 태도를 제시하고 있다. 하지만 (가)에는 설의적 표현이 나타나 있지 않다.

③ 먼 경치에서부터 가까운 곳으로 시선을 옮기며 심리의 변화를 드러내고 있다.
(가)와 (나) 모두 ×

⋯› (가)와 (나)에서는 모두 원경에서 근경으로 시선을 옮기며 심리의 변화를 드러내고 있지 않다.

④ 화자가 자신을 객관화하는 표현을 내세워 내적 갈등에 대한 공감을 유도하고 있다.
(가) ○, (나) × / (가)와 (나) 모두 ×

⋯› (가)에서는 화자가 자신을 '청평사의 나그네'라고 객관화하고 있지만, 내적 갈등을 드러내거나 이에 대한 공감을 유도하고 있지는 않다. (나)에는 화자가 자신을 객관화하는 표현이 나타나지 않는다.

02

정답률 85%

(나)에 대한 이해로 적절하지 않은 것은?

정답인 이유

③ 〈제10곡〉에서는 화자의 현재 상황에 대한 만족감을 바탕으로 자연물에 대한 연민을 드러내고 있다.
○ → '이대도록 시원하랴' / ×

⋯› 〈제10곡〉에서 화자는 매여 있던 새가 풀려난들 이처럼 시원하겠느냐고 말하며 '어지럽고 시끄런 문서(벼슬)'를 버리고 고향으로 돌아온 현재 상황에 대한 만족감을 드러내고 있다. 하지만 자연물에 대한 연민은 나타나 있지 않다.

오답인 이유

① 〈제1곡〉에서는 지명에 주목하여 화자의 지향을 드러내고 있다.
○ → '밤마을 옛 이름이 때마침 같을시고'

⋯› 〈제1곡〉에서 화자는 도연명이 살던 곳과 자신이 지내는 곳의 지명이 똑같이 '밤마을'이라는 점에 주목하여, 도연명처럼 전원에서 분수를 지키며 소박하게 살고 싶은 마음을 드러내고 있다.

② 〈제8곡〉에서는 자연의 가치를 부각하여 화자가 즐기는 흥취를 강조하고 있다.
○ → '삼공'보다 '강산'이 더 좋음. / ○

⋯› 〈제8곡〉에서 화자는 '삼공'과 같은 벼슬자리가 귀하다고 해도 '강산(자연)'과 바꾸지 않겠다며 자연의 가치를 부각하고 있다. 또 '만호후'도 부럽지 않을 정도로 흥과 운치를 느끼고 있다며 자연에서 즐기는 흥취를 강조하고 있다.

④ 〈제15곡〉에서는 다양한 행위를 연속적으로 나열하여 화자가 누리는 생활의 일면을 제시하고 있다.
○ → '세버들 가지 꺾어', '고기 꿰어 들고', '낡은 다리 건너가니'

⋯› 〈제15곡〉에서는 세버들 가지를 꺾는 행위, 꺾은 가지에 고기를 꿰는 행위, 꿴 고기를 들고 술을 파는 집(주가)을 찾아 다리를 건너는 행위 등을 연속적으로 나열하여 화자가 누리는 전원생활의 한 모습을 제시하고 있다.

⑤ 〈제17곡〉에서는 청자를 호명하며* 즐거움을 함께하려는 화자의 마음을 전달하고 있다.
○ → '최 행수', '조 동갑'을 호명함.

⋯› 〈제17곡〉에서 화자는 '최 행수 쑥달임 하세 조 동갑 꽃달임 하세'와 같이 '최 행수, 조 동갑'을 부르며 자연에서의 즐거움을 함께하고 싶은 마음을 전달하고 있다.

* 호명하다(呼名--): 이름을 부르다. 예 선생님께서 합격자를 순서대로 호명하셨다.

03

정답률 88%

문맥을 고려하여 ㉠~㉤에 대해 이해한 내용으로 적절하지 않은 것은?

정답인 이유

④ ㉣: 낚시의 대안으로 선택한 것으로서, 글쓴이에게 마음의 안정을 찾게 해 준 방법으로 제시되고 있다.
× → '그만 속에서 울화가 터져 나온다.'

⋯→ 글쓴이는 고요히 서재를 지키며 글을 쓰는 것도 '말처럼 쉽사리 되는 것은 아니'라고 하였고, 서재에 '며칠만 틀어박혀 있으면 그만 속에서 울화가 터져 나온다'고 하였다. 따라서 ㉣은 글쓴이에게 마음의 안정을 찾게 해 준 방법이라고 볼 수 없다.

오답인 이유

① ㉠: 생계를 유지하기 위한 생활과 대비되는 낚시의 의의를 드러내고 있다.

⋯→ 글쓴이는 '궁핍을 면할 양으로 본의 아닌 생활을 계속하'는 것과 '모든 속사를 버리고 표연히 강상의 어객이 되는 것'을 대비하며, '운치 있는 생활'과 '자유를 사랑하는 청고한 마음'을 가져오는 낚시의 의의를 드러내고 있다.

② ㉡: 낚시 도구와 글쓴이의 관계를 설정하여 낚시에 몰입하는 태도를 표현하고 있다.

⋯→ 글쓴이는 한 점 찌를 '객'으로, 자신을 '주인'으로 설정하고 찌와 자신이 '무언의 우정을 교환한다'고 표현함으로써 어지러운 세상을 뒤로한 채 낚시에 몰입하는 자신의 태도를 드러내고 있다.

③ ㉢: 낚시에 집중했던 글쓴이의 기다림과 기대에 부응하는* 순간을 부각하고 있다.

⋯→ 물고기가 찌를 문 모습을 '한 점 찌는 술 취한 놈처럼 까딱까딱 흔들리기 시작한다'고 표현함으로써 글쓴이의 기다림과 기대에 부응하는 순간(낚싯대에 고기가 걸린 순간)을 부각하고 있다.

* 부응하다(副應--): 어떤 요구나 기대 따위에 좇아서 응하다. 예 학생 여러분의 요구에 부응해 도서실을 확장했습니다.

⑤ ㉤: 낚시를 해 본 후 달라진 글쓴이의 마음가짐으로서, 은거했던 옛사람들에 기대어 자신의 심정을 드러내고 있다.

⋯→ 글쓴이는 낚시를 하기 전에는 깊은 산 궁벽한 마을(심산벽촌)에 은거해 고상한 말이나 주고받던 옛사람들을 부정적으로 생각했지만, 낚시를 해 본 후에는 '고인의 불우한 그 심정을 넉넉히 동감'하게 되었다면서, 은거했던 옛사람들에 기대어 혼란한 세상을 살아가는 자신의 심정을 드러내고 있다.

04

정답률 65% | 매력적인 오답 ② 20%

(나)와 (다)를 비교하여 이해한 내용으로 가장 적절한 것은?

정답인 이유

① (나)의 '도연명'과 (다)의 '판교'는 각각 화자와 글쓴이가 행적을 따르고자 하는 인물이다.
(나) '그와 내가 다르랴', (다) '강상의 어객이 되는 것이 운치 있는 생활이기도 하려니와'

⋯→ (나)에서 화자는 '수졸전원이야 그와 내가 다르랴'라며 도연명과 자신이 다르지 않음을 강조하고 있다. 따라서 '도연명'은 화자가 행적을 따르고자 하는 인물로 볼 수 있다. (다)에서 글쓴이는 관직에서 물러나 자유로운 여생을 보낸 판교의 삶을 긍정적으로 여기고 있다. 글쓴이 역시 판교처럼 세상일을 뒤로한 채 낚시에 몰두하려 하고 있으므로, '판교'는 글쓴이가 행적을 따르고자 하는 인물로 볼 수 있다.

오답인 이유

② (매력적인 오답) (나)의 '삼공'과 (다)의 '성격 파산자'는 모두 세속에서 높은 지위를 차지하고 있는 이들을 가리킨다.
(나) ○, (다) ×

⋯→ (나)의 '삼공'은 영의정 · 좌의정 · 우의정을 아울러 일컫는 말로, 세속에서 높은 지위를 차지한 이들을 가리킨다. 하지만 (다)의 '성격 파산자'는 공연스레 왔다 갔다 하는 사람으로, 높은 지위를 차지하고 있는 이들로 볼 수 없다.

③ (나)의 '세버들 가지'와 (다)의 '청수한 한 폭 대'는 각각 화자와 글쓴이가 자신과 동일시하는 대상이다.
고기를 꿰려고 꺾은 것 / 낚싯대를 만들 재료 / (나)와 (다) 모두 ×

⋯→ (나)의 '세버들 가지'는 고기를 꿰기 위해 꺾은 것일 뿐, 화자가 자신과 동일시하는 대상이 아니다. (다)의 '청수한 한 폭 대' 역시 낚싯대를 만들기 위한 재료일 뿐, 글쓴이가 자신과 동일시하는 대상이 아니다.

④ (나)의 '고기'와 (다)의 '송사리'는 각각 화자와 글쓴이가 자신을 보잘것없는 존재로 비유한 표현이다.
(나)와 (다) 모두 ×

⋯→ (나)의 '고기'는 자연 속에서 유유자적하게 살아가는 화자의 모습을 드러내기 위한 소재일 뿐, 화자가 자신을 보잘것없는 존재로 비유한 표현이 아니다. (다)의 '송사리'는 아주 작은 물고기라서 글쓴이가 피하려는 대상일 뿐, 글쓴이가 자신을 보잘것없는 존재로 비유한 표현이 아니다.

⑤ (나)의 '시름'과 (다)의 '욕'은 각각 화자와 글쓴이가 자신을 억압하는 존재를 염두에 둔 표현이다.
(나) ○, (다) ×

⋯→ (나)의 '시름'은 번잡한 속세의 일과 관련된 것이므로, 화자가 자신을 억압하는 존재를 염두에 둔 표현이라고 볼 수 있다. 하지만 (다)의 '욕'은 글쓴이가 자연에 은거하던 옛사람들에게 보였던 반응이므로, 글쓴이가 자신을 억압하는 존재를 염두에 두고 사용한 표현이라고 볼 수 없다.

05

정답률 90%

[A]와 [B]에 대한 이해로 가장 적절한 것은?

정답인 이유

③ [A]에 나타난 글쓴이의 실망감은 [B]에서 자신의 손상된 체면에 대한 한탄으로 이어진다.
큰 고기가 나오지 않아 실망함 / 붕어 새끼조차 나오지 않아 체면이 상함.

⋯→ [A]에서 큰 물고기가 낚싯대를 물었을 것이라고 기대하던 글쓴이는 방게와 개구리가 올라오자 실망감을 드러내고 있다. 그리고 이러한 실망감은 [B]에서 '고기도 체면은 알 법한지라. ~ 내 마음을 더럽힐 줄 어찌 알았으랴.'와 같이 큰 물고기는커녕 붕어 새끼도 잡지 못해 손상된 체면에 대한 한탄으로 이어지고 있다.

오답인 이유

① [A]에 나타난 글쓴이의 경이감은 [B]에서 인생에 대한 낙관적 기대로 확장된다.
× / ×

⋯→ [A]에서 글쓴이는 놀랍고 신기한 감정이 아니라 실망감과 당혹감을 느끼고 있다. 또한 [B]에는 글쓴이의 인생에 대한 낙관적 기대가 나타나 있지 않다.

② [A]에 나타난 글쓴이의 무력감은 [B]에서 과거의 삶에 대한 동경을 통해 해
○ / ×

소된다.

⋯› [A]에는 부분적으로 낚시질마저 뜻대로 되지 않는 현실에 대한 글쓴이의 무력감이 나타나 있다고 볼 수 있다. 하지만 [B]에는 과거의 삶에 대한 글쓴이의 동경이 나타나 있지 않다.

④ [A]에 나타난 글쓴이의 상실감은 [B]에서 새로운 이상을 품도록 만드는 계기로 작용한다.
× ×

⋯› [A]에서 글쓴이는 무엇인가를 잃어버린 듯한 상실감이 아니라 실망감을 느끼고 있다. 또한 [B]에서 글쓴이가 새로운 이상을 품고 있지도 않다.

⑤ [A]에 나타난 글쓴이의 혐오감은 [B]에서 자신의 능력에 대한 겸손한 반성으로 전환된다.
× ×

⋯› [A]에서 글쓴이가 혐오감을 드러내고 있지는 않다. 또한 [B]에서 글쓴이가 '아무리 내 재주가 서툴다기로서니'와 같이 자신의 능력이 부족함을 인정하고 있기는 하지만, 이에 대해 겸손하게 반성하고 있지는 않다.

06

정답률 **75%** | 매력적인 오답 ⑤ **13%**

〈보기〉를 바탕으로 (가)~(다)를 감상한 내용으로 적절하지 않은 것은? [3점]

〈보기〉

문학 작품에서 공간에 대한 인식을 형상화하는 방식은 다양하다. 공간에 대한 인식을 직접적으로 드러내는 표현을 사용하거나, 공간 내 특정 대상의 속성으로써 그 대상이 포함된 공간 전체를 표상하기도 한다. 또한 이러한 인식은 공간 간의 관계를 통해 표현되기도 한다. 이때 관계를 이루는 공간에는 작품에 명시된 공간은 물론 그 이면에 전제된 공간도 포함된다.

공간에 대한 인식을 형상화하는 방식 ①
공간에 대한 인식을 형상화하는 방식 ②
공간에 대한 인식을 형상화하는 방식 ③

정답인 이유

② (나)의 '낡은 다리'는 '주가'와 '온 골'이라는 대비되는 속성을 지닌 두 공간의 경계를 표현하여, 양쪽 모두에 미련을 버리지 못한 화자의 상황을 상징하고 있겠군.
× → '주가'와 '온 골'은 대비되는 속성의 공간이 아님.
×

⋯› '온 골'은 화자가 살고 있는 마을(율리)이고, '주가'는 '온 골' 내부에 있는 곳이다. 두 공간 모두 화자가 유유자적하게 풍류를 즐기는 곳이므로, 두 공간이 대비되는 속성을 지녔다거나 '낡은 다리'가 두 공간의 경계를 표현한다는 설명은 적절하지 않다.

오답인 이유

⑤ [매력적인 오답] (다)에서 '내 서재'는 '심사 틀리는 소식'을 피하기 위한 곳임에도 불구하고 '속에서 울화가 터져 나온다'고 언급되었다는 점에서, 그 이면에는 새로운 공간에 대한 지향이 있음을 알 수 있겠군.

⋯› (다)에서 글쓴이는 '심사 틀리는 소식'을 피해 서재에 틀어박히지만, 그곳에서 며칠만 지내면 '속에서 울화가 터져 나온다'고 하였다. 이를 통해 서재는 화자가 추구하는 공간이 아니며, 그 이면에 화자가 지향하는 새로운 공간이 전제되어 있음을 알 수 있다.

① (가)의 '신선 골짝'은 화자가 지향하는 공간으로서, 이에 대립되는 곳으로 '백 년 근심'이 유발된 공간이 이면에 전제된 것이라 할 수 있겠군.

⋯› (가)에서 '신선 골짝'은 화자의 '백 년 근심'이 사라지게 만든 곳이므로 화자가 지향하는 공간으로 볼 수 있다. 또한 그 이면에는 '신선 골짝'과 대립되는 곳으로서, 화자의 '백 년 근심'을 유발한 공간(속세)이 전제된 것으로 볼 수 있다.

③ (나)에서 화자가 돌아온 곳은 '어지럽고 시끄런 문서'로 표상되는 공간과 대비되는 공간으로서, '이대도록 시원하랴'와 같은 반응을 자연스럽게 이끌어 낸 것이겠군.

⋯› (나)에서 화자는 관직에서 물러나 율리로 돌아온 뒤 매여 있던 새가 풀려난들 '이대도록 시원하랴'라고 말하며 홀가분함을 표출하고 있다. 이를 통해 화자가 돌아온 곳은 '어지럽고 시끄런 문서'로 표상되는 공간, 즉 벼슬살이하던 공간과 대비되는 곳임을 알 수 있다.

④ (다)에서 '푸른 물이 그득히 담긴 못가'는 글쓴이가 '삼매경'에 빠지기를 기대하는 곳으로, 글쓴이가 자신의 지향과 직결되는 공간을 직접적으로 드러낸 것이겠군.

⋯› (다)에서 글쓴이는 고기를 낚는 취미가 '삼매경에 몰입할 수 있는 좋은 놀음'이라고 말하며 낚시를 통해 어지러운 세상사를 잊고자 하고 있다. 따라서 '푸른 물이 그득히 담긴 못가'는 글쓴이가 낚시 삼매경에 빠지기를 기대하는 곳으로, 글쓴이의 지향과 직결되는 공간으로 볼 수 있다.

갈래 복합 09 사미인곡 | 창 밧긔 워석버석~ | 옛집 정승초당을 둘러보고 쓰다

▶ 문제편 232~235쪽

정답 | 01 ⑤ 02 ⑤ 03 ⑤ 04 ③ 05 ③

[01~05] 다음 글을 읽고 물음에 답하시오. 2021 수능

제대로 작품 분석 ▶ 〈보기〉에서 적절한 것을 골라 넣으며 작품을 분석해 보자.

(가) 이 몸 삼기실 제 님을 조차 삼기시니
혼싱 **연분(緣分)**이며 **하**ᄂᆞᆯ 모ᄅᆞᆯ 일이런가
「나 ᄒᆞ나 **졈어 잇고** 님 ᄒᆞ나 날 괴시니」
이 ᄆᆞ음 이 ᄉᆞ랑 견졸 ᄃᆡ **노여** 업다 ▶ 서사 1: 임과의 인연
평싱(平生)애 원(願)ᄒᆞ요ᄃᆡ ᄒᆞᆫᄃᆡ 녜쟈 ᄒᆞ얏더니
늙거야 므ᄉᆞ 일로 외오 두고 그리ᄂᆞᆫ고
엇그제 님을 뫼셔 광한뎐(廣寒殿)의 올낫더니
그 더ᄃᆡ 엇디ᄒᆞ야 하계(下界)예 ᄂᆞ려오니
올 저긔 비슨 머리 헛틀언 디 **삼 년**일쇠
연지분(臙脂粉) 잇ᄂᆡ마는 눌 위ᄒᆞ야 고이 ᄒᆞᆯ고
ᄆᆞ음의 ᄆᆡ친 실음 **텹텹(疊疊)**이 ᄡᅡ혀 이셔
짓ᄂᆞ니 한숨이오 디ᄂᆞ니 눈믈이라 ▶ 서사 2: 이별과 임에 대한 그리움
인싱(人生)은 유ᄒᆞᆫ(有限)ᄒᆞᆫᄃᆡ 시름도 그지업다
무심(無心)ᄒᆞᆫ **셰월(歲月)**은 믈 흐ᄅᆞ듯 ᄒᆞᄂᆞᆫ**고야**
「**염냥(炎凉)**이 ᄣᆡ를 아라 **가**ᄂᆞᆫ 둧 **고텨** 오니」
듯거니 보거니 늣길 일도 하도 할샤 ▶ 서사 3: 세월의 무상감
동풍이 건듯 부러 젹셜(積雪)을 헤텨 내니
창(窓) 밧긔 심근 ᄆᆡ**화(梅花)** 두세 가지 픠여셰라
ᄀᆞᆺ득 ᄂᆡ담(冷淡)ᄒᆞᆫᄃᆡ 암향(暗香)은 **므스 일고**
황혼의 ᄃᆞᆯ이 조차 벼마ᄐᆡ 빗최니
늣기는 둧 반기는 둧 **님이신가** 아니신가
뎌 ᄆᆡ화 것거 내여 님 겨신 ᄃᆡ 보내오져
님이 너를 보고 엇더타 너기실고 ▶ 본사 1: 임에게 매화를 보내고 싶은 마음

– 정철, 〈사미인곡〉

(주석: 삼기실 – 태어날 / 하ᄂᆞᆯ – 임금(선조) / 연분 – 한평생 인연 / 하ᄂᆞᆯ 모ᄅᆞᆯ 일 – 하늘도 알 만한 운명적인 만남 / 「」: 임과 이별하기 전의 상황 / ᄒᆞ나 – 오직 / 괴시니 – 사랑하시니 / ᄒᆞᆫᄃᆡ – 전혀 / 화자의 소망 – 임과 함께 살아가는 것 / 늙거야 – 1 / 광한뎐 – 달나라에 있다는 궁전 → 임금이 계신 곳 / 하계 – 인간계, 속계, 유배지 / 삼 년 – 헤어진 이후의 시간 / 연지분 – 2 / 유ᄒᆞᆫ ᄒᆞᆫᄃᆡ – 떨어지는 것이 / 「」: 세월의 무상감을 드러냄. / 염냥 – 더위와 추위 – 세월의 순환 / 동풍 – 계절적 배경 – 봄 / 암향 – 그윽한 향기 – 임(임금)에 대한 충성심 / ᄃᆞᆯ – 임(임금) / 벼마ᄐᆡ – 베갯머리에 / 님이신가 – 3 / ᄆᆡ화 – 4 / 너 – 매화(의인법))

제대로 작품 분석의 〈보기〉

㉠ 화자의 현재 처지
㉡ 화자의 성별이 여성임을 알려 주는 소재
㉢ 화자의 정성과 사랑, 화자와 동일시되는 자연물
㉣ 임을 만나고 싶은 간절함을 독백적 어조로 드러냄.

제목의 의미

정철이 조정의 당파 싸움에 연루되어 관직에서 물러난 뒤 고향에 내려가 은거하며 지은 가사로, 임금을 사모하는 연군의 정을 한 여인이 임과 이별하고 연모하는 마음에 빗대어 노래한 작품이다. 다양한 기법과 절묘한 언어 구사로 문학성이 두드러진다.

작가 소개

정철(鄭澈, 1536~1593): 조선 중기의 문신이자 시인. 호는 송강(松江). 가사 문학의 대가로서 고산 윤선도와 함께 한국 시가 사상 쌍벽으로 일컬어진다. 가사 작품 외에도 시조와 한시 작품을 남겼고, 저서로는 《송강집》과 《송강가사》가 있다.

핵심 정리

- 갈래: 양반 가사, 서정 가사
- 성격: 충신연주지사(忠臣戀主之詞), 서정적
- 주제: 임에 대한 그리움과 변함없는 사랑(연군지정)
- 특징: ① 우리말을 절묘하게 구사하고, 세련된 표현을 사용함. ② 여성 화자의 목소리로 노래함. ③ 비유와 상징을 활용하여 문학성을 높임.

(나) 창 밧긔 워석버석 **님이신가** 니러 보니
혜란(蕙蘭) 혜경(蹊徑)* 에 낙엽은 **므스 일고**
어즈버 유한(有限)ᄒᆞᆫ 간장(肝腸)이 **다** 그츨가 ᄒᆞ**노라** ▶ 임을 기다리는 애끊는 마음

– 신흠

(주석: 워석버석 – 음성 상징어(청각적 자극) / 님이신가 니러 보니 – 임을 만나고 싶은 감정을 독백적 어조로 드러냄. / 낙엽은 – 1 / 므스 일고 – 2 / 유한ᄒᆞᆫ – 3)

* 혜란 혜경: 난초 핀 지름길

제대로 작품 분석의 〈보기〉

㉠ 화자의 내면적 고통
㉡ 화자의 착각을 불러일으킨 대상
㉢ 창밖에서 들린 소리의 정체를 알고 실망감을 표현함.

작가 소개

신흠(申欽, 1566~1628): 조선 중기의 문신. 뛰어난 문장력으로 대명 외교 문서 제작, 시문 정리, 각종 의례 문서 제작에 참여하였다. 선조의 유교 칠신(선조가 승하할 때 어린 영창 대군을 잘 보살피라는 유명을 내린, 신임하던 일곱 신하)의 한 사람이며 정주학자로 이름이 높았다. 저서에 《상촌집》이 있다.

핵심 정리

- 갈래: 평시조, 연시조
- 성격: 자연 친화적, 연군지사
- 주제: 임에 대한 간절한 그리움
- 특징: ① 영탄법을 사용해 화자의 정서를 효과적으로 드러냄. ② 음성 상징어를 활용해 임이 오기를 기다리는 화자의 마음을 표현함.

(다) 나는 예전에 장흥방의 길갓집에 살았다. 그 집은 저잣거리에 제법 가까워서 소란스러웠다. 문 옆에 한 칸짜리 초당이 있어 볏짚으로 덮고 흙을 쌓았더니 그윽하고 조용해서 살 만했다. 그러나 초당이 동쪽으로 치우쳐 햇볕을 받았기에 여름이면 너무 더웠다. 그래서 '고요함이 더위를 이긴다[靜勝熱]'는 말을 당호(堂號)*로 정해 문설주에 편액을 해 걸어 두고 위안을 삼았다. ▶ 당호를 '고요함이 더위를 이긴다'로 정하게 된 내력

(주석: 길갓집 – '나'의 이전 거처 / 저잣거리에 제법 가까워서 소란스러웠다 – 초당을 마련한 까닭 / 초당이 동쪽으로 치우쳐 햇볕을 받았기에 여름이면 너무 더웠다 – 1 / 편액 – 건물이나 문루 중앙 윗부분에 거는 액자)

「대저 고요함에는 두 가지가 있으니 하나는 몸의 고요함이요, 다른 하나는 마음의 고요함이다. 몸이 고요한 사람은, 앉고 눕고 일어나고 서는 등 모든 행동에 있어 편안함을 취할 뿐이다. 마음이 고요한 사람은, 천하만사가 마치 촛불로 비춰 보고 거북이로 점을 치는 듯하니 시원한 날씨와 더운 날씨가 무슨 상관이 있겠는가? 그러므로 '고요함이 이긴다'고 한 지금의 말은 마음의 고요함을 가리킨다.」 ▶ 마음의 고요함을 추구하는 '나'

(주석: 「」: 2 / 몸의 고요함 – 외적인 편안함 / 마음의 고요함 – 마음의 평온함 / '고요함이 이긴다' – 마음의 고요(마음이 평온한 상태)가 더위를 이김.)

그 집에서 이십 년을 살고 이사하였다. 그로부터 삼 년이 흐른 뒤 옛집을 찾아가 보았다. 그새 주인이 바뀐 지 여러 번이지만 집은 옛 모습 그대로였다.

「은은하게 처마에 들어오는 산빛, 콸콸콸 담을 따라 도는 골짜기 물, 밀랍으로 발라 번들번들한 살창, 쪽빛으로 물들여 놓은 늘어진 천막.」 ▶ 변함없는 옛집의 모습

(주석: 「」: 옛집의 변함없는 정경)

(중략)

내가 여기에 살던 시절은 집안이 번성하던 때였다. 「선친께서 승명전에

봉직하실 때라, 퇴근하신 밤이면 우리 형제들이 모시고 앉아 학문과 예술을 담론하고 옛일을 기록하거나, 시를 읽거나 거문고를 들었으니 유중영의 옛일*과 비슷하였다. 그 즐거움을 잊을 수는 없건마는 다시 되찾을 수는 없다!」

「」: 유중영의 행적에 비추어 옛집에서 떠올린 기억에 대한 감회를 드러냄.

▶ 옛집에서 있었던 일을 떠올리고 그리워함.

《서경》에 '그릇은 새것을 찾고, 사람은 옛 사람을 찾는다.'라고 했다. 집 역시 그릇과 같이 무언가를 담는 부류이긴 하나, 사람은 집이 아니면 몸을 붙여 머물 데가 없고 집보다 더 거처를 많이 하는 것은 없으므로, 집은 그릇보다는 사람에 가깝다 하겠다. 그러니 어찌 그리워하지 않을 수 있으랴!

집과 그릇의 공통점

▶ 옛집에 대한 그리움

그렇지만 인간사가 벌써 바뀌어, 사물에 닿을 때마다 슬픔만 더하므로 이 집에 다시 살고 싶지는 않다. 마땅히「임원(林園)*에 집터를 보아 집을 지어서 옛 이름의 편액을 걸어 옛집에서 지녔던 뜻을 잊지 않으려 한다.」

'나'가 새집을 지으려는 이유

외적으로 고요한 곳

▶ 새집을 짓고 옛집의 당호를 붙이려는 까닭

누군가는 '임원이 이미 고요하거늘, 지금 다시 '고요함이 이긴다'고 하면 또한 군더더기가 아닌가?'라고 말할 수 있으리라. 나는 답하리라. '고요한 데 또 고요하니, 이것이야말로 고요함이라네.'라고.

'고요함이 이긴다'라는 당호가 군더더기인 이유

외적으로도 고요한데 내적으로도 고요하니

▶ 임원의 새집에 옛집의 당호를 붙이는 것의 의의

– 유본학, 〈옛집 정승초당을 둘러보고 쓰다〉

* 당호: 집에 붙이는 이름
* 유중영의 옛일: 당나라 때 문신 유중영이 늘 책을 가까이하며 자식들을 가르치던 일
* 임원: 산림

제대로 작품 분석의 〈보기〉

㉠ 고요함에 대한 글쓴이의 통찰
㉡ 외적 고요에 더해 내적 고요를 추구하려는 글쓴이의 태도
㉢ 초당의 문제점 – 당호를 '고요함이 더위를 이긴다'로 정한 까닭
㉣ 집이 사람을 담고 있는 존재라는 점에 주목하여 옛집에 대한 그리움을 부각함.

제목의 의미

옛집의 당호를 소재로 하여 '고요함'에 대한 자신의 생각을 밝힌 글로, 글쓴이는 '고요함이 더위를 이긴다'는 당호를 걸어 두고 마음의 고요를 얻으려 했던 당시의 태도를 떠올리며 옛집에서 지녔던 뜻을 잊지 않으려 하고 있다.

작가 소개

유본학(柳本學, 생몰년 미상): 조선 후기의 문인. 호는 문암(問菴). 북학파 학자인 유득공의 맏아들이며, 당시 문인들 사이에 문명(文名)을 떨쳤다. 저서로는 《문암문고》가 있고 그 안에 〈오원전〉, 〈김풍헌전〉 등이 수록되어 있다.

핵심 정리

- 갈래: 고전 수필
- 성격: 회고적, 성찰적
- 주제: 마음의 고요함을 추구하는 삶
- 특징: ① 당호를 정했던 과거의 경험을 토대로 글을 전개함. ② 고요함의 종류를 나누고, 마음의 고요를 추구하는 삶의 자세를 드러냄.

제대로 감상법 모범 답안

㉮ 정철, 〈사미인곡〉

❶ 이별 ❷ 광한뎐 ❸ 하계 ❹ 여성

❖ 제대로 작품 분석

1㉠ 2㉡ 3㉣ 4㉢

㉯ 신흠, 〈창 밧긔 워석버석~〉

❶ 낙엽 ❷ 워석버석 ❸ 음성 상징어

❖ 제대로 작품 분석

1㉡ 2㉢ 3㉠

㉰ 유본학, 〈옛집 정승초당을 둘러보고 쓰다〉

❶ 임원 ❷ 고요함 ❸ 더위 ❹ 당호

❖ 제대로 작품 분석

1㉢ 2㉠ 3㉣ 4㉡

01

정답률 86%

(가)와 (나)에 대한 설명으로 가장 적절한 것은?

정답인 이유

⑤ (가)의 '님이신가'와 (나)의 '님이신가'는 모두 임을 만나고 싶은 간절함을 독백적 어조*로 드러낸 것이다.

⋯▸ (가)의 화자는 베갯머리를 비추는 달을 보고 '님이신가 아니신가'라고 독백하며 임을 떠올리고 있다. (나)의 화자는 창밖에서 들리는 낙엽 소리에 '님이신가' 하고 일어나 밖을 살피고 있다. 시적 상황에 비추어 볼 때 (가)와 (나)에서 '님이신가'는 임을 만나고 싶은 화자의 간절함을 독백적 어조로 드러낸 어구로 볼 수 있다.

* 독백적 어조(獨白的 語調): 작품 속에서 화자가 자신의 이야기를 혼잣말하는 듯한 억양으로 진술하는 것을 이르는 말. 윤동주의 〈참회록〉이나 서정주의 〈자화상〉을 예로 들 수 있다.

오답인 이유

① (가)의 '노여'와 (나)의 '다'라는 수식어는 모두 임에 대한 원망의 정서를 강조하기 위해 사용된 것이다.

= 전혀 / = 모두 / (가)와 (나) 모두 ×

⋯▸ (가)의 '노여'는 '전혀'라는 뜻으로, 화자는 임에 대한 자신의 마음과 사랑을 견줄 데가 '전혀' 없다고 말하였다. (나)의 '다'는 임을 기다리며 간장이 '모두' 끊어질 것 같은 간절한 심정을 강조해 준다. 따라서 '노여'와 '다'는 원망의 정서를 강조하기 위해 사용된 것으로 볼 수 없다.

② (가)의 'ᄒᆞᄂᆞ고야'와 (나)의 'ᄒᆞ노라'는 모두 화자의 의지를 단정적*인 종결형으로 나타낸 것이다.

(가)와 (나) 모두 ×

⋯▸ (가)의 'ᄒᆞᄂᆞ고야'는 빠르게 흘러가는 세월에 대한 감정을, (나)의 'ᄒᆞ노라'는 임을 기다리는 자신의 애끊는 마음을 드러낸 것이므로 단정적인 종결형으로 화자의 의지를 나타낸다고 볼 수 없다.

* 단정적(斷定的): 딱 잘라서 판단하고 결정하는 것 예 그 업체는 잘못된 사실을 단정적으로 보도한 신문 기사 때문에 큰 피해를 입었다.

③ (가)의 '믹화'와 (나)의 '혜란'은 모두 화자와 동일시되는 자연물을 의인화하여 나타낸 것이다.

(가) ○, (나) ×

⋯▸ (가)에서 '믹화'를 꺾어 임이 계신 곳에 보내고 싶다고 말한 구절을 통해 화자가 자신과 '믹화'를 동일시하고 있음을 알 수 있다. 또한 '님이 너를 보고'라는 구절에서 '믹화'가 의인화되었음을 확인할 수 있다. 반면 (나)에는 '혜란'의 의인화가 나타나지 않았다.

④ (가)의 '므스 일고'와 (나)의 '므스 일고'는 모두 뜻밖의 대상과 마주하게 된 반가움을 영탄적 어조로 표현한 것이다.

(가) ○, (나) ×

⋯› (가)의 화자는 아직 쌀쌀한 날씨에 그윽하게 풍겨 오는 매화 향기를 맡고 '므스 일고'라며 반가움을 표현하였다. 반면 (나)의 화자는 창밖에서 들린 소리의 정체를 알고 '므스 일고'라며 실망감을 표현하였으므로 반가움을 영탄적 어조로 표현했다고 볼 수 없다.

02

정답률 63% | 매력적인 오답 ④ 15%

〈보기〉를 바탕으로 (가)를 감상한 내용으로 적절하지 않은 것은?

〈보기〉

(가)에는 천상의 시간과 지상의 시간이 모두 나타난다. 천상에서는 지상과 달리 생로병사의 과정 없이 끝없는 사랑이 지속된다. 이러한 시간적 질서는 지상에 내려온 화자를 힘겹게 하는데, 이 과정에서 화자는 지상의 물리적 시간을 심리적으로 변형하여 자신의 심경을 드러낸다.

(임과 광한전에 있던 시간 / 홀로 하계에서 지내는 시간 / 천상의 시간적 질서의 특성)

정답인 이유

⑤ **'염냥'이 '가는 듯 고텨' 온다는 인식에서, 임과의 관계 단절에 따른 절망감으로 인해 지상의 물리적 시간이 심리적으로 지연되어 나타나고 있음을 알 수 있겠어.** (× → 매우 빠르게 지나감.)

⋯› '염냥'이 '가는 둧 고텨' 온다는 표현은 세월의 무상감을 드러내는 것으로, 인생이 유한한데 임과 떨어져 지내는 시간은 속절없이 흘러간다는 화자의 인식을 보여 준다. 즉 화자의 인식 속에서 지상의 물리적 시간은 지연되는 것이 아니라 매우 빠르게 지나가고 있다.

오답인 이유

④ **매력적인 오답 '인싱은 유훈'과 '무심훈 셰월'을 통해 지상의 시간적 질서에 따라 소망을 이룰 수 있는 시간이 줄고 있는 것에 대한 불안한 마음을 엿볼 수 있겠어.**

⋯› 〈보기〉는 지상의 시간적 질서가 화자를 힘겹게 한다고 하였다. 즉 '인싱은 유훈'과 '무심훈 셰월'은 지상의 시간적 질서에 따라 임과 재회할 시간이 줄어드는 것에 대한 화자의 불안함을 보여 준다.

① **임과의 '연분'을 '하놀'과 연결 짓는 것은, 임과의 사랑이 천상의 시간 질서처럼 끝없이 이어지기를 바라는 마음이 반영된 것이라 볼 수 있겠어.**

⋯› 〈보기〉는 천상의 시간적 질서에서는 끝없는 사랑이 지속된다고 하였다. 따라서 화자가 '훈싱 연분이며 하놀 모롤 일이런가'라며 임과의 연분을 '하놀'과 연결 지은 것은 임과의 사랑이 끝없이 이어지기를 바라는 마음이 반영된 것이라고 볼 수 있다.

② **'졈어 잇고'와 '늙거야'를 통해 화자가 천상의 시간에서 벗어나 지상의 시간으로 편입되었음을 알 수 있겠어.**

⋯› '나 ᄒᆞ나 졈어 잇고 님 ᄒᆞ나 날 괴시니'는 화자가 천계에서 임과 함께 지내던 과거를 나타낸다. 한편 '늙거야 ~ 그리눈고'는 화자가 하계로 내려와 임을 그리는 현재를 나타낸다. 따라서 '졈어 잇고'와 '늙거야'를 통해 화자가 지상의 시간으로 편입되었음을 알 수 있다.

③ **'삼 년' 전을 '엇그제'로 인식하는 것에서, 임과 함께한 기억이 아직도 선명하게 남아 있어 지상의 물리적 시간이 심리적으로 압축되어 나타나고 있음을 알 수 있겠어.**

⋯› 〈보기〉는 화자가 지상의 물리적 시간을 심리적으로 변형하여 자신의 심경을 드러낸다고 하였다. 화자가 임과 함께했던 '삼 년' 전을 '엇그제'로 인식한 것은 지상의 물리적 시간을 심리적으로 압축한 것으로 볼 수 있다.

03

정답률 57% | 매력적인 오답 ③ 14%

〈보기〉를 바탕으로 (나), (다)를 감상한 내용으로 적절하지 않은 것은? [3점]

〈보기〉

고요함은 소리나 움직임이 없이 잠잠한 상태인 외적 고요와 마음이 평온한 상태인 내적 고요로 구분할 수도 있다. 이에 주목하여 (나)를 감상할 때, 화자가 처한 상황과 그에 따른 심리는 고요함의 측면에서 이해될 수 있다. 또한 (다)에서 필자는 고요함에 대한 통찰을 통해 자신이 처한 공간에서 내적 고요를 추구하려 하는데, 이를 통해 삶에서 느끼는 불편이나 슬픔을 이겨 내는 동력을 얻고 있다.

(외적 고요 / 내적 고요 / 낙엽 소리에 잠에서 깸. / 임을 그리워함. / 고요함에는 두 가지가 있음. / 마음의 고요함을 추구함.)

정답인 이유

⑤ **(다)에서 '누군가'가 '고요함이 이긴다'는 당호를 '군더더기'로 본다는 것은 외적 고요만으로는 삶에서 느끼는 불편이나 슬픔을 이겨 내기 어렵다고 여겼기 때문이겠군.** (× → '임원이 이미 고요하거늘')

⋯› 누군가가 '고요함이 이긴다'는 당호를 군더더기로 본 이유는 집을 지으려는 임원이 이미 외적으로 고요한 공간이기 때문이다.

오답인 이유

③ **매력적인 오답 (다)에서 '사물에 닿을 때마다 슬픔만 더'한다는 것은 옛집을 돌아본 경험이 필자로 하여금 내적 고요를 이루기 어렵게 만들었다는 인식이 반영된 것이겠군.**

⋯› 〈보기〉는 (다)의 필자가 내적 고요를 추구하여 슬픔을 이겨 내는 동력을 얻는다고 하였다. 따라서 '사물에 닿을 때마다 슬픔만 더하므로' 옛집에서 살고 싶지 않다고 한 것은 필자가 옛집을 돌아본 경험으로 인해 내적 고요를 이루기 어려워졌음을 보여 준다.

① **(나)에서 '낙엽' 소리가 창 안에서도 들린다는 것은 화자가 외적 고요의 상태에 있었다는 것을 의미하겠군.**

⋯› 낙엽이 바스락거리는 소리가 창 안에서도 들린다는 것은 (나)의 화자가 소리나 움직임 없이 잠잠한 상태에 있었음을 의미한다.

② **(나)에서 '낙엽' 소리를 임이 오는 소리로 착각했다는 것은 화자의 심리가 내적 고요의 상태에 있지 못했기 때문이겠군.**

⋯› (나)의 화자가 낙엽 소리를 임이 오는 소리로 착각한 것은 임을 애타게 그리워하여 마음이 평온한 상태에 있지 못했기 때문이다.

④ **(다)에서 '옛집'의 '초당'에 붙였던 당호를 '임원'의 새집에서도 사용하겠다는 것은 필자가 외적 고요에 더해 내적 고요를 추구하고 있음을 보여 주는 것이겠군.**

⋯› '임원'은 외적 고요의 상태에 놓인 공간이다. 이곳에 옛집의 당호를 걸어 두는 것은 외적 고요에 더해 내적 고요를 추구하는 것이다.

04

정답률 69% | 매력적인 오답 ④ 12%

(가)와 (다)를 비교하여 이해한 내용으로 가장 적절한 것은?

정답인 이유

③ **(가)와 (다) 모두 자신이 있는 공간에서 그 공간에 부재하는 대상을 떠올리는 상황이 나타나 있다.** (○ → (가)는 임을, (다)는 선친과 형제를 떠올림.)

⋯› (가)의 화자는 하계에서 임을 떠올리며 그리워하고 있다. (다)의 필자는 옛집을 둘러보고 그곳에서 선친과 형제들을 떠올리고 있다.

오답인 이유

④ 매력적인 오답 (가)에는 인생의 허무함에 대한 순응적 태도가, (다)에는 인생의 허무함에 대한 극복 의지가 나타나 있다.

··· (가)의 화자는 인생의 허무함에 대해 순응적 태도를 보이지 않았다. (다)의 필자도 인생의 허무함에 대한 극복 의지를 보이지는 않았다.

① (가)와 (다) 모두 인간의 외양이 변화하는 상황에 대한 안타까움이 나타나 있다.

··· (가)의 화자는 하계에 올 적에 빗은 머리가 헝클어진 지 삼 년이라며 자신의 외양 변화에 안타까워하고 있다. 반면 (다)의 필자는 인간의 외양 변화에 대해 안타까움을 드러내고 있지 않다.

② (가)와 (다) 모두 오래된 것보다는 새로운 것을 더 중시하는 삶의 자세가 나타나 있다.

··· (가)와 (다)에서 오래된 것보다 새로운 것을 더 중시하는 태도는 확인할 수 없다.

⑤ (가)에는 과거와 달라진 타인의 마음에 대한, (다)에는 과거와 달라진 자신의 마음가짐에 대한 아쉬움이 나타나 있다.

··· (가)에서 임의 마음이 과거와 달라졌는지는 확인할 수 없다. 또한 (다)의 필자는 옛집에서 지녔던 뜻을 잊지 않으려 하고 있다.

05

정답률 78% | 매력적인 오답 ④ 11%

(다)에 대한 이해로 적절하지 않은 것은?

정답인 이유

③ 새집에 붙이고자 하는 당호의 의미를 통해 옛집에서 다시 살고 싶어하는 마음을 표현하고 있다.

··· 글쓴이는 옛집에 '다시 살고 싶지는 않다'고 하였다. 그는 옛집에서 지녔던 뜻을 기억하기 위해 옛집의 당호를 새집에 붙이려는 것이다.

오답인 이유

④ 매력적인 오답 변함없는 옛집의 외양과 달리, 변해 버린 인간사로 인해 새 집을 지으려는 마음을 갖게 되었음을 밝히고 있다.

··· '집은 옛 모습 그대로였다.'는 서술에서 옛집의 외양에 변화가 없음을, '그렇지만 인간사가 ~ 잊지 않으려 한다.'는 서술에서 변해 버린 인간사로 인해 새집을 지으려는 마음을 갖게 되었음을 알 수 있다.

① 여름에 더웠던 경험을 바탕으로 옛집 초당의 당호를 정하게 된 내력을 서술하고 있다.

··· '초당이 동쪽으로 치우쳐 ~ 편액을 해 걸어 두고 위안을 삼았다.'에 옛집 초당의 당호를 정하게 된 내력이 서술되어 있다.

② 과거 인물의 행적에 비추어, 다시 찾은 옛집에서 떠올린 기억에 대한 감회를 드러내고 있다.

··· 글쓴이는 '내가 여기에 ~ 다시 되찾을 수는 없다!'에서 유중영의 행적에 비추어 옛집에서 떠올린 기억에 대한 감회를 드러내고 있다.

⑤ 집이 그릇과 같은 부류이지만 사람을 담고 있는 존재라는 점에 주목하여 옛집에 대한 그리움을 부각하고 있다.

··· 글쓴이는 집 역시 그릇과 같이 무언가를 담는 부류이나 사람을 담고 있다는 점에서 사람에 가깝다며 옛집에 대한 그리움을 부각하고 있다.

갈래 복합 10 문학적 의미 생성 양상 | 만흥 | 우언

▶ 문제편 236~238쪽

정답 | 01 ① 02 ③ 03 ① 04 ⑤ 05 ④

[01~05] 다음 글을 읽고 물음에 답하시오. 2021 9월 모의평가

제대로 작품 분석

▶〈보기〉에서 적절한 것을 골라 넣으며 작품을 분석해 보자.

가 ⓐ문학 작품의 의미가 생성되는 양상은 세 가지로 나누어 볼 수 있다. (중심 화제) 첫째는 자기의 경험은 물론 자기 내면의 정서나 의식 등을 대상에 투영하여, 외부 세계에 새로운 의미를 부여하는 경우이다. (양상 ① – 자기의 경험 · 내면의 정서 · 의식을 대상에 투영) 둘째는 외부 세계의 일반적 삶의 방식이나 가치관, 이념 등을 자기 내면으로 수용하여, 자신을 새롭게 해석함으로써 의미를 만들어 내는 경우이다. (양상 ② – 1) 셋째는 자기와 외부 세계를 상호적으로 대비하여 양자에 대한 새로운 해석을 통해 의미를 생성하는 경우이다. (양상 ③ – 자기와 외부 세계를 상호적으로 대비)

▶ 문학 작품에서 의미가 생성되는 세 가지 양상

문학적 의미 생성의 이러한 세 가지 양상은 문학 작품에서 자기와 외부 세계의 관계를 파악할 때 적용할 수 있다. (2) 첫째와 둘째의 경우, 자기와 외부 세계와의 거리는 가까워지고 친화적 관계가 형성된다. (3) 셋째의 경우는 「자기가 외부 세계를 바라보는 관점에 따라 둘 사이의 거리가 가까워져 친화적 관계가 형성되기도 하고, 그 거리가 드러나 소원한 관계가 유지되기도 한다.」 (「 」: 4)

▶ 자기와 외부 세계의 관계에 드러나는 문학적 의미 생성의 양상

❖ 제대로 작품 분석의 〈보기〉

㉠ 문학적 의미 생성의 셋째 양상에서 자기와 외부 세계의 관계
㉡ 문학적 의미 생성의 첫째, 둘째 양상에서 자기와 외부 세계의 관계
㉢ 외부 세계의 일반적 삶의 방식 · 가치관 · 이념을 자기 내면으로 수용
㉣ 문학적 의미 생성의 세 양상 – 자기와 외부 세계의 관계가 각기 다르게 형성됨.

❖ 핵심 정리

- 갈래: 설명문
- 중심 화제: 문학 작품의 의미 생성 양상
- 문단별 중심 내용

1문단	문학 작품에서 의미가 생성되는 세 가지 양상
2문단	자기와 외부 세계의 관계에 드러나는 문학적 의미 생성의 양상

- 주제: 문학적 의미 생성의 세 가지 양상

나 산슈 간(山水間) 바회 아래 뛰집을 짓노라 ᄒᆞ니 (1)
산수 간 바위 아래 움막을 지으려 하니,
그 모론 놈들은 욷는다 ᄒᆞᆫ다마는
나의 뜻을 모르는 남들은 비웃는다지만
㉠어리고 햐암의 뜻의는 내 분(分)인가 ᄒᆞ노라
(햐암: 시골에 사는 견문이 좁고 어리석은 사람(화자 자신))
어리석고 시골뜨기인 내 생각에는 이것이 내 분수인가 하노라.

○: 자연(이상적 가치) ↕ △: 속세(세속적 가치)

〈제1수〉

▶ 안분지족(安分知足)하는 삶에 대한 만족감

보리밥 풋ᄂᆞ믈을 알마초 머근 후(後)에
(소박한 음식)
보리밥과 풋나물을 알맞게 먹은 후에
바회 굿 믉ᄀᆞ의 슬ᄏᆞ지 노니노라
바위 끝 물가에서 실컷 노니노라.

그 나믄 녀나믄 일이야 부롤 줄이 이시랴 : 설의적 표현
2
그 밖의 다른 일이야 부러워할 줄이 있으랴.

〈제2수〉
▶ 자연에서 안빈낙도(安貧樂道)하는 삶의 즐거움

잔 들고 혼자 안자 먼 뫼흘 ᄇ라보니
잔 들고 혼자 앉아 먼 산을 바라보니
그리던 님이 오다 반가옴이 이리ᄒ랴
그리워하는 임이 온들 반가움이 이 정도랴
말숨도 우움도 아녀도 몯내 됴하ᄒ노라
3
(산이) 말도 없고 웃음도 없지만 (나는) 마냥 좋아하노라.

〈제3수〉
▶ 자연과 물아일체(物我一體)된 삶의 즐거움

누고셔 삼공(三公)도곤 낫다 ᄒ더니 만승(萬乘)이 이만ᄒ랴
삼정승 / 만승천자 – 만 개의 수레를 부리는 천자(황제)
누가 (자연이) 삼정승보다 낫다고 하더니 만승천자가 이만하겠는가.
이제로 헤어든 소부(巢父) 허유(許由)ㅣ 냑돗더라
고대 중국의 인물들로, 속세에 나서지 않고 자연을 즐기며 삶.
이제 와서 생각해 보니 소부와 허유가 영리했구나.
아마도 님쳔 한흥(林泉閑興)을 비길 곳이 업세라
자연 속에서 느끼는 한가한 흥취
아마도 자연 속에서 한가로이 지내는 흥취는 비할 데가 없으리라.

〈제4수〉
▶ 강호 한정(江湖閑情)의 삶에 대한 자부심

「내 셩이 게으르더니 하늘히 아ᄅ실샤 「」: 자기 본성을 하늘의 뜻과 연관 지음.
화자의 천성을 겸손하게 나타냄.
내 천성이 게으른 것을 하늘이 아셔서
인간 만ᄉ(人間萬事)를 ᄒᆞᆫ 일도 아니 맛뎌
인간 세상의 수많은 일
인간 세상의 수많은 일을 한 가지도 맡기지 않고,
다만당 ᄃ토리 업슨 강산(江山)을 딕희라 ᄒ시도다」
다툴 이 / 지키라
다만 다툴 이 없는 강산을 지키라 하시는구나.

〈제5수〉
▶ 자연에 귀의한 삶

강산이 됴타 ᄒᆞᆫ들 내 분(分)으로 누얻ᄂ냐
4 / 분수
강산이 좋다고 한들 내 분수로 (이렇게 편하게) 누워 있겠느냐.
「님군 은혜(恩惠)를 이제 더옥 아노이다
「」: 5
임금의 은혜인 것을 이제 더욱 알 것 같구나.
아므리 갑고쟈 ᄒ야도 ᄒ올 일이 업세라」
(이 은혜를) 아무리 갚고자 하여도 할 수 있는 일이 없구나.

〈제6수〉
▶ 임금의 은혜에 대한 감사
– 윤선도, 〈만흥(漫興)〉

❖ 제대로 작품 분석의 〈보기〉

㉠ 유교적 충의(忠義) 사상
㉡ 부귀영화, 벼슬길 등의 세속적 가치
㉢ 이심전심(以心傳心), 물아일체(物我一體)의 경지
㉣ 임금의 은혜를 알 수 있게 하는 관념적 성격의 공간
㉤ 화자가 거처하는 경험적 성격의 공간 – 속세 · 정계(政界)를 초탈한 공간

❖ 제목의 의미

'만흥'은 '저절로 일어나는 흥취'라는 뜻으로, 작가가 전남 해남의 금쇄동에 은거할 때 지은 전 6수의 연시조이다. 작가는 이 작품에서 자연에 묻혀 소박하게 사는 자신의 삶에 대한 자부심과 이러한 삶을 살도록 해 준 임금에 대한 감사함을 표현하였다.

❖ 작가 소개

윤선도(尹善道, 1587~1671): 조선 중기의 문신. 호는 고산(孤山). 여러 차례의 유배와 말년의 은거 생활 속에서 77수의 국문 시가 작품을 남겼고, 정철과 함께 조선 시대 시가 문학의 쌍벽을 이루는 인물이다. 주요 작품은 〈어부사시사〉, 〈우후요〉, 〈산중신곡〉 등이 있으며, 문집으로는 《고산유고(孤山遺稿)》가 있다.

❖ 핵심 정리

- 갈래: 평시조, 연시조(전 6수)
- 성격: 한정가(閑情歌), 자연 친화적
- 주제: 자연에 묻혀 사는 즐거움과 임금의 은혜에 대한 감사
- 특징: ① 우리말의 묘미를 잘 살림. ② '자연'과 '속세'를 가리키는 대조적인 시어를 사용함. ③ 자연에 은거하면서도 임금의 은혜를 언급하는 사대부의 모습을 보여 줌.

다 「산림(山林)에 살면서 명리(名利)에 마음을 두는 것은 큰 부끄러움[大恥]이다. 시정(市井)에 살면서 명리에 마음을 두는 것은 작은 부끄러움[小恥]이다. 산림에 살면서 은거(隱居)에 마음을 두는 것은 큰 즐거움[大樂]이다. 시정에 살면서 은거에 마음을 두는 것은 작은 즐거움[小樂]이다.」
「」: 1 / 명예와 이익을 아울러 이르는 말 / 인가가 모인 곳
▶ 거처와 지향점에 따른 삶의 네 가지 방식

작은 즐거움이든 큰 즐거움이든 나에게는 그것이 다 즐거움이며, 작은 부끄러움이든 큰 부끄러움이든 나에게는 그것이 다 부끄러움이다. 그런데 큰 부끄러움을 안고 사는 자는 백(百)에 반이요, 작은 부끄러움을 안고 사는 자는 백에 백이며, 큰 즐거움을 누리는 자는 백에 서넛쯤 되고, 작은 즐거움을 누리는 자는 백에 하나 있거나 아주 없거나 하니, 참으로 가장 높은 것은 작은 즐거움을 누리는 자이다.
'명리'를 부끄러움으로, '은거'를 즐거움으로 봄. – '명리'보다 '은거'의 가치를 더 높이 둠. / 2 / 시정에 살면서 은거에 마음을 두는 사람이 가장 적음. / 3
▶ 시정에 살면서 은거에 마음을 두는 삶이 가장 높음.

「나는 시정에 살면서 은거에 마음을 두는 자이니, 그렇다면 이 작은 즐거움을 가장 높은 것으로 말한 ㉡나의 이 말은 대부분의 사람들의 생각과는 거리가 먼, 물정 모르는 소리일지도 모른다.」
「」: 자신의 가치관과 세상 사람들의 가치관을 비교하여 세계의 의미를 새롭게 파악함. / 4 / 우언 – 제목의 의미
▶ 작은 즐거움을 누리는 삶의 가치

– 이덕무, 〈우언(迂言)〉

❖ 제대로 작품 분석의 〈보기〉

㉠ 글쓴이가 높이 평가하는 삶의 유형
㉡ 시정에 살면서 명리에 마음을 두는 사람이 가장 많음.
㉢ 우회적인 표현을 통해 자신의 삶에 대한 자부심을 드러냄.
㉣ 어디에 사느냐, 어디에 마음을 두느냐에 따라 삶의 방식을 네 가지로 구분함.

❖ 제목의 의미

'우언'은 '시세나 사정에 밝지 못한 말'이라는 뜻이다. 작품 속에서 작가는 시정(市井)에 살지만 은거에 마음을 두는 자신의 삶을 높이 평가하는 것이 '우언'일지 모른다고 말하면서 자신의 삶에 대한 자부심을 우회적으로 드러내고 있다.

❖ 작가 소개

이덕무(李德懋, 1741~1793): 조선 후기의 실학자. 호는 형암(炯庵). 박지원, 홍대용 등의 북학파 실학자들과 교류했으며, 사색적이고 철학적인 고증학적 방법론에 관심을 기울였다. 주요 저서로는 《관독일기》, 《편찬잡고》, 《청비록》 등이 있다.

❖ 핵심 정리

- 갈래: 고전 수필
- 성격: 성찰적, 분석적
- 주제: 자신의 삶의 방식에 대한 자부심
- 특징: ① 삶의 유형을 네 가지로 구분하고 이에 대한 성찰을 드러냄. ② 자신의 삶에 대한 자부심을 우회적인 방법으로 표현함.

제대로 감상법 모범 답안

가 문학적 의미 생성 양상

❶ 의미 ❷ 관계

❖ 제대로 작품 분석

1㉢ 2㉣ 3㉡ 4㉠

나 윤선도, 〈만흥(漫興)〉

❶ 임금 ❷ 보리밥 픗ᄂᆞ물 ❸ 속세

❖ 제대로 작품 분석

1㉤ 2㉡ 3㉢ 4㉣ 5㉠

다 이덕무, 〈우언(迂言)〉

❶ 은거

❖ 제대로 작품 분석

1㉣ 2㉡ 3㉠ 4㉢

01

정답률 43% | 매력적인 오답 ② 23%

(나)의 시상 전개에 대한 설명으로 가장 적절한 것은?

정답인 이유

① **〈제1수〉에서는 경험적 성격과 연결된 공간으로부터, 〈제6수〉에서는 관념적* 성격과 연결된 공간으로부터 시상이 전개된다.**
('산슈 간 바회 아래 뛰집' / '강산')

⋯→ 〈제1수〉에서 '산슈 간 바회 아래 뛰집'은 화자가 실제로 생활하는 공간으로, 경험적 성격을 띤다고 볼 수 있다. 반면 〈제6수〉에서 '강산'은 자연을 뜻하는 시어로, 화자가 '님군 은혜'를 더 잘 알게 해 주는 관념적 성격의 공간이라고 할 수 있다. 화자는 〈제1수〉와 〈제6수〉에서 각각의 공간으로부터 시상을 전개하고 있다.

* 관념적(觀念的): 현실성이 없으며 추상적이고 공상적인. 또는 그런 것 예 그의 연구는 지나치게 관념적이라는 비판을 받았다.

오답인 이유

② (매력적인 오답) **〈제2수〉에서는 구체성이 드러나는 소재로, 〈제3수〉에서는 추상성이 강화된 소재로 시상이 시작된다.**
(○ / ×)

⋯→ 〈제2수〉는 '보리밥 픗ᄂᆞ물'로, 〈제3수〉는 '잔'으로 시상이 시작되고 있다. 두 소재는 모두 화자가 일상 속에서 즐기고 사용하는 것이므로 구체성이 드러나는 소재라고 볼 수 있다.

③ **〈제2수〉에서 설의적 표현으로 제기된 의문이 〈제5수〉에서 해소되었음이 영탄적 표현으로 드러난다.**
(○ / × → 화자의 의문은 나타나지 않음.)

⋯→ 〈제2수〉의 '그 나믄 녀나믄 일이야 부롤 줄이 이시랴'에 설의적 표현이 나타나 있다. 하지만 화자는 이를 통해 그 밖의 다른 일은 부럽지 않다는 자신의 만족감을 드러낸 것이지, 의문을 제기한 것이 아니다. 또한 〈제5수〉에 화자의 의문이 해소되었음이 드러나지도 않았다.

④ **〈제3수〉에서의 현재에 대한 긍정이 〈제4수〉에서의 역사에 대한 부정으로 바뀌며 시상이 전환된다.**
(○ / ×)

⋯→ 〈제3수〉에서 화자가 '뫼'를 긍정적으로 묘사한 것을 통해 그가 자연 속에서 생활하는 현재의 삶을 긍정하고 있음을 알 수 있다. 하지만 〈제4수〉에 역사에 대한 부정은 나타나 있지 않다.

⑤ **〈제3수〉에 나타난 정서적 반응이 〈제6수〉에서 감각적 표현을 통해 구체화된다.**
('반가옴', '됴하ᄒᆞ노라' / ×)

⋯→ 〈제3수〉에서 '반가옴', '됴하ᄒᆞ노라' 등의 정서적 반응을 확인할 수 있다. 하지만 〈제6수〉에서 감각적 표현으로 이를 구체화한 것은 아니다.

02

정답률 59% | 매력적인 오답 ④ 23%

(가)를 참고하여 (나)를 감상한 내용으로 적절하지 않은 것은?

정답인 이유

③ **'님'에 대한 '반가옴'보다 더한 감흥을 불러일으키는 '뫼'의 의미를 부각하여* 화자와 '님' 사이의 거리가 드러남으로써, 자기와 외부 세계 사이의 소원한 관계가 유지된다.**
(× / × → '뫼'의 의미 부각으로 친화적 관계 형성)

⋯→ 화자는 '님'이 왔을 때의 반가움보다 '뫼'를 바라볼 때의 반가움이 더 크다며 '뫼'의 의미를 부각하고 있는데, 이를 통해 화자와 외부 세계 사이에 친화적 관계가 형성되고 있다. '님'은 비교 대상으로 설정되었을 뿐 화자와 '님' 사이의 거리가 드러난 것은 아니다.

* 부각하다(浮刻--): 어떤 사물을 특징지어 두드러지게 하다. 예 보색 관계에 있는 두 색을 나란히 놓으면 두 색을 모두 부각할 수 있다.

오답인 이유

④ (매력적인 오답) **'님천'에서의 '한흥'이 '삼공'이나 '만승'보다 더한 가치를 지닌다고 강조하여 화자와 '님천' 사이의 거리가 가까워짐으로써, 자기와 외부 세계 사이의 친화적 관계가 형성된다.**

⋯→ 화자는 '님쳔(자연 속)'에서의 '한흥(한가로운 흥취)'이 '삼공(삼정승)'이나 '만승(만 대의 수레를 부리는 천자의 자리)'보다 낫다고 강조하며 '님천'에 가치를 부여하고 있는데, 이를 통해 화자와 외부 세계인 '님천' 사이의 거리가 가까워져 둘 사이에 친화적 관계가 형성되고 있다.

① **'산슈 간'에서 살고자 하는 마음과 이에 공감하지 못하는 '놈들'의 생각을 병치하여 화자와 '놈들' 사이의 거리가 드러남으로써, 자기와 외부 세계 사이의 소원한 관계가 유지된다.**

⋯→ 화자는 산수 간 바위 아래 움집을 짓고 살고자 하는 자신의 마음과 이를 비웃는 '놈들'의 생각을 상호적으로 대비하고 있는데, 이를 통해 화자와 외부 세계인 '놈들' 사이의 거리가 드러나 둘 사이에 소원한 관계가 유지되고 있다.

② **'바횟 긋 믉ᄀᆞ'에서 즐거움을 누리는 삶과 '녀나믄 일'을 대비하여 세상일과 거리를 두려는 화자의 태도가 드러남으로써, 자기와 외부 세계 사이의 소원한 관계가 유지된다.**

⋯→ 화자는 바위 끝 물가에서 실컷 노니는 삶과 '녀나믄 일'로 대변되는 세상일을 대비하여 자신과 세상일 사이에 거리를 두고 있는데, 이를 통해 화자와 외부 세계 사이의 소원한 관계가 유지되고 있다.

⑤ **'강산' 속에서의 삶이 '님군'의 '은혜' 덕택임을 제시하여 화자와 '님군' 사이의 거리가 가까워짐으로써, 자기와 외부 세계 사이의 친화적 관계가 형성된다.**

⋯→ 화자는 '강산'이 좋다 한들 자신의 분수로 그곳에 누워 있겠느냐며 자신이 자연 속에서 사는 것이 '님군 은혜' 덕분임을 제시하고 있는데, 이를 통해 화자와 '님군' 사이의 거리가 가까워짐으로써 둘 사이에 친화적인 관계가 형성되고 있다.

03

정답률 63% | 매력적인 오답 ③ 18%

(다)를 이해한 내용으로 적절하지 않은 것은?

정답인 이유

① '부끄러움'과 '즐거움'을 조화시킴으로써 더 나은 삶의 방식을 결정할 수 있다.

···› '나'는 시정에 살면서 은거에 마음을 두는 삶의 가치에 대해 말한 것이지 부끄러움과 즐거움을 조화시켜 더 나은 삶의 방식을 결정할 수 있다고 말한 것이 아니다.

오답인 이유

③ (매력적인 오답) '산림'에 사는 사람들 중에는 '즐거움'을 누리는 경우보다 '부끄러움'을 가진 경우가 더 많다.

···› '나'는 '산림에 살면서 명리에 마음을 두는 것은 큰 부끄러움'이며, '큰 부끄러움을 안고 사는 자는 백에 반'이라고 하였다. 또한 '산림에 살면서 은거에 마음을 두는 것은 큰 즐거움'이며, '큰 즐거움을 누리는 자는 백에 서넛'이라고 하였다. 이를 통해 산림에 사람들 중 즐거움을 누리는 사람보다 부끄러움을 가진 사람이 더 많음을 알 수 있다.

② '나'는 어디에 사느냐와 어디에 마음을 두느냐를 고려하여 삶의 유형을 나누고 있다.

···› '나'는 산림과 시정 중 어디에 사느냐, 그리고 명리와 은거 중 어디에 마음을 두느냐를 고려하여 삶의 유형을 나누고 있다.

④ '큰 부끄러움'과 '작은 즐거움'은 어디에 사느냐와 어디에 마음을 두느냐가 모두 서로 다르다.

···› 큰 부끄러움은 '산림에 살면서 명리에 마음을 두는 것'이고, 작은 즐거움은 '시정에 살면서 은거에 마음을 두는 것'이므로 둘은 어디에 사느냐와 어디에 마음을 두느냐가 서로 모두 다르다.

⑤ '명리'를 '부끄러움'에, '은거'를 '즐거움'에 대응시킨 것으로 보아 '나'는 '은거'의 가치를 '명리'의 가치보다 높이 두고 있음을 알 수 있다.

···› '나'는 어디에 사느냐와 관계없이 명리에 마음을 두는 것은 모두 부끄러움에, 은거에 마음을 두는 것은 즐거움에 대응시켰다. 이를 통해 '나'가 은거의 가치를 명리의 가치보다 높이 두고 있음을 알 수 있다.

04

정답률 72%

㉠, ㉡에 대한 설명으로 가장 적절한 것은?

정답인 이유

⑤ ㉠과 ㉡은 모두, 자신이 말하고자 하는 바를 우회하여 표현함으로써 자신의 삶에 대한 자부심을 드러내고 있다.

···› ㉠에서 화자는 자신을 '하암(어리석은 사람)'에 비유하여 남들은 자신을 비웃지만 이것이 '하암'의 분수에 맞는 것이라고 하였다. 이를 통해 화자는 자연 속에 은거하는 자신의 삶에 대한 자부심을 우회적으로 드러내고 있다. (다)에서 '나'는 자신이 시정에 살면서 은거에 마음을 두는 자이며, 이러한 작은 즐거움을 누리는 자가 '참으로 가장 높은 것'이라고 하였다. 따라서 '나'가 ㉡에서 자신의 말이 물정 모르는 소리일지 모른다고 한 것은 남들과 달리 작은 즐거움을 누리는 자신의 삶에 대한 자부심을 우회적으로 드러낸 것으로 볼 수 있다.

오답인 이유

① ㉠은 자신의 처지를 남의 일을 말하듯이 표현함으로써 자신의 문제를 회피하고 있다.

···› ㉠에 자신의 문제를 회피하는 태도는 드러나 있지 않다.

② ㉡은 자신의 행동을 냉철하게 성찰함으로써 자신의 과오를 인정하고 있다.

···› ㉡에 자신의 행동을 성찰하거나 자신의 과오를 인정하는 태도는 드러나 있지 않다.

③ ㉠은 ㉡과 달리, 자신의 처지를 자문자답 형식으로 말함으로써 자신의 생각을 일반화하고 있다.

···› ㉠에 화자가 자문자답하는 모습은 나타나 있지 않다.

④ ㉡은 ㉠과 달리, 자신의 생각을 남의 말을 인용하여 표현함으로써 자신의 신념을 객관화하고 있다.

···› ㉡에서 '나'는 자신의 생각과 다른 사람의 생각을 비교하고 있을 뿐 타인의 말을 인용하여 자신의 신념을 객관화하고 있지는 않다.

05

정답률 80% | 매력적인 오답 ③ 10%

ⓐ를 바탕으로 (나), (다)를 이해한 내용으로 적절하지 않은 것은? [3점]

문학 작품의 의미가 생성되는 양상

정답인 이유

④ (나)에서는 선인들의 삶의 태도를 자기 내면으로 수용하는 과정을 거쳐, (다)에서는 대다수 사람들의 뜻을 자기 내면으로 수용하는 과정을 거쳐 새로운 의미를 생성한다고 볼 수 있다.

···› (나)에 화자가 선인들의 삶의 태도를 자신의 내면으로 수용하는 과정은 나타나 있지 않다. (다)의 화자는 대다수의 사람들의 뜻과 자신의 가치관이 다름을 언급했을 뿐 다른 사람의 뜻을 자기 내면으로 수용하는 과정을 거치고 있는 것은 아니다.

오답인 이유

③ (매력적인 오답) (다)에서 삶의 방식을 상대적 기준에 따라 나누어 평가한 것은 자신의 가치관과 세상 사람들의 생각을 비교하여 세계의 의미를 새롭게 파악한 것이라고 할 수 있다.

···› (다)에서 거처와 지향점을 기준으로 삶의 방식을 나누고, 시정에 살면서 은거에 마음을 두는 삶이 가장 높다고 평가한 것은 세상 사람들의 생각과 '대부분의 사람들의 생각과는 거리가 먼' 자신의 가치관을 비교하여 세계의 의미를 새롭게 파악한 것으로 볼 수 있다.

① (나)에서 무정물인 대상에 대해 호감을 표현한 것은 자신의 정서를 대상에 투영한 것이라고 볼 수 있다.

···› (나)에서 화자는 '뫼'를 바라보는 것이 그리던 님이 오는 것보다 반갑다고 하며 '뫼'에 호감을 표현하고 있다. 이는 자연에서 만족감을 누리고 있는 자신의 정서를 대상에 투영한 것이라고 볼 수 있다.

② (다)에서 자연에 의미를 부여하는 것은 자신의 생각을 대상에 투영하여 세계를 해석하는 것이라고 볼 수 있다.

···› (다)에서 '산림에 살면서 명리에 마음을 두는 것', '산림에 살면서 은거에 마음을 두는 것'의 의미를 밝히며 산림에 의미를 부여한 것은 자신의 생각을 산림에 투영하여 세계를 해석하는 과정이라고 볼 수 있다.

⑤ (나)에서 자기 본성을 하늘의 뜻에 연관 지은 것과, (다)에서 자기 삶의 방식을 일반적인 삶의 방식과 견준 것은 자기 삶의 가치를 새롭게 해석하여 의미를 만들어 낸 것이라고 할 수 있다.

···› (나)에서는 자신의 천성이 게으른 것을 하늘이 알고 다만 강산을 지키라고 하셨다며 자기 본성을 하늘의 뜻과 연관 지었다. (다)에서는 작은 즐거움을 누리는 사람은 백에 하나 있거나 아주 없거나 하다며 일반적인 삶의 방식과 자신의 삶의 방식을 견주었다. 이는 자기 삶의 가치를 새롭게 해석하여 의미를 만들어 낸 것이라고 할 수 있다.

갈래 복합 **11** 전우치전 | 전우치

▶ 문제편 239~243쪽

정답 | 01 ① 02 ② 03 ④ 04 ⑤ 05 ④

[01~05] 다음 글을 읽고 물음에 답하시오. 2021 6월 모의평가

제대로 작품 분석 ▶〈보기〉에서 적절한 것을 골라 넣으며 작품을 분석해 보자.

가 [앞부분의 줄거리] 전우치는 구미호로부터 천서를 빼앗아 술법을 배웠으나 구미호가 전우치를 속여 천서의 일부를 가져간다.
(전우치가 도술을 부릴 수 있게 된 계기)

우치 대노 왈,

"흉악한 요물(구미호)이 나를 업수이 여겨 이같이 속이니 내 이제 여우 굴에 가 책을 찾고 요괴를 소멸하리라."

하고 방망이와 송곳을 가지고 여우 굴로 가니, 산천이 깊고 길이 아득하여 찾을 수 없어 도로 돌아와 생각하되, '이 요괴 변화가 예측하기 어려우니 가히 이곳에 오래 머물지 못하리라.' 하고 서책을 수습하여 돌아오니, 대저 천서 상권은 부적을 붙인 까닭에 빼앗아 가지 못함이러라.
▶ 구미호로부터 천서 일부를 빼앗은 전우치

[A] 우치 집에 돌아와 천서를 보아 못 할 술법이 없으매, 과거에 뜻이 없어 스스로 생각하되, '내 벼슬하여 모친을 봉양하려 하면 자연히 더디리라.'(전우치가 임금에게 황금을 요구한 까닭 – 모친을 봉양하기 위한 것) 하고 이에 한 계교를 생각하여 몸을 흔들어 변하여 선관이 되어 오색구름을 타고 하늘에 올라 바로 궐내로 들어가 대명전에 자리하니 서기(상서로운 기운)가 공중에 어리었으니 궁중이 황홀했다. 이에 조정의 신하들이 당황하여 갈팡질팡하고 임금께 아뢰기를,

"고금에 드문 괴변이라."

하니, 왕이 대경하사 여러 신하를 모아 의논하시더니, 우치가 운무 중에 서고 청의동자(푸른 옷을 입은 어린이들)가 외쳐 왈,

"고려국 왕은 옥황상제 전교를 들으라." / 하거늘, 왕이 명하사 바다에 깔 자리와 향로를 올려놓은 상을 갖춰 놓게 하고 나아가 보니 한 선관(도술로 변신한 전우치)이 금관 홍포로 동자를 좌우에 세우고 오색구름 중에 싸여 단정히 섰거늘, 왕이 네 번 절한 후 땅에 엎드리시니, 우치 왈,

「"하늘의 궁궐이 오래되어 낡고 헐었기에 이제 수리하고자 하여 인간 여러 나라에 뜻을 전하여 모든 물건을 다 바쳤으나 다만 황금 들보 하나가 없는지라. 옥황상제께서 그대 나라에 황금이 유족함을 아시고 이제 뜻을 전하사 칠 월 칠 일 오시에 상량하리니, 그날 미쳐 대령하되 길이 십 척 오 촌이요, 너비 삼 척 이 촌, 만일 그날 미치지 못하면 큰 변을 내리우시리라."」
「 」: 전우치가 왕에게 황금을 요구하는 모습이 자세히 서술됨.

하고「말을 마치자 선악(신선의 풍악) 소리 은은하며 오색구름이 남녘으로 향하여 가더라.」
「 」: 전우치가 왕과의 만남을 끝냄.
▶ 천서로 익힌 술법으로 왕을 속인 전우치

(중략)

「우치 무안하여 달아나고자 하더니 화담이 알고 변신하여 삵이 되어 달려드니, 우치가 보라매 되어 날려 한 즉, 화담이 또한 청사자가 되어 우치를 물어 쓰러뜨리고 크게 꾸짖어 왈,」
「 」: 도망가려는 전우치를 도술로 제압하는 화담

"너 같은 요술이 임금을 속이고 세상을 희롱하니 어찌 죽이지 아니하리오?"
(위기에 처한 나라를 구하는 일반적 영웅 소설의 주인공과 다른 모습)

우치 애걸 왈,

"선생의 도술이 높으심을 모르고 존엄을 범하였으니 죄당만사(罪當萬死)(지은 죄가 너무 커서 죽어 마땅함.)이오나, 소생에게 노모가 있사오니 원컨대 선생은 잔명(얼마 남지 아니한 쇠잔한 목숨)을 빌리소서."

화담 왈,

「"내 이번은 살리거니와 다시 그런 버릇없는 일을 행치 말고 그대 모친을 봉양하다가 그대 모친이 돌아가신 후에 나와 영주산에 들어가 선도(仙道)를 닦음이 어떠하뇨?"」

우치 왈, / "선생의 교훈대로 봉행하리이다."

하고 인하여 하직한 후에 집에 돌아와 요술을 행치 아니하고 모친을 봉양하더니, 세월이 여류하여(물의 흐름과 같이 매우 빨라) 우치 모부인이 졸하니 우치 예를 갖추어 선산에 안장하고 삼 년을 받들더니, 하루는 화담이 왔거늘, 우치가 황망히 나와 맞아 인사를 마치고 자리에 앉은 후에 화담 왈,

「"그대와 약속한 일(영주산에 들어가 함께 선도를 닦는 일)이 있으매 그대 상중에 있는 것을 알고 왔거늘, 이제 그 산에 있는 구미호를 잡아 돌상자에 가두고 그 굴에 불 지름이 어떠하뇨?"

우치 왈,

"이제 선생이 그 여우를 없이하시면 진실로 온 나라의 아주 다행스러운 일이 아닐까 하나이다."」
「 」: 구미호를 없애기로 계획하는 전우치와 화담

화담 왈,

"내 이제 그대를 데려가려 하나니, 행장을 꾸리거라."

하거늘,「우치 크게 기뻐하며 재산을 흩어 노복(종살이를 하는 남자)을 주며 왈,

"나는 이제 영원히 이별하려 하니, 너희들은 탈 없이 있어 나의 조상의 제사를 받들라."

하고 조상의 무덤에 하직한 후에 화담을 모시고 구름을 타고 영주산으로 향하니, 그 뒷일은 알지 못하니라.」
▶ 화담에게 제압당하고 선도를 닦으러 영주산으로 간 전우치

– 작자 미상, 〈전우치전〉

❖ 제대로 작품 분석의 〈보기〉

- ㉠ 전우치에게 영주산에서 선도를 닦을 것을 권하는 화담
- ㉡ 자신의 요구 조건이 실현되도록 왕을 위협하는 전우치
- ㉢ 전우치가 요술로 세상을 어지럽히지 않도록 이끄는 존재
- ㉣ 주인공이 부귀영화를 누리며 끝나는 일반적 영웅 소설의 결말과 다른 모습
- ㉤ 천서를 익혀 탁월한 능력을 갖게 됨. – 전형적인 영웅 소설의 구조와 비슷함.

❖ 제목의 의미

'전우치'라는 인물이 자신의 신기한 재주를 이용하여 부패한 무리를 벌하고 가난한 백성을 도와준다는 내용의 영웅 소설이다. 실존 인물을 주인공으로 한 소설로, 다양한 이본이 전한다. 초인적 능력으로 권력층에 맞서는 전우치는 부패한 정치와 당쟁에 시달렸던 당시의 백성들에게 대리 만족을 주는 존재로 볼 수 있다.

❖ 전체 줄거리

천상 선동이었던 전우치는 죄를 지어 고려 말 처사 전운화와 최 씨 부인의 아들로 속계에 태어난다. 전우치는 어릴 적 여우 입속에 들어 있는 구슬을 받아먹고, 구미호에게서 천서를 빼앗아 도술을 익힌다. 전우치는 도술로 임금을 희롱하고 횡포를 일삼는 무리를 징벌하며, 억울하고 가난한 사람들을 돕는다. 이후 전우치는 임시 벼슬을 얻기도 하지만 역적의 혐의를 받아 죽을 위기에 처하고, 가까스로 탈출하여 도술로 세상을 희롱하고 다닌다. 친한 벗을 위해 수절 과부를 훼절시키려던 전우치는 강림 도령에게 제지당하고, 서화담에게 굴복해 그와 함께 산에 들어가 도를 닦는다.

❖ 핵심 정리

- 갈래: 영웅 소설, 도술 소설, 사회 소설
- 성격: 전기적, 영웅적, 비판적

• 배경: 시간 – 고려 말
공간 – 송도(개성)
• 주제: 전우치의 권력에 대한 저항과 백성을 위한 활약
• 특징: ① 실존 인물의 내력이 전설을 거쳐 소설화됨. ② 모순된 사회 현실을 반영함. ③ 서사의 전개가 유기적이지 않은 삽화식 구성을 취함. ④ 비현실적인 요소를 사용하여 인물의 영웅적 면모를 강조함.

나 [장면 1] (처음 ~ 전우치가 슬쩍 주머니에 넣는다)

소주제: 왕이 궁궐에 나타난 전우치를 옥황상제의 아드님으로 대접함.

- 쩌렁쩌렁한 목소리에 ~ 더 낮춘다: 왕이 전우치에게 속아 최고의 예우로 대함.
- 지상의 왕은 내가 ~ 기근 지역에 보냈느냐?: 1
- 그제 제 꿈에 나타나 하명하신 대로: 전우치가 왕에게 요구를 전하는 장면이 대사로 간략히 처리됨.
- 하늘에서 그대의 ~ 갚아 줄 것이다: 자신의 요구가 실현된 것에 대해 보상을 약속함.
- 전우치가 손짓하자 ~ 음악을 바꾼다: 전우치의 손짓대로 악사들의 음악이 바뀜.

[장면 2] (전우치: 왕은 고개를 들라 ~ 끝)

소주제: 전우치가 자신의 정체를 밝히고 산수화 속으로 사라짐.

- 이 도사 전우치가 타고 갈 말이니라: 2
- 나를 아는가? 유명하면 ~ 거 참: 왕 앞에서 거드름을 피우는 전우치
- 감히 도사 놈이 주상을 능멸해: 3
- 도사 놈: 전우치를 향한 왕의 적대감
- 도사는 바람을 다스리고 ~ 꽃으로 변한다: 전우치의 도사로서의 능력이 드러남.
- 생선은 대가리부터 썩는 법: 4
- 왕과 대신들이 기근에 시달리는 ~ 심부름을 하고자 왔으니: ① 전우치가 왕에게 황금을 요구한 까닭 ② 부패한 왕과 신하들에 대한 비판
- 전우치가 그림 속으로 들어가 말을 타고 사라진다: 왕과의 만남을 끝내는 전우치

– 최동훈, 〈전우치〉

❖ 제대로 작품 분석의 〈보기〉

㉠ 부패한 지배층에 대한 비판
㉡ 전우치가 자신의 정체를 밝힘.
㉢ 전우치가 자신의 정체를 밝히면서 왕과의 갈등이 표출됨.
㉣ 전우치가 왕에게 황금을 요구한 까닭 – 백성을 보살피기 위한 것

❖ 제목의 의미

고전 소설 〈전우치전〉을 현대적 액션 코미디물로 각색한 시나리오이다. 누명을 쓰고 그림 족자에 갇혔던 전우치가 500년 후에 봉인에서 풀려나 세상을 어지럽히는 요괴들과 맞서 싸운다는 내용을 담고 있다.

❖ 전체 줄거리

조선 시대에 전설의 피리 '만파식적'이 요괴의 손에 넘어가고 세상이 시끄러워진다. 신선들은 당대 최고의 도인이었던 천관대사와 화담에게 도움을 요청해 요괴를 봉인하고, 도인들은 만파식적을 나눠 가진다. 그런데 천관대사가 누군가에게 살해당하고 피리 반쪽이 사라진다. 전우치는 천관대사를 살해한 범인으로 몰려 그림 족자에 봉인 당한다. 500년이 흐른 후, 서울에 다시 요괴들이 나타나 세상을 어지럽힌다. 신선들은 고심 끝에 그림 족자에 봉인된 전우치를 불러내고, 전우치는 요괴에 맞서 싸운다.

❖ 핵심 정리

• 갈래: 시나리오
• 성격: 희극적, 풍자적
• 배경: 시간 – 500년 전 조선 시대, 2009년
공간 – 조선, 서울
• 주제: 요괴와 대결을 벌이는 전우치의 뛰어난 도술과 활약상
• 특징: ① 과거와 현재를 오가며 이야기가 진행됨. ② 다양한 촬영 기법과 효과를 통해 도술을 효과적으로 표현함.

제대로 감상법 모범 답안

가 작자 미상, 〈전우치전〉

❶ 전우치 ❷ 화담 ❸ 선관 ❹ 황금 들보 ❺ 삶

❖ 제대로 작품 분석

1㉤ 2㉡ 3㉢ 4㉠ 5㉣

나 최동훈, 〈전우치〉

❶ 전우치 ❷ 왕 ❸ 옥황상제 ❹ 음악

❖ 제대로 작품 분석

1㉣ 2㉡ 3㉢ 4㉠

01

정답률 82%

(가)의 화담에 대한 이해로 가장 적절한 것은?

정답인 이유

① 전우치가 요술로 세상을 어지럽히지 않도록 이끈다.

⋯› 화담은 요술로 '임금을 속이고 세상을 희롱하'던 전우치를 제압한 후 '다시 그런 버릇없는 일을 행치 말'라고 하였고, 그 말을 들은 전우치는 화담에게 하직하고 집으로 돌아와 '요술을 행치 아니하고 모친을 봉양'했다고 하였으므로 화담은 전우치가 요술로 세상을 어지럽히지 않도록 이끄는 인물로 볼 수 있다.

오답인 이유

② 전우치의 요청에 따라 선도를 닦기 위해 함께 간다.
× → 전우치에게 화담이 제안함.

⋯› 전우치가 화담에게 선도를 닦자고 한 것이 아니라 화담이 전우치에게 '나와 영주산에 들어가 선도를 닦음이 어떠하뇨?'라고 물으며 선도를 닦자고 제안한 것이다.

③ 전우치의 공격을 받으나 도술로 전우치를 제압한다.
× → 전우치는 화담을 공격하지 않음.

⋯› 화담은 '무안하여 달아나고자' 보라매로 변신한 전우치를 도술로 제압했을 뿐 전우치의 공격을 받지는 않았다.

④ 전우치와 함께 구미호를 퇴치하여 나라를 안정시킨다.
× → (가)에 아직 구미호 퇴치 장면이 나오지 않음.

⋯› 화담이 전우치에게 구미호를 잡아 돌상자에 가두고 그 굴에 불을 지를 것을 제안하자 전우치가 '선생이 그 여우를 없이하시면 ~ 다행스러운 일이 아닐까 하나이다.'라고 화답하였지만, (가)에 구미호를 실제로 퇴치하는 내용은 제시되어 있지 않다.

⑤ 전우치와의 약속을 지키지 않고 영주산에 갈 것을 재촉한다.
× → 약속대로 전우치를 기다려 줌.

⋯› 화담은 전우치에게 모친이 돌아가신 후에 영주산에 들어가 선도를 닦자고 제안하였고, 그 약속대로 전우치가 돌아가신 모친을 선산에 안장하고 삼 년을 받드는 중에 찾아왔다.

02

정답률 62% | 매력적인 오답 ④ 12%

〈보기〉는 선생님의 안내에 따라 학생들이 (가)를 이해한 내용이다. ⓐ~ⓔ 중 적절하지 않은 것은? [3점]

〈보기〉

선생님: 일반적으로 영웅 소설에서 주인공은 고난을 겪지만 조력자를 만나 병서나 무기 등을 얻어 탁월한 능력을 갖게 됩니다. 이후 주인공이 위기에 처한 나라를 구하는 공을 세워 이름을 떨치며 부귀영화를 누리는 것으로 마무리됩니다. 이때 주인공은 유교적 이념을 존중하는 인물입니다. 이와 같은 전형적인 영웅 소설과 〈전우치전〉이 어떻게 유사하고 다른지 이야기해 봅시다.

(일반적인 영웅 소설 속 주인공의 특징 ① / 일반적인 영웅 소설 속 주인공의 특징 ② / 일반적인 영웅 소설 속 주인공의 특징 ③)

학생 1: 전우치가 천서를 익혀 뛰어난 능력을 얻게 된 것은 병서를 익혀 탁월한 능력을 갖게 된 일반적인 영웅 소설과 비슷해요. ………… ⓐ
(○ → '천서를 보아 못 할 술법이 없으매' / ○)

학생 2: 전우치가 충을 다함으로써 효를 실천하는 것은 충효라는 유교적 이념을 중시하는 일반적인 영웅 소설과 비슷해요. …………… ⓑ
(× → 전우치는 임금과 신하를 속임. / × → 전우치는 충을 실천하지 않음.)

학생 3: 전우치가 입신양명의 길을 선택하지 않은 것은 나라에 공을 세워 이름을 널리 떨치는 일반적인 영웅 소설과는 달라요. ………… ⓒ
(○ → '과거에 뜻이 없어 ~' / ○)

학생 4: 전우치가 옥황상제의 권위를 이용하여 나라의 재산을 취하려 한 것은 위기에 처한 나라를 구하는 일반적인 영웅 소설과는 달라요. …………………………………………………………………… ⓓ
(○ → '옥황상제께서 그대 나라에 ~ 큰 변을 내리우시리라.' / ○)

학생 5: 전우치가 재산을 흩어 노복에게 주고 떠나는 것으로 마무리되는 것은 부귀영화를 누리게 되는 일반적인 영웅 소설과는 달라요. … ⓔ
(○ → '재산을 흩어 노복을 주며' / ○)

정답인 이유

② ⓑ

… 전우치는 모친을 봉양하기 위해 요술로 임금과 조정의 신하들을 속였으므로 효를 실천했다고는 볼 수 있으나 충을 다했다고는 볼 수 없다.

오답인 이유

④ (매력적인 오답) ⓓ

… 전우치가 선관으로 변신하여 임금에게 거짓된 옥황상제의 전교를 전하고, 이를 통해 나라의 재산을 취하려는 모습은 주인공이 위기에 처한 나라를 구하는 일반적인 영웅 소설과는 다른 모습이다.

① ⓐ

… 전우치가 구미호로부터 천서를 빼앗아 이를 보고 못 하는 술법이 없게 된 모습은 주인공이 병서나 무기 등을 얻어 탁월한 능력을 갖게 되는 일반적인 영웅 소설과 비슷한 모습이다.

③ ⓒ

… 전우치가 '과거에 뜻이 없어' 벼슬길에 나아가지 않는 모습은 주인공이 나라에 공을 세워 이름을 널리 떨치는 일반적인 영웅 소설과는 다른 모습이다.

⑤ ⓔ

… 전우치가 재산을 흩어 노복에게 주고 화담을 따라 영주산으로 간다는 결말은 주인공이 부귀영화를 누리며 이야기가 마무리되는 일반적인 영웅 소설의 결말과는 다른 모습이다.

03

정답률 70% | 매력적인 오답 ② 11%

(가)를 토대로 (나)가 창작되었다고 할 때, [A]와 (나)에 대한 비교로 적절하지 않은 것은?

정답인 이유

④ 전우치가 왕과의 만남을 끝내는 모습이 [A]에서는 구름을 타고 남쪽으로 가는 것으로, (나)에서는 돌아올 것을 예고하며 말을 타고 산수화 속으로 들어가는 것으로 나타났다.
(○ / × → 돌아올 것을 예고하지 않음, 산수화 속으로 들어가 말을 탐.)

… [A]에서는 전우치를 태운 '오색구름이 남녘으로 향하여 가'면서 왕과의 만남이 끝난다. (나)에서는 전우치가 산수화 속으로 들어가 빈 말을 타고 사라지며 왕과의 만남을 끝내고 있다. 또한 전우치는 왕에게 돌아올 것을 예고하지 않았다.

오답인 이유

② (매력적인 오답) 전우치가 왕에게 황금을 요구한 까닭은 [A]에서는 모친 봉양을 위한 것이었으나, (나)에서는 백성을 보살피는 것으로 바뀌었다.

… [A]에서 전우치는 벼슬하는 것보다 빠른 방법으로 모친을 봉양하기 위해 왕에게 황금을 요구한 것이다. 그런데 (나)에서는 전우치가 '기근에 시달리는 백성을 보살피'기 위해 왕에게 '황금 1만 냥을 함경도 기근 지역에' 보내라고 한 것으로 바뀌었다.

① 전우치가 왕에게 말하는 태도는 [A]에서는 근엄하였으나, (나)에서는 거드름을 피우는 것으로 변화하였다.

… [A]에서 전우치는 실제로 옥황상제의 전교를 읽는 것처럼 근엄한 태도로 왕에게 말하고 있다. 그런데 (나)에서는 전우치가 '유명하면 아무리 이름을 숨긴다고 숨겨지는 것도 아니고 거 참.' 등과 같이 말하며 거드름을 피우는 것으로 변화하였다.

③ 전우치가 자신의 요구 실현에 대해 취한 조치는 [A]에서는 실행하지 않을 경우 변을 당하리라 위협하는 것으로, (나)에서는 실행한 것에 대해 보상을 약속하는 것으로 표현되었다.

… [A]에서 전우치는 '만일 그날 미치지 못하면 큰 변을 내리우시리라.'라고 위협하며 요구가 실현되도록 하였다. 한편 (나)에서 전우치는 왕에게 '하늘에서 그대의 덕을 높이 사 ~ 갚아 줄 것이다.'라고 말하며 요구가 실현된 것에 대한 보상을 약속하였다.

⑤ 전우치가 왕에게 자신의 요구를 전하는 장면은 [A]에서는 왕에게 요구하는 모습이 자세히 서술되었으나, (나)에서는 꿈에 나타나 하명하였다는 왕의 대사로 간략히 처리되었다.

… [A]에서는 들보를 상량해야 하는 날짜, 들보의 길이와 너비 등이 구체적으로 언급되어 전우치가 왕에게 요구하는 모습이 자세히 서술되었다. 그런데 (나)에서는 전우치의 요구가 '제 꿈에 나타나 하명하신 대로'라는 왕의 대사로 간략하게 처리되었다.

04

정답률 86%

(나)에 나타난 갈등 양상에 대한 이해로 적절하지 않은 것은?

정답인 이유

⑤ 왕과 전우치의 주문에 따라 연주되는 음악이 계속 바뀜으로써 왕과 전우치 간의 대결이 우열을 가리기 힘든 상황임이 드러난다.
(× → 전우치의 주문에 따라 바뀜. / ×)

… 처음에는 왕이 손짓하자 궁중 악사들이 성악 연주를 시작했고, 이후에는 전우치의 손짓에 의해서만 궁중 악사들의 연주가 바뀌고 있다. 따라서 왕과 전우치의 주문에 따라 변화하는 음악이 둘 사이의 대결 양상을 드러낸다고 볼 수 없다.

오답인 이유

① 전우치가 자신의 정체를 드러낸 것을 계기로 왕과의 갈등이 표출되어 상황이 새로운 국면으로 전환된다.

…→ 전우치가 '이 도사 전우치가 타고 갈 말이니라.'라고 자신의 정체를 밝히자 왕은 '감히 도사 놈이 주상을 능멸해.'라고 말하며 둘 사이의 갈등을 표출하고, 이로써 상황이 새로운 국면으로 전환되고 있다.

② **전우치가 '생선은 대가리부터 썩는 법'이라고 말함으로써 왕과의 갈등이 부패한 지배층에 대한 비판으로 확장된다.**

…→ 왕과 전우치 사이의 갈등은 전우치가 '생선은 대가리부터 썩는 법'이라고 말함으로써 '기근에 시달리는 백성을 보살피지 않'는 지배층 전반에 대한 비판으로 확장되고 있다.

③ **왕이 전우치에게 속아 그를 최고의 예우로 대하는 것은 장차 전우치의 정체가 밝혀질 때 갈등이 증폭되는 요인이 된다.**

…→ 왕이 전우치에게 속아 '고개를 더 낮'추고 본인을 '소인'이라고 지칭하면서 전우치를 최고의 예우로 대한 것은 전우치의 정체가 밝혀지자 '주상을 능멸'한 상황이 되어 갈등을 증폭시키고 있다.

④ **왕이 전우치를 '옥황상제의 아드님'에서 '도사 놈'으로 바꿔 부르는 것에서 전우치를 향한 왕의 적대적인 인식이 드러난다.**

…→ 전우치를 '옥황상제의 아드님'으로 부르며 예를 갖추던 왕이 전우치의 정체가 드러난 후 그를 '도사 놈'으로 바꿔 부른 것은 왕이 전우치에게 적대적인 인식을 갖게 되었음을 보여 준다.

05

정답률 **55%** | 매력적인 오답 ② **20%**

(나)를 영화로 제작한다고 할 때, ㉠~㉤에 대한 연출 계획으로 적절하지 않은 것은?

정답인 이유

④ **㉣: 전우치가 도사로서 가진 출중한 능력을 입체적으로 전달하려면, 여러 공간에서 동시에 일어나는 각각의 장면을 번갈아 보여 주어야겠군.**

…→ ㉣은 한 공간에 있는 왕과 신하가 볼 수 있는 장면이어야 하므로 여러 공간에서 동시에 일어나는 각각의 장면으로 보기 어렵다. 또한 ㉣이 한 공간에서 벌어져야 전우치가 가진 능력이 잘 드러날 것이다.

오답인 이유

② (매력적인 오답) **㉡: 전우치가 거울에 관심을 갖고 있음을 강조하려면, 전우치의 얼굴이나 눈동자를 화면에 가득 담아야겠군.**

…→ 배경이나 인물의 일부를 화면에 크게 나타내는 클로즈업(close-up)을 통해 전우치의 얼굴이나 눈동자를 화면에 가득 담으면 전우치가 거울에 관심이 있음을 강조할 수 있다.

① **㉠: 전우치의 권위와 위엄이 느껴지게 하려면, 지상을 내려다보는 전우치를 올려다보며 촬영해야겠군.**

…→ 아래에서 위를 향하는 구도로 지상을 내려다보는 전우치를 촬영하면 전우치의 권위와 위엄이 느껴지게 할 수 있다.

③ **㉢: 천군들의 정체로 인한 왕의 당혹감을 표현하려면, 천군이 있던 자리에 놓인 허수아비를 왕의 시점으로 보여 주어야겠군.**

…→ 천군이 있던 자리에 놓인 허수아비를 왕의 시점으로 보여 주면 왕의 감정에 이입하기 쉬워지므로 전우치에게 속아 넘어갔음을 알고 왕이 느낄 당혹감을 효과적으로 표현할 수 있다.

⑤ **㉤: 왕이 전우치로 인해 불쾌감을 지속적으로 느끼고 있음을 감각적으로 표현하려면, 언짢아하는 왕의 표정을 보여 주며 전우치가 남긴 웃음소리를 효과음으로 길게 끌어야겠군.**

…→ 왕의 언짢아하는 표정을 보여 주며 전우치가 남긴 웃음소리를 효과음으로 길게 끌면 전우치가 떠난 이후에도 왕의 불쾌감이 지속되고 있음을 시각적·청각적으로 표현할 수 있다.

갈래 복합 12 월선헌십육경가 | 어촌기

▶ 문제편 244~247쪽

정답 | 01 ② 02 ⑤ 03 ① 04 ③ 05 ①

[01~05] 다음 글을 읽고 물음에 답하시오. 2020 수능

제대로 작품 분석 ▶〈보기〉에서 적절한 것을 골라 넣으며 작품을 분석해 보자.

(가)

[A]

동녁 두던 밧긔 크나큰 너븐 들희
동녘 언덕 밖의 크나큰 넓은 들에

만경(萬頃) 황운(黃雲)이 흔 빗치 되야 잇다
넓은 들판에 벼가 누렇게 익은 모습을 비유한 표현 – 풍요로움
넓게 펼쳐진 누렇게 익은 곡식이 한 빛이 되어 있다.

중양이 거의로다 내노리 흐쟈스라
전원생활 가운데 느끼는 여유
중양절(음력 9월 9일)이 다가왔구나. 고기잡이 하자꾸나.

블근 게 여믈고 눌은 둙기 술져시니
◯: 1
붉은 게가 여물고 누런 닭이 살져 있으니

술이 니글션졍 버디야 업술소냐
전원생활에서의 흥취를 나타냄. – 설의법
술이 익었는데 벗이야 없을쏘냐.

전가(田家) 흥미는 날로 기퍼 가노매라
농가
농사일하는 집의 흥미는 날로 깊어 가는구나.

살여흘 긴 몰래예 밤블이 볼가시니
물살이 빠른 여울 2
살여울 긴 모래밭에 밤불이 밝았으니

㉠게 잡는 아히들이 그믈을 흣텨 잇고
가을날 전원에서의 생활상을 보여 줌.
게 잡는 아이들이 그물을 흩고 있고

호두포* 엔 구븨예 아젹믈이 미러오니
밀물이 밀려오는 모습 – 전원생활의 현장감
호두포 먼 굽이에 밀물이 밀려오니

㉡돗든비 애내성(欸乃聲)*이 고기 프는 댱시로다
돛단배의 뱃노래는 고기 파는 장사로다.

경(景)도 됴커니와 생리(生理)라 괴로오랴 ▶ 본사 3: 가을의 경치
생활이 괴롭지 않음.(안분지족) – 설의법
경치도 좋거니와 생활이라고 괴로우랴.

(중략)

「어와 이 청경(淸景) 갑시 이실 거시런둘
「」: 값이 없기 때문에 '나'의 분수에도 달빛이 들어옴.
아, 이 맑은 경치 값이 있을 것이라면

적막히 다든 문애 내 분으로 드려오랴」
적막하게 닫힌 문에 내 분수로 들어오랴.

사조(私照)* 업다 호미 거즏말 아니로다
3
사사로이 비춤이 없다 함이 거짓말 아니로다.

「㉢모재(茅齋)*예 빗췬 빗치 옥루(玉樓)라 다룰소냐」 「」: 자신의 집에 비친 달빛을 보고 임금을 떠올림.
자신이 있는 공간 / 임금이 계신 공간
초가에 비친 빛이 옥루라고 다를쏘냐.

청준(淸樽)을 밧쎄 열고 큰 잔의 ᄀ독 브어
맑은 술을 담은 술동이
맑은 술을 담은 술동이를 바삐 열고 큰 잔에 가득 부어

㉣죽엽(竹葉) ᄀ는 술룰 둘빗 조차 거후로니
풍류를 즐기는 모습을 운치 있게 표현함.
죽엽주 맑은 술을 달빛 따라 기울이니

표연흔 일흥(逸興)이 져기면 늘리로다
과장법
가벼운 흥겨움에 잘하면 날겠구나.

이적선(李謫仙) 이려흐야 둘을 보고 밋치닷다 ▶ 본사 4: 겨울의 경치
중국 당나라 시인. 강물 속의 달을 잡으려다 죽었다는 전설이 있음.

이적선(이태백)이 이러하여 달을 보고 미쳤구나.

춘하추동애 경물이 아름답고
계절에 따라 달라지는 경치
봄, 여름, 가을, 겨울의 계절에 따라 달라지는 경치가 아름답고

주야조모(晝夜朝暮)애 완상이 새로오니
즐겨 구경함.
낮, 밤, 아침, 저녁에 감상하는 것이 새로우니

ⓜ몸이 한가ᄒᆞ나 귀 눈은 겨를 업다
계절, 시간의 흐름에 따라 변화하는 자연에서 즐거움을 얻음.
몸은 한가하지만 귀와 눈은 (자연을 감상하느라) 겨를이 없다.

여생이 언마치리 백발이 날로 기니
앞으로 남은 인생
남은 생이 얼마인가, 백발이 날이 갈수록 길어지니

세상 공명은 계륵이나 다롤소냐
4
세상의 공명은 계륵과 다를쏘냐.

「ⓐ강호 어조(魚鳥)애 새 ᄆᆡᆼ셰 깁퍼시니
자연과 더불어 살기로 한 약속
강호에서 어조와의 새로운 맹세가 깊었는데

옥당금마(玉堂金馬)*의 몽혼(夢魂)*이 섯긔엿다」
「 」: 5
관직 생활에 대한 꿈이 섞여 있다.

초당연월(草堂煙月)의 시름업시 누워 이셔
자연 속에서의 한가로운 삶 ↔ 옥당금마
은은한 달빛이 비치는 초당에 시름없이 누워 있어

촌주강어(村酒江魚)로 장일취(長日醉)롤 원(願)ᄒᆞ노라
소박한 삶 – 안분지족의 태도
시골에서 만든 술(거친 술)과 강에서 잡은 물고기로 종일 취하기를 원하노라.

이 몸이 이러구롬도 역군은(亦君恩)이샷다
유교적 충의가 나타남.
▶ 결사: 자연에 은거하는 삶에 대한 다짐
이 몸이 이렇게 지냄도 역시 임금의 은혜이시다.

– 신계영, 〈월선헌십육경가〉

* 호두포: 예산현의 무한천 하류
* 애내성: 어부가 노를 저으면서 부르는 노랫소리
* 사조: 사사로이 비춤.
* 모재: 띠로 지붕을 이어 지은 집
* 옥당금마: 관직 생활
* 몽혼: 꿈

❖ 제대로 작품 분석의 〈보기〉

㉠ 차별 없이 공평하게 비추는 달빛
㉡ 공명에 대한 화자의 부정적 인식
㉢ 정치 현실에 대한 화자의 미련을 드러냄.
㉣ 게를 잡기 위해 등을 켠 모습 – 전원생활의 현장감
㉤ 색채 이미지를 사용해 전원생활의 풍족함을 드러냄.

❖ 제목의 의미

월선헌 주변의 16경관을 담은 노래라는 뜻으로, 작가가 벼슬을 사양하고 충청도 예산에 들어와 살면서 쓴 은일 가사이다. 서사에는 고향으로 돌아온 소회가, 본사에는 계절에 따라 변화하는 자연 경관의 아름다움과 전원생활의 즐거움이, 결사에는 자연에 은거하며 살겠다는 화자의 다짐이 드러난다.

❖ 작가 소개

신계영(辛啓榮, 1577~1669): 조선 중기의 문신. 호는 선석(仙石). 일본과 청나라에 가서 포로로 잡혀갔던 조선인을 귀환시켰으며, 지중추부사 등을 지냈다. 저서에 문집 《선석유고(仙石遺稿)》가 있다.

❖ 핵심 정리

- 갈래: 양반 가사, 은일 가사
- 성격: 전원적, 자연 친화적
- 주제: 자연을 즐기며 살아가는 전원생활의 즐거움
- 특징: ① 다양한 표현 방법을 통해 전원에서의 삶을 현장감 있게 노래함. ② 계절에 따라 변화하는 자연 경관을 감각적으로 묘사함. ③ 전원생활의 즐거움을 노래하고 있으면서도 유교적 충의 사상을 반영함.

(나) 어촌(漁村)은 나의 벗 공백공의 자호(自號)다. 백공은 나와 태어난 해는 같으나 생일이 뒤이기 때문에 내가 아우라고 한다. 풍채와 인품이 소탈하고 명랑하여 사랑할 만하다. 「대과에 급제하고 좋은 벼슬에 올라, 갓끈을 나부끼고 인끈을 두르고 필기를 위한 붓을 귀에 꽂고 나라의 옥새를 주관하니, 사람들은 진실로 그에게 원대한 기대를 하였으나, 담담하게 강호의 취미를 지니고 있다.」 가끔 흥이 무르익으면, 〈어부사〉를 노래한다. 그 음성이 맑고 밝아서 천지에 가득 찰 것 같다. 증자가 상송(商頌)을 노래하는 것을 듣는 듯하여, 사람의 가슴으로 하여금 멀리 강호에 있는 것 같게 만든다. 이것은 그의 마음에 사욕이 없어 사물에 초탈하였기 때문에 소리의 나타남이 이와 같은 것이다.

관직 생활을 하면서도 강호에 머물고 싶어 하는 소탈한 인물 / 1 / 공백공의 성품에 대한 평가 ① / 「 」: '나'가 공백공의 말을 기록할 만한 가치가 있다고 여기는 이유 / 종묘 제례에 쓰이던 노래 / 공백공의 성품에 대한 평가 ②

▶ '나'의 벗 공백공의 성품

하루는 나에게 말하기를,
2
"나의 뜻은 어부(漁父)에 있다. 그대는 어부의 즐거움을 아는가. 강태공은 성인이니 내가 감히 그가 주 문왕을 만난 것과 같은 그런 만남을 기약할 수 없다. 엄자릉은 현인이니 내가 감히 그의 깨끗함을 바랄 수는 없다. ⓗ아이와 어른들을 데리고 갈매기와 백로를 벗하며 어떤 때는 낚싯대를 잡고, ⓢ외로운 배를 노 저어 조류를 따라 오르고 내리면서 가는 대로 맡겨 두고, 모래가 깨끗하면 뱃줄을 매어 두고 산이 좋으면 그 가운데를 흘러간다. ⓞ구운 고기와 신선한 생선회로 술잔을 들어 주고받다가 해가 지고 달이 떠오르며 바람은 잔잔하고 물결이 고요한 때에는 배에 기대어 길게 휘파람을 불며, 돛대를 치고 큰 소리로 노래를 부른다. ⓩ흰 물결을 일으키고 맑은 빛을 헤치면, 멀고 멀어서 마치 성사*를 타고 하늘에 오르는 것 같다. 강의 연기가 자욱하고 짙은 안개가 내리면, 도롱이와 삿갓을 걸치고 그물을 걷어 올리면 금빛 같은 비늘과 옥같이 흰 꼬리의 물고기가 제멋대로 펄떡거리며 뛰는 모습은 ⓒ넉넉히 눈을 즐겁게 하고 마음을 기쁘게 한다. 밤이 깊어 구름은 어둡고 하늘이 캄캄하면 사방은 아득하기만 하다. 어촌의 등불은 가물거리는데 배의 지붕에 빗소리는 울어 느리다가 빠르다가 우수수 하는 소리가 차갑고도 슬프다. …(중략)… 여름날 뜨거운 햇빛에 더위가 쏟아질 적엔 버드나무 늘어진 낚시터에 미풍이 불고, 겨울 하늘에 눈이 날릴 때면 차가운 강물에서 홀로 낚시를 드리운다. 사계절이 차례로 바뀌건만 어부의 즐거움은 없는 때가 없다.
4
저 영달에 얽매여 벼슬하는 자는 구차하게 영화에 매달리지만 나는 만나는 대로 편안하다. 빈궁하여 고기잡이를 하는 자는 구차하게 이익을 계산하지만 나는 스스로 유유자적을 즐긴다. 성공과 실패는 운명에 맡기고, 진퇴도 오직 때를 따를 뿐이다. 부귀 보기를 뜬구름과 같이 하고 공명을 헌신짝 벗어 버리듯 하여, 스스로 세상의 물욕 밖에서 방랑하는 것이니, 어찌 시세에 영합하여 이름을 낚시질하고, 벼슬길에 빠져들어 생명을 가볍게 여기며 이익만 취하다가 스스로 함정에 빠지는 자와 같겠는가. ⓑ이것이 내가 몸은 벼슬을 하면서도 뜻은 강호에 두어 매양 노래에 의탁하는 것이니, 그대는 어떻게 생각하는가?"
5

공백공이 추구하는 삶의 모습 / 공백공의 겸손한 성품 / 자연과 동화된 삶의 모습 / 자연 속에서 유유자적하게 살아가는 삶의 모습 / 3 / □: 시간별로 자연 속에서 지내는 삶의 모습을 열거함. / 배의 움직임에 따른 맑고 아름다운 풍경 / 생동감 넘치는 자연의 모습 / 생동감 넘치는 모습에서 느끼는 즐거움 / △: 공백공이 거부하는 세속적 가치

하니 내가 듣고 즐거워하며 그대로 기록하여 백공에게 보내고, 또한 나 자신도 살피고자 한다. 을축년 7월 어느 날.
공백공의 말에 공감하며 그와 같은 삶을 추구함.

▶ 강호에서의 삶을 추구하는 공백공에 대한 긍정적 평가

– 권근, 〈어촌기〉

* 성사: 옛날 장건이 타고 하늘에 다녀왔다고 하는 배

❖ 제대로 작품 분석의 〈보기〉

ㄱ 자연에서 누리는 흥겨운 삶의 모습
ㄴ '나'가 공백공을 아우라고 하는 까닭
ㄷ 자연 속에서 지내는 삶에 대한 만족감
ㄹ 정치 현실에 몸담고 있지만 강호에 은거하는 삶을 지향함.
ㅁ 공백공의 말을 인용하여 '나'가 추구하는 삶의 방향성과 가치관을 드러냄.

❖ 제목의 의미

'어촌(공백공)'에 대한 기록이라는 뜻으로, 작가는 벼슬을 하면서도 어부의 삶을 추구하는 벗 공백공을 통해 자신의 가치관을 드러내고 있다. 공백공은 부귀와 공명을 추구하기보다는 어부의 모습으로 자유롭게 살기를 꿈꾸는데, 이러한 모습은 속세를 떠나 강호에 묻혀 살고자 했던 신흥 사대부의 풍류를 보여 준다.

❖ 작가 소개

권근(權近, 1352~1409): 고려 말에서 조선 초의 문신이자 학자. 성리학자이면서 문장에도 뛰어났으며, 왕명으로 하륜 등과 함께 《동국사략》을 편찬하였다. 고려와 조선조의 학문적 교량 역할을 한 것으로 평가된다. 저서에 《양촌집》, 《오경천견록》 등이 있고, 작품에 〈상대별곡〉이 있다.

❖ 핵심 정리

- 갈래: 한문 수필
- 성격: 성찰적
- 주제: 강호에 머물며 자유롭게 사는 삶의 즐거움
- 특징: ① 공백공의 말을 인용하여 글쓴이가 추구하는 가치를 드러냄. ② 자연에서 느낄 수 있는 다양한 즐거움을 열거함.

제대로 감상법 모범 답안

가 신계영, 〈월선헌십육경가〉

❶ 다짐 ❷ 만경 황운 ❸ 초당연월 ❹ 역군은이샷다 ❺ 계절

❖ 제대로 작품 분석

1ㅁ 2ㄹ 3ㄱ 4ㄴ 5ㄷ

나 권근, 〈어촌기〉

❶ 공백공 ❷ 공명 ❸ 인용

❖ 제대로 작품 분석

1ㄴ 2ㅁ 3ㄱ 4ㄷ 5ㄹ

01

정답률 65% | 매력적인 오답 ③ 28%

ㄱ~ㅊ에 대한 이해로 적절하지 않은 것은?

정답인 이유

② ㄴ에는 한가로운 자연 속 흥취가, ㅅ에는 고독을 해소하려는 의지가 나타난다.
× → 생업의 현장에서 느끼는 정서 / × → 유유자적한 삶의 모습

…› (가)는 전원생활의 즐거움을 노래하고 있는 작품으로, ㄴ에는 한가로운 자연 속의 흥취보다는 생업의 현장에서 느끼는 정서가 나타나 있다. 또 (나)는 자연 속에서 자유롭게 지내는 삶에 대한 만족감을 노래하고 있는 작품으로, ㅅ에는 유유자적하게 살아가는 삶의 모습이 나타날 뿐 고독감이나 이를 해소하려는 의지는 나타나 있지 않다.

오답인 이유

③ (매력적인 오답) ㄷ에는 자연 현상에서 연상된 그리움의 대상이, ㅊ에는 배의 움직임에 따른 청아한 풍경이 나타난다.
초가에 비친 달빛을 보고 임금을 떠올림. / 배가 흰 물결을 일으키고 달빛을 헤치는 풍경

…› ㄷ에는 초가에 비친 달빛이 임금이 계신 옥루에도 비치고 있을 것이라는 생각 속에 자연 현상에서 연상된 그리움의 대상이 나타나 있다. 그리고 ㅊ에는 밤에 배가 지나가면서 흰 물결을 일으키고 달빛을 헤치는 아름다운 풍경이 나타나 있다.

① ㄱ에는 전원에서의 생활상이, ㅂ에는 자연과 동화되는 삶이 나타난다.
게를 잡는 모습 / 갈매기, 백로와 벗하는 삶

…› ㄱ에는 게를 잡는 아이들이 그물을 흩고 있는 전원에서의 생활상이 나타나 있다. 그리고 ㅂ에는 갈매기와 백로를 벗하고 있는 자연과 동화된 삶의 모습이 나타나 있다.

④ ㄹ에는 운치 있는 풍류의 상황이, ㅇ에는 자연에서 누리는 흥겨운 삶의 모습이 나타난다.
달빛을 따라 술잔을 기울이는 모습 / 배 위에서 벗과 술을 마시는 모습

…› ㄹ에는 달빛을 따라 술잔을 기울이는 운치 있는 풍류의 상황이 나타나 있다. 그리고 ㅇ에는 배 위에서 벗과 함께 구운 고기와 생선회를 먹고 술을 마시는 흥겨운 삶의 모습이 나타나 있다.

⑤ ㅁ에는 변화하는 자연에서 얻는 즐거움이, ㅈ에는 생동감 넘치는 자연에서 느끼는 만족감이 나타난다.
자연을 감상하느라 시간적 여유가 없음. / 물고기들이 펄떡거리며 뛰는 모습에서 즐거움을 느낌.

…› ㅁ에는 몸은 한가하지만 귀와 눈은 자연을 감상하느라 시간적인 여유가 없다는 말 속에 변화하는 자연에서 얻는 즐거움이 나타나 있다. 그리고 ㅈ에는 물고기가 제멋대로 펄떡거리며 뛰는 모습이 마음을 기쁘게 한다는 말 속에 생동감 넘치는 자연에서 느끼는 만족감이 나타나 있다.

02

정답률 85%

〈보기〉를 바탕으로 [A]를 감상한 내용으로 적절하지 않은 것은? [3점]

〈보기〉

17세기 가사 〈월선헌십육경가〉는 월선헌 주변의 16경관을 그린 작품으로 자연에서의 유유자적한 삶을 읊으면서도 현실적 생활 공간으로서의 전원에 새롭게 관심을 두었다. 그에 따라 생활 현장에서 볼 수 있는 풍요로운 결실, 여유로운 놀이 장면, 그리고 생업의 현장에서 느끼는 정서 등을 다양한 표현 방법을 통해 현장감 있게 노래했다.
(작품의 주제 의식 / 작품에 드러난 요소 ① / 작품에 드러난 요소 ② / 작품에 드러난 요소 ③)

정답인 이유

⑤ 전원생활의 여유를 즐기면서도 생업의 현장에서 느끼는 고단함을 '생리라 괴로오랴'와 같은 설의적인 표현으로 드러냈군.
× → 전원생활의 풍요로움과 여유로움

…› [A]에서는 들판에 누렇게 곡식이 익은 모습과 아이들이 게를 잡는 모습 등을 통해 전원생활의 풍요로움과 여유로움을 드러내고 있다. '생리라 괴로오랴'는 전원에서의 생활이 괴롭지 않다는 의미의 설의적 표현이므로, 화자가 생업의 현장에서 고단함을 느끼고 있는 것은 아니다.

오답인 이유

① 전원생활에서 목격한 풍요로운 결실을 '만경 황운'에 비유해 드러냈군.

…› '만경 황운'은 넓은 들판에 벼가 누렇게 익은 모습을 비유한 표현

으로, 화자는 가을날에 풍요로운 결실을 맺은 들판의 모습을 '만경 황운'에 비유해 드러내고 있다.

② **전원생활 가운데 느끼는 여유를 '내노리 ᄒᆞ쟈스라'와 같은 청유형 표현을 통해 드러냈군.**

⋯ 화자는 '고기잡이 하자꾸나.'라는 청유형 표현을 통해 전원생활 가운데 느끼는 여유를 드러내고 있다.

③ **전원생활의 풍족함을 여문 '블근 게'와 살진 '눌은 ᄃᆰ'과 같이 색채 이미지에 담아 드러냈군.**

⋯ 화자는 가을을 맞아 게가 여물고 닭이 살진 풍족한 모습을 '블근', '눌은' 등의 색채 이미지에 담아 드러내고 있다.

④ **전원생활에서의 현장감을 '밤블이 볼가시니'와 '아젹믈이 미러오니'와 같은 묘사를 활용해 드러냈군.**

⋯ 화자는 게를 잡기 위해 밤에 불을 밝힌 모습이나 호두포 굽이에 밀물이 밀려오는 모습을 통해 전원생활에서의 현장감을 드러내고 있다.

03

정답률 88%

(나)의 '공백공'에 대한 설명으로 가장 적절한 것은?

정답인 이유

① **시간에 따른 공간의 다채로운 모습을 제시하며 자신의 감정을 드러내고 있다.**
'해가 지고', '밤이 깊어', '여름날', '겨울' 등 시간에 따른 어촌의 모습 제시

⋯ 공백공은 '해가 지고 달이 떠오르며 ~', '밤이 깊어 구름은 어둡고 ~', '여름날 뜨거운 햇빛에 ~', '겨울 하늘에 눈이 날릴 때면 ~' 등과 같이 시간에 따른 어촌의 다채로운 모습을 제시하면서, '사계절이 차례로 바뀌건만 어부의 즐거움은 없는 때가 없다.'며 자연과 더불어 사는 삶에 대한 만족감을 드러내고 있다.

오답인 이유

② **상대의 말과 행동이 불일치함을 언급하여 자신의 결백을 입증하고 있다.**

⋯ 공백공은 '나'의 말과 행동이 불일치함을 언급하고 있지 않으며, 이를 통해 자신의 결백을 입증하고 있지도 않다.

③ **상대에 대해 심리적 거리감을 느껴 자신의 생각 표현을 자제하고 있다.**

⋯ 공백공은 자연에서 지내는 삶에 대한 자신의 생각을 직접적으로 드러낸 후 '나'의 생각을 묻고 있을 뿐, '나'에게 심리적 거리감을 느끼거나 자신의 생각 표현을 자제하고 있지 않다.

④ **질문에 답변하며 현실에 대처하는 자신의 태도를 밝히고 있다.**

⋯ 공백공은 '나'의 질문에 답변하며 자신의 태도를 밝히고 있는 것이 아니라, '나'에게 강호의 취미를 지닌 자신의 태도에 대해 어떻게 생각하는지 묻고 있다.

⑤ **대상과 관련된 행위를 열거하며 자신의 무력감을 깨닫고 있다.**

⋯ 공백공은 어부로 사는 삶의 즐거움을 시간에 따라 제시하고 있을 뿐, 자신의 무력감을 깨닫고 있지는 않다.

04

정답률 90%

〈보기〉를 참고하여 (나)를 이해한 내용으로 적절하지 않은 것은?

〈보기〉

〈어촌기〉의 작가는 벗의 말을 인용하여 자신의 생각을 드러내고 있다. 작가는 벗에 관한 이야기가 기록할 만한 가치가 있다는 근거를 벗과의 관계와 그의 성품에 대한 평을 통해 마련하고 있다. 이를 통해 작가는 자신이 추구하는 삶의 방향성과 가치관을 드러내며 벗의 생각에 공감하고 있다.

(작품의 구조적 특징 / '내가 아우라고 한다.' / '풍채와 인품이 소탈하고 명랑', '사욕이 없어 사물에 초탈' / 공백공의 말을 통해 드러남.)

정답인 이유

③ **작가가 벗을 '아우'로 삼고 있다는 것을 통해 벗이 추구하는 삶의 자세가 작가로부터 전해 받은 것임을 알 수 있군.**
× → 작가가 벗의 생각에 공감함.

⋯ 작가가 공백공(벗)을 아우로 삼은 것은 '태어난 해는 같으나 생일이 뒤이기 때문'이다. 〈보기〉에서 작가는 벗의 생각에 공감하고 있다고 하였으므로, 공백공이 추구하는 삶의 자세는 작가로부터 전해 받은 것이 아니다.

오답인 이유

① **벗이 '영화'와 '이익'을 중시하는 삶을 거부한다는 것을 통해 벗의 가치관을 알 수 있군.**

⋯ 영달에 얽매이지 않고 유유자적을 즐기며 강호에 뜻을 둔다는 것을 통해, 강호에서의 삶을 추구하는 공백공의 가치관을 알 수 있다.

② **작가가 벗의 말을 '즐거워하며' 자신도 살피려 하는 것을 통해 작가는 벗의 생각에 공감하고 있음을 알 수 있군.**

⋯ 〈보기〉에서 작가는 벗의 생각에 공감하고 있다고 하였다. 공백공의 말을 듣고 즐거워하며 스스로를 살피려 하는 태도를 통해, '나'가 공백공의 생각에 공감하고 있음을 알 수 있다.

④ **벗이 '강태공'과 '엄자릉'을 들어 '내가 감히'라는 말을 언급한 것을 통해 그들의 삶에 미치지 못함을 스스로 인정하는 벗의 겸손한 성품을 알 수 있군.**

⋯ '내가 감히'라며 '강태공'과 '엄자릉'의 삶에 미치지 못함을 인정하는 것을 통해, 공백공이 겸손한 성품을 지닌 사람임을 알 수 있다.

⑤ **작가가 벗이 '대과에 급제'하여 기대를 받고 있는데도 '마음에 사욕이 없'다고 평한 것을 통해 벗의 말이 기록할 만한 가치가 있다고 여김을 알 수 있군.**

⋯ 〈보기〉에서 작가는 벗에 관한 이야기가 기록할 만한 가치가 있다는 근거를 그의 성품에 대한 평을 통해 마련하고 있다고 하였다. '나'가 공백공을 대과에 급제하여 큰 기대를 받았으나 마음에 사욕이 없어 강호의 취미를 지니고 있다고 평한 것을 통해, '나'가 공백공의 말이 기록할 만한 가치가 있다고 여김을 알 수 있다.

05

정답률 80%

ⓐ와 ⓑ를 비교한 내용으로 가장 적절한 것은?

정답인 이유

① **ⓐ는 '내'가 '강호'에서의 은거를 긍정하지만 정치 현실에 미련이 있음을, ⓑ는 '공백공'이 정치 현실에 몸담고 있지만 '강호'에 은거하려는 지향을 나타낸다.**
○ → 강호에서 살겠다는 맹세와 관직 생활의 꿈이 섞여 있음.
○ → 몸은 벼슬을 하면서도 뜻은 강호에 둠.

⋯ ⓐ에서 '나'는 강호에서 물고기, 새와 맺은 맹세가 깊지만 관직 생활에 대한 꿈이 여전히 남아 있다고 말하고 있다. 이를 통해 화자가 강호에 은거하는 삶을 긍정하지만 정치 현실에 미련이 남아 있음을 알 수 있다. 반면 ⓑ에서 '공백공'은 몸은 벼슬을 하면서도 뜻은 강호

에 두었다고 말하고 있다. 이를 통해 '공백공'이 비록 정치 현실에 몸담고 있지만 강호에 은거하는 삶을 지향하고 있음을 알 수 있다.

오답인 이유

② ⓐ는 '내'가 '강호'에서의 은거를 마치고 정치 현실로 복귀하려는 의지를, ⓑ는 '공백공'이 정치 현실에서 신뢰를 잃어 '강호'에 은거하려는 소망을 나타낸다.

⋯▸ ⓐ에서 화자가 관직 생활에 미련이 있음을 알 수 있지만, 정치 현실로 복귀하겠다는 의지가 드러나 있지는 않다. 또 ⓑ에서 '공백공'이 강호에 은거하고 싶어 함을 알 수 있지만, 그 이유가 정치 현실에서 신뢰를 잃었기 때문이라고 볼 수는 없다.

③ ⓐ는 '내'가 '강호'에서 경치를 완상하며 정치 현실의 번뇌를 해소하려는 자세를, ⓑ는 '공백공'이 정치 현실과 갈등하여 '강호'에 은거하려는 자세를 나타낸다.

⋯▸ ⓐ에서 관직 생활에 대한 미련을 알 수 있지만, 정치 현실의 번뇌를 해소하려는 자세는 확인할 수 없다. 또 ⓑ에서 강호에 은거하려는 자세를 알 수 있지만, 그것이 정치 현실과 갈등했기 때문인지는 확인할 수 없다.

④ ⓐ는 '내'가 '강호'에서 늙어 감에 체념하면서도 정치 현실을 지향함을, ⓑ는 '공백공'이 정치 현실을 외면하면서 '강호'에 은거하려는 염원을 나타낸다.

⋯▸ ⓐ에서 화자는 전원생활을 즐기면서도 관직 생활에 미련이 있음을 드러낼 뿐, 체념하면서 정치 현실을 지향하는 모습은 나타나 있지 않다. 또 ⓑ에서 '공백공'은 몸은 벼슬을 하고 있으면서 뜻은 강호를 지향하고 있을 뿐, 정치 현실을 외면하는 모습은 나타나 있지 않다.

⑤ ⓐ는 '내'가 '강호'에서 임금께 맹세하며 정치 현실의 이상을 실현하려는 태도를, ⓑ는 '공백공'이 정치 현실의 폐단에 실망하며 '강호'에 은거하려는 희망을 나타낸다.

⋯▸ ⓐ에서 화자가 임금의 은혜에 감사하는 마음을 드러내고 있기는 하지만, 임금께 맹세하며 정치 현실의 이상을 실현하려는 태도는 나타나 있지 않다. 또 ⓑ에서 '공백공'이 정치 현실의 폐단에 실망한 모습은 나타나 있지 않다.

갈래 복합 13 유원십이곡 | 조용

▶ 문제편 248~251쪽

정답 | 01 ① 02 ④ 03 ⑤ 04 ④ 05 ③

[01~05] 다음 글을 읽고 물음에 답하시오. 2020 6월 모의평가

제대로 작품 분석 ▶〈보기〉에서 적절한 것을 골라 넣으며 작품을 분석해 보자.

(가) 문장(文章)을 ᄒᆞ쟈 ᄒᆞ니 인생식자(人生識字) 우환시(憂患始)* 오
문장을 하는 것에 대한 부정적 태도 – 출사를 단념한 이유 ①
글을 배워 문장을 지으려 하니 사람은 글자를 알게 되면서부터 근심이 시작되고
공맹(孔孟)을 ᄇᆡ호려 ᄒᆞ니 도약등천(道若登天) 불가급(不可及)*이로다
공맹을 배우는 것에 대한 부정적 태도 – 출사를 단념한 이유 ②
공자와 맹자를 배우려 하니 도는 하늘로 오르는 것과 같아서 미치기 어렵구나.
이 내 몸 쓸 ᄃᆡ 업ᄉᆞ니 성대농포(聖代農圃)* 되오리라
1
이 내 몸이 쓸 데가 없으니 태평성대에 농사를 짓는 농부가 되리라.

〈제1장〉
▶ 제1장: 출사에 대한 체념과 성대농포에의 다짐

홍진(紅塵)에 절교(絕交)ᄒᆞ고 백운(白雲)으로 위우(爲友)ᄒᆞ야
속세 / 자연
속세와 절교하고 흰 구름을 벗으로 삼아
녹수(綠水) 청산(靑山)에 시름 업시 늘거 가니
자연
자연 속에서 아무런 근심 없이 늙어 가니
이 듕의 무한지락(無限至樂)을 헌ᄉᆞᄒᆞᆯ가 두려웨라
자연에서 느끼는 즐거움
이 중의 끝없는 즐거움을 다른 사람이 알고서 시끄럽게 떠들까 두렵구나.

〈제3장〉
▶ 제3장: 자연에서 근심 없이 늙어 가며 느끼는 즐거움

인간(人間)의 벗 잇단 말가 나는 알기 슬희여라
부정적 대상
인간 세상에 벗이 있단 말인가, 나는 알기가 싫다.
물외(物外)에 벗 업단 말가 나는 알기 즐거웨라
긍정적 대상
세상 밖(자연)에 벗이 없단 말인가, 나는 알아 가는 것이 즐겁다.
슬커나 즐겁거나 내 분인가 ᄒᆞ노라
2
싫거나 즐겁거나 내 분수인가 하노라.

〈제6장〉
▶ 제6장: 자신의 생활에 대해 안분지족하는 태도

유정(有情)코 무심(無心)ᄒᆞᆯ 손 아마도 풍진(風塵) 붕우(朋友)
3
정이 있는 듯하지만 무심한 것이 아마도 세상의 벗들이요.
무심(無心)코 유정(有情)ᄒᆞᆯ 손 아마도 강호(江湖) 구로(鷗鷺)
자연 속의 벗 – 화자가 벗으로 삼고자 하는 대상
무심한 듯하지만 정이 있는 것이 아마도 자연 속의 갈매기와 해오라기로다.
㉠이제야 작비금시(昨非今是)*을 ᄭᆡ드른가 ᄒᆞ노라
자연 속에서 살아가는 현재의 삶이 옳음을 깨달았다는 뜻
이제야 지난날이 그르고 지금의 생활이 옳음을 깨달았노라.

〈제8장〉
▶ 제8장: 자연에서의 삶이 옳음을 깨달음.

도팽택(陶彭澤) 기관거(棄官去)* ᄒᆞᆯ 제와 태부(太傅) 걸해귀(乞骸歸)* ᄒᆞᆯ 제
도연명이 벼슬을 버리고 떠날 때와 태부 소광이 사직을 간청할 때
호연(浩然) 행색(行色)을 뉘 아니 부러ᄒᆞ리
도연명과 소광의 처신을 긍정적으로 평가함.
넓고 큰 기개로 떠나는 그 모습을 누가 부러워하지 않았으리.

알고도 부지지(不知止)* ᄒᆞ니 나도 몰나 ᄒᆞ노라
4

알고도 그만두어야 할 때를 알지 못하니 그 마음 나도 몰라 하노라.

〈제9장〉
▶ 제9장: 벼슬에 대한 미련

인간(人間)의 풍우(風雨) 다(多)ᄒᆞ니 므스 일 머므ᄂᆞ뇨
속세의 번뇌와 갈등

세상에 비바람이 심하니 무슨 일로 머물겠는가.

물외(物外)에 연하(煙霞) 족(足)ᄒᆞ니 므스 일 아니 가리
5

세상 밖에 안개와 노을이 만족스러우니 무슨 일로 아니 가리.

이제ᄂᆞᆫ 가려 정(定)ᄒᆞ니 일흥(逸興) 계워 ᄒᆞ노라
세속을 벗어난 흥취

이제는 가려고 정했으니 흥에 겨워 하노라.

〈제11장〉
▶ 제11장: 자연으로 돌아가기로 한 흥취
– 안서우, 〈유원십이곡〉

* 인생식자 우환시 : 사람은 글자를 알게 되면서부터 근심이 시작됨.
* 도약등천 불가급 : 도는 하늘로 오르는 것과 같아 미치기 어려움.
* 성대농포 : 태평성대에 농사를 지음.
* 작비금시 : 어제는 그르고 지금은 옳음.
* 도팽택 기관거 : 도연명이 벼슬을 버리고 떠남.
* 태부 걸해귀 : 한나라 태부 소광이 사직을 간청함.
* 부지지 : 그만두어야 할 때를 알지 못함.

❖ 제대로 작품 분석의 〈보기〉

㉠ 현실에 대한 화자의 울분
㉡ 안개와 노을 – 아름다운 자연
㉢ 삶에 대한 만족감 – 안분지족(安分知足)
㉣ 자연과 속세 사이에서 갈등하는 화자의 모습
㉤ 인간 세상의 벗 – 화자가 절교하고자 하는 대상

❖ 제목의 의미

'유원'은 충청도 제천에 있는 지명이다. 이 작품은 작가 안서우가 벼슬에서 물러나 유원에 칩거하며 그곳에서의 생활을 노래한 총 13수(서장 포함)의 연시조이다. 전반부에서는 강호에서 살아가는 삶의 모습을 구체적으로 드러내었고, 후반부에서는 자연에 은둔하여 살아가지만 현실 사회에 대한 관심을 잃지 않았음을 드러내었다.

❖ 작가 소개

안서우(安瑞羽, 1664~1735): 조선 후기의 문신. 태안 군수와 울산 부사를 지냈으며, 저서에 《양기재산고(兩棄齋散藁)》가 있다. 연시조인 〈유원십이곡〉 13수를 비롯하여 19수의 시조를 남겼는데, 대부분 산촌에 은거하여 자연과 함께하는 즐거움을 노래한 작품이다.

❖ 핵심 정리

- 갈래: 평시조, 연시조
- 성격: 체념적, 은일적
- 주제: 강호에서의 삶의 모습과 그 속에서 느끼는 감흥
- 특징: ① 자연 친화적인 삶을 노래하면서도 벼슬에 대한 미련을 드러냄. ② 대구법을 사용하여 리듬감을 줌. ③ 대조적 소재(홍진, 인간 ↔ 백운, 녹수 청산, 물외 등)를 통해 삶에 대한 작가의 인식을 드러냄.

나 어느 날 나는 잠이 들었는데 비몽사몽간이었다. 정신이 산란하고 병이 아닌데 병이 든 듯하여 그 원기가 상했다. 가슴이 돌에 눌린 것처럼 답답
게으름으로 인해 무기력한 상태가 됨.
한 게 게으름의 귀신이 든 것이 틀림없었다. 무당을 불러 귀신에게 말하게
1 자신의 게으른 생활에 대해 성찰하려는 태도
했다.
▶ 게으름 귀신이 들었다고 생각하는 '나'

"네가 내 속에 숨어들어서 큰 병이 났다. …(중략)… 게을러서 집을 수리할 생각도 못하며, 솥발이 부러져도 게을러서 고치지 않고, 의복이 해져
게으름의 부정적 측면 ① – 2
도 게을러서 깁지 않으며, 종들이 죄를 지어도 게을러서 묻지 않고, 사
게으름의 부정적 측면 ② – 3
람들이 시비를 걸어도 게을러서 화를 내지 않아서, 마침내 날로 행동은 굼떠 가고, 마음은 바보가 되며, 용모는 날로 여위어 갈 뿐만 아니라 말수조차 줄어들고 있다. 이 모든 허물은 네가 내게 들어와 멋대로 함이라. 어째서 다른 이에게는 가지 않고 나만 따르며 귀찮게 구는가? 너는
게으름 귀신에 대한 질책
어서 나를 떠나 저 낙토(樂土)로 가거라. 그러면 나에게는 너의 피해가
일석이조
없고, 너도 너의 살 곳을 얻으리라."
▶ 게으름 귀신에 대한 질책

이에 귀신이 말했다.

"그렇지 않습니다. 내가 어떻게 당신에게 화를 입히겠습니까? 운명은
게으름 귀신의 반박
하늘에 있으니 나의 허물로 여기지 마십시오. 굳센 쇠는 부서지고 강한
△: 4
나무는 부러지며, 깨끗한 것은 더러워지기 쉽고, 우뚝한 것은 꺾이기 쉽습니다. 굳은 돌은 고요함으로 이지러지지 않고, 높은 산은 고요함으
○: 5
로 영원한 것입니다. 움직이는 것은 쉽게 요절하고 고요한 것은 장수합니다. 지금 당신은 저 산처럼 오래 살 것입니다. 경우에 따라서는 세상의 근면은 화근이, 당신의 게으름은 복의 근원이 될 수도 있지요. 세상 사람들은 세력을 좇다 우왕좌왕하여 그때마다 시비의 소리가 분분하지
세태에 대한 비판적 시각 ①
만, 지금 당신은 물러나 앉았으니 당신에 대한 시비의 소리가 전혀 없지
게으름의 긍정적 측면 ①
않습니까? 또 세상 사람들은 물욕에 휘둘려서 이익을 얻기 위해 날뛰지
세태에 대한 비판적 시각 ②
만, 지금 당신은 걱정이 없어 제정신을 잘 보존하니, 당신에게 어느 것
게으름의 긍정적 측면 ②
이 흉하고 어느 것이 길한 것이겠습니까? 당신이 이제부터 유지(有知)를 버리고 무지(無知)를 이루며, 유위(有爲)를 버리고 무위(無爲)에 이르며, 유정(有情)을 버리고 무정(無情)을 지키며, 유생(有生)을 버리고 무생(無生)을 즐기면, 그 도는 죽지 않고 하늘과 함께 아득하여 태초와 하나가 될
물아일체
것입니다. 내가 앞으로도 당신을 도울 것인데, 도리어 나를 나무라시니 자신의 처지를 아십시오. 그래서야 어디 되겠습니까?"
▶ 게으름 귀신의 반박

이에 나는 그만 말문이 막혔다. 그래서 ㉡앞으로 나의 잘못을 고칠 터이
6
니 그대와 함께 살기를 바란다고 했더니, 게으름은 그제야 떠나지 않고 나와 함께 있기로 했다.
▶ 게으름 귀신과의 화해

– 성현, 〈조용(嘲慵)〉

❖ 제대로 작품 분석의 〈보기〉

㉠ 게으름을 귀신으로 인격화함.
㉡ 관용적인 삶의 태도일 수 있음.
㉢ 통념과 달리 긍정적 속성을 지닌 것들
㉣ 통념과 달리 부정적 속성을 지닌 것들
㉤ 세속적 가치를 초월한 삶의 모습일 수 있음.
㉥ 세속적 가치를 추구하는 삶을 멀리하려는 태도

❖ 제목의 의미

'조용(嘲慵)'은 '게으름이 조롱하다'라는 뜻이다. 이 작품은 게으름을 귀신으로 인격화하여 대화를 나누는 형식으로 되어 있는데, 보통 부정적으로 생각하는 게으름을 긍정적으로 받아들이며 세속적인 삶과 거리를 두고자 하는 글쓴이의 태도를 드러내고 있다.

❖ 작가 소개

성현(成俔, 1439~1504): 조선 성종 때의 문신. 대제학(大提學) 등을 지냈고, 《악학궤범》을 편찬하여 음악을 집대성하였다. 저서에 당대의 풍속과 제도, 인물, 설화 등을 정리한 《용재총화》가 있다.

❖ 핵심 정리

- 갈래: 고전 수필

• 성격: 비판적, 역설적, 경세적
• 주제: 게으름이 가져다주는 유익함
• 특징: ① '나'와 '게으름 귀신'과의 대화 형식으로 내용을 전개함. ② 추상적 관념에 인격을 부여하여 글쓴이의 깨달음을 드러냄. ③ 통념을 뒤집는 참신한 발상을 보여 줌.

제대로 감상법 모범 답안

가 안서우, 〈유원십이곡〉

❶ 속세(벼슬) ❷ 성대농포 ❸ 무한지락

❖ 제대로 작품 분석

1㉠ 2㉢ 3㉤ 4㉣ 5㉡

나 성현, 〈조용(嘲慵)〉

❶ 세속적 ❷ 강한 나무 ❸ 대화

❖ 제대로 작품 분석

1㉠ 2㉤ 3㉡ 4㉣ 5㉢ 6㉥

01

정답률 85%

(가)와 (나)의 공통점으로 가장 적절한 것은?

정답인 이유

① **대조적 소재를 통해 삶에 대한 글쓴이의 인식을 드러내고 있다.**
(가) '홍진, 인간' ↔ '백운, 녹수 청산, 물외', (나) '근면' ↔ '게으름' 등

⋯ (가)에서는 속세를 의미하는 '홍진, 인간'과 자연을 의미하는 '백운, 녹수 청산, 물외' 등의 대조적 소재를 통해 자연에서의 삶을 긍정적으로 여기는 글쓴이의 인식을 드러내고 있다. (나)에서도 '근면'과 '게으름', '굳센 쇠, 강한 나무, 깨끗한 것, 우뚝한 것, 움직이는 것'과 '굳은 돌, 높은 산, 고요한 것' 등의 대조적 소재를 통해 삶에서 게으름이 유익한 경우도 있다는 글쓴이의 인식을 드러내고 있다.

오답인 이유

② **명령적 어조를 통해 세태에 대한 부정적 시각을 진술하고 있다.**
(가) ×, (나) ○

⋯ (나)에는 '저 낙토로 가거라.'에서 명령적 어조가 나타나지만, (가)에는 명령적 어조가 나타나 있지 않다.

③ **공간의 이동을 통해 주어진 삶에 순응*해야 함을 드러내고 있다.**
(가)와 (나) 모두 ×

⋯ (가)와 (나)에는 모두 공간의 이동이 나타나지 않으며, 주어진 삶에 순응하는 태도 역시 드러나 있지 않다.

* 순응(順應): 환경이나 변화에 적응하여 익숙하여지거나 체계, 명령 따위에 적응하여 따름. 예 그는 약삭빠르게 세태에 순응하여 출세했다.

④ **구체적인 청자를 설정하여 자연에서 얻은 깨달음을 진술하고 있다.**
(가) ×, (나) ○

⋯ (나)에는 '게으름 귀신'이라는 구체적인 청자가 설정되어 있지만, (가)에는 구체적인 청자가 설정되어 있지 않다.

⑤ **계절의 변화를 통해 과거와 대비되는 현재의 상황을 드러내고 있다.**
(가)와 (나) 모두 ×

⋯ (가)와 (나)에는 모두 계절의 변화가 나타나지 않으며, 과거와 대비되는 현재의 상황도 드러나 있지 않다.

02

정답률 55% | 매력적인 오답 ③ 13%

〈보기〉를 참고하여 (가)를 이해한 내용으로 적절하지 않은 것은? [3점]

〈보기〉

〈유원십이곡〉은 강호에서의 삶을 추구하는 노래지만, 화자는 강호에 머문 뒤에도 강호와 속세 사이에서 갈등을 반복한다. 이는 강호에서의 만족한 삶이라는 이상에 도달하는 것이 쉽지 않음을 보여 주는 것이다. 그뿐 아니라 화자가 갈등을 반복하면서도 항상 강호를 선택하는 모습은, 결국 자신의 결정이 가치 있는 것임을 드러내기 위한 것으로 이해할 수 있다.

(〈제9장〉의 '알고도 부지지ᄒᆞ니 나도 몰나 ᄒᆞ노라')
(〈제11장〉의 '이제ᄂᆞᆫ 가려 정ᄒᆞ니 일홍 계워 ᄒᆞ노라')

정답인 이유

④ **〈제9장〉의 중장에는 속세에 미련을 갖게 하는 가치를 언급함으로써 화자의 갈등이 드러난다.**
× → 벼슬을 버린 행동에 대한 긍정적 평가

⋯ 〈제9장〉의 중장에서는 '넓고 큰 기개로 당당하게 떠나는 그 모습을 누가 부러워하지 않았으리.'에서 알 수 있듯이, 벼슬을 버리고 떠난 도연명과 소광의 처신을 긍정적으로 평가하고 있다. 속세에 미련을 갖게 하는 가치는 언급되어 있지 않다.

오답인 이유

③ **(매력적인 오답) 〈제6장〉의 종장에는 화자 자신이 분수에 맞는 선택을 했음이 드러난다.**

⋯ 〈제6장〉의 종장은 '싫거나 즐겁거나 내 분수인가 하노라.'라는 뜻이다. 이는 자연에서 은둔하여 살고 있는 자신의 삶에 대한 만족감을 드러낸 것으로, 화자 자신이 분수에 맞는 선택을 한 것으로 볼 수 있다.

① **〈제1장〉의 초장에는 화자가 강호*를 선택하게 되는 동기가 드러난다.**

⋯ 〈제1장〉의 초장은 '글을 배워 문장을 지으려 하니 사람은 글자를 알게 되면서부터 근심이 시작되고'라는 뜻이다. 이는 화자가 출사*를 단념하고 자연을 선택해 은거하게 된 계기로 볼 수 있다.

* 강호(江湖): 예전에 은자나 시인, 묵객 등이 현실을 도피하여 생활하던 시골이나 자연 예 그 선비는 혼란스러운 속세에서 벗어나 강호에 은거하고 있었다.
* 출사(出仕): 벼슬을 하여 관청에 출근함. 예 그의 두 번째 출사는 그 뒤 3년이 지나서였다.

② **〈제3장〉의 중장에는 강호를 선택한 삶의 모습이 긍정적으로 드러난다.**

⋯ 〈제3장〉의 중장은 '자연 속에서 아무런 근심 없이 늙어 가니'라는 뜻이다. 이는 자연을 선택해 근심 없이 살아가는 삶의 모습이 긍정적으로 드러난 것으로 볼 수 있다.

⑤ **〈제9장〉의 종장에는 갈등하는 화자의 모습이, 〈제11장〉의 종장에는 자신의 선택에 만족하는 화자의 모습이 드러난다.**

⋯ 〈제9장〉의 종장은 '알고도 그만두어야 할 때를 알지 못하니 그 마음 나도 몰라 하노라.'라는 뜻으로, 도연명과 소광의 처신을 긍정적으로 평가하면서도 쉽게 벼슬을 포기하지 못하는 화자의 갈등이 드러난 것으로 볼 수 있다. 그리고 〈제11장〉의 종장은 '이제는 가려고 정했으니 흥에 겨워 하노라.'라는 뜻으로, 자연 속에서 살아가겠다는 결정에 대한 화자의 만족감이 드러난 것으로 볼 수 있다.

03

정답률 60% | 매력적인 오답 ② 15%

절교와 위우를 중심으로 (가)를 감상한 내용으로 적절하지 않은 것은?

정답인 이유

⑤ 화자가 '물외에 벗'과 '위우'하고자 하는 이유는 '유정코 무심'하기 때문으로 볼 수 있다.
× → '무심코 유정'하기 때문

···› (가)에서 화자는 속세와 관계를 끊고(절교) 자연과 벗이 되고자(위우) 하고 있다. (가)에서 속세와 관련된 시어로는 '홍진', '인간의 벗', '풍진 붕우', '인간의 풍우' 등이 있고, 자연과 관련된 시어로는 '백운', '녹수 청산', '물외에 벗', '강호 구로', '물외에 연하' 등이 있다. 따라서 '유정코 무심(정이 있는 것처럼 보이지만 실제로는 무심함.)' 한 것은 인간의 벗(풍진 붕우)의 특징이고, '무심코 유정(무심한 것처럼 보이지만 실제로는 정이 있음.)'한 것은 자연의 벗(강호 구로)의 특징이다. 즉, 자연과 벗이 되고자 하는 이유는 '유정코 무심'하기 때문이 아니라 '무심코 유정'하기 때문이다.

오답인 이유

② 매력적인 오답 화자는 '붕우'를 '절교'하고자 하는 대상으로 인식한다고 볼 수 있다.
○ → '붕우'는 인간의 벗을 의미함.

···› 〈제8장〉의 '풍진 붕우'에서 '풍진'은 '홍진'과 마찬가지로 속세를 의미한다. 따라서 '풍진 붕우'는 자연의 벗과 상반되는 인간의 벗을 의미한다. 화자는 인간의 벗을 절교하고자 하는 대상으로 인식하고 있다.

① 화자가 '절교'하고자 하는 대상은 '인간의 벗'으로 볼 수 있다.
○ → '인간의 벗'을 알기 싫다고 함.

···› 〈제6장〉에서 화자는 '인간의 벗'을 알기가 싫고, '물외(자연)에 벗'을 알아 가는 것이 즐겁다고 하였다. 이로 보아 화자가 절교하고자 하는 대상이 '인간의 벗'임을 알 수 있다.

③ 화자는 '백운'과의 '위우'를 통해 '무한지락'을 느끼고 있다고 볼 수 있다.
○ → 자연 속에서 끝없는 즐거움을 느끼고 있음.

···› 〈제3장〉에서 화자는 속세와 관계를 끊고 '백운'과 같은 자연물을 벗으로 삼아 자연 속에서 근심 없이 늙어 가며 끝없는 즐거움을 느끼고 있다. 따라서 화자가 '백운'과의 '위우'를 통해 '무한지락'을 느끼고 있음을 알 수 있다.

④ 화자가 '위우'하고자 하는 '구로'는 '물외에 연하 족'한 곳에 있다고 볼 수 있다.
○ → '구로'와 '연하'는 모두 화자가 벗으로 삼고자 하는 자연물임.

···› '구로'는 갈매기와 해오라기, '연하'는 안개와 노을을 뜻하므로, 모두 화자가 벗으로 삼고자 하는 자연물에 해당한다. 따라서 화자가 벗으로 삼고자 하는 '구로'는 안개와 노을이 있는 자연 속에 존재함을 알 수 있다.

04

정답률 80%

㉠과 ㉡을 참고하여 (가)와 (나)를 이해한 내용으로 가장 적절한 것은?

정답인 이유

④ ㉠의 화자는 현재의 삶이 옳음을 '씨ᄃᆞ론가'로 밝히고, ㉡의 '나'는 반성의 태도를 '고칠 터이니'로 드러내고 있다.
○ → 자연 속에서 살아가는 현재의 삶의 가치에 대한 화자의 깨달음
○ → 세속적 가치를 추구하는 삶을 멀리하겠다는 '나'의 반성적 태도

···› ㉠은 벼슬에 집착하던 지난날이 그르고 자연 속에서 살아가는 현재의 삶이 옳음을 깨달았다는 뜻으로, 자연에서 살아가는 삶의 가치에 대한 화자의 깨달음이 드러나 있다. ㉡은 게으름의 긍정적 측면을 드러낸 '게으름 귀신'의 반박에 수긍하는 말로, 세속적 가치를 추구하는 삶을 멀리하겠다는 '나'의 반성적 태도가 드러나 있다.

오답인 이유

① ㉠의 화자는 '공맹을 비호'기 위해 '성대농포'의 길을 가야 함을 알게 되었다.
× → 공맹을 배우는 것을 포기하고 성대농포의 길을 가려 함.

···› ㉠의 화자는 공자와 맹자를 배워 도를 깨우치는 것이 너무나 어려워 차라리 태평성대에 농사를 짓는 농부가 되겠다고 말하고 있다. 즉, 화자는 공맹을 배우기 위해 성대농포의 길을 가는 것이 아니라, 공맹을 배우는 것을 포기하고 성대농포의 길을 가려 하는 것이다.

② ㉡의 '나'는 '태초와 하나가' 되게 하는 상대방의 제안을 수용하며 '굳센 쇠'와 같은 변치 않는 삶을 다짐하고 있다.
× → '굳센 쇠'는 게으름이 아니라 근면과 연관된 소재임.

···› ㉡의 '나'는 게으름이 세속적 가치를 멀리하는 삶의 태도와 연관된다는 것을 깨닫고 게으름의 긍정적 측면을 수용하고 있다. 하지만 '굳센 쇠'는 '강한 나무'나 '깨끗한 것' 등과 함께 '근면'과 대응하는 소재이므로, '나'가 '굳센 쇠'와 같은 변치 않는 삶을 다짐하고 있다는 것은 적절하지 않다.

③ ㉠의 화자는 '녹수 청산'에서의 삶을 즐거워하고, ㉡의 '나'는 '깨끗한 것'을 '길한 것'으로 받아들이고 있다.
○
× → '깨끗한 것'은 더러워지기 쉬움.

···› ㉠의 화자는 자연에서 근심 없이 끝없는 즐거움을 느끼고 있으므로, '녹수 청산'에서의 삶을 즐거워한다고 볼 수 있다. 하지만 ㉡의 '나'는 '깨끗한 것은 더러워지기 쉽고, 우뚝한 것은 꺾이기 쉽습니다.'라는 '게으름 귀신'의 반박을 수용하고 있으므로, '깨끗한 것'을 '길한 것'으로 받아들이고 있다고 볼 수 없다.

⑤ ㉠의 화자는 '풍우 다'한 현실을 긍정적으로 받아들이고, ㉡의 '나'는 '시비의 소리'에 흔들렸던 자신의 잘못을 고치겠다고 다짐하고 있다.
× → 인간 세상을 부정적으로 인식하고 있음.
× → 게으름 때문에 '시비의 소리'가 전혀 없었음.

···› ㉠의 화자는 번뇌와 갈등이 많은 인간 세상에 머물지 않겠다는 생각을 드러내고 있으므로, '풍우 다'한 현실을 긍정적으로 받아들이는 것이 아니다. 그리고 ㉡의 '나'는 물러나 앉아 시비의 소리가 전혀 없었으므로, '시비의 소리'에 흔들렸던 자신의 잘못을 고치겠다고 다짐하고 있지 않다.

05

정답률 72% | 매력적인 오답 ② 10%

〈보기〉를 참고하여 (나)를 감상한 내용으로 적절하지 않은 것은?

〈보기〉

〈조용〉에서 필자는 '나'와 '게으름 귀신'의 대화라는 구조를 활용하여 게으름에 대한 사색의 결과를 담아내고 있다. 필자는 게으름의 양면성을 드러내어 게으름의 부정적 측면을 경계하는 한편 게으름의 긍정적 측면을 통해 세태에 대한 비판적 시각을 보여 준다.
(자신의 게으른 생활에 대해 성찰하기 위한 장치 / '게으름 귀신'에 대한 '나'의 질책을 통해 드러남. / '나'에 대한 '게으름 귀신'의 반박을 통해 드러남.)

정답인 이유

③ '나'가 '멋대로' 행동하는 게으름을 탓하면서도 게으름은 자신의 '허물'이라 여기는 것에서, 게으름의 양면성*을 드러내려는 필자의 의도를 알 수 있겠군.
× → 게으름의 부정적 측면이 드러남.

⋯→ 〈보기〉에 언급된 '게으름의 양면성'은 게으름에 내재되어 있는 긍정적 측면과 부정적 측면의 양 측면을 말한다. (나)에서 게으름의 부정적 측면은 '게으름 귀신'에 대한 '나'의 질책을 통해 드러나며, 게으름의 긍정적 측면은 '나'에 대한 '게으름 귀신'의 반박을 통해 드러난다. 그런데 '나'가 멋대로 행동하는 게으름 귀신을 탓하는 장면에서는 게으름의 부정적 측면이 나열되고 있으므로, 이 장면에 게으름의 양면성을 드러내려는 필자의 의도가 나타나 있다고 볼 수 없다.

* 양면성(兩面性): 한 가지 사물에 속하여 있는 서로 맞서는 두 가지의 성질 예 인간은 '선(善)'과 '악(惡)'의 양면성을 마음속에 갖고 있다.

오답인 이유

② **매력적인 오답** **'나'가 집안의 대소사를 해결하지 않고 게으름을 피우는 행위를 나열하는 것에서, 게으름의 폐단을 드러내려는 필자의 생각을 알 수 있겠군.**

⋯→ '나'가 '게으름 귀신'을 질책하는 대목에는 게으름의 부정적 측면이 나열되어 있다. '게을러서 집을 수리할 생각도 못하며, 솥발이 부러져도 게을러서 고치지 않고, 의복이 해져도 게을러서 깁지 않으며, 종들이 죄를 지어도 게을러서 묻지 않고' 등 '나'가 집안의 대소사를 해결하지 않고 게으름을 피우는 행위를 나열한 것은 게으름의 폐단을 드러내려는 필자의 생각으로 볼 수 있다.

① **'나'가 무당을 내세워 '귀신'에게 말을 건네는 것에서, 자신의 게으른 생활에 대해 살펴보려는 필자의 모습을 알 수 있겠군.**

⋯→ 〈보기〉에서 필자는 '나'와 '게으름 귀신'의 대화라는 구조를 활용하여 게으름에 대한 사색의 결과를 담아내고 있다고 하였다. 게으름으로 인해 무기력한 생활을 하던 '나'가 무당을 내세워 '귀신'에게 말을 건네는 것은, 자신의 게으른 생활에 대해 성찰하려는 필자의 모습으로 볼 수 있다.

④ **'나'가 게으름 덕분에 '물욕'에서 벗어날 수 있다는 '귀신'의 말에서, 게으름의 긍정적 측면을 보여 주려는 필자의 의도를 알 수 있겠군.**

⋯→ '게으름 귀신'이 '나'에게 반박하는 대목에는 게으름의 긍정적 측면이 나열되어 있다. '나'가 게으름 덕분에 물욕에 휘둘리지 않았다는 것은, 게으름의 긍정적 측면을 보여 주려는 필자의 의도로 볼 수 있다.

⑤ **'나'가 게으름 덕분에 세상 사람들과 달리 걱정 없이 살 수 있다는 '귀신'의 말에서, 이익을 얻기 위해 다투는 사람들에 대한 필자의 비판적 시각을 알 수 있겠군.**

⋯→ '세상 사람들은 세력을 좇다 우왕좌왕하여 그때마다 시비의 소리가 분분하지만', '세상 사람들은 물욕에 휘둘려서 이익을 얻기 위해 날뛰지만' 등을 통해 필자가 세태를 어떻게 바라보고 있는지 알 수 있다. '나'가 게으름 덕분에 세상 사람들과 달리 걱정 없이 살 수 있다는 것은, 지금의 세태에 대한 필자의 부정적이고 비판적인 시각이 드러난 것으로 볼 수 있다.

갈래 복합 14 비가 | 풍란

▶ 문제편 252~255쪽

정답 | 01 ① 02 ③ 03 ⑤ 04 ⑤ 05 ①

[01~05] 다음 글을 읽고 물음에 답하시오. 2018 수능

제대로 작품 분석 ▶〈보기〉에서 적절한 것을 골라 넣으며 작품을 분석해 보자.

(가) 반(半) 밤중 혼자 일어 묻노라 이내 꿈아
한밤중 / 소현 세자를 만난 꿈
한밤중에 혼자 일어나 물어보노라. 이내 꿈아

만 리(萬里) 요양(遼陽)*을 어느덧 다녀온고
1
만 리 밖 청나라 땅에 어느새 다녀왔느냐?

반갑다 학가(鶴駕)* 선객(仙客)을 친히 뵌 듯ᄒᆞ여라
소현 세자와 봉림 대군을 만나고 싶은 소망
반가운 두 왕자를 친히 뵌 듯하여라.

〈제1수〉
▶ 제1수: 청나라에 볼모로 잡혀가 있는 두 왕자에 대한 그리움

박제상* 죽은 후에 님의 시름 알 이 업다
박제상이 죽은 후에 더 이상 임금의 근심을 걱정하는 사람이 없다.

이역(異域) 춘궁(春宮)을 뉘라서 모셔 오리
세자
이역만리 떨어진 곳에 있는 세자를 누가 모셔 올까?

지금에 치술령 귀혼(歸魂)을 못내 슬허ᄒᆞ노라
치술령에 얽힌 전설(박제상의 일화)
이즈음 치술령에 맺힌 전설을 못내 슬퍼하노라.

〈제4수〉
▶ 제4수: 충신이 없는 현실에 대한 슬픔

조정을 바라보니 무신(武臣)도 하 만하라
조정을 바라보니 무신들이 많기도 하구나.

신고(辛苦)ᄒᆞᆫ 화친(和親)을 누를 두고 ᄒᆞᆫ 것인고
맵고 쓴 화친 – 병자호란의 치욕('이역 풍상'의 원인)
치욕스러운 화친은 누구를 위해 한 것이었는가?

슬프다 조구리(趙廏吏)* 이미 죽으니 참승(參乘)홀* 이 업세라
슬프다 조구리(충신)가 이미 죽었으니 세자를 호위할 사람이 없구나.

〈제6수〉
▶ 제6수: 병자호란의 치욕을 갚아 줄 충신이 없는 것에 대한 통탄

구중(九重) 달 발근 밤의 성려(聖慮)* 일정 만ᄒᆞ려니
대궐 달 밝은 밤에 임금의 염려도 분명 많으려니

이역 풍상(風霜)에 학가인들 이즐쏘냐
2
이역 땅에 있는 세자인들 잊겠는가?

이 밖에 억만창생(億萬蒼生)을 못내 분별ᄒᆞ시도다
청나라에 끌려간 백성들에 대한 임금의 근심이 많음.
그 밖에 수많은 백성들도 못내 걱정하시는구나.

〈제7수〉
▶ 제7수: 근심 많은 임금에 대한 걱정

구렁에 났는 ㉠풀이 봄비에 절로 길어
3
골짜기에 돋아난 풀이 봄비에 저절로 자라

아는 일 업스니 긔 아니 조흘쏘냐
병자호란의 치욕
알아야 할 일 없으니 그것이 아니 좋겠느냐?

풀(의인법)
「우리는 너희만 못ᄒᆞ야 시름겨워 ᄒᆞ노라」 「」: 4
인간사(대유법)
우리는 너희만 못하여 시름을 못 이겨 하노라.

〈제8수〉
▶ 제8수: 국치로 인한 깊은 시름과 비탄

조그만 이 한 몸이 하늘 밖에 떨어지니
화자 5
조그만 이 한 몸이 하늘 밖에 떨어지니

오색구름 깊은 곳에 어느 것이 서울인고
서울을 찾지 못해 애태움.
오색구름 깊어진 곳에 어디가 서울인가?

바람에 지나는 ㉡검불* 갓ᄒᆞ야 갈 길 몰라 ᄒᆞ노라
6
바람에 이리저리 구르는 낙엽 같아서 갈 길 몰라 하노라.

〈제9수〉
▶ 제9수: 자신의 처지에 대한 안타까움과 자괴감
– 이정환, 〈비가(悲歌)〉

* 요양: 청나라의 심양
* 학가: 세자가 탄 수레. 또는 세자. 여기서는 병자호란에서 패배하여 심양에 잡혀간 소현 세자를 가리킴.
* 박제상: 신라의 충신. 왕의 아우가 왜에 볼모로 잡히자 그를 구하고 자신은 희생됨.
* 조구리: 조씨 성을 가진 마부. 충신을 가리킴.
* 참승훈: 높은 이를 호위하여 수레에 같이 탐
* 성려: 임금의 염려
* 검불: 마른 나뭇가지나 낙엽 따위

❖ 제대로 작품 분석의 〈보기〉

㉠ 임금과 멀리 떨어져 있음.
㉡ 무력한 화자의 처지와 동일시됨.
㉢ 근심 있는 화자의 처지와 대비되는 소재
㉣ 멀리 이역 땅의 바람과 서리 – 세자의 처지
㉤ 청나라의 수도 심양 – 세자가 볼모로 잡혀간 곳
㉥ 자연물과 인간사를 대비시켜 치욕스러운 현실을 개탄함.

❖ 제목의 의미

'비가(悲歌)'는 '슬픈 노래'라는 뜻으로, 국치에 대한 슬픔을 담은 노래이다. 병자호란 당시 인조가 삼전도에서 청나라에 항복하고, 두 왕자와 대신들이 볼모로 잡혀간 데 대한 비분강개의 심정과 두 왕자에 대한 그리움을 노래하고 있는 작품이다.

❖ 작가 소개

이정환(李廷煥, 1604~1671): 조선 중기 때의 학자이자 문인이다. 호는 송암(松巖). 1633년(인조 11) 생원시에 합격했으나, 병자호란 후 벼슬을 단념하고 향리에 내려가 시를 지으며 일생을 보냈다. 주요 작품으로 〈비가〉라고도 불리는 연시조 〈병란비분가〉가 있다.

❖ 핵심 정리

- 갈래: 연시조
- 성격: 우국적, 비판적, 상징적
- 주제: 국치(國恥)에 대한 비분강개(悲憤慷慨)
- 특징: ① 병자호란의 치욕에 대한 비통한 마음을 자연물과 인간사의 대비를 통해 드러냄. ② 꿈을 의인화하여 청나라에 잡혀간 왕자들에 대한 그리움을 나타냄.

나 [장면 1] (처음 ~ 경지에 도달하기도 하였다)

소주제: 난을 기르며 위안을 얻음.

- 교편: 학생을 가르치는 일을 비유적으로 이르는 말
- 난: 중심 소재
- 한가롭고 자유로운 맛: 난을 기르는 일의 즐거움
- 난의 위안이 더 필요하였다: 1
- 방렬한: 몹시 향기가 짙은

[장면 2] (그러다가 조선어 학회 사건에 ~ 벌써 네 해가 되었다)

소주제: 글쓴이가 난을 길러 온 과정

- 조선어 학회 사건, 8·15 광복, 6·25 전쟁: 글쓴이가 난을 돌볼 수 없게 된 역사적 사건
- 조선어 학회 사건: 1942년 10월에 일본어 사용과 국어 말살을 꾀하던 일제가 조선어 학회의 회원을 투옥한 사건
- 여산: 전라북도 익산의 옛 이름
- 갑자기 8·15 광복이 되자 나는 서울로 또 가 있었다: 2
- 건란: 중국 난. 여름에 꽃대가 올라와 여러 송이 꽃이 핌.
- 고해: 말라 죽은 형체
- 안서: 한국 현대시의 선구자적 역할을 한 김억의 호
- 다복다복하게: 풀이나 나무 따위가 여기저기 아주 탐스럽게 소복하게

[장면 3] (십여 일 전 나는 ~ 끝)

소주제: 난에 대한 글쓴이의 각별한 애정

- 곽란: 음식이 체하여 토하고 설사하는 급성 위장병
- 청상한: 맑고 시원한
- 그 향을 맡으며 ~ 노트에 적었다: 3
- 잎이 빳빳하고도 오히려 ~ 아는 이는 아노니: 풍란에 대한 예찬
- 썩은 향나무 껍질 ↔ 옥 같은 뿌리: 대조
- 자연: 보랏빛 연기
- 높고 조촐한 그 품이며 그 향: 4
- 아는 이: 풍란의 가치를 볼 수 있는 안목을 갖춘 사람
- 완당 선생: 추사 김정희
- 한묵연: 글, 글씨와의 인연
- 백중할 수 없다: 낫고 못함을 비교할 수 없다.
- 나는 어느 집에 가 ~ 어떤 사람인가를 알겠다: 난을 키운 모습을 보고 주인의 성격을 알 수 있음.
- 요릿집 ↔ 두실 와옥: 대조
- 빵: 물질적 가치
- 난: 5

– 이병기, 〈풍란〉

❖ 제대로 작품 분석의 〈보기〉

㉠ 정신적 가치를 지님.
㉡ 글쓴이는 바쁜 일상 속에서 난으로부터 위안을 받음.
㉢ 풍란의 속성 – 글쓴이가 풍란을 곁에 두고자 하는 이유
㉣ 글쓴이는 병석에서도 '풍란'을 보며 영감을 얻어 시를 씀.
㉤ 글쓴이가 일제 강점기를 거쳐 광복을 겪었음을 알 수 있음.

❖ 제목의 의미

난초의 종류 중 하나인 '풍란(風蘭)'의 고결하고 청아한 아름다움을 예찬하며, 물질적 가치보다는 정신적 가치를 추구하겠다는 글쓴이의 의지를 드러내고 있는 작품이다. 글쓴이는 역사적 사건을 거치며 난을 길렀던 경험을 바탕으로 난에 대한 애정을 담담하게 드러내고 있다.

❖ 작가 소개

이병기(李秉岐, 1891~1968): 시조 시인. 국문학자. 전라북도 익산 출생. 호는 가람(嘉藍). 시조 부흥 운동에 앞장서서 시조를 이론적으로 체계화하는 한편, 창작에도 관여하여 시조의 현대화에 기여하였다. 주요 작품으로 〈매화〉, 〈수선화〉 등이 있으며, 저서에 《가람 시조집》, 《국문학 개론》 등이 있다.

❖ 핵심 정리

- 갈래: 현대 수필, 경수필
- 성격: 관조적, 예찬적, 체험적
- 주제: 난초의 청초함과 고결한 기품 예찬
- 특징: ① 글쓴이가 체득한 난의 일반적 생태를 담담하게 표현하고 있음. ② 자연물을 통해 관조의 세계를 펼치고 있음. ③ 설의적 표현을 사용하여 난을 기르는 만족감과 자부심을 드러내고 있음.

제대로 감상법 모범 답안

㉮ 이정환, 〈비가(悲歌)〉

❶ 볼모 ❷ 학가 ❸ 이역 풍상 ❹ 대비

❖ 제대로 작품 분석

1㉤ 2㉣ 3㉢ 4㉥ 5㉠ 6㉡

㉯ 이병기, 〈풍란〉

❶ 예찬 ❷ 애정 ❸ 설의적

❖ 제대로 작품 분석

1㉡ 2㉤ 3㉣ 4㉢ 5㉠

01

정답률 90%

(가)와 (나)에 대한 설명으로 가장 적절한 것은?

정답인 이유

① **(가)에는 해소하기 어려운 문제적 상황에 당면*하여 고뇌하는 태도가 드러나 있다.**
○ → 〈제1수〉 ○ → 〈제8수〉, 〈제9수〉

··· (가)의 〈제1수〉에서 '학가'는 '병자호란에서 패배하여 심양에 잡혀간 소현 세자'를 가리킨다고 하였으므로, 화자는 병자호란에서 패배하여 세자가 잡혀간 문제적 상황에 당면해 있음을 알 수 있다. 〈제8수〉의 '시름겨워 ᄒᆞ노라', 〈제9수〉의 '갈 길 몰라 ᄒᆞ노라'에는 이러한 상황에 당면하여 고뇌하는 화자의 태도가 드러나 있다.

* 당면(當面): 바로 눈앞에 당함. 예 어려움에 당면해도 우리 모두 희망을 잃지 말자.

오답인 이유

② **(가)에는 시대적 고난에 맞서지 못하는 자신의 나약함을 극복하고자 하는 태도가 드러나 있다.** ×

··· (가)의 화자는 병자호란이라는 시대적 고난에 괴로워하고 있을 뿐, 시대적 고난에 맞서지 못하는 자신의 나약함을 극복하고자 하는 태도는 나타나지 않는다.

③ **(나)에는 인간의 유한한 삶에 대해 한탄하는 태도가 드러나 있다.** ×

··· (나)의 작가는 자신의 삶의 과정에 늘 함께 해 온 난으로부터 위안을 받고 있으며, 난의 청초함과 고결함에 대해 예찬하고 있다. 그러나 인간의 유한한 삶에 대해 한탄하는 태도는 나타나지 않는다.

④ **(나)에는 희망을 찾을 수 없는 절망적 현실에 대한 냉소적*인 태도가 드러나 있다.** ×

··· (나)의 작가는 조선어 학회 사건으로 인한 피검, 6 · 25 전쟁으로 인한 피난 등의 고난을 겪으며 난도 함께 어려움을 겪었다고 하였지만, 절망적 현실에 대한 냉소적인 태도는 나타나지 않는다.

* 냉소적(冷笑的): 쌀쌀한 태도로 업신여기어 비웃는 것 예 이 작품은 우리 사회의 여러 가지 문제들을 냉소적으로 풍자하고 있다.

⑤ **(가)와 (나)에는 이상과 현실의 괴리에서 비롯된 삶에 대한 회의적* 태도가 드러나 있다.** (가) ○, (나) ×

··· (가)에서는 병자호란의 패배라는 치욕적인 현실이 화자가 바라는 이상적인 삶과 괴리되므로, 삶에 대한 회의적 태도가 드러난다고 볼 수 있다. 그러나 (나)의 작가는 고난을 겪으면서도 자신에게 위안을 준 난을 예찬하는 태도를 드러내므로, 삶에 대한 회의적 태도는 나타나지 않는다.

* 회의적(懷疑的): 어떤 일에 확신을 갖지 못하고 의심을 품는 예 많은 사람들이 그 계획에 대해 회의적 태도를 보였다.

02

정답률 88%

(가), (나)에 대한 감상으로 적절하지 않은 것은? [3점]

정답인 이유

③ **(가)는 자신의 '몸'이 하늘 밖에 떨어진 상황을 설정하여 현실의 문제를 떠나 고통을 잠시라도 잊으려는 화자의 지향을 드러내고 있군.**
○ → '이 한 몸이 하늘 밖에 떨어지니'
× → 삶의 방향을 잡지 못하고 있는 화자의 고뇌가 드러남.

··· (가)의 〈제9수〉에서 화자는 자신의 '몸'이 하늘 밖에 떨어진 상황에 처해 있으며, 어느 곳이 서울인지 몰라 바람에 날리는 검불같이 갈 길을 모르겠다고 하였다. 이는 화자가 임금과 떨어진 곳에 있으며, 병자호란 이후 나라의 상황에 비탄을 느끼고 세자와 임금을 걱정하여 계속 마음의 갈피*를 잡지 못하고 있음을 드러낸다. 따라서 (가)에 현실의 문제를 떠나 잠시라도 고통을 잊으려는 화자의 지향이 드러난다고 보는 것은 적절하지 않다.

* 갈피: 일이나 사물의 갈래가 구별되는 어름 예 그가 무슨 생각으로 그러는지 갈피를 잡을 수가 없다.

오답인 이유

① **(가)는 '학가 선객'을 '꿈'에서나마 본 일을 언급함으로써 그를 만나고 싶어 하는 화자의 소망을 드러내고 있군.**

··· (가)의 〈제1수〉에서는 '학가 선객'을 '꿈'에서 본 듯하다고 하며, 청나라에 잡혀간 소현 세자를 만나고 싶어 하는 화자의 소망을 드러내고 있다.

② **(가)는 '박제상'이 살았던 시대와 대비함으로써 그와 같은 충신을 찾기 어려운 시대적 상황에 대한 화자의 안타까움을 드러내고 있군.**

··· (가)의 〈제4수〉에서 화자는 왕의 아우가 왜에 볼모로 잡히자 그를 구하고 자신이 희생된 신라의 충신인 '박제상'에 대해 언급하며, 그가 죽은 지금은 누가 잡혀간 세자를 모셔 오겠느냐며 슬퍼하고 있다. 즉, '박제상'과 같은 충신을 찾기 어려운 시대적 상황에 대한 화자의 안타까움을 드러내고 있다.

④ **(나)는 역사적 상황에 따른 작가의 행적과 '난'의 생사를 관련지어 언급함으로써 '난'에 대한 작가의 애착을 드러내고 있군.**

··· (나)의 2문단에서는 조선어 학회 사건, 8 · 15 광복, 6 · 25 전쟁 등의 역사적 상황에 따른 작가의 행적과, 그러한 사건을 겪으면서도 '난'의 생사를 먼저 챙기는 작가의 모습을 통해 '난'에 대한 작가의 애착을 드러내고 있다.

⑤ **(나)는 '두실 와옥'에 사는 사람이라도 만족감을 느낄 수 있도록 해 주는 '난'을 통해 작가가 지향하는 정신적 가치를 드러내고 있군.**

··· (나)의 마지막 문단에서는 '두실 와옥'처럼 누추한 집에 사는 사람도 '난'과 함께한다면 만족감을 느낄 수 있을 것이라며, 정신을 기르는 존재로서의 '난'을 통해 작가가 지향하는 정신적 가치를 드러내고 있다.

03 정답률 90%

㉠과 ㉡을 비교한 내용으로 가장 적절한 것은?
풀 검불

정답인 이유

⑤ **㉠은 화자의 처지와 대비되는 소재로, ㉡은 화자의 처지와 동일시되는 소재로 제시되고 있다.**
○ → '아는 일 업스니'(시름이 없음.) ○ → '바람에 지나는 검불 갓ᄒᆞ야'(갈 길 모르고 헤매는 화자의 처지)

⋯› (가)의 〈제8수〉에서 화자는 시대적 고난 속에 있는 자신의 처지와 다르게, 봄비에 저절로 길게 자란 ㉠'풀'을 보며 '우리는 너희만 못ᄒᆞ야 시름겨워 ᄒᆞ노라'라고 안타까운 심정을 토로하고 있다. 따라서 ㉠은 고뇌하는 화자의 처지와 대비되는 소재이다. 한편 〈제9수〉에서 화자는 갈 길을 모르고 헤매는 자신의 처지가 바람에 날리는 ㉡'검불'과 같다고 탄식하고 있다. 따라서 ㉡은 화자의 처지와 동일시되는 소재이다.

오답인 이유

① **㉠과 ㉡은 모두 화자가 경외감*을 가지고 바라보는 소재이다.** ×

⋯› ㉠은 고뇌하는 화자와 다르게 근심이 없는 소재이고, ㉡은 화자의 처지처럼 갈피를 못 잡고 헤매는 소재로 볼 수 있다. 따라서 ㉠과 ㉡ 모두 화자가 경외감을 가지고 바라보는 소재는 아니다.

* 경외감(敬畏感): 공경하면서 두려워하는 감정 예 생명에 대한 경외감

② **㉠과 ㉡은 모두 세월의 흐름을 나타내어 인생의 무상함을 느끼게 하는 소재이다.** ×

⋯› ㉠이 봄비에 저절로 자란다는 것은 근심이 없는 존재임을 드러내며, ㉡이 바람에 날려 갈 곳을 모른다는 것은 삶의 방향을 잡지 못하고 있음을 드러낸다. 따라서 ㉠과 ㉡은 모두 세월의 흐름이나 인생의 무상함과는 관계가 없다.

③ **㉠은 화자의 울분을 심화하는 소재로, ㉡은 화자의 울분*을 완화하는 소재로 활용되고 있다.** ○ ×

⋯› ㉠은 근심이 없는 존재로 시름에 빠져 있는 화자의 처지와 대비되는 소재이므로 화자의 울분을 심화한다고 볼 수 있다. 반면 ㉡은 갈피를 못 잡고 헤매는 화자의 처지와 동일시되는 소재이므로 화자의 울분을 완화하는 소재로 볼 수 없다.

* 울분(鬱憤): 답답하고 분함. 또는 그런 마음 예 그들은 억울함과 울분을 달리 풀 방법이 없었다.

④ **㉠은 현재의 상황에 대한 인식의 계기가, ㉡은 과거의 사건에 대한 회고*의 계기가 된 소재이다.**
× → 이미 현재의 상황을 인식하고 있음. × → 자신의 현재 처지를 비유함.

⋯› 화자는 병자호란에서 패배하여 세자가 잡혀간 현재의 상황을 이때 인식하고 있으므로 ㉠을 현재의 상황에 대한 인식의 계기가 된 소재로 볼 수 없다. 그리고 ㉡은 화자의 현재 처지를 비유적으로 나타내는 소재이므로 과거의 사건에 대한 회고의 계기가 된 소재로 볼 수 없다.

* 회고(回顧): 지나간 일을 돌이켜 생각함. 예 그의 과거 행적은 아내의 회고를 통하여 드러났다.

04 정답률 84%

〈보기〉를 바탕으로 (가)를 이해한 내용으로 적절하지 않은 것은?

〈보기〉

임병양란 이후의 사대부들 사이에서는 긴 사연을 담을 수 있는 연시조 양식을 활용해 전란 후 현실의 문제를 다루려는 경향이 나타났다. 병자호란 직후 지어진 〈비가〉에도, 잡혀간 세자를 그리는 마음, 임금을 향한 충정, 전란 후 상황에 대한 견해 등 여러 내용이 복합되어 있다. 각 수의 시어를 연결하여 이해할 때 그 같은 내용들이 올바로 파악될 수 있다.

(임진왜란과 병자호란 / 10수의 연시조 / 〈제1수〉, 〈제4수〉 / 〈제7수〉, 〈제9수〉 / 〈제4수〉, 〈제6수〉, 〈제7수〉, 〈제8수〉)

정답인 이유

⑤ **〈제7수〉의 '달 발근 밤'과 〈제8수〉의 '봄비'에는 부정적 현실이 개선되리라는 화자의 전망과 기대가 담겨 있다.**
임금의 근심이 심화되는 시간 / 풀을 길게 자라게 함. / ×

⋯› 〈보기〉에서는 (가)에 나타난 전란 후 현실의 문제를 다루려는 경향에 대해 설명하고 있다. 〈제7수〉에서 '달 발근 밤'은 임금이 밤에 잠을 이루지 못하고 염려하는 시간적 배경으로 볼 수 있고, 〈제8수〉의 '봄비'는 고뇌하는 화자의 처지와 대비되는 근심 없는 풀을 길게 자라게 하는 역할을 하고 있다. 따라서 '달 발근 밤'과 '봄비'에 부정적 현실이 개선되리라는 화자의 전망과 기대가 담겨 있다고 보는 것은 적절하지 않다.

오답인 이유

① **〈제1수〉의 '어느덧 다녀온고'와 〈제4수〉의 '뉘라서 모셔 오리'라는 진술에는 잡혀간 세자를 그리는 화자의 마음이 투영되어 있다.**

⋯› 〈보기〉에서 (가)에는 잡혀간 세자를 그리는 마음이 나타난다고 하였다. 〈제1수〉의 '어느덧 다녀온고'는 화자가 꿈속에서 세자가 계신 청나라 심양에 다녀왔다는 것이고, 〈제4수〉의 '뉘라서 모셔 오리'에는 세자를 모셔 오지 못해 안타까워하는 심정이 드러나고 있으므로, 세자를 그리워하는 화자의 마음이 투영되어 있다고 볼 수 있다.

② **〈제4수〉의 아무도 알아주지 못하는 '님의 시름'에 대해, 〈제6수〉의 '조구리'와 같은 인물이 없는 현실에 처한 화자는 애석함을 느끼고 있다.**

⋯› 〈보기〉에서 (가)에는 전란 후 상황에 대한 견해가 나타난다고 하였다. 〈제4수〉에서 화자는 박제상과 같은 충신이 죽은 후에 '님의 시름'을 알 사람이 없다고 염려하며, 〈제6수〉에서 '조구리'와 같은 충신이 없어서 세자를 모셔 올 수 없는 현실에 대해 안타까워하고 있음을 알 수 있다.

③ **〈제6수〉에서 조정에 많은 '무신'이 남아 있음에도 '신고ᄒᆞᆫ 화친'을 맺은 결과로 〈제7수〉에서 세자가 '이역 풍상'을 겪는다고 화자는 판단하고 있다.**

⋯› 〈보기〉에서 (가)에는 전란 후 상황에 대한 견해가 나타난다고 하였다. 〈제6수〉에서 화자는 조정에 '무신'이 많음에도 불구하고 청나라와 화친을 하여 어려움에 처했다고 한탄하고 있는데, 〈제7수〉에서 화자가 이렇게 판단하는 이유는 화친의 결과로 세자가 청나라에 잡혀가 '이역 풍상'을 겪고 있기 때문임을 알 수 있다.

④ **〈제7수〉에서 근심에 싸여 있는 '구중'의 임금을 떠올렸던 화자는 〈제9수〉에서는 '서울'을 찾지 못해 애태우고 있다.**

⋯› 〈보기〉에서 (가)에는 임금을 향한 충정이 나타난다고 하였다. 〈제7수〉에서 밤에 잠 못 이루고 근심에 싸여 있는 '구중'의 임금을 걱정했던 화자는, 〈제9수〉에서 임금이 계신 '서울'을 찾지 못해 애태우는 심정을 드러내고 있음을 알 수 있다.

05

정답률 82%

(나)의 맥락을 고려하여 [A]를 감상한 내용으로 적절하지 않은 것은?

정답인 이유

① **[A]의 '썩은 향나무 껍질'과 대조적인 의미를 지니는 '옥 같은 뿌리'는 '화려 광활'한 이미지를 지닌다고 볼 수 있겠군.**

× → '화려 광활'한 이미지 – '난도 없이 되잖은 서화나 붙여 놓은 방', '요릿집'

⋯→ [A]는 (나)의 작가가 병석에 누워서 난의 향기를 맡으며, 난의 아름다움과 기품을 예찬하며 쓴 시조이다. [A]에서 '썩은 향나무 껍질'은 난이 자라는 열악한 환경을, '옥 같은 뿌리'는 그러한 환경에서도 청량함을 잃지 않는 풍란의 특성을 의미하므로, 두 구절은 서로 대조적인 의미를 지닌다고 볼 수 있다. 그러나 (나)의 마지막 문단에서 '화려 광활'한 이미지를 지니는 것은 난이 아니라 '난도 없이 되잖은 서화나 붙여 놓은 방', '요릿집'이므로, 난의 '옥 같은 뿌리'가 '화려 광활'한 이미지를 지닌다는 설명은 적절하지 않다.

오답인 이유

② **[A]의 '높고 조촐한 그 품이며 그 향'은 '풍란'의 속성을 드러낸 것으로, 작가가 '풍란'을 곁에 두고자 하는 이유로 볼 수 있겠군.**

⋯→ 4문단에서 작가는 병석에 누워 '풍란'을 곁에 두고 향을 맡으며 시를 쓰고 있다고 하였다. 따라서 [A]의 '높고 조촐한 그 품이며 그 향'은 '풍란'의 속성을 드러낸 것으로 볼 수 있으며, 이것은 작가가 '풍란'을 곁에 두고자 하는 이유로 볼 수 있다.

③ **[A]의 '아는 이'는 '풍란'의 가치를 볼 수 있는 안목을 갖춘 사람으로, '난연'과 '난복'이 있다고 생각하는 작가도 이에 해당된다고 볼 수 있겠군.**

⋯→ [A]의 '아는 이'는 난의 향이 숲속에 숨겨 있어도 알 수 있다고 하였으므로 '풍란'의 가치를 볼 수 있는 안목을 갖춘 사람임을 알 수 있다. 그리고 작가는 자신이 '난연'과 '난복'이 있다고 하였고, 자신은 난을 보면 그 주인이 어떤 사람인가를 알겠다고 하였으므로, 작가도 '풍란'의 가치를 볼 수 있는 안목을 지닌 '아는 이'에 해당된다고 볼 수 있다.

④ **[A]는 평소 '난'을 통해 '위안'을 얻던 작가가 '병석'에 누워 조리할 때 '풍란'에서 영감을 얻어서 창작한 것으로 볼 수 있겠군.**

⋯→ 1문단을 통해 작가는 평소 '난'을 통해 '위안'을 받아 왔음을 알 수 있다. 이후 4문단에서 작가는 바닷게를 먹고 병이 나 '병석'에 누워 조리하며 '풍란'을 곁에 두고 향을 맡으며 [A]를 썼다고 하였다.

⑤ **[A]는 '난'과 함께한 작가의 정신세계를 함축적으로 제시하는 한편, '풍란'에 대한 예찬적 태도를 드러낸다고 볼 수 있겠군.**

⋯→ [A]에서 작가는 '풍란'의 영롱한 잎, 옥 같은 뿌리, 하얗고도 여린 꽃, 높고 조촐한 품과 향 등을 예찬하고 있다. 그리고 '난'의 깨끗하고 고결한 속성을 예찬하는 태도를 통해 작가의 꿋꿋하고 맑은 정신세계를 엿볼 수 있다.

갈래 복합 15 강 건너간 노래 | 묘비명 | 삶의 반영으로서 시

▶ 문제편 256~257쪽

정답 | 01 ③ 02 ④ 03 ⑤

[01~03] 다음 글을 읽고 물음에 답하시오. 2018 수능

제대로 작품 분석 ▶〈보기〉에서 적절한 것을 골라 넣으며 작품을 분석해 보자.

가 [1연] 소주제: 추운 겨울밤에 강 건너간 노래

- 섣달에도 보름께 ~ 노래는 강 건너 갔소: 1
- 앞내강 쨍쨍 얼어 조이던 밤: 극한의 추위를 드러내는 시간적 배경 – 화자가 처한 상황이 힘겹고 혹독함을 드러냄.
- '밤'의 역할

과거 – 밤 – 현재

→ '밤'은 과거와 현재를 이어주는 회상의 매개체

- 노래: 2
- 동일한 시어의 반복

[1연] 내가 부른 노래는 강 건너 갔소
[2연] 내 노래는 제비같이 날아서 갔소
[5연] 내가 부른 노래는 그 밤에 강 건너 갔소
→ 반복을 통해 운율을 형성하고 화자의 정서를 강조함.

[2연] 소주제: 사막까지 날아간 노래

- 사막: 3
- 제비같이: 직유법 – '노래'에 역동성과 생명력 부여

[3연] 소주제: 노래를 부른 이유와 절망적 현실

- 못 잊을 계집애 집조차 없다기에: 일제 강점기에 삶의 터전을 잃은 우리 민족의 모습 – 노래를 부른 이유
- 어린 날개: 4
- 그만 어느 모래불에 떨어져 타서 죽겠죠: 화자가 처한 절망적 현실 상황

[4연] 소주제: 슬픔과 절망으로 가득한 부정적 현실

- 눈물 먹은 별들이 조상 오는 밤: 부정적 현실 상황에 대한 슬픔과 절망

[5연] 소주제: 계속되는 노래와 어려움을 극복하려는 의지

- 밤: 5
- 밤은 옛일을 무지개보다 곱게 짜내나니: 절망적 현실인 '밤'이 이미지와 희망을 의미하는 '무지개'의 이미지를 대응시킴. – 화자가 추구하는 당위적 진실에 대한 소망을 드러냄.
- 그 밤: 노래를 불렀던 과거의 밤

– 이육사, 〈강 건너간 노래〉

❖ 제대로 작품 분석의 〈보기〉

㉠ 나약한 존재 – 노래가 지닌 한계
㉡ 삭막하고 척박한 공간 – 부정적 현실
㉢ 암울하고 혹독한 현실 – 시간적 배경(현재)
㉣ 화자는 자신의 노래가 강을 건너간 과거를 회상함.
㉤ 부정적 현실 극복에 대한 희망과 바람이 담겨 있음.

❖ 제목의 의미

암담하고 고통스러운 현실 속에서도 미래에 대한 희망과 의지를 보여 주고 있는 작품이다. 화자는 과거에 강 건너로 보냈던 자신의 '노래'가 모래불에 떨어져 타 죽었을지도 모르지만, 그럼에도 불구하고 노래를 보냈던 과거의 일을 떠올리며 암울한 현실에 대한 극복 의지를 드러내고 있다.

❖ 작가 소개

이육사(李陸史, 1904~1944): 시인. 경상북도 안동 출생. 본명은 원록(源綠). '육사'는 형무소 수인 번호 264에서 따왔다. 1933년 〈황혼〉으로 등단 후 일제 강점기의 민족 현실을 바탕으로 강인한 저항 의지를 담은 작품을 주로 창작했다. 유고 시집으로 《육사 시집》이 있다.

❖ 핵심 정리

- 갈래: 자유시, 서정시
- 성격: 상징적, 의지적, 희망적
- 주제: 부정적 현실에서도 희망을 잃지 않는 의지
- 특징: ① 과거 시제를 사용하여 지난날을 회상함. ② '-소'라는 종결 어미를 반복하여 화자의 정서를 부각함. ③ 처음과 마지막 연에 유사한 시행을 반복하여 의미를 강조함(수미상관).

나 [1~6행] 소주제: 물질적 가치가 정신적 가치를 압도하는 현실

- 한 줄의 시는커녕 ~ 읽은 바 없이: 1
- 시: 정신적 가치 ①
- 소설: 정신적 가치 ②
- 그: 비판의 대상
- 많은 돈: 물질적 가치 ①
- 높은 자리: 물질적 가치 ②
- 훌륭한 비석: 반어적 표현

[7, 8행] 소주제: 문인마저 물질적 가치에 종속되는 현실

- 어느 유명한 문인: 2
- 묘비명: 3

[9~14행] 소주제: 정신적 가치가 경시되는 현실 비판

- 비록 이 세상이 ~ 묘비는 살아 남아: 진실이 아닌 것이 살아 남아 진실처럼 기록되는 것에 대한 우려
- 이 묘비는 살아 남아: '묘비'에 생명력 부여 – 불의 뜨거움을 견디는 의지를 지님.
- 귀중한 사료: 반어적 표현
- 역사는 도대체 ~ 무덤을 남길 것이냐: ① 정신적 가치를 경시하는 사회 비판 ② 정신적 가치를 추구하는 사람들의 사명감과 책임 의식
- 시인: 4

– 김광규, 〈묘비명(墓碑銘)〉

❖ 제대로 작품 분석의 〈보기〉

㉠ 정신적 가치를 경시함.
㉡ 정신적 가치를 추구하는 사람
㉢ 물질적 가치와 권위에 종속되어 버린 존재
㉣ 물질적 가치를 추구하던 인물의 삶을 상징함.

❖ 제목의 의미

'묘비명(墓碑銘)'은 세속적 가치만을 추구하던 '그'를 기리기 위해 '어느 유명한 문인'이 쓴 것으로, 이를 통해 물질 만능주의가 만연한 사회 속에서 정신적 가치가 외면되는 현상을 풍자적으로 제시하고 있는 작품이다.

❖ 작가 소개

김광규(金光圭, 1941~): 시인. 1975년 《문학과 지성》에 〈유무〉, 〈영산〉 등을 발표하면서 등단하였다. 개인과 사회에 대한 성찰을 표현하는 시를 썼으며, 주요 시집으로 《반달곰에게》, 《크낙산의 마음》 등이 있다.

❖ 핵심 정리

- 갈래: 자유시, 서정시
- 성격: 비판적, 풍자적
- 주제: 정신적 가치가 경시되는 현실에 대한 비판과 진정한 삶의 가치에 대한 성찰
- 특징: ① 절제된 표현과 요약적 서술을 통해 정신적 삶의 가치가 경시되는 현실을 비판함. ② 정신적 가치를 추구해야 할 사람들마저 물질적 가치와 권위에 종속되어 버린 현실을 반어적으로 풍자함. ③ 대비되는 시어를 통해 주제 의식을 드러냄.

다 [A] 시는 인간의 삶을 반영한다.[1] 시에서 반영은 현실과 인생을 모방한다는 의미에서 외부 현실을 시 속에 담아내는 것으로(시에서 반영의 의미), 역사와 현실의 상황을 시를 통해 어떻게 재현할 것인가에 초점을 둔다. 여기서 반영은 '있는 그대로의 현실'로서의 반영과 '있어야 하는 현실'로서의 반영으로 구분할 수 있다. 전자는 역사와 현실의 모습을 사실 그대로 보여 주는 일상적 진실을 반영하는 것을 말하고('있는 그대로의 현실'로서의 반영), 후자는 일상적 현실을[2] 넘어 화자가 지향하는 당위적 진실을 반영하는 것을 말한다.

▶ 인간의 삶을 반영하는 시

한편 '시에 대한 시 쓰기'라는 형식을 통해 시 그 자체를 반영하는 특수한 경우도 있다. 이때 반영의 대상은 외부 현실이 아니라 시 쓰기 상황이[3]나 시를 쓰는 시인이 된다. 이 경우 시는 그 자체로 시론 혹은 시인론의 성격을 지닌다. 이러한 성격의 작품에서 시는 노래나 기타 여러 갈래의 글로 표상되기도 한다.

▶ 시가 시 자체를 반영하는 경우

이처럼 시인들은 시 속에 형상화된 세계를 통해 인간이 지향해야 할 바람직한 삶의 방향을 모색한다.[4] 이를 통해 시는 무엇을 말해야 하고, 시인은 어떤 존재로 살아가야 하는가에 대한 자기 성찰의 태도를 드러내는 것이다.

▶ 시를 통해 바람직한 삶의 방향을 모색하는 시인들

❖ 제대로 작품 분석의 〈보기〉

㉠ 시 자체를 반영할 때의 대상
㉡ 시 쓰기를 통한 시인의 지향점
㉢ '있어야 하는 현실'로서의 반영
㉣ 시의 속성 – 삶의 희로애락이 담겨 있음.

❖ 핵심 정리

- 갈래: 평론, 설명문
- 중심 화제: 시에서의 현실 반영
- 문단별 중심 내용

1문단	인간의 삶을 반영하는 시
2문단	시가 시 자체를 반영하는 경우
3문단	시를 통해 바람직한 삶의 방향을 모색하는 시인들

- 주제: 인간의 일상적 현실과 지향을 반영하는 시(詩)

제대로 감상법 모범 답안

가 이육사, 〈강 건너간 노래〉

❶ 회상 ❷ 노래

❖ 제대로 작품 분석

1㉣ 2㉤ 3㉡ 4㉠ 5㉢

나 김광규, 〈묘비명(墓碑銘)〉

❶ 소설 ❷ 높은 자리 ❸ 반어적

❖ 제대로 작품 분석

1㉠ 2㉢ 3㉣ 4㉡

다 삶의 반영으로서 시

❶ 현실

❖ 제대로 작품 분석

1㉣ 2㉢ 3㉠ 4㉡

01

정답률 55% | 매력적인 오답 ⑤ 30%

(가)와 (나)의 공통점으로 가장 적절한 것은?

정답인 이유

③ **시적 대상에 생명력을 부여하여 의지를 지닌 존재로 나타내고 있다.**

⋯ (가)의 '내가 부른 노래는 강 건너 갔소', '내 노래는 제비같이 날아서 갔소', '내가 부른 노래는 그 밤에 강 건너 갔소.'에서는 화자가 부른 '노래'에 생명력을 부여하여 어디로 가고자 하는 의지를 지닌 존재로 나타내고 있다. (나)의 '불의 뜨거움 꿋꿋이 견디며 / 이 묘비는 살아 남아'에서는 '묘비'에 생명력을 부여하여 불의 뜨거움을 견디고 살아 남으려는 의지를 지닌 존재로 나타내고 있다.

오답인 이유

⑤ (매력적인 오답) **반어적 어조를 활용하여 현실에 대한 비관적 태도를 드러내고 있다.**
(가) ×, (나) ○ / (가)와 (나) 모두 ×

⋯ (나)에는 한 줄의 시나 단 한 권의 소설도 읽은 바 없이 살다 간 '그는 한평생을 행복하게 살며 / 많은 돈을 벌었고 / 높은 자리에 올라 / 이처럼 훌륭한 비석을 남겼다'라는 표현에 반어적 어조가 나타나 있다. 하지만 정신적 가치보다 물질적 가치가 중시되는 세태를 비판하고 있을 뿐 현실에 대한 비관적 태도가 나타난다고 볼 수 없다. 그리고 (가)에는 반어적 어조가 나타나지 않는다.

① **청자를 명시적*으로 설정하여 풍자적으로 비판하고 있다.**
(가)와 (나) 모두 × / (가) ×, (나) ○

⋯ 청자가 명시적으로 설정되어 있다는 것은, 시 속에서 화자가 이야기를 하고 있는 대상이 명확하게 드러난다는 것이다. 그러나 (가)와 (나) 모두 청자가 명확히 드러나지 않으므로, 청자를 명시적으로 설정하였다는 설명은 적절하지 않다. 또 (나)에는 한 줄의 시나 단 한 권의 소설도 읽은 바 없이 살다 간 '그'에 대한 풍자적이고 비판적인 시각이 드러나지만, (가)에는 풍자적 표현이 드러나지 않는다.

* 명시적(明示的): 내용이나 뜻을 분명하게 드러내 보이는 것 예 그 글은 명시적 관점에서 본다면 전혀 다른 평가를 받을 수도 있다.

② **유사한 시구를 반복함으로써 화자의 의지를 강조하고 있다.**
(가) ○, (나) ×

⋯ (가)에서는 '~ 갔소'라는 유사한 시구를 반복하여 화자의 의지를 강조하고 있다. 그러나 (나)에서는 유사한 시구를 반복한 부분이 나타나지 않는다.

④ **다양한 이미지를 통해 자연의 모습을 감각적으로 드러내고 있다.**
(가)와 (나) 모두 ○ / (가) ○, (나) ×

⋯ (가)에서는 '달 밝은 밤', '앞내강 쨍쨍 얼어 조이던 밤에', '사막은 끝없이 푸른 하늘이 덮여' 등의 시각적 · 청각적 이미지를 통해 자연의 모습을 감각적으로 드러냈다고 볼 수 있다. (나)에서는 '잿더미', '불의 뜨거움' 등의 시각적 · 촉각적 이미지가 나타나지만, 이를 통해 자연의 모습을 감각적으로 드러내고 있지는 않다.

02

정답률 90%

[A]의 관점에서 ㉠~㉤을 이해한 내용으로 적절하지 않은 것은?

정답인 이유

④ ㉣: **자연물에 대한 화자의 태도 변화를 통해, 일상적 현실이 희망적으로 바뀌었음을 보여 주고 있다.**
× / × → 부정적 태도를 보여 주고 있음.

⋯ [A]에서는 시가 인간의 삶을 반영할 때, 역사와 현실의 모습을 사실 그대로 보여 주는 일상적 진실을 반영하는 '있는 그대로의 현실'로서의 반영과, 일상적 현실을 넘어 화자가 지향하는 당위적 진실을 반영하는 '있어야 하는 현실'로서의 반영에 대해 설명하고 있다. 이를 바탕으로 보면 ㉣'눈물 먹은 별들이 조상 오는 밤'은 자연물인 '별'을 죽음과 관련된 이미지로 나타내고 있으므로, 일상적 현실이 부정적으로 반영되었음을 알 수 있다. 따라서 ㉣에서는 자연물에 대한 화자의 태도 변화가 드러나지 않으며, 일상적 현실이 희망적으로 바뀌었음을 보여 주고 있는 것도 아니다.

오답인 이유

① ㉠: **극한의 추위를 드러내는 시간적 배경을 제시하여, 화자나 인물이 처한 상황을 드러내고 있다.**

⋯ ㉠'앞내강 쨍쨍 얼어 조이던 밤에'는 극한의 추위를 드러내는 '밤'이라는 시간적 배경을 제시하여, 화자가 처한 상황이 힘겹고 혹독하다는 것을 드러내고 있다.

② ㉡: **현실의 모습을 사막으로 표상하여, 화자나 인물이 직면하게 될 공간적 배경을 드러내고 있다.**

⋯ ㉡'강 건너 하늘 끝에 사막도 닿은 곳'은 화자가 부른 노래가 강을 건너가 직면하게 될 공간이다. 이때 공간적 배경을 '사막'으로 나타내어, 삭막하고 고통스러운 현실의 상황을 드러내고 있다.

③ ㉢: **죽음의 상황을 가정하여, 화자에게 닥친 일상적 현실이 절망적인 상황임을 노래에 투영하여 드러내고 있다.**

⋯ ㉢'그만 어느 모래불에 떨어져 타서 죽겠죠.'는 화자가 부른 노래가 모래불에 떨어져 타서 죽는 상황을 가정하여, 화자가 처한 일상적 현실이 절망적인 상황임을 드러내고 있다.

⑤ ㉤: **밤과 무지개의 이미지를 대응시켜, 화자가 추구하는 당위적 진실에 대한 소망을 담아내고 있다.**

⋯ ㉤'밤은 옛일을 무지개보다 곱게 짜내나니'는 화자가 처한 절망적 현실인 '밤'의 이미지에 희망을 의미하는 고운 '무지개'의 이미지를 대응시키고 있다. 즉, 화자는 '밤'이라는 절망적 현실에 처해 있지만 강 건너 계집애에게 노래를 보냈던 '옛일'이 '무지개보다' 곱다고 생각하고 있으므로, ㉤은 화자가 추구하는 당위적 진실에 대한 소망을 담아낸 것으로 볼 수 있다.

03

정답률 78% | 매력적인 오답 ③ 10%

(다)를 참고하여, (가)의 노래와 (나)의 묘비명을 이해한 것으로 적절하지 않은 것은? [3점]

정답인 이유

⑤ **'묘비명'이 시를 표상한다면, 이 '묘비명'은 한 줄의 시조차 읽지 않아도 '행복하게 살' 수 있다는, (나)를 쓴 시인의 관점을 드러내는 소재라 할 수 있겠군.**
× → '묘비명'은 시인이 비판하는 소재

⋯ (다)에서는 '시에 대한 시 쓰기'라는 형식을 통해서 시 그 자체를 반영하는 특수한 경우를 설명하고 있다. 이때 반영의 대상은 시 쓰기 상황이나 시인이 되며, 시가 노래나 기타 여러 갈래의 글로 표상되기도 한다고 하였다. 또한 시인들은 시 속에 형상화된 세계를 통해 인간이 지향해야 할 바람직한 삶의 방향을 모색한다고 하였다. (나)의 '묘비명'은 한 줄의 시도 읽은 바 없이 살다 간 '그'를 기리는

것으로, 시인은 한 줄의 시조차 읽지 않아도 '행복하게 살' 수 있다는 반어적인 표현을 통해 시와 같은 정신적 가치가 아니라 물질적 가치만을 중시하는 현실을 비판하고 있다. 따라서 (다)에 따라 (나)의 '묘비명'이 시를 표상한다고 볼 경우, 이 '묘비명'은 시인의 관점을 드러내는 소재가 아니라 시인이 비판하는 소재로 볼 수 있다.

오답인 이유

③ 매력적인 오답 **'묘비명'이 시를 표상한다면, 이 '묘비명'은 (나)를 쓴 시인 자신이 추구하는 삶과는 거리가 있는 사람의 인생을 반영하고 있겠군.**

'묘비명': 물질적 가치만을 추구한 '그'를 기림. ↔ (나)의 시인: 정신적 가치를 추구함.

…→ (나)의 '묘비명'은 한 줄의 시도 읽은 바 없이 많은 돈을 벌고 높은 자리에 오른 사람, 즉 물질적 가치만을 추구한 '그'의 삶을 기리는 것이다. (나)에서 시인은 '묘비명'을 '훌륭한 비석'이라는 반어적 표현을 통해 비판하고 있으므로, '묘비명'은 (나)를 쓴 시인이 추구하는 삶과 거리가 있는 사람의 인생을 반영하고 있다고 볼 수 있다.

① **'노래'가 시를 표상한다면, 이 '노래'는 (가)를 쓴 시인 자신이 추구하는 바람직한 삶의 방향을 반영하고 있다고 할 수 있겠군.**

'노래'는 화자가 부른 것으로, 부정적 현실에 대한 극복 의지를 드러냄.

…→ (다)에 따라 (가)를 '시에 대한 시 쓰기'라는 형식을 통해 시 그 자체를 반영한 작품으로 볼 경우, 화자가 부르는 '노래'는 시를 표상하는 것으로 볼 수 있다. (가)의 화자는 '노래'를 통해 부정적 현실에 대한 극복 의지를 드러내고 있으므로, '노래'는 시를 통해 부정적 현실을 극복하려는 시인이 추구하는 바람직한 삶의 방향을 반영하고 있다고 할 수 있다.

② **'노래'가 시를 표상한다면, 이 '노래'는 시가 '집조차 없'는 처지에 있는 이의 삶에 다가서야 한다는, (가)를 쓴 시인의 관점을 드러내고 있겠군.**

'못 잊을 계집애 ~ 가기는 갔지만'에서 (가)를 쓴 시인의 관점이 드러남.

…→ (가)의 3연에서는 '노래'가 '못 잊을 계집애 집조차 없다기에' 강을 건너간 것이라고 하였다. 따라서 (다)에 따라 (가)의 '노래'가 시를 표상한다고 볼 경우, '노래'는 시가 '집조차 없'는 처지에 있는 이의 삶에 다가서야 한다는 시인의 관점을 드러내고 있다고 할 수 있다.

④ **'묘비명'이 시를 표상한다면, 이 '묘비명'은 (나)를 쓴 시인이 시 쓰기를 통해 '무엇을 기록'해야 하는지에 대해 자기 성찰을 하게 되는 계기라 할 수 있겠군.**

'묘비명'을 계기로 시는 무엇을 말해야 하는지에 대해 자기 성찰을 하고 있음.

…→ (나)의 '묘비명'은 '어느 유명한 문인'이 물질적 가치만을 중시하며 살다 간 부정적 인물을 기리며 쓴 것으로, 시인은 이것이 '귀중한 사료'가 될 것이라며 반어적으로 비판하고 있다. 따라서 (다)에 따라 (나)의 '묘비명'이 시를 표상한다고 볼 경우, 시인은 '묘비명'을 계기로 물질 만능주의 시대에 시를 통해 무엇을 기록해야 하는지에 대해 자기 성찰을 하고 있다고 볼 수 있다.

갈래 복합 16 춘향전 | 춘향이별가

▶ 문제편 258~261쪽

정답 | 01 ④ 02 ④ 03 ④ 04 ③ 05 ⑤

[01~05] 다음 글을 읽고 물음에 답하시오. 2018 9월 모의평가

제대로 작품 분석 ▶〈보기〉에서 적절한 것을 골라 넣으며 작품을 분석해 보자.

가 만금 같은 너를 만나 백년해로하잤더니, 금일 이별 어이 하리! 너를 두고 어이 가잔 말이냐? 나는 아마도 못 살겠다!「내 마음에는 어르신네 공조참의 승진 말고, 이 고을 풍헌(風憲)만 하신다면 이런 이별 없을 것을,」생눈 나올 일을 당하니, 이를 어이한단 말인고? 귀신이 장난치고 조물주가 시기하니, 누구를 탓하겠냐마는 속절없이 춘향을 어찌할 수 없네! 네 말이 다 못 될 말이니, 아무튼 잘 있거라!

이별의 상황을 맞게 됨. / 「 」: 1 / 풍헌: 조선 시대에, 유향소에서 면(面)이나 이(里)의 일을 맡아 보던 사람 / 생눈 나올 일: 춘향과의 갑작스러운 이별 / 이별의 상황을 체념적으로 받아들임.

▶ 춘향에게 이별을 고하는 이몽룡

[A] 춘향이 대답하되, 우리 당초에 광한루에서 만날 적에 내가 먼저 도련님더러 살자 하였소? 도련님이 먼저 나에게 하신 말씀은 다 잊어 계시오? 이런 일이 있겠기로 처음부터 마다하지 아니하였소? 우리가 그때 맺은 금석 같은 약속 오늘날 다 허사로세! 이리해서 분명 못 데려가겠소? 진정 못 데려가겠소? 떠보려고 이리하시오? 끝내 아니 데려가시려 하오? 정 아니 데려가실 터이면 날 죽이고 가오!

○: 거듭 묻는 형식으로 분량을 늘리려는 의도가 나타남. / 춘향은 처음부터 도련님과 이별할 것을 걱정함. / 금석 같은 약속: 쇠붙이와 돌처럼 굳고 단단했던 약속

▶ 이별을 거부하는 춘향

그렇지 않으면 광한루에서 날 호리려고 ㉠명문(明文) 써 준 것이 있으니, ㉡소지(所志) 지어 가지고 본관 원님께 이 사연을 하소연하겠소.「원님이 만일 당신의 귀공자 편을 들어 패소시키시면, 그 소지를 덧붙이고 다시 글을 지어 전주 감영에 올라가서 순사또께 소장(訴狀)을 올리겠소. 도련님은 양반이기에 ㉢편지 한 장만 부치면 순사또도 같은 양반이라 또 나를 패소시키거든, 그 글을 덧붙여 한양 안에 들어가서, 형조와 한성부와 비변사까지 올리면 도련님은 사대부라 여기저기 청탁하여 또다시 송사에서 지게 하겠지요.」그러면 그 ㉣판결문을 모두 덧보태어 똘똘 말아 품에 품고「팔만 장안 억만가호마다 걸식하며 다니다가, 돈 한 푼씩 빌어 얻어서 동이전에 들어가 바리뚜껑 하나 사고, 지전으로 들어가 장지 한 장 사서 거기에다 언문으로 ㉤상언(上言)을 쓸 때,」마음속에 먹은 뜻을 자세히 적어 이월이나 팔월이나, 동교(東郊)로나 서교(西郊)로나 임금님이 능에 거둥하실 때, 문밖으로 내달아 백성의 무리 속에 섞여 있다가, 용대기(龍大旗)가 지나가고, 협연군(挾輦軍)의 자개창이 들어서며, 붉은 양산이 따라오며, 임금님이 가마나 말 위에 당당히 지나가실 제, 왈칵 뛰어 내달아서 바리뚜껑 손에 들고, 높이 들어 땡땡하고 세 번만 쳐서 억울함을 하소연하는 격쟁(擊錚)을 하오리다! 애고애고 설운지고!

호리려고: 조금 그럴 듯한 말로 속여 넘기려고 / 명문: 춘향의 마음을 얻고자 쓴 글 / 소지: 2 / 「 」: 3 / 당신의 귀공자: 이몽룡을 의미함. / 소장: 소송 문서 / 편지 한 장: 도련님의 결백을 주장하는 글 / 판결문: 춘향이 송사에서 졌다는 판결문 / 「 」: 구걸을 해서라도 임금에게 상언을 쓰겠다는 의지 – 춘향의 적극적 면모 / 바리뚜껑: 바리(놋쇠로 만든 여자의 밥그릇)를 덮는 뚜껑 / 상언: 임금에게 춘향의 입장을 전하는 내용 / 동교: 동대문 밖 근처 / 서교: 서대문 밖 근처 / 거둥: 임금의 행차 / 용대기: 임금 행렬 때 앞세우는 깃발 / 협연군: 임금의 가마를 호위하던 군사

▶ 이별의 상황에 대한 억울함을 호소하는 춘향

→ 춘향의 억울함을 호소할 수단을 단계별로 나열(판소리 사설 투의 문체, 운율감 형성)

그것도 안 되거든, 애쓰느라 마르고 초조해하다 죽은 후에 넋이라도 삼수갑산 험한 곳을 날아다니는 제비가 되어 도련님 계신 처마에 집을 지어, 밤이 되면 집으로 들어가는 체하고 도련님 품으로 들어가 볼까! 이별 말이 웬 말이오?

삼수갑산: 가장 험한 산골 / 4

▶ 죽은 후 제비가 되어서라도 이몽룡과 함께하겠다는 강한 염원

이별이란 두 글자 만든 사람은 나와 백 년 원수로다!「진시황이 분서(焚書)할 때 이별 두 글자를 잊었던가? 그때 불살랐다면 이별이 있을쏘냐? 박랑사

분서: 책을 불사름.

(博浪沙)*에서 쓰고 남은 철퇴를 천하장사 항우에게 주어 힘껏 둘러메어 이별 두 글자를 깨치고 싶네!」 옥황전에 솟아올라 억울함을 호소하여, 벽락을 담당하는 상좌가 되어 내려와 이별 두 글자를 깨치고 싶네!

「 」: 고사를 활용하여 이별을 막고자 하는 춘향의 마음이 드러남.

▶ 이몽룡과의 이별에 감정이 북받치는 춘향

– 작자 미상, 〈춘향전〉

* 박랑사 : 중국 지명. 장량이 진시황을 암살하려 했던 곳

❖ 제대로 작품 분석의 〈보기〉

㉠ 춘향의 억울한 사연을 적은 글
㉡ 이별의 원인 – 이몽룡 부친의 승진
㉢ 자연물을 통해 자신의 마음을 표현함.
㉣ 민중의 입장을 취하는 춘향의 면모가 드러남.
㉤ 천상의 존재에게 억울함을 호소하며 자신의 감정을 드러냄.
㉥ '이별'이라는 글자를 깨뜨리겠다는 춘향의 격정적 면모가 드러남.

❖ 제목의 의미

이몽룡과 성춘향의 신분을 초월한 사랑을 다룬 판소리계 소설로, 다양한 사상적 배경을 바탕으로 민중들의 의식을 잘 반영한 작품이다. 단순한 열녀의 이야기가 아니라 사회적 제약과 이를 이겨 내고자 하는 민중들의 의식이 반영된 서민 문학이라고 할 수 있다.

❖ 전체 줄거리

조선 숙종 초 전라도 남원에 사는 퇴기 월매의 딸 춘향은 한양에서 내려온 남원 부사의 아들 이몽룡과 백년해로의 굳은 약속을 맺는다. 하지만 이몽룡의 아버지가 한양으로 올라가게 되어 이몽룡과 춘향은 이별한다. 새로 부임한 부사 변학도는 춘향이 절세미인이라는 말을 듣고 수청을 명하지만, 춘향은 이를 거절한다. 춘향은 변학도에게 항거하다가 하옥되고, 한양으로 올라간 이몽룡은 장원 급제하여 암행어사가 되어 내려온다. 이몽룡은 변학도의 생일날, 각 읍 수령이 모인 틈을 타 어사출두를 단행한다. 이몽룡은 악행을 일삼던 변학도를 봉고파직하고, 춘향을 데리고 상경하여 부부로서 부귀영화를 함께 누린다.

❖ 핵심 정리

- 갈래: 판소리계 소설, 애정 소설
- 성격: 해학적, 풍자적, 서민적
- 배경: 시간 – 조선 숙종 초
  공간 – 전라도 남원
- 시점: 전지적 작가 시점
- 주제: ① 신분을 초월한 남녀 간의 사랑 ② 불의한 지배 계층에 대한 서민의 항거
- 특징: ① 풍자와 해학적인 표현이 돋보임. ② 배경 설화와 판소리를 바탕으로 한 판소리계 소설임. ③ 한자어와 비속어가 함께 사용되는 언어 사용의 이중성을 보임.

나

「이별이라네 이별이라네 이 도령 춘향이가 이별이로다
(aaba 구조가 나타남.)
춘향이가 도련님 앞에 바짝 달려들어 눈물짓고 하는 말이」
「도련님 들으시오 나를 두고 못 가리다
나를 두고 가겠으면 홍로화(紅爐火) 모진 불에
(빨갛게 달아오른 화롯불)
다 사르겠으면 사르고 가시오
날 살려 두고는 못 가시리라
: 유사한 문장 구조의 반복을 통해 춘향의 감정을 강조하고 운율을 형성함.
잡을 데 없으시면 ⓐ삼단같이 좋은 머리를
휘휘칭칭 감아쥐고라도 날 데리고 가시오
[B] 살려 두고는 못 가시리다
날 두고 가겠으면 용천검(龍泉劍) 드는 칼로다
(장수들이 사용하는 좋은 칼)
요 내 목을 베겠으면 베고 가시오
날 살려 두고는 못 가시리라
두어 두고는 못 가시리다
날 두고 가겠으면 ⓑ영천수(潁川水) 맑은 물에다
(죽음을 각오하는 공간)
던지겠으면 던지고나 가시오
날 살려 두고는 못 가시리다」
▶ 1~16행: 춘향과 이 도령의 이별 상황과 이별을 거부하는 춘향
이리 한참 힐난하다 할 수 없이 도련님이 떠나실 때
(화자가 다시 해설자의 위치로 돌아옴.)
방자 놈 분부하여 나귀 안장 고이 지으니
도련님이 나귀 등에 올라앉으실 때
춘향이 기가 막혀 미칠 듯이 날뛰다가
우르르 달려들어 나귀 꼬리를 부여잡으니
ⓒ나귀 네 발로 동동 굴러 춘향 가슴을 찰 때
안 나던 생각이 절로 나
「그때에 이별 별(別) 자 내인 사람 나와 한백 년 대원수로다
(만든)
「 」: 화자가 춘향 – 감정을 토로하는 춘향의 격정적 면모가 드러남.
깨치리로다 깨치리로다 박랑사 중 쓰고 남은 철퇴로
(고사를 활용함.)
천하장사 항우 주어 이별 두 자를 깨치리로다」
▶ 17~26행: 이별을 막으려는 춘향
「할 수 없이 도련님이 떠나실 때
「 」: 이별을 받아들이는 춘향의 수용적 면모가 드러남.
향단이 준비했던 주안을 갖추어 놓고
(술과 안주를 차려 놓은 상)
풋고추 겨리김치 문어 전복을 곁들여 놓고
잡수시오 잡수시오 이별 낭군이 잡수시오
언제는 살자 하고 화촉동방(華燭洞房) 긴긴 밤에
(신랑 신부가 자는 방)
청실홍실로 인연을 맺고 백 년 살자 언약할 때
물을 두고 맹세하고 산을 두고 증삼(曾參)* 되자더니
ⓓ산수 증삼은 간 곳이 없고
(춘향의 비애감이 드러남.)
이제 와서 이별이란 웬 말이오
잘 가시오」
잘 있거라
(도련님의 말)
산첩첩(山疊疊) 수중중(水重重)한데 부디 편안히 잘 가시오
(산이 겹겹이 둘러 있고 물이 깊은데)
나도 ⓔ명년 양춘가절*이 돌아오면 또다시 상봉할까나
▶ 27~39행: 이별을 수용하는 춘향

– 작자 미상, 〈춘향이별가〉

* 증삼 : 공자의 제자. 고지식하여 약속을 반드시 지킴.
* 양춘가절 : 따뜻하고 좋은 봄철

❖ 제대로 작품 분석의 〈보기〉

㉠ 화자가 해설자의 역할을 함.
㉡ aaba 구조 활용 – 운율감 형성
㉢ 변하지 않는 자연물을 두고 맹세함.
㉣ 귀한 음식 – 도련님에 대한 사랑을 나타냄.
㉤ 의문형 어미 사용 – 재회에 대해 확신하지 못함.
㉥ 비극적 상황을 희화화함. – 이별 상황에서 오는 긴장감 이완
㉦ 춘향이 화자로 등장함. – 이별하지 않겠다는 강한 의지가 드러남.

❖ 제목의 의미

'춘향이별가'는 제목처럼 판소리 〈춘향가〉 중에서 청중에게 인기 있는 대목인 춘향과 이 도령의 이별 장면을 따로 떼어 노래로 만든 작품이다. 상황에 따라 화자를 달리하여 인물의 감정을 생생하게 드러내고 있다.

❖ 핵심 정리

- 갈래: 잡가
- 성격: 해학적, 풍자적, 서민적, 애상적
- 주제: 이별로 인한 춘향의 안타까움과 슬픔
- 특징: ① aaba 구조의 운율이 드러남. ② 반복을 통해 화자의 감정을 강조하여 나타냄. ③ 〈춘향가〉의 인기 대목들을 선택적으로 축약, 변형했기 때문에 내용 전개상 논리적 연관성이 떨어짐.

제대로 감상법 모범 답안

㉮ 작자 미상, 〈춘향전〉

❶ 춘향 ❷ 도련님 ❸ 이별 ❹ 명문 ❺ 상언

❖ 제대로 작품 분석

1㉡ 2㉠ 3㉣ 4㉢ 5㉤ 6㉥

㉯ 작자 미상, 〈춘향이별가〉

❶ 이별 ❷ 영천수 맑은 물 ❸ 주안 ❹ 희화화

❖ 제대로 작품 분석

1㉠ 2㉦ 3㉥ 4㉣ 5㉡ 6㉢ 7㉤

01

정답률 50% | 매력적인 오답 ② 25%

(가)에 대한 이해로 적절하지 않은 것은?

정답인 이유

④ '춘향'은 고사를 활용하여 자신의 상황이 역사적 사건과 관련되어 있음을 말하고 있다.
○ → 분서, 박랑사 × → 역사적 사건과 관련 없음.

…› (가)에서 '춘향'은 '진시황이 분서할 때 이별 두 글자를 잊었던가?', '박랑사에서 쓰고 남은 철퇴를 천하장사 항우에게 주어 힘껏 둘러메어 이별 두 글자를 깨치고 싶네!' 등에서 고사를 인용하고 있다. 하지만 이것은 '춘향'이 '이별 두 글자'를 없애고 싶을 만큼 슬프고 안타깝다는 심정을 표현한 것일 뿐, 고사를 활용하여 자신의 상황이 역사적 사건과 관련되어 있음을 말하고 있는 것은 아니다.

오답인 이유

② (매력적인 오답) '춘향'은 '도련님'을 처음 만날 때부터 이별의 상황을 우려하였음을 말하고 있다.
○ → '광한루에서 ~ 마다하지 아니하였소?'

…› '춘향'은 '우리 당초에 광한루에서 만날 적에 ~ 이런 일이 있겠기로 처음부터 마다하지 아니하였소?'라고 하며, '도련님'을 처음 만날 때부터 이별의 상황이 벌어질 것을 걱정했음을 말하고 있다.

① '도련님'은 이별의 상황이 자신의 입장에서는 불가피한 것임을 드러내고 있다.
○ → '속절없이 춘향을 어찌할 수 없네!'

…› '도련님'은 '어르신네 공조참의 승진' 때문에 춘향과 이별해야 하는 상황을 '나는 아마도 못 살겠다!'라고 안타까워하면서도, '누구를 탓하겠냐마는 속절없이 춘향을 어찌할 수 없네!'라고 하며 자신의 입장에서는 이별의 상황이 불가피함을 말하고 있다.

③ '춘향'은 '도련님' 곁에 머물고 싶은 마음을 자연물에 의탁*하여 드러내고 있다.
○ → '제비가 되어 ~ 들어가 볼까!'

…› '춘향'은 '제비가 되어 도련님 계신 처마에 집을 지어, ~ 도련님 품으로 들어가 볼까!'라고 하며, '도련님' 곁에 계속 머물고 싶은 자신의 마음을 자연물인 제비에 의탁하여 드러내고 있다.

* 의탁(依託): 어떤 것에 몸이나 마음을 의지하여 맡김. 예 마음을 의탁할 곳이 없다.

⑤ '춘향'은 천상의 존재에게 억울함을 전하는 상황을 설정하여 자신의 감정을 드러내고 있다.
○ → '옥황전에 솟아올라 억울함을 호소하여'

…› '춘향'은 '옥황전에 솟아올라 억울함을 호소하여, 벼락을 담당하는 상좌가 되어 내려와 이별 두 글자를 깨치고 싶네!'라고 하며, 천상의 존재인 '옥황'에게 억울함을 전하는 상황을 설정하여 자신의 슬프고 억울한 감정을 드러내고 있다.

02

정답률 78% | 매력적인 오답 ⑤ 10%

㉠~㉤에 대한 설명으로 가장 적절한 것은?

정답인 이유

④ ㉣: '도련님'에게는 약속 파기*의 책임을 물을 수 없음을 밝히는 내용이 담길 것이다.
판결문

…› '춘향'은 '도련님'과 이별하게 된 억울함을 남들에게 호소하겠다고 밝히고 있다. 이에 따라 '도련님은 사대부라 여기저기 청탁하여 또다시 송사에서 지게 하겠지요. 그러면 그 판결문을 모두 덧보태어'라고 하였으므로, ㉣'판결문'에는 '춘향'이 송사에서 지는 내용이 담겨 있을 것이다. 따라서 ㉣에는 '도련님'에게 '춘향'과의 약속을 깨뜨린 책임을 물을 수 없다는 내용이 담길 것임을 알 수 있다.

* 파기(破棄): 계약, 조약, 약속 따위를 깨뜨려 버림. 예 거래처가 불공정하게 거래했다는 사실이 밝혀지자 사장은 계약 파기를 결심하였다.

오답인 이유

⑤ (매력적인 오답) ㉤: '춘향'이 '순사또'의 힘을 빌려 '임금'에게 자신의 입장을 전하는 내용이 담길 것이다.
상언 × → 자신이 직접 쓴 내용

…› '춘향'은 '언문으로 상언을 쓸 때, 마음속에 먹은 뜻을 자세히 적어' 임금님이 지나가실 때 억울함을 하소연하는 격쟁을 할 것이라고 하였으므로, ㉤'상언'은 '춘향'이 자신의 생각을 직접 쓰는 것이지 '순사또'의 힘을 빌려 쓰는 것은 아니다.

명문
① ㉠: '도련님'의 마음을 확인하고자 '춘향'이 쓴 글이다.
× → 도련님이 춘향의 마음을 얻고자 쓴 글

…› '춘향'이 '광한루에서 날 호리려고 명문 써 준 것이 있으니'라고 하였으므로, ㉠'명문'은 '도련님'이 '춘향'의 마음을 얻고자 써 준 글임을 알 수 있다.

소지
② ㉡: '도련님'이 자신의 무고함*을 밝히는 내용이 담길 것이다.
× → 춘향의 억울함을 호소하는 내용

…› '춘향'이 '소지 지어 가지고 본관 원님께 이 사연을 하소연하겠소.'라고 하였으므로, ㉡'소지'에는 '춘향'이 자신의 억울함을 원님께 호소하는 내용이 담길 것이다.

* 무고하다(無辜--): 아무런 잘못이나 허물이 없다. 예 피의자는 끝까지 자신은 무고하다고 주장했다.

편지 한 장
③ ㉢: '춘향'과의 친밀감을 강화하려는 '도련님'의 마음을 전하는 내용이 담길 것이다.
× → 도련님의 결백을 밝히는 내용

…› '춘향'이 '도련님은 양반이기에 편지 한 장만 부치면 순사또도 같은 양반이라 또 나를 패소시키거든'이라고 하였으므로, ㉢'편지 한 장'에는 '도련님'이 순사또에게 자신은 죄가 없다는 것을 밝히는 내용이 담길 것이다.

03

정답률 83%

ⓐ~ⓔ에 대한 설명으로 가장 적절한 것은?

정답인 이유

④ ⓓ는 기대가 어긋나 버린 사정을 부각하여 비애감을 심화하는 표현이다.
산수 증삼은 간 곳이 없고

⋯ '백 년 살자 언약할 때 / 물을 두고 맹세하고 산을 두고 증삼 되자 더니'는 춘향과 도련님이 백년해로하자는 언약을 공자의 제자인 증삼처럼 반드시 지키자고 맹세했다는 내용이다. 그런데 ⓓ'산수 증삼은 간 곳이 없고'에서는 증삼과 같은 맹세가 깨졌다는 사정이 나타난다. 따라서 ⓓ는 약속을 지키자던 둘의 맹세가 깨져서 도련님과 백년해로하려던 춘향의 기대가 어긋나 버렸다는 사정을 부각하여 비애감을 심화하는 표현으로 볼 수 있다.

오답인 이유

① ⓐ는 인물이 지닌 자부심을 환기하여 좌절감을 완화하는 소재이다.
삼단같이 좋은 머리 × → 자존심을 버려서라도 이별을 막고 싶은 심정

⋯ '잡을 데 없으시면 삼단같이 좋은 머리를 / 휘휘칭칭 감아쥐고라도 날 데리고 가시오'에서는 ⓐ'삼단같이 좋은 머리'를 잡혀서라도 도련님과 함께 가고 싶다는 춘향의 마음이 드러나고 있다. 따라서 ⓐ는 춘향의 자부심을 환기하는 것이 아니라, 춘향이 자존심을 버리고서라도 도련님과 헤어지고 싶지 않다는 절절한 마음을 드러내는 소재로 볼 수 있다.

영천수 맑은 물
② ⓑ는 초월적 공간에 대한 지향을 드러내어 현재의 고통과 대비하기 위한 소재이다.
× → 죽음을 각오하는 공간 × → 이별의 아픔과 고통을 강조함.

⋯ '날 두고 가겠으면 영천수 맑은 물에다 / 던지겠으면 던지고나 가시오 / 날 살려 두고는 못 가시리다'라고 하였으므로, ⓑ'영천수 맑은 물'은 초월적 공간이 아니라 춘향이 죽음을 각오하는 공간으로 볼 수 있다. 또한 춘향은 죽기 전에는 도련님과 이별할 수 없다는 마음을 드러내고 있으므로, ⓑ는 도련님과 이별하게 된 춘향의 고통을 강조하는 소재로 볼 수 있다.

③ ⓒ는 부정적인 상황을 희화화함으로써 당면한* 현실을 풍자하는 표현이다.
나귀 네 발로 동동 굴러 × → 나귀의 행동을 희화화함.

⋯ '우르르 달려들어 나귀 꼬리를 부여잡으니 / 나귀 네 발로 동동 굴러 춘향 가슴을 찰 때'는 춘향이 도련님이 떠나지 못하게 나귀 꼬리를 잡자 나귀가 춘향의 가슴을 발로 차는 상황으로 볼 수 있다. 따라서 ⓒ'나귀 네 발로 동동 굴러'는 이 도령과 춘향이 이별하는 안타까운 상황에서 나귀의 행동을 희화화했다고 볼 수 있지만, 당면한 현실을 풍자하는 표현은 아니다.

* 당면하다(當面--): 바로 눈앞에 당하다. 예 어려운 상황에 당면하게 되더라도 좌절하지 말고 용기를 내자.

⑤ ⓔ는 미래에 대한 전망을 바탕으로 대상과의 재회를 확신하는 표현이다.
명년 양춘가절이 돌아오면 또다시 상봉할까나 × → 재회가 어려울 것을 한탄함.

⋯ '산첩첩 수중중한데 부디 편안히 잘 가시오 / 나도 명년 양춘가절이 돌아오면 또다시 상봉할까나'에서는 춘향이 도련님과 이별하면서 내년 봄이 되면 도련님과 다시 만날 수 있을지 모르겠다는 안타까운 심정을 의문형 어미를 통해 드러내고 있다. 따라서 ⓔ'명년 양춘가절이 돌아오면 또다시 상봉할까나'는 대상과의 재회를 확신하는 것이 아니라, 춘향이 도련님과의 재회가 어려울 것임을 한탄하는 표현으로 볼 수 있다.

04

정답률 81%

〈보기〉를 바탕으로 (가), (나)를 이해한 내용으로 적절하지 않은 것은?

〈보기〉

여러 작품에서 '춘향'은 다양한 면모를 지닌 인물로 형상화되었다. '춘향'은 원치 않는 상황을 받아들이는 수용적 면모를 보이기도, 목표를 이루려 단호하게 행동하는 적극적 면모를 보이기도 한다. 신세를 한탄하며 절규하는 격정적 면모를 드러내는가 하면, 문제를 숙고하여 대응책을 모색하는 치밀한 면모를 표출하기도 한다. 한편 '춘향'은 당대 민중의 시각을 대변하는 면모를 지니기도 한다.
(④의 근거 / ②의 근거 / ⑤의 근거 / ③의 근거 / ①의 근거)

정답인 이유

③ (나)에서 이별 후 자신이 겪을 고난을 말하며 '도련님'의 마음을 돌리려는 모습을 통해, 문제 해결책을 강구*하는 '춘향'의 치밀한 면모를 확인할 수 있다.
× ×

⋯ 〈보기〉에서는 '춘향'이 여러 작품에서 다양한 면모를 지닌 인물로 형상화되었다고 하였다. (나)에서 '춘향'은 '도련님'과의 이별을 거부하다가 '잘 가시오'라며 '도련님'과의 이별을 어쩔 수 없이 받아들이고 있다. 그러나 이별 뒤에 자신이 겪을 고난을 말하며 '도련님'의 마음을 돌리려는 모습은 나타나지 않는다. 따라서 (나)에서 '도련님'의 마음을 돌리려는 '춘향'의 모습은 나타나지 않으며, 문제 해결책을 강구하는 '춘향'의 치밀한 면모를 확인할 수 없다.

* 강구(講究): 좋은 대책과 방법을 궁리하여 찾아내거나 좋은 대책을 세움. 예 위기를 벗어날 방법을 강구하다.

오답인 이유

① (가)에서 양반들이 한통속이어서 '도련님'을 두둔할* 것이라고 언급하는 모습을 통해, 민중의 입장을 취하는 '춘향'의 면모를 확인할 수 있다.

⋯ (가)에서 '춘향'은 본관 원님, 순사또, 형조와 한성부와 비변사에 자신의 억울한 사연을 하소연해도 모두 '도련님'과 같은 양반이라 자신을 패소시키고 '도련님'의 편을 들 것이라고 하였다. 이를 통해 〈보기〉에 나타난 당대 민중의 시각을 대변하는 '춘향'의 면모를 확인할 수 있다.

* 두둔하다(斗頓--): 편들어 감싸 주거나 역성을 들어 주다. 예 어머니는 아들의 입장을 두둔하며 목소리를 높였다.

② (가)에서 구걸하고 다니면서라도 자신의 상황을 알리겠다는 모습을 통해, 뜻한 바를 성취하려는 '춘향'의 적극적 면모를 확인할 수 있다.

⋯ (가)에서 '춘향'은 소지, 소장을 올려 자신의 억울함을 하소연하고, 모두 패소해도 '팔만장안 억만가호마다 걸식하며 다니다가, 돈 한 푼씩 빌어 얻어서'라도 상언을 써서 임금에게 자신의 상황을 알리겠다고 하였다. 이를 통해 〈보기〉에 나타난 목표를 이루려 단호하게 행동하는 '춘향'의 적극적 면모를 확인할 수 있다.

④ (나)에서 '도련님'에게 주안을 올리며 어쩔 수 없이 이별을 받아들이는 모습을 통해, 서글픈 현실을 감내하려는 '춘향'의 수용적 면모를 확인할 수 있다.

⋯ (나)에서 '춘향'은 '날 살려 두고는 못 가시리다'라고 하며 이별을 강하게 거부하는 모습을 보이지만, 결국 '도련님'에게 주안을 올리고 '잘 가시오'라고 하며 어쩔 수 없이 이별을 받아들이고 있다. 이를 통해 〈보기〉에 나타난 원치 않는 상황을 받아들이는 '춘향'의 수용적 면모를 확인할 수 있다.

⑤ (가), (나)에서 '이별'이라는 두 글자를 철퇴로 깨뜨리고자 하는 모습을 통해, 북받친 감정을 토로하면서 탄식하는 '춘향'의 격정적 면모를 확인할 수 있다.

⋯› (가)에서 '춘향'은 '박랑사에서 쓰고 남은 철퇴를 천하장사 항우에게 주어 힘껏 둘러메어 이별 두 글자를 깨치고 싶네!'라고 하였고, (나)에서 '춘향'은 '박랑사 중 쓰고 남은 철퇴로 / 천하장사 항우 주어 이별 두 자를 깨치리로다'라고 하며 '이별'이라는 두 글자를 깨뜨리고 싶다고 한탄하고 있다. 이를 통해 〈보기〉에 나타난 신세를 한탄하며 절규하는 '춘향'의 격정적 면모를 확인할 수 있다.

05

정답률 65% | 매력적인 오답 ② 12%

〈보기〉를 바탕으로 [A], [B]를 감상한 내용으로 적절하지 않은 것은? [3점]

〈보기〉

조선 후기에 책을 대여하고 값을 받는 세책업자는 〈춘향전〉을 (가)와 같은 세책본 소설로, 유흥적 노래를 지은 잡가의 담당층은 〈춘향전〉의 대목을 (나)와 같은 잡가로 제작했다. 세책업자는 과장되고 재치 있는 표현을 활용하여 흥미를 높이거나(①의 근거) 특정 부분의 분량을 늘려 이윤을 얻으려 했다(②의 근거). 잡가의 담당층은 노래의 내용을 단시간에 전달하기 위해 상황을 집약해 설명하고(③의 근거) 인물의 감정을 드러내는 가사를 반복해 청중의 공감을 끌어냈다(④의 근거). 연속되지 않은 장면들을 엮어 노래를 구성할 때에는 작품 속 화자의 역할이 바뀌기도(⑤의 근거) 하였다.

정답인 이유

⑤ [B]에서 화자가 해설자에서 인물로 역할을 바꾸는 것은(○ → 화자가 해설자에서 춘향으로 바뀜.) 연속되지 않은 장면들이 엮여 작품이 구성되었음을(× → 연속된 하나의 장면임.) 알게 해 주는 단서이겠군.

⋯› [B]에서 '이별이라네 이별이라네 이 도령 춘향이가 이별이로다 / 춘향이가 도련님 앞에 바짝 달려들어 눈물짓고 하는 말이'까지의 화자는 해설자이고, '도련님 들으시오 나를 두고 못 가리다' 이후의 화자는 춘향이다. 즉, 〈보기〉의 설명처럼 작품 속 화자의 역할이 해설자에서 인물인 춘향으로 바뀌는 것을 알 수 있다. 그러나 [B]는 연속되지 않은 장면이 아니라, 춘향이 이 도령과 이별하게 되자 이 도령에게 자신을 두고는 못 간다고 하소연하는 하나의 장면이다. 따라서 [B]에서 화자가 해설자에서 인물로 역할을 바꾸는 것을, 연속되지 않은 장면들이 엮여 작품이 구성되었음을 알게 해 주는 단서로 보는 것은 적절하지 않다.

오답인 이유

② (매력적인 오답) [A]에서 '도련님'에게 거듭하여 묻는 형식을 사용한 것은 분량을 늘리려는 의도와 관련되겠군.

⋯› [A]에는 '~ 살자 하였소?, ~ 다 잊어 계시오?, ~ 마다하지 아니하였소?, ~ 못 데려가겠소? 진정 못 데려가겠소? 떠보려고 이리 하시오?'와 같이 춘향이 반복해서 '도련님'에게 묻는 형식이 나타나고 있다. 〈보기〉에서 세책업자가 특정 부분의 분량을 늘려 이윤을 얻으려 했다는 것을 참고할 때, 이는 분량을 늘리려는 의도와 관련지을 수 있다.

① [A]에서 '생눈 나올 일'이라는 과장된 표현을 쓴 것은 작품의 흥미를 높이려는 취지와 관련되겠군.

⋯› [A]에서는 도련님이 춘향과 이별하게 된 상황을 '생눈 나올 일'을 당했다고 과장되게 표현하고 있다. 〈보기〉에서 세책업자가 과장되고 재치 있는 표현을 활용하여 흥미를 높이려 했다는 것을 참고할 때, 이는 작품의 흥미를 높이려는 취지와 관련지을 수 있다.

③ [B]에서 첫 행에 작품의 상황을 제시한 것은 청중을 작품의 내용에 빠르게 끌어들이려는 전략과 관련되겠군.

⋯› [B]에서는 첫 행인 '이별이라네 이별이라네'를 통해 이 도령과 춘향이 이별하는 상황을 바로 제시하고 있다. 〈보기〉에서 잡가의 담당층은 노래의 내용을 단시간에 전달하기 위해 상황을 집약해 설명하였다는 것을 참고할 때, 이는 청중을 작품의 내용에 빠르게 끌어들이려는 전략과 관련지을 수 있다.

④ [B]에서 '못 가시리다'라는 구절을 반복하여 인물의 감정을 강조한 것은 청중의 공감을 유발하려는 목적과 관련되겠군.

⋯› [B]에서는 춘향의 말인 '못 가시리다'가 반복되며 이 도령과 이별하고 싶지 않은 춘향의 심정을 강조하고 있다. 〈보기〉에서 잡가의 담당층은 인물의 감정을 드러내는 가사를 반복해 청중의 공감을 끌어냈다는 것을 참고할 때, 이는 청중의 공감을 유발하려는 목적과 관련지을 수 있다.

갈래 복합 **17** 오륜가 | 차마설

▶ 문제편 262~264쪽

정답 | 01 ④ 02 ③ 03 ② 04 ⑤

[01~04] 다음 글을 읽고 물음에 답하시오. 2018 6월 모의평가

제대로 작품 분석 ▶〈보기〉에서 적절한 것을 골라 넣으며 작품을 분석해 보자.

(가) 사람 사람마다 이 말삼 드러사라
1

사람 사람마다 이 말씀을 들으십시오.

이 말삼 아니면 사람이라도 사람 아니니
삼강오륜 / 역설적 표현 – 〈제5수〉의 '개돼지'와 통함.

이 말씀이 아니면 사람이면서도 사람이 아니니

이 말삼 잇디 말고 배우고야 마로리이다

이 말씀을 잊지 않고 배워야 할 것입니다.

〈제1수〉
▶ 제1수: 삼강오륜을 배워야 하는 이유

아바님 날 나흐시고 어마님 날 기르시니
2

아버님 날 낳으시고 어머님 날 기르시니

부모(父母)곧 아니시면 내 몸이 업실랏다

부모님이 아니셨더라면 내 몸이 없었을 것입니다.

이 덕(德)을 갚흐려 하니 하늘 가이 업스샷다
지켜야 할 교훈을 직설적으로 전달함.

이 덕을 갚으려 하니 하늘 같이 끝이 없습니다.

〈제2수〉
▶ 제2수: 부자유친(父子有親)

종과 주인과를 뉘라셔 삼기신고
신하 임금

종과 상전의 구별을 누가 만들었습니까?

벌과 개미가 이 뜻을 몬져 아니

벌과 개미들이 이 뜻을 먼저 알고 있으니

(벌이 여왕벌에게, 개미가 여왕개미에게 충성을 다하는 것으로 보아, 곤충조차도 군신 관계가 어떠해야 하는지 알고 있다는 의미)

한 마암애 두 뜻 업시 속이지나 마옵사이다
3

한 마음에 두 뜻을 가지는 일 없이 속이지나 마십시오.

〈제3수〉
▶ 제3수: 군신유의(君臣有義)

지아비 밭 갈라 간 데 밥고리 이고 가
밥을 담은 광주리

남편이 밭 갈러 간 곳에 밥 담은 광주리를 이고 가서

반상을 들오되 눈썹에 마초이다
거안제미(擧案齊眉) – 아내가 남편을 깍듯이 공경함.

밥상을 들되 눈썹 높이까지 공손히 맞추어 바칩니다.

진실로 고마오시니 손이시나 다르실가
4

진실로 고마운 분이시니 손님 대하는 것과 무엇이 다르겠습니까?

〈제4수〉
▶ 제4수: 부부유별(夫婦有別)

※〈제5수〉에는 오륜 중 '붕우유신(朋友有信)'이 있어야 하나, '형제간의 우애(友愛)'가 대신 들어감.

형님 자신 젖을 내 조처 먹나이다 → 아우의 말

형님이 잡수신 젖을 내가 따라 먹습니다.

어와 우리 아우야 어마님 너 사랑이야 → 형님의 말

아아, 우리 아우야, 너는 어머님의 사랑이로다.

(대화 형식)

형제(兄弟)가 불화(不和)하면 개돼지라 하리라 → 화자의 말
5

형제끼리 화목하지 못하면 개, 돼지라 할 것입니다.

〈제5수〉
▶ 제5수: 형제우애(兄弟友愛)

늙은이는 부모 같고 어른은 형 같으니
사회 윤리가 가정 윤리와 연결되어 있음.

노인은 부모 같고 어른은 형 같으니

같은데 불공(不恭)하면 어디가 다를고
공손하지 않으면

이와 같은데 공손하지 않으면 (짐승과) 어디가 다르겠습니까?

나이가 많으시거든 절하고야 마로리이다

나이가 많으시거든 (공손하게) 절하고야 말 것입니다.

〈제6수〉
▶ 제6수: 장유유서(長幼有序)
– 주세붕, 〈오륜가〉

❖ 제대로 작품 분석의 〈보기〉

㉠ 일편단심을 강조함.
㉡ 손님을 대하듯이 남편을 공경해야 함.
㉢ 형제간에 우애하고 서로 화목하기를 당부함.
㉣ 자식이 부모에게 효도해야 하는 이유를 드러냄.
㉤ 작품 창작 의도가 드러남. – 백성을 교화하려는 목적

❖ 제목의 의미

'오륜가(五倫歌)'는 '다섯 가지 윤리에 대한 노래'라는 의미이다. 조선 중기 유학자인 주세붕이 해주 감사로 있을 때 지은 연시조로, 삼강오륜(三綱五倫)을 바탕으로 백성들을 교화하려는 목적을 지니고 있는 작품이다.

❖ 작가 소개

주세붕(周世鵬, 1495~1554): 조선 중기의 문신 · 학자. 우리나라 최초의 서원인 백운동 서원을 건립하는 등 성리학의 보급에 힘썼다. 작품으로 경기체가 〈태평곡(太平曲)〉, 〈도동곡(道東曲)〉과 〈오륜가(五倫歌)〉를 비롯한 시조 14수가 전한다.

❖ 핵심 정리

- 갈래: 연시조(전 6수)
- 성격: 교훈적, 계도적
- 주제: 삼강오륜(三綱五倫)의 교훈 강조
- 특징: ① 교훈적인 내용을 직설적으로 전달함. ② 비유적 표현을 사용하여 화자가 말하고자 하는 바를 강조함.

(나) 나는 집이 가난해서 말이 없기 때문에(남이 말을 빌려 타게 된 이유) 간혹 남의 말을 빌려서 탔다. 그런데 「노둔하고(늙어서 재빠르지 못하고 둔하고) 야윈 말을 얻었을 경우에는 일이 아무리 급해도 감히 채찍을 대지 못한 채 금방이라도 쓰러지고 넘어질 것처럼 **전전긍긍**하기 일쑤요, 개천이나 도랑이라도 만나면 또 말에서 내리곤 한다.」(「」: 1) 그래서 후회하는 일이 거의 없다.(스스로 조심하게 되므로 위험한 일이 없음.) 반면에 「발굽이 높고 귀가 쫑긋하며 잘 달리는 준마를 얻었을 경우에는 **의기양양**하여 방자하게(어려워하거나 조심스러워하는 태도가 없이 무례하고 건방지게) 채찍을 갈기기도 하고 고삐를 놓기도 하면서 언덕과 골짜기를 모두 평지로 간주한 채 매우 유쾌하게 질주하곤 한다.」(「」: 준마를 빌려 탈 때의 글쓴이의 태도) 그러나 간혹 위험하게 말에서 떨어지는 환란을 면하지 못한다. ▶ 말을 빌려 탔을 때의 심리 변화

아, 사람의 감정이라는 것이 어쩌면 이렇게까지 달라지고 뒤바뀔 수가 있단 말인가.(2) 남의 물건을 빌려서 잠깐 동안 쓸 때에도 오히려 이와 같은데, 하물며 진짜로 자기가 가지고 있는 경우야 더 말해 무엇 하겠는가.(자신의 소유물일 경우 마음의 변화가 더욱 심할 것임.) ▶ 자기 소유일 때의 심리 변화

그렇긴 하지만 사람이 가지고 있는 것 가운데 남에게 빌리지 않은 것이 또 뭐가 있다고 하겠는가.(3) 「임금은 백성으로부터 힘을 빌려서 존귀하고 부(「」: 4)

유하게 되는 것이요, 신하는 임금으로부터 권세를 빌려서 총애를 받고 귀한 신분이 되는 것이다. 그리고 자식은 어버이에게서, 지어미는 지아비에게서, 비복(婢僕)은 주인에게서 각각 빌리는 것이 또한 심하고도 많은데,」 대부분 자기가 본래 가지고 있는 것처럼 여기기만 할 뿐 끝내 돌이켜 보려고 하지 않는다. 이 어찌 미혹된 일이 아니겠는가.
(사람들의 잘못된 소유 관념)

그러다가 혹 잠깐 사이에 그동안 빌렸던 것을 돌려주는 일이 생기게 되면, 만방(萬邦)의 임금도 독부(獨夫)가 되고 백승(百乘)의 대부(大夫)도 고신(孤臣)이 되는 법인데, 더군다나 미천한 자의 경우야 더 말해 무엇 하겠는가.
(세계의 모든 나라 / 자신이 소유했던 부와 권력을 잃게 되면 / 포악한 정치를 하여 백성에게 외면을 당한 군주 / 백 대의 수레 / 임금의 신임이나 사랑을 받지 못하는 신하 / 소유의 허망함을 깨달을 것이다.(설의법))
▶ 모든 것은 자기 소유가 아니라 빌린 것이라는 깨달음

맹자(孟子)가 말하기를 "오래도록 차용하고서 반환하지 않았으니, 그들이 자기의 소유가 아니라는 것을 어떻게 알았겠는가."라고 하였다. 「내가 이 말을 접하고서 느껴지는 바가 있기에, 〈차마설〉을 지어서 그 뜻을 부연해 보노라.」
(인용 → 신뢰성 부여 / 소유에 대한 성찰과 깨달음)
▶ 〈차마설〉을 쓴 목적
「 」: 글을 쓰게 된 계기

– 이곡, 〈차마설〉

• 〈차마설〉의 구성 방식

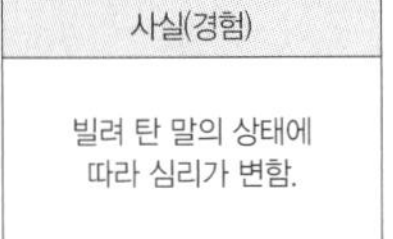

사실(경험)
빌려 탄 말의 상태에 따라 심리가 변함.

+
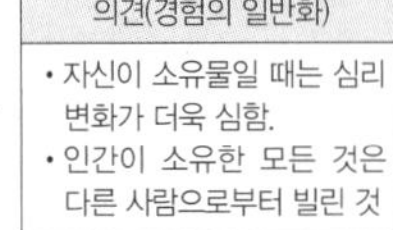

의견(경험의 일반화)
• 자신이 소유물일 때는 심리 변화가 더욱 심함.
• 인간이 소유한 모든 것은 다른 사람으로부터 빌린 것

➡
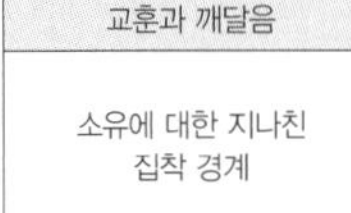

교훈과 깨달음
소유에 대한 지나친 집착 경계

❖ 제대로 작품 분석의 〈보기〉

㉠ 잘못된 소유 관념에 대한 지적을 인용
㉡ 소유의 본질을 알 수 있는 구체적 사례 열거
㉢ 노둔하고 야윈 말을 빌려 탈 때의 글쓴이의 태도
㉣ 글쓴이의 경험이 보편적인 깨달음으로 변화하는 과정
㉤ 근원적 사고의 전환 – 소유의 본질에 대한 깨달음(주제문)

❖ 제목의 의미

'차마설'은 '말(馬)을 빌려 탄(借)' 개인의 체험을 고전 수필에 해당하는 '설(說)'의 형식으로 담아낸 작품이다. 말을 빌려 탈 때의 심리 상태에 대한 관찰과 사색을 통해 모든 것은 빌린 것이라는 소유에 대한 깨달음을 이끌어 내고 있다.

❖ 작가 소개

이곡(李穀, 1298~1351): 고려 말기의 학자. 호는 가정(稼亭). 고려의 대문호 이색(李穡)의 아버지. 원나라에서 여러 번 과거에 급제하고 저서를 펴내며 명성을 떨쳤다. 귀국하여 유학의 이념을 현실화하고자 하였으나 쇠망해 가는 고려에서 이상을 실현할 수 없었다. 주요 작품으로는 대나무를 의인화한 가전체 소설 〈죽부인전(竹夫人傳)〉이 있고, 저서에 《가정집》이 있다.

❖ 핵심 정리

• 갈래: 한문 수필, 설(說)
• 성격: 교훈적, 경험적
• 주제: 소유에 대한 성찰과 깨달음
• 특징: ① 유추의 방식을 통해 개인적 경험을 보편적 깨달음으로 일반화함. ② '사실(경험) – 의견(경험의 일반화)'의 2단 구성 방식을 취함.

제대로 감상법 모범 답안

가 주세붕, 〈오륜가〉

❶ 교화 ❷ 벌과 개미 ❸ 개돼지 ❹ 교훈적

❖ 제대로 작품 분석

1㉤ 2㉣ 3㉠ 4㉡ 5㉢

나 이곡, 〈차마설〉

❶ 깨달음 ❷ 말 ❸ 유추

❖ 제대로 작품 분석

1㉢ 2㉣ 3㉤ 4㉡ 5㉠

01

정답률 78%

(가), (나)의 공통점으로 가장 적절한 것은?

정답인 이유

④ 삶의 태도에 대한 경계*와 권고의 의도를 드러내고 있다.
• (가): 삼강오륜을 지키며 바르게 살아갈 것을 권고(효, 충, 우애, 공경 등)
• (나): 잘못된 소유 관념에 대해 경계하면서 소유에 집착하지 말 것을 권고

⋯▸ (가)는 백성들이 지켜야 할 삼강오륜의 도리를 강조한 작품으로, 인간의 도리를 지키지 않는 삶의 태도에 대해 경계하면서 삼강오륜을 지키며 바람직하게 살아갈 것을 권고하고 있다. (나)는 소유에 대한 성찰과 깨달음을 서술한 작품으로, 사람들의 잘못된 소유 관념에 대해 경계하면서 소유에 지나치게 집착하지 말 것을 권고하고 있다. 따라서 (가)와 (나)는 모두 삶의 태도에 대한 경계와 권고의 의도를 드러내는 작품으로 이해할 수 있다.

* 경계(警戒): 옳지 않은 일이나 잘못된 일들을 하지 않도록 타일러서 주의하게 함. 예 실패한 사람의 이야기를 글로 적어 세상에 대한 경계를 삼다.

오답인 이유

① 영탄적 표현*을 통해 대상의 속성을 예찬하고 있다.
(가)와 (나) 모두 ○ / (가)와 (나) 모두 ×

⋯▸ (가)의 '어와 우리 아우야 어마님 너 사랑이야'와 (나)의 '아, 사람의 감정이라는 것이 어쩌면 이렇게까지 달라지고 뒤바뀔 수가 있단 말인가.'에서 각각 '어와'와 '아'와 같은 영탄적 표현을 확인할 수 있다. 그러나 이는 화자와 글쓴이의 감정을 드러낼 뿐, 이를 통해 대상의 속성을 예찬하고 있지는 않다.

* 영탄(詠歎)적 표현: 슬픔, 놀라움 등의 고조된 감정을 감탄사, 감탄형 어미 등을 통해 표현하는 방법 예 아아, 늬는 산(山)ㅅ새처럼 날아갔구나!

② 상반된 세계관이 대구*의 형식을 통해 구체화되고 있다.
(가)와 (나) 모두 × / (가)와 (나) 모두 ○

⋯▸ (가)의 '아바님 날 나흐시고 어마님 날 기르시니', '늙은이는 부모 같고 어른은 형 같으니'와 (나)의 '임금은 백성으로부터 ~ 신하는 임금으로부터 ~ 것이다.', '자식은 어버이에게서, ~ 비복은 주인에게서' 등에 대구의 형식이 나타난다. 그러나 (가)와 (나)는 바람직한 삶의 태도를 강조하고 있을 뿐, 상반된 세계관이 나타나 있지는 않다.

* 대구(對句): 같거나 비슷한 문장 구조를 나란히 배열하여 표현하는 방법 예 나는 나룻배 / 당신은 행인

③ 바람직하지 않은 인간에 대한 연민의 시선을 담고 있다.
(가)와 (나) 모두 ×

⋯▸ (가)의 '이 말삼 아니면 사람이라도 사람 아니니', '형제가 불화하면 개돼지라 하리라'와 (나)의 '대부분 자기가 본래 가지고 있는 것처럼 여기기만 할 뿐 끝내 돌이켜 보려고 하지 않는다.'에서 바람직하지 않은 인간에 대해 부정적으로 언급하고 있다. 그러나 (가)와 (나) 모두 그에 대해 연민의 시선을 담고 있지는 않다.

⑤ 이상향에 대한 의식을 역설적 표현*을 통해 진술하고 있다.
(가)와 (나) 모두 × (가) ○, (나) ×

···› (가)의 '사람이라도 사람 아니니'에서 역설적 표현을 확인할 수 있지만, (나)에는 역설적 표현이 나타나 있지 않다. 그리고 (가)와 (나)는 모두 바람직한 삶의 태도에 대해 말하고 있을 뿐, 이상향에 대한 의식은 나타나 있지 않다.

* 역설(逆說)적 표현: 모순되는 표현으로 그 속에 진리(진실)를 담는 표현 방법 예 아아, 님은 갔지마는 나는 님을 보내지 아니하였습니다.

02

정답률 82%

(가), (나)에 대한 설명으로 가장 적절한 것은?

정답인 이유

③ (나)는 개인적 체험에서 얻은 깨달음을 사회적 차원으로 일반화하고 있다.
말을 빌려 탄 후 소유의 의미에 대한 깨달음을 얻음. / 임금과 신하, 부모와 자식, 부부, 주인과 비복의 관계에 적용

···› (나)는 개인적 체험을 제시한 '사실' 부분과 그 체험을 사회적 차원으로 일반화하여 제시한 '의견' 부분으로 이루어져 있다. 즉, 글쓴이는 말을 빌려 탔던 개인적 체험에서 얻은 소유의 의미에 대한 깨달음을 사회적 차원으로 일반화하여, 세상의 부귀와 권세 등 사람이 가진 모든 것은 본래부터 소유하고 있던 것이 아니라 누군가에게 빌린 것이라는 교훈을 이끌어 내고 있다.

• 설(說)의 일반적 구성
'설(說)'은 한문 수필의 한 종류로, 구체적 사물이나 사건의 이치를 밝히고 자신의 의견을 서술하는 갈래임. 주로 2단 구성으로 내용이 전개됨.

전반부	사실, 글쓴이의 경험
후반부	경험의 일반화, 글쓴이의 의견, 교훈

오답인 이유

① (가)는 관념적 덕목을 열거하여 각각이 지닌 모순점을 밝히고 있다.
×

···› (가)는 유교 사회에서 백성이 지켜야 할 관념적 덕목인 오륜(부자유친, 군신유의, 부부유별, 형제우애, 장유유서)을 열거하고 있지만, 각각이 지닌 모순점을 밝히고 있지는 않다.

② (가)는 사람들 사이의 관계를 의식하지 않는 삶의 모습을 옹호하며 시상을 전개하고 있다.
× → 사람들 사이에서 지켜야 할 덕목들

···› (가)의 〈제2수〉~〈제6수〉에 열거한 오륜은 모두 사람들 사이의 바람직한 관계를 형성하기 위해 지켜야 할 덕목들로 강조되고 있다. 따라서 (가)가 사람들 사이의 관계를 의식하지 않는 삶의 모습을 옹호하며 시상을 전개하고 있다는 설명은 적절하지 않다.

④ (나)는 인물의 내면 심리를 형상화하여 욕망의 실현을 돕는 자연적 질서에 대한 경이감을 표출하고 있다.
×

···› (나)에서는 글쓴이가 각각 노둔하고 야윈 말과 준마를 빌려 탄 경험에서 느낀 내면 심리가 드러나고 있지만, 이를 형상화하여 욕망의 실현을 돕는 자연적 질서에 대한 경이감을 표출하고 있지는 않다.

⑤ (가)와 (나)는 모두 자연물이 지닌 덕성을 부각하여 인간적 삶에 대한 긍지를 드러내고 있다.
(가) ○, (나) × / (가)와 (나) 모두 ×

···› (가)의 〈제3수〉의 '벌과 개미가 이 뜻을 몬져 아니'에서는 곤충들도 군신 관계가 어떠해야 하는지 알고 있다며 자연물이 지닌 덕성을 부각하고 있지만, 이를 통해 인간적 삶에 대한 긍지를 드러내고 있지는 않다. 또 (나)에서는 자연물이 지닌 덕성을 부각하여 인간적 삶에 대한 긍지를 드러내는 부분이 나타나지 않는다.

03

정답률 65% | 매력적인 오답 ③ 12%

〈보기〉를 바탕으로 (가)를 감상한 내용으로 적절하지 않은 것은? [3점]

〈보기〉

교훈적 내용의 시조에는 설득력을 높이기 위한 몇 가지 특징적인 표현 전략이 있다. 우선 윤리적 덕목을 실천해야 하는 인물을 화자로 설정하여 대화 형식을 취하는 경우가 있다. 또한 비유나 상징, 유추, 다른 인물이나 사물과의 대비 등을 통해 화자가 개인 윤리는 물론 가정과 사회의 윤리를 실천하는 주체로서 추구해야 하는 가치를 정당화하기도 한다.
(교훈의 설득력을 높이기 위한 표현 전략 ① / 교훈의 설득력을 높이기 위한 표현 전략 ②)

정답인 이유

② 〈제4수〉에서는 화자로 내세운 '지아비'와 지어미의 문답 방식을 통해 아내가 추구해야 할 윤리적 가치를 정당화하고 있다.
× → 화자는 '지아비'가 아니며, 문답 방식도 나타나지 않음.

···› 〈보기〉에서 교훈적 내용의 시조에는 윤리적 덕목을 실천해야 하는 인물을 화자로 설정하여 대화 형식을 취하는 경우가 있다고 하였다. 하지만 〈제4수〉에서는 〈제1수〉~〈제3수〉와 마찬가지로 백성들에게 삼강오륜을 전달하고자 하는 화자가 남편에 대한 아내의 도리를 강조하고 있다. 즉, 〈제4수〉의 화자는 '지아비'가 아니며, '지아비'와 지어미의 문답 방식도 나타나지 않는다.

오답인 이유

③ 매력적인 오답 〈제5수〉에서 어머니의 '젖'은 어머니의 사랑을 상징하는 표현으로서, '형님'과 '아우'가 이를 화제로 삼아 대화를 나누는 형식을 취하고 있다.
'형님 자신 젖을 내 조처 먹나이다'(아우의 말) / '어와 우리 아우야 어마님 너 사랑이야'(형님의 말)] 대화 형식

···› 〈제5수〉의 초장과 중장에서는 '형님'과 '아우'가 어머니의 사랑을 상징하는 '젖'을 함께 먹는 것을 화제로 삼아 대화를 나누고 있다. 이를 통해 형제간의 우애라는 윤리적 가치를 전달하고 있다.

① 〈제3수〉에서는 '벌과 개미'의 생태로부터 윤리적 실천의 주체가 추구해야 하는 가치를 유추하고 있다.
여왕벌과 여왕개미에게 충성을 다함. / 군신유의(君臣有義)

···› 〈제3수〉에서는 여왕벌과 여왕개미에게 충성을 다하는 '벌과 개미'의 생태로부터 '주인(임금)에 대한 종(신하)의 도리'인 '군신유의(君臣有義)'의 가치를 유추의 방법으로 드러내고 있다.

④ 〈제5수〉의 '개돼지'는 〈제1수〉의 '사람이라도 사람 아니니'의 의미를 비유적으로 표현한 것으로서 화자가 추구하는 가치를 따르는 윤리적 주체와 대비되고 있다.
삼강오륜을 지키지 않으며 살아가는 사람을 비유적으로 표현한 것

···› 〈제1수〉의 '사람이라도 사람 아니니'는 삼강오륜을 지키지 않으면 사람이라고 할 수 없다는 뜻으로, 〈제5수〉에서는 이처럼 삼강오륜을 지키지 않고 형제간에 화목하지 못한 사람을 '개돼지'에 비유하여 표현하고 있다. 즉, 〈제5수〉에서 '개돼지'에 비유된 사람은 화자가 추구하는 가치를 따르는 윤리적 주체와 대비되는 존재라고 볼 수 있다.

⑤ 〈제6수〉에서 '부모'와 '형'은, 〈제2수〉의 '부모'와 〈제5수〉의 '형님'과는 달리, '늙은이'와 '어른'에 빗대어져 쓰임으로써 사회 윤리가 가정 윤리와 연결되어 있음을 보여 주고 있다.
사회적 관계 / 가족 간의 관계

···› 〈제2수〉의 '부모'와 〈제5수〉의 '형님'이 혈연으로 맺어진 가족 관계라면, 〈제6수〉의 '늙은이'와 '어른'은 가족이 아닌 사회적 관계라고 할 수 있다. 〈제6수〉에서는 가족 관계인 '부모'와 '형'을 사회적 관계인 '늙은이'와 '어른'에 빗댐으로써, '장유유서(長幼有序)'라는 사회 윤

리가 '부자유친(不子有親)', '형제우애(兄弟友愛)'라는 가정 윤리와 연결되어 있음을 보여 주고 있다.

04

정답률 70% | 매력적인 오답 ④ 12%

(나)의 '나'에 대한 이해로 가장 적절한 것은?

정답인 이유

⑤ **'나'는 '맹자'의 '이 말'에서, 빌린 것을 소유했다고 여기는 사람들에 대한 문제의식을 떠올리고 있다.**
사람들의 잘못된 소유 관념에 대해 문제를 제기함.

⋯› (나)의 마지막 부분에서 글쓴이는 잘못된 소유 관념을 지적하는 맹자의 말을 인용하여 소유에 대한 올바른 인식이 필요하다는 자신의 주장을 뒷받침하고 있다. 글쓴이가 맹자의 '이 말'을 인용한 것은, 자신이 빌린 것을 자기가 소유했다고 여기는 사람들의 잘못된 소유 관념에 대한 문제의식을 떠올렸기 때문이라고 추측할 수 있다.

오답인 이유

④ (매력적인 오답) **'나'는 자기가 소유하고 있는 권력이 빌린 것임을 돌아보는 '임금'의 모습을 '독부'로 표현하고 있다.**
× → 자기가 소유했다고 생각하던 권력을 빼앗기면 '임금'도 '독부'가 됨.

⋯› '나'는 빌렸던 것을 돌려준, 즉 소유했던 권력을 백성들에게 다시 빼앗긴 '임금'의 모습을 '독부(포악한 정치를 하여 백성에게 외면을 당한 군주)'로 표현하고 있다.

① **'나'는 '노둔하고 야윈 말'을 빌리는 경우 '전전긍긍'하다가 위험에 처하기 때문에 후회하게 된다고 여기고 있다.**
× → 스스로 조심하여 위험을 피함.

⋯› '나'는 '노둔하고 야윈 말'을 빌리는 경우 말이 금방이라도 쓰러지고 넘어질 것 같아 일이 아무리 급해도 채찍을 대지 않으며, 개천이나 도랑을 만나면 말에서 내리곤 한다고 하였다. 즉, '노둔하고 야윈 말'을 빌렸다고 '전전긍긍'하다가 위험에 처하는 것이 아니라, 스스로 조심하여 위험을 피하므로 후회하게 되는 일이 없다고 생각하고 있다.

② **'나'는 '준마'를 빌려 탈 때의 '의기양양'한 감정이 그것을 소유할 때에는 발생하지 않을 것이라고 예상하고 있다.**
× → '의기양양'한 감정이 더욱 심해질 것이라고 생각하고 있음.

⋯› '남의 물건을 빌려서 잠깐 동안 쓸 때에도 오히려 이와 같은데, 하물며 진짜로 자기가 가지고 있는 경우야 더 말해 무엇 하겠는가.'를 보면, '나'는 '준마'를 빌려 탈 때의 '의기양양'한 감정이 자기가 '준마'를 소유할 경우에는 더욱 심해질 것이라고 생각하고 있다.

③ **'나'는 '가지고 있는 것'이 없는 천한 사람들을 '미혹'되었다고 생각하고 있다.**
× → 빌린 것을 자기가 본래 가진 것처럼 여기는 일(소유의 본질을 깨닫지 못한 사람들)

⋯› '나'는 사람들이 '가지고 있는 것' 모두가 남에게 빌린 것임을 모르고 자기가 본래 가진 것이라고 여기는 일을 '미혹'된 일이라고 생각하고 있다. '가지고 있는 것'이 없는 천한 사람들을 '미혹'되었다고 생각하는 것은 아니다.

갈래 복합 18 자연적 시간과 문학적 시간 | 고풍 의상 | 결빙의 아버지

▶ 문제편 265~267쪽

정답 | 01 ① 02 ② 03 ⑤ 04 ④

[01~04] 다음 글을 읽고 물음에 답하시오. 2018 6월 모의평가

제대로 작품 분석 ▶〈보기〉에서 적절한 것을 골라 넣으며 작품을 분석해 보자.

㉮ 문학적 시간은 작가의 체험이나 의식에 따라 자연적 시간을 의도적으로 재구성하여 미적 효과를 드러낸다.[1] 삶의 과정과 시간의 흐름을 담은 사건은 주로 과거형으로, 대상의 특징을 감각적으로 형상화하는 이미지는 주로 현재형으로 표현한다.[2]
(문학적 시간에서 주로 과거형으로 표현되는 것)
▶ 자연적 시간을 의도적으로 재구성한 문학적 시간

하지만 과거형과 현재형의 적용은 작품 내적 상황에 따라 달라질 수 있다.(문학적 시간의 특징 – 시제의 적용이 고정적이지 않음.) 「과거의 사건이나 동작의 변화를 실감나게 드러내기 위해 현재형으로 표현하기도 하고, 이미지 묘사를 시간의 흐름이 드러나도록 과거형으로 표현하기도 한다.」[3]
▶ 작품 내적 상황에 따라 달라지는 과거형과 현재형의 적용

[A] 특히 서정시는 현재의 순간에 과거의 경험들이 공존해 있다는 점에서 이러한 시간의 모호성이 두드러진다.[4] 즉 서정시는 과거와 현재를 분리하지 않고 시적 현재로 통합하는 시간의 의도적 변형을 드러내는 것이다.
▶ 시간의 모호성이 두드러지는 서정시

제대로 작품 분석의 〈보기〉

㉠ 서정시에서 나타나는 문학적 시간의 특징
㉡ 문학적 시간이 미적 효과를 드러내는 방법
㉢ 문학적 시간에서 주로 현재형으로 표현되는 것
㉣ 과거형과 현재형의 적용이 표현의 효과와 작품의 상황에 따라 달라짐.

핵심 정리

- 갈래: 평론, 설명문
- 중심 화제: 문학적 시간
- 문단별 중심 내용

1문단	자연적 시간을 의도적으로 재구성한 문학적 시간
2문단	작품 내적 상황에 따라 달라지는 과거형과 현재형의 적용
3문단	시간의 모호성이 두드러지는 서정시

- 주제: 자연적 시간의 재구성을 통해 나타나는 문학적 시간의 특징

㉯ **[1~3행] 소주제:** 두견 우는 봄밤의 한옥
- 하늘로 날을 듯이 길게 뽑은 부연: 공간적 배경 – 전통적 가옥의 곡선미
- 주렴: 구슬 따위를 꿰어 만든 발
- 두견이 소리처럼 깊어 가는 밤: [1]

[4~6행] 소주제: 저고리의 우아한 아름다움
- 곱아라 고아라 진정 아름다운지고: [2]
- 곱아라, 아름다운지고, 밝도소이다: 고전적 분위기의 예스러운 어투 ①
- 파르란, 자줏빛, 하얀: 색채어의 사용
- 시상 전개의 특징

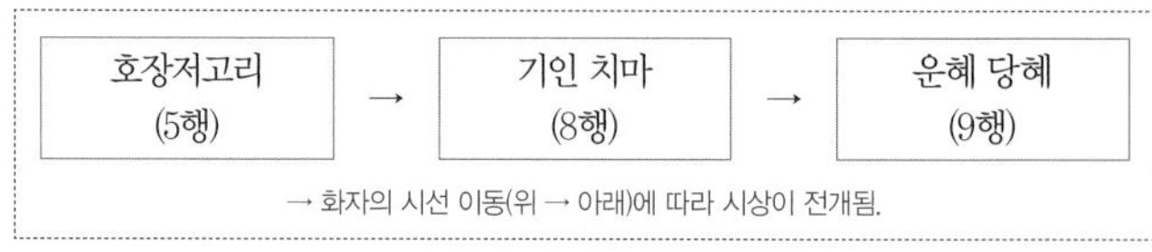

호장저고리
(5행)
기인 치마
(8행)
운혜 당혜
(9행)
→ 화자의 시선 이동(위 → 아래)에 따라 시상이 전개됨.

[7, 8행] 소주제: 치마 선의 아름다움
■ 사르르 물결을 친다: 동적 이미지

[9~12행] 소주제: 옷맵시와 춤사위의 고전적 아름다움
■ 운혜 당혜: 여인들이 신던 가죽신
■ 대청: 한옥에서 몸채의 방과 방 사이에 있는 큰 마루
■ 그대는 어느 나라의 ~ 한 마리 호접: ³
■ 호접: 호랑나비
■ 아미: 여인의 아름다운 눈썹을 이르는 말

[13, 14행] 소주제: 고풍 의상의 아름다움에 도취된 화자의 모습
■ 나는 이 밤에 ~ 거문곳줄 골라 보리니: ⁴
■ 골라 보리니, 흔들어지이다: 고전적 분위기의 예스러운 어투 ②

– 조지훈, 〈고풍 의상〉

❖ 제대로 작품 분석의 〈보기〉

㉠ 봄밤이 깊어 가는 것을 청각적 이미지에 비유
㉡ 고풍 의상을 입은 여인의 아름다움에 대한 예찬
㉢ 여인의 춤을 보고 시간을 초월하여 고전미에 도취된 화자의 모습
㉣ 치마저고리를 입고 춤을 추는 고전적인 여인이 나비와 같이 아름답다는 의미 – 은유법

❖ 제목의 의미

'고풍 의상(古風衣裳)'은 '예스러운 풍취를 지닌 저고리와 치마'라는 의미로, 한복을 입은 여인의 우아함과 동적인 곡선이 나타내는 아름다움을 예스러운 어투를 통해 형상화한 작품이다. 호장저고리, 열두 폭 긴 치마, 운혜와 당혜와 같이 고전미를 보여 주는 소재를 제시하여 전통적 아름다움을 부각하고 있다.

❖ 작가 소개

조지훈(趙芝薰, 1920~1968): 시인. 본명은 동탁(東卓). 1939년 《문장》에 〈고풍 의상〉, 〈승무〉, 1940년 〈봉황수〉로 추천을 받아 등단하였다. 박두진, 박목월과 함께 1946년 시집 《청록집》을 간행하여 '청록파'로 불렸다. 고전적 풍물을 소재로 하여 우아하고 섬세하게 민족 정서를 노래했다.

❖ 핵심 정리

- 갈래: 자유시, 서정시
- 성격: 고전적, 전통적
- 주제: 전통 의상의 예스러운 아름다움
- 특징: ① 고유어와 예스러운 어투('–지고', '–도소이다', '–지이다')를 통해 대상의 아름다움을 표현함. ② 시선의 이동에 따라 대상을 감각적으로 묘사함. ③ '밤'이라는 추상적 대상을 '두견이의 소리'라는 청각적 이미지로 그려냄. ④ 춤을 추는 여인을 '호접'으로 비유한 은유법을 사용함. ⑤ 색채어를 활용하여 대상의 아름다움을 감각적으로 표현함.

다 [1연] 소주제: 어린 시절 추위에 떠는 자식을 보살피던 아버지에 대한 회상
■ 어머님: ¹
■ 제 예닐곱 살 적 겨울: 과거 회상임을 알 수 있음.
■ 목조 적산 가옥 이층 다다미방: ²
■ 적산 가옥: 해방 후 일본인들이 물러난 뒤 남겨 놓고 간 집
■ 외풍: 밖에서 불어오는 바람 – 시련, 고난을 의미함.
■ 나: 어린 시절의 시적 화자
■ 아버지의 사랑을 나타내는 시어

[1연 6행] 아버지 가랭이 [1연 7행] 가슴팍 [3연 8행] 꽝 꽝 얼어붙은 잔등 [3연 9행] 얼음	화자를 추위로부터 보호해 주던 아버지의 사랑을 나타내는 시어

[2연] 소주제: 돌아가신 아버지에 대한 그리움
■ 요즈음: 과거 → 현재로 전환
■ 추운 밤: 회상의 매개체
■ 곁에서 잠든 아이들 이불깃을 덮어 주며: ³
■ 그런 추억: 추위로부터 자식을 보호하던 아버지의 사랑을 회상함.
■ 나를 품어 주던 ~ 자취 없이 뒤섞여 있음: 아버지가 돌아가셨음을 알 수 있음.
■ 옛날처럼 나는 ~ 눕고 싶습니다: ⁴

[3연] 소주제: 얼어붙은 강물을 보며 아버지의 희생적 사랑을 떠올림.
■ 나를 품에 안고 ~ 그 겨울밤의 아버지: ⁵
■ 이승의 물로 화신: 아버지 = 강물 표면의 얼음
■ 화신: 어떤 추상적인 특질이 구체화 또는 유형화된 것
■ 여린 물살: 강물 표면의 얼음 아래 흐르는 물살 = 어린 자식
■ 아버지, 아버지……: ⁶

– 이수익, 〈결빙(結氷)의 아버지〉

❖ 제대로 작품 분석의 〈보기〉

㉠ 과거에 화자가 있던 공간
㉡ 자식에 대한 희생적, 헌신적 사랑을 지닌 아버지
㉢ 화자의 정서 – 돌아가신 아버지에 대한 그리움이 나타남.
㉣ 아버지에 대한 애틋함 – 시적 여운을 남기며 시상을 마무리함.
㉤ 청자 – 아버지와의 추억을 어머니에게 들려주는 방식으로 시상을 전개함.
㉥ 아버지가 된 화자의 모습 – 자식을 걱정하는 아버지의 마음이 화자에게로 이어지고 있음.

❖ 제목의 의미

'결빙(結氷)의 아버지'는 화자가 얼어붙은 한강을 바라보며 아버지를 느꼈다는 의미로, 어린 시절 가난과 추위를 막으며 자신을 지켜준 아버지의 희생과 사랑을 은유적으로 표현한 것이다. 성인이 된 화자가 돌아가신 아버지에 대한 그리움을 시간의 흐름에 따라 전개한 작품이다.

❖ 작가 소개

이수익(李秀翼, 1942~): 시인. 방송 PD. 경상남도 함안 출생. 1963년 《서울신문》에 〈고별(告別)〉, 〈편지〉가 당선되어 등단하였다. 작품 속에서 이미지의 선명성과 아름다움을 두드러지게 표현하는 시인으로 평가받는다. 주요 작품으로는 〈왕(王)의 슬픔〉, 〈우울한 샹송〉, 〈종소리〉, 〈봄에 앓는 병(病)〉, 〈주점(酒店)에서〉 등이 있다.

❖ 핵심 정리

- 갈래: 자유시, 서정시
- 성격: 애상적, 회상적, 고백적
- 주제: 아버지의 헌신적 사랑에 대한 회상과 아버지에 대한 애틋한 그리움
- 특징: ① 시간의 흐름에 따라 시상을 전개함. ② '어머니'를 청자로 설정하여 말을 건네는 방식을 사용함. ③ 반복과 생략을 활용하고 명사로 시상을 마무리하여 여운을 남김. ④ 계절적 배경을 활용하여 화자의 정서를 부각함.

제대로 감상법 모범 답안

가 자연적 시간과 문학적 시간
❶ 재구성 ❷ 모호성

❖ 제대로 작품 분석
1㉡ 2㉢ 3㉣ 4㉠

나 조지훈, 〈고풍 의상〉
❶ 도취 ❷ 하얀 ❸ 호접 ❹ 시선

❖ 제대로 작품 분석
1㉠ 2㉡ 3㉣ 4㉢

다 이수익, 〈결빙(結氷)의 아버지〉
❶ 회상 ❷ 외풍 ❸ 여린 물살 ❹ 시간

❖ 제대로 작품 분석
1㉤ 2㉠ 3㉥ 4㉢ 5㉡ 6㉣

01

정답률 73%

(가)를 바탕으로 (나)의 ㉠~㉤을 이해한 내용으로 가장 적절한 것은?

정답인 이유

① ㉠은 자연적 시간이 작가의 의식에 의해 문학적으로 재구성된 경우에 해당한다.

○ → 자연적 시간인 '봄밤'을 '두견이 소리'라는 청각적 이미지에 비유하여 재구성함.

⋯▸ ㉠'두견이 소리처럼 깊어 가는 밤'은 작가가 자연적 시간인 봄밤이 깊어 가는 것을 적막한 밤에 들려오는 '두견이 소리'라는 청각적 이미지에 비유하여 문학적으로 표현한 것이다. 이를 (가)와 관련지어 이해하면, ㉠은 자연적 시간을 작가의 의식에 의해 문학적으로 재구성한 경우로 볼 수 있다.

오답인 이유

② ㉡은 과거형과 현재형의 적용이 작품 내적 상황에 따라 달라진 경우에 해당한다.

× → 시적 대상의 아름다움에 대한 화자의 예찬

⋯▸ (가)에서 '과거형과 현재형의 적용은 작품 내적 상황에 따라 달라질 수 있다.'라는 것은 과거의 사건이나 동작의 변화를 현재형으로 표현하기도 하고, 이미지 묘사를 시간의 흐름이 드러나도록 과거형으로 표현하기도 한다는 의미라고 하였다. 그러나 ㉡'곱아라 고아라 진정 아름다운지고'는 화자가 현재의 대상을 보며 아름답다고 느끼는 감정을 드러낸 표현이므로, ㉡은 과거형과 현재형의 적용이 작품 내적 상황에 따라 달라진 경우에 해당하지 않는다.

③ ㉢은 서정시에서 동작의 변화를 현재형으로 묘사하지 않은 경우에 해당한다.

× → '건너', '열고' – 현재형으로 표현됨.

⋯▸ ㉢'발자취 소리도 없이 대청을 건너 살며시 문을 열고'에서 동작의 변화인 '건너', '열고'는 현재형으로 표현되어 있다. 따라서 ㉢이 서정시에서 동작의 변화를 현재형으로 묘사하지 않은 경우라는 설명은 적절하지 않다.

④ ㉣은 과거와 현재를 통합적으로 인식함으로써 시간의 정확성을 드러낸 경우에 해당한다.

○ → '이 밤(현재)'과 '옛날(과거)'의 공존 / × → 시간의 모호성

⋯▸ ㉣'이 밤에 옛날에 살아'는 '이 밤'이라는 현재의 순간에 '옛날'이라는 과거의 경험들이 공존해 있는 것이므로 과거와 현재를 통합적으로 인식하는 것으로 볼 수 있다. 그런데 (가)에서 '서정시는 현재의 순간에 과거의 경험들이 공존해 있다는 점에서 이러한 시간의 모호성이 두드러진다.'라고 하였으므로, ㉣은 시간의 정확성을 드러낸 것이 아니라 모호성을 드러낸 경우이다.

⑤ ㉤은 시간의 흐름이 드러나도록 과거형을 사용한 경우에 해당한다.

× → '흔들어지이다'는 현재형임.

⋯▸ ㉤'가는 버들인 양 가락에 맞추어 흰 손을 흔들어지이다'에서 '흔들어지이다'는 현재형이므로, ㉤이 시간의 흐름이 드러나도록 과거형을 사용한 경우라는 설명은 적절하지 않다.

02

정답률 78%

[A]를 중심으로 (다)를 이해할 때 적절하지 않은 것은? [3점]

정답인 이유

② '목조 적산 가옥 이층 다다미방'이라는 현재 위치에서 화자가 과거의 이야기를 전해 주는 방식으로 시적 현재의 의미를 생성해 낸다.

× → 화자가 '예닐곱 살 적 겨울'을 보낸 과거의 공간임.

⋯▸ [A]에서 서정시는 현재의 순간에 과거의 경험들이 공존해 있다는 점에서 시간의 모호성이 두드러진다고 하였다. 그런데 (다)의 1연은 '제 예닐곱 살 적 겨울은 / 목조 적산 가옥 이층 다다미방의 / 벌거숭이 유리창 깨질 듯 울어 대던 외풍 탓으로 / 한없이 추웠지요'라고 되어 있다. 따라서 '목조 적산 가옥 이층 다다미방'은 화자의 현재 위치가 아니라 화자가 '예닐곱 살 적 겨울'에 경험했던 과거의 공간이라는 것을 알 수 있다.

오답인 이유

① 화자가 '아버지'와 겪었던 유년 시절을 '어머님'에게 들려주는 시상 전개 방식으로 과거와 현재의 시간을 이어 준다.

(다)의 청자 – 1연과 3연에 나타남.

⋯▸ (다)의 1연과 3연을 보면 화자는 '어머님'을 부르며, 화자가 '예닐곱 살 적 겨울'에 '아버지'와 겪었던 유년 시절의 경험과 추억들을 '어머님'에게 들려주고 있다. 이러한 시상 전개 방식은 화자가 겪었던 과거와 화자가 그때의 '아버지'를 회상하고 있는 현재의 시간을 이어 준다고 볼 수 있다.

③ '옛날처럼 나는'에서 현재의 순간에 과거의 경험들이 공존해 있는 시적 상황을 설정하고 있다.

현재의 시점에서 과거의 경험을 그리워하고 있음.

⋯▸ (다)의 2연에서 화자는 '옛날처럼 나는 다시 아버지 곁에 눕고 싶습니다.'라며, 현재의 시점에서 아버지와 함께했던 유년 시절의 경험들을 그리워하고 있다. 이는 현재의 순간에 과거의 경험들이 공존해 있는 시적 상황이라고 할 수 있다.

④ '예닐곱 살 적 그 겨울밤'을 '영하의 한강교를 지나면서' 떠올리는 데서 과거와 현재의 통합이 드러난다.

과거의 경험 / 현재의 순간

⋯▸ [A]에서 서정시는 과거와 현재를 분리하지 않고 시적 현재로 통합하는 시간의 의도적 변형이 드러난다고 하였다. (다)의 3연에서 화자는 현재 '영하의 한강교를 지나면서' 과거의 '예닐곱 살 적 그 겨울밤'을 떠올리고 있으므로, 과거와 현재가 시적 현재로 통합되고 있음을 알 수 있다.

⑤ '그 겨울밤의 아버지'가 '이승의 물로 화신'했다고 표현함으로써 과거와 현재를 분리하지 않는 시간의 모호성을 드러낸다.

과거의 '아버지'가 현재에 '화신'해 있음.

⋯▸ (다)의 3연에서는 '그 겨울밤의 아버지'가 '이승의 물로 화신'해 있음을 보았다고 하였다. 이는 과거의 추웠던 겨울밤에 추위를 막아 주려고 화자를 따뜻하게 안아 주었던 '그 겨울밤의 아버지'가, 현재에는 강물 아래의 물살이 바다로 흘러갈 수 있도록 '꽝 꽝 얼어붙은 잔등'으로 혹한을 막으며 '하얗게 얼음으로' 엎드려 있는 '이승의 물로 화신'하였다고 표현한 것이다. 따라서 과거와 현재를 분리하지 않고 시적 현재로 통합하는 시간의 모호성이 드러난다고 할 수 있다.

03

정답률 62% | 매력적인 오답 ① 20%

(나)의 표현상 특징에 대한 설명으로 적절하지 않은 것은?

정답인 이유

⑤ 말줄임표를 사용하여 시적 대상의 정적인 상태와 동적인 상태가 충돌하는 상황을 표현하고 있다.

○ / × → 시적 여운을 함축하며 대상의 아름다움을 형상화함.

⋯▸ (나)의 '호접인 양 사풋이 춤을 추라 아미를 숙이고……'에서는 말줄임표를 사용하여 시행을 마무리하였다. 이는 '아미를 숙이고' 춤을 추는 여인의 아름다운 모습을 '호접'에 비유하면서 말줄임표를 통해

시적 여운을 주어 표현한 것이므로, 시적 대상의 정적인 상태와 동적인 상태가 충돌하는 상황을 표현한 것은 아니다.

오답인 이유

① (매력적인 오답) 의도적으로 변형한 시어를 통하여 리듬감*에 변화를 주고 있다.
'날을', '곱아라 고아라', '파르란', '기인' 등

⋯➝ '날을', '곱아라 고아라', '파르란', '기인' 등과 같이 시어를 의도적으로 변형하여 리듬감에 변화를 주고 있다.

* 리듬감(rhythm感): 일정한 음악적 규칙에 따라 반복되며 움직이는 느낌 예 모델들은 리듬감 있게 걷는다.

② 전통적인 소재와 예스러운* 말투로 고전적 분위기를 조성하고 있다.
• 전통적인 소재: '부연', '호장저고리', '운혜 당혜', '거문곳줄' 등
• 예스러운 말투: '아름다운지고', '밝도소이다', '흔들어지이다' 등

⋯➝ '부연', '호장저고리', '운혜 당혜', '거문곳줄' 등과 같은 전통적인 소재와 '아름다운지고', '밝도소이다', '흔들어지이다' 등과 같은 예스러운 말투를 사용하여 고전적 분위기를 조성하고 있다.

* 예스럽다: 옛것과 같은 맛이나 멋이 있다. 예 할머니께서는 항상 예스럽게 한복을 차려입고 다니신다.

③ 시적 상황에 등장하는 인물의 행위를 자연물에 빗대어 표현하고 있다.
춤추는 여인의 모습을 '호접'에 빗대어 표현

⋯➝ 시적 상황에 등장하는 인물인 '고풍 의상'을 입은 여인의 춤추는 행위를, '한 마리 호접', '호접인 양 사풋이 춤을 추라'와 같이 '호접'이라는 자연물에 빗대어 표현하고 있다.

④ 색채어*를 활용하여 시적 대상의 아름다움을 감각적으로 형상화하고 있다.
'파르란', '자줏빛', '하얀', '흰' 등

⋯➝ '파르란 구슬빛 바탕', '자줏빛 호장', '하얀 동정', '흰 손'과 같이 시적 대상인 여인과 여인이 입은 '고풍 의상'의 아름다움을 '파르란', '자줏빛', '하얀', '흰' 등의 색채어를 활용하여 감각적으로 형상화하고 있다.

* 색채어(色彩語): 색깔을 나타내는 시어로, 대상의 인상을 선명하게 함. 예 하이얀 모색 / 파아란 역등 / 새빨간 노을

04

정답률 **86%**

[B]를 중심으로 (다)를 감상한 것으로 적절하지 않은 것은?

정답인 이유

④ '나를 품어 주던 그 가슴'과 '꽝 꽝 얼어붙은 잔등'의 대비를 통하여, 내면의 의도와 반대되는 행동을 보여 주셨던 아버지의 태도를 강조하고 있군.
× → 모두 자식에 대한 아버지의 사랑이 드러남.
× → 내면의 의도와 행동이 일치함.

⋯➝ [B]에서 '나를 품어 주던 그 가슴'은 과거의 추운 밤에 추위를 막아 주려고 화자를 따뜻하게 안아 주었던 아버지의 사랑을 나타낸다. 그리고 3연에서 화자는 돌아가신 아버지가 '이승의 물로 화신'하여 '꽝 꽝 얼어붙은 잔등'으로 강물 위에 엎드려서 '부드럽고 여린 물살'이 무사히 흘러 바다에 갈 수 있도록 혹한을 막고 있는 것을 보았다고 하였다. 즉, '꽝 꽝 얼어붙은 잔등'은 추위를 막아 주려는 내면의 의도와 일치하는 아버지의 희생적인 행동을 보여 주고 있다. 따라서 '나를 품어 주던 그 가슴'과 '꽝 꽝 얼어붙은 잔등'은 대비되는 것이 아니라 둘 다 자식에 대한 아버지의 사랑을 강조한다고 볼 수 있다.

오답인 이유

① '곁에서 잠든 아이들 이불깃을 덮어 주'는 모습이 '나를 품에 안고 추위를 막아 주던' 모습과 호응하여, 자식을 걱정하는 아버지의 마음이 시적 화자에게로 이어짐을 보여 주는군.

⋯➝ [B]에서 추운 밤이면 '곁에서 잠든 아이들 이불깃을 덮어 주'는 것은 자식을 보호하고 챙기는 아버지로서의 화자의 모습이고, 3연에서 아버지가 '나를 품에 안고 추위를 막아 주던' 것은 유년 시절 화자를 보호하고 돌보아 주던 아버지의 모습이다. 즉, 화자가 추울까 봐 걱정하는 아버지의 모습과 자식이 추울까 봐 걱정하는 화자의 모습의 호응을 통해, 자식을 걱정하는 아버지의 마음이 현재의 화자에게로 이어지고 있음을 알 수 있다.

② '늘 그런 추억으로 마음이 아프'다는 것으로 미루어 볼 때, '아버지, 아버지……'에서 아버지의 부재에 대한 시적 화자의 애틋함을 여운으로 남기고 있음을 알 수 있군.

⋯➝ [B]에서 '늘 그런 추억으로 마음이 아프'다는 것은 화자가 자식들의 추위를 막아 주던 아버지의 희생을 떠올리고 있으며, 부재한 아버지를 그리워하며 마음 아파하고 있음을 의미한다. 이를 바탕으로 볼 때, '아버지, 아버지……'는 희생과 사랑으로 자식들을 보살폈던 돌아가신 아버지에 대한 화자의 애틋한 마음을 여운으로 남기며 표현한 것으로 볼 수 있다.

③ '한 줌 뼛가루'의 이미지와 '하얗게 얼음으로 엎드려 있'는 강의 이미지를 연관시켜, 아버지의 모습을 감각적으로 표현하고 있군.

⋯➝ [B]에서 아버지의 죽음을 나타내는 '한 줌 뼛가루'의 이미지와 3연에서 아버지가 '이승의 물로 화신'하여 '하얗게 얼음으로 엎드려 있'는 얼어붙은 강의 이미지는, 아버지의 모습을 흰색의 색채 이미지로 연관시켜 감각적으로 표현한 것으로 볼 수 있다.

⑤ '다시 아버지 곁에 눕고 싶'은 현재와 '아버지 가랭이 사이로 시린 발을 밀어 넣'었던 과거를 연결하여, 아버지에 대한 그리움을 담아내고 있군.

⋯➝ [B]에서 화자는 현재의 시점에서 옛날처럼 '다시 아버지 곁에 눕고 싶'다고 하는데, 화자가 돌아가고 싶은 '옛날'은 1연에서 추운 겨울밤에 따스한 '아버지 가랭이 사이로 시린 발을 밀어 넣'고 잠들던 자신의 과거를 의미한다. 즉, 화자는 이와 같이 현재와 과거를 연결하여 자신을 따뜻하게 품어 주었던 아버지에 대한 그리움을 담아내고 있다고 볼 수 있다.

갈래 복합 **19**

전쟁 소설의 성격 | 박씨전 | 시장과 전장

▶ 문제편 268~272쪽

정답 | 01 ④ 02 ④ 03 ⑤ 04 ③ 05 ③ 06 ⑤

[01~06] 다음 글을 읽고 물음에 답하시오. 2017 수능

제대로 작품 분석 ▶ 〈보기〉에서 적절한 것을 골라 넣으며 작품을 분석해 보자.

가 전쟁을 다룬 소설 중에는 실재했던 전쟁을 제재로 한 작품들이 있다. 이런 작품들은 허구를 매개로 실재했던 전쟁을 새롭게 조명하고 있다. 가령, 〈박씨전〉의 후반부는 패전했던 병자호란을 있는 그대로 받아들이고 싶지 않았던 조선 사람들의 욕망에 따라, 허구적 인물 박씨가 패전의 고통을 안겼던 실존 인물 용골대를 물리치는 장면을 중심으로 허구화되었다. 외적에 휘둘린 무능한 관군 탓에 병자호란 당시 여성은 전쟁의 큰 피해자였다. 〈박씨전〉에서는 이 비극적 체험을 재구성하여, 전화를 피하기 위한 장소인 피화당(避禍堂)에서 여성 인물과 적군이 전투를 벌이는 장면을 설정하고 있다. 이들 간의 대립 구도하에서 전개되는 이야기는 조선 사람들의 슬픔을 위로하고 희생자를 추모함으로써 공동체로서의 연대감을 강화하였다. 한편, 〈시장과 전장〉은 한국 전쟁이 남긴 상흔을 직시하고 이에 좌절하지 않으려던 작가의 의지가, 이념 간의 갈등에 노출되고 생존을 위해 몸부림치는 인물을 통해 허구화되었다. 이 소설에서는 전장을 재현하여 전쟁의 폭력에 노출된 개인의 연약함이 강조되고, 무고한 희생을 목도한 인물의 내면이 드러남으로써 개인의 존엄이 탐색되었다.

(매개: 둘 사이에서 양편의 관계를 맺어 줌. / 병자호란을 제재로 함. ① / ② / 한국 전쟁을 제재로 함. ③ / ④)

▶ 허구를 매개로 실재했던 전쟁을 새롭게 조명한 〈박씨전〉과 〈시장과 전장〉

우리는 이런 작품들을 통해 전쟁의 성격을 탐색할 수 있다. 두 작품에서는 외적의 침략이나 이념 갈등과 같은 공동체 사이의 갈등이 드러나고 있다. 그런데 전쟁이 폭력적인 것은 이 과정에서 사람들이 죽기 때문만은 아니다. 전쟁의 명분은 폭력을 정당화하기에, 적의 죽음은 불가피한 것으로, 우리 편의 죽음은 불의한 적에 의한 희생으로 간주된다. 전쟁은 냉혹하게도 아군이나 적군 모두가 민간인의 죽음조차 외면하거나 자신의 명분에 따라 이를 이용하게 한다는 점에서 폭력성을 띠는 것이다. 두 작품에서 사람들이 죽는 장소가 군사들이 대치하는 전선만이 아니라는 점도 주목된다. 전쟁터란 전장과 후방, 가해자와 피해자가 구분되지 않는 혼돈의 현장이다. 이 혼돈 속에서 사람들은 고통 받으면서도 생의 의지를 추구해야 한다는 점에서 전쟁은 비극성을 띤다. 이처럼, 전쟁의 허구화를 통해 우리는 전쟁에 대한 인식을 새롭게 할 수 있다.

(전쟁의 성격: ① 폭력성 ② 비극성 / 전쟁이 폭력적인 것: ① 사람들이 죽음. ② 폭력을 정당화함. / ⑤ / ⑥ / 전쟁의 허구화: 글의 주제)

▶ 전쟁의 허구화를 통한 전쟁에 대한 새로운 인식

○ 제대로 작품 분석의 〈보기〉

㉠ 전쟁의 비극성
㉡ 전쟁의 폭력성
㉢ 〈박씨전〉의 의의
㉣ 〈시장과 전장〉의 의의
㉤ 〈박씨전〉에서 전쟁을 허구화한 이유
㉥ 〈시장과 전장〉에서 전쟁을 허구화한 이유

○ 핵심 정리

- 갈래: 평론, 설명문
- 중심 화제: 전쟁을 다룬 소설 〈박씨전〉과 〈시장과 전장〉
- 문단별 중심 내용

1문단	허구를 매개로 실재했던 전쟁을 새롭게 조명한 〈박씨전〉과 〈시장과 전장〉
2문단	전쟁의 허구화를 통한 전쟁에 대한 새로운 인식

- 주제: 전쟁에 대한 새로운 인식을 다룬 〈박씨전〉과 〈시장과 전장〉

나 문득 나무들 사이에서 한 여인이 나와 크게 꾸짖어 왈, "무지한 용골대야, 네 아우가 내 손에 죽었거늘 너조차 죽기를 재촉하느냐?" 용골대가 대로하여 꾸짖어 왈, "너는 어떠한 계집이완데 장부의 마음을 돋우느냐? 내 아우가 불행하여 네 손에 죽었지만, 네 나라의 화친 언약을 받았으니 이제는 너희도 다 우리나라의 신첩(臣妾)이라. 잔말 말고 바삐 내 칼을 받아라."

(용골대: 조선을 침략한 호국의 장수 – 역사적 실존 인물 / 한 여인: 박씨의 시비 계화 – 박씨 부인이 비범한 능력을 지녔음을 알게 해 주는 매개자 / ①)

계화가 들은 체 아니하고 크게 꾸짖어 왈, "네 동생이 내 칼에 죽었으니, 네 또한 명이 내 손에 달렸으니 어찌 가소롭지 아니리오." 용골대가 더욱 분기등등하여 군중에 호령하여, "일시에 활을 당겨 쏘라." 하니, 살이 무수하되 감히 한 개도 범치 못하는지라. 용골대 아무리 분한들 어찌하리오. 마음에 탄복하고 조선 도원수 김자점을 불러 왈, "너희는 이제 내 나라의 신하라. 내 영을 어찌 어기리오." 자점이 황공하여 왈, "분부대로 거행하오리다."

(네 동생: 용울대 / 분기등등: 분한 마음이 몹시 치밀어 오름. / 피화당의 진면목이 드러남. – 비현실성, 전기성 / 김자점: 조선이 북벌을 계획하고 있음을 청나라에 밀고한 역사적 실존 인물 / 관군의 무능함이 부각됨.)

용골대가 호령하여 왈, "네 군사를 몰아 박 부인과 계화를 사로잡아 들이라." 하니, 자점이 황겁하여 방포일성에 군사를 몰아 피화당을 에워싸니, 문득 팔문이 변하여 백여 길 함정이 되는지라. 용골대가 이를 보고 졸연히 진을 깨지 못할 줄 알고 한 꾀를 생각하여, 군사로 하여금 피화당 사방 십 리를 깊이 파고 화약 염초를 많이 붓고, 군사로 하여금 각각 불을 지르고, "너희 무리가 아무리 천변만화지술이 있은들 어찌하리오." 하고 군사를 호령하여 일시에 불을 놓으니, 그 불이 화약 염초를 범하매 벽력 같은 소리가 나며 장안 삼십 리에 불길이 충천하여 죽는 자가 무수하더라.

(방포일성: 포나 총을 한 번 쏘는 소리 / 황겁: 겁이 나서 얼떨떨하여 / 비현실적, 전기적 요소 / 졸연히: 까다롭거나 힘들지 않고 쉽게 / 천변만화지술: 끝없이 변화하는 술책 / 전쟁으로 인한 백성들의 비극적 체험 ①)

▶ 피화당을 공격하는 용골대

박씨가 주렴을 드리우고 부채를 쥐어 불을 부치니, 불길이 오랑캐 진을 덮쳐 오랑캐 장졸이 타 죽고 밟혀 죽으며 남은 군사는 살기를 도모하여 다 도망하는지라. 용골대가 할 길 없어, "이미 화친을 받았으니 대공을 세웠거늘, 부질없이 조그만 계집을 시험하다가 공연히 장졸만 다 죽였으니, 어찌 분한(憤恨)치 않으리오." 하고 회군하여 발행할 제, 왕대비와 세자 대군이며 장안 미색을 데리고 가는지라.

(② / ③ / 분한: 분하고 한스러움. / 발행: 길을 떠남. / ④)

박씨가 시비 계화로 하여금 외쳐 왈, "무지한 오랑캐야, 너희 왕 놈이 무식하여 은혜지국(恩惠之國)을 침범하였거니와, 우리 왕대비는 데려가지 못하리라. 만일 그런 뜻을 두면 너희들은 본국에 돌아가지 못하리라." 하니 오랑캐 장수들이 가소롭게 여겨, "우리 이미 화친 언약을 받고 또한 인물이 나의 장중(掌中)에 매였으니 그런 말은 생심(生心)도 말라." 하며, 혹 욕을 하며 듣지 아니하거늘, 박씨가 또 계화로 하여금 다시 외쳐 왈, "너희가 일양 그리하려거든 내 재주를 구경하라." 하더니, 「이윽고 공중으로 두 줄기 무지개 일어나며, 모진 비가 천지를 뒤덮게 오며, 음풍이 일어나며 백설이 날리고, 얼음이 얼어 군마의 발굽이 땅에 붙어 한 걸음도 옮기

(⑤ / 패전의 상실감을 위로받고자 하는 백성들의 욕망이 반영됨. / 인물: 왕대비 / 생심: 어떤 일을 하려고 마음을 먹음. / 일양: 한결같이 그대로 / 「」: 박씨의 비범한 능력 – 비현실성 / 음풍: 흐린 날씨에 음산하고 싸늘하게 부는 바람)

지 못하는지라.」 그제야 오랑캐 장수들이 황겁하여 아무리 생각하여도 모두 함몰할지라. 마지못하여 장수들이 투구를 벗고 창을 버려, 피화당 앞에 나아가 꿇어 애걸하기를, (인조가 삼전도에서 굴욕적으로 항복한 것과 동일한 방식으로 굴복시킴.) "오늘날 이미 화친을 받았으나 왕대비는 아니 뫼셔 갈 것이니, 박 부인 덕택에 살려 주옵소서."

박씨가 주렴 안에서 꾸짖어 왈, "너희들을 모두 죽일 것이로되, 천시(天時)를 생각하고 용서하거니와, 너희 놈이 본디 간사하여 외람된 죄를 지었으나 이번에는 아는 일이 있어 살려 보내나니, 조심하여 들어가며, 우리 세자 대군을 부디 태평히 모셔 가라. (병자호란 후 소현 세자와 봉림 대군이 볼모로 잡혀간 역사적 사실 반영) 만일 그렇지 아니하면 내 오랑캐를 씨도 없이 멸하리라."

이에 오랑캐 장수들이 백배 사례하더라. [6] ▶ 영웅적인 활약으로 용골대를 물리친 박씨

– 작자 미상, 〈박씨전〉

❖ 제대로 작품 분석의 〈보기〉

㉠ 전쟁으로 인한 백성들의 비극적 체험 ②
㉡ 허구화를 통해 민족의 자긍심을 회복하고자 함.
㉢ 조선이 청나라에 항복하였음. – 역사적 사실 반영
㉣ 진취적으로 자신의 운명을 개척해 나가는 여성 영웅 – 허구적 인물
㉤ 박씨의 영웅적 활약 – 병자호란의 치욕을 보상받고자 하는 당대 민중의 욕구 반영
㉥ 가달국의 침입을 받은 청나라를 구해 준 은혜를 말함. – 오랑캐군이 불의한 존재임을 드러냄.

❖ 제목의 의미

병자호란의 패배감을 심리적으로 극복하기 위해 창작된 군담 소설로, 여성 영웅 '박씨'의 입장에서 병자호란을 재구성하여 남성 중심의 세계관을 비판하고 있는 작품이다. 역사적인 사실을 배경으로 하면서도 허구적인 요소를 결합한 역사 소설로, 청에 통쾌하게 복수함으로써 병자호란의 패배감을 극복하고 민족의 자긍심을 회복하고자 하는 작가의 의도를 드러내고 있다.

❖ 전체 줄거리

조선 인조 때 이시백의 아버지 이 상공이 박씨 부인의 아버지 박 처사의 청혼을 받아들여, 이시백과 박씨 부인은 혼인을 하게 된다. 시백은 박씨 부인의 추한 외모를 보고 박씨 부인과의 대면을 피하고, 박씨 부인은 피화당을 지어 홀로 지낸다. 박 처사가 이 상공의 집에 다녀간 후 박씨 부인은 액운이 다하여 허물을 벗고 절세미인이 된다. 이에 이시백은 크게 기뻐하며 박씨 부인과 화해한다. 이후 청나라의 용골대 형제가 조선을 침략한다. 간신 김자점으로 인해 조선은 위기를 맞지만 박씨 부인의 뛰어난 능력으로 용골대 형제는 혼이 나고 임경업에게 대패하여 조선이 전쟁에서 승리한다. 임금이 박씨 부인의 공을 치하하고, 박씨 부인과 이시백은 함께 행복한 여생을 보낸다.

❖ 핵심 정리

- 갈래: 역사 소설, 군담 소설, 여성 영웅 소설
- 성격: 역사적, 비현실적, 전기적(傳奇的)
- 배경: 시간 – 조선 시대, 병자호란
  공간 – 조선
- 시점: 전지적 작가 시점
- 주제: 박씨 부인의 영웅적 기상과 재주(표면적), 전쟁의 패배로 인해 상실한 민족적 자존감 회복(이면적)
- 특징: ① 여성 영웅을 등장시켜 당시의 무능력한 남성 지배층을 비판함. ② 역사에서 찾은 소재를 사실과 허구의 적절한 조화로 표현함. ③ 변신 모티프를 중심으로 전반부의 가정담과 후반부의 전쟁담으로 구성됨.

다 [장면 1] (처음 ~ 중략 이전)

소주제: 식량을 얻으려다 총에 맞아 죽는 윤씨

- 윤씨: 지영의 어머니
- 우린 애아범이 ~ 배급을 못 타 먹었는데: 사위(기석)가 좌익 활동을 했다는 이유로 배급을 받지 못했음.
- 이 마당에서 그걸 ~ 그렇게들 안 할 거예요: [1]
- 미친 듯 뛰어갈 뿐이다: 다른 사람을 돌볼 여유가 없음.
- 중공군과 인민군: 중국 공산당에 딸린 군대와 북한의 군대 – 역사적 사실 반영
- 사람들은 갈가마귀 떼처럼 몰려들어 가마니를 열었다: [2]
- 그 순간 하늘이 진동하고 ~ 윤씨가 푹 쓰러진다: [3]

[장면 2] (중략 이후 ~ 끝)

소주제: 윤씨를 업고 집으로 돌아오는 지영

- 지영: 윤씨의 딸
- 회색빛 속에 싸여 있었다: 암울한 현실을 상징함.
- 쌀자루는 피에 젖어 거무죽죽하다: [4]
- 그는 한 발 한 발 힘을 주며 ~ 벼랑을 기어오른다: [5]

– 박경리, 〈시장과 전장〉

❖ 제대로 작품 분석의 〈보기〉

㉠ 윤씨를 안심시키는 김씨 댁 아주머니
㉡ 전쟁으로 인한 인간의 기본적인 존엄성 상실
㉢ 전쟁의 폭력이 무고한 인물에게 끼친 전쟁의 상흔을 드러냄.
㉣ 전장과 후방이 구분되지 않는 혼돈의 모습을 보여 줌. – 전쟁의 비극성
㉤ 생존을 위한 몸부림 – 고통 받으면서도 생의 의지를 추구해야 하는 전쟁의 비극성

❖ 제목의 의미

'시장과 전장'에서 '시장'은 생계를 유지하기 위한 민중의 삶과 긍정을 상징하는 공간, '전장'은 이념의 대립으로 인한 죽음과 부정의 공간을 상징한다. 전쟁에 휩쓸려 고통스럽게 살아야 했던 평범한 사람들의 삶, 인물들 사이의 이념 대립 등을 치밀하게 그려 내어 전쟁 문학의 수작으로 평가받는 작품이다.

❖ 작가 소개

박경리(朴景利, 1926~2008): 소설가. 경상남도 통영 출생. 1955년 《현대문학》에 〈계산〉을 발표하여 등단하였다. 전쟁의 폭력과 고난을 견디면서 생명의 가치를 고양하는 작품들을 주로 발표하였다. 주요 작품으로 〈토지〉, 〈불신 시대〉, 〈김 약국의 딸들〉, 〈시장과 전장〉 등이 있다.

❖ 전체 줄거리

황해도 연백에서 국어 교사로 일하던 지영은 한국 전쟁이 발발하자 서울에 있는 집으로 돌아온다. 지영은 가족들과 함께 피란길을 떠나지만 한강 철교가 끊어지는 바람에 다시 집으로 돌아온다. 지영과 가족들은 인민군 치하에서도 남편 기석의 형인 공산주의자 기훈의 도움을 받으며 무사히 지낸다. 이후 국군이 서울을 되찾고 인민군이 후퇴하자 기석은 국군에게 잡혀가고, 기훈은 지리산에 들어가 빨치산이 된다. 압록강까지 밀고 올라갔던 국군은 중공군의 개입으로 다시 후퇴하게 되고, 지영의 가족은 부산으로 피란을 간다. 한편 빨치산이 된 기훈은 가화라는 여자와 사랑에 빠지고, 가화를 좋아하던 장덕삼은 기훈과 가화에게 자수하라고 설득한다. 하지만 장덕삼의 오발로 가화가 죽자, 기훈은 장덕삼을 죽인 후 사라진다.

❖ 핵심 정리

- 갈래: 장편 소설, 전쟁 소설
- 성격: 사실적, 자전적
- 배경: 시간 – 한국 전쟁 전후
  공간 – 서울
- 시점: 전지적 작가 시점
- 주제: 전쟁의 비극과 폭력성, 그로 인한 우리 민족의 수난
- 특징: ① 작가의 실제 체험을 바탕으로 창작한 자전적 소설 ② '시장과 전장'이라는 상징적 공간을 중심으로 한국 전쟁을 겪은 민중들의 삶의 애환을 조명함. ③ 현재형 시제와 간결한 문장을 사용하여 긴박한 상황을 생동감 있게 그림.

제대로 감상법 모범 답안

㉮ 전쟁 소설의 성격
❶ 허구화

❖ 제대로 작품 분석
1㉤ 2㉢ 3㉥ 4㉣ 5㉡ 6㉠

㉯ 작자 미상, 〈박씨전〉
❶ 박씨 ❷ 용골대 ❸ 적개심 ❹ 피화당

❖ 제대로 작품 분석
1㉢ 2㉣ 3㉤ 4㉠ 5㉥ 6㉡

㉰ 박경리, 〈시장과 전장〉
❶ 윤씨 ❷ 지영 ❸ 식량 ❹ 갈가마귀 떼

❖ 제대로 작품 분석
1㉠ 2㉡ 3㉣ 4㉢ 5㉤

01

정답률 93%

(가)의 '전쟁의 허구화'를 바탕으로 (나), (다)를 설명한 것으로 적절하지 않은 것은?

정답인 이유

④ **(다)는 윤씨와 지영의 관계에서 나타나는 피해자와 가해자의 대립 구도를 통해 전쟁을 조명하고 있다.**
모녀 관계(윤씨: 전쟁의 폭력에 노출된 개인, 지영: 무고한 희생을 목격한 인물) × → 모두 전쟁의 피해자

···› (다)에서 윤씨는 중공군과 인민군이 남기고 간 식량을 얻으러 갔다가 총에 맞아 죽는다. 그리고 지영은 죽은 윤씨를 업고 벼랑을 기어올라 집으로 돌아온다. 이를 통해 윤씨와 지영은 모두 전쟁의 피해자임을 알 수 있다. 따라서 윤씨와 지영이 피해자와 가해자의 대립 구도를 형성한다는 설명은 적절하지 않다. 참고로, 윤씨는 지영의 친정어머니이다.

오답인 이유

① **(나)는 실재했던 전쟁을 다루면서도 이를 있는 그대로 받아들이지 않으려는 욕망에 따라 허구화가 이루어졌다.**

···› (나)는 실제 일어났던 병자호란을 배경으로 하고 있으며, 그때 조선이 청나라에 굴욕적으로 항복을 한 일이나 세자와 대군이 인질로 청나라에 끌려간 일 등의 역사적 사실을 바탕으로 창작되었다. 하지만 (나)에서는 허구적 인물인 박씨가 도술을 부려 청나라 장수를 무릎 꿇리며 군대를 섬멸*한다. 이러한 장면은 실재했던 전쟁을 있는 그대로 받아들이지 않고, 전쟁의 패배를 설욕하기를 바라는 백성들의 욕망에 따라 허구화된 이야기를 창작한 것으로 볼 수 있다.

* 섬멸(殲滅): 모조리 무찔러 멸망시킴. 예 적을 섬멸하라는 명령이 떨어졌다.

② **(나)는 박씨 등의 여성 인물과 용골대 등의 가해 세력 간의 대립 구도를 통해 전쟁을 조명하고 있다.**

···› (나)에서는 여성 인물인 박씨와 박씨의 시비인 계화가 병자호란을 일으킨 용골대 등의 가해 세력과 대립 구도를 형성하고 있으며, 이러한 구도를 통해 전쟁을 조명하고 있다.

③ **(다)는 실재했던 전쟁을 다루면서도 그 상흔을 직시하려는 의지에 따라 허구화가 이루어졌다.**

···› (다)는 실재했던 한국 전쟁을 배경으로 하고 있으며, 전쟁으로 인해 고통 받는 무고한 인물의 모습을 통해 우리 민족의 상처를 있는 그대로 드러내고 있다. 이는 (가)를 바탕으로 보면, 전쟁의 상흔을 직시하고 이에 좌절하지 않으려던 작가의 의지에 따라 실제 벌어진 사건의 허구화가 이루어진 것이라고 할 수 있다.

⑤ **(나)와 (다)는 '용골대'나 '중공군'과 같은 단어를 통해 실재했던 전쟁이 환기되도록 했다.**

···› (나)에 등장하는 '용골대'는 청나라 장수로 병자호란 당시 청나라의 군사를 이끌고 조선을 침략했던 실존 인물이며, (다)에 등장하는 '중공군'은 한국 전쟁 당시 실제로 참전한 중국 공산당의 군대이다. 따라서 '용골대'와 '중공군'은 실재했던 병자호란과 한국 전쟁을 환기하는 단어로 볼 수 있다.

02

정답률 90%

(가)를 바탕으로 (나)에 대해 〈학습 활동〉을 수행한 내용으로 적절하지 않은 것은? [3점]

〈학습 활동〉

◦ 병자호란에 대한 백성들의 욕망을 담은 〈박씨전〉과 다음의 〈임장군전〉을 읽고 전쟁 체험이 소설에 반영된 양상을 살펴봅시다.
(패전의 슬픔에 대한 위로)

> 상께서 왈, "길이 막혀 인적이 통하지 못하니 경업이 어찌 알리오. 목전의 형세가 여차하여 아무리 생각하여도 항복할 밖에 다른 묘책이 없으니 경들은 다시 말 말라." 하시고, 앙천통곡(하늘을 쳐다보며 소리 높여 슬피 욺.)하시니 산천초목이 다 슬퍼하더라. 병자년 12월 20일에 상이 항서(항복을 인정하는 문서(항복서))를 닦아 보내시니, 그 망극함을 어찌 측량하리오.(서술자의 개입 – 슬픔의 토로를 통해 패전한 나라의 백성이라는 연대감 반영) 용골대(청나라의 장군, 실존 인물로 〈박씨전〉에도 등장함.)가 송파장에 결진하고 승전고를 울리며 교만이 자심하여 승전비를 세워 거드럭거리며,(부정적 모습 – 전쟁에서의 자신의 공적을 자랑하려는 의도에서 비롯된 행위) 왕대비와 중궁을 돌려보내고 세자 대군을 잡아 북경으로 가려 하더라.
>
> • 〈임장군전〉과 〈박씨전〉의 차이점
> 〈임장군전〉에서는 용골대가 자발적으로 왕대비를 돌려보내는 것으로 그려진 반면, 〈박씨전〉에서는 박씨의 영웅적 활약으로 인해 용골대가 왕대비를 볼모로 끌고 가지 못하고 어쩔 수 없이 돌려보내는 것으로 그려짐.
>
> – 작자 미상, 〈임장군전〉
>
> 조선 인조 때의 명장 임경업의 일생을 다룬 영웅 소설로, 〈임경업전〉이라고도 불림. 민중적 영웅으로서의 임경업의 모습을 부각하고 있음.

정답인 이유

④ **(나)에서는 박씨의 용서를 통해, 〈임장군전〉에서는 용골대의 승전비 건립을 통해, 조선 백성들의 희생에 대한 추모 의식이 반영되었겠군.**
(전쟁에서 자신이 세운 공적을 자랑하기 위한 것)
× → 둘 다 조선 백성들의 희생에 대한 추모 의식과는 관련이 없음.

···› (나)에서 박씨가 '천시를 생각하고 용서하거니와, ~'라고 하며 청나라 군사들을 용서하고 있는 것은 맞지만, 이것과 조선 백성들의 희생에 대한 추모 의식과는 관련이 없다. 또한 〈학습 활동〉에 제시된 〈임장군전〉에서 용골대가 승전비를 세우는 것은 조선을 정복한 자신의 공적을 자랑하기 위한 것이지, 조선 백성들의 희생에 대한 추모 의식과는 전혀 관련이 없다.

오답인 이유

① (나)에서 용골대를 꾸짖는 계화와 박씨가 등장하는 것에는 병자호란 때에 있었으면 좋았을 인물에 대한 백성들의 소망이 반영되었겠군.

⋯→ (나)에서 박씨와 계화는 조선을 침략한 용골대를 꾸짖으며 굴복시키는 인물이다. 이러한 허구적인 인물의 설정은 실제 전쟁에서 비참하게 패배했던 치욕을 심리적으로나마 보상받고자 하는 백성들의 소망이 반영된 것으로 볼 수 있다.

② 〈임장군전〉에서 항서를 보낸 것에 대해 서술자도 슬픔을 토로하는 것은 패전한 나라의 백성이라는 연대감이 반영된 것이겠군.

⋯→ 〈임장군전〉에서 서술자는 '그 망극함을 어찌 측량하리오.'라며 자신의 슬픔을 직접적으로 토로하고 있다. 이는 패전한 나라의 백성으로서 느끼는 연대감이 작품에 반영된 것으로 볼 수 있다.

③ (나)와 〈임장군전〉에서 모두 용골대가 부정적인 모습으로 그려진 데에는 백성들이 겪었던 패전의 고통이 반영되었겠군.

⋯→ (나)의 '장안 삼십 리에 불길이 충천하여 죽는 자가 무수하더라.'를 통해 용골대가 무고한 조선 사람들을 수없이 죽게 만든 인물임을 알 수 있다. 그리고 〈임장군전〉의 '교만이 자심하여 승전비를 세워 거드럭거리며'를 통해 용골대가 승전한 후 거만한 모습을 보이는 인물임을 알 수 있다. 이처럼 두 작품에서 모두 용골대를 부정적인 모습으로 그린 것은 병자호란 당시 우리 백성들이 겪었던 패전의 고통이 반영된 것으로 볼 수 있다.

⑤ 〈임장군전〉과 달리 (나)에서 박씨의 승전을 통해 왕대비가 볼모로 가지 않게 된 과정이 형상화된 것은 패전의 상실감을 위로받고자 하는 백성들의 욕망이 반영된 결과이겠군.

⋯→ (나)와 〈임장군전〉에서 모두 왕대비는 청나라에 볼모로 가지 않는다. 그런데 용골대가 자발적으로 왕대비를 돌려보내는 〈임장군전〉과 달리, (나)에서는 박씨의 영웅적 활약 덕분에 왕대비가 청나라에 볼모로 끌려갈 위기에서 벗어나는 것으로 형상화되고 있다. 이는 패전의 상실감을 위로받고자 하는 백성들의 욕망이 작품에 반영된 것으로 볼 수 있다.

03

정답률 84%

(가)를 바탕으로 (나)를 설명한 것으로 적절하지 않은 것은?

정답인 이유

⑤ 용골대가 장졸들의 죽음에 탄식하는 장면에서, 죽음의 책임을 폭력적인 방식으로 박씨에게 돌리려는 오랑캐의 모습이 드러나고 있다.

× → 용골대는 장졸들이 죽게 된 책임을 스스로에게 돌림.

⋯→ (나)에서 용골대는 '이미 화친을 받았으니 대공을 세웠거늘, 부질없이 조그만 계집을 시험하다가 공연히 장졸만 다 죽였으니, 어찌 분한치 않으리오.'라고 탄식하고 있다. 이를 통해 용골대가 자신의 수하 장졸들이 죽게 된 책임을 박씨의 탓으로 돌리는 것이 아니라 자신의 탓이라 생각하고 있음을 알 수 있다.

오답인 이유

① 장안 삼십 리에 불길이 충천하고 장안 미색이 끌려가는 장면은 조선 백성들의 비극적 체험을 드러내고 있다.

(장안 삼십 리에 불길이 충천하고: 용골대와 오랑캐의 화공으로 무수한 희생자가 발생함. / 장안 미색이 끌려가는: 용골대가 회군할 때 조선 사람들을 끌고 감.)

⋯→ 용골대의 공격으로 장안 삼십 리에 불길이 충천하고 장안 미색이 청나라로 끌려가는 장면은 전쟁으로 인해 고통받던 조선 백성들의 비극적 체험을 드러낸 것으로 볼 수 있다.

② 용골대에게 조선 도원수가 복종하여 명령을 따르는 장면은 관군의 무능함을 허구를 매개로 조명하고 있다.

('조선 도원수 김자점을 불러 왈, ~ "분부대로 거행하오리다."')

⋯→ 김자점은 조선의 도원수임에도 불구하고 용골대의 명령에 복종하는 모습을 보이는데, 이는 관군의 무능함을 허구를 매개로 드러낸 것으로 볼 수 있다.

③ 박씨의 재주에 오랑캐 장수들이 황겁*해하는 장면에서, 패전의 고통이 허구적 인물의 활약을 통해 위로받고 있다.

('공중으로 두 줄기 무지개 일어나며 ~ 박 부인 덕택에 살려 주옵소서.')

⋯→ '공중으로 두 줄기 무지개 일어나며 ~ 왕 대비는 아니 뫼셔 갈 것이니, 박 부인 덕택에 살려 주옵소서.'에서는 박씨의 신묘한 도술에 오랑캐 장수들이 겁에 질려 살려 달라고 애걸하고 있는데, 이러한 허구적 장면을 통해 독자들이 패전으로 인한 고통을 위로받은 것으로 볼 수 있다.

* 황겁(惶怯): 겁이 나서 얼떨떨함. 예 그는 황겁을 하여 그 자리에 주저앉았다.

④ 오랑캐군의 침략이 은혜지국에 대한 침범이라는 박씨의 비난은 용골대를 비롯한 오랑캐군이 불의한 존재임을 드러내고 있다.

('무지한 오랑캐야, 너희 왕 놈이 무식하여 은혜지국을 침범하였거니와')

⋯→ 박씨는 청나라 왕이 무식하여 은혜지국(은혜를 베푼 나라)을 침범했다고 비난하고 있는데, 이는 용골대를 비롯한 오랑캐군이 자신들을 도와준 은혜를 모르는 불의한 존재임을 드러낸 것으로 볼 수 있다.

04

정답률 78%

(가)를 바탕으로 (다)를 감상한 내용으로 적절하지 않은 것은?

정답인 이유

③ '굶주린 이리 떼'는 사람들이 전쟁의 폭력에 노출되어 이웃의 죽음조차 외면하는 냉혹한 존재로 변해 버렸음을 드러내는군.

(굶주린 이리 떼: 굶주린 사람들이 식량을 보고 달려드는 모습을 비유한 표현 / 이웃의 죽음조차 외면하는 냉혹한 존재: × → 해당 장면은 윤씨가 총에 맞아 죽기 전의 상황임.)

⋯→ (다)의 '굶주린 이리 떼'는 전쟁으로 인해 굶주린 사람들이 곡식을 보고 달려드는 모습을 나타낸 표현이다. '굶주린 이리 떼'로 표현된 사람들은 살기 위해 눈에 핏발이 서서 필사적으로 식량을 구하고 있을 뿐이다. 윤씨가 총에 맞아 죽는 것은 그 이후의 일이므로, '굶주린 이리 떼'를 이웃의 죽음조차 외면하는 냉혹한 존재라고 감상하는 것은 적절하지 않다.

오답인 이유

① '식량'을 얻으려다가 인물이 죽게 되는 것은 전장과 후방이 구분되지 않는 혼돈의 현장을 보여 주는 것이로군.

⋯→ 윤씨가 '식량'을 얻으려다가 총에 맞아 죽는 곳은 실제 전쟁이 벌어지고 있는 전장이 아니라 전선에서 비교적 떨어져 있는 지역인 후방(한강 모래밭)이다. 이는 전쟁터가 전장과 후방이 구분되지 않는 혼돈의 현장임을 보여 준다.

② '갈가마귀 떼'는 전쟁으로 인해 기본적인 존엄성마저 상실한 채 살아가는 사람들의 모습을 상기하게 하는군.

⋯→ '갈가마귀 떼'는 굶주림에 지친 사람들이 곡식을 보자 우르르 몰려들어 가마니를 열고 악을 쓰며 곡식을 퍼 담는 모습을 표현한 것이다. 이런 모습은 전쟁으로 인해 기본적인 존엄성조차 상실한 채 살아가는 사람들의 모습을 상기하게 한다.

④ **피에 젖은 '쌀자루'는 전쟁의 폭력이 무고한* 인물에게 끼친 전쟁의 상흔을 나타내는군.**

⋯ 배고픔 때문에 식량을 구하러 나갔던 윤씨는 곡식을 퍼 담다가 총에 맞아 죽는다. 그리고 지영은 친정어머니인 윤씨가 피에 젖은 '쌀자루'를 껴안고 죽어 있는 것을 발견한다. 즉, 윤씨가 죽으면서까지 꼭 껴안고 있던 피에 젖은 '쌀자루'는 전쟁의 폭력이 지영이나 윤씨처럼 무고한 인물에게 끼친 전쟁의 상흔을 의미한다.

* 무고하다(無辜--): 아무런 잘못이나 허물이 없다. 예 우리는 무고한 사람을 범인으로 오해하고 있었다.

⑤ **'벼랑을 기어오른다'는 전쟁 속에서 생존을 위해 몸부림치는 인물의 처지를 상징적으로 보여 주는군.**

⋯ 지영은 총에 맞아 죽은 윤씨를 들춰 업고 아무것도 기억할 수 없고 아무것도 보이지 않는 상태로 벼랑을 기어올라 집에 돌아온다. 이렇게 지영이 죽은 윤씨의 시신을 업고 벼랑을 기어오르는 것은 비극적인 전쟁 상황 속에서 생존을 위해 몸부림치는 인물의 처지를 상징적으로 보여 준다.

05

정답률 **75%** | 매력적인 오답 ⑤ **10%**

(나), (다)에 대한 이해로 가장 적절한 것은? [3점]

정답인 이유

③ **(다)에서 지영은 윤씨 때문에 김씨 부인의 만류에도 불구하고 강변으로 나갔다.**

⋯ (다)에서 김씨 부인은 "큰일 나요! 큰일 나, 지금 가면 안 돼요! 애기를 어쩌려고 그러는 거요."라고 말하며 죽은 윤씨에게 가려는 지영을 만류한다. 하지만 지영은 이러한 김씨 부인의 만류에도 불구하고 강변으로 나가 죽은 윤씨를 업고 집으로 돌아오고 있음을 알 수 있다.

오답인 이유

⑤ **매력적인 오답 (다)에서 김씨 댁 아주머니는 피란 갔던 것을 걱정하는 윤씨를 안심시키려 하였다.**
× → 윤씨는 피란을 가지 않은 것을 걱정함.

⋯ (다)에서 윤씨가 "피란 안 갔다고 야단맞지 않을까요?"라고 걱정하자, 김씨 댁 아주머니는 "쌀 배급을 주는데 야단을 치려구요? 세상에 불쌍한 백성을 더 이상 어쩌겠어요?"라며 윤씨를 안심시키려 하고 있다. 즉, 윤씨는 피란을 갔던 것을 걱정하는 것이 아니라 피란을 가지 않은 것에 대해 걱정하고 있는 것이다.

① **(나)에서 용골대는 화공*이 실패하자 화살로 피화당을 공격하였다.**
× → 화살로 공격한 것이 실패하자 화공으로 피화당을 공격함.

⋯ (나)에서 용골대는 먼저 화살을 쏴서 피화당을 공격했지만, 이것이 성공하지 못하자 군사들에게 화약 염초를 붓고 불을 지르게 한다. 즉, 용골대는 화살로 공격한 것이 실패하자 화공으로 피화당을 공격하였음을 알 수 있다.

* 화공(火攻): 전쟁 때에, 불로 적을 공격함. 예 적의 본거지를 화공하여 섬멸했다.

② **(나)에서 박씨는 오랑캐군이 화친 언약을 받았다는 것을 몰랐기에 회군하는 오랑캐군을 공격했다.**
× → 청나라에 볼모로 끌려가게 된 왕대비를 구하기 위해

⋯ (나)에서 박씨가 회군하는 오랑캐군을 공격한 이유는 왕대비를 구하기 위해서임을 알 수 있다. 또한 앞부분에서 이미 용골대가 박씨에게 '네 나라의 화친 언약을 받았으니'라고 말하고 있다. 따라서 박씨가 오랑캐군이 화친 언약을 받았다는 것을 몰라서 오랑캐군을 공격했다는 것은 적절하지 않다.

④ **(다)에서 윤씨가 식량을 마련하기 위해 사람들을 따라 도착한 곳은 인도교*였다.**
× → 한강 모래밭

⋯ (다)에서 윤씨가 김씨 댁 아주머니와 함께 식량을 마련하기 위해 사람들을 따라 도착한 곳은 인도교가 아니라 한강 모래밭이었다.

* 인도교(人道橋): 사람이나 자동차가 다니도록 놓은 다리 예 폭격으로 인도교가 파괴되었다.

06

정답률 **92%**

(다)의 서술상의 특징에 대한 설명으로 가장 적절한 것은?

정답인 이유

⑤ **인물의 연속적인 행위를 제시하여 인물이 처한 긴박한 상황을 드러내고 있다.**

⋯ (다)에서는 한강 모래밭에서 사람들이 식량을 자루에 담는 장면, 윤씨가 사람들을 따라 식량을 담다가 총에 맞는 장면, 그리고 지영이 죽은 윤씨를 업고 벼랑을 기어올라 집으로 돌아오는 장면 등에서 인물의 연속적인 행위를 제시하고 있다. 이를 통해 인물이 처한 긴박한 상황을 잘 드러내고 있다.

오답인 이유

① **인물의 회상을 통해 인물 간 갈등의 원인을 제시하고 있다.**
× ×

⋯ 인물의 회상 장면은 나타나 있지 않으며, 인물 간의 갈등 역시 제시되어 있지 않다.

② **시간적 배경을 묘사하여 인물의 성격 변화를 암시하고 있다.**
× ×

⋯ 한국 전쟁이 배경으로 설정되어 있지만 시간적 배경을 자세히 묘사하고 있지는 않으며, 인물의 성격 변화를 암시하는 부분도 제시되어 있지 않다.

③ **인물의 경험을 관념적으로 서술하며 사건의 원인을 분석하고 있다.**
× ×

⋯ 인물의 경험이 나타나 있지만 이를 관념적으로 서술하고 있지 않으며, 사건의 원인을 분석하고 있지도 않다.

④ **대화를 통해 과거로 돌아가려 하는 인물들의 심리를 보여 주고 있다.**
○ ×

⋯ 윤씨와 김씨 댁 아주머니의 대화가 제시되어 있지만, 이를 통해 과거로 돌아가려 하는 인물들의 심리를 보여 주고 있지 않다.

빠른 정답 CHECK

1부 현대시

현대시 01 p. 20~22
01 ④ 02 ② 03 ⑤ 04 ③

현대시 02 p. 23~25
01 ① 02 ④ 03 ② 04 ③

현대시 03 p. 26~28
01 ② 02 ④ 03 ①

현대시 04 p. 29~30
01 ④ 02 ⑤ 03 ②

현대시 05 p. 31~33
01 ② 02 ④ 03 ⑤ 04 ③

현대시 06 p. 34~36
01 ⑤ 02 ② 03 ④

현대시 07 p. 37~39
01 ④ 02 ② 03 ④

현대시 08 p. 40~42
01 ② 02 ③ 03 ④

현대시 09 p. 43~45
01 ① 02 ④ 03 ③

현대시 10 p. 46~47
01 ① 02 ④ 03 ③

2부 고전 시가

고전 시가 01 p. 52~55
01 ② 02 ③ 03 ④

고전 시가 02 p. 56~58
01 ② 02 ④ 03 ①

고전 시가 03 p. 59~61
01 ④ 02 ③ 03 ②

고전 시가 04 p. 62~63
01 ④ 02 ⑤ 03 ③

고전 시가 05 p. 64~65
01 ④ 02 ② 03 ②

고전 시가 06 p. 66~67
01 ③ 02 ② 03 ③

고전 시가 07 p. 68~71
01 ⑤ 02 ④ 03 ② 04 ③ 05 ⑤

고전 시가 08 p. 72~73
01 ① 02 ③ 03 ④

고전 시가 09 p. 74~75
01 ④ 02 ⑤ 03 ②

고전 시가 10 p. 76~77
01 ③ 02 ⑤ 03 ①

고전 시가 11 p. 78~79
01 ① 02 ④ 03 ①

고전 시가 12 p. 80~81
01 ⑤ 02 ② 03 ④

3부 현대 소설 · 극

현대 소설 01 p. 86~89
01 ① 02 ④ 03 ① 04 ②

현대 소설 02 p. 90~93
01 ① 02 ④ 03 ⑤ 04 ④

현대 소설 03 p. 94~97
01 ⑤ 02 ③ 03 ④ 04 ②

현대 소설 04 p. 98~101
01 ① 02 ⑤ 03 ① 04 ②

현대 소설 05 p. 102~104
01 ⑤ 02 ④ 03 ③ 04 ③

현대 소설 06 p. 105~107
01 ③ 02 ① 03 ③ 04 ⑤

현대 소설 07 p. 108~110
01 ② 02 ① 03 ④ 04 ⑤

현대 소설 08 p. 111~113
01 ② 02 ⑤ 03 ④ 04 ⑤

현대 소설 09 p. 114~116
01 ① 02 ⑤ 03 ⑤

현대 소설 10 p. 117~119
01 ② 02 ⑤ 03 ③ 04 ①

현대 소설 11 p. 120~122
01 ⑤ 02 ③ 03 ③

현대 소설 12 p. 123~125
01 ② 02 ④ 03 ⑤ 04 ①

현대 소설 13 p. 126~128
01 ① 02 ③ 03 ③

현대 소설 14 p. 129~131
01 ⑤ 02 ② 03 ⑤

극 15 p. 132~134
01 ⑤ 02 ⑤ 03 ⑤

극 16 p. 135~137
01 ⑤ 02 ④ 03 ④ 04 ⑤

4부 고전 소설

고전 소설 01 p. 142~145
01 ② 02 ① 03 ③ 04 ⑤

고전 소설 02 p. 146~148
01 ⑤ 02 ② 03 ③ 04 ③

고전 소설 03 p. 149~151
01 ① 02 ② 03 ④ 04 ⑤

고전 소설 04 p. 152~154
01 ④ 02 ③ 03 ③ 04 ⑤

고전 소설 05 p. 155~157
01 ④ 02 ② 03 ③ 04 ④

고전 소설 06 p. 158~160
01 ④ 02 ③ 03 ④ 04 ⑤

고전 소설 07 p. 161~163

01 ② 02 ① 03 ③ 04 ⑤

고전 소설 08 p. 164~166

01 ④ 02 ④ 03 ③ 04 ④

고전 소설 09 p. 167~169

01 ① 02 ① 03 ③ 04 ③

고전 소설 10 p. 170~172

01 ② 02 ② 03 ⑤

고전 소설 11 p. 173~175

01 ⑤ 02 ② 03 ③

고전 소설 12 p. 176~178

01 ③ 02 ④ 03 ③ 04 ③

고전 소설 13 p. 179~181

01 ① 02 ⑤ 03 ④

고전 소설 14 p. 182~184

01 ③ 02 ⑤ 03 ① 04 ②

고전 소설 15 p. 185~187

01 ⑤ 02 ⑤ 03 ④

고전 소설 16 p. 188~190

01 ③ 02 ③ 03 ③

고전 소설 17 p. 191~193

01 ③ 02 ① 03 ③ 04 ④

5부 갈래 복합

갈래 복합 01 p. 196~200

01 ② 02 ① 03 ③ 04 ③ 05 ② 06 ⑤

갈래 복합 02 p. 201~205

01 ② 02 ④ 03 ④ 04 ③ 05 ② 06 ④

갈래 복합 03 p. 206~209

01 ⑤ 02 ④ 03 ① 04 ③ 05 ④

갈래 복합 04 p. 210~213

01 ① 02 ⑤ 03 ③ 04 ③ 05 ④

갈래 복합 05 p. 214~217

01 ⑤ 02 ② 03 ② 04 ① 05 ① 06 ②

갈래 복합 06 p. 218~222

01 ① 02 ④ 03 ⑤ 04 ⑤ 05 ④ 06 ③

갈래 복합 07 p. 223~227

01 ③ 02 ③ 03 ② 04 ④ 05 ① 06 ④

갈래 복합 08 p. 228~231

01 ⑤ 02 ③ 03 ④ 04 ① 05 ③ 06 ②

갈래 복합 09 p. 232~235

01 ⑤ 02 ⑤ 03 ⑤ 04 ③ 05 ③

갈래 복합 10 p. 236~238

01 ① 02 ③ 03 ① 04 ⑤ 05 ④

갈래 복합 11 p. 239~243

01 ① 02 ② 03 ④ 04 ⑤ 05 ④

갈래 복합 12 p. 244~247

01 ② 02 ⑤ 03 ① 04 ③ 05 ①

갈래 복합 13 p. 248~251

01 ① 02 ④ 03 ⑤ 04 ④ 05 ③

갈래 복합 14 p. 252~255

01 ① 02 ③ 03 ⑤ 04 ⑤ 05 ①

갈래 복합 15 p. 256~257

01 ③ 02 ④ 03 ⑤

갈래 복합 16 p. 258~261

01 ④ 02 ④ 03 ④ 04 ③ 05 ⑤

갈래 복합 17 p. 262~264

01 ④ 02 ③ 03 ② 04 ⑤

갈래 복합 18 p. 265~267

01 ① 02 ② 03 ⑤ 04 ④

갈래 복합 19 p. 268~272

01 ④ 02 ④ 03 ⑤ 04 ③ 05 ③ 06 ⑤